DROIT DES CONTRATS SPÉCIAUX

Des mêmes auteurs

Jacques Raynard

- *Droit d'auteur et conflit de lois*, Litec, 1990.
- *Trente ans de droit de la distribution*, avec M.-E. André, St. Destours, J.-M. Vertut, Litec, 2007.
- *Droit du commerce international*, avec J.-M. Mousseron (†), R. Fabre et J.-L. Pierre, LexisNexis, 4e éd., 2012.
- *Droit de la propriété industrielle*, avec E. Py et P. Tréfigny, LexisNexis, 2e éd., 2023.

Jean-Baptiste Seube

- *L'indivisibilité et les actes juridiques*, Litec, 1999.
- *Droit bancaire mauricien*, Lextenso, 2012, en collaboration avec B. Dondero.
- *Droit malgache des obligations*, *Jurid'édika*, t. 1 (2013) et t. 2 (2014), en collaboration avec Ramarolanto-Ratiaray.
- *Droit des sûretés*, Dalloz, 11e éd., 2022.
- *Droit des biens*, LexisNexis, 9e éd., 2024.
- *Travaux dirigés de droit des obligations*, LexisNexis, 7e éd., 2017, en collaboration avec P. Puig et Cl. Mouly.
- *Droit des obligations*, avec Ph. Malinvaud et M. Mekki, LexisNexis, 16e éd., 2021.

- *Technique contractuelle*, de J.-M. Mousseron (†), éd. F. Lefebvre, 5e éd., 2017, en collaboration avec P. Mousseron et J. Raynard et J.-B. Seube.

DROIT DES CONTRATS SPÉCIAUX

11e ÉDITION

Jacques Raynard
Agrégé des facultés de droit
Professeur à la faculté de droit de Montpellier

Jean-Baptiste Seube
Agrégé des facultés de droit
Doyen honoraire de la faculté de droit et d'économie de La Réunion

LexisNexis®

141, rue de Javel – 75015 Paris

Les sept premières éditions de ce manuel ont été écrites en collaboration avec le Professeur Paul-Henri Antonmattei.

Avertissement de l'Éditeur

Toute utilisation ou traitement automatisé, par des tiers, de données personnelles pouvant figurer dans cet ouvrage sont formellement interdits.

DANGER
LE
PHOTOCOPILLAGE
TUE LE LIVRE

L'objet de ce logo est d'alerter le lecteur sur la menace que représente pour l'avenir de l'écrit, tout particulièrement dans les domaines du droit, de l'économie et de la gestion, le développement massif du photocopillage.
Le Code de la propriété intellectuelle du 1er juillet 1992 interdit en effet expressément la photocopie à usage collectif sans autorisation des ayants droit. Or, cette pratique s'est généralisée dans les établissements d'enseignement supérieur, provoquant une baisse brutale des achats de livres au point que la possibilité même pour les auteurs de créer des œuvres nouvelles et de les faire éditer correctement est aujourd'hui menacée.

Siège social : 141, rue de Javel – 75015 Paris

ISBN 978-2-7110-3892-3

Liste des abréviations

A.	Arrêté
Adde	ajouter
AJC	*Actualité juridique Contrat* (depuis octobre 2016)
AJCA	*Actualité juridique Contrats d'affaires. Concurrence. Distribution* (de 2014 à septembre 2016)
AJDI	*Actualité juridique de droit immobilier*
AJPI	*Actualité juridique, propriété immobilière*
al.	alinéa
Ann. loyers	*Annales des loyers*
Arch. phil. dr.	*Archives de philosophie du droit*
art.	article
Aut. conc.	Autorité de la concurrence
Banque	*Revue banque*
Bibl. dr. entr.	Bibliothèque de droit de l'entreprise (LexisNexis)
Bibl. dr. privé	Bibliothèque de droit privé (LGDJ)
BOCC	*Bulletin officiel de la concurrence, de la consommation et de la répression des fraudes*
BRDA	*Bulletin rapide de droit des affaires Francis Lefebvre*
Bull. CCI	*Bulletin de la Cour internationale d'arbitrage de la Chambre de commerce internationale*
Bull. civ.	*Bulletin des arrêts des chambres civiles de la Cour de cassation*
Bull. crim.	*Bulletin des arrêts de la chambre criminelle de la Cour de cassation*
Bull. Joly Sociétés	*Bulletin Joly* (mensuel d'information des sociétés)
Cah. arb.	*Cahiers de l'arbitrage (Les)*
Cass. 1re, 2e, 3e civ.	Arrêt des chambres civiles de la Cour de cassation (1re, 2e ou 3e chambre civile)
Cass. ass. plén.	Cour de cassation, assemblée plénière
Cass. ch. mixte	Cour de cassation, chambre mixte
Cass. ch. réunies	Cour de cassation, chambres réunies
Cass. com.	Cour de cassation, chambre commerciale et financière
Cass. crim.	Cour de cassation, chambre criminelle
Cass. req.	Cour de cassation, chambre des requêtes (avant 1938)
Cass. soc.	Cour de cassation, chambre sociale
C. assur.	Code des assurances
C. aviation	Code de l'aviation civile
CCH	Code de la construction et de l'habitation
CCI	Chambre de commerce internationale
C. civ.	Code civil
C. com.	Code de commerce
C. consom.	Code de la consommation
CDE	*Cahiers de droit de l'entreprise* (avant 2006, supplément au *JurisClasseur Périodique Entreprise et affaires)*
C. dom. Ét.	Code du domaine de l'État
C. dom. publ. fluv.	Code du domaine public fluvial et de la navigation intérieure
CE	Conseil d'État
CEDH	Cour européenne des droits de l'homme
C. env.	Code de l'environnement
CGCT	Code général des collectivités territoriales
CGI	Code général des impôts

CGPPP	Code général de la propriété des personnes publiques
chron.	chronique
CJA	Code de justice administrative
CJCE	Cour de justice des Communautés européennes
CJUE	Cour de justice de l'Union européenne
C. monét. fin.	Code monétaire et financier
Comm. com. électr.	*Communication Commerce électronique*
Comp.	Comparer
concl.	conclusions
Cons. const.	Décision du Conseil constitutionnel
Constr.-Urb.	*Construction-Urbanisme*
Contrats, conc. consom.	*Contrats, concurrence consommation*
Conv. EDH	Convention européenne de sauvegarde des droits de l'homme et des libertés fondamentales
CPC	Code de procédure civile
CPC ex.	Code des procédures civiles d'exécution
C. pén.	Code pénal
CPI	Code la propriété intellectuelle
CRPA	Code des relations entre le public et l'administration
C. rur. pêche marit.	Code rural et de la pêche maritime
C. santé publ.	Code de la santé publique
C. tourisme	Code du tourisme
C. transports	Code des transports
C. trav.	Code du travail
C. urb.	Code de l'urbanisme
CVIM	Convention des Nations unies sur les contrats de vente internationale de marchandises (dite « convention de Vienne »)
D.	Décret
D.	*Dalloz*
D. affaires	*Dalloz affaires*
DC	*Dalloz critique* (de 1941 à 1944)
DDHC	Déclaration des droits de l'homme et du citoyen (1789)
Defrénois	*Répertoire du notariat Defrénois*
DH	*Dalloz hebdomadaire* (de 1924 à 1940)
Dir.	Directive
Doc. COM	Document communautaire (Commission européenne)
Doc. fr.	La Documentation française
DP	*Dalloz périodique* (jusqu'en 1940)
DPCI	*Droit et pratique du commerce international*
Dr. et patrimoine	*Droit et patrimoine*
Droits	*Droits, revue française de théorie juridique* (PUF)
Dr. soc.	*Droit social*
Dr. sociétés	*Droit et sociétés*
DUDH	Déclaration universelle des droits de l'homme
Environnement et dév. durable	*Environnement et développement durable*
et s.	et suivants
esp.	espèce
GAJ civ.	*Grands arrêts de la jurisprudence civile*
GAJFDIP	*Grands arrêts de la jurisprudence française de droit international privé*
Gaz. Pal.	*Gazette du Palais*
infra	voir plus loin
JCl.	*JurisClasseur* (*Civil*, *Pénal*, etc.)
JCP A	*JurisClasseur Périodique (La Semaine juridique)*, édition Avoués (jusqu'en 1972)
JCP CI	*JurisClasseur Périodique (La Semaine juridique)*, édition Commerce et industrie

JCP E	*JurisClasseur Périodique (La Semaine juridique)*, édition Entreprise et affaires
JCP G	*JurisClasseur Périodique (La Semaine juridique)*, édition Générale
JCP N	*JurisClasseur Périodique (La Semaine juridique)*, édition Notariale et immobilière
JCP S	*JurisClasseur Périodique (La Semaine juridique)*, édition Sociale
JDI	*Journal du droit international*
JO	*Journal officiel*
JOAN	*Journal officiel Assemblée nationale*
JOCE	*Journal officiel des Communautés européennes*
JOUE	*Journal officiel de l'Union européenne*
Journ. not.	*Journal des notaires et des avocats*
Journ. sp. Sociétés	*Journal spécial des sociétés*
L.	Loi
Lettre distrib.	*Lettre de la distribution*
Loyers et copr.	*Loyers et copropriété*
LPA	*Petites affiches (Les)*
Mél.	*Mélanges*
NCPC	Nouveau Code de procédure civile
Nouv. Cah. Cons. const.	*Nouveaux Cahiers du Conseil constitutionnel*
op. cit.	dans l'ouvrage précité
Ord.	Ordonnance
pan.	panorama
PIBD	*Propriété industrielle – Bulletin documentaire*
préc.	précité
Prop.	Proposition
Propr. ind.	*Propriété industrielle* (revue mensuelle de l'OMPI)
Propr. industr.	*Propriété industrielle*
Prot.	Protocole
PUAM	Presses universitaires de l'université d'Aix-Marseille
Quot. jur.	*Quotidien juridique*
RD aff. int.	*Revue de droit des affaires internationales*
RD bancaire et fin.	*Revue de droit bancaire et financier*
RDC	*Revue des contrats* (LGDJ)
RD imm.	*Revue de droit immobilier*
RD rur.	*Revue de droit rural*
RD sanit. soc.	*Revue de droit sanitaire et social*
Règl.	Règlement
Rép. Dalloz	Dalloz *(Encyclopédie)*
Rép. min.	Réponse ministérielle
Resp. civ. et assur.	*Responsabilité civile et assurances*
Rev. arb.	*Revue de l'arbitrage*
Rev. conc. consom.	*Revue de la concurrence et de la consommation*
Rev. crit. DIP	*Revue critique de droit international privé*
Rev. crit. législ. et jurispr.	*Revue critique de législation et de jurisprudence* (de 1853 à 1939)
Rev. dr. transp.	*Revue des transports*
Rev. Lamy dr. aff.	*Revue Lamy Droit des affaires*
Rev. Lamy dr. civ.	*Revue Lamy Droit civil*
Rev. loyers	*Revue des loyers et des fermages*
Rev. proc. coll.	*Revue des procédures collectives*
Rev. sociétés	*Revue des sociétés*
RFDA	*Revue française de droit administratif*
RIDA	*Revue internationale du droit d'auteur*
RID comp.	*Revue internationale de droit comparé*
RIDP	*Revue internationale de droit processuel*
RJ com.	*Revue de jurisprudence commerciale*

RJDA	*Revue de jurisprudence de droit des affaires* (éd. F. Lefebvre)
RJPF	*Revue juridique personnes et famille*
RJS	*Revue de jurisprudence sociale* (éd. F. Lefebvre)
RRJ	*Revue de recherche juridique – Droit prospectif*
RTD civ.	*Revue trimestrielle de droit civil*
RTD com.	*Revue trimestrielle de droit commercial et de droit économique*
S.	*Sirey*
somm.	sommaire
ss dir.	sous la direction de
supra	voir plus haut
TCE	Traité instituant la Communauté européenne
TFUE	Traité sur le fonctionnement de l'Union européenne
TGI	Tribunal de grande instance
TI	Tribunal d'instance
TPS	*Travail et protection sociale*
TUE	Traité sur l'Union européenne
V.	Voir
V°	Au mot

Sommaire

INTRODUCTION GÉNÉRALE

1. – Une troupe nombreuse. Au quotidien de tout un chacun, les contrats se pressent en troupe nombreuse : ventes tout autant qu'achats, crédits appelés au financement de ceux-ci, baux conclus pour le logement familial et l'exercice de l'activité professionnelle ou commerciale, mandats destinés à missionner l'agent immobilier, assurances auxquelles sera contraint le locataire d'habitation tout comme l'acquéreur du véhicule... un peu comme si chaque contrat en appelait un autre par une sorte de réaction en chaîne... en chaîne de contrats. De l'acte le plus habituel à l'achat le plus réfléchi, le contrat est l'expression de notre vie sociale(1). Pourtant s'agit-il du contrat que l'on côtoie ou alors de certaines de ses applications spéciales ? Contrat ou contrats ?

2. – Du général au spécial. Le contrat existe-t-il ? Oui, parce que je l'ai signé répondra le *vulgum pecus*. Cependant, est-ce bien un contrat que l'on conclut, ou plutôt un contrat de vente, de prêt, d'entreprise, de bail, de travail ? On ne consent jamais à un contrat en général, mais seulement à des contrats en particulier : on achète, on loue, on s'assure... Le contrat, source d'obligations, ne trouve traduction qu'à travers une opération particulière qui imprime à l'accord de volontés des spécificités appelant un régime propre(2).

Mais la pluralité de régimes n'est pourtant pas inconciliable avec l'unité de concept. L'article 1105 du Code civil énonce à cet effet :

> **« Les contrats, qu'ils aient ou non une dénomination propre, sont soumis à des règles générales, qui sont l'objet du présent sous-titre.**
> **Les règles particulières à certains contrats sont établies sous les dispositions propres à chacun d'eux.**
> **Les règles générales s'appliquent sous réserve des règles particulières ».**

Cette disposition montre que la théorie générale du contrat(3), dont l'intérêt et l'importance ne sont plus à démontrer(4), même si son autorité est discutée(5), est

(1) V. Ph. Rémy, *La jurisprudence des contrats spéciaux. Quarante ans de chronique à la RTD civ.*, in *L'évolution contemporaine du droit des contrats*, PUF, 1986, 103.

(2) V. Carbonnier, *De la contribution que la sociologie juridique peut apporter au droit du contrat*, in *Écrits*, PUF, 2010, p. 506 et s. – Sur la remise en cause de l'existence du contrat, G. Rouhette, *Contribution à l'étude critique de la notion de contrat*, thèse, Paris, 1965 ; *La définition du contrat et la méthode juridique française* : *Droits* 1990, n° 12, p. 59 et s. – *Adde* sur la notion de contrat, J. Ghestin, *La notion de contrat* : *D.* 1990, chron. p. 147 et *Droits* 1990, n° 12, p. 7 et s. – Sur les effets du contrat essentiellement, mais point exclusivement générateurs d'obligations, V. P. Ancel, *Force obligatoire et contenu obligationnel du contrat* : *RTD civ.* 1999, p. 771 et s.

(3) V. E. Savaux, *La théorie générale du contrat, mythe ou réalité ?*, LGDJ, coll. « Bibl. dr. privé », 1997, t. 264, préf. J.-L. Aubert.

(4) V. J.-M. Mousseron, *Technique contractuelle*, éd. F. Lefebvre, 2017, 5e éd. par P. Mousseron, J. Raynard et J.-B. Seube, n° 6 : « Les règles communes aux différents contrats sont plus importantes que les dispositions propres à chaque catégorie ».

(5) V. *infra*, n° 13.

complétée, adaptée, parfois modifiée par un droit spécial composé de règles particulières aux contrats. L'une et l'autre sont irrémédiablement liés, et c'est pourquoi l'étude du contrat à travers la théorie générale des obligations[6] précède l'étude des contrats.

L'agencement entre le général et le spécial n'est cependant pas toujours facile à établir[7]. Il donne lieu à différentes figures. Tantôt, la règle particulière n'exclut pas la règle générale mais se contente de l'aménager : les dispositions spéciales que le Code de commerce ou la loi du 6 juillet 1989 consacrent réciproquement aux baux commerciaux et aux baux d'habitation aménagent ainsi le renouvellement du contrat prévu, de manière générale, par l'article 1214 du Code civil ; de la même façon, les innombrables droits spéciaux de rétractation (en droit de la consommation, en droit des assurances, en droit immobilier...) viennent vivifier l'article 1122 du Code civil. Tantôt la règle particulière exclut l'application de la règle générale : l'article L. 441-1, issu de l'ordonnance du 29 avril 2019, du Code de commerce, faisant des conditions générales de vente le « socle unique de la négociation commerciale », exclut ainsi l'application de l'article 1119, alinéa 2 du Code civil qui prévoit qu'en cas de discordance entre les conditions générales de chaque contractant, les clauses incompatibles sont sans effet. Tantôt encore, la règle particulière se superpose à la règle générale : les nombreuses obligations spéciales d'information qui existent en droit de la consommation, en droit bancaire, en droit immobilier ou en droit de la franchise s'ajouteront ainsi au nouveau devoir légal d'information issu de l'article 1112-1 du Code civil[8].

Au-delà de ces figures d'aménagement, d'exclusion ou de superposition, l'édiction d'une règle générale perturbe parfois le droit spécial. Tel est le cas de l'article 1165 du Code civil qui, visant les « contrats de prestation de service » pour leur appliquer une règle particulière de détermination unilatérale du prix, renvoie à une catégorie mal identifiée : s'agit-il d'une dénomination rénovée, plus *fashion*, du contrat d'entreprise ? Ou faut-il voir derrière cette référence une nouvelle qualification d'une famille contractuelle[9] ?

3\. – **Terminologie.** Les auteurs et les programmes d'enseignement désignent classiquement l'étude des règles particulières par l'appellation « contrats spéciaux ». On a depuis longtemps relevé, à juste titre, l'ambiguïté et l'insuffisance de cet intitulé. Accolé au contrat, l'adjectif « spécial » peut, en effet, laisser penser qu'il existe un contrat en général, ce qui n'est pas le cas. Il peut aussi, à tort, « évoquer l'idée de contrats particuliers, dérogeant au droit commun et présentant presque un caractère marginal »[10].

---

(6) V. not. C. Goldie-Genicon, *Contribution à l'étude des rapports entre le droit commun et le droit spécial des contrats*, LGDJ, coll. « Bibl. dr. privé », 2009, t. 509, préf. Y. Lequette.

(7) N. Balat, *Réforme du droit des contrats : et les conflits entre droit commun et droit spécial ?* : D. 2015, p. 699. – Ph. Delebecque, *Droit commun et droit spécial des contrats : quelle dialectique après la réforme du 10 février 2016 ?*, in *Mél. Ph. Neau-Leduc*, LGDJ, 2018, p. 347. – L. Andreu et M. Mignot (ss dir.), *Les contrats spéciaux et la réforme du droit des obligations*, éd. Varenne, 2017.

(8) M. Fabre-Magnan, *Le devoir d'information dans les contrats : essai de tableau général après la réforme* : JCP G 2016, 706.

(9) V. O. Deshayes, Th. Genicon et Y.-M. Laithier, *Réforme du droit des contrats, du régime général et de la preuve des obligations*, LexisNexis, 2e éd., 2018, p. 317 et s. – F. Labarthe, *La fixation unilatérale du prix dans les contrats-cadre et les prestations de service* : JCP G 2016, 642.

(10) A. Bénabent, n° 1.

Qui plus est, cet intitulé, ou plutôt ce qu'il contient habituellement, n'a pas – et ne peut avoir – l'ambition de couvrir l'immense variété des contrats. Des contrats, comme le contrat de travail ou le contrat d'assurance, ont acquis une telle importance et présentent de telles spécificités, qu'ils fondent l'existence de branches juridiques distinctes. Si les contrats du Code de commerce sont en principe exclus de l'étude[11], la distinction des contrats civils et commerciaux est bien trop vieille France et il ne sera pas possible d'éluder l'application de nombreuses règles insérées dans le Code de commerce[12]. Il n'est pas question non plus d'étudier les contrats administratifs. Et même, certains contrats du Code civil, comme le contrat de mariage, le pacte civil de solidarité (PACS) sont mieux intégrés à d'autres enseignements.

L'expression « droit spécialisé des contrats »[13] ou « la notion de contrat spécial »[14] sont alors proposées. Mais ces formules peuvent laisser penser qu'il y a là une véritable discipline, qu'il existe, outre une théorie générale du contrat, une théorie générale des contrats spéciaux. Or, tel n'est pas encore le cas, même si l'émergence d'une telle théorie est sans doute souhaitable[15]. Certes, quelques règles rapprochent certains contrats au-delà de la diversité des opérations. Mais cela ne suffit pas. D'autant que, si des divers contrats jaillit une règle commune, elle a alors une vocation à enrichir le droit commun du contrat : ainsi de l'article 1196 du Code civil qui organise l'effet translatif de propriété que produisent certains contrats. Enfin, on ne peut ignorer la tendance à l'émancipation des « grands » contrats. Nous l'avons déjà relevé pour le contrat de travail. Il fait naturellement partie de ce droit spécial des contrats ; mais nul ne songe plus à l'étudier sous cette bannière. N'est-ce pas aussi ce qui guette la vente ? L'expression florissante de « droit de la vente » en est un indice[16].

En définitive, il apparaît bien difficile de nommer précisément l'étude de ces règles particulières à certains contrats, pour reprendre les termes de l'article 1105 du Code civil. À l'expression de « contrats spéciaux » retenue par conformisme, nous sommes tentés d'ajouter qu'il s'agit des principaux contrats du Code civil, précision sans doute plus éclairante, mais encore approximative. Aussi convient-il d'emblée d'identifier plus précisément les contrats étudiés (Section 1), avant d'en apprécier l'évolution (Section 2) et de chercher à les classer (Section 3).

(11) Contrats de transport terrestre, maritime…
(12) M. Cabrillac, *Vers la disparition du droit commercial ?*, in *Mél. J. Foyer*, PUF, 1997, p. 329 et s.
(13) A. Bénabent, *op. cit.*, n° 1.
(14) Ph. Malaurie, L. Aynès et P.-Y. Gautier, n° 1.
(15) V. J. Carbonnier, in *L'évolution contemporaine du droit des contrats*, Journées R. Savatier, PUF, 1986, p. 29 et s., spéc. p. 31 : « Il serait également utile de réserver dans ce titre (Titre III du Livre III du Code civil) une place pour la théorie générale des contrats spéciaux. D'une telle théorie nous avons l'amorce dans les articles 1101 et suivants – la classification des contrats – et surtout dans l'article 1107 – le contrat innomé. Mais il y faudrait davantage : des règles sur la qualification, sur la possibilité et le traitement des contrats mixtes ». – *Adde*, en faveur d'une telle théorie, G. Cornu, in *L'évolution contemporaine du droit des contrats, op. cit.*, p. 99, note 1. – P. Puig, *Existe-t-il une théorie générale des contrats spéciaux ? : LPA 28 nov. 2012*, p. 56 et s. – P. Puig, *Pour un droit commun spécial des contrats spéciaux*, in *Mél. J. Foyer*, Economica, 2007. – Sur ce thème, V. *Débats* in *RDC 2006*, p. 597 et s.
(16) V. F. Jacquot, *Du contrat de vente au droit de la vente (Réflexions de théorie générale sur un contrat spécial)*, thèse, Nancy, 1988.

SECTION 1

IDENTIFICATION DES CONTRATS SPÉCIAUX

4. – **Le Code civil et au-delà.** L'article 1105 ouvre la voie. Il faut poursuivre la lecture du livre III du Code civil et étudier les contrats nommés par le code, ou tout au moins, ceux que l'on ne peut pas « raccrocher » à d'autres enseignements plus substantiels. Mais ce n'est plus désormais la seule référence au Code civil qui compte. Sont aussi concernés des contrats, dont la réglementation n'est pas incorporée à celui-ci, et qui, pourtant, se trouvent dans la sphère des contrats concernés. Ainsi, en est-il du dépôt hospitalier que le législateur a doté de règles particulières absentes du Code civil(17). Il faut parfois aussi faire des incursions dans d'autres codes. Parler du prêt d'argent conduit à présenter les règles du Code de la consommation qui protègent l'emprunteur-consommateur. Les contrats de cession et de licence de brevet réglementés dans le Code de la propriété intellectuelle ne sont que vente et bail de biens incorporels(18).

Si le Code civil n'est plus suffisant pour borner la matière, on est alors tenté par la distinction suggérée par l'article 1105 entre les contrats nommés et les contrats innomés. Le contrat nommé est celui qui est réglementé par le législateur alors que le contrat innomé ne l'est pas, vivant simplement dans le respect du droit commun et dont le régime est façonné par les contractants(19). Mais on sait depuis longtemps que cette distinction a perdu de sa lisibilité et de son intérêt(20). Il n'y a pas que la loi qui nomme au sens propre du terme. La pratique, dont la fertilité contractuelle est connue, nomme aussi ses créations(21), et le législateur se contente bien souvent de consacrer les formules à succès. L'opposition est aussi trop tranchée, car les contrats innomés contiennent, outre des formules totalement originales, classiquement appelées contrats *sui generis*, des formules à l'intersection de contrats nommés.

5. – **Importance de la qualification.** Mais en dépit de ce déclin, la distinction entre contrats nommés et contrats innomés présente toujours un réel intérêt, pour peu que l'on centre le débat sur le terrain de la qualification. Dès lors, en effet, que des contrats bénéficient de règles particulières, il importe de qualifier l'opération contractuelle afin de savoir s'il faut la rattacher à un contrat nommé. L'importance de la qualification est d'autant plus grande, qu'il y a un développement significatif des règles impératives(22). Le contrôle exercé par la Cour de cassation sur l'opération de qualification est alors salutaire.

---

(17) V. *infra*, n° 595.

(18) V. *infra*, n° 117.

(19) V. D. Grillet-Ponton, *Essai sur le contrat innomé*, thèse, Lyon III, 1982.

(20) La distinction présentait un réel intérêt en droit romain, pour qui le contrat n'avait force obligatoire que s'il appartenait à une catégorie de contrat bénéficiant d'une action. La consécration de la liberté contractuelle a privé la distinction de cet intérêt. V. not. M. Planiol, *Classification synthétique des contrats : Rev. crit. législ. et jurispr.* 1904, p. 470.

(21) V. J.-M. Leloup, *La création de contrats par la pratique commerciale*, in *L'évolution contemporaine du droit des contrats, op. cit.*, p. 167 et s. – *Adde* M. Cabrillac, *Remarques sur la théorie générale du contrat et les créations récentes de la pratique commerciale*, in *Mél. Marty*, Université des sciences sociales de Toulouse, 1978, p. 235 et s. – Ph. Le Tourneau : *JCl. Contrats-Distribution*, Fasc. 565 : « Le meilleur droit des contrats spéciaux est celui qui est forgé par la pratique » (n° 27).

(22) V. *infra*, n° 11.

En dehors des hypothèses où le juge requalifie une opération en raison d'une erreur des contractants ou d'une volonté délibérée d'échapper à un régime déterminé, les difficultés se concentrent essentiellement sur les opérations contractuelles complexes qui composent plusieurs opérations élémentaires et créent des conflits de qualifications[(23)]. Voilà une opération aussi banale que le dépôt-vente d'une chose. Relève-t-elle de la vente ou du dépôt[(24)] ? Comment qualifier la fourniture d'une chose spécialement préparée par le fournisseur : s'agit-il encore d'une vente ou déjà d'une prestation de service ? (V. *infra*, n°s 81 et s. et 499 et s.).

C'est la recherche d'une qualification unique qui doit prioritairement animer le juge. Ce dernier n'a pas à tenir compte de la qualification donnée par les parties ; il lui appartient de donner ou restituer son exacte qualification à l'acte, pour reprendre une formule classique de la Cour de cassation[(25)]. La méthode préconisée par une grande partie des auteurs[(26)] est de retenir l'obligation caractéristique ou fondamentale du contrat, dont l'importance dans la théorie générale du contrat ne cesse de s'affirmer[(27)]. L'élément principal du contrat emporte la qualification, l'accessoire suivant naturellement le principal. Reste à identifier cette obligation fondamentale. Il ne peut s'agir de l'obligation monétaire. Payer une somme d'argent est, en effet, une obligation commune à de trop nombreux contrats[(28)]. Comme l'enseigne le droit international privé[(29)], c'est en contemplation de l'obligation réciproque de paiement du prix que se décidera souvent la qualification. Encore que la cause du paiement ne réside pas toujours dans une obligation. Ainsi, dans la vente, l'acheteur paie pour devenir propriétaire, ce qui ne résulte pas de l'exécution d'une obligation (V. *infra*, n° 159).

Mais cette méthode n'est pas toujours décisive, car le même élément caractéristique peut se retrouver dans plusieurs contrats. Ainsi, l'effet translatif de propriété n'est pas propre à la vente : on le retrouve dans l'échange ou le prêt de consommation. Il faut donc parfois rechercher d'autres éléments subsidiaires à la qualification.

Cette méthode rigoureuse n'épuise cependant pas la difficulté de cette démarche. Ainsi, à la lecture de nombreuses décisions, on peut avoir le sentiment que « la méthode utilisée pour la qualification est largement intuitive »[(30)]. Mais, on a surtout le sentiment que le choix entre deux qualifications n'est pas neutre, singulièrement lorsque l'une d'entre elles emporte l'application de règles impéra-

(23) V. A. Bénabent, *L'hybridation dans les contrats*, in *Prospective du droit économique, Dialogues avec M. Jeantin*, Dalloz, 1999, p. 27 et s.

(24) V. *infra*, n° 569. – Plus largement, F. Labarthe, *Les conflits de qualification*, in *Mél. B. Bouloc*, Dalloz, 2006. p. 539.

(25) V. not. Cass. com., 21 déc. 1987 : *Bull. civ.* 1987, IV, n° 281.

(26) V. Ph. Malaurie, L. Aynès et P.-Y. Gautier, n° 12 et A. Bénabent, n° 8. – Pothier opérait une distinction entre les éléments naturels, essentiels et accidentels au contrat : seuls les seconds sont décisifs dans la nature du contrat, in *Œuvres de Pothier*, t. III, *Traité des obligations*, Paris, Beaucé, 1818, n° 6. Cette distinction est parfois sollicitée par les auteurs contemporains : V. D. Grillet-Ponton, *op. cit.*, n° 31. – N. Blanc, *Les contrats du droit d'auteur à l'épreuve de la distinction des contrats nommés et innomés*, Dalloz, 2010, préf. P.-Y. Gautier.

(27) V. M.-E. Ancel, *La prestation caractéristique du contrat*, Economica, 2002, préf. L. Aynès. – Ph. Jestaz, *L'obligation et la sanction : À la recherche de l'obligation fondamentale*, in *Mél. P. Raynaud*, Dalloz-Sirey, 1985, p. 273. – Ch. Lavabre, *Éléments essentiels et obligation fondamentale du contrat* : *RJDA* 1997, p. 291.

(28) V. M.-E. Ancel, *op. cit.*, n°s 16 et s. – Ph. Malaurie, L. Aynès et P.-Y. Gautier, n° 12.

(29) V. le rôle de la prestation caractéristique dans la désignation de la loi applicable au contrat international dans la convention de Rome du 19 juin 1980 puis le règlement n° 593/2008 dit « Rome I » du 17 juin 2008 (V. not. J.-M. Mousseron et al., *Droit du commerce international*, LexisNexis, 4e éd., 2012, n°s 144 et s.).

(30) J. Huet, G. Decoq, C. Grimaldi et H. Lécuyer, ci-après cité par le premier de ces auteurs, n° 11.

tives. Non seulement cette dernière a un effet « d'attraction »[31], mais surtout, le juge n'hésite pas à étendre à l'excès la qualification du modèle pour amplifier cet effet d'attraction. Le contrat de travail en offre un bon exemple. La jurisprudence sociale a pendant longtemps privilégié une acception extensive de la subordination juridique, critère essentiel de qualification du contrat de travail, au détriment du contrat d'entreprise[32].

Le choix d'une qualification unique n'est pas toujours approprié. Avec un certain pragmatisme, le juge règle différemment le conflit de qualifications, en retenant une qualification distributive ou mixte. Une partie du contrat sera soumise à une qualification, l'autre à une qualification différente, ou un même contrat peut selon les phases d'exécution être soumis à des qualifications différentes. Reste que ce « dépeçage »[33] du contrat doit demeurer exceptionnel. Sur ce terrain, la Commission présidée par Philippe Stoffel-Munck ayant rédigé l'avant-projet de réforme du droit des contrats[34] avait suggéré des dispositions novatrices permettant d'appliquer de manière distributive les régimes juridiques dans les contrats complexes, c'est-à-dire les contrats mêlant des éléments relevant de différentes qualifications juridiques. L'article 1710 proposé, relatif au bail, disposait ainsi : « Le loyer consiste en une somme d'argent. Il peut être complété par la fourniture d'un bien ou d'un service. En ces cas, les règles prescrites en matière de vente ou d'entreprise s'appliquent en tant de raison »[35]. La Commission avait entendu permettre au juge de retenir la qualification de bail tout en appliquant aux prestations atypiques sur lesquelles les parties se sont accordées les règles correspondant à leur nature, prescrites pour la vente ou l'entreprise. Ainsi, par-delà la qualification donnée au contrat, des éléments de régime d'autres contrats pourront s'appliquer à certains de ses éléments. Cette méthode expose au dépeçage du contrat et relativise le lien étroit qui existe entre la qualification et le régime du contrat. Elle conduit également à une part d'incertitude reposant sur l'expression « en tant que de raison ». Mais elle correspond à la réalité économique et à la flexibilité nécessaire : les « contrats spéciaux » ne sont finalement que des opérations économiques élémentaires que les contractants peuvent agencer et combiner pour atteindre les objectifs qu'ils poursuivent[36].

Enfin, la recherche d'une qualification peut déboucher sur la reconnaissance de l'originalité, sur l'admission d'un contrat *sui generis*. Ce résultat est discuté. On a d'abord justement souligné qu'« il faut se méfier des qualifications *sui generis* proposées volontiers par les auteurs, le plus souvent pour échapper à certaines règles impératives »[37]. L'existence du contrat *sui generis* a même été contestée : la notion apparaît « relative »[38]. Planiol estimait ainsi au début du XXe siècle, que

(31) J. Huet, *ibid.*
(32) V. *infra*, n° 473.
(33) Ph. Malaurie, L. Aynès et P.-Y. Gautier, n° 15. La formule du « dépeçage » du contrat est utilisée par les spécialistes du droit international privé pour identifier la situation du contrat international qui serait soumis à plusieurs lois différentes : V. P. Lagarde, *Le dépeçage dans le droit international privé des contrats* : *Rivista dir. int. priv. e proc.* 1975, n° 1, p. 649.
(34) Sur laquelle, V. *infra*, n° 11.
(35) V. égal. les articles 1703, à propos de l'échange et 1757, à propos de l'entreprise.
(36) F. Labarthe, *Faut-il ériger la mixité en principe de qualification ?* : D. 2023, p. 559. – T. Lakssimi, *Les opérations complexes dans l'avant-projet de réforme du droit des contrats spéciaux* : D. 2023, p. 1130.
(37) A. Bénabent, n° 8.
(38) Ph. Malaurie, L. Aynès et P.-Y. Gautier, n° 21.

« tous les genres de contrats sont inventés et connus depuis longtemps »[39], et que la création de nouveaux contrats ne pouvait, au pire, que conduire à des qualifications mixtes. L'imposante diversité des contrats contrarie cette opinion. Sauf à déformer des qualifications existantes, il faut parfois admettre le *sui generis*.

Quels sont donc, en définitive, les contrats relevant de notre champ d'investigation ? Les propos précédents révèlent l'embarras à fixer scientifiquement une liste. Arrêtons la démarche suivante, avec l'arbitraire qui y préside. Ce sont les contrats nommés du Code civil qui n'ont pas suscité création d'une discipline distincte, ou que l'on ne préfère pas traiter avec d'autres règles[40]. Mais ce sont aussi ceux que le législateur contemporain n'a pas intégrés dans le Code civil, et qui entretiennent un lien de filiation avec les contrats du Code civil.

En définitive, notre choix se portera sur les contrats suivants : la vente et ses « satellites », l'échange, la fiducie, le bail, le prêt, le crédit-bail, l'entreprise, le mandat, le dépôt, la transaction et les conventions d'arbitrage. Les avant-contrats sont associés à la période préparatoire à la vente, les contrats commerciaux de fourniture (contrats-cadres) s'y agrègent volontiers, la rente viagère apparaît souvent comme une modalité de la vente, elle est également étudiée dans ce cadre (sur cette sélection, V. *infra*, n° 16).

SECTION 2

ÉVOLUTION DES CONTRATS SPÉCIAUX[41]

6. – **Diversité.** L'institution contractuelle est un corps vivant, en perpétuel mouvement. Plusieurs évolutions, qui parfois s'entrecroisent, sont aisément perceptibles depuis la rédaction du Code civil. Retenons les principales : on relève un développement du phénomène contractuel, une spécialisation et une professionnalisation des contrats, ainsi que la volonté de protéger certains contractants. Un regard sur la réglementation n'est pas alors inutile, avant d'esquisser un bilan de ces évolutions.

7. – **Développement du phénomène contractuel.** Alors qu'on avait pu légitimement craindre un étiolement du phénomène contractuel en raison d'une progression sensible d'une réglementation empreinte de dirigisme[42], le contrat a non seulement survécu, mais conquis de nouvelles terres. Le développement est perceptible d'un point de vue quantitatif, au point que l'on ne peut dresser une liste exhaustive des contrats pratiqués quotidiennement. Mais c'est aussi une appréciation plus qualitative qui révèle la richesse du contrat. Outre la promo-

(39) M. Planiol, art. cité, spéc. p. 484. – Comp. D. Roksis, *Les limites des méthodes traditionnelles de qualification contractuelle : le parrainage publicitaire* : *D.* 1999, chron. p. 443.

(40) Comme le contrat de mariage, qui relève d'un enseignement de droit des régimes matrimoniaux (V. not. A. Colomer, A. Karm et R. Le Guidec, *Les régimes matrimoniaux*, LexisNexis, 13e éd., 2017), ou le cautionnement qui relève du droit des sûretés (V. not. M. Cabrillac, Ch. Mouly, Ph. Pétel et S. Cabrillac, *Droit des sûretés*, LexisNexis, coll. « Manuel », 10e éd., 2015).

(41) Sur ce thème, V. *L'évolution contemporaine du droit des contrats, op. cit.* ; *Le droit contemporain des contrats*, Economica, 1987. – Ph. Le Tourneau, *Quelques aspects de l'évolution des contrats*, in *Mél. Raynaud*, Dalloz-Sirey, 1985, p. 349.

(42) V. H. Battifol, *La crise du contrat* : *Arch. phil. dr.* 1968, t. XIII, p. 13.

tion du contrat collectif, qui sans doute ne restera pas cantonné aux seules relations de travail[43], on a parfaitement mis en lumière les phénomènes de groupes de contrats[44], de sous-contrat[45], de contrat conjonctif[46] et de contrat-cadre[47]. Autant d'exemples qui prouvent la malléabilité du concept. Rien n'échappe, en définitive, au contrat. Le contrat attire. Que de nouveaux biens apparaissent, tels les biens immatériels, et le contrat est apte à assurer leur circulation. Là où la doctrine classique voit des titres négociables, on a pu y déceler la présence d'un contrat négociable[48]. Cette promotion contemporaine du contrat n'est guère surprenante. Instrument essentiel des relations sociales, économiques et financières, le contrat n'est que le reflet de la vitalité de l'activité humaine.

8. – **Spécialisation.** La multiplication des contrats ne se traduit pas seulement par des créations *ex nihilo*. Les contrats nommés du Code civil ont vocation à appréhender la nouveauté, moyennant quelques adaptations. Aussi, chaque grande espèce de contrats s'est diversifiée. Le contrat spécial est devenu encore plus spécial. L'arbre a poussé et s'est enrichi de branches nouvelles[49]. Ainsi, il n'y a pas une vente mais des ventes (civile, commerciale, de meubles, d'immeubles...), il n'y a pas un bail mais des baux (rural, d'habitation, commercial)... Se sont créés des sous-ensembles, composés parfois eux-mêmes de nouveaux sous-ensembles. Si cette spécialisation a sans doute le mérite de l'adaptation à la diversité des opérations, elle révèle surtout une progression de l'ordre public de protection : ce phénomène est particulièrement sensible dans le contrat de bail (V. *infra*, n° 264).

La spécialisation des contrats complique, par ailleurs, l'articulation des règles, car elle ne crée pas de rupture entre les membres d'une même famille. Le lien de filiation demeure, qui conduit alors à coordonner la théorie générale du contrat, les règles particulières à l'espèce, et les règles très particulières à la variété[50].

9. – **Professionnalisation.** Relever que les contrats se sont professionnalisés tient du lieu commun au début du XXIe siècle. Au cœur des évolutions économiques et sociales[51], il est naturel que les contrats servent l'activité de nombreux professionnels. Cette professionnalisation a d'une part entraîné une modification de la hiérarchie des contrats du Code civil. On a pendant longtemps opposé les « grands contrats » (vente, bail, entreprise) aux « petits contrats » (prêt, dépôt, mandat...) cantonnés par les rédacteurs du code à la sphère de l'amitié[52]. Les

(43) V. J. Barthélemy, *Une convention collective de travailleurs indépendants ?* : *Dr. soc.* 1997, p. 40. – *Adde* pour une utilisation de la négociation collective dans le bail à usage d'habitation, *infra*, n° 296.

(44) V. B. Teyssié, *Les groupes de contrats*, LGDJ, coll. « Bibl. dr. privé », 1975, t. 139, préf. J.-M. Mousseron.

(45) V. J. Neret, *Le sous-contrat*, LGDJ, coll. « Bibl. dr. privé », 1979, t. 163, préf. P. Catala.

(46) V. R. Cabrillac, *L'acte juridique conjonctif en droit privé français*, LGDJ, coll. « Bibl. dr. privé », 1990, t. 213, préf. P. Catala.

(47) V. J. Gatsi, *Le contrat-cadre*, LGDJ, coll. « Bibl. dr. privé », 1996, t. 273, préf. M. Behar-Touchais. – V. sur le contrat-cadre, V. *infra*, n°s 33 et s.

(48) V. H. Causse, *Les titres négociables, Essai sur le contrat négociable*, Litec, coll. « Bibl. dr. privé », 1993, t. 29, préf. B. Teyssié.

(49) V. Ph. Malaurie, L. Aynès et P.-Y. Gautier qui distinguent la loi de spécialisation progressive des contrats à propos des variétés de ventes, de baux et de mandats, *op. cit.*, n° 33.

(50) V. A. Bénabent : « Les lois du genre s'appliquent à l'espèce, sauf dérogations ; et les lois de l'espèce s'appliquent à la variété sauf dérogations », n° 7.

(51) V. D. Mainguy, *Remarques sur les contrats de situation et quelques évolutions récentes du Droit des contrats*, in *Mél. M. Cabrillac*, Litec, 1999, p. 165 et s. – P. Garello, *Les économistes et le contrat*, in *Mél. C. Mouly*, Litec, 1998, p. 37 et s.

(52) V. J. Carbonnier, *Variations sur les petits contrats*, in *Flexible droit*, LGDJ, 10e éd., 2001, p. 339 et s.

« petits » tiennent désormais leur revanche. Que l'on songe à l'activité bancaire pour mesurer l'utilité du prêt. Il serait fastidieux de dresser la liste des mandataires professionnels ou acteurs économiques tenus par les obligations du dépositaire. Ces petits contrats du Code civil sont devenus des grands contrats d'affaires. Mais cette professionnalisation, facteur de spécialisation, a, d'autre part, entraîné une modification sensible du contenu contractuel. La jurisprudence a forcé le contrat pour y inclure de nouvelles obligations (information, conseil, sécurité). De même, la responsabilité d'un professionnel ne peut pas être traitée comme celle d'un ami[53].

10. – **Protection.** « Dis-moi qui tu es, je te dirai comment contracter ! » Alors que les rédacteurs du Code civil ne s'étaient guère préoccupés de la qualité des contractants, le droit contemporain multiplie les règles dérogatoires fondées sur la protection d'une partie jugée faible au contrat[54]. À des années d'intervalle, les mêmes constats entraînent les mêmes réactions. Salarié, assuré, consommateur, locataire, autant de contractants placés dans une situation naturelle de faiblesse que le législateur doit protéger par un rééquilibrage. Mais la protection ne se résume pas à quelques règles. Son ampleur est telle que des lois consistantes sont nécessaires, que des codes apparaissent[55]. C'est incontestablement le droit de la consommation qui dérange le plus l'ordonnancement traditionnel des contrats spéciaux, car c'est le consommateur contractant que l'on protège, qu'il soit partie à un contrat de vente, à un contrat d'entreprise, de prêt ou de mandat[56]. Se mettent en place des règles transversales qui ne s'arrêtent plus à une qualification contractuelle : ainsi l'article 5 de la directive 2011/83 du 25 octobre 2011 relative aux droits des consommateurs introduit une obligation précontractuelle d'information commune à tous les contrats de vente et de services conclus entre professionnels et consommateurs, hormis ceux très spécifiques exclus de la directive[57]. Mais le droit de la concurrence n'a-t-il pas vocation à jouer un rôle similaire[58] ? Pour favoriser une concurrence saine entre opérateurs, les règles mises en place, qui notamment proscrivent certains comportements, contribuent non seulement à la protection d'acteurs économiques plus faibles, mais aussi, au final, à

(53) L'avant-projet de réforme du droit des contrats spéciaux (V. *infra*, n° 11) fait de nombreuses références au contractant professionnel : le régime juridique est souvent durci, la présomption d'onérosité souvent posée. Sur le sujet : M. Lagelée-Heymann, *Le professionnel dans le Code civil ?* : *D.* 2023, p. 1075.

(54) V. M. Fontaine et J. Ghestin (ss dir.), *La protection de la partie faible dans les rapports contractuels. Comparaisons franco-belges*, LGDJ, coll. « Bibl. dr. privé », 1996, t. 261.

(55) Code du travail, Code des assurances, Code de la consommation. Ces codifications traduisent les tiraillements idéologiques successifs du droit des contrats tantôt vers un droit impératif de protection (pour le droit du travail), tantôt vers un regain néo-libéral (droit de la consommation et droit de la concurrence). – V. not. F. Terré, Ph. Simler, Y. Lequette et F. Chénedé, *Les Obligations*, Dalloz, 12ᵉ éd., 2019, n°s 45 et s.

(56) V. toutefois, Cass. 3ᵉ civ., 26 janv. 2017, n° 15-2.7580 : *JCP G* 2017, 239, note G. Paisant ; *RDC* 2017, p. 274, obs. J.-B. Seube jugeant, pour exclure l'article L. 137-2 du Code de la consommation, que « le bail d'habitation obéit à des règles spécifiques exclusives du droit de la consommation, de sorte que la prescription édictée par l'article 7-1 de la loi du 6 juillet 1989 est seule applicable à l'action en recouvrement des réparations locatives et loyers impayés ».

(57) V. E. Poillot et N. Sauphanor-Brouillaud : *D.* 2012, chron. dr. consom. p. 843. – *Adde* E. Poillot, *Droit européen de la consommation et uniformisation du droit des contrats*, LGDJ, coll. « Bibl. dr. privé », 2006, t. 643, préf. P. Vareilles-Sommières, spéc. nos 166 et s. – N. Sauphanor, E. Poillot, C. Aubert de Vincelles et G. Brunaux (ci-après cité du nom du premier de ces auteurs) *Les contrats de consommation, règles communes*, *in* J. Ghestin (ss dir.), *Traité des contrats*, LGDJ, 2012.

(58) V. Ph. Malaurie, L. Aynès et P.-Y. Gautier : « Les deux renouvellements contemporains du droit des contrats spéciaux, le droit de la concurrence et celui de la consommation, influencent en profondeur les relations entre le juge et le contrat » (avant-propos de la 10ᵉ éd., Cujas, 1997). – *Adde* Ph. Malaurie, *Droit de la concurrence et droit des contrats* : *D.* 1995, chron. p. 51. – F. Dreifuss-Netter, *Droit de la concurrence et droit commun des obligations* : *RTD civ.* 1990, p. 369. – *Adde Débats* in *RDC* 2004, p. 861 et s.

celle du consommateur. Le droit de la concurrence fait alors nécessairement peser des contraintes sur les contrats, tant sur le fond que sur la forme[59]. Ainsi de la réglementation des pratiques restrictives de concurrence et des articles L. 442-1 et suivants du Code de commerce, réécrits par l'ordonnance n° 2019-359 du 24 avril 2019, dont nombre de dispositions empruntent au droit de la consommation[60].

Une difficulté supplémentaire s'ajoute à l'application de ces droits protecteurs. La réforme du droit des contrats du 10 février 2016 a consacré la catégorie des « contrats d'adhésion » qui permet au juge de réputer non écrites dans ce genre d'accord les clauses créant un déséquilibre significatif (C. civ., art. 1110, al. 2 et art. 1171) et d'interpréter le contrat contre celui qui a rédigé (C. civ., art. 1190) ; de la sorte il faudra désormais se demander si, même non soumis au droit de la consommation, le contrat de vente, de bail, de prêt... est un accord conclu de gré à gré ou un contrat d'adhésion. Dans le second cas, un fort interventionnisme judiciaire est prévisible si la clause n'avait pas été négociable. Les critères de qualification du contrat d'adhésion restent cependant très incertains[61].

11. – **Réglementation.** « Les contrats ont certes besoin de droit ; il n'est pas sûr qu'ils aient besoin de lois »[62]. L'affirmation pose bien les termes du débat. Quel type de règles pour les contrats spéciaux ? Le constat, à la lumière des évolutions précédemment décrites, est celui de la diversité. La source législative est bien présente. Elle s'est manifestée pour organiser, voire créer[63] de nouveaux contrats, mais surtout pour assurer la protection de certains contractants (V. *supra*, n° 10). D'où la prolifération des règles impératives, l'émergence de contrats « imposés », et l'introduction de la sanction pénale dans le champ du contractuel. Un rapide bilan de l'œuvre législative contribue cependant à alimenter le thème récurrent du déclin de la loi. Des textes longs, mais pas toujours aptes à éviter le contentieux ; des qualifications contractuelles hasardeuses, constituant parfois de véritables « monstres »[64] : ainsi une loi du 13 juillet 1992 parle-t-elle de « vente de voyages ou de séjours »[65] !

Paradoxalement, le législateur a négligé les contrats nommés du Code civil, laissant à la jurisprudence le soin de les adapter aux besoins contemporains. Résultats : des textes centenaires souvent anachroniques, et des grands contrats, comme le contrat d'entreprise, essentiellement « réglementés » par la jurisprudence.

(59) V. not. F. Dreifuss-Netter, art. préc.

(60) Selon l'article L. 442-6-2° du Code de commerce : « Engage la responsabilité de son auteur et l'oblige à réparer le préjudice causé le fait, par tout producteur, commerçant, industriel ou personne immatriculée au répertoire des métiers : (...) 2° De soumettre ou de tenter de soumettre un partenaire commercial à des obligations créant un déséquilibre significatif dans les droits et obligations des parties ; (...) ». L'expression « déséquilibre significatif » est le critère d'appréciation des clauses abusives en droit de la consommation (C. consom., art. L. 132-1), même si les deux dispositifs ne paraissent pas superposables, V. D. et N. Ferrier, *Droit de la distribution*, LexisNexis, 7e éd., 2014, n° 329.

(61) F. Chénedé, *Le contrat d'adhésion dans le projet de réforme* : D. 2015, p. 1226. – F. Chénedé, *Le contrat d'adhésion de l'article 1110* : *JCP G* 2016, 776. – Th. Revet, *Les critères du contrat d'adhésion* : D. 2016, p. 1771.

(62) Ph. Rémy, *Droit des contrats : questions, positions, propositions*, in *Le droit contemporain des contrats*, Economica, 1987, p. 271, n° 32.

(63) « Ce qui caractérise la législation actuelle, c'est qu'elle crée des contrats nouveaux, des contrats dont personne n'aurait seulement eu l'idée il y a cinquante ans » (Ph. Jestaz, *L'évolution du droit des contrats spéciaux dans la loi depuis 1945*, in *L'évolution contemporaine du droit des contrats*, *op. cit.*, p. 117 et s., spéc. p. 121).

(64) Ph. Jestaz, art. cit., spéc. p. 122.

(65) Il est difficile d'imaginer que l'on acquiert la propriété du voyage ou de séjours. Que recouvre, par exemple, la garantie des vices cachés ?

Dans le prolongement de la réforme du droit commun des contrats, le chantier de la réforme du droit des contrats spéciaux est entrepris. Un groupe de réflexion réuni sous l'égide de l'Association Capitant a ainsi proposé au ministère de la Justice, à l'automne 2017, un avant-projet de réforme de la matière. L'un des apports principaux de cet avant-projet est de consacrer des « droits et obligations spéciaux » : ces droits et obligations, susceptibles de s'illustrer dans plusieurs contrats, se voient ainsi dotés d'un régime unique ; les obligations de délivrance, de conservation, de réception, de conservation, d'entretien se trouvent ainsi définies de manière générale, sans considération du contrat dans lequel elles peuvent se manifester. L'expérience montre que de longues années peuvent parfois s'écouler entre une telle initiative doctrinale et sa mise en œuvre politique. Quoi qu'il en soit, un tel mouvement national de réforme montre que l'attente (la crainte ?) d'une réglementation européenne n'a pas paralysé la réécriture des textes français[(66)].

Au printemps 2020, la Chancellerie a confié à une commission présidée par le professeur Philippe Stoffel-Munck le soin de rénover les dispositions que le Code civil consacrait aux contrats spéciaux. La commission, composée d'universitaires, d'avocats et de magistrats, a travaillé pendant deux ans. Selon son président, « l'esprit qui a présidé à ces nécessaires travaux a été de clarifier, quand c'était nécessaire, de simplifier, quand c'était possible, de moderniser, c'est-à-dire de s'ouvrir aux réalités faiblement considérées par le passé et de tenir compte de l'obsolescence de nombreuses règles spéciales ». Cette modernisation a conduit « à couper plusieurs branches mortes, y compris prétoriennes, car la jurisprudence qui s'était construite sur les règles du Code civil de 1804 a parfois été dépassée par l'adoption de législations nouvelles »[(67)]. Le développement de législations protectrices, comme le droit de la consommation ainsi que l'existence dans le droit commun de mécanismes correcteurs de déséquilibres ont ainsi permis de promouvoir et d'assurer la liberté contractuelle, dans le « souci de construire le droit à partir des phénomènes du réel, d'avancer du concret vers l'abstrait, plutôt que l'inverse »[(68)]. De fait, l'avant-projet (ci-après « avant-projet de réforme du droit des contrats spéciaux ») présente plusieurs traits marquants : la prise en compte de la professionnalisation des contrats spéciaux puisque de nombreux contrats ont un régime particulier selon que le contractant est un professionnel ou pas[(69)], l'ouverture à l'incorporel puisque le Code de 1804 prenait inconsciemment le modèle de la chose corporelle[(70)], l'agencement délicat avec le droit commun[(71)]...

(66) V. J. Carbonnier : « En 1962-1964, faisons-en la confidence, quand fut entrepris un travail de réécriture sur le Code civil, si la matière des obligations fut laissée de côté au bénéfice du droit de la famille, on en donna pour argument que cette matière pourrait, dans un avenir abordable, faire l'objet d'une unification européenne » (art. cit., spéc. p. 32).

(67) Ph. Stoffel-Munck, Rapport introductif à la réforme, « L'esprit et à la méthode » ; *adde*, Ph. Stoffel-Munck, *La préparation de l'avant-projet de réforme du droit des contrats spéciaux* : *RDC* 2022, n° 3, p. 98 et s. – Ph. Stoffel-Munck, *Questions sur l'avant-projet de réforme du droit des contrats spéciaux* : *D.* 2022, p. 1552.

(68) *Ibid.*

(69) M. Lagelée-Heymann, *Le professionnel dans le Code civil ?* : *D.* 2023, p. 1075.

(70) J.-M. Bruguière, *L'avant-projet de réforme des contrats spéciaux, l'incorporel et les technologies nouvelles* : *RDC* 2023/1, p. 52.

(71) A. Sériaux, *L'articulation du spécial et du général dans l'avant projet de réforme du droit des contrats spéciaux* : *RDC* 2023/1, p. 204.

Après avoir été discuté avec différents milieux professionnels, comme le notariat, l'avant-projet a été rendu public le 29 juillet 2022 par la Chancellerie : outre une présentation générale des textes, il contient, sous chaque article, des développements expliquant les choix opérés et les difficultés auxquelles la commission a été confrontée[72]. Comme pour l'ordonnance du 10 février 2016 réformant le droit des obligations, le projet a été soumis à une vaste consultation publique[73] ; il a également donné lieu à de nombreux colloques[74]. En mai 2024, un projet de loi de simplification de la vie économique a été soumis au Sénat. Son article 11 prévoyait d'habiliter le gouvernement, pour un délai de deux ans, à légiférer par voie d'ordonnance afin de réformer les huit contrats concernés : « 1° Réformer le droit du contrat de vente, notamment en précisant les règles applicables aux avant-contrats préparatoires à la vente ; 2° Simplifier les règles relatives au contrat d'échange ; 3° Moderniser le contrat de louage des choses (ou contrat de location) et élargir son champ d'application aux biens incorporels ; 4° Préciser et réviser les règles relatives au contrat de louage d'ouvrage (ou contrat d'entreprise), à la sous-traitance, le cas échéant en modifiant la loi n° 75-1334 du 31 décembre 1975 relative à la sous-traitance, au contrat de construction et à la responsabilité des constructeurs, de même qu'au contrat d'entreprise mobilière ; 5° Moderniser le droit du contrat de prêt, s'agissant, en particulier, du prêt à usage (commodat) et du prêt de consommation ; 6° Clarifier et adapter le droit des contrats de dépôt et de séquestre, notamment le contrat de dépôt hôtelier ; 7° Compléter et préciser le droit des contrats aléatoires, notamment le jeu et le pari, le contrat de rente viagère et la tontine ; 8° Moderniser les règles relatives aux contrats de mandat ou assimilés, introduire dans le code civil des règles destinées à régir de nouvelles formes de mandat, devenues usuelles, tels les mandats en blanc, les mandats avec clause ducroire et les mandats d'intérêt commun, ainsi que le contrat de courtage et le contrat de commission ». La commission du Sénat a proposé la suppression de cet article en estimant que la représentation parlementaire ne pouvait se dessaisir si longuement de ses attributions et était, en dépit de la complexité de la matière, pleinement à même de légiférer sur la question[75]. La dissolution du Parlement intervenue au mois de juin 2024 rend très incertaine la continuation de ce processus. Pour autant, dans les pages de ce manuel, il sera fréquemment fait référence, à titre prospectif, aux dispositions envisagées par « l'avant-projet de réforme » (cité de la sorte).

12. – **Européanisation et mondialisation.** La timidité d'origine du droit européen pour le contrat tient à l'absence de disposition spécifique dans le traité de Rome prévoyant la compétence de l'ordre communautaire afin d'harmonisation

(72) L'avant-projet de réforme du droit des contrats spéciaux, *Présentation de la réforme et du texte du projet rédigé et commenté par la commission de réforme*, ss dir. D. Galbois-Lehalle et Ph. Stoffel-Munck, LGDJ, 2024.

(73) G. Chantepie et M. Latina, *Observations générales sur l'avant-projet de réforme du droit des contrats spéciaux* : D. 2022, p. 1776.

(74) *La réforme des contrats spéciaux* : RDC 2023/3, p. 97 et s. avec les analyses de Ph. Stoffel-Munck, V. Vigneau, L. Leveneur, N. Blanc, J.-B. Seube, M. Leveneur-Azémar, P. Puig et R. Loir... ; *L'avant-projet de réforme du droit des contrats spéciaux : regards de praticiens* : *Journ. sp. Sociétés*, suppl. mars 2023.

(75) Rapport Législatif n° 634 (2023-2024), déposé le 28 mai 2024.

ou de coordination des législations en ce domaine[76]. De fait les interventions du droit communautaire en matière contractuelle ne pouvaient prendre appui que sur la politique de protection du consommateur, sinon la police de la libre concurrence au sein des États membres. L'ensemble justifie une production normative ponctuelle et disparate, prenant le plus souvent l'habit de directives et de règlements d'exemption[77], à laquelle s'associent des conventions d'harmonisation des règles de droit international privé en matière contractuelle[78]. Cette approche pragmatique tend aujourd'hui à laisser place à une démarche d'ensemble. Derrière un souci réel de protection des consommateurs, la motivation première à l'origine de cette politique tient à l'élaboration du marché européen et au développement des transactions transfrontalières. Un marché unique appellerait une réglementation unique du contrat. La légitimité de ce présupposé pourrait être discutée. Mais le mouvement est bien certain et plusieurs illustrations peuvent être citées. Déjà, la loi du 19 mai 1998, qui intégrait dans notre droit la directive sur la responsabilité du fait des produits défectueux, intéresse les vendeurs et autres loueurs (C. civ., art. 1386-7. – V. *infra*, n°s 238 et s.). Mais plus avant, c'est tout un pan de réglementation d'origine communautaire qui s'est agrégé à notre droit de la vente avec la directive du 25 mai 1999 sur certains aspects de la vente et des garanties des biens de consommation[79]. Dénués de portée normative, les principes européens du contrat élaborés par une commission d'universitaires placée sous l'égide du professeur Lando se présentaient comme la ***première étape d'un futur Code européen des contrats*** que d'aucuns appellent de leurs vœux[80]. La convergence de ce texte avec les Principes Unidroit relatifs aux contrats du commerce international[81], voire même avec la Convention des Nations unies sur les contrats de vente internationale de marchandises (CVIM, dite convention de Vienne) (V. *infra*,

(76) V. L. Idot, *Les bases communautaires d'un droit privé européen*, in P. Vareilles-Sommières (ss dir.), *Le droit privé européen*, colloque Reims, Economica, 1998, spéc. p. 27 et Ch. Jamin, *Un droit européen des contrats* : *ibid.*, p. 40 et s.

(77) Pour une présentation de ces sources, V. J. Huet, *Les sources communautaires du droit des contrats*, in *Le renouvellement des sources du droit des obligations*, Assoc. H. Capitant, colloque Lille, 1996, LGDJ, 1997, p. 12 et s. – *Adde* L. Idot, *Droit communautaire et contrats*, in *Vers une culture juridique européenne*, colloque Toulouse, Montchrestien, 1998. – C. Quigley, *Droit communautaire des contrats : l'effet du droit communautaire sur les obligations contractuelles*, Bruylant, 1999.

(78) Convention de Rome du 19 juin 1980 sur la loi applicable aux obligations contractuelles et Convention de Bruxelles du 27 septembre 1968 sur la compétence judiciaire et l'exécution des décisions en matière civile et commerciale remplacées pour la première par le règlement n° 593/2008 du 17 juin 2008, pour la seconde par le règlement n° 1215/2015 du 12 décembre 2012.

(79) V. commentaires M. Trochu : *D.* 2000, p. 119 et s. ; O. Tournafond : *D. affaires* 2000, p. 159 et s. ; *RTD civ.* 2000, p. 440 et s. La directive a été transposée dans le Code de la consommation aux articles L. 211-1 et s. par l'ordonnance n° 2005-136 du 17 février 2005 : *JO* 18 févr. 2005. – V. J. Calais-Auloy, *Une nouvelle garantie pour l'acheteur : la garantie de conformité* : *RTD civ.* 2005, p. 701. – *Adde infra*, n°s 230 et s.

(80) V. *Principles of European Contract Law*, Part. I and II, *Kluwer Law International*, 2000 – En langue française, V. I. de Lamberterie, G. Rouette et D. Tallon, *Les principes du droit européen du contrat*, version française, Doc fr., 1997, spéc. p. 17. – *Adde* obs. in *RTD civ.* 1998, p. 1006 et s. – Sur ces principes, V. D. Mazeaud, *À propos du droit virtuel des contrats*, in *Mél. M. Cabrillac*, Litec, 2000, p. 205 et s. – C. Witz, *Plaidoyer pour un code européen des obligations* : *D.* 2000, p. 79. – D. Tallon, *Vers un droit européen des contrats*, in *Mél. A. Colomer*, Litec, 1993, p. 485 et s. – G. Gandolfi, *Pour un code européen des contrats* : *RTD civ.* 1992, p. 707 et s. – Ph. Malaurie, *Le Code civil européen des obligations et des contrats, une question toujours ouverte* : *JCP G* 2002, I, 110. – Ouvertement critiques sur cette évolution, V. F. Terré, Ph. Simler, Y. Lequette et F. Chénédé, *Les obligations*, préc., n° 60. – Y. Lequette, *Recodification civile et prolifération des sources internationales*, in *Le Code civil 1804-2004, Livre du Bicentenaire*, Dalloz-Litec, 2004, p. 171. – Les PEDC n'ont plus vocation à accéder au rang de dispositions normatives en tant que tels mais à être repris dans la proposition de règlement sur la vente européenne, V. *infra*, n° 250.

(81) V. J.-P. Béraudo, *Les Principes d'Unidroit relatifs au droit du commerce international* : *JCP G* 1995, I, 3842. – J. Huet : *LPA* 10 nov. 1995. – Ch. Larroumet, *La valeur des principes d'Unidroit applicables aux contrats du commerce international* : *JCP G* 1997, 4011.

n° 21), illustre l'émergence de nouvelles sources de droit des contrats proches de la pratique professionnelle et rassemblées sous un intitulé latin visant moins à les enraciner qu'à éviter de choisir dès le départ une culture et une langue de référence : la *lex mercatoria*(82). À la suite de l'élaboration d'un cadre commun de référence (CCR) et de larges consultations lancées auprès de cercles d'experts nationaux, la Commission a adopté une proposition de règlement relatif à un droit commun européen de la vente (DCEV) en date du 11 octobre 2011 (Doc. COM [2011], 635 final) qui rassemble les dispositions antérieures(83). Ce texte d'envergure a fait débat, la légitimité de la démarche était disputée, il a finalement été retiré : le droit des contrats connaît aussi ses souverainistes(84). Ce texte incarnait la marche vers le droit européen des contrats, son influence ne peut être méconnue, ce compris sur la réforme du droit des contrats français (V. *infra*, n° 250).

Enfin, de façon sans doute plus paradoxale parce que destinée à préserver les libertés individuelles face aux sujétions d'origine étatique et non à la régulation de rapports de droit privé, la Convention européenne des droits de l'homme exerce désormais son emprise sur le droit des contrats(85). Bref, l'influence européenne et internationale ne pouvait faire halte aux frontières du droit des contrats ; elle risque bien progressivement d'investir directement la matière.

13. – **Bilan ; du général et du spécial.** L'exercice de synthèse est délicat, d'autant que le paysage décrit ne représente que la photographie d'une réalité assez vite périmée. Il n'y a du reste pas qu'un bilan, mais plusieurs bilans à dresser. On peut faire ainsi un bilan par contrat, par famille de contrats, un bilan de chacune des évolutions examinées. Mais le point de vue le plus intéressant tient sans doute dans l'influence réciproque qu'exercent l'un à l'égard de l'autre le droit des contrats spéciaux et la théorie générale du contrat. Celle-ci s'est-elle appauvrie ou au contraire enrichie avec l'évolution des règles spéciales à certains contrats ? Lequel des deux corps de règles inspire l'autre... ? La perspective est féconde pour le juriste de contrat. Ainsi on a pu écrire que :

---

(82) L'exposé majeur tient à l'œuvre de Berthold Goldman dont les études premières restaient propres à la sphère du droit du commerce international, V. *Frontières du Droit et* Lex mercatoria : *Arch. phil. dr.* 1968, p. 177. – *Adde* P. Lagarde, *Approche critique de la* lex mercatoria, in *Mél. B. Goldman*, Litec, 1982, p. 125 et s. – J.-M. Mousseron, Lex mercatoria : *bonne mauvaise idée ou mauvaise bonne idée*, in *Mél. L. Boyer*, Litec, 1996, p. 469. – *Adde* J.-M. Mousseron et J. Raynard, *Droit du commerce international*, LexisNexis, 4e éd., 2012, nos 358 et s.

(83) Sur ce texte, V. O. Deshayes (ss dir.), *Le droit commun européen de la vente*, Société de législation comparée, coll. « TEE », 2012. – B. Fauvarque-Cosson, *Vers un droit commun européen de la vente : D.* 2012, 34. – C. de Vincelles, *Premier regard sur la proposition d'un droit commun européen de la vente* : *JCP G* 2011, 1376. – La démarche a suscité en France, et à l'étranger, une doctrine abondante : V. les contributions de Y. Lequette, J.-S. Borghetti, F. Ancel, M. Fabre-Magnan, L. Leveneur, S. Bros et T. Piazzon in *RDC* 2012, p. 1393 et s. – Également *RDC* 2012, p. 191, M. Behar-Touchais, B. Fauvarque-Cosson et Z. Jacquemain ; p. 213, O. Lando ; p. 457, C. Aubert de Vincelles ; p. 569, J.-S. Berge. – Également *RDC* 2011, p. 1313, W. Dorlat ; p. 1361, Débats et les réponses de l'Assoc. H. Capitant au projet européen et du Groupe Trans Europe Experts, dirigé par M. Behar-Touchais et M. Chagny. – *Adde* J. Rochfeld, *Droit européen des contrats : évolutions et circonvolutions* avec C. Aubert de Vincelles, B. Fauvarque-Cosson, D. Mazeaud, in *Dossier Droit européen des contrats : à la recherche du temps perdu* : *Dr. et patrimoine* déc. 2007, n° 165, p. 40 et s.

(84) Sur ces discussions, V. not. *RDC* 2011, n° 3, spéc. Y. Lequette, *Le code européen est de retour*, p. 1028. – Comp. *L'autre droit (européen et international) des contrats ?* Débat *in RDC* 2014, p. 538 (J.-S. Bergé, M. Karpenschif, M. Laazouzi, F. Marchadier, G. Pignarre, A. Tenenbaum, C. Nourissat et J.-P. Marguénaud).

(85) V. J.-P. Marguénaud, *L'influence de la Convention européenne des droits de l'homme sur le droit français des obligations*, in *Le renouvellement des sources du droit des obligations*, préc., p. 45 et s. – A. Debet, *L'influence de la CEDH sur le droit civil*, préf. L. Leveneur, Dalloz, 2002, spéc. nos 43 et s. – Ch. Goldie-Genicon, *op. cit.*, nos 58 et s. – V. égal. Cass. soc., 10 juill. 2002 : *RDC* 2003, p. 19, note J. Rochfeld qui soutient que la référence aux droits fondamentaux peut intervenir dans l'ensemble des relations contractuelles déséquilibrées (contrats d'adhésion, situation de dépendance, de déséquilibre significatif) à raison de l'analogie avec le lien qui relie le citoyen à l'État.

> « Le droit civil classique issu du Code Napoléon, en édictant la soumission de tous les contrats aux règles générales de la théorie générale des obligations (Livre III, Titre III, "Des contrats ou des obligations conventionnelles en général") avait entendu rompre avec le droit romain, qui fut exclusivement un droit des contrats "nommés" ; aujourd'hui, c'est bien en deçà du droit romain classique qu'on se trouve ramené, car non seulement le droit des contrats spéciaux s'est considérablement développé au détriment de la théorie générale, mais c'est même à l'intérieur de chaque type de contrat (...) que les différenciations se sont multipliées à l'infini en fonction de la nature du bien ou de la personne du contractant, selon un phénomène d'arborescence qui a été parfaitement mis en lumière. Le droit commun, par un étrange paradoxe, ne conserve alors plus qu'une maigre vocation résiduelle »(86).

Pour certains auteurs, même si la théorie générale décline, « le droit commun se spécialise » et le « droit spécial se généralise »(87). Pour d'autres, « l'évolution paraît animée d'un mouvement pendulaire »(88) ; après un temps de peine pour la théorie générale, celle-ci retrouverait quelque verdeur.

À notre sentiment, les rapports entre le général et le spécial s'articulent autour de trois idées. Plus une « spécialisation » des contrats s'opère, emportant un cortège de règles particulières, plus le poids de la théorie générale diminue pour chaque contrat. C'est une approche quantitative de l'influence de la théorie générale. Là où naguère le droit commun représentait un pourcentage élevé des règles applicables à chaque contrat particulier, ce pourcentage a incontestablement diminué au profit d'une inflation normative de règles spéciales codifiées, ou non.

Au-delà de ce premier constat, force est aussi de remarquer que certaines règles de la théorie générale se sont épanouies à travers différents contrats. Hormis le malheureux épisode de l'ancien article 1129 du Code civil sur la détermination du prix(89), on n'a, par exemple, jamais autant sollicité le principe d'exécution de bonne foi du contrat désormais posé par l'article 1104 du Code civil(90). Même le contrat de travail, que l'on présente souvent, à tort, comme coupé du droit commun, n'y échappe pas(91). Un auteur observe ainsi comment le droit commun est devenu un fonds de règles offertes à la raison du juge en vue de l'obtention de la solution la plus opportune(92). Mais voir le droit commun en sorte de boîte à outils n'a rien de réconfortant pour qui espère une orientation ordonnée à la matière.

Enfin, la théorie générale puise également dans les applications particulières. Ainsi la faculté de résiliation unilatérale du contrat à durée indéterminée, généralisée par la jurisprudence avant d'être consacrée à l'article 1211 en 2016, ne se trouvait inscrite que dans le désuet article 1780 du Code civil sur le louage de services.

(86) B. Oppetit, *Les tendances régressives dans l'évolution du droit contemporain*, in *Mél. dédiés à D. Holleaux*, Litec, 1990, p. 317 et s., spéc. p. 321.
(87) F. Collart Dutilleul, Ph. Delebecque et Ch.-E. Bucher, n°s 8 et 9.
(88) Ph. Malaurie, L. Aynès et P.-Y. Gautier, n°s 33 et s.
(89) V. *infra*, n° 40.
(90) V. not. Y. Picod, *Le devoir de loyauté dans l'exécution du contrat*, LGDJ, coll. « Bibl. dr. privé », 1989, t. 208, préf. G. Couturier.
(91) V. not. D. Corrignan-Carsin, *Loyauté et droit du travail*, in *Mél. en l'honneur de H. Blaise*, Economica, 1995, p. 125 et s.
(92) Ch. Goldie-Genicon, *op. cit.*, n° 469.

De même, on relève souvent que le principe du nominalisme monétaire est tiré de l'article 1895 du Code civil. Enfin, il arrive qu'une obligation, par l'ampleur de son application, intègre le droit commun. N'est-ce pas désormais le cas de l'obligation d'information[93] ?

Il n'en reste pas moins que, globalement, la théorie générale est en situation de repli : le droit commun joue en défense. La nécessité d'entretenir ce fonds commun et de le vivifier doit être constamment rappelée, ce n'est que sur un tronc solide que se développeront de saines ramifications.

L'étude de ce phénomène d'échange ne se limite pas aux seules relations entre la théorie générale et les contrats spéciaux. Les familles de contrats ne sont pas hermétiques les unes aux autres. Des règles initialement conçues pour un type de contrat nommé se diffusent progressivement dans d'autres contrats nommés. La vente, à cet égard, exerce sur les contrats relatifs aux choses son magistère. De fait, on s'interroge aujourd'hui sur l'émergence d'une théorie générale au sein même des contrats spéciaux[94] : les notions de délivrance, de réception, de garantie d'éviction, de restitution, de conservation ou d'entretien... pourraient en constituer les fondements. Transcendant les différents contrats spéciaux et s'illustrant dans chacun, ces notions procurent sans doute, comme le révèle l'avant-projet Capitant (V. *supra*, n° 11), les matériaux d'un droit commun des contrats spéciaux.

SECTION 3

CLASSIFICATIONS DES CONTRATS SPÉCIAUX

14. – Diversité ; contrats aléatoires ; jeux et paris. Le nombre allié à la diversité des contrats inclinerait au lyrisme : « Tout n'est-il pas ici que désordre et diversité ? La fresque des contrats spéciaux est devant nous comme une voie lactée. Le firmament des conventions est constellé de points plus scintillants que lumineux. Ils sont tous là sous la kyrielle des noms qui les couvrent, aussi nombreux – et non sans lien – que les délits spéciaux et derrière eux, fruits du même esprit fertile en inventions heureuses ou malignes, le cortège des singuliers de l'art contractuel, ces conventions innomées d'un jour qui deviendront, peut-être, à leur tour des modèles. Comment renouveler notre réflexion au chaos de la coexistence des espèces ? Midi sonnera-t-il avant de les avoir comptées »[95]. La recherche d'une méthode de classification est une priorité à la matière.

Les classifications des contrats sont nombreuses. L'examen de la théorie générale a permis de découvrir celles proposées par le titre III du livre III du Code civil aux articles 1105 et suivants du Code civil : contrats synallagmatiques et contrats unilatéraux, contrats commutatifs et contrats aléatoires, contrats à titre gratuit et à titre onéreux, contrats nommés et contrats innomés, contrats consensuel, réel ou

(93) V. not. M. Fabre-Magnan, *De l'obligation d'information dans les contrats. Essai d'une théorie*, LGDJ, coll. « Bibl. dr. privé », 1992, t. 221, préf. J. Ghestin.
(94) V. *Débats* : *RDC* 2006, n° 2, p. 597 et s.
(95) G. Cornu, in *L'évolution contemporaine du droit des contrats*, *op. cit.*, spéc. p. 100.

solennel, contrats de gré à gré ou d'adhésion... L'intérêt de ces classifications n'est pas contestable, dès lors qu'elles traduisent des caractéristiques fondamentales des contrats et renvoient à autant de régimes particuliers. On sait toutefois qu'elles ne sont pas suffisantes et qu'elles sont trop générales pour assurer une classification des contrats spéciaux, chacun pouvant appartenir à plusieurs d'entre elles.

De la sorte un premier choix nous amène à écarter de l'étude la catégorie des *contrats aléatoires* pris en tant que tels. Ceux-là ne constituent pas une qualification propre de contrats renvoyant à une opération économique homogène, l'aléa peut être intégré à une vente, un prêt, une prestation ou toute autre formule[96]. Deux raisons académiques confortent ce choix : d'une part, la figure la plus représentative du genre, le contrat d'assurance, fait l'objet d'études et d'ouvrages spécialisés ; d'autre part, leur figure la plus utilisée, le contrat de rente viagère, est largement pratiquée dans le cadre de la vente et doit être envisagée avec ce contrat majeur. Ne restent finalement que le jeu et le pari (C. civ., art. 1964). Bien que traités indistinctement par le Code civil, le jeu et le pari[97] ne recouvrent pas les mêmes opérations. Dans le jeu, les parties participent personnellement à la partie objet de l'enjeu, et le perdant s'engage à payer au gagnant de l'argent ou autre chose ; alors que dans le pari, les parieurs, qui sont d'un avis contraire sur un événement, ne participent pas directement à la réalisation de cet événement qui détermine le gagnant. Si leur marginalisation a pu donner l'impression qu'ils sont à la lisière du droit[98] ; il reste que le jeu et le pari sont des contrats consensuels, synallagmatiques, à titre onéreux fondés sur un enjeu et contenant nécessairement une chance de gain et un risque de perte[99]. Mais les articles du Code civil sont devenus anachroniques, tant se sont développés les jeux et surtout les paris. À peine tolérés par les rédacteurs du code[100], ils sont désormais au centre d'une véritable économie contrôlée par l'État où ce dernier puise des ressources financières substantielles. Tiercé, Quarté, Quinté Plus, Loto, Keno, Millionnaire, paris sportifs... autant de formules vantées par de nombreux messages publicitaires, au succès populaire. Sans compter les traditionnels casinos, parfois, au cœur d'une économie locale. Que dire aussi du développement des paris associés aux marchés boursiers : c'est le Code des marchés financiers qui est alors concerné. L'organisation par certaines sociétés de ventes par correspondance de « loteries » publicitaires a justifié l'intervention du juge : « L'organisateur d'une loterie qui annonce un gain à une personne dénommée sans mettre en évidence l'existence d'un aléa s'oblige, par ce fait pure-

(96) La vente, contrat commutatif, devient aléatoire lorsqu'elle est faite aux risques et périls de l'acquéreur, sans garantie quant à l'existence ou les qualités de la chose ou la validité du titre (brevet) cédé. C'est l'aléa qui justifie les règles particulières qui affectent l'économie de l'échange voulu par les parties.

(97) V. A. Bénabent : *JCl. Civil Code*, Art. 1965 à 1967. – J.-L. Mouralis : *Rép. civ.* Dalloz, V° *Jeu-Pari*.

(98) V. Ph. Malaurie, L. Aynès et P.-Y. Gautier : « Ce sont à peine des contrats ; ils sont presque en dehors du droit car, traditionnellement, on joue pour s'amuser et le droit a pour objet les affaires sérieuses » (n° 681).

(99) Ne constitue pas, dès lors, un contrat de jeu, le concours de slogans publicitaires tendant à promouvoir et à favoriser les activités commerciales de membres d'une association qui ne comporte pour les organisateurs aucune chance de gains, ni aucun risque de perte pour les concurrents : CA Paris, 13 déc. 1974 : *D.* 1975, p. 234, note Fergani. La même exclusion s'impose pour le concours « Chefs-d'œuvre en péril » organisé naguère par l'ORTF, TGI Paris, 18 déc. 1974 : *Gaz. Pal.* 1975, 1, p. 258 ; *RTD civ.* 1975, p. 561, obs. G. Cornu.

(100) V. Portalis pour qui notamment le jeu est immoral car il favorise l'oisiveté et conduit à la dureté et à l'égoïsme (*Exposé des motifs, Fenet*, t. 14, 535 et s.).

ment volontaire, à le délivrer »[101]. Quand la notion de quasi-contrat permet ainsi de sanctionner les loteries trompeuses[102] : c'est bien davantage le droit des obligations qui est sollicité par l'aléa du jeu ou du pari (C. civ., art. 1108) que les familles de contrats spéciaux.

15. – Difficultés. Aussi, la doctrine s'est efforcée depuis longtemps de rechercher des critères de qualification aptes à rassembler des familles homogènes[103]. Le critère le plus souvent retenu réside dans la nature de l'objet du contrat. Mais cela ne suffit pas, la notion d'objet était controversée avant la réforme de 2016 et a finalement disparu avec le texte nouveau. On s'accorde alors pour retenir l'obligation caractéristique ou fondamentale du contrat, ce qui rapproche les démarches de qualification et de classification (V. *supra*, n° 5). En partant de l'article 1196 du Code civil, on propose de la sorte d'opposer les contrats translatifs de propriété à ceux qui ne le sont pas[104].

Cette opposition fondée sur la présence, ou non, du transfert de propriété dans les effets du contrat, pour juste et séduisante qu'elle soit, n'est pas pleinement satisfaisante. Elle présente un intérêt majeur car elle sous-tend des différences essentielles entre les deux catégories qu'elle découpe. Pourtant, elle conduit à réunir sous une même bannière tout contrat où se manifeste un tel effet translatif : ainsi du prêt de consommation. Or, on a justement fait remarquer « que le transfert de propriété dans pareil cas n'est pas tant un effet recherché par les parties, qu'une conséquence inéluctable de l'objet du contrat »[105]. Ce contrat n'est-il pas plus proche de son cousin le prêt à usage que de la vente ? Quant aux contrats non translatifs, regroupés par la négative, ils constituent une catégorie bien trop hétérogène pour la rendre intéressante. Par ailleurs, l'examen de l'obligation fondamentale ne conduit pas toujours aux mêmes résultats. Ainsi des auteurs ont mis en lumière la catégorie des contrats de restitutions conduisant à regrouper l'étude du prêt et du dépôt[106], là où, classiquement, on décèle pour le dépôt une obligation essentielle de garde.

Aussi propose-t-on d'introduire dans la démarche de qualification la notion de prestation caractéristique du contrat[107], ou mieux de considérer l'objet de cette prestation. Et il peut s'agir alors d'une chose ou d'un service[108]. Mais, cette division a beaucoup moins de force juridique que la précédente, « car certains contrats

(101) Cass. ch. mixte, 6 sept. 2002 : *Contrats, conc. consom.* 2002, comm. 151, note G. Raymond ; *JCP G* 2002, II, 10173, note S. Reifergerste ; *D.* 2002, jurispr. 2963, note D. Mazeaud.

(102) V. not. Ph. Le Tourneau et A. Zabalza, *Le réveil des quasi-contrats (à propos des loteries publicitaires) : Contrats, conc. consom.* 2002, chron. 22.

(103) Le thème est récurrent, preuve de sa difficulté. V. not. M. Planiol, *Classification synthétique des contrats*, art. cit. – J.-F. Overstake, *Essai de classification des contrats spéciaux*, LGDJ, coll. « Bibl. dr. privé », 1969, t. 91, préf. J. Brèthe de la Gressaye.

(104) V. J.-F. Overstake, *ibid.*

(105) J. Huet, n° 10001.

(106) V. Ph. Malaurie, L. Aynès et P.-Y. Gautier, n°s 591 et s.

(107) La prestation caractéristique est une notion dégagée par la doctrine suisse et reprise en droit international privé afin de désigner la loi applicable au contrat lorsque les parties n'auront pas prévu une clause spéciale à cette fin (art. 4 de la Convention de Rome du 19 juin 1980 sur la loi applicable aux obligations contractuelles puis du règlement n° 593/2008 dit « Rome I » du 17 juin 2008) ; peu ou prou, cette notion renvoie à la prestation réciproque au paiement du prix, V. *supra*, n° 5. – V. M.-E. Ancel, *La prestation caractéristique du contrat*, préf. L. Aynès, Economica, 2001. – *Adde* E. Gavin-Millan, *Le sens de la notion de prestation caractéristique* : *RRJ* 2003, 1, 121.

(108) V. M. Fabre-Magnan, *Le mythe de l'obligation de donner* : *RTD civ.* 1996, p. 85, spéc. n° 25.

portant sur des biens, tels que le prêt ou le bail, n'entraînent, en principe, aucun transfert de la propriété de ces biens, ce qui les distingue radicalement, dans leur régime juridique, des contrats translatifs de propriété avec lesquels on les étudie pourtant »[109]. Qui plus est, on estime que cette division ne permet pas d'englober les contrats de distribution ou de production[110]. D'autres proposent une classification tripartite, fondée sur la trilogie ranimée du droit romain, obligation de *dare*, obligation de *facere*, obligation de *praestare*. À s'attacher seulement à la prestation caractéristique, *dare* (qui renvoie selon cette démarche au transfert de la propriété), *facere* (faire) et *praestare* (fournir une chose, sans transfert de propriété), « il y a réellement *summa divisio* au sein des contrats spéciaux »[111]. Cette classification est certes plus fine. Mais comme les autres, elle n'assèche pas le classement de tous les contrats du Code civil. Comment ranger, par exemple, les contrats aléatoires ou les contrats relatifs aux litiges ? Surtout, elle paraît tournée vers le passé, alors que la réforme de 2016 ne reproduit pas l'opposition de ces trois formes d'obligation (et accrédite l'idée de la vacuité de l'obligation de donner).

Et si la recherche d'une seule classification était finalement vaine ? On a justement relevé qu'« une bonne classification doit aboutir à la mise en œuvre d'une réglementation générale minimum attachée à la catégorie de contrats qui s'appliquera automatiquement à chaque contrat spécial non réglementé dès que l'on aura déterminé la catégorie à laquelle il appartient »[112]. Or, les classifications précédemment décrites ne permettent pas de dégager un socle commun de règles techniques par catégorie mais invitent, au mieux, à des rapprochements. Le constat est bien celui de la diversité, laquelle est elle-même synonyme de la vie : quoi de plus surprenant alors que de rencontrer cette disparité s'agissant de l'outil juridique majeur du quotidien de l'activité humaine.

16. – **Choix : choses, services, litiges.** L'échec d'une synthèse contraint à procéder à des choix pour découper entre les contrats retenus pour l'étude. La réflexion nous conduit à opposer les contrats sur les *choses* des contrats de *services*, tant du point de vue de l'objet de la prestation que d'un point de vue plus économique.

Cette opposition doit être précisée, tant la notion de *services* manque d'homogénéité et de fermeté. Pour mieux la cerner, on scrutera le concept de *prestation* associé au *service* comme la lueur au phosphore, et fréquemment sollicité par les textes[113] ; on a vu dans *la prestation* un « terme générique englobant, à l'exclusion de la fourniture de produits (en pleine propriété), celle de tout avantage appréciable en argent (ouvrage, travaux, gestion, conseil, etc.), en vertu des contrats les plus divers (mandat, entreprise, contrat de travail, bail, assurance, prêt à usage, etc.) »[114]. Mais la définition est bien large, rebelle à la synthèse, trop éloignée de la place qu'occupe la prestation dans le rapport d'obligation. Une accep-

(109) M. Fabre-Magnan, art. cit., spéc. n° 26.
(110) V. F. Collart Dutilleul, Ph. Delebecque et Ch.-E. Bucher, n° 30.
(111) Pour autant que l'on considère l'objet possible du contrat et non pas l'objet d'une obligation (M. Fabre-Magnan, art. cit., spéc. note 82).
(112) J.-F. Overstake, *op. cit.*, p. 122.
(113) V. not. C. civ., art. 1163.
(114) G. Cornu (ss dir.), *Vocabulaire juridique* Capitant, V° *Prestation*.

tion plus stricte, moins juridique, est proposée : « Les services sont des prestations qui ne portent pas sur des biens »[115]. Mais le contrat d'entreprise, archétype des contrats sur les services, peut conduire à effectuer une prestation sur une chose (*quid* de la vente de produits manufacturés spécialement préparés pour le client ?).

L'analyse doit privilégier l'économie de l'accord. Dans les contrats sur les *choses*, la richesse tient dans la chose, *per se*, indépendamment de toute prestation humaine ; elle préexiste à la formation du contrat ; le contrat sur une chose est un contrat *d'autorisation* qui suppose le préalable d'un droit de propriété. Dans les contrats sur les *services*, le résultat attendu tient dans la réalisation d'un travail humain : la richesse naît de celui-ci et finalement de l'exécution du contrat, le contrat de *prestation* n'appelle pas le préalable de la propriété[116]. Le consentement des parties se rencontre dans ces deux hypothèses sur un socle distinct, les termes de l'échange (du *bargain*)[117] se révèlent bien différents : économique, la *summa divisio* qui oppose contrats sur les choses et sur les services se prolonge sur le terrain juridique (exigence de prix déterminé pour les uns, garantie pour les mêmes, pas pour les autres...).

Une place particulière doit encore être réservée aux contrats portant sur un *litige*. Ceux-là ne sont plus le support d'une opération économique particulière mais ont pour objet un différend : le litige devient objet de contrat. La famille est ancienne (transaction), elle est aussi pleine de vitalité, sollicitée pour des contrats de première importance économique, souvent internationaux (arbitrage) ; l'examen s'en trouve justifié.

Au terme de ces limitations, nous retiendrons donc trois parties :

Première partie : Les contrats sur les choses.

Deuxième partie : Les contrats sur les services.

Troisième partie : Les contrats sur les litiges.

(115) F. Collart Dutilleul, Ph. Delebecque et Ch.-E. Bucher, n° 623.

(116) Sur l'analyse de la force de travail humaine en tant qu'objet de contrat et qui rapproche le contrat de travail du louage de choses, V. Th. Revet, *La force de travail*, Litec, coll. « Bibl. dr. entr. », 1992, t. 28, préf. F. Zénati.

(117) V. L. Aynès, *Vers une déontologie du contrat* ? Conférence Cour de cassation, 11 mai 2006.

PREMIÈRE PARTIE

LES CONTRATS SUR LES CHOSES

17. – **Plan : une famille unie.** Les contrats sur les choses sont ceux par lesquels le maître d'une chose autorise autrui à en retirer avantages et utilités. La présence d'une chose irradie sur le contrat : elle influe sur sa formation (régime du prix ; remise de la chose dans les contrats réels) ; elle est au cœur de son exécution (obligation de délivrance, de conservation, de restitution). Les contrats sur les choses sont souvent amenés à correspondre entre eux, une règle créée pour l'un sera souvent adoptée, ou imitée par les autres (obligation de garantie) ; parfois, ils s'associent pour donner naissance à de nouvelles formules contractuelles (ainsi du crédit-bail, né de l'agglomération de la vente et du louage de choses). Il y a bien là une famille unie, que les besoins de l'étude commandent pourtant de séparer.

Au sein des contrats sur les choses, la dissociation s'opère selon que l'on est, ou non, en présence d'un effet translatif de propriété. Les premiers, plus radicaux, emportent transfert définitif des avantages de la chose dans le patrimoine du contractant ; le maître de la chose se défait de celle-ci avec l'esprit d'abandon.

Les seconds caractérisent des situations où le maître ne se sépare qu'un temps de la chose : il met celle-là, ou seulement certaines de ses utilités, à disposition d'autrui, avec esprit de retour.

Nous étudierons successivement les contrats translatifs de propriété (Titre 1), puis les contrats de mise à disposition (Titre 2).

TITRE 1

LES CONTRATS TRANSLATIFS DE PROPRIÉTÉ

18. – **Plan : la vente et les autres.** Le paysage des contrats translatifs de propriété est tranquille ; il y a un modèle qui accapare la réglementation, le contentieux, la réflexion : la vente, le premier des contrats. L'emprise exercée par ce contrat sur les autres formules translatives de propriété est telle que celles-ci peinent à exister pleinement ; elles feront figure de succédanés, d'adaptations de la vente ; leur étude en tout cas s'intègre naturellement dans celle de ce contrat. De cette puissance attractive, seul l'échange s'émancipe à quelques égards, peut-être parce que, déférence de la cadette à l'aîné, la vente a succédé au troc. En regard de ce contexte, l'introduction récente dans le Code civil d'un *corpus* relatif au contrat de fiducie marque une évolution forte de l'utilisation du mécanisme translatif de propriété en droit français : ce contrat en effet organise un transfert de propriété à des fins déterminées.

Nous étudierons successivement la vente (Chapitre 1), l'échange (Chapitre 2), enfin la fiducie (Chapitre 3).

C H A P I T R E 1

LA VENTE

19. – Le plus important des contrats ; vente et propriété. Le contrat de vente est « le plus usuel » des contrats en ce qu'il permet « d'atteindre l'essentiel d'un comportement plusieurs fois millénaire de l'humanité, donner de l'argent et acquérir une chose, recevoir de l'argent et abdiquer une chose »(1). À ce titre la vente est le premier des contrats ; peut-être pas historiquement (V. *infra*), mais par l'importance qu'elle tient dans la réalité quotidienne, elle mérite largement cette place jalousée(2).

De l'acte le plus réfléchi, parce qu'économiquement lourd de conséquences, au geste le plus naturel parce que quotidien, la vente présente une faculté d'adaptation proprement extraordinaire(3), et j'éprouve quelque vanité à l'idée que le plus actif des *golden boys new-yorkais* lorsqu'il acquiert, par millions de dollars, actions ou produits financiers ne fait pas fondamentalement autre chose que moi, achetant ma baguette de pain matinale chez mon boulanger à béret basque. Il n'y a là que la simple marque du désintérêt de la propriété pour la dimension économique des biens qu'elle embrasse ; mais derrière la vente, il y a toujours la propriété.

20. – Petite histoire et évolution. À croire un propos célèbre, « le don est la forme primitive de l'échange »(4). Notre parfaite ignorance de l'ethnologie juridique nous fera tenir comme rigoureusement exacte l'hypothèse. À l'origine était donc l'acte gratuit, philanthrope, peut-être vecteur de communication. Mais parce que la chose donnée porte en elle un peu de la personne du donateur, le donataire, pour neutraliser cette présence, serait contraint à faire un don en retour, le troc... pour « tuer » son bienfaiteur... Les temps immémoriaux de la vente intéressent plus le sociologue que le juriste.

---

(1) J. Carbonnier, *Sociologie de la vente*, in *Flexible droit*, préc., 8e éd., également in *Écrits*, PUF, 2010, p. 521. – Bibliographie spéciale à la vente : J. Ghestin et B. Desché, *La vente*, in *Traité des contrats*, LGDJ, 1990.

(2) V. M. de Juglart, *La vente, un contrat en voie d'extinction*, in *Mél. J. Derruppé*, Litec-GLN, 1991, p. 63 et s.

(3) Ce que Ph. Malaurie, L. Aynès et P.-Y. Gautier expriment mieux que tout autre : « Changer si souvent de taille en une seule journée, c'est vraiment troublant » (Lewis Caroll, *Alice au pays des merveilles*) (*Contrats spéciaux*, préc., épigraphe).

(4) M. Mauss, *Essai sur le don, forme et raison de l'échange dans les sociétés archaïques*, in *Sociologie et anthropologie*, Paris, 1966, p. 143 et s. – V. Carbonnier, *De la contribution que la sociologie juridique peut apporter au droit du contrat*, in *Écrits*, PUF, 2010, p. 506, spéc. p. 509.

Le droit romain voyait dans le contrat de vente (*emptio venditio*) un contrat consensuel au comptant, pour de menus achats ; la vente à crédit viendra plus tard. La particularité du droit romain était de dissocier le contrat de vente et le transfert de propriété : pour que l'acheteur devienne effectivement propriétaire, il devait encore satisfaire, après le contrat, à un rituel formaliste ; le droit allemand pérennise cette dissociation alors que le Code civil fait du transfert de propriété un effet consensuel du contrat (V. *infra*, n°s 158 et s.). Pour le surplus le droit romain de la vente était suffisamment sophistiqué pour que ses règles soient à la source des principales dispositions du Code civil ; on le verra en étudiant celles-ci (prix, garantie, risques de perte de la chose...).

L'Ancien Droit, dans sa diversité, reste dominé par l'influence des canonistes ; au contrat de vente ils restitueront le consensualisme que l'époque franque avait altéré ; ils affirmeront l'aspect synallagmatique du contrat avec les conséquences qui en résultent (exception d'inexécution, jeu de la condition résolutoire) ; ils préconiseront, sans grand succès néanmoins, l'idée d'un juste prix. La pratique notariale, enfin, sera décisive pour rendre fictives les formalités de transfert du droit, celui-ci intervenant alors du seul fait du contrat. La règle passera dans le Code civil (V. *infra*, n° 158).

Aujourd'hui, l'évolution continue. Le droit de la vente ploie sous le fardeau d'une réglementation moderne démesurée ainsi que le traduit la diversification de ses sources.

21. – **Sources : ventes interne, européenne et internationale.** Le Code civil consacre au contrat de vente plus de cent articles regroupés au sein d'un titre (C. civ., art. 1582 à 1701). Ces dispositions demeurent, pour l'essentiel, inchangées depuis leurs origines[(5)], encore que l'œuvre jurisprudentielle n'apparaisse pas dans le libellé des textes[(6)], et constituent le corps principal des règles applicables au contrat. L'intérêt de la distinction classique des ventes civiles et commerciales demeure (à propos des règles de preuve, de compétence judiciaire, de prescription, pour la validité de la clause compromissoire désormais étendue aux contrats conclus à raison d'une activité professionnelle, C. civ., art. 2061), mais celle-là paraît quelque peu surannée pour toute une série de raisons : le Code de commerce ne définit pas à proprement parler de ventes commerciales par nature[(7)], la vente est devenue l'instrument privilégié de la distribution moderne de sorte que la technique la plus pure du droit civil se trouve aujourd'hui au cœur des développements les plus contemporains du monde du commerce, de nombreux systèmes étrangers ignorent la dualité du droit civil et commercial et les traités internationaux relatifs à la vente désavouent cette division (V. *infra*), enfin l'expansion contemporaine du droit *consumériste* bouscule les divisions trop académiques.

(5) Les règles sur la vente d'immeuble à construire ont été intégrées en 1967 et 1978 au code : V. C. civ., art. 1601-1 à 1601-4, 1642-1, 1646-1.

(6) Et elle est importante pour le contrat de vente : régime du prix, de la garantie, obligation d'information.

(7) Une vente sera réputée commerciale à raison de la qualité de ses parties (commerçantes) et du dessein qu'elles poursuivent en contractant (les besoins de leur commerce). Sur l'article 632 du Code de commerce, V. Y. Reinhard et J.-P. Chazal, *Droit commercial*, Litec, 6e éd., 2001, n°s 176 et s.

C'est que le contrat de vente a partie liée avec le développement de la société de consommation. Aujourd'hui il s'agit de protéger l'acquéreur-consommateur d'abord de son vendeur professionnel, ensuite du produit qu'il a acheté, et finalement de lui-même ; il s'agit de stimuler le jeu de la concurrence entre des opérateurs de taille différente (producteurs, distributeurs ; grossistes, détaillants), ce qui au final sert les intérêts du même consommateur. Les textes deviennent circonstanciels et ne sont pas intégrés au Code civil, le législateur préférant procéder par strates selon une bien indigeste formule de « millefeuille ». Le Code de la consommation promulgué le 26 juillet 1993, qui rassemble des textes épars, et l'ancienne ordonnance du 1er décembre 1986 sur la liberté des prix et de la concurrence (C. com., art. L. 420-1 et s.), qui orchestre les relations entre professionnels, sont le siège d'une réglementation moderne du droit de la vente que ne laissait pas percevoir la stabilité trompeuse des textes du Code civil.

Mais l'explosion de la consommation n'est pas, tant s'en faut, un phénomène purement national et la recherche de nouveaux marchés par les fabricants de produits méprise les frontières politiques ou géographiques. Bref, les sources du droit de la vente deviennent internationales.

Ce sont des sources européennes d'abord. Le droit de l'Union européenne, qui vise à assurer la régulation d'un marché unique en réglementant la concurrence et à harmoniser la protection du consommateur, ne pouvait se désintéresser de ce contrat. De nombreuses directives influencent la matière. Mais les textes de Bruxelles n'ont pas toujours la rigueur du Code civil, ils définissent souvent leur propre domaine d'application, ce qui multiplie les régimes particuliers et, finalement, nuit à la cohérence du droit de la vente(8). La proposition de règlement du Parlement européen et du Conseil relatif à un droit commun européen de la vente du 11 octobre 2011 faisait figure de point d'orgue de cette entreprise ; mais le projet a fait long feu (V. *infra*, n° 250). L'ensemble traduit une réglementation touffue et pragmatique, au cas par cas, sans doute originale en regard de la logique civiliste(9), mais dont l'influence est aussi désormais évidente tant pour ce qui est du droit des obligations que de la matière des contrats spéciaux.

Enfin, le monde du commerce international ne pouvait davantage ignorer la réglementation du plus important instrument juridique d'échange. Après diverses conventions restées infructueuses, la Commission des Nations unies pour le droit commercial international (CNUDCI) a adopté le 11 avril 1980 la Convention des Nations unies sur les contrats de vente internationale de marchandises (CVIM,

(8) On retiendra spécialement la directive du 25 juillet 1985 sur la responsabilité des produits défectueux, transposée avec dix ans de retard par la loi n° 98-389 du 19 mai 1998, V. C. civ., art. 1245 et s. ; V. *infra*, n° 241 ; Dir. 93/13/CE, 5 avr. 1993, sur la protection des consommateurs transposée avec la loi du 1er février 1995 sur les clauses abusives (abrogée : Ord. n° 2016-301, 14 mars 2016, relative à la partie législative du Code de la consommation). – V. C. consom., art. L. 212-1. – Enfin la directive 1999/44/CE du 25 mai 1999 sur certains aspects de la vente et des garanties des biens de consommation transposée par l'ordonnance n° 2005-136 du 17 février 2005 mod. par Ord. n° 2016-301, 14 mars 2016, préc.). – V. C. consom., art. L. 217-1 et s.– Sur ce dernier texte, V. *supra*, n° 12.

(9) Les auteurs y discernent un mode de régulation « du marché » : dans la législation d'inspiration européenne, « le consommateur n'est pas tant protégé pour lui-même qu'en raison de sa fonction dans les échanges. Par ses achats, il alimente le marché, d'où la nécessité de le protéger. Confiant dans le marché, il stimule les échanges » : A. Ghozi, *La conformité*, in *Faut-il recodifier le droit de la consommation ?*, ss dir. Fenouillet et Labarthe, Economica, 2002, p. 104. – *Adde* Ph. Stoffel-Munck, *L'autonomie du droit contractuel de la consommation : d'une logique civiliste à une logique de régulation* : *RTD com.* 2012, 705.

dite « convention de Vienne »)[10]. Celle-ci constitue une réglementation matérielle du contrat de vente de sorte qu'il y a aujourd'hui en droit français deux corps de règles parallèles destinés à assurer la réglementation de la vente : les règles du Code civil, et assimilées (Code de la consommation, etc.), qui gouvernent la vente interne ; les règles de la convention de Vienne destinées aux seules ventes internationales (de marchandises)[11]. Nous étudierons les premières en essayant de percevoir l'influence des dernières.

Ainsi sont appelées à coexister dans notre droit : une réglementation de droit français de la vente, conçue pour les contrats domestiques et renvoyant pour l'essentiel au Code civil, aux Codes de commerce et de la consommation, ce dernier sous influence forte de textes de l'Union européenne, et une réglementation propre à la vente internationale des marchandises née de la convention dite de Vienne sur la vente internationale. L'ensemble de ce mouvement entraîne le droit de la vente dans une redoutable diversification qui va bien au-delà du droit romain ou de l'Ancien Droit puisqu'il faut désormais distinguer en fonction de la personne du contractant, de la localisation des parties ou de la nature du bien pour espérer connaître le régime d'un contrat qui n'a plus de singulier que le nom : vente ou ventes[12] ?

22. – **Impérialisme de la vente.** Dans sa pureté originelle, celle du Code civil, la vente est celui des contrats dont le régime a appelé le plus de sollicitude et de soins de la part du législateur. Il n'est pas surprenant alors que son régime ait soufflé sans doute sur les autres contrats auxquels elle servait de modèle (garantie, obligation d'information, mode du transfert du droit), mais aussi sur la théorie générale des obligations (régime du prix) tant celle-là a été rédigée avec la vente en point de mire. L'ordonnance portant réforme du droit des contrats porte la touche de la même influence (avant-contrats, information précontractuelle, effet translatif, cession de contrat…). Avec la proposition de règlement du Parlement européen et du Conseil relatif à un droit commun européen de la vente du 11 octobre 2011, le droit de l'Union constituait encore la vente en tête de pont pour la mise en place ultérieure d'un éventuel droit commun européen (V. *infra*, n° 250)[13].

23. – **Plan.** Nous mènerons l'étude du contrat de vente de manière systématique en envisageant successivement l'identification (Section 1), la formation (Section 2), puis les effets (Section 3) de ce contrat. Le contrat de vente est un contrat instantané ; mais la pratique révèle que cet accord peut être différé, aménagé, et finalement que le temps a prise sur la vente. Dès lors que la vente sera pour les parties une convention d'importance majeure, que ses effets sont appelés à se

(10) Bibliographie : V. Heuzé, *La vente internationale de marchandises*, in J. Ghestin (ss dir.), *Traité des contrats*, LGDJ, 2000. – P. Schlechtriem et C. Witz, *Convention de Vienne sur les contrats de vente internationale des marchandises*, Dalloz, 2008. – E. Lamazerolles, *Les apports de la convention de Vienne au droit interne de la vente*, préf. Ph. Rémy, LGDJ, 2003. – J.-M. Mousseron et al., *Droit du commerce international*, *op. cit.*, n°s 418 et s.

(11) La convention de Vienne définit ces dernières comme les ventes intervenues entre des parties ayant leurs établissements dans des États différents (CVIM, art. 1er) ; par ailleurs elle exclut de son domaine les ventes au consommateur (pour les marchandises achetées pour un usage personnel, familial ou domestique), sauf ignorance du vendeur (CVIM, art. 2-a).

(12) Sur cette « régression » de la vente et une loi de spécialisation croissante en droit des contrats, V. B. Oppetit, *Les tendances régressives du droit contemporain*, préc.

(13) B. Fauvarque-Cosson, *Vers un droit commun européen de la vente* : D. 2012, 34.

répéter, elles prépareront souvent leur accord dans le cadre d'un avant-contrat ; cette formule n'est sans doute pas propre à la vente, mais c'est à propos de la vente qu'elle s'est le plus développée et que son étude doit être menée. Un avant-propos relatif aux avant-contrats précédera l'étude de la vente (Section préliminaire).

SECTION PRÉLIMINAIRE

LES AVANT-CONTRATS : DES CONTRATS SUR DES CONTRATS[14]

24. – Une nébuleuse. La notion d'avant-contrat reste difficile à cerner comme le révèle l'indécision terminologique à cet égard[15]. Pour évoquer les formules juridiques peu ou prou rattachées à la notion, on privilégie, souvent, un critère chronologique (avant-contrat, contrat préalable ou préliminaire, accords précontractuels)[16], à l'occasion structurel (contrat-cadre, contrats partiels, accord de principe)[17] ; on s'attache parfois à la finalité de ces formules (contrats préparatoires, lettre d'intention ou de confort[18], formes contractuelles de pourparlers...), à leur autorité particulière (engagement d'honneur,[19] *gentlemen's agreements*, formule non contractuelle, « sans engagement de notre part », ou à l'inverse pacte de préférence, et promesse de contracter...[20]), enfin à leur précarité (contrats provisoires, intérimaires...).

Bref, une nébuleuse bien bigarrée dont les auteurs placent souvent l'étude dans la formation du contrat de vente tant il est vrai que les avant-contrats apparaissent comme des étapes à la formation, alors progressive du consentement des

(14) Bibliographie : R. Demogue, *Les contrats provisoires*, in *Mél. H. Capitant*, Dalloz, 1939, p. 159 et s. – J.-M. Mousseron, *La durée dans la formation des contrats*, in *Mél. Jauffret*, LGDJ, 1974, p. 509 et s. – A. Rieg, *« La punctation », contribution à l'étude de la formation successive des contrats*, in *Mél. Jauffret*, préc. – M. Géninet, *Théorie générale des avant-contrats en droit privé*, thèse, Paris II, 1985. – J. Schmidt, *Négociation et conclusion des contrats, Dalloz, 1982 ; La force obligatoire à l'épreuve des avant-contrats : RTD civ.* 2000, p. 25 et s. – M. Germain, *Pactes, statuts et ordre public*, in *Mél. Merle*, Dalloz, 2012, p. 305 et s.

(15) Le *Vocabulaire juridique* Capitant reste lui-même anormalement imprécis : « Expression doctrinale désignant soit de véritables contrats (de base)..., soit plus généralement et plus vaguement toute espèce d'accord préliminaire passé lors de pourparlers, de façon souvent informelle... en vue de la conclusion ultérieure d'une convention en général plus formaliste mais faisant déjà naître, au moins à titre provisoire, un engagement... ».

(16) V. J. Schmidt, *Les accords précontractuels en droit français*, in *Les principales clauses des contrats conclus entre professionnels*, PUAM, 1990.

(17) V. I. Najjar, *L'accord de principe* : *D.* 1991, chron. p. 57.

(18) Celles-ci s'apparentent à des sûretés personnelles. Le droit des sociétés est la terre promise des lettres d'intention par lesquelles une société mère « parraine » une de ses filiales auprès d'un créancier : « une lettre d'intention peut... selon ses termes... constituer à la charge de celui qui l'a souscrite un engagement contractuel de faire ou de ne pas faire pouvant aller jusqu'à l'obligation d'assurer un résultat, même si elle ne constitue pas un cautionnement », Cass. com., 21 déc. 1987 : *JCP G* 1988, II, 21113, concl. M. Montanier. – En dernier lieu, V. Cass. com., 26 janv. 1999 : *RTD civ.* 1999, p. 833, obs. J. Mestre. – *Adde* X. Barre, *La lettre d'intention*, Economica, 1995. – J.-L. Médus, *La lettre de confort*, thèse, Paris XII, 1992. – D. Mazeaud, *Variations sur une garantie épistolaire et indemnitaire : la lettre d'intention*, in *Prospectives du droit économique : Dialogues avec M. Jeantin*, Dalloz, 1999, p. 341 et s.

(19) V. B. Oppetit, *L'engagement d'honneur* : *D.* 1979, chron. p. 107.

(20) Certains limitent la famille des avant-contrats aux seuls accords où l'une, sinon les deux parties sont d'ores et déjà engagées (promesses), V. C. Saint-Alary-Houin, *Le droit de préemption*, LGDJ, coll. « Bibl. dr. privé », 1979, t. 164, préf. P. Raynaud, n° 249. – D'autres arrêtent la notion aux formules dont le régime juridique est déterminé (promesses et pacte de préférence), V. F. Terré, Ph. Simler et Y. Lequette, *Les obligations*, Dalloz, 8ᵉ éd., 2002, nᵒˢ 190 et s. – *Adde* F. Collart Dutilleul, *Les contrats préparatoires à la vente d'immeuble*, Sirey, 1988.

parties à ce contrat[21]. Mais les avant-contrats peuvent précéder toutes sortes de contrats : il y a des promesses unilatérales de bail ou de prêt (ouverture de crédit du banquier), des accords de négociation souvent indispensables à la conclusion d'accords internationaux irréductibles à de simples ventes (contrat « d'usine clés en main »...)[22]. Il semble pourtant nécessaire d'opérer un certain tri parmi les formules évoquées et possible de retrouver ce qui rassemble la famille des avant-contrats, puis ce qui se distingue au sein de celle-ci.

25. – **Le principe d'un accord.** La présence d'actes de volonté des partenaires dissocie les avant-contrats de simples négociations ou pourparlers ou documents contractuels ; à tout le moins il y a bien un accord sur quelque chose, ne serait-ce que sur le principe d'une négociation dont il s'agit de poser les règles. De la sorte, à raison de leur origine, il n'est pas possible d'observer dans les droits de préemption et de retraits légaux de véritables avant-contrats[23], bien que ceux-ci participent également d'une situation précontractuelle. De même, l'avant-contrat affirme son identité à l'endroit de l'offre[24] et plus généralement de l'acte juridique unilatéral, ce banni du droit privé français[25]. Le principe d'un accord révèle en effet une – première – clôture des pourparlers ; cette rencontre des volontés est de nature à produire un premier effet obligatoire caractéristique d'une situation contractuelle[26]. La règle du consensualisme impose la perfection du contrat – consensuel – par la simple rencontre des volontés : tout comme M. Jourdain, les négociateurs qui s'accordent peuvent conclure le contrat sans même le savoir. Or, précisément dans l'avant-contrat, l'accord des partenaires reste la plupart du temps impropre à la conclusion du contrat dont ils ont le projet : l'explication de cette impuissance déplace le débat du principe de l'accord sur l'objet de celui-ci.

26. – **Mais un accord sur un principe.** L'accord échangé à l'occasion de l'avant-contrat reste insuffisant à la conclusion du contrat principal en ce qu'il ne comporte pas tous les éléments essentiels à cet effet[27]. L'objet de l'avant-contrat peut alors être très divers ; du plus loin, au plus près du futur contrat, on étudiera

(21) V. Ph. Malaurie, L. Aynès et P.-Y. Gautier, n°s 91 et s. – J. Huet, n°s 11166 et s. – F. Collart Dutilleul, Ph. Delebecque et Ch.-E. Bucher, n°s 38 et s. – A. Bénabent, n°s 83 et s. – Comp. F. Zénati-Castaing et Th. Revet, *Cours de droit civil – Contrats, Théorie générale*, PUF, 2014, n°s 70 et s.

(22) V. F. Osman, *Les principes généraux de la* lex mercatoria, LGDJ, coll. « Bibl. dr. privé », 1992, t. 224, préf. E. Loquin, p. 52 et s.

(23) V. *infra*, n°s 103 et s.

(24) La jurisprudence sanctionne la rétractation abusive de l'offre que le pollicitant s'était engagé à maintenir un temps déterminé, V. Starck, H. Roland et L. Boyer, *Obligations*, préc., n° 2060. – Demolombe a essayé de justifier la solution par l'idée qu'un avant-contrat s'était déjà formé, à raison du délai indiqué, entre le pollicitant et le destinataire de l'offre sur le principe du maintien de l'offre pendant cette époque ; au cas où aucun délai n'aurait été stipulé, celui-ci serait implicite, de sorte qu'il y aurait toujours naissance d'un avant-contrat (*Traité des contrats*, t. 1, n° 65) ; l'analyse illustre les excès de la théorie de l'autonomie de la volonté au XIXe siècle ; son degré de fiction la condamnait. – Sur l'ensemble de la question, V. J.-L. Aubert, *Notions et rôle de l'offre et de l'acceptation dans la formation du contrat*, LGDJ, coll. « Bibl. dr. privé », 1970, t. 109, préf. J. Flour, p. 123 et s. ; pour cet auteur la sanction de la rétractation pourrait tenir dans la formation du contrat dès lors que l'offre est adressée à une personne déterminée et pour un délai déterminé, sinon dans l'allocation de dommages-intérêts (offre adressée à une personne déterminée, sans délai), comp. CVIM, art. 16-2 b.

(25) Pour un renouveau de l'analyse, V. M.-L. Izorche, *L'avènement de l'engagement unilatéral en droit privé contemporain*, PUAM, 1996.

(26) La responsabilité attachée à la méconnaissance d'un tel accord est alors de nature contractuelle.

(27) V. Cass. com., 10 janv. 2012, n° 10-26.146 : *D.* 2013, p. 391, obs. S. Amrani-Mekki et M. Mekki ; *RTD civ.* 2012, p. 311, obs. B. Fages ; *RTD com.* 2012, p. 174, obs. D. Legeais : « un accord de principe donné par une banque sous les réserves d'usage implique nécessairement que les conditions définitives de l'octroi du concours restent à définir et oblige seulement à poursuivre de bonne foi foi les négociations en cours ». – Cass. com., 18 janv. 2011, n° 09-72.508 :

ici successivement les accords de négociation (Sous-section 1), le pacte de préférence (Sous-section 2), le contrat-cadre (Sous-section 3), enfin la promesse de contracter et spécialement de vente (Sous-section 4).

SOUS-SECTION 1

LES ACCORDS DE NÉGOCIATION[28]

27. – **Simplement négocier.** C'est la convention qui crée à la charge d'un des partenaires, plus souvent des deux, la simple obligation de négocier un futur contrat et, parfois, en règle les modalités[29]. L'accord peut prendre l'aspect d'un contrat autonome ou résulter d'une simple clause de négociation insérée dans un autre contrat dont l'objet reste différent. L'accord peut ne porter sur aucun des éléments essentiels du futur contrat (prix, objet...) mais sur le seul principe d'une négociation. La jurisprudence a parfois décelé de telles formules, dans le silence des parties, pour pouvoir engager la responsabilité de l'une d'elles qui se refusait à toute négociation[30]. Mais les parties peuvent expressément prévoir un tel accord dont l'utilité consiste à encadrer la négociation et le comportement des partenaires. Le domaine des transferts de techniques en fournit l'exemple avec les accords de négociation préalables à la conclusion de contrats de communication de savoir-faire non breveté[31]. De tels accords peuvent encore traduire la rencontre de volonté des parties sur certains éléments essentiels du contrat, mais dont un suscite encore désaccord[32]. Dès lors que la machine du consentement est lancée, chacun peut légitimement s'attendre à ce que l'autre ne l'arrête pas brutalement. Ces types d'accords, décelés par le juge ou expressément prévus par les parties, génèrent essentiellement une obligation de négocier de bonne foi[33],

---

RDC 2011, p. 7, Th. Revet. – Cependant, sur la promesse synallagmatique de contrat consensuel qui vaut contrat, V. *infra*, n°s 68 et s.

(28) Sur la diversité des formules où peuvent être décelés de tels accords, V. F. Labarthe, *La notion de document contractuel*, LGDJ, coll. « Bibl. dr. privé », 1994, t. 241, préf. J. Ghestin.

(29) V. Cass. com., 2 juill. 2002 : *RTD civ.* 2003, p. 76, obs. J. Mestre et B. Fages ; *RJDA* 2003, n° 52 : l'accord de principe oblige les parties à négocier de bonne foi. Mais le commencement d'exécution des obligations posées par l'accord de principe permet de déduire la conclusion du contrat (en l'occurrence de franchise) dont la rupture peut être alors constitutive d'abus : Cass. com., 9 avr. 2002, n° 99-15.315, inédit. – V. J. Cédras, *L'obligation de négocier* : *RTD civ.* 1983, 265.

(30) V. Cass. soc., 24 mars 1958 : *D.* 1958, p. 581, note J. Carbonnier.

(31) Le savoir-faire non breveté (*know-how*) n'est « protégé » que par le seul secret qui l'entoure ; la pratique a néanmoins développé des « contrats de communication de savoir-faire », contrats d'entreprise, par lesquels le maître du savoir-faire divulgue celui-ci à son partenaire contre redevances (V. *infra*, n° 117) ; mais le bénéficiaire de la communication désire connaître l'identité du savoir-faire en cause avant de s'engager dans les liens contractuels pour apprécier l'opportunité de son engagement. Un « avant-contrat » organisera une révélation partielle et progressive du savoir-faire en mettant à la charge du partenaire de lourdes obligations de confidentialité et non-exploitation, indispensables à la préservation du secret, spécialement si ce dernier décide de ne pas aller plus avant, c'est le *streap-tease* du maître de savoir-faire. – V. Cass. com., 13 juill. 1966 : *JCP* 1967, II, 15131, note P. Durand. – *Grands arrêts du droit des affaires*, Dalloz, 1995, n° 20, p. 227. – Cass. com., 7 avr. 1998 : *JCP* E 2000, p. 169, obs. P. Mousseron. – M. Vivant, *Les clauses de secret*, in *Les principales clauses des contrats conclus entre professionnels*, PUAM, 1990, 101 et s. – Le Code civil codifie utilement l'hypothèse : « Celui qui utilise ou divulgue sans autorisation une information confidentielle obtenue à l'occasion des négociations engage sa responsabilité dans les conditions du droit commun » (art. 1112-2).

(32) V. Cass. soc., 19 déc. 1989 : *Bull. civ.* 1989, V, n° 271 ; *D.* 1991, p. 62 ; J. Schmidt-Szalewski : *RTD civ.* 1991, p. 330, J. Mestre.

(33) V. P. Jourdain, rapport in *La bonne foi dans la formation du contrat*, Trav. Assoc. H. Capitant 1992, Litec, 1994, p. 121 et s. – L. Aynès, *L'obligation de renégocier*, colloque « Deauville », juin 1999 : *RJ com.* 1999.

éventuellement assortie d'obligations accessoires : une clause d'exclusivité oblige son débiteur à ne pas entretenir de négociations concurrentes[34], une clause de confidentialité peut concerner le principe même de la négociation ou son contenu, spécialement à l'occasion des pourparlers préalables au contrat de communication de savoir-faire[35], la clause de sincérité met à la charge de son débiteur l'obligation de révéler toute négociation concurrente qu'il viendrait à entretenir[36], la clause relative au coût des études impute la charge de ceux-ci entre les partenaires. En ce que le résultat de la négociation demeure incertain, l'obligation de négocier est sans doute une obligation de moyens[37]. Mais l'obligation de négocier peut être précisément caractérisée par les parties (calendrier, remises de documents), de telle sorte que l'irrespect d'une des modalités de la négociation identifierait l'inexécution de l'obligation. Il est, donc, possible d'introduire dans une obligation de négocier, dont l'issue demeure fondamentalement aléatoire, un certain degré de résultat objectif dont l'inaccomplissement suffit à établir la faute du débiteur. L'irrespect de l'accord de négociation engage la responsabilité civile contractuelle de celui qui le méconnaît, et se résout en dommages-intérêts[38]. L'article 1112 du Code civil codifie désormais le jeu de la responsabilité civile en ce sens :

> « L'initiative, le déroulement et la rupture des négociations précontractuelles sont libres. Ils doivent impérativement satisfaire aux exigences de la bonne foi.
>
> En cas de faute commise dans les négociations, la réparation du préjudice qui en résulte ne peut avoir pour objet de compenser la perte des avantages attendus du contrat non conclu ».

(34) Celui qui contracte avec le débiteur d'une obligation d'exclusivité de pourparlers engage-t-il sa responsabilité ? Difficilement : V. Cass. com., 26 nov. 2003, *Manoukian* : *RTD civ.* 2004, 80, obs. J. Mestre et B. Fages ; *RDC* 2004, 257, obs. D. Mazeaud ; *JCP* E 2004, 738, Ph. Stoffel-Munck : « Le simple fait de contracter, même en connaissance de cause, avec une personne ayant engagé des pourparlers avec un tiers ne constitue pas, en lui-même et sauf s'il est dicté par l'intention de nuire ou s'accompagne de manœuvres frauduleuses, une faute de nature à engager la responsabilité de son auteur ».

(35) V. *supra*, n° 27 et sa note.

(36) Sur ces clauses, V. J.-M. Mousseron, *Technique contractuelle*, *op. cit.*, n°s 35 et s.

(37) V. Cass. soc., 19 déc. 1989, préc.

(38) L'exécution forcée paraît de prime abord exclue. Deux raisons techniques s'y opposent : d'une part, la liberté contractuelle requiert un consentement libre et éclairé à la formation du contrat, d'autre part, l'accord de négociation n'emportait aucune obligation de conclure le contrat. Le véritable problème ici posé est de savoir si l'on peut contraindre une partie à négocier, sans préjuger du succès de cette négociation. Une réponse positive n'est pas inadmissible (en ce sens, V. Paris, 28 sept. 1976 : *JCP* CI 1978, II, 12736, et *JCP* G 1978, II, 18810, note J. Robert) mais semble pourtant peu probable dans la plupart des cas. Le préjudice indemnisable ne saurait tenir dans la perte de chance de réaliser les gains que permettait d'espérer la conclusion du contrat (Cass. 3e civ., 28 juin 2006 : *JCP* G 2006, I, 166, Ph. Stoffel-Munck ; II, 10130, O. Deshayes ; *RTD civ.* 2006, 754, J. Mestre et B. Fages ; *RDC* 2006, 1096, I. Dauriac – jurispr. constante) ; il sera apprécié en contemplation des dépenses engagées pour la négociation ou pour le futur contrat dont la conclusion paraissait imminente, de la perte de chance de conclure avec un tiers…

SOUS-SECTION 2

LE PACTE DE PRÉFÉRENCE(39)

28. – Notion et validité. La loi pose la définition :

> « Le pacte de préférence est le contrat par lequel une partie s'engage à proposer prioritairement à son bénéficiaire de traiter avec lui pour le cas où elle déciderait de contracter » (art. 1123).

C'est l'avant-contrat qui engendre pour l'une des parties l'obligation de proposer à l'autre, de préférence à un tiers, la conclusion d'un contrat ultérieur dont ni le principe ni le contenu n'ont encore été arrêtés : « Si je vends (contracte), je vous préfère... »(40). C'est un contrat unilatéral créateur d'un simple rapport de droit personnel, le débiteur du pacte étant en charge d'une obligation de « ne pas faire » (ne pas contracter avec autrui... de préférence à...) sans que la décision de contracter n'ait encore été arrêtée ; le créancier bénéficiaire dispose ainsi d'une « sorte » de droit de préemption d'origine conventionnelle(41) ; pourtant le mécanisme institué par la préférence ne s'épuise pas dans un simple rapport obligatoire (V. *infra*, n° 30). Le pacte (ou accord) de préférence prend parfois l'aspect d'une convention autonome, plus souvent d'une clause insérée dans une convention dont l'objet reste autre (clause de préférence en cas de vente des murs insérée dans un bail commercial...). Même si la terminologie invite parfois à la confusion(42), l'autonomie de cette formule au regard de la promesse de contrat doit être clairement affirmée : le débiteur de l'obligation de préférer ne s'est pas engagé à contracter à l'inverse du promettant qui a d'ores et déjà donné son « consentement » au futur contrat(43). De fait, les conditions de validité du pacte de préférence restent en deçà de celles exigées pour la promesse (V. *infra*, n°s 56 et s.). La formation du pacte de préférence (de vente) n'exige pas la capacité de disposer du débiteur, mais celle-ci doit être satisfaite lorsque celui-ci décide de mettre en vente son bien ; elle est exonérée des formalités fiscales de l'article 1589-2 du Code civil

(39) Bibliographie : P. Voirin, *Le pacte de préférence* : *JCP* 1954, I, 1192. – M. Dagot, *Le pacte de préférence*, Litec, 1988. – J.-P. Desideri, *La préférence dans les relations contractuelles*, PUAM, 1997, préf. J. Mestre.

(40) V. J. Schmidt, *op. cit.*, n°s 385 et s. – J.-M. Mousseron, *Technique contractuelle*, *op. cit.*, n°s 39 et s. – M. Géninet, *op. cit.*, n° 652.

(41) Les droits de préemption et de préférence se distinguent par leur source et fondement. Alors que le pacte de préférence est toujours conclu dans l'intérêt d'un particulier, les droits de préemption intéressent la protection de l'intérêt général ; alors que la préférence est d'origine contractuelle, sinon volontaire, la préemption est au contraire d'origine légale tout comme le droit de retrait dont elle est une survivance. Ces différences suscitent naturellement des disparités de régime entre les institutions tant dans leurs conditions de mise en œuvre (ainsi de l'existence d'un arbitrage judiciaire du prix dans le mécanisme de la préemption, alors que la préférence s'exerce normalement à égalité de conditions) que dans leurs sanctions (alors que le préempteur obtiendra substitution au contractant originaire, le bénéficiaire de la préférence méconnue n'obtiendra ce résultat qu'au profit de conditions exigeantes, V. *infra*, n° 30). – V. C. Saint-Alary-Houin, *Le droit de préemption*, LGDJ, 1979, n°s 258 et s., p. 231 et s. – *Adde infra*, n°s 103 et s.

(42) La distinction des deux mécanismes pâtit de la dénomination de « promettant » souvent prêtée au débiteur de l'obligation de préférer et de « bénéficiaire » pour son partenaire contractuel ; nous ne la retiendrons pas.

(43) V. cependant Cass. 3e civ., 16 mars 1994 : *Bull. civ.* 1994, III, n° 58 ; *D.* 1994, p. 486, note A. Fournier ; *Defrénois* 1994, art. 35897, n° 128, L. Aynès, qui analyse le pacte en une promesse de vente conditionnelle pour le cas où le propriétaire s'engage à vendre pour le prix fixé par un tiers ; analyse discutable : l'acte de volonté du vendeur est une composante du consentement au contrat (C. civ., art. 1108) et ne peut être galvaudé au rang de condition au surplus potestative (C. civ., art. 1174). Déjà en ce sens, afin de soumettre le pacte de préférence aux formalités publicitaires de la promesse, Cass. 3e civ., 13 mars 1979 : *Bull. civ.* 1979, III, n° 63 ; *D.* 1979, p. 546, note Franck ; *Defrénois* 1979, 1651, note J.-L. Aubert ; *RTD civ.* 1980, p. 134, obs. C. Giverdon.

que connaissent les promesses unilatérales de vente immobilière (V. *infra*, n° 59). Le pacte de préférence doit sûrement prévoir la nature et l'objet du futur contrat (par ex., vente de tel local)(44) ; en revanche, les conditions de celui-ci, spécialement le prix, n'ont pas à être arrêtées dès la formation du pacte de préférence, même si cette indication sera essentielle à l'occasion de son exécution(45). La stipulation d'un délai n'est pas davantage une condition de validité du pacte(46), mais la durée d'efficacité du pacte gagnera à être contractuellement prévue (V. *infra*, n° 29). Par ailleurs, le pacte ne doit pas empêcher son débiteur de conclure avec une autre personne que le bénéficiaire si celui-là décline la proposition : en pareil cas la liberté contractuelle commande que le débiteur ait la faculté de conclure avec autrui.

Les applications du mécanisme sont extrêmement diversifiées quant au support et à l'objet de la préférence. Toute convention doit pouvoir porter une clause de préférence visant un autre contrat futur : bail commercial, vente immobilière(47), donation(48), contrat d'édition(49), statuts d'une personne morale(50), convention d'indivision(51), contrats de distribution où la pratique a développé deux clauses

(44) La détermination de l'objet demeure essentielle. V., sur l'hypothèse d'un pacte de préférence portant sur un appartement en cas de vente de l'immeuble, Cass. 3e civ., 9 avr. 2014, n° 13-13.949 : *RDC* 2014, p. 336, obs. Th. Genicon et p. 645, obs. J.-B. Seube.

(45) En ce sens, Cass. 3e civ., 15 janv. 2003, n° 01-03.700 : *Bull. civ.* 2003, III, n° 9 ; *Contrats, conc. consom.* mai 2003, n° 71, obs. L. Leveneur ; *Defrénois* 2003, art. 37767, p. 852, obs. R. Libchaber ; *JCP* E 2004, 384, chron. tech. cont. – La préférence est la plupart du temps stipulée à identité de prix, mais les conditions d'exercice du mécanisme peuvent être aménagées contractuellement en contemplation d'autres facteurs, V. B. Gross, *La priorité du bénéficiaire du pacte de préférence : à prix égal ou à égalité de prix et de conditions ?*, in *Mél. G. Bonet*, Litec, 2010, p. 281 et s. – Un simple engagement à négocier prioritairement ne caractériserait pas encore un pacte de préférence, V., à propos d'une simple priorité d'achat, Cass. 3e civ., 20 mai 1992, n° 90-17.647 : *Bull. civ.* 1992, III, n° 164. – Dans la mesure où le débiteur ne donne pas « son » consentement au futur contrat, le prix de celui-ci n'a pas à être déterminé dans le pacte de préférence, même pour une future vente ; de fait le prix résultera souvent de la proposition d'un tiers auquel se substituera le bénéficiaire, V. *infra*, n° 29. En revanche, le pacte de préférence peut d'ores et déjà comporter un prix déterminé à l'avance pour le futur contrat sans être disqualifié en promesse unilatérale, V. J. Ghestin et B. Desché, *Traité des contrats, La vente*, LGDJ, 1990, n° 169. – Il arrive également que la détermination du prix du contrat à intervenir soit confiée à des experts : V. Cass. com., 6 nov. 2012, n° 11-24.730 : *RTD civ.* 2013, p. 110, obs. B. Fages : « Ayant relevé, d'un côté, que le pacte de préférence conférait à ses bénéficiaires le droit d'acquérir les titres à un prix laissé à l'arbitrage de tiers, ce dont il résultait que le cédant avait perdu la liberté de déterminer lui même le prix de cession, et, de l'autre, que les tiers évaluateurs étaient tenus de faire application de critères qui n'étaient pas déterminés, de sorte que le prix n'était pas déterminable, la cour d'appel en a exactement déduit que la nullité de la stipulation relative à la fixation du prix affectait la convention en son entier ».

(46) La stipulation d'un délai n'est pas une condition de validité du pacte de préférence : Cass. 1re civ., 6 juin 2001 : *RTD civ.* 2002, p. 88, obs. J. Mestre et B. Fages. – Sur la durée du droit de préférence, V. C. Grimaldi, *La durée des droits : péremption ou prescription ?* : *D.* 2012, p. 514, spéc. nos 9 et s. – S. Lequette, *Réflexions sur la durée du pacte de préférence* : *RTD civ.* 2013, p. 491. – N. Blanc, *Le pacte de préférence et le temps*, in *Mél. S. Payet*, Dalloz, 2012, p. 55.

(47) Vente partielle d'un immeuble : clause de préférence à l'acheteur pour le complément si celui-ci est ultérieurement mis en vente. Autre cas de figure : si l'acquéreur venait à revendre ultérieurement le bien acheté, le vendeur originel serait préféré à tout autre. Ce n'est pas une vente à réméré dans laquelle le principe de la revente est à la discrétion du vendeur initial et, de fait, la formule échappe au délai maximum de cinq ans du réméré (C. civ., art. 1660) : V. *infra*, n° 167.

(48) Le donateur espère que le bien restera dans la famille : clause de préférence pour un autre membre de la famille en cas de vente ultérieure du bien.

(49) L'article L. 132-4 du Code de la propriété intellectuelle admet la validité, et réglemente la clause de préférence consentie par l'auteur à son éditeur pour ses œuvres à venir (cinq ouvrages à venir ou durée maximale de cinq ans) et que paraissait contrarier la règle de la prohibition de la cession globale des œuvres futures, CPI, art. L. 131-10. – V. R. Lindon, *Le droit de préférence des éditeurs* : *D.* 1968, p. 55. – A. et H.-J. Lucas, *Traité de la propriété littéraire et artistique*, LexisNexis, 4e éd., 2012, nos 722 et s. – P.-Y. Gautier, *Propriété littéraire et artistique*, PUF, 10e éd., 2017, nos 276 et s.

(50) La loi du 24 juillet 1966 sur les sociétés commerciales réglemente la validité des clauses d'agrément dans les statuts des SARL (V. C. com., art. L. 223-13 et L. 223-14) et des sociétés anonymes (C. com., art. L. 228-23 et L. 228-24) afin de ne pas paralyser toute faculté de cession d'actions ; les clauses de préemption ou de préférence échappent en principe à cette hostilité, pourvu qu'elles ne révèlent pas une clause d'agrément. V. Cass. com., 15 févr. 1994 : *Bull. Joly Sociétés* 1994, p. 511, D. Velardochio. – Pour une illustration, Cass. com., 11 mars 2014, n° 13-10.366 : *RDC* 2014, p. 688, obs. L. Sautonie-Laguionie ; *JCP* E 2014, 1224, note B. Dondero ; *D.* 2014, p. 719, obs. A. Lienhard. – V. A. Gaudemet, *La portée des pactes de préférence ou de préemption sur les titres de sociétés* : *Rev. sociétés* 2011, 139.

(51) A. Tadros, *Pour une réécriture du domaine de la préemption en matière d'indivision* : *D.* 2014, chron. p. 2537. – J.-B. Donnier, *Faut-il étendre le domaine de la préemption en matière d'indivision ?* : *JCP* G 2015, 110.

de préférence implicites avec les clauses d'offre concurrente et de premier refus[52], voire, plus discutable, un règlement de copropriété[53]. À ce titre, le pacte de préférence peut apporter une restriction au droit de propriété, spécialement lorsque, prévu dans une première vente, le prix de la revente éventuelle est encadré par le pacte[54]. Il peut aussi constituer une restriction de concurrence dans un contrat de distribution commerciale selon la façon dont il est mis en œuvre entre la tête de réseau et le distributeur, lors de la cession de son magasin[55]. L'objet du pacte de préférence sera souvent la conclusion d'un futur contrat d'achat-vente (il y a des préférences de vente, il y a des préférences d'achat : par ex., clause de l'offre concurrente), mais la neutralité du mécanisme suggère encore des pactes de préférence de bail[56], de contrat d'édition (V. CPI, art. L. 132-4).

29. – Exercice ; durée. Tant que le débiteur ne décide pas de contracter, le pacte de préférence reste « en état de veille » ; il n'affecte normalement aucune des prérogatives du débiteur (propriétaire) sur la chose, pour autant que celui-ci ne compromette pas le droit du bénéficiaire[57] ; le même bénéficiaire peut tirer parti de l'avantage que lui procure sa créance de préférence en cédant celle-ci, dans le

(52) Le contrat oblige le distributeur à s'approvisionner *exclusivement* chez tel fournisseur jusqu'à l'offre concurrente d'un tiers : la clause de l'offre concurrente oblige le fournisseur à s'aligner sur l'offre du tiers pour pouvoir continuer à *être préféré* à celui-ci ; inversement le fournisseur peut être tenu d'une obligation d'exclusivité à l'endroit d'un distributeur jusqu'au *premier refus* d'acheter de celui-ci : le fournisseur est alors libéré de son obligation de *préférer* son partenaire. – V. M. Fontaine, *Les clauses de l'offre concurrente, du client le plus favorisé, la clause de premier refus dans les contrats internationaux : DPCI* 1978, 185. – J.-M. Mousseron, *Technique contractuelle, op. cit.*, n°s 1180 et s.

(53) La Cour de cassation a jugé illicite la stipulation insérée dans un règlement de copropriété immobilière selon laquelle en cas de vente d'un lot, le vendeur est tenu d'accorder la préférence aux autres copropriétaires : la clause a pour effet d'obliger le propriétaire d'un lot à le vendre à un acquéreur qu'il n'a pas choisi et constitue une restriction à son droit de libre disposition de son bien, Cass. 3e civ., 29 mai 1979 : *Bull. civ.* 1979, III, n° 118 ; *D.* 1979, p. 548 ; l'arrêt est discutable : la clause n'affecte aucune des prérogatives du droit de propriété (à la différence de la clause de destination du lot commercial dans un règlement de copropriété, *infra*, n° 270), ni davantage la liberté de vente du copropriétaire ; ainsi à défaut de clause contraire la clause de préférence est de droit dans les règlements contractuels de copropriété de brevets d'invention, V. CPI, art. L. 613-29, e. – Comp. L. 10 juill. 1965, art. 8, al. 2, sur la copropriété des immeubles bâtis.

(54) Afin de favoriser l'acquisition de logements sociaux, certaines collectivités vont vendre ceux-là à bas prix, se réservant un droit de préférence de longue durée (vingt ou trente ans) au cas de revente à un prix seulement réévalué par application de l'indice INSEE du coût de la construction. En l'espèce, au bout de trois ans, les acheteurs veulent revendre leur logement à un prix trois fois supérieur au prix d'achat, la commune fait jouer la clause de préférence avec un prix réévalué par seule application de l'indice INSEE, les acquéreurs plaident la nullité du pacte de préférence pour atteinte au droit de propriété, ils sont déboutés en appel et leur pourvoi est rejeté par la Cour de cassation : la stipulation par laquelle une commune qui vend un terrain se réserve pendant vingt ans la faculté, avant toute revente à un tiers, de le racheter au prix initial réactualisé en fonction de l'indice INSEE du coût de la construction n'est pas constitutive d'une atteinte au droit de propriété dès lors que, librement convenue, elle a pour but d'empêcher la spéculation sur le bien et que les acquéreurs ont bénéficié en contrepartie de son acceptation de la possibilité d'accéder à un marché protégé de la spéculation immobilière : Cass. 3e civ., 23 sept. 2009 : *JCP G* 2009, 479, G. Pillet ; *RDC* 2010, 32, Th. Genicon, 660, S. Pimont ; *Defrénois* 2010, p. 104, note R. Libchaber ; *Contrats conc. consom.* 2010, n° 2, note L. Leveneur ; *Rev. Lamy dr. civ.* 2010, 3837, H. Kenfack.

(55) Aut. conc., 29 oct. 2013, n° 13-D-19 : *RDC* 2014, p. 236, obs. C. Grimaldi. – Le pacte de préférence ne caractérise cependant pas, en tant que tel, une atteinte à la concurrence qui en justifierait la nullité : Cass. com., 3 mai 2018, n° 16-27.926 : *D.* 2018, p. 1529.

(56) V. par ex., Cass. 3e civ., 13 mars 1979, préc.

(57) Le propriétaire d'une parcelle de terre, pour laquelle il avait consenti un pacte de préférence, conclut au profit d'un tiers un bail rural sur l'immeuble en question : le preneur à bail dispose d'un droit de préemption d'origine légale (C. rur. pêche marit., art. L. 412-1. – V. *infra*, n° 104) qui prime le droit conventionnel du bénéficiaire du pacte de préférence : V. J. Ghestin et B. Desché, *op. cit.*, n° 185 ; le pacte de préférence est vidé de son contenu : condamnation du propriétaire au paiement de dommages-intérêts : Cass. 3e civ., 10 mai 1984 : *Bull. civ.* 1984, III, n° 96 ; *JCP* G 1985, II, 20328, note M. Dagot ; *JCP* N 1984, II, 237, note M. Dagot ; *RD imm.* 1985, p. 74, obs. Ph. Malinvaud et B. Boubli. – *Adde* Cass. 3e civ., 1er avr. 1992, n° 90-16.985 : *Bull. civ.* 1992, III, n° 116 ; *D.* 1993, p. 165, note A. Fournier ; *Defrénois* 1992, 1543, note G. Vermelle ; *ibid.*, 1993, p. 98, note Olivier ; *JCP* N 1992, II, 410, Moreau (annulation de la vente). – Comp. Cass. 3e civ., 3 déc. 1981 : *Bull. civ.* 1981, III, n° 200 (le pacte de préférence ne fait pas obstacle au droit de préemption de la SAFER). – Cass. soc., 7 juill. 1998 : *Bull. civ.* 1998, V, n° 373 ; *RTD civ.* 1999, p. 380 (conflit entre deux salariés à temps partiel bénéficiaires d'une préférence à l'embauche ; liberté de l'employeur).

respect des exigences de l'article 1690 du Code civil[58] et tout autant que les parties n'aient pas donné à leur accord un caractère *intuitu personae*[59]. Le pacte de préférence peut être consenti pour une durée déterminée, qui peut être la durée du contrat dans lequel il est intégré[60] ; à défaut le débiteur semble tenu indéfiniment, sans même pouvoir être libéré par la prescription quinquennale (C. civ., art. 2224), qui ne pourrait courir que de la décision de contracter (vendre) du débiteur[61]. Lorsqu'elle est prise, cette résolution met le pacte « en état d'alerte ». L'efficacité de celui-ci est alors largement conditionnée par la qualité de sa rédaction[62]. Ainsi le pacte de préférence n'embrasse que les seuls actes qu'il vise : la préférence en cas de « vente » ne joue pas en cas de donation[63] ; *quid* d'un apport en société ? Le pacte organisera avec minutie la procédure d'information du bénéficiaire à l'occasion de l'offre du débiteur (forme : lettre recommandée avec AR...) ; le délai octroyé à celui-ci pour lever l'option ; en cas de réponse négative, une nouvelle information sur l'éventuelle proposition faite par un tiers à des conditions plus avantageuses pour le vendeur[64]...

La délicate question de la durée de l'engagement du débiteur au pacte de préférence a justifié une disposition spéciale dans l'avant-projet de réforme des contrats spéciaux : l'avant-projet opte pour l'incitation (le *nudge*) en proposant que, dans le cas où le pacte est conclu pour une durée indéterminée, celui-ci ne peut être résilié unilatéralement avant l'expiration d'un délai raisonnable et sous réserve d'un préavis conforme à l'article 1211 du Code civil (C. civ., art. 1585 proposé)[65].

30. – Sanctions : évolution de la jurisprudence. Que se passe-t-il lorsque le débiteur du pacte de préférence contracte avec un tiers en méconnaissance de son engagement[66] ? Le pacte de préférence est un contrat dont l'irrespect engage la

(58) Cass. 3e civ., 4 janv. 1995 : *Bull. civ.* 1995, III, n° 8 ; *D.* 1995, inf. rap. p. 46 et *D.* 1995, somm. p. 236, obs. L. Aynès ; *Defrénois* 1995, art. 36100, n° 62, note Ph. Delebecque. On observera là une nouvelle différence avec le régime de la promesse unilatérale (de vente) dont la cession, par le jeu d'une clause de substitution, est exonérée des formalités de l'article 1690 du Code civil. – V. *infra*, n° 61. – *Adde* J.-P. Desideri, préc., nos 505 et s., p. 359 et s.

(59) V. Cass. 1re civ., 24 févr. 1987 : *Bull. civ.* 1987, I, n° 75 ; *RTD civ.* 1987, p. 739, obs. J. Mestre. – Cass. com., 13 févr. 2007 : *Bull. civ.* 2007, IV, n° 38 ; *D.* 2007, p. 648, A. Lienhard ; *Defrénois* 2007, 775, note L. Ruet ; *JCP G* 2007, II, 10114, note B. Thuillier ; *RTD civ.* 2007, 367, obs. P-Y. Gautier (cession du bail portant le pacte dans le cadre d'un plan de cession).

(60) Ainsi de la clause de préférence insérée dans un bail : V. Cass. 3e civ., 21 déc. 1988 : *JCP G* 1989, II, 21324 et *JCP N* 1989, II, p. 205 (pacte de préférence caduc à l'expiration du bail où il est inséré). – Comp. Cass. 3e civ., 16 juin 1999 : *Defrénois* 1999, 1329, note D. Mazeaud ; *JCP E* 1999, p. 1861, obs. J.-P. Monéger ; *ibid.* 2000, p. 263, et les obs. ; *D. affaires* 1999, p. 1147, obs. Y.R. : le bail commercial comporte une clause de préférence pour le cas où « au cours du bail le bailleur déciderait de vendre l'immeuble loué » ; congé adressé par le bailleur ; le locataire se maintient dans les lieux jusqu'au paiement de l'indemnité ; vente de l'immeuble à un tiers : selon la cour le « preneur pouvait exercer le droit de préférence tant qu'il était maintenu dans les lieux » ; le maintien dans les lieux du locataire n'emporte pas renouvellement du bail.

(61) Cass. 1re civ., 22 déc. 1959 : *Bull. civ.* 1959, I, n° 558 ; *JCP* 1960, II, 11494, note P.E. ; *RTD civ.* 1960, p. 323, obs. J. Carbonnier (pacte valablement invoqué trente-sept ans après la signature du contrat) ; comp. Cass. 3e civ., 29 janv. 2003, préc. – Les auteurs regrettent que la réforme du droit des obligations n'ait pas permis de lever tout doute sur cette question, V. O. Deshayes, Th. Genicon et Y.-M. Laithier, préc., p. 139.

(62) V. J.-M. Mousseron, *Technique contractuelle*, *op. cit.*, nos 44 et s.

(63) Cass. 1re civ., 18 oct. 1983 : *Gaz. Pal.* 1983, pan. jurispr. p. 80.

(64) Mais attention aux effets d'érosion monétaire : le pacte de préférence ne peut plus être valablement invoqué par le bénéficiaire qui l'a d'abord refusé dès lors que le bien vient à être vendu aux conditions de l'offre, même si la vente intervient plus de sept ans après dans un marché immobilier modifié..., les plats ne repassent pas ! Cass. 3e civ., 29 janv. 2003 : *Bull. civ.* 2003, III, n° 24 ; *RTD civ.* 2003, p. 497, obs. J. Mestre et B. Fages, p. 517, obs. P.-Y. Gautier ; *JCP E* 2004, 384, chron. tech. cont.

(65) V. *L'avant-projet de réforme du droit des contrats spéciaux*, LGDJ-Lextenso, préc., spéc. p. 113. – *Adde* S. Lequette, *Réflexions sur la durée du pacte de préférence* : *RTD civ.* 2013, p. 491.

(66) La méconnaissance du pacte de préférence suppose la conclusion de la vente avec autrui mais, au-delà, la violation du pacte est consommée dès l'instant où le promettant s'oblige par une promesse unilatérale à vendre à un tiers le bien considéré, Cass. 3e civ., 6 déc. 2018, n° 17-23.321 : *RDC* 2019, p. 20, obs. Y.-M. Laithier.

responsabilité civile contractuelle du débiteur. Le bénéficiaire pourra obtenir des dommages-intérêts(67), voire l'annulation du contrat passé en fraude du pacte dès lors que le tiers est de mauvaise foi, ce qui suppose la connaissance par celui-ci « non seulement de l'existence de la clause de préférence, mais encore de l'intention des bénéficiaires de s'en prévaloir »(68). Au motif que le pacte crée l'obligation négative de ne pas contracter ailleurs, et point celle, positive, de contracter, la Cour de cassation a longtemps refusé au bénéficiaire la faculté de se substituer au tiers contractant au titre de l'exécution forcée(69) ; elle refusait encore *l'anéantissement* du contrat conclu en méconnaissance de l'obligation de préférer alléguée sur le terrain de l'article 1143 ancien du Code civil(70). Cette jurisprudence n'était pas exempte de critiques sur le terrain de la formation du consentement au contrat (de vente) : à l'occasion du pacte de préférence, le débiteur a déjà donné son accord sur la personne du bénéficiaire ; à l'occasion du contrat annulé, il a encore donné son accord sur l'ensemble des éléments essentiels du futur contrat ; dès lors que le bénéficiaire du pacte acquiesce à l'ensemble desdites conditions, les composantes du consentement se sont rencontrées pour parfaire le contrat(71). Aussi bien rompant avec sa jurisprudence, la Cour de cassation par un important arrêt rendu en chambre mixte est venue reconnaître au bénéficiaire du pacte de préférence la faculté d'exiger *l'annulation* du contrat passé avec un tiers en méconnaissance de ses droits et d'obtenir sa *substitution* à l'acquéreur, à la double condition que ce tiers ait eu connaissance, lorsqu'il a contracté, de l'existence du pacte de préférence et de l'intention du bénéficiaire de s'en prévaloir(72). La troisième chambre civile de la Cour de cassation a par

(67) Cass. com., 7 mars 1989 : *D.* 1989, p. 231, concl. M. Jéol ; *JCP* G 1989, II, 21316, concl. Jéol, obs. Y. Reinhard ; *Rev. sociétés* 1989, p. 478, L. Faugérolas ; *RTD civ.* 1990, p. 71, obs. J. Mestre.

(68) Cass. 1re civ., 20 févr. 1962 : *Bull. civ.* 1962, I, n° 116. – Cass. 3e civ., 22 avr. 1976 : *Bull. civ.* 1976, III, n° 165. – Cass. 3e civ., 26 oct. 1982 : *Bull. civ.* 1982, III, n° 208. – Cass. 3e civ., 10 févr. 1999 : *Bull. civ.* 1999, III, n° 37 ; *RTD civ.* 1999, p. 616, obs. J. Mestre, et p. 856, obs. P.-Y. Gautier ; *JCP* E 2000, p. 265 et les obs., et *JCP* G 1999, II, 10191, note Y. Dagorne-Labbé. – Cass. com., 26 mars 1996 : *Bull. civ.* 1996, IV, n° 98. Cette double exigence purge l'utilité de la controverse relative à l'autorité de la publicité foncière du pacte de préférence concernant un immeuble : à supposer le pacte publié opposable aux tiers (*contra*, Cass. 3e civ., 16 mars 1994, préc., le caractère facultatif de la publicité du pacte empêcherait celui-ci de produire les pleins effets de l'opposabilité. – V. Cass. 3e civ., 24 mars 1999 : *RTD civ.* 1999, p. 627, obs. P. Jourdain, et p. 644, obs. P.-Y. Gautier ; *Defrénois* 1999, p. 751, obs. Ph. Delebecque), la seule connaissance de celui-ci ne suffit pas à constituer le tiers de mauvaise foi. En revanche, l'intérêt d'une information du tiers qui n'a pas encore contracté, voire d'une action en référé préventive, devrait constituer celui-là de mauvaise foi.

(69) Jurisprudence sous le visa de l'article 1142 ancien du Code civil : Cass. 1re civ., 4 mai 1957 : *Bull. civ.* 1957, I, n° 197. – Cass. com., 27 mai 1986 : *Bull. Joly Sociétés* 1986, 687 ; *RTD civ.* 1987, p. 89, obs. J. Mestre. – Cass. com., 7 mars 1989, préc. – Cass. 1re civ., 30 avr. 1997, pourtant en présence d'une collusion frauduleuse du vendeur et du tiers contractant : *D.* 1997, p. 475, note D. Mazeaud ; *JCP* G 1998, II, 22963, obs. I. Thuillier, et *JCP* E 1998, obs. p. 606 ; *RTD civ.* 1997, p. 685, obs. P.-Y. Gautier ; *ibid.* 1998, p. 98, obs. J. Mestre ; *Defrénois* 1997, p. 1007, obs. Ph. Delebecque ; *Contrats, conc. consom.* 1997, comm. 129, L. Leveneur ; *D. affaires* 1997, p. 730. – V. cependant Cass. 3e civ., 16 juin 1999, préc., le bénéficiaire de la préférence peut obtenir conclusion de la vente à son profit, dès lors que la vente initialement consentie au tiers l'avait été sous la condition suspensive du non-exercice de la préférence !

(70) Cass. com., 11 mars 2014, n° 13-10.366 : *D.* 2014, p. 2156, note J. Mouly : « la violation d'une clause de préemption figurant dans les statuts d'une SARL n'emporte pas en elle-même la nullité de la cession de parts conclues entre associés ». – Cass. 1re civ., 10 juill. 2002 : *Bull. civ.* 2002, I, n° 192 ; *RTD civ.* 2003, p. 107, obs. P.-Y. Gautier.

(71) V. J. Mestre : *RTD civ.* 1987, *op. cit.* ; *ibid.*, 1990, *op. cit.* – M. Géninet, thèse préc., p. 701. – D. Mazeaud, *La responsabilité du fait de la violation d'un pacte de préférence* : *Gaz. Pal.* 1994, 1, p. 210. – J.-P. Desideri, préc., n° 684.

(72) Cass. ch. mixte, 26 mai 2006 : *D.* 2006, p. 1861 ; *JCP* N 2006, p. 1417 ; *RTD civ.* 2006, p. 550, obs. J. Mestre et B. Fages ; *Gaz. Pal.* 14 juill. 2006, p. 12 ; *Contrats, conc. consom.* 2006, comm. 153, obs. L. Leveneur ; *JCP* G 2006, II, 10142, note L. Leveneur ; *ibid.* I, 176, n° 1, obs. S. Labarthe ; *JCP* N 2006, 1256, note Thuillier ; *JCP* E 2006, 2378, note Ph. Delebcque ; *Defrénois* 2006, 1206, note E. Savaux ; *Rev. Lamy dr. civ.* 2006/30, n° 2173, note H. Kenfack ; *RDC* 2006, 1080, obs. D. Mazeaud ; *ibid.* 1131, obs. F. Collart-Dutilleul. En l'occurrence, s'agissant de la vente d'un bien immobilier ayant fait l'objet d'une donation-partage contenant le pacte de préférence, jugé qu'il n'était pas démontré que l'acquéreur savait que le bénéficiaire du pacte avait l'intention de se prévaloir de son droit de préférence, en conséquence la réalisation de la vente n'a pu être ordonnée au profit du bénéficiaire. – *Adde*, dans la même affaire, Cass. 1re civ., 11 juill. 2006 : *D.* 2006,

la suite confirmé cette solution(73). Ce dénouement sera salué, en dépit de la maladresse de la formulation retenue (comment le bénéficiaire peut-il se substituer dans un contrat annulé ?). Cette jurisprudence a soufflé sur le Code civil.

31. – **Sanctions : Code civil, mécanisme de substitution.** L'article 1123, alinéa 2, du Code civil issu de l'ordonnance du 10 février 2016 prévoit :

> « Lorsqu'un contrat est conclu avec un tiers en violation d'un pacte de préférence, le bénéficiaire peut obtenir la réparation du préjudice subi. Lorsque le tiers connaissait l'existence du pacte et l'intention du bénéficiaire de s'en prévaloir, ce dernier peut également agir en nullité ou demander au juge de le substituer au tiers dans le contrat conclu ».

Le texte identifie trois modes de sanctions ouverts au bénéficiaire du pacte : la réparation, l'annulation du contrat conclu en méconnaissance du pacte, la substitution dans ledit contrat(74).

La réparation paraît n'être envisagée qu'à l'égard du débiteur de la préférence, la responsabilité extracontractuelle du tiers pouvant être engagée au cas de faute de ce dernier(75). L'annulation du contrat conclu en violation du pacte est ouverte au seul bénéficiaire s'agissant d'une nullité relative (C. civ., art. 1179). Cette sanction sera sans doute rarement recherchée mais présentera l'intérêt pour le bénéficiaire de maintenir intact l'engagement du débiteur de la préférence(76). La substitution verra le bénéficiaire du pacte prendre la position de contractant au lieu et place du tiers. Conformément à la jurisprudence de 2006, ces deux dernières sanctions supposent d'apporter la preuve de ce que le tiers avait connaissance de l'existence du pacte et de l'intention du bénéficiaire de s'en prévaloir. La substitution opérée ne paraît pas procéder d'un effet translatif lié à une cession de contrat (C. civ., art. 1216 et s.), mais d'une mécanique propre opérant *ab initio*, dès la conclusion du contrat avec le tiers évincé(77) : le pacte de préférence saisit l'acte de volonté d'un tiers au contrat projeté pour lui substituer celui du bénéficiaire du pacte, et ce

p. 2510, obs. P.-Y. Gautier ; *JCP* G 2006, II, 10191, note Mekki ; *Defrénois* 2006, 1890, Hebert, qui juge que l'acquéreur était censé connaître l'existence du pacte à raison de la publicité à la conservation des hypothèques de l'acte de donation-partage, il a alors commis une faute en négligeant de s'informer précisément des obligations à la charge du vendeur : résultat, responsabilité *in solidum* du vendeur, du notaire et de l'acquéreur !

(73) Cass. 3e civ., 31 janv. 2007 : *Bull. civ.* 2007, III, n° 16 ; *Contrats, conc. consom.* 2007, n° 116, obs. L. Leveneur ; *JCP* E 2008, II, 1467, n° 1, obs. S. Brena ; *D.* 2007, chron. C. cass. 1301, obs. Monge et Nesi ; *ibid.* 1698, obs. critiques D. Mainguy. – Cass. 3e civ., 14 févr. 2007 : *JCP* E 2007, 1615, note H. Lécuyer. – Cass. 3e civ., 3 nov. 2011 : *D.* 2012, 466, chron. S. et M. Mekki.

(74) Une disposition contractuelle (au pacte de préférence) peut-elle valablement écarter ces sanctions ? Au motif qu'aucune disposition légale ne s'y oppose, certains considèrent une telle disposition comme efficace : V. J.-M. Mousseron, *Technique contractuelle, op. cit.*, n° 56. – O. Deshayes, Th. Genicon et Y.-M. Laithier, préc., p. 166.

(75) Ce qui suppose d'apporter la preuve de la connaissance par le tiers du pacte méconnu et (plus discutable) de la connaissance de la volonté du bénéficiaire de s'en prévaloir : Cass. 3e civ., 29 juin 2010, n° 09-68.110 : *RDC* 2010, p. 30, obs. E. Savaux. Il s'agit d'une hypothèse de tierce complicité à la violation d'un contrat auquel on n'est pas partie : C. civ., art. 1200. Le *quantum* indemnitaire devrait replacer la victime dans la situation dans laquelle elle se serait trouvée si le contrat avait été conclu.

(76) Pour apprécier l'utilité de cette sanction isolée, on envisage la situation d'une préférence contractuelle prévoyant déjà les conditions du contrat projeté (prix), alors que la vente est conclue à d'autres conditions auxquelles le bénéficiaire du pacte n'entend pas se soumettre : V. O. Deshayes, Th. Genicon et Y.-M. Laithier, préc., p. 166. Le bénéficiaire du pacte conserve ainsi sa mainmise sur le bien.

(77) *Quid* du prix payé par le tiers évincé si le débiteur du pacte n'est plus *in bonis* ? V. O. Deshayes, Th. Genicon et Y.-M. Laithier, *op. cit.* p. 168.

dès l'origine ; la préférence agit comme un mécanisme d'éviction d'un contractant rival au profit du bénéficiaire du pacte. Ce faisant le mécanisme révèle l'originalité de ses effets, irréductibles au jeu d'un rapport d'obligation.

32. – **« Action interrogatoire » au bénéfice du tiers.** Le Code civil, dans sa réforme du 10 février 2016, prévoit que :

> « Le tiers peut demander par écrit au bénéficiaire de confirmer dans un délai qu'il fixe et qui doit être raisonnable, l'existence d'un pacte de préférence et s'il entend s'en prévaloir.
>
> L'écrit mentionne qu'à défaut de réponse dans ce délai, le bénéficiaire du pacte ne pourra plus solliciter sa substitution au contrat conclu avec le tiers ou la nullité du contrat » (art. 1123, al. 3 et 4).

Cette disposition, d'application immédiate aux contrats en cours, vise à permettre au tiers qui envisage de conclure un contrat à propos duquel il suspecte l'existence d'une préférence contractuelle d'être conforté dans ses droits, et d'éviter le risque d'une action en annulation ou substitution en sollicitant préventivement le bénéficiaire pressenti(78). Le tiers peut alors contraindre ce dernier à prendre parti dans *un délai raisonnable* à défaut de quoi le bénéficiaire perd le bénéfice de demander ces deux sanctions(79). Le texte reste cependant équivoque à plusieurs égards, ce qui affecte fortement son efficacité. D'abord, la loi n'impose pas au tiers d'interroger le bénéficiaire de la préférence, lui laissant toute latitude pour feindre l'ignorance et espérer que le bénéficiaire ne puisse pas remettre en cause le contrat, tant les conditions de cette remise en cause sont strictes(80). Par ailleurs, le texte reste taisant sur le contenu de l'écrit que le tiers peut adresser au bénéficiaire (prix ? conditions du contrat projeté ?). Enfin, le texte reste ambigu quant aux effets de la réponse du bénéficiaire : s'il répond qu'il a l'intention de s'en prévaloir, est-ce à dire qu'il accepte les conditions de l'opération que le débiteur de préférence envisageait avec le tiers et, ce faisant, qu'il exerce l'option et que le contrat principal est conclu ou seulement qu'il entend se prévaloir de la procédure de préférence, se réservant la décision finale de conclure le contrat principal à la mise en œuvre de celle-là(81) ?

(78) V. E. Jeuland, *Les actions interrogatoires en question* : *JCP G* 2016, 73. – A. Bénabent, *Les nouveaux mécanismes* : *RDC* 2016, 17. – L'ordonnance du 10 février 2016 instaure trois « actions » de ce type : outre celle concernant le pacte de préférence, le Code civil connaît de telles interpellations pour confirmer le pouvoir du mandataire (art. 1158) ou le contrat frappé de nullité relative (art. 1183). Bien que ces mécanismes ne mettent pas formellement en place des « actions » civiles, le terme d'action interrogatoire est néanmoins utilisé. L'article 9 de l'ordonnance prévoit l'application immédiate de ces textes aux contrats conclus antérieurement, ce dont certains déduisent leur caractère d'ordre public.

(79) Mais le bénéficiaire conserve la voie indemnitaire contre le débiteur qui aura enfreint son engagement de préférence.

(80) Le tiers informé de l'existence du pacte de préférence n'est pas tenu de s'enquérir de l'intention du bénéficiaire de s'en prévaloir et il ne commet pas de faute en ne le faisant pas : Cass. 3e civ., 29 juin 2010 : *RDC* 2011, p. 30, E. Savaux.

(81) En faveur de cette deuxième interprétation qui respecte la procédure de préférence organisée par le pacte, V. O. Deshayes, Th. Genicon et Y.-M. Laithier, préc., p. 176. – Sur les dispositions contractuelles destinées à prévenir ces difficultés, le caractère d'ordre public de cette action préventive restant discuté : V. J.-M. Mousseron, *Technique contractuelle*, préc., n° 57.

SOUS-SECTION 3

LE CONTRAT-CADRE ; LES CONTRATS DE DISTRIBUTION (FRANCHISE, CONCESSION...)[82]

33. – **Plan.** Façonné par la pratique, analysé par la doctrine avant d'être reconnu par la jurisprudence, le contrat-cadre fait son entrée dans le Code civil avec l'ordonnance du 10 février 2016. Le terrain du droit de la distribution a été le terreau propice à l'expression de cette technique, avec l'encadrement législatif qui va de pair. Nous privilégierons ce domaine d'étude pour cette figure.

Adoptant une démarche systématique, nous envisagerons successivement l'identification (§ 1), la formation (§ 2), l'exécution (§ 3), l'extinction (§ 4) de ce contrat.

§ 1. – L'identification du contrat-cadre de distribution

34. – **Définition ; un contrat matrice, des contrats de dépendance.** L'ordonnance du 10 février 2016 introduit dans le Code civil l'article 1111 selon lequel :

> **« Le contrat-cadre est un accord par lequel les parties conviennent des caractéristiques générales de leurs relations contractuelles futures. Des contrats d'application en précisent les modalités d'exécution ».**

La loi consacre de la sorte une construction née de la pratique puis reçue par la communauté des juristes. Le contrat-cadre est le contrat qui organise la conclusion éventuelle de contrats ultérieurs dont il arrête d'ores et déjà les modalités de conclusion et la teneur, un contrat sur de futurs contrats en somme[83]. Le contrat-cadre est un contenant, une enveloppe, dont le contenu est composé d'autres contrats, dits « d'application »[84], souvent de ventes mais point nécessairement[85]. Le texte légal est maladroit : les contrats d'application n'ont pas pour objet de *préciser* les modalités d'exécution de l'accord-cadre, mais bien de *compléter* celui-ci sur des éléments supplémentaires décisifs à la perfection

(82) Bibliographie : une étude de pionniers, J.-M. Mousseron et *al.*, *Droit de la distribution*, Litec, 1975. – A. Sayag (ss dir.), *Le contrat-cadre*, t. 1, *Exploration comparative*, t. 2, *La distribution*, LexisNexis, coll. « CREDA », 1995. – D. et N. Ferrier, *Droit de la distribution*, LexisNexis, 9e éd., 2020. – J. Gatsi, *Le contrat-cadre*, LGDJ, coll. « Bibl. dr. privé », 1996, t. 273, préf. M. Behar-Touchais. – M. Behar-Touchais et G. Virassamy, *Traité des contrats*, in J. Ghestin (ss dir.), *Les contrats de la distribution*, LGDJ, 1999. – D. Ferrier, *La consécration du contrat-cadre : de la reconnaissance à la méconnaissance*, in *Mél. Ph. Neau-Leduc*, LGDJ, 2018, p. 459.

(83) La Cour de cassation vise à ce titre « les conventions qui prévoient la conclusion de contrats ultérieurs », Cass. ass. plén., 1er déc. 1995, 4 arrêts. – V. *infra*, n° 41 ; comp. J. Gatsi, thèse préc., n° 440. On retrouve trace de cette formule dans d'autres secteurs que le seul droit de la distribution : V. C. com., art. L. 624-16 relatif à la clause de réserve de propriété destinée à « figurer dans un écrit régissant un ensemble d'opérations commerciales convenues entre les parties ».

(84) Le contrat-cadre se distingue traditionnellement du contrat à exécution successive à raison de la nécessité d'un double consentement à sa mise en œuvre (consentement au contrat-cadre, puis aux contrats d'application). – V. J. Gatsi, préc., nos 232 et s. – *Adde infra*, n° 130.

(85) L'un des quatre arrêts rendus par l'assemblée plénière le 1er déc. 1995 concerne « un contrat de location-entretien d'une installation téléphonique » dans lequel la Haute juridiction observe une « convention qui prévoit la conclusion de contrats ultérieurs » (*SA Com. atlantique de téléphone c/ SA Sumaco*, V. *infra*, n° 41).

des ventes d'application[86] (sauf à laisser à une seule partie la détermination de ceux-ci : sur le régime du prix, V. *infra*). Le profit de la formule pour la pratique contractuelle, de la distribution notamment, apparaît immédiatement en termes un peu contradictoires de rapidité et de stabilité entre les partenaires. La célérité s'attache aux modalités de conclusion des futurs contrats d'application qui se matérialisent par de simples bons de commande ou ordres de services ; la continuité concerne les mêmes relations dont les partenaires assurent à l'avance l'identité de régime, pour le temps du contrat-cadre. Cette permanence qui fait que les modalités des futurs contrats d'application sont figées sur la plupart de leurs composantes dès le contrat-cadre, associée à l'exclusivité qui, parfois, oblige le distributeur à ne pas conclure de contrats d'application avec d'autres que le partenaire du contrat-cadre, induit fréquemment une relation de dépendance économique et professionnelle du premier par rapport au second[87]. Cette dépendance s'accuse plus fortement encore en présence de clauses de « quotas », véritables obligations d'achat par lesquelles le distributeur s'engage à un volume minimum d'achats et, donc, cette fois à conclure des contrats d'application[88]. Les combinaisons possibles de ces clauses, la variété des secteurs économiques sollicités et l'imagination des parties offrent une diversité de formules contractuelles que la doctrine et, au-delà, les textes communautaires, se sont efforcés d'identifier et d'ordonner.

35. – **Domaine : la distribution, entre autres.** Le contrat-cadre apparaît depuis près de cinquante ans comme l'instrument juridique apte à concrétiser une volonté de coopération durable entre deux partenaires économiques. Son utilité est essentielle dans le secteur du droit de la distribution. Si nous privilégions l'étude du contrat-cadre dans ce contexte, la formule ne s'y épuise pas. Avec la même fonction d'intégration, on retrouve ce contrat dans le secteur agro-industriel (un fabricant d'aliments pour bétail procure à des éleveurs assistance financière, voire les animaux à élever en contrepartie d'une exclusivité d'approvisionnement), dans la sous-traitance industrielle (où un donneur d'ordre s'associe durablement les services d'un sous-traitant spécialisé), mais aussi dans la publicité, l'assurance et, à bien y prêter attention, les contrats-cadres prolifèrent dans le secteur bancaire et financier (compte courant, contrat de *swap*, affacturage, cession de créances par bordereau « Dailly »...)[89].

36. – **Typologie ; réseaux de distribution.** Les auteurs et la pratique professionnelle ont très largement dénommé les différents types de contrats-cadres développés dans le secteur de la distribution. Ces conventions vont d'abord permettre l'organisation de réseaux de distribution par lesquels le producteur

(86) V. F. Zénati-Castaing et Th. Revet, *Cours de droit civil – Contrats, Théorie générale*, PUF, 2014, n° 81.
(87) V. spéc. G. Virassamy, *Les contrats de dépendance*, LGDJ, coll. « Bibl. dr. privé », 1986, t. 190, préf. J. Ghestin. – *Adde* J.-Y. Le Déault, *Rapport sur l'évolution de la distribution : de la coopération à la domination commerciale*, Doc. AN n° 2072, 11 janv. 2000.
(88) Certains arrêtent la définition du contrat-cadre à la présence de telles clauses, ou assimilées, imposant l'obligation de conclure des contrats d'application, V. *Le contrat-cadre*, LexisNexis, coll. « CREDA », préc., t. 1, n°s 109 et s.
(89) V. F. Pollaud-Dulian, A. Ronzano et A. Reygrobellet, *Le contrat-cadre*, préc., spéc. t. 1, p. 15 et s.

va chercher à fédérer et à fidéliser les distributeurs de ses produits[90]. La césure s'opère en contemplation du débiteur de l'obligation d'exclusivité : le distributeur (exclusivité d'approvisionnement), le fournisseur (exclusivité de fourniture) ; mais parfois l'exclusivité sera réciproque.

Les conventions portant exclusivité d'achat obligent le distributeur à ne se fournir qu'auprès de tel producteur (à ne pas conclure avec d'autres...), généralement avec des « quotas ». Le distributeur ne souscrira un tel engagement qu'en contrepartie d'une aide et assistance technique ou financière consentie par le producteur (V. *infra*, n° 45) : on a qualifié la convention de « contrat d'assistance et de fourniture »[91] avant que le droit de l'Union européenne ne consacre la dénomination, sinon l'analyse[92] ; les « contrats de bière », conclus entre brasseurs et détaillants, et de « pompistes de marque », entre compagnie pétrolière et pompistes au détail en sont les premières, et célèbres, applications (V. *infra*, n° 45). Leur pratique est aujourd'hui en retrait.

L'exclusivité de fourniture oblige le fournisseur à ne pas vendre ses produits à un autre qu'à son partenaire au contrat-cadre : clairement une obligation de ne pas faire. Derrière cette contrainte se révèle la possibilité pour le producteur d'opérer un choix de son distributeur. Plusieurs variantes se proposent. Dans le contrat de distribution sélective, le producteur réserve ses ventes à un réseau de distributeurs sélectionnés à raison de critères objectifs qualitatifs (compétences professionnelles, localisation du point de vente...). Le distributeur « élu » est souvent tenu de certains engagements dépassant les simples obligations de l'acheteur (assurer des promotions, un service après-vente, V. *infra*, n° 45). La formule apparaît idoine à la distribution de produits de luxe, à forte image de marque (parfums...) ou de haute technicité (ordinateurs...). L'exclusivité de fourniture résulte de ce que le producteur ne peut vendre à des distributeurs « non agréés ». À une sélection qualitative, d'autres formules préfèrent une sélection quantitative. Ainsi en est-il du contrat de concession exclusive par lequel un fournisseur (concédant) est tenu à ne pas vendre ses produits à d'autres qu'à son contractant (concessionnaire) dans un territoire déterminé ; la relation d'exclusivité est, d'ailleurs, le plus souvent réciproque, le concessionnaire assurant la distribution des seuls produits du concédant[93]. La distribution de véhicules automobiles est la terre d'élection de cette formule, néanmoins susceptible de prospérer dans le secteur électronique ou les produits de luxe. Dernier avatar de ces techniques contractuelles, le contrat de franchise doit être distingué de la concession commerciale : alors que la concession a pour seul objet la revente des produits du concédant, la franchise vise à la « réitération » par le *franchi-*

(90) V. L. Amiel-Cosme, *Les réseaux de distribution*, LGDJ, coll. « Bibl. dr. privé », 1995, t. 256, préf. Y. Guyon.

(91) V. J.-M. Mousseron et A. Seube, *Les contrats d'assistance et de fourniture* : *D.* 1973, chron. p. 197, et du second, *Le contrat de fourniture*, thèse, Montpellier, 1970.

(92) Sur les règlements d'exemption concernant des catégories d'accords verticaux et de pratiques concertées, V. *infra*, n° 43.

(93) Certains auteurs intègrent la relation d'exclusivité réciproque dans la définition même de la concession, V. C. Champaud, *La concession commerciale* : *RTD com.* 1963, 451. – V. cependant Y. Guyon, *Droit des affaires*, Economica, 1996, t. 1, n° 828, qui observait que « le plus souvent l'exclusivité est bilatérale ». – D. et N. Ferrier, qui ne retiennent pas systématiquement l'exclusivité à la charge du concessionnaire, préc., n°s 684 et s. – *Adde* Ph. Le Tourneau et M. Zoïa : *JCl. Contrats-Distribution*, Fasc. 1035, n° 1.

sé de la réussite commerciale qu'a connue le *franchiseur*[94] ; cet objectif passe dans la psychologie de la clientèle par l'identification du franchisé au franchiseur. Le contrat de franchise est alors la convention par laquelle une partie (le franchiseur) met à la disposition de son contractant (franchisé) ses concepts commerciaux et/ou éléments de notoriété (marque, savoir-faire...) permettant au second de répéter le succès de l'entreprise du premier. Le savoir-faire communiqué est présenté comme l'élément essentiel du contrat de franchise[95] ; celui-ci comporte également une clause d'approvisionnement (souvent, point nécessairement exclusive), les produits du franchiseur participant à la réitération du savoir-faire de ce dernier à raison de leur spécificité. Cette formule contractuelle connaît ainsi des applications diversifiées : franchises de produits, « encadrant » des ventes d'application (vêtements : *Benetton* ; accessoires de maison : *Geneviève Lethu* ; lunettes d'optique : *Alain Afflelou* ; produits de beauté : *Yves Rocher*...) ; franchises de services qui n'intéressent plus la vente (hôtellerie : *Hilton* ou... *Formule 1* ; restauration : *Mac Donald's* ; location de voitures : *Avis*) ; franchises de production (*Yoplait, Coca-Cola*...), ces derniers exemples attestant du développement international de ce contrat[96].

À côté de ces accords de réseaux, les formules de regroupement à l'achat recourent à des formes sociétaires constituées par un ensemble d'acheteurs indépendants ; on parle de « centrale d'achat » ou de « référenceur »[97]. Ces groupe-

(94) V. spéc. D. et N. Ferrier pour qui la formule s'apparente davantage à un accord de transfert de technologie qu'à un accord de distribution, préc., n°s 740. Le règlement d'exemption par catégories n° 4087/1988 de la Commission avait exempté l'accord par lequel une entreprise, le franchiseur, accorde à une autre, le franchisé, en échange d'une compensation financière directe ou indirecte, le droit d'exploiter un ensemble de droits de propriété industrielle ou intellectuelle, concernant des marques, noms commerciaux, enseignes, dessins ou modèles, droits d'auteur, savoir-faire ou brevet, destinés à être exploités pour la revente de produits ou la prestation de services à des utilisateurs finals » (Règl. n° 4087-1988, art. 1). Ce règlement a disparu avec le règlement n° 330-2010, V. *supra*, n° 43.

(95) En ce sens, CJCE, 28 janv. 1986, aff. 161/84, *Pronuptia* : *Rec. CJCE* 1986, I, p. 353. – *Adde* D. et N. Ferrier, *op. et loc. cit.*, et *Franchise et savoir-faire*, in *Mél. J.-J. Burst*, Litec, 1997, p. 157 et s. – J. Beauchard, préc., p. 194. La notion de savoir-faire se révèle alors très accueillante : ce sont notamment des informations pratiques, des méthodes commerciales ou de gestion, des sélections de produits de nature à fonder la réussite commerciale du franchisé ; le règlement d'exemption par catégorie n° 2790-1999 définit celui-ci comme « un ensemble secret, substantiel et identifié d'informations pratiques non brevetées, résultant de l'expérience du fournisseur et testées par celui-ci dans ce contexte » (art. 1. f) (sur ce texte, V. *infra*, n° 43).

(96) V. J.-M. Mousseron et *al.*, *Droit du commerce international*, *op. cit.*, n°s 902 et s. – D. Ferrier, *La franchise internationale* : *JDI* 1988, p. 625. – M. Behar-Touchais et G. Virassamy, préc., n°s 661 et s. Le règlement n° 1215/2012 du Conseil du 12 décembre 2012 concernant la compétence judiciaire, la reconnaissance et l'exécution des décisions en matière civile et commerciale (Bruxelles I *bis*) pose une règle de compétence spéciale propre à la matière contractuelle et qui suppose la qualification du contrat (art. 7) : « Une personne domiciliée sur le territoire d'un État membre peut être attraite dans un autre État membre : 1) *a)* en matière contractuelle, devant la juridiction du lieu d'exécution de l'obligation qui sert de base à la demande ; *b)* aux fins de l'application de la présente disposition, et sauf convention contraire, le lieu d'exécution de l'obligation qui sert de base à la demande est : – pour la vente de marchandises, le lieu d'un État membre où, en vertu du contrat, les marchandises ont été ou auraient dû être livrées, – pour la fourniture de services, le lieu d'un État membre où, en vertu du contrat, les services ont été ou auraient dû être fournis (...) ». Au titre de cette disposition, la Cour de cassation considérait que les accords de distribution n'étaient « ni des contrats de vente, ni des fournitures de services » (Cass. 1re civ., 23 janv. 2007, n° 05-12.166 : *JCP* G 2007, 10074, note T. Azzi ; *D.* 2007, p. 1575, note H. Kenfack ; *D.* 2007, p. 2571, note S. Bollée ; *D.* 2008, p. 1514, obs. F. Jault-Seseke ; *RDC* 2007, p. 887, obs. P. Deumier. – Cass. 1re civ., 5 mars 2008, n° 06-21.949 : *D.* 2008, p. 1729, note H. Kenfack). La Cour de justice de l'Union européenne a pourtant estimé que les contrats de distribution relevaient de la « fourniture de services » au sens du règlement Bruxelles I (CJUE, 19 déc. 2013, aff. C-9/12 : *JCP* G 2014, 180, note P. Berlioz ; *RDC* 2014, p. 246, obs. M. Laazouzi ; *D.* 2014, p. 1078, obs. F. Jault-Seseke ; *D.* 2014, p. 1967, obs. L. d'Avout). La Cour de cassation a opéré un revirement de jurisprudence en considérant que le contrat de concession constitue une prestation de services au sens de l'article 5-1, *b* du règlement Bruxelles I : Cass. 1re civ., 19 nov. 2014, n° 13-13.405 : *JCP* G 2015, 11, note D. Sindres ; *JCP* G 2014, act. 1243, obs. P. Berlioz.

(97) Pour contrecarrer l'état de domination « naturelle » des gros fournisseurs, les distributeurs indépendants se sont regroupés en « centrale d'achat » puis en « supercentrale » en vue d'acheter en commun à de meilleures conditions ;

ments concluent des contrats de référencement, par lesquels ils fixent avec un fournisseur (« référencé ») les conditions des ventes que celui-ci sera tenu de conclure avec lesdits acheteurs lorsque ceux-ci lui adresseront des commandes directes[98]. Il s'agit bien d'un contrat-cadre qui définit à l'avance, et pour une durée déterminée, le contenu de contrats d'application (ventes) qui interviendront dans le futur, même si ceux-ci seront conclus entre d'autres parties[99].

§ 2. – La formation du contrat-cadre de distribution

A. – Conditions de fond

37. – **Plan.** Elles tiennent au consentement éclairé des parties (1°), à la durée possible du contrat (2°), à une éventuelle exigence de détermination du prix (3°), au respect des règles du droit de la concurrence (4°).

1° Consentement éclairé

38. – **Information précontractuelle.** Considérant le contexte de « dépendance » dans lequel ils se trouvent placés du fait du contrat-cadre, certains distributeurs, afin de se défaire d'une convention jugée trop contraignante, ont pu soutenir que leur consentement avait été abusé par leurs partenaires. Fondées sur le terrain des vices du consentement, ces prétentions n'ont pas été reçues en jurisprudence en raison de la qualité de professionnel du distributeur[100], illustration de la difficulté des juges à admettre les conséquences concrètes de la situation de domination d'un professionnel sur un autre (V. *infra*). L'adhésion à un réseau de distribution suppose pourtant, souvent, du candidat des investissements conséquents liés à l'installation, à la mise en conformité du local, à l'embauche de personnel compétent, etc. Une loi du 31 décembre 1989, dite « loi Doubin », désormais codifiée est venue satisfaire ces derniers en prévoyant que :

la formule s'assimile au courtage. La dépendance change de camp. Mais la formule comporte des avantages pour les fournisseurs : elle procure à leurs produits une « probabilité de clientèle », elle diminue leurs frais de traitement des offres et de facturation puisque ceux-ci traitent désormais avec quelques groupements. *Le contrat d'affiliation* lie chacun des distributeurs indépendants à la centrale d'achat ; il impose aux distributeurs affiliés une discipline commune d'achat et comporte, à la charge de la centrale, l'obligation de négocier la meilleure offre possible auprès du fournisseur. V. M.-E. André, *Les contrats de la grande distribution*, Litec, coll. « Bibl. dr. privé », 1991, t. 25, préf. J.-M. Mousseron,. – R. Fabre et J.-E. Sales, *Regroupements à l'achat : JCl. Contrats-Distribution*, Fasc. 1120. – Ph. Devesa, *L'opération de courtage*, Litec, coll. « Bibl. dr. privé », 1993, t. 30, préf. J.-M. Mousseron.

(98) Il en résulte la présence d'un groupe de trois contrats : un contrat d'affiliation entre chaque distributeur indépendant et la centrale d'achat (V. *supra*, note précédente), un contrat de référencement entre la centrale d'achat et les producteurs qu'elle sélectionne ; des contrats de vente conclus directement entre les producteurs référencés et les distributeurs indépendants. Mais, même pour ces derniers, la centrale d'achat joue un rôle « d'intermédiation », opérant centralisation des commandes et des paiements des affiliés. La « faillite » de la centrale verrait le fournisseur réclamer directement paiement aux affiliés, qui avaient pu déjà payer la centrale. Selon que la centrale interviendra en qualité de mandataire (transparent) ou de commissionnaire (opaque) au paiement, le fournisseur pourra, ou non, se retourner contre les affiliés, V. M.-E. André, *Centrales d'achat : commissionnaires ou mandataires* : *CDE* 1986-2, 8. – Sur le mandat et la commission, V. *infra*, n° 515.

(99) V. M.-E. André, thèse citée.

(100) V. not. Cass. com., 25 févr. 1986, 10 févr. 1987 : *JCP G* 1988, II, 20995, note G. Virassamy ; *RTD civ.* 1987, p. 85, obs. J. Mestre. – *Contra*, Cass. com., 4 déc. 1990 : *JCP G* 1991, II, 21725, note G. Virassamy qui relève « l'importance démesurée des différences entre les prévisions des études préalables et les résultats de l'exploitation ».

« Toute personne qui met à la disposition d'une autre personne un nom commercial, une marque ou une enseigne, en exigeant d'elle un engagement d'exclusivité ou de quasi-exclusivité pour l'exercice de son activité, est tenue préalablement à la signature de tout contrat conclu dans l'intérêt commun des deux parties, de fournir à l'autre partie un document donnant des informations sincères, qui lui permette de s'engager en connaissance de cause » (C. com., art. L. 330-3)(101).

Ce texte est remarquable à plusieurs égards. Son inspiration consumériste alors qu'il s'agit d'un texte destiné à régler des rapports entre professionnels traduit, dans ce secteur, l'irruption très contemporaine d'un souci de protection de celui qui est réputé le plus faible ; plus généralement, la réforme du droit des contrats est venue consacrer l'obligation précontractuelle d'information avec l'article 1112-1 du Code civil (V. *infra*, nos 95 et s.) ; l'apostille d'apparence anodine au contrat d'intérêt commun pourrait ne pas se révéler innocente, à l'occasion de la cessation des relations contractuelles (V. *infra*, n° 49) ; enfin d'un point de vue méthodologique, la référence à la prestation caractéristique du contrat pour identifier la catégorie que le texte embrasse (« mettre à la disposition d'une autre... ») apparaît comme une technique moderne d'identification des contrats concernés par le texte(102).

Du point de vue du contenu de l'information requise par le texte, le texte et son décret d'application (D. n° 91-337, 4 avr. 1991) précisent que le document prévu sera adressé au moins vingt jours avant la signature du contrat(103) et comportera une série importante de renseignements, parfois intimes, relatifs sans doute au contrat projeté (durée, conditions de renouvellement, de résiliation, montant des investissements que le candidat devra engager), mais aussi au fournisseur lui-même (date de création, principales étapes de l'évolution de l'entreprise...), à l'état du marché des produits ou services, objet du contrat, et les perspectives de développement de celui-ci, au réseau d'exploitants enfin (liste des entreprises du réseau, nombre de celles ayant cessé d'en faire partie...). L'ensemble paraît lourd et difficile à gérer pour le fournisseur, éventuellement tenu à confidentialité à l'égard d'autres de ses distributeurs. Le défaut de cette obligation est sanctionné pénalement (amende ; D. 4 avr. 1991, art. 2). Le silence du texte sur les sanctions civiles laissait l'interprète perplexe. Par un arrêt du 10 février 1998, la Cour de cassation a décidé que le défaut d'information préalable n'entraîne la nullité du contrat que s'il a eu pour effet de vicier le consentement du créancier de l'obligation d'infor-

(101) Sur ce texte, V. *Information, conseil, mise en garde, etc. Toujours plus d'obligations à la charge du professionnel*, Actes du colloque, Paris, 16 nov. 2011, *in RDC* 2012, p. 1041 et s., spéc. D. Ferrier, *L'obligation d'informer le futur franchisé*, p. 1068 ; N. Dissaux, *L'obligation d'information mise à la charge du franchiseur*, p. 1072. – G. Blanc, *Les contrats de distribution concernés par la loi Doubin* : D. 1993, chron. p. 218. – C. Chambonnaud, *La loi du 31 décembre 1989 et la protection du franchisé*, in *Mél. J. Derruppé*, Litec, 1991, p. 117. – G. Virassamy, *La moralisation des contrats de distribution par la loi Doubin* : *JCP* E 1990, II, 15809. – V. Sélinsky, *Les sanctions de la loi Doubin* : *CDE* 1990, n° 4, p. 24. – Ph. Neau-Leduc, *La théorie générale des obligations à l'épreuve de la loi Doubin* : *CDE* 1998, n° 2, p. 27 et s.

(102) On pense d'évidence aux contrats-cadres de distribution (franchise, concession) mais aussi à la licence de marque, voire à la location-gérance. – V. Paris, 7 juill. 1995 : *JCP* E 1996, I, 523, et obs. – Sur pourvoi, Cass. com., 10 févr. 1998, cité *infra*. – *Adde*, *CDE* 1990, n° 4, préc., p. 10 et s. – Sur le rôle de la prestation caractéristique du contrat, V. M.-E. Ancel, *La prestation caractéristique du contrat*, thèse, préf. L. Aynès, Economica, 2002. – *Adde* E. Gavin-Millan, *Le sens de la notion de prestation caractéristique* : *RRJ* 2003, 1, 121.

(103) Y compris en cas de renouvellement du contrat, et même en cas de cession de contrat : V. Cass. com., 21 févr. 2012, n° 11-13.653 : *Contrats, conc. consom.* 2012, n° 123, obs. L. Leveneur ; *RDC* 2012, p. 1261, obs. C. Grimaldi.

mation ; le document écrit prévu par la loi Doubin satisferait une exigence de preuve(104). Cette interprétation conduit à limiter l'effet utile de l'article L. 330-3 du Code de commerce à un simple renversement de la charge de la preuve à défaut de fourniture du document requis : dans ce cas, en effet, ce devrait être au débiteur légal de l'information (franchiseur) de démontrer que le consentement de son cocontractant n'a pas été vicié(105). Mais le respect des prescriptions légales ne garantit pas le franchiseur contre l'action du franchisé en nullité pour cause d'erreur substantielle(106).

Dans le même ordre d'idées, un souci très contemporain de transparence gouverne aux négociations commerciales menées entre fournisseurs et enseignes de la grande distribution. La police de ces négociations, spécialement justifiée par la prohibition de discriminations tarifaires, commande l'exigence de communication des conditions générales de ventes par toute personne exerçant des activités de production, de distribution ou de services (C. com., art. L. 441-1 et s.), ainsi que la rédaction d'une facture, aux mentions précisément réglementées (C. com., art. L. 441-9 et s.)(107).

---

(104) V. Ph. Neau-Leduc, art. préc. – *Adde Bull. civ.* 1998, IV, n° 71 ; *D.* 1998, somm. p. 334, obs. D. Ferrier ; *JCP* E 1998, n° 23, p. 894, note L. Leveneur ; *Defrénois* 1998, 733, obs. P. Delebecque ; *RTD civ.* 1998, p. 365, obs. J. Mestre ; *Contrats, conc. consom.* 1998, n° 55, obs. L. Leveneur. – Également Cass. com., 21 nov. 2000 : *Contrats, conc. consom.* 2001, n° 20, obs. L. Leveneur. – Cass. com., 14 janv. 2003, qui précise que les formalités d'information doivent être réitérées à l'occasion de la reconduction du contrat, *Lettre distrib.* mars 2003-1 ; *RTD civ.* 2003, p. 497, obs. J. Mestre et B. Fages ; *D.* 2003, somm. p. 2429, obs. D. Ferrier ; *RDC* 2003, n° 1, p. 159, M. Behar-Touchais ; *JCP* E 2004, 384, chron. tech. cont., obs. Ph. Neau-Leduc. Une majorité des juges du fond avaient opté pour l'annulation automatique du contrat pour le cas où le distributeur n'avait reçu aucune information préalable (V. CA Montpellier, 2 avr. 1998 : *Lettre distrib.* avr. 1998. – CA Paris, 9 sept. 1997 et CA Montpellier, 4 déc. 1997 : *JCP* E 1998, p. 604, obs. Ph. Neau-Leduc). – *Adde* Cass. com., 24 févr. 1998 : *RJDA* 1998, n° 616 ; *RTD civ.* 1999, p. 86, obs. J. Mestre (dol du franchiseur). – Cass. com., 13 avr. 1999 : *CDE* 1999, n° 5, p. 18, obs. Ph. Grignon (les informations erronées n'ont pu être déterminantes du consentement du franchisé : pas de nullité). – Paris, 24 mars 1995 : *JCP* G 1995, I, 3867, note Ch. Jamin (nullité du contrat-cadre). La victime doit encore pouvoir obtenir réparation pour les investissements qu'elle aura réalisés à mauvais escient ; la faute du fournisseur ne saurait être présumée du seul échec de l'entreprise, le fournisseur n'étant pas tenu par une obligation de résultat dans l'établissement des prévisions d'activité du distributeur, Cass. com., 19 mai 1992 : *JCP* E 1993, II, 387, L. Leveneur, mais suppose la démonstration de la mauvaise qualité de l'étude préalable, Cass. com., 4 déc. 1990 : *JCP* G 1991, II, 21725, G. Virassamy. – Cass. com., 30 janv. 1996 : *RJDA* 1996, n° 776. – Cass. com., 13 avr. 1999, préc. Par analogie avec l'obligation d'information précontractuelle dans la vente, la nature de cette responsabilité devrait être… contractuelle, V. *infra*, n° 189.

(105) En ce sens, V. Ph. Neau-Leduc, art. préc. ; *CDE* 1998, n° 2, p. 27 ; D. Mainguy et J.-L. Respaud, *Contrats, conc. consom.* 2003, n° 3, p. 5. – V. Cass. com., 4 févr. 2004 : *RDC* 2004, 729, obs. M. Behar-Touchais. – Cass. com., 14 juin 2005 : *RDC* 2005, p. 1133, obs. M. Behar-Touchais. Pourtant le vice du consentement ne saurait être présumé dès que l'information n'est pas délivrée, V. D. Ferrier, *Concurrence Distribution : panorama 2004 : D.* 2005, pan. 151, spécialement lorsque le distributeur était à même d'apprécier par lui-même les risques de l'entreprise, Cass. com., 7 juill. 2004 : *JCP* G 2004, IV, 2941 ; *Contrats, conc. consom.* 2004, comm. 170, obs. L. Leveneur.

(106) À propos de la rentabilité et des comptes prévisionnels, V. Cass. com., 4 oct. 2011 : *RDC* 2012, p. 535, C. Grimaldi ; *D.* 2011, p. 3052, N. Disseaux ; *ibid.* 2012, p. 463, chron. S. et M. Mekki, p. 584, D. Ferrier ; *JCP* G 2011, II, 1350, n° 49, note Y.-M. Serinet ; *RDC* 2012, 64, obs. T. Genicon, qui retient l'erreur substantielle du franchisé sur la rentabilité de l'activité entreprise, même en l'absence de manquement du franchiseur à son obligation précontractuelle.

(107) La matière est à ce point sensible qu'en quinze ans, le dispositif prévoyant la conclusion d'une convention unique entre fournisseurs et distributeurs, puis entre fournisseurs et grossistes, a fait l'objet de six réformes : V. Rapport au Président de la République relatif à l'ordonnance n° 2019-359 du 24 avril 2019 portant refonte du titre IV du livre IV du Code de commerce relatif à la transparence, aux pratiques restrictives de concurrence et aux autres pratiques prohibées. Sans compter les textes apportés en réponse à des revendications socio-professionnelles particulières : le souci de garantir des prix d'achat décents des produits agricoles conduit à une succession de lois, en écho aux revendications des professionnels de ce secteur : les lois dites « Egalim I » (30 oct. 2018), « Egalim II » (18 oct. 2021) et « Egalim III » (30 mars 2023) visent à agir sur la négociation commerciale, les mécanismes de formation des prix ou la transparence des relations ; le tout génère une réglementation basée sur un formalisme étroit (exigence de contrat écrit pour la vente d'un produit agricole, avec de nombreuses exceptions…). – L'ensemble nuit pour le moins à la cohérence et la lisibilité de l'encadrement du marché que ce dispositif propose, V. *infra*, nos 44 et 134. – V. D. et N. Ferrier, *op. cit.*, nos 306 et s.

Enfin, compte tenu de la nature évolutive des obligations des partenaires, la jurisprudence étend l'obligation de renseignement du franchiseur à sa propre situation juridique, spécialement à l'occasion de l'ouverture d'une procédure collective à son égard[108].

2° Durée des conventions d'exclusivité

39. – **Dix ans à Paris, cinq ans à Bruxelles, pas plus.** La durée du contrat-cadre, *per se*, n'appelle aucune réglementation spéciale (durée déterminée, indéterminée) ; la présence dans certains de ces accords d'une clause d'exclusivité justifie un cantonnement dans le temps.

Une vieille loi du 14 octobre 1943 limite à dix ans :

> « la durée de validité de toute clause d'exclusivité par laquelle l'acheteur, cessionnaire ou locataire de biens meubles s'engage vis-à-vis de son vendeur, cédant ou bailleur, à ne pas faire usage d'objets semblables ou complémentaires en provenance d'un autre fournisseur » (C. com., art. L. 330-1).

Bien que non conçue à cette fin[109], cette loi a été appliquée aux accords-cadres comportant exclusivité d'approvisionnement[110]. Le renouvellement de ce contrat est cependant possible pour autant que le distributeur ait la faculté, au moins une fois tous les dix ans, de mettre fin à son engagement exclusif[111]. La clause d'exclusivité d'une durée supérieure à dix ans est ramenée à ce délai[112].

Les règles communautaires de droit de la concurrence limitent à cinq ans la durée maximale de l'obligation d'achat exclusif (obligation de non-concurrence) sous peine de perte de bénéfice de l'exemption (Règl. d'exemption n° 2022/720, art. 5. 1-a. – V. *infra*, n° 43)[113].

(108) Cass. com., 7 mars 2000 : *RTD civ.* 2000, p. 829, obs. J. Mestre et B. Fages. Cependant jugé que le simple fait que le franchiseur n'entende plus jouer à l'avenir son rôle de centrale d'achat ne suffit pas à emporter résiliation du contrat : il revient aux juges du fond de préciser les éléments permettant d'affirmer que le franchisé avait adhéré au réseau au seul motif que le franchiseur exerçait une activité de centrale d'achat, Cass. com., 20 mai 2003, n° 01-00.668.

(109) La loi, de circonstance, trouve son origine dans la situation de dépendance de fabricants de chaussures français à l'endroit de leur fournisseur américain.

(110) Cass. com., 27 avr. 1971 : *JCP G* 1972, II, 16975, note J. Boré ; *D.* 1972, p. 353, note J. Ghestin. – Cass. com., 22 janv. 1974 : *Bull. civ.* 1974, IV, p. 20. – *Adde* Cass. com., 10 févr. 1998, préc. (application de la loi à la clause d'approvisionnement insérée dans un contrat de location-gérance). – Cass. com., 14 déc. 1999 : *D. affaires* 2000, act. jurispr. p. 79 ; *Contrats, conc. consom.* 2000, n° 46, obs. M. Malaurie-Vignal (application du texte à l'obligation d'approvisionnement exclusif insérée… dans un bail commercial, le locataire étant aussi le distributeur de son bailleur/fournisseur).

(111) Cass. com., 11 mars 1981 : *Bull. civ.* 1981, IV, n° 135 ; *D.* 1982, inf. rap. p. 108. – Cass. com., 21 févr. 1995 : *D.* 1995, inf. rap. p. 92. Au cas de conclusion entre les mêmes parties de conventions analogues après l'expiration du premier contrat, les clauses d'exclusivité contenues dans ces nouvelles conventions prennent fin à la même date que celle figurant au premier contrat (C. com., art. L. 330-3).

(112) Cass. com., 11 mars 1981, préc. – Cass. com., 10 févr. 1998, préc. – Cass. com., 14 déc. 1999 : *Contrats, conc. consom.* 2000, n° 46. – *Adde* Cass. com., 7 avr. 1992 : *Bull. civ.* 1992, IV, n° 154 ; *D.* 1992, somm. p. 396 ; *JCP G* 1992, IV, 1731 ; *Contrats, conc. consom.* 1992, n° 177, obs. L. Leveneur (qui paraissait frapper de nullité la clause et le contrat en son entier), mais selon cet arrêt, la réduction de la durée devrait pouvoir être invoquée par les deux parties.

(113) Cette durée est apparue suffisante pour que le distributeur amortisse les investissements requis pour la commercialisation des produits. La durée de l'exclusivité peut dépasser cinq ans si le distributeur utilise des locaux appartenant au fournisseur ou loués par celui-ci, V. Règl. n° 2022/720, art. 5.2. – Le contrat, ou la clause, qui ne bénéficierait pas de l'exemption pourrait encore échapper à la nullité au titre d'une exemption cette fois individuelle en raison d'un bilan économique positif qui s'y attacherait.

3° La détermination du prix

40. – Un vieux serpent de mer. Le contrat-cadre n'a pas à proprement parler de prix à la différence des contrats d'application qu'il prépare (ventes, pour s'en tenir au cas le plus fréquent). Le problème est alors de savoir si le contrat-cadre doit d'ores et déjà préciser le prix de vente de produits qui ne seront effectivement commandés et livrés que beaucoup plus tard au titre des contrats d'application, ou simplement indiquer la méthode qui sera suivie pour cette fixation au fur et à mesure des approvisionnements, ou encore laisser cette question à la discussion ultérieure des parties sinon à la décision unilatérale d'une seule des parties. Cette question a donné lieu à une singulière évolution de jurisprudence qu'il convient, brièvement, de retracer. Ainsi, à propos de « contrats de bière » concernant les brasseurs et leurs distributeurs, puis de « contrats de pompistes de marques » liant les sociétés pétrolières à leurs détaillants, la Cour de cassation, dans les années 1970, a annulé sur le fondement de l'article 1591 du Code civil toute une série de contrats-cadres référant au prix du catalogue du fournisseur au motif que le prix n'était pas indépendant de la volonté de l'une des parties(114). Cette jurisprudence a appelé la critique de la doctrine en ce qu'elle appliquait un texte relatif aux seuls contrats de vente (C. civ., art. 1591) à des contrats-cadres qui ne comportaient pas de transfert de propriété caractéristique de la vente (V. *infra*, n°s 76 et s.).

Sensible à ces observations la Haute juridiction a recherché un fondement moins reprochable à sa jurisprudence. Observant dans l'article 1591 du Code civil l'application spéciale à la vente d'un principe général exprimé par l'article 1129 ancien du Code civil, la Cour de cassation, en 1978, a désormais fondé sur ce dernier texte une exigence de déterminabilité objective du prix des contrats d'application, dès l'accord-cadre, par référence à des éléments indépendants de la volonté des parties(115). Cette interprétation de l'article 1129 ancien du Code civil, texte général du droit des obligations, a justifié un nouveau flot de critiques de la part des auteurs : on lui reprochait son domaine d'application générale à tous les contrats, spécialement au contrat d'entreprise ; son formalisme étriqué (la clause devrait exactement répondre aux critères fixés par la Cour de cassation, sous peine d'être annulée, avec le contrat). Les conséquences de cette jurisprudence s'avéraient néfastes et bien difficiles à anticiper dès lors que la Cour de cassation admettait que la nullité du contrat-cadre entraînait dans son sillage la nullité des ventes d'application(116) : l'accord-cadre avait pu être exécuté sans difficulté pendant plusieurs années, les ventes passées durant cette période étaient ainsi annulées, d'insolubles problèmes de restitution se posaient(117). Au final, le caractère absolu de la nulli-

(114) Cass. com., 27 janv. 1971 : *D.* 1972, p. 536, note J. Ghestin. – Cass. com., 27 avr. 1971 : *D.* 1972, p. 353, note J. Ghestin.

(115) Cass. com., 11 oct. 1978, 3 arrêts : *D.* 1979, p. 135, note R. Houin ; *JCP* G 1978, II, 19034, note Y. Loussouarn ; *RTD civ.* 1980, p. 364, obs. Y. Loussouarn. – L'exigence de détermination ou déterminabilité de l'objet que posait ce texte est désormais inscrite à l'article 1163 du Code civil.

(116) Cass. com., 23 juin 1992 : *JCP* E 1993, II, 407, note L. Leveneur, et *JCP* G 1992, II, 21974, note M. Behar-Touchais ; *RTD civ.* 1993, p. 350, obs. J. Mestre.

(117) Les produits avaient été revendus par le distributeur de sorte que leur restitution ne pouvait intervenir qu'en valeur dont la détermination fait difficulté : prix d'achat par le distributeur ? Prix de revente par le distributeur ? Valeur réelle excluant tout bénéfice pour le fournisseur ? La Cour de cassation hésite, V. Cass. com., 19 mars 1996 : *D. affaires* 1996, n° 19 ; *JCP* E 1997, I, 617, n° 8 et obs. – *Adde* J. Raynard, *Les restitutions dans les contrats de distribution*, in *La cessation des relations contractuelles d'affaires*, PUAM, 1997, p. 179 et s. – M. Malaurie, *Les restitutions en droit civil*,

té du contrat, insusceptible de confirmation, apparaissait comme une prime à la mauvaise foi de ceux qui cherchaient à se débarrasser d'obligations devenues gênantes. Dans le sens de ces reproches, la Cour de cassation a d'abord limité l'exigence d'un prix déterminé ou déterminable objectivement, aux seuls contrats comportant « obligation de donner »(118). Ce discriminant énigmatique (l'obligation de donner est l'obligation de transférer la propriété ; or le transfert de propriété est un effet automatique de la vente. – V. *infra*, n° 159) condamnait finalement cette construction. Ainsi la jurisprudence postérieure s'attachait simplement à rechercher « si, lors de la conclusion des contrats de vente successifs ainsi prévus pour la mise en œuvre de la convention litigieuse, les prix pouvaient être librement débattus et acceptés par les parties »(119).

Enfin dans deux arrêts rendus à l'occasion d'un contrat de location d'installation téléphonique (jurispr. *Alcatel*) la première chambre civile de la Cour de cassation a estimé que la seule référence au tarif futur du fournisseur suffisait à rendre le prix déterminable, sous réserve que celui-ci n'abuse pas de l'exclusivité qui lui est réservée ni ne méconnaisse « son obligation d'exécuter le contrat de bonne foi »(120) ; ce faisant, et à l'invite d'un auteur(121), la Cour suprême transportait le débat du terrain de l'article 1129 ancien du Code civil sur celui de l'article 1134 du même code. L'évolution allait connaître son épilogue.

41. – **Le prix peut être fixé unilatéralement dans le contrat-cadre ; la police de l'abus.** L'assemblée plénière de la Cour de cassation a mis un terme à sa longue quête en opérant un spectaculaire revirement de jurisprudence par quatre arrêts du 1er décembre 1995(122). En décidant que « l'article 1129 [ancien] du Code civil [n'est] pas applicable à la détermination du prix » (arrêt *Le Montparnasse*), l'assemblée plénière consacre le bien-fondé des reproches adressés à la précédente jurisprudence. Il suit que « lorsqu'une convention prévoit la conclusion de contrats ultérieurs, l'indétermination du prix de ces contrats dans la convention initiale n'affecte pas, sauf dispositions légales particulières, la validité de celui-ci » (arrêt *Sté Cofratel*). La police de l'indéterminabilité du prix demeure mais change de terrain, quittant celui de la formation du contrat pour rejoindre celui de son exécution : seul « l'abus dans la fixation du prix [peut] donner lieu (...) à résiliation ou indemnisation » (arrêt *Sté Cofratel*) ; l'abus éventuel désormais destiné à assurer la police du prix renvoie à l'application des seules règles de la responsabilité contractuelle.

Cujas, 1991, préf. G. Cornu. – C. Guelfucci-Thibierge, *Nullité, restitution et responsabilité*, LGDJ, coll. « Bibl. dr. privé », 1992, t. 218, préf. J. Ghestin.

(118) Cass. com., 9 nov. 1987 : *Bull. civ.* 1987, IV, n° 237, p. 177 ; *D.* 1989, p. 35, note Ph. Malaurie ; *JCP* G 1989, II, 21186, note G. Virassamy ; *RTD civ.* 1988, p. 527, obs. J. Mestre ; *RTD com.* 1988, p. 674, obs. J. Hémard et B. Bouloc.

(119) Cass. com., 5 et 19 nov. 1991 : *Bull. civ.* 1991, IV, n° 335, p. 246 ; *D.* 1993, p. 379, note J. Ghestin ; *JCP* G 1992, I, 3570, obs. G. Virassamy ; *Contrats, conc. consom.* janv. 1992, n° 5, obs. L. Leveneur ; *D.* 1992, somm. p. 267, obs. L. Aynès.

(120) Cass. 1re civ., 29 nov. 1994 : *Bull. civ.* 1994, I, n° 348 ; *D.* 1995, p. 122, note L. Aynès ; *RTD civ.* 1995, p. 358, note J. Mestre ; *JCP* G 1995, II, 22371, note J. Ghestin ; *Contrats, conc. consom.* févr. 1995, n° 24, obs. L. Leveneur.

(121) V. L. Aynès : *D.* 1993, chron. p. 25.

(122) Cass. ass. plén., 1er déc. 1995, 4 arrêts : *Bull. civ.* 1995, ass. plén., nos 7, 8, 9 ; *GAJ civ.* 2015, Dalloz, p. 152 et s. ; *D.* 1996, p. 17, concl. Jéol, note L. Aynès ; *JCP* G 1996, II, 22565, concl. Jéol, note J. Ghestin et *JCP* E 1996, I, 523, n° 7, obs. J.-M. Mousseron ; *ibid.*, II, 776, note L. Leveneur ; *RTD civ.* 1996, p. 153, note J. Mestre ; *Defrénois* 1996, art. 36354, n° 57, note Ph. Delebecque ; *LPA* déc. 1995, note D. Bureau et N. Molfessis ; *RJDA* 1996, I, chron. M.-A. Frison-Roche. Pour une ultime confirmation, Cass. com., 23 févr. 1999 : *Contrats, conc. consom.* 1999, n° 68, obs. L. Leveneur.

La réforme de droit des contrats codifie cette évolution au titre de l'article 1164 du Code civil :

> « Dans les contrats cadre, il peut être convenu que le prix sera fixé unilatéralement par l'une des parties, à charge pour elle d'en motiver le montant en cas de contestation.
>
> En cas d'abus dans la fixation du prix, le juge peut être saisi d'une demande tendant à obtenir des dommages et intérêts et le cas échéant la résolution du contrat ».

La codification réserve la possible détermination unilatérale du prix aux seuls accords-cadres, en sorte que le principe de la déterminabilité objective du prix, indépendamment de la volonté d'un seul des contractants, redevient la règle de droit commun (C. civ., art. 1163). On y a vu un renversement de la jurisprudence de 1995 dont la portée se voulait générale[123]. Le Code civil associe au pouvoir unilatéral une contrepartie : la partie dépositaire du pouvoir de fixer le prix doit en motiver la détermination au cas de contestation du partenaire. En sorte de garde-fou au pouvoir unilatéral, l'exigence de motivation intervient en support à la preuve d'un éventuel abus.

Plusieurs principes balisent désormais le régime du prix de ce genre d'accords.

On retiendra, d'abord, la validité de la référence au tarif du fournisseur (clause prix catalogue) pour la détermination du prix (des ventes d'application), sauf abus de celui-ci.

La caractérisation de l'abus reste difficile à cerner. Le Code civil ne s'y hasarde pas et on se tournera volontiers vers la jurisprudence acquise antérieurement au nouveau texte. Dès lors que celle-là retient la légitimité d'un pouvoir unilatéral de fixation du prix par l'une des parties (le fournisseur), il faut bien en déduire que le simple constat d'un déséquilibre, dans un contrat naturellement déséquilibré puisque de dépendance, ne doit pas suffire à la démonstration de l'abus[124] alors même que l'article 1168 du Code civil écarte l'exigence d'une équivalence des prestations dans les contrats[125]. La Cour de cassation retient que l'abus limite le pouvoir du fournisseur dans la fixation du prix à ne pas empêcher le distributeur de pratiquer des prix concurrentiels[126], voire même, à ne pas ruiner l'attente

(123) V. O. Deshayes, Th. Genicon et Y.-M. Laithier, préc., p. 309. – F. Labarthe, *La fixation unilatérale du prix dans les contrats cadre et prestations de service* : *JCP G* 2016, p. 642. – J. Moury, *La détermination du prix dans le nouveau droit commun des contrats* : *D.* 2016, p. 1013.

(124) Comp. M.-A. Frison-Roche, *De l'abandon du carcan de l'indétermination à l'abus dans la fixation du prix* : *RJDA* 1996, art. cité, n° 39, selon qui l'abus suppose la méconnaissance totale de l'équilibre entre les parties – « ce qui est mettre la barre très – trop – haut ». – Th. Revet, *in La détermination du prix, nouveaux enjeux* (coll. CEDIP, Univ. Montpellier) : *RTD com.* 1997, p. 46. – *Adde* D. Mainguy, *Bref retour sur l'indétermination du prix* : *CDE* 1998, n° 2, p. 24 ; et pour une volée de bois vert à la Cour de cassation, J. Huet, *Critique de la jurisprudence de l'assemblée plénière sur l'indétermination du prix*, in *Mél. A. Sayag*, Litec, 1997, p. 311 et s., spéc. n° 7, p. 323. – Plus généralement, V. P. Stoffel-Munck, *L'abus dans le contrat, essai d'une théorie générale*, thèse, Aix-Marseille, 1999. – *Adde*, Ch. Jamin et D. Mazeaud (ss dir.), *L'unilatéralisme et le droit des obligations*, Economica, coll. « Études juridiques », 1999, t. 9.

(125) En ce sens O. Deshayes, Th. Genicon et Y.-M. Laithier, préc., p. 314.

(126) V. Cass. com., 4 nov. 2014, n° 11-14.026 : *JCP G* 2014, 1310, note A.-S. Choné-Grimaldi ; *D.* 2015, p. 183, note J. Ghestin ; *D.* 2015, p. 520, obs. S. Amrani-Mekki et M. Mekki ; *RDC* 2015, p. 233, note Ph. Stoffel-Munck : « Mais attendu qu'après avoir relevé que l'article 3 du contrat, qui permettait à la société Camargo de fixer unilatéralement le prix de vente des marchandises vendues, moyennant une évolution, chaque année civile, comprise dans une fourchette de

légitime de celui-ci à un certain profit, appréciable en contemplation du degré de sa dépendance[127]. Ce n'est pas l'intention de nuire mais *l'égoïsme* qui caractérise l'abus du contractant qui fixe le prix en fonction de ses seuls intérêts et au détriment de son partenaire[128]. La jurisprudence traque l'abus au moyen d'une pluralité d'indices : stipulations particulières à la convention litigieuse (clause d'exclusivité, longue durée du contrat, déséquilibre des prestations), comportement du contractant jugé dominant (majoration arbitraire du prix ou pratiques tarifaires opaques), considérations économiques extérieures au contrat (état du marché, offres concurrentes, durée d'amortissement)[129]. Dans cette perspective, l'abus dans la fixation du prix dépend largement du rapport particulier aux partenaires et par conséquent reste propre à chaque relation contractuelle ; mais la police du droit économique qui prohibe les pratiques discriminatoires d'un fournisseur à l'égard d'un de ses distributeurs (V. *infra*, n° 134) pourrait encore conduire à sanctionner le prix non abusif mais pourtant discriminatoire[130]. L'observation révèle comment la question du « prix des contrats-cadre » occulte celle, plus générale, du statut des rapports de dépendance entre professionnels.

Le Code civil prévoit enfin la sanction de l'abus. À l'encontre des premiers projets, le juge ne dispose pas du pouvoir de réviser le prix[131], mais seulement de la faculté d'octroyer des dommages et intérêts. Le calcul se révélera complexe, sinon artificiel : il ne s'agit pas au titre de la recherche du préjudice de revenir, par compensation, à rechercher un juste prix, synonyme d'une équivalence des pres-

plus ou moins 3 % stipulait à sa charge, en contrepartie, l'obligation de faire ses meilleurs efforts pour déterminer les prix de manière à permettre à la société Larzul de faire face à la concurrence, l'arrêt constate que la société Camargo vendait à la société Larzul les chairs d'escargot à un prix moyen 25 % plus cher qu'à ses autres clients, que son taux de marge brute moyen était de 29 % sur les ventes à la société Larzul quand il était de 10 % sur les ventes aux autres clients et qu'elle a consenti à cette dernière une diminution importante du prix de vente à l'occasion du renouvellement du contrat, démontrant le caractère excessif des prix habituellement pratiqués ; qu'en l'état de ces motifs, dont il ressort que les prix unilatéralement fixés par la société Camargo, excessifs dès l'origine, ne permettaient pas à la société Larzul de faire face à la concurrence, la cour d'appel a pu retenir que la société Camargo avait abusé de son droit de fixer unilatéralement le prix des marchandises ». – V. Cass. com., 3 nov. 1992 : *JCP G* 1993, II, 22614, note G. Virassamy ; *Defrénois* 1993, art. 1377. – J.-L. Aubert : *RTD civ.* 1993, p. 124, note J. Mestre.

(127) V. Ch. Jamin, *Réseaux intégrés de distribution : de l'abus dans la détermination du prix au contrôle des pratiques abusives* : *JCP G* 1996, I, 3959 ; et du même : *RTD com.* 1997, préc., spéc. p. 25 et s. – Th. Revet, *op. et loc. cit.* – A. Laude : *D. affaires* 1996, p. 3. – L. Aynès, note préc. – Ph. Delebecque, note préc., pour qui « le prix non abusif n'est ni le prix de marché ni le prix non excessif ». – *Adde*, J. Mestre, obs. *in RTD civ.* 2000, p. 321.

(128) V. D. Bureau et N. Molfessis : *LPA* 27 déc. 1995, n° 155. – P. Puig, n° 162.

(129) Versailles, 27 janv. 2000 : *BRDA* 10/2000, p. 7. – Paris, 25e ch. A, 19 mai 2000 : *RTD civ.* 2000, p. 570, obs. J. Mestre et B. Fages. – Paris, 24 oct. 2000 : *D.* 2001, somm. p. 3236, obs. D. Mazeaud. – V. égal. Cass. com., 15 janv. 2002 : rejet du pourvoi formé contre Paris, 5e ch. B, 23 sept. 1999, qui a retenu l'existence d'un abus *dans la fixation unilatérale des conditions de vente* en considérant le fait que le concédant ne s'était pas imposé des efforts financiers analogues à ceux qu'il avait requis de ses concessionnaires en regard de l'importance des sommes distribuées à ses actionnaires sous forme de dividendes, *RTD civ.* 2002, p. 294, obs. J. Mestre et B. Fages. La jurisprudence démontre cependant que les plaideurs préfèrent invoquer des dispositions légales particulières, réservées par les arrêts de l'assemblée plénière, plutôt que de se placer sur le terrain par trop mouvant de l'abus. – V. obs. J. Mestre et B. Fages, *RTD civ.* 2000, p. 318 et s., et la jurisprudence citée. – *Adde* Cass. com., 13 nov. 2003 : *RDC* 2004, p. 1011, où le refus de renégocier le prix, alors que le contrat y invitait, ne suffit pas à caractériser l'abus ; Cass. com., 28 avr. 2004, même réf., le concessionnaire peut refuser le plan du concédant fixant les objectifs de vente alors que ceux-là devaient être déterminés d'un commun accord.

(130) En ce sens et sur cette discussion, V. Ch. Jamin, *op. et loc. cit.* Sur la police du prix au titre de l'ancien article 34 de l'ordonnance de 1986, V. Cass. com., 7 oct. 1997 : *RTD civ.* 1998, p. 900, obs. J. Mestre ; *Contrats, conc. consom.* 1998, n° 2, obs. L. Leveneur. – Comp. Cass. com., 16 déc. 1997 : *Bull. civ.* 1997, IV, n° 337, qui retient l'existence d'un abus dans la fixation du prix, pour en déduire l'annulation du contrat sur le fondement de l'ancien article 8-2 de l'ordonnance qui incrimine l'exploitation abusive d'un état de dépendance économique (C. com., art. L. 420-2).

(131) V. O. Deshayes, Th. Genicon et Y.-M. Laithier, préc., p. 315. Pareille réserve contraste avec l'audace de la réforme s'agissant du pouvoir judiciaire au cas de changement de circonstance économique visé à l'article 1195 du Code civil.

tations, mais seulement à effacer au titre de l'indemnité réparatrice la fraction du prix qui excède le profit non abusif, même si celui-ci révèle un contrat déséquilibré. De fait, le débiteur préférera sans doute demander la résolution d'un contrat devenu peu profitable. Le texte laisse ouvert nombre de questions : la résolution est-elle de droit ou laissée à l'appréciation du juge[(132)] ? Le débiteur est-il privé de la faculté de résolution par dénonciation unilatérale ouverte à l'article 1226 ? La palette de sanctions ouverte à l'article 1217 du Code civil est-elle ouverte au débiteur[(133)] ?

42. – **Contrat-cadre et ventes d'application ou contrat de fourniture *sui generis* ?** Une dernière discussion s'attache traditionnellement à la distinction du groupe contrat-cadre et ventes d'application de la vente à exécution successive (sur laquelle, V. *infra*, n° 130). La démarcation traditionnelle entre ces deux formules tiendrait à l'exigence de deux consentements distincts pour l'accord-cadre et les ventes d'application, alors que la vente à exécution successive est définitivement formée par un unique consentement[(134)]. L'observation révèle l'impossible exécution forcée, en nature, du contrat-cadre dont l'un des partenaires ne veut plus des contrats d'application[(135)]. Pourtant cette analyse usuelle tend, selon nous, à exagérer la dissociation de l'accord-cadre de ses ventes d'application. La discussion générée par la recherche des critères de l'abus dans la fixation du prix a révélé un effacement de l'accord-cadre au profit des ventes d'applications[(136)] ; dans le même sens, la Cour de cassation, pour désigner la loi applicable au contrat-cadre international, retient que celui-ci a pour prestation caractéristique la fourniture de produits, laquelle procède alors de la seule exécution des contrats d'application[(137)]. Enfin, on fera observer qu'il est difficile de considérer comme de simples ventes les contrats d'application dont le régime du prix déroge ouvertement à l'article 1591 du Code civil. La tentation de voir dans le contrat-cadre de *fourniture* un contrat unique, complexe, à exécution successive, agglomérant l'ensemble des obligations suscitées par ses développements, et irréductible à l'addition d'un accord-cadre et de contrats de vente ultérieurs se précise[(138)]. L'alchimie est

---

(132) Quel sens prêter à la formule qui prévoit que le juge peut être saisi « le cas échéant » d'une demande en résolution du contrat : s'agit-il d'évoquer l'alternative ouverte au débiteur ou faut-il y voir la référence à l'« inexécution suffisamment grave » qui justifie la résolution judiciaire (C. civ., art. 1224) ?

(133) De fait, seule l'exception d'inexécution paraît envisageable au profit du débiteur victime qui refuserait de payer le prix abusif ; la lettre du texte incline pourtant à fermer cette voie de droit à l'intéressé, V. O. Deshayes, Th. Genicon et Y.-M. Laithier, préc., p. 316.

(134) L'accord-cadre fixerait l'essentiel des conditions des ventes d'application, réservant le consentement propre aux ventes d'application à la seule question du prix. V. cependant Cass. com., 6 nov. 2013, n° 11-17.736 et Cass. 1re civ., 6 nov. 2013, n° 11-18.709 : *RTD civ.* 2014, p. 133, obs. H. Barbier jugeant que la clause du contrat d'application prévaut sur celle du contrat-cadre.

(135) V. F. Zénati-Castaing et Th. Revet, *Cours de droit civil – Contrats, Théorie générale*, PUF, 2014, n° 81 ; des mêmes auteurs, *Cours de droit civil – Contrats, Vente*, PUF, 2016, n° 10. Le contrat-cadre ne comporte aucune obligation de conclure les ventes d'application, incompatible avec le principe de liberté contractuelle.

(136) V. Ch. Jamin, in *La détermination du prix : nouveaux enjeux*, spéc. *Les apports au droit des contrats-cadres* : *RTD com.* 1997, spéc. p. 19 et s. : « Si le contrat-cadre était le seul contrat qui intéressait la Cour de cassation, il s'efface aujourd'hui complètement au profit de l'observation des contrats d'application ».

(137) Le contrat-cadre ne comporte pas en effet à proprement parler d'obligation de fourniture, V. *infra*, n° 45. Sur cette jurisprudence, V. Cass. 1re civ., 15 mai 2001 : *Rev. crit. DIP* 2002, p. 86, note P. Lagarde ; *Rev. Lamy dr. aff.* févr. 2002, comm. 28989, note H. Kenfack ; *JCP G* 2001, p. 2208, note J. Raynard. – Cass. 1re civ., 25 nov. 2003 : *Rev. crit. DIP* 2004, p. 102, note P. Lagarde ; *JCP G* 2004, II, n° 10046, note J. Raynard.

(138) V. D. Ferrier, in *La détermination du prix : nouveaux enjeux*, préc., spéc. « Les apports au droit commun des obligations », n° 19, note 42. – M.-E. Ancel, *La prestation caractéristique du contrat*, Economica, 2002, préf. L. Aynès, nos 190 et s., p. 136 et s. – *Adde* Cass. 1re civ., 25 nov. 2003 : *JCP G* 2004, préc., et la note.

connue du droit des contrats qui voit l'agrégation de plusieurs contrats élémentaires donner naissance à un contrat propre au régime tout aussi spécifique pour chacune de ses composantes[139].

4° Le respect du droit de la concurrence et de la police des pratiques déloyales

43. - **Les réseaux de distribution.** Le succès de l'entreprise du fournisseur appellera, à son initiative, reproduction de contrats de distribution similaires, contrats-cadres ou autres, destinés à rallier l'ensemble de sa clientèle auprès de ses différents distributeurs et à développer une synergie commerciale entre ceux-ci ; le contrat de distribution n'est plus un rapport isolé mais coexiste avec une multiplicité de contrats, aux contenus analogues, initiés par le même promoteur. Apparaît une dimension collective aux accords de distribution qui procure à ceux-là un effet de réseau[140] et vient titiller le droit de la concurrence interne (C. com., art. L. 420-1 et s.) et de l'Union européenne (Traité sur le fonctionnement de l'Union européenne [TFUE], art. 101 et s.). L'attitude de celui-ci est nécessairement mesurée car une stricte application de ses incriminations viendrait à anéantir purement et simplement la plupart des réseaux de distribution. Il n'est pas possible d'étudier, ici, l'articulation complexe des réseaux de contrats-cadres de distribution avec les règles de droit de la concurrence[141] ; on se limitera à quelques remarques nécessairement générales.

L'exclusivité et la sélection sont de l'essence des réseaux de distribution ; l'une et l'autre commandent de répondre négativement à une demande émanant d'un distributeur extérieur au réseau. Pareille rebuffade était suspecte en regard de l'incrimination du refus de vente, et plus généralement de fournir, que connaissait notre droit ; la loi « Galland » n° 96-558 du 1er juillet 1996 a supprimé la prohibition du refus de vente entre professionnels[142] et, de ce fait, a levé une objection, déjà largement contournée, à la régularité des réseaux de distribution intégrée. En contrepoint la prohibition de pratiques commerciales déloyales entre entreprises (C. com., art. L. 442-1), des conventions et ententes qui tendent à fausser le jeu de la concurrence (C. com., art. L. 420-1) et enfin de l'exploitation abusive d'une position dominante (C. com., art. L. 420-2) s'impose aux concepteurs et « adhérents » desdits réseaux[143]. Un refus de vente peut tomber sous le coup de ces incriminations. L'Autorité de la concurrence assure le respect de ces textes.

---

(139) Sur le contrat de crédit-bail, V. *infra*, nos 448 et s.

(140) V. L. Amiel-Cosme, *Les réseaux de distribution*, LGDJ, coll. « Bibl. dr. privé », 1995, t. 256, préf. Y. Guyon. – D. Ferrier, *La considération juridique du réseau*, in *Mél. Ch. Mouly*, Litec, 1998, p. 95 et s. – R. Fabre, *La franchise, un ménage à trois : CDE* 1999, n° 5, p. 26 et s. L'existence du réseau paraît même de nature à influencer la lecture des obligations du contrat-cadre, V. *infra*, n° 45, et l'analyse des rapports entretenus par les parties à ce contrat avec le tiers, V. *infra*, n° 47.

(141) Pour cette étude, V. D. et N. Ferrier, *op. et loc. cit.*, spéc. nos 593 et s.– M. Behar-Touchais et G. Virassamy, *Traité des contrats*, préc. – *Adde* L. Vogel, *L'articulation entre le droit civil, le droit commercial et le droit de la concurrence : Rev. conc. consom.* 2000-115, p. 6.

(142) L. n° 96-558, 1er juill. 1996, art. 14-1 sur la loyauté et l'équilibre des relations commerciales : *JO* 3 juill. 1996, p. 9983. – V. Cass. com., 26 janv. 1999 : *RTD civ.* 1999, p. 381, obs. J. Mestre. – J. Simon, *Les nouvelles orientations du droit français de la concurrence : D. affaires* 1997, n° 21, 652 et s. – Comp. Versailles, 26 avr. 2001, nonobstant l'abrogation de l'article 36-2 de l'ordonnance du 1er décembre 1986, le refus de vente reste sanctionnable par l'application du droit commun de la responsabilité : *RJDA* 2001, n° 916. – *Adde* Cass. com., 18 déc. 2001 : *D.* 2002, somm. 3009, obs. D. Ferrier. – Le refus et la subordination de vente ou de prestation de services à l'endroit du consommateur restent formellement prohibés, V. C. consom., art. L. 121-11.

(143) Dans la jurisprudence rendue sous l'empire de l'ordonnance du 1er décembre 1986, on retiendra l'important arrêt *Biotherm* en vertu duquel : « Dès lors qu'ils préservent l'existence d'une concurrence sur le marché, les réseaux de distribution sélective ne sont pas contraires aux dispositions de l'article 7 de l'ordonnance du 1er décembre 1986 si les

Plus encore, peut-être, que le droit interne, le droit de la concurrence de l'Union européenne s'est montré très attentif à l'incidence de tels réseaux sur le commerce entre États membres, et la Cour de justice a condamné les clauses « de territorialité absolue » qui, dans les réseaux de concessions exclusives, interdisent au concessionnaire toute revente *active* (à partir du prospect de clients) tout autant que *passive* (en réponse à des offres de clients) hors de son territoire[144]. Néanmoins, les conventions d'exclusivité échappent à la prohibition de l'article 101, § 1, du TFUE pour autant qu'elles favorisent le progrès économique (TFUE, art. 101, § 3). Cette immunité s'exprimera sous la forme d'une dérogation individuelle délivrée par la Commission[145], mais aussi, devant l'afflux des demandes individuelles, par un règlement d'exemption pris pour toute une catégorie d'accords et permettant de faire échapper à la sanction tout un ensemble homogène de contrats : à l'origine, de tels règlements d'exemption précisaient pour chacun des contrats qu'ils visaient les clauses licites ou non et constituaient pour leurs rédacteurs de véritables matrices contractuelles ; désormais la démarche est essentiellement d'ordre économique, l'exemption étant réservée aux situations pour lesquelles les opérateurs détiennent moins de 30 % de parts de marché alors que les accords *de minimis* pour lesquels le fournisseur détient une part de marché de moins de 30 % échappent à l'article 101, § 1 du TFUE : le juriste s'efface derrière l'économiste[146].

Enfin le droit de la concurrence de l'Union européenne vient encadrer le droit du distributeur d'utiliser Internet pour vendre ses produits et les clauses restrictives à cet égard[147].

B. – Conditions de forme

44. – Un formalisme administratif. Le contrat-cadre est un contrat consensuel ; conclu entre commerçants, sa preuve est libre (C. com., art. L. 110-3) sous la réserve du formalisme probatoire introduit par la loi Doubin du 31 décembre 1989 (V. *supra*, n° 38). La police des pratiques discriminatoires a justifié à fin de contrôle une formalisation des conditions par lesquelles fournisseurs et distribu-

critères de choix ont un caractère objectif, n'ont pas pour objet ou pour effet d'exclure certaines formes déterminées de distribution et ne sont pas appliquées de façon discriminatoire » (Cass. com., 21 oct. 1997 : *RTD civ.* 1999, p. 79, obs. J. Mestre. – Pour l'application de critères similaires à la concession, Cass. com., 25 janv. 2000 : *Contrats, conc. consom.* 2000, n° 64. – Comp. Cons. conc., déc. 18 juin 1997, les clauses attentatoires à la concurrence insérées dans un contrat de franchise ne sont pas contraires à l'article 7 de l'ordonnance du 1er décembre 1986 lorsqu'elles se justifient par la protection du savoir-faire transféré et demeurent proportionnées à l'objectif poursuivi, *Contrats, conc. consom.* 1997, n° 152, obs. L. Vogel). Sur ces questions, V. D. et N. Ferrier, préc., nos 571 et s.

(144) CJCE, 13 juill. 1966, aff. *Grundig et Consten* : *Rec. CJCE* 1966, I, p. 429. – Déjà V. G. Durry, *Ouragan européen sur le droit des contrats* : *D.* 1963, chron. p. 177. La clause est une clause noire au sens du règlement n° 2790/99.

(145) V. not. Comm. CE, déc. 16 déc. 1991, *Yves Saint-Laurent* : *JOCE* n° L 12/24 ; *D.* 1992, chron. p. 303, G. Bonet.

(146) V. Règl. n° 2022/720, 10 mai 2022, art. 3. Le règlement n° 2022/720 du 10 mai 2022 concernant l'application de l'article 101, § 3, du Traité sur le fonctionnement de l'Union européenne à des catégories d'accords verticaux et de pratiques concertées a remplacé le règlement n° 330/2010 du 20 avril 2010 qui reprenait les dispositions du règlement n° 2790/1999 du 22 décembre 1999. – Attention : le contrat qui méconnaît un règlement d'exemption n'est pas nécessairement nul ; il faut encore établir *in concreto* que l'accord méconnaît le jeu de la concurrence, Cass. com., 3 déc. 2003 : *RDC* 2004, p. 659, obs. J.-S. Bergé ; *Contrats, conc. consom.* 2004, comm. 23, obs. M. Malaurie. – *Adde Droit de la concurrence et droit des contrats* : *RDC* 2004, p. 861 et s. – V. D. et N. Ferrier, *op. cit.*, nos 594 et s.

(147) CJUE, 6 déc. 2017, n° C-230/16, *Coty Germany GmbH, Parfümerie Akzente GmbH* : *RDC* 2018, p. 87, obs. M. Behar-Touchais, la Cour de justice valide l'interdiction faite dans des réseaux de distribution sélective de vendre sur les *marketplaces* (plateforme) dès lors que cette clause vise à préserver l'image de luxe des produits concernés, qu'elle est fixée d'une manière uniforme et non discriminatoire et qu'elle est proportionnée au regard de l'objectif poursuivi.

teurs conviennent de leur coopération commerciale : le contenu des conditions générales de vente, les modalités d'obligation de communication de celles-ci sont de la sorte réglementés (C. com., art. L. 441-1 et s. – V. *supra*, nos 38 et 43).

Ce formalisme participe d'un souci contemporain d'encadrement des négociations commerciales menées par les grandes enseignes de distribution avec leurs fournisseurs et qui voient les premières imposer aux seconds des contreparties indues (V. *infra*, n° 46). La règle a les relents, ou les effluves, du formalisme consumériste que notre droit des contrats développe depuis une trentaine d'années ; elle participe de l'irruption dans les relations entre professionnels des mêmes préoccupations protectrices[148].

§ 3. – L'exécution du contrat-cadre de distribution

45. – **Entre contractants : liberté mais loyauté contractuelle.** Le contenu des accords-cadres de distribution relève, sous les réserves précédentes de droit de la concurrence notamment, de la liberté contractuelle. La présence d'une exclusivité dans bon nombre des accords-cadres de distribution oblige son débiteur (souvent le distributeur) à ne pas contracter avec d'autres que son contractant. Cette disposition peut être conjuguée avec une clause de *quota* ou de *minima* qui oblige à conclure un minimum de contrats d'application et tiennent d'autant de promesses d'achat[149]. La clause de pénétration du marché engage le débiteur à conquérir des parts de marché (sous peine de clause de résiliation-sauvegarde). La licéité de ces dernières stipulations suppose que les objectifs à atteindre ne soient pas fixés de manière arbitraire par le fournisseur[150]. Cette dernière préoccupation conduit encore à prohiber (amendes) l'imposition des prix *minima* de revente ou de prestation de services par le fournisseur (C. com., art. L. 442-6)[151].

Au-delà de ces dispositions « centrales », les obligations des partenaires vont varier en regard des diverses formules de distribution évoquées et, plus encore, de l'imagination fertile des praticiens, rédacteurs de contrats. Le contrat-cadre d'assistance et de fourniture va comporter à la charge du fournisseur un ensemble d'obligations, contrepartie de l'engagement d'exclusivité du revendeur[152] : le fournisseur va concéder à celui-ci licence gratuite, non exclusive, d'utilisation de sa marque (sans autoriser le distributeur revendeur à apposer la marque sur ses

(148) Du même ordre d'idées participe l'énonciation des mentions devant figurer sur la facture dont doit faire l'objet tout achat de produits ou prestation de services (V. *supra*, n° 38). – *Adde*, Ch. Jamin et D. Mazeaud (ss dir.), *Les clauses abusives entre professionnels*, colloque Lille, Economica, 1998.

(149) Ces clauses de quotas d'achat ou de revente, restrictives de concurrence, sont réglementées par les règlements communautaires d'exemption. – V. *supra*, n° 43.

(150) V. CA Paris, 15 avr. 1992 : *D.* 1995, somm. p. 71, D. Ferrier. – Cass. com., 7 déc. 1993 : *Bull. civ.* 1993, IV, n° 450.

(151) V. D. Mainguy, *La revente*, Litec, coll. « Bibl. dr. entr. », 1996, n° 35, spéc. nos 273 et s.

(152) La jurisprudence est parfois amenée à s'interroger sur la réalité de cette contrepartie, jugeant parfois que les engagements pris par le fournisseur sont dérisoires par rapport à l'engagement d'exclusivité souscrit par le distributeur : V. Cass. com., 14 oct. 1997, n° 95-14.284 : *Defrénois* 1998, p. 1040, obs. D. Mazeaud. – Cass. com., 8 févr. 2005, n° 03-10.749 : *D.* 2005, p. 2836, obs. S. Amrani-Mekki ; *D.* 2006, p. 512, obs. D. Ferrier ; *RTD com.* 2005, p. 825, obs. Bouloc. – V. cependant Cass. com., 11 mars 2014, n° 12-29.820 : *D.* 2014, p. 1915, note D. Mazeaud ; *RTD civ.* 2014, p. 884, obs. H. Barbier ; *RDC* 2014, p. 884, obs. E. Savaux ; *D.* 2015, p. 529, obs. S. Amrani-Mekki et M. Mekki.

propres produits ou ceux qu'il acquerrait ailleurs)[153] ; il apportera son soutien matériel et financier sous forme de cautionnement, de prêt de somme d'argent et de matériel d'exploitation (cuves pour les pompistes, matériel de tirage de la bière...) que le distributeur devrait normalement restituer en fin de contrat ; ce concours n'est pas désintéressé (sur la question des restitutions des cuves, V. *infra*, n°s 389 et 395) ; il assurera assistance commerciale et de gestion au distributeur tout en prévoyant les modalités d'un contrôle plus ou moins étroit de l'action et du point de vente de celui-ci, spécialement dans la distribution sélective. Le fournisseur s'engagera encore à assurer la politique commerciale du groupe et la promotion nationale ou internationale du produit. Dans le contrat de franchise, les parties seront attentives à définir les modalités de la communication du savoir-faire par le fournisseur-franchiseur, l'éventuelle obligation d'assistance à la charge de ce dernier, voire l'obligation d'adaptation du même savoir-faire : à ce titre, le contrat de franchise devient un contrat à exécution successive (C. civ., art. 1111-1, al. 2), à la différence du contrat de communication de savoir-faire à caractère instantané dont les effets s'épuisent avec la révélation du *know-how* secret ; selon la qualification adoptée, la disparition du savoir-faire (ou de son caractère secret) après la conclusion du contrat influencera la survie de l'accord[154].

Le distributeur, tenu aux obligations afférentes aux précédentes clauses d'exclusivité et de quotas, sera astreint aux obligations d'un acheteur à l'occasion de chaque vente (contrat) d'application ; dans la *distribution sélective*, il devra parfois assurer des prestations et un service après-vente particulier au profit du client ; dans la franchise, il paiera encore des redevances en contrepartie du savoir-faire communiqué, voire un « droit d'entrée » à raison de son accès au « club » des franchisés, lesquels, au titre de stipulations pour autrui insérées dans chacun des contrats du franchiseur, pourront être tenus de se communiquer mutuellement les perfectionnements qu'ils apportent respectivement au savoir-faire : *plus on est...* Les règlements communautaires d'exemption (V. *supra*, n° 43) viendront préciser la mesure de ces obligations et interdire les clauses jugées attentatoires à la concurrence par les autorités communautaires.

Au-delà de la lettre de l'accord, l'exigence de bonne foi qui préside à l'exécution du contrat est exacerbée par la jurisprudence, souvent sous couvert de l'intérêt du réseau. Ainsi, contre le principe de l'intangibilité judiciaire des conventions, antérieurement à l'ordonnance du 10 février 2016, la Cour de cassation a estimé dans un arrêt *Huard* que le concédant devait négocier un nouvel accord avec son concessionnaire afin de conserver à celui-ci la possibilité de vendre ses produits à un prix concurren-

(153) Le droit de marque confère à son titulaire le monopole d'interdire tant la reproduction que l'usage de la marque (CPI, art. L. 713-2) ; l'autorisation d'utilisation de la marque paraît bien participer, dans ces contrats, d'une licence (V. J. Raynard, E. Py et P. Tréfigny, *Droit de la propriété industrielle*, LexisNexis, 2016, n° 472).

(154) La disparition de toute pertinence du savoir-faire en cours de contrat de franchise devrait justifier la caducité de l'accord à exécution successive : V. C. civ., art. 1186. La justification du mécanisme extinctif était associée à la disparition de la cause en cours d'exécution du contrat. La jurisprudence de la Cour de cassation, antérieure à la réforme, reste hésitante sur cette lancinante question : V., en ce sens, Cass. com., 10 mai 1994 : *Lettre distrib.* 1994-8. – *Contra*, Cass. 1re civ., 16 déc. 1986 : *Bull. civ.* 1986, I, n° 301 ; *RTD civ.* 1987, p. 750, J. Mestre. – En revanche, la disparition du caractère secret du savoir-faire après la conclusion d'un contrat de communication de savoir-faire, et la révélation effective de ce dernier, ne devrait pas suffire en tant que telle à affecter l'obligation de paiement des redevances du franchisé, Cass. com., 13 juill. 1966 : *JCP G* 1967, II, 15131, P. Durand. – *Grands arrêts du droit des affaires*, Dalloz, 1995, n° 20, p. 227 et la note. Une disposition contractuelle épuisera toute difficulté ultérieure.

tiel dans le nouveau contexte du marché[155]. Cette exigence de loyauté active, avec l'interventionnisme judiciaire accru qu'elle appelle, gagne l'ensemble des accords de distribution : avec l'arrêt *Chevassus Marche*, l'exigence de renégocier le contrat pour permettre au distributeur de pratiquer des prix concurrentiels est étendue à l'agent commercial (mandataire)[156]. Ces décisions ont suscité force de commentaires, encourageant une doctrine solidariste contractuelle dans laquelle les contractants ne sont pas toujours égaux et le strict respect de la force obligatoire du contrat se révélera injuste[157]. La démarche a aussi ses détracteurs[158]. Reste qu'elle paraît avoir influencé la réforme du droit des contrats : dans la distinction des contrats d'adhésion et de gré à gré[159], l'admission de l'état de dépendance au titre de la violence[160], ou, plus spectaculairement, avec l'admission de la règle de l'imprévision[161].

46. – **Coopération commerciale... ou l'intérêt du fournisseur à courtiser son distributeur.** Dans la vente classique, les choses sont simples : le prix payé et la chose livrée, les parties s'éloignent l'une de l'autre. Mais précisément parce qu'ils aménagent une succession de ventes à venir, les rapports des parties au contrat de fourniture ne s'épuisent pas de la sorte. L'acheteur, distributeur, est également le revendeur des produits de son fournisseur : et plus il revend, plus il achètera à ce dernier. La présentation des produits aux emplacements privilégiés du magasin, centre commercial, les opérations de promotion deviennent autant d'enjeux importants pour le fournisseur... et de services procurés par le distributeur et laissés à sa discrétion. Il en va de même de toutes les prestations de logistique assurées par le second au profit du premier (transport des marchandises, stockage...). L'ensemble participe d'un rapport de coopération commerciale, contrat d'entreprise, qui voit l'acheteur-distributeur assurer des prestations au profit de son vendeur-fournisseur à l'occasion de la revente de ses produits, lesquelles appellent

(155) Cass. com., 3 nov. 1992, préc. – *Adde* Cass. com., 15 mars 2017, n° 15-16.406 : *RDC* 2018, p. 21, obs. Ph. Stoffel-Munck.

(156) L'agent commercial faisait l'objet de la concurrence de centrales d'achat qui se fournissaient directement auprès de ses mandants. La cour d'appel avait débouté l'agent de sa demande en résiliation et en responsabilité. Au visa de l'article 4 de la loi du 25 juin 1991, en vertu duquel « les rapports entre l'agent commercial et le mandant sont régis par une obligation de loyauté et (...) le mandant doit mettre l'agent commercial en mesure d'exécuter son mandat », la Cour de cassation censure la décision des juges du fond et énonce « qu'en se déterminant ainsi, sans rechercher si, informées des difficultés de M. C. en raison des ventes parallèles de produits venant des centrales d'achat qui s'approvisionnaient en métropole, les sociétés ont pris des mesures concrètes pour permettre à leur mandataire de pratiquer des prix concurrentiels, proches de ceux des mêmes produits vendus dans le cadre de ces ventes parallèles, et de les mettre ainsi en mesure d'exercer son mandat, la cour d'appel n'a pas donné de base légale à sa décision », V. Cass. com., 24 nov. 1998 : *Contrats, conc. consom.* 1999, n° 56, note M. Malaurie-Vignal ; *RTD civ.* 1999, p. 98, obs. J. Mestre, et p. 646, obs. P.-Y. Gautier ; *Defrénois* 1999, 371, note D. Mazeaud ; *JCP G* 1999, I, 143, obs. Ch. Jamin. – *Adde infra*, n°s 540 et s. L'obligation de loyauté s'applique aussi au distributeur, V. CA Paris, 19 janv. 2001 : *RTD civ.* 2001, p. 360, obs. J. Mestre et B. Fages. Jugé que le franchiseur qui devait conseiller son franchisé dans le choix de son installation engage sa responsabilité – délictuelle – à l'égard des voisins victimes de troubles causés par l'exploitation de ce dernier, Cass. 2e civ., 21 mai 1997 : *Contrats, conc. consom.* 1997, n° 128, obs. L. Leveneur.

(157) V. D. Mazeaud, *Loyauté, solidarité, fraternité : la nouvelle devise contractuelle ?*, in *L'avenir du droit : Mél. F. Terré*, Dalloz-PUF-JurisClasseur, 1999, p. 603 ; *La bataille du solidarisme contractuel, du feu, des cendres, des braises*, in *Mél. J. Hauser*, Dalloz LexisNexis, 2012. – Ch. Jamin, *Plaidoyer pour le solidarisme contractuel*, *Études Ghestin*, LGDJ, 2001, p. 441 et s.

(158) V. Y. Lequette, *Retour sur le solidarisme : le rendez-vous manqué des solidaristes français avec la dogmatique judiciaire*, in *Mél. J. Hauser*, Dalloz LexisNexis, 2012, p. 879 et s.

(159) V. C. civ., art. 1110 : la clause qui crée un déséquilibre significatif dans le contrat d'adhésion est réputée non écrite (C. civ., art. 1171, al. 1er), le contrat d'adhésion s'interprète contre celui qui a rédigé (C. civ., art. 1190).

(160) C. civ., art. 1143.

(161) C. civ., art. 1195. – V. N. Molfessis, *L'imprévision, une fausse avancée par rapport aux clauses de hard-ship ?*, in *La réforme du droit des contrats. Incidences sur la vie des affaires*, LexisNexis, coll. « Act. dr. entr. », 2017, p. 77.

une rémunération, soit un flux financier en sens inverse au prix de vente. Bel exemple de greffe du contrat d'entreprise sur le contrat de vente dans un saisissant mouvement de flux et de reflux né des pratiques… de la grande épicerie. Les rémunérations de la coopération commerciale sont dites *marges arrière* ; on suspecte les grands distributeurs d'abuser de leur puissance d'achat en exagérant celles-là, voire en rémunérant de la sorte des services fictifs, ce qui diminue d'autant le prix d'achat réel du produit. Une loi du 2 août 2005 était venue codifier ce nouveau contrat, lequel devait indiquer le contenu des services procurés et les modalités de leur rémunération ; mais la définition de ce contrat a été formellement supprimée par une loi du 3 janvier 2008(162) ! Le contexte de ces rapports économiques demeure pourtant. Ainsi, les rémunérations de la coopération commerciale doivent faire l'objet de mentions claires et entrent dans la définition du « prix convenu » entre les parties à la négociation commerciale (C. com., art. L. 441-3-1). L'ensemble revêt un intérêt certain au regard des modes de calcul entraînés par la prohibition de la revente à perte (C. com., art. L. 442-5) et des exigences accrues en matière de facturation (C. com., art. L. 441-9 et s.).

47. – **À l'égard des tiers : l'étanchéité du réseau ; les droits du client.** Le tiers au contrat-cadre de distribution peut être un commerçant concurrent de l'une des parties (fournisseur ou distributeur) ou un client ou revendeur.

Le premier est qualifié de *distributeur parallèle*. Le problème se pose de savoir si un fournisseur tenu à l'exclusivité de vente (concédant) peut refuser de vendre à un commerçant non intégré au réseau et situé hors du territoire réservé, mais susceptible de revendre sur un territoire réservé affectant alors les droits d'un distributeur intégré (concessionnaire, distributeur agréé). Sans doute le revendeur non intégré n'est-il jamais engagé par le contrat de distribution auquel il est tiers (C. civ., art. 1199) ; en revanche, ce contrat lui reste opposable en tant que fait dès lors qu'il en a connaissance (C. civ., art. 1200) : lorsqu'il agit au mépris de celui-ci, sa responsabilité civile devrait être engagée au titre de la concurrence déloyale (C. civ., art. 1240). D'un autre point de vue, l'application orthodoxe de ces principes conduirait à admettre un cloisonnement total des marchés. Les balbutiements du traitement judiciaire de la « distribution parallèle » rendent compte de ce dilemme(163).

Pour la concession exclusive, la Cour de cassation a finalement décidé que le fait pour le tiers revendeur non intégré au réseau de s'approvisionner auprès d'un fournisseur exclusif hors d'un territoire concédé (et *a fortiori*, auprès d'un fournisseur non lié par l'exclusivité) et de revendre dans un territoire pourtant couvert par l'exclusivité ne caractérisait pas un acte de concurrence déloyale à l'égard du

(162) V. Y. Picod, *Un nouveau contrat nommé, le contrat de coopération commerciale*, in *Mél. Le Tourneau*, Dalloz, 2007, p. 809. – B. Grimonprez, *La mort subite du contrat de coopération commerciale* : *Contrats, conc. consom.* 2009, étude 1. – Dans un souci d'augmentation du pouvoir d'achat, et de baisse des prix des produits de consommation vendus par la grande distribution, la loi du 4 août 2008 (L. n° 2008-776. – V. C. com., art. L. 441-7) avait libéralisé ce régime. – L'article L. 441-3-1 du Code de commerce (mod. par L. n° 2023-221, 30 mars 2023 tendant à renforcer l'équilibre dans les relations commerciales entre fournisseurs et distributeurs) maintient l'exigence d'une « convention écrite conclue entre le fournisseur et le grossiste (…) soit entre le grossiste et le distributeur ou le prestataire de services » indiquant les obligations des parties en vue de fixer le prix à l'issue de la négociation commerciale. Cette convention est établie soit dans un document unique, soit dans un ensemble formé par un contrat-cadre et des contrats d'application. Sur l'ensemble, V. N. et D. Ferrier, *Droit de la distribution*, LexisNexis, 9e éd., n° 326.

(163) F. Deboissy et G. Wicker, *Droit du contrat et droit du marché : éléments pour une problématique* : RDC 2006, 1329.

concessionnaire local[164]. Le concédant ne peut se voir reprocher ces ventes, dans la mesure où il reste de bonne foi et ne les favorise pas au détriment du concessionnaire[165]. Par ailleurs, le droit de la concurrence veille à encadrer ces situations et le concédant ne peut interdire son concessionnaire de revendre à un distributeur extérieur au réseau[166].

La question se pose sensiblement différemment dans le contexte de la distribution sélective : des distributeurs éliminés au titre de la sélection opérée peuvent-ils revendre les produits du réseau dont ils ont fait l'acquisition ? Après hésitations, la Cour de cassation décide que le seul fait « d'acquérir des produits sur le marché parallèle et de les commercialiser en dehors du réseau ne constitue en lui-même aucune faute »[167]. Néanmoins la prudence est de mise : lorsque le tiers revendeur ignore ostensiblement les critères de sélection qualitatifs, les actes de revente opérés par celui-ci peuvent être nuisibles à l'image de marque du produit et finalement du réseau et, à ce titre, apparaître comme constitutifs d'actes de concurrence déloyale. Consciente de ce contexte particulier, la Cour de cassation atténue considérablement la solution précédente, et limite la légitimité des agissements du tiers revendeur en sanctionnant celui-ci qui, sans être soumis aux contraintes du réseau de distribution sélective, bénéficie du succès et de la notoriété de celui-là pour développer sa propre commercialisation : la solution est caractéristique du « parasitisme » coupable qui consiste à se placer dans le sillage d'un produit *leader*, sans contrepartie[168]. De même, la commercialisation sur Internet par un distributeur hors réseau de produits réservés à la distribution sélective a pu être jugée fautive dès lors qu'elle caractérise un trouble illicite, indépendamment de la régularité des approvisionnements[169].

Dans cette logique, l'article L. 442-2, issu de l'ordonnance du 24 avril 2019, érige en faute « le fait, par toute personne exerçant des activités de production, de distribution ou de services de participer directement ou indirectement à la violation de l'interdiction de revente hors réseau faite au distributeur lié par un accord de distribution sélective ou exclusive exempté au titre des règles applicables du droit de la concurrence ». En bonne logique, c'est au tiers à faire la preuve de la légitimité de son approvisionnement.

(164) Cass. com., 16 févr. et 12 juill. 1983 : *D.* 1984, p. 489, note D. Ferrier.

(165) Paris, 17 déc. 2009 : *D.* 2011, pan. 551, obs. D.F. – La création d'un site Internet par le fournisseur ne constitue pas une atteinte à l'exclusivité territoriale consentie au distributeur : Cass. com., 14 mars 2006 : *JCP* G 2006, II, 1832. – Cass. com., 10 sept. 2013, n° 12-11.701 : *Lettre distrib.* oct. 2013.

(166) Règl. n° 2022/720, art. 4 *b*.

(167) V. Cass. com., 13 déc. 1988, 10 janv. 1989, 10 mai 1989 : *D.* 1989, p. 427, note A. Bénabent. – Également sur la 2ᵉ décision : *D.* 1989, p. 337, note Ph. Malaurie ; *RTD civ.* 1989, p. 326, note P. Jourdain.

(168) Cass. com., 27 oct. 1992 : *D.* 1992, p. 505, note A. Bénabent ; *Contrats, conc. consom.* 1992, 225, obs. Vogel. – Paris, 17 févr. 1993 : *D.* 1995, somm. p. 83, obs. D. Ferrier. – Les faits distincts de parasitisme doivent être caractérisés : Cass. com., 24 mai 2011 : *Contrats, conc. consom.* 2011, comm. 236, obs. M. Malaurie-Vignal. – Mais, au-delà de cette hypothèse, le principe demeurait qu'il n'y avait pas concurrence déloyale dans le seul fait de vendre le produit sans appartenir au réseau : Cass. com., 13 janv. et 10 févr. 1998 : *D.* 1998, somm. 331, D. Ferrier. – *Adde* M. et J.-M. Mousseron, *Le bonheur retrouvé de la distribution sélective* : *RJDA* 1993, n° 1. – J.-M. Mousseron et G. Bonet : *CDE* 1993, n° 1, p. 23.

(169) Paris, 5 sept. 2003 : *Comm. com. électr.* 2004, n° 19, obs. Ph. Stoffel-Munck. – *Adde* Aut. conc., avis n° 12-A-20, 18 sept. 2012, relatif au fonctionnement concurrentiel du commerce électronique.

Le tiers au contrat-cadre est aussi le client du distributeur. En tant que sous-acquéreur il bénéficie d'une action directe de nature contractuelle à l'encontre du fournisseur avec lequel il n'a pourtant pas contracté[170] ; il pourra bénéficier des prestations de services après-vente et garantie non seulement à l'endroit de son distributeur, mais également des autres revendeurs (concessionnaires) du réseau[171].

§ 4. – L'extinction du contrat-cadre de distribution

48. – **Causes.** Conformément au droit commun, l'extinction du contrat résulte de l'arrivée du terme, ou de sa résiliation unilatérale lorsqu'il est conclu pour une durée indéterminée. Les grandes enseignes de distribution ont le souci de ne pas voir leurs distributeurs (franchisés), propriétaires de magasins indépendants, quitter trop aisément leur réseau pour adhérer à une enseigne concurrente : outre une durée d'engagement relativement longue, elles ont imaginé de formaliser leurs liens avec leurs distributeurs au moyen de contrats multiples (contrat de franchise, d'approvisionnement, pactes d'associés, adhésion au groupement coopératif...) aux termes distincts sans que l'échéance de l'un n'entraîne automatiquement la cessation des autres. Cette divisibilité artificielle dissuadait fortement le distributeur indépendant de quitter le réseau, égratignant la liberté contractuelle du même. La pratique a été dénoncée par l'Autorité de la concurrence[172]. La loi n° 2015-990 du 6 août 2015 (loi Macron) est venue en prohiber la formule : l'ensemble de ces contrats doit prévoir une échéance commune, la résiliation de l'un des contrats vaut résiliation de l'ensemble (C. com., art. L. 341-1)[173].

Le manquement de l'une des parties à ses obligations, spécialement d'exclusivité ou de quotas, justifiera la résiliation du contrat, dont le caractère automatique est parfois assuré par une clause expresse[174]. Enfin un *intuitu personae* est fréquemment imprimé au contrat-cadre (spécialement pour la franchise ou la distribution sélective) au moyen de clauses d'agrément conditionnant la cession du contrat à l'acquiescement du cessionnaire par le cédé (fournisseur)[175] ; ces dispositions ne sont pas susceptibles de faire échec au maintien, puis à la reprise du contrat en cas de procédure de sauvegarde ou redressement judiciaire du partenaire (distributeur) (V. C. com., art. L. 622-13 et L. 642-7)[176].

(170) V. *infra*, n° 215.

(171) Au titre d'une stipulation pour autrui implicite aux contrats de chaque distributeur et dont le client est bénéficiaire : l'objection tirée, hier, de ce que le tiers bénéficiaire n'est pas désigné n'est pas déterminante, une stipulation au profit de personnes indéterminées est valable pour autant que le bénéficiaire soit déterminable au jour de sa prise d'effet. – C. civ., art. 1205. – S'agissant de clients ayant acquis les produits auprès de revendeurs n'appartenant pas au réseau, il pourra être exigé que le bien ait été initialement commercialisé par un membre du réseau, V. Cass. com., 18 oct. 1994 : *D.* 1997, somm. p. 61, obs. D. Ferrier. – CJCE, 13 janv. 1994 : *Rec. CJCE* 1994, I, p. 15.

(172) Avis n° 10-A-26, 7 déc. 2010, préc., p. 39.

(173) M. Behar-Touchais, *De Lefebvre à Macron : la valse des contrats d'affiliation devant l'Assemblée nationale et le Sénat* : *RDC* 2015, p. 532.

(174) Au cas de contrats distincts, la loi prévoit que la résiliation d'un de ces contrats vaut résiliation de l'ensemble des contrats, C. com., art. L. 341-1, al. 2.

(175) V. CA Paris, 7 nov. 1996 : *JCP G* 1997, II, 22857, note P. Mousseron (l'adhésion de l'actionnaire de contrôle d'une société concessionnaire à un réseau concurrent met un terme à la confiance que le concédant avait dans son concessionnaire). – *Adde* A. Viandier, *Les contrats conclus* intuitu personae *face à la fusion des sociétés*, in *Mél. Ch. Mouly*, Litec, 1998, t. 2, p. 193 et s.

(176) V. CA Douai, 8 mars 1990 : *D.* 1990, inf. rap. p. 87. – CA Versailles, 23 juin 1988 : *Gaz. Pal.* 1989, 1, somm. p. 112. – *Contra*, en cas de redressement judiciaire du franchiseur, CA Paris, 15 déc. 1992 : *D.* 1993, inf. rap. p. 45 ; *JCP G*

49. – Effets : restitutions, indemnités et non-affiliation à un réseau concurrent. L'extinction du contrat-cadre de distribution est la source d'un important contentieux, spécialement sur le terrain de la concession exclusive, suscité par les prétentions indemnitaires des concessionnaires ou les problèmes de reprise de stocks de produits invendus. Au terme extinctif, le fournisseur (concédant) est libre de ne pas renouveler le contrat sans avoir à motiver sa décision(177) ni davantage à verser d'indemnités à son partenaire, commerçant indépendant(178) ; les mêmes principes (absence d'indemnité et de motivation) s'attachent à la résiliation du contrat conclu pour une durée indéterminée, dans le respect d'un préavis raisonnable(179). L'orthodoxie de ces solutions au regard du droit commun des obligations ne suffit pas à oblitérer leur sévérité, spécialement en regard des investissements importants qui auront pu être engagés par un concessionnaire, par ailleurs tenu d'une obligation de non-concurrence à l'expiration du contrat. Aussi la jurisprudence veille à ce que l'attente légitime de celui-ci ne soit pas trompée par le comportement du fournisseur (concédant)(180) et spécialement à ce que la rupture du contrat à durée indéterminée ne soit pas brutale ni abusive(181). La reconnaissance dans ces accords-cadres de contrats « d'intérêt commun » par la loi Doubin (V. *supra*, n° 38) risquait de faire encore évoluer la solution, par imitation du régime du mandat d'intérêt commun(182). Aussi, contre les analyses prônant un solidarisme contractuel, la Cour de cassation retient que « n'est pas constitutive d'abus la résiliation opérée par le concédant dans le respect du délai du préavis

---

1994, II, 22205, note Ch. Jamin et *JCP* E 1993, I, 275, n° 6, obs. Ph. Pétel ; rejet du pourvoi par Cass. com. 14 mars 1995 : *D.* 1997, somm. 7, obs. F. Derrida.

(177) Cass. com., 4 janv. 1994 : *Bull. civ.* 1994, IV, n° 13 ; *JCP* G 1994, IV, 588 ; *RTD civ.* 1994, p. 352, note J. Mestre.

(178) V. Cass. com., 21 oct. 1970 : *JCP* G 1971, II, 16632. – Cass. com., 9 mars 1976 : *Bull. civ.* 1976, IV, p. 76. – Cass. com., 20 nov. 1979 : *Bull. civ.* 1979, IV, n° 236. – Cass. com., 9 déc. 1986 : *D.* 1988, somm. p. 19, obs. D. Ferrier. – CA Paris, 19 janv. 2001 : *RTD civ.* 2001, p. 360, obs. J. Mestre et B. Fages. Solution inverse pour l'agent commercial, mandataire d'intérêt commun (L. 25 juin 1991, art. 4 et 12, al. 1er) ou le VRP, salarié particulier (C. trav., art. L. 751-9) qui ont droit à une indemnité en fin de contrat pour la clientèle qu'ils ont développée et qui reste acquise à leur mandant ou employeur. V. Ph. Grignon, *Le fondement du droit à indemnité de l'intermédiaire commercial*, Litec, coll. « Bibl. dr. privé », 2000, t. 44, préf. D. Ferrier et J.-M. Mousseron. On perçoit l'enjeu du statut de commerçant indépendant, prêté aux concessionnaires et franchisés ; c'est l'observation selon laquelle la clientèle resterait attachée au concédant ou au franchiseur qui justifie la même prétention indemnitaire de ceux-là, jusqu'ici sans succès. – V. J. Thréard, *Le statut légal du concessionnaire* : *JCP* CI 1977, II, 12536. L'idée cependant que la clientèle reste attachée à la marque du concédant ou du franchiseur pour refuser au locataire franchisé ou concessionnaire le statut du bail commercial est récurrente dans la jurisprudence. De fait, dans un arrêt du 9 octobre 2007 rendu au visa de l'article 1371 du Code civil, la Cour de cassation a jugé que « le franchisé pouvait se prévaloir d'une clientèle propre, et que la rupture du contrat de franchise stipulant une clause de non-concurrence était le fait du franchiseur… il se déduisait que l'ancien franchisé se voyait dépossédé de cette clientèle, et qu'il subissait en conséquence un préjudice » appelant indemnisation du fait du franchiseur, Cass. com., 9 oct. 2007 : *Lettre distrib.* nov. 2007 ; *JCP* G 2007, II, 10211 et *JCP* E 2008, 1020, note N. Dissaux ; *Rev. Lamy dr. civ.* 2007/22, p. 40, note D. Ferré et E. Deberdt.

(179) Cass. com., 10 juin 1986 : *Bull. civ.* 1986, IV, n° 123.

(180) V. Cass. com., 11 juill. 1978 : *Bull. civ.* 1978, V, n° 199 ; *RTD com.* 1979, p. 313, note J. Hémard (lettre d'intention du concédant concernant le renouvellement du contrat). – Cass. com., 5 avr. 1994 : *JCP* G 1994, I, 3803, obs. Ch. Jamin (ancienneté des relations et efforts d'investissements du concessionnaire). – Cass. com., 23 mai 2000 : *RTD civ.* 2001, p. 137, obs. J. Mestre et B. Fages (nombreuses pratiques du fournisseur qui ont entretenu le concessionnaire dans l'illusion que le contrat serait renouvelé).

(181) Jurisprudence importante qui retient l'abus du droit du concédant de ne pas renouveler ou de résilier le contrat. – V. Cass. com., 5 oct. 1993 : *JCP* G 1994, II, 22224, note Ch. Jamin. – Cass. com., 8 avr. 1986 : *D.* 1988, somm. p. 19, obs. D. Ferrier ; le délai de préavis doit être suffisant pour permettre au concessionnaire de réorienter son activité : sur un délai d'un mois, V. Cass. com., 13 juin 1978 : *Bull. civ.* 1978, IV, n° 140. – CA Paris, 17 févr. et 7 avr. 1994 : *D.* 1995, somm. p. 69, obs. D. Ferrier. De même le concédant qui alléguerait de motifs fallacieux pour résilier le contrat – alors qu'il n'a pas à motiver sa décision – engagerait sa responsabilité.

(182) V. *infra*, n° 560. Mais, aujourd'hui, la Cour de cassation récuse cette extension, en dépit de la loi Doubin. – V. Cass. com., 7 oct. 1997 : *RTD civ.* 1998, p. 370, obs. J. Mestre, et p. 130, obs. critiques P.-Y. Gautier ; *Contrats, conc. consom.* 1998, n° 20, obs. L. Leveneur.

contractuel propre à permettre au concessionnaire d'organiser sa reconversion, alors même que le concédant a attendu d'avoir négocié et conclu la restructuration de son réseau avec un tiers pour procéder à la résiliation »(183). La solution est cohérente avec l'indépendance du commerçant franchisé (concessionnaire) qui ne dispose d'aucun droit au renouvellement de son contrat.

La préoccupation, constante, de protection du partenaire économiquement plus faible bénéficie cette fois aux fournisseurs dans les contrats de référencement qu'ils concluent avec de puissantes centrales d'achat (V. *supra*, n° 36). Les fournisseurs deviennent économiquement dépendants des volumes d'achat de ces dernières et se voient déstabiliser par toute cessation des relations contractuelles ; la loi sanctionne de la sorte le « déréférencement » abusif :

> « Engage la responsabilité de son auteur et l'oblige à réparer le préjudice causé le fait, par toute personne exerçant des activités de production, de distribution ou de services de rompre brutalement, même partiellement, une relation commerciale établie, en l'absence d'un préavis écrit qui tienne compte notamment de la durée de la relation commerciale, en référence aux usages du commerce ou aux accords interprofessionnels.
>
> En cas de litige entre les parties sur la durée du préavis, la responsabilité de l'auteur de la rupture ne peut être engagée du chef d'une durée insuffisante dès lors qu'il a respecté un préavis de dix-huit mois.
>
> [Ces dispositions] ne font pas obstacle à la faculté de résiliation sans préavis, en cas d'inexécution par l'autre partie de ses obligations ou en cas de force majeure » (C. com., art. L. 442-1, II).

La rédaction bien accueillante de ce texte en justifie un très large domaine d'application dépassant largement les frontières des seuls accords-cadres de distribution(184).

L'expiration de l'accord-cadre peut encore déclencher de délicats problèmes de restitutions, mais le principe de ce « reflux » ne sera que la conséquence de la nature du « flux » originaire(185). Ainsi l'utilisation de la formule du prêt ou du dépôt pour du matériel, voire pour les produits du fournisseur (« dépôt-vente » pour les distributeurs de presse), commande une restitution en fin de contrat dans le strict respect des règles de ces contrats nommés(186). Là encore des préoccupations de droit de la concurrence ont conduit à amender la rigueur des solu-

(183) Cass. com., 6 mai 2002 : *Bull. civ.* 2002, IV, n° 81 ; *Contrats, conc. consom.* 2002, n° 134, obs. L. Leveneur ; *D.* 2002, p. 2842, obs. D. Mazeaud ; *JCP G* 2002, II, 10146, Ph. Stoffel-Munck. – Cass. com., 7 avr. 2004, *Sté Fiat c/ Axautos : Lettre distrib.* mai 2004.

(184) Cass. com., 23 avr. 2003 : entre dans le champ d'application de ce texte (C. com., ex-art. L. 442-6-I, 5°) toute relation commerciale établie, que celle-ci porte sur la fourniture d'un produit ou d'une prestation de services, *JCP E* 2004, chron. 424, p. 463, obs. C. Mouly. – V. Actes du colloque, *Flux et reflux de la rupture d'une relation commerciale – Application de l'article L. 442-6, I, 5° du Code de commerce : excès constatés et modérations possibles*, Montpellier, LexisNexis, coll. « Act. dr. entr. », 2017, vol. 35.

(185) M. Malaurie, *Les restitutions en droit civil*, Paris, Cujas, 1991, préf. G. Cornu. – C. Guelfucci-Thibierge, *Nullité, restitutions et responsabilités*, LGDJ, coll. « Bibl. dr. privé », 1993, t. 218, préf. J. Ghestin.

(186) C. civ., art. 1888 (prêt) et 1944 (dépôt). – Sur ces questions, V. J. Raynard, *Les restitutions dans les contrats de distribution*, préc.

tions classiques[187]. En revanche, l'expiration du contrat de concession empêche le concessionnaire de revendre les produits qu'il a en stock, sauf à se rendre coupable de concurrence déloyale ou de contrefaçon ; les flux opérés au titre des contrats de vente n'ouvrent aucune perspective de reflux : sauf faute de celui-ci, le concédant n'a pas à reprendre ses produits, le concessionnaire a dû prévoir cette éventualité en concluant le contrat, l'attente légitime de celui-ci n'a pas été trompée[188]. Pourtant une obligation de reprise de stock par le concédant résultera souvent d'une clause expresse au contrat qui s'analyse en une promesse de rachat des marchandises ; la clause peut aussi autoriser le concessionnaire à écouler pendant un certain temps le stock restant en sa possession. L'expiration du contrat de franchise pose, en outre, la délicate question de la restitution des biens incorporels (savoir-faire, marque du franchiseur). Elle se réalise par l'interdiction pour l'ancien franchisé de continuer à en faire usage publiquement (à raison d'une clause de non-exploitation pour le savoir-faire ou de l'opposabilité du droit de marque à l'expiration du contrat de licence).

Enfin, jalouses de leurs parts de marché, les grandes enseignes de distribution prévoiront souvent à la charge du franchisé une clause de non-*réaffiliation* à une enseigne nationale concurrente pendant un temps déterminé après la fin du contrat. La jurisprudence a retenu avec circonspection la régularité de la formule dès lors que celle-là n'interdit pas la poursuite d'une activité identique[189]. Mais cette liberté s'avère bien théorique dans certains secteurs (distribution alimentaire) où la survie économique suppose l'appartenance à un réseau national et où les règles d'urbanisme commercial privent le franchisé de toute mobilité ; ainsi pareille stipulation s'apparente, de fait, à une clause de non-concurrence dont l'efficacité paraît alors peu compatible avec les principes de droit de la concurrence tout comme avec la reconnaissance au franchisé de la propriété de sa clientèle[190]. Ces solutions ont évolué en regard de la prohibition de principe de pareilles dispositions avec la loi « Macron » du 6 août 2015[191].

(187) Sur la question des restitutions des cuves par les pompistes de marque à l'issue des contrats d'assistance et de fourniture, V. *infra*, n° 397.

(188) Cass. com., 16 févr. 1970 : *Bull. civ.* 1970, IV, n° 59. – Cass. com., 26 oct. 1982 : *Bull. civ.* 1982, IV, n° 328. – Cass. com., 23 mai 2000, préc. (lorsque la rupture du contrat est consécutive à une faute du concédant, les juges lui imposent parfois la reprise des stocks, à titre indemnitaire).

(189) Cass. com., 22 févr. 2000 : la cour d'appel a valablement recherché si la clause était nécessaire pour maintenir l'identité commune ou la réputation du réseau : *Contrats, conc. consom.* 2000, n° 92, obs. M. Malaurie-Vignal. – Cass. com., 17 janv. 2006 : *JCP* E 2006, p. 1217, obs. J. Raynard. – Cass. com., 31 janv. 2012 : *Contrats, conc. consom.* 2012, n° 83, L. Leveneur ; *RDC* 2012, p. 878, C. Grimaldi ; *JCP* E 2012, p. 1143, N. Dissaux : la clause de non-réaffiliation limitée dans le temps, l'espace, justifiée et proportionnée aux intérêts du créancier n'a pas à être rémunérée. – Cass. com., 3 avr. 2012 : *Contrats, conc. consom.* 2012, p. 16, L. Leveneur (nullité de la clause qui n'était pas proportionnée aux intérêts du franchiseur). – Cass. com., 3 mai 2012 : *Contrats, conc. consom.* 2012, n° 230, M. Malaurie. – Sur le contrôle de proportionnalité : Cass. com., 23 sept. 2014, n°s 13-20.454 et 13-22.624 : *RDC* 2015, n° 01, p. 70, obs. C. Grimaldi.

(190) V. Aut. conc., avis n° 10-A-26, 7 déc. 2010, préc. – En l'occurrence tout est affaire de circonstances et le caractère anticoncurrentiel de la clause de non-réaffiliation post-contractuelle n'est pas systématique (V. Aut. conc., déc. n° 11-D-03, 15 févr. 2011. – Comp. Aut. conc., avis n° 12-A-15, 9 juill. 2012).

(191) V. C. com., art. L. 341-2 qui prévoit que les clauses post-contractuelles restreignant la liberté d'exercice de l'activité commerciale de l'exploitant insérées dans les contrats concernant l'exploitation de magasins de commerce de détail sont réputées non écrites. Le texte réserve des exceptions.

SOUS-SECTION 4

LES PROMESSES[192]

50. – Pas seulement pour la vente. L'analyse classique voit dans la promesse de convention un accord préparatoire dont l'étude est associée à la formation du contrat de vente. Mais la neutralité de cet avant-contrat n'en réserve pas l'application au seul contrat de vente : il existe des promesses de bail[193], d'autres qui ne disent pas leur nom, propres au contrat d'entreprise (sur la formule du devis, V. *infra*, n° 477) ; il y a même des promesses de prêt, contrat réel[194]. Il reste que c'est la pratique notariale spécialement des promesses de vente – plus rarement d'achat – qui a donné ses lettres de noblesse à cet avant-contrat.

51. – Promesses de vente. L'unicité de la formule occulte une dualité de situations : il est des *promesses unilatérales de vente*, prototype du genre, dans lesquelles une seule partie s'engage à conclure le futur contrat, l'autre disposant d'une option en sorte de faculté de choix (§ 1), *des promesses synallagmatiques de vente* pour lesquelles les deux parties s'engagent d'ores et déjà au futur contrat (§ 2).

§ 1. – La promesse unilatérale de vente

A. – L'identification de la promesse unilatérale de vente

52. – Définition : un contrat créateur d'une option. Le Code civil en prévoit la définition :

> **« La promesse unilatérale est le contrat par lequel une partie, le promettant, accorde à l'autre, le bénéficiaire, le droit d'opter pour la conclusion d'un contrat dont les éléments essentiels sont déterminés, et pour la formation duquel ne manque que le consentement du bénéficiaire » (art. 1124, al. 1er).**

(192) Bibliographie : L. Boyer, *Les promesses synallagmatiques de vente : contribution à l'étude des avant-contrats : RTD civ.* 1949, 1. – F. Bénac-Schmidt, *Le contrat de promesse unilatérale de vente*, LGDJ, coll. « Bibl. dr. privé », 1983, t. 177, préf. J. Ghestin. – F. Collart Dutilleul, *Les contrats préparatoires à la vente d'immeubles*, Sirey, 1988.

(193) V. not. Cass. 3e civ., 27 juin 1973 : *Bull. civ.* 1973, III, n° 446 (promesse de bail sans référence au loyer : absence d'effet obligatoire). – Cass. 3e civ., 20 mai 1992 : *Bull. civ.* 1992, III, n° 152 (promesse synallagmatique de bail vaut bail). – Cass. 3e civ., 28 mai 1997 : *Contrats, conc. consom.* 1997, n° 131, obs. L. Leveneur. L'importance économique moindre des intérêts engagés dans ce contrat associée à l'absence d'effet translatif de propriété de celui-ci explique le moindre intérêt des parties pour la promesse de bail en regard des promesses de vente. – V. cependant Cass. 3e civ., 6 avr. 2004 : *RDC* 2004, p. 969, obs. F. Collart Dutilleul où une promesse de vente comportait à la charge du bénéficiaire une promesse de bail s'il venait à lever l'option ; la cour retient que l'engagement de louer est susceptible d'exécution forcée.

(194) En tout cas pour le prêt de consommation (prêt de somme d'argent) : la promesse de prêt (de somme d'argent) est valable mais ne vaut pas prêt ; elle constitue l'élément consensuel d'un contrat à la perfection duquel manque un élément (la tradition de la chose promise) ; à défaut de réalisation du prêt, la méconnaissance de la promesse ne peut donner lieu qu'à des dommages-intérêts et non à exécution forcée du prêt. – V. Cass. 1re civ., 20 juill. 1981 : *Bull. civ.* 1981, I, n° 267 ; *RTD civ.* 1982, p. 427, note Ph. Rémy. La solution est discutée (V. Ph. Rémy, note préc.), spécialement en regard de l'analyse qui observe dans l'ouverture de crédit bancaire une forme de promesse de prêt, V. T. Bonneau, *Droit bancaire*, Montchrestien, 1994, n° 483. – *Adde infra*, n° 410.

C'est le contrat par lequel une personne (le *promettant*) s'engage à conclure un contrat (de vente), à des conditions déterminées, au profit de son partenaire (le *bénéficiaire*) qui reste libre de contracter ou non. La promesse s'affiche comme un cadre contractuel à la rencontre de volontés, ce n'est que très accessoirement qu'elle sera porteuse de rapports d'obligations.

Cette définition permet plusieurs séries d'observations afin d'identifier la notion au regard de formules voisines.

La promesse unilatérale est un acte juridique conventionnel (C. civ., art. 1100-1) présenté comme un contrat (C. civ., art. 1101), issu de la rencontre de volontés du promettant et du bénéficiaire, même si – souvent – cet accord ne fait naître d'obligations qu'à la charge d'une seule des parties. Le contrat de promesse doit ainsi être clairement distingué de l'acte unilatéral et, spécialement, de l'offre de vente. Alors que l'offre procède d'une déclaration unilatérale, le contrat de promesse résulte d'un accord de volontés dont l'objet ne porte pas sur la vente, mais sur le *principe* de la promesse, c'est-à-dire sur l'engagement d'une partie au futur contrat : le bénéficiaire prend acte de l'engagement du promettant à conclure le futur contrat ; il accepte la promesse en tant que telle, et c'est cette acceptation qui crée l'effet juridique de la promesse (engagement du promettant, droit d'option du bénéficiaire, obligation au paiement par celui-ci d'éventuelles indemnités d'immobilisation. – V. *infra*). Il en résulte plusieurs conséquences concrètes : le décès ou l'incapacité de l'offrant emporte traditionnellement caducité de l'offre(195), alors que le décès du promettant n'affecte pas la persistance de la promesse que les héritiers du *de cujus* devront respecter(196) ; la rétractation de l'offre reste toujours possible tant qu'elle n'a pas été acceptée et empêche la conclusion du contrat(197), elle n'ouvre droit qu'à dommages-intérêts lorsqu'elle est abusive(198), le contrat de promesse est irrévocable unilatéralement, sa méconnaissance est susceptible d'exécution forcée (V. *infra*, n° 66).

La promesse unilatérale est un contrat qui peut comporter des obligations à la charge du bénéficiaire. Lorsque le bénéficiaire ne prend aucun engagement à la conclusion du contrat promis, la promesse est un contrat unilatéral à titre gratuit. Mais il arrive souvent que le bénéficiaire soit tenu de verser une « indemnité d'immobilisation » qui viendra compenser l'impossibilité dans laquelle se trouve le

(195) V. C. civ., art. 1117. – Cass. 1re civ., 25 juin 2014, n° 13-16.529 : *RDC* 2015, p. 601, obs. Y.-M. Laithier. – Antérieurement déjà en ce sens : Cass. soc., 14 avr. 1961 : *JCP G* 1961, II, 12260 ; *D.* 1961, p. 535 ; *RTD civ.* 1962, p. 349, note G. Cornu. – Cass. 3e civ., 10 mai 1989 : *Bull. civ.* 1989, III, n° 109 ; *D.* 1990, somm. p. 37, jurispr. p. 365, note G. Virassamy ; *RTD civ.* 1990, p. 69, note J. Mestre. – *Contra*, Cass. 3e civ., 9 nov. 1983 : *Bull. civ.* 1983, III, n° 222 ; *Defrénois* 1984, p. 1011, J.-L. Aubert ; *RTD civ.* 1985, p. 154, note J. Mestre. – Antérieurement à l'ordonnance du 10 février 2016 : l'offre assortie d'un délai ne devient pas caduque en cas de décès de son auteur ; le maintien de cette solution contredirait la généralité du texte nouveau (Cass. 3e civ., 10 déc. 1997 : *D.* 1999, somm. p. 9, obs. Ph. Brun ; *Defrénois* 1998, art. 36753, p. 336, obs. D. Mazeaud). – *Adde supra*, n° 25.

(196) V. not. Cass. 3e civ., 8 sept. 2010, n° 09-13.345 : *Defrénois* 2010, n° 19, p. 21, obs. L. Aynès ; *JCP G* 2010, n° 43, p. 1990, note G. Pillet ; *RDC* 2010, p. 1179, obs. D. Mazeaud et T. Revet ; *JCP G* 2011, 63, obs. J. Ghestin ; *Gaz. Pal.* 2010, n° 335, p. 15, obs. G. Pignarre, n° 304, p. 14, obs. D. Houtcieff (la signature d'une promesse unilatérale de vente par le de *cujus* dispense, lorsque l'un des héritiers est incapable, de recourir au juge des tutelles pour procéder à la régularisation de la vente, alors même que l'option n'a été levée qu'après le décès du promettant). – Cass. 1re civ., 5 mai 1986 : *Bull. civ.* 1986, I, n° 114.

(197) C. civ., art. 1116, al. 2. – Déjà : V. not. Cass. civ., 3 févr. 1919 : *DP* 1923, I, p. 126. – Cass. 1re civ., 13 janv. 1984 : *Bull. civ.* 1984, I, n° 193.

(198) C. civ., art. 1116, al. 3. – V. not. Cass. 3e civ., 10 mai 1968 : *Bull. civ.* 1968, III, n° 209. – Cass. 3e civ., 10 mai 1972 : *Bull. civ.* 1972, III, n° 297 ; *RTD civ.* 1972, p. 773, note Y. Loussouarn.

promettant de conclure avec d'autres pendant le temps de la promesse ; elle restera acquise au promettant en cas de non-conclusion du contrat (V. *infra*, n° 63) ; la promesse unilatérale s'analyse alors comme un contrat à titre onéreux, mais toujours pas en promesse synallagmatique. Ainsi dans la promesse unilatérale de vente, seul le promettant donne son accord de volonté (qui est d'ores et déjà « son consentement » au futur contrat), le bénéficiaire reste libre de ne pas conclure, à l'inverse de la promesse synallagmatique où le promettant s'engage à vendre et le bénéficiaire à acheter[199].

La promesse unilatérale produit un effet juridique caractéristique ignoré de la promesse synallagmatique et, en cela, distinctif : le bénéficiaire de la promesse unilatérale dispose d'une *option* pendant la durée de la promesse, c'est-à-dire d'une faculté de choix, irréductible à un rapport de créance-dette[200] ; à l'inverse, le bénéficiaire de la promesse synallagmatique a d'ores et déjà donné son consentement à l'achat, il n'a plus le choix. Au final, c'est cette faculté d'option qui distingue la promesse unilatérale de vente de la promesse synallagmatique et constitue bien l'objet de la première[201]. Aussi, en présence d'une « lourde indemnité d'immobilisation » qui serait perdue en cas de non-acquisition, il a pu être jugé que le bénéficiaire ne disposait pas d'une réelle faculté d'option : la promesse unilatérale « dégénérant » en promesse synallagmatique[202]. Cette solution était discutable : ce qui caractérise la promesse synallagmatique, c'est l'engagement d'acheter du bénéficiaire et non une simple probabilité d'achat, fût-elle forte ; de fait, le bénéficiaire même tenu d'une lourde indemnité d'immobilisation demeure libre de ne pas acheter en perdant celle-ci et, en pareil cas, on n'imagine guère un juge imposer l'exécution forcée de la vente. De la sorte la Cour de cassation a jugé que, en dépit de l'importance du montant du dépôt de garantie, même quasiment égal au prix de vente, il ne peut y avoir disqualification de la promesse unilatérale[203].

---

(199) Le qualificatif d'unilatéral ou de synallagmatique, associé au contrat de promesse, doit donc être entendu dans un sens particulier : il s'attache non à la réciprocité d'obligations, mais à la présence d'un ou de deux actes de volonté au futur contrat. V. Cass. com., 25 avr. 1989 : *Bull. civ.* 1989, IV, n° 136. L'article 1124 précise explicitement que dans la promesse unilatérale « ne manque que le consentement du bénéficiaire », c'est dire que le consentement du promettant est déjà irrémédiablement donné.

(200) I. Najjar, *Le droit d'option ; contribution à l'étude des droits potestatifs et de l'acte unilatéral*, LGDJ, 1967. – Comp. F. Zénati-Castaing et Th. Revet, selon lesquels « ce prétendu droit n'est en réalité que la liberté de contracter » (*Cours de droit civil – Contrats, Théorie générale*, préc., p. 167). Il reste que seul le bénéficiaire peut imposer la formation du contrat au promettant – V. *infra*, n° 60.

(201) V. Cass. 3e civ., 23 janv. 1991 : *Bull. civ.* 1991, III, n° 39 ; *D.* 1992, p. 457, note I. Najjar (la convention qui prévoit que le bénéficiaire devra acquérir le bien dès lors que le promettant aura satisfait à certaines obligations ôte toute faculté d'option au bénéficiaire, c'est une promesse synallagmatique). – V. L. Aynès, *Le pacte d'option* : *Defrénois* 2011, 1023.

(202) V. Cass. com., 20 nov. 1962 : *D.* 1963, p. 3. – Cass. com., 13 févr. 1978 : *Bull. civ.* 1978, IV, n° 60. – Cass. 3e civ., 31 mars 1981 : *Gaz. Pal.* 1981, 2, pan. jurispr. p. 308. – CA Paris, 22 oct. 1991 : *D.* 1993, somm. p. 234, G. Paisant. En acceptant le principe de cette indemnité, le bénéficiaire s'est presque engagé à acheter. Cette analyse a souvent été retenue pour « sauver » des promesses qui n'avaient pas respecté les exigences de l'article 1840-A du Code général des impôts. V. *infra*, n° 59. – V. Boyer, préc., n° 49 ; mais, au fond, cette solution reste discutable : ce qui est caractéristique de la promesse synallagmatique, c'est l'engagement d'acheter du bénéficiaire et non une simple probabilité d'achat, fût-elle forte comme c'était le cas ici ; de fait, le bénéficiaire même tenu d'une lourde indemnité d'immobilisation demeure libre de ne pas acheter en perdant celle-ci et, en pareil cas, on imagine mal un juge imposer l'exécution forcée de la vente ! En ce sens, F. Terré et Y. Lequette, *Les grands arrêts de la jurisprudence civile* (*GAJ civ.*), Dalloz, 10e éd., 1994, spéc. p. 706. *Adde*, A. de Bissy, *L'indemnité d'immobilisation* : *RD imm.* 2000, p. 287.

(203) V. Cass. 1re civ., 1er déc. 2010 : *D.* 2012, 461, chron. S. et M. Mekki : *RDC* 2011, 420, Y.-M. Laithier ; *RTD civ.* 2011, 111, obs. J. Hauser, 346, obs. B. Fages, et 379, obs. B. Vareille ; *Defrénois* 2011, art. 39190, note V. Zalewski ; *JCP N* 2010, 869. – Cass. 3e civ., 7 juin 2018, n° 17-18.670 : *Defrénois* 2019, p. 28, obs. J.-B. Seube, les sommes versées représentaient 10 % du prix de vente hors taxes.

Traduisant la fragilité des décisions en la matière, la cour revient à l'occasion à la solution initiale en faisant de l'importance de l'indemnité d'immobilisation le critère de distinction entre promesses unilatérale et synallagmatique(204).

53. – **Promesse unilatérale d'achat : presque comme pour la promesse de vente ; loi SRU.** La promesse unilatérale peut être de vente ou d'achat, selon que le promettant est candidat à la vente ou à l'acquisition du bien. La promesse unilatérale d'achat connaît de nombreuses applications en droit des affaires : dans le contrat de concession exclusive (V. *supra*, n° 49), la clause par laquelle le concédant promet de reprendre les stocks invendus du concessionnaire s'analyse en une promesse de rachat(205) ; un commerçant qui vend un produit promet de le racheter, dans certaines conditions et spécialement à l'issue d'un certain temps d'utilisation, au consommateur (c'est le *buy-back*)(206) ; la convention de portage est celle par laquelle le client d'une banque demande à celle-ci d'acheter, pour son compte, des actions d'une société : l'accord prend la forme d'une promesse d'achat consentie par le client au bénéfice de la banque, qui consent également une promesse de vente d'actions dont elle n'a pas encore acquis la propriété(207). La promesse d'achat répond à des conditions de validité assez symétriques à celles de la promesse de vente (la chose et le prix doivent être déterminés)(208) ; elle est d'évidence obligatoire et irrévocable(209).

Dans un souci contemporain de protection de l'acquéreur immobilier non professionnel, la loi relative à la solidarité et au renouvellement urbains (SRU) du 13 décembre 2000 imprime certaines règles particulières d'application délicate à la promesse unilatérale d'achat d'un immeuble à usage d'habitation et biens assimilés : ce texte prévoit une faculté de rétractation au profit de *l'acquéreur non professionnel* qui doit s'exercer dans un délai de dix jours à compter de la notification de l'acte (V. *infra*, n° 99). Le bénéfice de cette faculté paraît ouvert au simple promettant à l'achat (non professionnel)(210). Plus sûrement, issu de la même loi, le nouvel article 1589-1 du Code civil frappe de nullité *tout engagement unilatéral souscrit en vue de l'acquisition d'un bien ou d'un droit immobilier* accompagné du versement d'une somme d'argent : dès lors que le vendeur ne s'engage en aucune façon, la somme versée (prime de réservation) est dépourvue de cause, le vendeur

(204) Cass. 3e civ., 26 sept. 2012, n° 10-23.912 : *RDC* 2013, p. 59, obs. Y.-M. Laithier.

(205) Cass. com., 16 juill. 1980 : *Bull. civ.* 1980, IV, n° 296.

(206) V. G. Raymond, *Analyse du buy-back* : *JCP* G 1992, I, 3564. – Comp. *infra* la notion de *lease-back* dans le crédit-bail, n° 436, et la vente à réméré, n° 167.

(207) Un souci de discrétion de la part du client ou de garantie de la part du banquier peut justifier le montage ; de ce dernier point de vue, il arrive encore qu'un actionnaire cède ses titres à une banque en promettant de les lui racheter, avec généralement la promesse réciproque du banquier de les lui vendre. – Comp. *infra* avec le *buy-back* dans le crédit-bail, n° 450. – V. D. Schmidt, *Les opérations de portage de titres de sociétés : les opérations fiduciaires*, LGDJ, 1985. La fixation préalable du prix du rachat pose néanmoins problème en ce qu'elle ruine la vocation aux bénéfices et pertes que doit avoir tout associé. – Comp. Cass. com., 10 janv. 1989 : *JCP* G 1989, II, 21256, A. Viandier. – Cass. com., 24 mai 1994 : *D.* 1994, p. 503, note A. Couret. – Cass. com., 12 mars 1996 : *Bull. civ.* 1996, IV, n° 88 ; *D.* 1996, somm. p. 347, obs. J.-Cl. Hallouin (pour la validité). – Cass. 1re civ., 7 avr. 1987 : *JCP* G 1988, II, 15133, note M. Germain (contre). – *Adde* E. Claudel, *Clauses léonines extra-statutaires*, in *Mél. M. Jeantin*, Dalloz, 1999, p. 183.

(208) Elle échappe aux exigences d'enregistrement de l'article 1589-2 du Code civil (CGI, ex-art. 1840-A) qui ne vise pas les promesses d'achat. – Cass. 3e civ., 18 mars 1975 : *Bull. civ.* 1975, III, n° 112. – V. *infra*, n° 59.

(209) V. Cass. civ., 25 nov. 1896 : *DP* 1897, I, p. 34 : un bien vieil arrêt qui illustre l'absence de contentieux, à notre connaissance, touchant à la méconnaissance de la promesse d'achat : exécution forcée et conclusion du contrat ? Ou simples dommages-intérêts ? Pour la promesse de vente, V. *infra*, n° 66.

(210) CCH, art. L. 271-1, al. 4. Problème : à compter de quand faut-il imputer ce délai ? La notification préalable de la promesse d'achat : fastidieux ! La signature de la promesse ? Le texte prête à interprétation.

organisant une sorte d'enchères à l'égard des candidats acquéreurs. Au-delà de la lettre du texte, cette disposition paraît devoir s'appliquer à la promesse unilatérale d'achat(211).

54. – **Une promesse très spéciale : le contrat préliminaire à la vente d'immeuble à construire.** La vente d'immeuble à construire à usage d'habitation ou professionnel et d'habitation constitue un secteur protégé où, mis à part le « contrat préliminaire », également dit « de réservation », réglementé par la loi (L. 3 janv. 1967), « est nulle toute autre promesse d'achat ou de vente » (CCH, art. L. 261-15). Du contrat préliminaire la loi nous dit qu'il doit être rédigé par écrit (CCH, art. R. 261-27) mais qu'il ne devra indiquer qu'une description « approximative » de l'immeuble, ou de la partie, en cause (CCH, art. R. 261-25) et comporter un « prix prévisionnel », c'est-à-dire indéterminé (CCH, art. R. 261-26) ; l'acquéreur non professionnel signataire doit pouvoir se prévaloir du délai de rétractation de dix jours institué par la loi SRU, avec les difficultés d'interprétation afférentes au texte (CCH, art. L. 271-1, al. 4, V. *supra*, n° 53). En réalité, l'essentiel de la réglementation concerne le *dépôt de garantie* versé par le réservataire, candidat acquéreur (son montant, son affectation à un compte bancaire spécial, les conditions de sa restitution : CCH, art. R. 261-28 et s.) ; quant au réservant, vendeur éventuel d'un immeuble à construire, il n'est tenu que de réserver l'immeuble ou la partie en question au réservataire comme dans un pacte de préférence. Mais ses obligations peuvent être contractuellement alourdies : obligation de construire dans un délai déterminé, promesse de vente... Les auteurs sont très partagés sur la qualification de cet avant-contrat : pacte de préférence, promesse unilatérale de vente sous la condition suspensive d'achèvement de l'immeuble, qualification évolutive selon le degré d'avancement du projet, contrat *sui generis*(212). Il faut avant tout y voir un ensemble de règles d'ordre public, protectrices du réservataire (candidat-acquéreur), qui n'obèrent pas la possibilité de conclure une authentique promesse unilatérale de vente, mais dont l'indemnité d'immobilisation bénéficiera du régime protecteur du dépôt de garantie.

55. – **Une promesse déguisée : la vente à l'agréage.** Dans la vente à la dégustation, le consentement des parties reste subordonné à l'agrément discrétionnaire de la chose par le candidat à l'achat ; jusqu'à ce moment, les auteurs s'accordent à voir dans ce contrat une promesse unilatérale de vente (comp. le régime de la vente à l'essai, analysée en vente conditionnelle, V. *infra*, n° 71). Selon l'article 1587 du Code civil, sauf clause contraire, de telles ventes sont de droit « à l'égard du vin, de l'huile, et des autres choses qu'on est dans l'usage de goûter ». En réalité, ce qui était d'usage en 1804 ne l'est plus nécessairement aujourd'hui : si l'agréage du vin reste un préalable obligé pour le sommelier du restaurant, on imagine mal le consommateur se livrer de son propre chef à cet exercice dans les rayons du grand magasin de distribution. Néanmoins, entre professionnels, dans le silence

(211) En ce sens, P. Jarlier, Sénat, avis n° 307. Sur ce texte, S. Albrieux, Étude in *Contrats, conc. consom.* mars 2006, p. 4.

(212) V. G. Cornu, note *RTD civ.* 1972, p. 611 ; *ibid.* 1974, p. 433. – F. Collart Dutilleul, thèse préc., n°s 99 et s. – J.-L. Bergel, *Les contrats préliminaires de réservation dans les ventes d'immeubles à construire* : JCP G 1974, I, 2669. – M. Dagot, *La vente d'immeuble à construire*, Litec, 1983, n°s 232 et s. – D. Ponton-Grillet, *Le contrat de réservation* : D. 1991, chron. p. 26.

du contrat, la vente d'une récolte de vin Pommard n'est réputée faite qu'après agréage de l'acheteur(213). Plus généralement, on peut présumer l'application de ce régime dès lors que les qualités essentielles de la chose vendue sont éminemment subjectives. Le promettant doit alors mettre l'acquéreur en mesure d'effectuer la dégustation et ce dernier doit y procéder dans un délai raisonnable compte tenu des circonstances. Jusqu'à l'agrément, le promettant reste propriétaire et supporte les risques de la perte de la chose.

B. – La formation de la promesse unilatérale de vente

1° Conditions de fond

56. – **Éléments nécessaires : chose et prix (de la vente).** La promesse unilatérale de vente comporte l'une des deux composantes du consentement au futur contrat (l'engagement de vendre du promettant) ; cet acte de volonté doit avoir pour support les éléments essentiels du futur contrat de vente : la chose et le prix (comp. C. civ., art. 1583)(214) ; de la sorte, tout comme pour l'acceptation qui fait écho à l'offre, la décision du bénéficiaire de *lever l'option* dans le délai efficace opère rencontre des volontés (le consentement à proprement parler) et emporte perfection du contrat. Il s'ensuit, encore, que l'appréciation de la capacité du promettant à disposer du bien doit intervenir au jour de la conclusion de la promesse(215), alors qu'elle est retardée pour le bénéficiaire au jour où celui-ci décide de lever l'option ; de même la liquidation judiciaire du promettant est sans effet sur la promesse qu'il a consentie alors qu'il était maître de ses biens : le bénéficiaire peut valablement lever l'option(216).

57. – **Durée.** À côté de ces éléments nécessaires à la validité de la promesse, celle-ci pourra comporter des éléments facultatifs ; il en est ainsi de sa durée. Comme tout contrat, la promesse unilatérale de vente peut trouver ses effets limités dans le temps entre un terme *a quo* (terme suspensif d'option) et un terme *ad quem* (terme extinctif d'option).

Le terme suspensif d'option est celui avant l'échéance duquel le bénéficiaire n'est pas encore en mesure d'exercer l'option. Il peut résider dans l'obtention d'un prêt, dans le décès du promettant(217). Le terme extinctif d'option est celui après

(213) Cass. 1re civ., 24 mars 1998 : *Bull. civ.* 1998, I, n° 27 ; *JCP* E 1998, p. 996, note B. Gross ; *ibid.* 1999, p. 171, obs. M. Ch. Sordino. – Sur renvoi CA Besançon, 14 sept. 1999 : *D.* 2001, p. 729, note N. Olszak.

(214) Lorsque la promesse de vente porte sur des droits sociaux, la Cour de cassation a mis fin, espère-t-on, à une longue séquence jurisprudentielle en décidant que l'article 1843-4 du Code civil (détermination du prix à dire d'expert) n'était pas applicable à « la cession de droits sociaux ou le rachat par la société résultant de la mise en œuvre d'une promesse unilatérale de vente librement consentie par un associé », Cass. com., 11 mars 2014, n° 11-26.915 : *D.* 2014, p. 759, note B. Dondero ; *JCP* E 2014, 1159, note A. Couret. V. *infra*, n° 129. – Lorsque la promesse porte sur un immeuble soumis au statut de la copropriété, la loi du 18 décembre 1996 prévoit qu'elle doit mentionner la superficie du lot vendu. – V. L. 10 juill. 1965, art. 46, fixant le statut de la copropriété des immeubles bâtis. – *Adde infra*, n° 180. L'avant-projet Capitant propose de prévoir explicitement que : « Si, au moment de la conclusion de la promesse ou de la vente, le bien était détruit, le contrat est nul de plein droit. Si, au moment de la conclusion de la promesse ou de la vente, le bien était partiellement détruit, l'acheteur qui établit qu'il n'aurait pas acheté ou qu'il aurait acheté à des conditions substantiellement différentes, peut annuler le contrat par voie de notification » (art. 21).

(215) V. Cass. com., 19 juin 1972 : *D.* 1972, p. 607. – Cass. 3e civ., 7 janv. 1982 : *RTD civ.* 1982, p. 600, note F. Chabas. – *Adde* pour l'exigence du consentement des deux époux s'agissant d'une promesse donnée sur un bien commun, Cass. 1re civ., 2 juin 1981 : *Bull. civ.* 1981, I, n° 187.

(216) Cass. com., 7 mars 2006 : *Bull. civ.* 2006, IV, n° 63 ; *D.* 2006, pan. 2255, obs. F.-X. Lucas ; *JCP* G 2006, I, 185, n° 11, obs. M. Cabrillac et Ph. Pétel.

(217) Les héritiers du promettant sont alors tenus par la promesse ; on a reproché à la promesse unilatérale de vente qui ne pouvait être exercée qu'après le décès du promettant de constituer un pacte sur succession future prohibé

l'échéance duquel le bénéficiaire n'est plus en mesure d'exercer l'option : après cette date le promettant n'est plus engagé, le consentement qu'il avait donné au futur contrat s'évanouit et la promesse est désormais caduque[218]. Ce terme sera parfois posé par des textes spéciaux[219] ; plus souvent il sera expressément, ou implicitement, prévu au contrat[220]. À défaut le promettant peut mettre le bénéficiaire en demeure d'opter dans un délai raisonnable[221], sinon il paraît pouvoir librement se rétracter[222].

Le droit d'option du bénéficiaire est-il amené à s'éteindre à l'expiration de la prescription quinquennale de droit commun (C. civ., art. 2224) ? La question fait débat[223].

58. – **Indemnité d'immobilisation.** La promesse unilatérale de vente devient un contrat à titre onéreux lorsqu'il est prévu (souvent) que le bénéficiaire devra s'acquitter d'une « indemnité d'immobilisation » au jour de la conclusion de la promesse ou en cas de « non-acquisition » du bien. On a discuté la validité de cette stipulation en soutenant qu'elle serait dépourvue de cause si la vente n'avait pas lieu[224] ; mais cette indemnité trouve sa contrepartie dans l'avantage que le promettant procure au bénéficiaire en s'engageant à maintenir son offre et à ne pas conclure avec d'autres, susceptibles de le solliciter pendant le temps de la promesse ; sa validité n'est donc pas douteuse[225]. La présence de cette indemni-

---

(C. civ., art. 1130) ; sa validité paraît aujourd'hui admise : le pacte sur succession future est celui qui ne crée d'obligation qu'à la charge de la succession à venir ; or ici le promettant de son vivant est déjà tenu d'une obligation de ne pas vendre à autrui. – V. Cass. 1re civ., 30 mai 1985 : *Bull. civ.* 1985, I, n° 173 ; *D.* 1986, p. 65, note I. Najjar ; *RTD civ.* 1986, p. 391, note Patarin ; *JCP* N 1986, I, 381, note R. Brochard. – *Adde* J. Ghestin, *La promesse unilatérale de vente dont l'option ne peut être levée qu'après le décès du promettant est-elle un pacte sur succession future ?* : *D.* 1970, chron. p. 89. La loi n° 2006-728 du 23 juin 2006 a libéralisé la formule des pactes sur succession future, V. Baillon-Wirtz : *Dr. famille* 2006, étude 44. – Sur une application de la prohibition : V. Cass. 1re civ., 26 oct. 2011 : *D.* 2011, p. 2976, I. Najjar ; *RDC* 2012, p. 902, Ch. Goldie-Genicon.

(218) V. Cass. 3e civ., 15 juin 1982 : *Defrénois* 1982, art. 32972, p. 1631, n° 100, G. Vermelle. – Cass. 3e civ., 24 mars 1993 : *Contrats, conc. consom.* 1993, 172, obs. L. Leveneur. – Sur la rigueur de la Cour de cassation pour admettre une prorogation du délai d'option, Cass. 3e civ., 8 oct. 2003 : *RTD civ.* 2003, p. 697, obs. J. Mestre et B. Fages.

(219) V. L. n° 70-9, 2 janv. 1970, relative à l'entremise immobilière, art. 7 : « Sont nulles les promesses et les conventions de toute nature relatives aux opérations visées à l'article 1er qui ne comportent pas une limitation de leurs effets dans le temps ». – *Adde* CCH, art. L. 290-1.

(220) Pour la recherche de l'intention des parties, V. Cass. 3e civ., 12 avr. 1995 : *JCP* G 1995, IV, 1480. – La prorogation du délai d'option ne saurait être prouvée par témoin, s'agit-il du notaire rédacteur de l'acte, Cass. 1re civ., 10 mai 2005 : *RDC* 2005, p. 1074, obs. F. Collart Dutilleul.

(221) Cass. 3e civ., 24 avr. 1970 : *Bull. civ.* 1970, III, 279 ; *RTD civ.* 1971, p. 133, note Y. Loussouarn, *Defrénois* 1971, p. 1049, obs. J.-L. Aubert. – Comp. Cass. com., 1er juin 1993 : *RTD civ.* 1994, p. 586, note J. Mestre.

(222) Cass. 3e civ., 25 mars 2009, n° 08-12.237 : *RDC* 2009, p. 995, Y.-M. Laithier. Mais l'arrêt procède à une malheureuse analyse obligationnelle de la promesse (le droit d'option ne tient pas d'un rapport d'obligation). – *Adde* Cass. com., 27 sept. 2017, n° 16-13.112 : *RDC* 2018, p. 11, obs. Th. Genicon, le protocole constitue une convention à durée indéterminée, comme telle toujours susceptible de résiliation unilatérale, la faculté de rompre ne peut s'exercer de façon abusive et son auteur doit faire connaître ses intentions suffisamment à l'avance pour permettre à son cocontractant de prendre parti.

(223) À la différence du pacte de préférence, V. *supra*, n° 29, l'exercice de l'option par le bénéficiaire est possible dès la conclusion de la promesse : la prescription légale devrait pouvoir courir. Mais le droit d'option est un mécanisme original, irréductible à une créance ou à un droit réel – comp. C. civ., art. 2224 –, et qui n'a pas vocation à être gouverné par la prohibition des engagements perpétuels. Une application de l'article 1117 du Code civil, relatif à la caducité de l'offre, paraît hors de propos s'agissant précisément des effets d'un contrat de promesse. – *Adde* F. Collart Dutilleul, *La durée des promesses* : *RDC* 2004-1, p. 15 et s. – C. Grimaldi, *La durée des droits : péremption ou prescription ? Approche empirique* : *D.* 2012, p. 514. Les parties à la promesse auront intérêt à régler conventionnellement la question de la durée d'efficacité du droit d'option.

(224) Aucune indemnité n'est due par le bénéficiaire qui ne lève pas l'option la liberté contractuelle justifie qu'il n'y ait pas de faute à ne pas conclure le contrat, V. Cass. 3e civ., 26 sept. 2012, n° 10-23.912.

(225) V. Cass. com., 16 avr. 1956 : *Bull. civ.* 1956, III, n° 133. – Cass. civ., 23 juin 1958 : *D.* 1958, p. 581, note Ph. Malaurie ; *JCP* G 1958, II, 10857 ; *GAJ civ.*, préc., n° 172, p. 703.

té n'affecte normalement pas la qualification de la promesse unilatérale, puisque seul le promettant reste engagé (V. *supra*, n° 52). La nature de cette indemnité a justifié plusieurs analyses. Certains, et à leur suite parfois la Cour de cassation, y ont vu à tort une « clause de dédit » : le « dédit » permet de se délier de son engagement ; or, précisément le bénéficiaire, débiteur de l'indemnité n'est pas encore engagé au futur contrat de vente. D'autres y ont discerné, également à tort, une « clause pénale » : celle-ci sanctionne l'inexécution d'une obligation ; or, le bénéficiaire n'étant pas engagé ne manque à aucun de ses engagements contractuels lorsqu'il refuse d'acheter ; il s'ensuit que cette indemnité ne peut normalement pas être réduite sur le fondement de l'article 1231-5 du Code civil(226). Irréductible aux formules précédentes, cette indemnité d'immobilisation constitue bien le prix du contrat de promesse unilatérale de vente, c'est-à-dire « le prix de l'option »(227) consentie par le promettant au bénéficiaire. Le sort de cette indemnité variera selon que le bénéficiaire décide ou non d'acquérir le bien (V. *infra*, n°s 62 et s.). Une difficulté peut tenir au fait qu'une indemnité d'immobilisation trop importante, perdue au cas de non-acquisition, découragerait le bénéficiaire à ne pas lever l'option : de ce fait, la promesse unilatérale dégénérerait en promesse synallagmatique. La jurisprudence reste par trop incertaine sur cette question (V. *supra*, n° 52).

2° Conditions de forme

59. – L'article 1589-2 du Code civil. Le contrat de promesse unilatérale est, en principe, un contrat consensuel. Ce postulat doit cependant être fortement atténué pour deux séries de raisons.

D'abord, parce qu'elle participe de la formation du futur contrat de vente, la promesse doit déjà satisfaire à certaines formalités qui peuvent être exigées de la vente ; les formalités requises ont souvent pour objet de protéger le consentement de l'une des parties, cette protection s'évanouirait si dès la promesse les parties pouvaient s'engager en l'absence de ces formes(228). Ainsi la promesse unilatérale de vente d'un fonds de commerce doit d'ores et déjà comporter les mentions exigées à peine de nullité lors de la cession du fonds de commerce (V. *infra*, n° 147).

Mais ce sont cependant des préoccupations d'ordre fiscal qui ont justifié la règle posée à l'origine par l'article 1840-A du Code général des impôts(229) désormais reprise à l'article 1589-2 du Code civil et selon laquelle :

---

(226) V. Cass. 3e civ., 5 déc. 1984 : *Bull. civ.* 1984, III, n° 208 ; *JCP* G 1986, II, 20555, note G. Paisant ; *D.* 1985, p. 544, note F. Bénac-Schmidt ; *RTD civ.* 1985, p. 372, note J. Mestre ; *ibid.*, 592, note Ph. Rémy ; *Defrénois* 1986, art. 33653, p. 126, note J.-M. Olivier. – Cass. 3e civ., 24 juin 1987 : *Gaz. Pal.* 1987, 2, pan. jurispr. p. 224 ; la Cour de cassation réserve cependant l'hypothèse où « cette indemnité a été fixée par les parties en fonction de la durée de l'immobilisation de l'immeuble », son montant doit alors être réduit du fait d'une renonciation rapide du bénéficiaire, sous le jeu non de l'article 1231-5 du Code civil, mais de l'article 1103 du même code.

(227) En ce sens, G. Paisant, note ss Cass. 3e civ., 5 déc. 1984, préc.

(228) La satisfaction de ces formalités dès le contrat de promesse ne dispense pas de leur réitération dans le contrat de vente : chacune de ces formalités s'applique à un contrat distinct.

(229) Il s'agissait d'éviter la dissimulation soit d'une partie du prix d'achat dans l'acte authentique (le vrai prix de vente serait stipulé dans la seule promesse), soit du prix de cession de la promesse qui pourrait être exigé par un professionnel à l'égard d'un candidat acheteur.

« Est nulle et de nul effet toute promesse unilatérale de vente afférente à un immeuble, à un droit immobilier, à un fonds de commerce, à un droit à un bail portant sur tout ou partie d'un immeuble ou aux titres [de certaines sociétés], si elle n'est pas constatée par un acte authentique ou par un acte sous seing privé enregistré dans le délai de dix jours à compter de son acceptation par le bénéficiaire. Il en est de même de toute cession portant sur lesdites promesses qui n'a pas fait l'objet d'un acte authentique ou d'un acte sous seing privé enregistré dans les dix jours de sa date ».

Ce texte sanctionne par la nullité du contrat de promesse la méconnaissance d'une formalité fiscale et, de la sorte, érige la promesse unilatérale de vente concernant un immeuble et biens assimilés en un contrat solennel(230). Aussi comprend-on que la Cour de cassation ait essayé d'en circonscrire le domaine : échappent à ce texte les promesses d'achat ou synallagmatiques de vente(231) ; il en va de même de la promesse unilatérale qui participe d'un accord plus large constitutif d'une transaction(232). L'enregistrement doit intervenir dans les dix jours de l'acceptation de la promesse en tant que telle (c'est-à-dire dans les dix jours de la conclusion du contrat de promesse) et non de la levée de l'option (qui vaut conclusion de la vente)(233).

D'autres formalités sont parfois requises à la validité de certaines promesses(234).

C. – L'exécution et l'extinction de la promesse unilatérale de vente

1° Avant la levée de l'option

60. – L'engagement du promettant, la situation du bénéficiaire. Pendant la durée de la promesse unilatérale, le promettant est engagé à ne pas vendre à autrui le bien, objet du contrat, et à maintenir son offre. La première obligation est

(230) La nullité est absolue et peut être invoquée par chacune des parties au contrat de promesse, V. Cass. 3e civ., 1er juill. 1998 : *JCP* E 1999, p. 172, obs. Ph. Neau-Leduc ; *Contrats, conc. consom.* 1998, n° 142, obs. L. Leveneur (la promesse était conclue au profit de l'État français pour installer la Direction des services fiscaux du Rhône, elle n'est pas enregistrée : l'État peut valablement invoquer la nullité ! *où charité bien ordonnée*...).

(231) V. Cass. 3e civ., 5 juill. 1995 : *Bull. civ.* 1995, III, n° 175 ; *JCP* G 1996, II, 22659, note Y. Dagorne-Labbé (discutable : la promesse était unilatérale mais comportait des obligations réciproques). Le dépôt de la promesse au rang des minutes d'un notaire doit également dispenser de ces formalités, Cass. 3e civ., 8 oct. 1975 : *Bull. civ.* 1975, III, n° 288.

(232) Cass. 3e civ., 26 mars 2003 : *Bull. civ.* 2003, III, n° 71 : la promesse unilatérale de vente, associée à une transaction comportant des concessions réciproques, échappe au formalisme de l'article 1840 A du CGI. – Sur résistance de la cour de renvoi, Cass. ass. plén., 24 févr. 2006 : *Bull. civ.* 2006, ass. plén., n° 1 ; *RTD civ.* 2006, p. 301, obs. J. Mestre et B. Fages. Mais encore faut-il qu'il existe un lien de dépendance nécessaire entre ces diverses obligations réciproques et la promesse de vente susceptible de modifier les caractéristiques de cette dernière (Cass. com., 15 janv. 2002 : *Bull. civ.* 2002, IV, n° 12. – Également Cass. 3e civ., 5 juill. 1995 : *Bull. civ.* 1995, III, n° 175) ; ainsi, en présence de deux promesses unilatérales d'achat et de vente soumises à des conditions différentes, la promesse de vente reste unilatérale et soumise à enregistrement (Cass. 3e civ., 26 juin 2002, n° 00-20.244). Sur la promesse unilatérale de vente inscrite dans une opération de crédit-bail, V. *infra*, n° 451.

(233) Cass. 3e civ., 8 mai 1969 : *JCP* G 1969, II, 16006, note P.L. – Cass. 3e civ., 27 mars 1973 : *Bull. civ.* 1973, III, n° 234. – Cass. 3e civ., 16 mars 1976 : *Bull. civ.* 1976, III, n° 117. – Cass. 3e civ., 12 juill. 1976 : *D.* 1976, p. 657, note M. Poulnais. – Cass. 3e civ., 18 oct. 1989 : *D.* 1989, inf. rap. p. 280. – Cass. 3e civ., 1er juill. 1998, préc.

(234) Ainsi, dans le cadre d'une opération de lotissement, aucune promesse unilatérale de vente ne peut être conclue avant la délivrance du permis d'aménager (C. urb., art. L. 442-4). – Afin de protéger le promettant, personne physique, toute promesse de vente ayant pour objet la cession d'un immeuble et dont la validité est supérieure à dix-huit mois sera constatée par un acte authentique à peine de nullité ; elle doit comporter une indemnité d'immobilisation d'un montant minimal de 5 % du prix de vente, CCH, art. L. 290-1 et 2. – V. Cass. 3e civ., 18 févr. 2015, n° 14-14.416 : *RDC* 2015, p. 503, J. Le Bourg et Ch. Quézel.

constitutive d'une traditionnelle obligation de ne pas faire[235] ; la seconde justifie une analyse complexe : sur le terrain du contrat de promesse, on aura tendance à y voir une obligation de faire. Mais cette analyse serait erronée. Les avant-contrats, promesse comme pacte de préférence, ne sont pas les instruments juridiques d'un projet économique autonome mais les seuls supports de la rencontre de volontés des parties lorsque celle-ci est décalée dans le temps. Dans la définition de leur régime juridique, ils ne peuvent donc être considérés isolément du futur contrat dont ils ne sont que la première pierre. Précisément sur le terrain du futur contrat de vente, l'engagement du promettant à maintenir son offre représente déjà un élément de formation du contrat puisque l'acte de volonté du vendeur, composante du consentement. L'analyse de la sanction de l'inexécution de cette obligation a souffert de cette ambivalence par une application inappropriée de l'article 1142 ancien du Code civil (V. *infra*, n° 66)[236]. La conjugaison de ces deux obligations emporte « immobilisation » du bien au profit du bénéficiaire et est à la source du droit d'option de celui-ci.

La situation du bénéficiaire est faite de droits et d'éventuelles charges. Le bénéficiaire est titulaire d'un droit d'option (V. *supra*, n° 52). La jurisprudence discerne dans celui-ci une créance, simple droit personnel, du bénéficiaire contre le promettant[237]. Mais le droit d'option ne s'épuise pas dans un droit de créance. S'attachant à préciser la notion, un auteur y observe un droit potestatif (ni créance, ni droit réel mais catégorie *sui generis*) dont l'objet est de permettre la conclusion du futur contrat de vente par une manifestation unilatérale de volonté[238]. Le bénéficiaire peut encore être tenu de l'obligation au paiement d'une « indemnité d'immobilisation » dont le moment du paiement (conclusion du contrat de promesse ou décision de non-acquisition), le montant (d'usage 10 % du prix, parfois moins, parfois plus) sont à la discrétion des parties.

61. – Circulation de la promesse : cession et faculté de substitution. En l'absence de règles spéciales à cet effet, les parties envisageront la possible circulation du contrat de promesse, c'est-à-dire un changement de contractant, ici nécessairement du seul point de vue du bénéficiaire de la promesse[239]. Il est alors possible aux parties, spécialement au promettant, d'imprégner au contrat

(235) L'obligation s'étend aux actes du promettant qui seraient susceptibles d'affecter le droit d'option du bénéficiaire (par ex., conclusion d'un bail rural), V. Cass. 3e civ., 10 mai 1984 (à propos d'un pacte de préférence), cité *supra*.

(236) V. not. G. Wicker, *L'engagement du promettant : engagement au contrat définitif* : *RDC* 2012, 649, in colloque Bordeaux, 24 nov. 2011 : *RDC* 2012, p. 617 et synthèse A. Bénabent, p. 704. – La force obligatoire du contrat ne s'épuise pas dans l'effet créateur d'obligations : la force contraignante du contrat de promesse permet à celle-ci de porter l'acte de volonté du vendeur, V. P. Ancel, *Force obligatoire et contenu obligationnel du contrat* : *RTD civ.* 1999, p. 771 et s.

(237) Cass. civ., 26 nov. 1935 : *DP* 1936, I, p. 37, rapp. Pilon ; il s'ensuit que le bénéficiaire n'a sur le bien aucun droit réel. – *Adde* Cass. civ., 7 mars 1938 : *DH* 1938, p. 260.

(238) V. I. Najjar, thèse préc., n° 99, qui le définit comme le « pouvoir par lequel [le bénéficiaire] peut influer sur une situation juridique préexistante », ce qui signifie que le promettant joue « le rôle de propriétaire ayant perdu ses pouvoirs durant la validité de la promesse » ; note ss Cass. 3e civ., 27 avr. 1988 : *D.* 1989, p. 65. – Comp. F. Zénati-Castaing et Th. Revet, selon lesquels « ce prétendu droit n'est en réalité que la liberté de contracter » (*Cours de droit civil – Contrats, Théorie générale*, préc., p. 167).

(239) Sans doute le décès du promettant n'affecte pas le contrat de promesse qui s'impose aux héritiers, V. *supra*, n° 52 ; mais la cession – entre vifs – de la promesse par le promettant est inconcevable : elle supposerait la vente du bien, donc la méconnaissance par celui-ci de ses obligations contractuelles. Encore observera-t-on que la faculté de substitution ne peut plus être exercée après la levée de l'option, Cass. 3e civ., 19 déc. 2001 : *RDC* 2004, p. 683, obs. F. Collart Dutilleul.

un caractère *intuitu personae*(240). Soucieuse de contenir la spéculation foncière et d'annihiler les commissions occultes d'intermédiaires, la loi frappe « d'une nullité d'ordre public toute cession à titre onéreux des droits conférés par une promesse de vente portant sur un immeuble lorsque cette cession est consentie par un professionnel de l'immobilier » (L. 29 janv. 1993, art. 52, dite loi « Sapin »)(241). Pourtant, les parties, spécialement le bénéficiaire, prévoiront souvent dans le contrat de promesse une clause expresse à cette fin désignée « faculté de substitution »(242) ; la Cour de cassation refuse d'observer dans la substitution de bénéficiaire une cession de créance et exonérait celle-ci, hier, des formalités de l'article 1690 du Code civil (dont est désormais exempté le régime de la cession de créance au titre des articles 1323-1324 du code) et 1589-2 du Code civil (autrefois CGI, art. 1840-A)(243). Afin de justifier cette jurisprudence, plusieurs analyses juridiques du jeu de la substitution ont été proposées ; l'observation selon laquelle la substitution de bénéficiaire procède d'une institution originale liée au transfert du droit d'option et irréductible à une cession de créance est sans doute la plus convaincante(244). La

(240) La personnalité du bénéficiaire n'est pas indifférente au promettant, spécialement lorsque celui-ci est en charge de payer une indemnité d'immobilisation s'il n'a pas levé l'option à l'expiration du délai de la promesse. – V. Cass. 1re civ., 21 févr. 1951 : *Bull. civ.* 1951, I, n° 74. – Cass. 1re civ., 6 nov. 1963 : *Bull. civ.* 1963, I, n° 484.

(241) La prohibition vise les marchands de biens à raison des sommes non déclarées auprès de l'administration fiscale que ceux-ci pouvaient percevoir lorsqu'ils cédaient à un acquéreur les promesses qu'ils ne manquaient pas de se faire consentir sur l'immeuble. V. Cass. 3e civ., 28 mars 2012 : *Contrats, conc. consom.* 2012, p. 15, L. Leveneur.

(242) « Le bénéficiaire, à l'exception d'un professionnel de l'immobilier, pourra se substituer toute personne physique ou morale qui lui plaira et qui restera tenue de l'ensemble des obligations (indemnité d'immobilisation) et jouira des mêmes droits (option) que celui-ci » (la clause prévoit souvent que le cédant restera garant de son cessionnaire spécialement pour le paiement de l'indemnité).

(243) V. Cass. 3e civ., 2 juill. 1969 : *D.* 1970, p. 150, note J.-L. Aubert. – Cass. 1re civ., 14 déc. 1982 : *Bull. civ.* 1982, I, n° 360 ; *D.* 1983, p. 416, note L. Aynès. – Cass. 1re civ., 17 avr. 1984 : *D.* 1985, p. 234, note I. Najjar ; *Defrénois* 1985, art. 33432, n° 118, G. Vermelle ; *RTD civ.* 1985, p. 177, note Ph. Rémy. – Cass. 3e civ., 1er avr. 1987 : *Bull. civ.* 1987, III, n° 68 ; *D.* 1987, p. 454, note L. Aynès ; *LPA* 30 oct. 1987, p. 19, note J. Ghestin ; *RTD civ.* 1987, p. 777, note Ph. Rémy. – Cass. 3e civ., 27 avr. 1988 : *D.* 1989, p. 65, note I. Najjar. – Cass. 3e civ., 27 nov. 1990 : *Bull. civ.* 1990, III, 248 ; *D.* 1990, inf. rap. p. 300 ; *JCP G* 1991, IV, 35. – Cass. 1re civ., 19 mars 1997 : *Bull. civ.* 1997, I, n° 68 ; *Defrénois* 1997, p. 1351, note D. Mazeaud ; *D.* 1997, somm. p. 341, Ph. Brun ; *JCP G* 1997, I, 4039, n° 14, obs. M. Billiau et *JCP E* 1998, p. 614, obs. J.-M. Mousseron. – Cass. 3e civ., 13 juill. 1999 : *JCP G* 1999, II, 10207, note M.-C. Psaume ; *D.* 2000, p. 195, note E. Jeuland. – *Adde* E. Jeuland, *Essai sur la substitution de personnes dans un rapport d'obligation*, LGDJ, 1999, préf. L. Cadiet, et du même, V. *D.* 1998, chron. p. 356. – V. cependant *infra*, n° 75, la jurisprudence inverse qui soumet la cession de la promesse synallagmatique aux formalités de l'article 1690 ancien du Code civil.

(244) Vive, et vraie, controverse ! Certains observent dans la substitution de bénéficiaire le résultat d'une *stipulation pour autrui* (V. J. Ghestin et B. Desché, *Traité des contrats, La vente*, LGDJ, 1990, nos 155 et s. – *Adde* L. Boyer, *Clause de substitution et promesse unilatérale de vente* : *JCP G* 1987, I, 3310. – M. Azencot, *La transmission des promesses unilatérales de vente* : *JCP N* 1992, I, p. 615. – Analyse accueillie par Cass. 3e civ., 2 juill. 1969, préc.). Dans cette construction le bénéficiaire originaire est stipulant, le promettant reste promettant, le bénéficiaire substitué est tiers bénéficiaire. La construction supporte mal la chronologie de la substitution qui fait que le droit d'option naît d'abord dans le patrimoine du bénéficiaire originaire avant de « passer » dans celui du bénéficiaire substitué ; l'effet caractéristique de la stipulation pour autrui (naissance d'un droit direct dans le patrimoine du tiers bénéficiaire) est ainsi méconnu. D'autres avancent l'idée que la substitution de bénéficiaire dissimulerait la cession d'un *droit potestatif* (option) qui ne serait ni cession de créance, ni cession de contrat, ni vente et échapperait aux règles attachées à ces conventions (V. L. Aynès, note au *D.* 1983, préc. – Ph. Rémy, note *RTD civ.* 1987, préc. – I. Najjar, *D.* 1988, chron. p. 135. – *Contra*, F. Bénac-Schmidt, *La promesse unilatérale de vente* : *D.* 1990, chron. p. 7. – Comp. L. Boyer, art. préc.). La Cour de cassation n'a jamais expressément consacré la formule. À l'inverse, elle a parfois qualifié la substitution du bénéficiaire de *cession de contrat* (Cass. 1re civ., 14 déc. 1982, préc.) suivie en cela par une doctrine forte (Ph. Malaurie, L. Aynès et P.-Y. Gautier, n° 105. – L. Aynès, note *in D.* 1987, préc. – B. Gross et Ph. Bihr, *op. cit.*, n° 89. – F. Bénac-Schmidt, préc. – F. Zénati-Castaing et Th. Revet, *Contrats, Vente, Échange*, PUF, 2016, p. 109). Et de fait, c'est tout autant le droit d'option que la dette éventuelle de paiement d'une indemnité d'immobilisation que recueille le bénéficiaire substitué. – V. égal. V. Soubise : *D.* 1994, chron. p. 237, qui y voit une *délégation*. – Ph. Brun, *Nature juridique de la clause de substitution dans le bénéfice d'une promesse de vente* : *RTD civ.* 1996, p. 29 et s., qui réfute toute véritable originalité au mécanisme de substitution. – M. Behar-Touchais, *Retour sur la clause de substitution*, in *Mél. L. Boyer*, Toulouse, 1996, p. 85 et s., qui reprend l'analyse du dédicataire de son étude. – E. Jeuland qui insiste sur l'autonomie des effets de la substitution de personnes, laquelle ne fait pas disparaître totalement le substitué du rapport juridique, V. thèse préc.

réglementation détaillée de la cession de contrat par l'ordonnance du 10 février 2016 (C. civ., art. 1216 et s.) a fait douter certains du maintien de l'originalité du mécanisme de la substitution après la réforme : la situation en cause relèverait du seul régime de la cession désormais organisé dans le code(245). Quoi qu'il en soit les raisons qui ont amené la Cour de cassation à émanciper la substitution de bénéficiaire du formalisme fiscal ne sont pas de nature à être remises en cause du seul fait de la consécration législative de la cession de contrat et la jurisprudence acquise devrait de la sorte perdurer(246).

2° Après la levée de l'option

62. – **Division.** La situation juridique est radicalement différente selon le parti adopté par le bénéficiaire.

63. – **Le bénéficiaire ne lève pas l'option.** Soit qu'il récuse expressément l'offre du promettant, soit qu'il reste silencieux pendant le délai d'efficacité de la promesse, le bénéficiaire ne lève pas l'option et ce faisant, il renonce à la vente. Il n'encourt à ce titre aucune responsabilité puisqu'il ne fait précisément qu'exercer son droit d'option. Mais l'indemnité d'immobilisation qui a pu être versée au promettant lors de la conclusion de la promesse reste acquise à celui-ci, sauf faute du promettant(247). La validité de cette indemnité de même que sa nature spécifique sont aujourd'hui certaines (V. *supra*, n° 58).

64. – **Le bénéficiaire lève l'option.** Il manifeste alors la volonté d'acquérir qui, rejoignant l'acte de volonté du promettant donne corps au consentement au contrat de vente et suffit normalement à la formation de celui-ci. C'est donc au moment de la levée de l'option que s'apprécient la capacité et les pouvoirs du bénéficiaire, la valeur de l'immeuble en vue d'une éventuelle action en rescision pour lésion (C. civ., art. 1675, al. 2. – V. *infra*, n° 140). La formation de la vente s'opère sans effet rétroactif au jour de la levée de l'option : le contrat de promesse permet la coïncidence des deux actes de volonté du vendeur et de l'acheteur pour composer le consentement au contrat de vente, alors précisément que ces deux composantes sont décalées dans le temps. Le consensualisme gouverne aux modalités de la levée d'option(248), mais le promettant imposera souvent un minimum de formalisme (lettre recommandée ; acte extrajudiciaire ; paiement du prix ou consignation de celui-ci entre les mains du notaire ; paiement d'un simple acompte) dont l'irrespect rend inefficace la seule manifestation de volonté du bénéficiaire(249).

(245) V. R. Boffa, *Les clauses relatives aux opérations translatives* : *JCP* N 2016, n° 13, 1115. – G. Chantepie, *L'application dans le temps de la réforme du droit des contrats* : *AJCA* oct. 2016, p. 3, 2ᵉ col. – M. Mekki, *Réforme des contrats et des obligations : la promesse unilatérale de contrat* : *JCP* N 2016, n° 40, act. 1071. – V. Ph. Malaurie, L. Aynès et P.-Y. Gautier, n° 105.

(246) Ch. Gijsbers, *Promesse de vente – Faut-il « rebaptiser » les clauses de substitution après la réforme du droit des obligations ? – Libres propos* : *JCP* N 2016, II, act. 1194, qui souligne le danger pour les parties de rebaptiser dans leurs actes la faculté de substitution en « cession de contrat », encourageant, malgré eux, les tribunaux à appliquer le régime des articles 1216 et suivants du Code civil. Également en ce sens, F. Collart Dutilleul, Ph. Delebecque et Ch.-E. Bucher, *op. cit.*, n° 66.

(247) Cass. 3ᵉ civ., 1ᵉʳ juill. 1998 : *D.* 1999, somm. p. 13, obs. G. Paisant ; *JCP* E 1999, p. 171, obs. F. Vialla.

(248) V. Cass. 3ᵉ civ., 24 mars 1993 : *RTD civ.* 1994, p. 585, obs. J. Mestre ; *Contrats, conc. consom.* 1993, 172, L. Leveneur. – *Adde* Cass. 3ᵉ civ., 20 déc. 2000 : *RTD civ.* 2001, p. 365 (la levée d'option, par simple courrier d'une promesse unilatérale de vente passée en la forme authentique, ne peut acquérir date certaine en application de l'article 1328 ancien du Code civil).

(249) V. Cass. 3ᵉ civ., 7 janv. 1987 : *Bull. civ.* 1987, III, n° 7 ; *JCP* G 1987, IV, 85.

Les parties peuvent encore décider de retarder la formation de la vente à l'accomplissement de formalités qu'elles érigent en formes solennelles (rédaction de l'acte authentique) ou de retarder simplement le transfert de propriété (au paiement du prix)[250]. Cette situation peut être compliquée par l'insertion, fréquente, dans la promesse d'une condition.

65. – **Promesses conditionnelles immobilières.** En matière immobilière, la promesse unilatérale de vente comportera souvent une condition suspensive destinée à préserver les intérêts du bénéficiaire (promesse de vente sous condition suspensive de l'obtention d'un prêt, d'un certificat d'urbanisme, d'une autorisation administrative...). La protection de l'acquéreur conduit parfois à présumer cette condition : ainsi la promesse de vente immobilière acceptée qui prévoit que le prix sera payé à l'aide d'un prêt est réputée conclue sous la condition suspensive de l'obtention de celui-ci (C. consom., art. L. 313-41 et L. 313-42) et cette règle est d'ordre public[251]. Ce même caractère d'ordre public interdit au vendeur de contraindre l'acquéreur-emprunteur à déposer une demande de crédit dans un délai inférieur à celui visé par l'article L. 313-41 du Code de la consommation[252]. La composition du jeu de la condition et de l'option révèle que les deux mécanismes jouent dans l'ignorance l'un de l'autre ; l'analyse propose alors la casuistique suivante :

– la condition défaille dans le délai de la promesse (le prêt est refusé) : la promesse unilatérale de vente est caduque[253], le promettant n'est plus tenu, le bénéficiaire ne peut plus lever l'option ou l'option déjà levée devient sans effet, ce dernier n'est plus tenu au paiement d'aucune indemnité d'immobilisation et celle qu'il avait pu consentir lors de la conclusion de la promesse doit lui être intégralement restituée (C. consom., art. L. 313-41). Le « bénéficiaire » peut-il renoncer au bénéfice de la condition s'il décide malgré tout d'acheter ? La renonciation n'est possible que si la condition a été stipulée dans l'intérêt exclusif du bénéficiaire et tant que celle-ci n'est pas encore « accomplie » (C. civ., art. 1304-4), ce qui, dans l'hypothèse considérée, n'est plus le cas[254] (mais les parties peuvent renoncer ensemble à la condition, ce qui revient à conclure un nouveau contrat à raison de l'effet automatique de la condition défaillie) ;

---

(250) C'est une clause de réserve de propriété que l'on peut rencontrer dès la promesse. – V. *infra*, n° 163.

(251) La construction s'étend au droit commun : V. Cass. 1re civ., 10 sept. 2015, nos 14-13.658 et 14-17.772 : *RDC* 2016, p. 16, Y.-M. Laithier.

(252) Cass. 3e civ., 12 févr. 2014, n° 12-27.182 : *JCP* G 2014, 228 (au visa de l'article L. 312-16 ancien du Code de la consommation).

(253) Ou mieux son anéantissement est rétroactif : C. civ., art. 1304-6, al. 3 ; conséquence : lorsque la condition ne joue plus, le promettant n'est pas tenu de présenter à nouveau le bien au bénéficiaire initial mais peut vendre à un tiers ; l'obligation de bonne foi qui aurait pu justifier ce comportement ne peut être appelée en l'absence de liens contractuels dès lors que « ceux-ci cessent lorsque la condition suspensive à laquelle ils étaient soumis a défailli » – en l'occurrence condition suspensive du départ des locataires de l'immeuble vendu dans un délai déterminé ; ceux-là quitteront finalement l'immeuble mais hors délai. – Cass. 3e civ., 14 sept. 2005, n° 04-10.856 : *JCP* G 2005, II, 10173, note G. Loiseau ; *RTD civ.* 2006, p. 776, obs. J. Mestre et B. Fages ; *Defrénois* 2005, p. 1912, note Y. Dagorne-Labbé.

(254) Avant la réforme du droit des contrats, la Cour de cassation hésitait quant à la possibilité de renoncer au bénéfice d'une condition après sa réalisation ou sa défaillance – Cass. 1re civ., 17 mars 1998, n° 96-13.972 : *JCP* G 1998, II, 10148, note S. Piédelièvre ; *Defrénois* 1998, p. 749, note J.-L. Aubert ; *RTD civ.* 1998, p. 671, note J. Mestre, possibilité de renoncer, mais le bénéficiaire devra intégralement supporter le coût financier de l'acquisition, l'indemnité éventuellement prévue s'imputant sur le prix final. – La renonciation n'est plus possible après la date prévue pour la signature de l'acte authentique : Cass. 3e civ., 17 déc. 2008, n° 07-18.062. – La renonciation à la condition doit intervenir dans le délai dans lequel devait intervenir sa réalisation dès lors que celui-ci est stipulé dans l'intérêt des deux parties : Cass. 3e civ., 28 avr. 2011, n° 10-15.630. – À propos d'une promesse synallagmatique de vente conclue sous condition suspensive de l'obtention d'un permis de construire dans un délai de deux mois, les acquéreurs peuvent

– la condition se réalise dans le délai de la promesse (le prêteur présente une offre de prêt conforme à la demande)[(255)] : si le bénéficiaire ne lève pas l'option, il paie – perd – l'indemnité d'immobilisation (V. *supra*, n° 58) ; s'il lève l'option, la vente est valablement conclue, l'indemnité d'immobilisation s'impute normalement sur le prix d'acquisition. Finalement, l'indemnité lorsqu'elle est prévue n'est due qu'au cas où le bénéficiaire décide de son propre chef de ne pas acheter le bien[(256)].

66. – Sanctions ; exécution forcée ; dommages-intérêts. Que se passe-t-il lorsque le promettant méconnaît son engagement à l'endroit du bénéficiaire ? À nouveau l'intérêt de la question se concentre sur les promesses de ventes immobilières.

Dans les relations entre les parties, l'engagement du promettant (son acte de volonté à la vente) est irrévocable pendant la durée de validité de la promesse ; il s'ensuit que la rétractation de celui-ci, intervenue à cette époque, est normalement inopérante : si le bénéficiaire a déjà levé l'option avant, le contrat est conclu ; si le bénéficiaire n'a pas levé l'option avant la rétractation, il doit toujours pouvoir le faire pendant la durée d'efficacité de la promesse. Dans cette dernière hypothèse, la Cour de cassation avait cependant jugé le contraire : alors que la révocation était intervenue avant la levée de l'option, mais pendant la durée d'efficacité de la promesse, la Cour de cassation décide en 1993 que « tant que les bénéficiaires n'avaient pas déclaré acquérir, l'obligation de la promettante ne constituait qu'une obligation de faire » insusceptible d'exécution forcée ; la levée de l'option postérieure à la rétractation ne pouvant valablement former le contrat, le promettant ne pouvait être condamné qu'au paiement de dommages-intérêts (jurisprudence *Consorts Cruz*)[(257)]. Cette jurisprudence a été unanimement critiquée : sur le terrain

« renoncer au bénéfice de cette condition dont la non-réalisation ne pouvait rendre caduque la promesse » : Cass. 3e civ., 12 janv. 2010, n° 08-18.624. – Une promesse synallagmatique de vente conclue sous la condition suspensive de l'obtention d'un permis de construire non affectée d'un délai exprès ne constitue pas un engagement perpétuel, la cour d'appel a souverainement déduit de l'absence d'indexation du prix et de coefficient de revalorisation qu'il était dans la commune intention des parties de fixer un délai raisonnable pour la réalisation de la condition suspensive si bien que la promesse était en l'espèce devenue caduque, rendant la renonciation à la condition impossible : Cass. 3e civ., 20 mai 2015, n° 14-11.851 : *D.* 2015, p. 1349, note D. Mazeaud ; *RTD civ.* 2015, p. 619, obs. H. Barbier ; *RDC* 2015, p. 867, obs. M. Latina. – V. B. Nuytten et Benoît, *La renonciation à la condition suspensive : quand c'est le mécanisme qui défaille* : *RDC* 2008, p. 959. – V. Wittman, *La renonciation unilatérale à la défaillance de la condition suspensive dans les promesses de vente : à la recherche d'un équilibre contractuel* : *D.* 2012, 301. – *Adde* M. Latina, *Essai sur la condition en droit des contrats*, LGDJ, 2009, préf. D. Mazeaud.

(255) L'acceptation du prêt par l'emprunteur n'est pas nécessaire à la réalisation de la condition, sauf à rendre la condition potestative. – Cass. 1re civ., 9 déc. 1992 : *JCP E* 1993, I, 231, n° 7, obs. Th. Revet. – Cass. 1re civ., 20 janv. 1993 : *Bull. civ.* 1993, I, n° 30 ; *JCP G* 1993, II, 22106, note A. Gourio ; *Contrats, conc. consom.* 1993, 80, note G. Raymond. – Cass. 1re civ., 2 juin 1993 : *Bull. civ.* 1993, I, n° 198 ; *Defrénois* 1994, art. 35746, n° 24, note D. Mazeaud. – Comp. Cass. 3e civ., 30 avr. 1997 : *D.* 1997, p. 342, obs. O. Tournafond. – *Adde infra*, n° 446.

(256) Une troisième situation est parfois envisagée : la condition reste pendante à l'expiration de la durée de validité de la promesse. Cette hypothèse… doit être d'école car elle suppose une mauvaise rédaction de la promesse dont on aurait prévu qu'elle expirerait avant le délai de réalisation de la condition. Quoi qu'il en soit option, puis condition, conserveraient chacune leur propre rôle : le bénéficiaire peut exercer l'option ; la promesse unilatérale devient synallagmatique… sous condition suspensive. – V. *infra*, n° 71, l'efficacité de la vente reste subordonnée à la réalisation ultérieure de la condition. – V. Cass. 3e civ., 24 juin 1998 : *JCP E* 1999, p. 218 et obs. – En présence de deux délais inconciliables, l'interprétation s'opère en faveur du débiteur (C. civ., art. 1162) : Cass. 3e civ., 9 févr. 2011 : *RDC* 2011, p. 877, N. Sauphanor. – *Adde* M. Dagot, *La levée d'option conditionnelle* : *JCP N* 1990, I, 275.

(257) Cass. 3e civ., 15 déc. 1993, 2 arrêts : *Bull. civ.* 1993, III, n° 174 ; *JCP G* 1995, II, 22366, note D. Mazeaud et *JCP E* 1995, I, 439, n° 1, obs. M.-L. Izorche ; *D.* 1994, somm. p. 230, obs. G. Paisant et *D.* 1994, jurispr. p. 507, note F. Bénac-Schmidt ; *D.* 1995, somm. p. 88, note L. Aynès ; *Defrénois* 1994, art. 35845, p. 795, Ph. Delebecque ; *RTD civ.* 1994, p. 588, note J. Mestre. – *Adde* Cass. 3e civ., 5 avr. 1995 : *Bull. civ.* 1995, III, n° 101 ; *RTD civ.* 1996, p. 362. – Cass. 3e civ., 28 oct. 2003 : *RDC* 2004, p. 270, obs. D. Mazeaud. – *Adde* A. Terrasson de Fougères, *Sanction de la rétractation du promettant avant levée de l'option* : *JCP N* 1995, I, 194. – F. Collart Dutilleul, *Les contrats préparatoires à la vente d'immeuble : les risques*

de la formation du consentement à la vente, elle ignore le caractère consensuel de ce contrat(258) et méconnaît la spécificité du contrat de promesse (qui comporte déjà la composante du consentement à la vente impartie au vendeur) au regard d'une simple offre, elle révocable (V. *supra*, nos 25 et 52) ; sur le terrain de l'exécution du contrat de promesse, le promettant n'est donc nullement tenu d'une simple obligation de faire(259), sa rétractation ne tient pas de l'inexécution d'une obligation(260), son engagement à la vente est porté par le contrat de promesse qui lui interdit toute remise en cause unilatérale(261). Les arrêts ultérieurs de la cour régulatrice rendus sur ce terrain ont d'abord témoigné une certaine confusion et ne permettaient pas de conclure de manière décisive à un renversement de cette jurisprudence(262). L'ampleur de l'opposition doctrinale à cette jurisprudence invitait la cour régulatrice à revenir sur sa posture et à restaurer la pleine efficacité de l'engagement du promettant(263) alors que cette même cour venait d'opérer un revirement sur cette même question, pour ce qui est du pacte de préférence (V. *supra*, n° 30). Sans doute sous l'influence des textes nouveaux, mais sur le terrain de l'exécution forcée, la Cour de cassation est fermement revenue sur la jurisprudence

de désordre : *Dr. et patrimoine* déc. 1995, p. 58 ; *adde* du même, *La durée des promesses de contrat* : *RDC* 2004-1, p. 15. – R.-N. Schutz, *L'exécution des promesses de vente* : *Defrénois* 1999, art. 37015.

(258) En revanche, en qualifiant le prêt de consommation de contrat réel, la Cour de cassation refuse l'exécution forcée en nature d'une promesse concernant un tel contrat, Cass. 1re civ., 20 juill. 1981 : *Bull. civ.* 1981, I, n° 267 ; *RTD civ.* 1982, p. 427, obs. Ph. Rémy.

(259) V. *supra*, n° 60. – À cet égard, la Cour de cassation exagère encore l'impossibilité d'exiger l'exécution forcée en nature des obligations de faire (V. C. civ., art. 1142 ancien) traditionnellement réservée aux seules obligations contraignant la personne du débiteur, V. Starck, H. Roland et L. Boyer, *Les obligations*, t. 2, nos 1630 et s.

(260) V. N. Molfessis, *De la prétendue rétractation du promettant dans la PUV, ou pourquoi le mauvais usage d'un concept inadapté doit être banni* : *D.* 2012, 231 ; l'auteur se livre à la critique pertinente de la thèse selon laquelle la rétractation du promettant s'analyserait en une résiliation ; la construction repose sur la confusion du droit d'option qui tient de la composante au consentement avec un rapport obligatoire : la rétractation du promettant ne participe pas de l'inexécution d'une obligation contractuelle mais du reniement du droit d'option, lequel ne s'épuise pas dans une créance. – *Contra*, D. Mainguy, *L'efficacité de la rétractation de la promesse de contracter* : *RTD civ.* 2004, p. 1.

(261) V. P. Ancel, *Force obligatoire et contenu obligationnel du contrat* : *RTD civ.* 1999, p. 771 et s.

(262) V. Cass. 3e civ., 20 déc. 1994 : *Bull. civ.* 1994, I, n° 229 ; *JCP G* 1995, II, 22491, note Ch. Larroumet ; *D.* 1996, somm. p. 9, obs. O. Tournafond ; *JCP G* 1996, IV, 468 (mais l'arrêt est relatif à un « compromis », promesse synallagmatique de vente). – V. *infra*, nos 69 et s. – *Adde* Cass. 3e civ., 26 juin 1996 : *Bull. civ.* 1996, III, n° 165 ; *RJDA* 1996, 7, rapp. D. Pronier ; *D.* 1997, somm. p. 169, note D. Mazeaud, et chron. p. 119, I. Najjar ; *JCP E* 1997, I, 617, n° 2, et les obs. *Defrénois* 1996, art. 36434, D. Mazeaud (mais la cour ne se prononce pas sur l'influence d'une rétractation pendant la durée de l'option). – V. cependant Cass. 3e civ., 6 avr. 2004 : *RDC* 2004, p. 969, obs. F. Collart Dutilleul, où une promesse de vente comportait à la charge du bénéficiaire une promesse de bail s'il venait à lever l'option : la cour retient que l'engagement de louer est susceptible d'exécution forcée. Mais dans la ligne des arrêts de 1993 : Cass. 3e civ., 25 mars 2009 : *JCP G* 2009, 213, F. Labarthe. L'avant-projet de réforme du droit des obligations (Catala) retient que la rétractation du promettant pendant le temps de la promesse « ne peut empêcher la formation du contrat promis » (art. 1106). Il en est de même des projets de réforme de la Chancellerie (art. 34) et de celui présenté par le professeur Terré (art. 29). La Cour de cassation paraît cependant admettre la validité des clauses prévoyant l'exécution forcée, en nature, et écartant l'article 1142 du Code civil : Cass. 3e civ., 27 mars 2008 : *RTD civ.* 2008, 475, B. Fages ; *JCP G* 2008, II, 10147, G. Pillet ; *RDC* 2008, p. 734, D. Mazeaud et p. 1239, F. Collart Dutilleul. Un arrêt de la troisième chambre civile du 8 septembre 2010 a paru revenir à l'orthodoxie juridique (Cass. 3e civ., 8 sept. 2010 : *D.* 2011, p. 477, S. Amrani-Mekki ; *Defrénois* 2010, p. 21, L. Aynès ; *RDC* 2011, p. 57, T. Genicon, p. 153, Ph. Brun ; *RDC* 2010, p. 1179, D.-M. et Th. R. ; *RTD civ.* 2010, p. 770, B. Fages ; *JCP G* 2011, 63, obs. J. Ghestin qui souligne le caractère définitif de l'engagement du promettant et justifie la possibilité pour le bénéficiaire de lever l'option après la mort du promettant). Mais la même chambre par un nouvel arrêt du 11 mai 2011 réaffirmait la solution de 1993 au bénéfice de quelques nuances : la cour jugeait que « la levée de l'option par le bénéficiaire de la promesse postérieurement à la rétractation du promettant excluant toute rencontre des volontés réciproques de vendre et d'acquérir, la réalisation forcée de la vente ne peut être ordonnée » ; l'arrêt était rendu au visa des articles 1101 et 1134 ancien du Code civil, sans référence à l'article 1142 ancien, V. Cass. 3e civ., 11 mai 2011. – F. Rome, *La doctrine aboie, la Cour de cassation passe* : *D.* 2011, édito p. 1273 ; *D.* 2011, p. 1457, D. Mazeaud et 1460, D. Mainguy ; *JCP G* 2011, 736, Y. Paclot et E. Moreau ; *RDC* 2011, p. 1133, Y.-M. Laithier et 1259, note crit. Ph. Brun ; *D.* 2012, 467, chron. S. et M. Mekki.

(263) V. égal. Cass. 3e civ., 6 déc. 2011 et Cass. com., 13 sept. 2011 : *D.* 2012, 467 chron. S. Mekki et M. Mekki. – Cass. 3e civ., 12 juin 2013, n° 12-19.105.

Cruz par un arrêt du 23 juin 2021, retenant, enfin, que la rétractation du promettant avant la levée de l'option ne fait pas obstacle à la formation du contrat(264). C'est finalement l'ordonnance du 10 février 2016 qui, pour les promesses consenties après le 1er octobre 2016, vient briser cette malheureuse jurisprudence, l'article 1124 du Code civil disposant sans ambiguïté :

> **« La révocation de la promesse pendant le temps laissé au bénéficiaire pour opter n'empêche pas la formation du contrat promis.**
>
> **Le contrat conclu en violation de la promesse unilatérale avec un tiers qui en connaissait l'existence est nul » (art. 1124, al. 2 et 3).**

Le régime de droit transitoire a fait débat : *quid* des promesses conclues antérieurement au 1er octobre 2016, la Cour de cassation allait-elle aligner le droit ancien sur le droit nouveau ou au contraire maintenir sa regrettable jurisprudence pour ces seules promesses ? Après quelques errements(265), la Cour de cassation soumet le régime de ces promesses au droit nouveau : qu'elle soit conclue avant ou après le 1er octobre 2016, l'exécution forcée en nature de la promesse unilatérale est de droit(266).

La révocation du promettant qui interviendrait pendant que le délai d'option court doit donc simplement être tenue comme non avenue. Au-delà, le Code civil règle le sort du tiers acquéreur qui aurait traité avec le promettant. C'est seulement lorsque le tiers a acquis le bien de mauvaise foi que le bénéficiaire de la promesse peut obtenir l'annulation de la vente concurrente, ce qui donne plein effet à la levée de l'option par le bénéficiaire sur le bien, alors libre de tout droit à son égard(267) ; le bénéficiaire aura à apporter cette preuve (par tout moyen s'agissant d'un fait juridique). La mauvaise foi suppose la connaissance par le tiers de l'existence de la promesse unilatérale de vente méconnue, sans qu'il n'y ait à élargir l'exigence probatoire à la connaissance par le tiers de l'intention du bénéficiaire de se prévaloir de la promesse, comme la Cour de cassation l'a admis en matière de pacte de préférence(268). Le texte ne dit pas à quel moment doit s'apprécier la

(264) Cass. 3e civ., 23 juin 2021, n° 20-17.554 : *RDC* déc. 2021, p. 12, obs. Fr. Dournaux ; *RDC* mars 2022, n° 1, p. 49, obs. L. Thibierge ; *RTD civ.* 2021, p. 630, obs. H. Barbier ; *D.* 2021, p. 1574, note L. Molina ; *D.* 2022, p. 310, obs. M. Mekki et R. Boffa : « à la différence de la simple offre de vente, la promesse unilatérale de vente est un avant-contrat qui contient, outre le consentement du vendeur, les éléments essentiels du contrat définitif qui serviront à l'exercice de la faculté d'option du bénéficiaire et à la date duquel s'apprécient les conditions de validité de la vente, notamment s'agissant de la capacité du promettant à contracter et du pouvoir de disposer de son bien. (...) Il convient dès lors d'apprécier différemment la portée juridique de l'engagement du promettant signataire d'une promesse unilatérale de vente et de retenir qu'il s'oblige définitivement à vendre dès la conclusion de l'avant-contrat, sans possibilité de rétractation, sauf stipulation contraire ». – Cass. 3e civ, 20 oct. 2021 : *RDC* mars 2022, p. 49, obs. L. Thib erge. – L. Aynès, *Consentir : approuver et décider* : *RDC* sept. 2021, p. 1.

(265) Par un arrêt de cassation du 6 décembre 2018 (nos 17-21.170 et 17-21.171 : *RDC* 2019, p. 22, note Y.-M. Laithier), la troisième chambre civile maintient que la levée de l'option par le bénéficiaire de la promesse unilatérale postérieurement à la rétractation du promettant exclut toute rencontre des volontés réciproques de vendre et d'acquérir, la réalisation forcée de la vente ne peut alors être ordonnée. – V. égal. Cass. 3e civ., 13 juill. 2017, n° 16-17.625 : *RDC* 2017, p. 40, obs. P. Chauviré.

(266) Cass. 3e civ., 23 juin 2021, n° 20-17.554, préc. – Cass. 3e civ., 20 oct. 2021, n° 20-18.514 : *RDC* mars 2022, n° 1, p. 49, obs. L. Thibierge. Le texte de l'article 1124 n'est pas contraire à la Constitution : Cass. 3e civ., 17 oct. 2019, n° 19-40.028 : *RDC* mars 2020, n° 1, p. 20, obs. S. Pellet.

(267) V. Cass. 3e civ., 8 juill. 1975 : *Bull. civ.* 1975, III, n° 49. – Cass. 3e civ., 20 févr. 1979 : *JCP* G 1980, II, 19376, note M. Dagot. – Cass. 3e civ., 10 nov. 1982 : *Bull. civ.* 1982, III, n° 221.

(268) V. *supra*, n° 30.

mauvaise foi du tiers : sans doute à l'instant où il consent à la vente, sans égard à la signature ultérieure de l'acte authentique[269]. La preuve de la connaissance du tiers peut être malaisée : en l'absence de tout droit réel du bénéficiaire, les règles de publicité foncière n'emportent pas présomption irréfragable de sa connaissance par le tiers[270].

Après qu'il a levé l'option, le bénéficiaire est normalement devenu propriétaire, les règles de publicité foncière retrouvent leur emprise. À l'encontre du promettant qui refuserait de signer l'acte authentique, et pour prévenir tout risque de conflit avec un tiers acquéreur, le bénéficiaire, acquéreur diligent, fera publier un procès-verbal notarié de carence (D. 4 janv. 1955, art. 37, 2°) suivi dans un délai de trois ans de la publication d'un acte authentique ou d'une décision judiciaire constatant la réitération ou la réalisation de la vente (D. 4 janv. 1955, art. 37, dernier al.).

§ 2. – La promesse synallagmatique de vente

A. – L'identification de la promesse synallagmatique de vente

67. – **Définition : le « compromis » de vente.** C'est le contrat par lequel une personne – le promettant – s'engage à conclure un contrat de vente à des conditions déterminées au profit de son partenaire – le bénéficiaire – qui s'engage à acheter auxdites conditions. À la différence de la promesse unilatérale de vente, le bénéficiaire manifeste d'ores et déjà son acquiescement à la vente qui rejoint alors l'engagement du promettant : les deux composantes du consentement à la vente se rencontrent ici de façon concomitante. Ainsi la qualification de promesse synallagmatique ne résulte pas de la présence d'obligations réciproques, mais de l'engagement ferme et définitif à la fois du promettant et du bénéficiaire au futur contrat[271]. La pratique spécialement notariale désigne improprement ce contrat sous le nom de « compromis » de vente[272]. Son identité paraît même douteuse tant est grande ici la proximité avec le futur contrat de vente.

68. – **Promesse synallagmatique de vente et vente.** Dès lors qu'il assure la formation du consentement à la vente, on a du mal en regard du principe du consensualisme à concevoir l'autonomie, et l'utilité, du contrat de promesse synallagmatique au regard du futur contrat de vente lui-même. Aussi bien, si la

(269) Cass. 3e civ., 25 mars 2009 : *RDC* 2009, Y.-M. Laithier. – V. O. Deshayes, Th. Genicon et Y.-M. Laithier, préc., p. 190.

(270) La seule publication de la promesse ne suffit pas à la rendre opposable aux tiers, Cass. 3e civ., 22 févr. 1977 : *Bull. civ.* 1977, III, n° 91 ; *D.* 1978, p. 165, note Ph. Malaurie ; *JCP G* 1979, II, 13233, note M. Dagot ; *Defrénois* 1977, art. 31522, n° 91, J.-L. Aubert. – *Adde* J. Maury, *La protection du bénéficiaire d'une promesse unilatérale de vente ou d'un pacte de préférence publiés* : *JCP* N 1994, I, 341 (à propos de Cass. 3e civ., 16 mars 1994).

(271) Sur l'éventuel caractère synallagmatique de la promesse unilatérale de vente, V. *supra*, n° 52. Ainsi l'échange d'une promesse unilatérale d'achat et d'une promesse unilatérale de vente réalisées dans les mêmes termes emporte promesse synallagmatique de vente, qui elle-même vaut vente ! Cass. com., 22 nov. 2005 : *RTD civ.* 2006, p. 302, obs. J. Mestre et B. Fages ; *RDC* 2006, p. 383, obs. Ph. Brun et p. 1095, A. Bénabent ; *JCP E* 2006, n° 1463, obs. A. Constantin ; *Defrénois* 2006, 605, R. Libchaber.

(272) Au sens juridique du terme, le « compromis » est la convention par laquelle les parties décident de soustraire un litige déjà né à l'autorité judiciaire pour le soumettre à une autorité privée arbitrale. – V. *infra*, nos 623 et s.

promesse synallagmatique de vente va parfois se confondre avec le futur contrat de vente (V. *infra*), elle va aussi, souvent, s'en distinguer, révélant par là même une indépendance que sa très large pratique laissait présager[273].

La promesse synallagmatique de vente apparaît comme l'instrument permettant aux parties dont le consentement est d'ores et déjà acquis d'aménager l'exécution, voire la formation, de leur contrat de vente. Il est possible de décliner différentes situations qui s'attachent aux effets de la promesse synallagmatique de vente.

69. – **La vente est formée, mais son exécution est retardée (vente à terme).** Les parties à la promesse ont décidé de retarder l'exécution du contrat de vente, et le transfert de propriété consécutif, au paiement du prix à la signature de l'acte authentique[274]. La promesse synallagmatique de vente constitue alors une vente affectée d'un terme suspensif[275] car :

1° le consentement est acquis donc le contrat formé ;

2° le paiement du prix, obligation essentielle de l'acheteur, ne peut être considéré comme un événement aléatoire[276].

Les intérêts de la formule sont multiples : les parties sûres de la vente, déjà formée, se réservent du temps pour prendre leurs dispositions, payer les droits de mutation... L'analyse du rapport obligatoire qui lie alors les parties à la promesse renvoie à l'étude des obligations du contrat de vente, dont l'exigibilité est cependant retardée. De fait le refus de l'une des parties de « réitérer » son consentement ne doit pas affecter le contrat déjà formé : l'autre peut poursuivre l'exécution forcée du contrat en nature[277] et, pour le bénéficiaire acquéreur, faire publier la décision judiciaire constatant la vente (D. 4 janv. 1955, art. 37-2)[278] sans préjudice de l'obligation d'éventuels dommages-intérêts ; il peut aussi agir en résolution du contrat et en réparation[279].

---

(273) L'une des raisons de la très large diffusion de la formule tient au caractère de plus en plus complexe de la vente d'immeubles, à raison de la multiplicité des droits de préemption reconnus aux collectivités publiques et des formalités attachées à l'obtention d'un prêt pour l'acquéreur. La promesse synallagmatique permet de « geler la vente » dans l'attente ici de la réponse du titulaire du droit de préemption, là de la décision de l'établissement financier prêteur de deniers...

(274) Par ex., « Le présent contrat prendra effet à la signature ultérieure de l'acte authentique et au paiement comptant du prix, ce jour ». – V. Cass. 3e civ., 10 mai 2005 : *RDC* 2005, p. 1076, obs. F. Collart Dutilleul. – Cass. 1re civ., 9 déc. 2010 : *RDC* 2011, p. 523, M. Mekki.

(275) Le terme est un événement futur dont la réalisation inéluctable (à la différence de la condition événement futur extérieur aux parties mais dont la réalisation est aléatoire) rend le contrat efficace, C. civ., art. 1305. Le terme est certain ou incertain selon que le moment de sa réalisation est connu (une date) ou non (un décès). La réalisation de l'acte authentique peut également être visée par la promesse comme suite de celle-ci destinée à assurer l'opposabilité de la vente aux tiers par sa publication. – V. Cass. 3e civ., 13 févr. 1973 : *Bull. civ.* 1973, III, n° 125. Il ne s'agit même pas d'une vente à terme car, *inter partes*, le contrat produit immédiatement ses effets.

(276) V. Cass. 3e civ., 30 nov. 1988 : *Bull. civ.* 1988, III, n° 173 ; *Defrénois* 1989, art. 34570, n° 77, p. 924, G. Vermelle, qui décide que « la subordination du transfert de propriété à l'exécution d'une obligation consécutive à la vente ne peut affecter l'existence de celle-ci » ; Cass. 3e civ., 28 mai 1997 et 17 juill. 1997 : *D.* 1999, p. 11, obs. Ph. Brun ; *Defrénois* 1998, art. 36753, p. 339, obs. D. Mazeaud.

(277) V. Cass. 3e civ., 5 janv. 1983 : *D.* 1983, p. 617, note P. Jourdain ; *JCP* G 1984, II, 20312, note H. Tuillier ; *RTD civ.* 1983, p. 550, note Ph. Rémy. – Cass. 3e civ., 14 janv. 1987 : *D.* 1988, p. 80, note J. Schmidt. – Cass. 3e civ., 20 déc. 1994 : *Bull. civ.* 1994, III, n° 229 ; *JCP* G 1995, II, 22491, note Ch. Larroumet ; *Dr. et patrimoine* sept. 1995, p. 67, note C. Saint-Alary-Houin ; *D.* 1996, somm. p. 9, obs. O. Tournafond. – Cass. 1re civ., 24 juin 1997 : *Contrats, conc. consom.* 1997, n° 162, note L. Leveneur. – Comp. pour la promesse unilatérale, *supra*, n° 66.

(278) V. Cass. ass. plén., 3 juin 1994 : *Bull. civ.* 1994, ass. plén., n° 4.

(279) Ce sera le cas lorsque la défaillance vient du bénéficiaire-acquéreur, insolvable. – V. Cass. 1re civ., 11 déc. 1963 : *Bull. civ.* 1963, I, n° 549 ; *D.* 1964, p. 198. – CA Aix, 12 janv. 1965 : *JCP* G 1965, II, 14312, note E. Deghilaye.

Si les deux parties peuvent d'évidence renoncer au jeu du terme contractuel, la partie au bénéfice exclusif de qui le terme a été fixé peut y renoncer unilatéralement (C. civ., art. 1305-3).

70. – La vente est formée, mais peut être remise en cause du fait des parties (dédit, arrhes, faculté de rétractation). À l'occasion du contrat de promesse synallagmatique, le bénéficiaire-acquéreur dépose souvent auprès du notaire une somme d'argent. La validité de l'opération ne fait pas de doute, l'article 1589-1 du Code civil ne frappe de nullité que le seul *engagement unilatéral* pour lequel il est exigé du candidat à l'achat le versement d'une somme d'argent, sorte de prime de réservation (V. *supra*, n° 53). La qualification de la somme versée et le régime du contrat de promesse dépendent alors de la volonté des parties et de leurs stipulations contractuelles[280]. Versée à titre d'arrhes ou de dédit, ladite somme s'accompagne d'une faculté de repentir qui ouvre au bénéficiaire-acquéreur, voire au promettant, la faculté de reprendre sa liberté et de ne pas conclure le contrat de vente dans le respect de l'article 1590 du Code civil[281] ; ainsi le versement d'arrhes vaut moyen de dédit et révèle une vente avec faculté de dédit[282], encore que la Cour de cassation ait admis la validité d'une faculté gratuite de dédit[283]. Dans les contrats conclus entre professionnel et consommateur, les sommes versées d'avance sont des arrhes, au sens de l'article 1590 du Code civil (C. consom., art. L. 214-1). En revanche, il est possible que le versement de cette somme ne s'accompagne dans les stipulations contractuelles d'aucune faculté de repentir : les parties ne se sont pas reconnu la faculté de se libérer unilatéralement ; quelle que soit la qualification qui lui est associée, cette somme constitue déjà une partie du prix de vente payée immédiatement (acompte), destinée à « arrêter » l'affaire et à garantir le vendeur du sérieux de l'acheteur[284]. Dans cette dernière hypothèse (absence pour les parties de faculté de repentir), le contrat de promesse peut encore prévoir le paiement d'une somme en cas de « non-réalisation de la vente » ; il s'agit alors d'une clause pénale, destinée à sanctionner l'inexécution par l'une des parties de ses obligations et susceptible de révision (C. civ., art. 1231-5)[285] ; cette stipulation ne prive pas le demandeur de préférer l'exécution forcée en nature de la promesse[286]. En tout état de cause, l'acquéreur non professionnel d'un bien immobilier, signataire d'une promesse synallagmatique de vente, bénéfi-

(280) Cass. 3e civ., 11 mai 2004 : *RDC* 2004, p. 972, obs. F. Collart Dutilleul.

(281) « Si la promesse de vendre a été faite avec des arrhes, chacun des contractants est maître de s'en départir, celui qui les a données en les perdant, et celui qui les a reçues, en restituant le double ».

(282) Conformément à l'article 1590 du Code civil, la vente avec arrhes est celle qui confère à chacune des parties la faculté de reprendre sa liberté ; la vente avec clause de dédit peut réserver cette faculté à une seule des parties, mais aussi l'ouvrir aux deux : le rédacteur du contrat de promesse devra faire preuve de rigueur. Quoi qu'il en soit, la somme versée au titre d'arrhes ou de dédit est insusceptible de révision sur le terrain de l'article 1152 du Code civil, propre à la clause pénale. – V. Cass. com., 2 avr. 1996 : *D.* 1996, inf. rap. p. 1?4 ; *D.* 1996, somm. p. 329, obs. D. Mazeaud. – Cass. com., 14 oct. 1997 : *Bull. civ.* 1997, IV, n° 255 ; *Defrénois* 1998, art. 36753, n° 15, note D. Mazeaud et art. 36789, note Y. Dagorne-Labbé.

(283) Cass. com., 30 oct. 2000 : *Contrats, conc. consom.* 2001, n° 21, obs. L. Leveneur.

(284) Dans ce cas la vente est parfaite, le paiement du prix est échelonné dans le temps ; l'exécution forcée en nature du contrat ne supporte pas la discussion.

(285) V. Cass. com., 27 mars 1990 : *Bull. civ.* 1990, IV, n° 90 ; *D.* 1990, p. 390, note E.-S. de la Marnière ; *RTD civ.* 1990, p. 514, note Ph. Rémy.

(286) Le demandeur ne peut demander concurremment l'exigibilité de la clause pénale et l'exécution forcée du contrat ; mais il peut renoncer à la première pour poursuivre la seconde. – V. F. Terré, Ph. Simler et Y. Lequette, *Obligations*, préc., n° 624.

cie de la faculté de rétractation ouverte par la loi SRU du 13 décembre 2000 (CCH, art. L. 271-1. – V. *infra*, n° 99). Pour l'acquéreur consommateur d'un bien mobilier, toute somme versée d'avance, quelle que soit sa dénomination, est productive d'intérêts passé un délai de trois mois à compter du versement (C. consom., art. L. 214-2. – V. *infra*, n° 246).

71. – **La vente est formée, mais peut être remise en cause du fait du jeu d'une condition.** Le contrat de promesse synallagmatique sera souvent affecté du jeu d'une condition suspensive, très rarement résolutoire(287).

Dans le premier cas, la promesse synallagmatique vaudra vente sous condition suspensive (de l'obtention du prêt, de la purge d'un droit de préemption. – V. *infra*, nos 103 et s., de la délivrance du permis de construire ou d'une autorisation administrative nécessaire à l'activité envisagée...) sous la seule limite de ce que la condition ne soit pas potestative (par ex., la signature de l'acte authentique)(288). Le contrat de promesse synallagmatique est alors valablement formé mais ses effets (ceux de la vente) sont suspendus à la réalisation de la condition(289). La loi elle-même présume parfois l'existence d'une telle condition : la promesse synallagmatique (comme unilatérale, V. *supra*, n° 65) de vente immobilière concernant le logement d'habitation ou professionnel est réputée conclue sous la condition suspensive de l'obtention du prêt demandé (C. consom., art. L. 313-41. – V. *infra*, n° 446) ; la mise à l'écart du jeu de la condition suppose une clause manuscrite de la part de l'acquéreur (C. consom., art. L. 313-42)(290) ; dans la vente à l'essai (C. civ., art. 1588), l'expérimentation de la chose constitue bien une condition dans la mesure où son résultat est objectif(291) (V. *infra*, n° 162).

La réalisation de la condition emporte les effets de la vente. Il faut à cet égard signaler une évolution majeure introduite par la réforme de 2016. Sous l'empire des textes antérieurs, la réalisation de la condition opérait formation de la vente avec rétroactivité au jour de la signature de la promesse, sauf volonté contraire des parties (qui combinent alors condition et terme suspensif)(292). La situation

(287) La vente immobilière est peu hospitalière au jeu de la condition résolutoire qui emporte double mutation (avec les conséquences fiscales ou de restitution des fruits qui s'y attachent) ; on en retrouve trace, d'ailleurs le plus souvent comme mécanisme interprétatif, dans certaines ventes mobilières utilisées dans le secteur de la distribution (par ex., dans la distribution de journaux, l'obligation de reprise du stock d'invendus par la société éditrice du journal s'analyse, parfois, en une vente sous condition résolutoire de non-revente. – V. D. et N. Ferrier, *Droit de la distribution*, préc., n° 694).

(288) Le contrat de promesse synallagmatique ne saurait conditionner la vente à un tel événement qui n'a rien d'extérieur aux parties, sauf à encourir la nullité (de la clause et du contrat) sur le fondement de l'article 1304-2 du Code civil. – V. Cass. 3e civ., 7 juin 1983 : *Bull. civ.* 1983, III, n° 132 ; *D.* 1983, inf. rap. p. 481, obs. B. Audit ; *Defrénois* 1984, 805, obs. J.-L. Aubert ; *RTD civ.* 1984, p. 713, obs. J. Mestre ; ou la disqualification en vente à terme, V. *supra*, n° 69, ou accord de négociation, V. *supra*, n° 27.

(289) De la sorte, l'appréciation de la lésion intervient au moment de la rencontre des volontés, soit à la date de la promesse unilatérale de vente même en présence d'une condition suspensive, Cass. 3e civ., 30 mars 2011 : *RDC* 2012, p. 885, S. Pimont. – V. *infra*, n° 140.

(290) V. Cass. 3e civ., 10 déc. 1986 : *Bull. civ.* 1986, III, n° 181 ; *JCP G* 1987, IV, n° 63 : l'acte avait omis d'indiquer les modalités de paiement du prix, la vente est conclue sous la condition suspensive de l'obtention du prêt. – Comp. Cass. 1re civ., 13 févr. 2001 : *JCP G* 2001, IV, n° 1642 (il incombe aux acquéreurs de justifier des demandes de prêt conformes).

(291) Les auteurs discutent la nature de cette condition : l'article 1588 du Code civil parle de condition suspensive (en ce sens, Cass. 1re civ., 13 oct. 1998 : *Contrats, conc. consom.* 1998, n° 161, obs. L. Leveneur), mais l'acquéreur ayant l'usage de la chose *pendente conditione*, certains préfèrent y voir une condition résolutoire : V. A. Bénabent, n° 155. – *Adde* L. Lorvellec, *L'essai dans les contrats*, thèse, Rennes, 1972.

(292) C. civ., ancien art. 1179. – L'intérêt de priver le jeu de la condition suspensive de sa rétroactivité ou de laisser celle-ci se produire normalement tient d'abord au sort des fruits (loyers...) que la chose a générés *pendente conditione* (avec rétroactivité, ils reviennent à l'acquéreur ; sans rétroactivité ils restent au vendeur. – V. Cass. 3e civ., 19 juill. 1995 :

suggérait deux difficultés concernant la charge des risques de perte de la chose, les actes accomplis *pendente conditione* et les fruits (loyers) que la chose (l'immeuble) avait pu générer. De fait les parties disposaient de la faculté de tenir en échec la rétroactivité du jeu de la condition accomplie. L'ordonnance du 10 février 2016 prend le contre-pied de cette formule : désormais, sauf clause contraire, l'accomplissement de la condition rend le contrat efficace sans effet rétroactif (C. civ., art. 1304-6, al. 1er). Ainsi le transfert de propriété ne s'opère qu'au jour de la réalisation de la condition : les actes accomplis par le vendeur restent valables, la charge des risques est transmise à l'acquéreur à cette date.

L'absence de réalisation de la condition dans le délai imparti emportait pour la jurisprudence caducité de la promesse[(293)]. L'ordonnance de 2016 prévoit désormais que la défaillance de la condition suspensive fait rétroactivement disparaître l'obligation, ou le contrat, « réputée n'avoir jamais existé » (C. civ., art. 1304-6). *Quid* de la réalisation de la condition hors délai ? La troisième chambre civile de la Cour de cassation a d'abord retenu que la condition, qui n'avait pas été enfermée dans un délai, pouvait être réalisée après la date fixée pour la réitération de l'acte[(294)]. Elle a ensuite retenu plus précisément que la condition, qui était enfermée dans un délai, ne pouvait pas être réalisée après la date fixée pour la réitération de l'acte, à défaut de prorogation[(295)].

La renonciation au bénéfice de la condition n'est possible que si la condition a été stipulée dans l'intérêt exclusif du bénéficiaire et tant que celle-ci n'est pas encore « accomplie » (C. civ., art. 1304-4. – V. *supra*, n° 65).

72. – **La vente n'est pas formée (vente solennelle).** La promesse peut prévoir que le contrat de vente ne sera formé que par la signature de l'acte authentique. Les parties conviennent alors d'élargir le domaine des éléments nécessaires et suffisants à la formation de la vente (accord sur la chose et le prix) à la réalisation d'une formalité, alors exigée *ad validitatem* (la signature de l'acte authentique[(296)], mais ce peut être aussi l'obtention d'une autorisation...). La promesse synallagmatique révèle alors son identité : elle est l'élément consensuel à la vente, mais qui,

Bull. civ. 1995, III, n° 209 ; *D.* 1995, inf. rap. p. 222 ; *Defrénois* 1996, art. 36272, n° 13, Ph. Delebecque) ; au régime des risques (et aux détériorations que la chose a pu connaître *pendente conditione*. – V. TGI Hazebrouck, 19 oct. 1983 : *D.* 1984, p. 379 ; *RTD civ.* 1984, p. 737, obs. Ph. Rémy) ; au titre de jouissance du bénéficiaire acquéreur qui entre immédiatement en jouissance (si la condition défaille : jugé qu'il doit une indemnité d'occupation, Cass. 3e civ., 12 mars 1974 : *Bull. civ.* 1974, III, n° 114) ; à la qualification matrimoniale du bien si le régime de l'acquéreur est modifié durant cette époque.

(293) Cass. 3e civ., 14 oct. 2009, n° 08-20.152 : *Bull. civ.* 2009, III, n° 223. La caducité opère pour le futur, sans effet rétroactif (C. civ., art. 1186 et 1187).

(294) Cass. 3e civ., 21 mars 2012, n° 11-23.382 : *RDC* 2013, p. 621, obs. S. Pimont.

(295) Cass. 3e civ., 29 mai 2013, n° 12-17.077 : *RDC* 2013, p. 1379, obs. M. Latina et p. 1409, obs. J. Le Bourg.

(296) V. Cass. 3e civ., 19 juin 2012, n° 10-22.906 : *RDC* 2013, p. 53, obs. E. Savaux ; *RDC* 2014, p. 54, obs. Ph. Brun : « Les parties peuvent décider que la réitération de l'acte en la forme authentique est un élément constitutif de leur consentement et non une simple modalité d'exécution de la vente ». – Cass. com., 20 déc. 1994, préc., qui retient précisément qu'aucune circonstance n'était « de nature à démontrer que les parties avaient fait de la réitération de la promesse par acte notarié un élément constitutif de leur consentement ». – Comp. Cass. 3e civ., 12 oct.1994 : *Defrénois* 1995, art. 36100, note D. Mazeaud (les parties avaient entendu faire de la signature de cet acte la condition même de leur engagement). – Cass. 3e civ., 8 juill. 2021, n° 19-26.342 : *RDC* mars 2022, n° 1, p. 49, L. Thibierge : la promesse synallagmatique de vente des parts sociales prévoyait que le transfert de propriété n'aurait lieu qu'à la conclusion de l'acte authentique, en échange du parfait paiement du prix, l'action du cessionnaire tendant à l'exécution forcée de la promesse n'est pas une action en revendication mais une action personnelle soumise à la prescription quinquennale de l'article 2224 du Code civil. – H. Kenfack, *À la recherche des critères d'une promesse de vente qui ne vaut pas vente* : *Rev. Lamy dr. civ.* janv. 2006, p. 939.

exceptionnellement, reste insuffisant à sa perfection. L'expression de la volonté des parties doit, à nouveau, être dénuée d'équivoque, au risque de disqualification par le juge[297]. Les parties qui refuseront la réalisation de la formalité pourront déjouer le consentement déjà donné sans risque d'exécution forcée en nature ; la promesse synallagmatique de vente vaut alors simple projet[298], peut-être accord de négociation (V. *supra*, n° 27) : la formation du contrat est lancée, chacun peut légitimement s'attendre à ce qu'elle ne s'arrête brutalement[299].

B. – La formation de la promesse synallagmatique de vente

73. – Comme la vente. Puisqu'elle est le support des deux actes de volonté dont la rencontre fait le consentement à la vente, la promesse synallagmatique est soumise aux conditions de formation de celle-ci : capacité et pouvoirs des parties ; désignation de la chose et du prix ; éventuelles exigences de forme posées à la validité même de la vente[300]. Elle échappe, en revanche, au formalisme fiscal de l'article 1589-2 du Code civil (V. *supra*, n° 59).

C. – L'exécution et l'extinction de la promesse synallagmatique de vente

74. – Efficacité du contrat : « promesse synallagmatique de vente vaut vente ». Le contrat de promesse synallagmatique constitue l'acte consensuel de la vente : il en produit donc les effets et s'identifie à ce contrat[301]. En revanche, le contrat de promesse s'émancipe de la vente lorsque celui-ci sera affecté d'un terme, d'une condition, d'une faculté de dédit, ou que la vente sera érigée en contrat solennel (sur le régime de toutes ces situations, V. *supra*, n°s 69 et s.).

---

(297) V. Cass. 3e civ., 5 janv. 1983 : *Bull. civ.* 1983, III, n° 7 ; *D.* 1983, p. 617, note P. Jourdain ; *JCP* G 1984, II, 30312 ; *RTD civ.* 1983, p. 550, obs. Ph. Rémy. – Cass. 3e civ., 14 janv. 1987 : *D.* 1988, p. 80, note J. Schmidt. – Cass. 3e civ., 20 mai 1997 : *JCP* E 1999, p. 608, obs. J.-M. Mousseron.

(298) En ce sens, Ph. Malaurie, L. Aynès et P.-Y. Gautier, n° 127. – Sur l'impossibilité d'exécution forcée en nature d'une promesse d'hypothèque faite sous seing privé, Cass. 3e civ., 7 avr. 1993 : *Bull. civ.* 1993, III, n° 55 ; *Defrénois* 1993, 1063, L. Aynès. – Cass. 3e civ., 17 juill. 1997 : *D.* 1999, p. 11, obs. Ph. Brun ; *Defrénois* 1998, art. 36753, p. 339, obs. D. Mazeaud.

(299) À suivre cette analyse, la faute, alors contractuelle, résiderait dans l'ignorance de cette attente légitime par celle des parties qui ne jouerait pas le jeu de la négociation. À défaut, la responsabilité de celui qui ne donnerait pas suite ne serait que délictuelle ; mais la faute devient difficile à caractériser (laisser croire en une chance de contrat, en fait illusoire, pour détourner son partenaire d'autres négociations) ; la réparation n'intervient que par équivalent : le préjudice ne saurait tenir dans la perte des avantages attendus du contrat non conclu (C. civ., art. 1112). – V. cependant Cass. 3e civ., 28 juin 2006 : *D.* 2006, p. 2963, note D. Mazeaud ; *ibid.* p. 2638, note S. Amrani-Meki et B. Fauvarque-Cosson qui retient que « la perte d'une chance ne peut trouver sa cause dans le comportement fautif dans la rupture de pourparlers ».

(300) Comme la promesse unilatérale, la promesse synallagmatique de vente de fonds de commerce doit comporter les mentions requises de l'article 12 de la loi du 29 juin 1935. – V. *infra*, n° 147. Par ailleurs, l'article L. 290-1 du Code de la construction et de l'habitation pose que la promesse de vente dont la durée est supérieure à dix-huit mois doit être constatée, à peine de nullité, par acte authentique. V. Cass. 3e civ., 18 févr. 2015, n° 14-14.416 : *D.* 2015, p. 489.

(301) Spécialement il fait l'objet des exigences de publicité foncière : un compromis non publié est inopposable aux tiers même s'ils en connaissaient l'existence, Cass. 3e civ., 10 févr. 2010 : *RDC* 2010, 895, S. Pimont ; *Defrénois* 2010, 1169, S. Piédelièvre.

Abstraction faite de ces derniers cas de figure, la promesse synallagmatique de vente « pure » est naturellement susceptible d'exécution forcée en nature(302) ; le refus de signer l'acte authentique, pour une vente immobilière, étant vaincu par la publication du jugement en tenant lieu(303).

75. – **Circulation du contrat : transmission et cession de promesse synallagmatique.** Le décès de l'une des parties au contrat de promesse n'affecte pas la pérennité de celle-ci à laquelle sont engagés ses héritiers.

L'introduction d'une clause de substitution, analogue à celles envisagées pour la promesse unilatérale de vente (V. *supra*, n° 61) n'affecte pas la qualification de la promesse synallagmatique(304) ; cette clause permet au bénéficiaire(305) – sous la réserve qu'il ne s'agisse pas d'un professionnel de l'immobilier (L. 29 janv. 1993, art. 52. – V. *supra*, n° 61) – de se substituer un tiers, et pour autant que la vente, sinon le transfert de propriété, n'ait pas encore opéré (faute de quoi le bénéficiaire est devenu propriétaire, la cession de la promesse serait une revente). À la différence de ce qu'elle décide pour la promesse unilatérale, la Cour de cassation a un temps soumis la cession du contrat de promesse synallagmatique aux formalités de l'article 1690 du Code civil, lorsqu'elles étaient applicables à la cession de créance(306), ce qui revenait à nier à cet égard l'autonomie de la cession de contrat ; de fait la cour régulatrice retient désormais que le fait pour les bénéficiaires d'un « compromis de vente » (promesse synallagmatique) de se substituer un tiers ne constitue pas une cession de créance et n'emporte pas obligation d'accomplir les formalités de l'article 1690 du Code civil (remplacées par les nouveaux articles 1323 et 1324 du Code civil)(307). En revanche, la présence d'une clause de substitution ne permet pas de requalifier la promesse synallagmatique en promesse unilatérale, en regard des exigences de l'article 1589-2 du Code civil(308).

Ni tout à fait la même, ni tout à fait une autre, de la promesse synallagmatique à la vente, le glissement s'opère insensiblement.

(302) Cass. com., 20 déc. 1994, préc. – Cass. 3e civ., 25 mars 2009 : *D.* 2009, act. jurispr. 1020. – Comp. *supra*, pour la promesse unilatérale de vente, n° 66.

(303) V. D. 4 janv. 1995, art. 37-2. – *Adde* Cass. ass. plén., 3 juin 1994, préc.

(304) V. Cass. 3e civ., 28 juin 2006 : *D.* 2006, p. 2439, M. Behar-Touchais ; *RTD civ.* 2006, 755, J. Mestre et B. Fages ; *RDC* 2006, p. 1096, I. Dauriac ; *Rev. Lamy dr. civ.* 2006, 2249, chron. H. Kenfack. – Cass. 3e civ., 4 juill. 2007 : *D.* 2007, p. 3045, A.-C. Chiariny-Daudet.

(305) Le promettant-vendeur qui voudrait céder la promesse à un tiers devrait alors vendre l'immeuble à celui-ci, en méconnaissance de la promesse.

(306) V. Cass. 3e civ., 7 juill. 1993 : *Bull. civ.* 1993, III, n° 111 ; *D.* 1994, p. 597, note J.-P. Clavier ; *D.* 1994, somm. p. 211, obs. A. Penneau.

(307) V. Cass. 3e civ., 12 avr. 2012, n° 11-14.279 : *JCP G* 2012, 760, note Y. Dagorne-Labbé ; *Defrénois* 2012, p. 611, obs. C. Grimaldi ; *Gaz. Pal.* 5 juill. 2012, p. 5, obs. D. Houtcieff ; *RDC* 2012, p. 1217, obs. J. Klein et p. 1241, obs. Ph. Brun. – Cass. 3e civ., 22 sept. 2009, n° 08-19.112. – *Adde supra*, n° 61.

(308) Cass. 3e civ., 28 juin 2006 : *D.* 2006, p. 2439, obs. M. Behar-Touchais ; *JCP G* 2007, II, 10015, note J.-F. Pillet ; *Defrénois* 2006, p. 1851, obs. E. Savaux.

SECTION 1

L'IDENTIFICATION DU CONTRAT DE VENTE

76. – Définition ; caractères. Selon l'article 1582, alinéa 1er, du Code civil :

> « La vente est une convention par laquelle l'un s'oblige à livrer une chose, et l'autre à la payer. (…) ».

La vente est donc un contrat synallagmatique, à titre onéreux, et, on va le voir, translatif d'un droit de propriété ; elle est, en outre, un contrat consensuel.

Pour définir la vente, l'article 1582 du Code civil s'attache à ce qu'il présente comme les obligations essentielles et réciproques des parties ; il désigne à l'interprète les deux éléments nécessaires à l'identification du contrat :

– le critère premier, prestation, ou mieux effet caractéristique de la vente, réside dans le transfert de propriété d'une chose (… *l'un s'oblige à livrer une chose*…) ;

– le critère complémentaire fait écho à cette prestation : la vente comporte paiement d'un prix (… *l'autre à la payer*…).

Seule la conjugaison de ces deux déterminants emporte qualification du contrat de vente(309).

SOUS-SECTION 1

L'EFFET CARACTÉRISTIQUE DE LA VENTE : LE TRANSFERT DE PROPRIÉTÉ D'UNE CHOSE

77. – Division. Le contrat de vente emporte transfert de propriété (§ 1) sur une chose (§ 2).

§ 1. – Le transfert de propriété

78. – Un effet translatif de droit réel. Le contrat de vente transfère un droit réel du patrimoine du vendeur dans le patrimoine de l'acheteur : c'est l'effet typique de ce contrat(310) ; il opère une première dissociation de la vente, d'autres contrats portant mise à disposition d'une chose mais dénués d'un tel effet ; il permet encore de faire le départ de la vente et de certaines figures de représentation.

(309) Une difficulté méthodologique : est-il pertinent de déduire la qualification du contrat de ses principaux effets alors que la première devrait précisément permettre d'induire les seconds ? Ici, la démarche s'attache à l'attitude de l'interprète confronté à une situation contractuelle particulière ; celui-ci recherchera dans la commune intention des parties (déduite de la teneur de l'accord et sa pratique) la présence des effets caractéristiques d'une catégorie contractuelle à laquelle il pourra rattacher le contrat sous étude afin de lui faire subir l'ensemble du régime de ladite catégorie. – Sur le processus de qualification, V. P. Partyka, *Approche épistémologique de la qualification*, thèse, Montpellier, ss. dir. M.-L. Mathieu-Izorche, 2004.

(310) Il ne s'agit pas ici d'étudier le mécanisme du transfert de propriété (V. *infra*, nos 157 et s.) mais de constater que celui-ci est caractéristique de la vente et distinctif d'autres contrats, sans pour autant être réservé à la vente.

79. – Vente et autres contrats portant sur une chose (bail, prêt). Au sein des contrats portant sur les choses appropriées(311), l'effet translatif de droit réel est caractéristique de la vente. Il distingue celle-ci du simple louage de choses ou contrat de bail qui emporte mise à disposition d'une chose à titre simplement provisoire : alors que l'acquéreur d'un bien devient titulaire d'un droit réel sur la chose, objet du contrat, le locataire d'un bien ne dispose que d'une créance de jouissance de la chose, objet du contrat, dont le bailleur-propriétaire est débiteur(312). La possible composition des deux formules en une succession chronologique bail + vente (« je vous loue avant de vous vendre ») constitue un remarquable instrument de crédit largement développé par les professionnels de ce secteur (location-vente, crédit-bail)(313).

Les contrats de prêt comportent une obligation de restitution qui normalement exclut l'idée d'un transfert de propriété. Une difficulté surgit à l'appel du prêt de consommation qui porte sur des choses consomptibles et par lequel « l'emprunteur devient propriétaire de la chose prêtée »(314) à charge pour celui-ci d'en « rendre autant de même espèce et qualité »(315). À l'étude de ce contrat, c'est plus de l'échange que de la vente que celui-ci se rapproche à raison de son absence de prix et de la « quasi-identité » de la chose prêtée et de celle restituée (V. *infra*, n° 408).

Il est en effet d'autres contrats emportant transfert de propriété d'une chose et qui ne sont pas des ventes : à cet égard, la prise en compte de la prestation réciproque (paiement du prix) se révélera indispensable à la qualification (V. *infra*, n°s 82 et s.).

L'intérêt de ces distinctions tient à l'application d'un régime prédéterminé par le Code civil. Le contenu de ces distinctions avec leurs éventuelles difficultés de mise en œuvre sera envisagé ultérieurement, à l'occasion de l'étude de chacun de ces contrats, une fois acquise l'étude de la vente(316).

80. – Vente et représentation. Si la représentation fait l'objet d'une réglementation *générale* au sein du droit commun des contrats (C. civ., art. 1153 et s.), c'est à l'égard du contrat de mandat que la distinction a été spécialement établie. La vente et le contrat de mandat – par lequel le mandataire conclut des actes juridiques au nom et pour le compte du mandant (V. *infra*, n°s 512 et s.) – n'entretiennent, *a priori*, aucune relation équivoque. Il arrive pourtant que l'on ne sache pas toujours très bien si la personne qui contracte intervient en son nom propre et pour son propre compte ou comme représentant : *Primus* vend à *Secundus* l'immeuble de *Tertius* qui y consent ; *Primus* agit-il en tant qu'intermédiaire (agent immobilier) ou achète-t-il l'immeuble de *Tertius* avant de le revendre à *Secundus* (marchand de biens) ? Si le prix qui revient à *Tertius* est arrêté à l'avance, *Primus* agit pour son propre compte lorsqu'il négocie avec *Secundus* ; il n'y a plus représentation, mais

(311) Les contrats sur des choses, valeurs, non appropriées relèvent normalement de la catégorie du contrat d'entreprise en ce qu'ils n'atteignent la chose qu'indirectement, par le biais des obligations qu'ils développent : par ex., sur le contrat de communication de savoir-faire non breveté, V. *infra*, n° 117.

(312) La situation n'exclut pas l'apparition de droit réel au profit du locataire dans certains baux immobiliers de longue durée pour les constructions qu'il réalise sur le terrain loué (V. *infra*, n°s 277 et 336).

(313) V. *infra*, n° 448.

(314) C. civ., art. 1893.

(315) C. civ., art. 1892.

(316) Pour la confrontation du contrat de vente avec le bail, V. *infra*, n°s 271 et s., le prêt, V. *infra*, n°s 388 et 392, le dépôt, V. *infra*, n° 555, le contrat de crédit-bail, V. *infra*, n° 451.

achat et revente[317]. Le secteur de la distribution commerciale offre de semblables ambiguïtés, le distributeur des produits d'un fournisseur pouvant intervenir en tant que mandataire (agent commercial) ou distributeur indépendant, qui achète et revend (concessionnaire, franchisé) (V. *supra*, n° 49). À côté du mandat, il existe cependant une autre forme de représentation.

Le contrat de commission est celui par lequel le commissionnaire conclut des actes juridiques pour le compte d'une autre personne (commettant) mais en son propre nom[318] ; il est souvent présenté comme une forme de représentation imparfaite[319] ; ici l'équivoque tient à la nature même du contrat dont on ne sait s'il est encore de représentation. Lorsque le commettant déclare agir pour le compte d'autrui, mais sous son propre nom, il est seul engagé à l'égard du contractant (C. civ., art. 1154)[320].

§ 2. – Le transfert de propriété d'une chose

81. – **Vente et entreprise.** La présence d'une chose appropriée, corporelle ou incorporelle[321] constitue le préalable nécessaire au transfert de propriété ; l'absence de chose appropriée empêche toute qualification du contrat en vente. De la sorte, c'est nourrir de fausses analogies que de parler de « vente de services »[322], de « vente de voyages ou de séjours »[323], « d'achat d'espace publicitaire »[324]. L'importance du contrat de vente, la sécurité qui s'attache à son régime expliquent sa puissance attractive, mais en l'absence de *res* susceptible de faire l'objet d'un transfert de propriété, ces conventions, quelles que soient leurs dénominations, ne sauraient participer de la vente.

En revanche de vraies difficultés de qualification se proposent lorsque le créancier de somme d'argent s'oblige au titre du contrat à réaliser une chose dont il transférera ensuite la propriété. La coïncidence d'une prestation humaine et d'une chose dans le périmètre de l'objet du contrat introduit une concurrence de qualification entre la vente et le contrat d'entreprise par lequel un entrepreneur s'engage à exécuter une prestation de travail, de manière indépendante, au profit de son

(317) La situation est compliquée par le fait que, dans l'exemple choisi, *Primus* est souvent bénéficiaire d'une promesse consentie par *Tertius* et dont il cède le bénéfice à *Secundus*. La loi « Sapin » a interdit les cessions de promesse consenties à titre onéreux par un professionnel de l'immobilier (L. 29 janv. 1993, art. 52). Mais la formule reste efficace pour la promesse consentie à un non-professionnel ; il s'agit alors d'une cession de contrat irréductible à une revente ou à un mécanisme de représentation. – V. *supra*, n°s 61 et 75.

(318) V. C. com., art. L. 132-1, ex-art. 94.

(319) V. M.-P. Dumont, *L'opération de commission*, Litec, coll. « Bibl. dr. privé », 2000, t. 45, préf. J.-M. Mousseron. – M.-L. Mathieu-Izorche, *À propos du mandat sans représentation* : D. 1999, chron. 169. – Th. Genicon, *Mandat et représentation, le mandat en question*, ss dir. B. Rémy, Bruxelles, Bruylant, 2013, p. 33 et s.

(320) V. *infra*, n° 515.

(321) Il ne s'agit pas dans ce développement de s'attacher à l'étude des qualités que la chose, objet du contrat de vente, doit présenter (V. *infra*, n°s 107 et s.), mais simplement d'observer comment sa présence assure la distinction de la vente d'autres contrats.

(322) R. Savatier, *La vente de services* : D. 1971, chron. 223. – V. égal. C. com., art. L. 442-10, I, 1°, qui parle *d'enchères inversées* à propos de *prestations de services*.

(323) V. L. n° 2009-888, 22 juill. 2009. – A. Batteur, *Réglementation applicable à la vente de voyages et de séjour depuis l'entrée en vigueur de la loi du 22 juill. 2009 et ses décrets d'application* : *Rev. dr. transp.* 2010, étude 6. – C. tourisme, art. L. 211-1, I, a et s.

(324) V. L. n° 93-122, 29 janv. 1993, spéc. art. 20, comm. R. Fabre et D. Mainguy : *CDE* 1993, n° 3. – M. Malaurie : *D.* 1993, chron. p. 215.

client (maître de l'ouvrage) et moyennant un prix (V. *infra*, n°s 462 et s.). Or, lorsque l'entrepreneur fournit la matière qu'il a travaillée ou lorsque le vendeur fournit une prestation sur la chose vendue, le contrat est-il encore une vente ou devient-il un contrat d'entreprise ? Après avoir recherché le principal et l'accessoire sur le terrain économique[(325)], la Cour de cassation s'en tient à un critère plus psychologique déduit du mode de fabrication, standard ou individualisé : la spécificité. Ainsi le contrat portant sur des choses dont les caractéristiques sont décidées à l'avance par le créancier de somme d'argent pour ses clients est une vente ; en revanche la spécificité du produit réalisé en réponse aux besoins particuliers du client révèle un contrat d'entreprise[(326)] (V. *infra*, n° 467). Mais le droit européen pourrait bien venir perturber cette répartition : en suite à la directive du 25 mai 1999 sur certains aspects de la vente et des garanties des biens de consommation (V. *supra*, n° 21), « sont assimilés aux contrats de vente les contrats de fourniture de biens meubles à fabriquer ou à produire » (C. consom., art. L. 217-1. – V. *infra*, n°s 230 et s.), ce qui illustre l'attirance exercée par la vente sur les contrats d'entreprise dont la prestation emporte production d'une chose. En ce sens, à la suite d'une doctrine convaincante, la Cour de cassation est venue reconnaître la présence d'un effet translatif de propriété pour le contrat d'entreprise concernant la fabrication d'un bien mobilier, lorsque la matière est fournie par l'entrepreneur[(327)].

SOUS-SECTION 2

LA PRESTATION COMPLÉMENTAIRE : LE PAIEMENT DU PRIX[(328)]

82. – **Nécessité.** Le prix est une contrepartie monétaire que l'acquéreur s'engage à payer en réciproque au transfert de propriété dont il bénéficie. La présence de cette contre-prestation permet de distinguer la vente d'autres contrats qui produisent également un effet translatif de propriété. Le paiement du prix est une contrepartie (§ 1) monétaire (§ 2).

(325) C'est encore le critère retenu par l'article 3 de la convention de Vienne. – V. *infra*, n° 467. Pour une remise en cause de la présentation traditionnelle des analyses en cours pour le droit romain et l'Ancien Droit, V. P. Puig, *La qualification du contrat d'entreprise*, thèse, Paris II, 2000, spéc. t. II.

(326) Depuis Cass. 3e civ., 5 févr. 1985 : *Bull. civ.* 1985, III, n° 23 ; *D.* 1986, p. 499, note J. Huet ; *RTD civ.* 1985, p. 737, obs. Ph. Rémy. – Cass. com., 4 juill. 1989 : *D.* 1990, p. 246, G. Virassamy ; *JCP* G 1990, II, 21515, Y. Dagorne-Labée ; *RTD civ.* 1990, p. 105, Ph. Rémy. – *Adde* Cass. com., 9 nov. 2004 et Cass. 3e civ., 11 mai 2005 : *RDC* 2005, p. 1111, obs. P. Puig. – Cass. com., 7 nov. 2006, n° 05-11.694 : *Contrats, conc. consom.* 2007, n° 62, L. Leveneur. – Cass. 3e civ., 20 avr. 2022, n° 21-14.182 : *RDC* sept. 2022, n° 3, p. 37, obs. L. Thibierge : les projecteurs litigieux avaient été adaptés aux besoins spécifiques du chantier, ils relevaient d'une tâche spécifique, ce qui emportait la qualification de contrat d'entreprise et non de vente. – Comp. CJUE, 25 févr. 2010, n° C-381/08 : *D.* 2012, 1152, C. Witz ; *RDC* 2012, p. 955, A. Tenembaum : les contrats dont l'objet est la livraison de marchandises à fabriquer ou à produire, alors même que l'acheteur a formulé certaines exigences concernant l'obtention, la transformation et la livraison des marchandises, sans que les matériaux aient été fournis par celui-ci, et que le fournisseur est responsable de la qualité et de la conformité au contrat de la marchandise, doivent être qualifiés de « vente de marchandises » au sens de l'article 5, point 1, b) du règlement n° 44/2001 sur la compétence judiciaire et l'exécution des décisions en matière civile et commerciale.

(327) Cass. 1re civ., 16 mars 2022, n° 20-13.552 : *RDC* juin 2022, p. 130, obs. Fr. Danos ; V. *infra*, n° 482. – Pour la reconnaissance d'un effet translatif de propriété dans le contrat d'entreprise, V. P. Puig, *Le contrat d'entreprise translatif de propriété*, in *Mél. J. Dupichot*, Bruylant, 2004, p. 393 et s. – *La qualification du contrat d'entreprise*, thèse dactyl., Paris II, 1999, n°s 408 et s.

(328) À nouveau il n'est pas question d'étudier ici les qualités du prix exigées pour la vente (V. *infra*, n°s 125 et s.) ; il sera simplement observé comment le paiement d'un prix est indispensable à cette qualification.

§ 1. – Le paiement du prix est une contrepartie

83. – Vente et donation. Le vendeur n'est pas un philanthrope. La vente est un contrat synallagmatique, à titre onéreux et normalement commutatif[329]. Une convention opérant transfert de propriété sans contrepartie n'est pas une vente mais une donation, pour autant que le donateur soit inspiré par l'*animus donandi*, l'intention libérale de gratifier[330]. Cette volonté libérale est décisive pour qualifier la donation[331] : ainsi la donation avec charges fait peser sur le donataire (bénéficiaire de la donation) certaines contraintes (par ex., habiter un temps l'immeuble donné, effectuer certaines réparations particulières) ; c'est une convention synallagmatique à titre gratuit qui reste pourtant une libéralité.

La nécessité d'une contrepartie suggère une autre discussion à raison de son aspect parfois minime, voire symbolique (un euro !) qui en affecte l'existence même : mais c'est alors des caractères du prix dont il s'agit (V. *infra*, n° 133).

§ 2. – Le paiement du prix est une contrepartie monétaire

84. – Droit commun, contrepartie autre que monétaire. L'ordonnance du 10 février 2016 a introduit dans le Code civil des textes spéciaux relatifs au prix qui, au-delà de la vente, mais spécialement pour la vente, invitent à observer dans celui-ci une contrepartie de nature monétaire[332]. Il est de nombreuses conventions qui opèrent transfert de propriété moyennant une contrepartie autre que monétaire. L'intérêt de distinguer celles-ci de la vente ne doit pas être exagéré tant la présence conjuguée du transfert de propriété et d'une contrepartie appelle irrésistiblement application des règles du contrat de vente, éventuellement adaptées (les règles de la rescision pour lésion seront souvent mises à l'écart).

85. – Vente et échange. L'échange est la convention par laquelle les parties se transfèrent réciproquement la propriété de deux choses[333]. La juxtaposition du même effet caractéristique de la vente, mais aussi les liens historiques qu'entretiennent les deux conventions (V. *supra*, n° 20) justifient l'assimilation de principe du régime de l'échange à celui de vente, sauf les règles relatives au prix (V. *infra*, n° 253). À la croisée des chemins des deux contrats se situe l'échange avec soulte où la différence de valeur des deux choses échangées justifie le versement complémentaire d'une somme d'argent (la soulte) par l'une des parties (V. *infra*, n°s 252 et s.).

(329) Sur le régime de la vente moyennant paiement d'une rente viagère, V. *infra*, n° 141.

(330) Les intérêts qui s'attachent à la distinction des deux conventions sont multiples : la capacité de disposer et de recevoir est différente ; la vente justifie un régime de garantie ignoré dans la donation ; les droits fiscaux perçus par l'Administration sont moins élevés pour la vente que pour la donation.

(331) V. Cass. 1re civ., 14 févr. 1989 : *D.* 1989, inf. rap. p. 76 (le seul déséquilibre des prestations ne permet pas de déduire l'intention libérale). – Cass. com., 11 févr. 1992 : *Bull. civ.* 1992, IV, n° 67 ; *JCP G* 1993, I, 3676, n° 4, obs. X. Testu (don manuel d'argent).

(332) V. C. civ., art. 1164 et 1165.

(333) V. C. civ., art. 1702.

86. – **Vente et apport en société.** L'apport en société est la convention par laquelle une personne transfère à une société la propriété d'un bien (apport en nature et en propriété) en contrepartie de parts sociales ou d'actions émises par la société ; l'apporteur acquiert ainsi la qualité d'associé. En l'absence de véritable prix, c'est-à-dire d'une contrepartie monétaire, l'opération est irréductible à une vente : on estime que la convention est nécessairement aléatoire dans la mesure où la valeur des parts sociales acquises dépend de l'état de santé de la société bénéficiaire(334) ; par ailleurs l'apport en société ne donne pas lieu en principe à l'exercice des droits de préemption et de préférence, sous la réserve des droits de préemption des SAFER(335). En revanche, en présence d'un transfert de propriété à titre onéreux, l'apporteur doit la garantie des vices cachés et d'éviction, comme dans la vente(336). Les mêmes principes sont transposables aux apports partiels d'actifs réalisés par une société au profit d'une autre société(337).

87. – **Vente et vraie dation en paiement.** Picasso qui paye sa note au restaurant en laissant l'empreinte de son talent sur la nappe de la table où il fait un dessin, *Primus* qui paiera la même addition en s'acquittant de la vaisselle en cuisine font le même usage, futile, de la technique de la dation en paiement. Il y a dation en paiement lorsque le créancier d'une obligation accepte de recevoir en paiement autre chose que l'objet de sa créance initialement prévu (C. civ., art. 1342-4). Le mécanisme s'analyse en un mode de paiement anormal (puisqu'il porte sur autre chose que l'objet initial de l'obligation), irréductible à une novation par changement d'objet(338). L'analogie entre cette technique et la vente est forte dès lors que le créancier d'une somme d'argent accepte que son débiteur, pour le payer, lui transfère un droit de propriété sur une chose. De fait, comme pour la vente, la capacité requise à cette opération est celle de disposer, l'effet translatif de propriété est immédiat(339), l'action en rescision pour lésion est également admise(340), les garanties d'éviction et de vice caché sont dues par le *solvens* (celui qui paie par la remise d'un bien). En revanche, certains effets de la dation en paiement

(334) V. M. Cozian, A. Viandier et Fl. Deboissy, *Droit des sociétés*, LexisNexis, 31e éd., 2018, nos 120 et s. – *Adde* N. Peterka, *Réflexions sur la nature juridique de l'apport en jouissance* : *Defrénois* 2000, art. 37239.

(335) Les sociétés d'aménagement foncier et rural disposent d'un droit de préemption relatif à toute aliénation de biens ruraux, afin d'assurer la restructuration des exploitations agricoles (V. *infra*, n° 104). L'article 3 du décret du 20 octobre 1962 autorise les SAFER à exercer ce droit à l'occasion d'apport en société, sauf lorsque le bénéficiaire est un groupement foncier agricole.

(336) V. C. civ., art. 1843-3, al. 2. – M. Cozian, A. Viandier et Fl. Deboissy, *op. cit.*, n° 119. – J. Ghestin et B. Desché, préc., n° 61.

(337) C'est un apport en nature ayant pour objet une branche autonome d'activités transférée par la société apporteuse et rémunéré par l'attribution d'actions de la société bénéficiaire. – V. M. Cozian, A. Viandier et Fl. Deboissy, *op. cit.*, nos 1301 et s.

(338) La novation suppose l'extinction d'une obligation préexistante et la création corrélative d'une obligation nouvelle ; ici la qualification pèche en ce que l'obligation nouvelle substituée est aussitôt exécutée (il y a paiement). Mais jugé que la substitution d'un appartement à un autre à l'occasion d'une vente d'immeuble à construire dont le prix a déjà été payé est une dation en paiement, point une novation. – V. Cass. ass. plén., 22 avr. 1974 : *D.* 1974, p. 613, note F. Derrida ; *JCP* G 1974, II, 17876, note A. Bénabent. – Sur la nature juridique de la dation en paiement, V. Marty, Raynaud et Jestaz, *Les obligations*, t. 2 : *Régime*, Sirey, 2e éd., 1989, nos 445 et s. – F. Bicheron, *La dation en paiement*, thèse, Paris 2, éd. Panthéon-Assas, 2006, préf. M. Grimaldi.

(339) V. Cass. 1re civ., 27 janv. 1993 : *Bull. civ.* 1993, I, n° 39 ; *JCP* N 1993, II, 256, note L. Leveneur ; *ibid.* 1994, II, 22195, note I. Pétel-Teyssié ; *Defrénois* 1993, 730, note J.-L. Aubert ; *RTD civ.* 1994, 132, obs. F. Zénati ; mais pour la dation en paiement d'une chose future, le transfert est nécessairement différé, Cass. 3e civ., 12 juill. 1976 : *JCP* G 1977, II, 18688, note M. Dagot. – *Adde* pour le jeu d'un droit de préemption à l'occasion d'une dation en paiement, Cass. 3e civ., 4 avr. 1968 : *JCP* G 1968, II, 15586, note P. Ourliac et M. de Juglart.

(340) V. Cass. 3e civ., 4 juill. 1968 : *Bull. civ.* 1968, III, n° 324.

marquent son autonomie à l'égard de la vente : la dation en paiement suppose la préexistence d'une dette que l'on cherche précisément à éteindre par ce moyen ; l'inexistence de celle-ci obligerait l'*accipiens* (celui qui a reçu le bien en paiement) à restitution, là où la qualification de vente obligerait, dans la même hypothèse, l'acquéreur au paiement du prix[(341)]. Par ailleurs, en cas d'ouverture d'une procédure de redressement judiciaire du *solvens*, la dation en paiement faite pendant la période suspecte est nulle en tant que mode anormal de paiement[(342)], alors que la vente, contrat commutatif, ne sera frappée de cette sanction que lorsque « les obligations du débiteur excèdent notablement celles de l'autre partie » (C. com., art. L. 632-1, I, 2°). Enfin la dation en paiement ne devrait pas conférer le privilège du vendeur (d'immeuble)[(343)].

88. – **Vraies ventes et fausses dations en paiement.** La dation en paiement suppose que le transfert de propriété d'un bien qui intervient en paiement n'ait pas été prévu dès l'origine de la convention, faute de quoi il n'y a plus substitution d'un mode de paiement à un autre. La pratique judiciaire a parfois nourri la confusion. Ainsi le garagiste qui vend un véhicule neuf consent fréquemment à reprendre un véhicule usagé de l'acquéreur en diminution du prix payé par celui-ci. La Cour de cassation y a observé un « contrat de vente d'un véhicule neuf et de dation en paiement partiel d'un véhicule usagé »[(344)] alors qu'il s'agissait de deux ventes croisées indivisibles, liées par les parties[(345)]. La pratique notariale a également souvent associé la qualification de dation en paiement à la vente de terrain contre local à construire par l'acquéreur (promoteur)[(346)]. L'opération et sa qualification restent complexes. On y verra plutôt, à nouveau, deux ventes croisées, l'une ayant pour objet le terrain, l'autre un immeuble à construire, avec compensation des prix ; mais dès lors que la convention ne stipulera aucun prix, il s'agira d'un échange dans lequel le promoteur reçoit le terrain contre une chose future (le local à construire)[(347)] ; le contrat peut encore prévoir la vente de certains millièmes indivis de terrain, le propriétaire-vendeur conservant le solde et devenant propriétaire d'une partie du local construit par voie d'accession (C. civ., art. 552) : c'est encore une vente (de millièmes, pourvu que leur prix ait été stipulé), le jeu de l'accession assurant la contrepartie, à moins que, à défaut de prix stipulé, ce ne soit un contrat innomé[(348)].

89. – **Fausses ventes et vraies difficultés.** Une convention prévoyait la « vente » d'une partie d'un terrain, l'acquéreur s'engageait, en paiement, à construire sur la partie du terrain demeurée la propriété du vendeur des bâtiments

(341) V. J.-M. Ohnet, *Quelques points d'interrogation relatifs à certains effets de la dation en paiement*, in *Mél. Ph. Simler*, Litec-Dalloz, 2006, p. 613.

(342) C. com., art. L. 632-1, I, 4°. – Cass. com., 11 juill. 2000 : *D.* 2001, p. 465, obs. S. Piédelièvre.

(343) Sauf paiement en argent d'une « portion » du prix, V. M. Cabrillac, Ch. Mouly, S. Cabrillac et Ph. Pétel, *Droit des sûretés*, LexisNexis, 10e éd., 2015, n° 872.

(344) V. Cass. com., 20 juin 1972 : *D.* 1973, p. 325, note J. Hémard.

(345) La reprise du véhicule usagé était le mode de paiement – partiel – prévu dès l'origine. En ce sens, P. Malaurie, L. Aynès et P.-Y. Gautier, n° 66. – J. Ghestin et B. Desché, *op. cit.*, n° 55.

(346) V. Cass. 3e civ., 22 sept. 2010 : *RDC* 2011, p. 472, obs. crit. R. Libchaber. – V. C. Grimaldi et M. Luche, *Cession de terrain contre remise de locaux à construire : Defrénois* 2017, p. 175.

(347) En ce sens, J. Ghestin et B. Desché, *op. et loc. cit.* – F. Collart Dutilleul, Ph. Delebecque et Ch.-E. Bucher, *op. cit.*, n° 131.

(348) En ce sens, J. Ghestin et B. Desché, *op. et loc. cit.* – F. Collart Dutilleul, Ph. Delebecque et Ch.-E. Bucher, *op. et loc. cit.*

de surface déterminée. À « l'acquéreur » qui demandait la réalisation de la vente, la cour d'appel objecta la nullité de celle-ci pour défaut de prix déterminable. La Cour de cassation, le 9 décembre 1986, a rejeté le pourvoi en estimant que « la vente d'une chose pouvant être réalisée moyennant une contrepartie autre qu'un versement de somme d'argent, la cour d'appel n'a pas violé l'article 1582 du Code civil en retenant, conformément aux termes de leur convention, que les parties avaient entendu conclure une vente »(349). La décision paraît appeler le reproche tant en terme de motivation (la nullité de la convention pouvait à cette époque être atteinte sur le fondement de l'article 1129 ancien du Code civil, sans application du régime de la vente ; V. *supra*, n° 40) qu'au regard de l'analyse qu'elle propose du contrat de vente : en l'absence d'un prix stipulé en argent, la qualification de vente aurait dû être repoussée au profit d'une qualification *sui generis*.

SECTION 2

LA FORMATION DU CONTRAT DE VENTE

90. – **Plan.** Classiquement, nous étudierons les règles de fond (Sous-section 1) et de forme (Sous-section 2) qui peuvent être posées à la formation du contrat de vente.

SOUS-SECTION 1

CONDITIONS DE FOND

91. – **Droit commun.** Le contrat de vente est un contrat consensuel dont la validité obéit normalement aux conditions de droit commun et tenant aux quatre exigences classiques de capacité et de consentement des parties, d'un objet et d'une cause licites à la convention(350). La référence au droit commun des obligations dans la formation du contrat est d'autant plus pertinente que les rédacteurs du Code civil ont élaboré celle-ci avec le contrat de vente en point de mire. Ainsi la notion de cause ne présente, appliquée à la vente, aucune spécificité ; et c'est d'ailleurs en utilisant comme exemple les obligations nées de ce contrat que les manuels de droit des obligations présentent la plupart du temps cette théorie(351). Les autres exigences présenteront, parfois, plus de spécificité.

92. – **Incapacités spéciales.** La vente constitue un acte de disposition, sinon même l'archétype de ce genre. Les règles de capacité et de pouvoir des parties à la vente s'identifient donc largement aux exigences du droit commun. L'article 1594 du Code civil, selon lequel « tous ceux auxquels la loi ne l'interdit pas peuvent vendre et acheter », reproduit la règle générale de l'article 1145 du même code.

(349) V. Cass. 3e civ., 9 déc. 1986 : *Bull. civ.* 1986, III, n° 177 ; *JCP G* 1987, IV, 63 ; *Defrénois* 1987, art. 34056, n° 84, p. 1187, note G. Vermelle.
(350) V. C. civ., art. 1108.
(351) V. F. Terré, Ph. Simler et Y. Lequette, *Les obligations, op. cit.*, n° 340.

Depuis l'abrogation de l'article 1595 du code, qui prohibait, sauf certains cas, la vente entre époux[352], ne subsistent que de rares incapacités spéciales à l'achat, destinées à éviter qu'une personne n'abuse des pouvoirs ou de l'influence qu'elle peut avoir sur le vendeur. Ainsi la loi interdit à ceux qui ont en charge la vente des biens d'autrui (tuteur, mandataire à la vente, administrateurs de biens publics) de se porter acquéreurs[353] ; une prohibition analogue frappe le personnel hospitalier d'établissement hébergeant vieillards ou malades mentaux, pour les biens de ceux-ci[354] ; enfin les juges et auxiliaires de justice ne peuvent se porter « cessionnaires » des droits litigieux relevant de leur compétence[355]. D'autres dispositions spéciales, étrangères au Code civil, traduisent encore une certaine méfiance à l'égard de certaines acquisitions qui pourraient être réalisées par des personnes morales[356].

La sanction commune de ces interdictions est la nullité relative qui viendrait frapper l'acquisition irrégulière[357]. Mais la confirmation de l'acte devra être faite en connaissance de cause[358].

93. – **Éléments indispensables à la vente : consentement, chose et prix.** Comme en écho à l'article 1128 et à l'exigence d'un contenu licite et certain au contrat, l'article 1583 du Code civil pose que la vente « est parfaite entre les parties, et la propriété est acquise de droit à l'acheteur à l'égard du vendeur dès qu'on est convenu de la chose et du prix, quoique la chose n'ait pas encore été livrée, ni le prix payé ».

La perfection du contrat de vente suppose donc que le consentement des parties se soit formé (*... dès qu'on est convenu...*) (§ 1) sur la *chose* (§ 2), mais aussi sur le *prix* (§ 3).

(352) L. n° 85-1372, 23 déc. 1985. – V. M. Dagot, *La vente entre époux* : *JCP* G 1987, I, 3272. – G. Morin, *Les ventes entre époux* : *Defrénois* 1991, 1089.

(353) V. C. civ., art. 1596 : en dépit des termes restrictifs de l'article 1596 du Code civil (*ventes par adjudication*), la jurisprudence étend la prohibition à toutes les formes de vente, Paris, 12 nov. 1964 : *D.* 1965, p. 415, et se montre rigoureuse à l'endroit des mandataires. – V. Cass. 1re civ., 27 janv. 1987 : *Bull. civ.* 1987, I, n° 32 ; *D.* 1987, inf. rap. p. 32 (l'interdiction s'applique même si la vente se fait au prix fixé par le mandant). – Cass. 1re civ., 12 déc. 2000 : *JCP* G 2001, IV, n° 1252. – Paris, 30 sept. 2005 : *JCP* E 2005, 1617, note A. Viandier.

(354) V. C. santé publ., art. L. 3211-5-1.

(355) V. C. civ., art. 1597 et 1700 : « La chose est censée litigieuse dès qu'il y a procès et contestation sur le fond du droit ». Sur le retrait litigieux, faculté pour le débiteur à la cession de créance litigieuse de racheter son titre au cessionnaire de la créance, V. C. civ., art. 1699. – Cass. 1re civ., 12 juill. 2005 : *RTD civ.* 2005, p. 793, obs. P.-Y. Gautier. – Cass. 3e civ., 19 nov. 2014, n° 13-24.372 : *RDC* 2015, p. 260, R. Libchaber.

(356) Une association se voit limitée dans ses acquisitions immobilières aux seuls immeubles destinés à son administration et l'accomplissement de son but (L. 1er juill. 1901, art. 6) ; l'article 217 de la loi du 24 juillet 1966 sur les sociétés commerciales (C. com., art. L. 225-206) interdit l'achat par une société de ses propres actions.

(357) V. Cass. 1re civ., 29 nov. 1988 : *Bull. civ.* 1988, I, n° 341 ; *JCP* G 1989, IV, 42 ; *D.* 1989, somm. p. 231, obs. J.-L. Aubert ; cependant, à propos de l'article 1597 du Code civil, la nullité encourue paraît devoir être absolue, V. Cass. 3e civ., 15 mai 1991 : *D.* 1992, somm. p. 195, obs. G. Paisant ; *RTD civ.* 1992, p. 406, obs. P.-Y. Gautier.

(358) Cass. 3e civ., 29 sept. 2016, n° 15-15.129 : *RTD civ.* 2016, p. 846, obs. H. Barbier ; *D.* 2017, p. 375, note M. Mekki : un preneur à bail disposait d'un droit de préférence en cas de vente de l'immeuble. Les propriétaires chargent un agent immobilier de trouver un acquéreur. L'agent, au mépris de l'article 1596 du Code civil, se substitue à l'acquéreur qu'il avait trouvé. Les vendeurs signent l'acte authentique et poursuivent ensuite la nullité de la vente. L'agent fait valoir que la nullité est relative, d'où il découle qu'elle peut être confirmée : or, le fait d'avoir signé l'acte authentique valait selon lui renonciation des vendeurs à invoquer la nullité. La cour rejette le pourvoi : « Mais attendu qu'ayant relevé que les consorts X... n'avaient pas conscience de la nullité édictée par l'article 1596 du Code civil, la cour d'appel, qui n'était pas tenue de procéder à une recherche que ses constatations rendaient inopérante, en a exactement déduit, sans inverser la charge de la preuve, qu'ils n'avaient pas renoncé à invoquer la nullité de la vente ni n'avaient confirmé l'acte argué de nullité et a légalement justifié sa décision de ce chef ». La solution illustre l'idée classique que pour renoncer, il faut le faire en connaissance de cause : en l'espèce, les vendeurs savaient qu'ils vendaient à leur agent, mais ignoraient (n'avaient pas conscience) que cela fut interdit.

§ 1. – Le consentement à la vente

94. – Présentation. Classiquement la formation du consentement est présentée comme le résultat de la coïncidence d'une offre et d'une acceptation. Strictement entendue, la notion de consentement tient alors de la composition de deux manifestations de volonté dont chacune doit être libre et éclairée ; l'usage s'est établi de désigner par ce terme la volonté de chacune des parties contractantes (l'échange des consentements).

Dans cette perspective le consentement est nécessairement instantané : on est d'accord ou on ne l'est pas ; en droit, comme en politique, le « oui... mais » veut toujours dire « non ». En revanche la maturation du consentement peut supposer du temps, spécialement pour des acquisitions importantes, immobilières notamment. Dès lors, cette rencontre des volontés sera parfois aménagée dans le cadre d'avant-contrats (promesse, pacte de préférence...), dont on sait qu'ils constituent, par eux-mêmes, de véritables contrats au régime souvent spécifique (V. *supra*, n°s 24 et s.).

Cette rencontre des volontés sera encore encadrée par certaines règles spéciales, soit que l'on juge bon de protéger le consentement de l'une des parties réputée faible (A), soit que l'on estime nécessaire d'encadrer et dans une certaine mesure de contraindre le consentement de l'une des parties à raison d'intérêts jugés supérieurs aux intérêts privés des contractants (B).

A. – Le consentement protégé

95. – Consommateur – professionnel : quel équilibre ? La compétence du professionnel et sa capacité financière, plus que son machiavélisme, placent traditionnellement celui-ci dans une situation de supériorité naturelle à l'endroit d'un consommateur, candidat à l'achat[359]. Cette situation n'est pas nouvelle[360] ; mais la prise de conscience qu'il devenait nécessaire de poser des règles protectrices du consommateur reste contemporaine, en liaison avec l'accroissement de

(359) La définition du consommateur est imprécise et circonstancielle : personne qui se procure ou utilise des biens ou services pour un usage non professionnel. – V. J. Calais-Auloy, *Propositions pour un Code de la consommation*, Doc. fr., 1990, art. 3. La jurisprudence se révèle accueillante en retenant à ce titre toute personne pour laquelle le contrat en cause est « sans rapport direct avec l'activité professionnelle », Cass. 1re civ., 24 janv. 1995 : *Bull. civ.* 1995, I, n° 54 ; *RTD civ.* 1995, p. 362, J. Mestre ; *D.* 1995, p. 327, G. Paisant. – *Adde* J.-P. Chazal, *Le consommateur existe-t-il ?* : *D.* 1997, chron. p. 260. – A. Cathelineau, *La notion de consommateur en droit interne* : *Contrats, conc. consom.* 1999, chron. 13. Les textes européens fournissent leur propre définition sensiblement plus restrictive, récusant cette qualité au professionnel non spécialiste. – M. Luby, *la notion de consommateur en droit communautaire* : *Contrats, conc. consom.* 2000, chron. 1. Une personne morale peut-elle se voir reconnaître la qualité de consommateur ? Non selon la CJCE (22 nov. 2001 : *Rec. CJCE* 2001, I, p. 9049), oui selon la jurisprudence française (Cass. 1re civ., 15 mars 2005 : *Bull. civ.* 2005, I, n° 135. – Cass. 1re civ., 27 sept. 2005 : *Bull. civ.* 2005, I, n° 347). La discussion a pour origine le texte de l'article L. 132-1 du Code de la consommation qui admet le *non-professionnel* au bénéfice de la protection contre les clauses abusives. V. Y. Picod et H. Davo, *Droit de la consommation*, Armand Colin, 2005, n°s 31 et s. – La loi Hamon du 17 mars 2014 a tenté de dépasser ces difficultés en posant, dans un article préliminaire, la définition du consommateur : « Au sens du présent code, est considérée comme un consommateur toute personne physique qui agit à des fins qui n'entrent pas dans le cadre de son activité commerciale, industrielle, artisanale ou libérale ». Il est à craindre que cette définition ne mette pas fin aux incertitudes : d'une part, la notion de « non-professionnel » reste inscrite dans certains textes ; d'autre part, les agriculteurs, oubliés de l'énumération, seront toujours des consommateurs même s'ils contractent pour leur activité professionnelle. – V. C. Aubert de Vincelles, *La mise en conformité du Code de la consommation au droit européen par la loi Hamon* : *RDC* 2014, p. 456.

(360) V. L. Bihl, *Une histoire du mouvement consommateur, mille ans de lutte*, Aubier, 1984. – *Adde* J. Calais-Auloy et F. Steinmetz, *Droit de la consommation*, Dalloz, 6e éd., 2003, spéc. Introduction générale.

la taille des entreprises, le développement du crédit, du « marketing »[361] et finalement, les modifications sociologiques des conditions de la vente[362]. Le vendeur n'est plus passif : il démarche, argumente, courtise ; au final il développe une stratégie d'engourdissement de la vigilance du plus soupçonneux des clients considéré comme une « cible ». Ces considérations justifient depuis une trentaine d'années l'apparition de textes à l'origine dispersés, fréquemment de source communautaire et initialement regroupés dans le Code de la consommation[363] dont l'influence ne s'arrête pas au seul contrat de vente[364] ni même aux seuls rapports professionnel-consommateur[365]. La légitimité de cette préoccupation ne doit pas occulter les risques de la démarche : la prolifération de ces textes complique exagérément le droit des contrats ; le formalisme qu'ils instituent produit un droit tatillon, donc pauvre ; ils risquent de développer chez leurs bénéficiaires une mentalité d'assistés, et au final de récompenser l'insouciance de consommateurs « cigales ». Bref, une bonne politique législative en la matière suppose une juste mesure. La directive 2011/83 du 25 octobre 2011 relative aux droits des consommateurs a été transposée par la loi Hamon du 17 mars 2014[366]. Si elle harmonise certaines obligations et uniformise certains points (l'obligation d'information notamment), elle constitue un véritable *patchwork* législatif qui, dans un joyeux mélange, évoque la notion de « fait maison », la publicité des avocats, l'obsolescence programmée[367]... L'influence du droit de la consommation, avec la logique de protection qui prévaut, a soufflé sur la réforme du droit commun des contrats de 2016[368]. Dépassant cet émiettement législatif, la protection du consentement du consommateur au contrat de vente passe par trois séries de mesures, souvent alternatives visant : à lui garantir une bonne *information*, à lui préserver un temps de *réflexion*, à lui reconnaître une faculté de *rétractation*. Au-delà, la protection de l'intégrité

(361) V. G. Raymond, *Droit du marketing. Les lois de la mercatique*, Litec, 1992.

(362) V. J. Carbonnier, *Sociologie de la vente*, in *Flexible droit*, préc., p. 317 et s.

(363) L. n° 93-949, 26 juill. 1993. – V. D. Bureau : *D.* 1994, chron. p. 291. – *Adde* N. Sauphanor-Brouillaud, *Les contrats de consommation, règles communes, in* J. Ghestin (ss dir.), *Traité de droit civil*, LGDJ, 2012.

(364) Les dispositions de ce code valent aussi bien pour la commercialisation de produits que de services : sur l'influence du code sur le contrat d'entreprise, V. *infra*, n° 476 ; mais aussi sur les contrats de prêt et de crédit, V. *infra*, n°s 437 et s.

(365) V. D. Mazeaud et Ch. Jamin (ss dir.), *Les clauses abusives entre professionnels*, Economica, coll. « Études juridiques », t. 3, 1998 ; sur la loi SRU, *adde infra*, n°s 97 et 99.

(366) La directive 2011/83/UE du Parlement européen et du Conseil du 25 octobre 2011, relative aux droits des consommateurs, modifie la directive 93/13/CEE du 5 avril 1993 concernant les clauses abusives dans les contrats conclus avec les consommateurs, la directive 1999/44/CE du 25 mai 1999 sur certains aspects de la vente et des garanties des biens de consommation et abroge la directive 85/577/CEE concernant la protection des consommateurs dans le cas de contrats négociés en dehors des établissements commerciaux et la directive 97/7/CE concernant la protection des consommateurs en matière de contrats à distance : *JOUE* n° L 304/65, 22 nov. 2011. La directive 2014/17/UE du 4 février 2014 sur les contrats de crédit aux consommateurs relatifs aux biens immobiliers à usage résidentiel institue un cadre juridique harmonisé à l'échelle européenne pour la distribution du crédit immobilier et du crédit hypothécaire. La loi n° 2017-203 du 21 février 2017 ratifie et toilette diverses ordonnances qui transposaient ces dispositions. – Par ailleurs, la Commission a adopté le 11 octobre 2011 une proposition de règlement relatif à un « droit commun européen de la vente », souche d'un droit commun européen des contrats, mais aujourd'hui restée lettre morte, V. *infra*, n° 250.

(367) G. Raymond, *Loi du 17 mars 2014 relative à la consommation* : *JCP* E 2014, act. 213. – N. Ferrier, A.-C. Martin, M. Bacache, K. Haeri et B. Javaux, *La loi du 17 mars 2014 relative à la consommation* : *JCP* G 2014, 375 à 377. – S. Piédelièvre, *La loi du 17 mars 2014 relative à la consommation* : *JCP* E 2014, 1176. – V. S. Bernheim-Desvaux et G. Raymond, *Regards croisés sur la réforme de la partie législative du Code de la consommation* : *Contrats, conc. consom.* 2016, étude 7. – S. Bernheim-Desvaux, *Quand ratification rime avec modifications !* : *Contrats conc. consom.* mars 2017, n° 3, comm. 63.

(368) V. Th. Revet, *Le projet de réforme et les contrats structurellement déséquilibrés* : *D.* 2015, p. 1217 et s.

du consentement du consommateur commande l'*interdiction* de certains procédés de vente. Ce souci de protection du consommateur trouve son pendant dans la résurgence d'un formalisme qui en fournit l'instrument (V. *infra*, n° 148).

96. – Un droit à l'information, droit commun, droit de la vente. La jurisprudence, d'abord, est venue reconnaître à la charge du vendeur une obligation précontractuelle d'information ; mais celle-ci se prolonge en cours d'exécution du contrat de sorte qu'il est difficile de découper au sein d'une même obligation, la faute dans le conseil n'ayant de sens qu'au regard de l'exécution du contrat(369) (V. *infra*, n°s 188 et s.). L'ordonnance du 10 février 2016 a consacré un tel devoir en droit commun en termes soigneusement pesés, en sorte qu'il faut en mesurer la charge pour le vendeur, en droit spécial de la vente.

Le Code civil prévoit que :

> « Celle des parties qui connaît une information dont l'importance est déterminante pour le consentement de l'autre doit l'en informer dès lors que, légitimement, cette dernière ignore cette information ou fait confiance à son cocontractant.
>
> Néanmoins, ce devoir d'information ne porte pas sur l'estimation de la valeur de la prestation.
>
> Ont une importance déterminante les informations qui ont un lien direct et nécessaire avec le contenu du contrat ou la qualité des parties.
>
> Il incombe à celui qui prétend qu'une information lui était due de prouver que l'autre partie la lui devait, à charge pour cette autre partie de prouver qu'elle l'a fournie.
>
> Les parties ne peuvent ni limiter, ni exclure ce devoir.
>
> Outre la responsabilité de celui qui en était tenu, le manquement à ce devoir d'information peut entraîner l'annulation du contrat dans les conditions prévues aux articles 1130 et suivants » (C. civ., art. 1112-1)(370).

L'obligation précontractuelle d'information coule de deux sources : d'une part une exigence proclamée de bonne foi et de loyauté contractuelle pendant l'exécution mais aussi à la formation du contrat (C. civ., art. 1112), d'autre part la « lente élaboration d'un droit commun des contrats déséquilibré »(371). Le droit de la vente participe de cette cohérence(372). Le vendeur doit informer l'acquéreur sur les informations auxquelles il a accès... en tant que vendeur : le droit commun ne requiert pas du débiteur de l'obligation d'information qu'il ait à engager des diligences supplémentaires, autres que celles liées à sa qualité de vendeur, pour se procurer les informations litigieuses, en ce sens le texte ne retient pas « l'obligation

(369) Sur la réticence dolosive du vendeur qui omet d'annoncer la présence d'amiante et manque de ce fait à son devoir de loyauté, Cass. 3e civ., 16 mars 2011 : *D.* 2012, 464, chron. S. et M. Mekki. – La jurisprudence sanctionne au titre de la responsabilité contractuelle l'insuffisance de renseignements fournis pendant la période précontractuelle ; sur cette question, V. *infra*, n° 189.

(370) M. Fabre-Magnan, *Le devoir d'information dans les contrats : essai de tableau général après la réforme* : *JCP* G 2016, 706, p. 1218.

(371) F. Zénati et Th. Revet, *Cours de droit civil – Contrats, Théorie générale*, PUF, 2014, n° 61 qui observent dans la réglementation du contrat déséquilibré en face de l'approche traditionnelle du contrat équilibré la *summa divisio* contemporaine du droit des contrats.

(372) C. Grimaldi et J.-F. Sagaut, *L'obligation d'information du vendeur* : *RDC* 2012, n° 3, p. 1091.

de s'informer pour informer »[373]. En tout état de cause, l'obligation s'attache à l'information déterminante au consentement du créancier (acquéreur), l'exigence prévue en droit commun vaut pour le contrat de vente. Ont une importance déterminante les informations qui ont un lien direct et nécessaire avec le contenu du contrat (objet acheté) ou la qualité des parties (compétence particulière qu'appellera l'utilisation de la chose vendue). Mais cette obligation d'information n'atteint pas la valeur du bien, que le professionnel agisse en tant que vendeur ou acquéreur[374] ; cette jurisprudence se justifie à raison du caractère subjectif de l'équivalence contractuelle (V. *infra*, n° 137) ; elle est également passée dans le Code civil[375]. Le manquement à l'obligation d'information affecte le consentement éclairé du partenaire : la sanction tiendra dans la nullité du contrat.

En revanche, ce sont des obligations spéciales d'information précontractuelle propres au vendeur que viennent poser en ordre dispersé des textes du Code de la consommation. De manière générale, le vendeur professionnel doit informer son client sur les caractéristiques du bien vendu, les prix, conditions de vente et limitations éventuelles de sa responsabilité, les délais de livraison[376], les délais prévisibles de disponibilité des pièces de rechange[377]. Selon les techniques de vente, le degré de l'obligation varie. S'agissant de *ventes à distance ou hors établissement* de biens destinés à un usage non professionnel, la vente doit faire l'objet d'un contrat écrit comportant nombre de mentions obligatoires touchant tant à la qualité du vendeur, qu'au produit vendu, à la faculté de rétractation du consommateur, aux conditions de renvoi du produit[378] ; la sanction tient à la nullité relative du contrat[379]. Ces obligations s'étoffent encore à l'occasion d'une *vente à crédit* avec la loi du 1er juillet 2010 relative au crédit à la consommation : la publicité de l'offre de crédit est strictement encadrée[380] ; la loi prévoit la remise d'une fiche individuelle au candidat à l'emprunt[381], le devoir de vérifier la solvabilité de l'emprunteur et de lui fournir toute explication lui permettant de déterminer si le contrat

(373) J. Ghestin, Y.-M. Sérinet et G. Loiseau, *Droit civil, La formation du contrat*, t. 1, LGDJ, 4e éd., 2013, n° 1713. – Ce qui eût sans doute été le cas si le texte visait celui qui « devait connaître » l'information litigieuse, comme le prévoyait le premier projet de l'ordonnance du 10 février 2016 : V. O. Deshayes, Th. Genicon et Y.-M. Laithier, *op. cit.*, p. 80.

(374) L'acquéreur, même professionnel, n'est pas tenu d'une obligation d'information au profit du vendeur sur la valeur du bien acquis, Cass. 3e civ., 17 janv. 2007 : *D.* 2007, 1051, D. Mazeaud ; 1054, Ph. Stoffel-Munck ; *JCP G* 2007, II, 10042, Ch. Jamin ; *RTD civ.* 2007, 355, J. Mestre et B. Fages ; *RDC* 2007, p. 703 et s., obs. Y.-M. Laithier ; *Contrats, conc. consom.* 2007, n° 117, L. Leveneur (l'acheteur est un marchand de biens professionnels, le vendeur un agriculteur devenu manœuvre dont l'épouse est handicapée !). – Déjà en ce sens l'affaire *Baldus* : Cass. 1re civ., 3 mai 2000, n° 98-11.381 : *D.* 2002, somm. p. 928, O. Tournafond ; *RTD civ.* 2000, 566, obs. J. Mestre et B. Fages ; *JCP G* 2000, I, 272, nos 1 et s., obs. G. Loiseau ; *ibid.* 2001, II, 10510, note C. Jamin ; *Defrénois* 2000, 1110, obs. D. Mazeaud. – V. égal. pour la valeur d'actions cédées à la charge des associés, Cass. com., 12 mai 2004 : *JCP G* 2004, I, 173, obs. A. Constantin. Pas de réticence dolosive de l'acquéreur : « La chasse aux pigeons est ouverte » (D. Mazeaud, *op. cit.*).

(375) La règle ne paraît pas souffrir d'exceptions, alors que la cour régulatrice admettait une telle obligation du dirigeant social à l'endroit de ses associés s'agissant de la valeur des droits sociaux : Cass. com., 27 févr. 1996 : *JCP G* 1996, II, 22665, J. Ghestin ; *D.* 1996, 518, Ph. Malaurie ; *RTD civ.* 1997, 114, obs. J. Mestre. – Cass. 1re civ., 25 mars 2010 : *RDC* 2010, p. 811, D. Mazeaud.

(376) C. consom., art. L. 111-1. – Le défaut d'information du consommateur sur une caractéristique essentielle présume le vice d'erreur et justifie la nullité du contrat : Cass. 1re civ., 20 déc. 2023, n° 22-18.928, FS-B : *RDC* juin 2024, p. 94, J. Jérôme.

(377) C. consom., art. L. 111-4.

(378) C. consom., art. L. 221-5, L. 221-9.

(379) C. consom., art. L. 242-1. La loi a également renforcé les sanctions en instituant outre des sanctions pénales, des sanctions administratives infligées par la DGCCRF et obéissant à une procédure spéciale, C. consom., art. L. 242-10.

(380) C. consom., art. L. 312-5 et s. – V. L. Arcelin-Lécuyer, *La redondance informative ou le bon sens oublié* : *Contrats, conc. consom.* 2011, étude 9.

(381) C. consom., art. L. 312-2.

de crédit proposé est adapté à ses besoins[382]. Dans les *ventes résultant d'un démarchage téléphonique*, le professionnel doit assurer la communication préalable du prix avant la conclusion du contrat ainsi que ses identité et coordonnées précises[383]. On regrettera le désordre qui préside à l'ensemble de ces dispositions en même temps que la dispersion, et l'équivoque, de leurs sanctions[384].

Au-delà de ces dispositions ponctuelles, on retiendra que la loi pose une exigence générale de présentation et rédaction des contrats « de façon claire et compréhensible » associée à une règle d'interprétation des conventions dans le sens le plus favorable au consommateur[385].

Le législateur quitte même le terrain du droit des contrats pour instituer un délit pénal « d'abus de faiblesse » : « lorsque les circonstances montrent que [la] personne [qui s'est portée acquéreur] n'était pas en mesure d'apprécier la portée des engagements qu'elle prenait ou de déceler les ruses ou artifices déployés pour la convaincre à y souscrire, ou font apparaître qu'elle a été soumise à une contrainte »[386].

Parce que l'exigence d'une information précontractuelle participe de l'intégrité du consentement, son expansion à la vente entre professionnels ne surprendra pas dès lors que l'on admet, ici aussi, le principe de protection de la partie réputée la plus faible[387].

97. – Un devoir de réflexion. S'agissant de contrats de vente considérés comme particulièrement importants, le législateur est venu imposer au consommateur un délai de réflexion avant l'expiration duquel l'offre ne peut être valablement acceptée, ni le contrat conclu. Ainsi l'offre du prêt à l'obtention duquel est suspendu le contrat de vente immobilière doit être maintenue pendant une durée minimale de trente jours à compter de sa réception par l'emprunteur mais, surtout, ne peut être acceptée avant un délai de dix jours à compter de sa réception[388] ; la même technique est appliquée à la location-vente et à la location assortie d'une promesse de vente[389]. La loi SRU du 13 décembre 2000 qui est venue consacrer cette technique au profit de l'acquéreur immobilier non professionnel lorsque l'acte d'achat est dressé en la forme authentique. En ce cas, « l'acquéreur non professionnel dispose d'un délai de réflexion de dix jours à compter de la notification ou de la remise d'un projet d'acte... En aucun cas l'acte authentique ne peut être signé pendant ce délai de dix jours » (CCH, art. L. 271-1, al. 5). En réalité,

(382) C. consom., art. L. 312-4.
(383) C. consom., art. L. 221-16.
(384) V. J.-N. Sauphanor-Brouillaud, *op. cit.*, n°s 292 et s.– *Adde* l'analyse proposée par M. Fabre-Magnan, *infra*, n° 189.
(385) C. consom., art. L. 211-1. – V. déjà C. civ., art. 1602, *infra*, n° 172. – Sur ce texte, V. Cass. 1re civ., 23 janv. 2003 : *RTD civ.* 2003, p. 292, obs. J. Mestre et B. Fages ; *D.* 2003, 693, obs. V. Avena-Robardet. – Comp. C. civ., art. 1190.
(386) C. consom., art. L. 121-8. Le domaine du délit vise principalement la vente à domicile, mais s'étend bien au-delà (démarchage par téléphone ; sollicitation personnalisée ; ventes à l'occasion de réunions ou excursions organisées, à l'occasion de foires, salons ; situation d'urgence de la victime), C. consom., art. L. 121-9.
(387) Sur la nécessité pour le producteur de communiquer des documents contractuels spécifiques (prix, conditions de vente...) et une facture détaillée à l'acheteur, V. *supra*, n° 38.
(388) C. consom., art. L. 313-34. – V. *infra*, n° 446. – Cette disposition est d'ordre public, Cass. 1re civ., 9 déc. 1997 : *JCP G* 1998, II, 10148, note S. Piédelièvre. – V. N. Monachon-Duchêne, *La protection du délai de réflexion de l'acheteur immobilier* : *JCP G* 2004, I, 152.
(389) C. consom., art. L. 313-58.

il s'agit là de la transposition de la faculté de rétractation prévue par cette loi pour tout acte ayant pour objet d'arrêter la vente immobilière au cas où cet acte serait directement dressé en la forme authentique (V. *infra*, n° 99).

S'agissant d'un crédit à la consommation, l'offre préalable doit être maintenue pendant une durée de quinze jours(390), mais ici, le consommateur peut accepter immédiatement.

98. – **Une faculté de rétractation : l'acquéreur consommateur.** Les premiers textes du droit de la consommation sont venus assurer la protection du consentement de l'acquéreur consommateur en reconnaissant à celui-ci un délai de rétractation ou de repentir(391). La loi du 17 mars 2014 a harmonisé le droit de rétractation pour *les contrats conclus à distance et hors établissement*(392). Le client a la faculté de renoncer à l'achat dans un délai de quatorze jours à compter de la commande, sans avoir à motiver sa décision, ni supporter de frais autres que les frais de renvoi(393). Cette faculté de rétractation doit être expressément mentionnée dans le contrat et signalée préalablement à sa conclusion(394). À défaut, la durée du délai est portée à douze mois au-delà du délai normal de rétractation(395). Sa mise en œuvre passe par de nouvelles obligations faites au vendeur professionnel(396), le tout sous peine de sanctions pénales(397) ou d'amendes administratives(398). La vente à crédit d'objets mobiliers identifiée comme *le crédit à la consommation*, encadrée par la loi Scrivener I (10 janv. 1978) reconnaît au consommateur un délai de rétractation après l'acceptation de l'offre de crédit ; initialement de sept jours, ce délai a été porté à quatorze jours calendaires par la loi du 1er juillet 2010(399). Où l'on retrouve le formulaire détachable pour la mise en œuvre de la rétractation(400). Sans doute est-ce, ici, le contrat de prêt qui est visé, mais la disparition de celui-ci emporte le deuil de la vente : c'est le propre des crédits affectés que de constituer un ensemble indivisible avec le contrat principal (V. *infra*, n° 440)(401). La loi prévoit l'interdiction pour le vendeur de percevoir paiement du consommateur, en sus de la partie payée comptant, tant que le crédit n'est pas conclu (C. consom., art. L. 312-50), l'exercice de la faculté de rétractation

(390) C. consom., art. L. 312-18.

(391) Pour une étude d'ensemble, V. L. Bernardeau, *Le droit de rétractation du consommateur, un pas vers une doctrine d'ensemble, à propos de CJCE, 22 avr. 1999 : JCP G 2000*, I, p. 218. – Sur le droit de rétractation dans la directive du 25 octobre 2011, N. Sauphanor-Brouillaud, *op. cit.*, nos 512 et s.

(392) C. consom., art. L. 221-18 et s.

(393) C. consom., art. L. 221-18. V., pour les hypothèses dans lesquelles le droit de rétractation est exclu, C. consom., art. L. 221-28.

(394) C. consom., art. L. 221-5.

(395) C. consom., art. L. 221-20.

(396) Remise obligatoire d'un formulaire détachable par le professionnel, C. consom., art. L. 221-21 ; le consommateur renvoie ou restitue les biens au professionnel ou à une personne désignée par ce dernier, sans retard excessif et, au plus tard, dans les quatorze jours suivant la communication de sa décision, C. consom., art. L. 221-23 ; le professionnel a l'obligation de restituer le prix dans le délai de quatorze jours, C. consom., art. L. 221-24.

(397) C. consom., art. L. 242-6.

(398) C. consom., art. L. 242-13 : 15 000 € à 75 000 €.

(399) C. consom., art. L. 312-19. – V. G. Raymond : *Contrats, conc. consom.* 2010, étude 11.

(400) C. consom., art. L. 312-21.

(401) C. consom., art. L. 312-54 : « Lorsque le consommateur exerce son droit de rétractation du contrat de vente ou de fourniture de prestation de services mentionné au 9° de l'article L. 311-1, le contrat de crédit destiné à en assurer le financement est résilié de plein droit sans frais ni indemnité, à l'exception éventuellement des frais engagés pour l'ouverture du dossier de crédit. (...) ». – Le contrat de crédit affecté ou contrat de crédit lié est le crédit qui sert exclusivement à financer la fourniture de biens particuliers ou la prestation de services particuliers ; ces deux contrats constituent une opération commerciale unique. – C. consom., art. L. 311-1, 11°.

entraînant résiliation du contrat de financement (C. consom., art. L. 312-54) ; l'engagement préalable de payer comptant en cas de refus de prêt est nul de plein droit (C. consom., art. L. 341-11). La vente à tempérament, la location-vente et la location assortie d'une promesse unilatérale de vente sont soumises au même régime (V. *infra*, n° 275).

L'introduction de cette faculté de rétractation complique l'analyse de la formation du consentement au contrat conclu par un consommateur : vente conditionnelle(402) ? Faculté de dédit(403) ? Formation du contrat par étape(404) ? Mise à l'écart de l'autonomie de la volonté(405) ? Mais faut-il vraiment justifier par la technique juridique ce qui relève de choix politiques ?

99. – **Une faculté de rétractation : l'acquéreur immobilier non professionnel ; la loi SRU.** Le bénéfice d'une faculté de rétractation au profit de l'acquéreur immobilier trouve son origine dans la loi dite « Neiertz » du 31 décembre 1989 sur le surendettement des particuliers. Ce texte instituait un délai de rétractation de sept jours, devenu dix, pour tous les contrats *sous seing privé* par lesquels un acquéreur non professionnel venait à accéder à la propriété d'un immeuble *neuf* à usage d'habitation (loi Neiertz, art. 20). On avait pu douter, ici même, de la pertinence de cette disposition (d'ailleurs non intégrée dans le Code de la consommation) tant l'attention de l'acquéreur paraît alors naturellement éveillée : on n'achète pas son appartement comme le balai-brosse ou l'appareil électroménager pour lequel on a été spécialement démarché. Quoi qu'il en soit de ces réserves, la loi relative à la solidarité et au renouvellement urbain (SRU) du 13 décembre 2000 a considérablement élargi la portée de cette disposition au motif de protection de l'acquéreur immobilier(406).

Étudions le *domaine* de cette disposition d'abord. La faculté de rétractation est ouverte à *l'acquéreur non professionnel*, indifféremment à la qualité du vendeur, professionnel ou non, ou au caractère neuf ou ancien du logement vendu. La contagion de règles de droit de la consommation à des rapports entre non-professionnels est ici patente. Cette faculté est ouverte « pour tout acte ayant pour objet la construction ou l'acquisition d'un immeuble à usage d'habitation, la souscription de parts donnant vocation à l'attribution en jouissance ou en propriété d'immeubles d'habitation ou la vente d'immeubles à construire ou de location-accession à la propriété immobilière... » (CCH, art. L. 271-1, al. 1er)(407) ; ce droit de repentir s'applique encore au contrat préliminaire, à la promesse synallagmatique

(402) Mais la composante au consentement d'une des parties ne peut s'analyser en une condition. – V. G. Cas et D. Ferrier, *Traité de droit de la consommation*, PUF, 1986, n° 474.

(403) V. J.-L. Pizzio, *Un apport législatif en matière de protection du consentement* : RTD civ. 1976, p. 66, spéc. p. 78. – C'est l'analyse retenue par P. Puig, *op. cit.*, p. 106.

(404) V. Y. Picod et H. Davo, *Droit de la consommation*, Armand Colin, 2005, n° 86.

(405) V. J. Ghestin et B. Desché, *op. cit.*, n° 127.

(406) Loi SRU, art. 72, transposé au CCH, art. L. 271-1 et s., mod. par L. n° 2015-990, 6 août 2015, qui abroge l'article 20 de la loi « Neiertz », mod. par L. n° 2018-1021, 23 nov. 2018 – V. O. Rault, *La protection de l'acquéreur d'un bien immobilier* : JCP G 2001, I, 294. – M. Dagot, JCP N 2001, p. 912. – Ph. Pelletier, *Délai de réflexion et délai de rétractation : la nouvelle protection de l'acquéreur immobilier* : Defrénois 2001, n° 4 ; RTD civ. 2001, p. 216, obs. F. Bellivier. – H. Périnet-Marquet, *L'impact de la loi SRU sur la vente immobilière* : JCP N 2001, p. 533.

(407) L'immeuble doit être à usage d'habitation et non à usage mixte, Cass. 3e civ., 30 janv. 2008 : RDC 2008, p. 825, Ph. Brun.

ou unilatérale qui viendront précéder l'un des actes précédents (CCH, art. L. 271-1, al. 4). Lorsque l'acte en question sera dressé en la forme authentique, ce délai prend la forme, et le nom, de *délai de réflexion* (V. *supra*, n° 97).

Le *régime* du délai de rétractation alourdit singulièrement les modalités de conclusion de la vente. En effet « l'acquéreur non professionnel peut se rétracter dans un délai de dix jours à compter du lendemain de la première présentation de la lettre lui notifiant l'acte », la notification – ainsi que l'éventuelle rétractation – est exercée par voie de courrier recommandé avec accusé de réception ou moyen équivalent garantissant la date de réception. Lorsque l'acte arrêtant la vente sera d'ores et déjà dressé en la forme authentique, le notaire devra veiller à assurer une notification préalable de celui-ci dans les mêmes formes, en aucun cas l'acte définitif ne peut être signé pendant ce délai de sept jours (CCH, art. L. 271-1)[408]. Lorsque l'acte est conclu par l'intermédiaire d'un professionnel ayant reçu mandat pour prêter son concours à la vente, cet acte peut être remis directement au bénéficiaire du droit de rétractation, le délai court à compter du lendemain de la remise de l'acte (CCH, art. L. 271-1, al. 3 mod. L. 13 juill. 2006)[409]. De même, aucun versement ne peut intervenir avant l'expiration du délai de rétractation, sauf dispositions légales spéciales ou intervention d'un professionnel de l'immobilier disposant d'une garantie financière affectée au remboursement des fonds déposés (CCH, art. L. 271-2), tant il est vrai qu'un paiement anticipé de l'acquéreur viendrait grever sa liberté de rétractation. La méconnaissance de cette dernière règle est frappée d'une peine d'amende (CCH, art. L. 271-2, al. 4). Le texte ne prévoit pas la sanction du défaut de notification préalable en la forme de l'acte projeté ; en pareil cas il faudrait sans doute estimer que le délai de rétractation n'a pu valablement courir, et que cette faculté peut toujours être exercée ! Dans le même sens, l'adjonction dans l'acte authentique de mentions alourdissant les obligations de l'acheteur au regard du document sous seing privé initialement notifié à celui-ci empêche de considérer que les formalités prévues par le texte aient pu être satisfaites et que le délai de rétractation ait pu courir[410].

100. – **Une interdiction de certains procédés de vente.** Le principe de la liberté des prix est tempéré par la nécessité de maintenir une réelle concurrence comme d'assurer la loyauté de l'offre à l'égard du consommateur. Diverses méthodes et pratiques de vente sont de la sorte interdites parce que jugées déloyales ou trompeuses à l'égard d'acheteurs candides, donc consommateurs[411]. L'ordonnance du 1er décembre 1986 a posé la première réglementation en ce sens ; le Code de la consommation réglemente de la sorte diverses pratiques commerciales dont certaines sont interdites, d'autres seulement réglementées (C. consom., art. L. 121-1 et s.). Nous considérerons les premières. Ainsi des ventes

(408) Cass. 1re civ., 14 févr. 2018, n° 17-10.514 : *JCP* N 2018, p. 1205, obs. C. Coulon, n'engage pas sa responsabilité le notaire qui a régulièrement avisé l'acquéreur par voie de courriers recommandés, même si ceux-là n'ont pu être effectivement délivrés. – Comp. Cass. 3e civ., 4 oct. 2018, n° 17-25.688 : *AJDI* 2018, 804 (la vente n'avait pas été valablement notifiée à l'un des époux acquéreurs, mais ceux-là n'avaient pas formulé une demande de prêt conforme à la promesse, responsabilité civile).

(409) Comp. Cass. 3e civ., 27 févr. 2008 : *RDC* 2008, p. 827, Ph. Brun ; *Contrats, conc. consom.* 2008, n° 149, L. Leveneur.

(410) En ce sens, H. Périnet-Marquet, *L'impact de la loi SRU sur la vente immobilière* : *JCP* N 2001, chron. p. 533 et s., spéc. n° 32.

(411) V. M.-P. Bonnet-Desplan, R. Fabre et a., *Droit de la publicité et de la promotion des ventes*, Dalloz, 2015.

liées ou jumelées, par lesquelles le vendeur subordonne la vente d'un produit à l'achat d'une quantité imposée ou d'un autre produit (C. consom., art. L. 121-11 ; la prohibition joue pareillement à l'égard de prestations de services ; *adde* C. com., art. L. 420-2)[(412)] ; des ventes (ou prestations) avec primes, c'est-à-dire des ventes assorties d'avantages, souvent factices, en nature (cadeaux) ou en espèces (réduction du prix) (C. consom., art. L. 121-19). L'infraction de vente liée ne s'arrête pas au rayon d'alimentation et au *caddie* de Mme Lepic : les offres des opérateurs Internet et des réseaux téléphoniques[(413)], les pratiques des distributeurs de matériel informatique qui associent des logiciels préinstallés au matériel vendu[(414)] procurent un prospère terrain d'application à l'incrimination. Le droit communautaire pourrait cependant remettre en cause ces réglementations[(415)]. Également prohibées, les ventes à la boule de neige sont celles par lesquelles on laisse espérer à l'acheteur une remise ou des marchandises gratuites s'il recrute de nouveaux clients (C. consom., art. L. 121-15). La pratique des loteries publicitaires est licite, elle peut s'accompagner d'une obligation d'achat pour autant que la pratique ne revête pas un caractère déloyal : « le goût malsain du public pour les gains aléatoires » décidant le consentement à l'achat[(416)] (C. consom., art. L. 121-20 et L. 121-1 sur la définition des pratiques déloyales). Les ventes par envoi forcé, réalisées sans commande préalable, sous couvert d'une présentation du produit (« Si vous ne retournez pas le produit dans un délai de..., vous serez censé avoir accepté notre offre de vente ») sont également traquées (C. consom., art. L. 121-12 et s.)[(417)]. Il en va de même de tout paiement supplémentaire sans consentement exprès du client (C. consom., art. L. 121-17). Les procédés de vente précédents exposeront leurs auteurs à des peines d'amende souvent non négligeables ; les contrats de vente conclus dans ces conditions seront surtout frappés de nullité relative ouverte à l'acquéreur[(418)].

La pratique des prix d'appel est celle par laquelle un commerçant renonce à ses marges bénéficiaires sur un produit pour attirer le client dans son magasin et l'inciter à acheter d'autres produits sur lesquels la marge est plus abondante. Le vendeur va proposer à faible prix (sans néanmoins vendre à perte) un produit qu'il détient en nombre insuffisant pour satisfaire la demande, afin d'attirer le consommateur avant de le drainer vers d'autres produits substituables (« dérive des ventes »). En

(412) La prohibition ne paraît pas s'étendre aux ventes par « lot » par lesquelles le vendeur rassemble sous le même conditionnement plusieurs produits identiques. – V. Cass. crim., 29 oct. 1984 : *JCP G* 1985, II, 20489, note G. Heilsieck.

(413) V. Paris, 14 mai 2009 : *Contrats, conc. consom.* 2009, n° 69, Ph. Stoffel-Munck : à propos de l'offre de France Télécom de subordonner l'accès à sa chaîne Orange sport à la souscription d'un abonnement Internet haut débit.

(414) V. Cass. 1re civ., 5 juin 2008 : *JCP G* 2008, 10185, Ph. Stoffel-Munck et, du même, *L'infraction de vente liée à la dérive* : *JCP G* 2009, I, 84. – Cass. 1re civ., 15 nov. 2010 : *D.* 2011, 629, C. Creton.

(415) V. CJCE, 23 avr. 2009 : *D.* 2009, chron. 2561, M. Chagny ; *Contrats, conc. consom.* 2009, n° 183, G. Raymond : à propos de la prohibition belge des offres conjointes, la Cour retient que « la directive 2005/29/CE du 11 mai 2005, relative aux pratiques commerciales déloyales des entreprises vis-à-vis des consommateurs s'oppose à une réglementation nationale qui, sauf certaines exceptions et sans tenir compte des circonstances spécifiques du cas d'espèce, interdit toute offre conjointe faite par un vendeur à un consommateur ».

(416) V. CA Paris, 4 mars 1975 : *JCP G* 1976, II, 18237, note R. de Lestang. – *Adde* CJCE, 24 mars 1994, aff. C-275/92 : *Rec. CJCE* 1994, I, p. 1078, qui admet la licéité des restrictions nationales appliquées à la pratique des loteries.

(417) V. J.-F. Artz, *La prohibition des envois forcés* : *D.* 1975, chron. p. 129. – *Adde* Dir. 20 mai 1997, art. 9, préc. La pratique du télé-achat entre encore dans le domaine de la directive. – V. et S. Retterer, *Le télé-achat : un contrat de vente à distance au regard du droit communautaire* : *Contrats, conc. consom.* 1998, chron. 4.

(418) Les sanctions sont présentées en ordre dispersé : V. C. consom., art. L. 132-1 et s. – V. Cass. com., 1er mars 1994 : *Bull. civ.* 1994, IV, n° 92 ; la nullité cependant ne paraît pas devoir atteindre le contrat de vente conclu avec prime. – F. Delbarre : *JCl. Contrats-Distribution*, Fasc. 1320, n° 49.

tant que telle, la pratique du prix d'appel n'est réprimée par aucun texte, mais elle est sanctionnée par la jurisprudence au titre d'incriminations autres (pratique commerciale trompeuse, utilisation d'une marque contrefaisante...)(419), sans que la validité des contrats conclus à ce titre ne soit affectée.

B. – Le consentement contraint

101. – Liberté contractuelle et contrat de vente. Une règle légale peut-elle prescrire de conclure un contrat d'achat-vente ou au contraire l'interdire ? C'est, appliqué au contrat de vente, le principe de liberté contractuelle qui est en jeu(420). Ce principe confère à chacune des parties le pouvoir de décider souverainement de contracter, ou non, et de déterminer tous les aspects du contrat. C'est le corollaire de la force obligatoire associée à cet instrument. C'est par exception que la loi, au soutien d'un intérêt public, souvent d'un ordre public économique et social de direction, impose à l'occasion certains comportements qui peuvent apparaître comme autant d'accommodements de ce principe(421). Bien que le contrat de vente ne soit pas, par nature, un contrat structurellement déséquilibré (comme peut l'être le contrat de travail), il est des situations où la liberté contractuelle s'estompe. En réalité s'il n'est guère envisageable de considérer que l'on puisse être contraint d'acheter un bien(422), il est des cas où le consentement à la vente peut être plus ou moins contraint : que le principe de la conclusion du contrat d'achat-vente (1°), le choix du contractant (2°) ou les conditions de la vente (3°) soient imposés.

1° Le principe de l'achat-vente est imposé

102. – Ventes forcées ; limitation à la liberté d'acquérir. Le propriétaire est libre de vendre son bien, ou pas : la libre disposition de la chose est consubstantielle à la propriété.

Il serait inexact de présenter comme une atteinte au consentement du vendeur la prohibition du refus de vente (sauf motif légitime)(423) que connaît notre droit, car cette incrimination suppose l'état d'offre permanente dans laquelle se trouve le professionnel, donc l'acquiescement d'ores et déjà acquis de celui-ci au futur contrat. Alors que le refus de vendre à un consommateur reste prohibé et sanctionné pénalement (C. consom., art. L. 121-11), la loi du 1er juillet 1996 sur la loyau-

(419) V. Cass. com., 10 oct. 1973 : *D.* 1974, p. 60.

(420) Affiché en droit commun : C. civ., art. 1112. – Le Conseil constitutionnel a reconnu, tardivement, sa valeur constitutionnelle : Cons. const., 19 déc. 2000, n° 2000-437 DC : *D.* 2001, 1766, obs. D. Ribes ; *RTD civ.* 2001, 229, obs. N. Molfessis ; *Rec. Cons. const.* 2000, p. 176 et du même *Les sources constitutionnelles du droit des contrats*, in *Le renouvellement des sources des obligations*, LGDJ, 1996. – V. P.-Y. Gadhoun, *Le Conseil constitutionnel et le contrat*, in *Nouv. Cah. Cons. const.* avr. 2011, n° spécial « Le Conseil constitutionnel et le droit des biens et des obligations », n° 31.

(421) V. J. Ghestin, *Le contrat : formation*, in *Traité de droit civil*, LGDJ, 3e éd., 1993, nos 104 et s.

(422) Sauf à s'y être conventionnellement engagé, sur les clauses de « quotas » dans les contrats-cadres et la promesse unilatérale d'achat, V. *supra*, nos 45 et 52 ; la réglementation boursière des offres publiques d'achat impose à l'acquéreur d'un bloc de contrôle d'acheter en bourse, au cours fixé pour la cession du bloc, tous les titres qui lui seraient présentés pendant un certain nombre de séances de bourse à venir. – V. Ripert et Roblot par M. Germain et Ph. Delebecque, *Traité de droit commercial*, t. II, 15e éd., nos 1891 et s. – Au-delà, tout mécanisme qui imposerait l'acquisition d'un bien heurterait la liberté du consentement constitutionnellement protégée : Cons. const., 29 juill. 1998, n° 98-403, § 40.

(423) Le fait de ne pas avoir le produit en magasin constitue un motif légitime. – V. Cass. crim., 16 juin 1981 : *D.* 1982, p. 190, note Sfaz ; *JCP G* 1982, II, 19707, note Y. Chaput.

té et l'équilibre des relations commerciales a supprimé la prohibition du refus de vente entre professionnels (V. *supra*, n° 43)[424]. En revanche d'autres situations révèlent expressément de véritables contraintes au consentement de degrés divers, et à raison d'intérêts également divers, à l'achat comme à la vente.

La nature de certaines personnes morales, leur objet social ou la défiance qui s'attache à certains de leurs actes justifient une limitation de leur liberté d'acquisition, sinon une contrainte à la vente[425]. L'intérêt général (ou du moins l'idée que certains s'en font à un moment donné) prime l'intérêt particulier du propriétaire et justifie la procédure exorbitante d'expropriation pour cause d'utilité publique, « moyennant une juste et préalable indemnité » (C. civ., art. 545) dans le respect des règles constitutionnelles[426] et internationales[427] afférentes au respect du droit de propriété. Ce sont aussi des préoccupations d'intérêt général, et de paix sociale, qui gouvernent au régime de la mitoyenneté des clôtures et commandent la règle permettant à un propriétaire d'obliger son voisin à lui céder la mitoyenneté du mur placé à la limite de leurs fonds, générant une copropriété privée (C. civ., art. 661) ; contestée, la constitutionnalité de cette disposition a été confirmée[428]. Cette figure juridique a été analysée comme une forme d'expropriation pour cause d'utilité privée[429]. À cet étage, on rangera encore la faculté d'attribution de l'employeur sur les inventions hors missions dites « attribuables » réalisées par son salarié[430], ou l'attribution de biens en propriété que le juge peut décider au titre du paiement de la prestation compensatoire[431].

L'intérêt particulier des créanciers d'un propriétaire, autant que l'intérêt général attaché au crédit, justifie la mise en place de voies d'exécution (saisies) qui amèneront à la vente forcée des biens du débiteur, dans le respect de strictes règles de procédure destinées à protéger les intérêts du saisi[432]. Il ne s'agit là que de la mise en œuvre du droit de gage général du créancier sur le patrimoine de son

(424) Reste que le candidat acquéreur pourra démontrer l'abus de droit que représente ce refus, Cass. com., 18 déc. 2001 : *D.* 2002, somm. 3009, obs. D. Ferrier. – Le refus de vente demeure prohibé lorsqu'il révèle une entente (C. com., art. L. 420-1) ou un abus de position dominante (C. com., art. L. 420-2).

(425) Ainsi les associations ne peuvent acquérir que les immeubles strictement nécessaires à l'accomplissement du but qu'elle se propose (L. 1er juill. 1901, art. 11) ; la prohibition des participations croisées entre les sociétés par actions justifie que « celle qui détient la fraction la plus faible du capital de l'autre (...) aliène son investissement » (L. 24 juill. 1966, art. 358. – C. com., art. L. 233-29) ; les sociétés d'aménagement foncier et rural doivent rétrocéder les acquisitions qu'elles ont pu faire dans un certain délai (cinq à dix ans) (C. rur. pêche marit., art. L. 142-4).

(426) V. DDHC 1789, art. 17 ; c'est à la faveur de l'affaire dite « des nationalisations » qu'a été affirmé le caractère constitutionnel du droit de propriété ; Cons. const., 16 janv. 1982, n° 81-132 DC : *Rec. Cons. const.* 1982, p. 18 ; *AJDA* 1982, p. 377, obs. J. Rivero ; *JCP* G 1982, II, 19788, note Nguyen Quoc Vinh et C. Franck ; *D.* 1983, p. 169, note L. Hamon. – *Adde* Cons. const., 21 juill. 1994 : *D.* 1995, somm. p. 347, note J. Pini ; *RTD civ.* 1995, p. 656, obs. F. Zénati.

(427) V. DUDH, art. 17. – Conv. EDH, art. 1er, al. 1er (Prot. n° 1 annexé à la Convention européenne de sauvegarde des droits de l'homme et des libertés fondamentales) qui subordonne l'expropriation à un motif d'utilité publique s'il existe un rapport raisonnable entre les exigences de l'intérêt général et la sauvegarde du droit de propriété (CEDH, 28 nov. 2002, n° 25701/94, *Ex-roi de Grèce c/ Grèce*), ce qui suggère un contrôle de proportionnalité.

(428) Cons. const., 12 nov. 2010, n° 2010-60 QPC : *JCP* G 2011, 323, n° 4, obs. H. Périnet-Marquet ; *RTD civ.* 2011, 144, obs. Th. Revet – Cette faculté d'acquérir est absolue, Cass. 3e civ., 25 avr. 1972 : *JCP* G 1972, II, 17152, note E.-J. Guillot ; *D.* 1972, p. 660. – V. Boubli, *Acquisition de la mitoyenneté : Journ. not.* 1969, 1062.

(429) V. F. Terré et Ph. Simler, *Les biens*, Dalloz, 2010, n° 690.

(430) CPI, art. L. 611-7, 2°. L'employeur doit acquitter à son salarié le *juste prix* de l'invention.

(431) Toutefois, l'accord de l'époux débiteur est exigé pour l'attribution en propriété de biens qu'il a reçus par succession ou donation : V. C. civ., art. 274 ; L. n° 2000-596, 30 juin 2000. – *Adde* A. Bénabent : *D.* 2001, point de vue 1036.

(432) V. Cass. ass. plén., 11 mai 1990 : *D.* 1990, p. 533, concl. H. Dontenwille, note J. Prévault. – Sur le détail de ces procédures, V. M. et J.-B. Donnier, *Voies d'exécution et procédure de distribution*, Litec, 8e éd., 2008.

débiteur (C. civ., art. 2284 et 2285). De même, la sauvegarde de l'emploi guidera le juge pour décider de la cession totale ou partielle de l'entreprise placée en redressement judiciaire(433).

La faveur pour la validité des sociétés explique un cas de cession forcée : lorsqu'une action en nullité d'une société, ou de délibérations postérieures à sa constitution, est fondée sur un vice du consentement ou une incapacité d'un associé, les autres associés peuvent demander au juge d'imposer à l'intéressé le rachat de ses droits sociaux (C. civ., art. 1844-12).

Ces « ventes forcées » s'écartent d'ailleurs sensiblement du régime de droit commun de la vente : si elles produisent l'effet caractéristique de celle-ci (le transfert de propriété), il n'est pas sûr qu'elles reproduisent ses effets obligatoires, spécialement l'obligation de garantie des vices cachés, qui pèsent sur le vendeur (V. *infra*, nos 204 et s.). S'agit-il encore de ventes ?

2° Le contractant à la vente est imposé (droits de préemption et retraits)

103. – **Droits de préemption et de retraits.** La liberté de choisir son acheteur est une facette de la libre disposition du bien par le propriétaire (C. civ., art. 537). L'acquéreur à la vente peut être imposé au vendeur à raison de l'engagement conventionnel de ce dernier (promesse unilatérale de vente, pacte de préférence, clauses d'exclusivité dans un contrat-cadre).

En revanche, indépendamment de tout engagement du vendeur, certains textes viennent imposer un contractant à celui-ci, qui demeure cependant libre de décider du principe de la vente : ce sont les droits de préemption ou de retraits(434). Ces droits permettent à leur bénéficiaire de primer tout autre acquéreur dès lors que le vendeur a décidé de vendre. Deux conceptions techniques du mécanisme se font jour : le bénéficiaire du droit peut, préalablement au contrat, disposer d'une faculté de priorité précontractuelle (c'est l'acception classique du droit de préemption) ; le bénéficiaire du droit peut encore, cette fois postérieurement au contrat, disposer de la faculté de se substituer à l'acquéreur (c'est le sens traditionnel du retrait). Selon un auteur, ces différences conceptuelles doivent être dépassées à raison de l'identité d'effet des mécanismes : une substitution d'acquéreur consécutive à une cession forcée de contrat du fait de la loi(435) (V. cependant *infra*, les modalités de mise en œuvre de ce droit, n° 105). Les droits de retrait étaient nombreux dans l'Ancien Droit, où ils permettaient de conserver les biens dans le patrimoine familial(436) ; seul subsiste aujourd'hui le retrait litigieux (C. civ.,

(433) V. C. com., art. L. 642-1. – *Adde* C. com., art. L. 642-7 relatif à la cession des contrats nécessaires au fonctionnement de la société ; C. com., art. L. 642-18 et s. pour la cession des actifs immobiliers et mobiliers.

(434) Bibliographie : C. Saint-Alary-Houin, *Le droit de préemption*, LGDJ, coll. « Bibl. dr. privé », 1979, t. 164, préf. P. Raynaud.

(435) V. C. Saint-Alary-Houin, préc., nos 214 et s. – *Contra*, J. Ghestin et B. Desché, *op. cit.*, n° 511, qui observent que le propriétaire qui désire vendre peut désirer « purger » un éventuel droit de préemption et procéder aux notifications légales sans disposer encore de candidat-acquéreur. Il reste que la purge du droit de préemption ne joue alors que dans les conditions (de prix) notifiées, ce qui prive la procédure de tout intérêt en l'absence de candidat-acheteur auxdites conditions, donc d'un accord, même très fruste, avec celui-ci. En revanche, il est vrai que les conditions de mise en œuvre du droit de préemption participent souvent davantage d'une offre prioritaire que d'une faculté de substitution de contractant. – V. *infra*, n° 105. – Sur les errements de la Cour de justice de l'Union européenne qui voit dans le droit de préemption un droit réel : CJUE, 3 avr. 2014, aff. C-438/12 : *RDC* 2014, p. 496, P. Berlioz.

(436) V. Pothier, *Traité des retraits*, et Merlin, *Rép. jurispr.*, qui dénombraient vingt-cinq sortes de retraits. – V. C. Saint-Alary-Houin, *op. cit.*, n° 2, note 10.

art. 1699 et s.)[437]. En revanche l'époque contemporaine a vu la résurgence du droit de préemption, cette dénomination regroupant désormais les deux conceptions techniques en question ; on étudiera le domaine d'application de ce droit, puis le régime de sa mise en œuvre.

104. – **Domaine d'application du droit de préemption.** Peu répandu en matière mobilière[438], le droit de préemption est très développé dans le domaine de la vente immobilière. Il profite parfois à des particuliers : c'est le cas du preneur à bail rural (C. rur. pêche marit., art. L. 412-1 et s.), du locataire d'habitation pour l'immeuble occupé (L. 6 juill. 1989, art. 15-II), et, depuis la loi du 18 juin 2014, du locataire commercial (C. com., art. L. 145-46-1). C'est encore le cas de l'indivisaire pour un bien indivis (C. civ., art. 815-14). Il assure surtout la prééminence de l'intérêt général car très largement institué au profit de personnes morales publiques ou semi-publiques : au profit des communes dotées d'un plan d'occupation des sols rendu public ou d'un plan local d'urbanisme (droit de préemption urbain) qui peuvent en déléguer le bénéfice à certaines personnes morales publiques (C. urb., art. L. 211-1 et s.) ; au profit des communes, toujours, sur les cessions de fonds artisanaux, fonds de commerce, ou baux commerciaux, à l'intérieur de périmètres de sauvegarde du commerce et de l'artisanat de proximité afin d'y préserver une diversité d'activités (C. urb., art. L. 214-1) ; au profit de la personne publique désignée dans l'acte qui crée la zone d'aménagement différé (C. urb., art. L. 212-2) ; au profit des départements dans les espaces naturels sensibles (C. urb., art. L. 215-1) ; au profit des sociétés d'aménagement foncier et d'établissement rural (SAFER) s'agissant de fonds ruraux (C. rur. pêche marit., art. L. 143-1)[439]. L'intérêt général rejoint enfin l'intérêt particulier des victimes de la nouvelle pauvreté : la loi du 29 juillet 1998 contre l'exclusion a créé un droit de préemption au profit des communes afin d'assurer le maintien dans les lieux du saisi, en cas de vente forcée de l'immeuble constituant la résidence principale d'une personne à revenus modestes (CCH, art. L. 616). Une loi du 13 juin 2006 (n° 2006-685, *Aurillac*) crée un nouveau droit de préemption au profit de la commune au cas de vente d'un immeuble à usage d'habitation afin d'assurer le maintien dans les lieux des locataires (C. urb., art. L. 210-2). Cette très grande diversité révèle la disponibilité d'une

(437) Il s'agit de la cession d'un droit ou d'une créance dont le bien-fondé fait l'objet d'un litige (V. C. civ., art. 1700) ; la loi permet au cédé ou débiteur, contre lequel est invoqué le droit, de se substituer au cessionnaire afin d'éviter que celui-ci n'achète un droit discuté à bas prix. – V. Cass. com., 31 janv. 2012 : *RDC* 2012, p. 838, R. Libchaber. – F. Pollaud-Dullian, *Le prix du retrait de litigieux dans les cessions globales de créance* : *D.* 2012, p. 834. – Mais la jurisprudence retient que l'exercice du droit de retrait litigieux n'est pas subordonné à l'existence d'une intention spéculative (Cass. com., 15 janv. 2013, n° 11-27.298 : *RDC* 2013, p. 933, note R. Libchaber, *D.* 2013, p. 542, note O. Gout ; *JCP G* 2013, II, 380, note Y. Dagorne-Labbé ; *RTD civ.* 2013, 376, obs. H. Barbier ; *Contrats, conc. consom.* 2013, comm. 71, obs. L. Leveneur), de fait le retrait est possible s'agissant d'une cession opérée à titre gratuit : Cass. com., 31 mars 1998, n° 96-12.897). – *Adde* A. Danis-Fatôme, *Le retrait litigieux, un article manquant !* : *RDC* 2015, p. 807.

(438) V. cependant le droit de préemption reconnu à la Réunion des musées nationaux à l'occasion des ventes publiques d'objet d'art (L. 31 déc. 1921, art. 37).

(439) Le droit de préemption des SAFER n'est pas discrétionnaire : l'objet des SAFER est d'assurer la « restructuration » des fonds ruraux ; le droit de préemption est exercé afin de rétrocéder le fonds aux agriculteurs de leur choix ; dès lors la SAFER doit justifier, sous le contrôle du juge, que cet exercice est conforme aux buts assignés par la loi. – *Adde* Cass. 3e civ., 4 déc. 1981 : *JCP G* 1983, II, 19980, note G. Peyrard. – Sur l'exercice du droit de préemption de la SAFER à des fins environnementales : Cass. 3e civ., 28 sept. 2011 : *RDC* 2012, p. 926, M. Mekki. – La cession simultanée de la nue-propriété et du droit d'usufruit d'un bien rural au même acquéreur est soumise au droit de préemption de la SAFER, Cass. 3e civ., 15 déc. 2016, n° 15-27.518 : *RDC* 2017, p. 339, F. Danos.

technique destinée à servir des fins différentes[440] ; elle suggère encore de possibles conflits entre titulaires de droits de préemption distincts sur le même bien, que le législateur s'efforce la plupart du temps de prévenir[441].

105. – **Mise en œuvre et sanctions du droit de préemption.** Les conditions d'exercice du droit de préemption sont diverses selon qu'il s'agit de substituer le bénéficiaire du droit à l'acquéreur (l'ancien « retrait ») ou d'organiser un système d'acquisition prioritaire au profit du même. Aujourd'hui, on préfère fréquemment ce dernier parti en retardant la formation de la vente à l'exercice de ce droit ; c'est le cas pour ce qui est du droit de préemption du preneur à bail (rural, d'habitation ou commercial) et, surtout, des SAFER. Le propriétaire désireux de vendre son bien doit alors notifier son intention au bénéficiaire du droit de préemption, ainsi que les conditions de la vente (indication du prix, de l'immeuble ; l'identité de l'acquéreur est souvent occultée). Le mécanisme contractuel mis en œuvre par l'exercice du droit de préemption s'apparente en un processus classique de formation du contrat par lequel une acceptation saisit une offre, à cette différence que l'offre est obligatoire pour le vendeur à l'endroit du bénéficiaire légal de la préemption ; la loi prévoit parfois que l'acceptation de ce dernier peut être subordonnée à une fixation judiciaire ultérieure du prix[442]. Si le bénéficiaire preempte, il acquiert le bien ; s'il ne préempte pas dans le délai y afférent, il est censé avoir renoncé à son droit. Il est également possible de purger le droit de préemption dans un délai moindre, en demandant au bénéficiaire d'y renoncer. La pratique s'est développée de conclure la vente (ou une promesse synallagmatique) sous la condition suspensive du non-exercice du droit de préemption : si le bénéficiaire de ce droit décide de préempter, la condition défaille, le contrat de vente est censé n'avoir jamais été conclu. La validité de la clause est discutée car elle a le parfum de la fraude à la loi : elle imprègne le contrat de vente d'*intuitu personae* et surtout vise à échapper à l'emprise de la préemption (y a-t-il place à un accord de volontés avant la purge du droit de préemption ?) ; si la Cour de cassation en a admis la validité[443], le législateur

(440) V. cependant J. Ghestin et B. Desché, qui retiennent la primauté de l'intérêt général comme fondement constant des droits de préemption et de retrait, *op. cit.*, n° 462. – *Adde* J. Chapuisat qui parle à propos de ce droit de « caméléon juridique », *Réflexions sur le droit de préemption* : *RD imm.* 1981, p. 450. – Sur l'exercice irrégulier du droit de préemption, V. C. Saint-Alary-Houin, *Le vendeur, l'acheteur et le préempteur... De quelques effets d'une préemption irrégulière*, in *Mél. Ph. Malinvaud*, Litec, 2007, p. 509. – L'annulation de la décision de préemption étant rétroactive, la commune était censée avoir renoncé à préempter : Cass. 3e civ., 22 juin 2005 : *Contrats, conc. consom.* 2005, n° 185, L. Leveneur.

(441) V. par ex., C. rur. pêche marit., art. L. 143-6, à propos du droit de préemption de la SAFER, primé lorsque l'État ou les collectivités publiques invoquent un droit analogue ; mais préféré au droit du preneur à bail qui exploite le bien concerné depuis moins de trois ans. – Sur le conflit du droit de préemption du preneur à bail rural et du bénéficiaire d'un pacte de préférence, Cass. 3e civ., 11 janv. 2024, n° 21-24.580 : *RDC* 2024, n° 2, p. 12, F. Dournaux.

(442) Dans de nombreuses hypothèses, le bénéficiaire de la préemption peut demander l'intervention du juge dans la fixation du prix : pour le fermier, V. C. rur. pêche marit., art. L. 412-7 ; la SAFER peut rediscuter le prix en faisant une contre-proposition, finalement arbitrée par le juge : V. C. rur. pêche marit., art. L. 143-10. En revanche, lorsque la commune, après avoir décidé d'exercer son droit de préemption avec fixation judiciaire du prix, aura fait une nouvelle proposition de prix acquiescée par le vendeur, la vente sera parfaite conformément à l'article 1583 du Code civil, Cass. 3e civ., 2 juin 1999 : *JCP E* 2000, p. 263, P. Mousseron.

(443) V. Cass. 3e civ., 21 janv. 1971 : *JCP G* 1971, II, 16885, P. Ourliac et M. de Juglart ; *Defrénois* 1971, art. 29861, J.-L. Aubert. – Cass. 3e civ., 26 avr. 1978 : *Defrénois* 1978, art. 31808, n° 56, J.-L. Aubert. – Cass. 3e civ., 19 juill. 1982 : *Bull. civ.* 1982, III, n° 180. – *Adde* S. Pérignon, *La vente sous condition suspensive du non-exercice du droit de préemption urbain* : *Defrénois* 1991, art. 35038. – Th. Vignal, *La nature juridique de la condition suspensive de non-exercice du droit de préemption* : *Defrénois* 1996, 1041. – B. Nuytten, *Avant-contrats de vente d'immeubles sous condition suspensive de la purge du droit de préemption urbain* : *RDC* 2005, p. 503. – S. Becqué-Ickowitz, *La condition suspensive de non-préemption, faculté de repentir pour le vendeur ?* : *Defrénois* 2011, art. 40176.

l'a réputée non écrite à l'égard des SAFER(444). Cette disparité de régime se retrouve à l'appel des sanctions consécutives à l'irrespect de cette procédure. À l'égard du bénéficiaire du droit de préemption privé de la possibilité d'exercer celui-ci, trois types de sanctions sont prévues (et peuvent s'associer) : la nullité ou l'inopposabilité de la vente faite à un tiers(445), la substitution du bénéficiaire à l'acquéreur(446), l'obtention de réparation(447). Cette disparité fait écho aux discussions et incertitudes théoriques sur la nature exacte de cette institution en droit des contrats.

3° Les conditions de la vente sont imposées

106. – La fixation du prix de vente. Les atteintes au consentement du vendeur connaissent une dernière manifestation lorsque certaines conditions de vente, spécialement de prix, s'imposent à celui-ci, que le principe de la vente soit encore libre ou pire, également imposé.

Les conditions de la vente peuvent s'imposer au vendeur à raison de l'engagement que celui-ci a déjà pris au titre d'un avant-contrat ; ainsi la promesse unilatérale de vente doit viser les conditions essentielles de la future vente (V. *supra*, n° 56) ; le distributeur peut également se voir imposer par son fournisseur d'associer certaines prestations particulières à la revente à raison de l'image de marque du produit (V. *supra*, n° 47). Il n'y a pas ici d'atteinte au consentement du vendeur, lequel précisément a déjà préalablement consenti à ces conditions de vente.

Ce sont alors des préoccupations de droit de la concurrence qui, paradoxalement, peuvent affecter le libre aménagement des conditions de la vente. La libre concurrence, c'est d'abord la liberté contractuelle : le distributeur (acheteur-revendeur) ne peut se voir tenu de respecter un prix minimal de revente imposé par le fournisseur (vendeur) ; pareille disposition est condamnée, sauf dans le secteur du livre(448), au titre des pratiques restrictives de concurrence (C. com., art. L. 442-5), voire expressément « anticoncurrentielles » (C. com., art. L. 420-1 et L. 420-2)(449). La libre concurrence, c'est aussi la prohibition de certaines pratiques contractuelles ; le distributeur voit son prix de vente minimum imposé par son prix d'achat à raison de la prohibition de la revente à perte destinée à protéger le petit commerce contre le *dumping* que pourrait pratiquer la grande distribution (C. com., art. L. 442-2)(450).

---

(444) V. C. rur. pêche marit., art. L. 143-5. – Sur une fraude au droit de préemption du preneur à bail au titre d'une donation dénuée *d'animus donandi* : Cass. 3e civ., 15 avril 2021, n° 20-15.332.

(445) Pour le droit de préemption de l'indivisaire, C. civ., art. 815-16 ; du fermier, C. rur. pêche marit., art. L. 412-10 ; du locataire commerçant, C. com., art. L. 145-46-1 ; pour la SAFER, également *infra*, note suivante.

(446) Pour le droit de préemption du preneur à bail d'habitation, V. L. 31 déc. 1975, art. 10 ; L. 6 juill. 1989, art. 15-II ; du fermier en cas de vente au mépris du droit, C. rur. pêche marit., art. L. 412-10 ; pour la SAFER, V. Cass. 3e civ., 22 févr. 1978 : *Bull. civ.* 1978, III, n° 101.

(447) Pour le fermier, V. C. rur. pêche marit., art. L. 412-12.

(448) L. n° 81-766, 10 août 1981, relative au prix du livre.

(449) La pratique des prix conseillés de revente, voire d'un prix maximum, ou la diffusion d'indications relatives au prix de revente ne sont pas prohibées, pourvu que le distributeur demeure libre de fixer ses prix comme il l'entend. – V. D. et N. Ferrier, *op. cit.*, n° 376 ; *adde* D. Mainguy, *La revente*, Litec, coll. « Bibl. dr. privé », 1996, t. 35, préf. Ph. Malaurie, nos 273 et s. – Le Conseil (Autorité) de la concurrence veille à ce que la pratique du prix conseillé ne dissimule pas un prix minimal imposé ; pour le secteur pharmaceutique, V. spéc. Cons. conc., 9 juin 1987 : *BOCC* 17 juin 1987, confirmé par Cass. com., 25 avr. 1989 : *BOCC* 10 mai 1989.

(450) La revente à perte suppose que le prix de revente soit inférieur au prix d'achat. La détermination du prix d'achat effectif du bien est alors fortement compliquée par la nécessaire prise en compte des ristournes que peut consentir le fournisseur et qui peuvent n'intervenir qu'à la fin d'une période de référence, ou des prestations que le distributeur assure au fournisseur et que le premier veut déduire du prix payé au second. Selon la loi : « Le prix d'achat effectif est le prix unitaire net figurant sur la facture d'achat, minoré du montant de l'ensemble des autres avantages financiers

La police des concentrations économiques[451] peut amener les parties au rachat d'une entreprise à soumettre leur accord à autorisation de l'Autorité de la concurrence, sinon du ministre de l'Économie (C. com., art. L. 430-4 et s.)[452].

Mais les conditions de la vente peuvent s'imposer au vendeur en dehors de tout consentement et contrat préalable. Le régime de taxation autoritaire des prix est cependant devenu l'exception depuis l'ordonnance du 1er décembre 1986, relative à la liberté des prix et de la concurrence, qui privilégie une régulation des prix « des biens, produits et services (...) par le jeu de la concurrence » (C. com., art. L. 410-2. – V. *infra*, n° 134). En réalité, c'est bien à l'occasion de l'exercice des droits de préemption (V. *supra*, nos 103 et s.) ou des procédures d'expropriation (V. *supra*, n° 102) que se révèlent de véritables atteintes au consentement du vendeur spécialement à raison de l'intervention de l'autorité judiciaire dans la fixation du prix de la vente. Encore, dans le cadre du jeu d'un droit de préemption, le vendeur peut-il renoncer au contrat (V. *supra*, n° 105).

§ 2. – La chose, objet du contrat de vente

107. – Nécessité. La présence d'une chose est indispensable au transfert de propriété et, partant, à l'identification de la vente (V. *supra*, nos 81 et s.). La chose doit néanmoins présenter certaines qualités pour être objet d'un contrat de vente (A) ; son caractère corporel ou incorporel doit en revanche être tenu pour indifférent (B).

A. – Les qualités exigées de la chose

108. – Plan. La chose, objet du contrat de vente, doit être déterminée (1°), elle doit être dans le commerce (2°), être appropriée (3°) ; la chose doit également, et d'évidence, exister, mais ce propos doit être nuancé afin de permettre la vente de choses futures (4°).

1° La chose doit être déterminée

109. – Corps certains et choses de genre. Pour que le consentement à la vente puisse valablement se fixer, la chose objet du contrat doit être précisément déterminée[453]. Cette exigence est implicitement rappelée dans les règles propres

consentis par le vendeur exprimé en pourcentage du prix unitaire net du produit et majoré des taxes sur le chiffre d'affaires, des taxes spécifiques afférentes à cette revente et du prix du transport » (C. com., art. L. 442-2). V. D. et N. Ferrier, *op. cit.*, nos 383. – Nouveau paradoxe du droit, moderne, de la concurrence, la loi du 1er juillet 1996 incrimine la pratique « de prix abusivement bas » par rapport aux coûts de production, de transformation et de commercialisation des produits dès lors que ces pratiques viseront à empêcher l'accès à un marché ou à éliminer de celui-ci un concurrent. – V. C. com., art. L. 420-5.

(451) L'opération de concentration est définie largement à l'article L. 430-1 du Code de commerce tel qu'il résulte de la loi n° 2001-420 du 15 mai 2001 ; outre les opérations traditionnelles de restructuration (fusion, apport partiel d'actif, constitution d'entreprise commune), ce texte soumet à autorisation les contrats *qui confèrent, seuls ou conjointement et compte tenu des circonstances de fait ou de droit, la possibilité d'exercer une influence déterminante sur l'activité d'une entreprise* (C. com., art. L. 430-1). Pour relever des modalités de contrôle, l'opération de concentration doit encore relever de certains seuils qui déterminent l'importance de l'accord (C. com., art. L. 430-2).

(452) Le texte vise la prise de contrôle par prise de participation au capital ou achat d'éléments d'actifs, contrat ou tout autre moyen, C. com., art. L. 430-1.

(453) Cette justification technique est explicite dans la convention de Vienne sur la vente internationale : le contrat est conclu par la rencontre d'une offre et d'une acceptation (art. 23) ; l'offre doit être ferme et précise, c'est-à-dire

à la vente (C. civ., art. 1583) qui se font l'écho des principes de droit commun (C. civ., art. 1163)[(454)] ; elle est encore explicitement consignée au hasard de textes spéciaux[(455)]. Sa mise en œuvre ne fait guère difficulté s'agissant de corps certains, à raison de leur individualité naturelle (tel immeuble, telle œuvre d'art, tel brevet...) ou artificielle (tel sac de pommes de terre distingué par une marque...). La seule énonciation de la chose dans le contrat suffit à sa désignation (description, localisation...)[(456)].

En revanche les choses fongibles, choses de genre, sont celles dont il existe un nombre indéfini d'exemplaires identiques et qui, par conséquent, restent parfaitement interchangeables[(457)]. La détermination peut s'opérer au poids (1 kg de pommes de terre), au compte (quatre endives et deux navets) ou à la mesure (1 mètre de soie de Chine) (C. civ., art. 1585) ; ce sont alors la *quantité* et *l'espèce* qui concourent à la désignation de l'objet. La détermination peut aussi se faire en bloc, en retenant le lieu où la chose se trouve (« Je vous vends toute la ferraille, en bloc, qui se trouve dans mon grenier » ; C. civ., art. 1586)[(458)]. Les usages pourvoiront utilement aux insuffisances du contrat pour sauver celui-ci (C. civ., art. 1163, al. 3). Cette détermination de la chose emporte individualisation de celle-ci, la transformant du même coup en corps certain (sur le transfert de propriété, et des risques, dans la vente de choses de genre, V. *infra*, n° 160).

2° La chose doit être dans le commerce

110. – Principe d'aliénabilité. À nouveau le droit de la vente (C. civ., art. 1598) réaffirme un principe du droit commun[(459)] : seules les choses qui sont dans le commerce juridique peuvent être vendues. Le principe étant que toute chose est dans le commerce, l'attention se porte naturellement sur les exceptions qui atteignent celui-ci : l'inaliénabilité peut être d'origine légale ou conventionnelle.

---

désigner les marchandises en quantité, qualité et prix (art. 14). Le droit commercial sait faire preuve de souplesse à l'égard des principes du Code civil : ainsi l'apport partiel d'actif est un apport en nature – qui tangente la vente – qui porte sur une *branche autonome d'activités* ; qu'est-ce qu'une branche autonome d'activités ? Les spécialistes parlent d'un ensemble homogène constitutif d'une sous-entreprise : V. M. Cozian, A. Viandier et Fl. Deboissy, *Droit des sociétés*, préc., n°s 1710 et 1760 et s.

(454) Alors que les textes d'origine de droit des obligations concentraient la réglementation de droit commun autour de la « chose » (C. civ., ancien art. 1129), les dispositions issues de l'ordonnance de 2016 privilégient la notion de « prestation », marquant l'évolution de la théorie générale plus tournée vers la prestation de services que vers les contrats sur les choses : la prestation (du vendeur) doit être déterminée ou déterminable (C. civ., art. 1163).

(455) La loi du 18 décembre 1996 améliorant la protection des acquéreurs de lots de copropriété précise que, sous peine de nullité, tout contrat de vente relatif à un immeuble soumis au statut de la copropriété doit mentionner la superficie de la partie privative de ce lot, l'article 46 de la loi du 10 juillet 1965 fixant le statut de la copropriété des immeubles bâtis. – V. *infra*, n° 180.

(456) On retrouve ici les contentieux classiques de l'exigence de détermination et des sanctions en cas d'erreur sur l'objet : alors que le vendeur s'était trompé sur le bien vendu (identification d'une parcelle), il a été jugé qu'il y a avait là une erreur qui faisait obstacle à la rencontre des volontés, sans qu'il soit nécessaire de tenir compte de son caractère inexcusable, V. Cass. 3e civ., 16 déc. 2014, n° 14-14.168 : *Contrats, conc. consom.* 2015, comm. 54, obs. L. Leveneur.

(457) V. M.-L. Mathieu-Izorche, *Droit civil les biens*, Sirey, 2006, n°s 143 et s. – Pour la nuance chose de genre, chose fongible V. F. Zénati et Th. Revet, *Les biens*, PUF, 3e éd., 2008, n°s 102 et 106.

(458) V. Cass. com., 16 nov. 1993 : *Bull. civ.* 1993, IV, n° 415 ; *JCP G* 1994, II, 22287, B. Gross ; *RTD civ.* 1994, p. 347, obs. J. Mestre ; *ibid.*, p. 629, obs. P.-Y. Gautier ; *RTD com.* 1994, p. 340, B. Bouloc (vente en bloc de plus de... 40 000 articles ménagers énumérés sur une liste). – *Adde* Cass. 1re civ., 8 oct. 1980 : *D.* 1981, inf. rap. p. 445, B. Audit (vente d'une récolte sur pied). – Cass. 1re civ., 1er févr. 1983 : *JCP G* 1984, II, 20241, J. Hémard (vente d'un lot d'animaux).

(459) V. C. civ., ancien art. 1128.

111. – Inaliénabilité légale : applications traditionnelles. L'inaliénabilité légale concerne classiquement, au premier chef, le corps humain et tout ce qui s'y rapporte (l'embryon comme le cadavre) : être ou avoir ? Il faut choisir[460]. Les lois du 29 juillet 1994 sur le respect du corps humain et l'utilisation de ses éléments proclament l'extrapatrimonialité de celui-ci (C. civ., art. 16-1, al. 3), la nullité des conventions tendant à conférer au corps, ses éléments ou produits, une valeur patrimoniale (C. civ., art. 16-5 et 16-7), enfin l'exigence de gratuité qui s'attache à toute expérimentation ou prélèvement d'organes (C. civ., art. 16-6 et C. santé publ., art. L. 1211-4)[461]. La crainte du *votum mortis* (l'espoir de décès) explique, entre autres motifs, que les droits successoraux à venir aient pu être mis hors du commerce juridique (prohibition des pactes sur succession future, C. civ., art. 1600, abrogé par L. n° 2001-1135, 3 déc. 2001, art. 21-1) ; la prohibition a constamment reculé avec le temps[462]. Le même respect de la personne justifie classiquement l'inaliénabilité et l'insaisissabilité du droit moral de l'auteur[463], voire des sépultures[464]. Il en est de même de droits patrimoniaux à caractère personnel dont le lien qui les attache à la personne de leur titulaire les fait échapper, totalement ou partiellement, aux conséquences ordinaires de la patrimonialité : ainsi, de tradition, des créances alimentaires, des droits d'usage et d'habitation ou des indemnités allouées en réparation des préjudices de caractère personnel[465].

(460) V. R. Cabrillac, *Le corps humain*, in *Droits et libertés fondamentaux*, éd. annuelle, Dalloz. – G. Loiseau, *Typologie des choses hors du commerce* : *RTD civ.* 2000, p. 47 et s. – Sur la « douloureuse » affaire dite de la rose tatouée, V. TGI Paris, 3 juin 1976 : *D.* 1970, 136.

(461) Opportunément le Code de la santé publique prévoit que la cession et l'utilisation des éléments et produits du corps humain relèvent tant de ce code que des règles du Code civil : C. santé publ., art. L. 1211-1. – La Cour de cassation en assemblée plénière a sans ambages retenu que la convention de maternité de substitution contrevient « tant au principe d'ordre public de l'indisponibilité du corps humain qu'à celui de l'indisponibilité de l'état des personnes », Cass. ass. plén., 31 mai 1991 : *D.* 1991, p. 417, D. Thouvenin ; *JCP* G 1991, II, 21752, note F. Terré ; *Defrénois* 1991, p. 1267, note J.-L. Aubert ; *RTD civ.* 1991, p. 517, obs. D. Huet-Weiller.

(462) V. C. civ., art. 722 : Sur ce qui demeure de ce principe et son évolution dans le sens d'une libéralisation progressive, V. M. Grimaldi, *Droit civil, Successions*, Litec, 2001, n°s 339 et s. – F. Zénati et Th. Revet, *Les successions*, PUF, 2012, n°s 11 et s. – Sur la loi du 23 juin 2006 (n° 2006-728) qui modifie l'article 1130 ancien du Code civil, V. A. Delfosse et J.-F. Peniguel, *La réforme des successions et des libéralités*, Litec, 2006, spéc. n°s 426 et s. – L'article 1130 ancien du Code civil prévoyait encore dans son alinéa second le principe de la prohibition ; il a été abrogé avec l'ordonnance du 10 février 2016.

(463) V. CPI, art. L. 121-1 et s. D'un point de vue technique, le droit moral est constitué d'un faisceau de règles qui, pour l'essentiel, permettent à l'auteur de priver le cessionnaire du monopole d'exploitation (l'éditeur) de la faculté de réaliser certaines formes d'exploitation (le droit au respect et à l'intégrité de l'œuvre empêche la « colorisation » du film réalisé en noir et blanc, le droit à la paternité impose la désignation de l'auteur à l'occasion des actes d'exploitation…). Une sorte de servitude grevant le monopole. L'inaliénabilité du droit moral se traduit par la nullité de toute renonciation que l'auteur aurait pu consentir à se prévaloir de ces prérogatives (« contrat de nègre »). Dès lors l'aliénation du droit moral se traduirait par la renonciation à ces prérogatives, ce qui entraînerait leur disparition et investirait naturellement le cessionnaire du monopole des « pleins pouvoirs » sur l'œuvre. L'inaliénabilité du droit moral est de l'essence technique de ce droit, faute de quoi il n'y a plus de droit moral. – V. J. Raynard, *Droit d'auteur et conflits de lois*, Litec, coll. « Bibl. dr. privé », 1991, t. 26, préf. M. Vivant, n° 26, spéc. n°s 303 *bis* et s., 360 et s. Sur l'influence de la conception dualiste traditionnelle du droit d'auteur, V. G. Loiseau, *Le nom objet de contrat*, LGDJ, coll. « Bibl. dr. privé », 1997, t. 274, préf. J. Ghestin.

(464) V. Cass. civ., 11 avr. 1938 : *DH* 1938, p. 321.

(465) L'incessibilité n'est pas absolue : les droits patrimoniaux à caractère personnel par leur affectation peuvent être cédés dès lors que cette cession ne remet pas en cause leur finalité : V. *JCl. Civil Code, Vente – Choses pouvant être vendues*, art. 1598, par L. Cadiet et F. Leborgne, § 48.

L'inaliénabilité légale affecte ensuite les biens du domaine public[466], les droits publics qui touchent aux fondements mêmes de l'État (le droit de vote)[467], les charges et attributs de la fonction publique : la chaire d'un professeur d'université n'est pas cessible, pas plus qu'elle n'est héréditaire.

La sécurité du consommateur impose encore la mise hors du commerce des produits et substances dangereux (C. consom., art. L. 421-3)[468].

La préservation de la vie privée justifie que soient déclarés à la Commission nationale de l'informatique et des libertés (CNIL) les fichiers nominatifs des entreprises. La Cour de cassation a jugé, de manière surprenante, que les fichiers de clientèle non déclarés étaient hors commerce[469].

Deux questions d'actualité concentrent l'attention : les clientèles non commerciales, les produits contrefaisants ; la *négociabilité* des autorisations administratives fait moins débat.

112. – Les clientèles civiles. La Cour de cassation a longtemps posé en règle la nullité des cessions de clientèle civile (celle des médecins, des avocats) à raison du lien de confiance unissant le professionnel libéral à ses clients et de la liberté de choix de ces derniers. Dès lors que le pouvoir d'attraction de la clientèle tient dans la seule personne du prestataire et non plus dans la qualité d'une chose, comme pour le fonds de commerce, celle-ci ne peut être aliénée. Il y aurait alors une impossibilité technique de considérer la clientèle civile *per se*, comme un bien[470]. Cette analyse est cependant très discutable. Au fond, elle repose sur une difficulté conceptuelle : celle de dissocier la personne humaine des facteurs personnels d'attraction des clients du professionnel libéral, l'inaliénabilité de la première fait obstacle à toute réification des seconds. Or, à l'observation, il n'y a pas de différence de nature entre la clientèle civile et la clientèle commerciale ; le principe de la libre concurrence prévaut dans les deux secteurs de la vie économique et une inconstance plus grande encore s'attache à la clientèle commerciale (on ne

(466) L'article L. 3111-1 du Code général de la propriété des personnes publiques dispose : « Les biens des personnes publiques (...) qui relèvent du domaine public, sont inaliénables et imprescriptibles ». Aux termes de l'article L. 2111-1 du même code : « Le domaine d'une personne publique (...) est constitué des biens lui appartenant qui sont, soit affectés à l'usage direct du public, soit affectés à un service public pourvu qu'en ce cas, ils fassent l'objet d'un aménagement indispensable à l'exécution des missions de ce service public ». – Le principe de l'indisponibilité du domaine public ne fait cependant pas échec à la constitution de droit réel sur celui-ci, au titre de baux « spéciaux » de longue durée. – V. *infra*, n° 319 ; ce principe est également contourné par l'émergence du droit patrimonial de présentation : V. Cass. 1re civ., 5 déc. 1995 : *Bull. civ.* 1995, I, 445 ; *Defrénois* 1996, art. 36354, n° 54, obs. Ph. Delebecque (présentation d'un successeur d'un droit de place sur un marché). Le Code général de la propriété des personnes publiques assortit le principe d'inaliénabilité de nombreuses dérogations : CGPPP, art. L. 3112-1 et s. – La jurisprudence sanctionne par la nullité les conventions conclues illicitement, la nature de la nullité (absolue ?) est incertaine : Cass. 1re civ., 3 mai 1988 : *JCP* G 1989, II, 21, 203, F. Hervouët ; *AJDA* 1988, p. 679, note J. Dufau.

(467) Tout est relatif : on se rappelle la validité des conventions de remplacement au service militaire, et leur nullité pour absence de cause lorsque celui qui s'était « acheté un remplaçant » se trouvait libéré de toute obligation, n'ayant pas été désigné par le « tirage au sort », Cass. req., 30 juill. 1873 : S. 1873, 1, p. 448 ; *D.* 1873, I, p. 330. Mais cette jurisprudence était en avance sur son temps : qui soutiendrait aujourd'hui que le service militaire demeure un devoir citoyen ? – Mais l'investiture officielle d'un parti politique est une chose hors du commerce, Cass. 1re civ., 3 nov. 2004 : *RDC* 2005, p. 263, obs. D. Mazeaud.

(468) V. Cass. com., 16 mai 2006 : *RTD civ.* 2006, 552, obs. J. Mestre et B. Fages (produits cosmétiques périmés).

(469) Cass. com., 25 juin 2013, n° 12-17.037 : *JCP* G 2013, 930, note A. Debet ; *JCP* E 2013, 1422, obs. J.-B. Seube ; *RTD civ.* 2013, p. 595, obs. H. Barbier ; *Comm. comm. électr.* 2013, n° 90, obs. G. Loiseau ; *RDC* 2014, p. 119, obs. J. Rochfeld.

(470) V. not. Cass. 1re civ., 27 nov. 1984 : *D.* 1985, p. 448, note J. Penneau. – Cass. 1re civ., 7 févr. 1990 : *Bull. civ.* 1990, I, n° 38 ; *Defrénois* 1990, 1018, obs. J.-L. Aubert et *RTD civ.* 1991, p. 560, obs. F. Zénati. – Cass. 1re civ., 1er oct. 1996 : *D.* 1997, somm. p. 171, obs. R. Libchaber ; *Contrats, conc. consom.* 1997, n° 3, obs. L. Leveneur. Le fondement des décisions varie : de l'immoralité de l'objet à son inexistence.

change pas de médecin comme d'épicier). Il est vrai que le facteur personnel paraît moindre dans l'attraction de la clientèle commerciale : la théorie du fonds de commerce met précisément en avant les éléments corporels et incorporels qui sont destinés à fixer les clients (droit au bail, nom commercial, marque, stocks...) et qui sont l'objet direct de la vente. Mais l'évolution des modes d'exercice des professions libérales, avec le développement des cabinets de groupe, a révélé la présence d'éléments attractifs de clientèle indépendants de la seule personne du prestataire (dénomination du cabinet qui « réifie » la réputation personnelle du cédant, outillage souvent sophistiqué et onéreux, importance nouvelle du local professionnel) et eux parfaitement négociables(471). Dans les deux cas, c'est le même espoir de conservation de la clientèle de son prédécesseur qui cause le paiement d'un prix par le successeur. Et au fond, même en arrière-plan, les facteurs liés à la personne du commerçant sont encore indispensables à l'attraction de la clientèle commerciale (d'où l'insertion d'une clause de non-concurrence dans la vente du fonds) ; ils n'en prohibent pas pour autant l'aliénation de celle-là. Pendant longtemps, la réponse de la jurisprudence à ce constat n'était pas dénuée d'hypocrisie : si la cession de clientèle civile était nulle, en revanche restait valable la convention de présentation de successeur, fondée sur des obligations de faire (présenter le successeur) et de ne pas faire (ne pas faire acte de concurrence à l'égard de celui-ci)(472). Mais en admettant que les héritiers et le conjoint survivant pouvaient exercer ce droit de présentation(473), la Cour de cassation a dévoyé sa construction : car qui d'autre que le médecin de famille ou l'avocat réputé est à même de convaincre ses clients de reporter leur confiance sur le jeune successeur ? Au-delà de l'émergence du droit de présentation, l'histoire est dans le sens de la patrimonialité du cabinet ou fonds libéral(474). Aussi bien, en dépit d'une formulation prudente,

(471) Déjà en ce sens, J. Savatier, *Étude juridique de la profession libérale*, LGDJ, 1947, qui désignait dans *l'équipe* et *l'équipement* les éléments fédérateurs de clientèle. Une thèse pionnière : F. Vialla, *L'introduction du fonds libéral en droit positif français*, Litec, coll. « Bibl. dr. privé », 1998, t. 39, préf. J.-J. Daigre. – *Adde* A. Lamboley, *La société civile professionnelle, un nouveau statut de la profession libérale*, Litec, coll. « Bibl. dr. privé », 1974, t. 15. – M. Chaniot-Waline, *La transmission des clientèles civiles*, LGDJ, coll. « Bibl. dr. privé », 1994, t. 244, préf. J. Ghestin. – S. Ferré-André, *De la patrimonialisation à la commercialisation des clientèles civiles et des professions libérales* : *RTD com.* 1995, p. 565. – J.-J. Daigre, *Patrimonialité des clientèles civiles : du cabinet au fonds libéral* : *Dr. et patrimoine* juill. 1996, p. 36 et *Revue de l'ACE* juin 1996, n° 59 ; du même, *Du fonds libéral en général*, in *Mél. A. Sayag*, Litec, 1997, p. 191. – Y. Auguet, *Concurrence et clientèle*, LGDJ, 2000.

(472) Cass. 1re civ., 7 févr. 1990 : *Bull. civ.* 1990, I, n° 38 ; *RTD civ.* 1991, p. 560, obs. F. Zénati ; *Defrénois* 1990, p. 1018, note J.-L. Aubert. – Cass. 1re civ., 7 juin 1995 : *Bull. civ.* 1995, I, n° 43 ; *D.* 1995, p. 560, note B. Beignier (sous la réserve de ce que le libre choix du praticien par le client soit garanti). – Cass. 1re civ., 3 juill. 1996 : *Bull. civ.* 1996, I, n° 287 ; *D.* 1996, somm. p. 170, obs. R. Libchaber. – Déjà Cass. 1re civ., 29 avr. 1954 : *JCP G* 1954, II, 8249. – Cass. 1re civ., 7 mars 1956 : *D.* 1956, p. 523. La technique du droit personnel vient ainsi pallier l'impossible transfert de droit réel ; pour une analogie avec la cession de brevet et la communication de savoir-faire, V. *infra*, n° 117. – *Adde* F. Zénati : *RTD civ.* 1994, p. 639.

(473) V. Cass. 1re civ., 9 mai 1961 : *RTD civ.* 1963, p. 213, obs. P. Jullien. – Cass. 1re civ., 5 mai 1993 : *Defrénois* 1994, art. 35691, 120, Forgeard. – Cass. 1re civ., 3 déc. 1996 : *JCP G* 1997, II, 22799, note J.-J. Daigre ; *D. affaires* 1997, p. 219 (qui admet que la clause de non-concurrence doit être présumée comprise parmi les droits transmis par le cessionnaire lorsqu'il vient, à son tour, à procéder à la même opération) ; les décisions parlent du « cabinet » et non de la clientèle du professionnel : V. TGI Meaux, 24 juin 1999 : *JCP E* 1999, I, p. 1589, note F. Vialla, qui réfère à *l'organisation originale conçue et réalisée par le professionnel* et destinée à drainer la clientèle. – Comp. Cass. 1re civ., 19 oct. 1998 : *Contrats, conc. consom.* 2000, n° 39, obs. L. Leveneur (une clientèle médicale ne se cède pas, même pour partie). – Cass 1re civ., 7 oct. 1997 : *Contrats, conc. consom.* 1998, n° 19, obs. L. Leveneur (mais la clientèle peut faire l'objet de contrats de présentation).

(474) Le développement des sociétés d'exercice libéral et la possibilité d'exercer les professions libérales réglementées en sociétés de forme commerciale (L. n° 90-1258, 31 déc. 1990) a déjà purgé la difficulté pour les cabinets les plus importants ainsi structurés : la cession de clientèle y prend la forme de la cession de parts sociales ou actions, qui, elle, n'a jamais fait difficulté (sauf à apprécier la valeur de rachat des parts, V. Cass. 1re civ., 3 mars 1993 : *Dr. et patrimoine* mai 1993, p. 12, obs. A. Voituriez et J.-C. Woog). À tout le moins serait-il équitable que notre droit ne cultive

il était possible de saluer comme un revirement l'arrêt du 7 novembre 2000 par lequel la Cour de cassation venait reconnaître que « la cession de la clientèle médicale, à l'occasion de la constitution ou de la cession d'un fonds libéral d'exercice de la profession, n'est pas illicite... à la condition que soit sauvegardée la liberté de choix du patient »[475]. Plus franchement, la chambre commerciale de la Cour de cassation a finalement jugé que la cession d'une clientèle libérale n'est pas en principe illicite, il importe peu dès lors que la convention en cause ait pour objet la *cession* ou la *présentation* à la clientèle[476].

La loi d'orientation agricole du 5 janvier 2006 a institué le *fonds agricole* (mod. par L. n° 2019-486, 22 mai 2019 : C. rur. pêche marit., art. L. 311-3) ; en corollaire le même texte a prévu la possibilité pour le fermier de céder le bail rural (C. rur. pêche marit., art. L. 418-1 et s.). Les deux formules ne connaissent qu'un succès limité[477], elles marquent néanmoins une évolution majeure dans l'économie de l'exploitation agricole par un autre que le propriétaire du sol (V. *infra*, n° 298).

113. – **Les produits contrefaisants.** À peine sortie de l'incessibilité des clientèles civiles dans laquelle elle s'était longtemps fourvoyée (V. *supra*, n° 112), la Cour de cassation découvre un nouveau thème d'objet hors du commerce, celui des produits contrefaisants. La contrefaçon tient dans l'atteinte aux droits de propriété intellectuelle, réglementés par le Code de la propriété intellectuelle (droit d'auteur, dessins et modèles, brevets, marques...), qui résulte de la fabrication et de la vente de produits comparables, voire similaires, à des produits réservés au titre d'un droit privatif, mais sans le consentement du titulaire de ce dernier. Chanel, Dior, Vuitton... les marques françaises les plus prestigieuses sont les victimes les plus médiatiques de telles pratiques. La contrefaçon est sanctionnée civilement et parfois pénalement par le Code de la propriété intellectuelle ; le droit communautaire s'efforce également de développer des moyens de lutte effectifs contre cette forme de vol[478]. Mais les produits nés d'actes de contrefaçon peuvent être appelés à faire l'objet de contrats, spécialement de vente. Dans le souci de paralyser la distribution de ces productions, la Cour de cassation a jugé, dans un arrêt rendu au visa des articles 1128 ancien et 1598 du Code civil, que la marchandise contre-

---

pas ici l'inégalité entre la « grenouille » et le « bœuf ». – *Adde* Journées nationales Assoc. H. Capitant, *Les professions libérales*, LGDJ, 1998.

(475) Cass. 1re civ., 7 nov. 2000 : *JCP G* 2001, II, 10452, note F. Vialla ; *JCP G* 2001, I, 301, n° 16, obs. J. Rochefeld ; *RTD civ.* 2001, p. 130, obs. J. Mestre et B. Fages, p. 167, obs. Th. Revet ; *Contrats, conc. consom.* 2001, p. 18, obs. L. Leveneur ; *Defrénois* 2001, 431, note R. Libchaber ; *D.* 2001, chron. 2295, obs. Y. Serra ; *ibid.* 2002, somm. p. 930, obs. O. Tournafond. – Pour une illustration de la préservation de la liberté de la clientèle, Cass. 1re civ., 14 avr. 2012, n° 11-16.439 : *JCP G* 2013, 124, obs. M. Mekki ; *RDC* 2013, p. 540, obs. Y.-M. Laithier : est nulle comme contrevenant à la liberté de choix de la clientèle la clause d'une cession de parts de SCP notariale qui interdit au cédant de percevoir pendant dix ans la rémunération de son activité pour des clients qui auraient fait le choix de le suivre dans sa nouvelle étude.

(476) Cass. com., 24 sept. 2003 : *RTD civ.* 2003, p. 704. – *Adde* Cass. 1re civ., 19 nov. 2002 : *Bull. civ.* 2002, I, n° 277. – Cass. 1re civ., 30 juin 2004 : *Bull. civ.* 2004, I, n° 195 ; *Contrats, conc. consom.* 2004, n° 135, obs. L. Leveneur ; *D.* 2005, pan. 405, obs. A. Penneau. – Cass. 1re civ., 16 janv. 2007 : *Bull. civ.* 2007, I, n° 24. Mais singulier retour de l'ordre public : la cession de l'office notarial nouvellement créé, qui n'avait eu aucune activité, et attribué sur tirage au sort en application de la loi n° 2015-990 du 6 août 2015, contrevenait à l'article 1162 du Code civil : Cass. 1re civ., 7 juin 2023, n° 21-16.833 : *RDC* déc. 2023, n° 4, p. 11, obs. R. Libchaber.

(477) F. Delorme, *Réflexion sur le devenir de deux outils révolutionnaires : le fonds agricole et le bail cessible : Defrénois* 2007, p. 1715.

(478) Not. Dir. 2004/48, 29 avr. 2004, relative au respect des droits de propriété intellectuelle, V. *La valeur des droits de propriété industrielle*, Litec, coll. « CEIPI », 2006, spéc. p. 95 et s.

faite ne peut faire l'objet d'une vente(479). De la sorte l'acheteur d'une marchandise contrefaisante qui aura été condamné à ce titre ne peut plus, désormais, appeler en garantie son vendeur(480) ; mais, même de mauvaise foi, il obtiendra nullité de la vente avec restitution du prix(481) ; il pourra encore se placer sur le terrain délictuel et exercer contre son vendeur, à raison de sa qualité de coauteur du délit de contrefaçon, une action récursoire tirée de l'article 1251-3° du Code civil pour obtenir la contribution de celui-ci à la réparation du préjudice lié aux éventuelles indemnités de contrefaçon qu'il aura pu être appelé à verser au titulaire du droit privatif(482). Encore faut-il observer que cette nullité ne devrait pas s'étendre aux ventes internationales susceptibles de relever du domaine de la convention de Vienne du 11 avril 1980 dès lors que ce texte réserve un régime spécial de garantie à la vente de marchandises contrefaites, ce qui suppose la validité de ce contrat(483).

114. – Les autorisations administratives. Sous l'influence de l'ordre public économique et social, et contre le principe de la liberté du commerce et de l'industrie, l'exercice de nombreuses activités économiques est subordonné à l'obtention préalable d'autorisations administratives diverses : ainsi de la licence de boissons, de « l'autorisation de stationnement de taxi », du permis de construire, de l'autorisation de l'Autorité de régulation de la communication audiovisuelle et numérique (ARCOM, par ex. CSA) pour exploiter une radio locale et « occuper » une fréquence hertzienne, de la garantie COFACE pour conclure un contrat international(484). Ce qui hier était observé comme un « encerclement » du contrat par le droit public(485) est aujourd'hui devenu une invasion ; celle-là ne pouvait faire halte aux frontières du droit de la vente. Toutes sortes d'autorisations en effet ont proliféré dans le secteur de la vente, soit que celles-ci s'attachent directement au contrat dont elles constituent un préalable indispensable(486), soit qu'elles soient nécessaires à l'activité du vendeur : autorisation municipale pour certaines ventes

(479) Cass. com., 24 sept. 2003 : *Bull. civ.* 2003, IV, n° 147 ; *D.* 2003, p. 2683, note Ch. Caron ; *RTD civ.* 2003, p. 703, obs. J. Mestre et B. Fages ; *ibid.* 2004, p. 117, obs. Th. Revet ; *RTD com.* 2004, p. 284, obs. F. Pollaud-Dullian ; *JCP G* 2004, I, 123, n° 15, obs. G. Loiseau ; *JCP E* 2004, 114, note I. Castets-Renard ; *Contrats, conc. consom.* 2004, n° 32, obs. Ph. Stoffel-Munck.

(480) La jurisprudence assimile le professionnel à l'acquéreur de mauvaise foi ; sur l'ensemble de la question, V. P. Véron, *Le recours de l'acheteur contre le vendeur de produits contrefaisants*, in *Mél. J.-J. Burst*, Litec, 1997, p. 617 et s.

(481) Comp. J. Mestre et B. Fages, *op. cit.*

(482) Cass. com., 8 juill. 2003, *Stés UOCR et Tissus Mayor c/ Stés Exceltrade et European surprice.* – V. E. Tardieu-Guigues, *Contrefaçon et recours en garantie du distributeur contre son fournisseur : CDE* 2004, n° 2.

(483) V. CVIM, art. 42 : « Le vendeur doit livrer les marchandises libres de tout droit ou prétention d'un tiers fondée sur la propriété industrielle ou autre propriété intellectuelle qu'il connaissait ou ne pouvait ignorer au moment de la conclusion du contrat », sur le territoire où le produit doit être commercialisé. Il n'est libéré de cette obligation que si l'acheteur avait connaissance des droits de propriété intellectuelle portant sur la chose ou s'il s'est conformé aux instructions de l'acheteur en fabriquant la chose (art. 42-2, a et b) ; mais la Cour de cassation qui décide que « l'acheteur (...) ne pouvait en sa qualité de professionnel ignorer cette contrefaçon de sorte qu'il avait agi en connaissance du droit de propriété intellectuelle invoqué » risque bien de priver d'efficacité cette disposition dès lors que la convention de Vienne régit des ventes entre professionnels. – V. Cass. 1re civ., 19 mars 2002 : *JCP G* 2003, II, 10016, note J. Raynard.

(484) La garantie COFACE (Compagnie française du commerce extérieur) requiert l'agrément d'une commission interministérielle des garanties et du commerce extérieur et de la Direction des relations économiques extérieures (DREE). Le rôle de l'Administration dans la délivrance de la garantie, nécessaire à la conclusion du contrat, est donc déterminant. De même la réglementation des changes (L. 28 déc. 1966) subordonnait le paiement à l'étranger, donc la conclusion du contrat, à autorisation ; la loi du 14 février 1996 a libéralisé les relations financières avec l'étranger ; V. J.-M. Mousseron et *al.*, *Droit du commerce international*, *op. cit.*, nos 709 et s.

(485) V. J. Rivero, *Droit public et droit privé : conquête ou statu quo ? : D.* 1947, chron. p. 69 et s.

(486) V. par ex., Cass. 3e civ., 8 févr. 1983 : *RD imm.* 1983, p. 354, note J.-C. Groslière et Ph. Jestaz (autorisation délivrée par une société HLM pour la vente d'un appartement).

promotionnelles, autorisation de la commission départementale d'aménagement commercial pour créer une grande surface de distribution (V. *infra*, n° 153). Convoitée par ceux qui ne l'ont pas, l'autorisation est appelée à devenir un bien que chercheront à négocier ceux qui l'ont obtenue et n'en veulent plus(487). On distingue alors des autorisations « personnelles », attribuées *intuitu personae* en contemplation des qualités du bénéficiaire : l'autorisation est alors « incessible » ; la transmission de l'autorisation au tiers supposera l'aval de l'Administration qui, souvent, préférera en délivrer une nouvelle(488). En revanche, le bénéficiaire d'une autorisation « réelle » jouit de la faculté de céder librement celle-ci, sauf à informer l'Administration. Cette cession intervient le plus souvent avec la vente du bien concerné par l'autorisation dont celle-ci constitue alors un accessoire, tout comme la carte grise du véhicule vendu (V. C. civ., art. 1615. – V. *infra*, n° 182)(489). Mais il arrivera encore que l'autorisation puisse être cédée seule : elle accède alors au rang de « bien » objet du contrat de vente(490).

Au final, un double phénomène d'assujettissement de la volonté individuelle à l'autorité administrative et de résurgence de nouveaux privilèges négociables qui appelle également réprobation(491).

115. – Inaliénabilité conventionnelle : un intérêt sérieux et légitime(492). Le Code civil réglemente les clauses d'inaliénabilité prévues dans des libéralités : dans ce cas, la clause n'est valable que si l'inaliénabilité du bien est temporaire et justifiée par un intérêt sérieux et légitime. À supposer ces conditions satisfaites, la clause d'inaliénabilité peut encore être vaincue par le tribunal (C. civ., art. 900-1). La sanction tient à la nullité relative de la vente conclue en méconnaissance de la clause, pour autant que le legs ou la donation où elle est insérée soit opposable au tiers(493), lequel, en matière de vente mobilière, se retranchera derrière l'article 2276 du Code civil pour conserver le bien.

---

(487) Sur cette qualification à propos de… quotas betteraviers, V. Cass. 3e civ., 1er oct. 2003 : *RTD civ.* 2003, p. 730, obs. Th. Revet.

(488) On évoque à ce titre les autorisations d'occupation du domaine public, les autorisations d'exercice d'une profession commerciale (licences d'agences de voyages, d'exploitation d'une carrière, d'entreprise de spectacle…) : V. A. Bernard, *L'autorisation administrative préalable et le contrat*, thèse, Paris II, 1985, ainsi que, du même auteur, *L'autorisation administrative et le contrat de droit privé* : *RTD com.* 1987, 1. – B. Thuillier, *L'autorisation en droit privé*, LGDJ, 1996. – M. Hervieu, *Les autorités administratives indépendantes*, Dalloz, 2012.

(489) Sur les autorisations nécessaires à l'ouverture d'une officine de pharmacie, V. C. santé publ., art. L. 5125-4.

(490) A. Bernard cite les licences de débits de boissons (C. déb. boiss., art. L. 22) et les… contingents de mouture, art. préc.

(491) Ce qui suscitait l'ire de Ph. Malaurie, L. Aynès et P.-Y. Gautier : « La France a trouvé la voie intermédiaire entre le capitalisme et le socialisme, la pire de toutes : le capitalisme de rentiers et le socialisme de souris, une cause de sclérose économique » (n° 173) ; mais la formule a disparu de la dernière édition de ce manuel…néanmoins toujours critique à cet égard (12e éd., n° 162) – Devant les critiques, certaines autorisations administratives de caractère réel ont été transformées en autorisations personnelles : ainsi de la « présentation à la clientèle » du chauffeur de taxi, subordonnée à l'agrément préalable du cessionnaire par l'administration (Cass. 1re civ., 25 avr. 1990 : *JCP G* 1990, IV, p. 233).

(492) V. H. Corvest, *L'inaliénabilité conventionnelle* : *Defrénois* 1979, p. 1377. – *Les restrictions conventionnelles au pouvoir de disposer : unité de régime ? Débat in RDC* 2016, p. 151, P. Berlioz, F. Danos, W. Dross, S. Milleville, Ph. Simler et A. Tadros.

(493) En matière immobilière, le décret du 4 janvier 1955 préserve les intérêts des tiers en prescrivant la publicité des clauses d'inaliénabilité et des simples restrictions au droit de disposer (D. 1955, art. 28-2°). – V. égal. Cass. 1re civ., 11 janv. 2000 : *JCP G* 2000, I, 215 ; n° 19, obs. G. Loiseau ; *RTD civ.* 2000, 332 (clause d'inaliénabilité vaincue par l'action oblique du créancier du donataire). – Cass. 1re civ., 30 janv. 2020, n° 18-25.381 : *RDC* juin 2020, n° 2, p. 10, obs. M. Latina : une promesse synallagmatique de vente qui portait sur un bien stipulé incessible s'est maintenue, faute pour elle d'avoir été assortie d'une condition suspensive ou d'un terme, jusqu'à la disparition de l'incessibilité.

L'insertion de telles clauses dans une vente, et plus généralement un acte à titre onéreux, est rare(494) ; la validité de la clause est même douteuse en regard de la liberté contractuelle et du principe de la libre disposition de ses biens(495). À la supposer valable, il faut ici admettre les mêmes limites que celles prévues lorsque la clause est insérée dans un acte à titre gratuit(496).

Dans ce contexte, le Code de commerce retient dans les sociétés par actions simplifiées la validité des clauses d'inaliénabilité statutaire pour une durée n'excédant pas dix ans (C. com., art. L. 227-13) ; sanction : nullité de la cession effectuée en méconnaissance de la clause (C. com., art. L. 227-15)(497).

Dans le cadre d'une procédure de redressement ou liquidation judiciaire, l'inaliénabilité des parts sociales, titres de capital ou valeurs mobilières donnant accès au capital, peut être imposée par le juge aux dirigeants de l'entreprise (C. com., art. L. 631-10) ou au « repreneur », cessionnaire de l'entreprise (C. com., art. L. 642-10) ; l'intérêt de l'entreprise et la sauvegarde de l'emploi commandent la solution.

3° La chose doit être appropriée

116. – Plan. Tout un chacun ne peut vendre que ce qui lui appartient ! L'affirmation appelle une double observation : un droit de propriété doit exister sur la chose, objet du contrat de vente ; le titulaire de ce droit doit être le vendeur, partie au contrat (problème de la vente de la chose d'autrui).

117. – Un droit de propriété sur la chose vendue ; brevets, savoir-faire et contenu numérique. Dans son observation des trois piliers du droit, le doyen Carbonnier place côte à côte famille, propriété, et contrat(498). De ce triptyque, le second volet est primordial : la famille elle-même est la structure idoine, en tout cas traditionnelle, au développement et à la transmission de la propriété, plus héréditaire que perpétuelle(499) ; et, premier des contrats, la vente suppose l'existence préalable du droit de propriété sur l'objet de la convention ; l'effet caractéristique de ce contrat (le transfert du droit de propriété) ne peut effectivement se produire qu'en présence d'un tel droit. Si la propriété est bien une technique juridique de réservation et, partant de répartition des richesses, le contrat, spécialement de vente, est la technique apte à assurer la commercialisation de celles-ci.

---

(494) Pour un pacte d'actionnaires, V. Paris, 4 mai 1982 : *Gaz. Pal.* 1983, 1, p. 152.

(495) Le strict contrôle par la jurisprudence des refus d'agrément au titre des clauses du même nom, et dont on estime qu'il doit se fonder sur des considérations objectives, milite en ce sens. – V. A. Bénabent, n° 56.

(496) La possibilité d'insérer une telle clause dans une vente était discutée par les auteurs : A. Bénabent, n°s 56 et s. ; J. Huet, n° 11147. – V. cependant Cass. 1re civ., 31 oct. 2007 : *RDC* 2008, p. 248, obs. Y.-M. Laithier : « Dès lors qu'elle est limitée dans le temps et qu'elle est justifiée par un intérêt sérieux et légitime, une clause d'inaliénabilité peut être stipulée dans un acte à titre onéreux. Après avoir relevé que la clause stipule que seuls les biens donnés et les biens acquis en remploi ne peuvent être aliénés sans le concours du donateur, une cour d'appel en déduit exactement qu'un créancier est fondé à se voir attribuer, après licitation, la partie du prix de vente correspondant à la quote-part indivise en pleine propriété du débiteur, laquelle n'est pas affectée par la clause d'inaliénabilité ».

(497) La jurisprudence retient l'efficacité de ces clauses en dehors des seules sociétés par actions simplifiées, Poitiers, 12 nov. 2002 : *RJDA* 10/2003, n° 966. – Y. Guyon, *Traité des contrats, les sociétés : aménagements statutaires et conventions entre associés*, LGDJ, 5e éd., 2002, p. 186, n° 110. – *Adde* C. Ferry, *Validité des clauses d'inaliénabilité portant sur des actions* : *JCP* E 2010,1327.

(498) J. Carbonnier, *Flexible droit*, préc., 8e éd., p. 255 et s.

(499) J. Carbonnier, *Les dimensions personnelles et familiales de la propriété*, in *Flexible droit*, préc., p. 371, spéc. p. 383 et s. – *Adde* C. civ., art. 711 : « La propriété des biens s'acquiert et se transmet par successions… ».

L'existence d'un droit de propriété peut être récusée pour des raisons de politique juridique ; notre droit refusant de considérer que tout puisse être objet de propriété, certaines choses sont hors du commerce (V. *supra*, n°s 111 et s.).

Le droit de propriété peut aussi manquer à l'appel parce que son bénéficiaire potentiel en refuse le bénéfice, alors que la « chose », prête à le supporter, n'est pas hors du commerce juridique. Le domaine de la propriété intellectuelle en offre un remarquable exemple avec le savoir-faire, ensemble d'informations techniques, transmissibles, non immédiatement accessibles au public (résultats expérimentaux... ayant pu échouer, fichier de clientèle, techniques de *merchandising*) et pour la connaissance desquelles une personne est prête à procurer une contrepartie, souvent financière[(500)]. Le savoir-faire peut exceptionnellement faire l'objet d'un droit de propriété industrielle (brevet) pourvu qu'il satisfasse aux conditions de brevetabilité[(501)] et qu'il soit l'objet du dépôt d'une demande de brevet auprès d'un office récepteur (INPI en France)[(502)]. Mais même brevetable, le savoir-faire ne sera pas toujours breveté : il suffira au maître du savoir-faire à ne pas déposer de demande de brevet[(503)]. Il s'ensuit que nombre d'opérateurs économiques, titulaires de savoir-faire préfèrent se réserver l'exclusivité de leurs informations en les conservant secrètes[(504)], alors que d'autres optent pour la voie de l'appropriation, donc du droit de brevet opposable *erga omnes*. Les deux voies de protection sont proprement antagoniques : la première résulte d'une situation de fait, le secret ; la seconde du droit le plus vigoureux, la propriété. Le savoir-faire breveté pourra alors être l'objet de vente (cession) comme de location (licence de brevet) (CPI, art. L. 613-8). Le savoir-faire non breveté ne saurait être « vendu » par celui qui en a connaissance, précisément pour cette raison d'évidence que celui-ci n'a pas de droit de propriété sur celui-là. La pratique a néanmoins très largement développé la formule des « contrats de communication de savoir-faire », contrats à base d'enseignement – et point d'autorisation – à la charge du maître du savoir-faire, et de confidentialité à la charge du récipiendaire des informations, contrats d'entreprise donc où le jeu d'obligations de faire et de ne pas faire opère une saisissante identité de résultats économiques avec les cessions et licences, en dépit de situations juridiques respectives de départ radicalement contraires (comp. *supra* avec les conventions de présentation de clientèle, n° 105)[(505)] (sur la nature du contrat de cession de brevet, *adde infra*, n° 124).

(500) V. J.-M. Mousseron, *Traité des brevets*, Litec, 1984, n°s 12 et s.

(501) Pour être brevetable, le savoir-faire doit être nouveau, impliquer une activité inventive, être susceptible d'application industrielle, CPI, art. L. 611-10.

(502) CPI, art. L. 611-1. – V. J. Raynard, E. Py et P. Tréfigny, *Droit de la propriété industrielle*, LexisNexis, 2016, n°s 181 et s. L'acte de dépôt s'analyse en un acte juridique unilatéral d'appropriation d'un bien sans maître.

(503) À raison du coût, important, qui peut s'attacher à cette procédure, de la publicité qui résulte de la publication du brevet, et de son résultat finalement « sans garantie du gouvernement », le brevet étant susceptible d'être annulé à l'occasion d'un contentieux où sa validité sera discutée, CPI, art. L. 613-25.

(504) V. J. Raynard, *Retour sur le savoir-faire non breveté*, in *Mél. G. Bonnet*, Litec, 2010, p. 447 et s.

(505) V. J.-M. Mousseron, *Traité des brevets*, *op. cit.*, n° 37. – J.-M. Mousseron, J. Raynard et Th. Revet, *De la propriété comme modèle*, in *Mél. A. Colomer*, Litec, 1993, p. 280 et s., spéc. n° 33. – J. Raynard, *Retour sur le savoir-faire non breveté*, *op. cit.*

Dans la proposition de règlement sur la vente européenne le bien, objet du contrat, devait s'entendre de tout objet mobilier corporel, mais aussi d'« un contenu numérique » susceptible d'être fourni(506). L'accession du contenu numérique au rang de bien objet d'un contrat de vente était de nature à susciter la perplexité : l'objet de la vente doit être objet d'un droit de propriété, ce qui n'est pas nécessairement le cas du « contenu numérique » ; et à envisager un droit privatif pour celui-ci, il devrait s'agir d'un droit de propriété intellectuelle. Le texte est à ce jour resté lettre morte (V. *infra*, n° 250).

118. – Le titulaire du droit de propriété sur la chose vendue ; la vente de la chose d'autrui. La chose, objet du contrat de vente, doit faire l'objet d'un droit de propriété dont le vendeur est titulaire ; il s'ensuit que :

> **« La vente de la chose d'autrui est nulle. Elle peut donner lieu à des dommages-intérêts lorsque l'acheteur a ignoré que la chose fût à autrui » (C. civ., art. 1599).**

Cette solution, qui peut passer pour naturelle, n'était pourtant pas retenue par le droit romain qui admettait que cette vente produisait valablement des effets obligatoires, dont celui de transférer ultérieurement la propriété (obligation de donner). En revanche le caractère consensuel du transfert de la propriété dans le Code civil (V. *infra*, nos 158 et s.) empêchait de retranscrire la solution romaine. Le transfert de propriété est un effet automatique du contrat, pas une simple obligation. Dans ce cas de figure, le transfert de propriété ne peut techniquement se produire, et l'acheteur se trouve exposé à la revendication du véritable propriétaire. Ainsi l'histoire associe la nullité de la vente de la chose d'autrui au consensualisme du transfert du droit de propriété et donc à la simultanéité de celui-ci à la rencontre des volontés ; en revanche, dès lors que le transfert du droit sera retardé (vente à terme, V. *infra*, nos 161 et s.), la nullité de la vente de la chose d'autrui perd sa pertinence. On étudiera successivement le domaine, puis le régime de cette vente particulière.

119. – Domaine de la vente de la chose d'autrui. La vente de la chose d'autrui, visée par l'article 1599 du Code civil est celle qui produit un transfert immédiat du droit de propriété alors que ce droit ne se trouve pas dans le patrimoine du vendeur. Il s'ensuit que l'application de la règle de l'article 1599 du code suppose

(506) Selon le considérant 17 de la proposition : « Afin de tenir compte de l'importance croissante de l'économie numérique, le champ d'application du droit commun européen de la vente devrait également comprendre la fourniture de contenus numériques. En effet, le transfert de contenus numériques en vue de les stocker, de les traiter ou d'y avoir accès, et d'en faire une utilisation répétée, comme les téléchargements de musique, augmente rapidement et présente un fort potentiel de croissance à venir, mais il a lieu dans un environnement où règnent la diversité et l'insécurité juridiques. Le droit commun européen de la vente devrait dès lors couvrir la fourniture de contenus numériques, qu'elle ait lieu sur un support matériel ou non ». De la sorte, le projet de règlement s'applique aux « contrats de fourniture d'un contenu numérique que l'utilisateur peut stocker, traiter et réutiliser, ou auquel il peut avoir accès, que ce contenu soit fourni ou non sur un support matériel, et indépendamment du fait qu'il soit fourni en contrepartie du paiement d'un prix » (art. 5 b). – Sur la « vente » d'adresses électroniques : Cass. com., 29 avr. 2014, n° 13-12.145 : *RDC* 2014, p. 639, obs. J. Huet (l'arrêt n'utilise pas cette qualification).

deux conditions : que le contrat de vente vise un transfert de propriété simultané au consentement ; que le vendeur ne soit pas titulaire du droit de propriété sur l'objet du contrat.

Le contrat de vente doit emporter transfert de propriété simultanément au consentement : c'est la situation de principe (V. *infra*, n° 159). Mais la règle du transfert instantané de propriété dès la rencontre des volontés reste d'autorité supplétive et il est possible aux parties de retarder celui-là (C. civ., art. 1196, al. 2 ; V. *infra*, n°s 161 et s.). C'est le cas dans la vente à terme par laquelle le contrat, et partant son effet translatif de propriété, est retardé à l'échéance du terme (« je vous vends aujourd'hui une chose dont je serai propriétaire, et vous transférerai la propriété, le mois prochain »). Il en va également ainsi lorsque le bénéficiaire d'une promesse synallagmatique de vente conclue sous condition suspensive vend la chose *pendente conditione*, alors qu'il n'en est pas encore propriétaire(507). L'analyse est plus douteuse en deçà de cette situation ; par exemple en présence d'une convention par laquelle une personne vend une chose dont elle devra faire l'acquisition : la vente est d'une certaine façon potestative (« je vous vends aujourd'hui une chose que je déciderai peut-être d'acheter demain »), la Cour de cassation en prononce la nullité(508).

Le vendeur ne doit pas être titulaire du droit de propriété. Mais entre la pleine propriété du vendeur et l'absence totale de droit de « l'escroc »(509), il est une palette de situations révélatrices des hypothèses concrètes de vente de la chose d'autrui. L'hypothèse la plus fréquente est consécutive à la disparition rétroactive (annulation ou résolution) du titre du vendeur : celui-ci par l'effet de la rétroactivité se trouve avoir vendu un bien dont il est censé n'avoir jamais été propriétaire ; de même l'erreur d'arpentage ou de bornage peut conduire à vendre une chose située partiellement sur le terrain d'autrui(510). Une deuxième application du mécanisme vise celui qui a une espérance sérieuse de devenir propriétaire du bien (acquéreur à terme ou d'un bien vendu sous réserve de propriété jusqu'à complet paiement

---

(507) Cass. 3e civ., 20 juin 1973 : *Bull. civ.* 1973, III, n° 433.

(508) Cass. 3e civ., 13 oct. 1993 : *Bull. civ.* 1993, III, n° 121 ; *D.* 1994, somm. p. 231, G. Paisant ; *JCP G* 1994, II, 22280, note Y. Dagorne-Labbé : le vendeur de la chose d'autrui titulaire d'une promesse de vente qui n'était assortie d'aucun délai « pouvait à son seul gré décider ou non d'acquérir » et, en tout état de cause, conservait l'acompte versé par l'acquéreur : « La condition d'acquisition du bien (…) était purement potestative et partant nulle ». Il reste que la Cour de cassation admet la validité de la vente conclue sous condition suspensive d'une autre vente à laquelle le consentement du bénéficiaire de la condition ne fait pas de doute : la condition n'est pas purement potestative, sa réalisation suppose la découverte d'un acquéreur. – Cass. 1re civ., 30 janv. 2020, n° 18-25.381 : *RDC* juin 2020, n° 2, p. 10, obs. M. Latina : une promesse synallagmatique de vente qui portait sur un bien stipulé incessible est demeurée effective, faute pour elle d'avoir été assortie d'une condition suspensive ou d'un terme, jusqu'à la disparition de l'incessibilité. – V. Cass. 3e civ., 22 nov. 1995 : *Contrats, conc. consom.* 1996, comm. 19, note L. Leveneur ; *D.* 1996, inf. rap. p. 330, obs. D. Mazeaud ; *RTD civ.* 1997, p. 128, obs. J. Mestre. – Cass. 3e civ., 15 juill. 1999 : *Contrats, conc. consom.* 2000, n° 4, obs. L. Leveneur.

(509) V. C. pén., art. 313-1. La jurisprudence cependant refuse d'appliquer la qualification pénale à celui qui déclare faussement être propriétaire, Cass. crim., 13 déc. 1912 : *Bull. crim.* 1912, n° 639. – Cass. crim., 4 mars 1937 : *DH* 1937, p. 237.

(510) V. Cass. 3e civ., 27 oct. 2016, n° 15-23.846 : *D.* 2016, p. 2213 : où l'on voit que la vente de la chose d'autrui ne se réduit pas à une éviction partielle : l'acquéreur de plusieurs parcelles demandait le remboursement d'une certaine somme puisqu'une parcelle n'appartenait pas au vendeur. La cour d'appel avait droit à cette demande en considérant que le fait pour un acquéreur de se voir privé de la jouissance d'une partie d'un terrain vendu, au motif non contesté que le vendeur n'était pas propriétaire de celle-ci, s'analyse en une éviction partielle, et ce même en l'absence de réclamation du véritable propriétaire, dès lors que le contrat de vente, unique, n'a pas été résilié dans son intégralité. L'arrêt est cassé au double visa des articles 1599 et 1637 : « qu'en statuant ainsi, alors que le contrat de vente de la parcelle AK 67 avait été annulé pour vente de la chose d'autrui en application de l'article 1599 du Code civil, la cour d'appel a violé le premier texte susvisé, par refus d'application, et le second, par fausse application ».

du prix...) qu'il vend aujourd'hui, par anticipation. Plus spécifique est le cas de la vente d'une chose indivise, laquelle suppose l'unanimité des indivisaires (C. civ., art. 815-3). La vente par un indivisaire de sa part indivise est valable, sauf à méconnaître le droit de préemption des autres indivisaires (C. civ., art. 815-14. – V. *supra*, n° 104)(511) ; il en va différemment de la vente du bien indivis par le seul indivisaire : à l'égard de l'acquéreur, elle tombe sous le coup de la prohibition et de la sanction (nullité) de la vente de la chose d'autrui ; à l'égard des autres indivisaires, elle est inopposable ; mais ces sanctions restent subordonnées – et retardées – au résultat du partage et à ses effets rétroactifs, de sorte que l'attribution de la chose vendue à l'indivisaire-vendeur consoliderait la vente(512).

120. – **Régime de la vente de la chose d'autrui.** Les sanctions attachées à la vente de la chose d'autrui sont différentes selon que l'on considère l'acquéreur, partie au contrat, ou les tiers, spécialement le véritable propriétaire du bien vendu.

À l'égard de l'acheteur, le contrat de vente est frappé de nullité (C. civ., art. 1599) relative(513). L'action est réservée à l'acquéreur(514), se prescrit par cinq ans, et le contrat est susceptible de confirmation (le propriétaire ratifie la vente) ou, mieux, de consolidation (le vendeur acquiert effectivement le droit de propriété et le transfert de propriété, retardé, s'opère néanmoins à cette époque). Beaucoup d'encre a coulé pour tenter d'associer un fondement cohérent à cette nullité relative. On y a vu la conséquence d'un vice du consentement, spécialement d'une erreur de l'acheteur sur la substance et la personne du vendeur(515) ; mais l'analyse est rejetée par la plupart des auteurs qui constatent que la connaissance de la situation du vendeur par l'acheteur ne prive pas celui-ci de l'action en nullité(516) ou que l'ignorance par le vendeur de sa même situation ne l'autorise pas à agir en nullité(517). On y distingue encore une forme d'incapacité de jouissance d'origine légale(518). On peut encore y voir une espèce d'action en garantie d'éviction anticipée(519) ; mais on rétorquera qu'il faudrait alors admettre le jeu de la garantie en l'absence même de trouble, puis appliquer à la vente de la chose d'autrui les effets spécifiques à la garantie d'éviction (C. civ., art. 1630 et s. – V. *infra*, n° 203) et, enfin, considérer qu'une nullité (selon les termes de l'article 1599 du Code civil) puisse venir sanctionner une éviction (comp. C. civ., art. 1636 qui parle, en

(511) La vente d'un bien *indivis* faite par un seul des indivisaires est valable pour la portion indivise qui lui appartient, Cass. 3e civ., 12 mai 2010 : *RDC* 2011, p. 158, M. Mekki. – Cass. 1re civ., 5 mars 2014, n° 12-28.348 : *RDC* 2014, p. 748, obs. A. Tadros (l'action en nullité de la cession de droits indivis immobiliers se prescrit par cinq ans à compter de la publication de cette cession).

(512) V. Cass. 1re civ., 7 juill. 1987 : *Bull. civ.* 1987, I, n° 221 ; *JCP G* 1988, II, 20999, note P. Jourdain. – Cass. 1re civ., 15 juin 1994 : *Bull. civ.* 1994, I, n° 212. La validité de cette vente ne peut donc être appréciée qu'après les opérations de partage (Cass. 1re civ., 9 mai 1978 : *JCP G* 1979, II, 19257, note M. Dagot. – Cass. 1re civ., 10 oct. 1984 : *D.* 1985, p. 197, note A. Breton) que l'acquéreur peut lui-même provoquer en tant que créancier d'un indivisaire (Cass. 1re civ., 17 mai 1982 : *Bull. civ.* 1982, I, n° 176).

(513) Cass. civ., 23 janv. 1832 : *S.* 1832, 1, p. 666, *in GAJ civ.* 1994, n° 176.

(514) L'action est fermée au vendeur : Cass. 1re civ., 17 juill. 1958 : *D.* 1958, p. 619. – Cass. 3e civ., 16 avr. 1973 : *Bull. civ.* 1973, III, n° 303. – Cass. 3e civ., 8 déc. 1999 : *D.* 2001, p. 269, note Ch. Albiges. – Cass. 3e civ., 9 mars 2005 : *Contrats, conc. consom.* 2005, comm. 128, obs. L.L.

(515) V. J. et L. Mazeaud, par M. de Juglart, *Leçons de droit civil*, t. 3, vol. II, Montchrestien, 7e éd., 1987, n° 816.

(516) V. Cass. civ., 22 nov. 1926 : *S.* 1927, 1, 169, H. Vialleton.

(517) Sur l'impossibilité pour le vendeur d'agir en nullité, Cass.1re civ., 17 juill.1958, *op. cit.*

(518) V. F. Zénati-Castaing et Th. Revet, *Cours de droit civil, La vente*, *op. cit.*, n° 15.

(519) V. Planiol et Ripert, t. 10, par J. Hamel, n° 48. – *Adde* J. Guiho, *Les actes de disposition sur la chose d'autrui* : *RTD civ.* 1954, p. 1.

cas d'éviction, de résiliation). Pour les précédentes livraisons de ce manuel, nous avions vu dans la nullité de la vente de la chose d'autrui une nullité pour défaut de cause[(520)]. La construction paraît pouvoir être transposée après la réforme des obligations : si la vente de la chose d'autrui est nulle pour l'acquéreur, c'est parce que ne peut s'opérer à son profit l'effet translatif de propriété, automatique, qui constitue la prestation caractéristique de la vente pour laquelle le paiement est dû : l'automaticité de la vente est tenue en échec, le contenu même du contrat fait défaut. On préférera alors observer dans la nullité de l'article 1599 du Code civil une nullité pour absence de contenu au contrat de vente (C. civ., art. 1128, 1169)[(521)]. Les discussions qui précèdent, tout autant qu'un certain pragmatisme à l'égard de celui qui a vendu la chose d'autrui avec un transfert de propriété retardé, justifient un traitement différent du sujet par le groupe de travail rédacteur de l'avant-projet Capitant de réforme des contrats spéciaux : la vente du bien d'autrui obligerait le vendeur à l'acquérir avant le moment convenu pour le transfert de propriété. En cas d'inexécution de cette obligation, la vente serait résolue de plein droit (art. 19). C'est le même schéma qui a été retenu par la Commission présidée par Ph. Stoffel-Munck dans l'avant-projet de réforme des contrats spéciaux (C. civ., art. 1600 proposé).

Le véritable propriétaire, et plus généralement les tiers (sur l'action des indivisaires, V. *supra*, n° 119), ne peuvent agir en annulation d'un contrat auquel ils n'étaient pas parties ; le *verus dominus* agira en revendication du bien et en inopposabilité de la vente[(522)]. À l'égard d'un bien meuble, leur action risque d'échouer devant le rempart de l'article 2276 du Code civil[(523)]. À l'égard d'un immeuble, l'action du véritable propriétaire échouera à nouveau si l'acheteur peut se prévaloir de la propriété apparente du vendeur, ce qui suppose une erreur commune (tout le monde croyait que le vendeur était vraiment propriétaire) et légitime (l'acquéreur est de bonne foi)[(524)] ; l'acheteur tient alors son droit de propriété sur l'immeuble du seul fait de la théorie de l'apparence, source de droit et aucunement du fait du vendeur, ni davantage du contrat[(525)].

(520) Ce qui paraît admissible pour autant que l'on retienne comme sanction de l'absence de cause la nullité relative, et non absolue du contrat : la nullité pour absence de cause vient sanctionner l'absence de contrepartie et protéger les seuls intérêts du contractant qui n'a rien reçu ; une sorte de lésion à 100 %, laquelle, on le sait, est sanctionnée par la nullité relative. – V. Flour, Aubert et J.-L. Savaux, *Les obligations*, t. 1 : *L'acte juridique*, Armand Colin, 10e éd., 2002, n° 336. – *Adde* en ce sens, jugé que la vileté du prix constitue une absence de cause sanctionnée par la nullité relative du contrat, V. Cass. 3e civ., 21 sept. 2011, n° 10-21.900 : *D.* 2011, 2711, D. Mazeaud ; *ibid.* 2012, 465, chron. S. et M. Mekki ; *JCP G* 2011, 1276, n° 47, obs. J. Ghestin : *nullité absolue ou relative ?* : *RDC* 2012, p. 47, E. Savaux et 130, J.-B. Seube.

(521) Cette nullité est bien une nullité relative qui a pour objet la sauvegarde d'intérêts privés, C. civ., art. 1179, al. 2.

(522) V. Cass. 3e civ., 22 mai 1997 : *JCP G* 1997, I, 4060, obs. H. Périnet-Marquet ; *D.* 1997, somm. p. 343, obs. G. Paisant ; *RTD civ.* 1997, p. 960, obs. P.-Y. Gautier ; *ibid.* 1999, p. 652, obs. F. Zénati ; *Contrats, conc. consom.* 1997, n° 147, obs. L. Leveneur (l'annulation de la vente de la chose d'autrui n'est pas une condition à l'action en revendication du véritable propriétaire). – Cass. 3e civ., 8 déc. 1999, préc. ; seul l'acheteur a qualité pour invoquer la nullité de la vente). – Cass. 3e civ., 9 mars 2005 : *Contrats, conc. consom.* 2005, comm. 150, obs. L.L.

(523) Du moins si le meuble n'a été ni perdu ni volé, et pour autant que l'acquéreur *a non domino* soit de bonne foi ; sur ce texte, V. C. Atias, *Les biens*, LexisNexis, 11e éd., 2011, nos 344 et s.

(524) V. Cass. 1re civ., 12 janv. 1988 : *Bull. civ.* 1968, I, n° 7.

(525) De fait l'acquéreur qui y a intérêt conserve la faculté d'agir en nullité de la vente s'il veut répéter le prix (défectuosité de la chose…), en ce sens, A. Bénabent, n° 28.

4° La chose doit exister

121. – Quand ? La formation du consentement des parties à la vente suppose l'existence de la chose achetée. Mais à quel moment ? À la relecture de l'article 1583 du Code civil, c'est l'accord sur la chose qui est indispensable à la formation du contrat ; le texte ne dit pas que celle-ci doive exister à la même époque : l'accord sur une chose à venir est possible. L'observation invite alors à distinguer trois cas de figure :

– la chose n'existe pas à la formation du consentement et n'existera pas davantage dans le futur (les parties ont donné leur consentement alors que la chose avait déjà péri) ;

– la chose n'existe pas à la formation du consentement, mais existera par la suite (la chose est future) ;

– la chose existe déjà à la formation du contrat, mais disparaît par la suite (la chose est détruite).

La troisième hypothèse suppose la disparition de la chose alors que le contrat est valablement formé, et le transfert de propriété normalement consommé : son étude renvoie à la théorie des risques dans la vente (V. *infra*, n° 168). La première et la deuxième hypothèse retiennent ici l'attention.

122. – Vente de la chose périe. La vente de la chose périe est réglée par le Code civil :

> « Si au moment de la vente, la chose vendue était périe en totalité, la vente serait nulle.
>
> Si une partie seulement de la chose est périe, il est au choix de l'acquéreur d'abandonner la vente, ou de demander la partie conservée, en faisant déterminer le prix par la ventilation » (C. civ., art. 1601).

La perte de la chose s'entend de la perte matérielle, mais aussi de la perte d'utilité de celle-ci[526]. La nullité qui frappe la perte totale de la chose est absolue[527]. La réduction de prix proportionnelle à la perte procède de la réfaction du contrat. L'avant-projet Capitant de réforme des contrats spéciaux propose de rénover le texte : « Si, au moment de la conclusion de la promesse ou de la vente, le bien était détruit, le contrat est nul de plein droit. Si, au moment de la conclusion de la promesse ou de la vente, le bien était partiellement détruit, l'acheteur qui établit qu'il n'aurait pas acheté ou qu'il aurait acheté à des conditions substantiellement différentes, peut annuler le contrat par voie de notification » (art. 21).

123. – Vente d'une chose future ; vente d'immeuble à construire. La vente d'une chose future est possible (V. C. civ., art. 1163, al. 1er. – C. civ., art. 1583) et même fréquente : vente d'une récolte à venir, d'un chiot à naître, d'une chose à faire[528], de la peau de l'ours que l'on tuera. Mais ce serait vanité pour les parties

(526) V. Cass. req., 5 févr. 1906 : *DP* 1907, I, p. 468 : betteraves pourries par le gel au moment de la vente alors que le contrat avait prévu que celles-ci seraient vendues « dans l'état où elles se trouvaient ».
(527) Cass. req., 5 févr. 1906, *op. cit.*
(528) Avec l'éventuelle disqualification du contrat de vente en contrat d'entreprise. – V. *infra*, nos 466 et s.

que d'être sûres, au moment où elles consentent, de l'existence effective de la chose dans le futur : la grêle peut ruiner l'espoir de récolte, la chienne peut mettre bas une portée de chiots mort-nés, la réalisation de la chose peut connaître toutes sortes de vicissitudes, quant à l'ours... Il appartient aux parties d'aménager leur convention en ce sens. Selon que l'objet du contrat réside dans la chose, effectivement réalisée, ou dans le simple espoir d'existence de celle-ci, la vente de choses futures est un contrat commutatif ou aléatoire (C. civ., art. 1108). Dans le premier cas, le plus fréquent, le vendeur s'engage à l'existence de la chose ; le transfert de propriété, et le paiement du prix sont retardés à cette époque (V. *infra*, n° 160) ; à défaut de chose, le contrat est caduc. En revanche, lorsque la vente est faite « aux risques et périls » de l'acheteur, le contrat devient aléatoire ; celui-ci s'engage à payer une chance, un espoir, une expectative d'existence future de la chose : c'est la vente du « coup de filet » que connaissaient les Romains, et que l'acheteur devait payer au pêcheur même si celui-ci venait à rentrer bredouille(529).

Mais ce genre de conventions qui spéculent sur l'avenir n'est pas sans péril pour les parties, spécialement l'acquéreur, qui peuvent être peu conscientes de leur engagement ; le législateur est intervenu pour prohiber certaines de ces ventes, en réglementer d'autres.

Le jeune auteur inconnu, mais au talent prometteur, peut être incité par un agent avisé à céder, à l'avance, toute sa production à venir à une société d'édition ; la loi ne l'a pas voulu : la cession globale des œuvres futures d'un auteur est nulle (CPI, art. L. 131-1 et L. 132-4)(530).

La prohibition des pactes sur succession future (« je vends aujourd'hui l'immeuble dont j'hériterai demain ») tient à la mise hors commerce des droits successoraux à venir, elle a été longtemps suspecte en droit positif (V. *supra*, n° 111).

Le développement des programmes immobiliers pour lesquels les promoteurs, à fin de financement, vendaient les appartements avant de les construire a justifié une réglementation spéciale issue de la loi du 3 janvier 1967 :

> **« La vente d'immeuble à construire est celle par laquelle le vendeur s'oblige à édifier un immeuble dans un délai déterminé par le contrat.**
>
> **Elle peut être conclue à terme ou en l'état futur d'achèvement » (C. civ., art. 1601-1).**

De cette définition se séparent deux espèces, entre lesquelles les parties choisiront, mais qui sont exclusives d'autres formules dès lors que l'immeuble est à usage d'habitation ou professionnel et d'habitation (secteur protégé) : la vente à terme opère transfert de propriété lors de l'achèvement de l'immeuble (le terme), avec effet rétroactif au jour de la vente afin de protéger l'acquéreur des actes que le vendeur pourrait accomplir sur l'immeuble durant cette époque (V. C. civ., art. 1601-2) ; la vente en l'état futur d'achèvement opère transfert immédiat de

(529) V. Ph. Malaurie, L. Aynès et P.-Y. Gautier, n° 179.

(530) Mais limitée dans le temps, la cession est licite pourvu qu'elle ne s'accompagne pas d'atteintes incompatibles avec le droit moral. – V. Cass. 1re civ., 19 janv. 1970 : *D.* 1970, p. 483 ; *RTD com.* 1972, p. 103, Desbois ; les œuvres à venir ne sont donc pas indisponibles.

la propriété du sol et des constructions existantes, alors que les constructions à venir « deviennent la propriété de l'acquéreur au fur et à mesure de leur exécution » (C. civ., art. 1601-3)(531). L'ensemble est assorti de règles spéciales destinées à échelonner le paiement du prix par l'acquéreur et imposant un certain formalisme au contrat (V. CCH, art. L. 261-10 et s. – *Adde infra*, n° 147). Enfin l'acquéreur non professionnel bénéficie de la faculté de rétractation posée par la loi SRU du 13 décembre 2000 (CCH, art. L. 271-1. – V. *supra*, n° 99). – (Sur le contrat préliminaire à la vente d'immeuble à construire, V. *supra*, n° 54).

Le contrat d'entreprise de construction vise les travaux réalisés par l'entrepreneur sur le terrain dont autrui est propriétaire : la jurisprudence y discerne un contrat d'entreprise(532), le propriétaire du terrain venant acquérir la propriété des matériaux par voie d'accession (C. civ., art. 552) (V. cependant *infra*, n°s 482 et 484).

B. – Les qualités de la chose indifférentes

124. – **Choses incorporelles, « valeurs, biens, droit »(533).** L'idée qu'une vente puisse intervenir sur une chose incorporelle, autre qu'une créance ou des parts sociales, suscite encore un certain scepticisme chez certains auteurs, spécialement s'agissant des conventions mettant en cause des droits dits « intellectuels », et notamment des contrats sur logiciels(534). Cette qualification doit pourtant être fermement admise(535). Les choses incorporelles (œuvres de l'esprit, savoir-faire, signe distinctif...) sont aujourd'hui des « valeurs » dont l'importance ne cesse de croître ; à ce titre elles appellent irrésistiblement le droit de propriété qui s'attache effectivement à nombre d'entre elles (droit d'auteur, de brevet, de marque)(536) ; le droit de propriété est alors dit « incorporel » ou « intellectuel » à raison du support précisément immatériel de la valeur ; il n'en reste pas moins un droit de propriété(537), bien dissocié du droit de propriété « corporel » qui, lui, porte sur le support matériel (livres, disques ou disquettes, « CD »...)(538).

(531) Jusqu'à l'achèvement de l'immeuble, le vendeur reste « maître de l'ouvrage », et conserve donc la maîtrise des travaux, C. civ., art. 1601-3 ; la cession par l'acquéreur des droits nés de ce contrat est possible, C. civ., art. 1601-4. – V. Ph. Malinvaud, Ph. Jestaz, P. Jourdain et O. Tournafond, *Droit de la promotion immobilière*, Dalloz, 8e éd., 2009, n°s 348 et s. Le transfert des risques s'opère à la livraison de l'immeuble, Cass. 3e civ., 11 oct. 2000 : *JCP G* 2001, II, 10465, note Ph. Malinvaud.

(532) Cass. civ., 20 févr. 1883 : *DP* 1884, 1, 32.

(533) Titre de la contribution de J.-M. Mousseron aux *Mél. en l'honneur d'A. Breton et F. Derrida*, Dalloz, 1991, 277.

(534) V. F. Collart Dutilleul, Ph. Delebecque et Ch.-E. Bucher qui optent pour une qualification autonome, préc., n° 354. – B. Gross et Ph. Bihr, n° 157. – J. Ghestin et B. Desché, n° 58. – M. Josselin-Gall, *Les contrats d'exploitation du droit de propriété littéraire et artistique*, GLN-Joly, 1995, n°s 46 et s.

(535) V. par ex., Cass. com., 9 nov. 1993 : *Bull. civ.* 1993, IV, n° 395 ; *JCP G* 1994, IV, 81 ; *RTD civ.* 1994, p. 373, obs. P.-Y. Gautier.

(536) Sur le savoir-faire non déposé et à ce titre non approprié, V. *supra*, n° 117.

(537) L'immatérialité du support empêche ici de délimiter l'emprise juridique de la propriété par référence à l'emprise matérielle, géographique de la chose, objet du droit (ma voiture, mon champ, sur lequel, ou dans les limites duquel mon pouvoir est absolu, « perpétuel », exclusif...). Il s'ensuit que la définition de la propriété littéraire et artistique (droit d'auteur) ou industrielle (droit de brevet, de marque...) impose nécessairement la désignation légale du faisceau de prérogatives constitutives du contenu du droit et qui réserve à l'auteur, au breveté, au propriétaire de la marque le monopole d'exploitation économique de l'œuvre, de l'invention brevetée ou du signe (droit de reproduction, de représentation, de traduction...) expressif du pouvoir direct et exclusif d'une personne sur une chose et opposable *erga omnes* ; ce monopole est bien un droit réel.

(538) La vente du support corporel n'emporte pas cession des droits de propriété intellectuelle : l'acquéreur d'un livre ne peut reproduire le contenu de celui-ci afin de le diffuser commercialement ; propriétaire du support corporel, il n'a pas acquis les droits de propriété intellectuelle (monopole de reproduction...). La vente d'une disquette comportant

L'analyse menée en vue de la qualification des contrats sur ces biens doit rester indifférente à la nature incorporelle du bien ; en revanche, elle doit être sensible à la nature du droit dont ces biens sont l'objet et à l'effet translatif que ces contrats sont susceptibles d'opérer : les « cessions » de droit d'auteur, de brevet ou de marque qui entraînent transfert de ce droit, ou seulement de certaines de ses utilités, du patrimoine du cédant dans celui du cessionnaire s'analysent en contrats de vente, avec application conséquente des règles de la vente (détermination du prix, garantie du cédant)(539) ; l'absence d'effet translatif conduira à une qualification en terme de louage de chose (V. *infra*, n°s 320 et s.). Les différences que peuvent connaître ces contrats au regard de la vente immobilière, par exemple, n'affectent jamais l'effet translatif de propriété décisif dans l'identification de la vente ; elles seront le fruit soit des caractéristiques incorporelles du bien, qui influent sur le régime du droit dont les choses immatérielles sont l'objet(540), soit de l'origine particulière de ces biens, nés d'un fait de création(541), mais elles ne procèdent jamais de la nature du droit. L'effet translatif attaché à la vente conduit à transférer à autrui le pouvoir d'interdire consubstantiel de la propriété (industrielle) ; c'est l'effet caractéristique de la cession. De fait si cessions d'œuvres protégées ou d'inventions brevetées présentent quelque originalité, la même observation de différences, de plus en plus marquées, peut être faite entre vente mobilière et immobilière, vente entre professionnels et à l'endroit d'un consommateur, vente maritime et terrestre, interne et internationale..., « ventes » en somme(542).

La reconnaissance d'une véritable vente dans la cession du fonds de commerce n'est pas discutable, ne serait-ce qu'en raison du visa législatif opéré en ce sens (L. 17 mars 1909 « relative à la vente et au nantissement du fonds de commerce ». – C. com., art. L. 141-1 et s.) ; les cessions de parts sociales ou d'actions sont également des ventes(543) dont le résultat rencontre l'opération précédente, lorsque toutes les actions d'une société qui n'exploite qu'un fonds sont simultanément cédées(544).

---

un logiciel participe de deux contrats bien distincts : la vente du support corporel et une licence autorisant l'usage du logiciel, point la faculté de le reproduire commercialement ; sur la licence, V. *infra*, n° 320.

(539) Pareillement lorsque ce transfert est réalisé moyennant attribution de droits sociaux, il s'agit d'un apport en société. – V. Y. Reinhard, *L'apport en société de droits de propriété industrielle*, in *Mél. A. Chavanne*, Litec, 1990, p. 297. – Sur l'ensemble V. J. Raynard, E. Py et P. Tréfigny, *Droit de la propriété industrielle*, LexisNexis, 2016, n°s 744 et s.

(540) Les droits de propriété intellectuelle sont constitués par un faisceau de prérogatives distinctes constitutives d'un monopole d'exploitation. – La cession peut ne porter que sur certaines de ces prérogatives (V. not. CPI, art. L. 131-4 et L. 613-8) précisément désignées au contrat (CPI, art. L. 131-3) : la cession du droit de reproduction n'emporte pas celle du droit de représentation. – V. Cass. 1re civ., 9 nov. 1993, préc. De la sorte, on a pu analyser ces conventions en terme de démembrement du droit de propriété intellectuelle initial : V. C. Delebecque, *Le lien entre l'auteur et l'œuvre*, thèse, Montpellier, 1999. – Également S. Raimond, *La qualification du contrat d'auteur*, Litec, 2009, préf. C. Caron. Plus attachés à la retranscription en propriété intellectuelle des formes de vente et bail, V. N. Blanc, *Les contrats du droit d'auteur à l'épreuve de la distinction des contrats nommés et innomés*, Dalloz, 2010, préf. P.-Y. Gautier. – A. Boisson, *La licence de droit d'auteur*, thèse, Montpellier, 2011.

(541) L'origine particulière du droit d'auteur qui naît du seul fait de la création même inachevée de l'œuvre (CPI, art. L. 111-1) justifie qu'en dépit de la cession, l'auteur puisse toujours interdire au cessionnaire certains actes et formes d'exploitation : c'est le *droit dit moral* « inaliénable » de l'auteur (CPI, art. L. 121-1 et s.). En revanche les droits de propriété industrielle naissent de formalités administratives (dépôt de la demande) et ne connaissent pas, du moins avec la même vigueur, de droits moraux.

(542) V. *supra*, n° 21.

(543) V. Ripert et Roblot, par M. Germain, *op. cit.*, t. 1, 16e éd., 1996, n°s 737 et s. – J. Paillusseau, *La cession de contrôle et la situation financière de la société cédée (de la nature juridique du contrôle et de la cession de contrôle)* : JCP G 1992, I, 3578. – J. Paillusseau, J.-J. Caussain, H. Lazarski et Ph. Peyramaure, *La cession d'entreprise*, Dalloz, 2e éd., 1990.

(544) Le critère essentiel est de savoir si la personnalité morale subsiste à la cession de la totalité des droits sociaux. – V. Y. Guyon, *Droit des affaires*, Economica, 1996, n° 606.

Au-delà, l'extension de la vente aux transferts de « droits » peut justifier que l'on reconnaisse dans ceux-là de véritables « biens »[545]. Sans engager pareille discussion, on observera que l'effet translatif de droit peut concerner un simple démembrement du droit de propriété : on peut ainsi opérer « vente » de la seule nue-propriété, ou du seul usufruit, ou de la nue-propriété et de l'usufruit d'un même bien à deux acquéreurs successifs[546] ; mais la nature temporaire de l'usufruit (V. C. civ., art. 617 et s.) emportera inéluctablement « reconstitution » du droit de propriété dans sa plénitude. On peut aussi céder ses droits dans l'indivision, c'est-à-dire des droits portant sur une fraction de la chose indivise (mais point la chose elle-même. – V. *supra*, n° 119) sous réserve du droit de préemption des indivisaires (V. *supra*, n° 104). L'expansion de la notion de « biens » et partant de la vente atteint encore les créances, dont la cession est souvent présentée comme une forme de vente[547], et enfin… les contrats eux-mêmes à l'occasion de la cession de position contractuelle : « Le contrat est un lien, le contrat est aussi un bien »[548]. L'ordonnance du 10 février 2016 qui fait entrer la cession de contrat dans le Code civil consacre ce mouvement[549]. Bref, impérialisme de la vente, qui n'est que l'expression d'une « chosalité » envahissante[550].

§ 3. – Le prix du contrat de vente

125. – **Définition, nécessité ; renvoi.** Le prix a été défini comme la contrepartie monétaire que l'acquéreur a l'obligation de payer au vendeur en contrepartie du transfert du droit de propriété. Il a déjà été observé comment sa présence était indispensable à la qualification du contrat de vente (V. *supra*, n° 82).

126. – **Caractères.** Le prix doit être déterminé ou déterminable, *a priori* indépendamment de la volonté de l'une seule des parties (A), il doit être réel, sérieux (B) et licite (C). Le prix de vente doit-il encore être juste ? La réponse est nuancée : parfois seulement (D). Le régime de la vente conclue moyennant paiement d'une rente viagère affecte l'économie du contrat qui devient aléatoire (E).

(545) En ce sens, F. Zénati-Castaing et Th. Revet, *Les biens*, PUF, 2008, n° 3.

(546) V. F. Zénati-Castaing et Th. Revet, *op. cit.*, n° 337. – En revanche, on ne peut céder ni le droit d'usage (C. civ., art. 631) ni le droit d'habitation (C. civ., art. 634).

(547) Sur le régime antérieur à la réforme de l'ordonnance du 10 février 2016 : V. C. civ., art. 1692 à 1695 ; on retiendra l'image de Ph. Malaurie L. Aynès et Ph. Stoffel-Munck qui, à propos du débiteur cédé, et à raison des nécessités de son information au titre de l'article 1690 du Code civil, parlaient d'un *quasi-conservateur des hypothèques* (*Obligations : Defrénois* 2016, n° 1416). – La réforme fait désormais de la cession de créance un acte solennel qui doit être constaté par écrit : C. civ., art. 1322.

(548) V. L. Aynès, Les clauses de circulation du contrat, in *Les principales clauses des contrats conclus entre professionnels*, PUAM, 1990, p. 131 et s. – *Adde* J. Mestre, *in L'évolution contemporaine du droit des contrats*, Journée R. Savatier, PUF, 1986. La loi de sauvegarde des entreprises contribue à cette analyse en organisant la cession judiciaire des contrats de l'entreprise (V. C. com., art. L. 642-7). – *Adde* M.-H. Monsérié, *Les contrats dans le redressement et la liquidation judiciaires des entreprises*, Litec, coll. « Bibl. dr. entr. », 1994, n° 33.

(549) V. C. civ., art. 1321 et s.

(550) J. Carbonnier, *Sociologie de la vente*, in Flexible droit, préc.

A. – Le prix doit être déterminé ou déterminable

1° Vente interne

127. – **Une exigence structurelle au contrat.** L'exigence de déterminabilité du prix est expressément posée pour la vente, interne, par le Code civil qui en règle encore les modalités :

> **Art. 1591. –** Le prix de la vente doit être déterminé et désigné par les parties.
> **Art. 1592. –** Il peut cependant être laissé à l'arbitrage d'un tiers ; si le tiers ne veut ou ne peut faire l'estimation, il n'y a point de vente.

Dans les contrats sur les choses (vente, bail), la nécessité d'un prix déterminé est justifiée par l'existence de la « chose », préalablement au consentement : l'accord des parties ne peut se fixer que sur ce double support constitué de la chose et du prix. En ce sens, l'exigence d'un prix déterminé est structurelle à la formation du consentement à la vente[551]... comme dans les vieux contes où des reines jalouses interrogeaient leur miroir, les parties chercheront le prix dans l'image de la chose, comme en reflet.

On s'attachera à préciser l'objet à déterminer (la notion de prix), puis les modalités de sa détermination, lesquelles conduiront à s'interroger sur le domaine de l'exigence de prix déterminé, enfin on évoquera les sanctions attachées à la règle.

128. – **L'objet à déterminer ; notion de prix.** Selon Planiol et Ripert, le prix comprend « tous les éléments qui profitent au vendeur et qui correspondent dans son patrimoine à la valeur de la chose vendue »[552]. Il a précédemment été rappelé que le prix doit être entendu comme une contrepartie exclusivement monétaire non seulement pour le contrat de vente mais, semble-t-il, pour tout contrat de droit privé (V. *supra*, n°s 84 et s.). La difficulté surgit de l'existence de frais divers qui peuvent s'attacher au transfert de propriété de la chose vendue : frais d'emballage et de transport pour la vente à distance, frais de rédaction des actes dans la vente immobilière, taxes fiscales et parafiscales (spécialement la TVA)... Le Code civil les répute à la charge de l'acquéreur (C. civ., art. 1593)[553], sauf clause contraire. À tout le moins leur intégration au « prix de la vente » impose, d'abord leur détermination, ensuite leur paiement au titre de l'obligation principale de l'acheteur, sous peine de résolution du contrat (V. *infra*, n° 248). Une même exigence de déter-

(551) V. J. Ghestin et B. Desché, préc., p. 428. – La proposition de règlement sur le droit de la vente européenne prévoit que ce texte s'applique aux « contrats de fourniture d'un contenu numérique que l'utilisateur peut stocker, traiter et réutiliser, ou auquel il peut avoir accès, que ce contenu soit fourni ou non sur un support matériel, et indépendamment du fait qu'il soit fourni en contrepartie du paiement d'un prix » (art. 5, b) ; cette disposition fait malaise tant pour ce qui est de la dispense de prix, que pour l'extension de la vente aux contenus numériques, V. *supra*, n° 117. – Sur ce texte aujourd'hui abandonné, V. *infra*, n° 250.

(552) Planiol et Ripert, t. 10, par J. Hamel, n° 243.

(553) La Cour de cassation estime ce texte sans application à la TVA alors à la charge du vendeur : en l'absence de clause, le prix est réputé TTC, Cass. 1re civ., 21 mai 1990 : *Bull. civ.* 1990, I, n° 119 ; *D.* 1990, inf. rap. p. 146. – CE, 27 mars 1981 : *LPA* 1er juill. 1988, n° 79, note P. de Coulibœuf. – Comp. Cass. com., 9 janv. 2001 : *JCP* G 2001, IV, n° 1390 ; *Contrats, conc. consom.* 2001, n° 70, obs. L. Leveneur (prix de cession d'une entreprise s'entendant hors taxes, sauf convention contraire, à raison d'un usage constant entre commerçants).

mination s'impose encore aux rabais, remises et ristournes qui, accordés par le vendeur, viendront à l'inverse diminuer la dette de l'acheteur s'agissant de ventes conclues en application d'un contrat-cadre de fourniture(554).

129. – **Les modalités de la détermination du prix ; la volonté des parties.** Un très large éventail de techniques s'applique aux diverses réalités de la vente.

Le *prix déterminé* est celui fixé par les deux parties au contrat, sauf prix taxé imposé par l'État (V. *infra*, n° 134). Le prix de la vente est librement déterminé par les seules parties : l'avant-projet de réforme des contrats spéciaux rappelle fermement que le prix de la vente est librement convenu entre les parties (art. 1603 proposé) et voit dans ce « grand principe » de l'économie de marché une liberté fondamentale de l'individu(555). La diversité d'objets, des circonstances de conclusion de ce contrat justifiera des pratiques de négociation du prix toutes différentes allant de la négociation la plus âpre (vente immobilière en milieu rural) au simple hochement de tête à l'adresse du vendeur (vente mobilière commerciale), voire à l'ordre d'achat de titres passé au guichet d'une banque « pour un prix maximum de... » et cédés par un vendeur à tout jamais anonyme.

Le Code civil commandait un prix déterminé, il suggérait encore un *prix déterminable* indépendamment de la volonté unilatérale de l'une des parties (C. civ., art. 1592). L'exigence est désormais assise dans le droit commun (C. civ., art. 1163 ; V. *infra*, n° 130). La pratique impose cette dernière formule dès lors qu'un élément de temps perturbe le schéma contractuel classique. La vente, en effet, est un contrat instantané parce que sa prestation caractéristique (le transfert de propriété) s'opère instantanément (V. *infra*, n° 159). Mais la livraison des marchandises peut intervenir ultérieurement : l'évolution de nombreux paramètres économiques (coûts de production, de transport, évolution du marché...) rendent difficile, voire impossible, la détermination du prix avant cette époque (tout comme dans les contrats-cadres : V. *supra*, n°s 40 et s.). C'est toute la pratique des ventes à terme ou à exécution successive ou dont la livraison est simplement repoussée dans le temps qui justifiait que le prix puisse être simplement déterminable. Il reste encore à savoir comment ? Le prix peut valablement être arrêté par un tiers (C. civ., art. 1592) qui, quoi qu'en dise le code, n'est pas un arbitre (c'est-à-dire une autorité privée investie de la charge de trancher un litige. – V. *infra*, n°s 623 et s.) mais un mandataire commun aux parties tenues solidairement à ce titre de sa rémunération. Le procédé est fréquent à l'occasion de l'acquisition de sociétés, il est même visé par la loi au cas où est prévu le rachat des droits sociaux d'un associé (C. civ., art. 1843-4)(556) : la valeur d'une entreprise s'apprécie en regard de son état

(554) V. Cass. com., 27 avr. 1981 : *Bull. civ.* 1981, IV, n° 188. – Sur le contrat-cadre, V. *supra*, n°s 33 et s.

(555) V. *L'avant-projet de réforme du droit des contrats spéciaux*, LGDJ-Lextenso, préc. : « La formation de la vente », par A. Sériaux, spéc. p. 104.

(556) Le champ d'application de ce texte et la liberté laissée à l'expert pour fixer la valeur des parts ont donné lieu à d'abondantes décisions. Par une ordonnance du 31 juillet 2014, le texte a été modifié. La nouvelle rédaction précise son domaine et encadre le pouvoir de l'expert : V. F-X. Lucas et D. Porrachia, *Le nouvel art. 1843-4 du Code civil : Bull. Joly Sociétés* 2014, p. 474. – R. Mortier, *Le nouvel article 1843-4 du Code civil : Dr. sociétés* 2014, étude 19. – S. Schiller, *Une nouvelle rédaction pour l'article 1843-4 du Code civil : JCP* N 2014, 1282. – L'article 1843-4 du Code civil n'est pas applicable à « la cession de droits sociaux ou à leur rachat par la société résultant de la mise en œuvre d'une promesse unilatérale de vente librement consentie par un associé », Cass. com., 11 mars 2014, n° 11-26.915 : *D.* 2014, p. 759, note B. Dondero ; *JCP* E 2014, 1159, note A. Couret.

de santé, inconnu au jour du consentement ; le mécanisme dit du *earn out* fonde la détermination du prix des actions de la société achetée sur l'arbitrage d'experts, en liaison avec le résultat comptable de l'exercice suivant. Le tiers sera désigné par les parties(557), sinon par le juge pourvu que le contrat prévoie cette faculté(558). Il dispose de la plus grande latitude pour valoriser les actions selon les critères qu'il juge les plus opportuns, dans le respect du contrat(559). Si le tiers refuse ou ne peut exécuter sa mission, la vente est nulle (C. civ., art. 1592, al. 2) sans que le juge ne puisse s'y substituer(560) ; les auteurs ne se montrent pas hostiles à une certaine évolution du rôle du juge à cet égard(561) ; le souci, général à notre droit, de faveur pour le contrat milite également en ce sens.

La déterminabilité du prix peut encore résulter du jeu de mécanismes empruntés aux contrats à exécution successive. La formule de l'indexation est transposable à la vente à terme, le jeu de l'indice étant appliqué à une somme fixée dès la conclusion de l'acte(562), son régime soumis au droit commun de l'ordonnance du 30 décembre 1958(563) et à l'article 1167 du Code civil. La formule de la redevance ou du prix proportionnel consiste à asseoir le prix sur un pourcentage du chiffre d'affaires que réalisera l'acquéreur pendant une certaine époque, tout en prévoyant un minimum garanti(564). La technique est très largement pratiquée dans les cessions de droit d'auteur (c'est la règle : CPI, art. L. 131-4) et de brevet d'invention où les parties s'attachent à prévoir l'assiette, le taux et la périodicité de la redevance(565) ; elle

---

(557) Si celui-ci n'est pas désigné au contrat, sa nomination ultérieure risque d'engendrer problème. La partie qui refuserait de concourir à la désignation du tiers engagerait sa responsabilité. – V. Cass. 1re civ., 24 nov. 1965 : *JCP* G 1966, II, 1402, note Gaury. Les parties s'assureront de l'indépendance du tiers non seulement au jour où elles le désignent mais encore au jour où celui-ci aura à intervenir : V. Cass. 1re civ., 2 déc. 1997 : *RTD civ.* 1998, p. 396, obs. P.-Y. Gautier et p. 900, obs. J. Mestre (tiers, ancien consultant de l'une des parties).

(558) V. Cass. civ., 25 avr. 1952 : *D.* 1952, p. 635 ; *JCP* G 1952, II, 7181 ; *RTD civ.* 1952, p. 515, obs. J. Carbonnier. – Cass. com., 26 juin 1990 : *Bull. civ.* 1990, IV, n° 197.

(559) Cass. com., 19 avr. 2005 : *RTD civ.* 2005, p. 613, obs. P.-Y. Gautier. – *Adde* Paris, 17 sept. 2004, qui retient la compétence du tiers expert pour interpréter le contrat : *JCP* G 2005, p. 134, note Th. Bonneau ; *RTD civ.* 2005, p. 154, obs. crit. P.-Y. Gautier. Mais attention à la responsabilité : même sans erreur grossière, le tiers expert engage sa responsabilité s'il commet une faute dans son évaluation, Cass. com., 4 févr. 2004 : *Bull. civ.* 2004, IV, n° 23 ; *JCP* G 2004, II, 10087, note C. Castets-Renard ; *JCP* E 2004, p. 1001, note J.-J. Caussain, Fl. Deboissy et G. Wicker ; *RTD civ.* 2004, p. 310, obs. P.-Y. Gautier ; *Contrats, conc. consom.* 2004, n° 56, obs. L. Leveneur.

(560) V. Cass. com., 29 juin 1981 : *Bull. civ.* 1981, IV, n° 298. – Cass. com., 14 déc. 1999 : *RTD civ.* 2000, p. 318, J. Mestre. – Cass. 2e civ., 8 avr. 1999 : *JCP* G 1999, II, 10136, note A. Viandier, et *JCP* E 2000, p. 270, obs. J.-M. Mousseron ; *Contrats, conc. consom.* 1999, n° 126, note L. Leveneur ; *RTD civ.* 1999, p. 852, obs. P.-Y. Gautier (clause dite de *earn out*, le cédant a faussé les résultats comptables : la clause est inapplicable, la cession d'actions est nulle). – Même au cas d'erreur grossière de l'expert le juge ne peut fixer le prix : Cass. 1re civ., 25 janv. 2005 : *Contrats, conc. consom.* 2005, comm. 79, obs. L.L. – *Adde* sur le domaine limité de l'article 1843-4 du Code civil, Cass. com., 26 nov. 1996 : *Contrats, conc. consom.* 1997, n° 26, note L. Leveneur. – CA Paris, 3 juill. 1998 : *JCP* G 1999, II, 10008, note J.-J. Daigre ; *D. affaires* 1998, p. 1517 (l'article 1843-4 du Code civil n'est pas applicable aux opérations se déroulant sur un marché de bourse réglementé). – Comp. Cass. com., 10 mars 1998 : *RTD civ.* 1998, p. 899, obs. J. Mestre (qui admet tout à la fois la validité du mécanisme du *earn out* et la faculté du juge de charger un expert de chiffrer le prix), mais plus en retrait, V. Cass. 1re civ., 24 févr. 1998, même réf. et *contra* V. Cass. com., 14 déc. 1999 : *RTD civ.* 2000, p. 318, obs. J. Mestre et B. Fages. – Cass. com., 11 mars 2014, préc. – J. Moury, *Des ventes et prix de cessions de droits sociaux à dire de tiers, étude des articles 1592 et 1843-4 du Code civil* : *Rev. sociétés* 1997, p. 455.

(561) Ph. Malaurie, L. Aynès et P.-Y. Gautier, n° 190. – D. Tallon : *D.* 1992, chron. 67. – V. cependant contre la fixation judiciaire du prix de la vente, Cass. 1re civ., 24 févr. 1998 : *RTD civ.* 1998, p. 900, obs. J. Mestre. – Cass. 1re civ., 28 nov. 2000 : *Contrats, conc. consom.* 2001, n° 40, obs. L. Leveneur.

(562) V. par ex., Cass. 3e civ., 17 juill. 1972 : *D.* 1973, p. 238, note Ph. Malaurie.

(563) V. *infra*, n° 332.

(564) C'est la technique dite du « loyer-recettes » fréquemment utilisée dans les baux commerciaux conclus dans les grandes surfaces.

(565) Le cessionnaire est alors tenu de l'obligation d'exploiter au mieux l'invention cédée. – V. J. Raynard, E. Py et P. Tréfigny, *Droit de la propriété industrielle*, LexisNexis, 2016, n° 733.

connaît d'autres applications dans les cessions d'actions[566] ou d'un « cabinet d'expertise »[567] (sur la « cessibilité » des clientèles civiles, V. *supra*, n° 112). Plus généralement, alors, le mécanisme de fixation du prix sera « validé » dès lors que les éléments de référence (indice ou autre) seront suffisamment précis et, surtout, indépendants de la volonté d'une seule des parties. C'est à l'aune de cette double exigence que doit s'apprécier la validité des clauses de prix de marché, qui supposent l'existence d'un marché véritable, sinon de cotations, sur lequel l'une des parties n'a pas d'influence déterminante. Dans l'orthodoxie de cette logique, le prix fixé par le seul vendeur, par référence au tarif pratiqué dans ses catalogues ou ses barèmes de vente pour ses autres clients (clause prix catalogue), ne devrait pas être admis. À nouveau la question ne se pose guère lorsque ce prix est celui en vigueur au jour de la conclusion du contrat (c'est l'offre du commerçant) ; la difficulté surgit à l'appel des ventes où le prix ou barème de référence sera celui en vigueur au jour de la livraison.

130. – **Le domaine de l'exigence d'un prix déterminé ; ventes à exécution successive, « ventes éclatées »[568], clauses de « prix catalogue ».** L'article 1591 du Code civil est-il encore d'actualité après les arrêts rendus par l'assemblée plénière le 1er décembre 1995 (V. *supra*, n° 41) et, si oui, comment faire clairement le départ des « contrats-cadres » de certains contrats de vente prévoyant des livraisons successives et des paiements échelonnés ?

La première question a pu susciter la discussion de la part de certains auteurs[569] qui prennent appui sur l'un des quatre arrêts rendus par l'assemblée plénière[570]. Mais, à la relecture, attentive, de la décision rendue, nous ne trouvons point le visa de l'article 1591 du Code civil, mais ceux des anciens articles 1134 et 1135 du Code civil, nous ne surprenons aucunement le mot « vente » mais une référence à « la clause d'un contrat de franchisage », lequel s'apparente à la catégorie des contrats-cadres de fourniture, irréductible au contrat de vente. De fait, l'article 1591 du Code civil relève-t-il précisément *des dispositions légales particulières* dont l'assemblée plénière réservait l'application dans sa jurisprudence du 1er décembre 1995 (V. *supra*, n° 41).

L'enjeu est de taille : l'exigence d'un prix déterminé ou, surtout, déterminable hors la volonté d'une seule des parties, survit dans le contrat de vente, alors qu'elle a disparu pour le contrat-cadre de fourniture. Reste qu'il sera parfois difficile de faire le tri entre les deux formules : le contrat-cadre se distingue de la vente, dit-on, par la nécessité d'un double consentement à sa mise en œuvre (consentement au contrat-cadre d'abord, aux contrats d'application, ensuite)[571]. Mais s'agissant d'un contrat de vente prévoyant des livraisons successives et d'un contrat-cadre

(566) Cass. com., 15 juin 1982 : *JCP G* 1984, II, 20141, note Grillet-Ponton.

(567) Cass. 1re civ., 28 juin 1988 : *Bull. civ.* 1988, I, n° 212 ; *D.* 1989, p. 121, note Ph. Malaurie ; *Defrénois* 1989, art. 34882, n° 33, G. Vermelle ; *RTD civ.* 1989, p. 299, obs. J. Mestre et 343, obs. Ph. Rémy.

(568) Intitulé des rencontres de Deauville, 1997, Assoc. Droit et commerce. – *Adde*, Ph. Jestaz, *La réserve de propriété ou la vente éclatée*, in *Mél. Holleaux*, Litec, 1990, p. 227 et s.

(569) V. Ph. Malaurie, L. Aynès et P.-Y. Gautier, nos 194 et 195, favorables à la généralisation de la jurisprudence des arrêts d'assemblée plénière de 1995 à la vente. *Adde*, la réponse de L. Aynès à la question posée, *in* colloque : *Le contrat-cadre de distribution*, CREDA, CA Paris, IFC, AFJE (11-12 déc. 1996) in *CDE* 1997, n° 3-4, spéc. p. 23.

(570) Ph. Malaurie, L. Aynès et P.-Y. Gautier (Cujas, 13e éd.) visaient le 4e arrêt : *Vassali c/ Gagnaire*. – V. réf. *supra*, n° 41.

(571) V. J. Gatsi, *Le contrat-cadre*, préc. Pour la discussion, V. *supra*, n° 41. Sur l'analyse du groupe contrat-cadre/ventes d'application en contrat de fourniture : contrat unitaire à exécution successive, V. *supra*, n° 42.

comportant des clauses de « quota » (obligation d'acheter une certaine quantité, V. *supra*, n° 34) et d'exclusivité (obligation de ne pas acheter ailleurs, V. *supra*, n° 34), la nuance est bien mince. La même clause de « prix catalogue » référant aux tarifs du seul fournisseur-vendeur, risque d'annuler le premier, sous les auspices de l'article 1591 du Code civil, de subordonner l'efficacité du second, valablement formé, à la seule police de l'abus (V. *supra*, n° 41). À la suite des arrêts de 1995, on pressentait un affadissement de l'exigence posée à l'article 1591 : l'exigence d'un prix déterminé resterait nécessaire à la vente, mais la clause « prix catalogue » serait déjà pour le contrat de vente un prix déterminable sanctionné sous le couvert de l'abus. L'article 1591 du Code civil conserverait son domaine, il perdrait en vitalité(572). Un arrêt du 2 décembre 1997 pouvait être associé à ce courant de pensée : dans la vente d'un véhicule de la marque Ferrari dont le prix était déterminé le jour de la livraison par le constructeur (concédant) – soit trois années après la commande – la cour retient la validité du contrat dès lors que le prix était déterminable « indépendamment de la volonté du vendeur, seule à prendre en considération pour l'application de l'article 1591 du Code civil »(573).

La réforme de droit des contrats devrait clore le débat dans un sens favorable au maintien dans toute sa vigueur de la règle de l'article 1591. Le nouvel article 1163 du Code civil pose l'exigence d'une prestation déterminée ou déterminable. L'obligation de somme d'argent est concernée par le texte ; il suit une exigence de détermination du prix générale aux contrats de droit commun, à laquelle déroge le contrat-cadre (C. civ., art. 1164) et le contrat de prestation de service (C. civ., art. 1165), et qui opère renversement de la jurisprudence d'assemblée plénière du 1er décembre 1995, sauf pour ces deux dernières espèces de contrats(574). L'article 1591 propre à la vente se fait alors l'écho de l'article 1163 général aux contrats. L'exigence d'un prix déterminé ou déterminable, indépendamment de la volonté d'une partie, demeure une règle fermement acquise pour la vente ; elle était au demeurant clairement affichée dans l'avant-projet Capitant (art. 14).

---

(572) Contre : Ph. Simler qui observe, néanmoins, que le « caractère de disposition d'exception (de l'article 1591 du Code civil) doit plus que jamais conduire à ne l'appliquer strictement qu'aux contrats de vente », coll. CEDIP, Univ. Montpellier : *RTD com.* 1997, préc., spéc. p. 79. – Comp. M. Jéol, « La vente (...) demeure soumise aux prescriptions de l'article 1591 du Code civil (...). Soit, mais on peut penser que la disparition de l'article 1129 aura un effet "modérateur" sur l'application de l'article 1591, comme la découverte du premier a eu un effet amplificateur sur l'application du second », *ibid.*, p. 3 ; Th. Revet pour qui « la logique des arrêts du 1er décembre 1995 commande d'admettre la fixation unilatérale du prix des ventes conclues en application d'un contrat-cadre contenant une clause de fixation unilatérale du prix » in *L'unilatéralisme et le droit des obligations*, Economica, 1999, p. 39. – *Adde* L. Leveneur, *L'indétermination du prix : le revirement et sa portée* : *Contrats, conc. consom.* janv. 1996. – P. Puig qui retient la nullité de la vente prix catalogue, *op. cit.*, n° 271.

(573) Cass. 1re civ., 2 déc. 1997 : *Bull. civ.* 1997, I, n° 340 ; *JCP* G 1998, I, 129, n° 1, obs. Ch. Jamin ; *RTD civ.* 1998, p. 898, obs. J. Mestre ; la solution est très discutable : pour le véhicule en cause, le vendeur-concessionnaire ne disposait d'aucun stock ; il intervenait davantage comme intermédiaire (agent) entre le client acquéreur et le constructeur que comme revendeur indépendant. – Comp. Cass. 1re civ., 19 janv. 1999 : *Contrats, conc. consom.* 1999, n° 52, obs. L. Leveneur (en se déterminant par des éléments extérieurs à la convention des parties, la cour d'appel a procédé à une fixation judiciaire du prix et a ainsi violé l'article 1591 du Code civil). – Dans le même sens, Cass. com., 12 nov. 1997 : *Contrats, conc. consom.* 1998, n° 22 (la cour d'appel avait estimé le prix déterminable par référence à une autre vente consentie par le vendeur ; cassation).

(574) En ce sens O. Deshayes, Th. Genicon et Y.-M. Laithier, *op. cit.*, p. 306. – J.-S. Borghetti, *Fixation et révision du prix* : *RDC* juin 2018, hors-série « Le nouveau droit des obligations après la ratification du 20 avril 2018 », p. 25, nos 18 et s. – Un certain courant de pensée reste cependant hostile à l'application de l'article 1163 au prix du contrat : V. J. Moury, *La détermination du prix dans le nouveau droit commun des contrats* : *D.* 2016, p. 1013, du même *Retour sur le prix : le champ de l'article 1163, alinéa 2, du Code civil* : *D.* 2017, p. 1209. – C. Grimaldi, *La fixation du prix*, in *RDC* 2017, p. 558, in Dossier : *Le prix dans les contrats après la réforme*.

131. – Sanctions. Un prix déterminé, ou déterminable, est une nécessité structurelle à la formation du consentement à la vente : l'indétermination du prix était à ce titre sanctionnée par la nullité absolue du contrat(575). Mais cette analyse classique était critiquée en regard d'une approche plus moderne de la théorie des nullités qui s'attache à considérer la nature des intérêts protégés(576). Cette approche est consacrée par la réforme de droit des contrats (C. civ., art. 1179). Un défaut de consentement, tout comme un vice de celui-ci, ne mettent pas en cause l'intérêt général ; c'est tout au contraire l'intérêt particulier de l'une des parties qu'il s'agit de protéger : la nullité devait être relative(577) comme elle l'est déjà pour la théorie des vices du consentement. La Cour de cassation a été sensible à cette nouvelle conception et sanctionne l'indétermination ou le défaut de prix dans la vente par une nullité relative(578).

L'avant-projet de réforme des contrats spéciaux propose de sanctionner par la nullité absolue l'indétermination du prix de vente, permettant à toute personne intéressée de demander l'annulation de la vente (V. C. civ., art. 604 proposé)(579).

2° Vente internationale et européenne

132. – Convention de Vienne, proposition de règlement relatif à un droit commun européen de la vente. On a parfois présenté le revirement opéré par les quatre arrêts de l'assemblée plénière du 1er décembre 1995 comme le résultat de l'influence du régime du prix dans la vente internationale. Le propos doit être nuancé si l'on observe que la convention de Vienne règle de manière fort « maladroite » cette question pourtant cruciale.

La convention de Vienne répute le contrat conclu par la rencontre d'une offre et d'une acceptation (CVIM, art. 23)(580). L'offre du vendeur doit être ferme et précise (CVIM, art. 14). Spécialement, la proposition est précise « lorsqu'elle désigne les marchandises et, expressément ou implicitement, fixe la quantité et le prix ou donne des indications permettant de les déterminer » (CVIM, art. 14-1).

À la lecture de ce texte, l'objet et le prix doivent être déterminés ou déterminables(581). La similitude de ces exigences et des critères traditionnellement posés en droit français à la qualification de l'offre et à la formation du contrat de vente est flagrante.

---

(575) Cass. 1re civ., 17 déc. 1959 : *Bull. civ.* 1959, I, n° 546 ; *D.* 1960, p. 294 ; *RTD civ.* 1960, p. 489, obs. J. Carbonnier. La vente ne peut être confirmée (Cass. com., 30 nov. 1983 : *Bull. civ.* 1983, IV, n° 333). La nullité peut être invoquée même par la partie qui a le pouvoir de fixer le prix (Cass. com., 11 juin 1981 : *Bull. civ.* 1981, IV, n° 269. – Cass. 1re civ., 10 févr. 1993 : *Contrats, conc. consom.* 1993, comm. 128, note L. Leveneur). – Cass. com., 23 oct. 2007 : *D.* 2008, 954, note G. Chantepie ; *JCP* G 2008, II, 10024, note N. Roget ; *Defrénois* 2007, 1729, obs. R. Libchaber ; *RDC* 2008, 234, obs. Th. Genicon ; *Dr. et patrimoine* mai 2008, p. 91, obs. L. Aynès et Ph. Stoffel-Munck.

(576) V. Flour, Aubert et J.-L. Savaux, *Les obligations*, préc., nos 335 et s. – *Adde* A. Posez, *La théorie des nullités – le centenaire d'une mystification* : *RTD civ.* 2011, p. 647. – A.-S. Lebret, *La distinction des nullités relatives et absolues*, thèse, Paris 2, ss dir. N. Molfessis, 2015.

(577) En ce sens, Ph. Malaurie, L. Aynès et P.-Y. Gautier, n° 203. – V. *supra*, n° 120.

(578) Cass. com., 22 mars 2016, n° 14-14.218 : *Contrats, conc. consom.* 2016, n° 136, obs. L. Leveneur ; *JCP* G 2016, 797, obs. Y.-M. Serinet ; *RTD civ.* 2016, 343, H. Barbier. – La chambre commerciale clôture un mouvement engagé par les chambres civiles : Cass. 3e civ., 21 sept. 2011, n° 10-21.900 : *RDC* 2012, 47, obs. E. Savaux et 130, J.-B. Seube ; *JCP* G 2011, n° 1276, note J. Ghestin ; *D.* 2011, 2711, note D. Mazeaud ; *Dr. et patrimoine* févr. 2012, p. 64, obs. Ph. Stoffel-Munck.

(579) V. *L'avant-projet de réforme du droit des contrats spéciaux*, préc., p. 115, discussion G. Lardeux, B. Fages, A. Sériaux et L. Leveneur.

(580) V. J.-M. Mousseron et al., *Droit du commerce international*, *op. cit.*, nos 453 et s.

(581) V. *DPCI* 1995-4, n° spécial « Les prix internationaux ».

La lecture de ce seul texte est néanmoins trompeuse et l'article 55, relatif au paiement du prix, révèle l'influence du droit anglo-saxon sur la formation du contrat et introduit une douloureuse contradiction au sein de la convention. Ce dispositif admet, en effet, que le contrat est « valablement conclu sans que le prix ait été fixé dans le contrat, expressément ou implicitement ou par une disposition permettant de la déterminer ». En pareil cas, l'article 55 prévoit en effet que :

> **« les parties sont réputées, sauf indications contraires, s'être tacitement référées au prix habituellement pratiqué au moment de la conclusion du contrat dans la branche commerciale considérée, pour les mêmes marchandises vendues dans des circonstances comparables ».**

Pareille disposition suggère l'éventualité de contrats dont le prix ne serait ni déterminé ni déterminable dès sa formation... et contredit expressément l'article 14 de la même convention. Ce constat ne résulte pas d'une maladresse de rédaction, mais d'un désaccord célèbre entre les délégations nationales : alors que la France, le Japon, la plupart des pays socialistes et des États en voie de développement plaidaient pour l'exigence de déterminabilité du prix dès la formation du contrat, les États anglo-saxons admettaient la validité du contrat de vente sans prix déterminé ou déterminable(582). La doctrine se divise, alors, sur l'interprétation qui doit présider à la solution de ce conflit.

Une première argumentation est favorable à la prééminence de l'article 55(583) : l'article 55 serait « un mécanisme subsidiaire de détermination du prix »(584) auquel les parties se seraient implicitement référées par leur silence de sorte qu'en définitive, le contrat ne serait jamais dénué de prix dès sa formation ; par ailleurs, l'article 14 ne règle que la validité de l'offre et non celle du contrat, de telle sorte que la proposition muette sur le prix, mais saisie par une acceptation... emporterait néanmoins conclusion d'un contrat... dont le prix serait alors régi par l'article 55 ; enfin, on ne peut guère penser que la convention de Vienne, largement inspirée par les principes du commerce international, ait voulu interdire les contrats dont le prix était déterminé par référence implicite à un prix du marché, tant cette pratique est courante en matière internationale(585).

---

(582) Alors que le premier texte avait été voté, la majorité a changé de camp lors de la discussion du second, sans que les plénipotentiaires ne parviennent à une majorité suffisante pour modifier le premier ! Sur cette opposition, V. J.-M. Bonell, *La nouvelle convention des Nations unies sur les contrats de vente internationale de marchandises : DPCI* 1981, p. 7 et s., spéc. p. 24. – *Adde* P. Thieffry, *La détermination du prix en droit américain : DPCI* 1985, 603.

(583) V. spéc. Ch. Mouly, *La convention de Vienne*, Actes du colloque, déc. 1989, LGDJ, coll. « Droit des affaires », 1990. – J. Huet, n° 11727. – *Adde* J.-P. Plantard : *JDI* 1988, spéc. p. 348. – I. Corbisier, *La détermination du prix dans les contrats commerciaux portant vente de marchandises. Réflexions comparatistes : RID comp.* 1988, p. 767. – V. V. Fortier, *Le prix dans la Convention de Vienne sur la vente internationale de marchandises : les articles 14 et 55 : JDI* 1990, p. 381. On retrouve également cette opinion chez les commentateurs qui ont participé à la conférence de Vienne : V. C.-M. Bianca et M.-J. Bonell, *Commentary on the International Sales Law. The 1980 Vienna Sales convention*, Giuffre, 1987, spéc. comm. art. 14, p. 136 et s. et art. 55, p. 401 et s.

(584) H. Lesguillons, *Lamy Contrats internationaux*, t. 3, division 4, p. 74.

(585) Ch. Mouly invoque le texte Unidroit de « principes pour les contrats internationaux », dont l'article 5.7 retient la validité du contrat sans détermination de prix (art. cit.) ; également en ce sens, les Principes européens du contrat prévoient : « Lorsque le contrat ne fixe pas le prix ou la façon de le déterminer, les parties sont censées être convenues d'un prix raisonnable » (art. 6.104) ; sur ce texte, V. *supra*, n° 12.

À l'encontre de cette thèse, une seconde argumentation invoque, d'abord, les termes de l'article 55 qui ne joue que lorsque « le prix des marchandises vendues [n'a pas] été fixé dans le contrat expressément ou implicitement ou par une disposition permettant de le déterminer (...) », ce qui paraît bien concerner l'hypothèse d'un désaccord des parties à propos du prix ; par ailleurs, l'argument selon lequel l'article 14 concerne la validité de la seule offre et non celle du contrat dont la formation pourrait s'opérer sans prix effectivement déterminé, tient de la pétition de principe(586) ; ce raisonnement restreint le domaine de l'article 14 pour hypertrophier celui de l'article 55 dont l'objet reste de prévoir un mode subsidiaire de détermination du prix lorsque « la vente [a été] valablement conclue »(587) ; enfin, si le commerce international connaît la pratique du contrat sans prix, il se trouvera, toujours, quelques praticiens de celui-ci pour alléguer la nullité de pareil accord ; ce qui tend bien à démontrer l'insécurité de la formule. De nombreux auteurs réfutent alors la thèse prônant la prééminence de l'article 55 et estiment, pour résoudre le conflit des textes, qu'il convient de se référer à la seule loi nationale applicable au contrat afin de déterminer si celle-ci admet que le contrat soit formé sans prix déterminé ou déterminable(588).

Nous adhérerons pourtant à la première opinion présentée : ainsi, alors que la Convention des Nations unies sur les contrats de vente internationale de marchandises (CVIM) s'affiche comme l'expression la plus achevée des principes et usages du commerce international dans le secteur qu'elle réglemente, il paraît difficile de retenir une opinion selon laquelle cet instrument viendrait contrarier les pratiques d'*open price* connues des systèmes anglo-saxons(589) ; c'est encore l'option retenue par les Principes Unidroit (art. 5.1.7) et les principes européens des contrats (art. 6 : 104) dont la CVIM ne saurait trop s'écarter ; c'est enfin le sens de l'évolution du Droit français des contrats que de reconnaître une part privilégiée à l'unilatéralisme, spécialement dans la détermination du prix, même si la jurisprudence de l'assemblée plénière du 1er décembre 1995 n'atteint pas directement le contrat de vente. En sorte que, nous retiendrons la validité de la vente internationale dont le prix ne serait pourtant pas arrêté selon les critères objectifs du droit français.

Le texte de la proposition de règlement relatif à un droit commun européen de la vente retenait également la validité d'une vente dont le prix ne serait pas déterminé objectivement : « Lorsque le prix à payer en vertu d'un contrat ne peut être déterminé selon d'autres modalités, ce prix est, sauf indication contraire, celui normalement facturé dans des circonstances comparables au moment de

(586) V. Heuzé, *La vente internationale de marchandises*, *in* J. Ghestin (ss dir.), *Traité des contrats*, LGDJ, 2000, n° 170. – B. Audit, *La vente internationale de marchandises*, LGDJ, 1990, spéc. p. 60.

(587) B. Audit, *La vente internationale de marchandises*, *op. et loc. cit.*

(588) En ce sens, B. Audit, *op. et loc. cit.* – V. Heuzé estime la thèse de la prééminence de l'article 55 « illogique » et « inopportune » (*op. cit.*, nos 171 et s.). – *Adde* Ph. Kahn, *op. cit.*, n° 114.

(589) V. F. Adimi, *Les contrats* open-price *dans la Convention des Nations unies sur les contrats de vente internationale de marchandises* : *RD aff. int.* 1989, p. 103 et s. – Pour le droit américain, V. UCC, sect. 2-305 : « 1) The parties if they so intend may conclude a contract for sale even if the price is not settled. In such a case the price is a reasonable price at the time for delivery if : *(a)* nothing is said as to price ; *(b)* the price is left to be agreed by the parties and they fail to agree ; or *(c)* the price is to be fixed in terms of some agreed market or other standard as set or recorded by a third person or agency and it is not so set or recorded. 2) A price to be fixed by the seller or by the buyer means a price to be fixed in good faith. (...) ».

la conclusion du contrat ou, à défaut d'un tel prix, un prix raisonnable » (Prop. de règlement, art. 73). Pour le cas où la détermination du prix est laissée à une seule des parties : la détermination manifestement déraisonnable justifierait la substitution d'un prix ou d'un autre élément raisonnable, nonobstant toute clause contraire (*ibid.*, art. 74). L'hypothèse d'une détermination du prix par un tiers est encore envisagée : pour le cas où ce dernier ne pourrait ou ne voudrait réaliser sa mission, le tribunal pourrait désigner une autre personne sinon, mais la détermination doit toujours s'opérer par référence au critère du raisonnable (*ibid.*, art. 75). Ces dispositions s'écartent donc du régime de l'article 1591 du Code civil au profit des modèles que représentent la convention de Vienne ou les Principes Unidroit pour le texte étudié. Cette proposition européenne est, à ce jour, restée lettre morte.

B. – Le prix doit être réel et sérieux

133. – **Simulation et dérision.** Le prix réel s'oppose au prix fictif, c'est-à-dire au prix apparent, « simulé ». Les parties s'accordent pour que le prix stipulé dans le contrat soit différent de la contrepartie réellement versée, dont elles prévoient le *quantum* dans le cadre d'une contre-lettre. Il ne s'agit pas ici de porter une appréciation sur l'équivalence contractuelle, mais seulement de corriger la mention du prix affiché qui ne correspond pas à la réalité du prix payé.

Souvent le prix fictif est inférieur au prix réel, la différence constitue le « dessous de table » que connaissent les ventes immobilières et de fonds de commerce dont la pratique est destinée à réduire l'assiette des droits fiscaux à payer (droits d'enregistrement pour l'acheteur, plus-value pour le vendeur, TVA). Un frein est mis à cette pratique à raison de la nullité absolue de la contre-lettre (C. civ., art. 1589-1)(590).

Parfois le prix fictif sera supérieur au prix réel qui peut même ne pas exister. En tant que contrat de vente, l'absence intégrale de prix condamne l'acte. Mais il est possible que les parties aient cherché à présenter comme vente ce qui n'était qu'une donation déguisée. La donation déguisée ou indirecte(591) est valable mais suppose l'*animus donandi* du donateur, c'est-à-dire la volonté de gratifier ; l'acte est alors soumis aux règles de forme de l'acte apparent (vente) et de fond de l'acte réel (donation)(592). En revanche, en l'absence de la volonté libérale, le prix dérisoire est le prix si insuffisant qu'il semble une moquerie. L'attitude à adopter face à une telle pratique ne va pas de soi. D'une part, le prix dérisoire ne saurait constituer une véritable contrepartie au transfert de propriété de la chose, la logique

(590) Cette nullité peut être invoquée par toute personne, spécialement par l'acheteur, qui refuserait d'acquitter la différence ou en réclamerait restitution (V. Cass. 3e civ., 25 juin 1985 : *Bull. civ.* 1985, III, n° 103 ; *D.* 1986, p. 212, note E. Agostini. – *Adde* Cass. 1re civ., 18 janv. 1994 : *Bull. civ.* 1994, I, n° 29 ; *D.* 1994, inf. rap. p. 68. – Cass. 1re civ., 4 avr. 2001 : *JCP* G 2001, IV, n° 2014) ; la preuve de la contre-lettre n'a pas à être apportée par écrit par l'acheteur (V. Cass. 1re civ., 5 mars 1997 : *D. affaires* 1997, p. 441). Mais la nullité de la contre-lettre n'affecte pas la validité de l'acte ostensible : c'est une prime à la délation en quelque sorte (V. Cass. ch. mixte, 12 juin 1981 : *Bull. civ.* 1981, ch. mixte, n° 5 ; *D.* 1981, p. 413, concl. Cabannes ; *RTD civ.* 1982, p. 140, obs. F. Chabas).

(591) La donation déguisée suppose la simulation : la donation est déguisée en vente pour des raisons diverses (aux yeux de la famille, de l'administration fiscale, des créanciers désireux d'exercer l'action paulienne…) ; la donation indirecte, pour partie, est une convention ouvertement déséquilibrée en raison de l'*animus donandi* du vendeur qui ne cherche pas à tirer le meilleur profit du bien dont il se défait. La distinction conserve un intérêt en droit des successions, pas au regard de la jurisprudence relative à la validité de la vente.

(592) V. Cass. 1re civ., 22 oct. 1975 : *Bull. civ.* 1975, I, n° 288. – Cass. 3e civ., 7 avr. 1976 : *Bull. civ.* 1976, III, n° 144.

causaliste s'y opposait (hier) ; mais, d'un autre point de vue, la liberté contractuelle permet aux parties de stipuler le prix qu'elles veulent, et les choses n'ont de valeur que ce que l'on veut bien en donner ; il faut également tenir compte de la particularité du contexte : dans les cessions d'entreprise, les engagements que l'acquéreur peut prendre par ailleurs peuvent justifier une diminution apparente du prix (prise en charge d'un passif, reprise d'une exploitation déficitaire...). La jurisprudence traditionnelle retient la première proposition en frappant de nullité (à l'origine absolue) la vente à prix dérisoire ou vil(593). En cela le régime de la vente fait écho au droit commun : l'article 1169 du Code civil sanctionne par la nullité le contrat à titre onéreux dont la contrepartie est illusoire ou dérisoire(594). Il en est ainsi de la vente pour « l'euro symbolique »(595). Mais au-delà, le prix est encore considéré dérisoire dès lors qu'il reste inférieur aux revenus de la chose achetée : ainsi du prix de droits sociaux cédés pour un montant inférieur aux dividendes annuels(596) ou du montant de la rente viagère inférieure aux revenus locatifs de l'immeuble(597). Cette jurisprudence a vocation à suppléer la théorie de la lésion (V. *infra*, nos 138 et s.) lorsque celle-là ne peut être utilement invoquée(598). La nullité qui atteint ces contrats vise à protéger les seuls intérêts particuliers du vendeur : conformément à l'article 1179 du Code civil, il doit s'agir d'une nullité relative et non absolue(599). La jurisprudence retient finalement cette dernière option(600). On observera encore que, dans les cessions de droits sociaux d'entreprises en difficulté, les décisions prennent parfois en considération la contrepartie, autre que financière, mise à la charge de l'acquéreur pour déclarer valablement causé le transfert de propriété(601) ; la validité de la convention ne devrait pas justifier son analyse en terme de vente, en l'absence de contrepartie monétaire directe.

---

(593) V. Cass. 1re civ., 4 août 1952 : *Bull. civ.* 1952, I, n° 260. – Cass. 1re civ., 10 févr. 1993 : *Contrats, conc. consom.* 1993, comm. 128, note L. Leveneur. – Cass. 3e civ., 17 mars 1981 : *Bull. civ.* 1981, III, n° 56 ; *D.* 1984, inf. rap. p. 442, Ch. Larroumet. – Cass. com., 23 oct. 2007 : *Contrats, conc. consom.* 2008, n° 65, L. Leveneur, *la vente consentie sans prix sérieux est affectée d'une nullité qui, étant fondée sur l'absence d'un élément essentiel de ce contrat, est une nullité absolue soumise à la prescription trentenaire de droit commun.* – Mais *contra* (pour un bail à construction), V. Cass. 3e civ., 21 sept. 2011 : *D.* 2011, 2711, D. Mazeaud ; *ibid.* 2012, 465, chron. S. et M. Mekki ; *JCP G* 2011, I, 1276, n° 47, obs. J. Ghestin ; *RDC* 2012, p. 47, E. Savaux, *la vileté du prix constitue une absence de cause sanctionnée par la nullité relative du contrat de prescription quinquennale.*

(594) V. G. Wicker, *La suppression de la cause par le projet d'ordonnance : la chose sans le mot ? : D.* 2015, p. 1557 et s.

(595) Cass. com., 7 juin 2011, n° 10-17.584 : pour une cession d'actions, la cour d'appel devait rechercher si le prix de vente des titres déterminé par application de la méthode contractuellement prévue revêtait un caractère sérieux. – V. J. Moury, *Du prix symbolique au prix négatif ou la divagation des qualifications en matière de vente : D.* 2014, p. 1950. – B. Garrigues, *La contre-prestation du franc symbolique : RTD civ.* 1991, p. 459. – Ch. Freyria, *Le prix de vente symbolique : D.* 1997, chron. p. 51.

(596) Cass. 1re civ., 20 oct. 1981 : *Bull. civ.* 1981, I, n° 301. – Cass. 1re civ., 27 oct. 1993 : *Bull. civ.* 1993, I, n° 300.

(597) Cass. req., 1er mai 1911 : *DP* 1911, 1, p. 353, M. Planiol. – Cass. 3e civ., 21 nov. 2011, n° 10-24.534. – Cass. 3e civ., 21 janv. 2015, n° 13-25.689 (la débirentière était venue vivre avec la crédirentière). – F. Rogue, *Le viager renouveau d'un modèle ancien : LPA* 2016, n° 106, p. 66.

(598) Spécialement en présence de ventes aléatoires, sur les risques assumés par l'acheteur à l'occasion de la vente d'une entreprise en difficulté, V. Cass. com., 3 mars 1998 : *Bull. civ.* 1998, IV, n° 93 ; *RTD civ.* 1998, p. 925, obs. P.-Y. Gautier. – Cass. com., 16 juin 1998 : *RTD civ.* 1998, *op. cit.* – Sur une cession de créance litigieuse, V. CA Paris, 5 déc. 1997 : *RTD civ.* 1998, p. 694, obs. P.-Y. Gautier. – Pour une vente d'immeuble avec réserve d'usufruit au vendeur, Cass. 3e civ., 29 avr. 1998 : *D.* 1999, somm. p. 14, obs. G. Paisant.

(599) Sur cette critique, V. Flour, J.-L. Aubert et J.-L. Savaux, *Les obligations*, t. 1, *op. cit.*, n° 336. – Avec des répercussions sur le cercle des personnes admises à agir en nullité.

(600) Cass. com., 22 mars 2016, préc. – Cass. 3e civ., 21 sept. 2011, préc.

(601) V. Cass. com., 3 janv. 1985 : *Bull. civ.* 1985, IV, n° 8. – Cass. 3e civ., 3 mars 1993 : *Bull. civ.* 1993, III, n° 28 ; *JCP G* 1994, I, 3744, obs. M. Fabre-Magnan ; *RTD civ.* 1994, p. 124, obs. P.-Y. Gautier ; *RTD com.* 1993, p. 665, obs. C. Champeaud et G. Danet. – Cass. com., 3 mars 1998 et 16 juin 1998 : *RTD civ.* 1998, p. 926, P.-Y. Gautier. – Cass. com., 28 sept. 2004 : *RTD civ.* 2005, p. 157, obs. P.-Y. Gautier. – Cass. com., 7 juin 2011, n° 10-17.584.

C. – Le prix doit être licite

134. – La fixation du prix est librement déterminée par le jeu de la concurrence. C'est le principe – celui de la liberté – proclamé par l'article 1er de l'ordonnance du 1er décembre 1986 (C. com., art. L. 410-2) relative à la liberté des prix et de la concurrence[602] qui renoue avec la loi Le Chapelier (1791) et succède à l'interventionnisme étatique dans la fixation ou l'évolution (blocage) des prix sous l'empire de l'ordonnance du 30 juin 1945. Cette réglementation vaut aussi bien pour les produits que pour les services (V. *infra*, contrat d'entreprise, nos 461 et s.).

Le principe, aussitôt affiché, le texte précité prévoit sa possible mise à l'écart dans deux séries d'hypothèses : dans les secteurs où la concurrence est limitée en raison de situations de monopoles ou de difficultés durables d'approvisionnement, le Conseil d'État, après consultation de l'Autorité de la concurrence, pourra édicter une réglementation des prix ; de même, des circonstances d'exception (situation de crise, calamité publique, situation manifestement anormale du marché dans un secteur déterminé)[603] autoriseraient le gouvernement à arrêter des mesures de taxation contre les hausses ou baisses excessives de prix. Le blocage reste pourtant de mise pour certains produits ou services (remises possibles sur le prix de vente des livres, L. n° 81-766, 10 août 1981 ; tarif et marges de distribution des produits pharmaceutiques, électricité, tarifs d'honoraires des professions médicales et judiciaires pour les actes relevant d'un monopole légal, des taxis). Mais hormis ces hypothèses d'exception, la liberté règne dans un contexte concurrentiel.

Or, précisément, c'est le préalable de l'état de concurrence qui conditionne la liberté des prix. Pour préserver celui-ci, l'ordonnance du 1er décembre 1986 organise, là autoritairement, une régulation du jeu qui se noue entre les opérateurs économiques : obligation de transparence tarifaire, publicité des prix (C. consom., art. L. 112-1 et s.), prohibition des pratiques discriminatoires, des prix de revente imposés par le fournisseur à son revendeur, de la revente à perte, et plus généralement des pratiques anticoncurrentielles ou de l'exploitation abusive d'une position dominante (V. *supra*, n° 43). La réglementation des ventes promotionnelles dans lesquelles la promotion porte directement sur le prix, présenté comme enregistrant une réduction (soldes, liquidation, ventes au déballage...), tient d'un souci de protection de la concurrence et de garantie pour les consommateurs (V. C. com., art. L. 310-1 et s.).

Une véritable théorie du marché dont on sait la forte incidence sur le droit des contrats, spécialement de la vente.

135. – La monnaie de paiement ; indexation ; l'euro. La monnaie est un bien singulier[604], tout à la fois instrument d'évaluation du produit acheté et instrument de paiement. En présence d'une vente au comptant, la coïncidence de l'évaluation du bien et de son paiement purge tout risque consécutif aux perturbations monétaires. L'introduction du facteur temps dans le contrat de vente, que le paiement ou la livraison de la chose soient retardés, justifie que les parties cherchent

(602) V. *RTD com.* 1987, p. 94 et s., obs. J. Hémard et B. Bouloc. – D. et N. Ferrier, *op. cit.*, n° 40.

(603) Les périodes de crise pétrolière suscitent de telles interventions (D. 8 août 1990 consécutif à la « guerre du Golfe »).

(604) R. Libchaber, *Recherches sur la monnaie en droit privé*, LGDJ, coll. « Bibl. dr. privé », 1992, t. 225, préf. P. Mayer.

à se prémunir contre le risque de dépréciation de l'instrument monétaire. Les clauses d'indexation, naturelles dans les contrats de durée, sont transposables au contrat de vente (V. *supra*, n° 129) ; elles-mêmes génératrices d'inflation, elles doivent respecter les règles posées par les ordonnances du 30 décembre 1958 et du 4 février 1959 qui subordonnent la licéité de l'indice à sa relation directe avec l'objet de la convention ou l'activité de l'une des parties(605).

Dans la vente internationale, le contexte du marché international émancipe le paiement de l'interventionnisme étatique ; les préoccupations de lutte contre l'inflation – nationale – s'effacent au profit des nécessités du commerce extérieur.

Les *clauses monétaires* sont celles par lesquelles l'évaluation des produits vendus, et payables à terme, est fixée dans une monnaie étrangère : on dit de celle-ci qu'elle est la monnaie de compte(606). De telles clauses sont réputées valables dans les ventes et contrats du commerce international(607), elles sont nulles dans une vente interne(608). Au-delà, les *clauses de paiement* en monnaie étrangère (monnaie de paiement) portent atteinte au cours forcé de la monnaie française ; elles demeurent valables dans les contrats internationaux mais sont nulles dans les ventes internes : le paiement en France d'une somme d'argent s'effectue en euros sauf si l'obligation procède d'une opération à caractère international ou d'un jugement étranger (C. civ., art. 1343-3)(609).

Au sein de l'Union européenne, et particulièrement des États membres de la « zone euro », les monnaies nationales ont disparu le 31 décembre 2001 au profit de la monnaie unique européenne. Le principe de continuité des contrats en cours exclut toute remise en cause du contrat du fait du passage à l'euro(610). En revanche, les textes communautaires fondateurs de la monnaie unique n'ont pas envisagé le *ticket retour* et la possibilité de voir un État membre de la « zone euro » décider de quitter celle-là, voire même la fin de la monnaie unique européenne ; la crise des dettes souveraines et le renouveau de discours « nationalistes » invitent à considérer l'hypothèse comme autrement que d'école.

---

(605) C. monét. fin., art. L. 112-2. – Par ex., la vente d'un domaine rural avec une clause d'indexation sur le salaire d'un ouvrier agricole, Cass. 3e civ., 17 juill. 1972 : *D.* 1973, p. 238, Ph. Malaurie.

(606) Ce sera fréquemment le dollar ; V. J.-L. Bismuth, *Problèmes monétaires dans les contrats internationaux*, thèse, Paris II, 1973. – Ph. Malaurie, *Les obligations libellées en monnaies étrangères*, Travaux comité fr. DIP 1975, 17.

(607) V. Cass. 1re civ., 3 juin 1950 : *DP* 1951, 1, p. 5, concl. Matter, note R. Savatier. – Cass. 1re civ., 21 juin 1950 : *D.* 1951, p. 749, note J. Hamel ; *JCP* G 1950, II, 5812, note J.-Ph. Lévy ; *Rev. crit. DIP* 1950, p. 609, obs. H. Batiffol ; *S.* 1952, I, p. 1, Niboyet ; *GAJFDIP*, n° 23. – Cass. 1re civ., 24 janv. 1956 : *Bull. civ.* 1956, I, n° 42 ; *D.* 1956, p. 317, note M. Lenoan ; *JCP* G 1956, II, 9400, note J.-Ph. Lévy. – Cass. com., 4 nov. 1958 : *D.* 1959, p. 361. – Cass. 1re civ., 15 juin 1983 : *Bull. civ.* 1983, I, n° 175 ; *JCP* G1984, II, 20123, note J.-Ph. Lévy.– Cass. 1re civ., 13 mai 1985 : *Bull. civ.* 1985, I, n° 146. – *Adde* J.-M. Mousseron et *al.*, *Droit du commerce international*, Litec, 2003, nos 182 et s.

(608) V. Cass. 1re civ., 11 févr. 1873 : *DP* 1873, I, p. 177, note H. Boistel. – Cass. 1re civ., 12 janv. 1988 : *D.* 1989, p. 80, note Ph. Malaurie ; *RTD civ.* 1988, p. 740, obs. J. Mestre. – CA Bordeaux, 8 mars 1990 : *D.* 1990, p. 550, note Ph. Malaurie.

(609) La sanction tient dans la nullité absolue que les juges du fond peuvent relever d'office : Cass. 3e civ., 2 oct. 2007, n° 06-14.725 : *Contrats, conc. consom.* 2008, n° 35, obs. L. Leveneur. – La prohibition ne s'étend pas au compte de l'obligation tenu en monnaie étrangère (monnaie de compte) : V. L. d'Avout, *Monnaie de compte et monnaie de payement après la réforme du droit des obligations* : *D.* 2016, 2025. Comp. C. monét. fin., art. L. 112-5-1 : « Par dérogation au premier alinéa de l'article 1343-3 du Code civil, le paiement peut avoir lieu en une autre monnaie si l'obligation ainsi libellée procède d'un instrument financier à terme ou d'une opération de change au comptant ».

(610) Règl. n° 1103/97/CE, 17 juin 1997, fixant certaines dispositions relatives à l'introduction de l'euro : *JOCE* n° L 162/1, 19 juin 1997. – *Adde* Règl. n° 974/98/CE, 3 mai 1998, concernant l'introduction de l'euro : *JOCE* n° L 139, 11 mai 1998. À ce jour restent hors de la « zone euro » le Danemark, la Grèce, le Royaume-Uni, la Suède. – V. J.-M. Mousseron et *al.*, *Droit du commerce international*, LexisNexis, 2012, nos 161 et s.

D. – Le prix doit parfois être juste

136. – **Liberté ou équilibre contractuel ?** Si, comme nous l'avons évoqué, le prix n'est que le reflet de l'image de la chose, à tout le moins celui-ci devrait-il être le plus juste possible. Mais cette métaphore montre ses limites. La « justice du prix » dans la vente participe d'un plus large débat : celui de la place d'une justice objective dans le contrat, fruit de volontés individuelles. Les termes de la controverse sont célèbres : faut-il laisser prévaloir la volonté des intéressés et la liberté contractuelle, dont le plus puissant tirera profit, ou préférer un impératif de justice contractuelle qui commandera la préservation des intérêts du plus vulnérable, et spécialement pour la vente, imposera un prix équilibré avec la contre-prestation ? C'est là une dispute récurrente qui remue la philosophie du contrat. Un auteur conditionne la force obligatoire du contrat à la satisfaction d'intérêts justes et utiles(611) ; une école encourage encore à l'émergence moderne d'un principe d'équilibre contractuel(612), d'un solidarisme contractuel apte à caractériser de nouveaux comportements entre les parties(613). La découverte, puis le développement du droit de la consommation(614), une plus large recherche de « loyauté et [d]'équilibre dans les relations commerciales »(615), une exigence contemporaine de proportionnalité(616) expriment sans aucun doute un souci accru de protection, d'équilibre et, au final, de justice commutative. En écho à ce courant, la Cour de cassation a décidé que la contrainte économique participait d'une violence, laquelle emportait la nullité du contrat dès lors qu'un contractant abusait de la situation de dépendance de son partenaire(617) : par ce pas, le souci de protection de la partie faible envahissait le droit commun. Sensible à cette évolution, le droit civil issu de la réforme de droit des contrats demeure cependant ferme : le juge n'a pas à rechercher la justice du prix de la vente, sauf prise en compte exceptionnelle de la théorie de la lésion.

137. – **Principe : le juge n'a pas à rechercher le juste prix ; des goûts et des couleurs, on ne discute pas.** « Tant vaut la chose comme on en peut avoir », enseignait Loysel(618). La maxime exprime le caractère subjectif de l'équivalence contractuelle, et *Primus* trouvera trop onéreux le tableau mis en vente que *Secundus* achètera volontiers, sous le charme de l'œuvre ou sûr de faire une bonne

---

(611) V. J. Ghestin, *Le contrat. Formation*, in *Traité de droit civil*, LGDJ, 1993, spéc. nos 223 et s., p. 225 : « Le contrat n'est obligatoire que s'il est juste ».

(612) V. C. Guelfucci-Thibierge, *Libre propos sur la transformation du droit des contrats* : *RTD civ.* 1997, p. 357 et s. Cet auteur parle d'un devoir d'altruisme, de fraternité contractuelle, voire d'amitié entre les parties (n° 26).

(613) V. Ch. Jamin, *Plaidoyer pour le solidarisme contractuel*, in *Mél. J. Ghestin*, LGDJ, 2001, p. 441 et s. – D. Mazeaud, *Loyauté, solidarité, fraternité : la nouvelle devise contractuelle ?*, in *Mél. F. Terré*, PUF, Dalloz et JurisClasseur, 1999, p. 617 et s.

(614) V. J. Calais-Auloy, *L'influence du droit de la consommation sur le droit civil des contrats* : *RTD civ.* 1994, p. 239.

(615) V. L. n° 96-588 dite « Galland », 1er juill. 1996 (qui pour l'essentiel modifie l'ordonnance du 1er décembre 1986) : *JO* 3 juill. 1996, prolongée par L. n° 2001-420, 15 mai 2001, sur les Nouvelles régulations économiques : *JO* 16 juin 2001.

(616) V. J. Mestre, obs. *RTD civ.* 1998, p. 100. – M. Behar-Touchais, *Existe-t-il un principe de proportionnalité en droit privé ?* : *LPA* 30 sept. 1998.

(617) Cass. 1re civ., 30 mai 2000 : *D.* 2000, p. 879, obs. J.-P. Chazal et ; *ibid.* 2001, p. 1140, obs. D. Mazeaud ; *Contrats, conc. consom.* 2000, n° 142, L. Leveneur ; *RTD civ.* 2000, p. 827, obs. J. Mestre et B. Fages. – Cass. 1re civ., 3 avr. 2002 : *Comm. com. électr.* 2002, n° 89, Ph. Stoffel-Munck ; *Contrats, conc. consom.* 2002, n° 121, L. Leveneur ; *D.* 2002, p. 1860, J.-P. Gridel. – Comp. C. civ., art. 1143.

(618) Que vaut la chose vendue sinon ce que le vendeur peut en obtenir de son acquéreur ? *Maximes et Institutes coutumières*.

affaire. Qui peut juger des choix intimes de chacun ? Des goûts et des couleurs, on ne discute pas ! Le contrat, spécialement la vente, est fruit de désirs particuliers, et souvent éphémères... son prix exprime un accord fragile. Sauf à ruiner toute sécurité juridique dans le contrat de vente et à voir le vendeur, sinon l'acheteur, épris de remords chercher à revenir sur ce qu'il avait valablement consenti, le prix de la vente ne saurait être conditionné à un idéal de justice et d'équilibre et qui conduirait le juge en charge de ce contrôle à un exercice tout aussi périlleux ; la volonté éclairée des parties exprimée à la formation du contrat s'impose au juge spécialement quant au prix que celles-ci ont fixé, pourvu que celui-là fût réel (V. *supra*, n° 133). La subjectivité qui préside à la commutativité contractuelle impose alors la solution inscrite en droit commun à l'article 1168 du Code civil :

> « Dans les contrats synallagmatiques, le défaut d'équivalence des prestations n'est pas une cause de nullité du contrat, à moins que la loi n'en dispose autrement ».

Même la police du déséquilibre significatif, particulière au contrat d'adhésion, n'atteint pas le prix (C. civ., art. 1171). La Cour de cassation rappelle périodiquement cet enseignement général au droit des contrats et particulier à la vente qui fait du prix la seule affaire de la volonté éclairée des parties(619).

138. – Exception : la lésion dans la vente. L'exception au principe précédent résulte de la prise en compte par le Code civil, et certains textes postérieurs, de la lésion pour certaines ventes précises. La lésion peut être définie comme le préjudice que subit l'une des parties à un contrat à titre onéreux du fait du déséquilibre entre les prestations réciproques intervenant dès la formation du contrat. Elle doit clairement être distinguée de l'imprévision qui est consécutive à un déséquilibre survenu en cours d'exécution du contrat et dont notre droit admet la correction depuis la réforme issue de l'ordonnance de 2016(620). La prise en compte de la lésion remonte au droit romain (Bas-Empire) déjà dans la vente d'immeuble (*laesio enormis* d'outre moitié) ; elle était encore connue des canonistes (saint Thomas d'Aquin et la doctrine du juste prix) et de l'Ancien Droit ; le Code civil, non sans d'âpres discussions, l'a retenue pour certains contrats et non pour tous (V. C. civ., ancien art. 1118) en assortissant sa mise en œuvre de conditions rigoureuses. La réforme

(619) V. not. Cass. com., 9 oct. 1990 : *RTD civ.* 1991, p. 113, obs. J. Mestre. – Cass. 1re civ., 13 avr. 1998, n° 86-13.513. – Cass. com., 13 déc. 2011, n° 10-28.787. – Comment d'ailleurs pourrait-il en aller autrement ? Quelle autorité se jugerait apte à apprécier la valeur vénale des choses ? Et à quel moment ? Et, au final, s'il régnait une rigoureuse justice commutative, y aurait-il encore des gens pour acheter, d'autres pour vendre ? Il y a dans l'achat-vente plus souvent un acte spéculatif qu'une nécessité vitale, de fait « il y a dans toutes les conventions une dose licite de lésion », J. Carbonnier, *Le droit de propriété depuis 1914*, in *Flexible droit*, préc., p. 286.

(620) L'article 1195 du Code civil constitue sans doute la déflagration majeure introduite par la réforme du droit des contrats. Ce texte met un terme à la jurisprudence historique portée par l'arrêt *Canal de Craponne* (6 mars 1876) qui posait la règle de l'intangibilité du contrat et contraignait les parties à anticiper toute évolution de leur accord au titre d'une nécessaire disposition contractuelle. Le nouveau texte du Code civil a justifié une littérature abondante parmi laquelle V. Ph. Stoffel-Munck, *L'imprévision et la réforme des effets du contrat* : *RDC* avr. 2016, hors-série, « Réforme du droit des contrats : quelles innovations ? », p. 30 et s. – N. Molfessis, *Le rôle du juge en cas d'imprévision dans la réforme du droit des contrats* : *JCP G* 2015, 1415. – Les principes Unidroit ainsi que les Principes européens des contrats consacraient déjà l'obligation de renégocier le contrat au cas de changement de circonstances, V. J.-M. Mousseron et *al.*, *Droit du commerce international*, *op. cit.*, n° 380.

de 2016 exprime fermement que le défaut d'équivalence n'est pas une cause de nullité du contrat, à moins que la loi n'en dispose autrement (C. civ., art. 1168) ; tel est précisément le cas pour la vente d'immeubles.

Plusieurs fondements lui ont été associés : on a vu dans la lésion la conséquence directe d'un vice du consentement (erreur, violence), spécialement à raison du positionnement du texte d'origine du Code civil (ancien art. 1118) dans la section consacrée au consentement ; l'analyse ne permet cependant pas d'expliquer pourquoi la lésion est réservée au seul vendeur dans la vente d'immeubles et reste sanctionnée dès lors que l'absence de vices est démontrée[(621)]. La réforme de 2016 a asséché l'argument, l'article 1168 du Code civil étant désormais inséré dans la partie relative au contenu du contrat. De la sorte, on préfère aujourd'hui considérer que la lésion constitue un vice objectif, c'est-à-dire indépendant du consentement des parties à l'acte : un déséquilibre disproportionné qui affecte le contenu de l'accord et que la loi entend sanctionner. Les rédacteurs du Code civil ont sans doute puisé dans l'une et l'autre thèse, la réforme de 2016 a préféré la dernière.

On précisera le domaine imparti à la lésion avant d'étudier le régime de sa sanction : la rescision.

139. – Domaine de la lésion ; la vente d'immeubles. Le Code civil ne prend en compte la lésion que pour deux opérations : le partage (C. civ., art. 887) et la vente d'immeubles. S'agissant de cette dernière hypothèse :

> **« Si le vendeur a été lésé de plus de sept douzièmes dans le prix d'un immeuble, il a le droit de demander la rescision de la vente, quand même il aurait expressément renoncé dans le contrat à la faculté de demander cette rescision, et qu'il aurait déclaré donner la plus-value » (C. civ., art. 1674).**

Des textes ultérieurs non intégrés au code ont prévu la révision du contrat d'achat de produits agricoles (L. 8 juill. 1907) et de la cession des droits d'auteur (CPI, art. L. 131-5). Enfin une jurisprudence séculaire, semble-t-il révolue, admettait, non sans contradiction (V. *supra* à propos de l'inaliénabilité des clientèles civiles, n° 112), la réduction du prix de cession des offices ministériels[(622)].

Des considérations différentes président à l'origine de ces interventions. L'aliénation immobilière a de tout temps été considérée comme étant un acte d'une importance économique et sociale majeure[(623)]. La loi du 8 juillet 1907 est une loi de circonstance intervenue pour protéger les cultivateurs contre les marchands d'engrais[(624)]. La prise en compte de la lésion dans les cessions des droits d'exploitation littéraire et artistique participe du courant de pensée qui voit dans l'auteur

(621) Cass. req., 28 déc. 1932 : *DP* 1933, I, p. 87, rapp. Dumas ; S. 1933, p. 377.

(622) Cass. req., 13 juin 1910 : S. 1913, I, p. 347 ; les autres décisions en ce sens sont encore antérieures. Mais retour à l'intangibilité du prix de cession : Cass. 1re civ., 7 déc. 2005 : *Contrats, conc. consom.* 2005, comm. 60, obs. L.L.

(623) On retiendra les propos du premier consul devant le Conseil d'État : « Ne voit-on pas que la loi de la rescision est une loi de mœurs qui a pour objet le territoire ? (...) la manière dont [un individu] dispose de sa propriété territoriale n'est pas indifférente à la société. C'est à elle qu'il appartient de donner des règles et des bornes au droit de disposer (...). Sans l'action en rescision, tout ce système est renversé », *Fenet*, t. 14, p. 57. – *Adde* F. Chénedé, *Napoléon Bonaparte, lésion et violence* : *RDC* 2014, p. 527.

(624) V. Starck, H. Roland et L. Boyer, *Obligations*, préc., t. 2, n° 962.

un artiste exclusivement soucieux d'esthétique, dépourvu de tout intérêt pour les choses matérielles et incapable de gérer au mieux ses intérêts ; mais, au-delà le texte prévoit aussi une forme de révision pour imprévision[625]. La lésion dans les cessions de clientèle est justifiée par la protection des usagers du service public afin d'éviter que le cessionnaire n'augmente les produits de sa charge. Nous privilégierons l'étude du premier de ces cas de figure.

Le Code civil vise la « vente immobilière » ; la jurisprudence entend strictement cette délimitation du jeu de la lésion[626]. Ainsi les contrats translatifs de propriété irréductibles à une vente échappent au jeu de la rescision[627], à l'exception néanmoins de la dation en paiement[628]. Encore, toutes les ventes ne sont pas sujettes à la prise en compte de la lésion. Ainsi des ventes aléatoires (vente avec rente viagère) où les parties spéculent et intègrent l'aléa (décès du vendeur) dans la définition de la prestation de l'acheteur (prix à payer) qui, par là même, devient indéterminable du moins dès la formation du contrat (« l'aléa chasse la lésion »). Ainsi des ventes obligatoirement faites par autorité de justice (vente sur saisie ou vente d'immeuble appartenant à un incapable) (C. civ., art. 1684) pour lesquelles on estime que les garanties de la procédure judiciaire assurent un juste prix à la vente (V. *infra*, n° 149) ; mais les ventes sur saisie ont une autre fonction : elles permettent de désintéresser les créanciers saisissants dont on ne veut pas, à juste titre, qu'ils pâtissent des lenteurs d'un procès en rescision ; ainsi lorsque la procédure des enchères a été volontairement choisie par les parties, on admet que la rescision pour lésion puisse à nouveau jouer[629].

La vente doit concerner un bien immobilier : même rigueur de la Cour de cassation qui refuse la rescision d'une vente de parts sociales d'une société civile immobilière, qui sont des biens meubles (C. civ., art. 529)[630].

140. – Régime de l'action en rescision pour lésion dans la vente d'immeuble. La lésion est ouverte au seul vendeur, pas à l'acheteur (C. civ., art. 1683) : le législateur a craint que ce dernier, aguerri, ne profite de l'état de nécessité du

(625) La révision du contrat est possible non seulement lorsque l'auteur aura subi un préjudice dû à une lésion mais aussi « à une prévision insuffisante des produits de l'œuvre » (CPI, art. L. 131-5) ; ce dernier cas de figure peut connaître application lorsque l'intensité de l'exploitation future n'était pas envisageable à l'instant de la cession, Paris, 9 déc. 1992 : *JurisData* n° 1992-023776. Cependant, la rémunération de l'auteur, en principe proportionnelle (V. *supra*, n° 129), ne peut jamais donner lieu à révision. – V. A. et H.-J. Lucas et A. Lucas-Schloetter, *Traité de la propriété littéraire et artistique*, LexisNexis, 2012, n° 693.

(626) Sur la lésion dans une vente d'un « ensemble » immobilier : appréciation pour le prix global fixé dans l'acte, Cass. 3e civ., 3 nov. 2011 : *RDC* 2012, p. 389, E. Savaux, p. 506, M. Mekki. – Cass. 3e civ., 7 juill. 2010 : *RDC* 2011, 176, J.-B. Seube : viole les articles 1674 et 1675 du Code civil, en ne caractérisant pas l'indivisibilité entre un bail à construction et une vente, et alors que l'aléa doit s'apprécier au jour de la réalisation de la vente, la cour d'appel qui retient que l'acte comporte un bail à construction et, en fin de bail, une promesse de vente, prévoit que, si la vente se réalise, elle aura lieu moyennant un prix équivalent à dix années de loyers du bail à construction, cette clause rendant les deux opérations indissociables, et que le prix résiduel est calculé sur des loyers révisés conférant à la vente un caractère aléatoire.

(627) Ainsi sur l'exclusion de la lésion pour un apport en société, V. Cass. req., 12 juin 1945 : *S.* 1946, 1, p. 42 ; *JCP* G 1946, II, 3203 ; pour une donation déguisée, CA Nîmes, 28 juin 1976 : *Gaz. Pal.* 1978, 1, p. 38, obs. G. Raymond ; pour le crédit-bail immobilier où, par principe, le prix payé par l'acquéreur (crédit-preneur) est résiduel, V. *infra*, n° 451.

(628) Cass. 3e civ., 4 juill. 1968 : *Bull. civ.* 1968, III, n° 324 ; *JCP* G 1968, IV, 149. – V. *supra*, n° 87.

(629) V. Cass. com., 8 juill. 1980 : *Bull. civ.* 1980, IV, n° 290 ; *Defrénois* 1981, p. 297, obs. F. Derrida ; *D.* 1980, inf. rap. p. 568 ; *D.* 1981, p. 24, note F. Derrida ; *ibid.*, inf. rap. p. 568, obs. B. Audit ; *Journ. not.* 1981, p. 380, E.-S. de la Marnière (en l'occurrence vente amiable d'un immeuble du débiteur en règlement judiciaire assisté du syndic avec l'autorisation du tribunal).

(630) Cass. 3e civ., 9 avr. 1970 : *Bull. civ.* 1970, III, n° 234 ; *JCP* G 1971, II, 16925, note Pétot-Fontaine ; *D.* 1970, p. 726. – De même pas de lésion pour la cession des parts d'un office notarial, Cass. 1re civ., 7 déc. 2004 : *RDC* 2005, p. 681, obs. D. Mazeaud.

premier contraint de vendre à bas prix. Une renonciation à l'action par une clause du contrat (qui prévoirait que le solde du prix est abandonné à titre de libéralité) resterait sans efficacité (C. civ., art. 1674) ; en revanche conformément au principe selon lequel on peut toujours renoncer à un droit acquis, une renonciation postérieure, consentie par un vendeur éclairé, devrait être admise(631).

La lésion sanctionnée est la lésion énorme : le vendeur doit avoir été lésé de plus de sept douzièmes dans le prix de l'immeuble (C. civ., art. 1674), ce qui revient à démontrer que le prix de vente était de moins des cinq douzièmes de la valeur réelle de l'immeuble(632). L'estimation de l'immeuble doit se faire dans l'état où celui-ci se trouvait au jour de la vente (C. civ., art. 1675) et donc compte non tenu d'éventuelles améliorations ou dégradations intervenues par la suite. En présence d'une promesse unilatérale de vente, la lésion s'apprécie au jour de réalisation de la vente, c'est-à-dire à la levée de l'option par le bénéficiaire (C. civ., art. 1674) (ce qui discrédite l'analyse de la lésion en terme de vice du consentement du promettant. – V. *supra*, n° 138) ; en présence d'une promesse synallagmatique conclue sous condition suspensive, la lésion s'appréciait au jour de la conclusion du contrat de promesse, date de la vente à raison de la rétroactivité de la condition réalisée(633). La solution n'est plus de mise, la réforme du droit des obligations, en 2016, a supprimé le jeu de la rétroactivité de la condition suspensive (C. civ., art. 1304-6, al. 1).

Une procédure passablement complexe est organisée, qui prévoit la succession de deux jugements. Un premier jugement a pour objet de faire admettre que les faits invoqués « seraient assez vraisemblables et assez graves pour faire présumer la lésion » (C. civ., art. 1677) ; l'action est alors recevable(634). Le jugement désigne trois experts qui dresseront un procès-verbal commun (C. civ., art. 1678 à 1680) au vu duquel le juge statuera, cette fois sur la réalité de la lésion (deuxième jugement). L'action en rescision est enfermée dans un délai de deux ans à compter du jour de la vente (C. civ., art. 1676, al. 1er), c'est-à-dire de la levée de l'option en cas de promesse unilatérale(635), et de la réalisation de la condition en présence d'une promesse synallagmatique conditionnelle, ce qui est logique (avant la réalisation de la condition, il n'y a pas de vente), mais restait peu cohérent avec la rétroactivi-

(631) V. Cass. req., 3 juin 1863 : *DP* 1863, I, p. 429. – Cass. req., 4 juill. 1932 : S. 1932, I, p. 375.

(632) Par ex., l'immeuble a été vendu 450 000 € ; sa valeur réelle était de 1 200 000 € : calcul du seuil des 5/12e du prix de vente : soit 500 000 € ; dès lors que le vendeur a reçu moins que cette somme, il est lésé de plus des 7/12e, ce qui est ici le cas.

(633) Cass. civ., 14 nov. 1949 : *JCP G* 1950, II, 5255, note R. Cavarroc ; *RTD civ.* 1950, p. 67, obs. J. Carbonnier. – *Adde* Cass. 3e civ., 20 févr. 1974 : *Bull. civ.* 1974, III, n° 85, presque un cas d'école : le contrat de promesse est signé en 1908, la vente intervient en 1965 (terme : le décès du vendeur) ; le prix de 1908 (2 450 F or) était devenu 24,50 F en 1965 : pourtant il n'y a pas lésion car elle s'apprécie au jour de la conclusion du contrat (en 1908). Cette jurisprudence est critiquée : la rétroactivité de la condition a pour but de protéger l'acquéreur des actes que pourrait conclure le vendeur avec un tiers ; *inter partes* la rétroactivité ne devait pas intervenir dans l'appréciation du moment de prise en compte de la lésion. – V. Ph. Malaurie, L. Aynès et P.-Y. Gautier, n° 212. – Comp. Cass. 3e civ., 1er oct. 1997 : *Bull. civ.* 1997, III, n° 182, qui fait courir le délai du jour de la réalisation de la condition. – Cass. 3e civ., 24 févr. 1999 : *D.* 2000, p. 38, note I. Najjar (promesse unilatérale de vente sous condition suspensive, tant que les conditions ne sont pas réalisées, la levée d'option ne peut intervenir ni le délai d'exercice de l'action en rescision courir). – Cass. 3e civ., 30 mars 2011, n° 10-13.756 : *Defrénois* 2011, 1401, H. Lécuyer. – S. Pimont, *À quel moment doit s'apprécier la lésion des 7/12e des ventes sous conditions* : *RDC* 2011, p. 885.

(634) V. Cass. 3e civ., 18 juill. 1972 : *D.* 1973, p. 208, note Pierre-François : un arrêt qui admet le demandeur à faire la preuve de la lésion n'a autorité de la chose jugée que sur la recevabilité de l'action et non sur l'existence de la lésion. Il suffit ici de démontrer la vraisemblance de la lésion.

(635) V. CA Grenoble, 12 mars 1990 et CA Versailles, 21 mars 1990 : *D.* 1991, somm. p. 161, obs. G. Paisant.

té du jeu de la condition[636], cet effet étant désormais abandonné par la réforme de 2016 (C. civ., art. 1304-6). À raison du caractère immobilier du droit mis en cause, l'action doit être publiée à peine d'irrecevabilité (D. 4 janv. 1955, art. 30, 5°).

La lésion démontrée, « l'acquéreur a le choix ou de rendre la chose en retirant le prix qu'il en a payé, ou de garder le fonds en payant le supplément du juste prix, sous la déduction du dixième du prix total » (C. civ., art. 1681).

Dans le premier cas, la rescision joue comme une nullité relative[637] avec les conséquences habituelles : restitution de la chose et du prix... Dans la deuxième branche de l'alternative, l'acheteur décide « le rachat de la lésion » en versant au vendeur une indemnité [(valeur réelle de l'immeuble) – (prix effectivement payé + un dixième de la valeur réelle)][638]. Le jeu de la dépréciation monétaire intervenue entre le jour de la vente et le rachat de la lésion commande l'application à ce calcul de la théorie de la « dette de valeur » qui suppose une (ré)évaluation monétaire de la valeur de la portion impayée de l'immeuble[639] ; ce calcul est spécialement délicat s'agissant des intérêts du supplément du prix que l'acheteur doit verser du jour de la demande en rescision (C. civ., art. 1682) et qui dépendent des variations successives de la valeur de la chose : suivant la proposition de M. Malaurie, la Cour de cassation a décidé que cette variation est la moyenne entre le capital dû au jour de la vente et celui dû au jour du règlement final[640].

E. – Le prix et la vente conclue avec paiement d'une rente viagère

141. – Rente viagère, contrat aléatoire. Le contrat de vente peut être conclu moyennant paiement d'une rente viagère : le prix est alors payé par le versement d'une *rente* pour la durée de vie de la (ou des) personne(s) bénéficiaire(s). La *rente* est un revenu périodique de source conventionnelle qui est le plus souvent calculé en argent, parfois en nature (rente en blé) ou établi d'après le cours de denrées[641].

---

(636) Cass. 1re civ., 22 déc. 1954 : *D.* 1955, p. 713, note Ph. Malaurie. – Cass. 3e civ., 11 déc. 1984 : *Bull. civ.* 1984, III, n° 212. – Cass. 3e civ., 16 nov. 2005 : *RDC* 2006, p. 385, obs. Ph. Brun. – *Adde* pour une application de la lésion à un contrat de location-accession, Cass. 1re civ., 20 janv. 1998 : *D. affaires* 1998, p. 328 (sur ce contrat, V. *infra*, n° 276).

(637) Mais la rescision n'est pas une nullité relative : l'acheteur peut racheter la lésion et sauver le contrat, à l'inverse de celui qui n'est pas la victime dans la nullité relative.

(638) Exemple précédent : l'immeuble de 1 200 000 € a été vendu 450 000 € ; calcul de la valeur de rachat de la lésion : [1 200 000] – [450 000 + 120 000] = 630 000 € ; l'acheteur aura donc versé finalement 450 000 + 630 000 = 1 080 000 € (compte non tenu des intérêts du supplément du prix qu'il doit encore au vendeur, [V. *infra*, même numéro], et d'une éventuelle dépréciation monétaire entre le jour de la vente et celui du rachat, [V. *infra*, même numéro]). – Le rachat de la lésion n'est offert qu'au seul acheteur : Cass. 3e civ., 6 juin 2007 : *RDC* 2007, p. 1203, Ph. Brun. – Pour comprendre la raison d'être du dégrèvement de 10 %, il faut se reporter aux travaux préparatoires du Code civil et spécialement aux propos du Premier consul : « Si le vendeur avait voulu tenir rigoureusement au juste prix, l'acquéreur n'aurait pas acheté. Il est donc raisonnable de réduire le juste prix de 10 %. Rarement on achète une chose à sa valeur exacte. L'acquéreur, après tout, est venu au secours du vendeur ; et celui-ci aurait certainement consenti à recevoir 90 % de la valeur de son bien », *Fenet*, t. 14, p. 57 et s.

(639) Cass. 1re civ., 7 juin 1966 : *D.* 1966, p. 229, rapp. Ancel ; *JCP* G 1967, II, 15049, Plancqueel. – Cass. 3e civ., 22 janv. 1970 : *D.* 1970, p. 753, rapp. Cornuey. – Cass. 3e civ., 4 déc. 1973 : *RTD civ.* 1974, 431, G. Cornu ; *Defrénois* 1974, p. 864, J.-L. Aubert. La Cour de cassation invite à rechercher la quotité de la lésion au jour de la vente (8/12e, 9/12e, etc.) et à appliquer celle-ci à la valeur de l'immeuble au jour du rachat, ce qui conduit l'acheteur à ne « racheter » la lésion que sur la portion impayée.

(640) V. Cass. 3e civ., 3 mai 1972 : *D.* 1972, p. 598, note Ph. Malaurie ; *JCP* G 1972, II, 17143, rapp. Fabre ; *RTD civ.* 1973, p. 139, obs. G. Cornu. – Sur renvoi Orléans, 14 juin 1973 : *D.* 1974, 485, note Ph. Malaurie ; *RTD civ.* 1974, p. 630, obs. G. Cornu et nouveau pourvoi rejeté, Cass. 1re civ., 21 juin 1976 : *D.* 1976, p. 369, note Guerry. Le premier terme considéré ne devrait pas être le jour de la vente mais le jour de la demande, jour de départ du cours des intérêts. Il faut également tenir compte de la variation du taux de l'intérêt légal.

(641) G. Cornu (ss dir.), *Vocabulaire Capitant*, *op. cit.*, V° Rente.

La rente présente un caractère viager lorsqu'elle n'est due que pendant la vie d'une personne : le contrat de vente devient aléatoire, l'aléa étant l'incertitude qui s'attache à la date du décès du vendeur ; elle sera souvent établie sur la tête des deux conjoints vendeurs(642). Le débiteur de la rente (acheteur) est appelé *débirentier*, le créancier de celle-ci (vendeur) est le *crédirentier*. Les paiements périodiques de la *rente* sont appelés *arrérages* : ils sont dus jusqu'à la mort du *crédirentier*. La vente d'immeuble moyennant rente viagère est de pratique commune mais non sans danger(643) ; elle s'accompagne souvent d'une réserve d'usufruit au profit du *crédirentier* (vendeur) qui demeure dans l'immeuble tout en percevant un supplément de revenus. Le *débirentier* (acheteur) y est animé d'un évident souci de spéculation fondé sur l'espoir de la disparition rapide de son créancier(644). Spéculer officiellement sur la mort d'autrui heurte la conscience collective, la vente avec rente viagère a mauvaise presse, sa validité a été discutée dans l'histoire à raison du *votum mortis* qu'elle porte, le débirentier est perçu comme un aigrefin peu scrupuleux et la *vox populi* s'amuse volontiers de circonstances dans lesquelles ce dernier peut, au final, subir un revers financier dans l'opération(645). Le contrat de rente viagère fait lui-même l'objet d'une réglementation propre dans le Code civil(646), souvent étudiée de manière autonome dans les manuels académiques. Pourtant, c'est au soutien de la vente que la formule est le plus couramment appelée, dont elle apparaît alors comme une modalité. La rente viagère imprime alors un caractère successif, alimentaire et aléatoire à la vente.

Validité de la vente avec paiement d'une rente viagère. L'aléa est au cœur du contrat de rente viagère. Son absence est une cause de nullité. Ainsi lorsque le contrat est créé sur la tête d'une personne qui était morte au jour du contrat(647) ou lorsque le montant des arrérages est inférieur aux revenus du bien(648). L'âge avancé du crédirentier ne fait pas à lui seul disparaître l'aléa(649). En revanche, la nullité du contrat de rente viagère s'impose lorsque la personne sur la tête de qui la rente a été créée meurt dans les vingt jours qui suivent la conclusion du contrat d'une

(642) Avec clause de réversibilité au survivant : la rente s'éteint au décès du dernier des époux. – La rente peut encore être établie sur la tête d'un tiers : C. civ., art. 1971.

(643) Elle apparaît comme une menace à la réserve héréditaire et, sous certaines conditions, relève du régime de la réduction des libéralités excessives : C. civ., art. 918. – V. Cons. const., 1er août 2013, n° 2013-337 QPC.

(644) Se rapproche du contrat de rente viagère, sans pourtant s'y confondre, le *bail à nourriture* qui est un contrat par lequel une personne s'engage envers une autre personne à la nourrir et à l'entretenir de tous soins (soigner, loger, vêtir, blanchir, éclairer...), moyennant en contrepartie, le paiement d'un capital, d'une redevance ou l'aliénation d'un bien. Le contrat est certes aléatoire, mais le versement des arrérages est remplacé par une prise en charge des besoins du cocontractant. La formule est peu étudiée, on y voit un contrat innomé (V. Ph. Malaurie, L. Aynès et P.-Y. Gautier, n° 709). Le bail à nourriture peut être toutefois converti en contrat de rente viagère, conversion qui peut être opérée par le juge lorsqu'il est notamment établi qu'entre les parties a existé une mésentente rendant impossible l'exécution de la convention (V. Cass. 1re civ., 21 avr. 1976 : *Bull. civ.* 1976, I, n° 131).

(645) Accède à la postérité l'Arlésienne Jeanne Calment, morte à l'âge de cent vingt-deux ans, et qui approchant quatre-vingt-dix ans avait vendu, moyennant versement d'une mensualité de 2 500 F (381 €), son appartement à... un notaire : on rapporte à l'intéressée ce propos malicieux : « Dans la vie, on fait parfois des mauvaises affaires » (*Le Monde* 6 août 1997).

(646) C. civ., art. 1968 à 1983.

(647) C. civ., art. 1974.

(648) V. Cass. 1re civ., 24 oct. 1978 : *Bull. civ.* 1978, I, n° 319. L'appréciation de l'infériorité des arrérages par rapport aux revenus n'est pas en pratique toujours facile à établir. La Cour de cassation laisse aux juges du fond un pouvoir souverain d'appréciation : V. Cass. 1re civ., 12 oct. 1977 : *Bull. civ.* 1977, I, n° 367 ; *Defrénois* 1978, art. 31764, n° 34, obs. J.-L. Aubert ; *RTD civ.* 1979, p. 397, obs. G. Cornu. – Cass. 1re civ., 8 déc. 1998 : *D.* 1999, p. 521, note Y. Dagorne-Labbé. – Cass. 1re civ., 21 janv. 2015, n° 13-25.689.

(649) V. not. Cass. 1re civ., 23 juin 1981 : *Bull. civ.* 1981, I, n° 231. – Cass. 3e civ., 2 nov. 2011, n° 10-24.354.

maladie dont elle était atteinte au jour du contrat (C. civ., art. 1975). Au-delà la jurisprudence sanctionne par la nullité le contrat dépourvu d'un réel aléa dès lors que le débirentier avait connaissance de la gravité de l'état de santé du vendeur(650).

Le *taux* de la rente viagère est fixé librement (C. civ., art. 1976), la jurisprudence qui sanctionne par la nullité la vente à prix vil trouve à s'appliquer, spécialement lorsque les arrérages sont inférieurs aux revenus de la chose (V. *supra*). Dès lors que le contrat de rente viagère s'inscrit dans la durée, la dépréciation monétaire menace l'équilibre initial du contrat. En raison du caractère alimentaire de la rente, le législateur autorise, contrairement au droit commun, une indexation sur l'indice général de prix et des salaires (C. monét. fin., art. L. 112-2). Afin d'éviter la ruine de propriétaires immobiliers, la loi (L. 25 mars 1949) a par ailleurs mis en place un système de révision de certaines rentes viagères constituées entre particuliers. Cette loi d'ordre public, maintes fois modifiée, a prévu des mécanismes de révision d'une rare complexité(651), de nature à dissuader les intéressés d'en revendiquer l'application. Schématiquement, *d'une part*, est prévue une majoration de plein droit des rentes viagères ayant pour objet le paiement de sommes fixes en numéraire en regard de taux de majoration fixés chaque année par la loi de finances (plus la rente est ancienne, plus le taux de majoration est élevé)(652). Cette majoration forfaitaire et automatique n'exclut cependant pas, *d'autre part*, une majoration judiciaire à l'initiative tant du débirentier que du crédirentier et en fonction de l'évolution de la contrepartie versée(653).

Effets de la vente avec paiement d'une rente viagère. Le paiement du prix sous couvert de rente viagère affecte un peu les modalités d'exécution de la vente. Il appartient au débirentier de payer les arrérages aux échéances convenues. Il ne peut se libérer du paiement de la rente en offrant de rembourser le capital et en renonçant à la répétition des arrérages payés (C. civ., art. 1979), encore que cette disposition ne soit pas d'ordre public(654). Le défaut de paiement des arrérages de la rente n'autorise pas à demander le remboursement du capital ou à reprendre le bien aliéné, ce qui peut s'expliquer par la nature aléatoire du rapport constitué (C. civ., art. 1978). Les parties pourront insérer une clause résolutoire, ce que la pratique notariale ne manque pas de faire, et que le crédirentier devra invoquer de bonne foi(655).

L'extinction de la rente viagère intervient au jour de la mort de celui sur la tête de qui elle a été constituée ; lorsque la rente est constituée sur plusieurs têtes, c'est le décès du dernier crédirentier qui met fin à la rente. C'est au crédirentier d'apporter la justification de la contrepartie à la créance de paiement des arrérages :

(650) Cass. 1re civ., 16 avr. 1996 : *Contrats, conc. consom.* 1996, comm. 121, note L. Leveneur ; *D.* 1996, p. 584, note Y. Dagorne-Labbé. – Et ce alors même que le vendeur décède après le délai de vingt jours : Cass. 1re civ., 2 mars 1977 : *Bull. civ.* 1977, I, n° 115 ; *Defrénois* 1977, art. 31582, n° 11, note J.-L. Aubert. – Cass. 3e civ., 4 nov. 1980 : *Bull. civ.* 1980, III, n° 169.

(651) V. J.-L. Bergel, *La révision des rentes viagères entre particuliers* : *RTD civ.* 1973, p. 450.

(652) L. 25 mars 1949, art. 4 bis.

(653) Ces actions sont enfermées dans des délais, que les lois de finances ont pris l'habitude de proroger. – V. par ex., B. Chevalier, *La majoration des rentes viagères et perpétuelles (L. fin. 1997, art. 129)* : *Defrénois* 1997, art. 36548, p. 497.

(654) Pour la possibilité donnée à l'acquéreur d'un immeuble moyennant rente viagère de racheter la rente, Cass. 1re civ., 21 mai 1958 : *Bull. civ.* 1958, I, n° 264.

(655) V. Cass. 3e civ., 8 avr. 1987 : *Bull. civ.* 1987, III, n° 88 ; *Defrénois* 1988, art. 34202, n° 15, note J.-L. Aubert.

c'est-à-dire de prouver qu'il est vivant(656) ! Si le service d'une rente viagère constitue un droit personnel qui s'éteint au décès du crédirentier, il n'en demeure pas moins que les arrérages échus et non versés sont acquis à celui-ci jusqu'à son décès et que ses héritiers peuvent donc en poursuivre le paiement, sauf prescription(657). Les arrérages constituent des dettes périodiques qui s'éteignent par prescription quinquennale à compter de leur échéance (C. civ., art. 2224). Mais la prescription d'arrérages échus n'emporte pas extinction de la rente elle-même qui est soumise à la prescription quinquennale de droit commun, délai que le contrat peut porter à dix ans (C. civ., art. 2254). Le décès du *débirentier* n'affecte pas le contrat et le paiement des arrérages passe sur la tête des héritiers.

SOUS-SECTION 2

CONDITIONS DE FORME

142. – Présentation. Le principe du droit commun demeure, celui du consensualisme (§ 1) ; mais qui ne passerait devant le notaire pour l'achat de son appartement serait-il psychologiquement et juridiquement devenu propriétaire ? Ce sont les rôles, et finalement la place exacte du formalisme dans le droit de la vente qu'il s'agira de préciser (§ 2).

§ 1. – Le principe du consensualisme

143. – Application du droit commun. « On lie les bœufs par les cornes, les hommes par la parole »(658). Le brocard de Loysel proclame la règle du consensualisme qui, sous l'influence des canonistes, a supplanté le formalisme à partir du XVIIe siècle. Ce principe s'affiche dans le Code civil (art. 1172) ; il s'affirme tant pour la vente interne que pour la vente internationale.

Pour la vente interne, il était normal que le consensualisme gouverne à la formation du premier des contrats qu'est le contrat de vente. Les textes spéciaux du Code civil ne réaffirment pas expressément le caractère consensuel du contrat de vente mais celui-là se déduit directement de certaines dispositions. Lorsque les rédacteurs de l'article 1582, alinéa 2, prévoient que la vente : « peut être faite par acte authentique ou sous seing privé », ils se gardent bien de dire qu'elle ne pourrait

(656) V. Cass. 1re civ., 12 janv. 1994 : *Bull. civ.* 1994, I, n° 22 ; *JCP G* 1994, II, 22331, note Y. Dagorne-Labbé ; *RTD civ.* 1994, p. 833, n° 6, obs. J. Hauser. Des débirentiers refusaient de payer les arrérages, prétextant que le crédirentier placé sous la tutelle de son fils ne faisait pas la preuve de son existence. Le fils ayant fait sommation aux débirentiers de payer, les juges du fond, approuvés par la Cour de cassation, ont estimé que par cette sommation, les débiteurs ont eu connaissance de la mesure de tutelle à laquelle était soumis le crédirentier, mesure qui laissait présumer que ce dernier était vivant !

(657) Cass. 1re civ., 18 avr. 2000 : *Bull. civ.* 2000, I, n° 116 ; *RTD civ.* 2000, p. 598, n° 4, obs. P.-Y. Gautier. – Les mêmes héritiers devront être vigilants à la rédaction de la clause résolutoire précédemment indiquée. Si la clause prévoit que la résolution est de plein droit, en raison du non-paiement des arrérages, les héritiers du crédirentier peuvent s'en prévaloir. En revanche, si la clause stipule seulement que le crédirentier peut demander la résolution, les héritiers ne peuvent l'invoquer si le crédirentier n'a pas manifesté avant son décès l'intention de demander la résolution : sur cette distinction V. Cass. 1re civ., 13 déc. 1988 : *Bull. civ.* 1988, I, n° 353 ; *RTD civ.* 1989, p. 576, n° 4, obs. Ph. Rémy.

(658) Loysel, *Institutes coutumières*.

être faite que par le biais de ces écrits : la vente verbale est valable (sauf exception, V. *infra*, n° 146) pourvu qu'il y ait consentement[659] ; de même l'article 1583 qui affirme l'effet translatif de la vente par la seule rencontre de volontés sur la chose et le prix suppose bien le contrat parfait sans aucune formalité complémentaire. L'Avant-projet Capitant de réforme des contrats spéciaux propose alors d'afficher que *la vente est un contrat consensuel (...) valablement formé dès que les parties sont convenues du bien et du prix* (art. 14). L'exclusion de toute solennité assure la rapidité des transactions et, partant, une économie de temps et de frais. Ces avantages expliquent le succès du consensualisme dans le commerce international.

La Convention des Nations unies sur la vente internationale de marchandises réitère la règle du consensualisme : « Le contrat de vente n'a pas à être conclu ni constaté par écrit et n'est soumis à aucune autre condition de forme » (CVIM, art. 11). Pourtant, si le principe du consensualisme est largement admis par les pays occidentaux, tel n'est pas le cas des pays de l'Est. Cette défaveur justifie, dans la convention, une faculté de réserve spéciale selon laquelle lorsque la législation d'un État contractant exige que les contrats de vente soient conclus ou constatés par écrit, cet État peut à tout moment, c'est-à-dire même après avoir ratifié la convention, déclarer que la règle du consensualisme de l'article 11 ne s'appliquera pas, pourvu que l'une des parties au contrat ait son établissement dans cet État (CVIM, art. 96). Cette réserve est d'ordre public en ce sens que les parties au contrat n'y peuvent déroger (CVIM, art. 6 et 12)[660].

144. – **Mais nécessité pratique d'une forme à l'expression du consentement.** Le *consensualisme* exprime l'idée que le contrat – de vente – est conclu dès le consentement (rencontre des volontés) des parties. Mais, sauf à envisager le contrat entre autistes, l'expression du consentement suppose nécessairement un minimum de forme : de l'acte authentique, au simple hochement de tête, sinon au silence, en passant par la « paumée », langage gestuel des marchands de bestiaux et ultime résurgence de l'antique *mancipatio* romaine, le consentement prend forme. Ainsi la forme se révèle indispensable au consentement, le consensualisme posant simplement en règle qu'aucune forme particulière n'est nécessaire à son expression, donc à sa formation. Au-delà, même si aucune disposition juridique n'y contraint, une forme particulière, l'écrit, revêt une utilité pratique qui souvent la rend indispensable : l'écrit sert à concevoir le contrat à un degré de nuance que ni la parole, ni le geste ne rendraient possible ; il permettra encore d'ordonner, de communiquer, de mémoriser l'accord des parties là où la palabre marque ses limites[661]. Ce n'est plus d'utilité pratique mais parfois de nécessité juridique dont une forme peut parfois être investie.

(659) V. par ex., pour une vente d'immeuble, Cass. req., 21 nov. 1898 : *DP* 1898, I, p. 527. – Cass. 3e civ., 27 nov. 1990 : *Bull. civ.* 1990, III, n° 255 ; *JCP* G 1992, II, 21808, note Y. Dagorne-Labbé ; *RTD civ.* 1991, p. 315, obs. J. Mestre. – De fait l'article 1582 intéresse-t-il la preuve de la vente, non sa formation.

(660) À notre connaissance, l'Argentine, la Biélorussie, la Chine, la Hongrie, l'Ukraine et la Russie ont usé de cette faculté de réserve ; de fait, dès lors que l'une des parties au contrat sera établie sur le territoire d'un de ces États, la règle du consensualisme s'estompe. – V. J.-M. Mousseron et *al.*, *Droit du commerce international*, *op. cit.*, n° 383. – V. V. Heuzé, *La vente internationale de marchandises*, *op. cit.*, nos 194 et s.

(661) Sur les fonctions de l'écrit en fait, V. J.-M. Mousseron et *al.*, *Technique contractuelle*, *op. cit.*, nos 25 et s.

§ 2. – La place du formalisme

145. – **Les fonctions du formalisme ; présentation.** Le formalisme impose la réalisation d'une formalité particulière. Mais à quelle fin ? La diversité des sanctions qui s'attachent à la méconnaissance de ces formalités révèle la diversité des fonctions dont peut être aujourd'hui investi le formalisme(662).

Les formalités solennelles sont exigées pour la validité même de l'acte (*ad solemnitatem* ou *validitatem*) ; leur défaut emporte nullité (plutôt absolue) de celui-ci ; elles servent une fin protectrice du consentement des parties et souvent de l'acquéreur (A).

Les formalités probatoires sont requises pour assurer la preuve de l'existence, de la date et du contenu du contrat ; leur défaut empêchera chacune des parties à l'acte d'invoquer valablement celui-ci ou la disposition dont l'existence est alléguée (B).

Les formalités publicitaires sont exigées afin de rendre l'acte opposable aux tiers ; ce sont ces derniers qui sont objet d'attention au titre de ces formalités (C).

Les formalités administratives servent une fin de contrôle administratif sur les activités privées et, ici, sur certains types de vente ; elles sont souvent inspirées du souci de protéger le consommateur ou, plus spécialement, de préserver la concurrence ; leurs sanctions sont essentiellement administratives, parfois pénales (D).

Les formalités fiscales sont destinées à assurer le paiement d'une taxe ; leur sanction devrait être simplement fiscale (E).

Ajoutons que ces distinctions sont mouvantes, ces catégories n'étant pas étanches les unes aux autres, les règles de preuve ayant déjà été traitées comme des formalités solennelles, avant de redevenir probatoires(663). Autant de fonctions et de formalités associées qui trouvent à s'exprimer à propos du contrat de vente.

A. – Formalités solennelles requises de certaines ventes

146. – **Définition.** Les ventes solennelles sont celles pour la validité desquelles la réalisation d'une formalité, ou procédure, spéciale est exigée, en sus des autres conditions de formation du contrat. Très souvent, c'est la rédaction d'un écrit, éventuellement qualifié (acte authentique), qui constituera l'exigence solennelle, parfois des textes spéciaux poseront l'exigence d'une mention manuscrite particulière ; en tout état de cause, ces formalités pourront désormais être établies sous forme électronique(664). Cette formalité aura pour objet privilégié d'éveiller l'attention des parties, ou de l'une d'elles, sur la gravité de l'acte consenti, encore que

(662) V. Flour, *Quelques remarques sur l'évolution du formalisme*, in *Mél. Ripert*, LGDJ, 1950, t. 1, p. 93. – X. Lagarde, *Observations critiques sur la renaissance du formalisme* : *JCP* G 1999, I, 170.

(663) L'article 1376 du Code civil insiste sur le caractère probatoire de l'acte sous signature privée, le texte vise à évincer les errements de la jurisprudence passée qui avait pu observer dans l'ancien article 1326 une règle de validité du contrat. V. Cass. 1re civ., 15 oct. 1991 : *GAJ civ.* par F. Terré, Y. Lequette et F. Chénedé, t. 2, Dalloz, 13e éd., 2015, nos 293 et s.

(664) À cette fin, la loi du 21 juin 2004 pour la confiance dans l'économie numérique insérait l'article 1108-1 dans le Code civil. Les textes épars relatifs au contrat conclu par voie électronique sont désormais rassemblés aux articles 1174 et suivants du Code civil. – Il est fait exception à l'admission de l'écrit électronique pour les actes sous seing privé relatifs au droit de la famille et des successions, ainsi que pour ceux relatifs à des sûretés personnelles ou réelles, de nature civile ou commerciale « sauf s'ils sont passés par une personne pour les besoins de sa profession » (C. civ., art. 1175). – V. *infra*, n° 151.

la diversité des situations en cause paraisse rebelle à toute synthèse satisfaisante. Parfois c'est la spécificité de l'objet vendu qui commande des formalités spéciales ; parfois c'est le consentement de l'acquéreur-consommateur, en état présumé d'infériorité, qui justifiera des formalités destinées à assurer son information et à éveiller sa vigilance ; parfois ce seront les intérêts du vendeur qu'il s'agira de garantir par une procédure solennelle (vente aux enchères) ; parfois, ce seront les parties qui décideront elles-mêmes, pour des raisons qui leur sont propres, de faire de leur vente normalement consensuelle un acte solennel.

147. – **Spécificité de l'objet et formalités solennelles.** Le caractère incorporel de l'objet vendu empêche les parties, spécialement l'acquéreur, d'apprécier celui-ci de façon tangible. Les formalités solennelles seront alors destinées tout autant à protéger le consentement qu'à assurer la réalité de sa formation (« qu'est-ce que j'achète ? qu'est-ce que je vends ? »). La cession de créance est, depuis l'ordonnance du 10 février 2016, un contrat solennel qui doit être constaté par écrit à peine de nullité (C. civ., art. 1322), la même exigence est requise à la cession de contrat (C. civ., art. 1216) et à la cession de dette (C. civ., art. 1327, al. 2). La nature de la nullité encourue, relative ou absolue, sera sans doute discutée, comme c'est souvent le cas pour les conditions de forme. La protection des tiers semble à l'origine de la règle, mais on pourra s'étonner que la cession de droits personnels soit érigée en acte solennel, alors que la vente d'immeuble reste un contrat consensuel. La vente (cession) du fonds de commerce doit être conclue par écrit et comportera nombre de mentions obligatoires énumérées par l'article 12 de la loi du 29 juin 1935 (C. com., art. L. 141-1) (prix de l'acquisition, état des privilèges et nantissement, chiffre d'affaires réalisé au cours des trois dernières années, date et durée du bail). Le cédant doit également remettre au cessionnaire les inventaires et livres de commerce des trois dernières années. L'omission de l'une de ces mentions est sanctionnée par une nullité relative particulière : elle ne peut être invoquée que dans l'année de la vente (le cessionnaire doit immédiatement se rendre compte que le fonds ne correspond pas à ce qu'on lui avait dit) et reste facultative pour le juge qui apprécie si l'omission a véritablement vicié le consentement du cessionnaire. L'exigence de ces mentions s'étend aux promesses synallagmatiques (V. *supra*, n° 73). La cession de brevet d'invention (CPI, art. L. 613-8) ou de marque (CPI, art. L. 714-1) impose également à peine de nullité relative(665) la rédaction d'un écrit ; l'exigence d'écrit associée à la cession de droit d'auteur (CPI, art. L. 131-2) est interprétée comme une formalité simplement probatoire(666), mais la nécessité de préciser dans celui-ci chacune des prérogatives cédées à peine de nullité relative (CPI, art. L. 131-3 ; par ex., cession du seul droit de reproduction de l'œuvre sous forme d'exemplaires imprimés et point par voie de « numérisation » informatique)(667) revient indirectement à poser la même exigence solennelle(668).

---

(665) V. Cass. com., 17 juill. 1962 : *D.* 1962, somm. p. 10.

(666) Cass. 1re civ., 12 avr. 1976 : *D.* 1976, inf. rap. p. 195 ; *RTD com.* 1978, p. 103, obs. H. Desbois. – Cass. 1re civ., 6 nov. 1979 : *JCP* G 1980, IV, 25.

(667) La Cour de cassation réserve cependant l'exigence de ces formalités aux seules cessions consenties par l'auteur et en exclut les contrats conclus par « les cessionnaires avec des sous-exploitants » Cass. 1re civ., 13 oct.1993 : *D.* 1994, p. 166, P.-Y. Gautier.

(668) Sur l'opportunité d'un régime cohérent de l'ensemble des contrats d'exploitation des droits de propriété intellectuelle, V. J. Raynard, *Propriétés incorporelles : un pluriel bien singulier*, in *Mél. J.-J. Burst*, Litec, 1997, p. 527 et s.

C'est encore la spécificité qui s'attache à la chose future, et les dangers liés à la vente de celle-ci qui expliquent que cet acte soit parfois passible de formalités solennelles. C'est le cas de la vente d'immeuble à construire en secteur protégé (C. civ., art. 1601-1 et s. – V. *supra*, n° 123) dont la loi du 3 janvier 1967 a fait un contrat solennel, à double titre : l'acte doit, à peine de nullité(669), revêtir l'une des deux formes prévues par la loi, vente à terme, vente en l'état futur d'achèvement (CCH, art. L. 261-1) ; la vente doit être conclue par acte authentique et comporter nombre de mentions obligatoires (description de l'immeuble, prix et modalités de paiement, garantie de l'achèvement de l'immeuble ou du remboursement des versements effectués...) (CCH, art. L. 261-11)(670).

Un acte authentique est également requis à peine de nullité pour toute location – accession à la propriété (L. 12 juill. 1984, art. 4) et à la vente de logements HLM à leurs locataires (CCH, art. R. 443-13 ; *adde* CCH, art. L. 443-7 et s.). La spécificité encore de l'objet – ici sa mobilité – peut rendre compte de l'exigence d'écrit posée « à peine de nullité » pour la vente de navire (L. n° 67-5, 3 janv. 1967, art. 10), *a fortiori*, lorsque celui-ci est à construire (L. 3 janv. 1967, art. 5)(671).

Il est d'autres cas où c'est la qualité de l'une des parties, spécialement l'état d'infériorité présumé de l'acquéreur, qui justifie le formalisme protecteur.

148. – Protection du consentement de l'acquéreur ; formalisme « consumériste ». On sait comment le souci contemporain de protection du consentement du consommateur justifie des exigences spéciales d'information, et des facultés exorbitantes du droit commun de réflexion et de rétractation au profit de celui-ci (V. *supra*, n°s 95 et s.). Ces dispositions vont appeler pour ce type de vente un formalisme accru, purement instrumentaire. Afin d'assurer l'information du consommateur, les textes du Code de la consommation multiplient les formalités : outre une exigence de clarté(672), l'exigence de mentions obligatoires, dont la satisfaction suppose la rédaction d'un écrit, est incontestablement la formule la plus prisée(673) ; la reproduction de dispositions légales dans le contrat peut être aussi requise(674) ; la remise de documents préalables au contrat type est aussi prévue, spécialement lors de la vente avec crédit(675) ; la vente de biens meubles de consommation exige encore fréquemment le respect de règles de marquage,

(669) Après avoir sanctionné l'irrespect du formalisme impératif de la VEFA par une nullité absolue (Cass. 3e civ., 5 déc. 1978 : *Bull. civ.* 1978, III, n° 361 ; *D.* 1980, p. 219, note Nguyen Pha-Duc), la Cour de cassation retient désormais une nullité relative, *l'objet étant d'assurer la seule protection de l'acquéreur* (Cass. 3e civ., 4 oct. 2018, n° 16-22.095 : *Defrénois* 2019, p. 34, obs. crit. H. Lecuyer).

(670) L'acquéreur seul bénéficie de ces formalités : leur méconnaissance devrait emporter nullité relative. – V. Cass. 1re civ., 17 févr. 1993 : *Bull. civ.* 1993, I, n° 79 ; *JCP G* 1994, II, 22217, note Y. Dagorne-Labbé ; *Contrats, conc. consom.* 1993, comm. 100.

(671) On est plus dubitatif sur la sanction attachée à l'écrit exigé pour les ventes de bateaux de rivière (C. dom. publ. fluv., art. 100) et des aéronefs (C. aviation, art. 10).

(672) C. consom. art. L. 211-1.

(673) V. C. consom., art. L. 221-5. Pour les contrats conclus à distance portant sur des services financiers, V. C. consom., art. L. 222-5. – Sur le contenu de l'information à satisfaire, V. *supra*, n° 96.

(674) V. pour le crédit à la consommation, C. consom., art. L. 312-28 ; pour le crédit immobilier, C. consom., art. L. 313-40 (référence au fait de savoir si le prix est ou non payé à l'aide d'un crédit) ; également pour le contrat préliminaire à la vente d'immeuble à construire, qui est une espèce de promesse (V. *supra*, n° 54), CCH, art. R. 261-27.

(675) Ainsi dans les contrats conclus à distance le professionnel remettra un exemplaire du contrat conclu hors établissement, sur papier signé par les parties ou, avec l'accord du consommateur, sur un autre support durable, confirmant l'engagement exprès des parties, C. consom., art. L. 221-9. – Sur la fiche d'information standardisée de l'offre de crédit communiquée par le prêteur ou l'intermédiaire de crédit : C. consom., art. L. 313-7. – Sur la vente immobilière avec crédit : C. consom., art. L. 313-24.

d'étiquetage et affichage sur les produits afin de satisfaire l'information du consommateur sur les prix(676). Le consommateur dispose encore, pour certains achats (démarchage), d'une faculté de rétractation : doit être remis préalablement à la formation du contrat le formulaire type destiné à faciliter l'exercice de cette faculté(677). L'exigence de la mention manuscrite de l'acquéreur est omniprésente, ainsi lorsqu'il s'agit de renoncer à la condition suspensive de l'obtention d'un prêt immobilier(678) (et plus systématiquement au cas de cautionnement).

Sourcilleux dans l'énoncé de ces formalités, le législateur reste cependant peu précis dans la sanction civile de leur irrespect et il n'est pas sûr que la nullité du contrat puisse être obtenue sur la base par exemple du seul défaut d'une mention informative obligatoire(679).

Dans le même esprit, c'est l'acquéreur immobilier qui bénéficie de la sollicitude des textes contemporains. La loi *Carrez* prescrit l'indication de la superficie des parties privatives du lot de copropriété qui doit figurer dans l'acte constatant la vente ou la promesse unilatérale de vente, ou d'achat, d'un tel bien (L. 10 juill. 1965 mod. L. 20 déc. 2014, art. 46)(680). Le vendeur doit procéder au mesurage de la superficie de la surface privative et à celui de la surface habitable, sous réserve de décrets d'application prévoyant les règles de mesurage. Ces deux mesurages devaient être joints au compromis et à l'acte authentique (CCH, art. L. 721-2 et L. 721-3)(681).

149. – **Protection des intérêts du vendeur et formalisme procédural.** Le formalisme solennel s'exprimera encore par le procédé de vente : c'est le cas de la vente aux enchères publiques où la liberté des enchères garantit, en principe, le meilleur prix de vente(682). La sollicitude va ici au vendeur, mais aussi à ses créanciers. La procédure est imposée, sous réserve de certaines dérogations autorisées par le juge, pour la vente des immeubles d'un mineur (CPC, art. 1271 et s.), la vente de biens saisis, sauf autorisation judiciaire de vente amiable (immeuble : CPC ex., art. L. 311-1 et s. ; meubles : CPC ex., art. L. 221-3), la vente de biens indivis en cas de désaccord des indivisaires (C. civ., art. 840 et 1686 et s.) ou celle de biens dépendant d'une succession vacante (*licitation*) (C. civ., art. 1686), celle d'un immeuble d'une entreprise placée en liquidation (C. com., art. L. 642-18)(683). Le formalisme imprime directement la formation du consentement. L'offre résulte d'une mise en adjudication dont la publicité précise les modalités de la vente (cahier des condi-

(676) C. consom., art. L. 112-1 et s. ; la méconnaissance de ces formalités est sanctionnée par des peines d'amende (C. consom., art. L. 131-5) mais ne paraît cependant pas devoir remettre en cause la validité du contrat.
(677) C. consom., art. L. 221-5, 2°.
(678) C. consom., art. L. 313-40 et 313-42.
(679) La loi prévoit à cet égard des peines d'amende (C. consom., art. L. 131-1), mais le simple fait qu'une sanction pénale soit prévue n'a pas, *ipso facto*, de conséquence sur le plan civil (V. Cass. 1re civ., 15 déc. 1998 : *Bull. civ.* 1998, I, n° 366.
(680) V. Cass. 3e civ., 5 déc. 2007 : *JCP* G 2008, II, 10117, L. Leveneur, si la superficie est inférieure de plus d'un vingtième à celle exprimée dans l'acte, le vendeur, à la demande de l'acquéreur, supporte une diminution du prix proportionnelle même si ce dernier avait eu connaissance avant la vente de cet état de fait.
(681) La loi *ALUR* n° 2014-1545 du 20 décembre 2014 supprime la notion de surface habitable. Cette notion est également supprimée de l'article L. 721-2 du Code de la construction et de l'habitation et le gouvernement est autorisé à légiférer par voie d'ordonnances pour simplifier les modalités d'informations de l'acquéreur d'un lot de copropriété.
(682) V. L. Mauger-Vielpeau, *Les ventes aux enchères*, thèse, Caen, 1997, spéc. nos 112 et s. – Également Economica, 2002.
(683) Sur ces questions, V. M. et J.-B. Donnier, *Voies d'exécution et procédures de distribution*, LexisNexis, 2017.

tions de vente et de l'état hypothécaire)[684] ; la mise à prix et les conditions sont fixées par le créancier ; l'acceptation résulte de la dernière enchère faite au tarif le plus élevé et sous ministère d'avocat devant le tribunal judiciaire[685] ; lorsqu'elle est forcée, la vente est faite à la barre du tribunal, au profit du dernier enchérisseur lorsque quatre-vingt-dix secondes se sont écoulées depuis la dernière enchère, souvent à l'extinction du dernier feu des trois bougies successivement allumées (CPC ex., art. R. 322-45) ; l'adjudication produit les effets de la vente. Mais la vente aux enchères peut être volontaire ; pour un immeuble, elle suppose l'entremise d'un officier ministériel (notaire, commissaire de justice)[686].

Les ventes aux enchères de choses mobilières ont fait l'objet d'une libéralisation progressive (V. L. n° 2011-850, 20 juill. 2011. – C. com., art. L. 320-1 et s.). Celles-ci peuvent porter sur des biens neufs ou d'occasions vendus au détail ou par lot ou en gros, c'est-à-dire par lots suffisamment importants pour ne pas être considérés comme tenus à la portée du consommateur. Ces ventes, autrefois soumises au monopole des commissaires-priseurs, sont organisées par des *opérateurs de ventes volontaires*, activité réglementée et déclarée auprès d'un Conseil des ventes volontaires de meubles aux enchères publiques (C. com., art. L. 321-18) ; ceux-ci agissent en tant que mandataires du vendeur, le mandat est établi par écrit (C. com., art. L. 321-4 et s.). La vente peut s'opérer dans une salle de vente traditionnelle ou par voie électronique (C. com., art. L. 321-4 et s.) ; l'opérateur reste responsable à l'égard des parties de la bonne exécution de la vente[687].

Les garanties offertes par les procédures d'enchères ont inspiré la pratique sociétaire : la procédure dite de *l'open-bid* d'origine américaine consiste pour une personne désireuse de vendre sa société à organiser une sorte de « quasi-vente aux enchères »[688]. Mais le formalisme n'est plus alors d'origine légale.

150. – Formalités solennelles d'origine conventionnelle. Aux conditions de validité du contrat issues du droit commun (C. civ., art. 1128) et précisées par le droit de la vente (C. civ., art. 1583), les parties peuvent ajouter la réalisation d'une formalité solennelle, retardant, et subordonnant, la formation du contrat à la satisfaction de celle-ci. En matière de vente immobilière, les parties concluront une promesse synallagmatique de vente prévoyant que le contrat ne sera parfait que lors de la signature de l'acte authentique (V. *supra*, n° 72).

---

(684) CPC ex., art. R. 322-10. – Le cahier des charges fixe les conditions de la vente, au-delà il a force obligatoire à l'égard des créanciers saisissants et autres. – V. Cass. 2e civ., 2 juill. 1986 : *Bull. civ.* 1986, II, n° 102 ; *D.* 1987, p. 110, note J. Prévault. – Cass. 2e civ., 9 janv. 1991 : *Bull. civ.* 1991, II, n° 2 ; *RTD civ.* 1992, p. 134, obs. P.-Y. Gautier. Attention à prendre connaissance du cahier des charges : un syndicat de copropriétaire y insère un dire réclamant au futur adjudicataire un arriéré de charges du copropriétaire saisi ; en sa qualité d'adjudicataire, l'acquéreur n'est pas recevable à invoquer l'illicéité de la clause, Cass. 2e civ., 18 févr. 1999 : *Bull. civ.* 1999, II, n° 30 ; *RTD civ.* 1999, p. 854, obs. P.-Y. Gautier, à l'inverse des autres créanciers du saisi, Cass. 2e civ., 9 juill. 1997 : *RTD civ.* 1998, p. 128, obs. P.-Y. Gautier.

(685) Mais dans un délai de dix jours toute personne peut faire une surenchère en proposant d'acheter au prix de l'adjudication augmenté d'un dixième, ouvrant lieu à une nouvelle procédure.

(686) V. Cass. com., 27 avr. 1993 : *Bull. civ.* 1993, IV, n° 157 ; *JCP G* 1994, IV, 1570 ; *RTD civ.* 1994, p. 128, obs. P.-Y. Gautier.

(687) V. L. Mauger-Vielpeau, *Le déclin des ventes aux enchères publiques* : *JCP E* 2012, 1236.

(688) M. Cozian, A. Viandier et Fl. Deboissy, *Droit des sociétés*, *op. cit.*, n° 1838 ; le vendeur sollicite quelques candidats à l'achat, qui s'acquittent parfois d'un droit d'inscription. Plusieurs étapes progressives peuvent être organisées où s'opère la sélection : une espèce de concours d'agrégation. Remise des documents et d'information, confidentialité des récipiendaires qui déposent leurs propositions finales (prix, conditions de paiement…) ; le vendeur choisit, sans être tenu de s'arrêter au meilleur prix. – V. P. Spiteri, *La vente aux enchères d'une entreprise* (open bidding) : *JCP E* 1991, I, 17. – B. Anrann, *L'open bid* : *LPA* 11 mars 1991.

B. – Formalités probatoires : droit commun de la preuve

151. – Droit commun ; commerce électronique : *E-vente*. *Primus* s'accorde avec *Secundus* pour lui vendre, à telles conditions, son appartement… mais devant le notaire les parties ne se retrouvent plus sur ce qui a été convenu, y a-t-il même eu seulement accord ?

La preuve de l'existence du contrat de vente, et de son contenu, est soumise au droit commun : libre pour les ventes commerciales, et la vente internationale(689), elle suppose pour la vente civile la présence d'un écrit, sauf les exceptions traditionnelles (prix inférieur à 1 500 €, impossibilité matérielle ou morale de se procurer un écrit, commencement de preuve par écrit…) (C. civ., art. 1359 et s.)(690). Il faut voir dans l'exigence d'un écrit posé à la cession de parts sociales une règle probatoire(691). Le développement contemporain du commerce électronique procure un regain d'intérêt à ces questions(692) : ainsi la loi du 13 mars 2000 éprouve le besoin de définir la preuve par écrit (« suite de lettres, de caractères, de chiffres ou de tous autres signes ou symboles dotés d'une signification intelligible, quels que soient leur support et leurs modalités de transmission », C. civ., art. 1365) ; « L'écrit sous forme électronique a la même force probante que l'écrit sur support papier » (C. civ., art. 1366), le juge réglant les conflits de preuve littérale sans privilégier le support papier (C. civ., art. 1368). La loi s'attache aussi à préciser le rôle joué par la signature : celle-ci, « nécessaire à la perfection d'un acte juridique identifie son auteur. Elle manifeste son consentement aux obligations qui découlent de cet acte » (C. civ., art. 1367). La loi pour la confiance dans l'économie numérique du 21 juin 2004 (mod. Ord. n° 2005-674, 16 juin 2005) prend appui sur ces définitions en insérant dans le Code civil de nouvelles dispositions relatives à la formation du contrat sous forme électronique(693). La vente conclue par voie électronique obéit au régime de la vente à distance au formalisme tatillon (C. consom., art. L. 121-16 et s. – V. *supra*, nos 95 et s.). Mais au fond, même si elle servira sans doute de révélatrice à l'égard de questions jusqu'alors peu débattues, la *E-vente* ne devrait pas être bien différente, dans ses fondements et ses effets, de la vente du Code civil de 1804(694).

(689) L'article 11 de la convention de Vienne prévoit que le contrat « peut être prouvé par tous moyens y compris par témoins ». – La validité de l'acte, son interprétation, son exécution ou son extinction échappent à l'exigence littérale.

(690) Sur l'impossibilité morale de se procurer un écrit dans le milieu hippique, Cass. 1re civ., 15 avr. 1980 : *Bull. civ.* 1980, I, n° 113.

(691) C. civ., art. 1865. – L'exigence d'écrit est indispensable à la notification de la cession à la société dans les formes de l'article 1690 du Code civil – dont la référence survit à la réforme de 2016 – si les statuts n'associent un tel effet à un transfert sur les registres de la société.

(692) La directive du 8 juin 2000 sur certains aspects du commerce électronique impose aux États membres de reconnaître la validité du contrat conclu par voie électronique tout en réservant de possibles dérogations et notamment « les contrats qui créent ou transfèrent des droits sur des biens immobiliers, à l'exception des droits de location ». – V. *RTD civ.* 2000, p. 943.

(693) C. civ., art. 1108-1 et 1108-2. La loi du 21 juin 2004 définit le commerce électronique comme l'activité économique par laquelle une personne propose ou assure à distance et par voie électronique la fourniture de biens ou de services (art. 14). La formule est indifférente à la qualification que recevra le contrat, même si le contractant bénéficiaire est désigné comme *l'acquéreur* (art. 15). – Sur cette loi, V. *Débats* : *RDC* 2005, p. 533 et s.

(694) C'est la formation du contrat qui a mérité les attentions du législateur : une offre à l'énoncé réglementé et à laquelle sont associées les conditions contractuelles du vendeur (C. civ., art. 1127-1), une acceptation éclairée qui appellera accusé de réception du vendeur (C. civ., art. 1127-2), sauf pour les contrats exclusivement conclus par échange de courriers électroniques ou clause contraire valable entre professionnels (C. civ., art. 1127-3). Problème :

Tout autre est le problème de la preuve de l'origine du droit de propriété transféré. Spécialement, en matière immobilière, il n'est pas possible de remonter à des temps immémoriaux la chaîne des ventes des auteurs du vendeur jusqu'au premier propriétaire : *probatio diabolica* ! Le jeu de la prescription acquisitive permet de pallier cette recherche impossible : le notaire mentionne dans l'acte de vente les origines de propriété du bien pour une période couvrant le délai de la prescription acquisitive, trentenaire ou abrégée, opérée par la jonction de la possession du vendeur et de celle de ses prédécesseurs(695).

C. – Formalités publicitaires requises de certaines ventes

152. – **Conflit entre acquéreurs successifs.** Lorsqu'elles sont prévues, ces formalités sont destinées à assurer l'opposabilité aux tiers du transfert de propriété. Si leur méconnaissance n'affecte pas la validité de la vente *inter partes*, elle altère gravement la situation de l'acquéreur à l'égard des tiers, c'est-à-dire d'un acquéreur ultérieur du même bien ou des créanciers chirographaires du vendeur. Concrètement, *Primus*, personnage peu scrupuleux, a vendu le même bien à *Secundus* puis, à meilleur prix encore, à *Tertius*. Lequel des deux acquéreurs doit-il être préféré ? La logique voudrait que celui à qui la propriété a été cédée en premier l'emporte, et ce d'autant qu'à l'issue de la première vente, le vendeur n'est plus propriétaire et ne peut plus transférer la propriété. L'hypothèse juridique laisse cependant le vendeur à l'écart et la question posée vise à trancher un conflit entre deux cessionnaires de bonne foi : lequel pourra se prévaloir de l'opposabilité *erga omnes* de la propriété(696) ? La réforme de droit des contrats a heureusement énoncé une réponse claire :

> « Lorsque deux acquéreurs successifs d'un même meuble corporel tiennent leur droit d'une même personne, celui qui a pris possession de ce meuble en premier est préféré, même si son droit est postérieur, à condition qu'il soit de bonne foi.
>
> Lorsque deux acquéreurs successifs de droits portant sur un même immeuble tiennent leur droit d'une même personne, celui qui a, le premier, publié son titre d'acquisition passé en la forme authentique au fichier immobilier est préféré, même si son droit est postérieur, à condition qu'il soit de bonne foi » (C. civ., art. 1198).

S'agissant de *choses mobilières corporelles*, le besoin de sécurité juridique, associé à l'absence d'un système publicitaire organisé, a justifié la règle de l'article 2276 du Code civil : en fait de meubles, possession vaut titre(697). Celle-ci trouve son pendant dans l'article 1198 du code ; celui des deux « qui a pris possession de ce meuble en premier est préféré même si son droit est postérieur à condition qu'il soit de bonne foi ».

---

l'article 1127-2 déroge-t-il à l'article 1121 en ce qu'il retarde la conclusion du contrat à la mise à disposition de l'accusé de réception de l'offrant ?

(695) C. civ., art. 2272. – V. C. Atias, *Les biens*, LexisNexis, 11e éd., 2011, nos 339 et s. – F. Zénati-Castaing et Th. Revet, *op. cit.*, nos 475 et s.

(696) L'hypothèse juridique ne s'attache pas à résoudre un conflit *inter partes*, mais bien à régler le fait de savoir qui pourra se prévaloir de l'opposabilité *erga omnes* de la propriété : la dimension sociale du conflit prévaut sur les relations individuelles de l'acquéreur avec son vendeur.

(697) V. C. Atias, *op. cit.*, nos 344 et s.

Le transfert de *biens meubles incorporels* présente, du point de vue de son opposabilité, une certaine variété précisément en liaison avec l'organisation, ou non, d'un système publicitaire. Un système de publicité est organisé pour les droits de propriété industrielle (brevets, marques, dessins et modèles) par inscription sur un registre national (des brevets, des marques, des dessins et modèles) tenu à l'Institut national de la propriété industrielle. Tout acte translatif de droit doit être inscrit sur ledit registre sous peine d'inopposabilité au tiers (V. CPI, art. L. 512-4, L. 613-9 et L. 714-7). En revanche, il est regrettable qu'aucun système général de publicité n'ait été organisé pour les droits d'auteur et contrats afférents à ceux-ci[(698)] ; de fait entre deux cessionnaires de droits sur une même œuvre, le conflit se règle par la date respective des actes qui auront acquis date certaine (V. C. civ., art. 1377). Les cessions de fonds de commerce font l'objet d'une publicité sur un registre public tenu au greffe du tribunal de commerce dans le ressort duquel le fonds est exploité (C. com., art. L. 141-5). Mais cette publicité a pour seul objet d'assurer l'opposabilité de l'acte aux créanciers chirographaires du vendeur ; elle ne permet pas de régler un conflit entre deux acquéreurs successifs d'un même fonds qui devra se résoudre par la seule considération de la date des contrats[(699)]. S'agissant des cessions de créances, ou de parts sociales[(700)], la notification faite dans les formes de l'article 1690 du Code civil auprès du débiteur cédé[(701)] ou de la société avait bien pour objet de rendre le transfert opposable aux tiers. Ce régime souffrait de la comparaison avec le régime spécial de la cession *Dailly* allégé et plus facile à mettre en œuvre[(702)] ou avec le régime moderne de la fiducie de créances[(703)]. L'ordonnance du 10 février 2016 a modifié le régime de droit commun : la réforme fait de la cession de créance du Code civil un contrat solennel (V. *supra*, n° 147), la cession devient opposable aux tiers *solo contractu*, à compter de sa date qui peut être prouvée par tous moyens (C. civ., art. 1323)[(704)].

Au final, c'est bien en *matière immobilière* que les règles de publicité foncière (D. 4 janv. 1955) organisent le système publicitaire le plus achevé de notre droit : très simplement, les actes portant mutation de droits réels immobiliers « sont, s'ils n'ont pas été publiés, inopposables aux tiers qui, sur le même immeuble, ont acquis du même auteur des droits concurrents en vertu d'actes soumis à la même obligation de publicité et publiés (...). Ils sont également inopposables, s'ils ont

(698) À l'exception du Registre public du cinéma mis en place dès 1944, et nécessaire à l'organisation d'une sûreté originale : le nantissement cinématographique ; de même un décret n° 96-103 du 2 février 1996 prévoit que « les nantissements du droit d'exploitation des logiciels sont inscrits sur le registre national spécial des logiciels tenu par l'INPI (...) », CPI, art. R. 132-8. – *Adde* J. Raynard, *Le tiers au pays du droit d'auteur. Publicité et opposabilité de la propriété littéraire et artistique* : *JCP* G 1999, I, 138.

(699) V. Besançon, 15 mars 1989 : *RTD com.* 1990, p. 186, obs. J. Derruppé.

(700) V. C. com., art. L. 221-14, L. 223-17 et C. civ., art. 1865.

(701) V. Ph. Malaurie, L. Aynès et Ph. Stoffel-Munck qui parlent à propos du débiteur cédé d'un « quasi-conservateur des hypothèques », *Obligations*, Defrénois, 2016, n° 1416.

(702) C. monét. fin., art. L. 313-23 et s. – Les créances professionnelles cédées par bordereau « Dailly » sont précisément dispensées de ces formalités : « la cession ou le nantissement prend effet entre les parties et devient opposable aux tiers à la date portée sur le bordereau », L. n° 81-1, 2 janv. 1981, art. 4. – V. M. Cabrillac, *Les conflits entre cessionnaires d'une même créance transmise par bordereau* : *D.* 1990, chron. p. 127.

(703) C. civ., art. 2018-2 : la cession de créances réalisée dans ce cadre est opposable aux tiers à la date du contrat de fiducie ou de l'avenant qui la constate.

(704) Ce faisant, en s'abstenant d'exiger un acte authentique ou une date certaine, le nouveau texte ouvre le risque de fraude par antidate de la cession intervenue entre le cédant et un cessionnaire, second en date, mais dont la cession serait antidatée : V. Ph. Malaurie, L. Aynès et Ph. Stoffel-Munck, *op. cit.*, n° 1419.

été publiés, lorsque les actes (...) invoqués par ces tiers ont été antérieurement publiés » (D. 4 janv. 1955, art. 30-1). Le conflit entre acquéreurs successifs d'un même immeuble se règle donc par l'antériorité de la publicité au fichier immobilier institué par ce texte ; la même règle prévaut à l'égard de tout tiers titulaire d'un droit réel sur la chose (créancier hypothécaire)(705). La question s'est posée de l'influence sur la règle de la mauvaise foi du second acquéreur et premier publiant : concrètement celui qui achète en dernier, mais en connaissance de la vente précédente, et qui publie en premier, peut-il se prévaloir du bénéfice de la règle publicitaire ? La Cour de cassation apportait une réponse affirmative, estimant que le premier publiant pouvait opposer son droit *erga omnes*, même s'il avait connaissance du droit antérieurement consenti(706). Cette solution était tout à fait malheureuse et venait à confondre une règle publicitaire à une règle de fond(707) : les règles de publicité foncière (et plus généralement toutes les règles publicitaires) ne doivent pas purger le vice de mauvaise foi d'un second acquéreur averti qui aurait promptement publié ; la connaissance de la précédente vente est constitutive d'une faute qui prive le second acheteur de la faculté de se prévaloir des règles de la publicité foncière(708), correctif de la bonne foi et hommage au consensualisme dans la vente immobilière. La réforme de droit des contrats a heureusement mis un terme aux errements précédents : le premier publiant est préféré, « même si son droit est postérieur, *à condition qu'il soit de bonne foi* » (C. civ., art. 1198, al. 2).

Le formalisme publicitaire favorise également un formalisme de fait dans la mesure où la publication de la vente au fichier immobilier est subordonnée à la rédaction d'un acte authentique avec l'intervention du notaire (D. 4 janv. 1955, art. 4) ; ce dernier concourt simplement à la bonne publicité de l'acte, son ministère n'a jamais constitué une exigence solennelle.

D. – Formalités administratives et procédés de vente

153. – Petits commerçants et consommateurs. Un souci de concilier une bonne police du commerce sans défavoriser le consommateur a conduit les pouvoirs publics à réglementer certains procédés de vente en les subordonnant à autorisation administrative.

---

(705) V. Cass. 3e civ., 10 févr. 2010 : *RDC* 2010, 895, S. Pimont ; *Defrénois* 2010, 1169, S. Piédelièvre. – Sur la notion de tiers au sens de ce texte, V. Cass. 3e civ., 11 juin 1997 : *JCP G* 1998, II, 10055, note J. Casey (l'acquéreur de l'ayant cause à titre universel de celui qui a attribué des droits concurrents est un tiers au sens de l'article 30-1 du décret du 4 janvier 1955 ; il peut se prévaloir du défaut de publicité de la première vente).

(706) Cass. 3e civ., 12 janv. 2011, n° 10-10.667 : *Defrénois* 2011, n° 39211, obs. C. Grimaldi ; *D.* 2011, 851, note L. Aynès ; *RTD civ.* 2011, p ; 158, obs. P. Crocq et p. 369, obs. Th. Revet. – Le notaire devait prêter son concours en dépit de la connaissance de la première vente (non publiée) : Cass. 1re civ., 20 déc. 2012, n° 11-19.682 : *JCP N* 2014, 1195, note J.-M. Delpérier ; *Defrénois* 15 janv. 2014, p. 8, S. Piédelièvre. – Cette jurisprudence réservait l'hypothèse de la fraude.

(707) V. P.-Y. Gautier, *Bien-aimée responsabilité civile, exercice de controverse doctrinale sur le thème de la publicité foncière*, in *Mél. M. Gobert*, Economica, 2004, p. 361 et s. – O. Deshayes et C. Nourrissat, *La publication de la vente* : *JCP N* 2015, 1097.

(708) Solution antérieurement retenue par la jurisprudence : Cass. 3e civ., 30 janv. 1974 : *JCP G* 1975, II, 18001, note M. Dagot ; *D.* 1975, p. 427, note J. Penneau ; *Defrénois* 1974, p. 637, note G. Goubeaux ; *GAJ civ.*, préc., n° 199, p. 811 ; la bonne ou mauvaise foi s'apprécie à la date de l'acquisition de l'immeuble et non à celle, ultérieure, de la publication, voire de la rédaction, de l'acte authentique, Cass. 3e civ., 22 mai 1990 : *D.* 1991, p. 326, note A. Fournier ; *RTD civ.* 1990, p. 530, obs. M. Bandrac ; mais à l'égard du sous-acquéreur de bonne foi qui a publié le premier, la règle de la première publication retrouve son empire, Cass. 3e civ., 11 juin 1992 : *D.* 1993, p. 528, note A. Fournier ; *Defrénois* 1992, 1530, note L. Aynès.

L'autorisation est souvent municipale, lorsqu'il s'agit d'autoriser les ventes dites promotionnelles, en soldes et liquidations ou les ventes au déballage, effectuées dans les lieux non commerciaux (C. com., art. L. 310-1 et s.). L'exercice des ventes ambulantes (marchés ambulants, forains), qui se déroulent sur le domaine public, relève des pouvoirs de police du maire(709). Les ventes dites « philanthropiques », dont le produit est destiné à des œuvres et entreprises désintéressées (ventes d'objets fabriqués par des handicapés...) appellent une certaine défiance : les produits doivent être revêtus d'un label spécialement attribué (L. 5 juill. 1972 et A. 15 mars 1974). Ces règles sont assorties de sanctions pénales diverses, leur méconnaissance n'affecte cependant pas la validité de la vente.

Le développement contemporain de la grande distribution (hyper et supermarchés) a suscité une législation protectrice du petit commerce, inaugurée par la loi Royer du 27 décembre 1973, et qui aujourd'hui conditionne l'implantation de magasins de grandes surfaces de vente à l'autorisation de la commission départementale d'aménagement commercial (C. com., art. L. 751-1 et s.)(710).

On sait l'importance contemporaine prise par certaines de ces autorisations administratives, et la tendance de notre droit à patrimonialiser celles-ci pour en faire l'objet de contrat (V. *supra*, n° 114).

Plus loin, l'intervention administrative peut aussi se justifier par des raisons touchant à l'ordre public ; c'est davantage l'objet de la vente qui justifie l'information du ministère de l'Économie des cessions de droits de propriété industrielle consenties au profit d'entreprise étrangère ou du ministère de la Culture pour la vente de biens classés monuments historiques. Là aussi, la méconnaissance de ces formalités ne devrait pas entacher la validité des contrats de vente.

E. – Formalités fiscales

154. – **Impôts.** Les ventes immobilières sont soumises à la formalité de l'enregistrement, et au paiement des droits afférents(711).

On se rappellera encore l'incidence de l'article 1589-2 du Code civil qui frappe de nullité, d'une part toute promesse unilatérale de vente portant sur un immeuble ou un fonds de commerce qui n'a pas été constatée par acte authentique ou enregistrée dans un certain délai (V. *supra*, n° 59), d'autre part toute contre-lettre (dessous de table) à laquelle les parties pourraient être tentées afin de diminuer l'assiette des droits d'enregistrement (V. *supra*, n° 133).

(709) D. n° 2009-194, 18 févr. 2009. – V. CE, 4 janv. 1954 : *D.* 1954, p. 647. – V. R. Fabre, *Droit de la publicité et de la promotion des ventes*, Dalloz, 2002.

(710) La loi « Royer » du 27 décembre 1973 « d'orientation, du commerce et de l'artisanat » créait les commissions départementales d'urbanisme commercial (CDUC), devenues commissions départementales d'équipement commercial (CDEC), à l'autorisation desquelles était subordonnée l'implantation de magasins de commerce de détail dits « grandes surfaces de vente ». La loi a été plusieurs fois modifiée, toujours dans le sens d'une sévérité accrue à l'égard des conditions de création de nouveaux centres commerciaux (loi Doubin, 31 déc. 1991 ; loi Sapin, 29 janv. 1993 ; loi Raffarin, 5 juill. 1996, relative au développement et à la promotion du commerce et de l'artisanat ; loi de modernisation, 4 août 2008), ce qui procure aux « enseignes » déjà installées un véritable monopole : une forme de restauration des privilèges.

(711) L'enregistrement de l'acte a été fusionné avec les formalités de publicité foncière, elles-mêmes passibles du paiement de la taxe de publicité foncière : pratiquement il n'y a plus qu'une seule formalité (L. 26 déc. 1969).

SECTION 3

LES EFFETS DU CONTRAT DE VENTE

155. – Plan. L'effet caractéristique de la vente a été désigné comme l'effet translatif de droit réel opéré par ce contrat ; mais le Code civil n'en définit pas moins la vente par référence aux obligations du vendeur et de l'acheteur (V. C. civ., art. 1582). Effets réels (Sous-section 1) et effets personnels (Sous-section 2) du contrat de vente appellent donc tour à tour examen.

SOUS-SECTION 1

LES EFFETS RÉELS DE LA VENTE

156. – Analyse. Les effets réels du contrat de vente s'attachent principalement à l'effet translatif de droit opéré par ce contrat (§ 1), accessoirement au régime des risques calqué sur celui-ci (§ 2).

§ 1. – Le transfert du droit de propriété

157. – Plan. Les règles du transfert de propriété procèdent directement de principes issus du Code civil (A) mais au regard desquels la volonté des parties à la vente conserve une certaine influence dont il faudra saisir la mesure (B).

A. – Le Code civil

158. – Hier et avant-hier. Dans le droit romain, le contrat d'achat vente (*emptio-vendito*) faisait naître des obligations mais n'emportait aucun effet translatif. Le transfert de propriété supposait la réalisation d'un acte autonome, différent selon les choses et les époques : la *mancipatio* (solennités), l'*injure cessio* (procès factice), la *traditio* (remise de la chose) ; cette dernière supplantant les précédentes dès l'époque classique. L'exigence de la *traditio* contrariait cependant le développement du commerce qui appelait rapidité. Aussi les juristes de droit romain ont-ils « dématérialisé » la formule : la remise d'un objet symbolique suffisait (remise des clés), puis la désignation géographique des limites du fonds (tradition de longue main), enfin la remise des titres de propriété (*traditio per cartam, instrumenti*). Au terme de l'évolution, on considérait, fictivement, que le vendeur conservait la chose quelques jours après la vente (au titre d'usufruitier, de locataire) et qu'il possédait ainsi pour le compte de l'acheteur, ce qui permettait d'éviter toute *traditio* : c'était le *constitut possessoire*.

L'Ancien Droit a perpétué ces dernières formules, avant que les notaires n'indiquent (mensongèrement !) que la tradition avait bien eu lieu avec les clauses de *dessaisine-saisine* (le vendeur se dessaisit ; l'acheteur se saisit). Domat indiquera ensuite que ces clauses doivent être réputées sous-entendues. À la veille de la Révolution, la *traditio* ne consistait plus qu'en une clause fictive réputée tacite. Le Code civil parachevait l'évolution.

159. – **Le principe : transfert *solo consensu*.** Selon les termes de l'article 1583 du Code civil (V. *supra*, n° 93) le transfert du droit de propriété s'opère dès la rencontre de volontés des parties sur la chose et le prix, par le seul consentement de ceux-ci (*solo consensu*) ou plus exactement la seule formation du contrat (*solo contractu*). Le texte relatif à la vente apparaît, ici encore, comme une simple application des règles du droit commun :

> **« Dans les contrats ayant pour objet l'aliénation de la propriété ou la cession d'un autre droit, le transfert s'opère lors de la conclusion du contrat.**
>
> **Ce transfert peut être différé par la volonté des parties, la nature des choses ou par l'effet de la loi (…) » (C. civ., art. 1196)[712].**

Mais, en réalité, pour les raisons historiques évoquées, c'est la règle spéciale à la vente qui est devenue en 1804 une règle générale applicable à tous les contrats translatifs de propriété[713].

De cette désincarnation résultent plusieurs conséquences.

Le transfert du droit est *consensuel*[714] puisqu'il résulte du seul effet immédiat des volontés, sans la réalisation d'aucune formalité ultérieure, ni l'intervention d'aucune autorité. À raison de l'opposabilité *erga omnes* du droit de propriété, il en découle un danger certain pour les tiers dont la sécurité passe par l'organisation d'un système publicitaire destiné à assurer leur information et, au-delà, leur sélection en cas de conflits[715].

À l'instar de la rencontre des volontés, le transfert de droit est *instantané* ; il se réalise comme par l'effet et dans le temps d'un simple claquement de doigts, alors même que la chose peut toujours être entre les mains du vendeur, sa remise ultérieure supposant l'exécution d'une obligation de délivrance à la charge de celui-ci (V. *infra*, n°s 175 et s.). Dès lors, après la formation du consentement, l'acquéreur est déjà propriétaire de la chose (elle devient le gage de ses créanciers) même s'il est encore créancier de l'obligation de délivrance de celle-ci. Il y a là le signe d'une

---

(712) Le texte de l'article 1138 ancien du Code civil prévoyait : « L'obligation de livrer la chose est parfaite par le seul consentement des parties contractantes. Elle rend le créancier propriétaire (…) encore que la tradition n'en ait point été faite (…) ». – Sur le transfert des risques, V. *infra*, n° 168. – *Adde* W. Dross, *Le transfert de propriété en droit français : RDC* 2013, p. 1695. – V. Wester-Ouisse, *Le transfert de propriété solo consensu : principe ou exception ? : RTD civ.* 2013, p. 299. – L'avant-projet de réforme des contrats spéciaux explicite : « La propriété du bien vendu est acquise de droit à l'acheteur à l'égard du vendeur, dès la conclusion du contrat, quoique le bien n'ait pas encore été délivré ni le prix payé. Les parties peuvent convenir de retarder le transfert de propriété jusqu'à la délivrance du bien ou jusqu'au paiement du prix » : V. *L'avant-projet de réforme du droit des contrats spéciaux*, LGDJ-Lextenso, 2024, spéc. p. 131 et s. relatives aux effets du contrat de vente. – Critique sur l'article 1196 du Code civil : V. E.-U. Gout, *Le mythe de transfert de propriété* solo consensu, thèse, Paris I, 2015 et *LPA* 21 déc. 2018, p. 7.

(713) V. pour la donation, C. civ., art. 938 ; l'échange, C. civ., art. 1703, *infra*, n° 253. – *Adde* C. civ., art. 711.

(714) Du moins s'agissant de la vente, contrat consensuel, V. *supra*, n° 143.

(715) Les formalités publicitaires, et avec elles le notaire pour la vente d'immeuble, révèlent, ici, leur utilité au stade des « effets de la vente » ; pourtant, qu'il s'agisse de la psychologie des parties, sinon même de la réalité pratique, elles sont essentielles dès la formation du contrat. – V. *supra*, n° 142. – *Adde* J. Carbonnier pour qui la vente immobilière a été « ré-solennisée », *Sociologie de la vente*, in *Flexible droit*, préc. – *Adde* J. Flour, *Quelques remarques sur l'évolution du formalisme*, in *Mél. Ripert*, préc.

conception évoluée de la propriété qui dissocie le droit et la chose, le transfert du premier, la livraison de la seconde. Il y a là encore un danger pour l'acquéreur si la chose venait à périr durant cette époque(716).

Le transfert du droit est aussi, en principe, *simultané* de la rencontre des volontés ; il lui est synchrone, concomitant : l'effet translatif se réalise au même moment, dans le même trait de temps que s'échangent les volontés, à l'instant précis où topent les parties. Cette coïncidence n'est cependant pas d'ordre public : assez puissante pour transférer seule la propriété, la volonté l'est encore pour que le transfert intervienne à un autre moment (V. *infra*, n°s 161 et s.) ; la simultanéité est aussi, parfois, mise en échec du fait même de la loi (V. *infra*, n° 160).

Dès lors que le consentement est formé, le transfert du droit est *automatique* : il s'accomplit de manière abstraite, sans la participation ultérieure des parties. En ce sens, il ne participe pas des effets obligatoires du contrat : le transfert de propriété est un *effet* infaillible du contrat et non le résultat d'une prestation, donc d'une obligation, ni même de la volonté du vendeur. Il est donc possible de dire qu'en raison de l'automaticité du transfert du droit, il n'y a pas place dans le contrat de vente pour une obligation de transférer la propriété, classiquement dénommée *obligation de donner*(717). La référence dans la réforme de 2016 à *l'effet translatif* du contrat, en lieu et place à *l'obligation de donner* accrédite fortement notre conviction. S'il faut rechercher quelque part l'obligation de donner, c'est au Panthéon des obligations.

160. – Les exceptions : transfert légalement différé. À la règle du transfert du droit *solo consensu*, le Code civil apporte la réserve d'un transfert différé par la volonté des parties, la nature des choses ou par l'effet de la loi (C. civ., art. 1196, al. 2).

La nature des choses ou la loi peuvent organiser un transfert différé (sur le rôle de la volonté des parties à ce titre, V. *infra*). Le transfert du droit de propriété suppose, techniquement, une chose revêtant certaines qualités ; spécialement la

(716) Sur le régime des risques dans la vente, V. *infra*, n°s 168 et s.

(717) Une analyse, dite « classique », décelait dans la vente la présence d'une obligation de donner qui s'exécuterait au moment même où elle naîtrait, ou mieux du fait même de sa naissance. La fiction n'est pas convaincante : ce qui exclut l'existence d'une obligation de donner, ce n'est ni l'instantanéité, ni la simultanéité (moment) du transfert, mais l'automaticité proprement inhumaine de celui-ci : « Le transfert s'opère sans la médiation de la volonté et de l'activité du débiteur de l'obligation », L. Aynès, *La cession de contrat et les opérations juridiques à trois personnes*, Economica, 1984, n° 265. En d'autres termes, il n'est pas possible de voir dans l'effet translatif du droit de propriété tel qu'il est organisé par le Code civil une obligation de donner à raison de la nature même de l'obligation dont le paiement suppose la prestation ou l'abstention d'un débiteur, partant sa possible défaillance. La doctrine moderne est franchement en ce sens et voit dans le transfert de propriété un effet purement légal du contrat, et non l'exécution d'une obligation de donner. – V. not. Starck, H. Roland et L. Boyer, *Obligations*, préc., n°s 1156 et s. – F. Terré, Ph. Simler, Y. Lequette et F. Chénedé, *Obligations*, préc. n° 347. – M. Fabre-Magnan, *Le mythe de l'obligation de donner : RTD civ.* 1996, p. 85. – C. Saint-Alary-Houin, *Réflexion sur le transfert différé de la propriété immobilière*, in *Mél. Raynaud*, Dalloz, 1985, n° 733. – J.-P. Chazal et S. Vicente, *Le transfert de propriété par l'effet des obligations dans le Code civil : RTD civ.* 2000, p. 477. – *Contra* en faveur de la persistance d'une telle obligation dans notre droit, V. P. Bloch, *L'obligation de transférer la propriété dans la vente : RTD civ.* 1988, p. 673. – J. Huet, *Des différentes sortes d'obligations et, plus particulièrement, de l'obligation de donner, la mal nommée, la mal aimée*, in *Mél. J. Ghestin*, LGDJ, 2001, p. 425 et s. – Comp. F. Zénati et Th. Revet, *Les biens*, PUF, 3e éd., 2008, n° 178 ; des mêmes *Contrats – la vente*, PUF, 2016, n°s 9 et 57, ces auteurs observent dans le transfert de propriété un effet de la tradition civile ou matérielle de la chose, selon eux préservée par le Code civil, et qui s'exerce au titre de l'exécution de l'obligation de livrer du vendeur ; ils distinguent ainsi l'obligation de donner dans l'ombre de l'obligation de livrer – Sur cette discussion, V. Cass. com., 10 janv. 2006 : *RTD civ.* 2006, p. 343, obs. Th. Revet. – A.-S. Courdier-Cuisinier : *RTD civ.* 2005, p. 521 et s. – Sur la prudence des auteurs à annoncer l'acte de décès des thèses prônant la persistance de l'obligation de donner après la réforme de 2016, V. O. Deshayes, Th. Genicon et Y.-M. Laithier, *op. cit.*, p. 475. – F. Chénedé, *Le nouveau droit des obligations et des contrats*, Dalloz, 2016, n° 25.111. – Plus expéditif Ph. Stoffel-Munck : *RDC* avr. 2016, p. 36.

chose doit exister et être individualisée (V. *supra*, nos 121 et s.). Lorsque ces caractéristiques ne se retrouvent pas au stade de la formation du contrat, le *moment* du transfert du droit doit être différé.

C'est le cas, d'abord, de la vente de choses futures où le transfert du droit est retardé à l'achèvement, donc à l'existence de la chose[(718)], sous le bénéfice des règles spéciales à la vente d'immeuble à construire (V. *supra*, n° 123).

C'est le cas ensuite de la vente de choses de genre pour laquelle le transfert du droit est retardé à l'individualisation de la chose, la chose de genre devenant, de ce fait corps certain (V. *supra*, n° 109)[(719)]. L'individualisation désigne l'obligation qui pèse sur le vendeur d'achever la chose ou de l'identifier spécialement ; celle-ci reste une obligation de faire[(720)]. Il n'est pas davantage possible de déceler dans ces formes de vente la présence d'une obligation de transférer la propriété (donner) à la charge du vendeur : seul le moment du transfert du droit est affecté (retardé), mais l'automaticité infaillible de celui-ci demeure et suffit à ruiner toute idée d'obligation à ce propos[(721)].

B. – L'influence de la volonté des parties

161. – Droit réel et autonomie de la volonté : un rendez-vous manqué. L'arrêt *Caquelard* (1834)[(722)] proclamait « la liberté de création des droits réels » par l'autonomie de la volonté[(723)] ; plus précisément (modestement), c'est la liberté d'aménager différemment au Code civil les pouvoirs reconnus sur une chose, dans la limite naturelle du droit de propriété[(724)] que la Cour de cassation venait reconnaître aux parties[(725)].

Offerte, cette liberté allait pourtant rester très largement lettre morte. Il a été très justement observé comment un double phénomène permettait de rendre compte de cette timidité bien inhabituelle de l'autonomie de la volonté : d'une part, les règles de la publicité foncière, dont le respect est nécessaire à l'opposabilité du droit aux tiers, énumèrent les seuls actes dont le service de la publicité foncière peut assurer publication ; ce bornage constituait un frein à l'imagination des parties ; d'autre part, surtout, « l'engouement pour les personnes morales » allait apprendre aux intéressés à aménager « sociétairement » leur mode de gestion foncière : GIE, GFA, sociétés civiles immobilières au sein desquelles s'organisent *multipropriété, propriété spatio-temporelle, time-share*[(726)]. L'histoire d'un rendez-vous manqué entre liberté et propriété et dont l'analyse contemporaine a

(718) Par ex., dans la vente de récolte à venir, le transfert se fera dès lors que la chose aura atteint le degré de maturité fixée. Mais le critère reste imprécis : la maturité dépend de l'espèce, de l'attente de l'acheteur ; elle n'est pas la même pour les meilleurs crus du Languedoc et pour ceux du Bordelais, pour du vin rouge ou rosé.

(719) V. F. Goré, *Le transfert de propriété dans les ventes de choses de genre* : *D.* 1954, chron. p. 175.

(720) Susceptible ou non d'exécution forcée selon que celle-ci ne contraint pas ou attente à la liberté de la personne du débiteur, V. F. Terré, Ph. Simler et Y. Lequette, *Obligations*, préc., n° 1114.

(721) V. F. Collart Dutilleul et Ph. Delebecque et Ch.-E. Bucher, n° 178. – P. Bloch, *L'obligation de transférer la propriété dans la vente* : *RTD civ.* 1988, p. 673. – Comp. F. Terré, Ph. Simler et Y. Lequette, *op. cit.*, n° 1111.

(722) Cass. req., 13 févr. 1834 : S. 1834, I, p. 205 ; *DP* 1834, I, p. 218 ; *GAJ civ., op. cit.*, n° 60, p. 265.

(723) V. C. Atias, *Les biens*, préc., n° 76.

(724) Le droit de propriété épuise l'ensemble des pouvoirs qu'une personne peut détenir sur une chose (V. C. civ., art. 544) ; la liberté laissée aux parties se limite donc à organiser autrement ces pouvoirs.

(725) L'arrêt retient qu'aucun texte ni loi « n'excluent (...) les diverses modifications et décompositions dont le droit ordinaire de propriété est susceptible », Cass. req., 18 févr. 1834, préc.

(726) V. C. Atias, *op. et loc. cit.* – Sur le contrat de jouissance d'immeuble à temps partagé, V. *infra*, n° 280.

sans doute souffert : pour la reconnaissance d'un droit réel dans le droit de superficie, la définition du régime de la clause de réserve de propriété (V. *infra*, n° 163), ou l'acculturation de la fiducie en droit français[727], entre autres.

Mieux vaut tard que jamais ! Des arrêts récents, souvent rendus au double visa des articles 1134 (ancien) et 544 du Code civil ont relancé le débat en revitalisant la solution de l'arrêt *Caquelard*. Par un arrêt du 23 mai 2012, la Cour de cassation a consacré l'existence d'un droit réel original constitué par le droit de couper des arbres sur une parcelle[728]. Par deux autres solutions, elle a clairement posé qu'il résulte des deux textes susvisés que « le propriétaire peut consentir, sous réserve des règles d'ordre public, un droit réel conférant le bénéfice d'une jouissance spéciale de son bien »[729]. Cette jurisprudence stimulante met à mal le *numerus clausus* des droits réels ; elle questionne les auteurs sur le régime de tels droits *sui generis* nés de la volonté des parties et spécialement sur leur durée, la cour régulatrice restant réticente à reconnaître leur possible perpétuité[730].

Longtemps indifférente au modelage des contours du droit réel, la liberté contractuelle s'est en revanche franchement intéressée au moment du transfert du droit. La variété des hypothèses est grande.

162. – **Transfert du droit et modalités du contrat, terme et condition.** La présence d'une condition suspensive au contrat de vente (ou plus généralement à la promesse synallagmatique de vente, V. *supra*, n° 71) suspend l'effet principal du contrat et, par là même, le moment du transfert du droit (par ex., vente sous condition suspensive de l'obtention du prêt). Tant que la condition est pendante, le contrat est formé mais le transfert ne se réalise pas ; si la condition défaille (le prêt n'est pas

(727) La loi n° 2007-211 du 19 février 2007 institue le contrat de fiducie dans le Code civil aux articles 2011 et suivants. – Sur ce texte, V. *infra*, n°s 255 et s.

(728) Cass. 3e civ., 23 mai 2012, n° 11-13.202 : *JCP* G 2012, 930, note W. Dross ; *D.* 2012, p. 1934, note L. d'Avout et p. 2128, obs. B. Mallet-Bricout ; *RTD civ.* 2012, p. 553, obs. T. Revet.

(729) Une fondation qui a vendu un immeuble se réservait un droit de jouissance pour toute la durée de la fondation, étant entendu que l'acquéreur pouvait récupérer l'usage des locaux à condition de reloger son « vendeur » dans des locaux de même importance à construire dans l'immeuble en cause : Cass. 3e civ., 31 oct. 2012, n° 11-16.304, *Maison de la poésie 1* : *JCP* G 2012, 1400, note F.-X. Testu ; *D.* 2013, p. 53, note A. Tadros et note L. d'Avout et B. Mallet-Bricout ; *RDC* 2013, p. 584, obs. R. Libchaber et p. 627, obs. J.-B. Seube ; *RTD civ.* 2013, p. 141, obs. W. Dross. – Cass. 3e civ., 28 janv. 2015, n° 14-10.013 : *JCP* G 2015, n° 9, p. 417, note Th. Revet ; *D.* 2015, p. 599, note B. Mallet-Bricout ; *JCP* N 2015, n° 8-9, p. 30, note M. Julienne et J. Dubarry ; *RDC* 2015, p. 272, obs. R. Boffa ; *Dr. et patrimoine* juin 2015, p. 86, obs. J.-B. Seube.

(730) V. Cass. 3e civ., 28 janv. 2015, préc, qui précise que si le droit de jouissance spéciale n'est pas limité dans le temps, il s'éteint dans les conditions des articles 619 et 625, ne pouvant être perpétuel. – Cass. 3e civ., 8 sept. 2016, n° 14-26.953, *Maison de la poésie 2* : *JCP* G 2016, 2021, obs. J. Laurent ; *RTD civ.* 2016, p. 894, obs. W. Dross ; *JCP* G 2016, 1692, note S. Milleville ; *Defrénois* 2016, p. 1119, note H. Périnet-Marquet ; *Dr. et patrimoine* déc. 2016, p. 96, obs. J.-B. Seube ; *D.* 2017, p. 134, note L. d'Avout et B. Mallet-Bricout ; *RDC* 2017, p. 60, obs. R. Boffa ; *RDC* 2017, p. 123, obs. F. Danos : « Ayant relevé que les parties avaient entendu instituer, par l'acte de vente des 7 avril et 30 juin 1932, un droit réel distinct du droit d'usage et d'habitation régi par le Code civil, la cour d'appel, qui a constaté que ce droit avait été concédé pour la durée de la Fondation, et non à perpétuité, en a exactement déduit, répondant aux conclusions dont elle était saisie, que ce droit, qui n'était pas régi par les dispositions des articles 619 et 625 du Code civil, n'était pas expiré et qu'aucune disposition légale ne prévoyait qu'il soit limité à une durée de trente ans ». – *Adde* L. d'Avout et B. Mallet-Bricout, *La liberté de création des droits réels aujourd'hui* : *D.* 2013, 53. – Coll. ss dir. W. Dross, *Conventions et droits réels : la liberté contractuelle sans limites ?* : *RDC* déc. 2020, p. 111 et s.– V. cependant Cass. 3e civ., 7 juin 2018, n° 17-17.420 : *JCP* G 2018, 892, note L. Jariel et 893, note H. Périnet-Marquet ; *RDC* 2018, p. 436, note F. Danos, « est perpétuel un droit réel attaché à un lot de copropriété conférant le bénéfice d'une jouissance spéciale d'un autre lot ; la cour d'appel a retenu que les droits litigieux, qui avaient été établis en faveur des autres lots de copropriété et constituaient une charge imposée à certains lots, pour l'usage et l'utilité des autres lots appartenant à d'autres propriétaires, étaient des droits réels *sui generis* trouvant leur source dans le règlement de copropriété et que les parties avaient ainsi exprimé leur volonté de créer des droits et obligations attachés aux lots des copropriétaires ; qu'il en résulte que ces droits sont perpétuels », la solution paraît devoir être limitée au droit réel de jouissance spéciale attaché à un lot de copropriété et grevant un autre lot. – Cass. 3e civ., 6 juin 2019, n° 18-14.547 : *RDC* déc. 2019, p. 111, obs. A. Tadros.

obtenu), il ne se réalisera jamais. Lorsque la condition survient (le prêt est obtenu), le transfert de propriété est consécutif et simultané à l'accomplissement du jeu de la condition, sauf rétroactivité supplétive prévue par les parties au jour de la signature de l'acte(731). En revanche, en cette dernière hypothèse, la rétroactivité n'atteint pas le transfert des risques qui s'opère au jour de la réalisation de la condition, comme pour un terme (C. civ., art. 1304-6, al. 2). Dans la *vente à l'essai*, le transfert de propriété ne se réalise qu'après une expérimentation satisfaisante de la chose : la vente est présumée faite sous cette condition suspensive(732) (V. *supra*, n° 71).

L'insertion au contrat d'une condition résolutoire, dont on a vu qu'elle reste peu satisfaisante (V. *supra*, n° 71), n'affecte pas le transfert immédiat du droit (par ex., vente sous condition résolutoire de la non-obtention du prêt sollicité). Au cas de survenance de la condition (le prêt n'est pas obtenu), le transfert viendrait à être rétroactivement anéanti ; en ce cas l'accomplissement de la condition résolutoire éteint rétroactivement l'obligation, sans remettre en cause, le cas échéant, les actes conservatoires et d'administration (C. civ., art. 1304-7). En pareil cas, le vendeur est réputé être toujours resté propriétaire mais les actes conservatoires et d'administration (bail) engagés par l'acheteur durant cette époque sont préservés, bien que réalisés a *non domino* (*quid* des fruits perçus par l'acquéreur ?)(733). Si la condition défaille (le prêt est obtenu), la vente est consolidée ; les choses restent en l'état. Les parties pourront tenir en échec la rétroactivité liée à l'accomplissement de la condition résolutoire (C. civ., art. 1304-7, al. 2).

Les difficultés consécutives aux effets de la rétroactivité ne se retrouvent pas dans la vente à terme, sauf le cas exceptionnel de la vente d'immeuble à construire où le transfert de propriété « produit ses effets rétroactivement au jour de la vente » (C. civ., art. 1601-2). Le terme suspensif est un événement futur de réalisation inéluctable dont dépend non l'existence mais l'exigibilité de l'obligation (C. civ., art. 1305) ; le transfert de propriété ne s'opère qu'à cette échéance ; dans la vente au poids, au compte ou à la mesure, parfaite dès l'accord des parties, l'individualisation de la chose est classiquement analysée comme un terme suspensif du transfert de propriété (C. civ., art. 1585) (bien que l'individualisation puisse ne jamais se produire...).

163. – Transfert du droit retardé et clause de réserve de propriété. L'hypothèse d'un transfert du droit différé du fait de la volonté des parties est prévue par le Code civil (art. 1196). La clause dite « de réserve de propriété » est celle par laquelle les parties prévoient que le transfert de propriété de la chose que le vendeur a déjà livrée ne se produira qu'au moment où le prix sera intégralement payé(734). Le procédé révèle son intérêt dans les ventes de marchandises où le paie-

(731) C. civ., art. 1304-6 qui renverse la règle de l'ancien article 1179. Les parties sont libres de prévoir que la condition réalisée, le transfert s'opérera avec rétroactivité.

(732) Cette faculté d'expérimentation postule que l'acquéreur dispose de la maîtrise du bien durant cette époque, l'essai s'entend alors d'un essai « objectif » dont l'appréciation des résultats ne peut être laissée à la discrétion de l'acheteur sous peine de glisser *vers la vente à l'agréage ou à la dégustation*. – V. *supra*, n° 55. – *Adde* L. Lorvellec, *L'essai dans les contrats*, thèse, Rennes, 1972.

(733) En revanche les actes de disposition ne sont pas consolidés. Le sous-acquéreur a alors acquis a *non domino* : sa protection passe par les voies de l'article 2276 du Code civil en matière mobilière, par la théorie de l'apparence en matière immobilière. – V. *supra*, n° 120.

(734) Bibliographie : V. M. Cabrillac, Ch. Mouly, S. Cabrillac et Ph. Pétel, *op. cit.*, n°s 583 et s., et n°s 830 et s. – *Adde* F. Pérochon, *La réserve de propriété dans la vente de meubles corporels*, Litec, coll. « Bibl. dr. privé », 1988, t. 21, préf. F. Derrida. – P. Crocq, *Commentaire de l'ordonnance du 23 mars 2006 : JCP G* 2006, suppl. n° 20, n° 6, p. 32. Le principe

ment du prix est différé ou échelonné, le vendeur impayé conservant jusqu'au paiement le droit de propriété dans son patrimoine(735). La validité de la clause n'a jamais fait de doute dans la mesure où la simultanéité de l'effet translatif et de la formation du contrat n'est pas une règle d'ordre public ; son efficacité en revanche supposait que la clause fût opposable aux tiers, notamment aux créanciers de l'acquéreur en cas de faillite de celui-ci ; une loi du 12 mai 1980 en a admis le principe(736). Les réformes ultérieures du droit des procédures collectives ne sont pas revenues sur cette consécration mais, tout au contraire ont réglementé dans un sens constamment favorable au vendeur le mécanisme de la réserve de propriété. De la sorte s'est progressivement institué un droit « spécial » de la réserve de propriété dans le domaine des procédures collectives, sensiblement distinct du droit « commun » de la réserve de propriété qui jouait lorsque l'acheteur restait *in bonis*, étant entendu que le « spécial » polarisait la réflexion, le contentieux et l'intervention législative. L'ordonnance du 23 mars 2006 a parachevé cette reconnaissance en instituant, dans le Code civil, un chapitre consacré à la propriété réservée à titre de garantie qui rapproche droit commun et droit de la faillite (C. civ., art. 2367 à 2372).

La réserve de propriété doit normalement être convenue entre les parties, puisque dérogatoire à la coïncidence de l'effet translatif et de l'échange des consentements, l'exigence d'un écrit n'était requise à l'origine, en droit commun, qu'à titre probatoire. En matière de procédures collectives, l'exigence est requise par un texte spécial prévoyant un écrit établi au plus tard au jour de la livraison(737). Le Code civil est finalement venu poser l'exigence d'un écrit dont on retient le rôle probatoire (C. civ., art. 2368)(738).

---

de la vente est acquis, seul le moment du transfert du droit est retardé : la clause de réserve de propriété s'analyse comme une sûreté suspendant l'effet translatif de la vente jusqu'au complet paiement du prix, elle ne remet pas en cause le caractère ferme et définitif de la vente conclue lors de l'échange des consentements, Cass. com., 17 oct. 2018, n° 17-14.986 : *RDC* 2019, p. 131, F. Danos ; *Defrénois* 2019, p. 32, obs. J.-B. Seube.

(735) Les inconvénients du transfert de propriété dès la formation du contrat (risque pour le vendeur d'insolvabilité de l'acheteur, pour l'acheteur de détérioration ultérieure de la chose...) sont fréquemment invoqués en faveur de la thèse prônant de retarder le transfert au moment de la livraison. – V. Ch. Mouly, colloque Univ. Montpellier, *Faut-il retarder le transfert de la propriété* : *CDE* 1995, n° 5.

(736) L. n° 80-335, 12 mai 1980. – V. M. Cabrillac, Ch. Mouly, S. Cabrillac et Ph. Pétel, *op. et loc. cit.*

(737) C. com., art. L. 624-16, al. 2. La jurisprudence a donné une interprétation libérale de cette exigence spécialement dans un contexte de relations d'affaires : la mention de la clause sur un document (bon de commande, facture) quelconque suffit : V. Cass. com., 10 févr. 1987 : *Bull. civ.* 1987, IV, n° 36 ; *RTD com.* 1988, p. 119, obs. J. Hémard et B. Bouloc ; la clause peut également figurer « dans un écrit régissant un ensemble d'opérations commerciales convenues entre les parties » (contrat-cadre) : Cass. com., 31 janv. 2012, n° 10-28.407, l'acceptation peut, suivant les circonstances, être déduite de la réception sans protestation, dans le courant de relations d'affaires, de factures antérieures comportant la clause litigieuse. – Lorsque la livraison a eu lieu avant que le contrat de vente ne soit conclu, la jurisprudence admet que la réserve de propriété soit stipulée dans le contrat de vente : Cass. com., 3 juill. 2012, n° 11-20.425 : *RTD civ.* 2012, p. 557, obs. P. Crocq ; *D.* 2012, p. 1815, obs. A. Lienhard ; *JCP* E 2012, 1757, n° 16, obs. Ph. Pétel ; *Act. proc. coll.* 2012, comm. 212, obs. F. Petit. – V. M. Cabrillac, Ch. Mouly, S. Cabrillac et Ph. Pétel, *op. cit.*, n° 833. – La loi commerciale prévoyait encore que la clause stipulée unilatéralement par le vendeur produisait effet « à moins que les parties n'aient convenu par écrit de l'écarter ou de la modifier ». Ce qui faisait du principe (transfert simultané) l'exception, de l'exception (transfert retardé) le principe dès lors que le vendeur l'avait, seul, décidé. Le texte venait contredire, pour le domaine des procédures collectives, la jurisprudence de droit commun qui en présence de clauses croisées (« je vends sous réserve de propriété – j'achète sans réserve de propriété ») neutralise le jeu de la clause. – V. Cass. com., 10 déc. 1991 : *JCP* E 1991, I, 201, n° 11. – Cass. com., 11 juill. 1995 : *Bull. civ.* 1995, IV, n° 316 ; *JCP* G 1996, II, 22583, note D. Mainguy, et *JCP* E 1996, II, 3896, note J. Vallansan ; *D.* 1996, somm. p. 213, obs. F. Pérochon. Cette règle particulière a été abrogée et le conflit des conditions générales de vente et d'achat doit désormais être réglé par le seul droit commun.

(738) La réforme du droit des sûretés n'a pas fait de cette exigence une condition de validité de la réserve de propriété, la proposition faite en ce sens par le Groupe Grimaldi n'ayant pas été pas été retenue : V. Ph. Dupichot, *Propriété et garantie au lendemain de l'ordonnance relative aux sûretés* : *Rev. Lamy dr. civ.* juill.-août 2006, suppl. au n° 20, p. 17 et s.,

Toutes sortes de biens peuvent faire l'objet de la réserve de propriété, corporels comme incorporels[739], meubles comme immeubles[740], le Code civil retenant la validité de la formule à propos de biens fongibles[741] (C. civ., art. 2369 ; C. com., art. L. 624-16, al. 3).

Les effets de la réserve de propriété suscitent plus de perplexité. Il résulte de celle-ci un effet « suspensif » du transfert du droit[742]. Demeuré propriétaire, le vendeur supporte les risques de perte de la chose jusqu'à complet paiement, sauf clause contraire[743]. En qualité de détenteur, l'acheteur a durant la même époque l'obligation de conserver la chose[744]. Le versement de la dernière échéance emporte paiement intégral du prix et entraîne *automatiquement* transfert de propriété sur la tête de l'acquéreur (à nouveau, pas de place pour l'obligation de donner)[745]. La défaillance de l'acheteur justifie la revendication du bien, l'incorporation de l'objet de la propriété réservée dans un autre bien ne faisant pas obstacle à l'action lorsque la séparation est possible sans dommages[746]. Le droit des procédures collectives ajoute néanmoins une exigence spéciale de délai[747]. Situation cependant singulière où la revendication n'appelle pas le préalable de la résolution de la vente[748]. Si la valeur du bien repris excède le montant de la créance garantie non payée, le créancier doit désintéresser le débiteur (C. civ., art. 2371).

La revente de la chose mobilière par l'acquéreur-détenteur peut cependant mettre en échec la revendication à raison du bouclier de l'article 2276 du Code civil dont pourra se prévaloir le sous-acquéreur de bonne foi : à la suite du droit des procédures collectives[749], le Code civil a admis que le droit de propriété se reporte sur la créance du débiteur à l'égard du sous-acquéreur ou sur l'indemni-

6. – Comp. C. civ., art. 2336 qui indique que l'écrit est exigé pour que le contrat soit parfait dans le cas du gage, ou à peine de nullité dans le cas du nantissement (C. civ., art. 2356).

(739) Pour un logiciel, V. T. com. Nanterre, 31 mai 1988 : *JCP* E 1988, II, 15344, n° 16, obs. M. Cabrillac et M. Vivant. – Pour les actions, T. Jacomet, *La vente d'actions avec réserve de propriété : Bull. Joly Sociétés* 1991, p. 977.

(740) V. F. Derrida, *À propos de la clause de réserve de propriété dans les ventes immobilières à crédit : Defrénois* 1988, art. 34590, p. 1089. – *Adde* Cass. com., 9 janv. 1996 : *D.* 1996, p. 184, F. Derrida ; *RTD civ.* 1996, p. 436, P. Crocq ; *JCP* G 1996, I, 3915 ou *JCP* E 1996, I, 554, n° 19, obs. M.C.

(741) V. Cass. com., 5 mars 2002 : *JCP* G 2002, I, 274, M. Cabrillac ; *RTD civ.* 2002, p. 327, Th. Revet, p. 339, P. Crocq. – La seule réserve tient aux sommes d'argent exclues de la propriété réservée pour le seul cas des procédures collectives, ce qui est bien compréhensible sauf à affecter la cohérence de cette branche du droit : Cass. com., 10 mai 2000, n° 67-16.276.

(742) Terme ou condition ? La dualité des qualifications paraît possible et autorise les parties à opérer un choix, en tenant compte, avant l'ordonnance du 10 février 2016, de l'éventuelle rétroactivité attachée à la deuxième branche de cette alternative. – V. F. Pérochon, *op. cit.*, n°s 49 et s. – Depuis l'entrée en vigueur de l'ordonnance l'accomplissement de la condition suspensive ne produit pas, de principe, d'effet rétroactif, V. C. civ., art. 1304-6.

(743) Que le vendeur ne manquera pas de prévoir ! Sur le moment du transfert des risques, V. *infra*, n° 169.

(744) Au titre d'une obligation des moyens. La jurisprudence en déduit l'existence, pour ce type de vente, d'une obligation de restitution à la charge de l'acheteur *in bonis* en cas de défaut de paiement du prix, Cass. com., 19 oct. 1982 : *Bull. civ.* 1982, IV, n° 321 ; *RTD civ.* 1984, p. 515, obs. J. Huet ; *D.* 1983, somm. p. 482, obs. B. Audit.

(745) *Contra*, F. Pérochon, *op. cit.*, n° 8. – Sur la question, V. *supra*, n° 159.

(746) C. civ., art. 2370. – *Adde* C. com., art. L. 624-16. – *Adde* Cass. com., 10 mai 2012, n° 11-17.626 : *D.* 2012, 1326, un bien vendu avec une clause de réserve de propriété peut être revendiqué s'il se retrouve en nature dans le patrimoine de la personne morale débitrice, qu'elle le détienne dans ses locaux ou qu'il soit détenu par son représentant légal dans d'autres lieux.

(747) La revendication doit être exercée dans un délai de trois mois qui court à compter de la publication du jugement d'ouverture (C. com., art. L. 624-9). Échappe à ce délai la demande en restitution qui pourra être formée par le propriétaire-vendeur qui aura publié son contrat auprès du greffe du tribunal de commerce sur un registre originairement destiné à la publicité des contrats de crédit-bail mobilier (D. 4 juill. 1972. – V. *infra*, n° 455. – C. com., art. L. 624-10 et D. 28 déc. 2005, art. 117). À la différence de l'action en revendication, la demande en restitution n'a pas pour objet de faire reconnaître son droit de propriété.

(748) V. Ph. Jestaz, *La réserve de propriété ou la vente éclatée*, in *Mél. D. Holleaux*, Litec, 1990, p. 227 et s.

(749) V. C. com., art. L. 624-18.

té d'assurance (C. civ., art. 2372). Ce transport procède d'une subrogation réelle qui reporte le droit de préférence sur la valeur substituée à la chose, et dont il semblait « équitable » de faire également bénéficier le vendeur lorsque son acheteur demeurait *in bonis*(750). Cette solution participe de l'analyse qui fait de la propriété réservée une véritable sûreté, ce qu'admettait déjà la Cour de cassation retenant que la réserve de propriété est transmise de plein droit à l'occasion d'une subrogation ou d'une cession de la créance du prix de vente, à titre d'accessoire de celle-ci(751), solution également désormais codifiée (C. civ., art. 2367, al. 2).

164. – Transfert du droit retardé et ventes en « libre-service ». La liberté laissée aux parties de retarder le moment du transfert du droit devient un mécanisme explicatif des solutions retenues par la jurisprudence pour ce qui est des ventes dites en « libre-service » telles qu'elles se réalisent dans les grandes surfaces où le client se sert lui-même des produits qu'il désire acheter avant d'en payer le prix à la caisse. À cet égard, le moment du transfert de propriété n'est pas une question purement théorique (risque de détérioration de la chose ; qualification pénale de vol). La jurisprudence pénale décide que le transfert du droit, au lieu de s'opérer lors de l'appréhension du produit par le client (qui accepterait à cet instant l'offre du commerçant), est retardé au paiement du prix, c'est-à-dire au passage en caisse, de sorte que le client se rend coupable de vol s'il quitte le magasin sans payer(752) ; on a pu dire alors que les parties avaient implicitement convenu de retarder de la sorte le transfert de propriété(753), le client ayant toujours la faculté de remettre en gondole l'article déposé dans son caddie mais qu'il n'avait pas encore payé ; psychologiquement, c'est sans doute la formation même du contrat qui est renvoyée à cette époque(754).

165. – Transfert du droit retardé et ventes « judiciaires » ; droit de préemption. Le contexte judiciaire d'une vente aux enchères(755) n'affecte pas le principe du transfert du droit *solo contractu*, c'est-à-dire en l'occurrence au prononcé du jugement d'adjudication(756). En revanche, la Cour de cassation

(750) *Pour* (entre autres) M. Cabrillac, Ch. Mouly, S. Cabrillac et Ph. Pétel, *op. cit.*, n° 836. – *Adde* Capitant, *Essai sur la subrogation réelle* : *RTD civ.* 1919, p. 385 ; *contre* F. Pérochon, *op. cit.*, n°s 286 et s. Encore faut-il que le bien existe dans son état initial, Cass. com., 5 nov. 2003 : *D.* 2004, p. 153, M. Cabrillac. – Lorsque l'acquéreur d'un bien vendu avec réserve de propriété le revend sans avoir payé l'intégralité du prix, la revente opère, par l'effet de la subrogation réelle, transport dans le patrimoine du vendeur initial du prix ou de la partie du prix impayé par le sous-acquéreur au jour de l'ouverture de la procédure collective du débiteur, sans que le sous-acquéreur puisse opposer au vendeur initial revendiquant à son encontre la créance de prix impayé les exceptions qu'il pourrait faire valoir contre son propre vendeur, Cass. com., 5 juin 2007 : *JCP G* 2008, I, 117, n° 11, obs. M. Cabrillac et Ph. Pétel. – Cass. com., 18 janv. 2011 : *JCP G* 2011, II, 524, S. Ravenne.

(751) V. Cass. com., 15 mars 1988 : *Gaz. Pal.* 8-9 avr. 1988, B. Soinne ; *JCP E* 1988, II, 15221, n° 14, M. Cabrillac et M. Vivant ; *D.* 1988, p. 330, F. Pérochon ; *Banque* 1988, p. 932, J.-L. Rives-Lange ; *RTD com.* 1988, p. 287, obs. J. Hémard et B. Bouloc. – Cass. com., 11 juill. 1988 : *Banque* 1988, *op. et loc. cit.* ; *RTD com.* 1988, p. 656, obs. M. Cabrillac et B. Teyssié ; *ibid.* p. 698, obs. A. Martin-Serf. – La Cour de cassation ne tire pas toutes les conséquences attendues de la qualité d'accessoire de la créance de la réserve de propriété : l'extinction de la créance principale pour une cause autre que son paiement (effacement des dettes consécutif à la clôture de la procédure) n'empêche pas la clause de réserve de propriété de produire effet, Cass. 2e civ., 27 févr. 2014, n° 13-10.891 : *RDC* 2014, p. 393, J. Klein. – V. M. Cabrillac, *Les accessoires de la créance*, in *Mél. A. Weill*, Dalloz-Litec, 1983, p. 107 et s.

(752) V. Cass. crim., 30 mai 1958 : *JCP G* 1958, II, 10809, note G. Chavanne. – *Adde* C.-O. Rossetto, *Clause de réserve de propriété et protection pénale des biens* : *RTD com.* 1995, p. 87 et s.

(753) V. H., J. et L. Mazeaud, par M. de Juglart, t. 3, vol. II, préc., n° 924.

(754) V. J. Ghestin et B. Desché, *op. cit.*, n° 552. – F. Collart Dutilleul, Ph. Delebecque et Ch.-E. Bucher, n° 179.

(755) V. *supra*, n° 149.

(756) V. M. et J.-B. Donnier, *Voies d'exécution et procédures de distribution*, *op. cit.*, n° 1261.

retient que le transfert des droits de propriété des biens d'une entreprise cédée à l'occasion du jugement arrêtant un plan de redressement intervient au jour non du jugement, mais de la passation des actes, si mieux n'aime le tribunal(757).

Par ailleurs, la loi prévoit qu'en cas d'acquisition d'un bien par voie de préemption, le transfert de propriété intervient à la plus tardive des dates auxquelles seront intervenus le paiement et l'acte authentique (C. urb., art. L. 213-14).

166. – **Transfert anticipé du droit.** On présente parfois le régime de la vente en l'état futur d'achèvement (V. *supra*, n° 123) comme une anticipation du moment du transfert du droit : alors que celui-ci devrait s'opérer lors de l'achèvement de la chose, il se réalise « au fur et à mesure » de l'exécution des travaux(758). La même analyse est pratiquée à l'endroit de la clause transférant à l'armateur la propriété du navire à construire au fur et à mesure de l'avancement des travaux(759). En réalité la liberté laissée aux parties d'anticiper le transfert du droit reste limitée : elle suppose une chose future pour laquelle les parties prévoient le « transfert graduel »(760) de propriété sans attendre l'achèvement de la chose. Mais au-delà de cette hypothèse, il ne paraît pas possible à celles-ci d'anticiper le transfert à une date antérieure à leur convention.

167. – **Transfert du droit et vente avec faculté de rachat (vente à réméré)(761).** La vente avec faculté de rachat, autrefois vente à réméré, est le contrat par lequel :

> « (...) le vendeur se réserve de reprendre la chose vendue, moyennant la restitution du prix (...) » (C. civ., art. 1659).

C'est une vente conclue sous condition résolutoire potestative, dans la mesure où le rachat est à la discrétion du vendeur(762) ; elle apparaît ainsi comme une faculté laissée au vendeur d'influer sur le moment du transfert du droit à cette occasion. La faculté de rachat fonctionne comme une condition résolutoire. Dès lors, la rétroactivité du rachat emporte anéantissement de tous les actes de disposition que l'acquéreur aura pu réaliser(763), mais l'opposabilité au tiers suppose, en

(757) Cass. com., 26 janv. 1993 : *JCP* G 1993, I, 3704, n° 4, obs. M. Cabrillac et Ph. Pétel ; *D.* 1993, p. 205, note F. Derrida ; *Rev. proc. coll.* 1993, p. 85, obs. B. Soinne ; la solution est largement justifiée par les règles du droit de la faillite : V. C. com., art. L. 621-89.

(758) V. C. civ., art. 1601-3.

(759) V. CA Pau, 25 oct. 1948 et CA Rennes, 25 janv. 1949 : *D.* 1949, p. 573, note G. Ripert.

(760) J. Carbonnier, *Les biens*, PUF, 2000, t. 3, n°s 38 et s.

(761) V. A. Bories, *Le réméré*, thèse, Montpellier, 2005. – Le terme a été supprimé au profit de la vente avec faculté de rachat par la loi n° 2009-526 du 12 mai 2009.

(762) Admissible puisque seule la condition suspensive purement potestative aurait été prohibée au titre de l'article 1174 ancien du Code civil. – V. F. Terré, Ph. Simler, Y. Lequette et F. Chénedé, *Obligations, op. cit.*, n°s 1339 et s. – V. A. Bories, *Le réméré, op. cit.*, qui discerne dans le mécanisme une application de la notion de droit potestatif. – Mais la vente à réméré peut être requalifiée en pacte commissoire, V. Cass. 3e civ., 21 mai 2014, n° 12-23.607 : *JCP* G 2014, 942, note F. Dourneaux (en l'occurrence la requalification de la vente à réméré en pacte commissoire prohibé ne peut se déduire de la seule concomitance entre un acte de prêt et un acte de vente). La présentation traditionnelle du jeu de la condition potestative est prondément affectée par l'ordonnance du 10 février 2016 et l'article 1304-2 du Code civil selon lequel est nulle l'obligation (suspensive ou résolutoire) « contractée sous une condition dont la réalisation dépend de la seule volonté du débiteur ».

(763) Sur la revente du bien par l'acquéreur, V. C. civ., art. 1664. – Sur la constitution de droits réels sur le bien, V. C. civ., art. 1673.

matière immobilière, la publicité de la condition. L'importance des conséquences attachées au réméré explique que le Code civil ait enfermé l'exercice de celui-ci dans de strictes exigences : le vendeur qui l'exerce doit rembourser le prix payé, mais aussi les frais et coûts de la vente, les réparations nécessaires et celles qui ont augmenté le fonds(764) ; d'autre part, l'action doit être exercée dans un délai maximum de cinq ans(765). La technique connaît un regain d'intérêt en matière d'opérations financières et boursières(766). Il est vrai que la technique du réméré est parfois constituée dans l'unique but de réaliser une opération de crédit garantie par une sûreté réelle en sorte de propriété-sûreté : elle ne doit pas servir à contourner la réglementation du crédit(767).

§ 2. – Le transfert des risques

168. – **Vente interne ; régime légal : *res perit domino*.** La disparition, ou détérioration, de la chose après la formation du contrat, alors souvent que le prix n'a pas encore été intégralement payé, et que la chose n'est plus en possession du vendeur (mais dans les mains du transporteur par exemple) pose le problème de savoir qui doit en supporter le risque ? S'agit-il du vendeur ? Celui-ci ne pourrait plus alors réclamer le paiement du prix ; c'est le régime de la vente de la chose déjà périe qui s'appliquerait(768). S'agit-il de l'acquéreur ? Celui-ci devrait s'acquitter de son obligation de paiement du prix, bien qu'il ne reçoive jamais la chose, sinon dans un état détérioré. La réponse du droit positif tient à l'association du transfert du droit et du transfert des risques : le transfert du droit de propriété emporte transfert des risques ; devenant propriétaire dès la formation du contrat, l'acheteur dès cet instant supporte les risques de perte ou de détérioration de la chose. C'est la règle *res perit domino* inscrite dans l'article 1196, alinéa 3 du Code civil :

> **« Le transfert de propriété emporte transfert des risques de la chose. Toutefois le débiteur de l'obligation de délivrer en retrouve la charge à compter de sa mise en demeure, conformément à l'article 1344-2 et sous réserve des règles prévues à l'article 1351-1 »(769).**

La règle est dans la logique de la dissociation de la chose et du droit ; la vente est un contrat instantané parce que son effet caractéristique (le transfert de propriété) est instantané : dès lors que celui-ci s'est accompli, le centre de gravité du contrat s'est inéluctablement déplacé vers l'acheteur, avec les risques pour celui-ci de perte

(764) V. C. civ., art. 1673. – Tout autant que l'acheteur ait préalablement payé : Cass. 3e civ., 25 oct. 2006, n° 05-16.250 : *Contrats, conc. consom.* 2007, 42, note L. Leveneur.

(765) V. C. civ., art. 1660.

(766) V. V. Heinrich, *La vente à réméré d'obligations* : *JCP* E 1984, II, 14282. – D. de Tchaguine-Seguret et H. Francois-Marsal, *Portage : la clarification nécessaire* : *Gaz. Pal.* 23 mai 1989, p. 244.

(767) Cass. 3e civ., 21 mai 2014, n° 12-23.607 : *RDC* 2015, p. 288, obs. M. Julienne.

(768) V. *supra*, n° 121.

(769) Lorsque le vendeur a été mis en demeure de délivrer la chose, l'article 1138 du Code civil remet les risques à sa charge ; celui-là s'exonérera néanmoins en prouvant que la chose serait également périe bien qu'elle ait été livrée à l'acquéreur (C. civ., art. 1302, al. 2).

de la chose, même si celle-là n'est pas encore physiquement *délivrée*. L'acheteur supporte alors les risques de perte d'une chose dont il n'a pas encore la possession physique, et tout autant que le dommage n'est pas la conséquence d'un manquement du vendeur à son obligation de conservation (C. civ., art. 1197). La mise en demeure du vendeur (débiteur de l'obligation de délivrer) d'exécuter cette obligation (la délivrance) met à nouveau la charge des risques sur celui-ci, jusqu'à la mise en possession physique de l'acheteur(770). L'association du transfert des risques au transfert du droit se révèle encore spécialement dangereuse pour l'acquéreur consommateur pour certains types de ventes à distance et par correspondance. Dans ce cas, la perte de la chose pendant le transport devrait être supportée par l'acquéreur (consommateur) en dépit du fait, trompeur, que les frais du transport peuvent être pris en charge par le vendeur(771) : c'est pourquoi le Code de la consommation inverse la règle civiliste, le transfert des risques s'opère au moment où le consommateur « prend physiquement possession des (...) biens » achetés (C. consom., art. L. 216-4 et 5).

Inversement, dans la vente sous réserve de propriété le vendeur est encore propriétaire, alors que la chose a déjà été livrée ; la perte de la chose dans les entrepôts de l'acheteur doit alors être supportée par le vendeur toujours propriétaire(772). Il reste que le régime légal du transfert des risques est un régime supplétif, auquel il est possible aux parties de déroger, ce qu'elles ne manquent pas de faire dans les ventes internes et internationales.

169. – Vente interne ; régime conventionnel. La dérogation au régime légal du transfert des risques peut procéder d'une disposition générale du contrat différant le transfert de propriété ; elle peut résulter d'une disposition spéciale qui dissocie alors le transfert des risques du transfert du droit.

L'insertion au contrat d'une modalité (terme, condition) affectant l'ensemble de celui-ci, ou le seul moment du transfert de propriété(773), atteint naturellement par contrecoup le moment du transfert des risques. Sous le régime antérieur à l'ordonnance du 10 février 2016, le jeu d'une possible rétroactivité prêtée à l'accomplissement de la condition suspensive illustre les dangers de l'association du couple risques-droit. Lorsque la vente est conclue sous condition suspensive, la rétroactivité de la condition réalisée opérait transfert du droit dès la formation du contrat de sorte que si la chose avait été détériorée *pendente conditione*, alors qu'elle était encore dans les mains du vendeur, l'acheteur devrait en payer le prix. Le Code civil n'avait pas voulu pareille conséquence en décidant que la rétroactivité de la condition n'atteignait pas le transfert des risques qui, pour cette époque, restaient à la charge du vendeur(774). En écartant la rétroactivité du jeu de

(770) La règle est réitérée au visa de l'article 1344-2. Le vendeur, débiteur de la délivrance, y échappe s'il apporte la preuve que la chose aurait pareillement péri entre les mains du créancier s'il elle lui avait été délivrée (C. civ., art. 1351-1).

(771) Cass. com., 20 mai 1986 : *Bull. civ.* 1986, IV, n° 98 ; *JCP* G 1986, IV, 218 ; la Commission des clauses abusives proposait déjà, en 1981, de faire supporter les risques par celui qui a eu l'initiative du transport, soit souvent le vendeur.

(772) Cass. com., 20 nov. 1979 : *Bull. civ.* 1979, IV, n° 300. – Sur renvoi CA Metz, 29 oct. 1980 : *JCP* G 1981, II, 19615, note J. Ghestin ; *RTD com.* 1980, p. 43, note D. von Breitenstein.

(773) V. *supra*, n° 162.

(774) C. civ., art. 1182 ancien. – La vente étant au moment où la condition se réalise impossible du fait de la perte de la chose *pendente conditione* : pour pouvoir rétroagir, la condition devrait d'abord agir, ce qui ne serait plus possible

la condition suspensive accomplie (C. civ., art. 1304-6), l'ordonnance du 10 février 2016 assèche cette discussion pour les contrats conclus après le 1er octobre 2016 (sauf aux parties à prévoir la rétroactivité du jeu de la condition, ce qui amènera à raisonner comme par le passé).

En revanche, la rétroactivité demeure associée au jeu de la condition résolutoire accomplie (C. civ., art. 1304-7). En pareille hypothèse, tout comme au cas de l'annulation du contrat, le vendeur est réputé être toujours demeuré propriétaire, de sorte qu'il devrait supporter la perte ou détérioration intervenue entre-temps(775) ; cette solution est contestée par nombre d'auteurs(776). Par analogie avec le texte de l'article 1304-6 du Code civil, une opinion commune soutient que les risques doivent en cette occurrence demeurer sur la tête de l'acquéreur(777).

Les parties ne manqueront pas, encore, d'opérer la dissociation du transfert du droit et des risques en présence d'une réserve de propriété(778) ; elles prévoiront, en ce cas, un transfert des risques concomitant à la livraison de la chose et anticipant le transfert du droit. La clause permettra au propriétaire de ne pas supporter le risque de perte fortuite de la chose et de n'avoir pas à supporter la charge de la preuve de l'origine de la perte. La vente « commerciale », qui intercale un transporteur entre le vendeur et l'acheteur, comportera également des dispositions spéciales à cet effet(779) ; les solutions préconisées s'inspirent directement de celles développées en droit du commerce international.

170. – **Vente internationale ; Convention de Vienne et Incoterms.** Le pragmatisme du monde du commerce international a conduit les rédacteurs des textes ayant vocation à régir la vente internationale à ignorer la question du moment du transfert de propriété pour se concentrer sur celle du transfert des risques.

La Convention des Nations unies sur la vente internationale de marchandises (CVIM) prévoit que les risques sont transférés par la remise des marchandises au premier transporteur dans le lieu déterminé au contrat, et, plus généralement, à la livraison de celle-ci(780). Mais la disposition est supplétive et la diversité des cas de figure (transport maritime, ferroviaire, routier, usage de conteneurs qui permettent de combiner plusieurs modes de transport...) et des problèmes conséquents (coût du transport, de l'assurance, des formalités douanières...) appelle la présence de stipulation expresse.

Afin de répondre à l'attente légitime des professionnels, et dans un souci de standardisation, un organisme professionnel, la Chambre de commerce internationale (CCI)(781), a édité dès 1936 une série de « termes commerciaux d'application universelle » (Incoterms)(782).

du fait de la perte de la chose antérieurement au jeu de la condition.

(775) V. Cass. 1re civ., 6 déc. 1967 : *Bull. civ.* 1967, I, n° 358 ; *RTD civ.* 1968, p. 708, obs. J. Chevallier.

(776) V. M. Malaurie, *Les restitutions en droit civil*, préc., p. 130.

(777) Sous le régime antérieur à l'ordonnance du 10 février 2016 : F. Terré, Ph. Simler et Y. Lequette, 11e éd., *op. cit.*, n° 671. – J. Ghestin, Ch. Jamin et M. Billiau, *Les effets du contrat*, LGDJ, 3e éd., 2001, n° 658. – Sur le régime issu de l'ordonnance : O. Deshayes, Th. Genicon et Y.-M. Laittier, *op. cit.*, p. 674.

(778) V. *supra*, n° 163.

(779) V. C. com., art. L. 133-1.

(780) V. CVIM, art. 67-1 et s. – V. J.-M. Mousseron et *al.*, *Droit du commerce international*, *op. cit.*, nos 418 et s.

(781) Sur la CCI, V. J.-M. Mousseron et *al.*, *op. cit.*, n° 9.

(782) V. J.-M. Mousseron et *al.*, *op. cit.*, nos 357 et s. – E. Jolivet, *Les Incoterms, étude d'une norme du commerce international*, Litec, coll. « Bibl. dr. privé », 2003, préf. D. Ferrier.

Les « Incoterms » ont pour objet d'établir un ensemble de règles internationales de caractère facultatif précisant l'interprétation des principales expressions utilisées dans les contrats de vente avec l'étranger ; les Incoterms constituent donc des contrats types pour les questions qu'ils traitent et dont l'application nécessite la référence expresse des parties par l'usage de l'un de ces termes au contrat(783). Chaque terme commercial fixe la division du rôle des parties et détermine le partage des coûts et des risques ; à la lecture des Incoterms 2010, onze termes commerciaux définissent de la sorte autant de contrats types auxquels réfère, automatiquement, la mention de leurs lettres symboles(784). On a discuté de la nature des Incoterms ; la Cour de justice de l'Union européenne y discerne un véritable usage du commerce international(785).

Dès lors que le domaine des Incoterms s'apparente, pour une large part, à celui de la convention de Vienne, les premiers auront naturellement vocation à primer sur les dispositions de la seconde pour autant que les parties s'y soient référées. Chaque terme commercial reproduit à la charge des parties un noyau dur d'obligations « caractéristiques » du contrat de vente. Ainsi, le vendeur doit-il en toute hypothèse assurer la livraison des marchandises et l'acheteur en régler le prix. Mais au-delà, l'assurance des marchandises, le moment du transfert des risques, la répartition des frais, la charge des formalités douanières, seront répartis différemment. Les questions touchant au transfert de propriété, les causes de rupture du contrat et ses conséquences comme les modalités de paiement restent à l'écart. Le document diffusé par la CCI égrène les termes dans une progression allant de la formule la plus légère pour le vendeur (vente « à l'usine ») à la plus lourde pour lui (vente « rendu droits acquittés »).

Les ventes dites « au départ » prévoient que le vendeur remplit son obligation de livraison (et partant que s'opère le transfert des risques) dans son propre pays, que celui-ci mette les marchandises à la disposition de l'acheteur dans ses propres locaux (vente à l'usine dite « EXW-Ex Work ») ou les livre à un transporteur (ventes « franco » lorsque le vendeur ne paie pas le transport) ; les ventes à l'arrivée étendent l'obligation de livraison, et la charge des risques jusqu'au pays de destination (vente port de destination convenu : sur le bateau, *Ex ship*, ou à quai, *Ex Quay*...). L'ensemble procure l'exemple remarquable de sources professionnelles du droit, ce que les auteurs appellent la *lex mercatoria*(786).

(783) Sur les difficultés nées d'une référence tacite, V. Heuzé, *La vente internationale*, *op. cit.*, n° 260.
(784) Publ. CCI n° 715 EF, *Incoterms* 2010. Les Incoterms 2010 sont entrés en vigueur le 1er janvier 2011.
(785) V. CJUE, 9 juin 2011, aff. C-87/10, *Electrosteel Europe SA* : *JOUE* n° C-226/6, 30 juill. 2011 ; *D.* 2011, 2434, L. d'Avout (à propos de la localisation de l'exécution de l'obligation qui sert de base à la demande, au sens de l'article 5, § 1, b. du règlement n° 44/2001 sur la compétence judiciaire).
(786) V. B. Goldman, *Frontières du droit et* lex mercatoria : *Arch. phil. dr.* 1968, 177. – P. Lagarde, *Approche critique de la* lex mercatoria, in *Mél. B. Goldman*, Litec, 1982, p. 125. – J.-M. Mousseron, Lex mercatoria : *bonne mauvaise idée ou mauvaise bonne idée ?*, in *Mél. L. Boyer*, Toulouse, 1996, 469. – V. *supra*, n° 12.

SOUS-SECTION 2

LES EFFETS PERSONNELS DE LA VENTE

171. – **Présentation, plan.** L'effet caractéristique du contrat tient dans la création de rapports d'obligations, c'est-à-dire de rapports de droit personnels (C. civ., art. 1101). La vente est un contrat synallagmatique qui accueille à ce titre le jeu de l'exception d'inexécution, de la résolution pour inexécution ou la théorie des risques, déjà évoquée (V. *supra*, n° 168).

Classiquement, nous étudierons les obligations du créancier de somme d'argent : le vendeur (§ 1), puis celles du débiteur de somme d'argent : l'acheteur (§ 2).

§ 1. – Les obligations du vendeur

172. – **Le Code civil : un système dualiste ; règle d'interprétation.** Deux textes font figure de prolégomènes dans le chapitre que le Code civil réserve aux obligations du vendeur :

> **Art. 1602.** – Le vendeur est tenu d'expliquer clairement ce à quoi il s'oblige. Tout pacte obscur ou ambigu s'interprète contre le vendeur.
> **Art. 1603.** – Il a deux obligations principales, celle de délivrer et celle de garantir la chose qu'il vend.

À la lecture, le premier de ces textes n'a finalement rien d'un texte d'introduction. Il définit à la charge du vendeur une obligation précontractuelle d'information que des textes récents sont venus affermir à l'endroit du professionnel(787) et que les juges ont développée à travers les devoirs de conseil ou de renseignement aujourd'hui mis à la charge du même (V. *infra*, n°s 188 et s.).

L'alinéa second de l'article 1602 pose une règle d'interprétation du contrat défavorable par principe au vendeur et dérogatoire au droit commun. Alors qu'en droit commun dans le doute, l'interprétation du contrat s'opère en faveur du débiteur (C. civ., art. 1190), le contrat de vente doit s'interpréter en faveur de l'acheteur (C. civ., art. 1602) ; la règle spéciale se justifie par l'idée que c'est le vendeur qui rédige : « Qui vend le pot, dit le mot » selon Loysel(788) ; elle est prémonitoire des dispositions spéciales d'interprétation « consumériste » introduites sous l'influence européenne(789).

(787) Sur l'obligation d'information professionnel-consommateur, V. *supra*, n° 96, et l'obligation d'information professionnel-professionnel, n° 38.

(788) Comp. la règle *contra proferentem* retenue pour le contrat d'adhésion : C. civ., art. 1190. – V. Cass. 1re civ., 13 avr. 1999 : *Contrats, conc. consom.* 1999, n° 127, obs. L. Leveneur.

(789) La loi du 1er février 1995, prise en application de la directive communautaire du 5 avril 1993, a introduit une règle d'interprétation du contrat unilatéralement favorable au consommateur à l'article L. 211-1 du Code de la consommation. – V. *supra*, n° 96.

Le second de ces textes désigne dans « la délivrance » et « la garantie » les deux « obligations principales » du vendeur. Cette présentation intrigue plus qu'elle ne satisfait le lecteur : s'il y a des obligations principales, il y a forcément d'autres obligations... Et le lecteur ne se départit pas de sa curiosité lorsqu'il découvre, chemin faisant, que « la garantie » qu'on lui annonçait singulière a en réalité « deux objets », la garantie en cas d'éviction, et la garantie des défauts de la chose vendue (vices cachés) (C. civ., art. 1625).

Pourtant la situation du vendeur de 1804 n'est finalement pas bien complexe : avant la vente, il doit expliquer, un peu[790] ; lorsqu'il vend, il doit délivrer la chose ; c'est sa prestation essentielle, traduction sur le terrain obligatoire de l'effet translatif de propriété ; après la vente, il garantit contre les troubles de fait (vice caché) et de droit (éviction). Un système dualiste dans lequel la chronologie des situations distingue « naturellement » les obligations en cause. La suite est venue troubler cette simplicité originelle.

173. – **L'évolution postérieure : du pluralisme au monisme ?** La vente moderne n'est plus tout à fait celle du Code civil, même si l'effet essentiel (le transfert de propriété) demeure.

L'avènement du consommateur comme acquéreur privilégié s'accompagne d'une modification des conditions de vente : ainsi de la vente à distance, encouragée par les développements de l'informatique, où la livraison de la chose suppose l'entremise d'un transporteur et encourage à l'assurance de celle-ci. Le développement du crédit-vendeur et, partant, des délais de paiement, contribue au succès de la réserve de propriété, alors que la livraison se réalisera immédiatement.

Ces mutations ont naturellement affecté les obligations mises à la charge du vendeur. Un double phénomène exprime à cet égard une relation de cause à effet : une première évolution va dans le sens de l'expansion de chacune de ces obligations dont le domaine recouvre de nouvelles prestations (l'information s'accroît, elle devient obligation de renseigner, de conseiller, donc de déconseiller) ; ce phénomène de croissance suscite des situations fréquentes d'empiétement de chacune de ces obligations sur leur domaine respectif (la délivrance s'étend après la livraison sur les terres de la garantie) et parfois même au-delà du contrat (l'information devient précontractuelle ; la garantie est due non plus seulement à l'acquéreur, mais au sous-acquéreur ; la sécurité oblige à l'égard de toutes les victimes : acquéreurs, utilisateurs, tiers). Bref, de simple la situation du vendeur est devenue singulièrement complexe et hétérodoxe. La prolifération des obligations à la charge du vendeur engendre une diversification réciproque des actions de l'acheteur ; et celui-ci, qui peut encore recourir aux dispositions du droit commun (erreur sur la chose achetée, exception d'inexécution en cas de non-livraison, résolution judiciaire) risque bien de se perdre dans le dédale des recours qui lui sont proposés. Il ne suffit plus d'être déçu de la chose achetée ; il faut encore trouver la voie de droit appropriée. La dualité des recours proposés à l'acquéreur s'est mue en une pluralité désordonnée. Aussi, un important courant contemporain invite à une simplification en rassemblant en une obligation unique les obligations diverses aujourd'hui

(790) Sur l'obligation de l'acheteur de se renseigner, V. *infra*, n° 192.

mises à la charge du vendeur s'agissant des défauts de la chose vendue. La jurisprudence française y a parfois fait bon accueil. Mais cette influence puise ses sources au-delà du seul droit français. Le droit international de la vente, en effet, ne connaît pas ces subtilités et la convention de Vienne, notamment, rassemble délivrance et vice caché sous une même bannière (V. CVIM, art. 35). Le droit communautaire apporte sa touche à cette évolution : la garantie de conformité issue de l'ordonnance du 17 février 2005 qui transpose l'importante directive du 25 mai 1999 sur certains aspects de la vente et des garanties des biens de consommation se place résolument dans une logique moniste des obligations du vendeur[791].

C'est ce pas qu'emboîte l'avant-projet de réforme des contrats spéciaux : l'avant-projet maintient une obligation de délivrance autonome en tant qu'obligation de mise à disposition d'un bien avec ses accessoires, mais dépourvue de sanction spécifique ; en revanche, elle définit la chose viciée comme celle qui est non conforme aux spécifications du contrat ; la définition proposée du vice laisserait-elle encore une place à une délivrance autonome ? Ce régime (proposé) a suscité le débat[792].

174. – **Plan.** En dépit de cette évolution, la ligne du Code civil doit servir de fil d'Ariane dans l'examen des obligations du vendeur : nous étudierons successivement la délivrance (A), puis la garantie (B) ; de celles-ci nous distinguerons néanmoins l'obligation de sécurité dont l'autonomie, déjà reconnue par la jurisprudence, s'est encore accusée sous l'influence européenne (C).

A. – L'obligation de délivrance

175. – **Obligation centrale et satellite.** Autour du noyau dur de l'obligation de délivrance, gravite une obligation d'information, voire de conseil mise en lumière par la jurisprudence et dont il est difficile de dire si elle se trouve encore dans l'orbite de la délivrance ou si elle s'en est déjà libérée. On étudiera l'obligation principale de délivrance (1°), puis l'obligation d'information et de conseil (2°).

1° Obligation principale de délivrance

176. – **Plan.** L'étude d'une obligation appelle l'analyse de la prestation qu'elle porte (contenu) (*a*), puis la mesure des sanctions spéciales qui s'y attachent (sanctions) (*b*).

a) Contenu de l'obligation de délivrance

177. – **« Casuistique ».** Selon l'article 1604 du Code civil :

> « La délivrance est le transport de la chose vendue en la puissance et possession de l'acheteur ».

(791) V. *infra*, n°s 230 et s.

(792) V. *L'avant-projet de réforme du droit des contrats spéciaux*, LGDJ-Lextenso, préc., « Les effets de la vente », spéc. p. 136, obs. J. Raynard, G. Lardeux, A. Sériaux et L. Leveneur.

Cette définition est généralement critiquée. Influencée par le droit romain qui exigeait la tradition matérielle de la chose (V. *supra*, n° 158), elle ne rend plus compte de l'état du droit positif. *Le transport en la puissance* de l'acheteur (transfert du droit) participe d'une vision romaniste dans laquelle la propriété était moins un droit qu'une puissance sur la chose, la vente opérait moins un transfert de propriété qu'un transfert de la chose en la puissance de l'acquéreur ; mais cette vision paraît bien surannée, le transfert du droit tient dans un effet du contrat (C. civ., art. 1196), et ne procède pas de l'exécution de l'obligation de délivrance(793).

Il paraît plus exact de dire que la délivrance opère *transport en possession*, encore que le vendeur ayant perdu l'*animus domini* n'est plus que détenteur de la chose. La délivrance ne transfère ainsi ni *propriété*, ni même *possession*, mais la seule *détention* de la chose vendue. Elle ne s'identifie pas à la *livraison*, purement matérielle, de la chose. La doctrine française préfère voir dans la délivrance l'obligation du vendeur de laisser la chose vendue à la disposition de l'acheteur pour qu'il en prenne livraison(794).

Tout comme le rédacteur du contrat(795), l'interprète de la loi doit se poser une série de questions pour préciser le contenu concret de la prestation, objet de l'obligation de délivrance (tout comme il pourrait le faire à propos de toute autre obligation) : qui ? à qui ? quoi ? où ? quand ? comment ? s'opère, se « paie » la délivrance.

178. – **Qui doit délivrer ? Le vendeur.** Normalement, c'est le vendeur qui est débiteur de cette obligation ; mais la délivrance n'est pas *per se* une obligation *intuitu personae* et le débiteur pourrait se faire représenter dans l'exécution de l'obligation. Spécialement dans les ventes à distance, ou les ventes commerciales, l'intercession d'un transporteur pose problème : agit-il pour le compte du vendeur lorsqu'il remet la chose à l'acquéreur ? Ou le vendeur s'acquitte-t-il de sa charge lorsqu'il remet la chose au premier transporteur ? C'est l'opposition, déjà évoquée des ventes au départ et à l'arrivée, cruciale dans le fait de savoir qui supporte les risques à l'occasion du transport (V. *supra*, n° 170) ; l'étude de cette question renvoie au lieu, et plus généralement à la notion même de délivrance légale (V. *infra*, n° 185).

179. – **À qui faut-il délivrer ? À l'acheteur ; au sous-acquéreur (chaîne de contrats).** Normalement, c'est l'acheteur, contractant immédiat du vendeur, qui est créancier de l'obligation de délivrance. Il peut aussi s'agir d'un représentant de ce dernier (mandataire à la réception des marchandises, fréquent dans le commerce international).

Le développement contemporain de la théorie des *chaînes de contrats* a conduit la jurisprudence à poser en règle que « le sous-acquéreur jouit de tous les droits et actions attachés à la chose qui appartenait à son auteur ; qu'il dispose donc à cet effet contre le fabricant d'une action contractuelle directe fondée

(793) V. Ph. Malaurie : *Rép. civ.* Dalloz, V° *Vente (obligations du vendeur)*, n° 11. – A. Bénabent, *op. cit.*, n° 181. – Comp. F. Zénati-Castaing et Th. Revet, *Cours de droit civil, Contrats, Vente – Échange*, préc., n° 50.

(794) V. H., J. et L. Mazeaud, par M. de Juglart, t. 3, vol. II, n° 930. – J.-M. Mousseron et *al.*, *Technique contractuelle*, préc., n° 556. – A. Bénabent, *op. et loc. cit.*

(795) V. J.-M. Mousseron et *al.*, *Technique contractuelle*, *op. cit.*, n°s 556 et s.

sur la non-conformité de la chose livrée »[796]. Le créancier de l'obligation de délivrance peut donc aussi être le sous-acquéreur (chaîne homogène de contrats : vente + vente, avec un vendeur, un acquéreur, un sous-acquéreur)[797], voire le donneur d'ordre, maître de l'ouvrage, de l'acquéreur immédiat (chaîne hétérogène de contrats, vente + entreprise, avec : un vendeur, un acquéreur également entrepreneur, un donneur d'ordre)[798]. En revanche, le bénéfice de l'action directe n'est pas reconnu dans les chaînes hétérogènes non translatives de propriété (Entreprise + Entreprise) (V. *infra*, n° 492). Le fondement de l'action directe du sous-acquéreur reste différemment expliqué[799]. Le domaine de cette action directe, à l'origine associée à la garantie de vices cachés (V. *infra*, n° 215) a été clairement élargi à l'obligation de délivrance du fabricant-vendeur[800]. Les principes d'interprétation également dégagés en matière de garantie de vices cachés permettent de considérer que l'étendue de l'obligation de délivrance doit s'apprécier en regard de l'engagement du vendeur originaire, et point de la créance du sous-acquéreur[801].

180. – Que faut-il délivrer ? 1) La délivrance d'une chose conforme ; une conformité matérielle. Le vendeur doit délivrer une *chose conforme* aux spécifications convenues au contrat.

La conformité s'entend de la *conformité matérielle* de la chose vendue. Ainsi de la *contenance* contractuellement prévue, spécialement dans la vente immobilière (V. C. civ., art. 1616 et s.). Le Code civil organise avec minutie le régime de cette question : si le prix est déterminé par référence à la superficie désignée de l'immeuble, toute différence appellerait modification de celui-ci ou, sous certaines conditions, résolution du contrat (C. civ., art. 1617 et 1618) ; si le prix n'est pas assis sur la surface indiquée, seule une différence d'un vingtième justifierait sa correction (C. civ., art. 1619). Mais ce texte réserve le cas d'une stipulation contraire : les notaires préféreront une description de l'immeuble vendue à l'indication de la superficie ; à tout le moins ils prévoiront une clause par laquelle l'acheteur déclare bien connaître l'immeuble acheté et dérogatoire au régime précédent. La voie de cette facilité est cependant fermée pour ce qui est de la vente d'un lot de copropriété : la loi *Carrez* du 18 décembre 1996 impose, à peine de nullité (à demander par l'acquéreur dans le délai d'un mois à compter de l'acte authentique), l'indica-

(796) V. Cass. ass. plén., 7 févr. 1986 : *Bull. civ.* 1986, ass. plén., n° 2, 1er arrêt ; *JCP* G 1986, II, 20616, note Ph. Malinvaud ; *D.* 1986, p. 293, note A. Bénabent ; *RTD civ.* 1986, p. 364, obs. J. Huet ; *ibid.*, 594, obs. J. Mestre ; *ibid.*, p. 605, obs. Ph. Rémy. – Déjà Cass. 1re civ., 9 mars 1983 : *JCP* G 1984, II, 20295, note P. Courbe ; *RTD civ.* 1983, p. 753, obs. Ph. Rémy. – *Adde* Cass. 1re civ., 22 févr. 2000 : *Contrats, conc. consom.* 2000, n° 91, note L. Leveneur.

(797) V. Cass. 1re civ., 9 mars 1983, préc. ; le principe de l'action directe avait été antérieurement admis pour le recours en garantie. – V. *infra*, n° 215.

(798) Cass. ass. plén., 7 févr. 1986, préc. ; précisément l'arrêt juge que « le maître de l'ouvrage comme le sous-acquéreur, jouit de tous les droits et actions attachés à la chose... » ; pour une application légale au profit de l'acquéreur de l'immeuble à l'égard de l'entrepreneur-constructeur, V. C. civ., art. 1792.

(799) Cette jurisprudence n'est pas propre à l'exercice de l'action en délivrance, mais tient à la nature de la responsabilité en cause (contractuelle, délictuelle) ; elle sera envisagée à propos de l'étude de l'obligation de garantie, *infra*, n° 215.

(800) Spécialement à raison du bref délai dans lequel était enfermée l'action en garantie pour vice caché ; cette confusion n'est pas spécifique, tant s'en faut, à l'action directe : sur la délimitation des domaines respectifs de la délivrance et de la garantie, V. *infra*, n° 181. Cependant, le reflux dans la jurisprudence de l'action en délivrance dans son domaine propre pourrait-il remettre en cause, pour celle-ci, le bénéfice de l'action directe du sous-acquéreur ? – V. Cass. 3e civ., 8 janv. 1997 : *JCP* G 1997, II, 22877, note M.-Ch. Monsallier. – Cass. 3e civ., 3 févr. 1998 : *D.* 1999, somm. p. 15, obs. O. Tournafond.

(801) Ce qui prive le sous-acquéreur de la possibilité d'invoquer à l'endroit du fabricant-vendeur une exigence particulière de conformité qu'il aurait spécialement prévue à son contrat, conclu avec le vendeur intermédiaire (revente). – V. Cass. 3e civ., 3 déc. 1996 : *D. affaires* 1997, p. 247.

tion de la superficie du lot vendu ; une superficie supérieure à celle exprimée ne donnerait lieu à aucun supplément de prix, une superficie moindre de plus d'un vingtième ouvre droit à une action en diminution proportionnelle (L. 10 juill. 1965, art. 46)(802). Le rapprochement du droit de la copropriété et du droit de la responsabilité ouvre sur de nombreuses difficultés puisque les parties au contrat de vente iront souvent rechercher la responsabilité de celui qui a procédé au mesurage. La possibilité d'une telle action se justifie par la sévérité de l'article 46 à l'égard du vendeur, lequel ne pourra pas obtenir de supplément de prix. En ce sens, saisie d'une question prioritaire de constitutionnalité (QPC), la Cour de cassation a refusé de la transmettre au Conseil constitutionnel en relevant que l'article 46 ne prive pas le vendeur d'un lot de copropriété qui a subi un préjudice à cause d'une erreur de mesurage de son droit de demander la réparation sur le fondement du droit commun(803). En revanche, lorsque les juges condamnent l'entreprise qui a fait les mesures, ils ne peuvent la condamner qu'à des dommages et intérêts mais pas au remboursement d'une fraction du prix(804). Pour la vente de biens meubles, c'est le Code de la consommation qui de manière vétilleuse réglemente cette obligation sanctionnée par le délit de tromperie sur la marchandise(805).

La conformité s'entend encore de *l'identité* de la chose convenue, spécialement à l'égard de choses de genre : l'acheteur d'un livre numéroté peut exiger le numéro convenu(806) ; l'acquéreur d'un véhicule est en droit d'être insatisfait si la voiture livrée est d'une couleur différente de celle prévue au contrat(807). Le droit de l'environnement apporte une importante contribution à la matière(808). Il a ainsi été jugé que le vendeur, tenu de délivrer une chose conforme, devait délivrer un immeuble dépollué lorsqu'une clause faisait état des travaux de dépollution entrepris par le vendeur, laissant entendre qu'il n'y avait plus de trace de pollution(809).

(802) V. M. Dagot : *JCP* G 1997, I, 4034. – Sur la définition de la superficie privative d'un lot de copropriété, V. D. 23 mai 1997 : *RTD civ.* 1997, p. 764, obs. Th. Revet. – V. Cass. 3e civ., 25 oct. 2006 : *Contrats, conc. consom.* 2007, n° 65, L. Leveneur. La loi ALUR du 24 mars 2014 obligeait le vendeur à procéder au mesurage de la superficie de la surface privative et à celui de la surface habitable, sous réserve des décrets d'application prévoyant les règles de mesurage. La loi n° 2014-1545 du 20 décembre 2014 modifie l'article 46 de la loi du 10 juillet 1965 et supprime la notion de surface habitable. – Sur la responsabilité du notaire, V. Cass. 1re civ., 25 mars 2010, n° 09-66.282 : *JCP* N 2010, 228, note S. Benilsi.

(803) Cass. 3e civ., 10 janv. 2013, n° 12-40.084.

(804) Cass. 3e civ., 11 sept. 2013, n° 12-23.772 : *JCP* G 2013, 1237, note Y. Dagorne-Labbé ; *JCP* G 2014, 115, n° 17, obs. P. Grosser ; *RDC* 2014, p. 59, obs. C. Quézel-Ambrunaz ; *RDC* 2014, p. 197, obs. J.-S. Borghetti. – Le vendeur qui délivre un immeuble d'une surface inférieure à celle convenue s'expose à une diminution du prix. Peut-il obtenir une indemnisation du professionnel qui a pris les mesures ? Jusqu'à présent, la Cour de cassation s'y était opposée en affirmant que « la diminution du prix de vente ne constitue pas, par elle-même, un préjudice indemnisable » (Cass. 3e civ., 25 oct. 2006, n° 05-17.427 : *D.* 2007, 2184, obs. P. Capoulade et C. Atias). La réduction du prix de vente que doit supporter le vendeur n'est pas un préjudice pour lui, elle n'est qu'un simple rééquilibrage des rapports entre les parties en s'assurant que le vendeur ne percevra pas une somme indue. La solution se trouve affinée : « Ayant retenu, à bon droit, que, si la restitution, à laquelle le vendeur est tenu en vertu de la loi (L. n° 65-557, 10 juill. 1965, art. 46) à la suite de la diminution du prix résultant d'une moindre mesure par rapport à la superficie convenue, ne constitue pas, par elle-même, un préjudice indemnisable permettant une action en garantie, le vendeur peut se prévaloir à l'encontre du mesureur ayant réalisé un mesurage erroné, d'une perte de chance de vendre son bien au même prix pour une surface moindre, une cour d'appel a souverainement apprécié l'étendue du préjudice subi par Mme X » (Cass. 3e civ., 28 janv. 2015, n° 13-27.397 : *JCP* G 2015, 216, note G. Viney ; *D.* 2015, p. 320, obs. N. Le Rudulier). – Comp. Cass. 3e civ., 2 juin 2016, n° 15-16.967.

(805) V. C. consom., art. L. 414-1 et L. 454-1 et s.

(806) V. Cass. 1re civ., 26 nov. 1980 : *Bull. civ.* 1980, I, n° 310.

(807) V. Cass. 1re civ., 1er déc. 1987 : *Bull. civ.* 1987, I, n° 325 ; *adde* n° 324.

(808) M. Boutonnet, *L'obligation de dépolluer confrontée à la vente d'immeuble pollué : une nouvelle technique de gestion du risque environnemental* : *Environnement et dév. durable* 2013/11, étude 24.

(809) Cass. 3e civ., 29 févr. 2012, n° 11-10.318 : *Defrénois* 2012, p. 455, obs. J.-B. Seube ; *Contrats, conc. consom.* 2012, n° 117, obs. L. Leveneur ; *D.* 2012, p. 1208, n° 4, obs. V. Guillaudier ; *Environnement et dév. durable* 2012, n° 56, obs.

La conformité s'entend enfin de la *qualité* de la chose qui peut être contractuellement définie par référence à une norme technique et professionnelle, un échantillon(810). À défaut de référence précise, spécialement dans le cadre de vente de marchandises, celle-ci doit être de qualité conforme aux attentes légitimes des parties en considération de sa nature, des usages et du prix (C. civ., art. 1166). Dans la vente de deux vaches « pleines », le vendeur n'exécute pas son obligation en livrant deux vaches qui précisément ne le sont pas (pleines !)(811). La chose délivrée doit être « en l'état où elle se trouve au moment de la vente », de ce jour les fruits de la chose reviennent à l'acquéreur (C. civ., art. 1614)(812).

L'acceptation de la chose par l'acquéreur qui, en connaissance de cause, apprécie contenance, identité, qualités de celle-ci, « épuise » l'obligation de délivrance : c'est l'agréation, l'acceptation sans réserve(813) qui, d'un point de vue chronologique, met un point final à la délivrance et couvre ses défauts de conformité(814) ; l'usage ultérieur de la chose n'intéresse plus cette obligation(815). Cette vision des choses a cependant, un temps, été remise en cause.

181. – **Que faut-il délivrer ? 2) L'équivoque de la conformité fonctionnelle.** À la fin des années 1970, une certaine doctrine a développé la thèse d'une conception extensive de l'obligation de délivrance(816), essentiellement afin de lui attribuer un rôle de substitut à l'action en garantie des vices cachés dont la mise en œuvre était enfermée dans une exigence légale de bref délai qui la rendait souvent irrecevable(817). L'acheteur déçu par l'usage de la chose disposant de la

M. Boutonnet ; *RDC* 2012, p. 1306, obs. M. Mekki.

(810) V. Cass. com., 30 mars 1993 : *Contrats, conc. consom.* 1993, n° 150 (palettes de bois de mauvaise qualité). – Cass. 1re civ., 16 janv. 2001 : *JCP* G 2001, IV, n° 1412 (livraison de panneaux dont le procédé de fabrication avait changé). – Cass. 1re civ., 7 mai 2008 : *RDC* 2008, p. 1172, G. Viney, sauf stipulation contraire, le défaut de conformité doit s'apprécier au regard des données techniques connues ou prévisibles au jour de la vente et ne peut résulter d'une inadéquation de la chose vendue à des normes ultérieurement mises au point et découlant de l'évolution de la technique.

(811) V. Cass. 1re civ., 21 févr. 1979 : *Bull. civ.* 1979, I, p. 73 ; *JCP* G 1979, IV, 147.

(812) Cass. 3e civ., 26 mars 2014, n° 13-10.984 : *Contrats, conc. consom.* 2014, n° 124, L. Leveneur ; *RDC* 2015, p. 51, obs. Quézel Ambrunoz et Le Bourg ; *Dr. et patrimoine* juin 2014, 90, obs. J.-B. Seube et Th. Revet.

(813) V. H. Boucard, *L'agréation de la livraison dans la vente*, thèse, Poitiers, 2003. – Une difficulté concerne le cas dans lequel l'acquéreur n'est pas en mesure de vérifier sur l'instant la réalité du bien remis. La cohérence chronologique des obligations du vendeur voudrait que tout ce qui est caché lors de la délivrance relève de la seule garantie des vices, sauf dol du vendeur. – V. cependant Cass. 1re civ., 5 nov. 1996 : *JCP* G 1997, II, 22872, Ch. Radé : le vendeur devait livrer un véhicule d'occasion d'une marque déterminée ; après expertise minutieuse il a livré un véhicule constitué de l'association de plusieurs épaves de telle sorte « qu'un tel véhicule ne correspondait en rien aux spécifications convenues entre les parties » (en l'espèce l'acquéreur a attendu dix-huit mois avant d'agir en résolution ; mais l'action en délivrance n'est enfermée dans aucune exigence de bref délai). – Comp. Cass. com., 12 févr. 1980 : *Bull. civ.* 1980, IV, n° 80 ; *D.* 1981, p. 278, note C. Aubertin (réception sans réserve). – Cass. com., 3 juin 1981 : *Bull. civ.* 1981, IV, p. 263 (l'agréation ne prive pas l'acquéreur de l'action en garantie des vices, mais lui ferme l'action en responsabilité pour défaut de délivrance). – Cass. 3e civ., 22 janv. 1997 : *JCP* E 1998, p. 610, obs. J.-M. Mousseron (défaut apparent).

(814) Cass. 1re civ., 12 juill. 2005 : *Contrats, conc. consom.* 2005, comm. 203, obs. L. Leveneur. – Cass. com., 1er mars 2005 : *Contrats, conc. consom.* 2005, comm. 127, note L. Leveneur. – Le contrôle de la conformité peut supposer une période d'essai pour des matériels sophistiqués : Cass. com., 10 févr. 2015, n° 13-24.501 : *Contrats, conc. consom.* 2015, n° 111, note L. Leveneur ; *D.* 2015, note T. Rouhette et C. Tilliard ; *RDC* 2015, p. 494, obs. J. Huet ; *Dr. et patrimoine* juill.-août 2015, p. 82, obs. L. Aynès.

(815) De Page, *Traité élémentaire de droit civil belge*, t. 4, nos 95 et s.

(816) V. M. Alter, *L'obligation de délivrance dans la vente de meubles corporels*, LGDJ, coll. « Bibl. dr. privé », 1972, t. 122, préf. P. Catala, spéc. n° 119. – Ph. Le Tourneau, *Conformités et garanties dans la vente de meubles corporels* : *RTD com.* 1980, p. 231 et s., spéc. n° 62. – *Adde* J. Ghestin, même titre, LGDJ, 1983. – J. Ghestin et B. Desché, préc., nos 707 et s. – J. Huet, *Contrats civils et commerciaux. Responsabilité du vendeur et garanties contre les vices cachés*, Litec, 1987.

(817) Alors que l'action fondée sur l'inexécution de l'obligation de délivrance est une action en responsabilité contractuelle classique, prescrite à l'expiration du délai quinquennal de prescription de droit commun (C. civ., art. 2224 ; C. com., art. L. 110-4 ; L. n° 2008-561 du 17 juin 2008), sauf dommage corporel qui voit le délai alors fixé à dix ans (C. civ., art. 2226).

sorte du choix des armes (délivrance/garantie). Cette expansion de la délivrance était rendue possible en admettant que la conformité de la chose devait s'entendre non seulement de sa conformité « matérielle », mais aussi de son aptitude à satisfaire l'usage normal que l'acquéreur en ferait ; *une conformité « fonctionnelle »* en quelque sorte appréciée postérieurement à la remise et l'acceptation de la chose.

À la source de cette interprétation, on pressent l'influence de la convention de Vienne sur la vente internationale. Cet instrument, en effet, ne distingue pas une dualité de recours de l'acheteur et prévoit que le vendeur doit livrer une marchandise conforme. Mais la notion de conformité y est clairement définie : la conformité s'apprécie au regard des prévisions du contrat, qui doit indiquer la quantité, la qualité et le type des marchandises vendues (CVIM, art. 35-1) ; elle s'apprécie aussi, au regard des usages habituels auxquels servent des marchandises de même type ou de l'usage spécial dont l'acheteur aura spécialement informé le vendeur (CVIM, art. 35-2).

Sensible à la proposition, la première chambre civile de la Cour de cassation écartait systématiquement la garantie des vices au profit de l'action en responsabilité pour inexécution de l'obligation de délivrance, admettant que celle-ci « ne consiste pas seulement à livrer ce qui a été convenu, mais à mettre à la disposition de l'acquéreur une chose qui corresponde en tout point au but recherché »(818). L'assemblée plénière de la Cour de cassation emboîtait le pas en retenant l'action contractuelle fondée sur la non-conformité de la chose livrée alors que le dommage était consécutif à un effet corrosif second d'un produit thermique qui était pourtant bien celui qui avait été convenu(819). La chambre commerciale rejoignait ce courant(820), alors que la troisième chambre civile restait, seule, attachée à la distinction traditionnelle entre non-conformité et vice caché(821). Cette confusion a été dénoncée par nombre d'auteurs qui prédisaient l'absorption de la garantie des vices par l'obligation de délivrance en même temps qu'ils émettaient des réserves sur les vertus d'un système « moniste » de recours de l'acheteur(822). Aussi, opérant un spectaculaire revirement de sa jurisprudence, la première chambre civile a décidé que « le défaut de conformité de la chose vendue à sa destination normale » relevait de l'action en garantie des vices qui retrouvait ainsi son domaine d'intervention propre(823), avant que la chambre commerciale, nouveau revire-

(818) V. spéc. Cass. 1re civ., 20 mars 1989 : *Bull. civ.* 1989, I, n° 140 ; *D.* 1989, inf. rap. p. 178 (livraison d'un appareil de détartrage parfaitement conforme à la commande, en parfait état de fonctionnement, mais inadapté à l'usage auquel l'acheteur le destinait). – Cass. 1re civ., 5 nov. 1985 : *Bull. civ.* 1985, I, n° 287. – Cass. 1re civ., 8 nov. 1988 : *Bull. civ.* 1988, I, n° 314. – Cass. 1re civ., 14 févr. 1989, 2 arrêts : *Bull. civ.* 1989, I, nos 83 et 84. – Cass. 1re civ., 13 déc. 1989 : *Bull. civ.* 1989, I, n° 293. – Cass. 1re civ., 29 janv. 1991 : *Bull. civ.* 1991, I, n° 41 ; *JCP G* 1992, II, 21935, note C. Ginestet.

(819) Cass. ass. plén., 7 févr. 1986, préc.

(820) V. Cass. com., 22 mai 1991 : *Bull. civ.* 1991, IV, n° 176. – Cass. com., 18 févr. 1992 : *Bull. civ.* 1992, IV, n° 82 ; *RJDA* 1992, n° 440. – Cass. com., 1er déc. 1992 : *Bull. civ.* 1992, IV, p. 389 ; *RJDA* 1993, n° 487.

(821) V. Cass. 3e civ., 25 janv. 1989 : *Bull. civ.* 1989, III, n° 20. – Cass. 3e civ., 27 mars 1991 : *Bull. civ.* 1991, III, n° 107 ; *RJDA* 1991, n° 582. – Cass. 3e civ., 23 oct. 1991 : *Bull. civ.* 1991, III, n° 249.

(822) V. not. O. Tournafond, *Les prétendus concours d'action et le contrat de vente* : *D.* 1989, chron. p. 237.

(823) V. Cass. 1re civ., 8 déc. 1993 : *Bull. civ.* 1993, I, n° 362 ; *RJDA* 2-94, n° 151. – *Adde* Cass. 1re civ., 5 mai 1993 : *D.* 1993, p. 507, note A. Bénabent ; *JCP E* 1994, II, 526, note L. Leveneur. – Cass. 1re civ., 27 oct. 1993 : *Bull. civ.* 1993, I, n° 305. – Cass. 1re civ., 14 mai 1996 : *JCP G* 1997, I, 4009, chron. C. Radé (« La garantie des vices cachés constituant l'unique fondement possible de l'action exercée ») ; *D.* 1997, somm. p. 345. – Cass. 1re civ., 1er déc. 1998 : *Contrats, conc. consom.* 1999, n° 39, obs. L. Leveneur. – Également pour la troisième chambre civile, V. Cass. 3e civ., 24 avr. 2003 : *Bull. civ.* 2003, III, n° 86, p. 79.

ment, ne se rallie à ce reflux(824). L'action en délivrance se trouve ainsi ramenée à son domaine naturel qui tient à la conformité de la chose aux seules stipulations contractuelles(825). Ce retour à l'orthodoxie n'épuise cependant pas toute difficulté. La chose vendue peut tout à la fois être non conforme à la commande et présenter un vice caché ; faut-il poser en principe une règle de non-cumul des actions, l'une (la garantie) primant nécessairement l'autre (la délivrance) ou conserver à l'acheteur une faculté de choix(826) ? Par ailleurs, lorsque l'acheteur introduit son action sur un fondement erroné, le juge doit-il requalifier d'office la demande ? Réponse : il s'agit pour le juge d'une simple faculté, le juge peut requalifier, il n'y est pas tenu(827). La question de l'option d'actions cette fois entre la garantie des vices cachés et la théorie des vices du consentement suscite elle-même une jurisprudence oscillante(828).

---

(824) V. Cass. com., 26 avr. 1994 : *Bull. civ.* 1994, IV, p. 159 ; *Contrats, conc. consom.* 1994, comm. 134, note L. Leveneur. – Cass. com., 31 mai 1994 : *Bull. civ.* 1994, V, p. 199. – Cass. com., 8 juin 1999 : *Contrats, conc. consom.* 1999, n° 157, note L. Leveneur ; *JCP* E 2000, p. 312, obs. D. Mainguy (la clause limitative de responsabilité ne couvre pas le vice caché), moyen non reproduit.

(825) Cass. 1re civ., 18 juill. 1995 : *Contrats, conc. consom.* 1995, n° 182, obs. L. Leveneur. – Cass. 1re civ., 17 juin 1997 : *JCP* E 1998, p. 611, obs. D. M. ; *Contrats, conc. consom.* 1997, n° 163, obs. L. Leveneur. – Cass. 1re civ., 30 mars 1999 : *Contrats, conc. consom.* 1999, n° 110, obs. L. Leveneur. – Cass. 1re civ., 6 oct. 2004 : *RDC* 2005, p. 350, obs. Ph. Brun. – Cass. 1re civ., 24 janv. 2006 : *Contrats, conc. consom.* 2006, comm. 78, obs. L. Leveneur. – Cass. 1re civ., 24 janv. 2006 : *Rev. Lamy dr. civ.* 2006, p. 1016, S. Doireau. – Cass. 1re civ., 15 mai 2007 : *Rev. Lamy dr. civ.* 2007, p. 2594, S. Doireau. – Cass. com., 14 oct. 2008 : *D.* 2009, 412, C. Ogier ; *RTD com.* 2009, p. 199, B. Bouloc (conformité au regard des CGV). – Sur cette évolution, V. A. Bénabent, *Conformité et vices cachés dans la vente : l'éclaircie* : *D.* 1994, chron. p. 115. – C. Atias, *L'équilibre renaissant dans la vente* : *D.* 1993, chron. p. 1. – Plus réservé P. Coeffard, *Garantie des vices cachés et responsabilité contractuelle de droit commun*, thèse, Poitiers, 2003. – Sur des décisions nettement plus équivoques, V. Cass. 3e civ., 30 sept. 2021, n° 20-15.354 : *RDC* mars 2022, n° 1, p. 45, obs. L. Thibierge.

(826) Pour l'option (du moins nous semble-t-il), Cass. 1re civ., 24 mars 1992 : *Contrats, conc. consom.* 1992, n° 130. – Cass. com., 4 mai 1993 : *Bull. civ.* 1993, IV, n° 173. – *Contra* : Cass. 1re civ., 5 mai 1993 : *Bull. civ.* 1993, I, n° 158 (s'agissant de tuiles gélives, l'option est invoquée dans le moyen du pourvoi, mais la cour ne retient que le vice caché) et Cass. com., 11 mai 1993 : *Contrats, conc. consom.* 1993, comm. 174 ; *JCP* E 1994, II, 526, note L. Leveneur. – Plus nettement, Cass. 3e civ., 13 avr. 1988 : *Bull. civ.* 1988, III, n° 67 (« Même s'ils ont comme origine une non-conformité aux stipulations contractuelles, les dommages qui relèvent d'une garantie légale ne peuvent donner lieu, contre les personnes tenues à cette garantie, à une action en réparation sur le fondement de la responsabilité contractuelle de droit commun »). – Cass. 1re civ., 27 oct. 1993 : *Bull. civ.* 1993, I, n° 305 (« Les défauts qui rendent la chose vendue impropre à sa destination normale constituent les vices définis par l'article 1641 du Code civil, qui était donc l'unique fondement possible de l'action exercée »). Ces incertitudes nourrissent de nouvelles sympathies « monistes » : V. Ch. Radé, *L'autonomie de l'action en garantie des vices cachés* : *JCP* G 1997, I, n° 4009. – L. Casaux-Labrunée, *Vice caché et défaut de conformité* : *D.* 1999, chron. p. 1. – Comp. *infra*, n° 206, sur le cumul de la garantie et de la police de l'erreur.

(827) Cass. ass. plén., 21 déc. 2007 : *RTD civ.* 2008, p. 637, P.-Y. Gautier ; *RDC* 2008, p. 327, A. Bénabent ; *D.* 2008, 1102, chron. O. Deshayes : si, parmi les principes directeurs du procès, l'article 12 NCPC oblige le juge à donner ou à restituer leur exacte qualification aux faits et actes litigieux invoqués par les parties au soutien de leurs prétentions, il ne lui fait pas obligation, sauf règles particulières, de changer la dénomination ou le fondement juridique de leurs demandes. Justifie légalement sa décision la cour d'appel qui, ayant constaté qu'elle était saisie d'une demande fondée sur l'existence d'un vice caché dont la preuve n'était pas rapportée, déboute l'acquéreur d'un véhicule d'occasion de sa demande en réduction du prix de vente, dès lors qu'elle n'était pas tenue de rechercher si l'action pouvait être fondée sur un manquement du vendeur à son obligation de délivrance d'un véhicule conforme aux stipulations contractuelles. La jurisprudence antérieure était hésitante : V. Cass. 1re civ., 16 juin 1993 : *Bull. civ.* 1993, I, n° 224 (« La cour d'appel avait l'obligation, aux termes de l'alinéa 2 de l'article 12 du Nouveau Code de procédure civile, de rechercher si l'inexactitude du kilométrage figurant au compteur ne devait pas être qualifiée comme un manquement du vendeur à son obligation de délivrer un véhicule conforme aux spécifications convenues par les parties ce qui aurait exclu l'application de l'article 1648 ») ; moins sûr : Cass. 2e civ., 4 nov. 1988 : *Bull. civ.* 1988, II, n° 202 (sur le fondement de l'article 12, § 1, du Nouveau Code de procédure civile et étranger aux recours dans la vente). – Cass. 1re civ., 28 mars 2018, n° 17-10.031 : *D.* 2018, p. 720 : Ayant retenu que le défaut invoqué ne constituait pas une non-conformité à la commande susceptible de caractériser le manquement à l'obligation de délivrance, la cour d'appel n'était pas tenue de vérifier si l'action aurait pu être fondée sur la garantie des vices cachés.

(828) V. *infra*, n° 206. – S'agissant de l'option d'actions entre la délivrance conforme et le vice du consentement, V. Cass. 1re civ., 25 mars 2003, n° 00-22.058 : « étaient recevables les actions fondées, d'une part, sur la non-conformité de la chose vendue, et d'autre part, sur l'erreur commise sur une qualité substantielle de cette chose ».

L'ordonnance du 17 février 2005 qui a transposé dans le Code de la consommation la directive du 25 mai 1999 sur la garantie de conformité dans la vente au consommateur éclaire d'un nouveau jour ces discussions. Dans l'obédience de la convention de Vienne, ce texte institue un régime propre à la vente au consommateur qui fait peser sur le vendeur une obligation « de livrer au consommateur un bien conforme au contrat de vente » (C. consom., art. L. 217-4), la conformité englobant délivrance et garantie au sens de la tradition française : une seule obligation à la charge du vendeur[829]. En supprimant l'exigence de bref délai posée à l'action en garantie des vices, ce même texte a contribué décisivement à assécher la dispute (V. *infra*, n° 221). Mais la transposition de ces dispositions au sein du seul Code de la consommation laisse subsister le régime propre du Code civil.

182. – **Que faut-il délivrer ? 3) Les accessoires.** Suivant l'article 1615 du Code civil :

> « L'obligation de délivrer la chose comprend ses accessoires et tout ce qui a été destiné à son usage perpétuel ».

La notion d'accessoire suggère des éléments distincts d'une chose principale, mais affectés à son service ou produits par elle[830]. Les accessoires de prime abord sont donc des choses matérielles : la roue de secours, le cric, la manivelle, et quelques litres d'essence pour le véhicule vendu ; la statuette spécialement nichée et les tapisseries, si elles ne sont immeubles par destination ; le raccordement d'un immeuble à des réseaux[831]... Dans la vente commerciale, la définition revêt un regain d'intérêt avec les emballages et le conditionnement, parfois onéreux, du produit[832]. Rapidement la notion d'accessoire s'étend aux documents, notamment administratifs, indispensables à l'usage (carte grise)[833] ou au retirement de la chose[834].

L'expansion de la notion d'accessoire s'élargit encore, de manière moins uniforme, aux droits liés à la chose vendue : ainsi en est-il, assurément, des droits réels (servitude, hypothèque), à raison de leur nature même de droits sur la

(829) V. *infra*, n° 230.

(830) V. *Vocabulaire juridique Capitant*. La règle de l'article 1615 du Code civil peut donc être associée à celle de l'article 1614 du même code qui attribue les *fruits* de la chose à l'acquéreur depuis le moment de la vente.

(831) Cass. 3e civ., 28 janv. 2015, n° 13-19.945 : *D.* 2015, p. 319 ; *JCP G* 2015, 469, note R. Boffa « Ayant relevé que l'immeuble avait été vendu comme étant raccordé au réseau public d'assainissement et constaté que le raccordement n'était pas conforme aux stipulations contractuelles, une cour d'appel en a exactement déduit que les vendeurs avaient manqué à leur obligation de délivrance ». – Un arrêt précédent avait retenu la solution inverse en qualifiant de vice le défaut de raccordement (Cass. 3e civ., 5 juill. 2011, n° 10-18.278), R. Boffa considère que la distinction est un comme « jour sans fin ».

(832) Leur régime est d'une grande diversité. Véritable accessoire, ils sont vendus en même temps que le produit (bouteille de parfum). Parfois même le vendeur s'engage à les racheter (la consigne : pour les bouteilles vides). Mais ils sont parfois dissociés de leur contenant (la bouteille de gaz qui n'est pas vendue). Ils peuvent même constituer une prime licite dans la vente du produit (C. consom., art. L. 121-19). La convention de Vienne associe expressément les modalités d'emballage et de conditionnement à la délivrance d'une chose conforme (art. 35-1).

(833) Jurisprudence notable sur ce thème : V. not. Cass. 1re civ., 5 oct. 1994 : *Contrats, conc. consom.* 1995, comm. 4, note L. Leveneur.

(834) Très important dans la vente internationale. La convention de Vienne associe leur remise à la délivrance car ils seront souvent indispensables à l'acheteur pour opérer le retirement des marchandises (certificat de dédouanement) (art. 34).

chose[835]. En revanche, à raison de l'effet relatif qui s'y attache (C. civ., art. 1199), les contrats que le vendeur a pu conclure à propos de la chose vendue ne « passent » pas à son acquéreur qui leur reste étranger : c'est le sens du principe de l'intransmissibilité aux ayants cause à titre particulier des contrats passés par leur auteur par rapport à la chose vendue[836]. Ainsi, la vente amiable du fonds de commerce n'englobe ni les dettes du cédant, ni les contrats (de fourniture), pourtant essentiels conclus par celui-ci[837]. Aussi, est-ce à ce titre d'exception qu'il faut évoquer les textes spéciaux qui prévoient le transfert à l'acquéreur d'un bien de certains contrats conclus par le vendeur, relativement au bien en cause : le bail qui a date certaine est transmis à l'acquéreur de l'immeuble (C. civ., art. 1743), les contrats nécessaires au maintien de l'activité de l'entreprise cédée dans le cadre d'une procédure collective (C. com., art. L. 642-7), le contrat de travail au cessionnaire de l'entreprise (C. trav., art. L. 1224-1) ; le contrat d'assurance à l'acquéreur de la chose assurée (C. assur., art. L. 121-10) et d'autres exemples peuvent être recensés dans des textes spécifiques, voire dans la jurisprudence[838].

C'est sur ce terreau fait d'exceptions, qu'une certaine doctrine a fait prospérer la thèse selon laquelle les créances liées à la chose (créance de délivrance d'une chose conforme, mais aussi en garantie) seraient également transmises à l'acquéreur de celle-ci, à titre d'accessoires[839]. L'analyse permettrait de rendre compte de l'existence dans la jurisprudence moderne des actions directes du sous-acquéreur contre le fabricant vendeur dans le cadre d'une chaîne de contrats ; elle expliquerait également l'absence de telles actions dans les chaînes homogènes non translatives de propriété (Entreprise + Entreprise), en même temps qu'elle justifierait la limitation du droit du sous-acquéreur à la créance de son auteur[840].

183. – Où délivrer ? Chez le vendeur. Selon l'article 1609 du Code civil :

> **« La délivrance doit se faire au lieu où était, au temps de la vente, la chose qui en a fait l'objet, s'il n'en a été autrement convenu ».**

(835) Si le premier des droits réels – la propriété – passe à l'acquéreur, ce n'est pas au titre d'accessoire de la chose vendue mais parce qu'il s'agit là de l'effet principal du contrat. – *Adde Vente de l'immeuble et transmission des actions en justice : ordre ou désordre ?* Débat *in RDC* 2014, p. 765.

(836) V. not. Cass. com., 4 mai 2010 : *RDC* 2010, p. 1226, D. Mazeaud. – Cass. 3e civ., 16 nov. 1988 : *D.* 1989, p. 157, note Ph. Malaurie. – Les créances en responsabilité connaissent le même sort : V. Cass. 3e civ., 18 juin 1997 : *D. affaires* 1997, p. 895 ; *RTD civ.* 1997, p. 964, obs. P.-Y. Gautier ; *ibid.* 1998, p. 376, obs. J. Mestre ; *Contrats, conc. consom.* 1997, n° 178, obs. L. Leveneur. – Cass. 3e civ., 17 nov. 2004 : *RDC* 2005, p. 347, obs. Ph. Brun, la vente d'un immeuble n'emporte pas cession à l'acquéreur des créances nées au profit du vendeur en raison de dégradations causées à l'immeuble antérieurement. – Sur le principe, V. Starck, H. Roland et L. Boyer, préc., t. 2, nos 1568 et s.

(837) Voire même le droit au bail qui n'est pas nécessairement cédé : Cass. com., 17 déc. 1996 : *D.* 1997, p. 387, M.-H. Monsérié.

(838) Dans le cadre de la vente d'immeubles à construire, si l'acquéreur vient à céder ses droits à un cessionnaire, C. civ., art. 1601-4, ou du contrat de promotion immobilière, en cas de cession de ses droits par le maître de l'ouvrage, CCH, art. L. 221-3 ; le règlement de copropriété s'impose à l'acquéreur d'un lot, L. 10 juill. 1965, art. 13. Au-delà, la jurisprudence a admis la transmission à l'acquéreur du fonds des créances de non-concurrence dont pouvait se prévaloir le vendeur à l'égard de ses auteurs, voire des dettes d'approvisionnement exclusif qui liaient le même vendeur. – Cf. Cass. com., 4 mai 1993 : *Contrats, conc. consom.* 1993, n° 171, obs. L. Leveneur. – Cass. 1re civ., 3 déc. 1996 : *JCP G* 1997, II, 22799 J.-J. Daigre.

(839) Déjà, Aubry et Rau, *Cours de droit civil français*, par P. Eismein, t. 2, § 176, n° 69 : « Le successeur particulier jouit de tous les droits et actions que son auteur avait acquis dans l'intérêt de la chose (…) qui en sont devenus des accessoires ». – *Adde* M. Abderkane, *Essai d'une théorie générale de l'obligation* propter rem *en droit positif français*, LGDJ, 1957.

(840) Sur la discussion de cette analyse, V. *infra*, n° 215.

Le texte ne constitue, encore, qu'une application du droit commun qui veut que les dettes autres que de somme d'argent soient quérables et non portables (C. civ., art. 1342-6). Ainsi, sauf stipulation conventionnelle : c'est à *l'acquéreur* d'aller *quérir* le bien au domicile du vendeur, ce qui éclaire d'un jour nouveau la prestation de ce dernier (V. *infra*, n° 185). Fréquemment des stipulations spéciales imposeront au vendeur une prestation positive : une livraison au domicile de l'acheteur ou en un lieu déterminé ; tel est spécialement l'objet des Incoterms dans le monde du commerce international (V. *supra*, n° 170).

184. – **Quand délivrer ? Un délai raisonnable.** Le code ne prévoit aucun délai légal de délivrance ; celle-ci devrait se faire à la conclusion du contrat, s'agissant de corps certains ; mais la démarche incite au pragmatisme : à défaut de délai convenu, les juges du fond détermineront le délai raisonnable de délivrance[(841)]. En réalité les parties suppléeront au silence du code, comme celui-ci d'ailleurs les y invite (C. civ., art. 1610). Pareil libéralisme est admissible dans les ventes entre professionnels où prévaudront souvent des usages propres à la branche considérée[(842)]. En revanche, s'agissant des contrats conclus avec un consommateur, les clauses de délais de livraison seront d'évidence rédigées à la seule initiative du professionnel. La jurisprudence, d'abord, est venue réputer abusives (C. consom., art. L. 212-1) les clauses de délais de livraison indicatifs ou à la discrétion du vendeur, et privant l'acheteur de tout recours au titre d'un retard[(843)]. Le législateur, ensuite, est venu imposer au professionnel d'indiquer la date limite de livraison, à défaut celle-là intervient sans retard injustifié et au plus tard trente jours après la conclusion du contrat ; le manquement du professionnel ouvre au consommateur une faculté de résolution du contrat après avoir enjoint, sans succès, au professionnel d'effectuer la livraison dans un délai raisonnable[(844)]. Le vendeur n'est cependant pas démuni : dans les ventes au comptant, si l'acheteur ne paye pas le prix, le vendeur n'est pas tenu de délivrer la chose (C. civ., art. 1612) ; on y verra l'application du bénéfice de l'exception d'inexécution, voire même l'expression d'un droit de rétention au profit du vendeur[(845)] ; dans les ventes à terme, la faillite de l'acheteur justifiera de ne pas délivrer la chose, à moins que celui-ci ne procure au vendeur la caution d'un tiers (C. civ., art. 1613).

185. – **Comment délivrer ? Ne pas empêcher l'acheteur de retirer ; obligation de conservation.** Le code prévoit plusieurs modalités de délivrance : la remise des titres de propriété, voire des clés en matière immobilière (C. civ., art. 1605), la remise réelle du bien meuble ou des clés de l'immeuble qui le contient ou même le seul consentement des parties (C. civ., art. 1606). La délivrance des

(841) V. Cass. 3e civ., 10 avr. 1973 : *Bull. civ.* 1973, III, n° 274.

(842) J.-P. Le Gall, *Le retard dans la livraison des marchandises vendues* : *RTD com.* 1963, p. 239. – J.-M. Mousseron et al., *Technique contractuelle*, préc., n° 773.

(843) V. Cass. 1re civ., 16 juill. 1987 : *Bull. civ.* 1987, I, n° 226 ; *D.* 1987, somm. p. 457, obs. J.-L. Aubert. – TGI Paris, 16 avr. 1991 : *D.* 1991, p. 460.

(844) C. consom., art. L. 216-1 et s.

(845) En ce sens, M. Cabrillac, Ch. Mouly, S. Cabrillac et Ph. Pétel, *Droit des sûretés*, *op. cit.*, nos 604 et s. – Comp. Ph. Malaurie, L. Aynès et P.-Y. Gautier, préc., n° 256 ; le jeu de l'exception d'inexécution suppose des obligations interdépendantes et simultanément exigibles, C. civ., art. 1220. – Le droit de rétention ainsi reconnu est opposable aux tiers, Cass. 1re civ., 24 sept. 2009 : *Bull. civ.* 2009, I, n° 178. – Sur la chronologie des obligations dans la vente, V. Cass. 1re civ., 19 nov. 1996 : *JCP* E 1997, II, 22862, note J. Huet (l'obligation de paiement du prix résulte de l'exécution complète de la délivrance). – V. *infra*, n° 246.

créances s'opère par la remise du titre (C. civ., art. 1607 et 1689). Au-delà de la symbolique ou du seul consentement, il faut s'efforcer de préciser le contenu de la prestation à la charge du vendeur.

À défaut de clauses contraires, « le vendeur exécute l'obligation de délivrance en laissant la chose vendue à la disposition de l'acheteur ; c'est à l'acheteur qu'il incombe de prendre livraison »[(846)]. L'obligation de délivrance pour le vendeur apparaît alors, essentiellement, comme une obligation de ne pas faire : ne pas empêcher l'acheteur de venir retirer les marchandises vendues ou prendre possession physique de la chose, objet de la vente, qu'il doit tenir à la disposition de celui-là. Cette prestation négative s'accompagnera de certains actes positifs accessoires (ouverture des entrepôts où se trouvent « stockées » les marchandises vendues ; individualisation de la chose de genre ; achèvement de la chose future[(847)] ; remise du certificat d'origine du cheval pur-sang...). Aussi est-il logique que l'article 1608 du Code civil laisse, sauf stipulation contraire, les frais de la *délivrance* au vendeur, les frais de *l'enlèvement* (transport notamment) à l'acheteur. Sauf clause expresse, la *délivrance* n'est donc pas la *livraison* positive de la chose.

Passif, le vendeur qui attend le retirement de l'acheteur doit conserver la chose :

> « L'obligation de délivrer la chose emporte obligation de la conserver jusqu'à la délivrance, en y apportant tous les soins d'une personne raisonnable » (C. civ., art. 1197).

La règle est dans la cohérence du transfert de propriété par le seul effet automatique du contrat ; elle succède immédiatement dans le Code civil à la formulation de ce principe. L'obligation de conservation est une obligation de moyens : la mise en jeu de la responsabilité du vendeur suppose que soit établie sa faute[(848)].

La perception *brute* de l'obligation de délivrance ne doit pas abuser : spécialement s'agissant de la vente de choses impliquant une certaine complexité ; dans le sens d'un accroissement de la charge du vendeur, c'est alors davantage le conseil qui est appelé au relais de la délivrance *stricto sensu* (V. *infra*, n° 191).

Dans la vente internationale de marchandises, les Incoterms prévoiront le lieu de la livraison (ventes au départ/à l'arrivée) et les conditions de celle-ci (charge du transport principal, assurance, dédouanement ; V. *supra*, n° 170).

b) Sanctions de l'obligation de délivrance

186. – Sanctions objectives : droit commun appliqué et adapté. À bien des égards, les règles spéciales que pose le Code civil pour la sanction de l'inexécution par le vendeur de son obligation de délivrance apparaissent comme l'application des règles du droit commun[(849)]. La lecture des articles 1610 et 1611 du code évoque le dispositif de l'article 1217 du Code civil :

(846) V. H., J. et L. Mazeaud, par M. de Juglart, préc., t. 3, vol. II, n° 933. – Également en ce sens, A. Bénabent, n° 181. – J.-M. Mousseron et *al.*, *Technique contractuelle*, n° 560.

(847) Pour autant que le contrat ne soit pas qualifié d'entreprise, V. *infra*, n° 466.

(848) Cass. com., 26 mai 2010, n° 09-66.344 : *RDC* 2011, p. 165, obs. Primont ; *D.* 2011, p. 406, obs. P. Crocq ; *RTD com.* 2011, p. 163, obs. B. Bouloc.

(849) Les actions en supplément ou réduction de prix en cas d'erreur de contenance dans la vente immobilière (C. civ., art. 1617 et s.) peuvent même être vues comme prémonitoires de l'article 1223 du Code civil. – Cass. 1re civ., 11 janv.

> « Si le vendeur manque à faire la délivrance dans le temps convenu entre les parties, l'acquéreur pourra, à son choix, demander la résolution de la vente, ou sa mise en possession, si le retard ne vient que du fait du vendeur » (C. civ., art. 1610).
>
> « Dans tous les cas, le vendeur doit être condamné aux dommages et intérêts, s'il résulte un préjudice pour l'acquéreur, du défaut de délivrance au terme convenu » (C. civ., art. 1611).

L'acheteur dispose alors d'une option : il pourra demander *l'exécution forcée* de la délivrance ou la *résolution* de la vente.

Le vendeur peut être condamné à *l'exécution forcée* de la délivrance le cas échéant sous astreinte et dans la limite de l'article 1221 du Code civil(850). La vente commerciale qui porte sur des choses de genre connaît la pratique du *remplacement* : l'acheteur, après mise en demeure infructueuse adressée au vendeur, décide d'acheter aux dépens de ce dernier la marchandise auprès d'un tiers ; on peut voir dans l'institution une application de l'ancien article 1144 du Code civil (comp. C. civ., art. 1222)(851). Il n'est pas exclu que la police de proportionnalité instituée par le Code civil à la demande en exécution en nature puisse exceptionnellement tenir en échec cette demande (C. civ., art. 1221)(852).

La *résolution* de la vente était normalement judiciaire dans les conditions du droit commun (C. civ., ancien art. 1184, al. 2). Les lenteurs d'une procédure judiciaire internationale ont conduit les rédacteurs de la convention de Vienne à admettre que la résolution pouvait être simplement « déclarée » par l'acquéreur, sans l'entremise du juge (CVIM, art. 49) ; la résolution unilatérale est également retenue par les *Principes Unidroit relatifs aux contrats du commerce international* (art. 7.3.2) ; le mécanisme était encore retenu par la proposition de règlement relative à un droit commun européen de la vente, un temps avancée(853). Cette solution a impressionné le droit français(854). Ces évolutions ont soufflé sur le droit commun français et

2005 : *Contrats, conc. consom.* 2005, comm. 107, obs. L.L. – L'article 1622 du Code civil relatif à l'action en diminution du prix est applicable à la vente en l'état futur d'achèvement : Cass. 3e civ., 11 janv. 2012, n° 10-22.924.

(850) V. Cass. com., 5 oct. 1993 : *Bull. civ.* 1993, IV, n° 313 (l'exécution forcée en nature se révélait impossible s'agissant d'un modèle de véhicule dont la production avait cessé ; l'exécution se fait par équivalent).

(851) D. Plantamp, *Le particularisme du remplacement dans la vente commerciale* : *D.* 2000, chron. 243.

(852) Le Code civil permet au débiteur de tenir en échec la demande en exécution en nature « si cette exécution est impossible ou s'il existe une disproportion manifeste entre son coût pour le débiteur et son intérêt pour le créancier » (C. civ., art. 1221) : on imagine un renchérissement manifeste du coût de fabrication ou de livraison du produit vendu pour le vendeur, alors que le créancier peut aisément obtenir le même produit, en franchise de tels frais, sur le marché. Les dispositions de l'article 1195 du Code civil risquent encore d'être appelées à la rescousse par le débiteur (vendeur).

(853) Conformément à la convention de Vienne et aux Principes internationaux de droit des contrats, la résolution du contrat de vente dans ce texte suppose une *inexécution essentielle*. Selon l'article 87, § 2 de la proposition : « L'inexécution d'une obligation par une partie est essentielle si : *(a)* elle prive substantiellement l'autre partie de ce qu'elle était en droit d'attendre du contrat, à moins que la partie défaillante n'ait pas prévu ou n'ait pas été censée prévoir ce résultat au moment de la conclusion du contrat ; ou *(b)* elle est de nature à indiquer clairement que l'on ne peut pas compter dans l'avenir sur une exécution par la partie défaillante ». – Dans des termes similaires, V. CVIM, art. 25, et Principes Unidroit, art. 7.3.1. – Cf. J.-M. Mousseron et *al.*, *Droit du commerce international, op. cit.*, n° 382. – Sur la proposition de règlement relative à la vente européenne : V. *infra*, n° 250.

(854) L'influence de ces textes est à nouveau perceptible sur la jurisprudence interne : V. Cass. 1re civ., 13 oct. 1998 : *D.* 1999, p. 197, note Ch. Jamin et somm. p. 115, obs. Ph. Delebecque ; *RTD civ.* 1999, p. 394, obs. J. Mestre et p. 506 (« La gravité du comportement d'une partie au contrat peut justifier que l'autre partie y mette fin de façon unilatérale à ses risques et périls »). – Cass. 1re civ., 20 févr. 2001 : *RTD civ.* 2001, p. 363, obs. J. Mestre et B. Fages. – *Adde* C. civ., art. 1657. – V. *infra*, n° 249. – V. A. Brès, *La résolution du contrat par dénonciation unilatérale*, Litec, coll. « Bibl. dr. privé », 2010.

l'ordonnance du 10 février 2016 admet que la résolution résulte soit de l'application d'une clause résolutoire soit, en cas d'inexécution suffisamment grave, d'une notification du créancier au débiteur ou d'une décision de justice (C. civ., art. 1224 et s.). Ces dispositions s'appliquent sans coup férir à la vente domestique, la résolution unilatérale opérant après mise en demeure préalable (C. civ., art. 1226).

D'inspiration analogue à la résolution par notification, la pratique du « laissé pour compte », propre aux ventes commerciales, permet à l'acquéreur insatisfait de refuser la marchandise à la livraison (voire de la retourner très rapidement) et de la laisser pour le compte du vendeur (lequel, s'il estime le refus injustifié, ne manquera pas d'en demander réparation). C'est une forme exceptionnelle de résiliation unilatérale, mais dont la nature au fond fait débat(855).

En droit interne les parties pourront insérer une ***clause résolutoire de plein droit*** destinée à priver le juge de son pouvoir d'appréciation de la gravité de la faute ou de la possibilité d'octroi de délai de grâce. Sa validité ne paraît pas discutable car, destinée à assurer la sanction rapide de la défaillance du vendeur, elle ne devrait pas nuire au consommateur ; l'interprétation de la clause, en revanche, n'échappera pas aux pouvoirs du juge. Dans les conditions de droit commun, elle est appelée à jouer après mise en demeure infructueuse et pour les engagements contractuels précisés par la clause (C. civ., art. 1225, al. 2). Ses conditions de mise en œuvre supposent encore la bonne foi de celui qui s'en prévaut(856).

En revanche, serviteur du contrat, le juge ne peut, de tradition, « refaire » celui-ci. La vente commerciale marque à nouveau son originalité en admettant la pratique de la « réfaction » du contrat par laquelle le juge admettra une réduction de prix lorsque le défaut dont les marchandises sont affectées ou le retard de livraison apparaissent minimes(857). La faveur pour le contrat justifie la même solution dans la vente internationale(858). Avec l'ordonnance du 10 février 2016, l'article 1223 du Code civil inscrit dans le droit commun des obligations la réduction du prix au cas d'exécution imparfaite du contrat(859).

(Sur les sanctions posées au défaut de conformité dans le régime de vente au consommateur, V. *infra*, n° 230).

187. – Sanctions « subjectives » : dommages et intérêts. Que la résolution soit ou non prononcée, l'acquéreur peut toujours demander des dommages et intérêts pourvu qu'il démontre un préjudice subi(860). À cet égard le vendeur cherchera à se prémunir en insérant au contrat une clause limitative, ou exclusive, de responsabilité.

---

(855) V. Ripert et Roblot, *Traité de droit commercial*, t. 2, 15e éd., 1996, par Ph. Delebecque et M. Germain, préc., nos 2737 et s.

(856) V. J.-M. Mousseron, *Technique contractuelle*, *op. cit.*, nos 1031 et s. – Ch. Paulin, *La clause résolutoire*, LGDJ, coll. « Bibl. dr. privé », 1996, n° 258.

(857) Depuis Cass. com., 10 juin 1856 : *DP* 1856, 1, 254 se référant expressément aux « usages du commerce ». – V. not. Cass. com., 15 déc. 1992 : *Bull. civ.* 1992, IV, n° 421 ; *JCP* G 1993, II, 22075, M. Poulnais. – Cass. 1re civ., 25 mars 1997 : *D.* 1997, somm. p. 345, obs. G. Paisant (piquets livrés mais non percés, réduction du prix).

(858) En effet, dans un contexte international, la résolution du contrat entraîne d'inextricables problèmes, pire que le mal : coût et délais de rapatriement des marchandises ; revente sur place à un prix « soldé » aux bons soins d'un courtier local... L'idée que le contrat doit être sauvé conduit à distinguer les *contraventions essentielles* de celles qui ne le sont pas (retard moindre...) ; pour les secondes, une réduction du prix, associée de dommages et intérêts, pourra être demandée par l'acheteur, V. CVIM, art. 50. La règle est reproduite dans les Principes Unidroit et principes européens des contrats. – V. J.-M. Mousseron et *al.*, *Droit du commerce international*, préc., spéc. n° 460.

(859) V. Th. Revet, *Le juge et la révision du contrat* : *RDC* 2016, p. 373 et s., spéc. p. 380.

(860) V. CA Paris, 30 juin 1986 : *D.* 1986, inf. rap. p. 312. – CA Paris, 15 oct. 1986 : *D.* 1987, p. 334.

L'exclusion de toute responsabilité du vendeur en cas d'une carence totale de délivrance ne paraît pas admissible : la délivrance est la traduction sur le terrain « obligatoire », de l'effet réel translatif de propriété du contrat de vente ; elle constitue le reflet nécessaire de cet effet caractéristique ; le vendeur ne saurait s'en exonérer, ni davantage exclure toute responsabilité à son endroit, sauf à priver de contrepartie l'engagement de l'acquéreur au paiement du prix ; l'article 1170 du Code civil, reflet de la jurisprudence *Chronopost*(861), impose de réputer non écrite la clause qui contredirait cette obligation essentielle du vendeur.

La limitation de la responsabilité du vendeur paraît de prime abord plus admissible. Encore, stipulée au profit d'un professionnel à l'égard d'un consommateur, ladite clause doit recevoir la qualification d'abusive et être réputée non écrite (C. consom., art. L. 212-1 et R. 212-1, 6°). Entre commerçants, la clause est jugée valable sans que l'on ait ici à rechercher si les parties sont de même spécialité ou non(862), sauf à voir celle-ci créer un déséquilibre significatif entre les parties (C. com., art. L. 442-6, 2°), spécialement dans la police des contrats d'adhésion (C. civ., art. 1171, al. 2). Entre particuliers, elle devrait connaître le même régime, sauf dol ou faute lourde. Cependant, dès lors que l'obligation de délivrance est considérée comme *obligation essentielle* à la vente, la validité de la clause devient douteuse à nouveau au regard de l'article 1170 du Code civil.

Il a été jugé que la résolution de la vente emporte anéantissement rétroactif du contrat et anéantissement de la clause limitative de responsabilité(863) ; cette solution est mal venue et ne paraît plus guère compatible avec l'article 1230 du Code civil.

En dépit d'une solution autrefois particulière à la résolution pour défaut de délivrance, la Cour de cassation nie tout droit à indemnité au vendeur en raison de l'usure ou de l'utilisation de la chose lorsque la vente est résolue (V. *infra*, n° 248).

Parce que la conformité est assise sur les spécifications convenues au contrat, le vendeur actionné par son acheteur ne peut appeler en garantie son fabricant(864).

2° L'obligation d'information et de conseil

188. – « À vendre maison mal bâtie, vieille et humide ». L'obligation d'information du vendeur trouve ses premières applications dès la période précontractuelle : il s'agit alors d'informer l'acquéreur pour qu'il décide pleinement éclairé de l'acte d'achat (V. *supra*, n° 96). Mais à quoi sert d'informer l'acquéreur avant l'achat, si celui-ci ne peut pas pleinement jouir de la chose vendue parce que mal renseigné sur son utilisation ? L'information précontractuelle se prolonge natu-

(861) La Cour de cassation a jugé à propos de la clause qui limitait la responsabilité de ce transporteur au cas de retard dans sa prestation, « qu'en raison du manquement à l'obligation essentielle, la clause limitative de responsabilité devait être réputée non écrite », Cass. com., 22 oct. 1996 : *JCP* G 1997, I, n° 4002, n° 1, obs. M. Fabre-Magnan ; *D.* 1997, p. 121, note A. Sériaux ; *Contrats, conc. consom.* 1997, comm. 24, note L. Leveneur ; *Defrénois* 1997, p. 333, note D. Mazeaud. La jurisprudence ultérieure avait atténué cette solution dans un sens plus favorable à la sécurité contractuelle – *Adde* V. *infra*, n° 485.

(862) Cass. 1re civ., 20 déc. 1988 : *Bull. civ.* 1988, I, p. 373 ; *JCP* G 1989, II, note G. Virassamy. – Cass. 1re civ., 24 nov. 1993 : *JCP* G 1994, II, 22334, note L. Leveneur ; du même, *Vente entre professionnels et clauses limitatives de responsabilité* : *Contrats, conc. consom.* 1994, chron. 3.

(863) Cass. com., 5 oct. 2010 : *RDC* 2011, 431, note crit. Th. Genicon ; *JCP* G 2011, 63, note crit. P. Grosser. – *Adde* Th. Genicon, *La résolution du contrat pour inexécution*, LGDJ, coll. « Bibl. dr. privé », 2007, t. 484, nos 762 et s.

(864) Cass. 3e civ., 3 févr. 1998 : *D.* 1999, somm. p. 15, obs. O. Tournafond.

rellement, une fois l'accord conclu. De la sorte, en liaison avec l'obligation de délivrance, puis de manière autonome à celle-ci, les juges ont dégagé une obligation d'*information*, voire de *conseil* à la charge du vendeur.

Cette « découverte » n'allait cependant pas de soi. La tradition, d'abord, n'est pas de discerner dans l'acheteur, fut-il consommateur, un incapable mais au contraire exhorte celui-ci à se renseigner, du moins à faire preuve de curiosité : *Emptor debet esse curiosus*(865). D'autre part, l'incidence économique d'une telle obligation pourrait bien se révéler funeste en dissuadant les vendeurs de rechercher des informations dont ils ne pourraient profiter sans faute et, au-delà, en les encourageant à une ignorance dont pâtiraient finalement leurs clients : « Laissez dire les sots : tout savoir a son prix »(866). Enfin, l'intégrité du consentement de l'acheteur est déjà suffisamment préservée par la police des vices du consentement (et spécialement par la prise en compte de la réticence dolosive) ; aller au-delà contredirait la nature sociologique du comportement du vendeur, et priverait celui-ci de toute frange d'optimisme dans la présentation de son produit : « À vendre maison mal bâtie, vieille et humide ! », raillait déjà Troplong(867).

Prenant pour point d'appui l'article 1602 du Code civil(868), la jurisprudence est pourtant venue reconnaître l'existence d'une telle obligation dans le contrat de vente, avant que de diffuser celle-ci dans les autres contrats, spéciaux ou non, civils ou non (assurance, mandat, contrat de travail...), puis dans le droit commun des obligations (C. civ., art. 1112-1), illustration nouvelle de l'influence du « droit de la vente » sur le droit des contrats. Des textes spéciaux contemporains sont encore venus mettre à la charge du vendeur d'immeuble une obligation d'information à l'objet très spécifique(869). Le droit de la consommation a posé son empreinte, déve-

(865) « L'acheteur doit être curieux ». – V. H. Roland et L. Boyer, *Adages du droit français*, Litec, 3e éd., 1992, n° 104. – *Adde* P. Jourdain, *Le devoir de se renseigner* : *D.* 1983, p. 139. – Pothier discutait le fait de savoir si le marchand de blé, arrivé à Rhodes en période de disette, devait informer ses acheteurs du convoi de vaisseaux, aux soutes remplies, qui devait prochainement rejoindre le port ; il concluait à l'affirmative (*Traité du contrat de vente*, préc., n° 241 ; sur *Les exemples de Pothier*, V. J.-L. Sourioux : *RTD civ.* 2006, p. 493 et s.). – Comp. Cass. 1re civ., 26 févr. 2003 : *Contrats, conc. consom.* 2003, n° 106. – Cass. 3e civ., 26 févr. 2003 : *RDC* 2004, p. 974, obs. F. Collart Dutilleul : il appartient à l'acquéreur alerté par l'agent immobilier de faire preuve d'une prudence élémentaire (présence de capricornes). – L'acquéreur « non-ignorant » peut être tenu d'assumer une obligation légale de dépollution ou de gestion des déchets : CE, 24 oct. 2014, n° 361231 : *RDC* 2015, p. 586, M. Hautereau-Boutonnet. – *Adde* sur le délit d'initié, V. C. monét. fin., art. L. 465-1.

(866) J. de La Fontaine, *L'avantage de la science*, Fables. – Sur cette analyse économique, V. B. Rudden, *Le juste et l'inefficace : pour un non-devoir de renseignements* : *RTD civ.* 1985, p. 91.

(867) Troplong, *De la vente*, Paris, 1856, p. 506.

(868) « Le vendeur est tenu d'expliquer clairement ce à quoi il s'oblige ». Mais le fondement de l'obligation paraît davantage résider dans la délivrance de l'article 1604 dans la mesure où l'information et le conseil concourent à la parfaite mise en possession du bien vendu. – V. *Information, conseil, mise en garde, etc. Toujours plus d'obligations à la charge du professionnel*, Actes du colloque, Paris, 16 nov. 2011, in *RDC* 2012, p. 1041 et s., spéc. C. Grimaldi et J.-F. Sagaut, *L'obligation d'information du vendeur*, p. 1091.

(869) Attention aux termites (du moins dans les secteurs infestés définis par arrêté préfectoral, L. n° 99-471, 8 juin 1999), à l'amiante ou au plomb (C. santé publ., art. L. 1334-5 et L. 1334-7) : pas de vente possible si le vendeur ne procure au notaire un rapport qualifié attestant de l'état de l'immeuble à cet égard. L'état de l'installation intérieure d'électricité ou de gaz doit encore être fourni. Sanction : le vendeur ne pourra s'exonérer de la garantie des vices cachés et sera tenu de financer la remise aux normes de l'installation, si une non-conformité est découverte (dans un bref délai) par l'acquéreur. – Le défaut de production du diagnostic de performance énergétique (DPE) n'a pas de sanctions civiles. – Des textes plus spéciaux encore prévoient l'information de l'acquéreur d'un site ayant supporté une installation classée (C. env., art. L. 514-20) ou sur lequel était exploitée une mine (L. n° 94-588, 15 juill. 1994). De la même source coule la disposition prévoyant que « tout candidat à l'acquisition d'un lot de copropriété, tout bénéficiaire d'une promesse unilatérale de vente ou d'achat ou d'un contrat réalisant la vente d'un lot ou d'une fraction de lot peut, à sa demande, prendre connaissance du carnet d'entretien de l'immeuble établi et tenu à jour par le syndic, ainsi que du diagnostic technique établi dans les conditions de l'article L. 111-6-2 du Code de la construction et de l'habitation » (art. 45-1. – L. 10 juill. 1965, créé par L. n° 2000-1208, 13 déc. 2000) ; sur la loi n° 96-1107 du 18 dé-

loppant toute espèce d'obligations spéciales d'information (V. *supra*, n° 96)[870]. Mais, dans la définition de cette obligation, juge puis législateur ont dû faire preuve de mesure et opérer de savants dosages, en considération de plusieurs facteurs : la *qualité*, spécialement la compétence, des parties, la *nature* de la chose vendue (simple ou complexe ? Dangereuse ou pas ?), l'*objet* de l'information (s'agit-il de se limiter à la chose ?). Des questions que doit méthodiquement se poser l'interprète à propos de chaque obligation (V. *supra*, n° 177), nous retiendrons deux difficultés : la première a trait à la nature de l'obligation, la seconde à son contenu.

189. – Une obligation de nature contractuelle. Une première interrogation tient en effet à la *nature* de l'obligation d'information : son « domaine utile » se situe essentiellement à l'époque « précontractuelle », alors que le principe du contrat n'est pas encore acquis (V. *supra*, n° 96). Or la responsabilité « précontractuelle » est une responsabilité délictuelle[871]. Mais l'obligation d'information s'étend encore au-delà de la délivrance : elle s'attache aux conditions d'utilisation de la chose, à son installation, aux précautions d'emploi. Appliquer deux régimes différents à la même obligation ne serait pas satisfaisant d'un strict point de vue théorique ; pratiquement la distinction serait périlleuse pour l'acquéreur à raison, notamment, du principe de non-cumul des deux ordres de responsabilité de sorte que celui-ci ne devrait pas s'abuser dans le choix de son recours. Sans doute la responsabilité de l'auteur d'un dol par réticence est-elle de nature délictuelle, mais le dol est en soi une faute, indépendamment de la conclusion ultérieure du contrat, alors que la faute dans le conseil n'a de signification qu'en regard du contrat à venir[872]. Finalement la jurisprudence décide que cette obligation, dans son ensemble, est déjà de nature contractuelle[873], ce qui justifie que l'acquéreur puisse exercer l'action qui en assure la sanction à l'encontre du fabricant-vendeur

cembre 1996 prévoyant l'indication exacte de la superficie du lot de copropriété lors de la vente, V. *supra*, n° 180. Sur l'article 1638 du Code civil et l'obligation d'information concernant des servitudes non apparentes, V. *infra*, n° 203. Encore de nouveaux textes visent l'éventuelle installation intérieure de gaz naturel (L. n° 2003-8, 3 janv. 2003), l'ancienne exploitation sur le terrain vendu d'activités polluantes de toute nature (L. n° 2003-699, 30 juill. 2003 ; C. env., art. L. 514-20 et s. ; sur ce texte, Cass. 3e civ., 27 nov. 2004 : *Contrats, conc. consom.* 2005, comm. 43, obs. L.L.).

(870) L'article 5 de la directive 2011/83 du 25 octobre 2011 relative aux droits des consommateurs introduit une obligation d'information précontractuelle d'information commune aux contrats de vente et d'entreprise conclus entre professionnels et consommateurs, sauf certaines hypothèses exclues de la directive : *D.* 2012, 843, E. Poillot et N. Sauphanor-Brouillaud.

(871) Cass. com., 20 mars 1972 : *JCP* G 1973, II, 17543, note J. Schmidt ; *RTD civ.* 1972, p. 779, note G. Durry.

(872) Sur l'émotion suscitée par cette analyse, V. D. Mazeaud : *RTD civ.* 1998, p. 233. – Sur l'apaisement que devrait apporter la réplique, V. G. Durry, obs. *RTD civ.* 1981, p. 158. – V. Cass. com., 4 janv. 2005 : *Contrats, conc. consom.* 2005, comm. 108, obs. L.L. – Question : *quid* de cette analyse lorsque le contrat n'a pas été conclu ? Réponse : l'information (erronée) donnée (ou non) préalablement à la conclusion du contrat a précisément pour objet d'obtenir le consentement du partenaire, on ne plaide pas sur la vente non conclue. – Dépassant la distinction chronologique traditionnelle, un auteur a proposé une séparation fonctionnelle en opposant l'obligation d'information dont l'objet est l'expression d'un consentement éclairé (à la formation du contrat, à l'occasion de sa prorogation, de sa modification…) et celle qui vise à assurer l'exécution satisfaisante du contrat. La violation de la première serait sanctionnée par la nullité de l'acte juridique et la responsabilité délictuelle, celle de la seconde par la responsabilité contractuelle ; M. Fabre-Magnan, *De l'obligation d'information dans les contrats*, LGDJ, coll. « Bibl. dr. privé », 1992, t. 221, préf. J. Ghestin. – *Adde* N. Reboul, *Les contrats de conseil*, préf. Ph. Delebecque, PUAM, 1999.

(873) Cass. com., 25 juin 1980 : *Bull. civ.* 1980, IV, n° 276 ; *RTD civ.* 1981, p. 157, obs. G. Durry. – Cass. com., 16 juill. 1982 : *Bull. civ.* 1982, IV, n° 276. – Cass. com., 11 juill. 1988 : *Bull. civ.* 1988, IV, n° 250. – Cass. 1re civ., 7 juin 1989 : *Bull. civ.* 1989, I, n° 232. – Cass. com., 4 janv. 2005 : *Contrats, conc. consom.* 2005, n° 108, L. Leveneur. – Les auteurs approuvent l'analyse, V. A. Bénabent, n° 196. – F. Collart Dutilleul, Ph. Delebecque et Ch.-E. Bucher, n° 201. – Comp. M. Fabre-Magnan, préc., nos 281 et s.

originaire par le support de l'action directe nécessairement contractuelle, dès lors que ce vecteur n'apparaît pas limité à la seule obligation de garantie (V. *infra*, n° 215)(874).

Divers fondements peuvent alors être prêtés à cette obligation en liaison avec la nature contractuelle de celle-ci. La référence à la volonté tacite des parties serait, ici, comme souvent, bien divinatoire. Il semble possible d'associer l'obligation d'information du vendeur à son obligation de délivrance, voire aux garanties légales qui procèdent de la vente : l'information et le conseil concourent à la parfaite mise en possession du bien vendu(875). Mais le phénomène actuel de reflux de l'obligation de délivrance incite davantage à rendre compte de cette obligation par référence à l'exigence générale de loyauté et de bonne foi, à l'origine textuellement limitée à l'exécution du contrat (C. civ., ancien art. 1134, al. 3), mais progressivement étendue à l'époque de la formation, voire de la négociation du contrat (C. civ., art. 1104 et 1112). Persévérant dans la voie tracée par le juge de droit commun, des textes spéciaux de droit de la consommation sont venus détailler l'objet de l'obligation d'information du vendeur professionnel (V. *supra*, n° 96). Il ne sera ici question que de l'obligation « générale » d'information et de renseignements d'origine prétorienne.

190. – Une obligation à contenu variable. Le contenu de l'obligation d'information est doublement relatif : aux parties en présence d'abord, aux choses vendues ensuite. Le contenu de l'obligation variera en considération de chacun de ces deux termes : nous étudierons les variables avant d'apprécier les variations de l'obligation ; la charge de la preuve de l'exécution de l'obligation appellera une ultime précision.

191. – Les variables : les parties ; la chose plus ou moins complexe. La qualité des parties influe sur le contenu de l'obligation. Ainsi que l'a montré un auteur, une personne (vendeur) ne peut être tenue d'une telle obligation que si elle détient une information pertinente, c'est-à-dire de nature à influencer le comportement de l'acquéreur(876) ; par ailleurs une telle obligation n'existera qu'autant que son prétendu créancier (acheteur) ignorait le fait recelé et que cette ignorance était légitime (impossibilité de découvrir le fait par lui-même, relation de confiance particulière avec le vendeur)(877). Le Code civil reproduit à la lettre cette double exigence (art. 1112-1. – V. *supra*, n° 96)(878). Il s'ensuit une diversité de situations qu'une logique manichéenne pourrait ordonner (professionnel-professionnel, professionnel-profane, profane-profane), sans néanmoins parfaitement

(874) Cass. 3e civ., 12 juill. 2018, n° 17-20.627 : *JCP G* 2018, 1041, note Ch. Larroumet ; *Defrénois* 2018, n° 46, p. 33, obs. H. Lécuyer, l'action engagée sur la faute dolosive du constructeur s'analyse en une action contractuelle et, attachée à l'immeuble, elle est transmissible aux acquéreurs successifs.

(875) Au titre de la délivrance, V. J. Ghestin et B. Desché, préc., n° 867. – J.-M. Mousseron et *al.*, *Technique contractuelle*, préc., nos 542 et s. – Pour un rapprochement avec la garantie, Ph. Malaurie, L. Aynès et P.-Y. Gautier, n° 247. – B. Gross et Ph. Bihr, nos 390 et s.

(876) V. M. Fabre-Magnan, préc., nos 169 et s.

(877) V. M. Fabre-Magnan, préc., nos 253 et s.

(878) On observe que l'obligation ne s'étend pas au vendeur ignorant mais qui aurait dû connaître l'information litigieuse en engageant quelques moyens : le texte n'atteint pas le reproche de n'avoir pas engagé de diligences pour se procurer les informations litigieuses, il ne retient pas « l'obligation de s'informer pour informer » (J. Ghestin, Y.-M. Sérinet et G. Loiseau, *Droit civil, La formation du contrat*, t. 1, LGDJ, 4e éd., 2013, n° 1713. – *Adde* M. Fabre-Magnan, *Le devoir d'information dans les contrats : essai de tableau après la réforme* : *JCP G* 2016, 706, p. 1218.

rendre compte de la subtilité des décisions et des opinions à cet égard. Ainsi le vendeur professionnel est plus ou moins sachant : le fabricant doit sans doute être distingué du simple revendeur(879), lequel n'est sans doute pas en tout point assimilable au revendeur spécialisé(880) qui lui-même ne s'identifie pas au vendeur-installateur(881). Le profane, lui, n'est pas toujours celui que l'on croit : et le vendeur doit informer de ce qu'il sait même s'il traite avec un professionnel(882), lequel hors de sa sphère de compétence redevient profane(883). Au final la démarche est empreinte de pragmatisme ; le vendeur professionnel est d'évidence en première ligne des débiteurs de cette obligation, surtout si l'acheteur est un profane ou un non-spécialiste ; mais c'est au cas par cas qu'il faudra venir apprécier les compétences du vendeur et la diligence que l'on était raisonnablement en droit d'attendre de l'acheteur.

L'objet du contrat de vente est la deuxième variable à considérer. La vente de la baguette de pain appelant ici un traitement sensiblement différent à celle d'un avion de ligne. Plus précisément, la jurisprudence prend en considération la complexité (matériel informatique...) et la dangerosité (lotion capillaire défoliante, vernis et colle inflammable...) de l'objet du contrat pour accroître l'obligation d'information du vendeur. Le régime juridique de la « machine complexe » est sans doute à construire : « l'obligation de délivrance de machines complexes n'est pleinement exécutée qu'une fois réalisée la mise au point effective de la chose vendue »(884).

Mais l'acheteur d'un produit banal est en droit d'être informé, spécialement si le produit est nouveau(885). Autre est le problème que provoquent chez le vivant les risques du développement du produit vendu et qui concerne des dommages que ne pouvait prévoir, ni prévenir le vendeur en l'état des connaissances à la formation du contrat et pour lesquels il ne pouvait alors donner aucune information pertinente (V. *infra*, n° 242).

Les combinaisons diverses de ces facteurs révèlent une obligation à contenu variable, « rhéostatique » selon le mot d'auteurs(886).

---

(879) La jurisprudence a pu paraître faire peser l'obligation essentiellement sur le fabricant, le vendeur devant transmettre les informations reçues. – V. Cass. 1re civ., 22 nov. 1978 : *JCP* G 1979, II, 19319, note G. Viney. – Cass. 1re civ., 31 janv. 1973 : *Bull. civ.* 1973, I, n° 40 ; *JCP* G 1974, II, 17846, note Ph. Malinvaud.

(880) V. Cass. 1re civ., 23 avr. 1985 : *Bull. civ.* 1985, I, n° 125 ; *RTD civ.* 1986, p. 340, obs. J. Mestre, p. 367, J. Huet (l'obligation de renseignements incombe aussi bien au fabricant qu'au vendeur spécialisé).

(881) Dont la responsabilité s'élargit aux besoins et à l'usage spécifique du client. – V. Cass. com., 25 mai 1993 : *Bull. civ.* 1993, IV, n° 211 ; *D.* 1994, somm. p. 10, obs. J. Kullmann. – Cass. 1re civ., 20 juin 1995 : *Bull. civ.* 1995, I, n° 276. – Cass. 1re civ., 28 juin 2010 : *Contrats, conc. consom.* 2010, n° 1, L. Leveneur.

(882) Cass. 1re civ., 26 nov. 1976 : *Bull. civ.* 1976, IV, n° 370. – Cass. 3e civ., 21 juill. 1993 : *Bull. civ.* 1993, III, n° 117 ; *D.* 1994, somm. p. 237, obs. O. Tournafond.

(883) Cass. 1re civ., 9 déc. 1975 : *Bull. civ.* 1975, I, n° 361 ; *JCP* G 1977, II, 18588, note Ph. Malinvaud ; *D.* 1978, p. 205, note R. Savatier. Le rapprochement doit être fait avec la définition du professionnel donné par la jurisprudence relative à l'application des clauses abusives. – V. Starck, H. Roland, L. Boyer, préc., t. 2, nos 672 et s. – *Adde supra*, n° 95.

(884) Cass. 1re civ., 10 févr. 2015, n° 13-24.501 : *D.* 2015, p. 432 ; *Defrénois* 2015, obs. J.-B. Seube ; *D.* 2015, p. 1683, note T. Rouhette et C. Tilliard ; *RTD com.* 2015, p. 341, obs. D. Legeais et p. 348, obs. B. Bouloc ; *RDC* 2015, p. 495, obs. J. Huet : l'acquéreur d'une machine sophistiquée se plaignait qu'elle n'avait jamais fonctionné correctement et avait intenté une action en résolution pour inexécution de l'obligation de délivrance. La cour étend la délivrance à la mise au point du matériel.

(885) V. not. Cass. 1re civ., 9 déc. 1975, préc. (vente de terreau).

(886) F. Collart Dutilleul, Ph. Delebecque et Ch.-E. Bucher, n° 210.

192. – **Les variations de l'obligation.** Au bas de l'échelle de la gradation, l'obligation d'information n'existerait pas, s'agissant de la vente entre parties de même (in)compétence d'une chose banale, usitée, spécialement d'une chose de genre dont l'usage n'appelle aucune spécificité ; quel client attendrait de son libraire, pourtant professionnel, une information sur le journal quotidien qu'il lui achète ou des conseils sur la manière dont il doit lire celui-ci ? Pourtant, très vite l'opportunité de renseignements se fait jour, par exemple, sur le type de roman que recherche tel lecteur aux goûts particuliers. Mais la déception de celui-là, lecture faite, ne devrait pas le conduire jusqu'au prétoire ; tout au plus changera-t-il de libraire(887). Il a fallu des déceptions d'une tout autre nature qu'intellectuelle pour que l'obligation d'information émerge de la zone d'ombre où elle était condamnée ; le développement de produits de consommation de plus en plus techniques, spécialement en matière informatique, allait y contribuer... apport du logiciel au droit de la vente.

Au premier échelon, l'obligation d'information est de nature *objective* ; elle porte sur des faits, des qualités qui s'attachent au seul bien en cause : les capacités de mémoire d'un modèle d'ordinateur, le niveau de consommation d'essence de tel type de véhicule. C'est l'obligation minimale du vendeur professionnel, et plus généralement de tout vendeur qui détient des informations sur le bien susceptibles d'influencer, voire de rebuter, le candidat à l'achat et dont celui-ci ne peut se persuader par lui-même(888) ; on est ici très près du dol par réticence. À ce stade, le vendeur doit seulement *renseigner* l'acheteur.

L'obligation de *conseil* prend le relais pour le vendeur, spécialement dans des rapports sachants-ignorants, c'est-à-dire souvent professionnel-profane (ou professionnel non-spécialiste), dès lors que la chose présente un début d'originalité, une ombre de technicité. À ce stade, on reprochera au vendeur de ne pas *se renseigner* sur l'usage ultérieur que son partenaire fera de la chose. Le devoir de conseil apparaît avec un écart de compétence entre le vendeur et l'acheteur et s'intensifie avec le degré de technicité de la chose(889). L'obligation de conseil contraint alors le vendeur à guider le choix de l'acquéreur, à prendre en compte le souhait, les besoins éventuellement spéciaux de celui-ci, à lui faire apparaître les conséquences de son choix en terme d'opportunité afin d'orienter une décision,

(887) J. Carbonnier observe que l'on plaide peu sur la vente : il ne faut pas voir dans ce constat le signe d'un désintérêt du public pour ce contrat : « On plaide peu sur les grosses affaires parce qu'elles ont été préalablement très étudiées (...), on plaide peu sur les petites (...) parce qu'elles sont si minimes que l'enjeu pécuniaire ne vaut pas un procès », *Sociologie de la vente*, in *Flexible droit*, préc.

(888) À ce titre, en matière immobilière, le Code civil souligne l'importance de cette obligation s'agissant de servitudes non apparentes (C. civ., art. 1638). – Sur l'existence de servitudes ou d'un droit de chasse, d'une procédure de révision du POS, d'une situation litigieuse, V. Cass. 3e civ., 21 juill. 1993 : *Bull. civ.* 1993, III, n° 117 ; *D.* 1994, somm. p. 236, obs. O. Tournafond. – Cass. 3e civ., 30 juin 1992 : *Bull. civ.* 1992, III, n° 238 ; *Defrénois* 1993, p. 378, note G. Vermelle. – Cass. 3e civ., 21 févr. 2001 : *JCP* G 2001, IV, n° 1694.

(889) V., pour un système de télésécurité, Cass. 1re civ., 18 mai 1989 : *Bull. civ.* 1989, I, n° 206 ; du matériel téléphonique, Cass. 1re civ., 5 déc. 1995 : *Bull. civ.* 1995, I, n° 453 ; *JCP* G 1996, IV, 263. – Cass. 1re civ., 2 juill. 2014, n° 13-10.076 : *JCP* E 2014, 1037, note C. Vanuls ; des systèmes informatiques, bien sûr, Cass. com., 28 oct. 1986 : *Bull. civ.* 1986, IV, n° 195. – Cass. com., 14 mars 1989 : *Bull. civ.* 1989, IV, n° 89. Mais le devoir de conseil s'étend aussi aux choses plus simples. Ayant acheté un véhicule pour son usage professionnel et fait beaucoup de kilomètres en peu de temps, un médecin subissait une panne qui aurait pu être évitée si une vidange avait été faite au bout de 75 000 kms. Le vendeur est condamné : Cass. 1re civ., 3 déc. 2014, n° 13-27.202 : *Contrats, conc. consom.* 2015, comm. 56, obs. L. Leveneur : « l'obligation de conseil imposait au vendeur de s'informer des besoins de l'acheteur afin d'être en mesure de lui fournir tous les renseignements indispensables à l'utilisation prévue du véhicule vendu ».

qui reste celle de l'acheteur(890). Encore faut-il que le candidat à l'achat joue le jeu et collabore aux sollicitations du vendeur afin de le mettre en mesure d'exercer effectivement son conseil(891) : un devoir de parler en écho au devoir de conseil. En ce sens le conseil revêt une dimension *subjective* qui vise à rechercher la satisfaction du client et, logiquement, oblige à déconseiller celui-là de l'achat d'un produit pour lequel le vendeur ne serait pas convaincu de la pertinence(892), ce qui supposera tout de même chez notre commerçant un sens du juridisme aigu et une bonne dose de conscience professionnelle.

Aussi bien, la jurisprudence fait de l'obligation d'information et de conseil une simple obligation de moyens : le vendeur doit faire tout son possible pour satisfaire l'acquéreur, sans néanmoins pouvoir garantir un résultat qui dépendra, au final, de l'utilisation effective qui sera faite de la chose(893). Le manquement à cette obligation justifiera la résolution du contrat de vente, voire son annulation par proximité avec la théorie des vices du consentement(894) et le paiement de dommages et intérêts. La sanction interviendra encore sous couvert de manquement à la délivrance ou au titre de la garantie des vices à raison de la proximité de ces mécanismes.

Au-delà encore se situe l'obligation susceptible de peser sur le professionnel d'aide à l'installation ou à l'assemblage du produit lorsqu'elle sera réalisée par l'acquéreur. La directive du 25 mai 1999 assimile à un défaut de conformité une lacune des instructions écrites du vendeur à cet égard (Dir. 1999, art. 2-5) ; le texte de transposition prévoit que le professionnel répond des défauts résultant de l'emballage, des instructions de montage et de l'installation du bien si le contrat l'a prévu ; ces défauts sont ainsi assimilés au défaut de conformité (C. consom., art. L. 217-4, al. 2. – V. *infra*, n° 233).

193. – La preuve de l'obligation. Contre le droit commun de la charge de la preuve, la Cour de cassation retient qu'il appartient au débiteur d'une obligation d'information de rapporter la preuve de l'exécution de celle-ci(895) ; spécialement il incombe au vendeur professionnel de prouver qu'il s'est acquitté de son obligation de conseil lui imposant de se renseigner sur les besoins de l'acheteur afin d'être en mesure de l'informer quant à l'adéquation de la chose vendue(896).

(890) Le vendeur doit alors solliciter l'acheteur, Cass. com., 1er déc. 1992 : *Bull. civ.* 1992, IV, n° 391. – Cass. 1re civ., 11 mai 2022, n° 20-22.210 : *RDC* sept. 2022, p. 32, obs. J.-F. Hamelin. – *Adde* note suivante.

(891) Sur l'existence d'un devoir de collaboration, Cass. com., 19 juin 1985 : *JCP* E 1986, I, 15131, n° 8, obs. M. Vivant et A. Lucas ; sur l'usage spécial que l'acheteur voulait faire de la chose, Cass. com., 15 janv. 1980 : *Bull. civ.* 1980, IV, n° 22.

(892) V. Cass. 1re civ., 16 juin 1993 : *Contrats, conc. consom.* 1993, comm. 191. – Cass. 1re civ., 3 juill. 1985 : *Bull. civ.* 1985, I, n° 211 ; *RTD civ.* 1986, p. 368, obs. J. Huet. – Cass. 1re civ., 7 avr. 1998 : *Contrats, conc. consom.* 1998, n° 97, obs. L. Leveneur. – Sans aller jusqu'à lui proposer des produits concurrents : Cass. com., 12 nov. 1992 : *Bull. civ.* 1992, IV, p. 352.

(893) V. plus sévère : Cass. com., 3 déc. 1985 : *Bull. civ.* 1985, IV, p. 284 ; *RTD civ.* 1986, p. 372, obs. Ph. Rémy (le vendeur a l'obligation, à peine de résolution, d'étudier le marché et de fournir un système fiable et immédiatement opérationnel).

(894) Cass. 1re civ., 11 déc. 2013, n° 12-23.372.

(895) Cass. 1re civ., 25 févr. 1997 : *Contrats, conc. consom.* 1997, n° 76 et chron. 5, L. Leveneur ; *RTD civ.* 1997, 434, P. Jourdain (médecin). – Cass. 1re civ., 29 avr. 1997 : *Contrats, conc. consom.* 1997, n° 111, L. Leveneur (avocat).

(896) Cass. 1re civ., 28 oct. 2010 : *Contrats, conc. consom.* 2011, n° 1, L. Leveneur ; *Defrénois* 2010, p. 2309, G. Rabu ; *RDC* 2011, p. 531, S. Pimont (carrelage de terrasse de piscine impropre avec le traitement de l'eau, électrolyse au sel). – Cass. 1re civ., 15 mai 2002 : *Contrats, conc. consom.* 2002, n° 135, L. Leveneur ; *RTD civ.* 2003, 84, J. Mestre et B. Fages. – Cass. 1re civ., 28 juin 2012 : *Contrats, conc. consom.* 2012, n° 251, L. Leveneur.

B. – La garantie[897]

194. – Garantie, responsabilité, assurance. Le Code civil prévoit à la charge du vendeur des « obligations de garanties » dont on peut se demander quelle est la part d'originalité au regard d'obligations classiques.

La victime d'un dommage qui souhaite en transférer la charge à autrui dispose en droit français de trois voies[898] :

– la responsabilité permet le transfert de la charge du dommage sur le fautif, sans contrepartie financière apparente mais, précisément, en faisant la démonstration de sa faute, au moins dans la conception traditionnelle de la responsabilité civile ;

– l'assurance permet le transfert de la charge du dommage sur un contractant (l'assureur), moyennant une contrepartie financière apparente (les primes du contrat d'assurance), sans la démonstration d'aucune faute ;

– la garantie permet le transfert de la charge du dommage sur un contractant (le vendeur), sans contrepartie financière apparente, ni démonstration d'aucune faute.

Il y a dans la garantie l'idée de sûreté automatique[899] par nature étrangère à celle de faute et de responsabilité. Aussi, faut-il dès maintenant comprendre que le débiteur de cette obligation (le vendeur) puisse précisément être appelé en garantie sans que sa bonne foi ne soit en cause et sans pouvoir s'exonérer même au titre de la force majeure.

195. – Le Code civil ; le Code de la consommation. Suivant l'article 1625 du Code civil :

> **« La garantie que le vendeur doit à l'acquéreur a deux objets : le premier est la possession paisible de la chose vendue ; le second, les défauts cachés de cette chose ou les vices rédhibitoires ».**

La possession paisible de la chose prémunit l'acquéreur du risque d'être évincé, c'est-à-dire d'être dépossédé de la chose, c'est la garantie d'éviction ; la garantie à l'égard des défauts cachés et des vices rédhibitoires le protège des troubles affectant l'usage de la chose et qu'il n'a pu déceler au moment de la vente : c'est la garantie des vices cachés. Ainsi se révèle la présence d'obligations dont le poids continue

(897) Bibliographie : B. Gross, *La notion d'obligation de garantie dans le droit des contrats*, LGDJ, coll. « Bibl. dr. privé », 1964, t. 42, préf. D. Tallon. – J. Ghestin, *Conformités et garanties dans la vente*, préc.

(898) Sur cette présentation, V. J.-M. Mousseron et *al.*, *Technique contractuelle*, *op. cit.*, n°s 818 et s.

(899) La formule de garantie renvoie plus souvent au droit des sûretés qu'au droit des contrats. – V. Ph. Malaurie et L. Aynès, *Cours de droit civil. Les sûretés : la publicité foncière : Defrénois* 2016, n° 2, par L. Aynès et P. Crocq, pour qui « la sûreté est donc une garantie... – Mais toute garantie n'est pas une sûreté ». – A. Bénabent, n° 216. – *Adde* P. Crocq, *Propriété et garanties*, *op. cit.* – *Adde* Cass. 3e civ., 13 nov. 2003 : *Bull. civ.* 2003, III, n° 194 ; *RDC* 2004, p. 344, obs. Ph. Brun : les dommages et intérêts dus par le vendeur au titre de l'article 1645 du Code civil ne trouvent pas leur fondement dans les règles de la responsabilité civile contractuelle ou délictuelle, mais dans l'obligation légale propre au vendeur de garantir l'acquéreur des vices cachés de la chose vendue. – V. Cass. com., 19 mars 2013 : le vice caché n'ouvre pas droit à une action en responsabilité contractuelle, V. *infra*, n° 204. – À tort, on en vient à considérer que la créance en garantie naît du contrat lui-même : Comp. Cass. com., 8 juin 1990, n° 96-18.840 : la créance née de la garantie des vices cachés a son origine au jour de la conclusion de la vente et non au jour de la révélation du vice ; la cour d'appel a exactement décidé que le contrat de vente de l'installation ayant été conclu avant le jugement d'ouverture du redressement judiciaire du vendeur, la créance de dommages-intérêts afférente à l'avarie survenue après le jugement d'ouverture devait être déclarée au passif du vendeur.

à peser sur le vendeur, parfois longtemps après la conclusion de la vente qui n'en reste pas moins un contrat instantané (V. *supra*, n° 159). La garantie apparaît alors comme le prolongement naturel et le complément de l'obligation de délivrance épuisée par l'agréation sans réserve de l'acheteur : chronologiquement elle prend, à cette époque, le relais de la précédente (V. *supra*, n° 181) ; rationnellement, la délivrance n'aurait guère d'utilité si l'acheteur n'était pas sûr (garanti) de conserver la chose et d'en user efficacement.

Le droit de l'Union européenne est venu imprégner de sa marque le droit de la garantie. C'est une garantie de conformité dans la vente au consommateur que réglemente la directive 1999/44 du 25 mai 1999 transposée au Code de la consommation par l'ordonnance du 17 février 2005 et constitutive d'un régime spécifique au consommateur (C. consom., art. L. 211-11 et s. – V. *infra*, n°s 230 et s.).

Dans l'ordre du Code civil, on étudiera successivement la garantie d'éviction (1°), la garantie des vices cachés (2°), enfin la garantie de conformité dans la vente au consommateur (3°).

1° La garantie d'éviction[900]

196. – Plan. Elle a pour objet d'assurer l'acheteur de *la possession paisible* de la chose (C. civ., art. 1626). Envisageons le fait générateur (*a*) et les effets (*b*) de la garantie d'éviction.

a) Le fait générateur de la garantie d'éviction

197. – Plan. Les atteintes subies par l'acquéreur dans la jouissance de la chose peuvent provenir d'un fait personnel du vendeur (1) ou d'un fait d'un tiers (2).

1) La garantie contre l'éviction du fait personnel du vendeur

198. – Contenu. « Qui doit garantie ne peut évincer », dit l'adage. Le Code civil fait bon accueil à ce principe[901] :

> **« Quoique lors de la vente il n'ait été fait aucune stipulation sur la garantie, le vendeur est obligé de droit à garantir l'acquéreur de l'éviction qu'il souffre dans la totalité ou partie de l'objet vendu, ou des charges prétendues sur cet objet, et non déclarées lors de la vente » (C. civ., art. 1626).**
>
> **« Quoi qu'il soit dit que le vendeur ne sera soumis à aucune garantie, il demeure cependant tenu de celle qui résulte d'un fait qui lui est personnel ; toute convention contraire est nulle » (C. civ., art. 1628).**

Est ainsi exprimée une règle inhérente au mécanisme de la vente : il n'est pas concevable que le vendeur menace la propriété ou la jouissance du bien qu'il a transmis. On comprend que cette obligation de garantie demeure, même si le

(900) V. *La garantie d'éviction : utilité et originalité ?* : *RDC* 2016, p. 527 et s., Débats par H. Boucard, P. Chauviré, V. Forti, J. Huet et N. Thomassin.

(901) À la faveur d'une réforme du régime des principaux contrats, et des progrès de la publicité foncière, certains s'inquiètent de savoir s'il faut maintenir dans la vente du Code civil la garantie contre l'éviction : pour une réponse favorable, J. Huet, *Plaidoyer pour le maintien de la garantie d'éviction dans le Code civil* : *RDC* 2016, p. 564 et s.

vendeur est de bonne foi. On comprend aussi l'ampleur de la garantie. Le vendeur doit garantir les troubles de droit comme les troubles de fait. On comprend enfin qu'il s'agisse d'une garantie d'ordre public.

La garantie contre les troubles de droit empêche le vendeur d'invoquer un droit sur la chose, qu'il s'agisse d'un droit réel (propriété, usufruit...) ou d'un droit personnel (bail...), peu importe, au demeurant, qu'il soit ou non titulaire de ce droit. Que le vendeur formule une telle demande en justice, et l'acheteur invoquera l'exception de garantie qui est perpétuelle (imprescriptible). Le vendeur ne saurait, par exemple, revendiquer la prescription acquisitive pour se faire reconnaître propriétaire de la chose qu'il a vendue, mais dont il a conservé la possession(902)... et Inès de La Fressange ne peut obtenir, après les avoir vendues, la déchéance des marques dont les signes sont composés de son nom(903).

Cette garantie des troubles de droit n'empêche cependant pas le vendeur d'engager une action en nullité, en rescision ou en résolution de la vente, car il n'excipe pas alors d'un droit sur la chose, mais s'attaque directement au contrat de vente.

La garantie contre les troubles de fait empêche le vendeur de se livrer à des actes matériels qui porteraient atteinte à la jouissance du bien par l'acheteur. Ainsi le vendeur d'un fonds de commerce doit s'abstenir de tout agissement de nature à détourner la clientèle du fonds cédé(904). Mais, s'agissant d'opérations translatives de clientèles (vente de fonds de commerce, cession de parts sociales, cession de patrimoine professionnel et convention de présentation), l'exigence de proportionnalité vient limiter la garantie d'éviction : le contexte de la liberté d'entreprendre justifie que l'interdiction de se rétablir du cédant ne soit pas absolue mais reste proportionnée aux intérêts légitimes à protéger(905). Même si le vendeur demeure propriétaire d'un bien voisin à celui cédé, il ne peut, par l'utilisation de ses prérogatives de propriétaire, nuire à l'usage normal de la chose vendue(906).

199. – **Clauses.** Le caractère essentiel de la garantie d'éviction du fait personnel justifie que celle-là soit d'ordre public (C. civ., art. 1628). Le contrat ne peut pas écarter la garantie d'éviction du fait personnel ; il peut seulement l'étendre. L'article 1628 ne fait toutefois pas obstacle à la validité de la clause par laquelle l'acheteur, pleinement renseigné sur une circonstance particulière antérieure à la vente et susceptible de l'évincer, accepte d'en supporter le risque(907). Le contrat devient aléatoire. En revanche, les clauses de non-rétablissement insérées dans les cessions de fonds de commerce sont traitées sévèrement. La jurisprudence a ainsi estimé que l'expiration de la période de non-rétablissement n'a pas pour effet

(902) V. Cass. 3e civ., 20 oct. 1981 : *Bull. civ.* 1981, III, n° 168 ; *D.* 1982, inf. rap. p. 531, obs. B. Audit.
(903) Cass. com., 31 janv. 2006 : *Contrats, conc. consom.* 2006, comm. 79, obs. L. Leveneur ; *RTD civ.* 2006, p. 339, obs. P.-Y. Gautier.
(904) V. Cass. req., 29 juill. 1908 : *DP* 1909, 1, p. 281, note Lacour. – Cass. com., 14 avr. 1992 : *Bull. civ.* 1992, I, n° 160 ; *RTD civ.* 1993, p. 150, n° 1, obs. P.-Y. Gautier ; *RTD com.* 1992, p. 756, obs. J. Derruppé. – La jurisprudence étend la garantie au cédant de parts sociales, Cass. com., 20 févr. 2007, n° 04-19.932 : *Contrats, conc. consom.* 2007, n° 123, obs. L. Leveneur. – Cass. com., 24 mai 2005, n° 02-19.704 : *Contrats, conc. consom.* 2005, n° 135, obs. M. Malaurie-Vignal. – Cass. com., 3 mars 2015, n° 13-18.164 : *RDC* 2015, p. 886, C. Grimaldi. – *Adde* V. Forti, *Le fondement de l'obligation de non-concurrence dans les contrats relatifs à une clientèle : pour le remplacement de la garantie d'éviction par le droit commun des contrats* : *RDC* 2016, p. 556 et s.
(905) Cass. com., 10 nov. 2021, n° 21-11.975 : *RDC* mars 2022, p. 56, obs. J.-F. Hamelin, p. 58, obs. L. Sautonie-Laguionie.
(906) V. not. Cass. 1re civ., 29 nov. 1955 : *JCP G* 1956, II, 9216 ; *RTD civ.* 1956, p. 548, obs. J. Carbonnier.
(907) V. Cass. 1re civ., 17 juill. 1962 : *D.* 1962, p. 534. – Cass. com., 2 déc. 1965 : *Bull. civ.* 1965, III, n° 623.

de libérer le cédant de l'obligation de garantie d'éviction du fait personnel[908]. Il appartient donc aux juges de vérifier que le rétablissement du cédant, qui ne viole pourtant pas l'obligation de non-rétablissement défunte, ne trouble pas la jouissance du fonds cédé[909]. Dans ce fil, on a pu voir dans la garantie d'éviction du fait personnel un prolongement de l'obligation de délivrance : obscurcie par la notion de garantie, l'obligation s'éclaircit par celle de délivrance[910].

2) La garantie contre l'éviction du fait d'un tiers

200. – **Contenu.** Voilà un tiers qui vient troubler la possession paisible de l'acquéreur : un *squatteur* qui profite du déménagement du vendeur pour s'installer dans l'immeuble vendu avant l'arrivée de l'acquéreur, un voisin qui traverse le jardin du pavillon acheté en alléguant un *droit de passage* ignoré de l'acheteur surpris ; ce dernier peut-il appeler son vendeur à la rescousse ? À la différence de l'éviction du fait du vendeur, le tiers qui trouble la jouissance ne peut se prévaloir de la qualité de propriétaire-vendeur : l'acquéreur est déjà dans ses nouveaux habits de propriétaire, il doit pouvoir contrecarrer seul les agissements de ce perturbateur ! Le contexte explique que le contenu de la garantie du fait des tiers est naturellement plus limité que celui de la garantie du fait personnel. La distinction s'opère selon que le tiers provoque un trouble *de fait* (le *squatteur*) ou *de droit* (le voisin qui allègue d'une servitude).

Il n'appartient pas, en effet, au vendeur de garantir les troubles de *fait* causés par les tiers. À l'acheteur, devenu propriétaire du bien, de se défendre. Il dispose alors des prérogatives du propriétaire opposables *erga omnes* et l'acquéreur, *es qualité* de propriétaire obtiendra l'expulsion du *squatteur* (comp. l'acquéreur du fonds de commerce qui agira en concurrence déloyale à l'encontre du tiers qui se rend coupable de détournement de clientèle).

La garantie ne porte donc que sur les troubles de *droit*, c'est-à-dire les situations où un tiers invoque un droit réel (servitude de passage, sûreté réelle) ou personnel (preneur à bail d'une partie des locaux acquis) contre l'acheteur. La contestation atteint la plénitude du droit transmis, il est cohérent que l'acquéreur puise appeler en garantie son auteur (vendeur).

L'éviction peut être totale (le tiers revendique par exemple la propriété de la chose vendue). L'hypothèse rejoint le cas de la vente de la chose d'autrui (V. *supra*, n°s 118 et s.). L'acheteur peut à ce titre agir en nullité, mais il peut préférer les voies de la garantie à raison des sanctions diversifiées (V. *infra*, n° 203). L'existence d'une sûreté réelle s'apparente à cette hypothèse. Le système de publicité foncière édulcore le risque pour la vente d'immeuble[911], tout comme les registres nationaux tenus par l'INPI pour les brevets, marques et modèles en matière de cession de droits industriels (CPI, art. L. 613-9 ; L. 714-7 ; L. 513-3).

(908) V. Cass. com., 14 avr. 1992, préc. – Comp. Cass. com., 21 janv. 1997 : *JCP* E 1998, p. 612, obs. P. Mousseron (pour une cession d'actions d'une société). – Cass. com., 16 janv. 2001 : *Contrats, conc. consom.* 2001, n° 71, obs. L. Leveneur. – CA Paris, 17 déc. 1999 : *JCP* E 2001, p. 368, obs. F. Vialla.

(909) « Si l'on a bien compris le raisonnement, il consiste à tenir la clause de non-rétablissement, limitée dans sa durée, pour une stipulation de non-garantie de son propre fait, prohibée par l'article 1628 » (P.-Y. Gautier, obs. préc.).

(910) Ph. Chauviré, *Faut-il supprimer la garantie contre l'éviction du fait personnel ?* : *RDC* 2016, p. 549.

(911) V. cependant Cass. 3e civ., 27 oct. 2016, n° 15-21.495 : *D.* 2016, p. 2214 : vente à deux reprises de la même parcelle, responsabilité du notaire.

L'éviction peut n'être que partielle (la revendication porte sur une partie de la chose vendue).

Le Code civil retient aussi la garantie en présence de charges non déclarées lors de la vente (C. civ., art. 1626). Il s'agit d'hypothèses où l'acquéreur subit une diminution de jouissance du bien. C'est le cas lorsque le tiers bénéficie d'une servitude non déclarée et « de telle importance qu'il y ait lieu de présumer que l'acquéreur n'aurait pas acheté » s'il en avait eu connaissance (C. civ., art. 1638. – V. *infra*, n° 203) ; il en ira de même au cas d'un droit personnel dont se prévaut un tiers (au titre d'un bail non révélé). La garantie s'attache au trouble souffert par l'acquéreur, mais elle se justifie d'autant par le fait que le vendeur aurait dû révéler ces charges. La garantie ne joue pas si l'acheteur avait connaissance de ces sujétions ou lorsque la charge est apparente : il a dû en assumer la charge et il a pu en tenir compte dans le prix. Mais le devoir d'information du vendeur s'affirme ici encore. Le fait, par exemple, qu'une servitude ait fait l'objet d'une publication (publicité foncière) ne dispense pas le vendeur d'en informer l'acheteur(912) ; la jurisprudence sanctionne encore le vendeur pour ne pas avoir révélé l'existence de servitudes qui semblaient pourtant apparentes(913).

L'application de la garantie d'éviction du fait du tiers suppose que le droit du tiers soit antérieur à la vente ou, à tout le moins, qu'il trouve son origine à cette époque(914). Il faut encore que le trouble ne soit pas imputable à l'acheteur(915), lequel doit être de bonne foi(916).

201. – Mise en œuvre. Deux stratégies s'offrent à l'acheteur. Assigné en justice par un tiers, il peut appeler le vendeur en garantie (CPC, art. 334 et s.). On parle alors de *garantie incidente*. Il s'agit d'une exception dilatoire. En ce cas le vendeur devient partie au procès ; l'acheteur peut se retirer. Il ne paie pas les frais de procès ; le succès du tiers verra la condamnation du vendeur à indemniser le tiers.

L'acheteur peut préférer mener seul la bataille judiciaire. Condamné, il recherchera alors la garantie du vendeur dans le délai de prescription quinquennale à compter de l'éviction : on parle de *garantie principale*. Cette voie est périlleuse,

(912) Cass. req., 30 déc. 1940 : *DC* 1941, p. 107, note J. Carbonnier ; *JCP G* 1941, II, 1622, note H. Becqué ; *RTD civ.* 1940, p. 290, obs. H. Solus.

(913) V. Cass. 1re civ., 13 janv. 1965 : *Bull. civ.* 1965, I, n° 39 ; *D.* 1965, p. 555 ; *RTD civ.* 1955, p. 667, note G. Cornu (servitude de passage d'un oléoduc, alors qu'au moment de la vente l'oléoduc était en cours de pose).

(914) V. Cass. 1re civ., 28 oct. 2015, n° 14-15.114 : *D.* 2015, p. 2248 ; *JCP G* 2015, 1274 : l'immeuble vendu est l'objet d'une hypothèque inscrite entre la signature de la vente et sa publication ; la cour d'appel estime que le trouble juridique à la jouissance de ce bien n'a été créé qu'après la vente, du fait de l'inscription de l'hypothèque par le créancier ; cassation : la constitution de l'hypothèque judiciaire sur les biens du débiteur résulte non de son inscription mais du jugement de condamnation qui lui donne naissance, de sorte que le trouble de droit qui en résultait existait au moment de la vente. – *Adde* Cass. 1re civ., 28 avr. 1976 : *RTD civ.* 1976, 792, Cornu. – Dans les cessions de bloc de contrôle de sociétés, les parties vont aménager des conventions de garantie de passif destinée à prévenir le passif qui apparaîtrait après la vente et dont l'origine se trouverait antérieurement à celle-ci, V. *infra*, n° 229. – Est également couverte par la garantie, l'éviction résultant d'une faute du vendeur postérieure à la vente (V. H., J. et L. Mazeaud et M. de Juglart, *op. cit.*, n° 963).

(915) Ce n'est plus le cas « lorsque le trouble de droit causé à l'acheteur par un tiers est la conséquence d'une faute commise par l'acheteur, qui a, par exemple, négligé d'interrompre l'usucapion commencée par un tiers, ou s'il est le résultat de la force majeure » (H., J. et L. Mazeaud, et M. de Juglart, *op. cit.*, n° 963).

(916) Cass. 1re civ., 10 mai 1995 : *Bull. civ.* 1995, I, n° 203. – Cass. 1re civ., 15 oct. 1996 : *Contrats, conc. consom.* 1997, n° 5, obs. L. Leveneur (le distributeur savait que les produits qu'il vendait étaient contrefaisants, il ne peut exercer d'action en garantie contre son propre vendeur). L'action en garantie de l'acquéreur professionnel contre le vendeur de produits contrefaisants était alors généralement fermée au premier, la jurisprudence déclare la nullité de la vente de produits contrefaisants. – V. *supra*, n° 113. – Cass. 1re civ., 21 mars 2000, n° 98-10.828 : *Defrénois* 2000, 1177 (l'acheteur revend le véhicule en connaissant sa provenance délictueuse).

l'article 1640 du Code civil prévoit que « la garantie pour cause d'éviction cesse lorsque l'acquéreur s'est laissé condamner par un jugement en dernier ressort, ou dont l'appel n'est plus recevable, sans appeler son vendeur, si celui-ci prouve qu'il existait des moyens suffisants pour faire rejeter la demande »(917). Cette action est indépendante ; elle sera encore engagée par l'acquéreur qui subit seulement une menace d'éviction : celui-ci, qui a payé le prix, n'a pas à supporter le risque d'une éviction future(918).

202. – Clauses. Le contrat peut non seulement étendre la garantie du vendeur du fait d'une éviction causée par un tiers – ce qui est rare en pratique – mais surtout l'écarter – ce qui est nettement plus fréquent (C. civ., art. 1627). L'efficacité de ces clauses de non-garantie n'est toutefois pas totale. La jurisprudence interprète restrictivement ces dispositions(919) qui ne jouent pas lorsque le vendeur est de mauvaise foi. Leur licéité devient douteuse lorsque le vendeur est un professionnel(920). En tout état de cause, même au cas de stipulation de non-garantie, le vendeur fût-il de bonne foi est tenu de restituer le prix à l'acquéreur évincé, à moins que ce dernier n'ait connu lors de la vente le danger de l'éviction(921) ou qu'il n'ait acheté à ses risques et périls (C. civ., art. 1629)(922). La disposition est avantageuse pour l'acquéreur en ce que le vendeur de bonne foi ne peut limiter sa responsabilité au dommage prévisible, contrairement au droit commun (C. civ., art. 1231-3).

b) Les effets de la garantie d'éviction

203. – Distinctions. Les effets de la garantie sont soumis à des règles particulières, favorables à l'acheteur évincé, que le droit commun a néanmoins vocation à compléter pour les questions indemnitaires(923).

Lorsque l'acquéreur est *totalement évincé*, il peut demander au vendeur :

– la restitution du prix (C. civ., art. 1630-1°). C'est le plancher des restitutions consécutives à la mise en jeu de la garantie. Nous avons déjà relevé que le vendeur est tenu de restituer le prix perçu même en présence d'une clause de non-garantie (V. *supra*, n° 202). C'est la particularité de la garantie d'éviction : le prix doit être restitué même lorsque, à l'époque de l'éviction, la chose vendue a perdu de la valeur ou a été détériorée par la négligence de l'acheteur ou des accidents de force majeure : le vendeur n'en est pas moins tenu de restituer la totalité du prix (C. civ.,

(917) Pour une rare application de ce texte, V. Cass. 1re civ., 5 nov. 1991 : *Bull. civ.* 1991, I, n° 300 ; *RTD civ.* 1992, p. 576, n° 1, obs. P.-Y. Gautier.

(918) Cass. 1re civ., 20 mars 1990, n° 87-19.162 : *Bull. civ.* 1990, I, n° 70, « [l'acquéreuse] se voyant menacée d'éviction par la société Crédit Ford, qui avait été judiciairement autorisée à se prévaloir de son droit de créancier gagiste sur le véhicule automobile gagé, la cour d'appel a pu considérer que l'obligation pesant sur [le vendeur] de garantir [l'acquéreuse] contre cette éviction n'était pas sérieusement contestable ».

(919) Ainsi la clause qui ne garantit pas la désignation et la contenance ne dispense pas le vendeur de la garantie d'éviction (V. not. Cass. 1re civ., 3 janv. 1967 : *D.* 1967, p. 430 ; *RTD civ.* 1967, p. 654, obs. G. Cornu). – Cass. 1re civ., 7 juill. 2010, n° 09-12.055 : *RTD civ.* 2010, 794, P.-Y. Gautier.

(920) V. *infra*, n° 228.

(921) La Cour de cassation a ainsi justement estimé que « la personne qui a participé à une contrefaçon en mettant en vente un produit qu'elle savait être contrefaisant n'est pas fondée à obtenir la garantie de son vendeur pour l'éviction qu'elle subit, qui est de son fait » (Cass. 1re civ., 15 oct. 1996 : *Contrats, conc. consom.* 1997, comm. 5, note L. Leveneur).

(922) La vente devient alors aléatoire, ce qui explique l'absence de garantie (V. *supra*, n° 123).

(923) C. civ., art. 1639 : « Les autres questions auxquelles peuvent donner lieu les dommages et intérêts résultant pour l'acquéreur de l'inexécution de la vente, doivent être décidées suivant les règles générales établies au titre des contrats ou des obligations conventionnelles en général ». – Ce qui suppose que l'acquéreur éprouve un préjudice que ne répare pas la seule restitution du prix.

art. 1631). Toutefois, si l'acquéreur a profité des dégradations qu'il aurait faites, le vendeur pourra retenir sur le prix une somme égale à ce profit (C. civ., art. 1632). Le vendeur devra également le paiement de la plus-value acquise par la chose vendue, à l'époque de l'éviction[924], même si cette plus-value n'est pas le fait de l'acheteur (C. civ., art. 1633). Là aussi, on verra une faveur pour l'acquéreur évincé ;

– la restitution des fruits lorsqu'il est obligé de les rendre au propriétaire *verus dominus* qui l'évince (C. civ., art. 1630-2°)[925] ;

– les frais faits sur la demande en garantie de l'acheteur, et ceux faits par le demandeur originaire (C. civ., art. 1630-3°) ;

– le remboursement de toutes les réparations et améliorations utiles qu'il aura faites sur le fonds (C. civ., art. 1634)[926] ;

– le remboursement de toutes les dépenses, même voluptuaires ou d'agrément faites au fonds lorsque le vendeur a vendu de mauvaise foi (C. civ., art. 1635) ;

– des dommages-intérêts[927], ainsi que « les frais et loyaux coûts du contrat » (C. civ., art. 1630-4°).

En cas *d'éviction partielle*, l'acheteur peut demander la résolution de la vente qui n'interviendra que si « elle est de telle conséquence, relativement au tout, que l'acquéreur n'eût point acheté sans la partie dont il a été évincé » (C. civ., art. 1636). Si la vente n'est pas résolue, la valeur de la partie dont l'acquéreur se trouve évincé lui est remboursée suivant l'estimation à l'époque de l'éviction[928]. Comme pour l'éviction totale (V. *supra*, même numéro), il bénéficie de la plus-value si la valeur de la chose a augmenté. Si cette valeur a diminué, il supporte alors la moins-value (C. civ., art. 1637).

L'article 1638 prévoit des règles comparables lorsque l'acheteur supporte des servitudes non apparentes[929]. Il peut demander la résolution du contrat qui ne sera accordée que si l'importance de la charge permet de présumer que l'acquéreur n'aurait pas acheté s'il avait connu celle-là. Il peut se contenter d'une indemnité.

(924) Cass. 3e civ., 7 juill. 2010, préc. – Par époque de l'éviction, la Cour de cassation estime qu'il faut retenir la date de la décision constatant l'éviction (Cass. 3e civ., 16 janv. 1991 : *D.* 1992, p. 109, note F.-X. Testu ; *RTD civ.* 1992, p. 408, n° 3, obs. P.-Y. Gautier). – « Il serait plus juste, conformément au droit commun de la responsabilité contractuelle et de la dette de valeur, d'évaluer l'immeuble au jour du jugement condamnant le vendeur à indemniser l'acheteur » (Ph. Malaurie, L. Aynès et P.-Y. Gautier, n° 293). – Cass. 3e civ., 27 oct. 2016, n° 15-21.495 : *D.* 2016, p. 2214.

(925) Rappelons que ce n'est que lorsqu'il est de mauvaise foi que le possesseur est tenu de restituer les fruits au propriétaire qui l'évince (C. civ., art. 549). On a relevé que l'article 1630-2 devait être combiné avec l'article 1599 qui, rappelons-le, prévoit que « la vente de la chose d'autrui est nulle ; elle peut donner lieu à des dommages-intérêts lorsque l'acheteur a ignoré que la chose fût à autrui » (V. *supra*, nos 118 et s.). Ce texte prive donc l'acheteur de mauvaise foi de toute indemnisation alors que l'article 1630-2° lui permet de demander au vendeur indemnisation pour les fruits qu'il est tenu de restituer en raison de sa mauvaise foi. La contradiction n'est qu'apparente : « Lorsque l'acheteur était de bonne foi lors de la conclusion de la vente, c'est-à-dire lorsqu'il ignorait à ce moment qu'il acquérait *a non domino*, il a, en vertu de l'article 1599, le droit de se faire indemniser par le vendeur. S'il apprend ensuite que son vendeur n'était pas propriétaire, à partir de ce moment, il perçoit les fruits sachant qu'il n'est pas propriétaire ; il les perçoit donc de mauvaise foi. Il doit alors, en vertu de l'article 1630-2°, restituer ces fruits au véritable propriétaire. Mais, puisqu'il a acheté de bonne foi, il peut s'en faire indemniser par le vendeur » (H., J. et L. Mazeaud, *op. cit.*, n° 967).

(926) Le paiement des impôts fonciers ne relève pas de cette catégorie (Cass. 3e civ., 16 janv. 1991, préc.). L'indemnisation au titre des constructions et installations relève, par ailleurs, d'une action engagée contre le véritable propriétaire sur le fondement de l'article 555 du Code civil (V. Cass. 3e civ., 10 juill. 1970 : *Bull. civ.* 1970, III, n° 484).

(927) Les impôts fonciers payés par l'acquéreur évincé qui ne constituent pas des réparations et améliorations utiles faites au fonds au sens de l'article 1634 du Code civil (V. note précédente) peuvent, en revanche, être compris dans les dommages et intérêts visés par l'article 1630-4° du Code civil.

(928) V. Cass. 3e civ., 21 mars 2001 : *Contrats, conc. consom.* 2001, n° 121, L. Leveneur ; *Defrénois* 2001, 1064, R. Libchaber ; *RTD civ.* 2001, p. 614, P.-Y. Gautier ; *JCP G* 2001, IV, n° 1930.

(929) Règles qui doivent être étendues à toutes les charges non déclarées. – Cass. 3e civ., 21 mars 2001 : *JCP G* 2001, IV, n° 1929. – Sur le concours entre l'action en non-déclaration d'une servitude non apparente prévue par l'article 1638

2° La garantie des vices cachés

204. – Le Code civil. Suivant l'article 1641 du Code civil :

> **« Le vendeur est tenu de la garantie à raison des défauts cachés de la chose vendue qui la rendent impropre à l'usage auquel on la destine, ou qui diminuent tellement cet usage, que l'acheteur ne l'aurait pas acquise, ou n'en aurait donné qu'un moindre prix, s'il les avait connus ».**

Le vendeur est ainsi tenu de garantir les vices « cachés » de la chose qui en empêchent l'usage ou l'affectent à un degré tel que l'acquéreur n'en aurait pas fait l'acquisition. Ce n'est plus la possession paisible, mais le bon usage de la chose vendue qui devient l'objet de la garantie. La garantie des vices cachés est une action originale et indépendante de celle en responsabilité : « le vice caché, lequel se définit comme un défaut rendant la chose impropre à sa destination, ne donne pas ouverture à une action en responsabilité contractuelle »(930). Le garant intervient plus comme un assureur que comme un responsable (V. *supra*, n° 194).

205. – Sources, évolution et prospective. À nouveau, spectaculaire est l'expansion contemporaine de la garantie des vices.

Le droit romain classique ne rendait le vendeur responsable des vices de la chose qu'en vertu de clauses spécialement convenues ou de la mauvaise foi de celui-ci(931). Ce sont les *édiles curules*, officiers de police chargés de la surveillance des marchés, qui en déclaraient responsables de droit les vendeurs d'animaux domestiques et d'esclaves(932). Ces règles particulières aux marchés commerciaux seront généralisées dans le droit de Justinien, de sorte que les vendeurs de toutes espèces de choses, même inanimées, voyaient leur responsabilité engagée relativement aux vices de celles-ci qu'ils ignoraient.

Le système de garantie institué par le Code civil est directement inspiré de ces dispositions ; son autorité reste supplétive.

Mais à nouveau l'essor moderne de la société de consommation allait influer sur le jeu classique et les sources de la garantie. L'augmentation des produits de haute technologie (chaîne hi-fi, ordinateur, téléphonie mobile...) accroissait les risques d'insatisfaction, voire d'insécurité de l'acquéreur-consommateur. Sous l'influence de la doctrine, la jurisprudence française s'est considérablement développée au début des années 1960 pour faire de la garantie l'outil de protection du consommateur, par excellence. Enfin, l'influence communautaire et internationale devient omniprésente.

---

du Code civil et la garantie des vices cachés : jugé qu'une servitude non apparente ne constitue pas un vice caché mais relève des seules dispositions de l'article 1638 du Code civil : Cass. 3e civ., 27 févr. 2013, n° 11-28.783 : *LPA* 17 mai 2013, n° 99, p. 10, note Y. Daggorne-Labée ; dans le même sens : Cass. 3e civ., 6 juill. 2023, n° 22-13.179).

(930) Cass. com., 19 mars 2013, n° 11-26.566 : *JCP G* 2013, 705, note G. Pillet ; *JCP E* 2013, 1309, note S. Le Gac-Pech ; *Contrats, conc. consom.* 2013, n° 129, obs. L. Leveneur ; *D.* 2013, p. 1947, note A. Honteyberie ; *D.* 2013, p. 835, obs. X. Delpech.

(931) R. Monier, *Manuel élémentaire de droit romain, Les obligations*, t. 2, Domat-Montchrestien, 5e éd., nos 123 et s. – F. Zénati-Castaing et Th. Revet, *Cours de droit civil – Vente, Échange*, préc., nos 66 et s.

(932) V. J.-P. Marguénaud, *L'animal en droit privé*, PU Limoges, PUF, 1992, p. 226 et s.

La convention de Vienne sur la vente internationale institue un système « moniste » de recours au profit de l'acheteur dont on a déjà pu mesurer l'ascendant sur le droit français (V. *supra*, n° 181). Mais c'est dans le cadre de diverses initiatives communautaires lancées depuis plus de vingt ans que réside le ferment des mutations futures de la garantie et du droit de la vente. La directive du 25 juillet 1985, laborieusement transposée par la loi du 19 mai 1998, relative à la responsabilité du fait des produits défectueux vise à garantir du « défaut de sécurité » ; elle a contribué à l'émancipation de l'obligation de sécurité du champ de la garantie (V. *infra*, n° 241). La publication, le 15 novembre 1993, du Livre vert de la Commission européenne sur les garanties de biens de consommation et les services après-vente a servi de source d'inspiration à l'élaboration de la directive du 25 mai 1999 sur « certains aspects de la vente et des garanties des biens de consommation » dont l'objectif est de créer un socle minimal de droits au profit du consommateur européen ; celle-ci a été transposée par l'ordonnance du 17 février 2005 dans le Code de la consommation (remodelé en dernier état par la loi n° n° 2017-203 du 21 février 2017 portant ratification de l'ordonnance n° 2016-301 du 14 mars 2016). En retenant un régime moniste lié à une garantie dite « de conformité », ce texte institue bien un nouveau régime de recours complémentaire au Code civil ; la proposition de règlement relatif à un droit commun européen de la vente est de la même veine(933). L'opportunité de ces textes est souvent associée aux pratiques développées par la distribution moderne et au caractère désormais transfrontalier des achats effectués par les particuliers : l'ombre de *l'Internet* sur le droit de la vente.

Dans les ventes de biens fabriqués en série, les fabricants et distributeurs n'ont pas manqué d'introduire dans leurs conditions générales de ventes des clauses dérogatoires au régime du Code civil, tantôt pour limiter ou exclure le régime légal, tantôt – et c'est le paradoxe – pour augmenter, au moins en apparence, le poids de la garantie qu'ils supportaient déjà. C'est que la *garantie commerciale* devient alors un argument de vente supplémentaire, support de communication publicitaire, destiné à impressionner un consommateur qui, la plupart du temps, ignore tout de la garantie légale(934). De la sorte s'est développé un système spécifique et cohérent de *garantie conventionnelle* des vices cachés, différent sur bien des plans du système de la *garantie légale* issu du Code civil.

Nous étudierons ce dernier (*a*) avant d'évoquer le premier (*b*).

a) La garantie légale des vices cachés dans la vente

206. – Garantie des vices et vices du consentement ; concours d'actions. Les difficultés de concilier le régime de la garantie avec d'autres systèmes de recours dont peut disposer l'acquéreur ont déjà été rencontrées à l'occasion de l'étude de l'obligation de délivrance (V. *supra*, n° 181). De nouvelles discussions se font jour si l'on considère la proximité du vice caché et de l'erreur (consécutive ou non à un dol) dès lors que l'absence d'une qualité décisive de la chose se révèle postérieurement à la vente.

(933) V. *infra*, n°s 250 et s.
(934) V. P. Ancel, *La garantie conventionnelle des vices cachés dans les conditions générales de la vente en matière mobilière : RTD com.* 1979, p. 203 et s.

À première vue la distinction peut s'opérer en regard d'un critère chronologique : l'erreur intéresse le consentement à la formation du contrat, alors que la garantie des vices s'attache à l'usage lors de l'exécution du contrat[935]. Mais le défaut dont l'acheteur n'avait pas connaissance peut aussi affecter l'usage ultérieur de la chose : il y erreur car le consentement de l'acquéreur a été vicié (peu importe la bonne foi du vendeur) ; il y a aussi vice caché car l'usage de la chose est affecté[936]. L'intérêt de distinguer les deux types de recours tient moins à leurs conditions de mise en œuvre, très proches[937], qu'à leurs effets : l'erreur emportera la sanction objective de la nullité relative, dont l'action se prescrit par cinq ans[938], la garantie offre des sanctions spécifiques et variées (V. *infra*, n°s 224 et s.) mais doit être exercée dans un délai déterminé (V. *infra*, n° 220). Lorsque l'erreur est la conséquence d'un vice caché existant au jour du consentement, l'acquéreur dispose-t-il du choix de son action ? La doctrine traditionnelle était favorable au libre choix[939]. La jurisprudence s'est divisée de la même manière qu'elle l'avait fait pour délimiter les domaines de la garantie et de la délivrance (V. *supra*, n° 181).

Après avoir adopté, un temps, la position inverse, la première chambre civile a admis le cumul des actions et la liberté de choix de l'acquéreur, en décidant que l'action en nullité pour erreur n'était pas soumise au bref délai qui hier était requis de l'action fondée sur la garantie[940] ; la chambre commerciale retenait également cette solution[941] ; en revanche la troisième chambre civile refusait tout concours d'actions ou, plus exactement décidait que l'action en nullité, fondée sur l'erreur, devait être soumise à l'exigence du bref délai autrefois posée à la garantie[942]. À l'appel de certains[943] – tout comme elle l'avait fait en 1993 en refoulant l'obligation de délivrance hors du domaine de la garantie (V. *supra*, n° 181) –, la première chambre civile jugeait en 1996 que « la garantie des vices cachés constituant l'unique fondement possible de l'action exercée (le demandeur) ne pouvait prétendre à des dommages et intérêts sur celui de l'erreur »[944]. Ainsi l'action spéciale (en garantie)

(935) Par ex., le tableau n'est pas authentique, il y a erreur ; mais l'erreur qui porte sur l'authenticité n'affecte pas l'usage de la chose, il n'y a pas vice caché. – Comp. Cass. com., 22 juin 2022, n° 20-11.846 : *RDC* déc. 2022, p. 38, obs. L. Thibierge : « les parties peuvent convenir, expressément ou tacitement, que le fait que le bien, objet d'une vente, remplisse les conditions d'éligibilité à un dispositif de défiscalisation constitue une qualité substantielle de ce bien ».

(936) Par ex., le véhicule vendu a été « fabriqué » au moyen de deux véhicules accidentés, il y a erreur sur une qualité substantielle de la chose vendue, mais le véhicule « reconstitué » est aussi impropre à la circulation, les services de la préfecture refusent d'en délivrer la carte grise. – V. Cass. 1re civ., 28 juin 1988 : *D.* 1989, 450, C. Lapoyade Deschamps ; *RTD civ.* 1989, p. 342, obs. Ph. Rémy ; *GAJ civ.*, préc., n° 180, p. 740.

(937) Alors que l'erreur sur la substance s'apprécie en principe *in concreto* (au regard de tel acheteur, pour tel usage essentiel), la garantie des vices s'apprécie *in abstracto* (au regard de l'usage normal que tout acheteur ferait).

(938) Si le seul fondement de l'erreur est insuffisant pour obtenir des dommages et intérêts, l'*errans* devra en outre démontrer la faute du contractant et, de la sorte, fonder son action sur le dol (C. civ., art. 1116) ou le seul jeu des mécanismes de responsabilité civile s'il ne recherche pas la nullité (C. civ., art. 1382 et 1383).

(939) V. Planiol et Ripert, t. 4 par Esmein, n° 184.

(940) Cass. 1re civ., 28 juin 1988, préc. – Cass. 1re civ., 28 juin 1989 : *Bull. civ.* 1989, I, n° 268 ; *RTD civ.* 1990, p. 100, obs. Ph. Rémy. – Mais *contra*, Cass. 1re civ., 19 juill. 1960 : *Bull. civ.* 1960, I, n° 408 ; *RTD civ.* 1961, p. 332, J. Carbonnier.

(941) Cass. com., 8 mai 1978 : *Bull. civ.* 1978, IV, n° 135.

(942) Cass. 3e civ., 11 févr. 1981 : *Bull. civ.* 1981, III, n° 131 ; *JCP* G 1982, II, 19758, note J. Ghestin ; *D.* 1981, inf. rap. p. 440, obs. Ch. Larroumet ; *RTD civ.* 1981, p. 860, Ph. Rémy. L'arrêt ne dit pas que l'action en nullité (pour erreur) est impossible quand il y a vice caché, mais elle soumet la première au régime du bref délai, propre à l'action en garantie.

(943) V. au sein d'une doctrine importante, O. Tournafond, *Les prétendus concours d'actions et le contrat de vente* : *D.* 1989, chron. p. 237 et s. – F. Bussy-Dunaud, *Le concours d'actions en justice entre les mêmes parties*, LGDJ, coll. « Bibl. dr. privé », 1988, t. 201, préf. J. Ghestin. – *Adde* les références citées *supra*, à propos du défaut de conformité, n° 140.

(944) Cass. 1re civ., 14 mai 1996 : *Bull. civ.* 1996, I, n° 327 ; *JCP* G 1997, I, 4009, chron. Ch. Radé. – *Adde* D. Boulanger, *Erreur, non-conformité, vice caché : la fin d'une confusion* : *JCP* N 1996, I, p. 1585. – Cass. 3e civ., 7 juin 2000 : *D.* 2002, somm. p. 1002, obs. O. Tournafond ; *Contrats, conc. consom.* 2000, n° 159, L. Leveneur ; *GAJ civ.*, Dalloz, 11e éd., par F. Terré et

venait refouler l'action générale (sur le terrain des vices du consentement). Pourtant ce non-cumul n'allait pas de soi : l'action rédhibitoire s'attache à l'exécution du contrat, elle ne constitue pas en elle-même une action dérogatoire au droit commun des vices du consentement qui s'intéressent à la formation de l'acte juridique ; les sanctions associées à ces hypothèses restent différentes (dommages et intérêts sur le terrain de la garantie, nullité sur celui des vices). Enfin, la sévérité de cette jurisprudence qui fermait l'option d'actions à l'acheteur déçu était encore dénoncée(945). Aussi bien, la même chambre de la cour régulatrice est finalement venue admettre que l'action en garantie des vices cachés n'est pas exclusive de l'action en nullité pour dol(946). L'option ici ouverte devrait assurément s'élargir à l'erreur sur les qualités substantielles de la chose, en sorte que l'option d'actions entre vices cachés et vices du consentement devrait à nouveau être considérée comme ouverte mais cette évolution n'est pas actée par la jurisprudence(947).

Un autre concours d'actions est perceptible à l'égard du régime spécial de l'article 1638 du Code civil relatif à l'existence de servitudes non déclarées sur la chose vendue (V. *supra*, n° 203) : la Cour de cassation refuse d'assimiler l'action en non-déclaration d'une servitude non apparente à une action en garantie de vices cachés(948).

207. – Plan. Le régime légal de la garantie des vices cachés ne s'applique pas à toutes les ventes, ni de manière identique lorsqu'il joue. La délimitation du domaine (1) de la garantie légale précédera l'étude de son régime (2).

1) Domaine de la garantie légale des vices cachés

208. – La garantie légale est écartée pour certaines ventes. Certaines ventes ne connaissent pas de régime de garantie légale à la charge du vendeur. C'est le cas des ventes « faites par autorité de justice » (C. civ., art. 1649. – V. *supra*,

Y. Lequette, n° 253-254. – Cass. 1re civ., 12 juill. 2001 : *Bull. civ.* 2001, I, 2001, n° 125, p. 141, saisis d'une demande en nullité de la vente d'un véhicule pour erreur sur les qualités substantielles, fondée sur des défectuosités rendant le véhicule impropre à la circulation, les juges du fond ont l'obligation, aux termes de l'article 12, alinéa 2, du Nouveau Code de procédure civile, de rechercher si cette action ne doit pas être requalifiée en une demande en garantie des vices cachés. – Comp. Cass. 3e civ., 10 févr. 1999 : *Contrats, conc. consom.* 1999, n° 90, obs. L. Leveneur (vente d'une maison sans eau potable ; l'acquéreur obtient des dommages et intérêts pour réticence dolosive, mais n'y avait-il pas vice caché ?).

(945) V. F. Terré et Y. Lequette, préc. – L. Leveneur, note préc. – Y.-M. Serinet, *Erreur et vice caché : variations sur le même thème*, in *Mél. J. Ghestin*, LGDJ, 2001, p. 789.

(946) Cass. 1re civ., 6 nov. 2002 : *Bull. civ.* 2002, I, n° 260 ; *D.* 2002, inf. rap. p. 3190 ; *Contrats, conc. consom.* 2003, n° 38, note L. Leveneur ; *Dr. et patrimoine* févr. 2003, p. 109, obs. P. Chauvel. – Cass. 1re civ., 25 mai 2004 : *RDC* 2004, p. 973, F. Collart Dutilleul. – Comp. Cass. 3e civ., 29 nov. 2000 : *Contrats, conc. consom.* 2001, n° 41, obs. L. Leveneur.

(947) En ce sens, L. Leveneur, obs. préc. – C. Goldie-Genicon, *Contribution à l'étude des rapports entre le droit commun et le droit spécial des contrats, op. cit.*, nos 405 et s. – Comp. Cass. 3e civ., 17 nov. 2004, n° 03-14.958 : *Bull. civ.* 2004, III, n° 206, l'action des acquéreurs était exclusivement fondée sur la présence d'anciennes carrières de gypse qui entraîneraient des mouvements du sol et des désordres immobiliers, la cour d'appel a exactement retenu que la garantie des vices cachés constituant l'unique fondement possible de l'action exercée, il n'y avait pas lieu de rechercher si le consentement des acheteurs avait été donné par erreur. – Également Cass. 3e civ., 18 janv. 2023, n° 21-22.543 : *RDC* 2023, n° 2, p. 44, obs. L. Thibierge : dès lors que l'infestation parasitaire était constitutive d'un vice caché, « les demandes formées tant sur le fondement du manquement à l'obligation de délivrance de la chose vendue que sur celui du manquement au devoir d'information ne pouvaient être accueillies ». – La solution paraît d'autant regrettable que la cour régulatrice adopte une autre solution sur le terrain de l'obligation de délivrance conforme : V. Cass. 1re civ., 25 mars 2003, n° 00-22.058 : « étaient recevables les actions fondées, d'une part, sur la non-conformité de la chose vendue, et d'autre part, sur l'erreur commise sur une qualité substantielle de cette chose ». – Sur l'office du juge au cas de concours d'actions dans la vente, Cass. 1re civ., 20 janv. 2004, 14 déc. 2004 et 25 janv. 2005 : *RDC* 2005, obs. X. Lagarde.

(948) Une servitude non apparente ne constitue pas un vice caché, mais relève des seules dispositions de l'article 1638 du Code civil : Cass. 3e civ., 27 févr. 2013, n° 11-28.783 : *LPA* 17 mai 2013, n° 99, p. 10, note Y. Daggorne-Labée.

n° 149) mais, point des ventes consécutives à une décision de justice, spécialement en cas de liquidation judiciaire. Le saisi – car c'est lui le principal intéressé – qui n'a pas consenti à la vente ne peut de surcroît voir sa garantie appelée ; mais l'acquéreur-adjudicataire du bien, victime d'un vice caché, peut rechercher la garantie du propriétaire antérieur, auteur du saisi(949). Les ventes volontaires faites en la forme judiciaire par le libre choix des parties n'appellent pas le même régime dérogatoire et sont soumises au régime normal de la garantie légale(950).

La jurisprudence écarte encore la garantie dans les ventes aléatoires : l'aléa chasse la garantie.

209. – **La garantie légale est aménagée dans certaines ventes.** Sans écarter le principe d'une garantie légale, la loi aménage des régimes spéciaux de garantie propres à certaines ventes.

C'est le cas d'abord de la vente d'immeuble à construire pour laquelle un régime spécial de garantie du vendeur(951) a vocation à exclure le régime légal général de la vente(952).

L'autre régime de garantie spécifique est celui prêté aux ventes d'animaux tant le régime légal paraissait inadapté : être ou chose ? Un animal est une réalité complexe pour le droit, destinée à de multiples usages(953), de sorte qu'il serait divinatoire de désigner fermement l'usage normal attendu lors de l'achat. Une loi du 20 juin 1838 a soustrait au Code civil la garantie de vices en matière de vente d'animaux domestiques pour la soumettre au Code rural et de la pêche maritime (art. L. 213-1)(954). Mais les parties peuvent décider de se soumettre au droit commun, et la jurisprudence décèle aisément une convention tacite en ce sens(955).

210. – **La garantie légale de la vente est imitée.** Le régime de la garantie légale organisé aux articles 1641 et suivants du Code civil est naturellement propre au contrat de vente. Mais, nouvelle marque de la fascination qu'exerce ce contrat sur les autres(956), le régime de la garantie de la vente a été emprunté par nombre d'entre eux. Cette imitation est « naturelle » pour les contrats sur les choses qui sont dans l'ascendance directe de la vente : ainsi du bail (V. *infra*, n° 349) et, plus loin, du prêt à usage intéressé (V. *infra*, n° 403). L'observation est plus surprenante de certains contrats d'entreprise, mais la prestation de l'entrepreneur vise alors directement la réalisation d'une chose dont la propriété reviendra au client

(949) V. Cass. 1re civ., 3 mars 1992 : *Contrats, conc. consom.* 1992, comm. 112, note L. Leveneur.

(950) La logique commande la solution, un vieil arrêt aussi : Paris, 30 juill. 1867 : *DP* 1867, 2, p. 227.

(951) La garantie du vendeur s'étend, un mois après la réception, aux vices apparents (V. *infra*, n° 218) ; la garantie du vendeur est ensuite alignée sur la garantie spéciale des constructeurs de bâtiments, elle-même dérogatoire au sein du louage d'ouvrage (C. civ., art. 1792 à 1792-6. – V. *infra*, n° 484).

(952) V. Cass. 3e civ., 25 janv. 1995 : *Bull. civ.* 1995, III, n° 31 ; *D.* 1995, inf. rap. p. 47 ; *Defrénois* 1995, art. 36109, n° 81, p. 809, note Ph. Dubois. – Cass. 3e civ., 6 déc. 2005 : *Contrats, conc. consom.* 2006, comm. 66, obs. L. Leveneur.

(953) L'acheteur d'un animal peut songer à s'en faire un fidèle compagnon, à en faire un animal de garde, à le faire reproduire, à le manger… – V. J.-P. Marguénaud, *L'animal en droit privé*, *op. cit.*, p. 229.

(954) Le régime spécial procède par énumération des vices réputés rédhibitoires s'agissant d'animaux et impose un très bref délai d'action ; la pertinence du système reste douteuse aux spécialistes. – V. J.-P. Marguénaud, *op. cit.*, p. 231 et s. Singulière situation néanmoins qui veut que les règles de garantie, historiquement créées pour l'animal, ont été généralisées. – V. *supra*, n° 205, avant d'être exclues pour celui-ci. V. Cass. 1re civ., 30 sept. 2010 : *Contrats, conc. consom.* 2010, n° 268, L. Leveneur.

(955) V. Cass. 1re civ., 11 janv. 1989 : *Bull. civ.* 1989, I, n° 1. – *D.* 1989, inf. rap. p. 34 ; *JCP G* 1989, IV, 95 ; *Defrénois* 1989, art. 34595, n° 101, p. 1133, note G. Vermelle. – *Contra*, Cass. 1re civ., 6 mars 2001 : *JCP G* 2001, IV, 1787.

(956) Notamment à propos du prix, de l'obligation d'information.

de celui-ci (sur la garantie des constructeurs d'ouvrage, V. *infra*, n°s 482 et s.) ; cet emprunt illustre à nouveau la parenté qu'entretient le contrat d'entreprise dont le dénouement tient à la réalisation d'une chose avec la famille des contrats sur les choses (V. déjà, *supra*, n° 81).

2) Régime de la garantie légale des vices cachés

211. – Division. L'appréciation du *contenu* de la garantie invite à poser, et surtout à répondre, à un certain nombre de questions traditionnelles à propos de toute obligation (V. *supra*, n° 177) ; l'observation des *effets* de la garantie confirmera l'originalité de cette institution.

• Contenu de la garantie légale des vices cachés

212. – Qui doit garantie ? C'est le vendeur en l'état du droit positif(957) qui est le débiteur de l'obligation de garantie. Sa bonne ou mauvaise foi est indifférente quant au principe de la garantie ; en revanche, cet élément sera à considérer dans les effets de la garantie légale (V. *infra*, n° 226) et à l'égard d'éventuelles clauses limitatives de garantie, dans le cadre de la garantie conventionnelle (V. *infra*, n° 228).

213. – À qui le vendeur doit-il garantie ? À l'acheteur d'abord, au sous-acquéreur ensuite.

214. – À qui le vendeur doit-il garantie ? À l'acheteur. En l'état du droit positif(958), c'est d'abord l'acheteur qui bénéficie de la créance en garantie. Sa qualité de profane ou professionnel mérite néanmoins d'être prise en compte. Si l'acheteur consommateur, et plus généralement profane, bénéficie largement du régime des garanties légales, il n'en va pas de même de l'acheteur professionnel à raison de sa compétence présumée, difficilement conciliable avec le caractère caché que doit présenter le défaut affectant la chose pour la mise en jeu de la garantie ; l'acheteur professionnel pourra cependant établir son ignorance en faisant état du caractère indécelable du vice, la garantie légale lui sera ouverte (V. *infra*, n° 218).

À l'inverse le régime de garantie de *conformité* institué par l'ordonnance du 17 février 2005 qui transpose la directive du 25 mai 1999 est réservé au seul consommateur(959).

215. – À qui le vendeur doit-il garantie ? Au sous-acquéreur : la théorie des chaînes de contrats. Le sous-acquéreur d'un produit, déçu par celui-ci, ne devrait pouvoir exercer de recours sur le fondement du contrat de vente que contre son seul vendeur du fait du principe de l'effet relatif des contrats. Mais ce dernier, au pire, risque d'être insolvable, et au mieux, appellera en garantie son propre vendeur (fabricant). Sans doute, le sous-acquéreur peut-il actionner directement

(957) L'ordonnance du 17 février 2005 qui intègre la directive du 25 mai 1999 vise « le vendeur agissant dans le cadre de son activité professionnelle ou commerciale et l'acheteur agissant en qualité de consommateur » (C. consom., art. L. 217-3) et étend le principe de cette garantie aux *contrats de fourniture de biens meubles à fabriquer ou à produire* (C. consom., art. L. 217-1). – V. *infra*, n° 231. – Sur l'extension au producteur de l'obligation de sécurité, V. *infra*, n° 241.

(958) La loi du 19 mai 1998 qui transpose la directive du 25 juillet 1985 étend le bénéfice de la protection qu'elle institue au-delà du seul contractant du vendeur. – V. *infra*, n° 241.

(959) V. *infra*, n°s 230 et s.

ce même fabricant, mais en se plaçant cette fois sur le terrain délictuel, avec les inconvénients (de preuve notamment) traditionnellement attachés à ce régime de responsabilité. C'est pourquoi, en dépit de l'article 1199 du Code civil, une jurisprudence, constante depuis 1820 reconnaît au sous-acquéreur une action directe contractuelle, spécialement en garantie, contre l'auteur de son vendeur (fabricant) et, plus généralement, contre n'importe lequel des vendeurs situés en amont de la chaîne des contrats de vente et revente du même bien(960). Le bénéfice de cette jurisprudence ne devrait pas être perturbé par la reconnaissance légale, en droit commun, de la notion de l'action directe (C. civ., art. 1341-3)(961). Il faut préciser le *domaine*, puis le *régime* de cette action directe avant de s'interroger sur son *fondement*.

Initialement limité à l'obtention de dommages et intérêts, le *domaine* de l'action directe s'est progressivement étendu d'abord à l'action rédhibitoire, caractéristique de la garantie (V. *infra*, n° 225)(962), puis à l'action en non-conformité de la chose livrée, consécutive à l'inexécution de l'obligation de délivrance(963). Aujourd'hui cette action s'étend à l'ensemble des obligations du vendeur(964).

Au-delà, ensuite, des seules chaînes homogènes translatives de propriété (Vente + Vente), l'action directe contractuelle a été admise dans le cadre de chaînes hétérogènes (Vente + Entreprise) emportant acquisition de propriété au

(960) Cass. civ., 25 janv. 1820 : S. 1820, 1, p. 213, et jurisprudence constante. Seule fausse note : le contexte international de la chaîne de contrats où l'action directe « passe » mal. Première illustration : un arrêt de la Cour de justice des Communautés européennes qui concernait l'interprétation de la convention de Bruxelles sur la compétence judiciaire ; cette convention pose une règle de compétence spéciale en matière contractuelle ; un sous-acquéreur veut agir contre un fabricant allemand, il invoque la règle spéciale qui en l'occurrence fonde la compétence des juridictions françaises, la Cour refuse au motif que son action ne relève pas de la matière contractuelle, CJCE, 17 juin 1992 : *JCP* G 1992, II, 21927, note Ch. Larroumet ; *JCP* E 1992, II, 363, note P. Jourdain ; *ibid.*, G 1993, I, 3664, obs. G. Viney ; *ibid.*, G 1993, I, 3666, note M.-C. Boutard-Labarde.-Dans le même sens, V. CJUE, 7 févr. 2013, aff. C-543/10 : *D.* 2013, 1110, obs. S. Bollée (une clause attributive de juridiction, insérée dans un contrat de vente conclu entre le fabricant d'un bien et l'acquéreur initial, ne peut être opposée au sous-acquéreur qui n'y a pas directement consenti) et Cass. 1re civ., 11 sept. 2013, n° 09-12.442, qui applique cette jurisprudence. – Cette jurisprudence est propre à l'interprétation de cette convention et du règlement communautaire Bruxelles I bis, la Cour de cassation a postérieurement réaffirmé l'actualité de l'action directe contractuelle en droit interne. – V. arrêts cités *infra*. Néanmoins un deuxième arrêt, de la Cour de cassation cette fois, est venu rappeler les limites nationales de cette jurisprudence. Une société française avait fait l'acquisition d'un système frigorifique auprès d'un vendeur français qui tenait celui-ci, indirectement, du fabricant américain. Dans l'action intentée contre ce dernier, la société française invoquait le bénéfice de la Convention de Vienne sur la vente internationale, d'autant que le contrat initial comportait une clause de garantie formulée par le fabricant au profit de tout usager. À l'encontre des juges du fond (V. CA Grenoble, 15 mai 1996 : *D.* 1997, somm. p. 221, C. Witz), la Cour de cassation refuse au sous-acquéreur la faculté de se prévaloir contre le fabricant étranger de cette convention qui « régit exclusivement les droits et obligations qu'un tel contrat fait naître entre le vendeur et l'acheteur », Cass. 1re civ., 5 janv. 1999 : *JCP* E 1999, p. 962, note L. Leveneur ; *D.* 1999, p. 383, obs. C. Witz ; *Rev. crit. DIP* 1999, p. 520, note V. Heuzé ; *RTD civ.* 1999, p. 503, obs. J. Raynard. L'exigence d'interprétation uniforme de ces conventions internationales paraît à même de justifier les solutions alors que l'action directe reste une construction peu exportée auprès des juges étrangers.

(961) Le texte prévoit que : « Dans les cas déterminés par la loi, le créancier peut agir directement en paiement de sa créance contre un débiteur de son débiteur ». – La référence aux (seuls) cas déterminés par la loi ne devrait pas consacrer une conception exclusivement légaliste de l'action directe, limitant celle-là aux seules hypothèses prévues par les textes.

(962) Cass. com., 17 mai 1982 : *Bull. civ.* 1982, IV, n° 182 ; *JCP* G 1982, IV, p. 268 ; *RTD civ.* 1983, p. 135, obs. G. Durry ; *D.* 1983, inf. rap. p. 479, obs. Ch. Larroumet. – Cass. 1re civ., 4 mars 1997 : *Contrats, conc. consom.* 1997, n° 93, obs. L. Leveneur.

(963) Cass. 1re civ., 9 mars 1983 : *Bull. civ.* 1983, I, n° 92 ; *RTD civ.* 1983, p. 753, obs. Ph. Rémy. – Puis Cass. ass. plén., 7 févr. 1986. – V. *supra*, n° 181.

(964) Pour la garantie d'éviction, V. Cass. 3e civ., 28 mars 1990 : *Bull. civ.* 1990, III, n° 93 ; *D.* 1990, inf. rap. p. 96. Pour l'obligation d'information, V. Cass. 1re civ., 23 avr. 1985, préc. – Pour l'action engagée sur le fondement de la faute dolosive du constructeur, V. Cass. 3e civ., 12 juill. 2018, n° 17-20.627 : *JCP* G 2018, 1041, note C. Larroumet ; *Defrénois* 2018, n° 46, p. 33, obs. H. Lecuyer. – Pour l'obligation de sécurité, V. Cass. 1re civ., 27 janv. 1993 : *Bull. civ.* 1993, I, n° 44 ; *RTD civ.* 1993, p. 592, obs. J. Mestre ; *D.* 1994, somm. p. 238, obs. O. Tournafond.

profit du maître de l'ouvrage ; celui-ci en effet venait à acquérir la propriété de la chose (immeuble) que l'entrepreneur réalisait sur son terrain : « Le maître de l'ouvrage comme le sous-acquéreur jouit de tous les droits et actions attachés à la chose »(965). En revanche, le bénéfice de l'action directe est refusé dans le cadre de chaîne homogène non translative de propriété au détriment du maître de l'ouvrage désireux d'agir, au plan contractuel, contre le sous-traitant (Entreprise + Entreprise)(966).

Le *régime* de cette action a été précisé par la jurisprudence. L'action du sous-acquéreur est nécessairement de nature contractuelle(967) ; de fait, en vertu de la règle de non-cumul des responsabilités, celui-ci ne dispose pas de la faculté de porter son action sur le terrain de l'article 1240 du Code civil (ce dont le sous-acquéreur pourrait parfois avoir intérêt)(968).

L'action du sous-acquéreur est alors « celle de son auteur, c'est-à-dire celle du vendeur intermédiaire contre le vendeur originaire, et (...) ce dernier ne peut être tenu de restituer davantage qu'il n'a reçu (...) »(969). Il s'ensuit que le fabricant doit être en droit d'opposer au sous-acquéreur, même consommateur, la clause limitative de garantie qui figure dans le contrat que le premier a conclu avec le vendeur intermédiaire, professionnel(970) ; qu'en revanche la clause de non-garantie stipulée dans une vente intermédiaire n'est pas opposable à l'action directe du sous-acquéreur contre le fabricant(971) ; il suit toujours que le sous-acquéreur consommateur ne peut se prévaloir de la garantie légale de conformité du Code de la consommation à l'encontre du fabricant dès lors que le vendeur-intermédiaire ne bénéficiait pas d'une telle voie de droit(972) ; il s'ensuit encore que le sous-acquéreur n'obtiendra du fabricant, au titre de l'action dite « rédhibitoire » (V. *infra*, n° 225) restitu-

(965) Cass. ass. plén., 7 févr. 1986, cité *supra*, n° 179. – *Adde* Cass. 1re civ., 26 mai 1999 : *Contrats, conc. consom.* 1999, n° 153, obs. L. Leveneur (action de l'acquéreur d'un chalutier contre le réparateur de son vendeur). – Pour la garantie décennale du constructeur s'agissant de désordres révélés avant la vente, Cass. 3e civ., 23 sept. 2009 : *RDC* 2010, 589, O. Deshayes ; *RLDI* déc. 2009, chron. C. Charbonneau (V. *infra*, n° 484).

(966) Cass. ass. plén., 12 juill. 1991 ; sur cet arrêt, V. *infra*, n° 492. Mais la jurisprudence ultérieure se révèle byzantine : qu'un intermédiaire ne puisse être tenu contractuellement et la « chaîne » est rompu : le maillon faible ! À l'égard d'un maître d'ouvrage, le fournisseur (vendeur) d'un sous-traitant voit sa responsabilité engagée sur le même fondement que le sous-traitant : conséquence, le fournisseur est délictuellement responsable envers un maître de l'ouvrage d'un défaut de conseil du sous-traitant, Cass. 3e civ., 28 nov. 2001 : *Bull. civ.* 2001, III, n° 137 ; *Defrénois* 2002, art. 37486, p. 255, note R. Libchaber ; *RTD civ.* 2002, p. 104, obs. P. Jourdain. Mais l'arrêt paraît bien contredire la solution posée par l'assemblée plénière dans son arrêt du 7 février 1986, préc., aussi il n'a pas convaincu la cour de Paris : V. Paris, 10 janv. 2002 : *Resp. civ. et assur.* 2002, n° 143, note L. Grynbaum. Mais voilà maintenant un sous-traitant également fournisseur, l'action contractuelle du maître de l'ouvrage est admise : une chaîne de contrats d'entreprise avec fourniture de matière doit être considérée comme translative de propriété, support de l'action directe contractuelle. – V. Cass. com., 22 mai 2002 : *RTD civ.* 2003, p. 94, obs. P. Jourdain ; *D.* 1986, somm. p. 2843, obs. Ph. Delebecque.

(967) Cass. 1re civ., 9 oct. 1979 : *Bull. civ.* 1979, I, n° 241 ; *D.* 1980, inf. rap. p. 22, obs. Ch. Larroumet ; *RTD civ.* 1980, p. 355, obs. G. Durry.

(968) Notamment s'il se trouve hors « bref délai » (V. *infra*, n° 220), ou s'il se voit opposer une clause limitative de garantie par le fabricant (V. *infra*, n° 228).

(969) Cass. 1re civ., 27 janv. 1993 : *Bull. civ.* 1993, I, n° 45 ; *JCP E* 1993, I, 231, n° 5, obs. J. R. ; *Contrats, conc. consom.* 1993, chron. 5, L. Leveneur.

(970) Pour cette solution : Cass. 1re civ., 7 juin 1995 : *Bull. civ.* 1995, I, n° 248 ; *JCP G* 1995, I, 3893, obs. G. Viney et *JCP E* 1996, I, 617, n° 6, obs. D. Mainguy ; *D.* 1996, p. 395, note D. Mazeaud ; *Contrats, conc. consom.* 1995, comm. 159, note L. Leveneur. – Cass. com., 8 juin 1999 : *Contrats, conc. consom.* 1999, n° 157, note L. Leveneur ; *JCP E* 2000, p. 312, obs. D. Mainguy (sol. impl.). – Cass. 3e civ., 26 mai 1992 : *Bull. civ.* 1992, III, n° 175 ; *JCP G* 1992, I, 3625, nos 13 et s., G. Viney ; *JCP E* 1992, I, 199, n° 6, obs. J.-M. et M. Mousseron et J. Raynard. – Cass. 3e civ., 30 oct. 1991 : *Bull. civ.* 1991, III, n° 251. – Cass. 3e civ., 12 juin 1991 : *Bull. civ.* 1991, III, n° 166. – Contre cette solution : Cass. com., 26 mai 1992 : *Bull. civ.* 1992, IV, n° 210.

(971) Cass. 3e civ., 16 nov. 2005 : *RDC* 2006, p. 330, obs. D. Mazeaud. – Cass. 3e civ., 22 juin 2011 : *RDC* 2012, p. 1197, D. Mazeaud ; il suit que dans la chaîne A-B-C, la clause de non-garantie opposable par le vendeur intermédiaire à son propre acquéreur (B-C) ne fait pas obstacle à l'action directe de l'acquéreur final contre le vendeur (A-C).

(972) Cass. 1re civ., 6 juin 2018, n° 17-10.553 : *RDC* 2018, p. 542, note O. Deshayes.

tion que du seul prix reçu par le fabricant, et point celui payé par le sous-acquéreur et plus important à raison de la marge bénéficiaire du vendeur intermédiaire[973] ; il s'ensuit enfin que le caractère caché du vice, condition et objet de la garantie (V. *infra*, n° 217) doit être apprécié dans la personne du vendeur intermédiaire[974].

Le *fondement* de l'action directe nécessairement contractuelle a été recherché dans plusieurs mécanismes obligatoires[975] : ni la stipulation pour autrui tacite[976], ni davantage la cession de créance tacite[977], ne procurent une explication totalement satisfaisante. Un auteur y a vu un mécanisme correcteur empreint d'équité[978], ce qui est une manière d'expliquer le moyen par sa fin. Finalement, les auteurs se rallient à l'idée que les créances en garantie (comme en délivrance, en information, en sécurité) sont transmises au sous-acquéreur avec l'effet translatif de propriété, à titre d'accessoires de la chose vendue, *intuitu rei*[979]. La jurisprudence qui admet que le sous-acquéreur puisse agir à ce titre pour des dommages antérieurs à son achat participe de cette analyse[980]. C'est sans doute le fondement

(973) V. Cass. 1re civ., 27 janv. 1993, préc. – Cass. 1re civ., 16 avr. 1996 : *D. affaires* 1996, n° 26, p. 805. – Cass. 1re civ., 4 mars 1997 : *Contrats, conc. consom.* 1997, comm. 93, note L. Leveneur ; *Defrénois* 1997, p. 1343, obs. D. Mazeaud (le vendeur originel qui n'a pas été payé ne peut être tenu d'aucune restitution à l'égard d'un sous-acquéreur).

(974) La connaissance du vice par le vendeur intermédiaire professionnel devrait rendre irrecevable l'action directe – en garantie – du sous-acquéreur. – Contre cette analyse : Cass. com., 24 nov. 1987 : *Bull. civ.* 1987, IV, n° 250. – Dans la logique extrême de cette analyse : Cass. 3e civ., 28 oct. 1975 : *Bull. civ.* 1975, III, n° 311 (la connaissance du vice par le sous-acquéreur est indifférente pourvu que le vendeur intermédiaire ait ignoré celui-ci). – Cass. 1re civ., 20 juin 1995 : *Bull. civ.* 1995, I, n° 275.

(975) Depuis la grande thèse de B. Teyssié sur les groupes de contrat (*op. cit., supra*, Introduction), V. sans prétention d'exhaustivité les thèses de Ch. Jamin, *La notion d'action directe*, LGDJ, coll. « Bibl. dr. privé », 1991, t. 215, préf. J. Ghestin. – D. Mainguy, *La revente, op. cit.* – M. Bacache-Gibeili, *La relativité des conventions et les groupes de contrats*, LGDJ, coll. « Bibl. dr. privé », 1996, t. 268, préf. Y. Lequette.

(976) Pour cette thèse, V. A. Weill, *La relativité des contrats en droit privé français*, thèse, Strasbourg, 1938, nos 445 et s. *Analyse* : l'intermédiaire revendeur est stipulant, le fabricant est promettant ; tout sous-acquéreur devient tiers bénéficiaire. *Objections* : 1° la volonté de l'intermédiaire et, surtout, du fabricant de stipuler pour autrui est divinatoire ; mais ça arrive souvent !, surtout avec la stipulation pour autrui (jurisprudence relative au transport de voyageurs, V. *infra*) ; 2° le droit du sous-acquéreur est celui de son auteur (vendeur intermédiaire) et non un droit propre alors que le droit du tiers bénéficiaire est un droit direct en ce sens qu'il ne passe pas par le patrimoine du stipulant ; c'est plus gênant, mais l'objet de la créance directe du bénéficiaire peut être déterminé par référence à la seule dette du promettant envers le stipulant ; 3° la créance du sous-acquéreur est nécessairement contractuelle alors que le tiers bénéficiaire doit pouvoir refuser la stipulation, et retrouver le bénéfice de l'action délictuelle (V. pour le contrat de transport des voyageurs, Cass. com., 19 juin 1951 : *D.* 1951, p. 717, Ripert) ; c'est franchement gênant.

(977) Pour cette thèse, V. Rodière, note *JCP G* 1955, II, 8548 ss CA Aix, 5 oct. 1954. *Analyse* : le revendeur intermédiaire dans la chaîne cède ses créances en garantie au sous-acquéreur en même temps qu'il lui vend la chose. *Objections* : 1° la volonté de l'intermédiaire de céder sa créance est d'autant plus divinatoire que, s'il a constaté le défaut, il revend la chose pour un prix moindre et désire conserver ses recours ; 2° les formalités de l'article 1690 du Code civil sont méconnues ; mais l'ordonnance de 2016 a allégé les règles d'opposabilité de la cession de créance (C. civ., art. 1324 qui dispense de la signification au profit d'une simple notification ou de la prise d'acte de la cession par le débiteur cédé) ; 3° si le revendeur a cédé sa créance, il ne doit plus pouvoir agir contre le vendeur initial ; la jurisprudence dit le contraire : V. Cass. 1re civ., 19 janv. 1988 : *Bull. civ.* 1988, I, n° 20 ; *RTD civ.* 1988, p. 549, obs. Ph. Rémy.

(978) Ch. Jamin, *La notion d'action directe*, préc.

(979) V. Cass. com., 22 mai 2002, préc. – Sur la délivrance des accessoires, V. *supra*, n° 182. – En ce sens, V. F. Collart Dutilleul, Ph. Delebecque et Ch.-E. Bucher, n° 218. – Ph. Malaurie, L. Aynès et P.-Y. Gautier, n° 331. – B. Gross et Ph. Bihr, nos 352 et s. – P. Puig, n° 399. – *Contra*, J. Ghestin et B. Desché, préc., qui y voient une application de la théorie des chaînes de contrats, nos 1038 et s. – *Adde* F. Zénati-Castaing et Th Revet, *Cours de droit civil – Obligations – Régime*, PUF, 2013, n° 168, qui voient dans le contrat et le transfert de la garantie l'origine du mécanisme. En ce sens, nous semble-t-il, l'avant-projet Capitant de réforme des contrats spéciaux propose de préciser : « Les droits et actions du vendeur qui sont l'accessoire du bien vendu sont transmis à l'acheteur. Le vendeur conserve les actions en réparation de son préjudice personnel de jouissance » (art. 25).

(980) Pour un sinistre déclaré antérieurement à la vente et connu de l'acquéreur lors de son acquisition, celui-ci a qualité pour en réclamer réparation au constructeur : Cass. 3e civ., 23 sept. 2009, n° 08-13.470 : *Bull. civ.* 2009, III, n° 202 ; *RDC* 2010, p. 589, obs. O. Deshayes ; *RJDA* 2010, n° 142 ; *RD imm.* 2010, p. 107, B. Boubli ; *RTD civ.* 2010, p. 336, obs. P. Jourdain. – Au visa de l'article 1147 du Code civil, jugé que, sauf clause contraire, les acquéreurs successifs d'un immeuble ont qualité à agir, même pour les dommages nés antérieurement à la vente (...), contre les constructeurs sur le fondement de la responsabilité contractuelle de droit commun qui accompagne l'immeuble en tant qu'acces-

le plus satisfaisant en ce qu'il permet de rendre compte du domaine limité des actions directes aux chaînes comportant transfert de la propriété d'un bien ; mais il n'en révèle pas moins, à son tour, certaines insuffisances dans l'explication du régime de l'action directe[981]. Spécialement, la Cour de cassation estime que le vendeur intermédiaire ne perd pas la faculté d'exercer l'action quand elle présente encore un intérêt pour lui[982] ; au cas de concours d'actions du sous-acquéreur et du vendeur intermédiaire contre le vendeur originaire, préférence est donnée au sous-acquéreur : le vendeur intermédiaire pouvant seulement agir contre le vendeur premier aux fins de garantie des condamnations qui seraient prononcées contre lui en faveur du sous-acquéreur[983]. De fait, sous l'influence européenne, certains prédisent le déclin de cette construction et, au-delà, du dualisme des recours de l'acheteur au profit d'une responsabilité légale moniste, indifférente à la présence d'un lien contractuel ; la directive du 25 mai 1999 transposée aux articles L. 217-1 et suivants du Code de la consommation est en ce sens (comp. C. civ., art. 1245 et s. – V. *infra*, n° 241)[984].

Ainsi qu'il l'a été préliminairement exposé, l'une des justifications historiques à la construction jurisprudentielle des chaînes de contrats tient dans la faveur exprimée pour le demandeur, sous-acquéreur. Mais l'argument d'opportunité perd de son autorité en regard de la position de l'assemblée plénière de la Cour de cassation qui, s'agissant de l'appréciation de la faute délictuelle, abandonne l'exigence d'une faute autonome en énonçant que « le tiers à un contrat peut invoquer sur le fondement de la responsabilité délictuelle un manquement contractuel dès lors que ce manquement lui a causé un dommage »[985]. De la sorte le tiers (sous-acquéreur) doit pouvoir se prévaloir du manquement contractuel d'un fournisseur

soire, Cass. 3ᵉ civ., 10 juill. 2013, n° 12-21.910 : *D.* 2013, 2448, note Cottet et 2546, note Georget ; *RDC* 2013, 1349, note O. Deshayes ; *RTD civ.* 2014, 391, obs. P. Jourdain. – Cass. 3ᵉ civ., 5 nov. 2013, n° 12-13.923 : *RDC* 2014, 201, O. Deshayes ; *JCP G* 2014, II, 568, obs. Ph. Stoffel-Munck ; *RTD civ.* 2014, 391, P. Jourdain. – *Adde Vente de l'immeuble et transmission des actions en justice : ordre ou désordre ?* Débat *in RDC* 2014, p. 765.

(981) Sur la critique de cette thèse, V. Ch. Jamin, préc., nᵒˢ 254 et s. – P. Puig, art. cité. On retiendra simplement ici : 1° que cette thèse reste impuissante à rendre compte de l'action directe du maître de l'ouvrage à l'encontre du fabricant dans les chaînes hétérogènes (Vente + Entreprise) : le maître d'ouvrage n'acquiert pas la propriété de la maison qu'il fait construire sur son terrain au titre d'un contrat de vente, mais par le seul jeu de l'accession, mécanisme d'acquisition originaire de la propriété. Sur l'émergence d'un effet translatif au contrat d'entreprise mobilière, V. cependant *infra*, n° 482 ; comp. F. Zénati : *RTD civ.* 1992, p. 592 ; 2° si les actions sont transmises par le vendeur intermédiaire, comment expliquer qu'il conserve le droit d'agir lui-même contre le fabricant s'il justifie d'un intérêt direct et certain, V. Cass. 1ʳᵉ civ., 19 janv. 1988, préc. ; 3° il y a quelque artifice à considérer des créances comme accessoires d'un bien : en l'occurrence, la délivrance, au titre de la revente, aurait notamment pour objet une créance en délivrance, au titre de la première vente !

(982) Cass. 1ʳᵉ civ., 19 janv. 1988 : *Bull. civ.* 1988, I, n° 20 ; *RTD civ.* 1988, p. 549, obs. Ph. Rémy. – Le droit ne serait conservé par le vendeur intermédiaire qu'à titre subsidiaire et relatif. – *Adde* I. Tosi, *Acte translatif et titularité des droits*, LGDJ, coll. « Bibl. dr. privé », 2006, t. 471, préf. M.-L. Mathieu-Izorche, nᵒˢ 560 et s.

(983) Cass. 1ʳᵉ civ., 20 mai 2010, n° 09-10.086 : *RDC* 2010, 1317, Ph. Brun.

(984) Comp. M. Baccache-Gibeili qui propose d'appliquer la responsabilité contractuelle au cas d'identité des obligations du créancier demandeur et du débiteur défendeur, évidemment non contractants… directs, thèse préc. – *Adde* C. Lisanti, *Dix ans après l'arrêt* Besse : *que reste-t-il de l'action directe dans les chaînes de contrats ?* : *JCP G* 2003, I, 102. – Favorable au mécanisme, P. Puig, *Faut-il supprimer l'action directe dans les chaînes de contrats ?*, in *Mél. J. Calais-Auloy*, Dalloz, 2003, p. 914 et s. – C. Laronde-Clérac : *Contrats, conc. consom.* 2003, n° 6. Paradoxalement la directive du 25 mai 1999 consacre le concept de *chaîne contractuelle* dans le cadre des actions récursoires du vendeur contre ses auteurs, sans pour autant renvoyer à la construction française : les recours opérés entre les maillons de la chaîne resteront soumis au droit national (art. 4). Mais s'agissant de ce régime particulier de garantie « l'action récursoire peut être exercée par le vendeur final à l'encontre des vendeurs ou intermédiaires successifs et du producteur du bien meuble corporel, selon les principes du Code civil » (C. consom., art. L. 211-14), V. *infra*, nᵒˢ 230 et s.

(985) Cass. ass. plén., 6 oct. 2006, *Bootshop* : *GAJ civ.* n° 177 ; *D.* 2006, 2825, note G. Viney ; *RTD civ.* 2007, 123, obs. P. Jourdain ; *JCP G* 2007, I, 115, obs. Ph. Stoffel-Munck.

pour caractériser la faute de ce dernier au sens de l'article 1240 du Code civil, et ce alors même que le manquement contractuel atteint une obligation de résultat(986). Cette jurisprudence est vivement discutée : elle permet au tiers d'obtenir une indemnisation sans que puissent lui être opposées les clauses limitatives de responsabilité ou de compétence que le débiteur aura insérées dans son contrat, en sorte que le tiers se trouve dans une situation plus avantageuse que celle dont peut se prévaloir le créancier contractuel : le tiers peut se prévaloir du contrat sans que ce dernier lui soit opposable par le débiteur contractuel(987). Sensible à ce reproche la Cour de cassation retient que le tiers à un contrat qui invoque au titre de la responsabilité délictuelle, un manquement contractuel qui lui a causé un dommage peut se voir opposer les clauses limitatives de responsabilité qui s'appliquent dans les relations entre les contractants(988).

Plus généralement, le projet de réforme de la responsabilité civile vise à remettre en cause cette jurisprudence(989).

216. – **Quoi ? L'objet de la garantie légale.** À la relecture de l'article 1641 du Code civil, le vendeur est tenu de garantir les vices cachés de la chose qui la rendent impropre à son usage ; c'est là l'objet de la garantie, aux termes mêmes de l'article 1625 du code. Pédagogiquement, la question revient à l'étude des conditions de fond de la garantie légale : à savoir la présence d'un vice, caché, antérieur à la vente (ou plus exactement au transfert des risques).

217. – **Objet de la garantie : 1) un vice.** La mise en jeu de la garantie légale suppose que la chose soit infectée d'un vice. Le Code civil définit le vice non par ses caractéristiques objectives, mais par les conséquences qu'il produira : le vice est le défaut qui rend la chose « impropre à l'usage auquel on la destine » (on dit que le vice est rédhibitoire), ou, qui en diminue tellement l'usage que l'acheteur ne l'aurait pas acquise, sauf à moindre prix (V. C. civ., art. 1641). L'appréciation de l'existence du vice doit donc se faire en contemplation de l'usage de la chose ; et cet usage doit être un usage normal, ordinaire, tel que les parties ont dû le prévoir. Si l'acquéreur envisageait une utilisation spéciale de la chose, il n'aurait pas manqué de se préconstituer la preuve de l'accord du vendeur à cet égard, en précisant cette destination dans l'écrit contractuel(990).

---

(986) Cass. ass. plén., 13 janv. 2020, *Bois Rouge*, n° 17-19.963 : *JCP* G 2020, 503, obs. Ph. Stoffel-Munck ; *D.* 2020, 416, note J.-S. Borghetti et 394, note M. Baccache.

(987) La plupart des décisions se ralliaient pourtant à cette position : V. Cass. 2e civ., 6 févr. 2014, n° 13-10.540 : *JCP* G 2014, 1323, n° 7, obs. M. Baccache (le tiers invoque le manquement contractuel d'un assureur alors que l'action de l'assuré est prescrite !). – Sur ces critiques, V. A. Bénabent, *Droit des obligations*, préc., n° 548.

(988) Cass. com., 3 juill. 2024, 21-14.947, spéc. § 13 : « Pour ne pas déjouer les prévisions du débiteur, qui s'est engagé en considération de l'économie générale du contrat et ne pas conférer au tiers qui invoque le contrat une position plus avantageuse que celle dont peut se prévaloir le créancier lui-même, le tiers à un contrat qui invoque, sur le fondement de la responsabilité délictuelle, un manquement contractuel qui lui a causé un dommage peut se voir opposer les conditions et limites de la responsabilité qui s'appliquent dans les relations entre les contractants ».

(989) Le projet restaure l'identité de la faute délictuelle dont la preuve doit être rapportée, sauf s'agissant du tiers ayant un intérêt à la bonne exécution du contrat : V. O. Deshayes : *RDC* 2017, 238. – G. Viney : *RDC* 2019, n° 4, p. 20.

(990) V. Cass. 1re civ., 24 nov. 1993 : *Bull. civ.* 1993, I, n° 347 ; *D.* 1994, inf. rap. p. 12 (le véhicule acheté est un véhicule de collection, mais l'acheteur l'utilise quotidiennement et le véhicule tombe en panne : ce n'est pas un usage normal pour un véhicule de collection que de s'en servir comme d'un véhicule moderne ; il n'y a pas vice caché). Lorsque la destination spéciale a été prévue, il n'est pas sûr que l'action que l'acheteur déçu doive intenter soit encore une action en garantie ; on est semble-t-il davantage dans le domaine du défaut de conformité, donc de la délivrance, V. Cass. com., 17 févr. 1981 : *Bull. civ.* 1981, IV, n° 92. – *Adde* Cass. 1re civ., 1er déc. 1998 : *Contrats, conc. consom.* 1999, n° 39, note L. Leveneur qui conseille aux acheteurs de bien spécifier sur le bon de commande… que « les tuiles qui

La définition du vice par référence à la satisfaction qu'elle procure à l'usage procède de l'idée selon laquelle une chose viciée ne peut pas fonctionner normalement ; mais la démarche n'est pas rigoureusement irréprochable : toute chose dont le fonctionnement est défectueux n'est pas nécessairement viciée. D'autres facteurs étrangers à la chose peuvent être à l'origine de son dysfonctionnement : le dépérissement de plants de vigne vendus peut trouver son origine dans un défaut de ceux-ci, mais aussi dans le manque de soins culturaux, la mauvaise qualité du sol, etc.[991]. En ce sens, même défini par référence au désordre qui en résulte, le vice doit être aggloméré à la chose, il doit être inhérent à celle-là (sur le vice susceptible d'affecter une cession de parts sociales, V. *infra*, n° 229). De la sorte l'acquéreur déçu devra faire la preuve de l'existence du vice ; ce faisant il démontrera le lien de causalité des désordres au défaut[992].

L'avant-projet de réforme des contrats spéciaux propose de définir le vice comme le facteur qui rend le bien « impropre à l'usage habituellement attendu (...) ou n'est pas conforme aux spécifications du contrat » (art. 1641 proposé) ; ce qui introduit le défaut de conformité dans la notion de vice ; cette unité conceptuelle marquerait une évolution dans la conception des obligations du vendeur dans la vente civile au détriment de l'autonomie aujourd'hui prêtée à l'obligation de délivrance[993].

218. – Objet de la garantie : 2) un vice caché. L'exigence du caractère occulte du vice est expressément posée par l'article 1641 du Code civil (qui parle des *défauts cachés*), puis réitérée à l'article suivant selon lequel :

> « Le vendeur n'est pas tenu des vices apparents et dont l'acheteur a pu se convaincre lui-même » (C. civ., art. 1642).

C'est là la conséquence logique de l'agréation de la chose par l'acquéreur et, partant, de l'exécution par le vendeur de son obligation de délivrance : la réception sans réserve purge les vices apparents[994]. La règle ne reçoit qu'une exception, légale, s'agissant de la vente d'immeuble à construire[995]. La notion de vice caché appelle alors quelques précisions.

doivent vous être livrées doivent être non gélives ». Précisez l'usage normal et évident..., vous trouverez l'obligation de délivrance ! – V. cependant Cass. 3e civ., 7 sept. 2022, n° 21-17.972 : *RDC* 2023, n° 1, p. 67, obs. L. Thibierge : l'inconstructibilité du terrain acheté (pourtant visé comme constructible) constitue non pas un défaut de conformité mais un vice caché de la chose vendue, de sorte que l'action fondée sur la délivrance conforme ne peut prospérer.

(991) Ce qui n'exclut pas que l'acheteur puisse rechercher, cette fois, la responsabilité du vendeur, mais pour manquement à son obligation de conseil. – V. par ex., sur l'usage d'un médicament non vicié, mais incompatible avec un autre : Cass. 1re civ., 8 avr. 1986 : *Bull. civ.* 1986, I, n° 82 ; *JCP* G 1987, II, 20721, note G. Viala et A. Viandier ; *RTD civ.* 1986, p. 779, obs. J. Huet. Dans la logique moniste qui l'inspire, la directive du 25 mai 1999 assimile au défaut de conformité la mauvaise installation du bien lorsque celle-ci « fait partie du contrat de vente du bien et a été effectuée par le vendeur ou sous sa responsabilité » ; il en va de même lorsque le bien est installé par le consommateur « et que le montage défectueux est dû à une erreur des instructions de montage » (art. 2, § 5).

(992) En effet, la présence cumulative d'un vice et de désordres empêchant l'usage normal rattache naturellement les seconds au premier ; sur l'imputabilité du dommage au vice, V. *infra*, n° 223. – *Adde* Cass. com., 25 nov. 1997 : *Bull. civ.* 1997, IV, n° 308 ; *JCP* E 1998, p. 853, note B. Gross ; *Contrats, conc. consom.* 1998, n° 43, obs. L. Leveneur ; *D.* 1999, somm. p. 16, obs. O. Tournafond (la disquette fournie en prime de la revue vendue était contaminée ; l'éditeur est tenu au titre de l'article 1641 de réparer le dommage causé par le virus : très discutable dès lors que le vice n'est pas matériel, c'est en terme de licence de propriété intellectuelle que les reproches auraient dû être adressés).

(993) V. *L'avant-projet de réforme du droit des contrats spéciaux*, LGDJ-Lextenso, préc., « Les effets de la vente », spéc. p. 120 et s., obs. G. Lardeux, A. Sériaux, J. Raynard et L. Leveneur.

(994) Cass. 1re civ., 12 juill. 2005 : *Contrats, conc. consom.* 2005, comm. 203, obs. L. Leveneur.

(995) Selon l'article 1642-1 du Code civil, le vendeur de l'immeuble ne peut être déchargé avant l'expiration d'un délai d'un mois après la prise de possession des vices de construction même apparents.

Le vice caché n'est pas le vice dissimulé par le vendeur : la bonne foi de celui-ci, c'est-à-dire son ignorance du vice, ne l'exonère pas de sa garantie (mais elle l'exonérera de dommages et intérêts, V. *infra*, n° 226, et permettra de valider des clauses limitatives, voire exclusives de garantie. – V. *infra*, n° 228) ; c'est le sens de la différence entre la garantie et la responsabilité : garant mais pas responsable (V. *supra*, n° 194).

Le vice caché n'est pas non plus tout vice ignoré de l'acheteur : celui-ci ne reçoit pas la chose sans y prêter attention.

Le vice caché est celui que l'acheteur ne pouvait pas percevoir en appliquant, comme il a dû le faire, toute sa diligence à la réception de la chose. Le caractère caché du vice va donc s'apprécier en considération des qualités et compétences de l'acheteur qui l'ont convaincu à accepter la chose. À l'endroit d'un acheteur profane, dépourvu de toute compétence spéciale relativement à la chose qu'il achète, le vice qui ne serait pas révélé par l'examen « normal » auquel celui-là doit procéder va bien revêtir le caractère d'un vice caché : il n'est pas nécessaire que la découverte du vice soit impossible, il suffit qu'elle soit difficile(996). Et l'acheteur doit être d'autant plus vigilant lorsque le bien acheté est un objet d'occasion(997). En revanche, on ne saurait aller au-delà et imposer à l'acheteur de se faire assister d'un expert lors de la réception(998). C'est-à-dire qu'à l'égard de l'acheteur profane, consommateur, le vice sera presque toujours caché(999).

S'agissant de l'acheteur professionnel, l'attitude de la jurisprudence est nettement plus sévère : celui-ci, à raison de ses compétences, doit pouvoir découvrir tout vice du premier coup d'œil. La jurisprudence à partir des années 1950 a posé à son égard une présomption qui commande tout le régime de la garantie des vices : le professionnel est présumé connaître les vices de la chose(1000), partant, l'acheteur professionnel est censé les avoir acceptés. Mais cette présomption est, ici, une présomption simple qui cède devant la preuve du dol du vendeur ou du caractère indécelable du vice. Le vice indécelable est celui qui ne se manifeste qu'à

(996) À raison de cet examen « élémentaire » auquel l'acheteur, même profane, doit procéder, le vice apparent ne se réduit pas au seul défaut ostensible, qui « saute aux yeux » du premier venu. Inversement, l'ampleur des conséquences dommageables d'un défaut apparent peut ne pas se révéler immédiatement : il y a alors vice caché. – Cass. ass. plén., 27 oct. 2006 ; *Bull. civ.* 2006, ass. plén., n° 13 ; *Contrats, conc. consom.* 2007, n° 43, L. Leveneur. – V. Cass. 3e civ., 14 juin 1989 : *Bull. civ.* 1989, III, n° 140 (le vice n'est apparent que s'il est connu « dans sa cause et son amplitude »).

(997) Ce qui n'exclut pas le jeu de la garantie des vices pour de telles ventes. – V. Cass. com., 11 juin 1954 : *D.* 1954, p. 697 ; *RTD com.* 1955, p. 128, obs. J. Carbonnier. – Mais le vice sera alors « moins » caché, V. CA Versailles, 28 sept. 1990 : *D.* 1991, somm. p. 168, obs. O. Tournafond.

(998) Cass. ass. plén., 27 oct. 2006, *op. cit.*, pour rejeter la demande de l'acheteur d'un immeuble tendant au paiement de dommages-intérêts pour vice caché, la cour d'appel avait retenu qu'il lui appartenait de faire constater par un homme de l'art l'état de la charpente et de la couverture et qu'en ne faisant pas effectuer de telles constatations il avait été négligent de sorte que le vendeur ne saurait être tenu de ces désordres dont l'acquéreur avait été mis en mesure de se convaincre : cassation !

(999) Pour un vice jugé apparent à l'égard du profane, V. Cass. 1re civ., 7 janv. 1982 : *Bull. civ.* 1982, I, n° 8 (le bateau acheté fait naufrage dès sa première sortie en mer : le « Pitalugue » !). – Comp. Cass. 3e civ., 26 sept. 2012, n° 11-22.399 : *RDC* 2013, p. 161, obs. Ph. Brun et p. 164, obs. F. Viaud, cassant un arrêt qui avait jugé que l'anomalie d'un moteur de bateau était un vice apparent dont l'acheteur aurait pu se convaincre en procédant à une sortie en mer avec des techniciens. – Cass. 3e civ., 21 juill. 1998 : *Contrats, conc. consom.* 1998, n° 144, obs. L. Leveneur (une fissure et une fente dans l'immeuble acheté, respectivement dissimulées par une vigne vierge et une moquette). – Cass. 1re civ., 1er juill. 2010 : *Contrats, conc. consom.* 2010, n° 243, L. Leveneur (Peugeot 403 de 45 ans d'âge, en état avancé de corrosion). – Également Cass. 3e civ., 30 janv. 2008 : *Contrats, conc. consom.* 2008, n° 126, L. Leveneur (état parasitaire attestant de la présence de termites). – Cass. 3e civ., 8 févr. 2012, n° 10-27.250 : *RDC* 2013, p. 161, obs. Ph. Brun (immeuble non visité par l'acquéreur).

(1000) V. not. Cass. 1re civ., 18 déc. 1962 : *Bull. civ.* 1962, I, n° 554 ; *D.* 1963, p. 114.

l'usage(1001) ou dont la découverte supposait de démonter(1002), ou de détruire(1003) la chose achetée ; c'est aussi le vice dont la mise à nu suppose un expert spécialisé(1004). Il est donc possible de faire jouer la garantie des vices cachés au profit d'un acheteur professionnel, que le vendeur soit lui-même professionnel, voire profane(1005). La qualité d'acheteur professionnel s'attache moins au fait que l'acquisition du bien intervienne dans un cadre professionnel qu'à la recherche, chez l'acheteur, des compétences techniques nécessaires à la découverte du vice : l'avocat qui achète un logiciel pour la gestion de son cabinet n'a pas, du seul fait de sa profession, les compétences requises lui permettant de déceler un éventuel défaut ; pour cet achat, il est profane(1006).

On verra que le professionnel est traité avec plus de sévérité lorsqu'il contracte en position de vendeur(1007). Un auteur explique cette différence de régime : le vendeur a détenu la chose plus longtemps que l'acheteur n'a pu l'examiner ; et si l'acheteur paye un prix, c'est tout de même dans l'attente d'un usage normal de la chose(1008).

219. – **Objet de la garantie : 3) un vice caché antérieur à la vente.** La garantie des vices s'attache aux défauts cachés « de la chose vendue » (C. civ., art. 1641). Le vice dont répond le vendeur doit donc être antérieur à la vente ou, plus exactement, au moment du transfert des risques(1009). Il suffit que le vice soit installé en germe dans la chose, même si ses effets dévastateurs ne se produisent qu'après la vente(1010). De manière générale d'ailleurs, le propre d'un vice caché est précisément d'être occulte au moment de la vente et de n'apparaître, par ses conséquences dommageables, que postérieurement à celle-ci ; une bombe à retardement en somme. Mais la créance née de la garantie a son origine au jour de la conclusion de la vente, et non au jour de la révélation du vice(1011). La preuve

(1001) V. Cass. com., 11 févr. 1966 : *Bull. civ.* 1966, III, n° 109.
(1002) V. Cass. com., 20 avr. 1970 : *Bull. civ.* 1970, IV, n° 125.
(1003) V. Cass. com., 15 nov. 1983 : *Bull. civ.* 1983, IV, n° 311 ; *RTD com.* 1985, p. 150, obs. J. Hémard et B. Bouloc.
(1004) V. Cass. com., 30 nov. 1982 : *Bull. civ.* 1982, IV, n° 391.
(1005) V. L. Leveneur, *Vente entre professionnels et garantie de vices cachés : Contrats, conc. consom.* 1992, chron. 5.
(1006) V. Cass. 1re civ., 20 déc. 1983 : *Bull. civ.* 1983, I, n° 308. – Cass. com., 20 juill. 1973 : *Bull. civ.* 1973, IV, n° 264.
(1007) À l'égard du vendeur professionnel, la présomption de mauvaise foi devient irréfragable, influence l'étendue du dommage réparable et entraîne l'inefficacité des clauses limitatives de garantie. – V. *infra*, nos 226 et 227.
(1008) A. Bénabent, nos 233 et s.
(1009) La jurisprudence vise, plus simplement, le moment de la livraison, V. Cass. com., 10 déc. 1973 : *D.* 1975, p. 122, note J. Ghestin. – Cass. com., 8 juill. 1981 : *JCP* G 1981, IV, 355. Pour une illustration en matière de vente immobilière, Cass. 3e civ., 13 nov. 2014, n° 13-24.027 : *D.* 2015, p. 60, note F. Rouvière : des acquéreurs achètent un terrain partiellement constructible. *Après la vente*, le terrain est placé en zone inconstructible, de sorte que le permis de construire est refusé aux acquéreurs. La Cour de cassation rejette leur pourvoi, qui était fondé sur les vices cachés : « Par ailleurs, ayant constaté qu'au jour de la vente, le terrain était partiellement constructible et que la totalité de la parcelle n'avait été classée en zone inconstructible inondable que par arrêté préfectoral du 20 avril 2006, la cour d'appel a pu en déduire que les acquéreurs ne rapportaient pas la preuve qui leur incombe d'un vice d'inconstructibilité antérieur à la vente ».
(1010) La jurisprudence est ancienne : le blé charançonné, Cass. req., 8 mars 1892 : *DP* 1892, 1, p. 204 ; les germes de pourriture dans les pommes de terre ; Cass. req., 15 févr. 1897 : *DP* 1897, 1, p. 247. – Ou dans du bois, Cass. com., 18 janv. 1972 : *JCP* G 1972, II, 17072.
(1011) Cass. com., 8 juin 1999, préc. : le vendeur est mis en redressement judiciaire, un an après le vice apparaît, « la créance de dommages-intérêts afférente à l'avarie survenue après le jugement d'ouverture devait être déclarée au passif du vendeur » dans un délai de deux mois, ce que par hypothèse l'acquéreur n'avait pu faire, ignorant à cette époque la présence du vice ; sa créance est éteinte et celui-ci ne peut même pas solliciter un relevé de forclusion dans le délai d'un an. Choquant pour un acquéreur en tout état de cause démuni. – Déjà en ce sens, Cass. com., 7 juill. 1992 : *RJDA* 1992, p. 1172.

de l'antériorité du vice doit être faite par l'acheteur(1012). Elle sera aisée lorsque le dommage se réalisera immédiatement après la livraison du bien ; elle devient plus difficile lorsque les désordres apparaissent longtemps après la vente et, *a fortiori*, que l'acheteur tarde à agir : les exigences probatoires de l'antériorité du vice étaient à la source de la règle du bref délai dans lequel l'action devait être engagée (V. *infra*, n° 220). La nature du vice peut encore faciliter cette preuve (vice de conception). Cette démonstration donnera lieu à une procédure d'expertise, mais l'appréciation finale relève du pouvoir souverain des juges du fond(1013).

220. – **Quand ? Histoires de délais.** Selon l'article 1648 du Code civil :

> « L'action résultant des vices rédhibitoires doit être intentée par l'acquéreur dans un délai de deux ans à compter de la découverte du vice (...) ».

Ce texte est issu de l'ordonnance du 17 février 2005 qui a transposé dans le Code de la consommation la directive du 25 mai 1999 sur la garantie de conformité dans la vente au consommateur. En effet, afin d'assurer la compatibilité de ce nouveau régime avec la garantie des vices du Code civil, les dispositions de l'article 1648 du Code civil ont été modifiées en supprimant la référence qui renvoyait à l'exigence d'une action intentée à *bref délai*. Aujourd'hui révolue, l'exigence de bref délai a marqué l'histoire de la garantie des vices : on évoquera le passé avant de s'arrêter au régime de droit positif.

221. – **Hier : du bref délai au délai de deux années.** Sous l'empire du Code civil de 1804, l'action en garantie devait être intentée dans un bref délai suivant la nature des vices et l'usage du lieu où la vente a été faite (C. civ., ancien art. 1648). L'origine de l'exigence du bref délai remontait aux ventes d'esclaves et d'animaux du droit romain, où la maladie dont ceux-ci pouvaient être atteints ne pouvait sérieusement être imputable au vendeur que si elle survenait rapidement après la vente. Reprise dans le Code civil en liaison avec la condition d'antériorité du vice à la vente, la règle était critiquée : elle était imprécise (la loi ne fixait ni la durée, ni le point de départ du délai), donc source de chicanes et d'arbitraire ; elle faisait tache au regard des délais de prescription quinquennale de l'action en nullité pour erreur et à l'origine trentenaire de l'action pour défaut de conformité de la chose (ou décennale en matière commerciale et pour les actes mixtes) avant la réforme de 2008 ; elle ne se justifiait plus guère techniquement à une époque moderne où les progrès d'investigation technique des experts permettaient la datation de toutes sortes de choses, de la naissance de l'univers jusqu'au Saint Suaire de Turin ! Elle était enfin très perturbatrice au sein du droit de la vente : c'est pour éviter « l'épine » du bref délai que la jurisprudence a galvaudé les obligations du vendeur,

(1012) V. Cass. com., 18 janv. 1984 : *Bull. civ.* 1984, IV, n° 26. – Cass. 1re civ., 20 mai 2010 : *Contrats, conc. consom.* 2010, n° 199, L. Leveneur.

(1013) V. Cass. com., 27 nov. 1973 : *Bull. civ.* 1973, IV, n° 345. – Comp. C. consom., art. L. 217-7 : les défauts de conformité qui apparaissent dans un délai de vingt-quatre mois à partir de la délivrance du bien sont présumés exister au moment de celle-ci, sauf preuve contraire. Pour les biens vendus d'occasion, ce délai est fixé à six mois. Le vendeur peut combattre cette présomption si celle-ci n'est pas compatible avec la nature du bien ou le défaut de conformité invoqué.

étendant le domaine de la délivrance (V. *supra*, n° 181) ou de l'erreur (V. *supra*, n° 206) au détriment de la garantie. Discutée, l'exigence du bref délai n'avait cependant pas été jugée contraire au droit d'être entendu par un tribunal au sens de l'article 6, § 1, de la Convention européenne des droits de l'homme(1014).

La *durée* du bref délai était laissée à l'appréciation souveraine des juges du fond(1015) qui adaptaient l'exigence à la nature du vice ou de la chose, aux qualités et aptitudes de l'acheteur(1016).

La question a évolué avec la directive du 25 mai 1999 qui a introduit dans notre droit un régime de garantie propre au consommateur ; selon ce texte, « la responsabilité du vendeur est engagée lorsque le défaut de conformité apparaît dans un délai de deux ans à compter de la délivrance du bien. Si, en vertu de la législation nationale, les droits du consommateur sont soumis à un délai de prescription, celui-ci n'expire pas au cours des deux ans qui suivent la délivrance » (Dir. 25 mai 1999, art. 5.1). L'ordonnance du 17 février 2005 qui a transposé ce texte (dans le Code de la consommation) prévoit ainsi que l'action ouverte au consommateur pour défaut de conformité – à ne pas confondre avec la garantie des vices du Code civil ! – se prescrit par deux ans à compter de la délivrance du bien (C. consom., ancien art. L. 217-12) ; dans un souci d'articulation avec le Code civil, cette ordonnance a encore modifié l'article 1648 : l'action rédhibitoire du Code civil – en garantie des vices donc – doit désormais être exercée dans un délai de deux ans mais, pour le Code civil, à compter de la découverte du vice. La souplesse du bref délai n'aura pas survécu à l'intransigeance du droit de l'Union.

Le point de départ du délai tient dans la découverte du vice, ce qui est une consécration de la jurisprudence établie sous le régime du bref délai(1017), et résultera souvent de la connaissance d'un rapport d'expertise(1018). Cette découverte intervenant nécessairement postérieurement à la délivrance, il suit que le délai de l'action en garantie de conformité du Code de la consommation prévue par l'ordonnance de 2005 devait courir avant celui ouvert pour la garantie des vices – et le premier pouvait même avoir expiré avant que ne s'engage le second ! La réforme du Code de la consommation avec l'ordonnance du 29 septembre 2021 a corrigé l'anomalie(1019). D'où l'utilité de permettre à l'acquéreur-consommateur de bénéficier de l'ensemble des deux régimes(1020).

(1014) Cass. 1re civ., 21 mars 2000 : *D.* 2000, p. 593, note Ch. Atias ; *RTD civ.* 2000, p. 592, obs. P.-Y. Gautier.

(1015) V. Cass. 3e civ., 2 mai 1978 : *Bull. civ.* 1978, III, n° 174.

(1016) V. J. Ghestin et B. Desché qui écrivent : « D'une façon générale l'action est jugée tardive lorsque le délai dépasse neuf mois et recevable lorsqu'il ne dépasse pas quatre mois », *op. cit.*, n° 738.

(1017) Cass. 3e civ., 2 févr. 1999 : *Contrats, conc. consom.* 1999, n° 71, obs. L. Leveneur. – Comp. Cass. com., 29 juin 2022, n° 19-20.647 : *RDC* déc. 2022, p. 22, S. Pellet, p. 35, L. Thibierge : au cas de chaîne de contrats, le point de départ du délai de prescription biennale de l'article 1648 doit être fixé au jour de l'assignation délivrée par le maître de l'ouvrage contre l'entrepreneur principal. – Cass. 1re civ., 24 oct. 2000 : *Contrats, conc. consom.* 2001, n° 6 (action récursoire en garantie contre un fournisseur : le point de départ du bref délai court de l'assignation du demandeur à l'action). – Cass. 3e civ., 24 mars 2004 : *RDC* 2004, p. 976, obs. F. Collart Dutilleul. – Cass. 3e civ., 20 oct. 2004 : *RDC* 2005, p. 345, obs. F. Collart Dutilleul.

(1018) Cass. 1re civ., 19 mars 1991 : *Bull. civ.* 1991, I, n° 101 ; *D.* 1991, inf. rap. p. 104. – Cass. 3e civ., 5 janv. 2017, n° 15-12.605 : le délai court à compter de la date du prononcé de l'ordonnance désignant un expert.

(1019) Le point de départ de la prescription de l'action du consommateur est le jour de la connaissance par ce dernier du défaut de conformité. Ce délai de garantie s'applique sans préjudice des articles 2224 et suivants du Code civil. Mais le vendeur répond des défauts de conformité existant au moment de la délivrance du bien qui apparaissent dans un délai de deux ans à compter de celle-ci (C. consom., art. L. 217-3) (délai butoir). Sur les régimes de délais propres à la garantie de conformité ouverte au consommateur : V. *infra*, n° 235.

(1020) Cass. ass. plén., 21 déc. 2007 : *Bull. civ.* 2007, ass. plén., n° 10 ; *RTD civ.* 2008, 317, obs. P.-Y. Gautier.

222. – Aujourd'hui, double délai : deux ans à compter de la découverte du vice ; vingt ans à compter de la vente. Avec l'entrée en vigueur de la loi du 17 juin 2008 portant réforme de la prescription en matière civile, la question de la *prescription de l'action en garantie des vices* est devenue sensible.

Il est acquis qu'une fois le vice découvert, seule une action en justice interrompt le délai(1021).

La discussion à cet égard s'attache – d'abord – à la nature du (bref) délai de l'article 1648 : certaines décisions y voient un délai de prescription susceptible à ce titre de suspension(1022), alors que d'autres l'analysent en un délai de forclusion, délai préfix(1023). À la différence de la prescription, la forclusion ne saurait être suspendue : lancé, rien ne saurait arrêter le délai préfix de forclusion ! La première lecture retenait la préférence des auteurs(1024). La chambre mixte de la Cour de cassation a effectivement retenu la qualification de prescription pour ce délai(1025).

Au-delà, l'action en garantie des vices cachés, même si elle doit être exercée dans les deux ans de la découverte du vice, est aussi soumise au régime de la prescription extinctive(1026). En l'occurrence, la prescription extinctive joue en sorte de délai butoir au-delà duquel l'action en garantie (ou l'action récursoire) n'est plus permise (*jusqu'à quand ?*). Double délai donc, à l'exemple de la Convention de Vienne(1027). Reste à déterminer *le délai de prescription extinctive* pertinent (le

(1021) V. C. civ., art. 2241 ; sous le régime du bref délai, la jurisprudence était abondante : la participation volontaire à des opérations d'expertise qui ne peut être assimilée à une citation en justice, un commandement ou une saisie, n'interrompt pas le bref délai de l'article 1648, Cass. 1re civ., 18 sept. 2002 : *Bull. civ.* 2002, I, n° 206 ; *Contrats, conc. consom.* 2003, n° 4, obs. L. Leveneur. Mais la jurisprudence admettait que le point de départ du délai soit retardé lorsque les parties ont développé des pourparlers qui ont ensuite échoué : Cass. 1re civ., 16 juill. 1987 : *Bull. civ.* 1987, I, n° 230 ; *JCP G* 1987, IV, 344. – Dès lors que le *bref délai* avait été respecté à compter de la découverte du vice, l'action devait être intentée dans le délai de prescription légale à compter de la demande en justice (alors dix ou trente ans) ; il y avait *interversion de prescription* : le délai de droit commun se substituait au bref délai : Cass. 1re civ., 21 oct. 1997 : *Bull. civ.* 1997, I, n° 292 ; *JCP G* 1998, II, 10063, note C. Mouloungui ; *D.* 1998, p. 409, note M. Bruschi ; *Contrats, conc. consom.* 1998, n° 23, obs. L. Leveneur ; *D.* 1999, somm. p. 17, obs. P. Brun. – Cass. 1re civ., 12 déc. 2000 : *JCP G* 2001, IV, 1251 (la citation en référé aux fins d'expertise interrompt le bref délai ; à compter de l'ordonnance de référé, c'est le délai de prescription de droit commun qui court notamment pour l'assignation au fond). – Cass. 1re civ., 19 oct. 1999 : *RTD civ.* 2000, p. 133, obs. P.-Y. Gautier ; *D.* 2001, p. 388, note I. Bufflier ; *Contrats, conc. consom.* 2000, n° 22, obs. L. Leveneur. – Cass. com., 6 mars 2001 : *JCP G* 2001, IV, 1812. – Cass. com., 2 avr. 1996 : *D.* 1996, inf. rap. p. 115 (une demande d'expertise équivaut à une citation en justice). – La loi du 17 juin 2008 a supprimé le mécanisme de l'interversion : l'interruption de la prescription fait courir un même délai que l'ancien soit deux ans (C. civ., art. 2231). – V. A. Forestier, *Les délais en matière de garantie des vices cachés* : *JCP G* 2018, 496.

(1022) Cass. 1re civ., 20 oct. 2021, n° 20-15.070.

(1023) Cass. 3e civ., 5 janv. 2022, n° 20-22.670.

(1024) L'enjeu concerne l'expertise : la demande en justice (même en référé) interrompt en tout état de cause la course du délai (C. civ., art. 2241). Pour la prescription, le délai reste suspendu le temps de l'instruction. Mais pour le délai de forclusion, le temps continue à courir le jour où le juge ordonne la mesure et durant la période d'instruction. – V. J. Klein, *Le Point de départ de la prescription*, Economica, 2013, préf. N. Molfessis, nos 103 et s. et 562. – L. Thibierge, *Prescription de l'action en garantie des vices cachés : en quête de cohérence !* : *RDC* juin 2022, p. 55 et s. – G. Leroy, *Divergence jurisprudentielle relative à la nature du délai d'action en garantie des vices cachés* : *Gaz. Pal.* 1er mars 2022.

(1025) Cass. ch. mixte, 21 juill. 2023, 4 arrêts, nos 20-10.763, 21-15.809, 21-17.789 et 21-19.936 : *Contrats, conc. consom.* 2023, comm. 147, obs. L. Leveneur ; *D.* 2023, 1728, note Th. Genicon ; *RDC* déc. 2023, p. 30, obs. L. Thibierge. L'« objectif poursuivi par le législateur [est] de permettre à tout acheteur, consommateur ou non, de bénéficier d'une réparation en nature, d'une diminution du prix ou de sa restitution lorsque la chose est affectée d'un vice caché », ce dont il résulte que « l'acheteur doit être en mesure d'agir contre le vendeur dans un délai susceptible d'interruption et de suspension ».

(1026) Cass. 3e civ., 8 déc. 2021, n° 20-21.439 : *RDC* juin 2022, p. 55, L. Thibierge : « Il est de jurisprudence constante qu'avant la loi du 17 juin 2008 portant réforme de la prescription en matière civile, la garantie légale des vices cachés, qui ouvre droit à une action devant être exercée dans les deux ans de la découverte du vice, devait également être mise en œuvre à l'intérieur du délai de prescription extinctive de droit commun ».

(1027) V. CVIM, art. 39 : « 1) L'acheteur est déchu du droit de se prévaloir d'un défaut de conformité s'il ne le dénonce pas au vendeur, en précisant la nature de ce défaut, dans un délai raisonnable à partir du moment où il l'a constaté ou aurait dû le constater. 2) Dans tous les cas, l'acheteur est déchu du droit de se prévaloir d'un défaut de conformité,

délai butoir), et *son point de départ.* Dans cette recherche, la première chambre civile et la chambre commerciale de la Cour de cassation privilégiaient le délai de cinq ans prévu par l'article L. 110-4 du Code de commerce(1028) au motif que ce texte ne précise pas le point de départ du délai quinquennal, ce qui permettait de faire courir le délai à compter de la vente, et non de la découverte du vice(1029). Encore fallait-il que l'une des parties fût commerçante. Mais cette voie n'a pas été suivie par la troisième chambre civile qui, avec la doctrine, estime que depuis la loi du 17 juin 2008 seul le délai butoir de l'article 2232 du Code civil a vocation à s'appliquer en sorte que l'action en garantie des vices ne devrait plus pouvoir être intentée passé un délai de vingt ans à compter du jour de la naissance du droit, c'est-à-dire de la conclusion du contrat(1030).

Décidée à trancher les débats sur l'ensemble de ces questions, la chambre mixte de la Cour de cassation a retenu que « le point de départ glissant de la *prescription* extinctive des articles 2224 du Code civil et L. 110-4, I, du Code de commerce se confond désormais avec le point de départ du délai pour agir prévu à l'article 1648, al. 1er, du Code civil, à savoir *la découverte du vice* »(1031). Dont acte s'agissant de délai(s) de prescription, même si les auteurs restent dubitatifs sur cette référence qui suggère un point de départ « flottant » au jeu de la prescription ce qui concrètement étend la période de garantie(1032). S'agissant du *délai butoir* destiné à encadrer le recours, la chambre mixte retient que, depuis la loi du 17 juin 2008, « les délais de prescription extinctive des articles 2224 du Code civil et L. 110-4, I, du Code de commerce ne peuvent plus être analysés en des délais-butoirs spéciaux

s'il ne le dénonce pas au plus tard dans un délai de deux ans à compter de la date à laquelle les marchandises lui ont été effectivement remises, à moins que ce délai ne soit incompatible avec la durée d'une garantie contractuelle ».

(1028) Cass. 1re civ., 8 avr. 2021, n° 20-13.493. – Cass. com., 27 nov. 2001, n° 99-13.428 : *JCP G* 2002, p. 10021, note P. Jourdain ; *Contrats, conc. consom.* 2002, comm. 43, obs. L. Leveneur. – Cass. 3e civ., 26 mai 2010, n° 09-67.008. – V. J.-S. Borghetti, *La Cour de cassation bute toujours sur le délai butoir en matière de garantie des vices cachés* (sur Cass. com., 9 sept. 2020 ; Cass. 3e civ., 1er oct. 2020 et Cass. 1re civ., 9 déc. 2020) : *RDC* mars 2021, p. 45 et s. – Sur l'application de l'article 2262 ancien du Code civil, en cas de vente civile (trente ans), Cass. 3e civ., 16 nov. 2005, n° 04-10.824 : *D.* 2006, p. 971, note R. Cabrillac ; *JCP G* 2006, p. 10069, note F.-G. Trébulle.

(1029) Le délai de l'article 1648 du Code civil a pour point de départ le moment où l'acheteur est en mesure d'agir, le délai de prescription, plus long, court à compter de la conclusion du contrat et pose une limite temporelle à l'obligation pour le vendeur de garantir l'acheteur contre les vices de la chose vendue, spécialement au cas d'action récursoire contre celui-ci. Les décisions ne réfèrent pas à l'article 2224 du Code civil qui fait courir la prescription du jour où le titulaire d'un droit a connu ou aurait dû connaître les faits lui permettant d'exercer l'action, c'est-à-dire la découverte du vice : ce qui est aussi le point de départ du délai de l'article 1648. – Comp. Cass. 3e civ., 26 juin 2002 : *Contrats, conc. consom.* 2002, n° 173, obs. L. Leveneur, le délai de prescription de l'action en responsabilité pour défaut de conformité court à compter de la livraison des matériaux par le vendeur, alors même que l'action (directe) est formée par un sous-acquéreur.

(1030) Cass. 3e civ., 8 déc. 2021 : « Il est de jurisprudence constante qu'avant la loi du 17 juin 2008 portant réforme de la prescription en matière civile, la garantie légale des vices cachés, qui ouvre droit à une action devant être exercée dans les deux ans de la découverte du vice, devait également être mise en œuvre à l'intérieur du délai de prescription extinctive de droit commun ». Mais l'arrêt estime que l'article 2224 du Code civil annihile toute possibilité d'encadrement de l'action en garantie des vices, le point de départ de la prescription extinctive du droit à garantie se confondant avec le point de départ du délai pour agir prévu par l'article 1648, à savoir la découverte du vice ; « en conséquence, l'encadrement dans le temps de l'action en garantie des vices cachés ne peut être assuré, comme en principe pour toute action personnelle ou mobilière, que par l'article 2232 du Code civil qui édicte un délai butoir de vingt ans à compter de la naissance du droit. Le droit à la garantie des vices cachés découlant de la vente, l'action en garantie des vices cachés doit donc être exercée dans les deux ans de la découverte du vice, sans pouvoir dépasser un délai de vingt ans à compter du jour de la vente ». – V. égal. Cass. 1re civ., 6 juin 2018, n° 17-17.438 : *RDC* 2019, p. 24, note J.-S. Borghetti ; Cass. 3e civ., 25 mai 2022, n° 21-18.218 : *RDC* sept. 2022, n° 3, p. 40, obs. L. Thibierge. – V. L. Thibierge, *Prescription de l'action en garantie des vices cachés : en quête de cohérence* : *RDC* juin 2022, p. 55 et s., p. 61. – J.-S. Borghetti, art. préc.

(1031) Cass. ch. mixte, 21 juill. 2023, 4 arrêts, préc.

(1032) L. Thibierge : *RDC* déc. 2023, p. 30, note préc.

de nature à encadrer l'action en garantie des vices cachés », en sorte que ce rôle ne peut être dévolu qu'à l'article 2232 du code ; au final l'action en garantie des vices « doit être formée dans le bref délai, devenu un délai de deux ans, à compter de la découverte du vice, ou, en matière d'action récursoire, à compter de l'assignation, sans pouvoir dépasser le délai-butoir de vingt ans à compter du jour de la naissance du droit, lequel est, en matière de garantie des vices cachés, le jour de la vente conclue par la partie recherchée en garantie »(1033).

Au final la solution enserre l'action en garantie des vices cachés dans un double délai de deux ans à compter de la découverte du vice (prescription) et vingt ans à compter de la vente (délai butoir).

La solution a le mérite de la netteté, en dépit de difficultés d'application dans le temps(1034).

223. – Comment ? Les difficultés pratiques de mise en jeu de la garantie légale tiennent à l'imputabilité du dommage au vice(1035). En effet, la nature particulière de la garantie (V. *supra*, n° 194) n'exonère pas celui qui s'en prévaut de cette démonstration. L'acheteur doit ainsi apporter la preuve : 1° de l'existence du vice, 2° de l'antériorité de celui-ci à la vente, 3° du défaut d'usage normal de la chose. Le caractère caché du vice appelle aussi démonstration ; la qualité de profane de l'acquéreur le dispensera pratiquement de cette charge (V. *supra*, n° 218), auquel cas ce sera le vendeur qui s'efforcera de faire la preuve du caractère apparent du vice prétention qu'il invoquera à titre de fin de non-recevoir(1036).

L'exigence du lien de causalité direct apparaît de manière autonome lorsque l'acheteur prétend associer au vice des dommages étrangers au seul dysfonctionnement de la chose : ainsi de l'acheteur d'un système de sécurité déficient qui demande réparation à son vendeur du cambriolage dont il a été victime(1037). Mais c'est là le lot commun du jeu de la relation de causalité.

• Effets de la garantie légale des vices cachés

224. – Sanctions. La garantie légale ouvre à l'acheteur un premier jeu de sanctions objectives qui atteignent le contrat de vente, et ceci indépendamment de la bonne ou mauvaise foi du vendeur ; en revanche seule la démonstration de la mauvaise foi du vendeur ouvre droit à des sanctions subjectives, en terme de dommages-intérêts.

(1033) Cass. ch. mixte, 21 juill. 2023, 4 arrêts, préc.

(1034) Les arrêts de la chambre mixte précisent que le délai butoir de l'article 2232 s'applique immédiatement ce compris aux ventes conclues avant l'entrée en vigueur de la loi du 17 juin 2008 (qui institue ledit délai). – *Contra*, Cass. 3e civ., 1er oct. 2020, n° 19-16.986, solution qui renverrait à une première application du texte pour… 2028 ! – La solution doit cependant être articulée avec les dispositions transitoires de la loi du 17 juin 2008 : concernant les ventes commerciales, le délai étant allongé de dix à vingt ans, la loi nouvelle est d'application immédiate aux prescriptions en cours, tandis que concernant les ventes civiles, la loi nouvelle écourte la prescription de trente à vingt ans, ce qui justifie qu'elle ne s'applique qu'à compter du 19 juin 2008. V. Cass. ch. mixte, 21 juill. 2023, préc. Sur les difficultés d'application dans le temps de ces solutions, V. L. Thibierge, note préc.

(1035) L'exigence est rappelée par la Cour de cassation : le demandeur doit faire la preuve du lien de causalité entre le vice originaire de la chose et le dommage : V. Cass. 1re civ., 4 déc. 1973 : *Bull. civ.* 1973, I, n° 337.

(1036) La modicité du prix peut permettre de présumer de la connaissance du vice, ou, à tout le moins, aurait dû inciter l'acheteur à la vigilance, V. Cass. 1re civ., 13 mai 1981 : *Bull. civ.* 1981, I, n° 165. Le comportement du vendeur, mal payé de sa diligence, qui remplace une pièce à ses frais établit l'existence du vice, Cass. com., 1er avr. 1997 : *D. affaires* 1997, p. 632. Plusieurs indices peuvent révéler le vice, sans qu'il soit nécessaire au demandeur de l'identifier positivement, V. Cass. 1re civ., 15 juill. 1999 : *Contrats, conc. consom.* 1999, n° 175, obs. L. Leveneur.

(1037) V. Cass. 1re civ., 18 mars 1986 : *Bull. civ.* 1986, I, n° 75 ; *JCP G* 1986, IV, 155. – Comp. Cass. com., 15 mars 1976 : *Bull. civ.* 1976, IV, n° 99 ; *JCP G* 1977, II, 18632, note J. Ghestin.

225. – Sanctions objectives : actions rédhibitoire et estimatoire. L'article 1644 du Code civil propose une alternative à l'acheteur. Celui-ci :

> « a le choix de rendre la chose et de se faire restituer le prix ou de garder la chose et de se faire rendre une partie du prix, telle qu'elle sera arbitrée par experts ».

L'acheteur est seul maître de l'alternative, son choix s'impose au juge[(1038)]. Mais ce choix doit être clairement exprimé : à défaut les juges du fond « saisis d'une action rédhibitoire à titre principal et d'une action indemnitaire à titre subsidiaire, ont pu déduire de ces constatations que l'action rédhibitoire ne pouvait être accueillie et qu'il convenait de faire droit à la demande subsidiaire en dommages et intérêts »[(1039)].

La première branche de l'alternative proposée par le texte est typique du jeu commun de restitutions consécutives à la résolution du contrat : l'acheteur doit restituer la chose ; le vendeur, le prix. C'est là le résultat de l'action dite « rédhibitoire » qui emporte anéantissement du contrat. Cette action s'apparente à l'action résolutoire dont elle se distingue à raison des exigences de délai qui lui sont associées au titre de l'article 1648 du Code civil[(1040)].

La deuxième branche de l'option proposée permet à l'acquéreur de conserver la chose et d'obtenir une réduction du prix après estimation d'experts. L'action visant ce résultat est l'action estimatoire, également appelée *quanti minoris* ; elle préserve le contrat de vente opérant seulement la réfaction de celui-ci (sur cette notion, V. *supra*, n° 186). L'acheteur qui n'aura plus la chose en sa possession (il l'a revendue ou il l'a perdue ou elle est détruite) ne disposera plus que de la deuxième action, sauf si la chose a péri du fait du vice (C. civ., art. 1647, al. 1er)[(1041)]. Originale, l'action estimatoire de la vente a inspiré le droit commun des obligations et l'ordonnance du 10 février 2016 est venue organiser un régime de réparation fondé sur la réduction du prix du contrat (C. civ., art. 1217 et 1223).

(1038) V. Cass. 1re civ., 22 nov. 1988 : *Bull. civ.* 1988, I, n° 334. – Cass. 1re civ., 23 mai 1995 : *RTD civ.* 1996, p. 190, note P.-Y. Gautier. – Cass. 3e civ., 17 févr. 1988 : *Bull. civ.* 1988, III, n° 38. – *Contra*, Cass. com., 6 mars 1990 : *Bull. civ.* 1990, IV, n° 75. – Mais lorsque le vendeur a réparé la chose vendue, l'acquéreur irascible peut-il encore exercer l'action rédhibitoire ? – *Non* : Cass. 1re civ., 2 déc. 1997 : *RTD civ.* 1998, p. 397, obs. P.-Y. Gautier. – *Oui* : Cass. 1re civ., 6 oct. 1998 : *RTD civ.* 1999, p. 127, obs. P.-Y. Gautier. – *Adde* Cass. 3e civ., 20 oct. 2010 : *RDC* 2011, 521, Ph. Brun, le choix entre l'action estimatoire et l'action rédhibitoire prévu à l'article 1644 du Code civil appartient à l'acheteur et non au juge qui n'a pas à motiver sa décision sur ce point et justifie légalement sa décision de prononcer la résolution de la vente par ses seules constatations relatives à l'existence d'un vice rédhibitoire, sans être tenu de procéder à une recherche inopérante sur la possibilité de réparer les défauts à un faible coût.

(1039) Cass. 3e civ., 25 juin 2014, n° 13-17.254 : *JCP G* 2014, 1035, note J. Dubarry ; *JCP G* 2014 doctr. 1195, n° 14, obs. P. Grosser ; *Constr.-Urb.* 2014, n° 119, obs. C. Sizaire. La portée de l'arrêt reste cependant incertaine puisqu'il est fait référence à une action indemnitaire (dont l'objet est l'allocation de dommages et intérêts) et non à l'action estimatoire (dont l'objet est la diminution du prix).

(1040) Une controverse s'est engagée chez les auteurs sur le point de savoir si l'action rédhibitoire présentait, comme l'action résolutoire, un effet rétroactif ; l'intérêt pratique de la question s'attache principalement au sort des droits consentis aux tiers par l'acheteur ; la doctrine contemporaine ne trouve pas de raisons d'exclure la rétroactivité de la rédhibition. – V. J. Ghestin et B. Desché, *op. cit.*, n° 753. – Mais le vendeur ne saurait réclamer une indemnité liée à l'utilisation ou à l'usure de la chose à raison de l'effet rétroactif, Cass. 1re civ., 21 mars 2006 : *RDC* 2006, p. 1140, Ph. Brun ; *Contrats, conc. consom.* 2006, comm. 130, obs. L. Leveneur. – Cass. 1re civ., 19 févr. 2014, n° 12-15.520 : *RDC* 2014, p. 327, obs. E. Savaux ; *RDC* 2014, p. 374, obs. O. Deshayes ; *RDC* 2014, p. 641, obs. J. Le Bourg ; *D.* 2014, p. 642, note S. Pellet ; *JCP E* 2014, 1125, note J.-B. Seube : V. *infra*, n° 248.

(1041) V. Cass. 1re civ., 12 janv. 1994 : *Bull. civ.* 1994, I, n° 23 ; *RTD civ.* 1994, p. 878, obs. P.-Y. Gautier. Mais la réduction du prix demandée ne peut correspondre qu'à une fraction du prix de vente à l'exclusion de la totalité de celui-ci ou d'une somme supérieure, Cass. 3e civ., 19 avr. 2000 : *JCP E* 2000, n° 1922. – En revanche, la perte fortuite de la chose, alors que l'acheteur a choisi l'action rédhibitoire, ne le prive pas de substituer l'action estimatoire, V. Cass. 1re civ., 3 déc. 1996 : *D. affaires* 1997, p. 182 ; *Contrats, conc. consom.* mars 1997, n° 44.

Les actions rédhibitoire et estimatoire ne paraissent pas toujours à même d'apporter entière satisfaction à l'acquéreur, spécialement au consommateur ; le droit de la consommation est venu diversifier encore la palette offerte à ce dernier en lui permettant d'exiger du vendeur professionnel, dans un premier temps, la réparation ou le remplacement du bien sans frais et dans un délai raisonnable au titre de la garantie de conformité prévue au Code de la consommation(1042) ; la jurisprudence a parfois admis cette solution pour la garantie du Code civil au titre de la réparation en nature (V. *infra*, n° 226).

226. – Sanctions subjectives : dommages et intérêts. Ainsi qu'il l'a été dit, la mise en œuvre de la garantie ne suppose aucune faute de la part du vendeur ; dès lors les sanctions spécifiques à celle-ci procèdent des sanctions objectives précédentes.

Mais le bénéfice de l'action rédhibitoire ou estimatoire n'exclut pas la possibilité pour l'acquéreur de demander en complément ou en substitution à celle-ci des dommages et intérêts. Le Code civil retient de la sorte :

> « Si le vendeur connaissait les vices de la chose, il est tenu, outre la restitution du prix qu'il en a reçu, de tous les dommages et intérêts envers l'acheteur » (C. civ., art. 1645).

Après avoir retenu que la recevabilité de l'action en réparation du préjudice éventuellement subi du fait d'un vice caché n'est pas subordonnée à l'exercice d'une action rédhibitoire ou estimatoire, de sorte que l'action peut être engagée de manière autonome(1043), il a été jugé que l'action en indemnisation ne donne pas ouverture à une action en responsabilité contractuelle, mais à une garantie dont les modalités sont fixées par les articles 1641 et suivants du Code civil(1044). Cette qualification préserve les clauses limitatives de garantie, soumises à l'article 1643 du Code civil, du régime des clauses limitatives de responsabilité et neutralise leur éventuelle contrariété à l'obligation essentielle du contrat (C. civ., art. 1170).

L'octroi de réparations supposera alors la démonstration de la faute du vendeur, c'est-à-dire de la connaissance que celui-ci avait du vice ; en un mot sa mauvaise foi(1045). L'article 1645 du Code civil réitère ce principe commun ; à défaut le vendeur qui ignorait le vice n'est tenu « qu'à la restitution du prix, et à rembourser à l'acquéreur les frais occasionnés par la vente » (C. civ., art. 1646)(1046). À cet égard, la jurisprudence discrimine encore entre professionnels et profanes.

(1042) V. *infra*, n°s 230 et s.

(1043) Cass. com., 19 juin 2012 : *JCP G* 2012, 963, avis L. Le Mesle ; *JCP G* 2012, 1151, n° 15, obs. P. Grosser ; *RD imm.* 2012, p. 519, obs. Ph. Malinvaud ; *Contrats, conc. consom.* 2012, n° 227, L. Leveneur ; *RDC* 2012, p. 1249, obs. C. Quézel-Ambrunaz ; *RDC* 2013, p. 101, obs. J.-S. Borghetti.

(1044) Cass. com., 19 mars 2013, n° 11-26.566 : *JCP G* 2013, 705, note G. Pillet ; *JCP E* 2013, 1309, note S. Le Gac-Pech ; *D.* 2013, p. 1947, note A. Hontebeyrie ; *RDC* 2013, p. 967, obs. J. Le Bourg et p. 1360, obs. crit. J.-S. Borghetti.

(1045) V. cependant Cass. 3e civ., 13 nov. 2003 : *Bull. civ.* 2003, III, n° 194 ; *RDC* 2004, p. 344, obs. Ph. Brun : les dommages et intérêts dus par le vendeur au titre de l'article 1645 du Code civil ne trouvent pas leur fondement dans les règles de la responsabilité civile contractuelle ou délictuelle, mais dans l'obligation légale propre au vendeur de garantir l'acquéreur des vices cachés de la chose vendue. Conséquence : cette condamnation est étrangère à l'objet de l'assurance de responsabilité civile professionnelle. – Cass. 3e civ., 19 nov. 2008 : *Contrats, conc. consom.* 2009, n° 40, L. Leveneur.

(1046) Cass. 1re civ., 6 avr. 2016, n° 15-12.402 : *RTD civ.* 2016, p. 649, obs. P.-Y. Gautier ; *RTD com.* 2016, p. 320, obs. B. Bouloc ; *JCP G* 2016, 797, obs. P. Grosser ; *Contrats, conc. consom.* 2016, n° 160, obs. L. Leveneur : l'acheteur d'un bateau avait assigné en garantie des vices cachés son vendeur. Les juges du fond l'avaient condamné à payer le prix d'un nouveau moteur et les frais d'installation. L'arrêt est cassé au visa des articles 1644 et 1646 : « le vendeur qui ignorait les vices de la chose vendue ne peut être tenu envers l'acheteur qui garde cette chose qu'à la restitution partielle du prix ». On peut se montrer réservé car, en l'espèce, l'acheteur ne demandait pas des dommages et intérêts, mais réclamait l'exécution en nature ou le remboursement des frais.

Le professionnel se voit à nouveau appliquer la présomption de connaissance du vice, déjà rencontrée à son propos. Mais, pour le vendeur professionnel, cette présomption est irréfragable, ce qui en fait une règle de fond[(1047)] (comp. *supra* l'autorité de cette présomption à l'endroit de l'acquéreur professionnel, n° 217). Cette sévérité retentit à plusieurs égards : la présomption joue même si l'acheteur est un professionnel[(1048)] ; elle s'attache aussi bien au revendeur qu'au fabricant[(1049)] ; elle s'applique aux vices dits « indécelables »[(1050)] ; elle peut être invoquée quand bien même le revendeur professionnel n'est jamais entré en possession de la chose et a fait procéder à une livraison directe de celle-ci de son fournisseur à l'acheteur[(1051)]. L'obligation de réparation couvre alors tous les dommages associés au vice par une causalité directe[(1052)] ; la jurisprudence impose parfois la réparation en nature (remise en état, remplacement de la chose)[(1053)]. La qualification de professionnel est de la sorte parfois âprement discutée : elle peut être retenue pour une SCI[(1054)].

Mais la présomption est particulière aux rapports nés du contrat de vente : l'assureur du vendeur professionnel ne saurait se prévaloir de la présomption de connaissance du vice de son client assuré pour refuser la couverture[(1055)].

Le vendeur occasionnel ne peut naturellement se voir appliquer pareille présomption ; l'acquéreur désireux d'engager la responsabilité de celui-ci devra faire la preuve directe de sa mauvaise foi[(1056)], faute de quoi le vendeur ne sera tenu qu'à restitution du prix et des frais occasionnés par la vente.

Les dommages et intérêts répondent à la réparation du préjudice subi par l'acquéreur. Mais à l'occasion la jurisprudence utilise l'article 1645 pour faire peser sur le vendeur, au titre des réparations en nature, une obligation de fournir une chose conforme : cette voie détourne les sanctions de la garantie et alimente l'évolution de cette dernière vers un mécanisme de garantie de conformité[(1057)].

(1047) V. Cass. com., 27 avr. 1971 : *JCP G* 1972, II, 17280, note M. Boitard et A. Rabut. – Cass. 1re civ., 21 nov. 1972 : *Bull. civ.* 1972, I, n° 257 ; *JCP G* 1974, II, 17890, note J. Ghestin. – Cass. 1re civ., 9 oct. 1979 : *Bull. civ.* 1979, I, n° 241. – Sur la validité de la présomption au regard du droit communautaire, CJCE, 24 janv. 1991 : *Rec. CJCE* 1991, I, p. 107 ; *D.* 1991, p. 273, note C. Berr. – Cass. com., 5 juill. 2023, n° 22-11.621 : *RDC* déc. 2023, p. 20, obs. S. Pellet ; *RTD civ.* 2023, p. 704, obs. J. Klein ; *D.* 2023, p. 1885, note A. Hyde ; *JCP E* 2023, 1309, note N. Dupont ; *JCP G* 2023, act. 1022, Y.-M. Serinet : le caractère irréfragable de la présomption ne porte pas une atteinte disproportionnée au droit du vendeur professionnel au procès équitable garanti par l'article 6, § 1, de la Convention EDH.

(1048) V. Cass. com., 24 avr. 1990 : *Bull. civ.* 1990, IV, n° 126.

(1049) V. Cass. 3e civ., 18 oct. 1977 : *Bull. civ.* 1977, III, n° 348. – Cass. 3e civ., 3 janv. 1984 : *Bull. civ.* 1984, III, n° 4. – Cass. 1re civ., 4 mars 1986 : *Bull. civ.* 1986, I, n° 57. – Mais un professionnel des travaux forestiers n'est pas nécessairement un vendeur professionnel : Cass. com., 17 janv. 2024, n° 21-23.909 : *RDC* 2024/2, p. 51, obs. L. Thibierge. – L'avant-projet de réforme des contrats spéciaux dirigé par le professeur Stoffel-Munck propose à l'article 1643-2 la définition suivante : « Est professionnel tout vendeur ou tout acheteur qui se livre de manière habituelle à des ventes ou à des achats de biens semblables à celui qui est vendu. Est assimilée à un vendeur ou un acheteur professionnel toute personne possédant les compétences techniques nécessaires à la connaissance du vice invoqué ».

(1050) V. Cass. com., 15 nov. 1971 : *D.* 1972, p. 211. – Cass. com., 27 avr. 1971, préc.

(1051) V. Cass. com., 8 juin 1999, préc.

(1052) V. Cass. 1re civ., 6 juill. 1999 : *Contrats, conc. consom.* 2000, n° 23, obs. L. Leveneur (ardoises viciées, réfection de la toiture). – Cass. 1re civ., 18 mars 1986, préc. (vice du système de sécurité, réparation du dommage causé par un cambriolage). – Cass. com., 15 mars 1976, préc. – *Adde* Lyon, 18 oct. 1979 : *Gaz. Pal.* 1er mai 1980 (vente de vaches laitières contagieuses ; réparation de la perte des animaux contaminés, du lait, des prêts contractés).

(1053) V. Cass. civ., 11 avr. 1933 : *DH* 1933, p. 331. – Cass. com., 17 mai 1971 : *Bull. civ.* 1971, IV, n° 134.

(1054) Cass. 3e civ., 27 oct. 2016, n° 15-24.232 : *D.* 2016, p. 2213.

(1055) Cass. 2e civ., 7 juill. 2022, nos 21-10.558 et 21-10.560 : *RDC* mars 2023, p. 68, note F. Leduc.

(1056) V. Cass. 3e civ., 8 oct. 1997 : *JCP E* 1998, p. 611, obs. J.-B. Seube ; *Contrats, conc. consom.* 1998, n° 5, obs. L. Leveneur (les vendeurs savaient la maison vendue atteinte d'un vice de construction ; ils devront supporter le coût de la reconstruction).

(1057) Cass. 3e civ., 30 janv. 2020, n° 19-10.176 : l'acquéreur d'une maison atteinte d'un vice caché dissimulé par le vendeur a droit au titre de l'article 1645 du Code civil à une indemnisation incluant le coût des travaux de démolition et

b) La garantie conventionnelle des vices cachés

227. – Le Code civil. Selon l'article 1643 du Code civil, le vendeur :

> « est tenu des vices cachés quand même il ne les aurait pas connus, à moins que dans ce cas, il n'ait stipulé qu'il ne sera obligé à aucune garantie ».

Dans le monde de la vente de 1804, la garantie est affaire privée et le Code civil admet la validité de stipulations conventionnelles, sous la réserve classique de la mauvaise foi. Le développement de la société de consommation, et partant de la concurrence, l'émergence du consumérisme, la réduction de la durée de vie utile des produits allaient perturber cette vision des choses. L'attitude des vendeurs professionnels a été de réduire, sinon d'éluder, le régime de la garantie légale. Au soutien de cette pratique on a fait valoir la charge d'assurance qui résulterait pour eux d'une garantie systématique et que ceux-ci ne manqueraient pas d'intégrer dans le prix de vente de leurs produits, faisant finalement supporter collectivement un dommage qu'ils étaient appelés à garantir apparemment individuellement. En repoussant, comme on va le voir, la prétention des vendeurs professionnels, notre droit a d'une certaine façon admis cette collectivisation du dommage.

Nous distinguerons naturellement les clauses limitatives et élusives de garantie de celles qui étendent celles-là.

228. – Clauses limitatives et élusives de garantie. À la relecture de l'article 1643 du Code civil, elles sont valables, sauf mauvaise foi du vendeur.

On sait comment la jurisprudence a posé en règle une présomption irréfragable de connaissance du vice pour le vendeur professionnel ; celle-ci trouve ici sa raison d'être première en privant d'efficacité les clauses limitatives de garantie que celui-ci pouvait insérer dans ses contrats(1058). Prenant le relais du juge, le législateur est intervenu pour déclarer abusives de telles clauses insérées dans les contrats conclus avec des consommateurs où elles sont alors réputées non écrites (C. consom., art. L. 212-1 et R. 212-1). En revanche, lorsque l'acquéreur est aussi un professionnel, il est aussi censé connaître le vice (V. *supra*, n° 218). La jurisprudence s'attache à rechercher si l'acheteur est de même spécialité que le vendeur pour admettre l'efficacité de la clause(1059).

de reconstruction du bien : *RDC* sept. 2020, p. 19, obs. J-S. Borghetti. – Du même auteur, *À la recherche d'une sanction méconnue de l'inexécution contractuelle : la correction de la mauvaise exécution*, in *Mél. Fr. Collart-Dutilleul*, Dalloz, 2017, p. 131. – O. Deshayes, *Réduction du prix et préjudice réparable* : *RDC* 2018, n° 114, p. 29.

(1058) Jurisprudence abondante qui souvent rejoint celle développée sous le visa de l'article 1645 du Code civil. – V. not. aux origines, Cass. 1re civ., 24 nov. 1954 : *JCP G* 1955, II, 8565. – Plus proche, Cass. 3e civ., 3 janv. 1984 : *Bull. civ.* 1984, III, n° 4 (le vendeur professionnel ne pouvait ignorer les vices de la chose ou était tenu de les connaître). – Cass. 3e civ., 26 avr. 2006 : *Contrats, conc. consom.* 2006, comm. 155, obs. L. Leveneur (le vendeur âgé de 93 ans est réputé professionnel de l'immobilier). – Cass. 3e civ., 3 nov. 2011, nos 10-14.986 et 10-30.549 : *RDC* 2012, p. 1314, obs. M. Boutonnet (le vendeur d'un immeuble pollué, dernier exploitant et tenu à ce titre d'une obligation de dépollution, ne peut opposer la clause limitative de garantie à l'acquéreur).

(1059) Jurisprudence abondante : clause inefficace entre professionnels de spécialité jugée différente, V. Cass. 1re civ., 20 déc. 1983 : *Bull. civ.* 1983, I, n° 308. – Cass. com., 20 juill. 1973 : *Bull. civ.* 1973, IV, n° 264. – Cass. com., 19 mars 2013, n° 11-26.566, préc. – Clause valable entre professionnels de même spécialité, Cass. com., 8 oct. 1973 : *Bull. civ.* 1973, IV, n° 272 ; *JCP G* 1975, II, 17927, note J. Ghestin.

Le vendeur occasionnel pourra valablement et efficacement limiter, voire éluder sa garantie, sauf pour l'acquéreur à apporter la preuve de la connaissance que celui-ci avait du vice[1060].

229. – **Clauses extensives de garantie ; clause de garantie de passif.** Des clauses étendant le régime légal de garantie sont parfaitement concevables ; elles prévoiront que la garantie est due pour tout défaut même très accessoire et ne compromettant pas l'usage normal de la chose (l'allume-cigarettes dans le véhicule) ; elles excluaient hier l'exigence si embarrassante du bref délai ; elles organiseront encore les effets de la garantie (remplacement du bien acheté ; réparation gratuite...).

Leur validité n'est pas douteuse, pourvu qu'il s'agisse bien de dispositions augmentant effectivement le poids de la garantie légale. De telles clauses ne sont pas hypothèses d'école ; elles se rencontrent dans les conditions générales de vente de certains distributeurs, spécialement « de marque », pour lesquels la garantie apparaît comme un supplément de service, un élément de politique commerciale, un argument publicitaire[1061]. Elles ne sauraient priver le consommateur d'invoquer le bénéfice de la garantie légale, mais comme la plupart du temps celui-ci ignore tout de celle-là, l'effet promotionnel recherché est atteint. Aussi le Code de la consommation réglemente la *garantie commerciale* en prévoyant la remise d'un écrit reproduisant, notamment les dispositions du droit commun (C. consom., art. L. 217-15. – V. *infra*, n° 237).

Dans le cas de vente d'une société (et point d'un fonds de commerce), le contrat prendra l'aspect d'une cession de parts sociales, cession de contrôle. La révélation, postérieure à la vente, d'un passif à la charge de la société « achetée » ne constitue pas un vice caché des titres cédés[1062] ; les parties devront insérer au contrat un dispositif spécial aménageant la prise en charge par le cédant de dettes dont l'origine serait antérieure à la cession et qui viendraient à apparaître après cette date (redressement fiscal, indemnités de licenciement...) ; c'est la clause dite de « garantie de passif » par laquelle le cédant garantit la pertinence du bilan comptable à partir duquel le prix a été élaboré... quand la conformité de la chose se lit dans les chiffres d'un bilan[1063].

(1060) De telles clauses sont fréquentes dans les ventes immobilières entre particuliers. – V. Cass. 3e civ., 19 oct. 1971 : *Bull. civ.* 1971, III, n° 498 ; *D.* 1972, p. 77 ; *RTD civ.* 1972, p. 412, obs. G. Cornu. – *Adde* Cass. 3e civ., 29 juin 2017, n° 16-18.087 : *D.* 2017, p. 1889, note N. Rias ; *RDC* 2017, p. 80, M. Mekki : le vendeur n'avait pas révélé à l'acheteur la présence de cuves (vices de pollution des sols). La cour juge qu'il ne peut se prévaloir de la clause exclusive de garantie des vices cachés. Sur l'impossibilité de prévoir une clause limitative de responsabilité afférente à l'inexécution de l'obligation essentielle, V. *supra*, n° 187.

(1061) V. P. Ancel, *La garantie conventionnelle des vices cachés dans les conditions générales de vente*, préc., qui démontre l'importance pratique et la spécificité de la garantie conventionnelle qui déroge parfois à l'ensemble du régime légal. – Ainsi l'article 1648 du Code civil ne saurait être invoqué dans le cadre de la mise en jeu d'une garantie conventionnelle, Cass. 1re civ., 6 juill. 1999 : *Contrats, conc. consom.* 1999, n° 174, obs. L. Leveneur. – *Adde* CA Grenoble, 15 mai 1996 : *D.* 1997, somm. p. 221, C. Witz (garantie conventionnelle assumée par un fabricant américain, le sous-acquéreur français peut agir sur le fondement de la convention de Vienne), cassé par Cass. 1re civ., 5 janv. 1999. – V. *supra*, n° 215. – Cass. 1re civ., 8 déc. 1998 : *Contrats, conc. consom.* 1999, n° 38, obs. L. Leveneur (le concessionnaire de marque – vendeur ? – ne peut pas réparer pendant l'époque de la garantie conventionnelle ; condamnation à payer le coût de la réparation opérée par un autre garagiste).

(1062) Cass. com., 4 juin 1996 : *JCP E* 1996, II, 589, n° 3, obs. A. Viandier et J.-J. Caussain.

(1063) P. Mousseron, *Les conventions de garantie de passif dans les cessions de droits sociaux*, Nouvelles éditions fiduciaires, coll. « Nef Université », 1997.

3° La garantie de conformité dans la vente au consommateur

230. – Union européenne. En transposant la directive 1999/44/CE du 25 mai 1999 sur la vente et la garantie des biens de consommation(1064), l'ordonnance du 17 février 2005 ouvre au consommateur insatisfait un régime de recours complémentaire à celui organisé par le Code civil(1065). Les conditions de cette transposition ont fait discussion : à l'occasion de toiletter le Code civil, le législateur a préféré une transposition *a minima* dans le seul Code de la consommation (art. L. 217-1 et s.)(1066) ; les modifications apportées au régime légal du Code civil à l'occasion de cette transposition paraissent cependant de nature à réduire les risques de compétition des règles nouvelles avec celles anciennes du Code civil. Le régime nouveau introduit au profit de l'acquéreur consommateur un régime de garantie « moniste » qui agrège les reproches divers rassemblés sous la bannière de l'obligation de délivrance et la garantie des vices ; en ce sens il ne se réduit pas à un correctif des règles préexistantes. L'influence de la convention de Vienne est perceptible à plusieurs égards sur le texte communautaire. Ainsi le droit de l'Union européenne (de la consommation) joue un rôle inattendu de cheval de Troie pour permettre au droit international de la vente d'investir le droit de la vente interne(1067). La directive 2019/771 du 20 mai 2019 s'est substituée à la précédente (abrogée) au 1er janvier 2022 pour élargir le domaine de la garantie aux « biens numériques » et modifier sensiblement les dispositions d'origine(1068). Nous envisagerons donc tour à tour le domaine (*a*) puis le contenu (*b*) de la garantie de conformité.

(1064) *JOCE* n° L 171, 7 juill. 1999, p. 12 et s. – V. N. Sauphanor, *Les contrats de consommation, règles générales, op. cit.*, nos 734 et s.

(1065) Rapport au président de la République relatif à l'ordonnance n° 2005-136 du 17 février 2005. Les dispositions de l'ordonnance ne s'appliquent qu'aux contrats conclus postérieurement à son entrée en vigueur, Ord. 17 févr. 2005, art. 5. Sur le régime institué par l'ordonnance, V. *Débats : RDC* 2005, n° 3 ; et pour une approche de droit comparé, cette revue p. 879 et s., obs. B. Fauvarque-Cosson et B. Ancel ; *adde CDE* 2003, n° 1. – O. Tournafond, *La nouvelle garantie de conformité des consommateurs : D.* 2005, chron. p. 1557.

(1066) Au profit d'un argument majeur de simplicité, le groupe de travail présidé par le professeur Geneviève Viney avait opté pour une transposition *large* dans le Code civil. – G. Viney, *Quel domaine assigner à la loi de transposition de la directive européenne sur la vente : JCP* G 2002, I, 158 ; *adde* en ce sens, J. Calais-Auloy *in RTD civ.* 2005, p. 701 et s. – À l'encontre de cette opinion, on a fait valoir que ce régime devait être réservé au seul consommateur, faute de quoi d'ailleurs celui-là ne bénéficierait plus de l'attention particulière qu'il appelle ; au surplus, certaines dispositions communautaires se révélaient dans leur application moins protectrices des intérêts du consommateur que ne l'était déjà le droit commun français – parmi une doctrine fournie, V. L. Leveneur, *L'Europe contre les consommateurs français : Contrats, conc. consom.* 1997, repères, et août-sept. 2000, et avec G. Paisant, *Quelle transposition pour la directive du 25 mai 1999 : JCP* G 2002, I, 135 et, du même, *La transposition de la directive du 25 mai 1999 : Contrats, conc. consom.* 2005, étude 8. – O. Tournafond, *De la transposition de la directive du 25 mai 1999 à la réforme du Code civil : D.* 2002, chron. 2283. – D. Mainguy, *Propos dissidents sur la transposition de la directive du 25 mai 1999 : JCP* G 2002, I, 183. – Avec plus de recul, P. Jourdain, *Transposition de la directive sur la vente du 25 mai 1999 : ne pas manquer une occasion de progrès : D.* 2003, point de vue 4.

(1067) V. déjà à propos de la proposition de directive, nos obs. *RTD civ.* 1997, p. 1020. Cette connivence n'est cependant guère surprenante si l'on observe que l'élaboration d'un marché unique est à la source de l'ensemble de ces dispositions. V. spéc. Dir. 25 mai 1999, consid. 2, 3 et 4. Mais la pertinence de solutions retenues pour la vente internationale ne se retrouve plus guère aux achats réalisés par le consommateur ; de fait si certaines dispositions de ce régime paraissent finalement défavorables au consommateur, celui-là conserve intact le recours aux dispositions du Code civil (C. consom., art. L. 217-13). Sur les mérites respectifs de ces deux régimes, V. O. Salvat, étude *in Contrats, conc. consom.* août 2006, p. 10.

(1068) La directive est transposée par l'ordonnance n° 2021-1247 du 29 septembre 2021, relative à la garantie légale de conformité pour les biens, les contenus numériques et les services numériques. Une seconde directive 2019/770 de la même date est relative à certains aspects concernant les contrats de fourniture de contenus numériques et de services numériques. Relèvent du domaine de ce dernier texte des supports matériels servant exclusivement à transporter un contenu numérique. Mais le départ entre les deux textes pourrait faire difficulté : on retiendra le jeu d'une présomption en faveur du rattachement au contrat de vente (Dir. 2019/770 ; art. 3.3 ; Dir. 2019/771 ; art. 3.4 : « En cas de doute sur la question de savoir si la fourniture d'un contenu numérique ou d'un service numérique intégré ou

a) *Domaine de la garantie de conformité dans la vente au consommateur*

231. – La vente et au-delà. La garantie de conformité concerne *les contrats de vente de biens meubles corporels* auxquels sont assimilés les *contrats de fourniture de biens meubles à fabriquer ou à produire* ainsi que les contrats au titre desquels *le professionnel délivre un bien et en transfère la propriété à un consommateur et ce dernier procure tout autre avantage, au lieu ou en complément du paiement d'un prix* (C. consom., art. L. 217-1, I)(1069). L'extension du régime de la garantie au contrat mixte associant vente et entreprise reste indifférente à la part respective des matériaux et des services fournis (sur la qualification du contrat mixte, V. *supra*, n° 81). Cette assimilation n'est pas sans poser de délicates questions. D'ordre pratique d'abord. *Quid* de la garantie aux produits fournis à l'occasion d'un service (réparation avec remplacement d'une pièce) ? Bien que l'on ne soit pas en présence de contrats portant *fabrication* ou *production* de biens meubles, la garantie devrait s'appliquer(1070). Mais l'enjeu est aussi d'ordre fondamental : en admettant que la garantie puisse jouer pour le contrat d'entreprise visant à procurer un bien meuble, le nouveau régime contribue à rapprocher ce contrat de la vente ; un auteur y discerne la finalité translative commune à ces deux figures contractuelles et invite à repenser les modalités du transfert de propriété dans le contrat d'entreprise en écartant désormais toute référence au jeu de l'accession(1071). Lorsqu'un contrat rassemble la vente de biens relevant du jeu de la garantie et d'autres biens non couverts par celle-ci (par ex. bien fourni par le consommateur), la garantie ne s'étend pas à ces derniers. En outre, lorsqu'un contrat a pour objet principal la vente de biens couverts par la garantie et, à titre accessoire, la fourniture de services non couverts par cette dernière, le régime de la garantie ne s'applique qu'aux biens (C. consom., art. L. 217-1, II).

La directive du 20 mai 2019 a élargi le champ de la garantie *aux biens comportant des éléments numériques lorsque ces éléments sont fournis avec ces biens dans le cadre du contrat de vente*, que ces contenus numériques ou services numériques soient fournis par le vendeur ou par un tiers (par ex. véhicule automobile communiquant et demain autonome, montre connectée...). *Lorsqu'il n'ap-*

---

interconnecté fait partie du contrat de vente, le contenu numérique ou le service numérique est présumé relever du contrat de vente). – V. C. Aubert de Vincelles, *Nouvelle directive sur la conformité dans la vente entre professionnel et consommateur. À propos de la directive n° 2019/771/UE du 20 mai 2019* : JCP G 2019, 758. – S. Bernheim-Desvaux, *De nouvelles règles contractuelles en matière de conformité seront applicables à compter du 1er janvier 2022 !* : Contrats, conc. consom. 2019, comm. 130. – J. Julien, *Garantie de conformité : la directive n° 1999/44/CE du 25 mai 1999 est abrogée et remplacée par la directive n° 2019/771/UE du 20 mai 2019* : RDC sept. 2019. – T. Genicon, *Nouvelle garantie de conformité dans la vente au consommateur : l'heure des choix (à propos de la transposition de la directive n° 2019/771/UE)* : D. 2021, p. 534. – J.-D. Pellier, *La nouvelle garantie légale de conformité est arrivée* : RDC mars 2022, p. 71.

(1069) Sont exclus du bénéfice de la garantie les biens vendus par autorité de justice ou aux enchères publiques, ainsi que l'eau, le gaz – sauf lorsqu'ils sont conditionnés dans un volume délimité ou en quantité déterminée (bouteilles) – ainsi que la fourniture d'électricité (C. consom., art. L. 217-2). – V. N. Sauphanor, *op. cit.*, n° 726. – Le régime s'étend à tout contrat onéreux, spécialement ceux dans lesquels le consommateur fournit au professionnel des données à caractère personnel, V. J.-D. Peltier, préc., p. 73.

(1070) En ce sens, P. Puig, cité n° 496, qui observe que la garantie aurait dû s'appliquer si ces pièces et produits avaient été vendus séparément. – Comp. O. Tournafond : D. 2005, préc. n° 10.

(1071) P. Puig, *Application au contrat d'entreprise de la nouvelle garantie de conformité : évolution ou révolution ?* : RDC 2005, p. 963 ; du même auteur, *Le contrat d'entreprise translatif de propriété*, in *Mél. J. Dupichot*, Bruylant, 2004, p. 393 et s.

paraît pas clairement que la fourniture d'un contenu numérique ou d'un service numérique fait l'objet d'un contrat distinct, cette fourniture est présumée relever du contrat de vente du bien (C. consom., art. L. 217-7)(1072).

Les biens visés par la garantie ne sont pas autrement définis ; en sont exclus les immeubles. Le bien meuble qui a pu être incorporé à l'immeuble à l'occasion de la construction de celui-ci ne devrait pas être couvert par une garantie aussi spécifique.

b) Contenu de la garantie de conformité dans la vente au consommateur

232. – **Qui ? Un vendeur professionnel ou se présentant comme tel ; un acheteur consommateur.** La garantie de conformité est applicable aux relations contractuelles entre le vendeur agissant dans le cadre de son activité professionnelle ou commerciale et l'acheteur agissant en qualité de consommateur (C. consom., art. L. 217-1, I). Au-delà, l'ordonnance de 2021 vise toute personne se présentant ou se comportant comme vendeur professionnel (C. consom., art. L. 217-1)(1073).

Le texte d'origine (Ord. 2005) élargissait la charge de la garantie au producteur défini comme le fabricant d'un bien meuble corporel, mais aussi à l'importateur de ce bien sur le territoire de l'Union européenne ou plus généralement à toute personne qui se présente comme producteur en apposant sur le bien son nom, sa marque ou un autre signe distinctif (C. consom., ancien art. L. 217-3, al. 2). Dans le même sens, une action récursoire peut être intentée par le vendeur à l'encontre de toute personne en amont dans la chaîne de transactions commerciales, y compris le producteur, conformément aux dispositions du Code civil (C. consom., art. L. 217-31). Pareille disposition invite à admettre que le consommateur puisse exercer l'action directe pour faire jouer la garantie de conformité à l'encontre d'un fabricant, si tant est que son auteur, vendeur-intermédiaire, bénéficiait d'une telle voie de droit(1074). Le Code de la consommation a formellement reconnu le bénéfice d'une telle action (C. consom., art. L. 217-29).

233. – **Quoi ? Notion de conformité.** Au titre du nouveau régime, le vendeur est tenu de « délivrer un bien conforme au contrat » (C. consom., art. L. 217-3) mais aussi « propre à l'usage habituellement attendu d'un bien de même type » compte tenu des dispositions du droit de l'Union ou des normes techniques (C. consom., art. L. 217-5). Le régime associe donc défaut de conformité et vice caché (cependant dans deux textes distincts).

(1072) Le souci d'étendre la garantie du consommateur aux nouveaux biens relevant de technologies modernes est sans nul doute louable. On regrettera la course à la technique qui s'ensuit : ainsi de laborieuses définitions des notions de compatibilité, fonctionnalité, interopérabilité ou durabilité (Dir. 2019/771, art. 2), des obligations de mise à jour du contenu numérique pour le vendeur (art. 8) ou de règles touchant à l'intégration incorrecte du contenu ou du service numérique par le vendeur (art. 9).

(1073) L'ordonnance ne vise cependant pas les fournisseurs de plateformes en tant que tels, V. J.-D. Peltier, préc., p. 74.

(1074) Cass. 1re civ., 6 juin 2018, n° 17-10.553 : *RDC* 2018, p. 542, note O. Deshayes, des acquéreurs intentaient contre un importateur l'action fondée sur les articles L. 217-3 et L. 217-4 du Code de la consommation. La cour refuse cette action directe car « n'agissant pas lui-même en qualité de consommateur à l'égard de son auteur, le vendeur ne bénéficie pas d'une telle garantie et ne peut donc en transmettre les droits, ce qui exclut toute action directe de l'acheteur à ce titre ». Le vendeur intermédiaire, professionnel, ne disposait pas d'une telle action contre le fabricant qu'il aurait pu transmettre au sous-acquéreur.

Le vendeur répond des défauts de conformité existant lors de la délivrance (C. consom., art. L. 217-3)[1075]. Le bien conforme doit correspondre à la description donnée par le vendeur, au type, à la quantité et à la qualité, notamment en ce qui concerne la fonctionnalité, la compatibilité, l'interopérabilité, ou toute autre caractéristique prévue au contrat, ou tout usage spécial recherché par le consommateur, porté à la connaissance du vendeur au plus tard au moment de la conclusion du contrat ou encore s'il est mis à jour conformément au contrat ; le bien doit être livré avec tous les accessoires et les instructions d'installation, devant être fournis conformément au contrat (C. consom., art. L. 217-4). Le vendeur répond également des défauts de conformité résultant de l'emballage, des instructions de montage, ou de l'installation lorsque celle-ci a été mise à sa charge par le contrat ou réalisée sous sa responsabilité, ou encore lorsque l'installation incorrecte, effectuée par le consommateur, est due à des lacunes ou erreurs dans les instructions d'installation fournies par le vendeur (C. consom., art. L. 217-3).

La conformité du bien suppose encore que le bien soit « propre à l'usage habituellement attendu d'un bien de même type, compte tenu, s'il y a lieu, de toute disposition du droit de l'Union européenne et du droit national ainsi que de toutes les normes techniques ou, en l'absence de telles normes techniques, des codes de conduite spécifiques applicables au secteur concerné », mais encore qu'il possède les qualités que le vendeur a présentées à l'acheteur sous forme d'échantillon ou de modèle ; les éléments numériques qu'il comporte doivent être fournis selon la version la plus récente disponible au moment de la conclusion du contrat, sauf clause contraire ; le bien est fourni avec accessoires et mises à jour ; il correspond à la quantité, à la qualité et aux autres caractéristiques, y compris en termes de durabilité, de fonctionnalité, de compatibilité et de sécurité, que le consommateur peut légitimement attendre pour des biens de même type, eu égard à la nature du bien ainsi qu'aux déclarations publiques faites par le vendeur (C. consom., art. L. 217-5)[1076]. Lorsqu'un traitement de données à caractère personnel est opéré par le professionnel, un manquement de sa part aux obligations réglementaires lui incombant est assimilé à un défaut de conformité (C. consom., art. L. 217-6)[1077].

Cette définition de la conformité couvre donc la garantie fonctionnelle des vices cachés, mise au goût du jour du numérique (V. *supra*, n° 217). Ainsi la garantie de conformité est susceptible d'être appelée au cas d'une défaillance appréciée au regard de l'usage habituel et d'un défaut de qualités réputées normales du bien vendu, mais aussi en contemplation d'un usage particulier ou de qualités propres présentés comme tels par le vendeur ou auxquels les parties auront spécialement adhéré : la non-conformité se définit ainsi par un décalage à l'égard d'une situation donnée, d'usage ou voulue par les parties. La directive 2019/771 réfère de

(1075) « Pour l'application du présent titre, on entend par délivrance d'un bien, le transfert au consommateur de la possession physique ou du contrôle du bien. Dans le cas d'un bien comportant des éléments numériques, la délivrance inclut également la fourniture de ces éléments (...) » (C. consom., art. L. 216-1).

(1076) Le vendeur n'est cependant pas tenu par toutes déclarations publiques mentionnées à l'alinéa qui précède s'il démontre qu'il les ignorait et n'était légitimement pas en mesure de les connaître ou qu'au moment de la conclusion du contrat, les déclarations publiques avaient été rectifiées ou que les déclarations publiques n'ont pas pu avoir d'influence sur la décision d'achat (C. consom., art. L. 217-5).

(1077) Il s'agit des obligations prévues au titre du règlement (UE) n° 2016/679 du 27 avril 2016 et de la loi n° 78-17 du 6 janvier 1978 relative à l'informatique, aux fichiers et aux libertés.

la sorte à une conformité subjective et objective (art. 7 et 8). La définition de la conformité présente alors une grande proximité avec celle posée par la convention de Vienne (CVIM, art. 35) et s'écarte de la notion de défectuosité posée par la directive du 25 juillet 1985 qui privilégiait l'attente légitime de l'utilisateur. Dans la logique de cet instrument international, c'est donc un système moniste qui est ici institué. La non-conformité n'apparaît pas alors directement tributaire de la présence d'un vice qui infesterait la chose. De la sorte, on a pu se demander si la notion de conformité aussi largement entendue n'était pas à même d'être sollicitée au cas de dommage résultant de cas fortuit, soit au cas d'application du régime des risques(1078). Auquel cas, la garantie de conformité étant mobilisée dès la délivrance, il faudrait bien adhérer à l'idée qu'au cas de vente conclue entre professionnel et consommateur – au sens de l'article L. 217-1 du Code de la consommation –, la délivrance opère transfert des risques(1079).

Ces dispositions ne privent pas le consommateur du droit d'exercer l'action résultant de la garantie des vices cachés des articles 1641 à 1649 du Code civil ou toute autre action de nature contractuelle ou extracontractuelle reconnue par la loi (C. consom., art. L. 217-30).

234. – **Comment ? La preuve du défaut de conformité ; l'ignorance du consommateur.** Le défaut de conformité doit exister avant la délivrance du bien (C. consom., art. L. 217-3). On retiendra la différence avec la garantie de l'article 1641 du Code civil qui suppose l'antériorité du vice au transfert des risques (V. *supra*, n° 219). Les exigences probatoires relatives à l'antériorité du défaut gouvernent au régime des délais. Une présomption, simple, d'antériorité est instituée dès lors que le défaut vient à apparaître dans un délai de vingt-quatre mois à compter de la délivrance (douze mois pour les biens d'occasion) ; le vendeur peut combattre cette présomption d'antériorité en démontrant que celle-là n'est pas compatible avec la nature du bien ou le défaut de conformité invoqué (C. consom., art. L. 217-7)… présomption difficile à renverser alors pour un professionnel.

En tout état de cause, l'acheteur qui avait connaissance du défaut lorsqu'il a contracté – ou qui ne pouvait ignorer celui-ci(1080) – est privé du droit d'appeler la garantie (C. consom., art. L. 217-8).

235. – **Quand ? délais de fond et d'action.** Le vendeur répond des défauts de conformité qui apparaissent dans un délai de deux ans à compter de la vente (C. consom., art. L. 217-3) (délai butoir, de fond). D'autre part, il est prévu que ce délai de garantie s'applique « sans préjudice des articles 2224 et suivants du Code civil. Le point de départ de la prescription de l'action du consommateur est le jour de la connaissance par ce dernier du défaut de conformité » (C. consom. art. L. 217-3). Le droit commun de la prescription a donc vocation à s'appliquer à la garantie légale de conformité, ce compris le délai butoir de l'article 2232 du Code (V. *supra*, n° 222).

(1078) J. Calais-Auloy, *De la garantie des vices cachés à la garantie de conformité*, in *Mél. Ch. Mouly*, Litec, 1998, t. 2, p. 62.
(1079) R. Bonhomme, *La dissociation des risques et de la propriété*, in *Mél. J. Calais-Auloy*, Dalloz, 2004, p. 69.
(1080) La directive visait à ce titre le consommateur qui connaissait, ou ne pouvait *raisonnablement* ignorer, le défaut, art. 2.3. – V. N. Sauphanor, *op. cit.*, n° 743.

La directive ouvrait aux États membres la faculté de prévoir que le consommateur, faute de perdre ses droits, devait notifier le défaut dans un délai de deux mois à compter du moment où il avait constaté celui-ci (Dir. 2019/771, art. 12). Directement inspirée de la convention de Vienne, la formule instruisait un double délai de dénonciation (notification) et de prescription d'application délicate et probablement défavorable au consommateur[(1081)] ; le texte de transposition n'a pas retenu cette exigence supplémentaire. En tout état de cause, l'épuisement du délai de prescription propre à la garantie de conformité ne prive pas le consommateur d'exercer l'action de droit commun de l'article 1641 du Code civil, comme toute autre action de nature contractuelle ou extracontractuelle (C. consom., art. L. 217-30)[(1082)].

La garantie des éléments numériques intégrés au bien vendu appelle des dispositions spéciales. Lorsque le contrat prévoit la fourniture continue d'un contenu ou service numérique pendant une durée inférieure ou égale à deux ans, ou lorsque le contrat ne détermine pas la durée de fourniture, le vendeur répond des défauts de conformité de ce contenu numérique ou de ce service numérique qui apparaissent dans un délai de deux ans à compter de la délivrance du bien ; lorsque le contrat prévoit la fourniture continue d'un contenu ou service numérique pendant une durée supérieure à deux ans, le vendeur répond des défauts de conformité de ce contenu numérique ou de ce service numérique qui apparaissent au cours de la période durant laquelle celui-ci est fourni en vertu du contrat (C. consom., art. L. 217-3). L'existence de deux points de départ différents, selon que la non-conformité est liée à l'élément matériel ou à l'élément numérique, est source de difficultés évidentes.

236. – **Sanction du défaut de conformité : réparation ou remplacement… autant que faire se peut.** Les actions rédhibitoire et estimatoire traditionnellement attachées à la garantie des vices ne paraissaient pas toujours à même d'apporter entière satisfaction à l'acquéreur insatisfait, spécialement au consommateur ; la directive du 25 mai 1999 proposait ainsi de diversifier encore la palette offerte à ce dernier en lui permettant d'exiger du vendeur professionnel la réparation ou le remplacement du bien sans frais et dans un délai raisonnable, la directive du 20 mai 2019 a maintenu cette architecture qui, dans une certaine mesure, a inspiré le droit commun des obligations issu de l'ordonnance du 10 février 2016[(1083)]. Le texte de transposition reprend ces solutions en aménageant une savante hiérarchie des recours du consommateur[(1084)].

Le consommateur déçu dispose d'une alternative entre la réparation et le remplacement du bien (C. consom., art. L. 217-8). La présence d'un dispositif alternatif incite à préciser les conditions de l'option : le choix est-il laissé au consomma-

(1081) V. O. Tournafond, préc., *D.* 2000, chron. 159 ; nos obs. *RTD civ.* 1997, p. 1022. – J.-D. Peltier : *RDC* mars 2022, p. 71 et s. spéc. p. 76.

(1082) L'article 1648 du Code civil prévoyant un délai de deux ans à compter de la découverte du vice, le délai de prescription de la garantie de conformité devrait être amené à courir avant celui de l'article 1648 du Code civil.

(1083) V. C. civ., art. 1217. – La jurisprudence a parfois admis cette solution en droit commun au titre de la réparation en nature, V. *supra*, n° 224.

(1084) Sur ce régime, V. spéc. P.-Y. Gautier, *Retour aux sources : le droit spécial de la garantie de conformité emprunté aux édiles curules* : *RDC* 2005, n° 3, préc., p. 925 et s.

teur ? Le dispositif révèle une faveur faite à ce dernier. S'agit-il d'une option ouverte au juge ? Celui-là joue son rôle de législateur de cas particulier. En l'occurrence, l'option laissée au consommateur n'est pas discrétionnaire et le vendeur peut ne pas s'y plier si la mise en conformité est impossible ou s'il en résulte « des coûts disproportionnés » ; le refus du vendeur de suivre l'option de l'acquéreur est motivé par écrit ou sur support durable (C. consom., art. L. 217-12). Ainsi un défaut jugé mineur ne devrait pas justifier le remplacement mais appellerait simple réparation du bien vendu. L'introduction d'un contrôle de proportionnalité dans la sanction de l'inexécution contractuelle a inspiré le droit commun du contrat : l'ordonnance du 10 février 2016 ferme l'exécution forcée en nature de l'obligation contractuelle au cas de « disproportion manifeste entre son coût pour le débiteur et son intérêt pour le créancier » (C. civ., art. 1221). Pourtant la Cour de justice durcit le régime de cette disposition pour le vendeur et décide que le texte de la directive (Dir. 25 mai 1999, art. 3-3) « s'oppose à ce qu'une législation nationale accorde au vendeur le droit de refuser le remplacement d'un bien non conforme au motif que celui-ci lui impose, en raison de l'obligation de procéder à l'enlèvement de ce bien du lieu où il a été installé et d'y installer le bien de remplacement, des coûts disproportionnés au regard de la valeur qu'aurait le bien s'il était conforme et de l'importance du défaut de conformité »[1085].

Tout bien réparé dans le cadre de la garantie légale de conformité bénéficie d'une extension de cette garantie de six mois (C. consom., art. L. 217-13).

Quoi qu'il en soit, l'acheteur doit pouvoir obtenir satisfaction sans bourse délier (C. consom., art. L. 217-11), ce compris une indemnité pour l'usage du bien non conforme jusqu'à son remplacement[1086].

Un dispositif subsidiaire est encore institué : aux cas d'absence de réparation ou de remplacement, de persistance du défaut (ou d'apparition d'un défaut) en dépit de l'action du vendeur, ou encore si le consommateur devait supporter définitivement les frais de reprise ou d'enlèvement du bien non conforme, l'acheteur peut rendre le bien et se faire restituer le prix ou garder le bien et se faire rendre une partie du prix (C. consom., art. L. 217-14)… où l'on retrouve le dispositif de l'article 1644 du Code civil, comme en sorte de voiture-balai (V. *supra*, n° 225). Cette option est encore ouverte à l'acquéreur si la solution de réparation ou remplacement finalement convenue ne pouvait être mise en œuvre dans le délai d'un mois suivant la réclamation de l'acheteur ou devait entraîner un inconvénient majeur pour le consommateur ; mais là encore, si le défaut de conformité est mineur, la résolution de la vente ne peut être prononcée : auquel cas, en ultime recours, il restera au consommateur déçu l'action estimatoire (C. consom., art. L. 217-14). En revanche, le consommateur a directement droit à la réduction du prix ou à la résolution si « le défaut de conformité est si grave qu'il justifie une réduction immédiate du prix ou la résolution immédiate du contrat de vente » (C. consom., art. L. 217-14). Les textes aménagent une obligation d'information du vendeur par

(1085) CJUE, 16 juin 2011, aff. C-65/09 et C-87/09 : *JCP* G 1062, G. Paisant ; *D.* 2012, 845, E. Poillot ; *RDC* 2012, 1233, C. Aubert de Vincelles, la Cour prévoit encore que « cette disposition ne s'oppose toutefois pas à ce que le droit du consommateur au remboursement des frais d'enlèvement du bien défectueux et d'installation du bien de remplacement soit, dans un tel cas, limité à la prise en charge, par le vendeur, d'un montant proportionné ».

(1086) CJUE, 17 avr. 2008, aff. C-404/06 : *JCP* G 2008, II, 10152, G. Paisant ; *D.* 2008, 2631, note G. et L.-F. Pignarre.

l'acheteur de sa décision, le régime des remboursements ou restitutions à intervenir, ou encore le régime des mises à jour d'un bien comportant des éléments numériques (C. consom., art. L. 217-18 et s.).

L'ensemble de ces dispositions ne fait pas obstacle à l'allocation de dommages et intérêts au profit du consommateur (C. consom., art. L. 217-11) ; c'est là le rappel du droit commun.

237. – **La garantie conventionnelle de la conformité.** Tout comme pour la garantie des vices, le dispositif légal réglementant la garantie de conformité est susceptible d'aménagements conventionnels strictement encadrés.

Ceux-là sont d'abord le fait du vendeur. L'ordonnance parle de *garantie commerciale*, révélant par là même l'argument de vente que peut représenter la garantie de conformité lorsqu'elle est affichée par le vendeur, comme par surcroît au régime légal. Elle concerne tout engagement du vendeur en vue du remboursement du prix d'achat, du remplacement ou de la réparation du bien ou de la prestation de tout autre service en relation avec le bien, ou encore toute exigence éventuelle non liée à la conformité et énoncée dans la garantie commerciale, en sus de ses obligations légales. Cette garantie suppose la confection d'un écrit, éventuellement électronique ; elle est fournie de manière lisible et compréhensible sur tout support durable, et au plus tard au moment de la délivrance avec nombre de mentions obligatoires tenant au contenu de la garantie, aux éléments nécessaires à sa mise en œuvre, à sa durée, son étendue territoriale, à l'identification du garant ; outre la reproduction des textes principaux sur la garantie de conformité, le document doit encore indiquer que le vendeur reste encore tenu dans les termes du Code civil (C. consom., art. L. 217-22). Sanction : « la garantie demeure contraignante pour le vendeur » ; l'acheteur est en droit de s'en prévaloir (C. consom., art. L. 217-22). Il faut entendre par là que l'absence d'une des mentions précédentes n'entraînera pas la nullité de la garantie conventionnelle et donc n'empêchera pas l'acquéreur de s'en prévaloir ; on n'en attendait pas moins, mais l'ensemble reste peu incitatif au respect de la loi. Si les conditions prévues dans la déclaration de garantie commerciale sont moins avantageuses pour le consommateur que celles prévues dans la publicité correspondante, la garantie commerciale est contraignante conformément aux conditions prévues dans la publicité relative à la garantie commerciale ! Bel hommage au document précontractuel. Une « garantie commerciale de durabilité », d'une durée supérieure à deux années, engage le producteur à réparer ou remplacer le bien, pendant la période indiquée dans l'offre de garantie commerciale de durabilité ; le professionnel est également tenu de mettre celle-ci en œuvre dans des conditions identiques à la garantie légale (C. consom., art. L. 217-23). La loi du 17 mars 2014 a durci les manquements à ces dispositions en prévoyant une amende administrative dont le montant ne peut excéder 3 000 € pour une personne physique et 15 000 € pour une personne morale (C. consom., art. L. 241-8). Lorsque l'acheteur demande au vendeur, pendant le cours de la garantie contractuelle qui lui a été consentie, une remise en état couverte par la garantie, toute période d'immobilisation suspend la garantie qui restait à courir jusqu'à la délivrance du bien remis en état (C. consom., art. L. 217-28).

Les stipulations contractuelles s'entendent encore de dispositions limitatives ou exclusives de garantie. À cet égard, les dispositions précédentes sont déclarées d'ordre public (C. consom., art. L. 219-1 ; Dir. 2019/771, art. 22).

C. – L'obligation de sécurité

238. – **Le droit commun.** Les obligations du vendeur jusqu'ici étudiées visent à assurer l'acquéreur de la conformité et de l'usage normal de la chose achetée. Mais la complexité croissante des produits allait de pair avec une dangerosité accrue qui, elle-même, suscitait un besoin de sécurité.

Les victimes de tels dommages n'étaient certes pas démunies ; les règles de la responsabilité civile du fait des choses ont largement été utilisées par les victimes des chaudières qui explosaient, des téléviseurs qui implosaient, des bouteilles de gaz (trop) comprimé. Mais, en raison de la règle du non-cumul des responsabilités, ces actions étaient fermées aux acheteurs qui avaient contracté avec un vendeur fabricant mais qui par ailleurs était resté « gardien de la structure »[(1087)].

Comme on l'avait fait pour le contrat de transport, on s'est alors demandé si le contrat de vente ne recelait pas, à la charge du vendeur, une obligation de sécurité. Les disponibilités qu'offrait le droit de la vente ont permis de répondre favorablement à cette attente ; de la sorte, c'est sous la bannière des obligations de garantie des vices cachés[(1088)], puis de délivrance[(1089)], voire même de conseil et de renseignements[(1090)], que la jurisprudence est d'abord venue réparer le dommage causé par un défaut de sécurité du produit. Mais les conditions posées à la mise en jeu de ces actions étaient parfois contraignantes (bref délai), le résultat décevant. Sous l'influence de tendances sécuritaires consuméristes[(1091)], cette obligation de sécurité a progressivement acquis son émancipation.

239. – **La loi.** Des règlements pris sous l'égide de la loi du 1er août 1905, destinée à réprimer le délit de tromperie, associés aux normes AFNOR de sécurité, pour la plupart obligatoires, traduisaient le souci des pouvoirs publics de considérer en soi, et non plus comme accessoire, la sécurité de l'acheteur du produit. La loi « Scrivener » du 10 janvier 1978 remplacée sur ce point par la loi « Lalumière » du 21 juillet 1983 sont venues poser en règle l'obligation du fabricant et des professionnels distributeurs à ne mettre sur le marché que des produits présentant « la sécurité à laquelle on peut légitimement s'attendre et ne (portant) pas atteinte à la santé des personnes » (C. consom., art. L. 421-3) ; à fin de contrôle, la loi attribue au gouvernement et à l'Administration des prérogatives exorbitantes de la liberté du commerce et de l'industrie (pénétrer dans les locaux professionnels, interdire à la vente certains produits...). Mais il s'agit là d'incriminations générales d'ordre administratif et qui ne sont pas propres au contrat de vente.

(1087) Pour que la responsabilité soit contractuelle, encore faut-il que le dommage soit en relation directe avec l'inexécution d'une obligation contractuelle. – V. Starck, H. Roland, L. Boyer, préc., t. 2, nos 2063 et s.

(1088) V. Cass. 1re civ., 22 juin 1971 : *JCP G* 1971, II, 16881. – *Adde* J. Ghestin et B. Desché, préc., n° 860. – Ph. Malinvaud, *La responsabilité civile du vendeur à raison des vices de la chose* : *JCP G* 1968, I, 2153, nos 8 et s.

(1089) V. CA Paris, 16 déc. 1988 : *D.* 1989, inf. rap. p. 24 (mais l'action est déclarée mal fondée).

(1090) V. Cass. 1re civ., 11 oct. 1983 : *Bull. civ.* 1983, I, 228 ; *RTD civ.* 1984, p. 731, obs. J. Huet.

(1091) V. J. Calais-Auloy, *Ne mélangeons plus conformité et sécurité* : *D.* 1993, chron. p. 130.

240. – La jurisprudence. Sensible à cette évolution, un courant jurisprudentiel des années 1980 est venu reconnaître dans l'escarcelle des obligations du vendeur professionnel l'existence d'une obligation autonome de sécurité par laquelle celui-ci « est tenu de livrer des produits exempts de tout vice ou de tout défaut de fabrication de nature à créer un danger pour les personnes ou les biens »(1092).

Le régime de cette obligation se dégage progressivement au fil des arrêts : autonome de la garantie, l'obligation de sécurité n'était pas soumise à l'ancien bref délai de l'article 1648 du Code civil(1093) ; son autorité semble être celle d'une obligation de moyens(1094), mais il a été jugé, dans la douloureuse affaire du sang contaminé il est vrai, que la seule cause d'exonération admise tient dans la preuve d'une cause étrangère (V. *infra*, n° 242) ; son débiteur est le vendeur, fabricant ou non du produit(1095) ; elle est susceptible d'être invoquée par le sous-acquéreur à l'encontre du fabricant vendeur originaire par le vecteur de l'action directe nécessairement contractuelle(1096). Au-delà, l'obligation de sécurité rompt les amarres avec la vente et le droit des contrats, et la jurisprudence retient la responsabilité du vendeur tant à l'égard des tiers que de son acquéreur(1097).

La carence législative à l'endroit de l'intégration de la directive du 25 juillet 1985 sur la responsabilité du fait des produits défectueux est à la source de cette jurisprudence. La transposition tardive de cette dernière laissait en suspens son devenir.

La question s'est posée du maintien du régime prétorien et, au-delà, de l'articulation du régime issu de la transposition de la directive (V. ci-dessous) et des autres régimes de responsabilité, qu'ils soient de nature contractuelle ou délictuelle. La directive prévoit elle-même qu'elle « ne porte pas atteinte aux droits dont la victime d'un dommage peut se prévaloir au titre du droit de la responsabilité contractuelle ou extracontractuelle ou au titre d'un régime spécial de responsabilité existant au moment de la notification de la présente directive » (art. 13). Interprétant ce texte, la Cour de justice décide que « le régime mis en place par ladite directive (...) n'exclut pas l'application d'autres régimes de responsabilité contractuelle ou extracontractuelle reposant sur des fondements différents, tels que la garantie des vices cachés ou la faute »(1098). De la sorte, il n'est pas possible d'appliquer à la réparation d'un dommage

(1092) V. Cass. 1re civ., 20 mars 1989 : *Bull. civ.* 1989, I, n° 137 ; *RTD civ.* 1989, p. 756, obs. P. Jourdain. – Cass. 1re civ., 22 janv. 1991 : *Bull. civ.* 1991, I, n° 30 ; *RTD civ.* 1991, p. 539, obs. P. Jourdain. – Cass. 1re civ., 3 mars 1998 : *JCP G* 1998, II, 10049, concl. P. Sargos ; *RTD civ.* 1998, p. 527 et obs.

(1093) V. Cass. 1re civ., 11 juin 1991 : *Bull. civ.* 1991, I, n° 201 ; *RTD civ.* 1992, p. 114, obs. P. Jourdain. – Cass. 1re civ., 27 janv. 1993 : *Bull. civ.* 1993, I, n° 44 ; *D.* 1994, somm. p. 238, obs. O. Tournafond ; *RTD civ.* 1993, p. 592, obs. P. Jourdain.

(1094) Plutôt en ce sens, Cass. 1re civ., 22 janv. 1991, préc. – Plutôt pour une obligation de résultat, Cass. 1re civ., 11 juin 1991, préc. – Cass. 1re civ., 22 nov. 1994 : *RTD civ.* 1995, p. 375, obs. P. Jourdain ; *ibid.* 1998, p. 527 et obs. – Comp. Cass. 1re civ., 11 mai 1999 : *Contrats, conc. consom.* 1999, n° 140, obs. L. Leveneur (la garantie du vendeur ou du fabricant suppose la preuve d'un défaut de la chose).

(1095) V. Cass. 1re civ., 11 juin 1991, préc. – Cass. 1re civ., 27 janv. 1993, préc. – *Adde* Cass. 1re civ., 17 janv. 1995 : *RTD civ.* 1995, p. 632, obs. P. Jourdain (revendeur non fabricant). – Cass. 1re civ., 22 nov. 1994, préc. (chirurgien-dentiste fournisseur d'un appareil dentaire).

(1096) V. Cass. 1re civ., 27 janv. 1993 : *Bull. civ.* 1993, I, n° 44 ; *D.* 1994, somm. p. 238, obs. O. Tournafond ; *RTD civ.* 1993, p. 592, obs. P. Jourdain. – V. *supra*, n° 215.

(1097) Cass. 1re civ., 17 janv. 1995, préc. – Cass. 1re civ., 28 avr. 1998 : *RTD civ.* 1998, p. 604, obs. P. Jourdain. – *Adde* Cass. com., 9 déc. 1997 : *RTD civ.* 1998, p. 526 et les obs. Comme l'ont montré les auteurs, ce dont se plaint la victime n'est pas d'avoir été privé de sa créance contractuelle mais bien d'une atteinte à sa personne ou ses biens, V. D. Mazeaud, *L'obligation de sécurité* : *Gaz. Pal.* sept. 1997, p. 28 et s.

(1098) CJCE, 25 avr. 2002, aff. C. 183-00 : *D.* 2002, p. 2462, note C. Larroumet (2e esp.) ; p. 2937, obs. J.-P. Pizzio ; *D.* 2003, p. 463, obs. D. Mazeaud ; *RTD civ.* 2002, p. 523, obs. P. Jourdain ; p. 869, obs. J. R ; *RTD com.* 2002, p. 585, obs. M. Luby ; *RDC* 2003, p. 107, obs. P. Brun – Comp. CJUE, 4 juin 2009, aff. C-285/08 : *Rec. CJUE* 2009, I, p. 4733 ; *D.* 2009, p. 1731, J.-S. Borghetti. – CJUE, 10 janv. 2006, aff. C-402/03 : *JCP G* 2006, I, 166, n° 12, obs. Ph. Stoffel-Munck ; *RTD civ.* 2006, 333, obs. P. Jourdain ; *RDC* 2006, 835, obs. J.-S. Borghetti. – CJUE, 20 nov. 2014, aff. C-310/13 : *RDC* 2015, 248, G. Viney ;

causé par le défaut de sécurité d'un produit un régime autre que celui de la directive et dont le fondement tiendrait également dans le défaut de sécurité du produit : la directive chasse le droit interne spécial qui occupait déjà la place, ce dernier fut-il pourtant plus favorable au consommateur. En revanche, une action issue d'un régime ayant un autre fondement peut être engagée ; ainsi en est-il, selon la Cour, d'une action fondée sur la faute du vendeur ou le vice caché. La Cour de cassation en a déduit qu'il n'était plus possible d'engager la responsabilité du vendeur professionnel d'un produit affecté d'un défaut de sécurité en invoquant le régime jurisprudentiel développé par la Cour de cassation avant la transposition de la directive(1099).

241. – L'Europe. Dès le début des années 1970, les autorités communautaires ont engagé le programme ambitieux d'unifier les règles européennes en matière de sécurité. Une série de directives aussi arides que vaines, propres à des catégories déterminées de produits, a été complétée par une directive du 29 juin 1992 relative à la sécurité générale des produits(1100).

Mais c'est incontestablement la directive du 25 juillet 1985 relative au rapprochement des législations des États membres en matière de responsabilité du fait des produits défectueux qui a eu le plus d'influence sur notre droit.

Étrange fatalité qui poursuivait l'intégration de cette directive en droit français, laquelle devait intervenir avant le 30 juillet 1988. Un premier projet de loi déposé devant le Parlement en 1990 a finalement été retiré par le gouvernement(1101) ; une proposition de loi déposée en juillet 1993 n'était pas inscrite à l'ordre du jour de l'Assemblée(1102) ; entre-temps la Cour de justice des Communautés européennes rendait un arrêt en manquement condamnant la France(1103), ce qui a justifié que le gouvernement français prenne l'engagement solennel de transposer ce texte durant le premier trimestre 1997. La transposition est intervenue avec la loi du 19 mai 1998 qui intègre un nouveau titre au sein du Code civil, aux articles 1386-1 et suivants(1104). L'ordonnance du 10 février 2016 a positionné cette réglementation aux articles 1245 et suivants du Code civil.

D. 2015, 549, J.-S. Borghetti. – Sur le régime des délais applicables aux actions en responsabilité du fait des produits mis en circulation avant la transposition de la directive européenne du 25 juillet 1985, V. Cass. 1re civ., 17 janv. 2018, n° 16-28.817 et 31 janv. 2018, n° 17-11.259 : *RDC* 2018, p. 192, obs. J.-S. Borghetti.

(1099) Cass. 1re civ., 15 mai 2007, n° 05-17.947 : *Bull. civ.* 2007, I, n° 186 ; *D.* 2007, p. 1593, obs. I. Gallmeister ; *D.* 2007, p. 2907, obs. P. Brun ; *JCP G* 2007, I, 185, n° 8, obs. Ph. Stoffel-Munck ; *Contrats, conc. consom.* 2007, n° 233, note L. Leveneur ; *RDC* 2007, p. 1147, obs. J.-S. Borghetti ; *RTD civ.* 2007, p. 580, obs. P. Jourdain. – Cass. com., 26 mai 2010, n° 08-18.545 : *Bull. civ.* 2010, IV, n° 99 ; *D.* 2010, p. 1483 ; *JCP G* 2010, n° 1015, obs. P. Stoffel-Munck ; *Contrats, conc. consom.* 2010, n° 198, note L. Leveneur ; *RDC* 2010, p. 1266, obs. S. Carval ; *RTD civ.* 2010, p. 790, obs. P. Jourdain (lorsqu'un dommage est causé par un produit défectueux, la responsabilité pour faute du fournisseur ne peut être engagée qu'en cas de faute distincte du défaut de sécurité du produit). – Cass. 1re civ., 10 déc. 2014, n° 13-14.314. – Cass. 1re civ., 17 mars 2016, n° 13-18.876 : *RDC* 2016, p. 442, obs. J.-S. Borghetti.

(1100) D'après cette directive, les produits ne doivent présenter aucun risque « ou seulement des risques réduits à un niveau bas compatible avec l'utilisation du produit et considérés comme acceptables dans le respect d'un niveau de protection élevé pour la santé et la sécurité des personnes » !... ce qui se conçoit bien s'énonce clairement !

(1101) L'avant-projet saisissait l'occasion pour proposer une refonte des articles du Code civil sur la garantie. La cause majeure de ce retrait tenait à la position de la commission mixte paritaire de ne pas retenir le risque du développement comme moyen de défense du fabricant. – V. *infra*, n° 242.

(1102) Prop. de loi de Mme Catala : Doc. AN n° 469.

(1103) CJCE, 13 janv. 1993 : *D.* 1993, p. 566, note J.-L. Clergerie ; *ibid.*, inf. rap. p. 36. La Commission européenne a constaté dans un avis du 28 novembre 1995 que la France n'avait toujours pas transposé ce texte, et a introduit la procédure dite « en manquement sur manquement » (TUE, art. 228, ex-art. 171 TCE, mod. par le traité de Maastricht), visant à la condamnation pécuniaire de la France à une astreinte quotidienne – entre 10 350 et 4 106 500 écus – le gouvernement demandait aussitôt à la commission des lois de reprendre les travaux d'intégration de ce texte !

(1104) Sur ce texte, J.-S. Borghetti, *La responsabilité du fait des produits. Étude de droit comparé*, LGDJ, 2004. – V. J. Ghestin : *JCP G* 1998, I, 148. – Ch. Jamin : *RTD civ.* 1998, p. 763. – *RTD civ.* 1998, p. 524 et s. et obs. – P. Jourdain : *JCP E* 1998, 1204. – Ch. Larroumet : *D.* 1998, chron. p. 311. – G. Raymond : *Contrats, conc. consom.* 1998, chron. 7. – G. Viney :

Le texte aménage un régime de responsabilité de plein droit du fait des produits défectueux[(1105)] dont l'étude du contenu s'épuise par la réponse à cinq questions : qui ? à qui ? quoi ? quand ? comment ?

• *Qui ?* C'est le producteur du produit que le Code civil rend responsable du défaut de celui-ci (C. civ., art. 1245), c'est-à-dire le fabricant d'un produit fini ou d'une partie composante, le producteur d'une matière première, mais aussi par assimilation, celui qui appose sur le produit son nom, sa marque ou autre signe distinctif, ainsi que celui qui importe le produit (C. civ., art. 1245-5). Si le producteur ne peut être identifié, la loi française étend la responsabilité, dans les mêmes conditions, au vendeur, au loueur, à l'exception du crédit-bailleur à raison de son rôle purement financier, ainsi qu'à « tout autre fournisseur professionnel » (on pense à ce titre au mandataire qu'est l'agent commercial, au commissionnaire et autre courtier, sans extension néanmoins au VRP à raison de son statut salarié), sauf à celui-là à désigner son propre fournisseur ou producteur dans un délai de trois mois à compter de la date à laquelle la demande de la victime lui a été notifiée (C. civ., art. 1245-6)[(1106)]. En revanche, le constructeur dont la responsabilité peut déjà être recherchée sur le fondement des articles 1792 et suivants du Code civil échappe à l'emprise du texte (C. civ., art. 1245-5 *in fine*).

• *À qui ?* Le bénéficiaire du régime de responsabilité est désigné comme toute *victime* du dommage causé par un défaut du produit, qu'elle soit ou non liée par un contrat avec le responsable (C. civ., art. 1245). Ainsi notre droit accueille un régime de responsabilité indifférent à l'existence d'un lien contractuel entre la victime et le responsable. L'innovation a été aisément assimilée tant il est vrai qu'elle avait déjà reçu l'onction de la Cour de cassation (V. *supra*, n° 240).

• *Quoi ?* Le producteur est responsable du *dommage* causé par un *défaut* de son *produit* (C. civ., art. 1245). Les *dommages* réparables sont ceux qui résultent d'une atteinte à la personne ou à un bien autre que le produit défectueux lui-même (C. civ., art. 1245-1)[(1107)]. La *défectuosité* s'attache au produit qui « n'offre pas la sécurité à laquelle on peut légitimement s'attendre » (C. civ., art. 1245-3)[(1108)] soit dans les termes mêmes d'abord de la directive (Dir. 25 juill. 1985, art. 6), ensuite

---

D. 1998, chron. p. 291. – J. Huet : *D. affaires* 1998, p. 1160. – X. Testu : *D. affaires* 1998, p. 1996 et suppl. n° 125. – Colloque, Paris II, 27 oct. 1998 : *LPA* 28 déc. 1998. – *Adde* J. Calais-Auloy, *Le risque de développement : une exonération contestable*, in *Mél. M. Cabrillac*, Litec, 1999. – A. Laude, *La responsabilité des produits de santé* : *D.* 1999, chron. p. 189.

(1105) Sur l'applicabilité d'office de ce régime : V. Cass. ch. mixte, 7 juill. 2017, n° 15-25.651 : *RDC* 2017, p. 15, obs. J.-S. Borghetti, si le juge n'a pas, sauf règles particulières, l'obligation de changer le fondement juridique des demandes, il est tenu, lorsque les faits dont il est saisi le justifient, de faire application des règles d'ordre public issues du droit de l'Union européenne, telle la responsabilité du fait des produits défectueux, même si le demandeur ne les a pas invoquées.

(1106) La Cour de justice des Communautés européennes ayant sur ce point jugé incorrecte la transposition française qui étendait en tout état de cause la responsabilité à ces catégories. – CJCE, 14 mars 2006, aff. C-177/04 : *RTD civ.* 2006, p. 265, obs. P. Rémy-Corlay ; V. déjà 25 avr. 2002, aff. jtes C-52/00 et C-154/00 : *D.* 2002, 2462, note Ch. Larroumet ; *RTD civ.* 2002, p. 868, obs. J. Raynard. – Une loi du 5 avril 2006 est venue prévoir que les responsabilités précédentes ne sauraient être recherchées qu'au cas où le producteur demeure inconnu. – V. Cass. com., 28 mai 2010 : *Contrats, conc. consom.* 2010, n° 198, L. Leveneur. – Un boucher qui vend de la viande infectée doit être considéré comme un producteur au sens de l'article 1386-1 du Code civil, CA Toulouse, 22 févr. 2000 : *Contrats, conc. consom.* 2001, n° 52, obs. L. Leveneur.

(1107) Cass. 1re civ., 1er juill. 2015, n° 14-18.391 : *RDC* 2015, 852, note J.-S. Borghetti ; *Contrats, conc. consom.* 2015, n° 251, L. Leveneur (le défaut affectant les bouteilles affectait aussi le vin qu'elles contenaient). – Cass. 1re civ., 14 oct. 2015, n° 14-13.847 (le régime ne s'applique pas au produit défectueux lui-même).

(1108) Cass. 1re civ., 26 sept. 2018, n° 17-21.271 : *RDC* 2019, p. 45, obs. G. Viney, le respect du devoir d'information sur les dangers d'un médicament (notice informative signalant les risques) n'exonère pas le producteur de sa responsabilité si la gravité du risque encouru et sa fréquence excèdent le bénéfice attendu du contraceptif.

de la loi du 21 juillet 1983 relative à la sécurité des consommateurs (C. consom., art. L. 221-1. – V. *supra*, n° 239), enfin de la jurisprudence développée dans l'attente de la transposition (V. *supra*, n° 240).

• *Quand ?* L'action en responsabilité du fait de la défectuosité du produit se prescrit à l'issue d'un délai de trois ans à compter de la date à laquelle le demandeur a eu ou aurait dû avoir connaissance du dommage, du défaut, et de l'identité du producteur (C. civ., art. 1245-16). En tout état de cause, l'action est éteinte passé un délai de dix ans après la mise en circulation du produit (C. civ., art. 1245-15). Seule l'introduction d'une action en justice paraît de nature à interrompre le délai de prescription (Dir. 25 juill. 1985, art. 10.2). La notion de mise en circulation se révélera essentielle dans l'imputation des délais ; celle-ci suppose que le producteur se dessaisisse volontairement du produit (C. civ., art. 1245-4)[1109]. Cependant le nouveau régime réserve l'application du droit commun (C. civ., art. 1245-17) ; dès lors que le vice apparaîtrait plus de dix ans après cette époque, l'acquéreur devrait pouvoir se replier sur la garantie de droit commun, si tant est que l'on estime qu'il puisse y avoir vice caché antérieur à la vente.

• *Comment ?* Comment la responsabilité du producteur, et assimilés, peut-elle être engagée ? La victime devra apporter la preuve du dommage, du défaut et du lien de causalité (C. civ., art. 1245-8). La seule *implication* du produit dans le dommage occasionné ne suffirait donc pas, la victime devant faire la preuve d'un *défaut* du produit[1110]. Le secteur des produits pharmaceutiques offre une terre d'élection à ces dispositions[1111]. Comment le producteur peut-il s'exonérer de sa responsabilité ? Le Code civil prévoit un ensemble de causes d'exonérations (le producteur n'a pas mis lui-même le produit en circulation, le défaut est né postérieurement à cette époque ou est consécutif au respect de dispositions réglementaires) à charge pour le producteur d'assurer une obligation de suivi des produits (C. civ., art. 1245-10). La faute de la victime constituera également un motif d'exonération partielle (C. civ., art. 1245-12)[1112] mais pas le fait du tiers (C. civ., art. 1245-13). Les clauses limitatives ou élusives de responsabilité sont réputées non écrites,

(1109) Sur la notion de mise en circulation, V. CJCE, 9 févr. 2006, aff. C-127/04, *Declan O'Byrne* : *D.* 2006, p. 1929, obs. P. Brun ; *JCP* G 2006, II, 10083, note J.-C. Zarka ; *JCP* G 2006, I 166, spéc. n° 14, obs. Ph. Stoffel-Munck ; *RTD civ.* 2006, p. 265, obs. P. Rémy-Corlay ; *RTD civ.* 2006, p. 331, obs. P. Jourdain.

(1110) Comp. retenant la responsabilité d'un chirurgien-dentiste pour la fourniture d'un appareil médical au titre de son « obligation de résultat concernant la sécurité (...), sans avoir à constater que l'appareil comportait un défaut dès lors qu'en lui-même il constituait un danger », Cass. 1re civ., 22 nov. 1994, préc.

(1111) À l'endroit des victimes d'hépatite B qui ne pouvaient faire la preuve du lien de causalité direct avec l'administration d'un vaccin du fait d'un défaut allégué de ce dernier, la Cour de justice retient que certains éléments de fait invoqués par le demandeur peuvent constituer des indices graves, précis et concordants permettant de conclure à l'existence d'un défaut du vaccin et à celle d'un lien de causalité entre ce défaut et ladite maladie, CJUE, 21 juin 2017, aff. C-621/15. – Sur la jurisprudence antérieure : V. not. Cass. 1re civ., 9 juill. 2009, n° 08-11.073 : *RDC* 2010, 79, obs. J.-S. Borghetti ; *Contrats, conc. consom.* 2009, 262, L. Leveneur ; *RTD civ.* 2009, 723 et 735, obs. P. Jourdain ; *JCP* G 2010, doctr. 456, n° 10, obs. Ph. Stoffel-Munck ; *D.* 2010, 50, obs. Ph. Brun et 392, chron. G. Viney (dans l'appréciation de la défectuosité, il doit être tenu compte, notamment, de la présentation du produit, de l'usage qui peut en être raisonnablement attendu, et du moment de sa mise en circulation : le dictionnaire médical Vidal, comme la notice actuelle de présentation du vaccin, fait figurer au nombre des effets secondaires indésirables possibles du produit la poussée de sclérose en plaques, quand la notice de présentation du produit litigieux ne contenait pas cette information ; le vaccin présentait le caractère d'un produit défectueux au sens de ce texte). – Cass. 1re civ., 10 juill. 2013, n° 12-21.314 : *RDC* 2014, 37, obs. G. Viney ; *D.* 2013, p. 2306 et s., avis av. gén. C. Mellottée, notes P. Brun et J.-S. Borghetti (sur la recherche du lien de causalité entre l'administration du vaccin contre l'hépatite B et le développement d'une sclérose en plaques).

(1112) Cass. 1re civ., 2 juin 2021, n° 19-19.349 : *RDC* déc. 2021, p. 16, obs. M. Dugué, la faute de la victime qui n'a pas causé le dommage mais l'a seulement aggravé est inopposable à celle-ci.

sauf entre professionnels et « pour les dommages causés aux biens qui ne sont pas utilisés par la victime principalement pour son usage ou sa consommation privée » (C. civ., art. 1245-14). Enfin, la loi française ignorait la franchise de 500 € en deçà de laquelle la directive estimait que devait être exclue toute action en réparation ; mais la Cour de justice des Communautés européennes a jugé cette exclusion incompatible avec le texte communautaire[1113] ; la franchise a été rétablie dans le texte français (C. civ., art. 1245-1 ; D. n° 2005-113, 11 févr. 2005). Mais c'est la fameuse question des risques du développement qui a fait difficulté.

242. – Le risque du développement[1114]. Peut-on être responsable pour un défaut du produit indécelable à la date de la mise en circulation ou de la vente de celui-ci, en l'état des connaissances scientifiques et techniques du moment ? C'est la question qui a fait achopper l'intégration de la directive du 25 juillet 1985, mais qui, au final, est déjà concrètement posée en droit positif par les tristes affaires dites de la Thalidomide, du talc Morhange, ou du sang contaminé et, plus récemment, par la maladie de la vache folle, les risques liés à l'utilisation d'amiante ou à la prescription du *Mediator*[1115]. Ces situations tragiques ont justifié le succès du principe de *précaution*, contraignant à l'égard des autorités publiques, mais dont l'incidence de droit privé reste plus mesurée[1116]. Ainsi, la responsabilité du fait des produits défectueux reste indifférente à une atteinte à un principe de précaution.

Le contexte du risque du développement justifie-t-il une (nouvelle) cause d'exonération à l'obligation de sécurité du vendeur ?

L'indifférence de la garantie des professionnels à toute faute de leur part, et au-delà au caractère indécelable du vice (V. *supra*, n°s 224 et s.), pourrait incliner à admettre la couverture par le fabricant du risque développement. En réponse, l'observation peut être faite que ce qui vaut pour la garantie ne vaut plus nécessairement aujourd'hui pour l'obligation autonome de sécurité. Dans le sens de la première opinion, la Cour de cassation a décidé, dans l'affaire du sang contaminé, que « le vice interne du sang, même indécelable, ne constitue pas pour le fournisseur, une cause étrangère » susceptible de l'exonérer[1117] ; mais en présence de médicaments qui se révéleront incompatibles elle juge, à propos de l'obligation de conseil il est vrai, que la responsabilité du producteur « ne peut s'appliquer qu'à ce qui est connu au moment de l'introduction du médicament sur le marché »[1118].

(1113) CJCE, 25 avr. 2002, aff. jtes C-52/00 et C-154/00, préc.

(1114) V. P. Oudot, *Le risque de développement – Contribution au maintien du droit à réparation*, éd. EU Dijon, 2005. – O. Berg, *La notion de risque de développement en matière de responsabilité du fait des produits défectueux* : JCP G 1996, doctr. 3945. – Ch. Larroumet, *La notion de risque de développement*, in *Clés pour le siècle*, Dalloz, 2000, p. 1589 et s.

(1115) V. Cass. 1re civ., 20 sept. 2017, n° 16-19.643, PB : *Gaz. Pal.* 31 oct. 2017, n° 305u3, p. 16, note C. Le Goffic ; *D.* 2017, p. 2279, avis F. Sudre ; *D.* 2018, p. 35, obs. P. Brun ; *D.* 2018, p. 2284, note G. Viney ; *RD sanit. soc.* 2017, p. 1132, obs. J. Peigné ; *RTD civ.* 2018, p. 143, obs. P. Jourdain ; *JCP G* 2017, 1186, note J.-S. Borghetti ; *Contrats, conc. consom.* 2018, comm. 2, note L. Leveneur ; *Resp. civ. et assur.* 2017, étude 12, note L. Bloch.

(1116) V. M. Boutonnet, *Le principe de précaution en droit de la responsabilité civile*, LGDJ, coll. « Bibl. dr. privé », t. 444, 2005. – Dans le secteur alimentaire, V. Règl. n° 178/2002, 28 janv. 2002, établissant les principes généraux et les prescriptions générales de la législation alimentaire, instituant l'Autorité européenne de sécurité des aliments et fixant des procédures relatives à la sécurité des denrées alimentaires.

(1117) Cass. 1re civ., 12 avr. 1995 : *JCP G* 1995, II, 22467, P. Jourdain. – Cass. 1re civ., 14 nov. 1995 : *Bull. civ.* 1995, I, n° 414. – *Adde* D. Defferrard : *D.* 1999, chron. p. 364.

(1118) Cass. 1re civ., 8 avr. 1986 : *Bull. civ.* 1986, I, n° 82 ; *RTD civ.* 1986, p. 779, J. Huet. – *Adde* J. Huet, *Le paradoxe des médicaments et les risques de développement* : *D.* 1987, chron. p. 73. – F. Menni, *La responsabilité du fabricant de médicaments : un refus manifeste de garantir le risque de développement* : *Gaz. Pal.* 7 janv. 1996. – J.-S. Borghetti, *Le contentieux du vaccin contre l'hépatite B en France, ou le dépassement de l'incertitude causale*, in S. Ferey et F. G'sell (ss dir.), *Causalité, responsabilité et contribution à la dette*, Bruylant, 2018, p. 195. – A. Laude, *La responsabilité des produits de santé*, préc.

Le traitement juridique du risque du développement ne peut ignorer l'incidence économique de la réponse apportée. Retenir la couverture du risque du développement par le vendeur entraverait la compétitivité des entreprises françaises, avec pour celles-ci la nécessité de répercuter sur leurs produits les coûts de l'accroissement de la couverture d'assurance, aléatoire par ailleurs, avec les risques de perte de parts de marché consécutifs[1119]. La directive du 25 juillet 1985 préconisait, sans l'imposer, de retenir cette cause d'exonération[1120] ; tous les États ayant intégré celle-ci l'ont effectivement admis, à l'exception du Luxembourg dont les préoccupations industrielles restent il est vrai différentes. La loi française a admis l'exonération du producteur dès lors « que l'état des connaissances scientifiques et techniques, au moment où il a mis le produit en circulation, n'a pas permis de déceler l'existence du défaut » (C. civ., art. 1245-10, 4°)[1121] ; mais le législateur français avait voulu que l'exonération suppose comme en écho une obligation de suivi des produits qui n'était pas prévue dans la directive (C. civ., ancien art. 1386-12, al. 2, L. 19 mai 1998) ; cette exigence française a cependant été jugée contraire au texte communautaire par la Cour de justice des Communautés européennes[1122] : elle a été rayée de notre droit positif[1123]. En tout état de cause, en conformité avec la jurisprudence française relative au sang contaminé, le bénéfice de cette exonération reste exclu lorsque le dommage a été causé par les éléments et produits du corps humain (C. civ., art. 1245-11). L'opportunité de cette exonération fait débat[1124] ; l'ampleur des préjudices pose la question de leur couverture en termes de contributions étatiques ; à tout le moins la possibilité pour la victime de cumuler les différents recours possibles invite à une réponse uniforme de notre droit à cet égard. Spécialement est réitérée en droit français la possibilité pour la victime d'agir contre le producteur sur le fondement de la responsabilité pour faute (C. civ., art. 1245-15 et 17)[1125], voire sur le terrain de la garantie des vices[1126].

Les problèmes de « responsabilité civile produits » et, par conséquent, de leur assurance prennent rapidement un tour international dans la mesure même de l'internationalisation des marchés et, par conséquent, de la diffusion mondiale des produits susceptibles d'être viciés. On peut même avancer que les vices que provoquent chez

(1119) La couverture par les mécanismes contractuels de garantie et surtout d'assurance des risques de développement a fait l'objet de controverses doctrinales – V. Y. Lambert-Faivre, *Risques et assurances des entreprises*, Dalloz, 3ᵉ éd., 1991, n° 950, qui ajoute : « Cette affaire – DES – conduit les assureurs américains à insérer dans leurs contrats d'assurances RC des clauses claims made – réclamation de la victime – léonines pour les assurés et les victimes, que la Cour de cassation vient de condamner en France » (Cass. 1ʳᵉ civ., 19 déc. 1990, 7 arrêts : *Resp. civ. et assur.* 1991, n° 81).

(1120) Le rapporteur devant la commission des lois proposait d'exclure les éléments et produits du corps humain du champ de cette cause d'exonération : Doc. AN n° 3411, préc.

(1121) Pour une illustration : Cass. 1ʳᵉ civ., 5 mai 2021, n° 19-25.102 : *RDC* déc. 2021, p. 27, obs. J-S. Borghetti.

(1122) CJCE, 25 avr. 2002, aff. jointes C-52/00, C-154/00, préc.

(1123) L. n° 2004-1343, 9 déc. 2004, art. 29 : *JO* 10 déc. 2004.

(1124) V. J. Calais-Auloy, *Le risque de développement : une exonération contestable*, préc. – J-S. Borghetti, *La responsabilité du fait des produits. Étude de droit comparé*, LGDJ, 2004, n° 546.

(1125) Cass. 1ʳᵉ civ., 15 nov. 2023, n° 22-21.174 : *RDC* mars 2024, n° 1, p. 18, obs. J-S. Borghetti : la victime d'un dommage imputé à un produit défectueux peut agir en responsabilité contre le producteur sur le fondement de l'article 1240 du Code civil, si elle établit que son dommage résulte d'une faute commise par le producteur, telle qu'un maintien en circulation du produit dont il connaît le défaut ou encore un manquement à son devoir de vigilance quant aux risques présentés par le produit. – *Adde* CE, 25 mai 2022, n° 446692 : *Resp. civ. et assur.* 2022, comm. 196, note L. Bloch ; *RTD civ.* 2022, p. 641, note P. Jourdain. – Sur la complémentarité d'un régime de responsabilité pour faute : CJCE, 10 janv. 2006, n° C-402/03, *Skov*, pts 47 à 48 : *D.* 2006, p. 1261, note C. Nourissat, p. 1936, note P. Brun ; *JCP* G 2006, I 166, n° 12, note P. Stoffel-Munck ; *RDC* juill. 2006, p. 835, note J.-S. Borghetti ; *RTD civ.* 2006, p. 265, note P. Rémy-Corlay, p. 333, note P. Jourdain.

(1126) Cass. 1ʳᵉ civ., 19 avr. 2023, n° 21-23.726 : *RDC* sept. 2023, p. 19, obs. J. Knetch, p. 34, obs. L. Thibierge.

le vivant les risques de développement concernent des marchandises à forte valeur « recherche » ajoutée et, corrélativement, de forte commercialisation internationale. C'est dans ce contexte que cette thématique devrait demain trouver solution.

§ 2. – Les obligations de l'acheteur

243. – Présentation. À lire le Code civil, les obligations de l'acheteur ne sont pas nombreuses. La principale obligation, selon l'expression même de l'article 1650, est de payer le prix. Dans le « sillage » du prix, pèse aussi sur l'acheteur le paiement des frais de la vente (C. civ., art. 1593). Enfin l'acheteur a l'obligation de retirer la chose vendue (C. civ., art. 1657).

L'examen de la pratique témoigne d'une plus grande richesse d'engagements mis à la charge de l'acheteur et que l'on peut simplement synthétiser en relevant qu'il s'agit aussi bien d'obligations de faire (construire, exploiter...), que d'obligations de ne pas faire (non-concurrence, approvisionnement exclusif dans les contrats de distribution. – V. *supra*, n° 45)[1127]... Qui plus est, comme tout contractant, l'acheteur est tenu, au nom de l'exécution de bonne foi du contrat, d'une obligation de coopération, qui doit singulièrement l'amener à fournir parfois des renseignements au vendeur afin de l'éclairer sur ses besoins[1128].

Reste néanmoins l'essentiel, c'est-à-dire les obligations visées par le Code civil : payer le prix (A), et retirer la chose (B).

A. – L'obligation de payer le prix

244. – Quoi ? L'acheteur doit payer le prix qui a été initialement convenu[1129], moyennant le jeu éventuel d'une clause d'indexation. Il peut être aussi tenu de payer des intérêts, au taux légal, jusqu'au paiement du prix, soit parce que les parties l'ont prévu, soit parce que la chose vendue et livrée produit des fruits ou autres revenus[1130], soit parce qu'il a été sommé de payer, l'intérêt ne courant alors qu'à partir de la sommation (C. civ., art. 1652).

L'acheteur est aussi tenu de payer les accessoires du prix, au rang desquels figurent les frais de la vente : ainsi, « les frais d'actes et autres accessoires à la vente sont à la charge de l'acheteur » (C. civ., art. 1593). Ces frais peuvent être, en pratique, importants puisque sont notamment concernés les honoraires du rédacteur de l'acte et

(1127) V. Ph. Le Tourneau : *JCl. Contrats-Distribution*, Fasc. 380.

(1128) V. sur cette obligation, Y. Picod, *Le devoir d'exécution du contrat*, LGDJ, coll. « Bibl. dr. privé », 1989, t. 208, préf. G. Couturier, spéc. n°s 86 et s. ; *L'obligation de coopération dans l'exécution du contrat* : *JCP G* 1988, I, 3318. – *Adde supra*, n° 192.

(1129) Il n'appartient pas au juge de procéder à une réfaction du prix en raison de son caractère excessif, force obligatoire du contrat oblige. – V. pour un rappel de cette solution, Cass. com., 9 oct. 1990 : *RTD civ.* 1991, p. 113, n° 4, obs. J. Mestre. – V. *supra*, n° 129. – Comp. avec les contrats de services, V. *infra*, n° 501.

(1130) Ainsi en est-il lorsque l'acheteur prend possession d'un immeuble avant le paiement du prix. L'immeuble, susceptible d'être loué, est une chose frugifère et l'acquéreur doit donc payer les intérêts du prix de vente à compter de la prise de possession, peu importe que le contrat ait stipulé un paiement à terme et qu'il n'ait pas prévu expressément le paiement d'intérêts (Cass. req., 19 juin 1928 : *DP* 1928, 1, p. 144). – *Adde* Cass. com., 5 déc. 2000 : *Contrats, conc. consom.* 2001, n° 57, obs. L. Leveneur (vente de parts sociales par nature productrices de revenus : les intérêts sont dus à compter de la vente intervenue... 29 ans auparavant !). – Cass. com., 5 oct. 1999 : *D.* 2000, p. 552, G. Morris-Becquet ; *Defrénois* 2000, p. 40, P. Le Cannu.

les droits d'enregistrement. Mais l'article 1593 n'a qu'un caractère supplétif[1131] ; les parties peuvent donc aménager comme elles l'entendent la prise en charge de ces frais (V. *supra*, n° 128). Ce texte ne s'applique pas, par ailleurs, dans les relations entre les contractants et des tiers. Ainsi, le notaire qui a rédigé l'acte peut demander paiement aux deux parties. Il en va de même pour l'administration fiscale.

245. – **Où ?** On sait que le lieu du paiement commande, en principe, la monnaie utilisée (V. *supra*, n° 135). Les parties disposent d'une totale liberté pour déterminer ce lieu (C. civ., art. 1650)[1132]. Au cas de paiement comptant, dans le silence du contrat, est prévue une règle qui déroge au droit commun[1133] : le paiement s'effectue au lieu où doit se faire la délivrance (C. civ., art. 1651). En revanche, lorsque la vente n'est pas au comptant, le droit commun s'applique : de tradition le paiement s'effectue au domicile du débiteur (acheteur), sauf clause contraire (C. civ., ancien art. 1247), mais l'ordonnance du 10 février 2016 prévoit désormais, pour les contrats qu'elle concerne, qu'en l'absence de clause le lieu du paiement de l'obligation de somme d'argent est le domicile du créancier (vendeur) (C. civ., art. 1343-4). Pour la vente internationale, et à défaut de stipulation expresse, le paiement doit s'opérer à l'établissement du vendeur ou, si le paiement doit intervenir contre remise des marchandises, au lieu de cette remise (CVIM, art. 57).

246. – **Quand ?** C'est la question de l'exigibilité du prix. Le Code civil adopte la même analyse que pour le lieu du paiement. Si le contrat n'a rien prévu, c'est au moment de la délivrance que l'acheteur doit payer (C. civ., art. 1651). C'est donc la délivrance qui rend exigible le prix. La Cour de cassation est encore plus explicite : « Sauf convention particulière, l'obligation, pour l'acheteur, de payer le prix de vente résulte de l'obligation complète, par le vendeur, de son obligation de délivrance »[1134]. L'acheteur peut donc refuser de payer tant que la délivrance n'a pas été totalement exécutée[1135].

Le Code civil autorise aussi une suspension du paiement « si l'acheteur est troublé ou a juste sujet de craindre d'être troublé par une action, soit hypothécaire, soit en revendication » (C. civ., art. 1653). Le paiement est alors suspendu jusqu'à ce que le vendeur ait fait cesser le trouble, ou lui fournisse une caution[1136].

(1131) V. Cass. civ., 23 déc. 1931 : *Gaz. Pal.* 1932, 1, p. 433.

(1132) Pour les ventes d'immeubles, la pratique est de payer chez le notaire chargé de la rédaction de l'acte authentique.

(1133) C. civ., art. 1343-4 : « À défaut d'une autre désignation par la loi, le contrat ou le juge, le lieu du paiement de l'obligation de somme d'argent est le domicile du créancier ». – Règle dérogatoire à l'article 1342-6 selon laquelle le paiement de dettes (autres que les sommes d'argent) se fait (toujours) au domicile du débiteur.

(1134) Cass. 1re civ., 19 nov. 1996 : *JCP* E 1997, II, 968, note J. Huet ; *Contrats, conc. consom.* 1997, comm. 45, note L. Leveneur.

(1135) On estime alors qu'il s'agit d'une application de l'exception d'inexécution (V. L. Leveneur, note citée). Cette explication peut être discutée à la lumière de l'arrêt du 19 novembre 1996 précité. Si, en effet, le prix ne devient exigible qu'une fois l'obligation de livraison exécutée, sommes-nous toujours en présence d'une exécution simultanée des obligations de paiement du prix et de délivrance, condition nécessaire au jeu de l'exception d'inexécution (V. F. Terré, Ph. Simler et Y. Lequette, *Les obligations*, *op. cit.*, n° 637) ? En réalité, tant que la délivrance n'est pas complète, l'acheteur ne refuse pas de payer, car l'obligation n'est pas exigible. Reste que si le « vendeur doit exécuter le premier » (J. Huet, note citée), comment alors coordonner l'arrêt du 19 novembre 1996 avec l'article 1612 qui affirme que « le vendeur n'est pas tenu de délivrer la chose, si l'acheteur n'en paye pas le prix et que le vendeur ne lui ait pas accordé un délai pour le paiement » ? Comme on l'a justement indiqué, pour sortir de l'impasse, « le seul moyen consiste à prévoir, dans des stipulations particulières du contrat, une chronologie précise » (L. Leveneur, note citée).

(1136) La Cour de cassation a curieusement estimé que l'acquéreur ne peut plus se prévaloir de son droit de suspendre le paiement du prix de la vente dès lors qu'il n'a pas mis préalablement le vendeur en mesure d'exercer la faculté que

Il faut, par ailleurs, tenir compte des règles protectrices du consommateur qui modifient sensiblement le scénario du Code civil, spécialement lorsque le consommateur achète à crédit (V. *infra*, n°s 437 et s.).

Les clauses, fréquentes en pratique, peuvent permettre un paiement anticipé du prix, en totalité ou en partie. Dans ce dernier cas, s'agit-il d'acomptes, c'est-à-dire réellement d'une fraction du prix, ou d'arrhes visés par l'article 1590 du Code civil et qui permettent à chacune des parties de se dédire[(1137)] ? Tout dépend de la volonté des parties, souvent bien difficile à interpréter.

Dans les ventes d'un bien meuble par un professionnel à un consommateur, l'article L. 214-1 du Code de la consommation prévoit que :

> **« Sauf stipulation contraire, pour tout contrat de vente ou de prestation de services conclu entre un professionnel et un consommateur, les sommes versées d'avance sont des arrhes, au sens de l'article 1590 du Code civil.**
>
> **Dans ce cas, chacun des contractants peut revenir sur son engagement, le consommateur en perdant les arrhes, le professionnel en les restituant au double ».**

Quelle que soit la qualification, toute somme versée d'avance par le consommateur sur le prix d'achat d'une chose mobilière est productive d'intérêts passé un délai de trois mois à compter du versement jusqu'à la livraison (C. consom., art. L. 214-2).

Le contrat peut aussi prévoir un paiement différé, c'est souvent l'usage entre commerçants[(1138)] ; à l'égard d'un consommateur on peut y voir une opération de crédit soumise à des dispositions particulières du Code de la consommation (V. *infra*, n°s 437 et s.).

La Convention des Nations unies sur les contrats de vente internationale de marchandises prévoit que, à défaut de clause contraire, le paiement doit s'opérer lors de la remise des marchandises ou des documents représentatifs de celle-ci (CVIM, art. 58-1).

Le paiement d'une rente viagère appelle un régime propre (V. *supra*, n° 141).

247. – **Preuve.** Conformément au droit commun (C. civ., art. 1353), il appartient à l'acheteur de prouver qu'il a payé[(1139)]. S'agissant des modes de preuve, on relève que, pour les ventes immobilières, le règlement est, très souvent, effectué devant notaire. L'acte notarié peut l'indiquer[(1140)], et l'acheteur bénéficie de la force probante de l'acte authentique. Si tel n'est pas le cas, la preuve contraire peut être rapportée contre la simple quittance remise par le vendeur.

---

lui reconnaît l'article 1653, à savoir la cessation du trouble ou la fourniture d'une caution (Cass. 3e civ., 26 mai 1992 : *Bull. civ.* 1992, III, n° 176 ; *RTD civ.* 1993, p. 376, n° 1, obs. P.-Y. Gautier).

(1137) « Celui qui les a données, en les perdant, et celui qui les a reçues en restituant le double » (C. civ., art. 1590). – V. *supra*, n° 70.

(1138) La réduction des délais de paiement souvent exigés des fournisseurs (vendeurs) dans la grande distribution est apparue nécessaire. – Sur la réglementation des délais de paiement entre commerçants, V. C. com., art. L. 442-6-I, 7° et L. 443-1. – D. et N. Ferrier, *Droit de la distribution*, *op. cit.*, n° 312.

(1139) En revanche, c'est au vendeur de prouver l'existence et l'exigibilité de l'obligation de paiement.

(1140) Exemple de clause : « L'acquéreur a payé le prix comptant ce jour ainsi qu'il résulte de la comptabilité du notaire soussigné, au vendeur qui le reconnaît et lui en donne quittance sans réserve… DONT QUITTANCE ».

En matière de vente de meubles au comptant, la pratique de la quittance est nettement moins répandue. Faisant preuve de pragmatisme, certains arrêts admettent que la remise de la chose peut constituer une présomption de fait du règlement de la vente intervenue[1141]. Mais n'étant pas d'origine légale, la présomption est abandonnée aux lumières et à la prudence du magistrat[1142].

248. – **Défaut de paiement ; résolution ; prescription.** Le défaut de paiement offre au vendeur plusieurs possibilités. Lorsque la vente est au comptant, l'article 1612 lui permet de ne pas livrer : il exerce son droit de rétention[1143]. Il peut exercer une action en paiement du prix ou demander la résolution de la vente (C. civ., art. 1654)[1144]. La restitution des fruits de la chose (loyers) suppose la mauvaise foi de l'acquéreur (C. civ., art. 549), laquelle ne saurait se déduire du seul défaut de paiement du prix[1145]. Quel que soit le fondement de la résolution de la vente (défaut de paiement, voire défaut de délivrance ou vice caché), la Cour de cassation retient que le vendeur n'est pas fondé, en raison de l'effet rétroactif de la résolution de la vente, à obtenir une indemnité liée à l'utilisation de la chose vendue ou à l'usure résultant de cette utilisation[1146] ; le régime des restitutions posé par l'ordonnance de 2016 pourrait faire évoluer cette jurisprudence (C. civ., art. 1352-3 qui aligne le sort de l'usage du bien sur celui des fruits). Au titre des sûretés, la vente confère des privilèges : un privilège spécial mobilier (C. civ., art. 2332-4°)[1147], et un privilège spécial immobilier (C. civ., art. 2374-1°)[1148]. Dans un souci de protection des tiers qui ont pu acquérir des droits sur l'immeuble vendu, l'action en résolution ne peut être exercée que si le privilège a été inscrit dans les deux mois suivant la vente ou, à tout le moins, avant que le tiers ne publie son titre (C. civ., art. 2379).

Enfin le vendeur peut songer à insérer une clause résolutoire[1149] ou une clause de réserve de propriété dont on connaît l'intérêt (V. *supra*, n° 163).

La créance de prix se prescrit par cinq ans (C. civ., art. 2224).

(1141) V. not. Cass. com., 17 nov. 1987 : *Bull. civ.* 1987, IV, n° 243. – V. toutefois pour un refus d'admettre cette présomption, Cass. civ., 15 juill. 1942 : *DC* 1943, p. 104 ; *RTD civ.* 1943, p. 265, obs. J. Carbonnier.

(1142) Tel que le prévoit l'article 1382 du Code civil. – V. Cass. com., 17 nov. 1987, préc.

(1143) V. *supra*, n° 184.

(1144) Pour la résolution de la vente d'immeuble, le Code civil (art. 1655) précise qu'elle « est prononcée de suite, si le vendeur est en danger de perdre la chose et le prix. Si ce danger n'existe pas, le juge peut accorder à l'acquéreur un délai plus ou moins long suivant les circonstances. Ce délai passé sans que l'acquéreur ait payé, la résolution de la vente sera prononcée ».

(1145) Cass. 3e civ., 13 juill. 2016, n° 14-26.958 : *RDC* 2016, p. 672, J. Le Bourg.

(1146) À la suite de Cass. ch. mixte, 9 juill. 2004, n° 02-16.302 : *JCP G* 2004, I, 132, G. Viney ; *RDC* 2005, p. 280, Ph. Stoffel-Munck ; *Defrénois* 2004, n° 20, p. 1402, R. Libchaber. – V. Cass. 3e civ., 13 juill. 2016, préc. – Cass. 1re civ., 19 févr. 2014, n° 12-15.520 : *RDC* 2014, p. 374, O. Deshayes, p. 358, E. Savaux et p. 641, J. Le Bourg (restitutions consécutives à la résolution d'une vente pour vice caché). – R. Wintgen, *L'indemnité de jouissance en cas d'anéantissement rétroactif d'un contrat translatif* : *Defrénois* 2004, n° 13, p. 697. – M. Malaurie-Vignal, *La jouissance du bien exclue du champ des restitutions* : *Rev. Lamy dr. civ.* 2004, n° 10, p. 5, spéc. n° 22. – F. Rouvière, *L'évaluation des restitutions après annulation ou résolution de la vente* : *RTD civ.* 2009, p. 617. – J.-B. Seube, *Le juge et les restitutions* : *RDC* 2016, p. 411.

(1147) V. M. Cabrillac, Ch. Mouly, S. Cabrillac et Ph. Pétel, *Droit des sûretés*, préc., nos 720 et s.

(1148) V. M. Cabrillac, Ch. Mouly, S. Cabrillac et Ph. Pétel, *op. cit.*, nos 871 et s.

(1149) Pour l'insertion d'une clause résolutoire dans une vente d'immeuble, l'article 1656 du Code civil prévoit que « s'il a été stipulé lors de la vente d'immeubles, que faute du paiement du prix dans le terme convenu, la vente serait résolue de plein droit, l'acquéreur peut néanmoins payer après l'expiration du délai, tant qu'il n'a pas été mis en demeure par une sommation ; mais, après cette sommation, le juge ne peut pas lui accorder ce délai ». Ce texte n'est cependant pas d'ordre public (V. Cass. 1re civ., 27 janv. 1960 : *Bull. civ.* 1960, I, n° 61). – La bonne foi de l'acheteur est indifférente, Cass. 3e civ., 24 sept. 2003 : *RTD civ.* 2003, p. 707, J. Mestre et B. Fages.

La convention de Vienne organise son propre régime de sanctions des effets obligatoires du contrat de vente internationale. Celui-ci est sensiblement différent des règles traditionnelles françaises à raison du principe de faveur pour le contrat qui anime le commerce international : la résolution du contrat ne pourra être déclarée par le vendeur qu'au cas où le manquement de l'acheteur constitue une contravention essentielle. De fait, en présence d'une inexécution, chacune des parties est incitée à accorder à l'autre des délais supplémentaires à l'issue desquels l'inexécution du contrat sera encourue (spécialement, pour le paiement du prix. – V. CVIM, art. 63 et 64).

B. – L'obligation de retirer la chose

249. – Le reflet de la délivrance. Nous avons pu constater, qu'en l'absence de clause, l'obligation de délivrance s'analyse principalement en une obligation de ne pas faire : ne pas empêcher l'acheteur de venir retirer la chose vendue (V. *supra*, n° 185). L'acheteur est donc tenu de retirer matériellement la chose vendue – ou de la faire retirer par un tiers pour son compte –, ce qui implique qu'il supporte, en principe, les frais liés à cette opération. Par le retirement, est ainsi assuré le transfert de détention de la chose. Le moment et le lieu du retirement sont ceux de la délivrance (V. *supra*, n° 183).

Lorsque l'acheteur ne retire pas la chose, le vendeur a, conformément au droit commun, le choix entre l'exécution forcée et la résolution du contrat. Mais l'article 1657 du Code civil prévoit une règle dérogatoire importante pour la vente d'objets mobiliers[1150] : « La résolution de la vente aura lieu de plein droit et sans sommation, au profit du vendeur, après l'expiration du terme convenu pour le retirement ». On mesure bien les différences avec le droit commun de la résolution judiciaire traditionnelle : pas de mise en demeure, pas de juge et il n'est même pas nécessaire d'insérer une clause résolutoire. Seule exigence : un terme convenu pour le retirement qui peut résulter d'un usage[1151]. Il va néanmoins de soi que « la résolution de la vente au profit du vendeur en cas de défaut de retirement ne peut lui être reconnue que s'il a préalablement délivré l'objet vendu dans les conditions prévues au contrat »[1152]. La réforme du droit des contrats a codifié dans notre droit positif la résolution unilatérale par voie de notification : mais celle-là suppose encore mise en demeure du débiteur défaillant, sauf urgence (C. civ., art. 1226).

Une fois la résolution acquise, le vendeur recouvre sa liberté de vendre le bien à un autre acheteur. Cette règle qui bénéficie au vendeur ne peut toutefois lui être imposée. Il peut donc préférer l'exécution forcée, plutôt que la résolution[1153].

Tant que l'acheteur n'a pas procédé au retirement, le vendeur est tenu de l'obligation de conserver la chose, au moins tant qu'il n'a pas mis l'acheteur en demeure de retirer[1154], à moins que ne joue l'article 1657 du Code civil, auquel cas l'obligation est automatiquement éteinte.

(1150) Que la vente soit civile ou commerciale, Cass. 1re civ., 24 oct. 2000 : *Bull. civ.* 2000, I, n° 272.

(1151) V. not. Cass. com., 3 nov. 1953 : *Bull. civ.* 1953, III, n° 341.

(1152) V. not. Cass. 1re civ., 25 mai 1992 : *Bull. civ.* 1992, I, n° 166 ; *RTD civ.* 1993, p. 376, n° 1, obs. P.-Y. Gautier (vente d'un véhicule endommagé : le vendeur n'a pas valablement délivré la chose). – Cass. 1re civ., 24 oct. 2000 : *Contrats, conc. consom.* 2001, n° 5, obs. L. Leveneur (avant de retenir le jeu de l'article 1657 du Code civil, la cour d'appel devait rechercher si le vendeur avait mis le vin vendu à la disposition de l'acheteur avant l'échéance du terme).

(1153) V. H., J. et L. Mazeaud et M. de Juglart, *op. cit.*, n° 1025.

(1154) V. H., J. et L. Mazeaud et M. de Juglart pour qui, « il semble même que l'obligation de conservation demeure à la charge du vendeur après qu'il ait mis en demeure de prendre livraison » (*op. cit.*, n° 1026).

S'agissant de la *prise de livraison*, la convention de Vienne reste très lacunaire, disposant que l'acheteur doit accomplir tout acte qu'on peut raisonnablement attendre de lui à cet égard (CVIM, art. 60)[(1155)] ; en revanche, les Incoterms définissent avec précision les modalités du transfert de possession des marchandises (V. *supra*, n° 170).

250. – Épilogue : La vente européenne. L'Union européenne a engagé de longue date des travaux dans la voie d'une harmonisation du droit des contrats des États membres[(1156)]. La légitimité de cette démarche fait elle-même débat, spécialement dans la doctrine française[(1157)]. Derrière un souci affiché de protection des consommateurs, la motivation première à l'origine de cette politique tient dans l'élaboration du marché unique et le développement des transactions transfrontalières. À la suite de l'élaboration d'un cadre commun de référence (CCR) et de larges consultations lancées auprès de cercles d'experts nationaux[(1158)], la Commission a adopté le 11 octobre 2011 une proposition de règlement relatif à un droit commun européen de la vente[(1159)]. Le 26 février 2014, le Parlement européen a adopté cette proposition. Même s'il a été retiré (provisoirement ? V. *infra in fine*), le texte proposé s'est affiché comme l'expression achevée d'un droit privé européen de la vente dont l'influence sur le terrain des sources du droit ne peut être ignorée, sans doute même à l'endroit de l'ordonnance du 10 février 2016 qui réforme le droit des contrats.

Alors que les règles nées des directives communautaires intègrent le droit français une fois transposées, la proposition prévoyait la mise en place d'un droit commun européen de la vente sans modifier les législations nationales en vigueur mais en créant, en parallèle à ces dernières, un second régime optionnel pour les contrats relevant de son champ d'application, identique sur tout le territoire de l'Union européenne appelé à coexister avec les droits nationaux des contrats en sorte de 28e droit européen des contrats[(1160)].

Domaine d'application du droit commun européen de la vente - Le droit commun européen de la vente s'appliquait aux contrats transfrontières sur une base volontaire, par convention expresse des parties. Le contrat transfrontière est

(1155) Pour une intéressante application quant à l'obligation du vendeur d'accorder des délais lorsque l'acheteur n'a pu comprendre l'importance que revêtait le respect de la date de retirement, V. CA Grenoble, 4 févr. 1999 : *D.* 1999, somm. p. 364, C. Witz.

(1156) Sur l'historique de ces travaux, V. *Un droit commun européen de la vente pour faciliter les transactions transfrontières sur le marché unique* : Doc. COM (2011), 636 final.

(1157) Sur ce débat virulent, V. not. *RDC* 2011/3, spéc. Y. Lequette, *Le code européen est de retour*, p. 1028. – Comp. *L'autre droit (européen et international) des contrats ?* Débat *in RDC* 2014, p. 538 (J.-S. Bergé, M. Karpenschif, M. Laazouzi, F. Marchadier, G. Pignarre, A. Tenenbaum, C. Nourissat et J.-P. Marguénaud).

(1158) Sur ces travaux, et références, au sein d'une doctrine foisonnante, V. B. Fauvarque-Cosson, *Vers un droit commun européen de la vente* : *D.* 2012, 34 ; *RDC* 2012, p. 191, débats avec M. Behar-Touchais, B. Fauvarque-Cosson, Z. Jacquemain ; p. 213, O. Lando ; p. 457, C. Aubert de Vincelles ; p. 569, J.-S. Bergé : *RDC* 2011, p. 1313, W. Dorlat ; p. 1361, les réponses de l'Association H. Capitant au projet européen et du Groupe Trans Europe Experts, dirigé par M. Behar-Touchais et M. Chagny.

(1159) Doc. COM (2011), 635 final : B. Fauvarque-Cosson, préc. – O. Deshayes (ss dir.), *Le droit commun européen de la vente*, Société de législation comparée, Trans Europe Experts, 2012. – C. de Vincelles, *Premier regard sur la proposition d'un droit commun européen de la vente* : *JCP G* 2011, 1376.

(1160) J.-S. Bergé, *L'hypothèse du 28e droit européen des contrats* : *RDC* 2010, 1401. – Cette dissociation a été critiquée en regard du souhait probable des entreprises de n'utiliser, et de proposer à leurs clients, un seul système juridique pour leurs ventes, internes ou transfrontalières. V. B. Fauvarque-Cosson, préc. : *D.* 2012, 37, qui évoque en ce sens l'avis de la Law Commission : *An Optionnal Common European Sales : Advantages and Problèms, Advice to the UK Government*. Aussi bien, un État membre pouvait prévoir la faculté pour les parties à un contrat domestique de retenir l'application du régime européen, art. 13 (a), conformément au règlement Rome I (art. 3).

celui pour lequel les deux parties professionnelles ont leur résidence habituelle dans des pays différents dont l'un au moins est un État membre. L'application du droit européen de la vente supposait une convention expresse des parties distincte de celle exprimant l'accord des mêmes à la conclusion du contrat. Le contrat de vente est celui en vertu duquel un professionnel (« le vendeur ») transfère ou s'engage à transférer la propriété des biens à une autre personne (« l'acheteur »), et l'acheteur paie ou s'engage à en payer le prix (Prop. de règlement, art. 2 K) : en cela la définition recoupe les éléments caractéristiques de la vente domestique. Entraient encore dans le domaine du texte européen les contrats portant sur la fourniture de biens à fabriquer ou à produire ainsi que les contrats de fourniture d'un service connexe à la vente, qu'un prix distinct ait été convenu pour ce dernier ou non[(1161)], alors qu'en étaient exclus les contrats de vente sur saisie ou impliquant l'exercice de la puissance publique (Prop. de règlement, art. 2 K). Le bien, objet du contrat, s'entend de tout objet mobilier corporel mais aussi d'« un contenu numérique » susceptible d'être fourni[(1162)]. Ainsi qu'il l'a été observé, l'accession du contenu numérique au rang de bien, objet d'un contrat de vente appelait la réserve (V. *supra*, n°s 116 et s.).

Contenu du droit commun européen de la vente - La proposition affichait l'objectif d'assurer un niveau élevé de protection des consommateurs ; en ce sens, elle comportait des règles impératives dont le degré de protection s'annonçait au moins égal à celui de l'acquis actuel. Mais la proposition se voulait également conforme à l'élaboration du marché unique et, spécialement, à la politique de l'Union visant à aider les PME à mieux profiter des possibilités qu'offre le marché intérieur[(1163)]. Ainsi, le droit commun européen de la vente pouvait être choisi dans les contrats entre professionnels lorsque l'un d'eux au moins était une PME[(1164)]. Pourtant, la compatibilité de ces préoccupations faisait problème dès lors que le marché unique ne se satisfait guère de règles nationales particulières susceptibles d'élever la protection du consommateur au-delà du dénominateur commun de référence[(1165)].

La proposition agglomérait des règles générales au droit des contrats et des règles spécifiques à la vente. C'est dire si le projet en question allait bien au-delà de la seule réglementation de ce contrat et même du seul domaine des contrats spéciaux. Des dispositions introductives énonçaient les principes de liberté contractuelle (Prop. de règlement, art. 1er), de bonne foi et loyauté contractuelle (*ibid.*, art. 2), ainsi que de coopération (*ibid.*, art. 3). On retrouve là les vestiges des Principes européens des contrats, codification de la *lex mercatoria* à la mode

(1161) Prop. de règlement, art. 5. Il suit que certains contrats mixtes portant transfert de matériaux spécifiquement préparés devraient être qualifiés de services selon la qualification de droit national et de vente selon la réglementation européenne sous étude, V. *supra*, n° 81.

(1162) Le règlement s'applique aux « contrats de fourniture d'un contenu numérique que l'utilisateur peut stocker, traiter et réutiliser, ou auquel il peut avoir accès, que ce contenu soit fourni ou non sur un support matériel, et indépendamment du fait qu'il soit fourni en contrepartie du paiement d'un prix » (Prop. de règlement, art. 5 b).

(1163) V. consid. 7 : les différences entre les droits nationaux des contrats et leurs effets sur le commerce transfrontière servent aussi à brider la concurrence.

(1164) La définition de la PME se fonde sur la recommandation n° 2003/361 de la Commission 13 concernant la définition des micro, petites et moyennes entreprises.

(1165) Sur les règles françaises relatives à la sécurité des produits et plus protectrices du consommateur que ne l'étaient les dispositions de la directive 85/374 du 25 juillet 1985. – V. *supra*, n° 241.

européenne. Le souci d'une interprétation autonome et uniforme du texte européen pour les questions ressortant de son domaine, mais non expressément réglées par le texte, s'inscrit à nouveau dans la lignée des textes internationaux, convention de Vienne et Principes Unidroit[1166] ; mais à la différence de ces textes internationaux, la Cour de justice de l'Union européenne devait être en charge d'assurer cette tâche[1167].

Les dispositions relatives à la *formation du contrat de vente* prévoyaient les informations précontractuelles qui doivent être délivrées par le vendeur professionnel au consommateur : le chapitre est lourd et reprend nombre d'acquis communautaire insérés au Code de la consommation : informations propres aux contrats conclus à distance, relatives au prix et aux frais et coûts supplémentaires, à l'identité et à l'adresse du professionnel, aux clauses contractuelles (modalités de paiement, de livraison du bien, de fourniture du contenu numérique ou d'exécution du service connexe...), relatives au droit de rétractation lors de la conclusion d'un contrat à distance ou hors établissement[1168]. La charge de la preuve de la fourniture de ces informations incombe au professionnel (Prop. de règlement, art. 21). Les informations précontractuelles devant être fournies entre professionnels sont sensiblement allégées (*ibid.*, art. 23), alors que d'autres éléments informatifs sont spécifiques aux contrats conclus par voie électronique (*ibid.*, art. 24)[1169].

La conclusion du contrat résulte de la rencontre d'une offre et d'une acceptation dont le texte européen réglait soigneusement les modalités en termes de délais, de révocation, de contrats conclus entre absents, de modification substantielle des termes de l'offre ou encore d'incompatibilité entre clauses contractuelles types[1170] ou de police des vices du consentement[1171] ; l'ensemble ne devait guère surprendre le juriste de droit français même si les dispositions s'inspirent à nouveau fortement des textes internationaux, convention de Vienne et Principes Unidroit[1172]. Un droit de rétractation à l'achat dans un délai de quatorze jours est aménagé pour les contrats à distance et les contrats hors établissement conclus entre professionnels et consommateurs (Prop. de règlement, art. 39 à 46. – V. *supra*, n° 98).

On a déjà évoqué les dispositions relatives au prix du contrat, le texte européen retenant la validité d'une vente dont le prix ne serait pas déterminé objectivement, celui-ci étant fixé par référence à un prix raisonnable (V. *supra*, n° 132). Une police

(1166) Comp. CVIM, art. 7 ; Principes Unidroit, art. 1.6. – V. J.-M. Mousseron et *al.*, *Droit du commerce international*, préc., n° 363.

(1167) Ce souci d'interprétation autonome justifiait la constitution d'une base de données comprenant les décisions européennes et nationales relatives à ce texte, V. B. Fauvarque-Cosson, préc., p. 41.

(1168) V. Prop. de règlement, art. 13 à 17.

(1169) Ainsi des étapes techniques à suivre pour conclure le contrat, de l'éventuel archivage de l'instrument contractuel par le professionnel, et de la possibilité d'y avoir accès ; des moyens techniques permettant d'identifier et de corriger les erreurs commises dans la saisie des données avant que l'autre partie n'émette ou n'accepte une offre... (Prop. de règlement, art. 24 et s.).

(1170) V. Prop. de règlement, art. 30 à 39.

(1171) Sont pris en compte l'erreur, le dol, les menaces, ou même la lésion sous couvert de la notion d'exploitation déloyale ; la nullité est ouverte à la partie victime qui exercera son droit par simple notification, sauf à celle-ci à renoncer à cette action et à confirmer le contrat ; les effets de la nullité restent limités aux seules clauses infectées par le vice à moins qu'il ne soit déraisonnable de maintenir le reste du contrat ; elle opère effet rétroactif avec restitutions, sans préjudice de dommages et intérêts, V. Prop. de règlement, art. 48 à 57.

(1172) V. J.-M. Mousseron et *al.*, *Droit du commerce international*, préc., n°s 369 et s.

des clauses abusives est organisée, classiquement pour les contrats conclus entre professionnels et consommateurs[(1173)], de manière plus novatrice et stimulante pour les contrats conclus entre professionnels[(1174)].

S'agissant de l'exécution du contrat, à l'exemple de la convention de Vienne, le texte européen restait taisant sur la question du transfert de propriété[(1175)]. Au titre des obligations des parties, le texte retrouve des accents propres à la vente, pour des dispositions à nouveau fortement inspirées des dispositions de la convention de Vienne. Au rang des obligations du vendeur, la vente européenne prévoit que celui-ci est tenu :

« *a)* à livrer le bien ou à fournir le contenu numérique ;

b) à transférer la propriété du bien, y compris le support matériel sur lequel le contenu numérique est fourni ;

c) à s'assurer que le bien ou le contenu numérique sont en conformité avec le contrat ;

d) à s'assurer que l'acheteur a le droit de faire usage du contenu numérique conformément au contrat ; et

e) à transmettre les documents représentant le bien ou s'y rapportant, ou relatifs au contenu numérique, conformément aux stipulations contractuelles » (Prop. de règlement, art. 91).

On retiendra la définition de la conformité de la chose vendue à nouveau directement inspirée du texte de la convention de Vienne[(1176)] ; l'installation incorrecte du bien étant assimilée à un défaut de conformité (Prop. de règlement, art. 101).

Au cas de manquement du vendeur, l'acheteur consommateur pouvait exiger l'exécution en nature, la réparation ou le remplacement du bien[(1177)] (ou du contenu numérique), suspendre sa propre exécution, résoudre le contrat et réclamer le

(1173) V. art. 83 : « Dans un contrat entre un professionnel et un consommateur, une clause contractuelle proposée par le professionnel et n'ayant pas fait l'objet d'une négociation individuelle (...) est abusive aux fins de la présente section lorsqu'elle crée, au détriment du consommateur et en violation du principe de bonne foi et de loyauté, un déséquilibre significatif entre les droits et obligations des parties découlant du contrat ». – Comp. C. consom., art. L. 132-1 ; C. com., art. L. 442-6, I, 2.

(1174) V. Prop. de règlement, art. 86 : « Dans un contrat entre professionnels, une clause contractuelle n'est abusive (...) que si : *(a)* elle fait partie des clauses qui n'ont pas fait l'objet d'une négociation individuelle (...) ; et *(b)* qu'elle est de nature telle que son application s'écarte manifestement des bonnes pratiques commerciales, contrairement au principe de bonne foi et de loyauté ».

(1175) À l'inverse de la question du transfert des risques qui s'opère, à l'égard du consommateur, avec la livraison (Prop. de règlement, art. 143), le texte prévoit des dispositions spéciales pour le consommateur (*ibid.*, art. 142 et s.).

(1176) « Le bien ou le contenu numérique doit : *a)* être propre à tout usage spécial qui a été porté à la connaissance du vendeur au moment de la conclusion du contrat, sauf s'il résulte des circonstances que l'acheteur ne s'en est pas remis à la compétence ou à l'appréciation du vendeur ou qu'il n'était pas raisonnable pour lui de le faire ; *b)* être propre aux usages auxquels servirait habituellement un bien ou un contenu numérique du même type ; *c)* posséder les qualités du bien ou du contenu numérique que le vendeur a présenté à l'acheteur comme échantillon ou modèle ; *d)* être emballé ou conditionné selon le mode habituel pour le bien du même type ou, à défaut de mode habituel, d'une manière propre à le conserver et à le protéger ; *e)* être fourni avec les accessoires, installations de montage ou autres instructions que l'acheteur peut s'attendre à recevoir ; *f)* présenter les qualités et capacités de prestation mentionnées dans toute déclaration précontractuelle qui fait partie intégrante des clauses contractuelles en vertu de l'article 69 ; et *g)* présenter les qualités et capacités de prestation auxquelles l'acheteur peut s'attendre. Lorsque l'on détermine ce que le consommateur peut attendre du contenu numérique, l'éventuelle fourniture de celui-ci en contrepartie du paiement d'un prix doit être prise en considération » (Prop. de règlement, art. 100). – Comp. CVIM, art. 35 et C. consom., art. L. 211-5 (garantie de conformité). – V. J.-M. Mousseron et *al.*, *Droit du commerce international*, préc., n° 452.

(1177) Le consommateur peut choisir entre la réparation et le remplacement à moins que l'option retenue ne soit illicite ou impossible ou que, par rapport à l'autre option, elle impose au vendeur des coûts qui seraient disproportionnés (Prop. de règlement, art. 111).

remboursement de tout prix déjà payé, ou obtenir une réduction du prix (réfaction – V. Prop. de règlement, art. 120) et réclamer des dommages et intérêts (*ibid.*, art. 106) ; si l'acheteur est un professionnel, les droits de l'acheteur d'exercer tout moyen d'action, à l'exception de celui de suspendre l'exécution de sa propre obligation, restaient subordonnés au droit du vendeur de pouvoir encore exercer son « droit de correction », c'est-à-dire d'offrir de remédier à la non-conformité (*ibid.*, art. 109). Là, c'est le régime de la garantie de conformité, issu de la directive 1999/44/CE qui a soufflé sur le texte européen (V. *supra*, n° 236).

L'acheteur est obligé « *(a)* à payer le prix ; *(b)* à prendre livraison du bien ou du contenu numérique ; et *(c)* à prendre livraison des documents représentant le bien ou s'y rapportant ou relatifs au contenu numérique conformément aux stipulations contractuelles » (Prop. de règlement, art. 123). Le vendeur dispose de moyens d'action comparables à l'acheteur : exiger l'exécution, suspendre sa propre exécution, résoudre le contrat ou demander des dommages et intérêts (*ibid.*, art. 131 et s.).

Les dispositions relatives à l'exécution du contrat dépassaient largement le seul régime de la vente : reproduisant les règles portées par les Principes européens des contrats (PEDC), la proposition de règlement portait en germe une véritable réglementation européenne du contrat. Ainsi, notamment, des textes prévoyant l'hypothèse d'une « exonération résultant d'un empêchement » (*ibid.*, art. 88), ou aménageant le cas de l'imprévision sous couvert d'un « Changement de circonstances ». Dans cette hypothèse, reproduisant le dispositif institué par les PEDC, la proposition de règlement obligeait les parties à engager des négociations en vue d'adapter le contrat ou d'y mettre fin lorsque l'exécution devient excessivement onéreuse ; en cas d'échec de cette table ronde, le texte ouvre au juge et à l'arbitre le pouvoir de mettre fin au contrat tout comme de l'adapter « afin de le mettre en conformité avec ce que les parties auraient raisonnablement convenu au moment de la conclusion du contrat si elles avaient tenu compte du changement de circonstances » (*ibid.*, art. 89). Cet interventionnisme judiciaire destiné à assurer la survie du contrat exprime une *favor contractus* et contrastait avec l'attitude historique du droit français qui refusait la révision pour imprévision(1178). La confrontation de ces dispositions avec l'article 1195 du Code civil révèle l'influence de ce *jus commune* européen dans la réforme du droit français des contrats(1179). De la même source coule le dispositif du défunt texte selon lequel, lorsqu'il est nécessaire de régler une question qui n'est pas expressément régie par la convention des parties ni par un usage, une pratique ou une disposition du droit commun européen de la vente, le juge pourra déduire une clause implicite en contemplation de la nature et de l'objet du contrat, des circonstances qui ont entouré la conclusion du contrat, et du principe de bonne foi et de loyauté (*ibid.*, art. 68).

(1178) La jurisprudence a déjà exprimé, dans le domaine des contrats de distribution (contrats-cadres d'achats-ventes et contrat d'agence), l'exigence d'une coopération accrue des parties qui doit amener le fournisseur à renégocier ses conditions tarifaires afin de permettre à son distributeur de s'aligner sur ses concurrents. – V. *supra*, n° 45. – Comp. Cass. belge, 19 juin 2009 : *RDC* 2010, 1405, B. Fauvarque-Cosson et 2011, 963, D. Philippe. On peut cependant s'étonner de voir un texte majeur concernant l'imprévision, situation propre aux contrats de durée, inséré dans une réglementation concernant la vente, contrat instantané.

(1179) J.-S. Borghetti : *Réforme du droit des contrats : un projet s'en vient, l'autre s'en va* : D. 2015, 1376.

Au titre des *sanctions à l'inexécution*, conformément à la convention de Vienne et aux Principes internationaux de droit des contrats, la résolution du contrat supposait une inexécution essentielle[1180] et s'opérait par notification unilatérale ; elle est encore possible au cas d'inexécution anticipée (*ibid.*, art. 116). La proposition de règlement aménageait les règles de restitution au cas d'annulation, ou résolution, du contrat (*ibid.*, art. 172 et s.), la réparation intégrale du préjudice subi, avec l'exclusion de toute réparation pour le préjudice partiellement imputable au créancier, ou que ce dernier était susceptible d'atténuer par des moyens raisonnables (*ibid.*, art. 162 et 163). Des dispositions détaillées traitent encore des intérêts de retard (droit à des intérêts de retard, sans notification, à compter de la date à laquelle le paiement est exigible) et définissent les clauses contractuelles abusives à cet égard (*ibid.*, art. 166). Des dispositions particulières organisent un délai bref de prescription de deux ans, qui peut être porté jusqu'à dix ans voire trente ans au cas de préjudice corporel (*ibid.*, art. 179 et s.)[1181].

Il y aurait à disserter sur les tendances déstructurantes du texte en cause : sur l'objet de la vente étendu aux contenus numériques, sur le prix de la vente dont la détermination objective ne serait plus requise, sur le rôle du juge appelé à adapter le contrat, sur le mélange des genres d'un règlement agglomérant volontiers les principes directeurs des textes du commerce international avec les règles protectrices du consommateur, sur l'affadissement consécutif de la protection de la partie faible, sur une vente plus tout à fait nationale, pas encore internationale, plus généralement sur un nouveau droit de la vente conçu pour le XXIe siècle.

La proposition de règlement a suscité de fortes réserves : la compétence discutable de l'Union pour adopter ce texte, les difficultés d'articulation du droit optionnel et des droits nationaux mais aussi le contenu et la philosophie de la proposition ont amené son retrait[1182]. Ce texte incarnait le mouvement d'émergence d'un droit privé européen. Les dispositions qu'il portait restent vivaces à l'échelon européen et pourraient retrouver à s'exprimer sous une forme moins ambitieuse (limitée aux contrats électroniques transfrontaliers)[1183] ; celles-ci ont déjà infusé dans le mouvement du droit français des contrats.

(1180) Selon l'article 87, § 2 de la proposition de règlement : « L'inexécution d'une obligation par une partie est essentielle si : *(a)* elle prive substantiellement l'autre partie de ce qu'elle était en droit d'attendre du contrat, à moins que la partie défaillante n'ait pas prévu ou n'ait pas été censée prévoir ce résultat au moment de la conclusion du contrat ; ou *(b)* elle est de nature à indiquer clairement que l'on ne peut pas compter dans l'avenir sur une exécution par la partie défaillante ». Dans des termes similaires, V. CVIM, art. 25 ; Principes Unidroit, art. 7.3.1., cf. J.-M. Mousseron et *al.*, *Droit du commerce international*, préc., n° 382.

(1181) Les conventions relatives à la prescription sont strictement encadrées et inopposable au consommateur, Prop. de règlement, art. 186, § 8.

(1182) Doc. COM (2014), 910 final, ann. 2, pt 60. – V. F. Ancel, B. Fauvarque-Cosson et J. Gest, *Aux sources de la réforme du droit des contrats*, Dalloz, 2017, p. 35 et s. – *Adde* V. Heuzé, *Le technocrate et l'imbécile. Essai d'explication du droit commun européen de la vente* : *JCP G* 2012, 750.

(1183) J.-S. Borghetti, *op. et loc. cit.* – Reprenant certaines de ces dispositions, V. déjà Prop. de directive concernant certains aspects des contrats de fourniture de contenu numérique : Doc. COM (2015), 0634 final. – Prop. de directive concernant certains aspects des contrats de ventes en ligne et de toute autre vente à distance de biens : Doc. COM (2015), 0635 final. – V. J.-S. Bergé, *Le spectre de l'harmonisation totale ou le vieux rêve du jeune droit européen* : *RDC* 2016, p. 340. – A. Danis-Fatôme, *Une garantie spéciale de conformité pour les biens achetés en ligne ou à distance* : *RDC* 2016, p. 464 et s. – L. Usunier, *Du droit commun européen de la vente aux propositions de directives sur les contrats de vente en ligne et de fourniture de contenu numérique : la montagne accouche d'une souris* : *RTD civ.* 2016, 304.

C H A P I T R E 2

LE CONTRAT D'ÉCHANGE

251. – Présentation et évolution. L'échange(1) précède la vente, dans l'histoire, comme dans la vie. L'homme a troqué avant que les Phéniciens n'inventent la monnaie ; l'enfant échange dans la cour d'école avant que, adulte devenu *trader*, il n'achète et ne vende produits et titres sur les marchés financiers. L'échange est :

> « le contrat par lequel les parties se donnent respectivement une chose pour l'autre » (C. civ., art. 1702).

La figure renvoie au commerce le plus ancestral de l'humanité : « Le don est la forme primitive de l'échange »(2) ; le contre-don que réalisera le gratifié libère celui-ci du donateur primitif(3). Le contrat d'échange n'est pourtant pas marginal. On assiste même à un certain regain d'intérêt pour cette figure. Ainsi, dans le domaine financier avec les contrats de *swaps* qui constituent des échanges de monnaies scripturales(4). Le commerce international en redécouvre les charmes, avec, notamment, ce que l'on appelle *l'échange compensé*(5). Les échanges et cessions amiables d'immeubles ruraux sont organisés dans le cadre d'opérations

(1) Sur l'échange, V. not. Q. Guiguet-Schielé, *Repenser l'échange : RTD civ.* 2013, p. 539. – B. Sousi-Roubi, *Le contrat d'échange : RTD civ.* 1978, p. 257. – J.-M. Poughon, *Histoire doctrinale de l'échange*, LGDJ, coll. « Bibl. dr. privé », 1987, t. 194, préf. J.-P. Braud.

(2) M. Mauss, *Essai sur le don, forme et raison de l'échange dans les sociétés archaïques*, in *Sociologie et anthropologie*, Paris, 1966, p. 143 et s.

(3) V. Carbonnier, *De la contribution que la sociologie juridique peut apporter au droit du contrat*, in *Écrits*, PUF, 2010, p. 506, spéc. p. 509.

(4) L'article 1er des conditions générales de l'Association française des banques définit le contrat de *swap* comme « l'opération par laquelle les parties s'échangent selon un échéancier déterminé des paiements dans une même devise, dont les montants sont soit définis à l'origine soit calculés par application de taux fixes ou de taux variables ». On distingue le *swap* de taux qui se caractérise par l'échange d'un taux fixe contre un taux variable du *swap* de devise qui se caractérise par le fait pour une entreprise d'échanger un emprunt à taux fixe contre un emprunt à taux variable, cherchant à bénéficier d'une baisse des taux d'intérêt des emprunts mais encourant les risques d'une remontée de ceux-là.– V. Th. Bonneau, *Droit bancaire*, préc. n° 491. – *Adde* J.-F. Sécher et J. Fierville, *Les contrats de swap à l'épreuve des procédures collectives* : *CDE* juill. 2011, n° 4, dossier 23. – P.-A. Boulat et P.-Y. Chabert, *Les swaps. Technique contractuelle et régime juridique*, Masson, 1992. – C. Chazot et P. Claude, *Les swaps. Concepts et applications*, Economica, 1995.

(5) « La formule, pratiquement désignée d'échange compensé, connaît de multiples variantes que les auteurs s'efforcent de dissocier : à l'échange mutuel de produits se substitue l'achat par l'exportateur de produits proposés par l'importateur grâce à la technologie exportée. Les formules connaîtront des dénominations multiples, savantes, souvent anglo-saxonnes : troc, *barter*, contre-achat, rachat sur production, *offset, clearing, switch* ». – V. J.-M. Mousseron et *al.*, *Droit du commerce international*, préc., spéc. nos 966 et s.

d'aménagement foncier et de remembrement rural[6]. Que dire enfin des systèmes d'échanges locaux (SEL), associations au sein desquelles les sociétaires s'échangent services mutuels ou produits et véritables clubs d'échanges économiques… *undergound*[7] ?

252. – **Identification.** L'échange a une signification juridique précise qui ne se confond pas avec l'acception plus large du langage commun. Le contrat d'échange implique en effet un transfert réciproque de propriété sur deux biens distincts. La formule évocatrice d'échange de services est naturellement dépourvue de signification juridique. Mais le vocabulaire législatif manque parfois de rigueur. Ainsi, en matière de bail d'habitation, l'expression d'échange de logements entre locataires est inappropriée[8], alors que, par nature, il ne peut y avoir transfert réciproque de propriété. Même maladresse à propos de l'échange de jouissance sur des parcelles rurales par les locataires[9]. Pareillement il n'y a pas échange lorsque le transfert de propriété d'une chose a pour contrepartie l'exécution d'un service[10]. Et pas davantage au cas dit « d'échange de séjour » dans les systèmes d'utilisation de biens à temps partagé (*time-share*)[11].

La distinction entre vente et échange appelle observation. Dans la vente, le consentement des parties opère sur le transfert de propriété d'une chose contre une somme d'argent, alors que dans l'échange, la monnaie disparaît, et le consentement se forme sur le socle d'un double effet translatif réciproque de droits de propriété sur deux choses distinctes. Ainsi, on a pu se demander si des opérations d'achats et de ventes simultanés de titres en bourse pouvaient être considérées comme des échanges de titres. La réponse est négative, car les deux opérations donnent lieu à deux règlements distincts : il y a deux ventes avec compensation des prix[12].

Plus délicate est la situation où en contrepartie du transfert de propriété d'une chose, l'acheteur, plutôt que de remettre une somme d'argent, effectue une dation en paiement, c'est-à-dire remet une chose en nature regardée comme l'équivalent. Il y a bien là, au final, comme en matière d'échange, transfert réciproque de propriété de deux choses. Pourtant, c'est la qualification de vente qui doit être maintenue, voire une qualification *sui generis* selon l'intention des parties, dès lors que l'échange de deux choses n'est pas le socle du consentement (V. *supra*, n°s 85 et s.).

La formule de l'échange avec soulte se révèle plus particulière. Les parties, estimant que les biens échangés n'ont pas la même valeur, décident que celui qui transfère la propriété du bien qui a la valeur la plus faible compense le déséquilibre par

(6) C. rur. pêche marit., art. L. 124-1 et s.
(7) R. Libchaber, *Actualité du non-droit : les SEL : RTD civ.* 1998, p. 800. – S. Bradburn, *Les systèmes d'échanges locaux*, thèse, Bordeaux, 2015, ss dir. F. Deboissy.
(8) L. n° 89-462, 6 juill. 1989, art. 9.
(9) C. rur. pêche marit., art. L. 411-39.
(10) V. Cass. 1re civ., 12 oct. 1967 : *Bull. civ.* 1967, I, n° 292.
(11) V. C. consom., art. L. 224-69 et s., spéc. art. L. 224-70, 4° : « Le contrat d'échange est un contrat à titre onéreux par lequel un consommateur accède à un système d'échange qui lui permet, en contrepartie de son contrat d'utilisation de biens à temps partagé ou de son contrat de produit de vacances à long terme, d'accéder à la jouissance d'un autre bien ou à un autre hébergement ou à d'autres services » – V. *infra*, n° 280.
(12) V. Cass. com., 3 mai 1973 : *Bull. civ.* 1973, IV, n° 158.

le versement d'une somme d'argent (la soulte). Est-ce une vente ou un échange ? Tout dépend de l'importance de la soulte. Par principe, la stipulation d'une soulte ne modifie pas la nature du contrat. Mais si cette soulte est nettement supérieure à la valeur du bien transmis, elle devient l'objet principal de l'obligation de l'une des parties : la qualification de vente est alors retenue[13], singulièrement lorsque l'opération est destinée à éviter l'application de règles contraignantes de la vente[14].

Qu'en est-il enfin, d'une pratique commerciale qui consiste pour le vendeur d'un bien à reprendre le bien vendu qui ne donne pas satisfaction ou qui est défectueux en échange d'un autre bien ? Les juges du fond admettent parfois la qualification d'échange[15], solution contestée, car l'échange suppose que le consentement de chaque partie se forge, *ab initio* sur la chose de l'autre et alors que le commerçant ne met en place cette pratique que « pour ménager sa clientèle et conserver ses chalands »[16].

253. – **Régime de l'échange sans soulte.** La réglementation du régime de l'échange dans le Code civil est assez rapide, ce dernier renvoyant aux dispositions relatives à la vente (C. civ., art. 1707)[17].

Le code prend tout de même soin d'affirmer le caractère consensuel de l'échange : « L'échange s'opère par le seul consentement, de la même manière que la vente » (C. civ., art. 1703)[18]. Et la jurisprudence de préciser qu'en présence d'un échange avec soulte, le consentement des parties doit non seulement porter sur les biens à échanger, mais également sur la soulte[19].

Le Code civil insiste aussi sur la garantie d'éviction. Chaque copermutant bénéficie de la garantie d'éviction et, au cas d'éviction, « a le choix de conclure à des dommages et intérêts, ou de répéter sa chose » (C. civ., art. 1705). Lorsque l'un des contractants qui a déjà reçu une chose prouve que son cocontractant n'en est pas le propriétaire, « il ne peut pas être forcé à livrer celle qu'il a promise en contre-échange, mais seulement à rendre celle qu'il a reçue » (C. civ., art. 1704).

Des règles de la vente sont toutefois écartées, spécialement des règles touchant au régime du prix. Ainsi, « la rescision pour cause de lésion n'a pas lieu dans le contrat d'échange » (C. civ., art. 1706). L'échange échappe aux droits de préemption du preneur, pour autant que l'opération ne masque pas une fraude[20]. De même, la règle de l'article 1602 (« Tout pacte obscur ou ambigu s'interprète contre le vendeur ») perd toute justification, les deux contractants se trouvant dans une situation d'égalité.

---

(13) V. not. Cass. 3e civ., 26 juin 1973 : *Bull. civ.* 1973, III, n° 436 ; *RTD civ.* 1974, p. 145, note Y. Loussouarn. – V. cependant CA Metz, 8 févr. 2000 : *JCP G* 2001, II, 10520, note S. Hocquet-Berg qui privilégie la commune intention des parties.

(14) V. not. Cass. 3e civ., 9 janv. 1991 : *Bull. civ.* 1991, III, n° 18 ; *JCP N* 1992, II, 16, note J.-M. G.

(15) V. not. CA Paris, 6 janv. 1989 : *JurisData* n° 1989-020059. – Comp. CA Bordeaux, 30 nov. 1992 : *JurisData* n° 1992-051324.

(16) F. Collart-Dutilleul et Ph. Delebecque et Ch.-E. Bucher, n° 593.

(17) Sur la controverse opposant les Sabiniens aux Proculiens sur l'assimilation de l'échange à la vente, V. F. Zénati-Castaing et Th. Revet, *Cours de droit civil, Vente-Échange*, préc., n° 108.

(18) Cass. 1re civ., 11 sept. 2013, n° 12-23.357 : *RDC* 2014, p. 56, obs. J. Le Bourg et Ch. Quézel-Ambrunaz jugeant que l'échange emporte transfert de propriété dès le consentement.

(19) V. Cass. 3e civ., 27 nov. 1984 : *D.* 1985, p. 76. – Cass. 3e civ., 20 juin 1989 : *Bull. civ.* 1989, III, n° 145 ; *Defrénois* 1990, p. 499, obs. G. Vermelle.

(20) V. not. Cass. ch. réunies, 3 juill. 1957 : *JCP G* 1957, II, 10104 ; *D.* 1958, p. 185, 3e esp., note R. Savatier ; *RTD civ.* 1957, p. 704, note J. Carbonnier (à propos de l'échange de biens ruraux). – Cass. 3e civ., 8 févr. 1978 : *Bull. civ.* 1978, III, n° 75.

254. – **Régime de l'échange avec soulte.** Si la présence d'une soulte ne modifie pas, par principe, la qualification d'échange, elle perturbe toutefois son régime. La soulte doit être, en effet, considérée comme un prix, et le coéchangiste qui reçoit la soulte comme un vendeur créancier de ce prix ; les règles de la vente relatives au paiement du prix s'appliquent, ce qui permet notamment au créancier de la soulte de bénéficier des garanties de paiement (V. *supra*, n° 248).

CHAPITRE 3

LE CONTRAT DE FIDUCIE

255. – Du légionnaire romain au financier international. Du légionnaire partant pour de lointaines campagnes à l'issue aléatoire aux croisés animés par la foi de servir le royaume de Jérusalem, la fiducie permettait d'assurer la gestion de leur patrimoine durant leur absence. La technique de la fiducie était ainsi connue du droit romain qui distinguait la *fiducia cum amico*, instrument de gestion des biens d'une personne par autrui, de la *fiducia cum creditore*, conçue comme une sûreté. Dans les deux hypothèses, un fiduciant ou constituant transférait la propriété d'un – ou de ses – bien(s) à un fiduciaire à charge pour ce dernier de le conserver dans son propre intérêt (fiducie-sûreté) ou dans l'intérêt d'un tiers bénéficiaire sinon du constituant (fiducie-gestion)[1]. En dépit de ce passé fructueux et estimable, le droit français opposait à la fiducie un ostracisme de mauvais aloi, à raison même de l'internationalisation de la technique sous la forme du *trust* anglo-saxon.

Dans le trust, le *settlor* transfère la propriété de ses biens à un *trustee* à charge de les administrer et les restituer au *settlor* ou au bénéficiaire. La technique anglo-saxonne refuse cependant au *trustee* la qualité de bénéficiaire et ferme ainsi la voie à l'utilisation de la technique en tant que sûreté ; elle permet en revanche au *settlor* de se constituer *trustee* dès lors que les biens *in trust* intègrent un patrimoine autonome, ce qui n'est pas le cas de la fiducie romaine[2].

De nombreux systèmes juridiques de droit continental se sont inspirés du *trust*, encore sous l'influence de la Convention de La Haye du 1er juillet 1985 sur la loi applicable au trust et à sa reconnaissance[3]. Si d'autres pays, comme l'Allemagne ou la Suisse, ne connaissent pas de législations spéciales, la jurisprudence de ces États a adopté des solutions comparables au *trust*. En dépit de différents projets finalement avortés[4], le droit français restait fermé à une reconnaissance

(1) Bibliographie antérieure à la loi du 19 février 2007 : C. Witz, *La fiducie en droit français*, Economica, 1981 ; *La fiducie et ses applications dans plusieurs pays européens*, GLN-Joly, 1991. – P. Crocq, *Propriété et garantie*, LGDJ, coll. « Bibl. dr. privé », 1995, t. 248, préf. M. Gobert. – *Les opérations fiduciaires*, colloque « Luxembourg », sept. 1984, FEDUCI, LGDJ, 1995. – C. Kuhn, *Le patrimoine fiduciaire*, thèse, Paris I, 2003. – F. Barrière, *La réception du trust au travers de la fiducie*, Litec, coll. « Bibl. dr. privé », 2004, préf. M. Grimaldi, nos 417 et s.

(2) V. Ch. Larroumet in Dossier *La fiducie*, dossier coord. par F. Barrière, *D.* 2007, p. 1346 et s., spéc. p. 1350 et s.

(3) V. C. Witz, *La fiducie en droit français*, Economica, 1981 ; *La fiducie et ses applications dans plusieurs pays européens*, GLN-Joly, 1991.

(4) V. Projet de loi instituant la fiducie du 19 février 1992 : Doc. AN n° 2583, session 1992.

générale de la technique à raison tant de son conservatisme que de la défiance de l'administration fiscale. Au profit de textes spéciaux, la pratique révélait pourtant d'utiles applications diffuses de l'aliénation fiduciaire avec la cession de créance à titre de garantie par bordereau Dailly[(5)], le gage-espèces (transfert de propriété d'une somme d'argent à titre de garantie), l'aval en pension ou la pension livrée dans le secteur financier[(6)], voire encore avec la gestion collective des droits d'auteur par des organismes comme la SACEM... Mais la Cour de cassation marquait les limites de cette reconnaissance prétorienne à l'occasion d'une décision qui requalifiait une cession de créance faite à titre de garantie et hors bordereau Dailly, en nantissement de créance[(7)]. À la veille de la loi de 2007, l'état du droit français pouvait se résumer à la formule pas de fiducie sans texte... ou sans une jurisprudence solidement avérée en quelque sorte. L'intervention législative est venue modifier la donne.

256. – **Qualification de la fiducie légale : un transfert de droit à *but déterminé* opéré dans un patrimoine d'affectation.** La loi n° 2007-11 du 19 février 2007 a introduit dans le Code civil français le mécanisme de la fiducie[(8)] ; les premières critiques émises à l'encontre du texte ont encore justifié une toilette législative au titre de la loi n° 2008-776 du 4 août 2008[(9)]. La fiducie est définie comme :

> « (...) l'opération par laquelle un ou plusieurs constituants transfèrent des biens, des droits ou des sûretés, ou un ensemble de biens, de droits ou de sûretés, présents ou futurs, à un ou plusieurs fiduciaires qui, les tenant séparés de leur patrimoine propre, agissent dans un but déterminé au profit d'un ou plusieurs bénéficiaires » (C. civ., art. 2011).

Le contrat de fiducie voit le constituant transférer « des biens ou des droits » de son patrimoine à un fiduciaire, à charge pour celui-ci de les gérer au profit du bénéficiaire et de les restituer en fin de contrat.

D'origine légale ou conventionnelle (C. civ., art. 2012), la fiducie opère donc transfert de propriété d'un bien ou d'un droit ; elle légitime ainsi sa place parmi les contrats translatifs de propriété. Pourtant elle se distingue radicalement des formules jusqu'ici évoquées, vente ou échange. L'effet translatif de droit opéré à un fiduciaire n'emporte pas pour celui-ci la plénitude des pouvoirs du propriétaire sur la chose ; tout au contraire ses prérogatives ne doivent être exercées que dans

(5) L. n° 81-1, 2 janv. 1981, V. C. monét. fin., art. L. 313-23 et s.

(6) V. M. Cabrillac, Ch. Mouly, Ph. Pétel et S. Cabrillac, *Droit des sûretés*, *op. cit.*, n° 580.

(7) Cass. com., 19 déc. 2006 : *D.* 2007, p. 344, note Ch. Larroumet ; *RTD civ.* 2007, p. 160, obs. P. Crocq ; *JCP* E 2007, p. 1131 rapp. M. Cohen-Branche, note D. Legeais. – *Adde* L. Aynès, *La cession de créances à titre de garantie : quel avenir ?* : *D.* 2007, chron. 961. – M. Julienne, *Le nantissement de créance*, préf. L. Aynès, Economica, 2012, spéc. n°s 339 et s. qui défend « le potentiel du nantissement de créance », par rapport à la cession fiduciaire.

(8) V. dossier *La fiducie*, dossier coord. par F. Barrière : *D.* 2007, p. 1346 et s. – V. égal. F. Barrière, *La loi instituant la fiducie* : *JCP* E 2007, 2053, p. 13 et s. – Du même auteur : *Bull. Joly Sociétés* avr.-mai 2007, chron. 119 et 144. – *Adde* Ch. Jamin, *L'avocat, le fiduciaire et le tiers* : *D.* 2007, p. 1492 et s. – F. Zénati et Th. Revet, *Les Biens*, PUF, coll. « Droit », 3e éd., 2008, nos 252 et s.

(9) Le Code civil réglemente un régime général de la fiducie (art. 2011 à 2030) complété par des règles propres à la fiducie sûreté mobilière (art. 2372-1 à 2372-5) et immobilière (art. 2488-1 à 2488-5). – V. égal. Ord. n° 2008-1345, 18 déc. 2008, réformant les procédures collectives ; Ord. n° 2009-12, 30 janv. 2009, portant diverses mesures relatives à la fiducie ; L. n° 209-526, 12 mai 2009 de simplification du droit.

un but déterminé : le fiduciaire n'est pas maître de ses choix ni finalement de la chose placée en fiducie, *une propriété finalisée* selon le mot d'un auteur[10]. Le fiduciaire n'est donc pas un acquéreur, il ne paye pas de prix, le bien donné en fiducie n'intègre pas son patrimoine, et il n'en dispose qu'à des fins précises, et sous contrôle extérieur[11]. Dans ces conditions, le transfert ne peut être que temporaire, le Code civil prévoyait à l'origine une durée qui ne puisse excéder trente-trois années, les réserves émises à l'encontre d'une durée jugée trop courte ont amené le législateur à porter celle-là à quatre-vingt-dix-neuf années (C. civ., art. 2018, 2°). Un *propriétaire temporaire et sous tutelle* en quelque sorte pour un bien affecté à un patrimoine d'affectation : on perçoit l'originalité du mécanisme institué dans le Code civil au regard des principes régissant le droit des biens et spécialement du principe de l'unicité du patrimoine[12] ; faut-il encore d'ailleurs parler de propriétaire à propos du fiduciaire[13] ?

À la différence du droit romain, l'affectation des biens qui font l'objet de la fiducie à un patrimoine propre, distinct de celui du fiduciaire, doit encore être observée comme un élément caractéristique cette fois du régime légal institué dans le Code civil[14]. Il ne s'agit plus alors de distinguer la fiducie des autres contrats spéciaux mais de dissocier le régime de la fiducie légale des autres mécanismes fiduciaires que peut déjà connaître notre droit (ainsi de la cession de créances par bordereau Dailly ; V. *supra*, n° 255) et dont il faut bien se convaincre de la pérennité faute de quoi de telles aliénations fiduciaires ne seraient plus possibles entre particuliers, le cadre légal n'envisageant pas ce contexte (V. *infra*, n° 257). Ce qui est inconcevable. Il y a donc une fiducie légale spéciale au Code civil qui révèle la réception plus générale de la fiducie en droit français[15].

257. – Formation de la fiducie légale : qui ? à qui ? formalisme étriqué. Le fiduciaire et le constituant sont les parties au contrat de fiducie ; le bénéficiaire est également intéressé à l'affaire.

À l'origine, le régime légal visait les fiducies pour lesquelles les constituants devaient être des personnes morales soumises à l'impôt sur les sociétés (C. civ., art. 2014 ancien. – L. 19 févr. 2007) et les fiduciaires des établissements de crédit relevant du Code monétaire et financier (C. civ., art. 2015). Cette limitation était regrettable, elle s'accordait mal à l'application de la technique en tant que sûreté (V. *infra*, n° 260) et révélait d'emblée le caractère particulier de la fiducie réglementée au Code civil. La loi du 4 août 2008 a abrogé l'article 2014 du Code civil ;

(10) F. Barrière, *La réception du trust au travers de la fiducie*, préc., n°s 417 et s. ; comp. les travaux préparatoires de la loi qui parlent de *propriété dégradée*, V. H. de Richemont, Sénat, rapport commission des lois, n° 11, 11 oct. 2006, p. 12.

(11) L'article 2027 du Code civil prévoit que la défaillance du fiduciaire sera sanctionnée par son remplacement à la demande du constituant, du bénéficiaire sinon du tiers en charge du contrôle du fiduciaire.

(12) À la suite de la reconnaissance du patrimoine fiduciaire, la loi n° 2010-658 du 15 juin 2010 relative à l'entrepreneur individuel à responsabilité limitée porte un nouveau coup à la théorie de l'unicité du patrimoine dès lors que tout entrepreneur individuel peut affecter à son activité professionnelle un patrimoine séparé de son patrimoine personnel, sans création d'une personne morale (C. com., art. L. 526-6 et s.).

(13) Certains évoquent à ce propos l'antithèse de la propriété, M. Cantin-Thym, *L'avant-projet de loi relatif à la fiducie : point de vue civiliste d'outre-Atlantique* : *D.* 1992, p. 117 ; d'autres restent partisans de la qualification de propriété, V. F. Barrière, *La réception du trust au travers de la fiducie*, *op. cit.*, n°s 387 et s. – *Adde* F. Zénati et Th. Revet, *op. cit.*, n° 255.

(14) En ce sens, P. Crocq, dossier *La fiducie*, *op. cit.*, spéc., p. 1355, n°s 5 et s.

(15) En ce sens, V. les opinions de Ch. Larroumet et P. Crocq *in* dossier *La fiducie*, *op. cit.*, p. 1352, 1355. – Comp. M. Cabrillac, Ch. Mouly, Ph. Pétel et S. Cabrillac, *op. cit.*, n° 580.

elle a encore élargi le cadre des fiduciaires aux membres de la profession d'avocat (L. 4 août 2008, art. 18-I). En revanche, les biens ou droits d'un mineur ne peuvent être transférés dans un patrimoine fiduciaire (C. civ., art. 408-1), de même pour les majeurs sous tutelle (C. civ., art. 509-5°).

Le contrat de fiducie du Code civil doit comporter *à peine de nullité* un certain nombre de mentions obligatoires (les biens objets de la fiducie, l'identité des participants : constituant, fiduciaire, bénéficiaire, avec la mission de ce dernier, la durée de l'effet translatif. – C. civ., art. 2018). Si l'écrit n'est pas la forme d'expression nécessaire au consentement (ce qui en ferait un contrat solennel), il se révèle néanmoins nécessaire à l'efficacité de la *fiducie*. Le contrat doit encore être répertorié sur un registre national des fiducies (C. civ., art. 2020)(16).

Sous la même sanction, le contrat doit encore être enregistré auprès de l'administration fiscale et publié auprès des services fonciers lorsque le patrimoine fiduciaire le requiert (C. civ., art. 2019. – V. *infra*, n° 258).

Les dispositions spéciales d'origine ne devaient pas exclure l'utilisation plus générale de la fiducie, entre particuliers, émancipée alors de ces conditions légales ; la loi du 4 août 2008 qui ouvre la fiducie aux particuliers invite néanmoins à respecter désormais plus largement le formalisme légal.

258. – Exécution de la fiducie légale : *inter partes*, effet réel et obligations ; à l'égard des tiers. La fiducie repose avant toute chose sur un effet réel translatif de propriété opéré dans les conditions évoquées. Point d'obligations légales expressément définies à la charge des parties, ni même de caractère synallagmatique avoué.

Dans les rapports entre les parties, constituant et fiduciaire, le contrat fixe les conditions dans lesquelles le fiduciaire doit rendre compte de sa mission au constituant ou à son tuteur (C. civ., art. 2022), sinon au tiers que celui-là aura chargé de s'assurer de la préservation de ses intérêts (C. civ., art. 2017) ; la formule évoque les obligations du mandataire (C. civ., art. 1993. – V. *infra*, n°s 537 et s.) et témoigne à tout le moins d'une obligation de rendre compte à la charge du fiduciaire. Celui-là répond alors de ses fautes sur son patrimoine propre (C. civ., art. 2026) ; ses manquements pourraient justifier son remplacement (C. civ., art. 2027). Si le transfert fiduciaire porte sur un fonds de commerce (ou un immeuble à usage professionnel) laissé à la disposition du constituant, l'application du statut des baux commerciaux est exclue entre les parties (C. civ., art. 2018-1. – L. 4 août 2008).

À l'égard des tiers, le fiduciaire est réputé avoir les pouvoirs les plus étendus sur le patrimoine fiduciaire, sauf connaissance par ceux-là des limitations de pouvoir qui affectent le fiduciaire (C. civ., art. 2023). Aussi ce dernier doit expressément faire mention qu'il agit pour le compte de la fiducie (C. civ., art. 2021). Au-delà, afin d'assurer l'opposabilité du contrat aux ayants cause du fiduciaire, une préoccupation publicitaire anime le régime légal : lorsque le patrimoine fiduciaire comporte des biens dont la mutation est soumise à publicité (immeubles, brevets, marques...), celle-ci doit mentionner le nom du fiduciaire ès qualités (C. civ., art. 2021). Nouvel anachronisme : la mesure publicitaire est posée à peine de nullité du contrat !

(16) V. D. n° 2010-219, 2 mars 2010 : *JCP* E 2010, act. 159.

(C. civ., art. 2019, al. 2). Le transfert fiduciaire qui porte sur des droits de créance est opposable aux tiers à la date du contrat de fiducie ou de l'avenant qui la constate ; il ne devient opposable au débiteur de la créance cédée que par la notification qui lui en est faite par le cédant ou le fiduciaire (C. civ., art. 2018-2).

En outre, un registre national des fiducies est constitué selon décret (C. civ., art. 2020) mais la formalité est davantage administrative que publicitaire(17).

Quid des ayants cause du constituant ? En l'absence de dispositions spéciales, l'opposabilité du contrat reste régie par le droit commun(18).

À raison du patrimoine d'affectation dans lequel est placé le bien objet de la fiducie, les créanciers personnels du fiduciaire n'ont aucun droit de gage général sur le patrimoine fiduciaire (C. civ., art. 2024), ce dernier ne peut être saisi que par les titulaires de créances nées de la conservation ou la gestion de ce patrimoine (C. civ., art. 2025) sinon par les créanciers du constituant qui avaient un droit de suite sur un bien grevé d'une sûreté réelle, et ultérieurement affecté à la fiducie (C. civ., art. 2025, al. 1er). La théorie du patrimoine d'affectation est cependant perturbée par les dispositions laborieuses de l'article 2025 du Code civil prévoyant qu'au cas *d'insuffisance du patrimoine fiduciaire, le patrimoine du constituant constitue le droit de gage commun* des créanciers du constituant à moins qu'une *stipulation contraire* ne mette *à la charge du fiduciaire tout ou partie du passif* du patrimoine fiduciaire (C. civ., art. 2025, al. 2), hypothèse hautement improbable ; peu compatible avec la théorie du patrimoine d'affectation encore est la disposition prévoyant que *le contrat de fiducie peut également limiter l'obligation au passif fiduciaire au seul patrimoine fiduciaire* – ce qui paraissait devoir aller de soi dans la théorie du patrimoine d'affectation –, mais *une telle clause n'est opposable qu'aux créanciers qui l'ont expressément accepté* (C. civ., art. 2025, al. 3), ce qui à nouveau devrait rester d'application pratique rare !

259. – **Extinction de la fiducie légale.** Le Code civil prévoit que le contrat de fiducie prend fin par le décès du constituant personne physique, la survenance du terme ou la réalisation du but poursuivi quand celle-ci a lieu avant le terme (C. civ., art. 2029, al. 1er). Lorsqu'il prend fin par le décès du constituant, le patrimoine fiduciaire fait de plein droit retour à la succession (C. civ., art. 2030). Sauf dispositions contractuelles aménageant la pérennité du contrat, celui-ci prendra également fin de plein droit si le(s) bénéficiaire(s) viennent à renoncer à la fiducie, si le fiduciaire fait l'objet d'une liquidation judiciaire, disparaît par voie de cession ou fusion-absorption, ou, avocat, fait l'objet d'une mesure d'interdiction professionnelle (C. civ., art. 2029, al. 2).

260. – **Applications de la fiducie ; fiducie-sûreté.** De tradition, la technique de la fiducie ouvre un large champ d'application en droit patrimonial pour trois séries d'application : la transmission, la gestion et la sûreté.

Le cadre légal récuse cependant toute application de la fiducie-transmission afin d'éviter toute utilisation du mécanisme à des fins strictement fiscales, en concurrence au régime des libéralités (C. civ., art. 2013). En revanche le régime légal

(17) Les travaux préparatoires apprennent que le registre en question a pour objectif d'assurer l'information des autorités en charge de la lutte contre le blanchiment d'argent.

(18) V. P. Crocq, *op. et loc. cit.*, nos 16 et s.

paraît indifféremment propice aux deux autres utilisations de la fiducie, même si le Code civil privilégie la fiducie-sûreté. Son application est prônée en droit bancaire où elle pourrait supplanter le simple mandat de gestion s'agissant d'opérations complexes comme le portage de valeurs mobilières, la titrisation de créances...

Le patrimoine fiduciaire peut encore être constitué en sûreté d'une dette du constituant à l'égard du fiduciaire, qui sera alors le bénéficiaire du mécanisme (C. civ., art. 2016). La loi du 4 août 2008 vise à corriger certaines imperfections du texte d'origine qui rendaient malaisée l'application du mécanisme en tant que fiducie-sûreté. Alors même que celle-là ne s'affichait pas dans le générique d'origine des sûretés possibles figurant aux articles 2329 et 2373 du Code civil, *la propriété retenue ou cédée à titre de garantie* apparaît au titre de l'ordonnance n° 2009-112 du 30 janvier 2009.

Le régime de la fiducie au cas d'ouverture d'une procédure collective du débiteur constituant préserve les droits du créancier garanti, sauf fraude paulienne ou la nullité de la période suspecte[19], les conditions d'extinction de la fiducie restent encore peu compatibles avec l'exercice d'une sûreté.[20] *Quid* de l'identification des créances garanties par la fiducie-sûreté ? S'agissant d'une fiducie-sûreté, le principe de spécialité propre aux sûretés réelles impose la mention de la dette garantie dans le contrat de fiducie (C. civ., art. 2372-2)[21].

Il faut encore souhaiter que les utilisateurs puissent élaborer leur propre fiducie, hors cadre légal (V. *supra*, n° 256) : en ce sens la loi promet un avenir à la technique de l'aliénation fiduciaire.

(19) L'article L. 632-1, 9°, du Code de commerce frappe d'une nullité de plein droit toute fiducie-sûreté constituée au cours de la période suspecte à moins que ce transfert ne soit intervenu à titre de garantie d'une dette concomitamment contractée ; l'article L. 650-1 du Code de commerce qui frappe de nullité les garanties disproportionnées aux concours qu'elles garantissent pourrait aussi être appelé contre une utilisation massive de la fiducie-sûreté par le créancier, V. R. Damman et G. Podeur, *in* dossier *La fiducie*, *op. cit.*, p. 1359 et s. – V. M. Cabrillac, Ch. Mouly, Ph. Pétel et S. Cabrillac, *op. cit.*, n°s 850 et s.

(20) V. P. Crocq, *op. cit.*, n°s 12 et s.

(21) Le rechargement de la fiducie est prévu à l'article 2372-5 du Code civil. Il n'est pas limité à la dette d'origine : sur les dangers de cette formule, V. P. Crocq, *La nouvelle fiducie-sûreté : une porte ouverte sur la prochaine crise des subprimes en France ? : D.* 2009, p. 716 et s. – L. Aynès, *L'introduction de la fiducie en droit français : Rev. Lamy dr. civ.* 2009, 63.

TITRE 2

LES CONTRATS DE MISE À DISPOSITION

261. – **Plan.** Les contrats de mise à disposition, également appelés contrats de jouissance, reposent sur l'exécution d'une obligation de *praestare*.

Cette obligation consiste pour le maître d'une chose à en attribuer les avantages et les utilités à autrui, sans pour autant en perdre la propriété. L'obligation de *praestare* est longtemps restée dans l'ombre : passée sous silence par les codificateurs, elle a été redécouverte par la doctrine qui en a démontré l'indéniable originalité[1]. Même si la classification des obligations a disparu du fait de la réforme du 10 février 2016, on peut penser que l'obligation de *praestare* se distingue des obligations de donner puisqu'elle n'opère aucun transfert ou démembrement de la propriété et qu'elle se distingue également des obligations de faire puisqu'elle porte davantage sur la chose elle-même qu'elle n'implique une action du débiteur.

Reposant sur la mise à disposition d'une chose, les contrats ici étudiés supposent nécessairement son retour au terme de leur exécution. La durée et la restitution relèvent donc de l'essence de ces contrats.

Le Code civil consacre des dispositions à deux contrats de mise à disposition : le bail (C. civ., art. 1709 : « Le louage des choses est un contrat par lequel l'une des parties s'oblige à faire jouir l'autre d'une chose pendant un certain temps (...) ») et le prêt (C. civ., art. 1875 : « Le prêt à usage est un contrat par lequel l'une des parties livre une chose à l'autre pour s'en servir, à la charge par le preneur de la rendre après s'en être servi »). L'imagination des pourvoyeurs de crédit a cependant permis le développement d'une formule originale et dont le support juridique reste la mise à disposition temporaire d'une chose : le crédit-bail.

L'ensemble convie à l'étude du bail (Chapitre 1), du prêt (Chapitre 2), du crédit-bail (Chapitre 3).

(1) G. Pignarre, *À la redécouverte de l'obligation de praestare* : *RTD civ.* 2001, p. 41 et s. – N. Decoopman, *La notion de mise à disposition* : *RTD civ.* 1980, p. 330 et s.

CHAPITRE 1

LE CONTRAT DE BAIL

262. – **Définition du contrat de bail et terminologie.** Le bail est défini par le Code civil comme le contrat par lequel « l'une des parties s'oblige à faire jouir l'autre d'une chose pendant un certain temps, et moyennant un certain prix que celle-ci s'oblige de lui payer » (C. civ., art. 1709).

La prestation caractéristique du contrat réside ainsi dans la mise à disposition d'une chose à titre temporaire (« faire jouir » ou « conférer un droit personnel de jouissance ») ; de là découle l'obligation de mise et maintien en jouissance qui pèse sur le maître de la chose, débiteur de cette prestation. La prestation réciproque réside dans le paiement d'une contrepartie, généralement, mais point nécessairement financière.

Le créancier de somme d'argent, débiteur de la prestation caractéristique, est appelé, selon les circonstances, le bailleur, le loueur ou le locateur ; le débiteur de somme d'argent est le locataire également appelé preneur à bail.

La dénomination du contrat a en effet fluctué selon le temps (hier : louage de choses) ou son objet (le bail pour des immeubles, la location sur des biens meubles corporels, la licence pour les biens incorporels. – V. *infra*, n° 294) ; aujourd'hui ces différentes formules doivent être tenues pour synonymes, elles comportent toutes les mêmes prestations caractéristiques et réciproques.

En témoigne l'avant-projet de réforme du droit des contrats spéciaux qui prévoit que « le contrat de location, aussi dénommé bail, est le contrat par lequel le bailleur une chose à la disposition du locataire afin qu'il puisse en jouir pendant un certain temps et moyennant un certain loyer »[1]. L'emploi des termes de « bailleur » et « locataire » peut sembler déroutant tant il aurait été facile d'opposer le « bailleur » au « preneur » ou le « loueur » au « locataire ». Aucune de ces oppositions n'a néanmoins été retenue : le terme de « loueur » renvoyant à l'exercice de la profession consistant à louer et celui de « preneur » ayant une connotation très immobilière, il a été décidé de retenir une terminologie ouverte permettant de dépasser la matière immobilière tout en conservant le mot « bail » qui est familier des juristes.

(1) J.-B. Seube, *Le bail*, in *L'avant-projet de réforme du droit des contrats spéciaux*, ss dir. D. Lehalle-Galbois et Ph. Stoffel-Munck, LGDJ, 2024, p. 151. – G. Cattalano, *ibid.*, p. 154. – P.-Y. Gautier, *Le bail* : RDC 2023/1, p. 215. – Sur la définition retenue par le projet Capitant : F. Auque, *Quelques remarques sur la location dans l'avant-projet de réforme des contrats spéciaux* : D. 2018, p. 423.

263. – « Le soleil de la civilisation ». Le bail opère dissociation de la propriété et de la jouissance de la chose : au bailleur la première, au preneur à bail la seconde. Il constitue ainsi une technique élaborée de répartition des utilités et des charges d'une chose entre deux personnes, signe d'un droit évolué apte à admettre et organiser la concurrence de plusieurs personnes sur un même bien. De telles répartitions existent déjà, notamment grâce aux techniques du démembrement du droit de propriété. Mais le bail s'en distingue en proposant des solutions plus raffinées. En constituant un usufruit, le propriétaire démembre son droit pour conférer à l'usufruitier certaines prérogatives, l'usage (*jus utendi*) et la jouissance (*jus fruendi*) sur son bien. L'usufruitier exerce ces prérogatives directement sur la chose, sans passer par le propriétaire. Le bail est beaucoup plus élaboré puisqu'il ne crée aucun droit réel : le bailleur s'engage seulement à faire jouir le locataire de la chose, mais ce dernier ne dispose d'aucun droit sur elle. Il n'a de droits que contre le bailleur à propos de la chose. Selon le mot de Troplong : « Le louage aime le soleil de la civilisation »(2).

264. – Sources et évolution : un bail... des baux. Le droit romain connaissait le louage de choses (*locatio rerum*) et le louage d'ouvrage (*locatio operis*). Cette association a été maintenue dans le Code civil (C. civ., art. 1708)(3) mais apparaît aujourd'hui bien artificielle(4). Le même code réglemente en détail, par près de soixante articles (C. civ., art. 1713 à 1778), le louage de choses. L'étonnante stabilité de ce corps de règles ne trompera pas le lecteur : le droit du bail a connu une spectaculaire diversification qui a suscité autant de régimes de baux spéciaux réglementés par autant de textes particuliers. Ainsi le droit commun du bail, posé par les règles supplétives du Code civil, reste aujourd'hui de peu d'utilité pratique, l'essentiel est ailleurs : dans des textes impératifs spéciaux, pour certains très contemporains.

La législation sur le louage de choses reste dominée par la règle de la liberté contractuelle jusqu'au lendemain de la Première Guerre mondiale. Cette époque voit naître une préoccupation, qui ne cessera de croître, de stabilité du locataire en matière immobilière et qui s'exprimera par des textes, souvent impératifs, et des statuts différents selon l'affectation de l'immeuble : baux ruraux(5)..., baux d'habitation(6)..., baux commerciaux(7)..., avec autant de statuts très spéciaux qui proliféreront au sein de chacun de ces régimes(8).... Mieux que nulle part ailleurs la multiplication de règles spéciales au contrat de bail et l'effacement corrélatif du droit commun traduisent l'influence de l'ordre public économique et social. L'avant-projet Capitant

(2) V. Troplong, *Droit civil expliqué. De l'échange et du louage*, 1840, spéc. *Introduction*, p. XV, à propos du bail : « Il se développe et grandit sous son influence. Tandis que la nuit des temps barbares le rapetisse. Si vous descendez au degré le plus bas de la civilisation, vous ne lui voyez jouer presque aucun rôle dans la vie civile ». À la supposer exacte, l'hypothèse révélerait le degré de civilisation de certaines sociétés tribales africaines... sur la poésie du contrat « Dibi Madibi ». – V. F. Collart Dutilleul et Ph. Delebecque et Ch.-E. Bucher, n° 341.

(3) L'idée que le travail humain puisse être considéré comme une chose, et partant faire l'objet d'une location, c'est-à-dire d'une mise à disposition au profit d'autrui, est, probablement, à l'origine de cet apparentement ; la *locatio operis* est fille de la *locatio servis*, contrat de louage d'esclave, donc de *res*. Aujourd'hui encore le contrat de travail a pu être analysé comme la convention par laquelle le salarié loue sa « force de travail » à son employeur contre un salaire. – V. Th. Revet, *La force de travail*, Litec, coll. « Bibl. dr. privé », 1992, t. 28, préf. F. Zénati.

(4) Sur le louage d'ouvrage, contrat d'entreprise, V. *infra*, n°s 501 et s.

(5) Sur le bail rural, V. *infra*, n°s 298 et s.

(6) Sur le bail d'habitation, V. *infra*, n° 296.

(7) Sur le bail commercial, V. *infra*, n° 297.

(8) V. *infra*, n° 300.

prenait en considération cette situation et ne consacre au contrat de location que quelques articles ; l'avant-projet proposé par la commission Stoffel-Munck propose un « sérieux rafraîchissement » de la matière visant à restaurer le Code civil dans sa fonction de droit commun[9]. On aurait cependant tort de penser que cette cure d'amaigrissement traduit un désintérêt pour ce contrat. Bien au contraire ! Le bail mobilier connaît un essor remarquable en tant qu'instrument de crédit destiné à servir des fins de consommation ou d'équipement professionnel[10] ; de nouveaux instruments composant location et vente, parfois entreprise, ont été ainsi imaginés (crédit-bail, location-vente, *renting*...)[11], illustrant la professionnalisation de l'activité du bailleur. À cet égard le louage de choses est, peut-être, le contrat dont l'évolution illustre le mieux le phénomène moderne de « spécialisation progressive »[12] et de « ramification »[13] au terme duquel les règles de droit commun ne conservent qu'une faible vocation résiduelle, avec le danger, relatif[14], de tarissement de la source commune et de détachement graduel des branches spéciales. Malgré cette spécialisation croissante, des lignes transversales se dessinent. Le droit européen est ainsi souvent sollicité afin de protéger les droits fondamentaux du preneur à bail[15] ; mais lorsque le bailleur est un professionnel, c'est le droit de la consommation qui vient parfois perturber les solutions (V. *supra*, n° 10). Son influence reste cependant délicate à cerner : si la Commission des clauses abusives a rendu de nombreuses recommandations sur l'éradication des clauses abusives dans les contrats, des arrêts de la Cour de cassation témoignent d'une certaine frilosité à appliquer trop largement le droit de la consommation dans les baux[16].

265. – Plan. Seront successivement abordées les questions tenant à l'identification (Section 1), à la formation (Section 2), à l'exécution (Section 3), à l'extinction (Section 4) du contrat de bail.

---

(9) V. *L'avant-projet de réforme du droit des contrats spéciaux*, LGDJ-Lextenso, préc., spéc. J.-B. Seube, « Le bail », p. 151 et s. – G. Cattalano, « Critiques » : *ibid.*, p. 154. – *Adde* P.-Y. Gautier, *Le bail : RDC* 2023/1, p. 215.

(10) V. *infra*, n° 294.

(11) V. *infra*, n°s 448 et s.

(12) V. Ph. Malaurie, L. Aynès et P.-Y. Gautier, n° 33. – P. Puig, n° 8. – V. *supra*, n° 8.

(13) V. A. Bénabent, n° 7. – V. *supra*, *Introduction*.

(14) Certains régimes dérogatoires aux statuts spéciaux renvoient à des statuts plus spéciaux encore, d'autres au droit commun ; les seconds vivifient alors, de manière indirecte, les règles du Code civil. – Comp. B. Oppetit, *Les tendances régressives dans l'évolution du droit contemporain*, *supra*, n° 14.

(15) Cass. 3e civ., 6 mars 1996 : *Bull. civ.* 1996, III, n° 60 ; *JCP* G 1996, I, 3958, n° 1-3, obs. Ch. Jamin ; *RTD civ.* 1996, p. 1024, obs. J.-P. Marguénaud : les clauses d'un bail d'habitation ne peuvent, en vertu de l'article 8.1 de la Convention de sauvegarde des droits de l'homme et des libertés fondamentales, avoir pour effet de priver le preneur de la possibilité d'héberger ses proches (jurispr. constante, V. *infra*, n° 360). – Cass. 3e civ., 18 déc. 2002 : *Bull. civ.* 2002, III, n° 262 ; *RJPF* avr. 2003, n° 4, p. 9-10, note E. Garaud ; *RTD civ.* 2003, p. 290, obs. J. Mestre et B. Fages, p. 383, obs. J.-P. Marguénaud ; *RDC* 2003, p. 220, obs. A. Marais : les pratiques édictées par les convictions religieuses du preneur n'entrent pas, sauf convention expresse, dans le champ contractuel du bail et ne font naître à la charge du bailleur aucune obligation spécifique. – Cass. 3e civ., 12 juin 2003 : *Bull. civ.* 2003, III, n° 125 ; *RTD com.* 2004, p. 72, obs. J. Monéger ; *RTD civ.* 2003, p. 771, obs. J. Raynard ; *ibid.* 2004, p. 280, obs. J. Mestre et B. Fages ; *RDC* 2004, p. 348, obs. G. Lardeux : la clause d'un bail commercial faisant obligation au preneur d'adhérer à une association de commerçants et à maintenir son adhésion pendant la durée du bail est entachée d'une nullité absolue. – *Adde* CEDH, 16 nov. 2004 : *RDC* 2005, p. 467, obs. A. Debet. – Également en ce sens, Cass. 1re civ., 20 mai 2010 : *JCP* E 2010, 169, J. R. ; *RDC* 2010, p. 1165, C. Pérès ; 2011, p. 169, C. Grimaldi. – Cass. 1re civ., 12 juill. 2012 : *Contrats, conc. consom.* 2012, n° 254, L. Leveneur.

(16) Cass. 3e civ., 12 janv. 2017, n° 16-10.324 : *JCP* G 2017, 1325, note N. Sauphanor ; *RTD civ.* 2017, p. 113, obs. H. Barbier ; *D.* 2017, p. 430, note S. Tisseyre à propos d'une clause de solidarité. – Cass. 3e civ., 26 janv. 2017, n° 15-27.580 : *JCP* G 2017, 239, note G. Paisant retenant que « le bail d'habitation obéit à des règles spécifiques exclusives du droit de la consommation », de sorte que la prescription triennale édictée par l'article 7-1 de la loi du 6 juillet 1989 pour l'action est recouvrement des loyers impayés et des réparations locatives évince la prescription biennale que l'article L. 137-2 du Code de la consommation pour les actions intentées par un professionnel contre un consommateur.

SECTION 1

L'IDENTIFICATION DU CONTRAT DE BAIL

266. – **Plan.** L'identification du contrat de bail suppose, dans un premier temps, de le distinguer de contrats voisins. Elle suppose également, dans un second temps, d'évoquer les nombreuses figures ou réglementations particulières dans lesquelles le bail peut se décliner. Les caractères du bail (Sous-section 1) précéderont la classification des baux (Sous-section 2).

SOUS-SECTION 1

LES CARACTÈRES DU BAIL

267. – **Prestation caractéristique, prestation réciproque, durée.** L'article 1709 du Code civil (V. *supra*, n° 262) aborde les trois éléments caractéristiques du contrat de bail. L'obligation caractéristique est la mise à disposition d'une chose, c'est-à-dire une obligation de mise et maintien en jouissance dont le bailleur est débiteur et le preneur créancier (§ 1). La prestation réciproque est le paiement d'un loyer (§ 2). Prestation caractéristique et prestation réciproque s'exécutent pendant « un certain temps », c'est-à-dire pour une certaine durée (§ 3).

§ 1. – La prestation caractéristique du bail : la mise à disposition temporaire d'une chose

268. – **Plan.** Le bail opère mise à disposition temporaire d'une chose au preneur par le moyen d'une obligation imposée, à titre personnel, au bailleur. Cette technique distingue le bail d'autres contrats, portant aussi sur une chose, mais opérant des effets différents : certains transfèrent ou constituent des droits réels (A) ; d'autres portent sur des services (B)(17).

A. – Bail et contrats transférant ou constituant des droits réels

269. – **Plan.** Le bail doit être distingué de la vente (1°), de la constitution d'usufruit (2°) et des contrats de *time-share* ou de jouissance d'immeubles à temps partagé (3°).

1° Bail et vente

a) Contenu de la distinction

270. – **Une jouissance temporaire limitée.** Le contrat de vente emporte un effet translatif de propriété instantané et caractéristique du contrat, à l'issue duquel l'acquéreur dispose, à titre définitif, d'un droit réel sur la chose. Le contrat

(17) La confrontation avec le contrat de travail pourrait encore s'avérer utile tant les efforts des rédacteurs de contrats sont parfois grands pour échapper à cette dernière qualification : à propos de la requalification de la location d'un véhicule taxi en contrat de travail, Cass. soc., 19 déc. 2000 : *Dr. soc.* 2001, p. 237, art. A. Jeammeaud.

de bail emporte une obligation de mise et maintien en jouissance, qui pour partie s'exerce de façon continue et dont le preneur est créancier. Ainsi le bail ne permet au locataire qu'une jouissance temporaire et limitée au titre d'un droit personnel, alors que la vente permet à l'acquéreur de devenir définitivement propriétaire de la chose, et d'en jouir à ce titre de manière illimitée[18]. Une illustration pratique de cette différence réside dans la validité de la clause de destination des lieux qui peut être prévue dans un contrat de bail, où elle détermine l'étendue de l'autorisation de jouissance octroyée par le bailleur[19], alors que la Cour de cassation prononce la nullité des mêmes stipulations insérées dans un règlement de copropriété en ce qu'elles imposent aux copropriétaires acquéreurs une restriction de jouissance incompatible avec l'absolutisme de leur droit de propriété sur leur lot privatif[20].

271. – **Conséquence : obligation de restitution du locataire.** Le caractère temporaire de la jouissance du preneur génère à sa charge une obligation de restitution, naturellement ignorée de la vente et soigneusement organisée par le Code civil pour le bail[21].

b) Mise en œuvre de la distinction

272. – **Plan.** La distinction du bail et de la vente suggère quelques situations équivoques : lorsque la convention vise principalement à saisir les productions d'une chose ; lorsque le bail et la vente s'associent étroitement ; lorsque le bail est de longue durée, le caractère temporaire de la mise à disposition s'estompant.

273. – **Au preneur la jouissance et les fruits ; à l'acquéreur les produits.** La jouissance du preneur ne peut altérer la substance de la chose, qu'il doit restituer « telle qu'il l'a reçue » (C. civ., art. 1730). Lorsque la convention conclue vise essentiellement à appréhender les « productions » (récolte...) de la chose, un problème de qualification se pose : s'agit-il d'un bail portant sur la chose, et pour lequel la jurisprudence estime que le preneur a le droit de percevoir les fruits ?[22] ; s'agit-il d'une vente portant sur les seules productions de la chose ? La réponse passe par la prise en compte successive de deux critères :

– il y a bail lorsque le bénéficiaire de la récolte a la jouissance de la chose antérieurement à la production des fruits ; il en est ainsi lorsque celui-ci a la charge des traitements et travaux culturaux de la chose[23] ;

(18) Si le droit personnel est d'essence temporaire, observons que le droit réel ne présente pas toujours la perpétuité que l'on prête, un peu hâtivement d'ailleurs, à la propriété : le droit d'usufruit est également provisoire et s'éteint dans les conditions de l'article 617 du Code civil. – V. *infra*, n° 278. – De même sur le droit temporaire « de propriété » de l'emphytéote ou du preneur à bail à construction, V. *infra*, n° 277.

(19) V. *infra*, n° 359.

(20) Cass. 3e civ., 11 mars 1971 : *JCP* G 1971, II, 16722, concl. M. Paucot, note E.-J. Guillot. – V. cependant Cass. 3e civ., 14 déc. 1977 : *D.* 1976, inf. rap. p. 155, obs. C. Giverdon, qui justifie la validité de ces clauses par la destination de l'immeuble (centre commercial composé de commerces variés et situé dans un quartier excentré).

(21) C. civ., art. 1730. – V. *infra*, n° 358.

(22) Cette solution traditionnellement admise du fait que le preneur tire profit de la chose pour son compte n'est cependant pas inhérente au bail, V. Cass. ch. réunies, 17 mars 1904 : *D.* 1905, I, p. 139. – Cass. civ., 13 déc. 1909 : *D.* 1910, I, p. 289.

(23) L'article L. 411-1, alinéa 1er, du Code rural et de la pêche maritime définit le bail rural comme « toute mise à disposition à titre onéreux d'un immeuble à usage agricole en vue de l'exploiter ». – Comp. Cass. 3e civ., 11 juin 1986 : *RTD civ.* 1987, p. 111, obs. Ph. Rémy. Le même texte établit une présomption de bail rural à l'endroit de « toute cession (...) des fruits de l'exploitation » ou de « la prise en pension d'animaux » sauf au propriétaire à démontrer que « le contrat n'a pas été conclu en vue d'une utilisation continue ou répétée des biens ».

– pourtant, en dépit de la jouissance de la chose, il ne peut y avoir bail lorsque les « productions » de celle-ci en altèrent la substance et empêchent une restitution en l'état ; c'est le sens de la distinction traditionnelle des fruits, qui n'épuisent pas la substance de la chose dont ils sont issus, et des produits dont la perception consomme progressivement celle-ci. De la sorte, la concession d'une carrière (*contrats de fortage*) ou d'une mine confère bien au bénéficiaire un droit de jouissance et d'exploitation temporaire contre redevance, mais le retrait des produits que celui-ci va opérer interdit la restitution de la chose à l'identique et ruine une qualification en terme de bail[24] : le contrat s'analyse en une vente de meubles par anticipation[25].

274. – **Bail en vue de la vente.** L'utilisation du bail dans le cadre d'opération à finalité translative de propriété révèle des contrats complexes, hybrides, souvent destinés à permettre la réalisation d'opérations de financement. La formule connaît plusieurs variantes, à mi-chemin entre la mise à disposition d'une chose et la prestation de crédit. Pourtant la chose reste au cœur de ces conventions qui doivent être affiliées à la famille des contrats sur les choses. Nous traiterons de la location-vente, puis de la location-accession. La spécificité qui s'attache au contrat de crédit-bail commande d'en réserver l'étude (V. *infra*, n° 448).

275. – **Location-vente[26].** L'association chronologique de la location d'une chose, puis de sa vente peut recouper plusieurs réalités.

Première hypothèse : Primus loue une chose à *Secundus* que celui-ci devra inéluctablement acquérir à l'issue de la période locative ; c'est la véritable location-vente, sans faculté d'option au profit de *Secundus*.

Seconde hypothèse : Primus loue une chose à *Secundus* que celui-ci pourra acquérir à l'issue de la période locative ; *Secundus* dispose d'une option : c'est une *location assortie d'une promesse unilatérale de vente*. Mais, là encore, le montage connaît de nouvelles variantes.

• Première sous-hypothèse : *Secundus* paie des loyers « normaux » équivalents à ceux d'un locataire classique et qui sont la contrepartie de son temps de jouissance ; la réalisation de la promesse de vente entraînera paiement d'un prix réel. *Secundus* dispose alors d'une véritable faculté d'option : la promesse de vente et la location restent juridiquement indépendantes ; l'opération n'est pas une véritable opération de crédit[27].

• Seconde sous-hypothèse : *Secundus* paie maintenant un loyer « anormalement » important constitué du loyer d'occupation augmenté d'une quote-part du prix d'achat ; la réalisation de la promesse s'accomplira pour un prix résiduel sans rapport avec la valeur réelle du bien : le prix d'achat a été payé progressivement en

(24) Cass. 3e civ., 30 mai 1969 : *Bull. civ.* 1969, III, n° 437 ; *D.* 1969, p. 561 ; *JCP* G 1970, II, 16173, note G. Hubrecht ; *RTD civ.* 1970, p. 188, obs. G. Cornu. – Cass. 3e civ., 25 oct. 1983 : *Bull. civ.* 1983, III, n° 197 : « le contrat donnant à l'une des parties le droit d'extraire et de disposer des matériaux extraits d'une carrier de pierres s'analyse en une vente de matériaux et de meubles par anticipation, les juges du fond énonçant à bon droit qu'il ne peut y avoir contrat de louage lorsque le preneur consommé la substance même de la chose objet du contrat ». – Cass. 3e civ., 12 janv. 2005 : *Contrats, conc. consom.* 2005, comm. 105.

(25) Si cette qualification s'impose pour les parties, à l'égard des tiers la jurisprudence soumet le contrat au régime de l'opposabilité des ventes immobilières (publicité foncière), V. Cass. civ., 28 nov. 1949 : *Bull. civ.* 1949, n° 340.– *Adde* G. Cornu, obs. préc.

(26) Bibliographie : L. Aynès, *Location-vente : JCl. Contrats-Distribution*, Fasc. 760, 1984.

(27) Elle est néanmoins soumise aux règles du Code de la consommation : V. C. consom., art. 311-2, al. 2 (L. 10 janv. 1978).

cours de location, la vente s'intègre dans la location ; selon que le contrat prévoit ou non la restitution de tout ou partie du prix d'achat si *Secundus* n'achète pas, l'option est plus ou moins factice.

Comme toutes les formules conjuguant bail et vente, la location-vente procure au vendeur la meilleure sûreté pendant la réalisation du crédit puisque celui-ci reste propriétaire de la chose. La formule était en vogue à l'époque de l'inopposabilité des clauses de réserve de propriété à l'occasion de la faillite de l'acheteur (avant la loi du 12 mai 1980. – V. *supra*, n° 163) et de règles limitant la durée maximum du crédit et imposant un minimum de paiement au comptant (D. 20 mai 1955) ; mais les tribunaux disqualifiaient l'opération lorsque celle-ci avait pour seul objet de soustraire le vendeur à tempérament à la loi du dividende ou aux règles du crédit[28]. Ces deux écueils ont aujourd'hui été levés, entraînant le tarissement de la location-vente, parfois au profit de la formule du crédit-bail (V. *infra*, n° 448).

La location-vente *lato sensu* satisfait une finalité de crédit qui justifie largement la soumission des formules précédentes aux règles protectrices des consommateurs, lorsque ceux-ci en sont bénéficiaires (C. consom., art. L. 312-1 et s.), spécialement les dispositions prévoyant l'information précontractuelle de l'emprunteur, l'évaluation de sa solvabilité, l'application du délai de rétractation de quatorze jours (C. consom., art. L. 312-12 et s.), ou les règles sur l'usure (C. consom., art. L. 314-6). La Commission des clauses abusives a également émis une recommandation pour ce type de contrats, laquelle ne manquerait pas d'impressionner le juge confronté à des clauses suspectes[29]. Pourtant, en contraste à ces analyses, la Cour de cassation procède à une qualification distributive – et point finaliste – de l'opération estimant que « ledit contrat ne peut s'analyser en une vente à crédit », mais en la succession chronologique d'une location, puis d'une vente ; le bénéficiaire reste un temps locataire avant de devenir acquéreur[30].

276. – Location-accession en matière immobilière. Tout comme en matière mobilière, la location-vente a été utilisée dans le domaine immobilier où la Cour de cassation y a également reconnu la succession d'un contrat de location, puis d'une vente[31]. Cette analyse de l'opération en deux composantes élémentaires n'était pas sans inconvénient pour le bénéficiaire, acquéreur potentiel, qui, en tant que simple locataire, ne disposait d'aucune des prérogatives d'un copropriétaire, ni davantage de garantie à l'endroit d'un vendeur défaillant.

Une loi du 12 juillet 1984 est venue encadrer la technique de la location-vente immobilière sous le nom de « location-accession »[32].

La qualification du contrat de location-accession suppose la présence d'une triade composée d'une promesse unilatérale de vente, d'une période préalable de jouissance à titre onéreux, d'une redevance « contrepartie du droit de l'accédant à la jouissance du logement et de son droit personnel au transfert de propriété du bien » (L. 12 juill. 1984, art. 1er).

---

(28) V. Cass. civ., 22 déc. 1909 : *D.* 1910, p. 63.

(29) Comm. clauses abusives, Recomm. n° 86-01, 17 janv. 1986, concernant les contrats de location avec option d'achat ou contrats de location avec promesse de vente de biens de consommation : *BOCC* 11 mars 1986.

(30) Cass. com., 7 févr. 1977 : *Bull. civ.* 1977, IV, n° 38 ; *D.* 1978, p. 702, Nguyen Pha Duc.

(31) Cass. 3e civ., 25 avr. 1978 : *Bull. civ.* 1978, III, n° 157.

(32) V. M. Dagot et D. Lepeltier, *La location-accession*, Litec, 1985. – Ph. Malinvaud et Ph. Jestaz, *L'accession à la propriété par le contrat de location-accession* : *D.* 1985, chron. p. 273 ; *Droit de la promotion immobilière*, préc., nos 542 et s. – R. Saint-Alary et C. Saint-Alary-Houin, *La location-accession* : *RD imm.* 1985, p. 1.

La formation du contrat révèle un formalisme protecteur de l'accédant-consommateur : « Le contrat est conclu par acte authentique et publié au bureau des hypothèques » (L. 1984, art. 4, al. 1er) sous peine de nullité absolue[(33)] ; il doit comporter nombre de mentions obligatoires (description de l'immeuble, prix de vente et modalités de paiement, intention de l'accédant de recourir à un prêt, date d'entrée en jouissance, montant de l'indemnité restituée à l'accédant en cas de non-acquisition… – L. 1984, art. 5) ; une garantie d'achèvement doit y être associée lorsque l'immeuble n'est pas construit lors de la conclusion du contrat (L. 1984, art. 6) ; un état des lieux est établi contradictoirement (L. 1984, art. 8). L'accédant bénéficie de la faculté de rétractation ouverte à l'acquéreur immobilier par la loi SRU du 13 décembre 2000 (CCH, art. L. 271-1. – V. *supra*, n° 99).

Le régime de la location-accession procure une nature particulière au contrat : dès la formation du contrat, l'accédant est d'ores et déjà considéré en tant que copropriétaire (L. 1984, art. 32) ; le droit commun du bail est alors écarté au profit de règles spéciales (L. 1984, art. 28 et s.).

L'extinction du contrat est réglementée sous l'angle des « garanties des contractants » dès lors que l'accédant n'acquiert pas la propriété (L. 1984, art. 9 et s.). Celui-ci ne bénéficie, sauf convention contraire, d'aucun droit au maintien dans les lieux (L. 1984, art. 9) ; en revanche, le vendeur doit lui restituer « les sommes versées… correspondant à la fraction de la redevance imputable sur le prix de l'immeuble » (L. 1984, art. 10). Ce remboursement est garanti par un cautionnement (L. 1984, art. 15) ou un privilège (L. 1984, art. 16)[(34)], sauf lorsque le vendeur est un organisme public ou d'économie mixte (L. 1984, art. 17). La résiliation du contrat pour inexécution par l'accédant de ses obligations justifie que le vendeur puisse percevoir – conserver – une indemnité calculée selon des modalités complexes (L. 1984, art. 11)[(35)]. En revanche, l'acquisition du bien donne lieu à application des règles de la vente immobilière, notamment de la rescision pour lésion[(36)].

Le régime de la location-accession n'est cependant pas impératif en ce sens que les parties peuvent ne pas s'y soumettre, par exemple en l'absence d'option ou de redevance comportant fraction du prix de vente ; il n'est au demeurant guère attractif pour les promoteurs immobiliers qui peuvent alors lui préférer une location-vente immobilière ordinaire, sans les exonérer de l'application des règles protectrices du consommateur.

277. – **Baux de longue durée.** Le caractère temporaire de la mise à disposition devient relatif lorsque le bail est de longue durée. Le preneur qui dispose d'un long temps de jouissance de la chose va être amené à se comporter comme s'il en était propriétaire ; mieux, l'ampleur de la durée de jouissance consentie par le bailleur « réalise » le titre d'occupation du preneur. Le langage commun ne s'y trompe pas qui parle de « propriété commerciale » pour désigner le droit personnel de jouissance

(33) Cass. 3e civ., 13 déc. 2000 : *Contrats, conc. consom.* 2001, n° 55, obs. L. Leveneur.

(34) V. M. Cabrillac, Ch. Mouly, S. Cabrillac et Ph. Pétel, préc., nos 879 et s.

(35) Lorsque l'accédant refuse de lever l'option, le vendeur peut également obtenir une indemnité qui ne peut dépasser 1 à 3 % du prix de l'immeuble selon le cas (L. 1984, art. 11, al. 2). – Comp. avec l'indemnité d'immobilisation qui reste due au promettant lorsque le bénéficiaire de la promesse unilatérale de vente ne lève pas l'option, *supra*, n° 58.

(36) V. Cass. 1re civ., 20 janv. 1998 : *D. affaires* 1998, p. 328.

temporaire, mais renouvelable du locataire commerçant[(37)]. Tout se passe comme si le bail dégénérait en une forme de vente édulcorée. Une illustration de cette mue peut être perçue dans la règle qui soumet au régime d'opposabilité des actes translatifs de propriété (publication auprès du registre foncier) les baux d'immeuble de plus de douze années (D. 4 janv. 1955, art. 28-1°-b)[(38)]. Cette exigence est notamment justifiée à raison de la reconnaissance au profit du preneur à bail emphytéotique ou de construction (plus de dix-huit années) d'un véritable droit réel immobilier sur le terrain loué[(39)]. Pourtant l'obligation de restitution, à l'expiration du bail, par le preneur, de la chose louée et des éventuelles constructions qui ont pu être réalisées sur son assiette[(40)] révèle l'absence d'effet translatif et la nature locative de la convention.

Dans le domaine de la propriété intellectuelle, l'analyse peut être transposée à la licence exclusive consentie pour la durée de validité du droit de brevet ou droit d'auteur : formellement c'est encore du louage, économiquement c'est déjà de la vente (cession)[(41)].

2° Bail et constitution d'usufruit

278. – Contenu de la distinction : droit personnel et démembrement de la propriété.

> « L'usufruit est le droit de jouir des choses dont un autre a la propriété, comme le propriétaire lui-même, mais à la charge d'en conserver la substance » (C. civ., art. 578).

Au lieu d'indiquer les caractères de l'usufruit, le Code civil en fixe les conséquences : l'usufruit permet à son bénéficiaire (usufruitier) de jouir temporairement de la chose et d'en percevoir les fruits[(42)]. Mais, à la différence du contrat de bail qui établit un rapport personnel de créance-dette entre le preneur et le bailleur, l'usufruit constitue un démembrement du droit de propriété : à l'usufruitier, l'*usus* et le *fructus* ; au nu-propriétaire, l'*abusus*[(43)]. Ainsi l'usufruitier dispose d'un droit réel temporaire, c'est-à-dire d'un pouvoir direct et immédiat sur la chose sans l'intercession du nu-propriétaire.

(37) V. *infra*, n° 297.

(38) V. Cass. 3e civ., 19 nov. 2014 : *RDC* 2015, p. 278, obs. R. Boffa jugeant que la convention d'occupation précaire de plus de douze ans, n'étant pas un bail, n'a pas à être publiée.

(39) Le fait que le preneur soit titulaire d'un droit réel sur les constructions qu'il érige justifie l'annulation de la clause soumettant la cession du bail à l'agrément du bailleur, Cass. 3e civ., 24 sept. 2014, n° 13-22.357 : *RDC* 2015, p. 59, obs. crit. J.-B. Seube, p. 63, obs. approb. R. Boffa, p. 364, obs. A. Tadros ; *RTD civ.* 2015, p. 163, obs. W. Dross.

(40) Sur le jeu de la règle d'accession, V. *infra*, n° 340.

(41) Le contrat de licence de brevet, de marque ou de droit d'auteur transpose dans le domaine des propriétés incorporelles la formule du louage de choses corporelles (V. *infra*, n° 320). La licence exclusive interdit au concédant (propriétaire) d'octroyer des licences concurrentes et garantit au licencié (locataire) l'exclusivité de l'exploitation. Dès lors, le bénéficiaire d'une licence exclusive d'exploitation consentie pour la durée de vie du brevet se trouve dans une situation voisine d'un cessionnaire (acquéreur) et dispose même de l'action en contrefaçon, après mise en demeure infructueuse du breveté concédant (propriétaire bailleur). L'observation n'est pas surprenante : la mise à disposition du brevet reste temporaire... mais pour le temps de vie du brevet, donc sans esprit de retour ; tout au plus l'absence d'effet translatif du droit maintient à la charge du concédant les obligations d'entretien du brevet caractéristiques de sa qualité de propriétaire (paiement d'annuités auprès de l'INPI).

(42) Cass. 3e civ., 19 juill. 1995 : *Bull. civ.* 1995, n° 208.

(43) V. C. Atias, *Les biens*, *op. cit.*, nos 220 et s.

L'apparente analogie des conséquences dissimulait l'antagonisme des deux titres d'occupation : alors que le locataire jouit de l'immeuble au titre de l'autorisation donnée par le bailleur et dans la seule mesure de celle-ci, l'usufruitier occupe l'immeuble au titre de prérogatives inhérentes au droit de propriété (*usus, fructus*) qu'il exerce directement sur la chose[44].

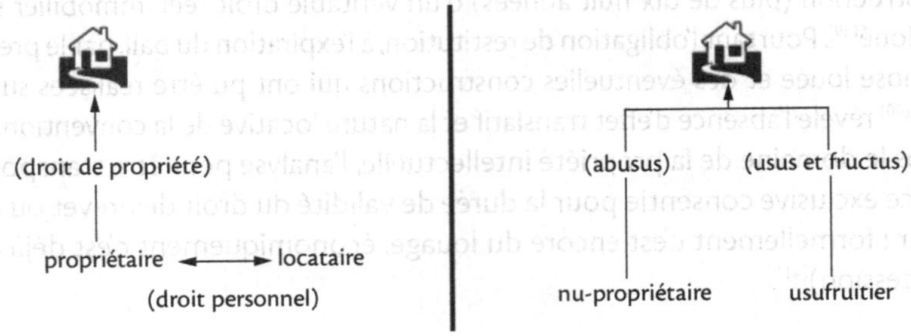

La Cour de cassation a fermement affirmé, au XIXe siècle, que le contrat de bail ne conférait au preneur qu'un droit purement personnel sur l'immeuble loué. Elle a ainsi condamné la thèse, notamment soutenue par Troplong, selon laquelle le contrat de bail conférait un droit réel immobilier au preneur[45]. La législation luxuriante applicable aux baux particuliers, qui favorise la stabilité du locataire, a toutefois suscité le renouveau des analyses favorables à la « réalité » des droits du preneur[46]. La jurisprudence y semble cependant peu sensible, de sorte que la distinction reste solidement ancrée en droit positif.

279. – Intérêt de la distinction. Titulaire d'un droit réel, l'usufruitier dispose sur la chose d'un pouvoir de jouissance dont les limites sont fixées par le Code civil et qui lui procure des pouvoirs et libertés incomparables à la situation du preneur à bail. « L'usufruitier peut jouir par lui-même, donner à bail à un autre, même vendre ou céder son droit à titre gratuit » (C. civ., art. 595, al. 1er)[47] (sur les pouvoirs de l'usufruitier de donner à bail, V. *infra*, n° 308). En revanche, s'agissant du preneur à bail, la sous-location et la cession du bail seront étroitement réglementées par les statuts spéciaux (V. *infra*, nos 370 et s.). Un autre intérêt pratique de la distinction tient à la possible renonciation unilatérale de l'usufruitier à son droit[48], alors que le locataire doit respecter les stipulations contractuelles (même si les statuts

(44) Il en va de même pour l'*usager*, titulaire d'un droit « d'usage et d'habitation » (C. civ., art. 625 et s.), droit réel de même nature que l'usufruit dont il constitue un diminutif puisque limité aux besoins de l'usager.

(45) Cass. req., 6 mars 1861 : *DP* 1861, 1, p. 417 ; S. 1861, 1, p. 713 ; *GAJ civ.*, 11e éd., n° 255 : « attendu que le bail n'opère aucun démembrement de la propriété qui reste entière entre les mains du bailleur, pour qui il n'est qu'un moyen de la rendre productive et d'en recueillir les fruits ».

(46) J. Derrupé, *La nature du droit du preneur à bail et la distinction des droits réels et des droits de créance*, thèse, Toulouse, 1952. – J. Derrupé, *Retour sur le droit réel du locataire*, in *Mél. L. Boyer*, PU Toulouse, 1996, p. 169. – Ch. Jubault, *Bail rural et usufruit, contribution à l'étude des droits réels immobiliers*, thèse, Paris II, 1994. – R. Libchaber, *La recodification du droit des biens : Le Code civil 1804-2004, Livre du bicentenaire*, Dalloz-Litec, 2004, p. 297 et s., spéc. n° 63.

(47) L'usufruit est un droit qui cesse au plus tard à la mort de l'usufruitier (C. civ., art. 617). La cession d'usufruit ne saurait prolonger artificiellement la durée du démembrement : l'usufruit s'éteindra par la mort du cédant, usufruitier initial : Cass. 3e civ., 22 févr. 1968 : *Bull. civ.* 1968, III, n° 74. La volonté des parties pourrait cependant s'opposer à la libre cessibilité du droit d'usufruit. – V. C. Atias, *op. cit.*, 246.

(48) Cass. 3e civ., 7 févr. 1979 : *JCP G* 1979, IV, 127.

spéciaux des baux d'habitation facilitent les conditions dans lesquelles le congé peut être délivré par le preneur. – V. *supra*, n° 44 et *infra*, n°s 296 et s.). Enfin, alors que bailleur et locataire sont en relation constante pendant toute la durée du bail, usufruitier et nu-propriétaire vivent dans une ignorance réciproque, la répartition de leurs pouvoirs respectifs sur la chose étant fixée par les textes(49).

3° Bail et jouissance d'immeuble à temps partagé

280. – Le *time-share* : le soleil, la mer et le clinquant de la propriété. La fin des années 1960 a vu le développement de formules contractuelles destinées à permettre « l'acquisition », pour vingt, trente, voire quatre-vingt-dix-neuf années d'un temps de jouissance (une ou deux semaines par an) d'un appartement situé au pied des pistes de ski ou sur les plages d'une station balnéaire. C'était la promesse de la maison des vacances, tellement loin de Paris. La pratique a suscité des montages, avec des vocables et des espérances divers, mais présentant un trait commun : l'absence de jouissance exclusive de l'immeuble, pourtant caractéristique du droit de propriété, au profit des « acquéreurs ». Aussi, en dépit des expressions sollicitées, aucune de ces formules ne procure à son bénéficiaire un réel droit de propriété sur l'immeuble : la *multipropriété* des années 1970 (acquisition de parts sociales donnant accès à une période de jouissance de l'immeuble dont la société reste seule propriétaire ; l'usage du terme propriété a été censuré par la loi n° 86-18 du 6 janvier 1986 relative aux sociétés d'attribution d'immeuble en jouissance à temps partagé), le *club-trustee* (chaque *membership* bénéficie d'une période d'occupation pour un bien immobilier dont le *trust* reste propriétaire), la *nouvelle propriété* (vente assortie d'un bail consenti par l'acquéreur au vendeur, avec réserve d'une durée de jouissance périodique au profit du premier), la *pré-propriété* (acquisition de la nue-propriété assortie d'une jouissance périodique), l'*éco-propriété* (transfert de l'usufruit pour certaines périodes avant le transfert de la pleine propriété), le *time-share* enfin, sous l'influence anglo-saxonne... Le développement concomitant de « bourses d'échanges » destinées à permettre aux titulaires de droits de jouissance de permuter leurs périodes d'occupation dans des immeubles éventuellement différents, donnait à l'ensemble l'image moderne d'une propriété immobilière ambulante, au-delà même des frontières. La pierre pour le soleil, pas pour spéculer ; l'immobilier de vacances en somme. Mais les scandales commerciaux consécutifs aux pratiques de certains professionnels peu scrupuleux ont souvent laissé le consommateur dépourvu à raison du caractère *transfrontalier* des opérations conclues. La disparité des réglementations nationales justifiait l'intervention du droit européen.

281. – Protection du consommateur et nouveau contrat solennel. La loi du 8 juillet 1998 a transposé dans le Code de la consommation une directive européenne du 26 octobre 1994 concernant la protection des consommateurs pour toutes les formes de contrat de jouissance d'immeuble à temps partagé(50). Cette

(49) Lesquels organisent une répartition des charges d'entretien de la chose (C. civ., art. 605 et 606) de prime abord assez voisine de celle adoptée entre bailleur et locataire (V. C. civ., art. 1720 et 1754. – V. *infra*, n°s 324 et s.).

(50) Dir. 94/47/CE, concernant la protection des acquéreurs pour certains aspects des contrats portant sur l'acquisition d'un droit d'utilisation à temps partiel de biens immobiliers.

réglementation est désormais codifiée aux articles L. 224-69 et suivants du Code de la consommation et vise « tout contrat ou groupe de contrats, conclu à titre onéreux, par lequel un professionnel confère à un consommateur, directement ou indirectement, un droit ou un service d'utilisation de biens à temps partagé, ou concernant des produits de vacances à long terme, ou de revente ou d'échange de tels droits ou services » (C. consom., art. L. 224-69)(51). Ainsi, pour décider du domaine de la règle, la loi ne s'attache plus à la nature juridique du titre de jouissance, mais à l'opération dont les contrats en cause permettent la réalisation (sur les montages contractuels imaginés à cette fin, V. *supra*, n° 280). La protection du consommateur recourt à des techniques bien reçues qui font appel au formalisme (l'offre de contracter doit être établie par écrit avec sa procession de mentions obligatoires – identité et domicile du professionnel, désignation des locaux, nature juridique du droit d'occupation, périodes d'occupation... – V. C. consom., art. L. 224-73 et L. 224-76) ; un formulaire de rétractation est destiné à faciliter le jeu de cette faculté qui doit être exercée dans un délai de quatorze jours francs à compter du jour de la conclusion du contrat ou du jour de sa réception postérieure (C. consom., art. L. 224-79). L'irrespect de ces dispositions est sanctionné pénalement (peines d'amende, V. C. consom., art. L. 242-27 et s.), mais aussi civilement, par la nullité du contrat (C. consom., art. L. 242-26). Ainsi le droit de la consommation révèle une nouvelle catégorie de contrats solennels aux frontières imprécises et accueillantes.

B. – Bail et contrats de services

282. – Le bail doit être distingué du contrat d'entreprise (1°) et du dépôt (2°).

1° Bail et contrat d'entreprise

283. – **Intérêts de la distinction.** Le vocabulaire du Code civil suggère une analogie de régime entre le bail, louage de choses (C. civ., art. 1709), et l'entreprise, louage d'ouvrage (C. civ., art. 1710). L'objet des deux conventions est pourtant radicalement différent : une chose préexistante au consentement pour le bail, une prestation humaine à réaliser pour l'entreprise. La différence se prolonge dans les obligations et prestations caractéristiques : la mise en jouissance d'une chose pour le bail, l'obligation de faire quelque chose pour l'entreprise.

L'intérêt de la distinction tient aux différences de régime des deux contrats : ainsi de l'exigence d'un prix déterminé ou déterminable pour la validité du bail, pas du contrat d'entreprise ; ainsi du sort des fruits produits par la chose qui profitent au locataire, pas à l'entrepreneur qui cultive la terre d'autrui sans en avoir la jouissance effective(52) ; ainsi des conséquences de la perte de la chose supportée par le bailleur(53) et par celui qui fournit la matière dans l'entreprise(54) ; ainsi, surtout,

(51) Est également soumis à ces dispositions « le contrat de souscription ou de cession de parts ou actions de sociétés d'attribution d'immeubles en jouissance à temps partagé régi par la loi n° 86-18 du 6 janvier 1986 ». – V. *RTD civ.* 1998, p. 1004. L'article L. 224-70 du Code de la consommation précise les éléments d'identification de chacune de ces figures contractuelles.

(52) V. Cass. 3e civ., 20 nov. 1991 : *RD rur.* 1992, p. 35.

(53) C. civ., art. 1722. – V. *infra*, n° 382.

(54) C. civ., art. 1788 et s. – V. *infra*, n° 530.

des règles contraignantes pour le bailleur qu'emporte l'application de certains statuts de baux spéciaux (bail rural, commercial…) et auxquelles échappe l'entrepreneur.

284. – Contenu de la distinction. Les difficultés de qualification naissent essentiellement de la présence d'opérations où se mêlent mise à disposition d'un bien et accomplissement de prestations. Il suffit simplement de songer à la situation de l'hôtelier qui, certes, met à disposition de ses clients une chambre, mais assure aussi des prestations(55). La pluralité est encore plus forte dans les contrats permettant la mise à disposition de matériel informatique nécessairement accompagnée de multiples prestations(56). Selon les cas, une qualification unique ou mixte sera retenue.

En cas de conflit de qualifications, rechercher une qualification unique est un réflexe compréhensible, qui conduit à retenir en priorité l'application de la règle de l'accessoire. Il faut donc identifier ce qu'attend principalement le bénéficiaire de la prestation. Ainsi, on s'accorde, en doctrine, à reconnaître que le spectateur d'une pièce de théâtre recherche plus une prestation que la jouissance d'un fauteuil, ce qui conduit à privilégier la qualification de contrat d'entreprise(57). La jurisprudence choisit, par exemple, la qualification d'entreprise pour le contrat d'abonnement téléphonique(58). Mais le critère de l'accessoire est flexible. Il se combine parfois avec un critère subsidiaire, celui de l'indépendance de l'utilisateur. Ainsi dans la location d'un véhicule avec chauffeur, le client qui donne des ordres à ce dernier a la maîtrise effective du véhicule ; le contrat est bien un louage de choses (le véhicule) comportant une prestation accessoire (celle du chauffeur)(59). De même, dans la location de chevaux, le client, cavalier averti, dispose de la maîtrise de sa monture ; il en gouverne l'allure et décide de son trajet : le contrat reste un louage à la différence de la convention de promenades équestres qui est un contrat d'entreprise, car l'entrepreneur offre le divertissement d'un parcours à cheval sur l'itinéraire qu'il impose(60). De même enfin, c'est le critère de l'indépendance qui a été utilisé pour dénier la qualité de locataire à un moniteur de natation qui s'était fait mettre à disposition par une association un bassin de piscine qu'il devait partager avec d'autres utilisateurs selon des horaires modifiables à tout moment par le propriétaire(61). À vrai dire, le critère de l'accessoire et celui de l'indépendance expriment la

(55) Et c'est même la qualité des prestations qui contribue bien souvent à la qualité de l'hôtel.

(56) Une tendance contemporaine consistera pour l'entreprise à transférer (externaliser) sa fonction informatique à un professionnel indépendant qui en assurera l'exploitation, et le cas échéant l'évolution, pour le compte de cette entreprise : on parle d'infogérance informatique (*IT Outsourcing*), V. dossier *Approche juridique de l'externationalisation*, in *CDE* mai 2006.

(57) Telle est l'opinion majoritaire des auteurs classiques (V. M. Planiol et G. Ripert, t. 10, par A. Tunc, n° 418), et contemporains (A. Bénabent, n° 325. – F. Collart Dutilleul, Ph. Delebecque et Ch.-E. Bucher, n° 361. – P. Puig, *op. cit.*, n° 575).

(58) V. Cass. com., 3 janv. 1989 : *Bull. civ.* 1989, IV, n° 3. – Cass. com., 3 nov. 1992 : *Bull. civ.* 1992, IV, n° 339.

(59) V. Cass. 2e civ., 11 mai 1956 : *Bull. civ.* 1956, II, n° 248 ; *D.* 1957, p. 121, note R. Rodière. – Cass. com., 1er déc. 1992 : *Contrats, conc. consom.* 1993, comm. 70.

(60) Cass. 1re civ., 27 mars 1985 : *Bull. civ.* 1985, I, n° 111 : « À la différence du loueur de chevaux proprement dit, dont la clientèle se compose de cavaliers aptes à se tenir sur leur monture en la faisant galoper ou trotter dans les directions choisies par eux, et qui acceptent dès lors de courir des risques en se livrant sciemment à la pratique d'un sport dangereux, l'entrepreneur de promenades équestres s'adresse à de simples touristes ignorant tout de l'équitation, pour procurer le divertissement d'un transport à cheval selon un itinéraire déterminé ».

(61) Cass. 3e civ., 11 janv. 2006 : *D.* 2007, pan. p. 903, obs. N. Damas ; *Defrénois* 2006, p. 721, obs. E. Savaux ; *RDC* 2006, p. 758, obs. J.-B. Seube.

même idée : lorsque le client n'acquiert pas la pleine et entière jouissance du bien et qu'il ne peut l'utiliser en toute indépendance, c'est sans doute parce que la mise à disposition de la chose était en réalité destinée à lui permettre de bénéficier d'un service ou d'une prestation. La qualification de bail sera alors évincée soit parce que la mise à disposition n'était pas essentielle, soit parce que le « locataire » ne pouvait pas jouir en toute indépendance de la chose mise à sa disposition(62).

La complexité de certaines opérations rend parfois artificiel le choix d'une seule qualification. Mieux vaut alors admettre une qualification mixte lorsque la formule permet l'application distributive des règles du bail et du contrat d'entreprise dans des secteurs séparés. Le domaine de la propriété intellectuelle offre un singulier exemple de cette combinaison avec le contrat de licence de brevet et de communication de savoir-faire non breveté(63). Enfin, l'originalité de certaines formules conduit le juge en *terra incognita*, vers la catégorie accueillante des contrats innomés. Ainsi en est-il du contrat d'exercice professionnel conclu par le médecin et la clinique où il pratique(64). C'est aussi la qualification de *sui generis* qui est proposée pour le contrat qui lie l'abonné à France Télécom(65).

2° Bail et dépôt

285. – **Contenu de la distinction.** La distinction entre le bail et le dépôt est *a priori* facile à mettre en œuvre. Le bailleur met une chose à la disposition du locataire afin qu'il l'utilise ; le déposant remet une chose au dépositaire afin qu'il la conserve et la lui restitue en fin de contrat. L'obligation de mise à disposition est l'obligation caractéristique du bail ; l'obligation de garde, du dépôt.

286. – **Mise en œuvre de la distinction.** La distinction s'avère difficile à mettre en œuvre lorsque le propriétaire d'une chose la dépose en un lieu duquel il acquiert une certaine jouissance. Une telle configuration est illustrée par le contrat de coffre-fort et par des montages qui masquent mal la volonté de détourner le statut de certains baux.

Le contrat de coffre-fort est conclu entre un établissement bancaire et un client, afin que celui-ci dépose des valeurs dans un lieu gardé par celui-là. La qualification de dépôt est généralement écartée au motif que la banque ignore les

(62) P. Puig, *op. cit.*, n° 579.

(63) Sur l'analyse de la licence de brevet en louage de choses, V. *infra*, n° 320 ; le savoir-faire non breveté n'est pas l'objet de droit de propriété ; il ne peut donc être loué ni vendu ; protégé par le seul secret qui l'entoure, ce savoir-faire peut alors être l'objet d'un enseignement, c'est-à-dire d'une prestation caractéristique du contrat d'entreprise. La préexistence de la chose, le savoir-faire, invite au rapprochement avec les contrats sur les choses, dont la licence ; le fond du problème est de savoir si un bail (une licence) peut être conclu sur une chose inappropriée (comp. Ph. Devesa, *La nature juridique de la licence de savoir-faire*, in *Mél. offerts à J.-J. Burst*, Litec, 1997, p. 137). L'hypothèse fréquente d'un savoir-faire complexe pour partie breveté, pour partie secret, commande aux parties, ou au juge, de rechercher la composante principale du contrat opérant transfert de celui-ci ; à défaut, une qualification distributive jouera : licence (louage de choses) pour le brevet, entreprise (communication de savoir-faire) pour le secret. – *Adde* D. Fahs, *La licence de savoir-faire*, thèse ronéo, Montpellier, 2007.

(64) La clinique met à la disposition du médecin des locaux, du matériel sophistiqué et onéreux, du personnel ; le médecin « paie » des loyers et souscrit le plus souvent une clause de non-concurrence au profit de la clinique où il « attire » sa clientèle (V. Cass. 1re civ., 16 déc. 1992 : *Bull. civ.* 1992, I, n° 314. – Cass. 1re civ., 3 déc. 1994 : *Bull. civ.* 1994, I, n° 371. – *Adde*, V. Harrichaux-Ramu, *Sur l'exclusivité des médecins exerçant dans les établissements d'hospitalisation privée* : *JCP G* 1979, I, 2950). La convention est complexe ; elle combine la location, le prêt et l'entreprise. La doctrine lui prête généralement une nature *sui generis* (V. F. Collart Dutilleul, Ph. Delebecque et Ch.-E. Bucher, n° 708. – Ph. Malaurie, L. Aynès et P.-Y. Gautier, n° 20).

(65) V. en ce sens, G. Raymond, *Messageries roses et droit des contrats* : *Contrats, conc. consom.* 1994, chron. 4.

objets qui sont déposés dans le coffre. La qualification de bail est également critiquée car le client n'a pas la jouissance du coffre et ne peut y accéder que dans des conditions déterminées par la banque (horaires d'ouverture, pièces justificatives, double-clés...). La Cour de cassation a d'ailleurs refusé d'appliquer l'article 1722 du Code civil au contrat « par lequel la banque loue à un client un compartiment ou un coffre dont elle assume la surveillance et auquel le client ne peut accéder qu'avec le concours du banquier »[(66)].

Jugeant le statut des baux commerciaux trop contraignant et désirant échapper à ses dispositions, les entreprises peuvent être tentées de qualifier leur contrat de dépôt : une entreprise « dépose » ses marchandises dans un local, appartenant à une autre, et peut y accéder quand elle le souhaite. La qualification de bail ou de dépôt dépend alors de considérations factuelles : termes employés par la convention, importance ou modicité de la contrepartie monétaire, possibilité d'accéder et d'utiliser le local[(67)]...

§ 2. – La prestation réciproque : le loyer

287. – **Pas de loyer, pas de bail.** Il faut relire, encore, l'article 1709 du Code civil. L'existence d'une contrepartie à la mise et au maintien en jouissance du preneur par le bailleur est indispensable à la qualification de bail. C'est donc dire que la qualification de bail sera impossible faute de stipulation d'un loyer. Le contrat qui conférerait la jouissance temporaire d'un bien sans contrepartie financière est donc autre chose qu'un bail. En revanche, le bail peut avoir une contrepartie autre que financière (sur l'exigence d'un loyer déterminé ou déterminable pour la validité du bail, V. *infra*, n° 330).

288. – **Jouissance temporaire d'un bien sans contrepartie financière.** Le contrat de bail est un contrat, par essence, à titre onéreux[(68)]. La mise et le maintien en jouissance d'une chose sans contrepartie s'apparentent ainsi au contrat de prêt à usage ou commodat (C. civ., art. 1875. – V. *infra*, n° 386), par nature gratuit (C. civ., art. 1876)[(69)]. Les difficultés surgissent lorsque la contrepartie existe mais paraît modique ou insuffisante. Les juges doivent alors rechercher si le prix est ou non dérisoire et si la somme versée est effectivement la contrepartie de la mise à disposition de la chose. La jurisprudence reste fluctuante : certains arrêts excluent la qualification de bail en l'absence de prix sérieux[(70)] ; d'autres la retiennent alors

(66) Cass. com., 11 oct. 2005 : *D.* 2005, act. jurispr. p. 2869, note X. Delpech ; *Contrats, conc. consom.* 2006, comm. 19, obs. L. Leveneur ; *RDC* 2006, p. 335, obs. A. Bénabent ; *RDC* 2006, p. 422, obs. P. Puig ; *RDC* 2006, p. 402, obs. J.-B. Seube. – Plus largement, J. Lasserre-Capdeville, *L'encadrement juridique du contrat de coffre-fort bancaire* : *JCP* G 2015, 384.

(67) Cass. 3e civ., 29 mars 1995, n° 92-22.116, inédit ; *RJDA* 1995, n° 819.

(68) Un arrêt a cependant admis la qualification de location-gérance, alors qu'aucune redevance n'avait été convenue, aux motifs que « la société Le cheval Blanc qui était indépendante de la société SENIM avait exploité à ses risques et périls le fonds qui lui avait été concédé par cette dernière dans un intérêt économique commun », Cass. com., 23 mars 1999 : *Bull. civ.* 1999, IV, n° 71 ; *D.* 2000, p. 19, note A. Reygrobellet ; *Contrats, conc. consom.* 1999, n° 88, obs. L. Leveneur.

(69) Cass. 1re civ., 3 févr. 1993 : *JCP* N 1994, II, 219, note V. Morgand-Cantegrit.

(70) Cass. 3e civ., 20 déc. 1971 : *Bull. civ.* 1971, III, n° 644. – Cass. 3e civ., 15 mars 1973 : *Bull. civ.* 1973, III, p. 336. – Cass. 3e civ., 9 mai 1983 : *JCP* G 1983, IV, 225 (loyer de 1 F).

que le locataire s'engage seulement à payer les charges incombant à l'exploitation, comme les taxes foncières[71] ; d'autres encore admettent la qualification de bail mais annulent le contrat pour vileté du loyer[72].

289. – **Jouissance temporaire d'un bien avec contrepartie autre que financière.** Plusieurs situations peuvent être distinguées.

Parfois, l'existence d'une contrepartie autre qu'une somme d'argent empêche de qualifier la convention en bail, même si son régime reste calqué sur ce contrat. C'est le cas de l'apport en société en jouissance d'un corps certain. Par cette convention, l'apporteur met une chose à la disposition temporaire d'une société, sans effet translatif de propriété, en contrepartie d'un montant équivalent de droits sociaux. L'apporteur en jouissance est garant envers la société tout comme un bailleur envers son locataire (C. civ., art. 1843-3, al. 4) ; toujours propriétaire de la chose, il continue d'en supporter les risques. La technique présente un intérêt certain en cas de cessation de paiements et de dépôt de bilan de la société ou encore à l'égard d'une société en participation, dépourvue de la personnalité juridique : la propriété est toujours dans le patrimoine de l'apporteur[73].

Parfois l'aspect non financier de la contrepartie n'empêche pas la qualification de bail. C'est le cas du bail à construction pour lequel le loyer « peut consister, en tout ou partie, dans la remise au bailleur, à des dates et dans des conditions convenues, d'immeubles ou de fractions d'immeubles ou de titres donnant vocation à la propriété ou à la jouissance de tels immeubles » (CCH, art. L. 251-5, al. 1er)[74] ; c'est le cas du bail à métayage, ou à colonat paritaire, espèce de bail rural, qui prévoit un partage des fruits entre preneur et bailleur (C. rur. pêche marit., art. L. 417-1), la part du bailleur ne pouvant excéder le tiers de la production (règle du « tiercement », C. rur. pêche marit., art. L. 417-3), mais chacune des parties pouvant demander la conversion du métayage en fermage ordinaire (C. rur. pêche marit., art. L. 417-11).

(71) Cass. 3e civ., 14 janv. 2004 : *RDC* 2004, p. 708, obs. J.-B. Seube (afin de permettre à un acquéreur rural sous condition suspensive de commencer immédiatement l'exploitation du fonds, un contrat de « commodat » avait été conclu ; il prévoyait que l'emprunteur verserait une indemnité forfaitaire au prêteur en cas de non-réalisation de la vente ; la cour requalifie la convention en bail).

(72) Cass. 3e civ., 21 sept. 2011 : *D.* 2011, 2711, D. Mazeaud ; *ibid.* 2012, 465, chron. S. et M. Mekki ; *JCP* G 2011, 1276, n° 47, obs. J. Ghestin : nullité absolue ou relative ? ; *RDC* 2012, 130, J.-B. Seube ; p. 47, obs. E. Savaux.

(73) N. Peterka, *Réflexions sur la nature juridique de l'apport en jouissance* : *Defrénois* 2000, p. 1137. – Cass. com., 3 déc. 1991 : *JCP* G 1992, I, 3589, obs. A. Viandier ; *JCP* E 1992, 330, obs. Th. Bonneau ; *RTD civ.* 1992, p. 781, obs. P.-Y. Gautier qui refuse d'appliquer les règles de la location-gérance à l'apport en jouissance d'un fonds de commerce, excluant ainsi toute obligation d'exploiter pesant sur la société.

(74) L'hypothèse concerne un ensemble important de locaux réalisé par le preneur qui, en cours de bail, transférerait certains de ceux-ci au bailleur. Une difficulté concerne le fait de savoir si le loyer peut être payé par une remise de locaux opérée seulement *en fin de bail*. – Arguments contre : l'affectation des constructions au bailleur en fin de bail paraît inéluctable du fait de la règle de l'accession (C. civ., art. 551 et s.). De deux choses l'une : 1° la propriété des locaux est bien acquise au titre de l'accession ; la disposition discutée priverait de fait le bailleur de toute rémunération pour la perte de jouissance de la chose pendant la durée (longue) du bail : le loyer est factice, l'obligation du bailleur devient sans cause ; 2° à considérer la remise des locaux comme constitutive du paiement du loyer, la règle de l'accession perd tout son sens, faute d'assiette ; le bail à construction ne se distinguerait plus de l'emphytéose. – Arguments pour : 1° certes (!), mais l'article L. 251-2 du Code rural et de la pêche maritime prévoit que « les parties conviennent de leurs droits respectifs de propriété sur les constructions » et la Cour de cassation n'a pas reconnu à cette disposition un caractère d'ordre public (Cass. 3e civ., 4 mai 1981 : *JCP* N 1983, II, 254, obs. Y. Chartier) ; 2° l'obligation de construire qui pèse sur le preneur à bail à construction distingue nécessairement cette convention de l'emphytéose : ce n'est pas tant l'éventuelle inconsistance de l'assiette de l'accession qui est décisive ; bien davantage, c'est l'impossibilité de prévoir un tel mode de paiement dans le bail emphytéotique qui distingue ces contrats ; 3° finalement : le mode de paiement n'est jamais apparu caractéristique d'une convention ; son caractère (forfaitaire, proportionnel), son moment (périodique, instantané, à la conclusion du contrat, à l'expiration…) doivent pouvoir être librement aménagés par les parties.

Au-delà des textes, la jurisprudence admet encore la qualification de bail pour certaines conventions dans lesquelles la remise d'une chose comporte une contrepartie autre que financière : ainsi de la location d'un appartement moyennant la fourniture de services[75] ou des travaux de rénovation de l'immeuble[76] ; mais c'est là une question de fait : la qualification de ces contrats passe par la recherche de ce qui, dans l'intention des parties, a été la prestation caractéristique[77].

Sur ce terrain, l'avant-projet de réforme des contrats spéciaux contient une disposition novatrice. L'article 1710 (proposé) prévoit que « le loyer consiste en une somme d'argent. Il peut être complété par la fourniture d'un bien ou d'un service. En ces cas, les règles prescrites en matière de vente ou d'entreprise s'appliquent en tant que de raison ». Comme pour d'autres contrats (l'échange : art. 1703, l'entreprise : art. 1757), la Commission a ici entendu permettre au juge de retenir la qualification de bail tout en appliquant aux prestations atypiques sur lesquelles les parties se sont accordées les règles correspondant à leur nature, prescrites pour la vente ou l'entreprise.

§ 3. – La durée

290. – « Un certain temps ». En disposant que le bailleur s'oblige à faire jouir le preneur de la chose « pendant un certain temps », l'article 1709 du Code civil sous-entend que le preneur doit bénéficier d'une certaine stabilité de sa jouissance. Comme l'écrit Pascal Puig, le « certain temps » de l'article 1709 implique un « temps certain »[78]. Mais ce temps ne saurait en principe être précaire ou perpétuel.

291. – La convention d'occupation précaire. Souvent soucieuses d'éviter l'application d'un statut locatif, les parties peuvent convenir la mise à disposition d'une chose à titre précaire. Le propriétaire confère alors à l'occupant une jouissance provisoire, pouvant cesser à tout moment[79]. Si de telles conventions sont admises au nom de la liberté contractuelle, la Cour de cassation veille cependant à ce qu'elles ne permettent pas de contourner trop facilement les statuts locatifs qui ont justement pour objectif de conférer au preneur une certaine stabilité dans les lieux. Les juges exigent ainsi que le caractère provisoire de la mise à disposition soit justifié par des circonstances exceptionnelles et indépendantes de la volonté des

(75) Cass. 3e civ., 17 mars 1975 : *Bull. civ.* 1975, III, n° 103. – Cass. 3e civ., 11 mai 1993 : *Loyers et copr.* 1993, n° 255.

(76) Cass. soc., 6 févr. 1985 : *Bull. civ.* 1985, V, n° 89.

(77) *Primus* donne à bail à *Secundus* qui, pour le payer, effectue un service ou des travaux dans l'appartement : les parties ont *nové* l'obligation de paiement de loyer en une prestation ; le contrat reste un bail. – Comp. Cass. 3e civ., 8 mai 1974 : un propriétaire consent un « droit de passage gratuit » en échange de quoi le propriétaire du fonds dominant concède sur un local « un bail gratuit » pour une durée de cinquante années ; le contrat n'est pas un bail : la mise en jouissance du local constitue le « paiement » de la constitution de servitude : *D.* 1975, p. 305, note Ch. Larroumet. – *Adde supra*, les développements relatifs à la dation en paiement, nos 87 et s.

(78) P. Puig., *op. cit.*, n° 583.

(79) Distinguant nettement convention d'occupation précaire et bail, la cour a retenu que la convention d'occupation précaire de plus de douze ans, n'étant pas un bail, n'a pas à être publiée, Cass. 3e civ., 19 nov. 2014, n° 13-20.089 : *RDC* 2015, p. 278, obs. R. Boffa ; *D.* 2015, p. 1615, obs. M.-P. Dumont-Lefrand. – Sur la notion, V. Cass. 3e civ., 11 janv. 2024, n° 22-16.974, FS-B : *RDC* 2024, n° 2, p. 21, R. Libchaber : « Une convention d'occupation précaire n'étant pas un bail (Cass. 3e civ., 19 nov. 2014, n° 13-20.089 : *Bull. civ.* 2014, III, n° 150 ; *D.* 2024, 2408), l'occupant à titre précaire ne peut se prévaloir des dispositions de l'article 1719 du code civil, mais doit établir un manquement de son cocontractant à ses obligations contractuelles ».

parties : mise à disposition d'un immeuble devant être détruit ou exproprié, mise à disposition d'un local dans l'attente du règlement d'une succession(80)... Dans le domaine des baux commerciaux, la convention d'occupation précaire était parfois confondue avec les baux dérogatoires qui, par application de l'article L. 145-5 du Code de commerce, échappent au statut des baux commerciaux s'ils sont conclus pour moins de trois ans. Cette confusion n'a pourtant pas lieu d'être puisque le bail dérogatoire ne doit pas dépasser trois ans et a un terme certain, alors que la convention d'occupation précaire peut avoir une durée plus longue et a un terme incertain et indépendant de la volonté des parties. La loi Pinel du 18 juin 2014 a alors pris soin de définir la convention d'occupation précaire pour l'exclure du statut des baux commerciaux : « n'est pas soumise au présent chapitre la convention d'occupation précaire qui se caractérise, quelle que soit sa durée, par le fait que l'occupation des lieux n'est autorisée qu'à raison de circonstances particulières indépendantes de la seule volonté des parties » (C. com., art. L. 145-5-1). La convention d'occupation précaire se caractérise donc par l'instabilité de la mise à disposition. Elle révèle, en creux, que ce qui caractérise le bail n'est pas « la longueur du temps convenu, mais la sécurité de ce temps »(81). Cette sécurité ne saurait cependant être perpétuelle.

292. – **Les baux perpétuels.** En précisant que le bailleur met à la disposition du locataire une chose « pendant un certain temps », l'article 1709 du Code civil prohibe les baux perpétuels(82) ou ceux dont la durée ne dépendrait que de la volonté d'une partie. A ainsi été censuré le contrat par lequel le locataire se trouvait tenu pour une durée pouvant se poursuivre indéfiniment, en raison d'une clause prévoyant que la durée du contrat (quinze ans) reprendrait au début si le locataire d'une installation téléphonique demandait des modifications(83). De la même façon, a été annulé le bail permettant au seul locataire et à ses héritiers d'obtenir, sans aucune limitation de durée, le renouvellement du bail de trois ans en trois ans(84). En revanche, le bail conclu « pour la vie durant » n'est pas perpétuel puisqu'assorti d'un terme(85). L'article 1210 du Code civil, issu de l'ordonnance du 10 février 2016, conforte ces solutions en disposant que « les engagements perpétuels sont prohibés ». Ce texte prévoit cependant que la sanction n'est pas l'annulation du contrat mais sa métamorphose en contrat à durée indéterminée auquel chaque contractant peut mettre fin à condition de respecter un délai de préavis raisonnable.

(80) Cass. 3e civ., 19 nov. 2003 : *D.* 2003, act. jurispr. p. 3051, obs. Y. Rouquet ; *D.* 2005, pan. p. 1091, obs. L. Rozès. – Cass. 3e civ., 9 nov. 2004 : *D.* 2004, act. jurispr. p. 3139, obs. Y. Rouquet. – Cass. 3e civ., 29 avr. 2009 : *D.* 2009, act. jurispr. p. 1354, obs. Y. Rouquet ; *RDC* 2010, p. 678, obs. C. Grimaldi : « la convention d'occupation précaire doit être caractérisée par des circonstances particulières, autres que la seule volonté des parties, constituant un motif de précarité ».

(81) A. Bénabent, *op. cit.*, n° 330.

(82) Cass. 3e civ., 16 juin 2011 : *D.* 2011, p. 1760, obs. Y. Rouquet.

(83) Cass. com., 3 nov. 1992 : *Bull. civ.* 1992, IV, n° 339. – Comp. Cass. com., 3 avr. 2002 : *Contrats, conc. consom.* 2002, n° 119, obs. L. Leveneur jugeant qu'il n'y a pas d'engagement perpétuel lorsqu'une faculté de résiliation est offerte aux parties. – *Adde* Cass. com., 11 mai 2022, n° 19-22.015 : *RDC* 2022/4, p. 34, obs. J. Huet ; *RDC* 2022/4, p. 44, obs. J.-B. Seube ; *D.* 2022, p. 1239, obs. A. Étienney-de Sainte Marie ; *RTD civ.* 2022, p. 613, obs. H. Barbier ; *D.* 2023, p. 254, obs. M. Mekki et R. Boffa : s'agissant d'un contrat évolutif de location de matériels informatiques, dont chaque modification relative aux matériels loués avait pour effet de reconduire la durée du contrat pour une période de 42 mois : l'engagement est jugé perpétuel.

(84) Cass. 3e civ., 26 janv. 1972 : *Bull. civ.* 1972, III, n° 63. – Cass. 3e civ., 15 déc. 1999 : *D.* 2001, somm. p. 167 ; *JCP G* 2000, II, 10236, concl. Weber ; *Contrats, conc. consom.* 2000, comm. 77, obs. L. Leveneur ; *RTD civ.* 2000, p. 568, obs. J. Mestre et B. Fages.

(85) Cass. 3e civ., 10 mars 2010 : *D.* 2010, p. 766, obs. Y. Rouquet ; *RDC* 2010, p. 916, obs. J.-B. Seube.

SOUS-SECTION 2

LA CLASSIFICATION DES BAUX

293. – **Famille nombreuse...** La prolifération moderne des régimes de baux, des statuts spéciaux et très spéciaux (V. *supra*, n° 264) incite à une remise en ordre. L'article 1711 du Code civil opérait déjà des distinctions entre « le louage des maisons et celui des meubles », « celui des héritages ruraux », « des animaux »... ; mais le texte manque de rigueur, les catégories référencées ne correspondent plus aux régimes élaborés par des textes modernes ; l'essentiel est ailleurs. La *summa divisio* découpe en contemplation de l'objet du louage : « On peut louer toutes sortes de biens meubles ou immeubles » (C. civ., art. 1713).

§ 1. – Bail mobilier

294. – **Locations mobilières ; location-gérance ; licences.** Les dispositions que le Code civil consacre au bail portent essentiellement sur le bail immobilier. La Cour de cassation a cependant considéré qu'elles devaient également s'appliquer au louage de meubles(86). Les dispositions du Code civil peuvent donc s'appliquer au contrat de bail, qu'il porte sur un *bien meuble corporel* ou *incorporel*.

La location de *biens meubles corporels* est chose fréquente, qu'il s'agisse de biens d'équipement professionnel (véhicule, matériel informatique...) ou destinés à satisfaire les besoins d'un consommateur « cigale » trop endetté ou « fourmi » trop parcimonieux pour en acquérir la propriété (matériel électroménager, bateaux de plaisance). Les formules sont nombreuses. Le *renting* apparaît comme une forme de « location-services » de biens sophistiqués et coûteux pour une durée de vie efficace souvent éphémère ; la technique participe des opérations de crédit composant louage et vente (V. *infra*, n° 452). La « location financière » ou *operating lease* consiste en la location d'un bien pendant une longue durée, sans que l'utilisateur ne dispose de la faculté de l'acquérir au terme de la période contractuelle ; elle n'est pas soumise à la réglementation bancaire mais la jurisprudence a décidé que les contrats participant à une opération incluant une location financière (par ex., location financière d'un matériel et contrat d'entretien ou d'abonnement) étaient nécessairement interdépendants, de sorte que devaient être réputées non écrites les clauses contraires à cette interdépendance(87). La préoccupation moderne de protection du consommateur devrait néanmoins conduire la jurisprudence à soumettre les conventions conclues par cette catégorie de contractants aux dispositions des articles L. 312-1 et

(86) Cass. civ., 18 août 1882 : *DP* 1883, I, p. 213 ; S. 1884, I, p. 33, A. Esmein. – Cass. 1re civ., 22 juill. 1968 : *D.* 1968, p. 622. Les auteurs invitent néanmoins à écarter du régime du bail mobilier les règles de preuve (C. civ., art. 1715) ou de reconduction tacite (C. civ., art. 1736 et 1759). – V. Ph. Malaurie, L. Aynès et P.-Y. Gautier, n° 426.

(87) Cass. ch. mixte, 17 mai 2013 : *D.* 2013, p. 1273, note D. Mazeaud ; *RTD civ.* 2013, p. 597, obs. H. Barbier ; *RTD com.* 2013, p. 569, obs. D. Legeais ; *JCP G* 2013, 673, note F. Buy et 674, note J.-B. Seube ; *Contrats, conc. consom.* 2013, comm. 176, obs. L. Leveneur ; *RDC* 2013, p. 849, avis M. Le Mesle ; *RDC* 2013, p. 1331, obs. Y.-M. Laithier. – Cass. com., 12 juill. 2017, 2 arrêts : *RDC* 2017, p. 48, obs. J.-B. Seube. – La caducité du contrat lié ne peut être obtenue que si l'autre contrat a été préalablement détruit ; sa seule inexécution ne suffit pas : V. Cass. com., 4. nov. 2014, n° 13-24.270 : *D.* 2015, p. 529, obs. S. Amarani-Mekki et M. Mekki ; *JCP G* 2015, 54, obs. J.-J. Barbièri.

suivants du Code de la consommation, en dépit de la qualification locative retenue[(88)]. La disparité des choses susceptibles d'être concernées par ces locations n'atteint pas fondamentalement l'unicité de régime de ces contrats soumis aux règles supplétives du Code civil (art. 1714 à 1762), c'est-à-dire en fait à la liberté contractuelle.

La location de *biens meubles incorporels* suggère de nouvelles distinctions comparables à celles opérées pour la vente à propos de la cession (V. *supra*, n° 124). Le contrat de location-gérance ou gérance libre est la convention par laquelle le propriétaire d'un fonds de commerce « en concède totalement ou partiellement la location à un gérant qui l'exploite à ses risques et périls » (C. com., art. L. 144-1 et s., ex-L. 20 mars 1956, art. 1er) ; ce contrat a la nature d'une location d'un bien meuble incorporel[(89)] dont le régime relève des dispositions d'ordre public de la loi du 20 mars 1956, codifiée dans le Code de commerce, et dont l'étude participe traditionnellement des programmes de droit commercial[(90)]. Les contrats de licence, ou concession, de brevet d'invention, marque, droits d'auteur, dessins et modèles caractérisent encore des louages de savoir-faire et informations appropriés, c'est-à-dire objets d'un droit de propriété intellectuelle dont le régime relève de règles spéciales posées par le Code de la propriété intellectuelle, sur fond de droit commun.

§ 2. – Baux immobiliers

295. – Statuts spéciaux et très spéciaux. La famille des baux immobiliers se divise en quatre branches complexes, en contemplation de la destination locative de l'immeuble : l'habitation, l'exploitation commerciale, l'activité agricole, l'activité libérale (avocat, médecin...).

296. – Le bail d'habitation et le droit au logement[(91)]. La réglementation du bail d'habitation est tiraillée entre deux préoccupations contradictoires : l'accès du plus grand nombre à des logements convenables, la promotion d'une politique de construction et d'habitat qui passe sans doute par des mesures fiscales incitatives (loi Périssol, loi Besson...), mais aussi par la préservation des prérogatives des propriétaires-bailleurs. L'ensemble explique les fluctuations qu'a connues la matière.

La pénurie de logements après la Seconde Guerre mondiale est à la source de la première intervention législative moderne dans le secteur des baux d'habitation, avec la loi du 1er septembre 1948. Deux traits caractérisent ce statut : à l'expiration du bail, le locataire bénéficie d'un droit au maintien dans les lieux qui, ne s'analysant

(88) La Cour de cassation a cependant refusé d'appliquer les règles spéciales « relatives à l'information et à la protection des consommateurs dans le domaine de certaines opérations de crédit » (loi Scrivener n° 78-22, 20 janv. 1978) au simple contrat de location ne comportant pas promesse de vente au profit du locataire (Cass. 1re civ., 11 oct. 1989 : *Bull. civ.* 1989, I, n° 317 ; *D.* 1991, p. 225, note P. Ancel) ; les auteurs restent hostiles à cette exclusion : V. P. Ancel, préc. – *Adde* J. Calais-Auloy et F. Steinmetz, *Droit de la consommation*, préc., n° 335, qui considèrent comme critère essentiel la durée de la location dès lors que la valeur du bien réside exclusivement dans l'usage qui peut en être fait pendant sa durée utile : « La location d'une voiture pour plusieurs années réalise une opération de crédit, qu'elle se termine ou non par un transfert de propriété ». – *Adde* J. Stoufflet, *La protection du consommateur faisant appel au crédit*, in *Mél. Lagrange*, LGDJ, 1978, p. 225, spéc. p. 231. – A. Sériaux, in *Le droit du crédit du consommateur*, Litec, 1982, p. 268.

(89) Cass. com., 9 mars 1953 : *D.* 1953, p. 324. – Cass. com., 16 févr. 1993 : *Bull. civ.* 1993, IV, n° 63 ; *Defrénois* 1993, art. 35631, p. 1199, note P. Le Cannu ; *D.* 1993, inf. rap. p. 68.

(90) V. Y. Reinhard, C. Nourissat et S. Thomaset-Pierre, *Droit commercial*, LexisNexis, 8e éd., 2012.

(91) Bibliographie : F. Collart-Dutilleul, *Les baux d'habitation*, Dalloz, coll. « Connaissance du droit », 1994. – J.-L. Aubert et Ph. Bihr, *La location d'habitation*, Sirey, 2e éd., 1994. – J. et F. Lafond, *Les baux d'habitation*, Litec, 7e éd., 2007.

pas en un renouvellement de nature contractuelle, constitue un titre légal d'occupation[92] ; le loyer fait l'objet d'une tarification impérative, calculée au mètre carré et « corrigée » en considération de divers paramètres (ensoleillement, état d'entretien...). Le jugement que l'on peut porter sur l'ensemble est négatif : en pérennisant l'occupation de logements aux loyers ridiculement bas, la loi décourageait l'investissement locatif et l'entretien des immeubles en même temps qu'elle établissait un privilège aux profits de locataires en place, au détriment des plus jeunes ; à trop couver les œufs, on étouffe les poussins à naître ! Ce texte reste pourtant en vigueur même si son domaine d'application se réduit comme peau de chagrin avec les lois récentes[93]. Les années 1980, en effet, ont vu se succéder trois lois différentes au gré des fluctuations politiques, état de grâce, cohabitation, restauration.

L'état de grâce d'abord : la *loi Quilliot du 22 juin 1982* affirmait l'existence d'un « droit à l'habitat » comme « droit fondamental impliquant la liberté de choix de son mode d'habitation et de sa localisation par toute personne » (loi Quilliot, art. 1er). Cette affirmation idéologique trouvait son expression dans un certain nombre de dispositions classiquement considérées protectrices du locataire (encadrement de l'évolution des loyers, reconnaissance d'un droit au renouvellement du bail d'une durée minimale de trois ou six ans, instauration de structures et procédures de négociation collective inspirées du droit du travail...). Le texte a suscité l'ire, peut-être excessive, de l'opposition de l'époque et la peur de propriétaires chétifs qui préféraient laisser leurs locaux vacants.

1986 : nouvelle majorité, nouvelle politique du logement. La *loi du 23 décembre 1986, dite Méhaignerie*, abrogeait la précédente (sauf pour les contrats en cours, art. 55). Sans revenir à la liberté contractuelle du Code civil, cette loi d'inspiration libérale restaurait les prérogatives des propriétaires (libre fixation des loyers, disparition du droit au renouvellement, cantonnement des structures collectives).

L'alternance politique allait substituer à ce texte la *loi Mermaz du 6 juillet 1989*. Le nouveau texte reprend nombre de dispositions de la loi Quilliot, à commencer par la proclamation idéologique : « Le droit au logement est un droit fondamental (...). [Il] implique la liberté de choix pour toute personne de son mode d'habitation grâce au maintien et au développement d'un secteur locatif et d'un secteur d'accession à la propriété ouverts à toutes les catégories sociales. Les droits et obligations réciproques des bailleurs et des locataires doivent être équilibrés dans leurs relations individuelles comme (...) collectives ». Le droit au logement révèle sa teneur de droit « programmatique » qui fixe à l'État l'objectif d'une politique volontariste du logement, d'ailleurs traduite par un certain nombre de textes ultérieurs[94]. Il a néanmoins été reconnu comme un objectif à valeur constitutionnelle par le Conseil constitutionnel[95]. L'équilibre recherché est satisfait par la présence

(92) Cass. 3e civ., 28 mai 2008 : *RDC* 2008, p. 1249, obs. G. Lardeux ; *RDC* 2008, p. 1254, obs. J.-B. Seube.

(93) La loi Méhaignerie du 23 décembre 1986 a mis en place un système complexe de sortie de la loi de 1948 pour autant que le propriétaire réalise certains travaux (L. 23 déc. 1986, art. 25 à 35).

(94) La loi « Besson » du 31 mai 1990 organise un ensemble de moyens publics (plan départemental d'action, fonds de solidarité) destinés à la mise en œuvre du droit au logement. – V. R. Rouquette, *Le droit au logement, comm. L. 31 mai 1990 : AJPI* 1990, p. 761. La loi du 13 mai 1991 « d'orientation pour la ville » vise à permettre aux collectivités publiques d'accroître leur parc immobilier. – V. B. Wertenschlay, *Le troisième volet du statut de l'habitat* : *AJPI* 1991, p. 661. Afin de garantir le droit au logement, la loi du 29 juillet 1998 relative à la lutte contre les exclusions (*JO* 31 juill. 1998), institue une procédure de réquisition de certains locaux en vue de leur location au profit de personnes à revenus modestes.

(95) Cons. const., 19 janv. 1995, n° 94-359 DC : *D.* 1997, somm. p. 137, obs. P. Gaïa. – Cons. const., 29 juill. 1998, n° 98-403 DC : *JCP G* 1999, I, 141, n° 17, obs. B. Mathieu et M. Verpaux ; *RTD civ.* 1999, p. 132, obs. F. Zénati.

de dispositions d'ordre public favorables au locataire (formalisme protecteur du bail, art. 3 ; clauses imposées, art. 3 ; clauses réputées non écrites, art. 4 ; rémunération par moitié de l'agent immobilier intermédiaire à la location, art. 5 ; régime complexe d'encadrement du loyer, art. 17 et s. ; réapparition des accords collectifs entre organismes de locataires et de bailleurs, art. 41 ter, mod. L. 23 déc. 1986 ; durée minimale du bail de trois ou six ans selon que le bailleur est une personne physique ou morale, art. 10 ; mais faculté de résiliation à tout moment par le preneur, art. 12 ; possibilité limitée de donner congé pour certains motifs limitativement énumérés, art. 15-I et s.). La loi prévoit cependant sa mise à l'écart pure et simple alors au profit du droit commun pour les locations meublées, les logements foyers ou les logements de fonction (loi Mermaz, art. 2) – sauf pour ce qui est du droit du locataire à un logement décent (V. *infra*) – ; dans d'autres cas, son application est simplement partielle (logements conventionnés, logements HLM, art. 40). Une loi du 21 juillet 1994 apporte quelques retouches à la loi Mermaz[96]. La loi dite SRU du 13 décembre 2000 a ensuite institué l'obligation du bailleur de délivrer un logement décent, favorisant à cette fin l'interventionnisme judiciaire dans le contrat de bail. Ce droit au logement (décent) *est garanti par l'État à toute personne* résidant régulièrement en France (L. n° 2007-290, 5 mars 2007, instituant le droit au logement opposable ; CCH, art. L. 300-1 et s.). À cette fin une commission de médiation est créée dans chaque département afin de se prononcer sur le caractère prioritaire des demandes et sur l'urgence de l'attribution de logements aux demandeurs ou de leur accueil dans une structure d'hébergement ; depuis le 1er décembre 2008, le demandeur peut introduire un recours devant la juridiction administrative s'il n'a pas reçu d'offre de logement tenant compte de ses besoins et capacités passé un délai de six mois après qu'il aura reçu la décision de la commission de médiation (CCH, art. L. 441-2-3 et s.)[97].

La loi dite ALUR (accès au logement et urbanisme rénové) du 24 mars 2014 a profondément modifié le droit du bail d'habitation[98]. Cette loi s'assignait comme objectif d'agir de manière globale sur les leviers du droit de la construction, de l'immobilier, et de l'urbanisme en vue d'assurer un meilleur développement des villes et un meilleur accès au logement. Quatre axes forts tendent à rééquilibrer les rapports locatifs. Le premier est la formalisation du contrat. Le bail d'habitation doit désormais être établi par écrit et doit respecter un contrat type défini par décret pris en Conseil d'État[99]. Il doit préciser toute une série de données allant de la désignation des équipements d'accès aux technologies de l'information et de la communication dont pourra jouir le locataire, jusqu'à l'indication du montant du dernier loyer perçu par le propriétaire du précédent locataire ou

(96) V. J. Lafond, *La réforme des baux d'habitation par la loi du 21 juillet 1994* : *JCP N* 1994, I, 3172, p. 715. – Sur ces textes, V. D. Grillet-Ponton, *Le droit du bail d'habitation à l'épreuve de la réglementation locative* : *JCP G* 2000, I, 240.

(97) V. Quatrième rapport annuel du comité de suivi de la mise en œuvre du droit au logement opposable, déc. 2010. Accessible sur le site Internet du ministère du Logement et de la Ville.

(98) H. Périnet-Marquet, *Accès au logement et urbanisme rénové* : *JCP G* 2014, 441. – V. Canu et B. Humblot-Catheland, *Loi ALUR : le bail d'habitation en détail* : *Rev. loyers* 2014, p. 163. – N. Damas, *La loi ALUR et les baux d'habitation* : *AJDI* 2014, p. 334. – B. Vial-Pedroletti, *La loi ALUR et les baux d'habitation* : *Loyers et copr.* 2014, dossier spécial « Loi ALUR », étude 1. – J. Lafond, *Loi ALUR : l'impact sur la rédaction de baux régis par la loi du 6 juillet 1989* : *JCP N* 2014, 1161.

(99) V. D. n° 2015-587, 29 mai 2015, relatif aux contrats types de location de logement à usage de résidence principale : *JO* 31 mai 2015, p. 9035. – A. 29 mai 2015, relatif au contenu de la notice d'information annexée aux contrats de location de logement à usage de résidence principale : *JO* 31 mai 2015, p. 9041 : *RDC* 2015, p. 874, obs. J.-B. Seube.

celle de la nature et du montant des travaux effectués dans le logement depuis la fin du précédent bail. Une notice d'information relative aux droits et obligations des locataires et des bailleurs doit désormais être annexée au contrat. Le manquement à certaines mentions obligatoires est sévèrement sanctionné : faute pour le propriétaire d'avoir délivré les informations au locataire qui lui en fait la demande, ce dernier peut saisir la juridiction compétente afin d'obtenir, le cas échéant, la diminution du loyer (L. 6 juill. 1989, art. 3 révisé par la loi du 24 mars 2014). Le deuxième axe est la pérennisation de la situation du locataire puisqu'il sera désormais plus difficile aux bailleurs de donner congé en fin de bail, pour reprendre ou vendre l'immeuble (L. 6 juill. 1989, art. 15-I, mod. par L. 24 mars 2014). Le troisième axe est la régulation du montant des loyers. Ainsi, l'article 17 de la loi du 6 juillet 1989, révisé par la loi ALUR, dispose que dans les villes de plus de 50 000 habitants « où il existe un déséquilibre marqué entre l'offre et la demande de logements, entraînant des difficultés sérieuses d'accès au logement (...), qui se caractérisent notamment par le niveau élevé des loyers, le niveau élevé des prix d'acquisition des logements anciens, ou le nombre élevé de demandes de logement par rapport au nombre d'emménagements annuels dans le parc locatif social », un arrêté fixera chaque année un loyer de référence exprimé par un prix au mètre carré de surface habitable. Le loyer fixé par les parties ne pourra dépasser le loyer de référence de plus de 20 %. La loi pèche par idéalisme et dogmatisme. Le gouvernement a annoncé que ce dispositif d'encadrement ne serait mis en place qu'à Paris. Certains y voient du réalisme et du pragmatisme ; d'autres hurlent au « détricotage » d'une mesure phare de la loi. Le dernier axe de la réforme est l'instauration d'une garantie universelle de loyers (L. 6 juill. 1989, art. 24-2, issu de la loi LRU), dont l'objectif était de rassurer les propriétaires et de leur interdire de demander des cautions. Les débats parlementaires en ont cependant considérablement réduit le domaine en raison du coût du dispositif initialement envisagé. La garantie universelle des loyers reste donc facultative et est limitée à certains des loyers impayés par le locataire, par référence à un plafond calculé en tenant compte du loyer de référence. La loi ALUR a été très critiquée en raison des effets collatéraux indésirables qu'elle va entraîner (découragement de l'investissement locatif, difficulté de récupérer son bien...). Son application aux contrats en cours donne déjà lieu à de véritables polémiques(100). Dépassant la lettre du texte qui prévoyait l'application de certains articles strictement énumérés aux baux en cours, la Cour de cassation a décidé que les articles 24 (relatif à l'étalement de la dette du débiteur)(101) et 22 (relatif à la pénalité en cas de restitution tardive du dépôt de garantie par le bailleur)(102) devaient s'appliquer immédiatement aux contrats en cours.

(100) B. Vial-Pedroletti, *Loi ALUR et baux d'habitation : déjà des controverses sur l'application transitoire* : *JCP G* 2014, 932. – B. Filippi et P. Bouaziz, *De l'application immédiate des mesures de la loi ALUR relatives au congédiement en fin de bail ou au jeu de la clause résolutoire* : *Gaz. Pal.* 18-19 juin 2014, p. 5.

(101) Cass., avis, 16 févr. 2015, n° 14-70.011 : *D.* 2015, p. 489, rapp. R. Parneix et avis Y. Chaparnel ; *D.* 2015, p. 1178, obs. N. Damas ; *RTD civ.* 2015, p. 569, obs. P. Deumier : « La loi nouvelle régissant immédiatement les effets légaux des situations juridiques ayant pris naissance avant son entrée en vigueur et non définitivement réalisées, il en résulte que l'article 24 de la loi n° 89-462 du 6 juillet 1989 modifié par la loi n° 2014-366 du 24 mars 2014 en ce qu'il donne au juge la faculté d'accorder un délai de trois ans au plus au locataire en situation de régler sa dette locative s'applique aux baux en cours à la date d'entrée en vigueur de la loi du 24 mars 2014 ».

(102) Cass. 3e civ., 17 nov. 2016, n° 15-24.552 : *D.* 2016, p. 2399 ; *RTD civ.* 2017, p. 118, obs. H. Barbier ; *RDC* 2017, p. 67, obs. J.-B. Seube.

La loi ELAN n° 2018-1021 (Évolution du Logement, de l'Aménagement et du Numérique) du 23 novembre 2018 a modifié les baux d'habitation en créant le « bail mobilité » (art. 107) afin d'améliorer l'accès au logement. Portant sur un logement meublé, il est d'une durée réduite et souple (un à dix mois), est destiné aux seuls cas de mobilité (formation, études supérieures, apprentissage, mutation...) et ne contient pas de dépôt de garantie. Le loyer ne peut pas être révisé en cours de bail.

L'ensemble procure une image kaléidoscopique du régime du bail d'habitation en France si l'on tient compte que chaque bail est en principe régi par la loi en vigueur au jour de sa conclusion, compte non tenu de dispositions transitoires complexes. Bien décevante œuvre législative dans un domaine pourtant majeur du droit quotidien.

297. – Le bail commercial et le droit à la « propriété commerciale ». Tout commence avec la théorie du fonds de commerce et la loi du 17 mars 1909 qui en consacre l'existence en réglementant la vente de celui-ci (C. com., art. L. 141-5 et s.). La propriété du fonds de commerce commandait la stabilité du titre d'occupation du locataire commerçant tant l'emplacement où celui-ci exerce son activité est essentiel à l'attraction et la conservation de la clientèle ; il fallait alors empiéter sur les droits du propriétaire immobilier, bailleur du local. Un premier texte (L. 30 juin 1926) est venu sanctionner des refus abusifs de renouvellement du bail. Ultérieurement, le décret du 30 septembre 1953 (C. com., art. L. 145-1 et s.) a réglementé en détail les conditions de ce bail, le *régime* rigoureux institué appelant un strict *domaine* d'application.

Pour l'essentiel, le régime du bail commercial se caractérise par la reconnaissance au profit du locataire d'un droit au renouvellement à l'expiration du bail, sauf au propriétaire-bailleur à payer à celui-ci une indemnité d'éviction. S'ajoutent l'exigence d'une durée minimale du bail (neuf ans), de strictes règles de plafonnement des loyers, des facilités d'exploitation (déspécialisation), de larges facultés de cessibilité du bail, et nombre d'autres dispositions protectrices (dont toutes ne sont pas d'ordre public). Le bail commercial apparaît alors comme un titre d'occupation temporaire (le propriétaire peut toujours y mettre fin à l'échéance, mais en payant) et renouvelable (le locataire reste titulaire d'un simple droit personnel de créance à l'endroit du bailleur pour les locaux loués) ; l'expression « propriété commerciale » qui, dans le langage commun, désigne le droit au renouvellement du locataire et l'ensemble des attributs liés à ce statut, reste juridiquement erronée précisément en l'absence de tout droit réel du locataire[103]. La loi du 18 juin 2014, dite loi Pinel, a considérablement modifié le régime du bail commercial[104].

(103) V. Cass. 3e civ., 11 mars 2021, n° 20-13.639 : *Defrénois* 21 oct. 2021, p. 28, note L. Ruet : la « propriété commerciale » du preneur d'un bail commercial protégée par l'article 1er du premier protocole additionnel à la Convention de sauvegarde des droits de l'homme et des libertés fondamentales s'entend du droit au renouvellement du bail commercial consacré par les articles L. 145-8 à L. 145-30 du Code de commerce. L'acquisition de plein droit de la clause résolutoire convenue entre les parties n'entre pas dans le champ d'application de l'article 1er préc.

(104) J.-D. Barbier et Ch.-E. Brault, *La réforme du statut des baux commerciaux par la loi du 18 juin 2014 : Gaz. Pal.* 8-9 août 2014, p. 11 et s. – J.-P. Blatter, *La loi Pinel et le statut des baux commerciaux* : *AJDI* 2014, p. 576. – J. Monéger et F. Kendérian, *Premiers regards sur les dispositions de la loi du 18 juin 2014 relative au bail commercial* : *RTD com.* 2014, p. 535. – S. Legrix de la Salle, *Les incidences de la loi Pinel en matière de baux commerciaux* : *JCP E* 2014, p. 1371. – A. Reygrobellet, *La nouvelle loi sur l'artisanat, le commerce et les TPE* : *JCP N* 2014, p. 1246.

Son objectif était de maintenir les commerces indépendants dans les centres-villes, de maîtriser les hausses de loyers et d'améliorer la transparence notamment quant aux charges facturées par le bailleur au locataire. Les débats parlementaires révèlent clairement la volonté politique de lutter contre les centres commerciaux, principaux responsables de la désertification des centres historiques. La loi précise les nouveaux droits et obligations des parties lors de la conclusion, du renouvellement, de la cession et la cessation du bail.

Le bénéfice du statut du bail commercial (droit au renouvellement pour le preneur) suppose l'exploitation dans les lieux loués au cours des trois années qui ont précédé la date d'expiration du bail, d'un fonds de commerce ou d'artisan par un locataire immatriculé au registre du commerce et des sociétés ou au répertoire des métiers (C. com., art. L. 145-1 et L. 145-8)(105). Des extensions sont prévues par le décret (locaux d'enseignement, baux consentis à des personnes publiques ou para-publiques, locaux de sociétés coopératives à forme ou objet commercial, locaux de caisses d'épargne, baux consentis à certains artistes... – C. com., art. L. 145-2) ; d'autres sont conventionnellement possibles(106). Inversement l'exclusion du statut est rendue possible pour certains baux par la volonté des parties (baux de courte durée de moins de trois ans, C. com., art. L. 145-5 ; baux saisonniers, C. com., art. L. 145-5, dernier al.) et pour lesquels s'appliquent les règles spéciales aux baux du Code civil ; l'exclusion du statut s'impose encore à d'autres contrats en raison de l'absence d'un élément essentiel à celui-ci (absence de clientèle propre, d'abord, pour la concession d'un point de vente, contrat de *stand* dans les grands magasins, de même pour le locataire-gérant ; la question a été discutée pour le franchisé qui ne faisait pas la preuve d'une clientèle autonome(107) ; absence de locaux propres, ensuite, à nouveau pour

(105) L'obligation d'exploitation est une condition nécessaire au bénéfice du droit au renouvellement dans le bail commercial : son défaut n'est pas sanctionné par la résolution du contrat, Cass. 3e civ., 10 juin 2009 : *RDC* 2010, p. 125, J.-B. Seube, p. 684, C. Grimaldi.

(106) La jurisprudence admet que les parties puissent convenir de soumettre leur contrat qui ne relevait pas du domaine du statut du bail commercial à celui-ci pour autant que la location en cause n'entre pas déjà dans le cadre d'une réglementation locative d'ordre public (par ex., baux d'habitation) et que la volonté des contractants soit exprimée sans équivoque.

(107) V. CA Paris, 6 févr. 1996, qui refuse le bénéfice du statut au locataire franchisé ou concessionnaire d'une marque qui n'apporte pas « la preuve de ce qu'il a une clientèle liée à son activité personnelle (ou au droit au bail) indépendamment de son attrait en raison de la marque du franchiseur ou du concédant » (*JCP G* 1997, II, 22818, note B. Boccara ; *D.* 1997, somm. p. 57, obs. D. Ferrier ; *RTD com.* 1996, p. 237, obs. J. Derruppé ; *Defrénois* 1996, p. 926, obs. P. Le Cannu ; *Gaz. Pal.* 1996, p. 538, P. de Belot et p. 557, D. Baschet) ; la solution venait à remettre en cause le statut de commerçant indépendant attribué au franchisé comme au concessionnaire. – *Adde* dans le même sens, TGI Paris, 30 oct. 1998, reproduit *in* B. Boccara, *Le renouvellement des concepts : D. affaires* 2000, chron. p. 15 ; mais pour la reconnaissance du bénéfice du statut au franchisé, V. CA Paris, 4 oct. 2000, 2 arrêts : *JCP E* 2001, p. 324, obs. B. Boccara ; *LPA* 16 nov. 2000, p. 11 et s., obs. J. Derruppé. Aussi bien, autant soucieuse de clore la controverse que de préserver une forme de distribution moderne en vogue, la Cour de cassation a jugé par un arrêt du 27 mars 2002 que le franchisé devait être considéré comme titulaire d'une clientèle propre en considérant que : « si une clientèle est, au plan national, attachée à la notoriété de la marque du franchiseur, la clientèle locale n'existe que par le fait des moyens mis en œuvre par le franchisé, parmi lesquels les éléments corporels de son fonds de commerce, et l'élément incorporel que constitue le bail, et que cette clientèle fait elle-même partie du fonds de commerce du franchisé puisque, même si celui-ci n'est pas le propriétaire de la marque et de l'enseigne mises à sa disposition pendant l'exécution du contrat de franchise, elle est créée par son activité, avec des moyens que, contractant à titre personnel avec ses fournisseurs ou prêteurs de deniers, il met en œuvre à ses risques et périls » : *Bull. civ.* 2002, III, n° 77, p. 66 ; *JCP G* 2002, II, n° 10112, note F. Auque ; *RTD com.* 2002, p. 457, note B. Saintourens ; *D. affaires* 2002, p. 2400, H. Kenfack ; *Dr. et patrimoine* juill.-août 2002, n° 106, p. 99-100, note P. Chauvel. – Après la franchise, c'est la commission-affiliation qui est sur la sellette. Cette qualification procure au distributeur un statut d'intermédiaire agissant en son nom propre (V. *supra*, n° 515) parfois rapporté au statut d'agent commercial. Or l'agent commercial, simple mandataire, n'a pas de clientèle propre : dès lors dans la recherche de cette qualification, le fait que la société affiliée était titulaire du bail commercial revêtait un élément essentiel pour déterminer si celle-ci avait la qualité de commerçant – ce qui excluait la qualité

la concession de point de vente ou la location de terrain nu, C. com., art. L. 145-1) ; l'exclusion du statut du bail commercial s'impose enfin à raison de la présence d'un élément objectif de précarité, exclusif de la qualification de bail, dans la convention d'occupation précaire (C. com., art. L. 145-5-1). Dans ces derniers cas de figure qui ne sont pas des baux, l'exclusion du statut emporte l'application des règles générales du Code civil, ou des règles propres à certains statuts (location-gérance), mais sans qu'il soit possible de référer aux règles spéciales relatives au louage de choses.

298. – **Le bail rural (fermage) et le droit à la terre.** Le Code civil comportait nombre de règles sur le bail à ferme (C. civ., art. 1764 et s.) ou le bail à cheptel (C. civ., art. 1800 et s.), mais c'est au lendemain de la Libération qu'est apparu un véritable statut du fermage à caractère d'ordre public, visant là encore à assurer la stabilité du preneur à bail (Ord. 17 oct. 1945 ; L. 13 avr. 1946). La réglementation actuelle, principalement issue d'un décret du 16 mars 1983, a été introduite dans le Code rural et de la pêche maritime (ci-après C. rur. pêche marit., art. L. 411-1 et s.). Elle concerne les cas de « mise à disposition à titre onéreux d'un immeuble à usage agricole en vue de l'exploiter » (C. rur. pêche marit., art. L. 411-1), auxquels sont assimilés quelques autres contrats (cession exclusive de fruits et prise en pension d'animaux, C. rur. pêche marit., art. L. 411-1, al. 2 ; baux concernant des cultures hors-sol, de marais salants, d'étangs..., C. rur. pêche marit., art. L. 415-10). De même que pour le bail commercial, échappent à ce statut les conventions d'occupation précaire et les baux emphytéotiques. Par ailleurs, le Code rural et de la pêche maritime a élaboré des baux très spéciaux soumis à des règles propres : les baux à métayage, ou à colonat paritaire, dans lesquels la rémunération due par le preneur consiste en une part de la production (C. rur. pêche marit., art. L. 417-1 et s.), les baux à complant concernant des vignobles (C. rur. pêche marit., art. L. 441 et s.), les baux à domaine congéable, vestige féodal (C. rur. pêche marit., art. L. 431-1 et s.), les baux à cheptel portant sur « un fonds de bétail » (C. rur. pêche marit., art. L. 421-1 qui renvoie aux articles 1800 et suivants du Code civil). De micro-statuts !

Pour s'en tenir au régime du seul fermage, quelques règles simples expriment la faveur faite aux fermiers (preneurs) : contrôle des loyers (C. rur. pêche marit., art. L. 411-11 et L. 417-3), durée minimale du bail de neuf ans (C. rur. pêche marit., art. L. 411-5), reconnaissance d'un droit au renouvellement à l'expiration du bail, sauf reprise pour exploitation personnelle par le bailleur (C. rur. pêche marit., art. L. 411-46 et s.), droit de préemption en cas de vente (C. rur. pêche marit., art. L. 412-1 et s.), transmission du bail à cause de mort aux héritiers du preneur qui ont participé à l'exploitation : la terre à ceux qui la travaillent en somme (C. rur. pêche marit., art. L. 411-34). Au sein de cet arsenal, ne manque que la faculté pour le preneur de céder librement son droit ; or, tout au contraire, le Code rural et de la pêche maritime interdit, sauf exceptions, la cession du bail (C. rur. pêche marit., art. L. 411-35) et sanctionne pénalement la pratique du pas-de-porte (C. rur. pêche marit., art. L. 411-74). En contraste avec le locataire commerçant c'est la « propriété culturale » qui est refusée au fermier : « La législation est d'inspira-

d'agent commercial. – Cass. com., 29 juin 2010, *Chattawak* : *JCP* E 2010, 1694, note N. Dissaux ; *D.* 2010, act. p. 1703, obs. E. Chevrier ; *JCP* G 2010, 876, note C. Grimaldi.

tion plus sociale que capitaliste »[108]. C'est en rupture avec ces principes que la loi d'orientation agricole n° 5006-11 du 5 janvier 2006 prévoit la possibilité pour l'exploitant agricole de créer un *fonds agricole* (C. rur. pêche marit., art. L. 311-3) et, en parallèle, la possibilité de rendre conventionnellement cessible le bail rural (C. rur. pêche marit., art. L. 418-1 et s.). Ces deux outils proprement révolutionnaires pour le droit rural paraissent cependant ne pas connaître le succès escompté… tant il est vrai que le monde rural n'est guère propice aux révolutions[109].

299. – Le bail professionnel et l'émergence du « fonds libéral »[110]. « Onze kilomètres, notez que cette distance du chemin de fer est excellente sur la fidélité de la clientèle. Les malades ne vous jouent pas le tour d'aller consulter au chef-lieu ». Le docteur Parpalaid, lorsqu'il jouait les camelots auprès du docteur Knock, ne manquait pas de rappeler l'importance de la localisation du cabinet pour le prestataire libéral. Pourtant, bien au-delà du médecin de campagne isolé, l'évolution des modes d'exercice des activités libérales accroît le rôle du local pour le professionnel : le développement des cabinets de groupe, l'usage de moyens matériels encombrants (photocopieurs et « télécopieurs », appareils de radiologie), l'identification dans l'esprit de la clientèle du prestataire au local d'exercice (le « cabinet ») et, partant, la fréquente nécessité de la reprise du même local par le successeur du médecin ou de l'avocat procurent au statut du local professionnel un intérêt contemporain certain. Dès lors il n'est pas étonnant de voir, à leur tour, ces professionnels revendiquer un titre d'occupation stable qui leur soit propre. Cette revendication a été partiellement entendue du législateur (loi Mermaz, 6 juill. 1989. – V. *supra*, n° 296) qui a inséré dans le corps de la loi du 23 décembre 1986 (loi Quilliot. – V. *supra*, n° 296) un article 57-A en vertu duquel :

> « Le contrat de location d'un local affecté à un usage exclusivement professionnel est conclu pour une durée au moins égale à six ans. Il est établi par écrit.
>
> Au terme fixé par le contrat et sous réserve des dispositions du troisième alinéa du présent article, le contrat est reconduit tacitement pour la même durée.
>
> Chaque partie peut notifier à l'autre son intention de ne pas renouveler le contrat à l'expiration de celui-ci en respectant un délai de préavis de six mois.
>
> Le locataire peut à tout moment notifier au bailleur son intention de quitter les locaux en respectant un délai de préavis de six mois.
>
> Les notifications mentionnées au présent article sont effectuées par lettre recommandée avec demande d'avis de réception ou par acte d'huissier ».

Ni droit au renouvellement, ni système d'encadrement des loyers : ce statut embryonnaire sera bien souvent complété par celui du bail commercial auxquels les parties peuvent conventionnellement se soumettre[111]. Un projet de loi plus

(108) J. Huet, G. Decocq, C. Grimaldi et H. Lécuyer, *op. cit.*, n° 21561.

(109) V. F. Delorme, *Réflexion sur le devenir de deux outils révolutionnaires : le fonds agricole et le bail cessible : Defrénois* 2007, p. 1715 et s.

(110) Bibliographie : J.-G. Raffray : *JCP* N 1991, I, 269. – J.-J. Daigre, J. Barthélemy, J. Raynard, Th. Revet et F. Vialla in *Rev. de l'avocat Conseil d'entreprises* 1992, n° 59, p. 19 et s. – F. Vialla, *L'introduction du fonds libéral en droit positif français*, thèse préc., n° 20, p. 17 et s. – Sur la patrimonialité de la clientèle du prestataire libéral, V. *supra*, n° 112.

(111) V. n° suivant.

détaillé (durée minimale de six ans, possibilités limitées de donner congé, droit de préemption en cas de vente...) devait voir le jour. La reconnaissance d'un statut des baux professionnels va de pair avec la « patrimonialité » des clientèles civiles et l'émergence d'un « fonds libéral » à l'image, nécessairement adaptée, du fonds de commerce (V. *supra*, n° 112).

300. – **Synthèse : à chacun son bail, à chacun son droit.** L'émergence de statuts locatifs propres à chaque catégorie socioprofessionnelle doit être associée aux prétentions de chacun de ces groupes à la reconnaissance de régimes juridiques spécifiques plus vastes. C'est vrai pour les commerçants (bail commercial... tribunaux de commerce, droit commercial...) ; c'est perceptible pour les agriculteurs (bail rural... tribunaux paritaires des baux ruraux, droit rural...) ; c'est le sens de la promotion depuis une trentaine d'années de la catégorie des consommateurs, véritables bénéficiaires des réglementations contemporaines sur les baux d'habitation(112) ; ce sera demain le cas des professionnels libéraux. Le tableau est significatif de l'importance moderne du statut locatif, spécialement en milieu urbain à raison du surenchérissement du prix d'achat du « mètre carré ». L'évolution n'en présente pas moins certains inconvénients (en terme de complexité et d'insécurité juridique) et dangers, dont la renaissance de certaines formes de corporatismes n'est sans doute pas le moindre.

Les statuts locatifs sectoriels exercent une véritable force d'attraction. D'abord, les juges auront une tendance naturelle à y soumettre de nombreuses conventions que les contractants espéraient y soustraire. Les contentieux des conventions d'occupation précaire ou du domaine d'application des baux commerciaux offrent de nombreuses illustrations : souvent d'ordre public, le statut attire à lui les conventions qui gravitent autour de lui. Ensuite, les parties peuvent également volontairement soumettre à un statut locatif des conventions qui n'en relèvent pas naturellement. C'est que l'on appelle l'*electio juris* en droit interne(113). Par exemple, un bail professionnel va volontairement être soumis au statut des baux commerciaux. Les parties devront alors être vigilantes au choix des mots : elles peuvent, selon leurs convenances, incorporer la loi choisie à leur contrat ou soumettre leur contrat à la loi choisie. Dans le premier cas, les parties reprennent dans leur contrat certaines dispositions légales : elles les contractualisent, si bien que les dispositions incorporées au contrat ne tiennent plus leur *imperium* de la loi, mais de la seule volonté contractuelle. Dans le second cas, les parties soumettent leur accord à un texte qui n'aurait normalement pas eu vocation à s'y appliquer. Une telle soumission ne sera pas toujours possible : la jurisprudence considère en effet que les parties ne peuvent, en se soumettant à un statut particulier, évincer les dispositions d'ordre public normalement applicables à leur contrat. Par exemple, un bail d'habitation soumis à la loi de 1989 ne pourra pas être conventionnellement soumis à la loi de 1948. Lorsque la soumission sera possible, elle ne permettra pas aux parties

(112) En ce sens, J. Calais-Auloy et H. Temple, *Droit de la consommation*, Dalloz, 8e éd., 2010, nos 435 et s. – J. Huet, n° 21001.

(113) J.-B. Seube, *L'electio juris en droit interne, ou la soumission volontaire des parties à un droit protecteur*, in *Mél. J. Calais-Auloy*, Dalloz, 2004, p. 1009. – D. Bureau, *L'extension conventionnelle d'un statut impératif ou la contribution du droit international privé à la théorie du contrat*, in *Mél. Ph. Malaurie*, Defrénois, 2005, p. 125. – C. Lisanti, *Retour sur l'electio juris en droit interne : Rev. Lamy dr. civ.* 2008, p. 67.

d'évincer les dispositions d'ordre public du statut locatif choisi. La Cour de cassation a en effet jugé que les parties ne pouvaient pas déroger aux dispositions impératives du statut choisi[(114)]. Cette solution est généralement critiquée car l'impérativité de la loi justifie seulement que les parties ne puissent pas y échapper lorsque les conditions d'application sont réunies. Elle ne devrait pas empêcher, dès lors que ses conditions ne sont pas remplies, aux parties de se soumettre à telle ou telle de ses dispositions.

SECTION 2

LA FORMATION DU CONTRAT DE BAIL

301. – Plan. On envisagera successivement les conditions de fond (Sous-section 1) et de forme (Sous-section 2) posées à la validité de ce contrat.

SOUS-SECTION 1

CONDITIONS DE FOND

302. – Éléments constitutifs. À la relecture de l'article 1709 du Code civil, la présence et la désignation de trois éléments sont indispensables à la conclusion du bail : l'objet (§ 2), la durée (§ 3) et le prix (§ 4) ; mais la validité du contrat suppose encore que les parties soient aptes à conclure celui-ci (§ 1).

§ 1. – Les parties au bail

303. – Liberté contractuelle, capacité et pouvoirs. Le principe fondateur selon lequel les contractants sont libres de choisir leur cocontractant est aménagé dans le droit du bail.

Il existe, d'une part, certains textes qui prohibent les discriminations. L'article 1er de la loi du 6 juillet 1989 dispose ainsi qu'« aucune personne ne peut se voir refuser la location d'un logement pour un motif discriminatoire défini à l'article 225-1 du Code pénal ». La preuve de la discrimination étant souvent difficile à rapporter, le législateur a atténué le principe selon lequel le plaideur doit prouver le fait qu'il allègue pour privilégier un partage du fardeau probatoire : le locataire qui se prétend d'une discrimination doit présenter des éléments de fait laissant supposer cette discrimination, à charge pour le bailleur de prouver que sa décision de refus de louer est justifiée. La preuve d'une éventuelle discrimination peut également être administrée par la pratique du *testing*[(115)].

(114) Cass. ass. plén., 17 mai 2002 : *D.* 2003, p. 333, note S. Becqué-Ickowicz ; *Defrénois* 2002, p. 1234, obs. R. Libchaber ; *RDC* 2003, p. 127, obs. J.-B. Seube.

(115) La Cour de cassation avait admis ce mode preuve (Cass. crim., 11 juin 2002 : *RTD civ.* 2002, p. 498, obs. J. Mestre et B. Fages) avant que la loi ne le consacre (L. 31 mars 2006 sur l'égalité des chances).

Il existe, d'autre part, des textes qui autorisent, en certaines circonstances, la conclusion d'un bail forcé. Tel est le cas en matière de divorce (C. civ., art. 285-1) ou d'attribution préférentielle (C. civ., art. 832, 832-2 et 832-3). L'hypothèse la plus marquée est celle du bail consécutif à une réquisition. La loi du 29 juillet 1998 relative à la lutte contre les exclusions a institué une procédure de réquisition de certains logements à fin de location au profit de personnes défavorisées dans les communes où existent d'importants déséquilibres entre l'offre et la demande au détriment de personnes à revenus modestes(116). Le représentant de l'État peut de la sorte réquisitionner, pour une durée comprise entre une et six années, des locaux vacants depuis plus de dix-huit mois dont une personne morale serait propriétaire (sauf les sociétés civiles familiales). Cette mesure affecte la jouissance des locaux à un « attributaire » (l'État, une collectivité locale, un organisme d'habitations à loyer modéré...) à charge pour lui de les donner à bail à des personnes défavorisées (« bénéficiaires ») après d'éventuels travaux de mise aux normes minimales de conformité. L'attributaire verse mensuellement une indemnité au propriétaire dont il déduira l'amortissement de ses travaux. Le bail conclu entre l'attributaire et le bénéficiaire est régi par la loi du 6 juillet 1989 sous réserve d'aménagements (durée d'un an, loyer déterminé, faculté pour le bénéficiaire de donner congé à tout moment...). À l'expiration de la réquisition, le bénéficiaire et le propriétaire sont « invités » à conclure, cette fois entre eux, un contrat de bail ; à défaut l'attributaire, sinon le représentant de l'État, proposeront au bénéficiaire un logement dans les mêmes conditions.

Au-delà des questions du choix de son contractant, les questions de capacité et de pouvoirs se posent essentiellement du point de vue du bailleur (A), accessoirement du point de vue du preneur (B).

A. – Le bailleur

304. – **Entre l'acte d'administration et de disposition.** Le contrat de louage de choses est par principe un acte d'administration, c'est-à-dire de gestion normale et courante du patrimoine ; le bailleur doit donc avoir la simple capacité d'administrer pour pouvoir valablement conclure de tels actes. En réalité, ce principe ne se vérifie guère que pour la location de biens meubles, tant l'importance des prérogatives imparties au locataire dans les régimes spéciaux de baux immobiliers affecte le droit de propriété du bailleur et disqualifie dans les textes du Code civil le régime de l'acte locatif. On peut synthétiser les différentes hypothèses en affirmant que le bailleur n'a pas à être propriétaire de la chose (1°), mais doit avoir le pouvoir de conclure un bail (2°).

1° Le bailleur n'a pas à être propriétaire de la chose

305. – **Bail de la chose d'autrui.** Peut-on louer la chose d'autrui(117) ? La nullité de la vente de la chose d'autrui s'imposait parce que le vendeur qui ne disposait pas dans son patrimoine du droit de propriété ne pouvait d'évidence transférer

(116) *JO* 31 juill. 1998, p. 11679. – CCH, art. L. 642-1 et s. – Sur l'ensemble de la loi, V. obs. Th. Revet : *RTD civ.* 1998, p. 989.
(117) À ne pas étendre au bail conclu par le mandataire (agent immobilier) du bailleur, contrat conclu au nom et pour le compte du bailleur propriétaire de la chose ; à ne pas davantage étendre au bail de « sous-location » consenti par

celui-ci (V. *supra*, nos 118 et s.). Mais cette justification, et partant cette solution, ne sont pas transposables au bail qui ne produit aucun effet translatif de droit réel : il n'est donc pas indispensable que le bailleur soit titulaire d'un tel droit, pourvu qu'il s'engage à procurer la jouissance d'un bien dont un autre est propriétaire. La Cour de cassation retient donc que « le bail de la chose d'autrui, inopposable au propriétaire, produit effet entre le bailleur et le preneur tant que celui-ci à la jouissance paisible du bien »(118). La solution conduit à envisager distinctement les rapports des parties à un tel contrat, puis à l'endroit du propriétaire de la chose louée.

Dans les rapports entre les parties, le contrat est valable et générateur d'obligations : celle de payer les loyers pour le preneur ; celle de s'engager à mettre et maintenir le preneur en jouissance pour le bailleur. Ce dernier, non-propriétaire, voit son engagement dépendre de la bonne volonté d'un tiers (le propriétaire) ; il est dans une situation de porte-fort envers le preneur, et à ce titre sa responsabilité contractuelle peut être mise en jeu (C. civ., art. 1204)(119).

Dans les rapports envers le *verus dominus*, le bail est inopposable à ce dernier qui peut revendiquer le bien libre de toute occupation et agir en expulsion ; il peut aussi ratifier le bail et confirmer rétroactivement celui-ci. L'inopposabilité du bail au véritable propriétaire peut cependant, ici encore, être mise en échec. D'abord, par la théorie de l'apparence « dès lors que le preneur a conclu le bail de bonne foi sous l'empire de l'erreur commune »(120). Ensuite, par le fait que le bail sera maintenu lorsque, au moment de sa conclusion, le bailleur était effectivement propriétaire mais a perdu cette qualité à la suite de la destruction rétroactive (annulation, résolution...) du titre en vertu duquel il tenait l'immeuble. Ce maintien était traditionnellement justifié par le fait que le contrat de bail était considéré comme un acte d'administration(121). Cette justification est de moins en moins tenable à l'heure de l'alourdissement constant des prérogatives du preneur et du régime d'acte de disposition souvent prêté par les textes du Code civil au contrat de bail (V. *supra*, n° 300)(122). La solution gagne donc à être fondée sur la seule sécurité des transactions.

2° Le bailleur doit avoir le pouvoir de conclure le bail

306. – Propriétaire exclusif et capable. En principe, le propriétaire exclusif d'une chose, qui a la pleine capacité de jouissance et d'exercice de ses droits, n'est aucunement limité dans sa faculté de consentir librement un bail ; les seules atténuations peuvent résulter d'engagements personnels de ne pas faire auxquels celui-

---

le locataire, sans doute titulaire d'un simple droit personnel, mais qui procède du bail primitif de location consenti par un bailleur supposé propriétaire. – V. *infra*, n° 371.

(118) Cass. civ., 17 mai 1927 : *DP* 1928, I, p. 25, note H. Capitant, concl. P. Matter ; S. 1927, I, p. 89, note P. Eismein. – Cass. 3e civ., 13 févr. 1985 : *Bull. civ.* 1985, III, n° 33. – Cass. 3e civ., 2 févr. 2010, n° 08-11.233.

(119) Cass. 3e civ., 26 avr. 1972 : *Bull. civ.* 1972, III, n° 260.

(120) Cass. 1re civ., 2 nov. 1959 : *Bull. civ.* 1959, I, n° 448 ; S. 1960, p. 65 ; *JCP* G 1960, II, 11456, P. Eismein ; *RTD civ.* 1960, p. 327, obs. J. Carbonnier. – Comp., plus sévère, Cass. 3e civ., 29 janv. 1992 : *Bull. civ.* 1992, III, n° 31, qui exige une consultation du fichier immobilier.

(121) L'article 1673, alinéa 2, du Code civil, propre à la vente à réméré, prévoit que le vendeur qui exerce le rachat « est tenu d'exécuter les baux faits sans fraude par l'acquéreur » ; la jurisprudence étend la règle à toutes les restitutions d'une chose louée (V. Cass. com., 29 mars 1966 : *Bull. civ.* 1966, III, n° 177. – Comp. Cass. 3e civ., 14 mai 1974 : *Bull. civ.* 1974, III, n° 194), du moins à l'égard de locataires de bonne foi (Cass. 3e civ., 25 oct. 1983 : *Bull. civ.* 1983, III, n° 196).

(122) En ce sens, Ph. Malaurie, L. Aynès et P.-Y. Gautier, n° 447.

ci se serait par ailleurs engagé au titre de clauses de non-concurrence ou d'exclusivité[(123)]. Il en va différemment lorsque le bailleur n'est pas le titulaire exclusif du droit sur la chose ou qu'il fait par ailleurs l'objet d'un régime d'incapacité. Il convient alors de distinguer le bail portant sur un immeuble indivis, sur un immeuble en usufruit, sur un immeuble appartenant à des époux ou à un incapable.

307. – **Bail d'une chose indivise.** La réforme du 23 juin 2006 a supprimé la règle de l'unanimité des indivisaires. Désormais, l'article 815-3 du Code civil dispose que « le ou les indivisaires titulaires d'au moins deux tiers des droits indivis peuvent, à cette majorité, conclure et renouveler les baux autres que ceux portant sur un immeuble à usage agricole, commercial, industriel ou artisanal ». C'est donc dire que les baux ordinaires, les baux d'habitation et les baux professionnels peuvent être conclus ou renouvelés à une majorité des deux tiers des droits indivis, tandis que les baux commerciaux et ruraux nécessitent l'accord de tous les indivisaires. Cette répartition doit être précisée dans son domaine, ses effets et ses limites.

Quant au domaine, l'article 815-3 du Code civil ne vise que la conclusion et le renouvellement des baux, mais pas leur cessation. On s'est donc demandé quelles règles étaient applicables à la délivrance au locataire d'une mise en demeure de payer les loyers. Après avoir opéré une distinction selon que le commandement de payer visait ou non la clause résolutoire[(124)], la Cour de cassation a retenu que le commandement de payer visant la clause résolutoire constitue un acte conservatoire qui n'implique pas le consentement d'indivisaires titulaire moins deux tiers des droits indivis[(125)]. Cette solution s'explique en partie par le fait que la réforme de 2006 a retenu une conception large des actes conservatoires, lesquels ne supposent plus la condition d'urgence.

Quant aux effets, les minoritaires doivent être informés de la convention ; à défaut le bail leur est inopposable (C. civ., art. 815-3, al. 6). La même sanction d'inopposabilité, cette fois aux indivisaires non consentants, atteint le bail commercial et le bail rural conclus sans l'unanimité. Les indivisaires écartés peuvent agir immédiatement en expulsion du preneur[(126)]. C'est une hypothèse du bail de la chose d'autrui.

Quant aux limites, la loi a prévu différentes hypothèses dans lesquelles la règle de la majorité ou de l'unanimité sera évincée. D'abord, la loi présume l'existence d'un mandat tacite pour l'indivisaire qui prend en main la gestion des biens indivis

(123) Sur l'analyse de telles clauses en terme de servitude, V. Cass. 3e civ., 24 mars 1993 : *JCP E* 1994, I, 313, n° 14 ; *JCP N* 1994, 100322, note J.-G. Raffray.

(124) Cass. 3e civ., 30 juin 1999, 2 arrêts : *JCP G* 2000, I, 211, n° 2, obs. H. Périnet-Marquet ; *RD imm.* 1999, p. 619, obs. M. Bruschi ; *RTD civ.* 2000, p. 607, obs. J. Patarin. Si le commandement ne vise pas la clause résolutoire, il s'agit d'une mesure conservatoire pouvant être prise par un seul indivisaire ; en revanche, si le commandement de payer vise la clause résolutoire, il annonce la fin du bail et reste soumis à la majorité des deux tiers (bail d'habitation) ou à l'unanimité (bail commercial et bail rural).

(125) Cass. 3e civ., 9 juill. 2014 : *Defrénois* 2014, p. 1025, obs. H. Lécuyer ; *Dr. et patrimoine* déc. 2014, p. 90, obs. J.-B. Seube.

(126) Cass. 3e civ., 4 févr. 1975 : *Bull. civ.* 1975, III, n° 53. – Cass. 1re civ., 27 oct. 1992 : *D.* 1992, inf. rap. p. 269 ; *RTD civ.* 1993, p. 614, obs. F. Zénati. – Cass. 3e civ., 12 avr. 1995 : *Bull. civ.* 1995, III, n° 109 ; *JCP G* 1995, IV, 1467. La règle vaut également pour le renouvellement du bail, sa reconduction ou la délivrance d'un congé. – Comp. Cass. 3e civ., 25 juin 1975 : *Bull. civ.* 1975, III, n° 221. – Cass. 3e civ., 23 mars 1994 : *Bull. civ.* 1994, III, n° 65. – Cass. 3e civ., 29 mars 1995 : *Bull. civ.* 1995, III, n° 91, qui exigent l'accord de l'indivisaire également locataire pour le congé qui lui est destiné ! Du bail conclu à l'un des indivisaires, on distinguera *la convention de jouissance d'un bien indivis* (C. civ., art. 815-9) par laquelle les coïndivisaires renoncent simplement à exercer leur propre jouissance sur la chose, à l'exception de l'un des leurs ; il n'y a aucune obligation de mise et maintien en jouissance dans cette convention. – V. C. Atias, *Une convention au pays de l'indivision non conventionnelle* : *JCP G* 1979, I, 2937.

au su des autres et sans opposition de leur part, mais un mandat spécial reste nécessaire pour la conclusion et le renouvellement des baux[127]. Ensuite, les dispositions légales permettent de suppléer au refus d'un coïndivisaire par une autorisation ou habilitation judiciaire lorsque celui-ci « met en péril l'intérêt commun » (C. civ., art. 815-5 et 815-6). Enfin, la jurisprudence consolide le bail pourtant conclu hier sans l'unanimité, par le jeu de la théorie de l'apparence, *a fortiori* lorsqu'intervient la ratification ultérieure des indivisaires qui n'avaient pas consenti au contrat ou que le bien est mis dans le lot de l'indivisaire « bailleur » à l'occasion du partage[128].

308. – **Bail d'une chose grevée d'un usufruit.** De la concurrence de plusieurs droits sur la même chose, procède encore l'usufruit, démembrement du droit de propriété. L'usufruitier dispose de l'*usus* et du *fructus* ; il a donc normalement pouvoir pour conclure seul un bail sur la chose démembrée (C. civ., art. 595, al. 1er). Pourtant le caractère nécessairement temporaire de l'usufruit se concilie mal avec la pérennité de certains statuts locatifs ; à ce titre le nu-propriétaire ne doit pas être exagérément obligé lorsqu'il recouvre l'ensemble de ses prérogatives. C'est pourquoi les baux à usage d'habitation et professionnels, ainsi que mobiliers, qui sont en cours à la cessation de l'usufruit ne produisent leurs effets à l'égard du nu-propriétaire que pour une période ne pouvant excéder neuf années à compter de cette date (C. civ., art. 595, al. 2) ; celui-ci pourra alors exercer une action en réduction de la durée du bail. Cette hypothèse ne concerne pas les baux commerciaux et ruraux à la conclusion desquels le nu-propriétaire doit concourir (C. civ., art. 595, al. 3) sous peine de nullité de l'acte, et point seulement d'inopposabilité[129] ; au demeurant le refus du nu-propriétaire de consentir au bail pourrait être vaincu en justice par l'usufruitier (C. civ., art. 595, al. 4 *in fine*)[130] ; là enfin, plus encore que pour l'indivision, la théorie de l'apparence peut être utilement invoquée « lorsque le locataire a traité de bonne foi, sous l'empire de l'erreur commune »[131].

309. – **Bail d'une chose appartenant aux époux.** En tant qu'acte d'administration, le bail d'un bien qui se trouve en communauté légale devrait normalement relever du principe de la gestion concurrente en vertu duquel chaque époux a pouvoir d'exercer seul les droits et actions sur la masse commune (C. civ., art. 1421). À nouveau la vigueur des prérogatives du preneur à bail justifie une analyse de l'acte locatif en terme de disposition. Concrètement, le Code civil reprend, sinon

(127) C. civ., art. 815-3, al. 8.

(128) À raison de *l'effet déclaratif* du partage, chaque coïndivisaire renonce à exercer son droit sur la partie non comprise dans son lot dont l'attributaire est censé avoir toujours été propriétaire exclusif.

(129) Deux remarques sur le domaine de ce texte. L'exigence du concours du nu-propriétaire joue également pour le renouvellement du bail ; mais pas pour la résiliation ou le congé (V. Cass. 3e civ., 4 mai 1976 : *Bull. civ.* 1976, III, n° 186 ; *RTD civ.* 1976, p. 801, obs. C. Giverdon. – Cass. 3e civ., 16 mars 1988 : *Bull. civ.* 1988, III, n° 61 ; *RTD civ.* 1989, p. 104, obs. Ph. Rémy. – Cass. 3e civ., 19 déc. 2019, n° 18-26.162 : *RDC* juin 2020, n° 2, p. 108, obs. Fr. Danos : il suit que l'indemnité d'éviction pèse sur le seul usufruitier) qui ne peuvent que renforcer les prérogatives du nu-propriétaire. Le texte ne s'attache qu'à la nature et à la destination du bien (« fonds rural... immeuble à usage commercial ou artisanal ») ; en dépit d'une jurisprudence contraire, le consentement du nu-propriétaire paraît encore exigé même si le bail échappe aux statuts des baux commerciaux ou ruraux, au titre d'un régime dérogatoire, V. cependant *contra*, Cass. 3e civ., 4 juill. 1978 : *Bull. civ.* 1978, III, n° 276. – Le nu-propriétaire peut invoquer la nullité sans attendre la fin de l'usufruit : Cass. 3e civ., 26 janv. 1972 : *Bull. civ.* 1972, III, n° 69 ; *D.* 1975, p. 22, note J. Penneau ; *JCP* G 1972, II, 17104, note G. G. ; *RTD civ.* 1972, p. 619, obs. J.-D. Bredin.

(130) Cass. 3e civ., 2 févr. 2005 : *RTD civ.* 2005, p. 795, obs. P.-Y. Gautier.

(131) Cass. 3e civ., 21 janv. 1981 : *D.* 1983, p. 36, note P. Diener. – Mais plus sévère pour le preneur, Cass. 3e civ., 1er mars 1989 : *JCP* N 1990, II, 73 ; *RTD civ.* 1990, p. 103, obs. Ph. Rémy.

renvoie directement au régime de l'usufruit : « Les époux ne peuvent l'un sans l'autre donner à bail un fonds rural ou un immeuble à usage commercial, industriel ou artisanal dépendant de la communauté (...) » (C. civ., art. 1425)(132) ; la même exigence est étendue à la location-gérance du fonds de commerce ou artisanal dans lequel travaillent les deux époux (C. com., art. L. 121-5)(133). Là encore, le refus du conjoint non justifié par l'intérêt de la famille serait vaincu par autorisation de justice (C. civ., art. 217).

En revanche, « les autres baux sur les biens communs peuvent être passés par un seul conjoint et sont soumis aux règles prévues pour les baux passés par l'usufruitier » (C. civ., art. 1425) ; spécialement la même limite d'opposabilité dans le temps que pour l'usufruit joue(134). Seule différence notable d'avec ce régime : l'hostilité de la jurisprudence à rattraper un bail imparfait par le jeu de l'apparence dont la prise en compte, ici, ruinerait purement et simplement les règles du régime matrimonial légal(135).

Au final, on le voit, tant pour l'indivisaire, l'usufruitier que l'époux commun en bien, l'acte locatif s'apparentera, souvent, à un acte de disposition, parfois à un acte d'administration aux effets particuliers, en contemplation de la nature et de la destination du bail.

310. – Bail d'une chose appartenant à un incapable. En regard de la nature d'acte d'administration du louage de choses, le représentant de l'incapable (tuteur pour le mineur non émancipé ou le majeur sous tutelle) doit pouvoir valablement donner seul à bail un bien de celui-ci pour une durée inférieure à neuf ans (C. civ., art. 496, al. 1er et D. n° 2008-1448, 22 déc. 2008). Mais l'efficacité du bail sera limitée : comme pour l'usufruit, sa durée ne sera opposable à l'incapable, devenu capable, que pour un maximum de neuf ans restant à courir (C. civ., art. 1718) ; pareillement le bail ne procure au preneur aucun droit au renouvellement à l'encontre du mineur devenu majeur ou émancipé (C. civ., art. 504, al. 3), sauf autorisation du conseil de famille (C. civ., art. 505)(136). Ce dernier régime s'étend à l'administration légale des biens du mineur (C. civ., art. 389-6 et 389-7)(137).

B. – Le preneur

311. – Plan. Les conditions relatives au preneur portent tant sur sa capacité (1°) que sur sa qualité (2°).

---

(132) Tout comme pour l'article 595, alinéa 3, du Code civil la lettre du texte s'attache à la nature et à la destination de l'immeuble pour ignorer le régime du bail : le consentement du conjoint paraît requis même si le bail déroge aux statuts des baux commerciaux ou ruraux. – V. A. Colomer, *Régimes matrimoniaux*, Litec, 1992, n° 432. Mais l'esprit de la loi commande une réponse opposée dès lors que de tels régimes dérogatoires n'organisent aucun droit au renouvellement au profit du preneur.

(133) V. A. Colomer, *Le statut des conjoints d'artisans et de commerçants travaillant dans l'entreprise familiale* : *Defrénois* 1982, art. 32965.

(134) Neuf ans à compter de la dissolution du régime ou du jour où l'époux bailleur serait privé de ses pouvoirs au titre de l'article 1426 du Code civil. – V. A. Colomer, *Régimes matrimoniaux*, *op. cit.*, n° 433, spéc. note 23.

(135) V. Cass. 1re civ., 24 mars 1981 : *JCP G* 1982, II, 19476, note Le Guidec, relatif à une vente, mais transposable au bail.

(136) Cass. 1re civ., 21 juin 1989 : *Bull. civ.* 1989, I, n° 244 ; *Defrénois* 1989, art. 34574, n° 92, obs. J. Massip. – Cass. 1re civ., 10 mai 1988 : *D.* 1988, p. 516, note J. Massip ; *JCP N* 1989, II, 9, note T. Fossier ; *RD imm.* 1989, p. 260, note J. Derruppé.

(137) Cass. 1re civ., 18 oct. 1994 : *Bull. civ.* 1994, I, n° 294. – S'agissant d'un majeur placé sous curatelle, l'article 467 du Code civil lui interdit tout acte que le tuteur ne peut faire sans l'autorisation du conseil de famille ; ce qui restreint celui-ci aux pouvoirs du tuteur.

1° La capacité du preneur à bail

312. – **Acte d'administration.** Vu du côté du preneur, le contrat de bail est résolument un acte d'administration qui suppose de celui-ci le pouvoir de conclure de tels actes. Il s'ensuit que le représentant de l'incapable dispose, alors, de cette faculté, sauf restriction pour le tuteur qui se porterait lui-même preneur d'un immeuble de son pupille[138].

313. – **Formalités qualificatives spéciales.** Parfois le bénéfice de statuts locatifs spéciaux est conditionné à certaines qualités auxquelles doit satisfaire le preneur, consécutivement à l'accomplissement de formalités. Ainsi de l'obligation faite au locataire commerçant ou artisan d'être immatriculé au registre du commerce et des sociétés ou au répertoire des métiers pour bénéficier du statut protecteur du bail commercial (C. com., art. L. 145-1)[139].

2° Les qualités du preneur à bail

314. – **Principe : le contractant du bailleur.** Sauf hypothèses de représentation, spécialement en présence de personnes morales, le locataire est le signataire du bail fait par écrit. Différentes circonstances conduisent cependant à ce que la qualité de preneur puisse être attribuée à d'autres personnes : il s'agit de la colocation, du décès ou de la situation matrimoniale du preneur.

315. – **La colocation.** Phénomène récent permettant aux locataires d'échapper à l'isolement dans les villes de grande solitude, la colocation a été consacrée par la loi ALUR du 24 mars 2014. L'article 8-1 de la loi du 6 juillet 1989 dispose que « la colocation est définie comme la location d'un même logement par plusieurs locataires, constituant leur résidence principale, et formalisée par la conclusion d'un contrat unique ou de plusieurs contrats entre les locataires et le bailleur ». La loi précise également que le contrat doit respecter le modèle issu d'un contrat type défini par décret pris en Conseil d'État. Elle se prononce aussi sur l'épineuse question de la solidarité entre colocataires. Ainsi, la solidarité d'un colocataire prend fin à la date d'effet du congé régulièrement délivré et lorsqu'un nouveau locataire figure au bail. À défaut d'installation d'un nouveau locataire, la solidarité s'éteint au plus tard à l'expiration d'un délai de six mois à compter de la date d'effet du congé.

Le texte n'épuise évidemment pas toutes les hypothèses de colocation. Il est par exemple fréquent que des praticiens libéraux louent ensemble des locaux pour y exercer leur profession. La jurisprudence a alors dégagé directement les clés de solution. Elles sont étroitement liées aux stipulations contractuelles. En principe, la dette de loyer se divise entre les colocataires, c'est-à-dire que chacun n'est tenu que pour sa part (C. civ., art. 1309) ; ils peuvent néanmoins être tenus pour

(138) L'article 450 du Code civil lui interdit cette convention, sauf autorisation spéciale du conseil de famille.

(139) La Cour de cassation exige l'immatriculation de chacun des copreneurs, sauf s'ils sont communs en bien ou héritiers indivis (Cass. 3e civ., 15 mai 1991 : *Bull. civ.* 1991, III, n° 138). L'immatriculation doit être effective non pas au jour de la conclusion du bail, mais au moment où le bénéfice du statut est dénié par le propriétaire ou revendiqué par le locataire ; le refus de renouvellement à deux époux séparés de biens à raison du défaut d'immatriculation de l'un d'eux n'est pas contraire à la Convention européenne des droits de l'homme, Cass. 3e civ., 18 mai 2005 : *RDC* 2005, p. 1093, obs. J.-B. Seube.

le tout en cas d'indivisibilité ou de solidarité légale ou conventionnelle[140]. De fait, sauf indivisibilité ou solidarité[141], le locataire qui délivre congé perd sa qualité de contractant et reste étranger aux dettes de loyer nées postérieurement à son départ[142]. La jurisprudence a également précisé que la remise des clés par un des colocataires ne suffisait pas éteindre le bail à l'égard de l'autre[143].

316. – Le décès du preneur. Au décès du preneur, le bail est transmis à ses héritiers qui deviennent copreneurs indivis (C. civ., art. 1742)[144]. L'article 1751, alinéa 3 du Code civil dispose également que le bail sera exclusivement attribué au conjoint ou au partenaire lié par un pacte civil de solidarité au preneur décédé, pourvu que le local serve effectivement à l'habitation de la famille[145]. Les statuts du bail rural et d'habitation réglementent la transmission du bail à cause de mort du preneur[146].

317. – La situation matrimoniale du preneur. La situation matrimoniale du preneur est prise en compte tant pour le local qui lui sert d'habitation que pour celui dans lequel il exerce son activité professionnelle.

En ce qui concerne le logement d'habitation, les textes applicables obligent à faire des allers-retours entre le Code civil et les législations sectorielles des baux d'habitations, tout en tenant compte des différentes formes de conjugalité (mariage, pacte civil de solidarité). Nonobstant toute clause contraire, le Code civil attribue la qualité de (co)locataire au conjoint du signataire du bail d'habitation quel que soit le régime matrimonial adopté, et même si le contrat avait été conclu avant le mariage (C. civ., art. 1751, al. 1er). La même règle est prévue pour les signataires d'un pacte civil de solidarité, depuis la loi ALUR de mars 2014, à condition cependant qu'ils en fassent la demande au bailleur. Le caractère exorbitant de ce texte en limite le jeu à la seule résidence principale[147]. La cotitularité des locataires emporte des conséquences sur leur solidarité et sur les congés, qu'ils soient délivrés par le bailleur ou les preneurs.

• Chaque locataire est solidairement tenu du paiement des loyers jusqu'à la cessation de la cotitularité[148]. Cette cessation résulte soit de la transcription du jugement de divorce sur les registres de l'état civil[149], soit de la cessation du pacte

(140) C. Grimaldi, *L'effet du congé non donné par tous ou à tous les colocataires, état des lieux critique de la jurisprudence* : *RDC* 2010, p. 917. – Cass. 3e civ., 12 janv. 2017, n° 16-10.324 : *D.* 2017, p. 430, note S. Tisseyre ; *JCP G* 2017, I, 325, obs. N. Sauphanor-Brouillaud.

(141) V., pour une clause imposant que le congé soit délivré par les deux locataires, et à propos de laquelle la cour retient que le congé délivré par un seul le laisse codébiteur des dettes locatives nées après son départ : Cass. 3e civ., 14 juin 2018, n° 17-14.365 : *RDC* 2018, p. 562, obs. J.-B. Seube.

(142) Cass. 3e civ., 30 oct. 2013, 2 arrêts : *RTD civ.* 2014, p. 137, obs. P.-Y. Gautier ; *Contrats, conc. consom.* 2014, n° 32, obs. L. Leveneur ; *RDC* 2013, p. 216, obs. J. Klein ; *RDC* 2014, p. 223, obs. J.-B. Seube ; *Defrénois* 2014, p. 179, obs. J.-B. Seube.

(143) Cass. 3e civ., 18 févr. 2015, n° 14-10.510 : *JCP E* 2015, 1199, obs. A. Cerati-Gauthier ; *RDC* 2015, p. 511, obs. J.-B. Seube.

(144) Dès lors le congé doit être délivré à chacun des indivisaires (V. Cass. soc., 20 déc. 1962 : *Bull. civ.* 1962, IV, n° 983).

(145) B. Vial-Pedroletti, *Protection du conjoint survivant en cas de décès du locataire* : *JCP N* 2013, 1209.

(146) Le Code rural et de la pêche maritime et la loi du 6 juillet 1989 prévoient le transfert du bail au profit de certains bénéficiaires déterminés. – V. *infra*, n° 378.

(147) Cass. 3e civ., 13 mars 2002 : *D.* 2003, somm. p. 735, obs. N. Damas : « les dispositions de l'article 1751 ne sont pas applicables à une convention d'occupation gratuite d'un local ». Il a cependant été jugé que l'article s'appliquait à un logement de fonction (Cass. 3e civ., 20 janv. 2007 : *D.* 2008, p. 1300, obs. N. Damas).

(148) Cass. 3e civ., 12 janv. 2017, n° 16-10.324 : *D.* 2017, p. 430, note S. Tisseyre ; *JCP G* 2017, I, 325, obs. N. Sauphanor-Brouillaud.

(149) Cass. 3e civ., 27 mai 1998 : *Bull. civ.* 1998, III, n° 109. La jurisprudence montre que l'absence de communauté de vie ne met pas fin à la cotitularité des preneurs (V. Cass. 3e civ., 31 mai 2006 : *D.* 2006, p. 2777, obs. N. Damas ; *RDC* 2006,

civil de solidarité. En matière de divorce, le jugement pourra attribuer le droit au bail à l'un des ex-époux « en considération des intérêts sociaux et familiaux en cause » (C. civ., art. 1751, al. 2), c'est-à-dire sans être lié par l'appréciation d'éventuelles fautes commises par les époux. L'article 1751-1 du Code civil, issu de la loi ALUR du 24 mars 2014, offre la même possibilité d'attribution du local à l'un des partenaires en cas de cessation du pacte civil de solidarité.

• Le congé du bailleur doit être délivré distinctement à chacun des époux ou signataires du pacte civil de solidarité(150). Lorsque le congé n'aura été délivré qu'à un des locataires, il sera inopposable à l'autre qui sera seul fondé à se prévaloir de cette inopposabilité(151). La loi de 1989 limite singulièrement cette solution en posant que nonobstant les dispositions de l'article 1751 du Code civil, les notifications faites par le bailleur à l'un des locataires sont de plein droit opposables à l'autre si le mariage ou le pacte civil de solidarité n'a pas été porté à la connaissance du bailleur (L. 6 juill. 1989, art. 9-1)(152).

• Le congé des preneurs doit en principe être délivré par chacun d'eux(153). Si le congé est délivré par un seul des locataires, il n'est pas opposable à l'autre qui conserve donc sa position de locataire(154).

En ce qui concerne l'activité professionnelle du locataire, de nombreuses dispositions protègent le conjoint exploitant. Ainsi, sans être déclaré « copreneur », le conjoint du titulaire d'un bail commercial ou rural qui participe à l'activité professionnelle de celui-ci doit consentir à la résiliation, au non-renouvellement, ou à la cession du droit au bail sous peine de nullité (C. com., art. L. 121-5. – C. rur. pêche marit., art. L. 411-68. – L. 10 juill. 1982, art. 2).

§ 2. – L'objet du bail

318. – Toutes sortes de biens. Le Code civil ne paraît poser aucune limite :

> **C. civ., art. 1713.** – On peut louer toutes sortes de biens meubles ou immeubles.

La généralité de la formule doit cependant être nuancée puisque toutes les choses ne peuvent pas faire l'objet d'un bail. En dépit de ces restrictions, le bail est susceptible de porter sur de très nombreux objets.

319. – Les limites. En dépit de la généralité de l'article 1713 du Code civil, certains biens ne peuvent pas faire l'objet d'un bail.

p. 1143, obs. G. Lardeux ; *RTD civ.* 2006, p. 812, obs. B. Vareille. – Cass. 3e civ., 18 mai 2011 : *D.* 2012, p. 1086, obs. N. Damas ; *RTD civ.* 2011, p. 518, obs. J. Hauser).

(150) Cass. 3e civ., 10 mai 1989 : *Defrénois* 1991, p. 728, obs. J.-L. Aubert ; *JCP* G 1991, II, 21595, note B.-H. Dumortier ; *RTD civ.* 1992, p. 167, obs. F. Lucet et B. Vareille.

(151) Cass. 3e civ., 19 févr. 1969 : *JCP* 1969, II, 15946, 2e esp., note R.D. – Cass. soc., 13 déc. 1967 : *Bull. civ.* 1967, IV, n° 778. – Cass. 3e civ., 16 oct. 1991 : *JCP* N 1992, 349, note D. Grillet-Ponton.

(152) Cass. 3e civ., 29 oct. 2013 : *AJDI* 2014, p. 283, obs. N. Damas.

(153) V. Cass. 3e civ., 19 et 20 févr. 1969 : *Bull. civ.* 1969, III, nos 156 et 161 ; *JCP* G 1969, II, 15946, 1re esp., note R.D.

(154) Cass. 3e civ., 19 juin 2002 : *D.* 2003, p. 731, obs., N. Damas ; *Defrénois* 2003, p. 672, obs. V. Brémond.

Il s'agit, en premier lieu, des choses hors du commerce juridique (C. civ., art. 1128). De fait, il est impossible de recourir aux conventions de mère porteuse qui ont été analysées de « location d'utérus »[155]. Même si la Cour européenne des droits de l'homme a condamné la France pour son refus d'établir la filiation des enfants nés de gestation pour autrui à l'étranger[156], la convention de mère porteuse reste prohibée en France. De la même façon, il serait impossible de conclure un bail sur un fichier nominatif qui n'aurait pas été déclaré à la Commission nationale de l'informatique et des libertés (CNIL)[157].

Il s'agit, en deuxième lieu, des immeubles relevant de l'inaliénabilité du domaine public. La vigueur de cette inaliénabilité paraît justifier l'éviction des règles locatives de droit privé pour les conventions d'occupation de celui-ci (V. C. civ., art. 1712 et C. com., art. L. 145-2, 3°). Jouent alors des conventions de droit public de nature précaire et révocable (conventions d'occupation du domaine public, permissions unilatérales de voirie ou de stationnement, contrat d'amodiation). Pourtant la volonté de valoriser le domaine public des collectivités locales a conduit le législateur à permettre la conclusion sur celui-ci de baux emphytéotiques en vue d'une mission de service public ou d'intérêt général (V. L. n° 88-13, 5 janv. 1988, art. 13. – CGCT, art. L. 1311-2) avant de créer un nouveau titre « d'occupation temporaire du domaine public de l'État » qui procure au bénéficiaire un droit réel susceptible d'hypothèque (V. CGPPP, art. L. 2122-6. – L. n° 94-631, 25 juill. 1994)[158].

Il s'agit, enfin, des choses consomptibles. La perspective de l'obligation de restitution empêche en effet de conclure une convention locative sur une chose consomptible[159]. Il s'agira soit d'une vente si l'utilisateur n'a pas à restituer la chose, soit d'un prêt de consommation dans le cas inverse.

320. – Même des biens incorporels ; accords de transfert de technologie. En dépit des limites sus-énoncées, le contrat de location peut porter sur une chose immobilière comme mobilière, corporelle comme incorporelle.

La location-gérance n'est autre que le louage du fonds de commerce ; une différence d'objet la distingue donc du contrat de bail commercial qui porte sur l'immeuble dans lequel est exploité le fonds[160].

(155) Cass. ass. plén., 31 mai 1991 : *D.* 1991, p. 417, rapp. Y. Chartier, note D. Thouvenin ; *JCP* G 1991, II, 21752, concl. Dontenwille, note F. Terré. – *Adde* M. Gobert, *Réflexion sur les sources du droit et les « principes » d'indisponibilité du corps humain et de l'état des personnes* : *RTD civ.* 1992, p. 489. – J. Rubellin-Devichi, *La gestation pour le compte d'autrui* : *D.* 1985, chron. p. 147. – *Adde* C. civ., art. 16-7.

(156) CEDH, 26 juin 2014 : *D.* 2014, p. 1376.

(157) Cass. com., 25 juin 2013 : *RTD civ.* 2013, p. 595, obs. H. Barbier ; *JCP* G 2013, 930, note A. Debet ; *JCP* E 2013, 1422, note J.-B. Seube ; *RDC* 2013, p. 119, obs. J. Rochfeld.

(158) V. O. David-Beauregard, *Domaine public et droits réels* : *JCP* G 1995, I, 3812, colloque Orléans ; *JCP* N 1996, 1231. – *Adde* Cons. const., 21 juill. 1994 : *D.* 1995, somm. p. 347, J. Pini ; *RTD civ.* 1995, p. 656, obs. F. Zénati.

(159) Sauf à voir les parties renoncer conventionnellement à la consommation du bien… Troplong raillait l'avare qui louait un pâté destiné au seul plaisir des yeux de ses convives avant de restituer celui-ci intact à son charcutier/bailleur.

(160) Les tentatives de dissimulation d'un bail commercial sous l'apparence d'une convention de location-gérance sont fréquentes lorsque le propriétaire des murs est également propriétaire du fonds de commerce et décide de substituer un tiers dans son activité commerciale : la location porte-t-elle sur le fonds de commerce préexistant (location-gérance), auquel cas, à l'expiration de la convention, le gérant ne bénéficie d'aucun droit au renouvellement, ou sur le local (bail commercial), auquel cas le locataire-commerçant dispose des puissantes prérogatives du statut du bail commercial ? La réponse passe par le fait de savoir si, au jour de la location, il y a une clientèle préexistante mise à la disposition du successeur et caractéristique d'un fonds de commerce : si c'est le cas, il y a bien location-gérance ; à défaut, il ne peut y avoir que bail commercial portant sur l'immeuble. – V. Cass. com., 27 mars 1973 : *D.* 1974, p. 283,

La licence, ou concession d'exploitation, de brevet, marque ou droit d'auteur n'est autre que la location d'une invention, d'un signe ou d'une œuvre appropriés selon chacune de ces techniques de propriété intellectuelle. En effet ces dernières formules reproduisent les prestations caractéristiques, et réciproques, décisives dans l'opération de qualification du bail, laquelle reste indifférente aux spécificités du bien ; contre une certaine tiédeur des auteurs (de droit des contrats) parfois tentés d'y reconnaître des conventions *sui generis*(161), la banalité des contrats portant mise à disposition temporaire de tout ou partie des utilités d'un bien incorporel conduit à retenir pour ceux-ci la qualification de bail(162).

En revanche, l'absence d'appropriation privative préalable du savoir-faire interdit *a priori* de rapporter la pratique des contrats de communication de savoir-faire au louage de choses pour préférer une qualification en terme de louage d'ouvrage, contrat d'entreprise donc, où le jeu d'obligations de faire – communiquer le savoir-faire – et de ne pas faire – confidentialité, non-exploitation au-delà d'une certaine époque – opère une identité de résultats avec le contrat de licence (V. *supra*, n° 117)(163). Cette analogie d'effet utile est spécialement considérée par le droit européen de la concurrence : un règlement d'exemption unique *concernant l'application de l'article 81, paragraphe 3, du traité de Rome à des catégories d'accords de transfert de technologies* (Règl. n° 316/2014, 21 mars 2014) a supplanté deux règlements antérieurs respectivement relatifs aux accords de licence de brevet, que les spécialistes rapportent donc au louage de choses, et aux accords de licence de savoir-faire, ainsi associés au louage d'ouvrage : inattendues retrouvailles de ces deux formes de louage sous l'égide du droit de la concurrence de l'Union(164).

L'avant-projet de réforme consacre cette ouverture à l'incorporel(165). Son article 1712 (proposé) prévoit : « On peut louer toutes sortes de choses qui sont dans le commerce, mobilières ou immobilières, corporelles ou incorporelles, sous réserve des dispositions particulières s'y appliquant. Lorsque la location porte sur

note J. Derruppé. – Sur le refus de transposer l'ensemble des règles relatives au louage d'immeubles à la location-gérance, spécialement l'article 1732 du Code civil, V. Cass. 3e civ., 13 oct. 1999 : *Contrats, conc. consom.* 2000, n° 21, obs. L. Leveneur ; *RTD civ.* 2000, p. 352, P.-Y. Gautier. – Comp. Cass. 1re civ., 5 mai 1998 : *Contrats, conc. consom.* 1998, n° 112, obs. L. Leveneur (l'article 1732 du Code civil s'applique à la location de meubles corporels). – V. *infra*, n° 371.

(161) V. J. Huet, pour qui ces contrats « relèvent à première vue plus de la location » (n° 21125). – F. Collart-Dutilleul et Ph. Delebecque et Ch.-E. Bucher, qui parlent « de la spécificité qui s'attache au "bail" d'un droit incorporel », *op. cit.*, n° 354.

(162) En ce sens, J. Schmidt-Szalewski et J.-L. Pierre, *Propriété industrielle*, Litec, 1996, n° 251. – A. Chavanne et J.-J. Burst, préc., n° 301, qui s'autorisent de l'autorité de Roubier ou de Pouillet. – J.-M. Mousseron, *Traité des brevets, op. et loc. cit.* – *Rép. com.* Dalloz, 1973, V° *Brevet d'invention*, n° 452. – J. Foyer et M. Vivant, *Le droit des brevets*, PUF, coll. « Thémis », 1991, p. 432. – *Adde* J.-J. Burst, *Breveté et licencié*, Litec, 1970, n° 486. – E. Tardieu-Guigues, *La licence de marque*, thèse, Montpellier, 1991. Pour le droit d'auteur, la loi du 11 mars 1957 (CPI, art. L. 111-1 et s.) a ignoré la logique de cession et licence, les analyses divergent. – V. Desbois, *Le droit d'auteur en France*, Dalloz, 1978, nos 491 et s. Plutôt… licence. – P.-Y. Gautier, *Propriété littéraire et artistique*, PUF, 1999, n° 336. – M.-J. Gall, *Les contrats d'exploitation du droit de propriété littéraire et artistique*, GLN-Joly, 1995, n° 156, p. 151. – Pour l'inadéquation de la distinction cession-licence, A. et H.-J. Lucas, *Traité de la propriété littéraire et artistique*, Litec, 2e éd., 2001, n° 482. – À moins de reconnaître dans ces contrats des démembrements du droit de propriété intellectuelle, V. C. Delebecque, *Le lien entre l'auteur et l'œuvre*, thèse, Montpellier, 1999.

(163) V. D. Fahs, *La licence de Know-How*, thèse, Montpellier, 2007, qui propose une qualification *sui generis* pour ce genre d'accord.

(164) V. J. Raynard, *Aspects civilistes des contrats de transfert de techniques*, in *Les contrats de la propriété intellectuelle*, Dalloz, coll. « Thèmes et commentaires », 2013, CUERPI, p. 9.

(165) J.-M. Bruguière, *L'avant-projet de réforme des contrats spéciaux, l'incorporel et les technologies nouvelles* : RDC 2023/1, p. 52.

une chose incorporelle, et que les parties ont manqué à y adapter les modalités d'exécution du contrat, notamment quant à la délivrance, l'usage et la restitution, les règles du présent titre s'appliquent autant qu'elles sont compatibles avec la nature de la chose louée ». L'article se veut une incitation des parties à stipuler des clauses sur ces différentes questions. La formule retenue s'inspire d'un vieil arrêt de la Cour de cassation qui avait admis que les règles du bail immobilier sont applicables à la location de meubles « autant qu'elles sont compatibles avec la nature des choses »(166).

§ 3. – La durée du bail

321. – Un élément de validité du contrat. L'article 1709 du Code civil dispose que le bailleur doit conférer au preneur la stabilité de son occupation « pendant un certain temps ». Les parties doivent donc nécessairement convenir de la durée de cette mise à disposition, la jurisprudence retenant cependant que la date de prise d'effet du bail n'est pas un élément essentiel de l'accord(167). De fait, le bail peut être conclu à durée indéterminée (A) ou déterminée (B).

A. – Bail à durée indéterminée

322. – Notion. Le bail est à durée indéterminée lorsque les parties n'ont fixé aucun terme à leur convention. Cette liberté apparaît singulièrement encadrée par les statuts spéciaux des baux immobiliers qui prévoient le plus souvent des durées minimales impératives. Le Code civil prévoit deux hypothèses particulières dans lesquelles le contrat de bail sera à durée indéterminée.

D'abord, il précise que le bail fait sans écrit est assimilé à un bail de durée indéterminée (C. civ., art. 1736 et 1774). Cette assimilation repose sur l'idée que, si les parties avaient voulu une durée déterminée, elles n'auraient pas manqué de le consigner par écrit. Pour compréhensible qu'elle soit, cette assimilation reste cependant discutable car l'on peut parfaitement convenir, à l'oral, que le bail aura une durée déterminée. La difficulté rejaillira alors sur le terrain probatoire puisque la durée du bail ne peut être prouvée que par écrit (C. civ., art. 1715 et 1716. – V. *infra*, n° 324). De fait, lorsque le bail sera conclu oralement, il sera impossible d'administrer la preuve écrite qu'il est à durée déterminée.

Ensuite, l'article 1738 du Code civil dispose que « si, à l'expiration des baux écrits, le preneur reste et est laissé en possession, il s'opère un nouveau bail dont l'effet est réglé par l'article relatif aux locations faites sans écrit ». C'est donc dire que le maintien du locataire dans les lieux emporte création d'un nouveau contrat, de durée indéterminée. Cette solution préserve la liberté des contractants qui pourront alors mettre fin au contrat à tout moment, selon le régime des contrats à durée indéterminée.

(166) Cass. civ., 16 août 1882 : S. 1884, 1, 33, note A. Esmein.
(167) Cass. 3e civ., 28 oct. 2009 : *RDC* 2010, 676, C. Grimaldi.

323. – Régime. Selon les règles de droit commun, chacune des parties peut, à tout instant, mettre fin au contrat à condition de respecter le délai de préavis contractuellement prévu ou, à défaut, un délai raisonnable (C. civ., art. 1211). Le droit du bail contient une règle analogue puisqu'il prévoit que celui qui entend mettre fin au bail adresse à l'autre un *congé*, qui prendra effet dans le respect des « délais fixés par l'usage des lieux » (C. civ., art. 1736) ou par la convention.

B. – Bail à durée déterminée

324. – Détermination du terme initial et prolongation. Lorsque le bail est à durée déterminée, il contient un terme dont l'arrivée emportera en principe extinction du contrat. Les parties ou le législateur peuvent néanmoins organiser la prolongation du contrat au-delà du terme. Il convient donc d'examiner la détermination de la durée initiale (1°) et l'éventualité d'une prolongation (2°).

1° La détermination de la durée initiale

325. – Liberté des parties. De la même façon qu'il assimile le bail fait sans écrit au bail à durée indéterminée, le Code civil assimile le bail fait par écrit au bail à durée déterminée (C. civ., art. 1737 et V. *supra*, n° 322). Cette assimilation est toutefois moins dangereuse pour les parties puisqu'elles pourront facilement prouver, par écrit, que leur contrat est éventuellement à durée indéterminée.

Les parties fixent librement la durée de leur convention, le terme pouvant être certain ou incertain(168). Toutefois, elles devront tenir compte des durées impératives instaurées par les statuts spéciaux de baux immobiliers et de la prohibition des baux perpétuels.

326. – Les durées minimales impératives. Les premières tiennent au souci de garantir la stabilité du locataire dans les baux immobiliers : la durée minimale impérative du bail d'habitation est de trois ou six ans selon que le bailleur est une personne physique ou morale (L. 6 juill. 1989, art. 10 et s.) ; celle du bail commercial ou du bail rural est de neuf années (C. com., art. L. 145-4. – C. rur. pêche marit., art. L. 411-5) ; celle du bail professionnel de six ans (L. 23 déc. 1986, art. 57-A)(169).

327. – La prohibition des baux perpétuels. La seconde se rattache à la prohibition des engagements perpétuels (V. *supra*, n° 292). Avant que l'article 1210 du Code civil ne vienne formaliser cette prohibition, le fondement essentiellement prétorien de la règle nuisait grandement à la prévisibilité. L'ordonnance du 10 février 2016 ne donne pas de définition de l'engagement perpétuel (laissant alors intact l'impressionnisme judiciaire), mais prévoit en revanche une sanction novatrice.

---

(168) Le *terme* est un événement dont la réalisation est inéluctable ; lorsque l'on connaît à l'avance la date de réalisation, le terme est dit *certain* (date, durée…) ; lorsque la réalisation inéluctable doit survenir à un moment que l'on ne connaît pas encore, le terme est dit *incertain* (décès) ; sur l'analyse du bail dont le terme est *incertain* en contrat à durée déterminée, V. Cass. 3e civ., 10 mars 2010 : *RDC* 2010, 916, J.-B. Seube, un bail viager comporte un terme, conséquence : pas de congé possible avant ce terme. – *Adde* Cass. 3e civ., 18 janv. 1995 : *Bull. civ.* 1995, III, n° 16 ; *D.* 1995, inf. rap. p. 41 ; *JCP G* 1995, IV, 665 ; *RD imm.* 1995, p. 598, note F. Collart-Dutilleul ; *Loyers et copr.* 1995, 204.

(169) Encore faut-il observer que pour l'essentiel ces durées s'imposent au bailleur, point au preneur : celui-ci peut résilier à tout moment le bail d'habitation et le bail professionnel, sous réserve d'un délai de préavis respectivement de trois mois et six mois (L. 6 juill. 1989, art. 10 et 15-I. – L. 23 déc. 1986, art. 57-A) ; le preneur à bail commercial dispose d'une faculté de résiliation par période triennale (C. com., art. L. 145-4, al. 2).

Il est traditionnellement retenu que le bail ayant une durée inférieure à quatre-vingt-dix-neuf ans échappe au grief de perpétuité, puisque le législateur a lui-même admis une telle durée pour les baux emphytéotiques[170]. De nombreuses incertitudes demeurent cependant, notamment dans l'hypothèse où le bail est conclu pour la durée de vie du preneur ou celle de ses enfants[171]. Du reste, on peut se demander si le grief de perpétuité ne serait pas remis en cause par la règle selon laquelle « le propriétaire peut consentir, sous réserve des règles d'ordre public, un droit réel conférant le bénéfice d'une jouissance spéciale de son bien »[172]. En l'espèce, un propriétaire avait concédé un droit réel de jouissance à un tiers pour la durée de vie d'une fondation. Ignorant le fait que « la durée de vie d'une fondation » est si longue qu'elle confine à la perpétuité, la cour n'en a pas moins admis la validité du droit concédé, faisant de la propriété une coquille vide.

La jurisprudence décidait que lorsque le bail était perpétuel, sa nullité était absolue puisque le contrat portait atteinte à une règle posée en vue de la satisfaction de l'intérêt général, c'est-à-dire l'organisation de la propriété. On en déduisait que le juge ne pouvait pas réduire la durée du bail et qu'il n'avait pas d'autre choix que d'en prononcer l'annulation[173]. L'efficacité de la sanction était cependant contrariée par les règles de la prescription : avant la réforme de 2008, il avait été jugé que l'action en annulation intentée plus de trente ans après la conclusion du bail était prescrite[174] ; la prescription trentenaire ayant été ramenée à cinq ans par la réforme de 2008 (V. C. civ., art. 2224), on devait conclure que le bail perpétuel ne pourrait plus être annulé si aucune action n'avait été intentée dans le délai quinquennal. Même si cette incongruité pouvait toutefois être tempérée par le jeu de l'exception de nullité qui demeure imprescriptible[175], la réforme du 10 février 2016 a modifié la sanction de l'engagement perpétuel : il se métamorphose en contrat à durée indéterminée auquel chaque contractant peut mettre fin à condition de respecter le délai contractuellement convenu ou un délai raisonnable.

2° L'éventualité d'une prolongation

328. – **Reconduction, prorogation, renouvellement.** Plusieurs situations proches, mais néanmoins différentes, se rencontrent à l'expiration du bail à durée déterminée. Elles illustrent heureusement les notions de reconduction, de prorogation ou de renouvellement que le Code civil évoque de manière générale aux articles 1213 et suivants.

(170) Pour un exemple de bail de cent ans, Cass. 3e civ., 25 mars 2015, n° 14-11.978 : *RTD civ.* p. 615, obs. H. Barbier ; *RDC* 2015, p. 515, obs. J.-B. Seube.

(171) Sur le caractère perpétuel d'un tel bail : Cass. 3e civ., 19 févr. 1992 : *Bull. civ.* 1992, III, n° 46 ; *RTD com.* 1993, p. 287, M. Pédamon ; *D.* 1994, somm. p. 52, obs. L. Rozès. – Cass. com., 3 janv. 1989 : *Bull. civ.* 1989, IV, n° 3 ; *RTD civ.* 1989, p. 534, obs. J. Mestre. – *Contra*, Cass. 3e civ., 30 nov. 1983 : *Bull. civ.* 1983, III, n° 249 ; *RTD civ.* 1984, p. 522, obs. Ph. Rémy.

(172) Cass. 3e civ., 31 oct. 2012 : *Bull. civ.* 2012, III, n° 159 ; *D.* 2013, p. 53, note B. Mallet-Bricout et L. d'Avout ; *D.* 2013, p. 2123, obs. N. Reboul-Maupin ; *RD imm.* 2013, p. 80, note J.-L. Bergel ; *RTD civ.* 2013, p. 138, obs. P.-Y. Gautier ; *RTD civ.* 2013, p. 169, obs. P. Théry ; *JCP G* 2012, 1400, note F.-X. Testu ; *RDC* 2013, p. 584, obs. R. Libchaber ; *RDC* 2013, p. 627, obs. J.-B. Seube. – Cass. 3e civ., 8 sept. 2016, n° 14-26.953 : *RDC* 2017, p. 60, obs. R. Boffa et p. 123, obs. A. Tadros ; *JCP G* 2016, act., S. Milleville ; *JCP G* 2016, 1172, note J. Laurent ; *JCP G* 2016, 1191, n° 5, obs. H. Périnet-Marquet ; *Defrénois* 2016, p. 1183, obs. L. Tranchant ; *RTD civ.* 2016, p. 894, obs. W. Dross ; *D.* 2017, p. 134, note L. d'Avout et B. Mallet-Bricout ; *Dr. et patrimoine* nov. 2016, p. 93, obs. J.-B. Seube.

(173) Cass. civ., 20 mars 1929 : *DP* 1930, I, p. 13, note P. Voirin.

(174) Cass. 3e civ., 15 déc. 1999 : *JCP G* 2000, II, 10236, concl. J.-F. Weber ; *Contrats, conc. consom.* 2000, comm. 77, obs. L. Leveneur.

(175) M. Billiau, *Quand le bail perpétuel ne peut être annulé, comment sortir de l'impasse ?* : *JCP N* 2000, 559.

Le bail de droit commun « cesse de plein droit à l'expiration du terme fixé (...) sans qu'il soit nécessaire de donner congé » (C. civ., art. 1737). Néanmoins « si, à l'expiration (...) le preneur reste et est laissé en possession il s'opère un nouveau bail » : le contrat de bail est tacitement reconduit (C. civ., art. 1738)[176]. Ainsi, la tacite reconduction est caractérisée par le comportement des parties qui, alors que le bail est éteint, continuent de l'exécuter (C. civ., art. 1215). Elle emporte l'extinction du contrat de bail initial et la naissance concomitante d'un nouveau rapport contractuel au contenu identique au précédent à une exception près : sa durée devient indéterminée[177], sauf clause contraire ou disposition légale spéciale stipulant la durée du bail reconduit[178]. L'origine nouvelle du bail reconduit induit certaines conséquences : réitération d'éventuelles formalités solennelles nécessaires à la validité du contrat ou même simplement publicitaires[179] ; extinction des sûretés qui garantissaient le bail originaire[180] ; application d'une loi nouvelle intervenue après la conclusion initiale du bail[181].

À l'inverse de la reconduction, la prorogation vaut report du terme extinctif du contrat ; en d'autres termes, c'est le même contrat qui prolonge ses effets dans le temps jusqu'à la nouvelle échéance convenue (C. civ., art. 1213). La prorogation est d'origine conventionnelle et non légale[182] ; la Cour de cassation y a constamment attaché des conséquences distinctes de celles associées à la reconduction[183]. À la prorogation nous associerons la prolongation du contrat, notion dont le législateur use à l'occasion[184].

Le renouvellement du contrat opère effet extinctif du bail et naissance concomitante d'un nouveau contrat ; en ce sens il produit le même effet que la reconduction. Le droit au renouvellement est prévu au profit du preneur par certains statuts spéciaux : presque absolu dans le bail commercial, pour le locataire satisfaisant aux

(176) Pour s'opposer à la tacite reconduction, le bailleur devra manifester sa volonté contraire, c'est-à-dire signifier un congé à son locataire (C. civ., art. 1739), libre dans la forme (lettre recommandée AR...). Adressé avant l'expiration du bail, le congé ne met pas fin à celui-ci (V. C. civ., art. 1737) mais empêche sa reconduction ; adressé après l'expiration du premier bail, le congé vise à mettre fin au bail reconduit, dans le respect des « délais fixés par l'usage des lieux » (C. civ., art. 1736).

(177) En raison du renvoi de l'article 1738 à l'article 1736 du Code civil. – V. Cass. 3e civ., 12 févr. 1985 : *Bull. civ.* 1985, III, n° 26. Il en résulte que le bailleur peut adresser congé à tout instant au preneur, dans le respect du délai de préavis d'usage, V. *infra* ce numéro.

(178) Les statuts spéciaux prévoiront souvent la durée du bail reconduit. – V. *infra* ce numéro. Une clause du contrat peut également comporter indication sur la durée du contrat reconduit ; les parties prendront soin de distinguer la durée des reconductions de leur rythme : la stipulation selon laquelle « le contrat pourra être annuellement reconduit pour des périodes de deux ans » signifie que, chaque année, les parties pourront renouveler leur accord pour deux ans, la clause équivalant à une formule de préavis d'un an (V. J.-M. Mousseron et *al.*, *Technique contractuelle*, préc., n° 947).

(179) En ce sens, sur les formalités solennelles et publicitaires de la licence de brevet ou de marque, J.-M. Mousseron et *al.*, *op. cit.*, n° 941.

(180) V. C. civ., art. 1740. – Cass. 3e civ., 4 nov. 1980 : *Bull. civ.* 1980, III, n° 167. – CA Paris, 17 févr. 1988 : *D.* 1988, somm. p. 277, obs. L. Aynès. – Cass. 3e civ., 5 nov. 2009 : *RDC* 2010, 1325, C. Grimaldi ; *Gaz. Pal.* 6 mai 2010, n° 126, M.-P. Dumont-Lefrand (la caution ne s'étend pas aux obligations du bail tacitement reconduit). – *Contra* CA Paris, 28 mars 1995 : *Loyers et copr.* 1995, 282, qui refuse le bénéfice de l'article 1740 du Code civil au locataire cédant, garant solidaire de son cessionnaire, aux motifs que « la garantie du cédant ne pouvait s'analyser en un cautionnement souscrit par une personne étrangère à l'obligation principale puisque aussi bien cette garantie confère au cédant la qualité de codébiteur solidaire, partie à l'acte de bail, puis à l'acte de cession ».

(181) Cass. 3e civ., 10 juin 1998 : *JCP* G 1999, I, 177, n° 2, obs. M. Billiau ; *JCP* E 1999, p. 222, obs. M.-E. André ; *RTD civ.* 1999, p. 94, obs. J. Mestre.

(182) Sur les clauses de prorogation, V. J.-M. Mousseron et *al.*, *Technique contractuelle*, *op. cit.*, nos 915 et s.

(183) V. Cass. 3e civ., 13 mars 1990 : *RTD civ.* 1990, p. 464, obs. J. Mestre.

(184) La loi Warsman II n° 2012-387 du 22 mars 2012 substitue la notion de tacite prolongation à celle de tacite reconduction en matière de baux commerciaux (mod. C. com., art. L. 145-8, 9, 10, 12, 34) : *D.* 2012, 880. – V. J.-P. Blatter : *AJDI* 2011, 581 ; *RDC* 2012, p. 871, J.-B. Seube. La loi innove en admettant de la sorte une prolongation (du même contrat) pour une durée indéterminée.

conditions qui ouvrent droit à ce statut (V. *supra*, n° 297), le droit au renouvellement est relatif dans le régime du bail d'habitation en ce que le bailleur peut, à l'expiration du bail, donner valablement congé pour des motifs déterminés. En ce cas le renouvellement du bail est toujours volontaire et résulte de l'initiative de l'une des parties, preneur ou bailleur, qui adresse à l'autre une demande de renouvellement ou un congé avec offre de renouvellement prévoyant les conditions du bail renouvelé et selon des formes réglementées. Les statuts spéciaux du bail d'habitation et commercial instituent alors des procédures particulières tendant à limiter la faculté pour le bailleur de bouleverser les conditions du bail originaire, sauf bien sûr acquiescement du preneur aux nouvelles conditions(185). Le bail renouvelé est un nouveau contrat à durée déterminée, souvent identique à celle du bail primitif. En revanche la passivité des parties à l'expiration du premier bail (absence d'offre/demande de renouvellement) entraîne la tacite reconduction ou prolongation du bail en principe pour une durée indéterminée (c'est le cas du bail de droit commun et du bail commercial) ; parfois pour une durée déterminée lorsque les textes spéciaux le prévoient (c'est le cas du bail rural, du bail d'habitation ou du bail professionnel)(186).

§ 4. – Le prix du bail (le loyer)

329. – Nécessité du loyer, renvoi. Le contrat de bail est un contrat à titre onéreux : la nécessité d'une contrepartie généralement financière à l'obligation du bailleur est apparue indispensable à la qualification (V. *supra*, n°s 287 et s.).

330. – Loyer déterminé ou déterminable. Bien que l'on ne retrouve pas dans les textes relatifs au louage de choses l'*alter ego* de l'article 1591 du Code civil pour la vente, il s'impose, à peine de nullité du contrat de bail, que le loyer de celui-ci ait été déterminé, ou rendu objectivement déterminable indépendamment de la volonté d'une seule des parties dès la formation de l'acte. En effet, comme pour la vente, la chose mise à disposition du preneur préexiste à la rencontre des volontés : la consistance de la prestation réciproque (loyer) doit donc aussi être fixée dès cet instant pour que la rencontre de volontés puisse effectivement s'opérer. Le prix fait écho à la chose et l'un et l'autre servent d'assiette minimale (avec la durée pour le bail) au consentement dans les contrats sur les choses(187). L'équivoque tient peut-être au

(185) S'agissant du *bail d'habitation*, il convient de distinguer selon que l'immeuble est ou non situé dans une zone d'urbanisation continue où il existe un déséquilibre marqué entre l'offre et la demande de logements (L. 6 juill. 1989, art. 17). Dans le premier cas, des actions en diminution ou en réévaluation du loyer peuvent être intentées lors du renouvellement (L. 6 juill. 1989, art. 17-2-I). Dans le second cas, le bailleur ne peut proposer une augmentation de loyer que si celui-ci était « manifestement sous-évalué » (L. 6 juill. 1989, art. 17-2-II) ; le refus du locataire ouvre une procédure complexe devant une commission de conciliation, voire le juge. S'agissant d'autres modifications du contrat initial (durée, destination locative, sous-location, indexation…), la loi ne prévoit rien, il faut penser que le preneur peut purement et simplement les refuser. – En ce sens, F. Collart-Dutilleul et Ph. Delebecque et Ch.-E. Bucher, n° 557. – B. Gross et Ph. Bihr, n° 735. – J.-L. Aubert, *Le renouvellement du contrat de location* : *Administrer* nov. 1989, n° 206, p. 2. – *Contra* J. Huet, n° 21517. – Ph. Bihr, obs. ss TI Ivry-sur-Seine, 9 déc. 1988 : *D.* 1989, inf. rap. p. 396. – Et l'opinion très partagée *in* J.-L. Aubert et Ph. Bihr, *op. cit.*, n° 267.

(186) « À défaut de congé le bail [rural] est renouvelé pour une durée de neuf ans » (C. rur. pêche marit., art. L. 411-50) ; le bail d'habitation est tacitement reconduit pour une durée égale à celle du bail initial (minimum de trois ou six ans) (L. 6 juill. 1989, art. 10, al. 3) ; il en est de même pour le bail professionnel (minimum de six ans) (L. 23 déc. 1986, art. 57-A, al. 2).

(187) V. Cass. 3e civ., 28 mai 1997, n° 95-17.953 : *Contrats, conc. consom.* 1997, n° 131, L. Leveneur, la promesse de bail vaut bail lorsqu'il y a accord sur la chose et sur le prix. – *Contra* Ph. Malaurie, L. Aynès et P.-Y. Gautier, préc., n° 459 selon lesquels la prédétermination du prix n'est plus en droit commun une condition de validité du bail. Ces auteurs prennent appui sur deux des arrêts d'assemblée plénière de 1995 qui visaient l'article 1709 du Code civil. Cette référence ne nous paraît pas déterminante au regard de l'économie du contrat de bail. De fait, l'avant-projet Capitant de

régime de la sanction associée à cette exigence : l'absence d'un loyer déterminé, ou rendu objectivement déterminable, par les parties entraînera la nullité du bail(188), à moins que dans son pouvoir d'interprétation de la volonté des parties, le juge ne disqualifie le contrat(189), voire ne supplée la volonté des parties en fixant le loyer(190). En revanche, l'éventuelle mise à l'écart de la règle de déterminabilité objective et préalable du loyer dans certaines décisions de la Cour de cassation tient à la nature originale des conventions alors en cause, et irréductibles à un simple bail : contrat mixte composant bail et entreprise dans un cas(191), contrat-cadre dans l'autre(192).

Autre est la question de la preuve du montant du loyer. La difficulté ne se rencontre que pour le bail verbal : le locataire réclamera au bailleur une quittance qui attestera du paiement libératoire, à défaut la parole du propriétaire ne pourra être vaincue que par une estimation d'experts (C. civ., art. 1716).

331. – Fixation du loyer originaire et pas-de-porte. Le droit commun est dominé par le principe de la liberté contractuelle qui fait du loyer le résultat d'une libre négociation marchande entre bailleur et preneur. Les statuts spéciaux reproduisent cette règle avec des tempéraments.

Dans le bail d'habitation, la loi du 24 mars 2014 a tenté de réguler les loyers. Elle invite alors à distinguer le secteur libre et les secteurs dans lesquels est constatée une difficulté sérieuse d'accès au logement, caractérisée notamment par le prix élevé des loyers. Dans le secteur libre, la fixation des loyers est laissée à la discrétion des parties. En revanche, dans les zones d'urbanisation continue de plus de 50 000 habitants, dans lesquelles il existe un déséquilibre marqué entre l'offre et la demande de logements (L. 6 juill. 1989, art. 17), un arrêté fixe chaque année un loyer de référence exprimé par prix au mètre carré de surface habitable et calculé par l'observatoire local des loyers en tenant compte des loyers médians et de la catégorie de l'immeuble. Le prix du bail ne peut dépasser le loyer de référence de plus de 30 % (on parle de loyer de référence majoré). Si tel est le cas, le locataire peut engager une action en diminution de loyer (L. 6 juill. 1989, art. 17-II-A). Par ailleurs, le bail peut contenir un « complément de loyer » pour des logements présentant des caractéristiques de localisation ou de confort par rapport aux logements de même catégorie situés dans la même

---

réforme des contrats spéciaux prévoit heureusement : « La location est un contrat consensuel. Elle est valablement formée dès que les parties sont convenues d'un bien et d'un loyer. Les parties sont convenues du bien et du loyer lorsque ceux-ci sont déterminés ou déterminables, sans qu'il soit besoin d'un accord ultérieur de leur part ». Sur cette lignée, l'avant-projet de réforme des contrats spéciaux présidé par Ph. Stoffel-Munck précise : « le contrat de location est consensuel. Il est formé dès que les parties sont convenues de la chose et du loyer ».

(188) V. not. Cass. 3e civ., 27 juin 1973 : *Bull. civ.* 1973, III, p. 446 ; *RTD civ.* 1983, p. 748, obs. F. Chabas. – Cass. 3e civ., 10 déc. 1975 : *Bull. civ.* 1975, III, n° 369. – Cass. 3e civ., 13 juill. 1994 : *Bull. civ.* 1994, III, n° 144. – Cass. 3e civ., 21 sept. 2011 : *D.* 2011, p. 2711, note D. Mazeaud ; *D.* 2012, p. 466, obs. S. Amrani-Mekki et M. Mekki ; *RDC* 2012, p. 47, obs. E. Savaux et p. 130, obs. J.-B. Seube. – *Adde* la jurisprudence pour laquelle la promesse de bail dépourvue de prix est nulle, Cass. 1re civ., 14 déc. 1960 : *Bull. civ.* 1960, I, n° 543. – Cass. 3e civ., 27 juin 1973, préc. – V. J. Ghestin et M. Billiau, *Le prix dans les contrats de longue durée*, LGDJ, 1990, n° 21. – J. Ghestin, *Traité de droit civil : la formation du contrat*, LGDJ, 1993, n° 743. Pour le bail d'habitation, l'article 3 de la loi du 6 juillet 1989 impose que le contrat rédigé par écrit précise le montant du loyer et ses modalités de paiement et de révision.

(189) Pour une requalification en commodat, V. Cass. soc., 16 juin 1951 : *RTD civ.* 1952, p. 239, obs. J. Carbonnier. – En contrat de fourniture, Cass. 3e civ., 31 mars 1978 : *Ann. loyers* 1979, p. 131.

(190) V. Cass. 3e civ., 3 oct. 1968 : *RTD civ.* 1969, p. 351, obs. G. Cornu.

(191) V. Cass. com., 29 janv. 1991 : *JCP* G 1991, II, 21751, note L. Leveneur (contrats de location et d'entretien de linges et vêtements de travail) ; arrêt rendu sous le visa de l'article 1129 du Code civil. – V. *supra*, n° 40.

(192) V. Cass. ass. plén., 1er déc. 1995, arrêt *Cofratel c/ Bechtel*, cité *supra*, n° 41, qui concerne « une convention dite de "location entretien", relative à l'installation téléphonique de (...) bureau » conclue pour une durée de quinze ans et qui prévoyait « la conclusion de contrats ultérieurs » ; « l'indétermination du prix de ces contrats dans la convention initiale n'affecte pas, sauf dispositions légales particulières, la validité de celle-ci, l'abus dans la fixation du prix ne donnant lieu qu'à résiliation ou indemnisation » ; l'arrêt est néanmoins rendu sous le visa des articles 1709 et 1710 ensemble, 1134 et 1135 du Code civil.

zone géographique. Les caractéristiques justifiant ce complément de loyer doivent figurer au bail et, là encore, le locataire peut contester le complément de loyer dans des conditions fixées par le législateur (L. 6 juill. 1989, art. 17-II-B).

S'agissant du bail rural, « le loyer des terres nues et des bâtiments d'exploitation est fixé en monnaie entre des *maxima* et des *minima* arrêtés par l'autorité administrative » (C. rur. pêche marit., art. L. 411-11, al. 3, mod. L. n° 95-2, 2 janv. 1995).

Le loyer du bail commercial est librement fixé par l'accord des parties qui peuvent également prévoir lors de l'entrée dans les lieux du locataire le paiement complémentaire d'un pas-de-porte, contrepartie du droit au renouvellement dont bénéficiera le preneur et de la perte de jouissance consécutive que souffrira le propriétaire, encore que cette qualification soit discutée(193).

332. – **Révision du loyer.** Le contrat de bail est un contrat à exécution successive ; sauf à considérer des baux de courte durée, la légitime préoccupation du bailleur de se prémunir contre le phénomène de dépréciation monétaire conduira naturellement celui-ci à prévoir l'insertion au contrat d'une clause d'indexation, ou d'échelle mobile. Conformément à la réglementation de droit commun, l'indice choisi doit être en relation avec l'activité d'une des parties ou l'objet du contrat (Ord. 30 déc. 1958, art. 79)(194).

Dans les baux d'habitation, l'article 17-1 de la loi du 6 juillet 1989 (issu de la loi ALUR) dispose que la variation du loyer ne peut excéder la variation de l'indice de référence des loyers (IRL), publié par l'INSEE. Il dispose également que le bailleur qui n'a pas manifesté sa volonté d'appliquer la révision du loyer dans le délai d'un an suivant sa prise d'effet est réputé avoir renoncé au bénéfice de la clause pour l'année écoulée.

En l'absence de toute clause d'indexation, certains statuts spéciaux prévoient même la révision périodique du loyer sur la base de la valeur locative(195) ; pour les baux commerciaux, la clause dite *loyers-recettes* s'émancipe de ce régime d'encadrement(196). Mais le souci contemporain de protection du locataire a également amené le législateur à introduire dans les statuts spéciaux des mécanismes d'encadrement et de plafonnement du loyer révisé pendant le bail ou à l'occasion de son renouvellement(197).

---

(193) On a également suggéré d'analyser le pas-de-porte en un supplément de loyer capitalisé que le preneur devrait verser au propriétaire bailleur en raison des dispositions spéciales d'encadrement du loyer commercial et qui privent celui-ci d'un loyer correspondant à la valeur locative réelle. L'intérêt de la qualification est certain lors de la révision du loyer ou du calcul de l'indemnité d'éviction. La Cour de cassation s'attache à l'intention des parties (Cass. com., 14 nov. 1962 : *JCP G* 1963, II, 12999 ; *D.* 1963, p. 305), tout en privilégiant la première analyse (Cass. com., 14 avr. 1992 : *JCP G* 1992, II, 21957, note L. Lévy ; *JCP E* 1992, I, 236, n° 12, obs. P. Pétel ; *D.* 1994, somm. p. 47, obs. L. Rozès ; *RD imm.* 1993, p. 142, note J. Derruppé).

(194) V. C. monét. fin., art. L. 112-1 et s. – L'indexation est prohibée dans les baux d'habitation encore soumis à la loi du 1er septembre 1948 ou dans le fermage.

(195) Pour le bail commercial (révision triennale), V. C. com., art. L. 145-33 et s. – Pour le bail rural, V. C. rur. pêche marit., art. L. 411-11 à L. 411-13. Les hypothèses révèlent de singulières exceptions à la règle de l'article 1134 du Code civil.

(196) Une variante de la clause d'indexation est la clause « loyer-recettes » qui détermine le loyer par référence à un pourcentage du chiffre d'affaires du locataire. Les parties lui associent un loyer minimum garanti, sorte de loyer plancher incompressible, lui-même indexé. En matière de baux commerciaux, la Cour de cassation a considéré que cette clause instituait des loyers alternatifs, déterminables année par année, et restait irréductible à une clause d'indexation ; elle en a déduit que celle-ci échappait au régime d'encadrement et de plafonnement des clauses d'indexation prévues par le décret du 30 septembre 1953. – V. Cass. 3e civ., 2 oct. 1984 : *RD imm.* 1985, p. 197, note J. Derruppé. – Cass. 3e civ., 27 janv. 1999 : *JCP G* 1999, II, 10142, B.B. ; *Loyers et copr.* 1999, n° 124. Fiscalement, les revenus du bailleur n'ont plus le statut de revenus fonciers, mais de BIC. La même formule contractuelle est couramment pratiquée dans les licences de brevets d'invention avec le système de la redevance ou prix proportionnel, mais également dans le domaine des contrats de distribution (franchise, agence commerciale, VRP...). – V. V. Fortier, *Le prix proportionnel*, thèse dactyl. Montpellier, 1986. – J.-M. Mousseron et *al.*, *Technique contractuelle*, *op. cit.*, nos 407 et s.

(197) Une étonnante péripétie judiciaire : sauf exceptions, dans le bail commercial, la majoration – ou diminution éventuelle – triennale de loyer ne peut excéder la variation de l'indice trimestriel du coût de la construction. – V. C. com.,

SOUS-SECTION 2

CONDITIONS DE FORME

333. – Dans le prolongement des articles 1172 et 1173 du Code civil, l'exigence d'un écrit conduit à distinguer les questions qui se rattachent à des questions formelles (§ 1) ou des questions probatoires (§ 2).

§ 1. – L'écrit *ad validitatem* ?

334. – Le principe du consensualisme. « On peut louer, ou par écrit ou verbalement (...) » (C. civ., art. 1714). Le contrat de bail est en principe un contrat consensuel dont la validité suppose le seul accord de volontés sur la chose, le prix et la durée de la convention. Mais, à nouveau, à considérer les statuts spéciaux, la réalité de la situation est plus complexe.

335. – Un formalisme solennel équivoque. Plusieurs statuts spéciaux exigent la rédaction d'un écrit, sans que la sanction du défaut d'écrit soit très clairement énoncée.

Dans le bail rural, l'écrit est exigé (C. rur. pêche marit., art. L. 411-1 et L. 411-4), mais la Cour de cassation admet de longue date la validité du bail verbal[198].

Dans les baux d'habitation, l'écrit est non seulement exigé, mais son modèle imposé. L'article 3 de la loi du 6 juillet 1989 (issu de la loi ALUR du 24 mars 2014) dispose en effet que « le contrat de location est établi par écrit et respecte un contrat type défini par décret en Conseil d'État »[199]. Suivent les nombreux éléments que doit contenir cet écrit (date, durée, consistance de la chose louée, description des locaux et des équipements, loyer de référence et loyer majoré, V. *supra*, n° 331 ; montant du loyer et de l'éventuel dépôt de garantie). À la rédac-

---

art. L. 145-38, l'expression « ne peut excéder » signifiant « ne peut être supérieure à » se rapporte aussi bien au mot « majoration » qu'au terme « diminution », V. CA Paris, 16e ch. A, 26 mai 1999 : *Loyers et copr.* 1999, n° 186 ; pourtant, contre le texte – et l'opinion des auteurs – la Cour de cassation a estimé que le locataire, après trois ans, pouvait demander la révision à la baisse de son loyer lorsque la valeur locative lui était inférieure, en dépit de la stabilité de l'indice. – V. Cass. 3e civ., 24 janv. 1996 : *JCP* E 1996, II, 821, note F. Auque. – Cass. 3e civ., 19 avr. 2000 : *JCP* G 2000, II, 10361, note B. Boccara ; *JCP* E 2000, p. 7761, F. Auque. – Cass. 3e civ., 30 mai 2001 : *JCP* G 2001, II, 10561, obs. F. Auque ; *D.* 2001, p. 2036, obs. M.-L. Sainturat. Pour briser cette jurisprudence, une loi MURCEF est venue maladroitement modifier l'article en cause (L. 11 déc. 2001 : *JO* 12 déc. p. 19703) ! Mais nouveau problème : en l'absence de dispositions transitoires, le nouveau texte s'applique-t-il aux contentieux en cours ? Après avoir répondu favorablement en retenant pour la loi en cause le caractère de loi interprétative, l'assemblée plénière de la Cour de cassation a jugé différemment en considérant que le législateur ne s'était pas référé à d'impérieux motifs d'intérêt général et par conséquent n'avait pas entendu s'ingérer dans l'administration de la justice ; sous le visa de l'article 6 de la Convention européenne des droits de l'homme, l'assemblée plénière retient à cet effet que la règle de l'ingérence du pouvoir législatif dans l'administration de la justice afin d'influer sur le dénouement judiciaire des litiges a une portée « générale » et « s'applique quelle que soit la qualification formelle donnée à la loi et même lorsque l'État n'est pas partie au procès », Cass. ass. plén., 23 janv. 2004, *SCI Le Noyer c/ Sté Castorama* : *Bull. civ.* 2004, ass. plén., n° 371 ; *JCP* G 2004, II, 10030, note M. Billiau ; *RTD civ.* 2004, p. 371, obs. J. Raynard. – *Adde* CA Versailles, 6 févr. 2003 : *D.* 2003, p. 720, note P.-Y. Gautier ; *RTD civ.* 2003, p. 766, obs. J. Raynard. – Le juge peut également corriger le jeu de la clause qui produirait une augmentation du loyer de plus de 25 %, C. com., art. L. 145-39. – Pour le bail d'habitation, V. L. 6 juill. 1989, art. 17-II.

(198) Cass. soc., 29 juill. 1950 : *JCP* G 1951, II, 5988, note P. Eismein.

(199) V. D. n° 2015-587, 29 mai 2015, relatif aux contrats types de location de logement à usage de résidence principale : *JO* 31 mai 2015, p. 9035. – A. 29 mai 2015, relatif au contenu de la notice d'information annexée aux contrats de location de logement à usage de résidence principale : *JO* 31 mai 2015, p. 9041. – J.-B. Seube, *Le bail sur le lot de Procuste* : *RDC* 2015, obs. p. 874.

tion de cet écrit, doit également être associé un état des lieux, lui-même établi selon de strictes directives (V. L. 6 juill. 1989, art. 3-2). Le bailleur d'immeuble ancien doit encore annexer au contrat de location un dossier de diagnostic technique dont l'établissement est à sa charge nonobstant toute convention contraire (C. santé publ., art. L. 1334-7), l'exigence tient davantage de l'obligation de sécurité du bailleur (V. *infra*, n° 349). L'écrit est donc une exigence. Mais la sanction du défaut d'écrit reste incertaine. Le bailleur ne peut pas se prévaloir de la violation de ces dispositions, mais « chaque partie peut exiger, à tout moment, de l'autre partie (*sic !*) l'établissement d'un contrat conforme (...) » (L. 6 juill. 1989, art. 3, al. 7). Entre nullité relative, au profit du seul locataire, et mise en conformité du contrat, d'origine bilatérale, la doctrine balance dans l'articulation de ces dispositions. La volonté législative a probablement été de ne privilégier aucune de ces sanctions, mais d'en offrir le choix au demandeur le plus diligent(200). La Cour de cassation a pourtant admis la validité du bail verbal qui a été exécuté(201) : pourquoi alors ne pas admettre la validité du même bail en cours d'exécution ?

L'équivoque règne encore sur la signification de l'exigence d'écrit associée à la licence de droit d'auteur(202) ; en revanche si l'exigence d'écrit est bien posée à peine de nullité pour la licence de brevet(203), cette formalité n'est pas requise pour la licence de marque(204).

§ 2. – L'écrit *ad probationem*

336. – Un formalisme probatoire particulier. Les articles 1715 et 1716 posent des règles probatoires dérogatoires au droit commun. Ces règles, qui sont aujourd'hui critiquées (l'avant-projet de réforme du droit des contrats spéciaux propose de les supprimer), tendaient à rendre plus difficile la preuve du bail oral, incitant alors les contractants à recourir à l'écrit. Elles conduisent à distinguer la preuve de l'existence du bail, et celle de son contenu.

337. – Preuve de l'existence du bail. L'article 1715 du Code civil dispose que « si le bail fait sans écrit n'a encore reçu aucune exécution, et que l'une des parties le nie, la preuve ne peut être reçue par témoins, quelque modique qu'en soit le prix, et quoiqu'on allègue qu'il y ait eu des arrhes données ». L'article paraît bien devoir être circonscrit à la simple preuve de l'existence du bail *inter partes*(205). Pour ce cas, de deux choses l'une : soit le bail verbal n'a reçu aucun commencement d'exé-

(200) En ce sens, J.-L. Aubert et Ph. Bihr, *op. cit.*, n°s 64 et s. – Comp. J. et F. Lafond, *La réforme des baux d'habitation du secteur privé* : *JCP* N 1989, doctr. p. 297, spéc. n° 35.

(201) Cass. 3e civ., 7 févr. 1990 : *Bull. civ.* 1990, III, n° 40 ; *D.* 1993, somm. p. 173 ; *Defrénois* 1991, art. 35030, J.-L. Aubert ; *RTD civ.* 1990, p. 679, obs. Ph. Rémy ; en l'espèce, le locataire invoquait la nullité du bail verbal expiré... pour échapper au paiement d'un solde de loyers.

(202) V. CPI, art. L. 131-2 ; la Cour de cassation y a néanmoins observé une simple exigence probatoire. – V. Cass. 1re civ., 12 avr. 1976 : *RTD com.* 1978, p. 103. – Cass. 1re civ., 6 nov. 1979 : *JCP* G 1980, IV, 25. – V. M. Josselin-Gall, *Les contrats d'exploitation du droit de propriété littéraire et artistique*, GLN-Joly, 1995, n°s 167 et s.

(203) V. CPI, art. L. 613-8.

(204) V. CPI, art. L. 714-2.

(205) Les tiers au contrat de bail pourraient prouver celui-ci par tout moyen, comme le *fait juridique* qu'il représente à leur égard ; c'est spécialement le cas d'un propriétaire bailleur à l'égard du contrat de sous-location (Cass. com., 27 juin 1955 : *Gaz. Pal.* 1955, 2, p. 223).

cution, la preuve par témoins s'avère inadmissible quelle que soit la faiblesse du loyer et même dans les cas des articles 1362 (commencement de preuve par écrit) et 1360 du Code civil (impossibilité matérielle ou morale de se procurer un écrit), seul le serment déféré à l'autre et/ou l'aveu de celui-ci peut être reçu ; soit le bail verbal a reçu un commencement d'exécution (locataire dans les lieux et paiement des premiers loyers) et, par une interprétation *a contrario* de l'article 1715 du Code civil, on admettra la liberté de preuve[206].

338. – **Preuve du contenu du bail.** S'agissant de prouver le contenu du bail (consistance ou destination de la chose louée), on en revient au droit commun (C. civ., art. 1359 et s.) à deux exceptions, de taille. La première concerne la preuve du loyer, pour laquelle seuls trois modes sont admissibles : les quittances délivrées par le bailleur, le serment du bailleur, ou l'estimation du loyer par experts[207]. La seconde concerne la preuve de la durée du bail : la durée du bail verbal est censée être nécessairement indéterminée (C. civ., art. 1736). Il en résulte que la durée d'un bail verbal ne peut se prouver ni par témoignage, ni par présomption. Cette assimilation est critiquable car les parties peuvent parfaitement être convenues oralement d'un bail à durée déterminée.

SECTION 3

LES EFFETS DU CONTRAT DE BAIL

339. – **Plan.** C'est tout d'abord l'efficacité du contrat de bail, c'est-à-dire ses effets obligatoires que nous scruterons (Sous-section 1) ; mais le bail est un contrat de durée et cette circonstance suggère l'éventualité d'un changement intéressant la personne d'un contractant ou la position de celui-ci : autant de situations caractéristiques de la « circulation du contrat » que nous envisagerons enfin (Sous-section 2).

SOUS-SECTION 1

LES OBLIGATIONS DES PARTIES

340. – **Effet réel : non, mais...** Le contrat de bail ne comporte aucun effet translatif de droit réel analogue à la vente : en dépit d'analyses qui privilégiaient la vigueur accrue des prérogatives du locataire, celui-ci ne reste titulaire que d'un simple droit de créance à l'endroit du bailleur[208]. Pourtant, on déduirait hâtivement que le contrat de bail ne peut jamais comporter d'effet réel ainsi que le

(206) En pratique, le preneur qui occupe les lieux devra également prouver l'existence et le paiement du loyer, ce qu'il fera par une quittance alors constitutive... d'un commencement de preuve par écrit, voire d'une preuve parfaite, ce qui finalement nous ramène au droit commun. – V. Cass. 3e civ., 29 avr. 1997 : *Rev. loyers* 1997, p. 427. – V. Ph. Rémy : *RTD civ.* 1982, p. 158, obs. sur Cass. 3e civ., 13 mai 1981. – *Adde* B. Vial-Pedroletti, *Le bail verbal* : *Loyers et copr.* nov. 1999, n° spéc.

(207) Le juge ne peut fixer le prix : Cass. 3e civ., 15 mars 2000 : *D.* 2001, p. 167.

(208) V. cette discussion, *infra*, n° 384. Les risques de perte de la chose demeurent donc à la charge du bailleur.

révèle l'hypothèse de la construction par le preneur de locaux sur le terrain loué. Le principe de l'accession veut en effet que tout ce qui s'unit et s'incorpore à la chose appartienne au propriétaire de celle-là (C. civ., art. 551 et 552) et le Code civil réglemente les conséquences de l'accession lorsque les constructions ont été faites par un tiers avec des matériaux lui appartenant (C. civ., art. 555)(209). Mais le jeu de l'accession peut cependant être retardé : c'est ce qu'admet la jurisprudence en décidant que pendant la durée du bail, le locataire a la propriété de la construction qu'il a édifiée sur le sol de son bailleur(210), et ce au titre d'un droit – réel – de superficie temporaire(211). La même analyse permet au législateur de reconnaître pareillement un droit réel de superficie au preneur à bail emphytéotique(212), à construction(213), ou à réhabilitation(214). Mais à l'expiration du bail, l'accession joue inéluctablement, la propriété des constructions revenant naturellement dans le patrimoine du propriétaire – bailleur – du sol, avec ou sans indemnité compensatrice(215).

341. – Effets obligatoires : un contrat synallagmatique. Encore que la réglementation contemporaine spéciale au bail d'habitation soit de nature à revigorer la théorie de l'acte collectif(216), le contrat de bail est un contrat synallagmatique qui développe ses effets obligatoires à la charge du bailleur (§ 1) et du preneur à bail (§ 2).

---

(209) V. Cass. 3e civ., 12 juill. 2000 : *JCP* G 2001, II, 10537.

(210) Cass. 1re civ., 1er déc. 1964 : *Bull. civ.* 1964, I, n° 535 ; *D.* 1965, p. 473 ; *JCP* G 1965, II, 14213, note P. Eismein ; *RTD civ.* 1965, p. 377, obs. J.-D. Bredin ; *GAJ civ.*, n° 65, p. 283. On en déduit que le preneur peut vendre les constructions à l'occasion de la cession du bail, les droits de mutation étant perçus en conséquence (V. Cass. civ., 4 mai 1937 : *DH* 1937, p. 471) ; ou consentir des hypothèques sur les constructions dans le respect des règles de publicité foncière (V. J. Lafond et B. Stemmer, *Dictionnaire de la publicité foncière*, V° *Construction sur le sol d'autrui*) ; le preneur pourra même donner en location ses constructions sans que l'on puisse considérer qu'il réalise une sous-location prohibée par le statut des baux commerciaux (V. Cass. 3e civ., 6 déc. 1972 : *Bull. civ.* 1972, III, n° 665) ; enfin il aura droit à une indemnité au titre des constructions au cas d'expropriation avant le jeu de l'accession (V. Cass. 3e civ., 4 avr. 2002 : *RTD civ.* 2003, p. 114, obs. Th. Revet ; *JCP* E 2003, p. 653 et les obs.). Mais la Cour de cassation pose le principe inverse de l'accession immédiate pour les plants de vigne et droits de plantation y afférents, à raison de l'absence de « fonds rural » qui puisse être dissocié du fonds immobilier donné à bail rural. – V. Cass. 3e civ., 24 mars 1999 : *D.* 2000, p. 141, note E. Agostini et F. Roussel. – *Adde* Cass. 3e civ., 18 nov. 1998 : *RTD civ.* 1999, p. 649, obs. F. Zénati. – Sur la loi du 5 janvier 2006 qui crée le fonds rural, V. *supra*, n° 295.

(211) Le droit de superficie est généralement analysé comme un droit réel de propriété ayant pour objet ce qui se trouve au-dessus (arbre, construction), voire au-dessous (garage...) du sol. Le titulaire du droit de superficie (ici, preneur à bail) est le *superficiaire* ; le propriétaire du sol (bailleur), le *tréfoncier*. – V. J.-P. Marty, *La dissociation juridique de l'immeuble, contribution à l'étude du droit de superficie*, LGDJ, coll. « Bibl. dr. privé », 1979, t. 155, préf. J. Hémard. – J.-P. Bertrel, *L'accession artificielle immobilière* : *RTD civ.* 1994, p. 737. – Th. Lamarche, *L'accession différée* : *RTD civ.* 2006, p. 1.

(212) C. rur. pêche marit., art. L. 451-1. – Sur l'opposabilité au propriétaire du bail consenti par l'emphytéote, V. Cass. 3e civ., 2 juin 2010 : *RTD civ.* 2010, 589, Th. Revet ; *RDC* 2010, 1328, J.-B. Seube.

(213) CCH, art. L. 251-3. – Sur le rappel de la nature juridique du bail à construction et les conséquences fiscales de sa résiliation, V. Cass. com., 24 juin 1997 : *JCP* G 1998, II, 10059, note N. Gonzalez et P. Cornille. – Sur la validité de la clause imposant des restrictions au preneur à bail à construction, Cass. 3e civ., 7 avr. 2004 : *RDC* 2004, p. 99, 1, obs. J.-B. Seube.

(214) CCH, art. L. 252-2 (L. 31 mai 1990, art. 11).

(215) Le sort des constructions autorisées par le bailleur, à l'expiration du contrat (enlèvement par le preneur, indemnités...), appelle aménagement conventionnel. – V. Cass. 3e civ., 5 janv. 2012, n° 10-26.965 : le preneur reste propriétaire des constructions qu'il a édifiées pendant la durée de la location, la résiliation anticipée du bail du fait de l'expropriation ne le prive pas de son droit à indemnité. – Sur l'application de l'article 555 du Code civil au preneur de bonne foi, V. G. Cornu, obs. sur Cass. 3e civ., 9 janv. 1979 : *RTD civ.* 1979, p. 810.

(216) V. L. 23 déc. 1986, art. 42, « les bailleurs peuvent... proposer directement aux locataires des accords... ces accords sont applicables dès lors qu'ils ont été approuvés par écrit par la majorité des locataires ». Application : Cass. 3e civ., 28 juin 2000 : *Bull. civ.* 2003, III, n° 131 ; *RTD civ.* 2001, p. 160, obs. P.-Y. Gautier, un bailleur propose individuellement à ses locataires le raccordement de l'immeuble à un réseau câblé ; la majorité accepte ; un locataire minoritaire réclame remboursement des sommes mises à sa charge à ce titre : sans succès « un accord proposé par un bailleur et approuvé par la majorité des locataires s'impose à tous... ». Spectaculaire mise à l'écart de l'article 1165 du Code civil : les locataires ne constituent pas une personne morale, ni davantage un groupement organisé ! Pas davantage il n'y a eu ici de négociation collective.

§ 1. – Les obligations du bailleur

342. – **L'énumération légale.** L'article 1719 du Code civil énumère les quatre obligations qui, par la nature du contrat et sans qu'il soit besoin d'aucune stipulation particulière, pèsent sur le bailleur : délivrer la chose louée au preneur ; entretenir cette chose ; en faire jouir paisiblement le preneur ; assurer la permanence des plantations. Cette énumération n'est guère satisfaisante : d'une part, la référence à la permanence des plantations est propre au bail rural[217] ; d'autre part, les articles suivants déclinent les obligations du bailleur et créent parfois d'inutiles répétitions ou confusions.

En réalité, toutes les obligations du bailleur tendent à assurer au locataire la jouissance paisible de la chose louée. « Tout converge dans le bail vers cette satisfaction principale (...) que constitue la jouissance de la chose »[218] : le maintien en jouissance du preneur est ainsi l'âme du bail. Elle sert de toile de fond aux obligations de délivrance (A), d'entretien (B) et de garantie (C) du bailleur.

A. – L'obligation de délivrance

343. – **Contenu.** L'obligation de délivrance est évoquée par plusieurs articles du Code civil. Il en résulte que le bailleur est tenu de délivrer la chose (C. civ., art. 1719, 1°), en bon état de réparations de toute espèce (C. civ., art. 1720) et, s'il s'agit de l'habitation principale du locataire, la chose doit être un logement décent (C. civ., art. 1719, 1°).

344. – **Délivrer.** La délivrance consiste dans la mise en possession du locataire de la chose louée. C'est une obligation *instantanée*, et, probablement, comme pour la vente, principalement une obligation *de ne pas faire* (ne pas empêcher le preneur d'entrer en possession. – V. *supra*, n° 185), sauf actes positifs annexes (remise des clés ou des papiers du véhicule...).

La délivrance doit porter sur une chose conforme. La conformité s'apprécie d'abord par rapport aux stipulations contractuelles. La chose délivrée doit ainsi contenir ses accessoires[219] et correspondre à la chose promise. Les éventuels déficits de contenance de la chose louée sont traités de la même façon que dans la vente (C. civ., art. 1765), à moins que le législateur n'ait préféré instituer un régime particulier[220]. Mais la conformité s'apprécie également par rapport à la destination de la chose. Manque ainsi à son obligation de délivrance le bailleur qui délivre un local inapte à servir à un fonds de restauration en raison de l'impossibilité d'installer une gaine d'extraction à l'arrière du bâtiment[221] ou en raison du classement de l'immeuble en zone agricole[222].

---

(217) V. C. rur. pêche marit., art. L. 415-8.

(218) J. Huet, *op. et loc. cit.* – A. Bénabent, n° 353.

(219) Cass. com., 4 avr. 2006 : *Bull. civ.* 2006, IV, n° 86 jugeant que le loueur d'un chapiteau est tenu, au titre de son obligation de délivrance, de fournir au preneur l'extrait du registre de sécurité du chapiteau.

(220) Dans les baux d'habitation, lorsque la surface de la chose louée est inférieure de plus d'un vingtième à celle annoncée dans le contrat, le bailleur supporte une diminution de prix proportionnelle. L'article 3-1 de la loi du 6 juillet 1989 (issu de la loi du 24 mars 2014) organise la procédure en cas de désaccord des parties.

(221) Cass. 3e civ., 26 mars 1997 : *Bull. civ.* 1997, III, n° 7 ; *D.* 1997, somm. p. 327, obs. C. Atias.

(222) Cass. 3e civ., 2 juill. 1997 : *Bull. civ.* 1997, III, n° 159.

Il appartient au bailleur, tenu de délivrer la chose louée, de prouver qu'il s'est effectivement libéré de cette obligation(223).

Une jurisprudence touffue porte sur les clauses exonératoires de cette obligation. Si les juges admettent que les parties puissent aménager l'obligation de délivrance, ils veillent cependant à ce que l'aménagement réalisé n'affranchisse pas le bailleur de son obligation(224).

Enfin, la sanction d'un défaut de délivrance laisse au locataire la possibilité de poursuivre la résiliation du bail ou, si la chose est possible, l'exécution forcée de l'obligation du bailleur. Il est par exemple impossible d'ordonner la délivrance du local lorsque ce local a, entre-temps, été loué à un tiers qui est entré en possession. L'entrée en possession du tiers constitue une impossibilité juridique qui exclut l'exécution forcée de l'obligation de délivrance(225).

La crise de la Covid-19 a permis de se demander si le bailleur manquait à son obligation de délivrance si le locataire était empêché de jouir de la chose du fait des mesures de fermeture ordonnée par les autorités. La Cour de cassation a jugé qu'il n'y avait en ce cas de figure aucun manquement du bailleur(226).

345. – **Délivrer une chose en bon état.** Alors que le vendeur doit délivrer la chose en l'état où elle se trouve lors de la vente, le bailleur est tenu de délivrer une chose en bon état de réparations de toute espèce. C'est donc dire qu'il doit, avant l'entrée en possession du locataire, supporter toutes les réparations (locatives ou non. – V. *infra*, n° 365) nécessaires au bon état de la chose(227).

Ce dispositif n'est cependant pas d'ordre public : la clause usuelle aux termes de laquelle le preneur déclare « bien connaître les lieux et prendre la chose en l'état » ramène l'étendue de l'obligation de délivrance du bailleur à la mesure de celle du vendeur(228). L'interprétation de cette clause demeure très restrictive(229). Comme

(223) Cass. 3e civ., 25 juin 2008 : *Bull. civ.* 2008, III, n° 111 ; *RDC* 2009, p. 161, obs. J.-B. Seube. – Cass. 3e civ., 6 mai 2014 : *RDC* 2014, p. 647, obs. J.-B. Seube.

(224) Cass. 3e civ., 1er juin 2005 : *Bull. civ.* 2005, III, n° 119 ; *Defrénois* 2006, p. 439, obs. L. Ruet ; *RTD civ.* 2005, p. 779, obs. J. Mestre et B. Fages (à propos d'une clause relative à l'exécution de travaux par le locataire). – Cass. 3e civ., 19 déc. 2012 : *Bull. civ.* 2012, III, n° 187 ; *RDC* 2013, p. 633, obs. J.-B. Seube (à propos d'un bail ne comprenant pas une habitation exigée par les prescriptions légales).

(225) Cass. 1re civ., 27 nov. 2008 : *Bull. civ.* 2008, I, n° 269 ; *RDC* 2009, p. 613, obs. J.-B. Seube.

(226) Cass. 3e civ., 30 juin 2022, nos 21-19.889, 21-10.190, 21-20.127 : *D.* 2022, p. 1398, note S. Tisseyre ; *D.* 2022, p. 1445, note D. Houtcieff ; *JCP G* 2022, 975, J. Monéger ; *JCP E* 2022, 1376, note O. Deshayes, Th. Genicon et Y.-M. Laithier ; *AJDI* 2022, p. 605, avis B. Sturlèse ; *JCP N* 2022, n° 36, p. 1216, note M. Mekki ; *AJDI* 2022, p. 605, note J.-P. Blatter ; *D.* 2023, p. 254, obs. M. Mekki et R. Boffa ; *RTD civ.* 2022, p. 887, obs. H. Barbier ; *RTD civ.* 2022, p. 912, obs. P.-Y. Gautier. La cour régulatrice approuve les décisions attaquées d'avoir « exactement retenu que la mesure générale de police administrative portant interdiction de recevoir du public n'était pas constitutive d'une inexécution par le bailleur de son obligation de délivrance » (3e espèce). Cette interdiction était « le seul fait du législateur » (2e espèce) ; dès lors, « l'effet de cette mesure générale (...) ne peut être (...) imputable au bailleur » (1re espèce).

(227) La loi du 6 juillet 1989 sur le bail d'habitation étend l'obligation de délivrance en bon état de fonctionnement du bailleur aux équipements mentionnés au contrat de location (L. 6 juill. 1989, art. 6-a). La loi fait devoir aux parties d'établir un état des lieux contradictoire lors de l'entrée dans les lieux, à frais partagés, faute de quoi le bailleur ne pourrait se prévaloir de la présomption de l'article 1731 du Code civil (L. 6 juill. 1989, art. 3-2).

(228) La faculté pour le bailleur d'introduire pareille clause dans un bail d'habitation (avec... ou sans diminution du loyer) reste discutée. – V. L. 6 juill. 1989, art. 4-h. – Cass. 3e civ., 5 juin 2010 : *RDC* 2010, p. 118, G. Lardeux. – Cass. 3e civ., 24 nov. 1987 : *Bull. civ.* 1987, III, n° 189 (pour, avec diminution de loyer). – *Contra*, J. Calais-Auloy et F. Steinmetz, *op. cit.*, n° 439. – J. Huet, *op. cit.*, n° 21527. – Comp. J.-L. Aubert et Ph. Bihr, *op. cit.*, n° 161. – F. Collart-Dutilleul, Ph. Delebecque et Ch.-E. Bucher, *op. cit.*, n° 544. – V. cependant Cass. 3e civ., 3 févr. 2010 : *RDC* 2010, 907, G. Lardeux, l'article 6 de la loi n° 89-462 du 6 juillet 1989 dans sa rédaction applicable en la cause s'oppose à ce que les parties conviennent que le locataire exécutera, même avec une contrepartie, les travaux de mise aux normes de confort et d'habitabilité prévues par le décret n° 87-149 du 6 mars 1987 (cloison pour une salle de bains).

(229) V. Cass. 3e civ., 18 mars 1992 : *Bull. civ.* 1992, III, n° 88. – Cass. 3e civ., 19 déc. 2012 : *Bull. civ.* 2012, III, n° 188 ; *D.* 2013, p. 1794, obs. M.-P. Dumont-Lefrand ; *RTD com.* 2013, p. 231, obs. F. Kenderian ; *RDC* 2013, p. 633, obs. J.-B. Seube.

l'écrit justement Pascal Puig, « si le bailleur peut s'exonérer de son obligation de délivrer la chose en bon état, il ne saurait se dispenser de délivrer au preneur la chose louée »(230).

346. – **Délivrer un logement décent.** La loi SRU du 13 décembre 2000 est venue procurer une nouvelle consistance à l'obligation de délivrance du bailleur s'agissant du logement d'habitation principale. L'article 1719 du Code civil vise à ce titre expressément l'obligation de délivrance d'un logement décent(231). La loi SRU modifie encore en ce sens plusieurs textes de la loi du 6 juillet 1989. Ainsi, « le bailleur est tenu de remettre au locataire un logement décent ne laissant pas apparaître de risques manifestes pouvant porter atteinte à la sécurité physique ou à la santé et doté des éléments le rendant conforme à l'habitation » (L. 6 juill. 1989, art. 6, al. 1er). Un décret en Conseil d'État fixe les caractéristiques correspondantes selon le type d'habitation (principale, mixte professionnel et d'habitation, meublés également soumis à cette exigence…)(232). Si le logement loué ne satisfait pas à ces dispositions, « le locataire peut demander au propriétaire leur mise en conformité sans qu'il soit porté atteinte à la validité du contrat en cours. À défaut d'accord entre les parties, le juge saisi détermine, le cas échéant, la nature des travaux à réaliser et le délai de leur exécution. À défaut de mise en conformité effectuée dans les conditions précitées, le juge peut réduire le montant du loyer » jusqu'à l'exécution desdits travaux (L. 6 juill. 1989, art. 20-1) ; lorsque les locaux loués sont impropres, le bailleur ne peut se prévaloir de la nullité ou de la résiliation du bail pour expulser le locataire (C. civ., art. 1719-1°)(233). Ces dispositions sont dans la logique de l'affirmation d'un droit fondamental au logement (L. 6 juill. 1989, art. 1er), et de la jurisprudence du Conseil constitutionnel qui désignait dans le droit à un logement décent *un objectif de valeur constitutionnelle*(234). Aussi bien la saisine de la même autorité par les opposants à la loi SRU à raison, notamment, des atteintes à la liberté individuelle et au droit de propriété que ce texte paraissait devoir comporter, ne pouvait prospérer(235). Le pouvoir imparti au juge, et par voie de conséquence à l'expert que celui-ci désignera, est sans aucun doute un signe de l'évolution contemporaine du droit des contrats sous l'influence de règles protectrices.

La Cour de cassation donne corps, décision après décision, à la notion de logement décent. Elle en a d'abord précisé le domaine en retenant que le bailleur commercial était tenu de délivrer un logement décent si les locaux concernés comprenaient des pièces d'habitation destinées à la résidence principale du locataire(236). Elle en a ensuite précisé le contenu en jugeant que la décence imposait que

(230) P. Puig, *op. cit.*, n° 662.

(231) La possibilité pour toute personne de disposer d'un logement décent constitue un objectif à valeur constitutionnelle, Cons. const., 7 déc. 2000, n° 2000-436 DC.

(232) D. n° 2002-120, 30 janv. 2002. – V. J. Lafond : *JCP* N 2002, p. 1177 et s. – Le logement décent comporte une installation sanitaire intérieure au logement comprenant un WC, séparé de la cuisine et de la pièce où sont pris les repas, et un équipement pour la toilette corporelle, comportant une baignoire ou une douche, aménagé de manière à garantir l'intimité personnelle, alimenté en eau chaude et froide et muni d'une évacuation des eaux usées ; l'installation sanitaire d'un logement d'une seule pièce peut être limitée à un WC extérieur au logement à condition que ce WC soit situé dans le même bâtiment et facilement accessible, Cass. 3e civ., 21 mars 2012, n° 11-14.838 : *D.* 2012, p. 879.

(233) L. n° 2009-323, 25 mars 2009 : *RDC* 2010, 1185, C. Pérès (et crit. p. 1189).

(234) Cons. const., 19 janv. 1995, n° 94-359 DC : *JO* 21 janv. 1995.

(235) Cons. const., 7 déc. 2000, n° 2000-436 DC : *JO* 14 déc. 2000.

(236) Cass. 3e civ., 14 oct. 2009 : *Bull. civ.* 2009, III, n° 220 ; *RTD com.* 2010, p. 63, obs. F. Kenderian.

le logement soit alimenté en eau courante(237) et pourvu d'appareils de chauffage(238). Elle en a enfin précisé le régime : d'une part, l'exigence d'un logement décent est une règle d'ordre public, si bien que les parties ne sauraient y déroger en prévoyant des loyers modiques ; d'autre part, l'indemnisation des troubles de jouissance subis par le preneur du fait de l'inexécution par le bailleur de son obligation de délivrance d'un logement décent n'est pas subordonnée à une mise en demeure(239).

B. – L'obligation d'entretien

347. – **Contenu.** L'obligation d'entretien est une obligation de faire à exécution continue qui prolonge la précédente. L'obligation d'entretenir la chose « en état de servir à l'usage pour lequel elle a été louée » (C. civ., art. 1719-2°) se développe dans la charge d'effectuer « toutes les réparations qui peuvent devenir nécessaires autres que les locatives » (C. civ., art. 1720, al. 2. – Également L. 6 juill. 1989, art. 6-c. – *Adde* C. civ., art. 1731). Une répartition s'opère alors dans la charge des réparations entre bailleur et preneur ; seules les réparations locatives, c'est-à-dire de menu entretien (V. C. civ., art. 1754) pèsent sur le locataire ; en revanche les réparations importantes qui ont trait à la structure, aux éléments essentiels de la chose louée ne sont pas locatives (murs, toiture) : leur charge incombe au bailleur qui doit « le clos et le couvert » à son locataire. Dans les baux d'habitation, le décret n° 87-712 du 26 août 1987 fixe la liste des réparations locatives (entretien courant des allées et pelouses, graissage des gonds des portes, remplacement des vitres détériorées, des interrupteurs, prises de courant…). En dépit de cette tentative d'éclaircissement, la répartition des travaux entre le bailleur et le preneur suscite de nombreux contentieux(240).

D'abord, il est évident que l'obligation d'entretien pèse tant sur la chose louée, que sur ses accessoires. Cette précision s'illustre notamment dans les centres commerciaux où l'on se demande si le bailleur est tenu d'entretenir les parties communes. Même si la jurisprudence est assez nuancée et ne met pas à la charge du bailleur l'obligation de maintenir l'attractivité commerciale de la galerie, elle retient que le bailleur est tenu d'entretenir les parties communes du centre, analysées comme des « accessoires nécessaires à l'usage de la chose louée »(241).

Il est ensuite fréquent qu'une clause transfère au locataire les grosses réparations(242). Ces clauses sont interprétées restrictivement par les juridictions(243). En revanche, dans les baux d'habitation, les parties peuvent convenir par une clause

(237) Cass. 3e civ., 15 déc. 2004 : *JCP* G 2005, II, 10000 ; *Defrénois* 2005, p. 638, obs. R. Libchaber ; *D.* 2005, somm. p. 749, obs. N. Dammas ; *D.* 2005, chron. p. 305, J. Monéger ; *RDC* 2005, p. 746, obs. J.-B. Seube.

(238) Cass. 3e civ., 4 juin 2014, n° 13-17.289 : *D.* 2014, p. 1274, obs. Y. Rouquet ; *RDC* 2014, p. 648, obs. J.-B. Seube.

(239) Cass. 3e civ., 4 juin 2014, n° 13-12.314 : *D.* 2014, p. 1274, obs. Y. Rouquet ; *RDC* 2014, p. 648, obs. J.-B. Seube.

(240) Par ex., Cass. 3e civ., 19 nov. 2014, n° 12-27.061 : *RDC* 2015, n° 2, obs. J.-B. Seube condamnant le bailleur qui avait installé un chauffage électrique à la place d'un chauffage au gaz à réinstaller la même installation que celle d'origine.

(241) Cass. 3e civ., 19 déc. 2012 : *Bull. civ.* 2012, III, n° 190 ; *D.* 2013, p. 1794, obs. M.-P. Dumont-Lefrand ; *RDC* 2013, p. 631, obs. J.-B. Seube (dépérissement de l'immeuble, suppression de l'accès aux toilettes et présence de gravats interdisant l'accès au parking).

(242) Sur la clause qui met les « grosses réparations » à la charge du propriétaire, V. Cass. 3e civ., 13 juill. 2005 : *RTD civ.* 2005, p. 795, obs. P.-Y. Gautier. – Cass. 3e civ., 3 févr. 2010 : *RDC* 2010, 907, G. Lardeux : au visa de l'article 6 de la loi du 6 juillet 1989, les parties ne peuvent valablement convenir que le locataire exécutera, même avec une contrepartie, les travaux de mise aux normes de confort et d'habitabilité prévues par le décret du 6 mars 1987.

(243) V. Cass. 3e civ., 11 déc. 1984 : *Bull. civ.* 1984, III, n° 209. – Cass. 3e civ., 10 mai 1991 : *Bull. civ.* 1991, III, n° 127 ; *D.* 1991, inf. rap. p. 162 ; *JCP* G 1991, IV, 255. – Cass. 3e civ., 12 avr. 1995 : *Bull. civ.* 1995, III, n° 102. – CA Versailles, 19 nov.

expresse des travaux que le locataire exécutera et des modalités de leur imputation sur le loyer ; cette clause est enfermée dans de strictes conditions : elle doit prévoir la durée de cette imputation et, en cas de départ anticipé du locataire, les modalités de son dédommagement (V. L. 6 juill. 1989, art. 6-a).

Le bailleur n'est par ailleurs pas tenu d'effectuer les grosses réparations en cas de perte totale ou partielle de la chose louée, à la suite d'un cas fortuit[244]. En ce cas, le bail est résilié ou voit, à la demande du preneur, son prix réduit (C. civ., art. 1722).

Enfin, la prise en considération des convictions religieuses a conduit à se demander si le bailleur ne pouvait pas se voir imposer d'entretenir le bien loué de telle sorte qu'il soit conforme aux convictions du locataire. Un arrêt important s'est prononcé à propos de l'installation d'une serrure mécanique à la place d'un digicode que les locataires de confession juive ne pouvaient utiliser pendant le Sabbat. La Cour de cassation a fermement retenu que « les pratiques édictées par les convictions religieuses du preneur n'entrent pas, sauf convention expresse, dans le champ contractuel du bail et ne font naître à la charge du bailleur aucune obligation spécifique »[245].

348. – **Sanction de l'obligation.** À l'encontre d'un bailleur défaillant, le preneur dispose des sanctions de droit commun (C. civ., art. 1217 : exécution forcée, résiliation, réparation). Traditionnellement, le jeu de l'exception d'inexécution (non-paiement des loyers) était réservé au seul cas de l'impossibilité totale de jouissance du local[246]. Cette solution pourrait changer avec la réforme du 10 février 2016 qui confère une nouvelle « arme » au locataire. En permettant au créancier qui n'a pas encore payé le prix de notifier au débiteur sa décision unilatérale de le réduire, l'article 1223 du Code civil permet au locataire insatisfait de « réduire » unilatéralement le montant du loyer. L'absence d'encadrement de cette prérogative rend le contentieux assez imprévisible.

La mise en œuvre de ces actions s'exerce dans les conditions traditionnelles. D'une part, il est nécessaire que le locataire mette en demeure le bailleur d'effectuer les réparations nécessaires. D'autre part, le locataire qui recherche la responsabilité contractuelle de son bailleur pour manquement à son obligation d'entretien ne peut s'opposer à l'offre de ce dernier d'exécuter son obligation en nature, plutôt que de lui verser des dommages et intérêts[247]. À défaut, le bailleur ne sera pas tenu d'en assurer la charge[248].

et 18 juin 1999 : *D.* 2001, p. 171.

(244) Cass. 3e civ., 4 juill. 1968 : *Bull. civ.* 1968, III, n° 319. – Cass. 3e civ., 6 mars 1984 : *Bull. civ.* 1984, III, n° 59.

(245) Cass. 3e civ., 18 déc. 2002 : *Bull. civ.* 2002, III, n° 262 ; *RJPF* avr. 2003, n° 4, p. 9-10, note E. Garaud ; *RTD civ.* 2003, p. 290, obs. J. Mestre et B. Fages, p. 383, obs. J.-P. Marguénaud ; *RDC* 2003, p. 220, obs. A. Marais.

(246) Cass. 3e civ., 21 déc. 1987 : *Bull. civ.* 1987, III, n° 212 ; *D.* 1988, inf. rap. p. 10 ; *RTD civ.* 1988, p. 371, obs. Ph. Rémy. – Cass. 3e civ., 15 déc. 1993 : *Bull. civ.* 1993, III, n° 168 ; *RD imm.* 1994, p. 308, note G. Brière de l'Isle. – Cass. 3e civ., 1er mars 1995 : *Bull. civ.* 1995, III, n° 60 ; *RD imm.* 1995, p. 600, note F. Collart-Dutilleul. – Cass. 3e civ., 11 mai 1995 : *D.* 1996, somm. p. 124, obs. E. Martine. Mais le pouvoir du juge de réduire le loyer du logement ne satisfaisant pas à la qualité de logement décent jette un nouveau jour sur cette jurisprudence (V. *supra*, n° 346). – En ce sens V. obs. J.-B. Seube ss Cass. 3e civ., 6 juill. 2023, n° 22-15.923 : *RDC* déc. 2023, p. 36.

(247) Cass. 3e civ., 27 mars 2013 : *Bull. civ.* 2013, III, n° 40 ; *RTD civ.* 2013, p. 603, obs. H. Barbier ; *RDC* 2013, p. 890, obs. T. Genicon, p. 903, obs. G. Viney, et p. 974, obs. J.-B. Seube.

(248) Cass. 3e civ., 20 mars 1991 : *Bull. civ.* 1991, III, n° 94. – Cass. 3e civ., 5 mars 1997 : *Bull. civ.* 1997, III, n° 45 (remplacement d'un chauffe-bain). – Cass. 3e civ., 16 juill. 1997 : *Contrats, conc. consom.* 1997, comm. 175, obs. L. Leveneur (remplacement d'un chauffe-eau).

C. – L'obligation de garantie et de sécurité

349. – L'influence de la vente ; l'obligation de sécurité. Auteurs et tribunaux transposent au bail les règles de garantie associées à la vente(249) ; le mécanisme de la garantie traverse alors le régime des contrats portant mise à disposition d'une chose. De fait la loi du 19 mai 1998 sur la responsabilité du fait des produits défectueux s'applique au « loueur, à l'exception du crédit-bailleur »(250). Sur cette lancée, l'obligation de sécurité se développe discrètement dans le bail d'habitation : d'une part, le bailleur doit remettre au locataire un dossier de diagnostic technique comportant les risques d'exposition au plomb et à l'amiante, ainsi qu'un état de l'installation électrique « dont l'objet est d'évaluer les risques pouvant porter atteinte à la sécurité des personnes » (L. 6 juill. 1989, art. 3-3) ; d'autre part, le bailleur doit délivrer un logement décent « ne laissant pas apparaître de risques manifestes pouvant porter atteinte à la sécurité physique ou à la santé » du locataire (L. 6 juill. 1989, art. 6. – V. *supra* sur le logement décent, n° 346). Cette acculturation de la garantie et de la sécurité dans le domaine du louage de choses devrait sans doute être nuancée dès lors que l'origine de celle-ci est attribuée au seul transfert de propriété, et point à la simple mise à disposition d'une chose(251).

Quoi qu'il en soit, il est possible de retrouver dans le bail une obligation explicite de garantie des vices cachés (1°) et implicite de garantie d'éviction (2°).

1° Garantie des vices cachés

350. – Code civil. Le principe en est posé par l'article 1721 du Code civil :

> **« Il est dû garantie au preneur pour tous les vices ou défauts de la chose louée qui en empêchent l'usage, quand même le bailleur ne les aurait pas connus lors du bail.**
>
> **S'il résulte de ces vices ou défauts quelque perte pour le preneur, le bailleur est tenu de l'indemniser ».**

Ce texte n'étant pas d'ordre public, les aménagements contractuels sont en principe licites(252). Cela conduit à évoquer successivement les conditions et le régime de la garantie légale, avant de se pencher sur les clauses aménageant la garantie.

351. – Les conditions de la garantie. Les conditions de mise en jeu de la garantie des vices sont transposées de la vente tout en tenant compte de la spécificité du bail.

Rapprochant le bail de la vente, la jurisprudence a retenu que le bailleur ne garantissait que les vices cachés. C'est donc dire que les vices apparents, que le locataire a connus ou aurait dû connaître, sont exclus de la garantie(253). Illustrant

(249) Bibliographie : J.-P. Le Gall, *L'obligation de garantie dans le louage de choses*, LGDJ, coll. « Bibl. dr. privé », 1962, t. 36, préf. A. Tunc.

(250) Sur cette loi, V. *supra*, nos 238 et s. – Sur le contrat de crédit-bail, V. *infra*, nos 485 et s.

(251) V. A. Bénabent, n° 357 et s.

(252) Cass. soc., 21 juin 1958 : *Gaz. Pal.* 1958, 2, 15.

(253) Cass. civ., 10 juin 1949 : *D.* 1949, p. 496, pour un immeuble exposé à des risques d'inondations : « le bailleur ne répond ni des vices que le preneur a connus ou aurait dû connaître, ni des inconvénients naturels inhérents à la chose

encore la proximité des deux garanties, elle a retenu que le vice devait empêcher l'usage convenu ou le diminuer tellement que le locataire n'aurait pas conclu le bail s'il avait eu connaissance du vice. Enfin, comme il va de soi s'agissant de garantie, et point de responsabilité, le bailleur doit garantir des défauts de la chose, « quand bien même il ne les aurait pas connus », donc sans idée ni démonstration de faute de sa part(254).

Mais la garantie du bailleur ne saurait être parfaitement assimilée à celle du vendeur. D'une part, en raison du caractère successif du bail, la garantie du bailleur ne se limite pas au seul vice antérieur à la conclusion du contrat, mais s'étend à celui apparu en cours d'exécution(255). D'autre part, le bailleur est exonéré s'il démontre que le vice provient d'un cas de force majeure(256). Les juges demeurent toutefois sévères dans l'admission de celle-ci : il est ainsi retenu que la vétusté n'est un cas fortuit que si elle ne résulte pas d'une négligence ou d'un défaut d'entretien imputable au bailleur(257) et que seul un événement ayant une origine extérieure à la chose louée peut constituer un cas de force majeure(258).

352. – **Le régime de la garantie.** Le régime de la garantie des vices s'inspire encore très largement de celui élaboré pour la vente : le preneur doit prouver l'imputation du dommage au vice ; il obtiendra alors la résiliation du contrat ou, sans doute, une diminution du loyer(259), sûrement des dommages et intérêts pour le préjudice subi. À ce titre, l'article 1721, alinéa 2, du Code civil ne distingue pas, comme c'est le cas pour la vente, selon que le bailleur est de bonne ou mauvaise foi : dans les deux cas, il doit réparer tout le préjudice subi par le locataire(260). La justification de cette indifférence tient, sans doute, au fait que le bailleur demeure propriétaire de la chose.

353. – **La garantie conventionnelle.** Dans le droit commun du bail, l'article 1721 du Code civil n'est pas d'ordre public. Les parties sont donc libres d'aménager, pour alourdir et plus souvent alléger, la garantie du bailleur. On applique alors le droit commun des clauses de garantie. La clause sera neutralisée si elle est qualifiée de clause abusive au sens de l'article L. 212-1 du Code de la consommation, si elle exonère le bailleur de toute charge(261), s'il est démontré que le bailleur était de mauvaise foi, c'est-à-dire connaissait le vice ou s'il a commis un dol ou une faute lourde(262). En revanche, la jurisprudence ne subordonne pas l'efficacité de la

par suite de sa situation ». La solution mériterait d'être aujourd'hui conciliée avec l'obligation qu'a le bailleur d'informer le locataire des risques naturels auxquels la chose louée est exposée (L. 6 juill. 1989, art. 3-3).

(254) Cass. 3e civ., 1er avr. 2009 : *D.* 2009, chron. 2573, A.-C. Monge ; *RTD civ.* 2009, p. 539, P. Jourdain. – Ce qui fait dire que le bailleur assume une obligation de résultat. – V. F. Collart-Dutilleul, Ph. Delebecque et Ch.-E. Bucher, n° 496. – J. Huet, n° 21170.

(255) Comp. L. 6 juill. 1989, art. 6-b.

(256) Cass. 3e civ., 26 oct. 1977 : *Bull. civ.* 1977, III, n° 357 (force majeure constituée par la faute imprévisible de l'installateur d'un chauffe-eau, ayant causé la mort du locataire).

(257) Cass. 3e civ., 27 févr. 1973 : *Bull. civ.* 1973, III, n° 150.

(258) Cass. 3e civ., 2 avr. 2003 : *Bull. civ.* 2003, III, n° 74 ; *AJDI* 2003, p. 348, obs. Y. Rouquet.

(259) Comp. C. civ., art. 1722, qui prévoit une diminution du prix en cas de destruction partielle.

(260) Cass. 3e civ., 2 juill. 2003 : *Bull. civ.* 2003, III, n° 138 ; *D.* 2004, p. 1411, note G. Pignarre ; *Contrats, conc. consom.* 2003, comm. 173, obs. L. Leveneur ; *RD imm.* 2003, p. 557, obs. F.-G. Trébulle (informé de la présence d'amiante avant la conclusion du bail, le bailleur, qui s'était abstenu d'en faire part au locataire, doit l'indemniser du trouble de jouissance subi du fait des travaux de désamiantage).

(261) Cass. soc., 25 oct. 1946 : *D.* 1947, p. 88 ; *JCP G* 1947, II, 3400, note P. Eismein ; *RTD civ.* 1947, p. 65, obs. J. Carbonnier.

(262) Cass. 3e civ., 11 juill. 1972 : *Bull. civ.* 1972, III, n° 454.

clause limitative de garantie aux contrats conclus entre professionnels de même spécialité[263]. La doctrine préconise une assimilation sur ce point, relevant la fonction économique très proche des contrats[264].

Dans les baux d'habitation, les clauses limitatives de garantie se trouvent prohibées en raison de l'article 6, b) de la loi du 6 juillet 1989.

2° Garantie d'éviction

354. – Du fait personnel et du fait des tiers. Comme pour la vente, le trouble à la jouissance peut trouver son origine dans le fait du bailleur lui-même ou dans le fait d'un tiers.

355. – « Qui doit garantie ne peut évincer ». L'adage trouve de nouvelles applications dans les règles prescrivant au bailleur de ne pas changer la forme de la chose louée pendant la durée du bail (C. civ., art. 1723). La forme de la chose louée vise tant son aspect matériel (changement de portes, modification des entrées et des accès) sa destination. A ainsi été condamné à réinstaller un chauffage au gaz, le bailleur qui l'avait remplacé par un chauffage électrique, rendant ainsi l'immeuble inapte à être utilisé selon la destination convenue (en l'espèce l'exploitation d'un fonds de commerce de boucherie, supposant une installation de chauffage des locaux et de production d'eau chaude peu onéreuse)[265]. La garantie d'éviction du fait personnel apparaît ainsi comme un prolongement de la garantie de jouissance paisible que le bailleur doit au preneur.

Dans cette optique, l'article 1724 du Code civil organise les interventions que le bailleur peut faire sur la chose louée. Ces interventions sont seulement cantonnées aux réparations urgentes qui ne peuvent être différées jusqu'à la fin du bail[266]. Le preneur est alors contraint de les subir, même s'il est privé d'une partie de la chose louée. Toutefois, si ces réparations durent plus de vingt et un jours, le prix du bail sera diminué à proportion du temps et de la partie de la chose louée duquel le preneur aura été privé.

La garantie de jouissance paisible s'élargit à la vie privée du locataire : celui-ci doit pouvoir héberger ses proches sous couvert, s'il était utile, de la Convention européenne des droits de l'homme (art. 8-1)[267] ou de dispositions spéciales (L. 6 juill. 1989, art. 4, n).

356. – Troubles commerciaux. Dans les ensembles immobiliers, il est fréquent que plusieurs locaux soient affectés à des activités commerciales. On s'est alors demandé si la garantie du fait personnel permettait d'interdire au bailleur d'occasionner des troubles commerciaux à son locataire. Deux hypothèses sont visées.

(263) V. cependant sur l'inopposabilité de la clause à l'endroit du preneur non professionnel, CA Paris, 10 mars 1992 : *D.* 1992, inf. rap. p. 173.

(264) P. Puig, *op. cit.*, n° 674.

(265) Cass. 3e civ., 19 nov. 2014, n° 12-27.061 : *RDC* 2015, p., obs. J.-B. Seube.

(266) L'article 7 e) de la loi du 6 juillet 1989 assimile à ces réparations urgentes les travaux d'amélioration de la performance énergétique et de l'habitat.

(267) Cass. 3e civ., 6 mars 1996 : *Bull. civ.* 1996, III, n° 60 ; *JCP G* 1996, I, 3958, n° 1-3, obs. Ch. Jamin ; *RTD civ.* 1996, p. 1024, obs. J.-P. Marguénaud : les clauses d'un bail d'habitation ne peuvent, en vertu de l'article 8.1 de la Convention de sauvegarde des droits de l'homme et des libertés fondamentales, avoir pour effet de priver le preneur de la possibilité d'héberger ses proches. – Cass. 3e civ., 22 mars 2006 : *RTD civ.* 2006, p. 722, obs. J.-P. Marguénaud ; *RDC* 2006, p. 1149, obs. J.-B. Seube.

La première concerne essentiellement les centres commerciaux où l'on s'est demandé, en cas de dépérissement, de vieillissement ou de désaffection de la galerie, si le bailleur n'était tenu pas de garantir l'attractivité commerciale de la galerie (V. *supra*, n° 347). La Cour de cassation a arrêté une position de principe selon laquelle le bailleur n'est pas tenu de garantir l'attractivité du site(268). Cette position a néanmoins été atténuée en relevant que les juges du fond ne pouvaient pas débouter le locataire sans rechercher si le défaut d'entretien des parties communes de la galerie n'avait pas pour effet de le priver des avantages qu'il tenait du bail(269). Il convient donc de distinguer entre ce qui relève du maintien de l'activité du site (auquel le bailleur n'est pas tenu) et de l'entretien des parties communes (auquel il demeure tenu).

La seconde concerne la question de savoir si l'obligation jouissance paisible interdit au bailleur de développer lui-même ou de laisser se développer une activité commerciale concurrente à celle de son locataire. Le principe est que l'article 1719-3° impose seulement au bailleur l'obligation de garantir au preneur la jouissance paisible des lieux, mais non celle de lui assurer pour l'exercice de son commerce, dans le silence du bail et à défaut de circonstances particulières, le bénéfice d'une exclusivité dans l'immeuble. En conséquence, sauf clause contraire ou circonstances particulières, le bailleur peut valablement exploiter lui-même ou laisser des tiers (d'autres locataires) exploiter la même activité que celle de son locataire(270). Mais il arrive fréquemment que des clauses soient stipulées. Elles posent d'abord une question de qualification puisque, en fonction des termes retenus, ces clauses pourront être qualifiées de servitude de non-concurrence ou de simple obligation personnelle. L'enjeu tient à l'éventuelle opposabilité de la clause à un successeur en cas de cession de bail(271). Elles posent surtout des difficultés tenant à leur efficacité. Dans un premier temps la jurisprudence en a assuré un strict respect. Il a ainsi été jugé que le bailleur qui, après avoir imposé une clause de non-concurrence aux preneurs initiaux, s'était exonéré de l'obligation qui pesait sur lui d'insérer la même clause dans les baux ultérieurs, commettait une faute rendant impossible le respect de la clause et imposant sa disparition(272). Il a encore été décidé que le locataire bénéficiant d'une clause d'exclusivité qui lui avait été consentie par son bailleur était en droit d'exiger que ce dernier fasse respecter la clause par ses autres locataires, « même si ceux-ci ne sont pas partie

(268) Cass. 3e civ., 12 juill. 2000 : *Bull. civ.* 2000, III, n° 137 ; *Contrats, conc. consom.* 2000, comm. 172, obs. L. Leveneur ; *RD imm.* 2000, p. 613, obs. J. Derruppé : « en l'absence de stipulation particulière, le bailleur d'un local commercial dans une galerie marchande n'est tenu que des obligations de l'article 1719, qui ne comprennent pas celle d'assurer l'activité du site ». – Dans le même sens, Cass. 3e civ., 3 juill. 2013 : *Bull. civ.* 2013, III, n° 88 ; *D.* 2013, p. 1743, obs. Y. Rouquet ; *RDC* 2014, p. 61, obs. J.-B. Seube.

(269) Cass. 3e civ., 31 oct. 2006 : *Bull. civ.* 2006, III, n° 215 ; *JCP* E 2007, 1563, n° 8, obs. H. Kenfack ; *Contrats, conc. consom.* 2007, comm. 41, obs. L. Leveneur ; *RDC* 2007, p. 385, obs. J.-B. Seube. – Cass. 3e civ. 19 déc. 2012 : *Bull. civ.* 2012, III, n° 190 ; *D.* 2013, p. 1794, obs. M.-P. Dumont-Lefrand ; *RDC* 2013, p. 631, obs. J.-B. Seube.

(270) Cass. 3e civ., 25 févr. 1975 : *Bull. civ.* 1975, III, n° 74 ; *JCP* G 1975, II, 18096, note B.B. ; *D.* 1975, inf. rap. p. 97 ; *RTD civ.* 1975, p. 736, obs. G. Cornu.

(271) Sur ce débat : Cass. com., 15 juill. 1987 : *D.* 1988, p. 360, note C. Atias et C. Mouly ; *RTD civ.* 1989, p. 351, obs. F. Zénati. – Cass. 3e civ., 24 mars 1993 : *Bull. civ.* 1993, III, n° 45 ; *RTD civ.* 1993, p. 853, obs. F. Zénati. – *Adde*, E. Moreau, *Sur la servitude de non-concurrence* : *D.* 1994, chron., p. 331.

(272) Cass. 3e civ., 3 mai 2007 : *Bull. civ.* 2007, III, n° 67 ; *D.* 2007, p. 2068, note J. Rochfeld ; *JCP* G 2007, p. 1258, note F. Auque ; *RDC* 2007, p. 1210, obs. J.-B. Seube.

au contrat contenant cette stipulation »[273]. Mais cette efficacité des clauses d'exclusivité ou de non-concurrence est parfois contrariée. La cour a ainsi retenu que la clause interdisant à un locataire d'exercer certaines activités ne pouvait pas neutraliser le droit à déspécialisation que lui conférait l'article L. 145-17 du Code de commerce[274]. De la même façon, et s'agissant de la location d'un bien meuble incorporel, spécialement d'un fonds de commerce (location-gérance), la clientèle est caractéristique de l'objet du contrat, elle entre donc dans le périmètre de la garantie ; le loueur du fonds ne saurait y porter atteinte[275].

357. – **Troubles causés par des tiers.** Le Code civil distingue selon qu'il s'agit de troubles de fait ou de troubles de droit. Les premiers résultent de voies de fait exercées par des tiers (« squat », vol…) qui ne revendiquent aucun droit sur la chose : le bailleur ne doit pas garantie (C. civ., art. 1725) et le preneur exercera, éventuellement, les voies de la protection possessoire (C. civ., art. 2278)[276]. Encore faut-il que l'auteur du trouble soit bien un tiers à l'égard du bailleur…, ce qui est le cas d'un autre copropriétaire[277], mais pas du colocataire[278], ni davantage du concierge, préposé du bailleur[279]. Les troubles de droit résultent de prétentions juridiques de tiers sur la chose louée (propriété de la chose, existence d'une servitude, pluralité de locataires[280]…) ; ils donnent lieu à la garantie du bailleur et justifieront une diminution du loyer, voire la résiliation du bail selon la gravité de l'éviction (C. civ., art. 1726 et 1727).

En revanche, s'agissant de troubles causés *aux tiers* par le locataire, le propriétaire des locaux à usage d'habitation doit, sauf motif légitime, utiliser les droits dont il dispose en propre afin de faire cesser les troubles de voisinage causés à des tiers par les personnes qui occupent ces locaux (L. 6 juill. 1989, art. 6-1)[281].

(273) Cass. 3e civ., 4 mai 2006 : *Bull. civ.* 2006, III, n° 107 ; *JCP G* 2006, II, 10119, note O. Deshayes ; *JCP E* 2006, 2504, note J. Raynard ; *RTD civ.* 2006, p. 554, obs. J. Mestre et B. Fages ; *RDC* 2006, p. 1154, obs. J.-B. Seube ; *RDC* 2007, p. 267, obs. D. Mazeaud ; *ibid.*, p. 295, obs. G. Viney ; *ibid.*, p. 419, obs. M. Behar-Touchais.

(274) Cass. 3e civ., 15 févr. 2012 : *Contrats, conc. consom.* 2012, comm. 91, obs. M. Malaurie-Vignal ; *D.* 2012, p. 1844, obs. M.-P. Dumont-Lefrand ; *RDC* 2012, p. 867, obs. J.-B. Seube.

(275) Le fait de savoir si la licence *exclusive* de brevet interdit au concédant d'exploiter lui-même l'invention (qu'il n'avait pas entreprise avant la concession) reste discuté : *contre* l'interdiction, A. Chavanne et J.-J. Burst, qui estiment que la renonciation à un droit ne se présume pas, *Droit de la propriété industrielle*, Dalloz, 1993, n° 329. – J. Schmidt et J.-L. Pierre, *Droit de la propriété industrielle*, Litec, 1996, n° 267, qui citent CA Paris, 14 mai 1976 : *D.* 1977, p. 438, note J. Schmidt. *Pour* l'interdiction, J.-M. Mousseron, in *Mél. H. Desbois*, Dalloz, 1974, p. 172. Dans la licence *exclusive*, la garantie vise moins à interdire la conclusion d'autres contrats de licence qu'à assurer une exclusivité d'exploitation ; nous pensons qu'un tel contrat interdit alors au breveté de tels actes d'exploitation au moins lorsqu'ils ne sont engagés qu'après que la licence a été consentie. – En ce sens, pour une licence de marque, V. Cass. com., 10 janv. 1995 : *D.* 1995, inf. rap. p. 43. – Pour une licence de brevet : V. Cass. com., 26 févr. 2002 : *Propr. industr.* févr. 2003, n° 8, obs. J. Raynard.

(276) V. not. Cass. 3e civ., 10 nov. 1987 : *Bull. civ.* 1987, III, n° 183 ; *D.* 1987, inf. rap. p. 235 ; *RTD civ.* 1988, p. 373, obs. Ph. Rémy : « Où l'on voit que le bailleur ne garantissant pas le trouble de fait, n'est pas tenu de munir d'une fermeture la porte de l'immeuble loué ». – Pour un vol, V. Cass. civ., 7 août 1951 : *D.* 1951, p. 682. – Cass. 3e civ., 22 févr. 1983 : *Bull. civ.* 1983, III, n° 51. La loi n° 2015-177 du 16 février 2015, relative à la modernisation et à la simplification du droit et des procédures dans les domaines de la justice et des affaires intérieures a supprimé l'article 2279 du Code civil qui prévoyait une protection du possessoire suivant un régime spécifique (action possessoire). La Cour de cassation déduit une compétence exclusive du juge des référés pour assurer la protection du possessoire consacrée par l'article 2278 du Code civil (Cass. 3e civ., 24 sept. 2020, n° 19-16.370).

(277) Cass. 3e civ., 25 mars 1998 : *Bull. civ.* 1998, III, n° 73 ; *JCP G* 1998, II, 10107, A. Djigo ; *JCP E* 1998, act. p. 577.

(278) Cass. 3e civ., 16 nov. 1994 : *Bull. civ.* 1994, III, n° 189 ; *JCP G* 1995, II, 22391, note A. Djigo ; *RD imm.* 1995, p. 386, note F. Collart-Dutilleul ; la garantie du bailleur suppose néanmoins que les actes en cause soient « rattachables » au bail.

(279) Cass. 3e civ., 6 nov. 1970 : *Bull. civ.* 1970, III, p. 426 ; *D.* 1971, p. 250.

(280) La jurisprudence préfère le preneur de bonne foi qui a été mis en possession le premier, sinon dont le bail a le premier date certaine. – V. Cass. 3e civ., 25 juin 1975 : *Bull. civ.* 1975, III, n° 217. – Comp. C. civ., art. 2279 ; le preneur évincé ne manquera pas d'appeler son bailleur en garantie.

(281) V. *D.* 2008, pan. 1309, N. Damas.

§ 2. – Les obligations du preneur

358. – **Usage, paiement, restitution.** L'article 1728 du Code civil dispose que le preneur a deux obligations principales : user de la chose conformément à sa destination et payer le prix du bail. Les articles suivants montrent que le preneur est en outre tenu d'une obligation de restitution.

A. – L'usage de la chose

359. – **Les deux critères de l'usage.** L'article 1728, 1° du Code civil dispose que le preneur est tenu d'user de la chose raisonnablement et suivant la destination des lieux (rappr. L. 6 juill. 1989, art. 7-b).

360. – **L'usage raisonnable.** Avant que la loi du 4 août 2014 ne vienne le modifier, l'article 1728 du Code civil disposait que le preneur était tenu d'user de la chose louée « en bon père de famille ». Cette référence paternaliste et rassurante n'aura pas résisté à l'idéologie de l'égalité réelle entre les sexes. Elle a donc été gommée au profit de l'adverbe « raisonnablement ».

Le contraire de l'usage raisonnable est l'abus de jouissance. Jadis qualifié de « soleil de la civilisation »(282), le contrat de bail est devenu celui des incivilités trop nombreuses : tapage nocturne(283), débauche(284), polygamie prononcée(285), violences envers les personnes(286), prostitution, utilisation des parties communes pour des trafics divers... Le contentieux du bail révèle la (parfois) sordide réalité des rapports locatifs. Le bailleur a d'autant plus intérêt à faire respecter ces dispositions qu'il pourrait voir sa responsabilité appelée par des tiers du fait des agissements du locataire(287). Une question reste cependant assez débattue : est-il nécessaire que le bailleur démontre un préjudice pour poursuivre le preneur ? S'il a été retenu qu'aucun texte n'exigeait la preuve d'un préjudice(288), des solutions plus récentes semblent retenir la nécessité de la preuve d'un préjudice(289).

Au-delà de ces questions, le contentieux du bail révèle également la souplesse et la grande capacité d'adaptation aux impératifs modernes de la vie en société qu'autorise l'adverbe « raisonnablement ». D'abord, il a été jugé au nom du respect dû à la vie familiale du preneur (Conv. EDH, art. 8, § 1) qu'aucune clause ne pouvait interdire au preneur d'héberger ses proches(290) ou, de manière plus restrictive, un

(282) V. *supra*, n° 263.
(283) V. Cass. soc., 8 juin 1956 : *Bull. civ.* 1956, IV, n° 532.
(284) V. CA Paris, 13 févr. 1986 : *Gaz. Pal.* 1986, 2, somm. p. 355.
(285) V. CA Paris, 4 nov. 1986 : *D.* 1986, inf. rap. p. 441, où le locataire occupait l'appartement avec ses trois femmes et douze enfants : mais jugé qu'il n'occupe plus... en bon père de famille.
(286) Cass. 3e civ., 9 juill. 2014, n° 13-14.802 : *RDC* 2015, p. 56, obs. J.-B. Seube.
(287) V. F. Archer, *La responsabilité civile du propriétaire bailleur pour trouble de voisinage causé par son locataire : Defrénois* 2001, 607.
(288) Cass. 3e civ., 18 nov. 1980 : *Bull. civ.* 1980, III, n° 177.
(289) Cass. 3e civ., 3 déc. 2003 : *Bull. civ.* 2003, III, n° 221 ; *D.* 2005, pan. p. 185, obs. D. Mazeaud ; *JCP G* 2004, I, 163, n° 2, obs. G. Viney ; *RTD civ.* 2004, p. 295, obs. P. Jourdain ; *Contrats, conc. consom.* 2004, comm. 38, obs. L. Leveneur ; *RDC* 2004, p. 280, obs. Ph. Stoffel-Munck ; *RDC* 2004, p. 359, obs. J.-B. Seube.
(290) Cass. 3e civ., 6 mars 1996 : *Bull. civ.* 1996, III, n° 60 ; ; *JCP G* 1997, II, 22764, note Nguyen Van Tuong ; *Defrénois* 1996, 1432, obs. A. Bénabent ; *RD imm.* 1996, p. 620, obs. F. Collart-Dutilleul ; *RTD civ.* 1996, p. 580, obs. J. Hauser ; *D.* 1997, p. 167, note B. de Lamy ; *RTD civ.* 1996, p. 867, obs. J. Mestre et B. Fages ; *RTD civ.* 1996, p. 1024, obs. J.-P. Marguénaud. – Cass. 3e civ., 22 mars 2006 : *RTD civ.* 2006, p. 722, obs. J.-P. Marguénaud ; *RDC* 2006, p. 1149, obs. J.-B. Seube.

membre de sa famille[291]. En revanche, sur ce même terrain, la cour a retenu la validité de la clause qui interdisait au locataire de prêter le local à un tiers, quelle que soit sa qualité[292]. La solution s'explique aisément : celui qui prête sans habiter lui-même n'héberge pas. Le respect de la vie familiale n'est donc d'aucun secours lorsque le preneur sous-loue ou prête les locaux. La jouissance raisonnable s'est ensuite illustrée sur le terrain de la détention des animaux de compagnie. Si le bailleur ne peut, en principe, interdire à son locataire d'héberger son animal préféré[293], encore faut-il qu'il ne soit pas dangereux et qu'il ne cause pas un trouble anormal de voisinage[294]. Enfin, signe de l'évolution des mœurs et de l'impossibilité d'être privé de télévision, la loi a consacré un droit à l'antenne selon lequel le propriétaire ne saurait s'opposer à l'installation d'une antenne parabolique par le locataire[295].

361. – L'usage selon la destination des lieux. Outre la question de la détermination de la destination des lieux, se pose celle de la sanction de son éventuelle méconnaissance.

La destination des lieux peut être implicite ou conventionnelle. Dans le premier cas, les juges ont la faculté, en l'absence de toute manifestation de l'intention des parties, de déterminer la destination des lieux en tenant compte de l'agencement, de la destination antérieure et de l'emploi qu'en fait le locataire sans opposition du bailleur[296]. Dans le second cas, une clause du bail précisera l'usage des lieux qui est autorisé par le bailleur ; c'est l'expression et la limite du droit personnel de jouissance au titre duquel le locataire « occupe » la chose. Le bail d'habitation comporte souvent une « clause d'habitation bourgeoise » qui exclut l'exercice d'une activité artisanale ou commerciale[297] mais point celui d'une profession libérale[298]. En revanche, la clause n'empêche pas le locataire d'opérer domiciliation provisoire (deux ans) de son entreprise nouvellement créée dans son appartement, sans néanmoins pouvoir modifier la nature du bail[299]. Le bail commercial peut être conclu pour « tous commerces » ou, au contraire comporter une clause fixant la destination commerciale des locaux. Mais, dans ce dernier cas, la

(291) Cass. 3e civ., 10 mars 2010 : *RTD civ.* 2010, p. 343, obs. P.-Y. Gautier ; *RDC* 2010, p. 913, obs. J.-B. Seube.

(292) *Ibid.*

(293) L. n° 70-598, 9 juill. 1970, art. 10.

(294) V. CA Paris, 13 juill. 1989 : *D.* 1989, somm. p. 401, obs. Ph. Bihr où le locataire occupait les lieux avec trente chats et deux chiens.

(295) V. Cass. 3e civ., 3 nov. 2005 : *D.* 2006, pan. 963, N. Damas jugeant que le locataire doit seulement informer le propriétaire, sans avoir à requérir son autorisation.

(296) Cass. soc., 7 juin 1961 : *Gaz. Pal.* 1961, 2, 115.

(297) Cass. soc., 11 mars 1965 : *Bull. civ.* 1965, IV, n° 223. – *Adde* M. Dagot, *La clause d'habitation bourgeoise* : *JCP* G 1967, I, 2108.

(298) Cass. civ., 14 oct. 1964 : *D.* 1964, p. 718. – Cass. soc., 11 oct. 1957 : *Bull. civ.* 1957, IV, n° 948 ; *D.* 1957, p. 711 ; *RTD civ.* 1959, p. 118, obs. J. Carbonnier. – *Contra*, en présence d'une clause d'habitation *exclusivement* bourgeoise, Cass. soc., 19 déc. 1958 : *Bull. civ.* 1958, IV, n° 1382. Le changement d'affectation opéré par le propriétaire lui-même et qui conduit à diminuer des surfaces d'habitation (par ex., au profit de bureaux) est strictement réglementé et soumis à autorisation préfectorale. – V. CCH, art. L. 631-7, où l'on voit que « Charbonnier… n'est plus maître chez soi ! ». Le bail peut encore être consenti à usage mixte professionnel et d'habitation ; en ce cas, si le locataire n'est pas tenu durant le bail d'utiliser les lieux à chacun des usages prévus, il ne peut au terme du bail se prévaloir du droit au renouvellement propre au bail d'habitation s'il n'occupe pas effectivement les lieux au titre de son habitation principale, Cass. ass. plén., 2 févr. 1996 : *JCP* G 1996, II, 22610, note F. Auque.

(299) C. com., art. L. 123-11. La domiciliation ne doit pas conduire à l'exploitation d'un fonds de commerce dans l'appartement (réception des clients, stockage des marchandises), mais simplement au fonctionnement administratif de celle-ci (courrier, comptabilité…). – V. J. Derruppé : *RTD com.* 1985, p. 292. – Ch. Atias, *La domiciliation d'une entreprise dans un local d'habitation* : *JCP* G 1985, I, 3190.

liberté du commerce et de l'industrie et les exigences de la distribution moderne ont conduit le législateur à permettre au locataire de modifier son activité : qu'il s'agisse pour celui-ci d'adjoindre des activités connexes et complémentaires à la sienne[300] ou d'exercer dans les lieux loués une activité différente de celles prévues au bail[301]. Des dispositions similaires permettront le changement du mode de culture par le fermier (C. rur. pêche marit., art. L. 411-29).

La sanction de la méconnaissance de la destination des lieux est évoquée à l'article 1729 du Code civil. Le bailleur peut faire prononcer la résiliation du bail, selon le droit commun. Les juges apprécieront donc souverainement si la gravité des faits reprochés au locataire est suffisante pour justifier la résiliation du bail. Au-delà de cette sanction, le bailleur pourra également recourir à tout l'arsenal de l'inexécution contractuelle : exécution forcée, clause résolutoire, responsabilité contractuelle. On retrouve ici la même incertitude quant à la nécessité pour le bailleur de démontrer un préjudice. Alors que le texte y fait référence, de nombreuses décisions ont retenu que la preuve d'un préjudice n'était pas nécessaire[302].

B. – Le paiement du loyer et des garanties

362. – **Modalités et sanction de l'obligation.** L'article 1728-2° du Code civil dispose que le preneur est « tenu de payer du bail aux termes convenus ». Les modalités de l'obligation précèdent l'évocation des sanctions en cas d'inexécution.

363. – **Modalités de l'obligation de payer le loyer.** Outre le montant du loyer, le preneur est tenu de payer les éventuelles réévaluations liées aux indexations et les charges qui pèsent sur lui et dont le propriétaire a fait l'avance (L. 6 juill. 1989, art. 7-a).

La date d'exigibilité est librement fixée par les parties : d'avance ou à terme échu, le loyer peut être payable mensuellement, trimestriellement, annuellement..., voire forfaitairement en un seul terme (location saisonnière...). L'article 7-a de la loi du 6 juillet 1989 prévoit toutefois que le paiement doit être mensualisé si le locataire en fait la demande. La réforme du 17 juin 2008 a ramené le délai de prescription des dettes de loyers à cinq années courant à compter du jour où le propriétaire a connu ou aurait dû connaître les faits lui permettant d'exercer son droit (C. civ., art. 2224). L'article 2254, alinéa 3 du Code civil interdit de prévoir des aménagements contractuels de cette durée (mais l'interdiction ne vaut que pour

(300) La déspécialisation partielle est de droit. – V. C. com., art. L. 145-47. – La Cour de cassation a constamment fait triompher ce texte de clauses contraires, voire de droit des tiers envers lesquels le bailleur aurait souscrit un engagement de non-concurrence : Cass. ass. plén., 26 janv. 1973 : *JCP* G 1973, II, 17462, B. Boccara ; *RTD com.* 1973, p. 213, M. Pédamon. – Cass. 3e civ., 24 oct. 1984 : un colocataire ne peut se fonder sur une clause d'exclusivité dont il est bénéficiaire, pour s'opposer à une déspécialisation partielle dès lors que les règles applicables à la matière sont d'ordre public : *JCP* G 1985, II, 20474, B. Boccara ; pour la nullité d'une clause d'enseigne susceptible de tenir en échec les règles de déspécialisation, Cass. 3e civ., 12 juill. 2000 : *D.* 2000, p. 399 ; pour la nullité de la clause de non-concurrence, Cass. 3e civ., 15 févr. 2012 : *D.* 2012, p. 1844, M.-P. Dumont-Lefrand : *RDC* 2012, p. 867, J.-B. Seube, p. 875, C. Grimaldi. – L'appréciation du caractère « connexe et complémentaire » peut en revanche faire difficulté : la vente de gâteaux de riz est connexe et complémentaire à l'activité... de charcuterie (Cass. com., 19 févr. 1974 : *Rev. loyers* 1974, p. 272).

(301) La déspécialisation plénière (le boucher-charcutier veut... devenir esthéticienne) est subordonnée, sous certaines conditions, à l'autorisation du bailleur, sinon du tribunal. – V. C. com., art. L. 145-48 et s.

(302) Cass. civ., 27 avr. 1948 : *JCP* 1948, II, 4594, note E. Becqué. – Cass. 3e civ., 13 nov. 1997 : *Bull. civ.* 1997, III, n° 202 ; *RTD civ.* 1998, p. 124, obs. P. Jourdain ; *RTD civ.* 1998, p. 696, obs. P.-Y. Gautier. – Comp. Cass. 3e civ., 3 déc. 2003 : *Bull. civ.* 2003, III, n° 221, préc.

l'action en paiement ou en répétition des loyers et charges locatives, pas pour les actions en responsabilité ou en garantie). En revanche, dans le bail d'habitation, le délai de prescription pour « toutes » les actions dérivant du contrat de bail est prescrit par un délai de trois ans (L. 6 juill. 1989, art. 7-1 ; V. cependant l'alinéa 2 qui prévoit un délai de prescription d'un an pour les dettes résultant de la révision du loyer).

Le lieu du paiement est, sauf clause contraire, le domicile du locataire, par application de l'article 1342-6 du Code civil et du principe de quérabilité des créances.

La preuve du paiement incombe au locataire et résulte des quittances que lui donne le propriétaire (C. civ., art. 1716). Le droit des baux d'habitation est plus précis sur la question puisque l'article 21 de la loi du 6 juillet 1989 dispose que le bailleur doit « transmettre » (et non remettre) gratuitement une quittance au locataire qui en fait la demande. Si le locataire y consent, cette transmission peut être dématérialisée.

364. – **Sanction du défaut de paiement.** Le défaut de paiement expose le locataire aux sanctions classiques : résolution judiciaire ou par l'effet d'une clause résolutoire, paiement de dommages et intérêts, application de la clause pénale... Le contentieux de la clause résolutoire est très nourri[303]. La jurisprudence en subordonne l'efficacité à de strictes conditions : la clause doit être sans équivoque[304] ; elle doit être mise en œuvre de bonne foi[305] ; elle ne peut concerner qu'un manquement à une stipulation expresse du bail[306]. Par ailleurs, le jeu de la clause est souvent suspendu à l'adresse par le bailleur d'une mise en demeure préalable restée infructueuse à l'issue d'un certain délai : deux mois dans le bail d'habitation (L. 6 juill. 1989, art. 24), un mois dans le bail commercial (C. com., art. L. 145-41)[307] ; encore le locataire peut-il, pendant cette époque, solliciter du juge l'octroi de délais de grâce dont la durée n'excédera pas deux années (C. civ., art. 1244-1 et s.)[308]. La clause résolutoire reste cependant exclue pour le bail rural (C. rur. pêche marit., art. L. 411-31).

Désireux de se prémunir contre un défaut de paiement, le bailleur exigera souvent de son locataire le versement d'un dépôt de garantie lors de l'entrée dans les lieux et dont le régime est soigneusement réglementé pour le bail d'habita-

(303) V. Ch. Paulin, *La clause résolutoire*, LGDJ, coll. « Bibl. dr. privé », 1995, t. 258, préf. J. Devèze. – *Adde* du même auteur, *La clause résolutoire*, in *La cessation des relations contractuelles d'affaires*, PUAM, 1997, p. 57 et s.

(304) Cass. 1re civ., 25 nov. 1986 : *Bull. civ.* 1986, I, n° 279 ; *RTD civ.* 1987, p. 313, obs. J. Mestre. – Cass. 3e civ., 7 déc. 1988 : *Bull. civ.* 1988, III, n° 176. – Comp. Cass. 1re civ., 17 mai 1993 : *D.* 1994, p. 483, note Ch. Paulin.

(305) Cass. 3e civ., 25 janv. 1983 : *Bull. civ.* 1983, III, n° 21. – Cass. 3e civ., 6 juin 1984 : *Bull. civ.* 1984, III, n° 111. – Cass. 3e civ., 8 avr. 1987 : *Bull. civ.* 1987, III, n° 88. – Cass. 3e civ., 5 juin 1991 : *Bull. civ.* 1991, III, n° 163. – Mais la bonne foi du débiteur est sans incidence : Cass. 3e civ., 24 sept. 2003 : *RDC* 2004, p. 644, obs. D. Mazeaud ; *Contrats, conc. consom.* 2003, comm. 174, obs. L. Leveneur (à propos d'une rente viagère).

(306) Cass. 3e civ., 8 janv. 1985 : *Bull. civ.* 1985, III, n° 6. – Cass. 3e civ., 18 mai 1988 : *Bull. civ.* 1988, III, n° 94. – Cass. 3e civ., 15 sept. 2010 : *RDC* 2011, 173, J.-B. Seube. Prise à la lettre, cette jurisprudence imposerait de reproduire toutes les obligations du locataire, contractuelles et légales, dans le cadre de la clause ! Impraticable. L'article 1225, alinéa 1 du Code civil impose désormais que la clause précise les engagements dont l'inexécution entraînera la résolution du contrat.

(307) Sur la nullité de la clause prévoyant que la résolution sera acquise après un commandement resté infructueux pendant un délai de quinze jours, V. Cass. 3e civ., 8 déc. 2010 : *JCP G* 2011, 239, H. Kenfack ; *RDC* 2012, p. 891, J.-B. Seube.

(308) Cette faculté résulte des dispositions spéciales au statut du bail d'habitation (L. 6 juill. 1989, art. 24) et du bail commercial (D. 1953, art. 25). En revanche, sur le terrain du droit commun, la doctrine, partagée, tend à refuser aux juges le pouvoir de suspendre le jeu de la clause sur le fondement de l'article 1244-1 du Code civil. – V. F. Terré, Ph. Simler et Y. Lequette, *Les obligations*, préc., n° 664.

tion et le bail commercial[309], voire la fourniture d'une caution qui lui procure un débiteur subsidiaire[310]. Le bailleur titulaire d'un écrit peut également pratiquer des mesures conservatoires (V. L. n° 91-650, 9 juill. 1991, art. 68) ; il dispose enfin d'un privilège mobilier spécial (C. civ., art. 2332-1°) qui rend compte de l'obligation du locataire de garnir le local loué (C. civ., art. 1752).

C. – La conservation et la restitution

365. – Conservation et restitution. Tenu de restituer la chose « telle qu'il l'a reçue, (...) excepté ce qui a péri ou a été dégradé par vétusté ou force majeure » (C. civ., art. 1730), le preneur se voit tenu de certaines obligations assurant la conservation de la chose. Une première difficulté concerne la preuve de l'état dans lequel était la chose lors de l'entrée en possession du locataire : elle est tranchée par le recours à l'état des lieux. Suivront ensuite des précisions sur la teneur de l'obligation de conservation du preneur, qui obligeront à distinguer l'entretien et les réparations, les améliorations et les dégradations.

366. – L'état des lieux. L'importance de l'état des lieux est soulignée par les articles 1730 et 1731 du Code civil. Lorsqu'un état des lieux a été établi, le locataire doit rendre la chose telle qu'il l'avait reçue. Mais la jurisprudence considère que l'état des lieux ne fait que constater une situation de fait, n'étant pas soumis à l'exigence du double original posé par l'article 1375 du Code civil et rendant admissible la preuve contraire. Lorsqu'un état des lieux n'a pas été établi, le preneur est présumé avoir reçu la chose en bon état de réparations locatives et doit la rendre telle. Là encore, la preuve contraire à la présomption de l'article 1731 peut être faite par tout moyen (des témoins) puisqu'elle porte sur une situation de fait[311].

Pour les baux d'habitation, la loi du 6 juillet 1989, modifiée par celle du 24 mars 2014, pose des exigences plus contraignantes. L'article 3-2 de la loi impose en effet de respecter un modèle défini par décret pris en Conseil d'État, à défaut par un huissier. Faute de respecter ces exigences, la présomption de l'article 1731 du Code civil ne pourra pas être invoquée par la partie qui aura fait obstacle à l'établissement de

(309) Celui-ci a pour objet de garantir le bailleur de la bonne exécution de ses obligations par le locataire ; pour le bail d'habitation, il ne saurait être supérieur à un mois et devient impossible lorsque le loyer est payable d'avance pour une durée supérieure à deux mois ; il doit être restitué dans un même délai de deux mois à compter de la remise des clés par le locataire, déduction faite des sommes éventuelles dont celui-ci reste redevable ; à défaut de restitution, il produit intérêt au taux légal (L. 6 juill. 1989, art. 22) ; pour le bail commercial, toute somme payée d'avance par le locataire produit intérêt dès lors que son montant viendrait à excéder deux termes de loyer. – V. C. com., art. L. 145-40.

(310) L'article 22-1 *in fine* de la loi du 6 juillet 1989 sur le bail d'habitation (mod. L. 24 mars 2014) restreint le recours au cautionnement aux bailleurs qui n'ont souscrit aucune assurance ou autre forme garantie garantissant les obligations locatives. Il impose (mod. L. 24 nov. 2009) à peine de nullité du cautionnement consenti sans indication de durée une mention manuscrite de la part de la personne qui se porte caution (montant du loyer, conditions de la révision, reproduction de l'alinéa premier du texte...), la formule est proprement dissuasive ! La nullité du cautionnement ne suppose pas d'établir l'existence d'un grief, Cass. 3e civ., 8 mars 2006 : *Contrats, conc. consom.* 2006, comm. 127, obs. L. Leveneur ; *RTD civ.* 2006, p. 797, obs. P. Crocq. – V. M. Cabrillac, Ch. Mouly, S. Cabrillac et Ph. Pétel, *op. cit.*, nos 163 et s. – F. Magnin, *Une page d'écriture pour la caution* : *LPA* 5 et 10 oct. 1994. – C. Larroumet, *L'acquéreur de l'immeuble loué et la caution du locataire* : *D.* 2000, chron. p. 155. – *Adde* Cass. 3e civ., 19 mars 2003 : *RDC* 2004, p. 457, obs. A. Debet et p. 618, obs. J. Rochfeld, l'exigence de fourniture d'une caution aux seuls citoyens étrangers à l'Union européenne n'est pas discriminatoire. – Une loi du 25 mars 2009 a cependant considérablement encadré la possibilité de faire appel au cautionnement pour le bailleur : par ex., le cautionnement ne peut pas être demandé par un bailleur qui a souscrit une assurance garantissant les obligations locatives du locataire, sauf en cas de logement loué à un étudiant ou un apprenti (L. 6 juill. 1989, art. 22-1).

(311) Cass. req., 27 déc. 1921 : *DP* 1922, 1, 103.

l'état des lieux. Le même texte précise que l'état des lieux peut être modifié pendant un délai de dix jours à compter de son établissement, et pendant le premier mois de chauffe pour les modifications relatives aux éléments de chauffage.

367. – L'entretien et les réparations. Si le bailleur est tenu d'une obligation d'entretien (C. civ., art. 1719 et V. *supra*, n° 347), le locataire est tenu des réparations locatives. L'article 1754 en donne une définition datée ; le décret du 26 août 1987, une définition plus minutieuse et moderne, pour les baux d'habitation. En dépit de ces efforts, les conflits sont fréquents pour déterminer ce qui incombe au preneur, et ce qui incombe au bailleur (V. *supra*, n° 347). Pour peu que l'imputation des travaux au locataire ne soit pas discutée, des difficultés se poseront toutefois. La première tient au fait de savoir si le bailleur peut agir contre le locataire en cours de bail, ou s'il est contraint d'attendre la fin du bail. La jurisprudence est divisée sur la question. Il est généralement retenu que le bailleur ne pas contraindre le locataire à faire les réparations d'entretien en cours de bail, mais qu'il peut invoquer la résiliation du bail(312). On mesure par là que l'obligation d'entretien peut être sanctionnée en cours de bail, même si tous les modes de sanctions ne peuvent pas être activés(313). La seconde est de savoir si le bailleur doit démontrer un préjudice pour obtenir des dommages et intérêts. La jurisprudence a évolué. Après avoir décidé que le bailleur n'avait pas à démontrer la preuve d'un préjudice (en l'espèce, il n'avait pas fait procéder aux réparations que le locataire devait faire car l'immeuble devait être détruit)(314), la cour a finalement retenu que le juge ne peut allouer des dommages et intérêts que s'il constate, au moment où il statue, l'existence d'un préjudice pour le bailleur(315).

368. – Les améliorations. Le locataire est tenu de conserver la chose, ce qui suppose de ne pas en modifier la substance (abattre une cloison, ouvrir une fenêtre...), même si cela se traduit par une amélioration. S'il le fait, il ne saurait espérer une quelconque indemnisation de la part du bailleur (V. L. 6 juill. 1989, art. 7-f). La règle cède pourtant lorsque les améliorations constituent de véritables constructions. L'article 555 du Code civil offre alors différentes possibilités au bailleur, en fonction de la bonne ou de la mauvaise foi du preneur. S'il décide de conserver les constructions, il devra alors indemniser le preneur selon des modalités précisées par le texte(316).

(312) Cass. 3e civ., 12 juin 2003 : *AJDI* 2003, p. 580 : « l'exécution de l'obligation du preneur aux réparations locatives ne peut être exigée par le bailleur qu'en fin de bail, sauf possibilité pour celui-ci d'en demander la résiliation ».

(313) Cass. 3e civ., 30 juin 2004 : *RDC* 2005, p. 354, obs. J.-B. Seube : « Les stipulations par lesquelles le preneur s'oblige à entretenir les locaux... peuvent recevoir application en cours de bail ».

(314) Cass. 3e civ., 30 janv. 2002 : *RTD civ.* 2002, p. 321, obs. P.-Y. Gautier ; *RTD civ.* 2002, p. 816, obs. P. Jourdain ; *D.* 2003, somm. p. 458, obs. D. Mazeaud.

(315) Cass. 3e civ., 3 déc. 2003 : *Contrats, conc. consom.* 2004, comm. 38, obs. L. Leveneur ; *RTD civ.* 2004, p. 295, obs. P. Jourdain ; *D.* 2005, pan. p. 185, obs. D. Mazeaud ; *RDC* 2004, p. 280, obs. Ph. Stoffel-Munck ; *RDC* 2004, p. 359, obs. J.-B. Seube.

(316) Pour une illustration, Cass. 3e civ., 17 déc. 2013 : *JCP G* 2014, 232, note S. Ravenne ; *RDC* 2014, p. 225, obs. J.-B. Seube : « ayant relevé que les constructions en cause avaient été édifiées avec l'assentiment des propriétaires sur des terrains donnés à bail et en l'absence de toute convention réglant le sort de ces constructions, la cour d'appel en a exactement déduit que l'article 555 du Code civil devait régir les rapports des parties en fin de bail ». V. aussi Cass. 3e civ., 23 nov. 2017, n° 16-16.815 : *D.* 2018, p. 781, note F. Roussel ; *RDC* 2018, p. 54, obs. J.-B. Seube et p. 105, obs. F. Danos : un bailleur avait assigné son locataire rural pour avoir détruit des plantations. La cour d'appel l'avait débouté en considérant que, pendant le bail, le locataire restait propriétaire des plantations. L'arrêt est cassé : « en statuant ainsi, sans rechercher si les plantations n'étaient pas intervenues avant le renouvellement de sorte qu'elles seraient devenues propriété du bailleur lors de ce renouvellement, la cour d'appel n'a pas donné de base légale à sa

369. – Les dégradations. Tenu de restituer la chose dans l'état où il l'a reçue, le locataire est en principe responsable des dégradations. Diverses causes d'exonérations sont cependant prévues : son absence de faute (C. civ., art. 1732), la vétusté ou la force majeure (C. civ., art. 1730 et 1755)(317). En application de ces textes, le locataire n'est pas tenu de remettre à neuf les papiers peints, peintures et revêtements de sol abîmés par quatorze années d'occupation(318). Il est cependant nécessaire qu'il démontre son absence de faute(319), le bailleur n'étant pas tenu de prouver la faute du locataire(320). Des dispositions sont spécialement consacrées aux dégradations causées par des personnes que le locataire abrite et à celles liées à un incendie.

L'article 1735 du Code civil dispose que : « Le preneur est tenu des dégradations et des pertes qui arrivent par le fait des personnes de sa maison ou de ses sous-locataires ». C'est une responsabilité contractuelle du fait d'autrui dont le domaine est délicat à cerner. Le locataire est responsable du fait des personnes qui résident, fut-ce temporairement, dans les lieux loués(321) et des personnes qui interviennent chez lui à sa demande et à titre de professionnel(322). Dans les deux cas, il est nécessaire que les dégradations commises par la « personne de la maison » puissent être rattachées à l'obligation de jouissance commune du locataire(323). Échappent en revanche au texte les invités du locataire(324) et ses patients, lorsqu'il est médecin(325). Un arrêt illustre à merveille les difficultés pratiques qui peuvent naître : un bail avait été conclu avec une société afin qu'elle mette le local à disposition d'un de ses salariés ; le bail avait été cédé et plusieurs sociétés l'avaient successivement repris à leur compte ; se plaignant de dégradations, le bailleur avait assigné la société initiale et le salarié occupant les lieux ; la société a été mise hors de cause car, à l'époque des faits, le bail avait été cédé à une autre entreprise du groupe ; pour dire irrecevable l'action contre l'occupant, la cour d'appel avait alors retenu que le bailleur ne pouvait, dans la même instance, fonder son action à la fois sur la responsabilité contractuelle à l'égard du locataire et sur la responsabilité délictuelle à l'égard de l'occupant : il lui revenait donc d'assigner le locataire à l'époque des faits, puisque l'éventuelle faute de l'occupant ne pouvait s'apprécier qu'au regard de l'obligation d'entretien et de réparation pesant sur le locataire. L'arrêt est cassé : « en statuant

décision ». D'une part, la solution s'écarte de celle retenue pour les plants de vigne où l'accession est immédiate (mais cette solution se justifie par le souci d'octroyer au bailleur les droits de plantation). D'autre part, la solution laisse entendre que l'accession n'est différée que jusqu'à la fin du bail, et non la fin de l'occupation, comme le souhaiteraient de nombreux annotateurs.

(317) V. L. 6 juill. 1989, art. 7-c.

(318) Cass. 3e civ., 17 oct. 1990 : *Bull. civ.* 1990, III, n° 188.

(319) Cass. 3e civ., 16 déc. 1997 : *RD imm.* 1998, p. 304, obs. F. Collart Dutilleul.

(320) Cass. 3e civ., 28 janv. 2004 : *Bull. civ.* 2004, III, n° 12.

(321) La maîtresse du locataire : Cass. civ., 13 déc. 1927 : *DP* 1928, 1, 99, note R. Dallant. – Les enfants majeurs du locataire, même s'ils sont incontrôlables et même si les parents en sont les premières victimes : Cass. 3e civ., 10 nov. 2009 : *Bull. civ.* 2009, III, n° 244 ; *AJDI* 2010, p. 452, obs. N. Damas ; *RDC* 2010, p. 673, obs. J.-B. Seube.

(322) Un plombier : Cass. soc., 29 mai 1954 : *D.* 1954, p. 571. – Des déménageurs : Cass. 3e civ., 19 janv. 2000 : *Bull. civ.* 2000, III, n° 8.

(323) Tel ne sera pas le cas lorsque le fils du locataire commet des violences dans le hall d'un immeuble appartenant au même ensemble immobilier que l'appartement loué, mais distant de plus d'un kilomètre : Cass. 3e civ., 14 oct. 2009 : *Bull. civ.* 2009, III, n° 221, 2 arrêts.

(324) Cass. 3e civ., 16 juin 2004 : *Bull. civ.* 2004, III, n° 119 ; *D.* 2005, pan. p. 751, obs. N. Damas ; *Defrénois* 2004, p. 1723, obs. J.-L. Aubert.

(325) Cass. 3e civ., 19 nov. 2008 : *Bull. civ.* 2008, III, n° 174 ; *D.* 2009, pan. p. 896, obs. N. Damas ; *RTD civ.* 2009, p. 132, obs. P.-Y. Gautier ; *RDC* 2009, p. 515, obs. O. Deshayes et p. 604, obs. G. Lardeux.

ainsi, alors que la recevabilité de l'action en responsabilité délictuelle formée par le propriétaire contre un occupant auquel il n'est pas contractuellement lié n'est pas subordonnée à la mise en cause du locataire, la cour a violé l'article 1382, devenu 1240, ensemble l'article 122 du Code de procédure civile »(326).

Les articles 1733 et 1734 du Code civil posent des règles particulières pour les incendies. Justifiées par la crainte que représentait ce fléau au XIXe siècle, elles se caractérisent par la sévérité à l'égard du locataire. Il ne peut en effet s'exonérer en prouvant son absence de faute ; il faut, en outre, qu'il démontre que l'incendie est arrivé par force majeure, vice de construction(327), ou qu'il a été communiqué par une maison voisine. Dès lors, si l'origine du sinistre reste indéterminée, le doute ne profite pas au locataire qui est responsable(328). La Cour de cassation a jugé que ces dernières dispositions, sévères pour le locataire, s'appliquent au bail mobilier(329) et au bail d'habitation(330). Ainsi comprend-on mieux l'importance de l'obligation d'*assurance* qui pèse sur le preneur dans le bail d'habitation (L. 6 juill. 1989, art. 7-g) et dont l'irrespect est souvent sanctionné par une clause de résolution de plein droit, laquelle ne produit effet qu'un mois après mise en demeure restée sans effet (V. L. 6 juill. 1989, art. 7-g)(331). La Cour de cassation juge en revanche que ces dispositions ne s'appliquent pas à l'égard des tiers : alors qu'un bailleur poursuivait l'assurance de son locataire pour qu'elle prenne en charge les frais de relogement de tiers à la suite de l'incendie de l'immeuble, la cour retient : « Les dommages constitués par les frais de relogement des locataires de l'immeuble voisin, dont la société bailleresse n'était pas le bailleur, concernaient des tiers au contrat de location pour lesquels les dispositions de l'article 1733 du Code civil présumant le locataire responsable n'étaient pas applicables »(332).

SOUS-SECTION 2

LA CIRCULATION DU BAIL

370. – Changez de partenaire ! L'expression « circulation » du contrat suggère le transfert par l'une des parties, voire par chacune d'elles, de sa position contractuelle(333). Appliquée au bail, cette hypothèse invite à scruter deux situations distinctes selon qu'il y a sous-location (§ 1) ou cession de bail (§ 2).

---

(326) Cass. 3e civ., 20 déc. 2018, n° 17-31.461.

(327) La jurisprudence y assimile le défaut d'entretien du bailleur : Cass. 3e civ., 15 juin 2005 : *Bull. civ.* 2005, III, n° 128 ; *D.* 2006, pan. p. 959, obs. N. Damas. Il n'est alors pas nécessaire de démontrer que le vice de construction revêt les caractères de la force majeure (même arrêt).

(328) En présence de colocataires, ceux-ci sont responsables à proportion de la valeur locative de la partie de l'immeuble qu'ils occupent, sauf à faire la preuve de l'origine de l'incendie chez l'un d'eux qui se trouve alors seul tenu. – C. civ., art. 1734.

(329) Cass. 1re civ., 6 mai 1968 : *JCP* G 1970, II, 16157.

(330) Cass. 3e civ., 22 nov. 1989 : *Bull. civ.* 1989, III, n° 217.

(331) La réforme du 24 mars 2014, sans condamner expressément cette clause, permet au bailleur de souscrire une assurance si le locataire n'en justifie pas.

(332) Cass. 3e civ., 28 janv. 2016, n° 14-28.812 : *RDC* 2016, p. 447, obs. J. Knetsch ; *RDC* 2016, p. 255, obs. R. Boffa.

(333) Trois séries de problèmes se rattachent à cette approche : l'extension de contractant (la relation A-B pourra-t-elle être élargie à C ?), l'adjonction de contractant (la relation A-B pourra-t-elle être complétée par une relation A-B-C ?), la substitution de contractant (la relation A-B pourra-t-elle être remplacée par la relation A-C ?) V. J.-M. Mousseron et *al.*, *Technique contractuelle*, *op. cit.*, nos 1200 et s. La dernière hypothèse a suscité le plus d'intérêt des

§ 1. – La sous-location

371. – **Notion de sous-location.** À la différence de la cession de bail (cession de contrat), la sous-location (sous-contrat) n'entraîne pas un changement de locataire ; tout au contraire le preneur originaire, qui conserve sa position contractuelle dans les liens du bail principal, conclut un second bail concernant la partie des locaux qu'il occupe et dont il concède la jouissance à un sous-locataire. On ne confondra pas davantage la sous-location, dans laquelle deux baux distincts lient respectivement le propriétaire-bailleur au locataire principal et ce dernier au sous-locataire, avec la colocation, dans laquelle un seul bail lie le propriétaire-bailleur à deux (ou plus) colocataires (sur C. civ., art. 1751, et L. 6 juill. 1989, art. 8-1, V. *supra*, n° 315).

372. – **Validité de la sous-location.** Le Code civil pose le principe que le locataire a le droit de sous-louer, si du moins cette faculté ne lui a pas été interdite (C. civ., art. 1717). Cette solution se justifie par le fait que le bailleur n'est pas tenu d'être propriétaire (V. *supra*, n° 305). Dès lors, un usufruitier ou un locataire peuvent parfaitement donner à bail un bien duquel ils ont la jouissance. La sous-location irrégulièrement consentie produit tous ses effets entre le locataire principal et le sous-locataire tant que le locataire principal a la jouissance de la chose ; elle demeure en revanche inopposable au bailleur(334). Mais, le plus souvent, la violation de l'interdiction de sous-louer sera sanctionnée par la résiliation du bail : la cessation de la jouissance du locataire principal emportera alors fin de la sous-location(335).

Dans les régimes spéciaux, une règle radicalement inverse est souvent retenue : la sous-location est en principe interdite, sauf accord du bailleur, dans le bail d'habitation (L. 6 juill. 1989, art. 8(336). – *Adde* L. 1er sept. 1948, art. 78) et dans le bail commercial (C. com., art. L. 145-31) ; la prohibition devient d'ordre public pour le bail rural, sauf certaines hypothèses (sous-location saisonnière de bâtiments...) (C. rur. pêche marit., art. L. 411-35 et L. 411-39). Cette hostilité des divers statuts se justifie pareillement : le locataire qui sous-loue son appartement n'en a pas la nécessité pour ses besoins propres et familiaux et ne bénéficie pas de la mansuétude de la loi ; il en va de même du locataire commerçant pour les locaux de son activité commerciale protégés en ce qu'ils sont indispensables au fonds de commerce. Les conditions de la sous-location autorisée sont minutieusement posées par les textes spéciaux : l'accord du bailleur doit être donné par écrit et doit viser le montant du loyer de sous-location qui ne saurait être supérieur à celui du loyer principal du local d'habitation (L. 6 juill. 1989, art. 8) ; le consentement du bailleur ne dispense pas le locataire commerçant d'appeler celui-ci à concourir à l'acte de sous-location, afin notamment de prendre connaissance du loyer de sous-location (C. com., art. L. 145-31).

---

auteurs. – L. Aynès, *La cession de contrat et les opérations juridiques à trois personnes*, Economica, 1984. – Ch. Larroumet, *Les opérations juridiques à trois personnes en droit privé*, thèse dactyl. Bordeaux, 1968. – Ph. Malaurie, *La cession de contrat* : *Defrénois* 1976, art. 31194, p. 1009. – M.-L. Izorche : *JCl. Contrats-Distribution*, Fasc. 160, 1995. – D. Denis, *La cession de bail immobilier* : *D.* 1976, chron. p. 269.

(334) Cass. 3e civ., 20 déc. 2011 : *Bull. civ.* 2011, III, n° 207.

(335) Cass. 3e civ., 10 oct. 1979 : *Bull. civ.* 1979, III, n° 173.

(336) V., à propos d'un locataire condamné pour recourir à des sous-locations *via* le site Airbnb : TI Paris, 6 avr. 2016 : *RTD civ.* 2016, p. 651, obs. P.-Y. Gautier.

373. – Régime de la sous-location. La sous-location ne crée en principe d'effets qu'entre le locataire principal et le sous-locataire qui ne saurait avoir plus de droits que son auteur.

Dans les relations bailleur/locataire principal, la sous-location ne produit en principe aucun effet. Le preneur reste tenu des obligations nées du bail et demeure responsable du fait du sous-locataire par application de l'article 1735 du Code civil.

Dans les relations locataire principal/sous-locataire, ce sont les stipulations du sous-contrat qui s'appliquent puisque la sous-location constitue un contrat distinct du bail principal et obéit à des règles qui lui sont propres(337). Il a par exemple été retenu que l'article 1733 du Code civil avait vocation à jouer dans ces relations(338). Des dispositions spéciales concernent les baux d'habitation : d'une part, la sous-location n'est pas soumise à la loi du 6 juillet 1989 ; d'autre part, le sous-loyer ne peut excéder le montant du loyer principal. Le locataire principal doit en outre transmettre au sous-locataire l'autorisation de sous-louer et la copie du bail en cours (V. L. 6 juill. 1989, art. 8, mod. L. 24 mars 2014). Dans les baux commerciaux, l'article L. 145-31 du Code de commerce réserve au bailleur la possibilité de demander une augmentation du loyer principal si le sous-loyer lui est supérieur.

Dans les relations bailleur principal/sous-locataire, le premier dispose d'une action délictuelle contre le second en cas de dégradations. Il doit alors établir la preuve de tels dommages sans pouvoir bénéficier des présomptions posées par les articles 1732 et 1733 du Code civil (V. *supra*, n° 369)(339). Par ailleurs, en ce qui concerne le paiement, l'article 1753 du Code civil institue une action directe contre le sous-locataire, à hauteur du prix de la sous-location(340). Dans le bail commercial, l'article L. 145-32 du Code de commerce permet au sous-locataire régulier de demander directement au bailleur le renouvellement de son bail.

L'avant-projet de réforme du droit des contrats spéciaux consacre ces dispositions mais il contient une proposition alternative, signe que les débats ont été vifs entre les membres de la Commission. L'article 1736 (proposé) prévoit que « sauf stipulation contraire, le locataire peut sous-louer la chose. La sous-location produit ses effets dans les rapports entre le locataire principal et le sous-locataire tant que celui-là conserve régulièrement la jouissance du bien ». Le suivant que « le bailleur dispose d'une action directe en paiement contre le sous-locataire, dans la double limite des loyers et sous-loyers dus. La sous-location convenue en violation du bail est inopposable au bailleur ». Mais une rédaction alternative à ce dernier article est également proposée : « par le seul effet de la sous-location, le bailleur peut exercer contre le sous-locataire toute action née du contrat de sous-location, dans la double limite des droits qu'il détient contre le locataire principal et des engagements du sous-locataire à l'égard de ce dernier. Réciproquement, le sous-locataire peut exercer contre le bailleur toute action née du contrat de loca-

(337) Cass. 3e civ., 24 avr. 1974 : *Bull. civ.* 1974, III, n° 167.

(338) Cass. 3e civ., 24 janv. 2007 : *Bull. civ.* 2007, III, n° 6 ; *RDC* 2007, p. 810, obs. J.-B. Seube. – Cass. 3e civ., 23 mai 2012 : *Bull. civ.* 2012, III, n° 78 ; *D.* 2013, p. 863, obs. N. Damas ; *RDC* 2012, p. 1252, obs. J.-B. Seube (à propos de l'action des assurances).

(339) Cass. 3e civ., 8 déc. 1993 : *Bull. civ.* 1993, III, n° 159.

(340) Cass. 3e civ., 19 févr. 1997 : *Bull. civ.* 1977, III, n° 35.

tion, dans la double limite des obligations assumées par le bailleur en vertu de ce contrat et des droits que le sous-locataire tient du contrat de sous-location. La sous-location convenue en violation du bail est inopposable au bailleur. Si le bailleur le demande, les sous-loyers lui sont versés directement par le sous-locataire ».

Les deux versions proposées de l'article 1737 (art. 1737 et option 1737) constituent deux conceptions divergentes du régime de la sous-location. Tandis que la première proposition envisage l'action directe comme une simple garantie de paiement dont dispose le bailleur, la seconde procède à une généralisation et à une bilatéralisation des rapports contractuels entre le bailleur et le sous-locataire. La solution proposée nous semble préférable : le bailleur dispose seulement d'une action directe en paiement contre le sous-locataire ; il s'agit d'une simple garantie de paiement offerte au bailleur. Aucun lien contractuel n'existe entre le bailleur et le sous-locataire de sorte que, d'une part, le bailleur ne peut agir qu'en paiement et que, d'autre part, le sous-locataire ne peut pas agir contre le bailleur. Admettre le bénéfice d'une action au sous-locataire reviendrait en effet à admettre l'existence d'un contrat entre le bailleur et le sous-locataire, sans aucun consentement : autoriser un locataire à sous-louer n'entraîne pas mécaniquement l'acceptation du bailleur d'être lié contractuellement avec le sous-locataire.

§ 2. – La cession de bail

374. – Le Code civil définit la cession de contrat comme l'opération par laquelle un contractant, le cédant, cède sa qualité de partie au contrat à un tiers, avec l'accord de son cocontractant, le cédé (C. civ., art. 1216). L'expression « cession du bail » recouvre d'innombrables hypothèses qui concernent soit le changement de bailleur (A), soit le changement de locataire (B).

A. – Changement de bailleur

375. – Décès du bailleur. Le contrat de bail n'est pas naturellement empreint d'*intuitu personae* : la mort du bailleur n'affecte pas la pérennité du contrat qui passe à ses héritiers (C. civ., art. 1742).

376. – Vente de la chose louée. La vente de la chose louée par le bailleur ne porte pas davantage atteinte au droit du preneur dont le bail antérieur à la mutation est transmis à l'acquéreur qui devient partie au contrat de bail du fait de l'acquisition de la chose louée (C. civ., art. 1743). C'est une cession forcée du contrat, d'origine légale, dérogatoire à la liberté contractuelle, et au-delà à l'effet relatif des contrats. Toutefois, comme le montre l'alinéa 2 du texte, la règle n'est pas d'ordre public et les parties peuvent, sauf en matière de bail rural et de bail d'habitation, convenir que le bailleur pourra mettre fin au bail en cas de vente, à condition de verser au locataire évincé une indemnité calculée selon les modalités fixées aux articles 1744 et suivants du Code civil. La mise en œuvre de la cession forcée du bail suppose toutefois que le contrat de bail ait acquis date certaine ou ait été passé authentique (C. civ., art. 1743)(341), mais la Cour de cassation édulcore la règle en admettant que la simple connaissance de l'existence du bail par l'acquéreur suffit à sa transmission, spécialement pour le bail commercial ou d'habitation(342). Dans les baux d'habitation, la vente du logement loué, lorsqu'elle coïncide avec l'expiration du bail d'habitation, constitue un motif de reprise et peut valablement justifier l'adresse d'un congé par le propriétaire-bailleur ; celui-ci vaut alors offre de vente au locataire qui dispose ainsi, selon certaines modalités, d'un véritable droit de préemption(343). Dans les baux commerciaux, l'article L. 145-46-1 du Code de commerce (issu L. 28 juin 2014) institue un droit de préférence au profit du locataire en cas de vente de l'immeuble(344).

La cession de contrat produit ses effets uniquement pour l'avenir. Le bailleur cédant reste tenu de ses obligations jusqu'à la date de la cession(345) ; le cessionnaire devient créancier des loyers à compter de celle-ci. Deux questions demeurent cependant débattues. La première porte sur la restitution du dépôt de garantie. En principe, le cessionnaire n'est pas tenu de restituer au locataire le dépôt de garantie qui a été versé au cédant, lors de l'entrée dans les lieux(346). Mais il ne peut exiger du locataire le versement d'un nouveau dépôt de garantie(347). Lors de la vente de l'immeuble, vendeur (cédant) et acquéreur (cessionnaire) de l'immeuble ont donc tout intérêt à devancer cette difficulté. Sur ce terrain, l'avant-projet de réforme prévoit que la restitution du dépôt de garantie incombe à l'acquéreur de l'immeuble, sauf stipulation contraire (art. 1739, al. 2). La seconde concerne le sort du cautionnement. Après des hésitations, il a finalement été retenu que « en cas de vente de l'immeuble donné à bail, le cautionnement garantissant le paiement des loyers est, sauf stipulation contraire, transmis de plein droit au nouveau propriétaire, en tant qu'accessoire de la créance de loyers cédée à l'acquéreur »(348).

(341) Le bail qui a date certaine est celui qui répond aux conditions de l'article 1377 du Code civil : enregistrement, décès d'une partie, référence dans un acte dressé par un officier public.

(342) Cass. 3e civ., 20 juill. 1989 : *Bull. civ.* 1989, III, n° 169 ; *Defrénois* 1990, 494, note G. Vermelle ; *RTD civ.* 1990, p. 101, obs. Ph. Rémy. – *Adde* Cass. 3e civ., 12 mars 1969 : *Bull. civ.* 1969, III, n° 217. – Cass. 3e civ., 15 janv. 1976 : *Bull. civ.* 1976, III, n° 18 (bail verbal). – Cass. 3e civ., 29 sept. 1999 : *Contrats, conc. consom.* 2000, n° 19, obs. L. Leveneur. Cette jurisprudence est essentielle en pratique en regard des nombreux baux d'habitation et commerciaux simplement rédigés par acte sous seing privé, voire verbaux.

(343) V. L. 6 juill. 1989, art. 15-II. – Cass. 3e civ., 1er mars 2000 : *D.* 2001, p. 173 : le congé ne peut stipuler l'obligation de consigner une indemnité d'immobilisation au cas de préemption. Une loi du 31 décembre 1975 (art. 10) institue également au profit du locataire un droit de préemption à l'occasion de la première vente qui suit la division de l'immeuble en appartements, mais adressée à tort au locataire l'offre de vente ne saurait produire effet. – V. Cass. 3e civ., 24 mai 2000 : *JCP G* 2001, II, 10494, note C. Duvert. – V. M. Dagot et D. Lepeltier, *Les droits de préemption du locataire d'habitation*, Litec, 1984 et, du premier auteur : *JCP N* 1982, I, 237 ; un droit de préemption analogue est reconnu au preneur à *bail rural* (C. rur. pêche marit., art. L. 412-1 à L. 412-13). Jugé que le locataire qui use de son droit de préemption peut se substituer un tiers dans l'exercice de celui-ci, au détriment du bénéficiaire d'une première promesse de vente consentie par le propriétaire : critiquable, sauf à faire du locataire le « maître » de la vente de l'immeuble. – CA Paris, 17 déc. 1997 : *D.* 1999, somm. p. 10, obs. O. Tournafond. – Attention au droit au respect de la vie privée du locataire lors de la visite des lieux, Cass. 3e civ., 25 févr. 2004 : *RDC* 2004, p. 998, obs. J.-B. Seube.

(344) F. Planckeel, *Le nouveau droit de préemption du locataire commercial* : *AJDI* 2014, p. 595. – F. Roussel, B. Saintourens et Ph. Viudès, *Le droit de préférence du preneur à bail commercial* : *Dr. et patrimoine* janv. 2015, p. 28.

(345) Jugeant que le bailleur est tenu de verser l'indemnité d'éviction au locataire lorsque le congé a été délivré avant la vente : Cass. 3e civ., 15 déc. 1999 : *Bull. civ.* 1999, III, n° 242 ; *RTD civ.* 2000, p. 351, obs. P.-Y. Gautier. – Cass. 3e civ., 30 mai 2001 : *Bull. civ.* 2001, III, n° 69. – Jugeant que l'action en indemnisation doit être tournée contre le bailleur cessionnaire lorsque c'est lui qui a délivré le congé : Cass. 3e civ., 11 janv. 2006 : *Bull. civ.* 2006, III, n° 8 ; *RDC* 2006, p. 756, obs. G. Lardeux.

(346) Cass. 3e civ., 25 févr. 2004 : *Bull. civ.* 2004, III, n° 37.

(347) Cass. 3e civ., 26 mars 2014 : *RDC* 2014, p. 400, obs. R. Boffa.

(348) Cass. ass. plén., 6 déc. 2004 : *Bull. civ.* 2004, ass. plén., n° 14 ; *JCP G* 2005, p. 95, note S. Piédelièvre ; *D.* 2005, p. 227, note L. Aynès ; *Defrénois* 2005, art. 38108, obs. L. Aynès ; art. 38142, jurispr. p. 6348, obs. E. Savaux ; *RTD com.* 2005, p. 51,

B. – Changement de preneur

377. – Changement de preneur. Envisagée du côté du preneur, l'hypothèse de la circulation du contrat de bail suggère deux situations radicalement différentes : le décès et la cession de bail.

378. – Décès du locataire. En droit commun, le décès du preneur emporte transmission du contrat au profit de ses héritiers et peut justifier un partage de jouissance (C. civ., art. 1742). Les statuts spéciaux contiennent cependant des règles différentes.

L'article L. 411-34 du Code rural et de la pêche maritime prévoit en effet la transmission du bail rural au profit du conjoint, du partenaire *pacsé*, des ascendants et descendants qui participent à l'exploitation ou y ont participé les cinq dernières années.

Quant aux baux d'habitation, l'article 14, alinéa 2 de la loi du 6 juillet 1989 dispose que, lors du décès du locataire, le bail d'habitation est « transféré » au profit du conjoint survivant, du partenaire lié au preneur par un PACS, aux descendants, aux ascendants, au concubin notoire – aux personnes à charge qui cohabitaient depuis au moins un an. En cas de demandes multiples, le juge se prononce en fonction des intérêts en présence. À défaut des précédents bénéficiaires, le bail d'habitation est résilié de plein droit (L. 6 juill. 1989, art. 14, dernier al.). Les mêmes règles s'appliquent à l'abandon de domicile, dont la caractérisation est parfois délicate (placement en maison de retraite, disparition) et dont la constatation est strictement encadrée (L. 6 juill. 1989, art. 14-1).

379. – La cession de bail. Le locataire peut également céder sa position contractuelle à un tiers(349). Selon le droit commun, la cession est en principe permise sauf convention contraire (C. civ., art. 1717). Pourtant, là encore, les statuts spéciaux des baux immobiliers viennent supplanter les dispositions du Code civil.

La cession de bail est en principe exclue dans le bail d'habitation « sauf avec l'accord écrit du bailleur » (V. L. 6 juill. 1989, art. 8) ; la prohibition de la cession du bail rural est de principe sauf clause expresse désormais possible (V. C. rur. pêche marit., art. L. 418-1. – V. *supra*, n° 298), et circonstances particulières (au profit d'un descendant ou du conjoint du fermier…) (V. C. rur. pêche marit., art. L. 411-35 et s.)(350). En revanche, s'agissant du bail commercial, la patrimonialité du fonds de commerce commande la libre cessibilité du bail : sont nulles quelle qu'en soit la cause « les conventions tendant à interdire au locataire de céder son bail (…) à l'acquéreur de son fonds de commerce ou entreprise » (C. com., art. L. 145-16)(351) ;

---

obs. J. Monéger. – En sens contraire, V. Cass. com., 26 oct. 1999 : *Bull. civ.* 1999, IV, n° 184.

(349) Attention aux parts indivises : voilà deux locataires indivis, l'un cède à l'autre ses droits indivis, il en résulte la fin de l'indivision et le changement de locataire : ce n'est pas une cession de bail ! Cass. 3e civ., 13 oct. 2004 : *RDC* 2005, p. 358, obs. J.-B. Seube ; *Loyers et copr.* 2005, comm. 9, obs. Ph.-H. Brault.

(350) Mais la cession de parts sociales d'une société d'exploitation agricole, valorisée en considération du bail rural dont elle est titulaire, est valable. – V. Cass. 3e civ., 10 févr. 1999 : *D.* 2000, p. 14, note F. Kenderian. – Sur la prohibition de la cession à titre onéreux Cass. 3e civ., 21 mars 2012, n° 11-14.834 : *D.* 2012, 947.

(351) Attention, la clause retrouve son efficacité au cas de cession de bail isolée intervenant sans la vente du fonds : V. Cass. 3e civ., 9 sept. 2009 : *RDC* 2010, p. 667, J.-B. Seube, la règle selon laquelle les conventions doivent être exécutées de bonne foi permet au juge de sanctionner l'usage déloyal d'une prérogative contractuelle mais ne l'autorise pas à porter atteinte à la substance même des droits et obligations légalement convenus entre les parties ni à s'affranchir des dispositions impératives du statut des baux commerciaux. Viole ainsi les articles 1134 du Code civil et L. 145-1 du

le prix de cette cession est communément désigné comme le « pas-de-porte » que le commerçant monnaye à son successeur-cessionnaire[(352)]. Le bail emphytéotique tout comme le bail à construction peuvent toujours être cédés[(353)] ; le bail à réhabilitation est cessible « nonobstant toute convention contraire » (CCH, art. L. 252-2, al. 2).

Les conditions de la cession de bail, lorsque celle-ci est possible, procèdent de la mécanique de la cession de contrat : ce ne sont pas tant les dettes du locataire-cédant, spécialement de loyer, mais bien davantage les créances de celui-ci à l'égard du bailleur, spécialement celle de maintien en jouissance, qui motivent le cessionnaire à l'occasion d'une cession de bail[(354)] ; de fait, la cession de bail occulte une cession de créance – et de dettes réciproques – qui impose le respect des dispositions de l'article 1690 du Code civil afin d'assurer « l'opposabilité » de la cession au débiteur cédé, en l'occurrence le bailleur[(355)]. Le contrat peut encore subordonner la régularité de l'opération à des formalités particulières (rédaction d'un acte notarié de cession dont une expédition sera délivrée au bailleur, concours du bailleur à l'acte, voire agrément par celui-ci du cessionnaire, soumis à l'appréciation du tribunal...) dont le respect ne peut être vaincu, pour le bail commercial, que dans le cas de l'ouverture d'une procédure collective à l'encontre du locataire « cédé »[(356)].

Les effets de la cession du bail s'apprécient dans les rapports entre les protagonistes. Dans les rapports entre locataire-cédant et locataire-cessionnaire, la cession de bail est un contrat qui suit le régime de la catégorie qu'elle épouse : vente ou apport en société, selon la contrepartie[(357)], donation lorsqu'elle est faite à titre gratuit[(358)] ; ainsi se trouve révélée la valeur qui s'attache à la faculté de céder le contrat, au-delà de la valeur que constitue le contrat lui-même[(359)]. Dans les rapports bailleur-cédé, locataire-cessionnaire, tout se passe comme si ce dernier

---

Code de commerce une cour d'appel qui déclare opposable à un bailleur la cession du droit au bail intervenue sans son concours, au motif que la clause du bail n'autorisant la cession qu'à l'acquéreur du fonds de commerce avait été stipulée et invoquée de mauvaise foi, alors qu'elle avait constaté qu'aucun fonds de commerce n'avait jamais été créé ou exploité dans les locaux loués. – Sur la (prétendue) notion de prérogative contractuelle, V. *RDC* 2011, n° 2 (actes du colloque, 30 nov. 2010).

(352) Sur l'analyse juridique du pas-de-porte versé par le premier locataire commerçant au bailleur, V. *supra*, n° 331.

(353) V. C. rur. pêche marit., art. L. 451-1 et CCH, art. L. 251-1. – Cass. 3e civ., 9 avr. 2009 : *RDC* 2010, 135, C. Grimaldi : Viole l'article L. 451-1 du Code rural et de la pêche maritime, la cour d'appel qui juge qu'un bail est emphytéotique alors qu'elle a constaté l'existence d'une clause limitant la cession du bail. – V. not. Cass. 1re civ., 10 avr. 1991 : *Bull. civ.* 1991, III, n° 114 ; *D.* 1991, somm. p. 304, A. Robert ; *JCP* G 1991, IV, 221.

(354) Mais l'acquisition par le bailleur du droit au bail mis en vente par son locataire permet au premier de recouvrer la jouissance matérielle des lieux loués : la cession de bail est valablement causée, Cass. 3e civ., 13 oct. 2004 : *JCP* E 2005, p. 473, obs. M.-P. Dumont-Lefrand ; *RDC* 2005, p. 1007, obs. D. Mazeaud.

(355) La jurisprudence est constante : V. Cass. ass. plén., 14 févr. 1975 : *D.* 1975, 349 ; *Gaz. Pal.* 1975, 1, p. 342, note J.-H. Brault ; *RTD com.* 1975, p. 472, obs. M. Pédamon. – Tirant argument de l'originalité de la cession de contrat qui ne s'épuiserait pas en une addition de la cession d'une créance et d'une dette, certains critiquent cette exigence, V. Ph. Malaurie, L. Aynès et P.-Y. Gautier, n° 494. – L. Aynès, *La cession de contrat*, *op. cit.*, n° 239.

(356) V. C. com., art. L. 642-7 relatif à la cession des contrats de l'entreprise dans le cadre d'une procédure collective. Il résulte de la combinaison des articles L. 641-12 et L. 642-19 du Code de commerce, dans leur rédaction antérieure à l'ordonnance du 18 décembre 2008 et 1134 du Code civil, qu'en cas de liquidation judiciaire, la cession du droit au bail se fait aux conditions prévues par le contrat à la date du jugement d'ouverture, à l'exception de la clause imposant au cédant des obligations solidaires avec le cessionnaire. – Cass. com., 27 sept. 2011 : *JCP* G 2012, 117, n° 6, Ph. Pétel ; *RTD com.* 2012, p. 722, B. Saintourens ; *RDC* 2012, 137, J.-B. Seube.

(357) Sur la deuxième qualification, V. Cass. 3e civ., 8 mai 1979 : *Bull. civ.* 1979, III, n° 101.

(358) V. Cass. soc., 11 oct. 1957 : *JCP* G 1958, II, 10349.

(359) Selon une dialectique qui prend appui sur la double nature de l'obligation : le contrat est un lien, le contrat est aussi un bien, V. L. Aynès, in *Les clauses de circulation du contrat. Les principales clauses des contrats conclus entre professionnels*, PUAM, 1990, p. 131 et s. – A. Sériaux, *Les obligations*, PUF, 2e éd., 1998. – *Adde* M.-L. Izorche, *op. cit.*, n° 71. – I. Najjar, *Clause de substitution et position contractuelle* : *D.* 2000, p. 635.

prenait la place du locataire-cédant au bail originaire : ses créances et dettes lui ont été transférées simultanément du cédant ; il recueille dès lors la créance de maintien en jouissance, le droit au renouvellement et le droit de préemption éventuel, tout en devenant débiteur du paiement du loyer et autres obligations du bail originaire[(360)]. Dans les rapports entre bailleur-cédé et locataire-cédant, les choses sont plus complexes, un peu à l'image des rapports psychologiques qu'entretiennent « ces hommes qui ont fait une substitution de femme, tout en conservant la première »[(361)]. Concrètement la cession qui opère transfert des dettes et créances nées du bail au locataire-cessionnaire, fait de celui-ci le nouveau débiteur des loyers ; en cas de défaillance de ce dernier, le bailleur peut-il poursuivre le cédant pour des loyers échus après la cession ? Il convient de distinguer selon que l'ordonnance du 10 février 2016 s'applique ou non au contrat. Avant la réforme, une doctrine autorisée appuyée par certaines décisions estimait que le cédant resterait « garant » de son cessionnaire : ces auteurs observaient dans la cession de bail la seule addition d'une cession de créances et d'une délégation qui ne déchargeait le locataire initial que si le bailleur y consentait[(362)] ; pourtant la Cour de cassation, à plusieurs reprises, avait clairement posé la solution contraire en déboutant le bailleur de l'action en paiement des loyers échus après la cession qu'il avait formée contre le cédant[(363)]. L'insertion au bail d'une clause prévoyant la solidarité du cédant, et dont la validité n'était pas douteuse, purgeait la difficulté[(364)]. Depuis la réforme, l'article 1216-1 du Code civil dispose que le cédant est solidairement tenu de la correcte exécution du contrat et que seule une clause expresse peut prévoir sa libération définitive pour l'avenir.

SECTION 4

L'EXTINCTION DU CONTRAT DE BAIL

380. – Causes normales d'extinction : terme ou congé (renvois). Le contrat de bail peut être conclu à durée déterminée ou indéterminée (V. *supra*, n°s 321 et s.). L'arrivée du terme pour le premier (C. civ., art. 1737), l'adresse d'un congé

(360) Expressément en ce sens, pour le bail à construction, V. CCH, art. L. 251-3, al. 3. – Pour le bail rural, V. C. rur. pêche marit., art. L. 411-64, al. 3. La cession du bail commercial réalisée par le liquidateur ou l'administrateur judiciaire est opérée « avec tous les droits et obligations qui s'y rattachent ». – C. com., art. L. 641-12. – Cass. 3e civ., 9 juill. 2003, n° 02-11.794 : les cessions successives d'un bail commercial opèrent transmission des obligations en découlant au dernier titulaire du contrat qui devient débiteur envers le bailleur des dégradations causées par ses prédécesseurs. Encore faut-il que l'acte de cession ne limite pas le champ des prérogatives cédées : V. Cass. com., 9 juin 1998 : *RTD civ.* 1999, p. 101, obs. J. Mestre (contrat de location et d'assistance technique, la cession ne fait aucune référence à la convention d'assistance : seul le contrat de location est transféré ; la solution est admissible dès lors que le cédé y a nécessairement consenti, ce qui est le droit commun de la cession de contrat.).

(361) Ph. Malaurie, *La cession de contrat*, *op. cit.*, spéc. n° 52.

(362) V. A. Bénabent, n°s 374 et s. – F. Collart-Dutilleul, Ph. Delebecque et Ch.-E. Buger, n° 471. – Comp. Ph. Malaurie, L. Aynès et P.-Y. Gautier, n° 492. – Ph. Rémy : *RTD civ.* 1990, p. 677 (obs. sur CA Paris, 1er mars 1990) et la jurisprudence citée.

(363) Cass. 3e civ., 12 juill. 1988 : *Bull. civ.* 1988, III, n° 125 ; *RTD com.* 1989, p. 217, obs. M. Pédamon. – Cass. 3e civ., 15 janv. 1992 : *JCP* E 1993, I, 234, n° 18, obs. M.-L. Izorche. – Cass. 3e civ., 4 mars 1998 : *JCP* E 1998, p. 582.

(364) Sur la portée de cette clause, V. obs. Ph. Rémy, préc. – *Adde* Paris, 28 mars 1995, préc. – Cass. 3e civ., 7 févr. 2007 : *Loyer et copr.* 2007, n° 78. – V. *supra*, n° 313. La clause est réputée non écrite au cas de cession du bail imposée par le tribunal dans le cadre d'une procédure collective, C. com., art. L. 622-15.

pour le second sont des causes normales d'extinction du contrat. Le dénouement du contrat de bail n'exclut cependant pas son renouvellement, ou sa reconduction (V. *supra*, n° 328), voire le paiement d'une indemnité d'éviction pour le bail commercial non renouvelé. L'expiration de la durée de jouissance oblige le locataire à restitution de la chose louée (V. *supra*, n° 365).

381. – Causes anormales d'extinction : perte de la chose, faute. L'article 1741 du Code civil prévoit deux causes d'extinction anormales du bail : « Le contrat de louage se résout par la perte de la chose louée et par le défaut respectif du bailleur et du preneur de remplir leurs engagements »(365). La perte de la chose et l'inexécution doivent donc être évoquées.

382. – La perte de la chose. Le contrat de bail est un contrat de durée dont la pérennité suppose la permanence, pendant la durée du contrat, de son objet. Le Code civil prévoit la disparition totale ou partielle de la chose louée en cours de bail, liée à un cas fortuit.

En cas de destruction totale, « le bail est résilié de plein droit »(366), sans indemnité de part et d'autre. Il serait plus juste de parler ici de caducité puisque l'exécution du contrat devient impossible du fait de la disparition d'un élément essentiel à sa survie (rappr. C. civ., art. 1186, al. 1 : « Un contrat valablement formé devient caduc si l'un de ses éléments essentiels disparaît »). Saisie d'une question prioritaire de constitutionnalité critiquant l'absence d'indemnisation, la Cour de cassation a refusé de transmettre la question au Conseil constitutionnel en estimant que l'article 1722 ne faisait que tirer la conséquence nécessaire de la disparition de l'objet même de la convention et servait un objectif d'intérêt général en assurant, lors de l'anéantissement du contrat pour une cause étrangère aux parties, un équilibre objectif entre leurs intérêts respectifs(367). Le domaine du texte reste néanmoins discuté. La première question porte sur la nature des contrats auxquels le texte est applicable. Il a été jugé que le texte s'appliquait aux baux commerciaux(368) mais pas au contrat par lequel une banque met à disposition de son client un coffre-fort duquel elle assure la surveillance et auquel le client ne peut accéder qu'avec le concours du banquier(369). La deuxième porte sur la notion de perte, à laquelle est assimilée l'impossibilité absolue et définitive d'user de la chose louée conformément à sa destination(370). On se demande souvent si le bailleur peut être contraint

(365) On peut aussi rajouter la confusion, qui résulte de l'achat du bien par le locataire. Cass. com., 12 juin 2012, n° 11-18.978 : *RDC* 2012, p. 1257, obs. J.-B. Seube et Cass. com., 4 déc. 2012, n° 11-25.958 : *RDC* 2013, p. 629, obs. J.-B. Seube : « La confusion des droits locatifs éteint le droit au bail sur les parcelles dont le preneur devient propriétaire ». – V. aussi Cass. 3e civ., 30 nov. 2017, n° 16-23.498 : *JCP G* 2018, 137, obs. Y. Daggorne-Labbé ; *JCP E* 2018, p. 1123, note C. Aubry de Maromont ; *RDC* 2018, p. 56, obs. J.-B. Seube précisant que si la confusion met fin au bail, elle laisse intactes les obligations de paiement des loyers et des dettes de réparation.

(366) Ch. Atias, *De plein droit* : *D.* 2013, p. 2183.

(367) Cass. 3e civ., 4 janv. 2011 : *Bull. civ.* 2011, III, n° 116 ; *RTD com.* 2011, p. 318, obs. F. Kendérian.

(368) Cass. 3e civ., 1er mars 1995 : *Bull. civ.* 1995, III, n° 59. – Cass. 3e civ., 29 sept. 1999 : *Bull. civ.* 1999, III, n° 192. – Cass. 3e civ., 29 sept. 2004 : *Bull. civ.* 2004, III, n° 159 ; *D.* 2004, p. 2718, obs. Y. Rouquet (application au preneur d'un bail commercial maintenu dans les lieux aux clauses et conditions du contrat expiré).

(369) Cass. com., 11 oct. 2005 : *Bull. civ.* 2005, IV, n° 206 ; *JCP G* 2006, I, 111, n° 13, obs. Ph. Stoffel-Munck ; *Contrats, conc. consom.* 2006, comm. 19, obs. L. Leveneur ; *RTD com.* 2006, p. 177, obs. D. Legeais ; *RDC* 2006, p. 335, obs. A. Bénabent ; p. 402, obs. J.-B. Seube ; p. 422, obs. P. Puig.

(370) Cass. 3e civ., 8 mars 2018, n° 17-11.439 : *D.* 2018, p. 615 : une cour d'appel avait jugé que l'immeuble n'avait pas été totalement détruit, de sorte que le bail continuait et que le bailleur devait être condamné à remettre les lieux en l'état. Cassation : « en statuant ainsi, après avoir relevé que l'immeuble était devenu impropre à l'exploitation prévue au bail, la cour d'appel qui n'a pas tiré les conséquences légales de ses propres constatations, a violé l'article 1722 ». Se

de reconstruire ou de se lancer dans des travaux de remise en état, notamment à la suite de l'évolution d'une réglementation. La jurisprudence sollicite alors le critère du coût des travaux : s'il est supérieur à la valeur de la chose louée, il y aura destruction totale de la chose[371] ; s'il est inférieur, non[372]. La dernière porte sur la caractérisation du cas fortuit. Si la destruction est due à la faute d'une partie, les juridictions appliquent l'article 1722 (cessation du bail) mais y ajoutent des dommages et intérêts en se fondant sur l'article 1741 du Code civil[373]. Il existe toutefois une hypothèse dans laquelle la faute d'une partie exclura le jeu de l'article 1722 : si la dégradation des lieux est liée à un défaut d'entretien du bailleur, il ne pourra invoquer le jeu de l'article 1722 en alléguant que les travaux de remise en état sont supérieurs à la valeur du bien[374].

En cas de destruction partielle de la chose[375], le locataire bénéficie d'une option entre la résiliation du bail et la diminution du prix. La crise de la Covid-19 a permis à l'article 1722 de sortir de la relative quiétude dans lequel il était tenu : des locataires ayant vu leur commerce fermé du fait des mesures de confinement refusaient de payer les loyers en faisant valoir qu'ils subissaient une perte partielle, résultant de l'impossibilité temporaire de jouir de la chose louée. La Cour de cassation a refusé de consacrer cette argumentation[376].

383. – L'inexécution du bail. L'inexécution de ses obligations contractuelles par l'une des parties justifiera l'application des sanctions classiques du droit commun.

La première est sans doute l'exception d'inexécution. Elle est très fréquente dans le contrat de bail et c'est presque de manière intuitive que, reprochant au bailleur de ne pas exécuter telle ou telle obligation, le locataire sera tenté de suspendre le paiement des loyers. La Cour de cassation adopte cependant une approche restrictive : le locataire ne peut suspendre le paiement des loyers que si les locaux sont totalement impropres à l'usage auquel on les destinait, peu important que le bailleur ait mal exécuté une de ses obligations principales[377].

trouve donc assimilée à la destruction totale de la chose l'impossibilité absolue et définitive d'en jouir conformément à sa destination.

(371) Cass. 3e civ., 9 déc. 2009 : *Bull. civ.* 2009, III, n° 269. – Cass. 3e civ., 12 juin 1991 : *Bull. civ.* 1991, III, n° 169.

(372) Cass. 3e civ., 2 juill. 2003 : *Bull. civ.* 2003, III, n° 138 ; *D.* 2004, p. 1411, note G. Pignarre ; *D.* 2004, somm. p. 839, obs. N. Damas ; *Contrats, conc. consom.* 2003, comm. 173, obs. L. Leveneur ; *RD imm.* 2003, p. 557, obs. F.-X. Trébulle (à propos des travaux de désamiantage).

(373) Cass. com., 8 oct. 1991 : *Bull. civ.* 1991, IV, n° 278 : « le bail prend fin de plein droit par la perte totale de la chose survenue par cas fortuit ou même par la faute de l'une des parties, sauf les dommages et intérêts pouvant être mis à la charge de celles des parties déclarée responsable de cette perte ». – V. aussi Cass. 3e civ., 22 janv. 1997 : *Bull. civ.* 1997, III, n° 17 ; *D.* 1998, p. 43, note S. Farnoccia ; *Contrats, conc. consom.* 1997, comm. 58, obs. L. Leveneur.

(374) Cass. 3e civ., 30 sept. 1998 : *Bull. civ.* 1998, III, n° 177.

(375) Assimilant l'impossibilité d'user de la chose à une perte partielle, Cass. 3e civ., 17 juin 1980 : *Bull. civ.* 1980, III, n° 116 (arrêt de la fourniture d'eau courante à la suite de conditions atmosphériques exceptionnelles). – Cass. 3e civ., 19 mars 1997 : *Bull. civ.* 1997, III, n° 62 (locaux ne permettant plus l'exploitation des lieux selon la destination prévue au bail).

(376) Cass. 3e civ., 30 juin 2022, nos 21-19.889, 21-10.190 et 21-20.127 : *D.* 2022, p. 1398, note S. Tisseyre ; *D.* 2022, p. 1445, note D. Houtcieff ; *JCP G* 2022, 975, J. Monéger ; *JCP E* 2022, 1376, note O. Deshayes, Th. Genicon et Y.-M. Laithier ; *AJDI* 2022, p. 605, avis B. Sturlèse ; *JCP N* 2022, n° 36, p. 1216, note M. Mekki ; *AJDI* 2022, p. 605, note J.-P. Blatter ; *D.* 2023, p. 254, obs. M. Mekki et R. Boffa ; *RTD civ.* 2022, p. 887, obs. H. Barbier ; *RTD civ.* 2022, p. 912, obs. P.-Y. Gautier : « l'effet de cette mesure générale et temporaire, sans lien direct avec la destination contractuelle du local loué, ne peut donc être assimilé à la perte de la chose, au sens de l'article 1722 du code civil ».

(377) Cass. 3e civ., 6 juill. 2023, n° 22-15.923 : *RDC* 2023/4, p. 36, obs. J.-B. Seube ; *JCP E* 2023, 1287, note B. Brignon : « Ne donne pas de base légale à sa décision au regard des articles 1184, alinéa 1, dans sa rédaction antérieure à celle issue de l'ordonnance n° 2016-131 du 10 février 2016, et 1719 du Code civil, la cour d'appel qui retient que l'exception d'inexécution opposée par le locataire est justifiée par le manquement du bailleur à une obligation essentielle du

La seconde est l'introduction d'une action en résiliation du bail, pratiquement toujours engagée par le bailleur qui cherchera à reprendre la jouissance de son bien, purgeant de la sorte un éventuel droit au renouvellement que les statuts spéciaux de baux immobiliers confèrent au locataire(378).

En l'absence de clause, la résiliation ne peut être que judiciaire et suppose, dans les conditions du droit commun, l'appréciation par le juge du fond de la gravité de la faute du locataire (C. civ., art. 1224 et 1227). De fait, le bailleur prendra soin d'insérer au contrat une clause résolutoire de plein droit ; celle-ci enlève au juge le pouvoir de prononcer la résiliation et vise à priver celui-ci de son pouvoir d'appréciation sur l'opportunité de cette sanction ; l'intervention judiciaire alors possible en référé est limitée à la seule constatation d'une résiliation déjà acquise et dont l'origine est purement contractuelle. Le danger que fait peser une telle clause sur les droits du preneur a conduit la jurisprudence à en encadrer strictement le jeu dans des conditions déjà évoquées pour le défaut de paiement du loyer (V. *supra*, n° 364) ou l'absence de conclusion de contrat d'assurance par le preneur (V. *supra*, n° 369) ; au surplus, le preneur peut toujours obtenir des délais de grâce dans les conditions des articles 1343-5 et suivants du Code civil.

L'efficacité de la clause résolutoire insérée dans le bail commercial est cependant largement entamée au cas de l'ouverture d'une procédure collective à l'endroit du preneur : la résiliation du bail par le jeu de la clause résolutoire pour défaut de paiement de loyers antérieurs au jugement d'ouverture suppose que celle-ci ait été constatée par une décision passée en force de chose jugée avant cette époque ; à défaut, les effets du commandement litigieux se trouvent suspendus par l'ouverture de la procédure collective(379).

384. – **Conclusion : nature juridique des droits du preneur.** Considérant l'évolution contemporaine du bail qui révèle une stabilité accrue du locataire – droit au renouvellement, droit de préemption, prérogatives exorbitantes permettant au preneur à bail rural de modifier la substance de la chose(380) – certains auteurs ont réactivé une thèse ancienne observant dans le droit du preneur un véritable droit réel(381). Le transfert du contrat de bail à l'acquéreur de l'immeuble, l'opposabilité du bail à un preneur postérieur militent encore dans le sens du *jus in re*, droit sur la

bail sans rechercher, comme il le lui était demandé, si les locaux loués avaient été rendus impropres à l'usage auquel ils étaient destinés ».

(378) Le bailleur veillera à ne pas se faire justice à lui-même : un locataire ne payant plus son loyer et ayant quitté les lieux, le propriétaire dépêche un huissier pour procéder à une saisie conservatoire. Deux semaines après, il revient, dresse un procès-verbal de reprise et change la serrure. Le locataire assigne alors l'huissier en responsabilité pour avoir agi ainsi alors qu'il n'y avait eu ni mise en demeure, ni décision de justice, ce qui est pourtant exigé par l'article 14-1 de la loi du 6 juillet 1989. La cour juge que « la seule constatation d'une reprise illicite d'un logement ouvre droit à réparation » (Cass. 3e civ., 6 juill. 2017, n° 16-15.752 : *RTD civ.* 2017, p. 884, obs. P.-Y. Gautier).

(379) Cass. com., 9 déc. 1997 : *Loyers et copr.* 1998, n° 129. – Cass. com., 13 mai 1998 : *Rev. loyers* 1999, p. 243, note M. Gallet. – Pour un exemple d'acquisition de la clause résolutoire après trois années de bataille judiciaire : Cass. 3e civ., 2 avr. 2003 : *Bull. civ.* 2003, n° 77. – Depuis les ordonnances nos 2008-1345 et 2010-1512 du 9 décembre 2010. – V. C. com., art. L. 622-13, L. 622-14 et L. 641-12. En cas de continuation du bail par l'administrateur, le bailleur ne peut faire sanctionner les inexécutions qu'au terme d'un délai de trois mois suivant le jugement d'ouverture, ce qui donnera un répit au débiteur. – *Adde* F. Kenderian, *Le bail commercial dans les procédures collectives*, LexisNexis, 2e éd., 2008.

(380) V. C. rur. pêche marit., art. L. 411-28.

(381) L'origine de la thèse est traditionnellement attribuée à Troplong, *Louages*, t. 2, nos 473 et s. Sa réactivation à J. Derruppé, *La nature juridique du droit du preneur à bail et la distinction des droits réels et des droits de créance*, thèse, Toulouse, 1952. – *Adde*, *Souvenir et retour sur le droit réel du locataire*, in *Mél. L. Boyer*, Toulouse, 1996, p. 169.

chose. À cela s'ajoutent l'inscription au registre foncier des baux de longue durée, le régime spécial des constructions réalisées dans ce cadre, ou, plus généralement, le bénéfice pour le preneur de la protection possessoire contre les tiers.

L'ensemble procure pourtant une image trompeuse qui s'estompe si l'on considère isolément chacune de ces prérogatives.

La plupart de celles-ci procèdent d'abord de textes d'exception, lesquels renvoient à un principe précisément inverse : l'absence de renouvellement ou de droit de préemption est la règle dans le louage de droit commun ; le régime des baux de longue durée nous entraîne à la frange du bail dans la mesure où l'aspect provisoire de la mise à disposition de la chose y est fortement atténué ; le transfert du bail avec la chose ne résulte pas d'un quelconque droit de suite du preneur(382) mais procède d'un texte spécial comme il en existe d'autres organisant la cession de contrat avec une chose sans qu'il n'ait jamais été question d'inférer de ces textes l'existence d'un droit réel du partenaire au contrat cédé(383) ; enfin, la protection possessoire du locataire-détenteur ne saurait être invoquée contre le propriétaire-bailleur(384) et le premier insatisfait devra bien agir par les voies contractuelles contre le second.

Le droit de jouissance du preneur s'exerce bien par l'entremise du bailleur qui peut en limiter la portée à l'inverse, par exemple, de ce qui est le cas d'un règlement de copropriété pour les parties privatives. Aussi bien la Cour de cassation ne s'est jamais démentie dans l'affirmation selon laquelle « le contrat de louage ne confère au preneur sur l'immeuble loué qu'un droit purement mobilier et personnel »(385). Au final, la discussion ne présente plus guère qu'un attrait purement théorique quand les conséquences de la qualification sont d'ores et déjà réglées par des textes spéciaux(386).

---

(382) *Contra*, F. Zénati et Th. Revet, *Les biens*, PUF, 3e éd., 2008, n° 297.

(383) L'article L. 1244-1 du Code du travail prévoit que le cessionnaire d'une entreprise doit respecter les contrats de travail y afférents. – V. B. Teyssié, *Droit du travail*, t. 1, Litec, 2e éd., 1992, nos 1081 et s. ; il n'est guère envisageable de déceler dans le texte le droit réel (droit de suite) du salarié sur ladite « entreprise ».

(384) C. civ., art. 2278, al. 2 qui prévoit que la protection possessoire accordée au détenteur ne joue pas contre « celui de qui il tient ses droits ».

(385) Cass. req., 6 mars 1861 : *DP* 1861, I, p. 417 ; S. 1861, I, p. 713 ; *GAJ civ.*, n° 181, p. 744 (arrêt rendu... sous la présidence de Troplong !). – Comp. Cass. 3e civ., 23 mars 1988 : *Bull. civ.* 1988, III, n° 64, qui refuse au locataire la qualité d'agir au sein de la copropriété, parce que non-copropriétaire. Pourtant le débat pourrait bien être relancé par la Cour européenne des droits de l'homme dont la jurisprudence paraît bien faire entrer le droit au bail dans la catégorie des « biens » protégés au titre du respect dû au droit de propriété (Prot. n° 1, art. 1er). – V. CEDH, 16 nov. 2004 : *RDC* 2005, p. 467, obs. A. Debet : en l'occurrence il s'agissait d'un bail d'îles finlandaises convenu pour... 300 ans.

(386) Sur la compétence judiciaire du tribunal du lieu de situation de l'immeuble, V. CPC, art. 44. – Sur l'application au bail de la loi de situation de l'immeuble dans le silence des parties, en droit international privé, V. Règl. n° 593-2008, 17 juin 2008 dit « Rome I », art. 4, 1, c.

C H A P I T R E 2

LE CONTRAT DE PRÊT

385. – Présentation et définition. Est-il besoin de présenter le prêt tant sa pratique est ancienne et quotidienne ? On prête avant d'acheter ou de vendre. Le Code civil s'est pourtant dispensé de le définir, préférant affirmer à l'article 1874 du Code civil :

> « Il y a deux sortes de prêt :
> Celui des choses dont on peut user sans les détruire ;
> Et celui des choses qui se consomment par l'usage qu'on en fait.
> La première espèce s'appelle "prêt à usage".
> La deuxième s'appelle "prêt de consommation", ou simplement "prêt" ».

Vainement chercherait-on une théorie générale du prêt. Comme on l'a justement écrit, en matière de prêt « il n'y a que des branches, il n'y a pas de tronc »(1). Au-delà des deux espèces de prêt visées par l'article 1874 – qui, en revanche, bénéficient chacune d'une définition (V. *infra*, n°s 386 et 403) –, la doctrine s'est toutefois efforcée de dégager une définition du prêt en général. À la suite du *Vocabulaire Capitant*, retenons que le prêt est « une convention générique – dont le prêt à usage et le prêt de consommation sont les deux espèces – en vertu de laquelle le prêteur remet une chose à l'emprunteur, afin que celui-ci s'en serve, à charge de restitution (en nature ou en valeur) ».

Le prêt se présente ainsi comme un contrat *unilatéral* puisqu'il n'impose, *a priori*, qu'une obligation de restitution à la charge de l'emprunteur(2) (V. *infra*, n°s 396 et s.) ; la présentation doit être nuancée lorsque des obligations seront mises à la charge du prêteur.

C'est aussi, dit-on, un contrat *réel* qui se forme donc par la remise de la chose (C. civ., art. 1109, al. 3) : on verra que la jurisprudence remet singulièrement en cause cette qualification, en tout cas pour le prêt d'argent consenti par un professionnel (V. *infra*, n°s 392, 408 et 415).

(1) F. Grua : *JCl. Civil Code*, Art. 1874, n° 2.
(2) Cass. 1re civ., 28 mars 1984 : *Bull. civ.* 1984, I, n° 20.

Mais ces caractères communs cèdent vite la place aux spécificités des espèces visées par le Code civil. Le prêt à usage et le prêt de consommation se distinguent d'emblée par l'objet de la restitution. Dans le premier cas, l'emprunteur est tenu de restituer la chose dont il s'est servi, alors que dans le second, il ne restitue qu'un équivalent, la chose ayant été consommée. Cette différence d'objet entraîne une différence de régime sensible, au point qu'il n'y a pas de droit commun du prêt comme en atteste la construction du Code civil. Signant la rupture entre les deux contrats, l'avant-projet de réforme des contrats spéciaux évoque le régime « des prêts » dans le texte qu'il propose[(3)].

À l'observation, la *summa divisio* de l'article 1874 ne reflète pas exactement la diversité du prêt. À la suite des chapitres relatifs au prêt à usage et au prêt de consommation, le Code civil consacre un troisième chapitre au prêt à intérêt. Il ne s'agit *a priori* que d'une variante du prêt de consommation qui, au demeurant, concerne aussi bien l'argent que des denrées ou autres choses mobilières pour reprendre le vocabulaire du Code civil (C. civ., art. 1905). Mais le formidable développement du prêt d'argent trouble cette présentation. Outre que le prêt d'argent à titre onéreux est la meilleure illustration du prêt à intérêt, il présente surtout de telles spécificités qu'il constitue une catégorie à part entière, « archétype des contrats de crédit »[(4)]. Aussi convient-il de présenter successivement le prêt à usage (Section 1), le prêt de consommation (Section 2) et le prêt d'argent (Section 3).

SECTION 1

LE PRÊT À USAGE

386. – Définition et évolution[(5)]. Le prêt à usage ou « commodat » est défini par l'article 1875 du Code civil comme :

> **« un contrat par lequel l'une des parties livre une chose à l'autre pour s'en servir, à la charge par le preneur de la rendre après s'en être servi ».**

C'est la formule de prêt la plus courante, celle que l'on pratique quotidiennement par inadvertance depuis sa plus tendre enfance. D'où la tentation de ne pas toujours l'inclure dans le périmètre du droit, d'où surtout l'article 1876 du Code civil qui affirme que :

> **« Ce prêt est essentiellement à titre gratuit ».**

(3) Le titre X est de la sorte titré au pluriel et se divise en deux chapitres : le premier consacré au prêt à usage ou commodat (art. 1873 à 1891), et le second consacré au prêt de consommation (art. 1892 et s). – V. *L'avant-projet de réforme*, préc., LGDJ-Lextsenso, 2024, p. 170 et s. par Ph. Stoffel-Munck et Bl. Mallet-Bricout. – *Adde* comm. S. Garrande : *RDC* mars 2023, p. 218.

(4) Ph. Malaurie, L. Aynès et P.-Y. Gautier, n° 635. – V. J. Attard, *Le contrat de prêt d'argent, contrat unilatéral ou contrat synallagmatique*, PUAM, 1999, préf. Ph. Delebecque.

(5) V. C. Mauro, *Permanence et évolution du commodat* : *Defrénois* 2000, art. 37226.

Mais comme bien d'autres contrats nommés, le prêt à usage est désormais utilisé dans le cadre de relations d'affaires, pervertissant ainsi sa nature originelle[(6)].

Le prêt à usage porte sur tous les biens, corporels ou incorporels[(7)], pour autant que le bien prêté puisse être restitué en nature après utilisation (C. civ., art. 1878). Cette exigence fondamentale ne signifie pas que le prêt à usage soit réservé aux seuls corps certains. Une chose de genre peut être concernée, « car elle peut être restituée en nature (un livre par exemple) »[(8)]. On doit même admettre, qu'exceptionnellement, un prêt à usage peut porter sur un bien consomptible, alors pourtant qu'en pareil cas, le contrat est normalement un prêt de consommation. Ce n'est pas, en effet, la nature du bien qui détermine la nature du prêt, mais le fait que la chose puisse être rendue après usage. Or, une chose consomptible peut être utilisée dans le cadre d'un prêt sans être nécessairement consommée : « par exemple, un timbre pour être exposé et non utilisé, une bouteille de vin ou des aliments pour servir de décor à une photo et non de mets à un repas »[(9)]. L'hypothèse, on le voit reste limitée et… frustrante.

Le prêt à usage ne porte, par ailleurs, que sur des biens. Si l'on parle ainsi en droit du travail de prêt de main-d'œuvre, c'est par excès de langage, car il ne s'agit nullement d'un prêt, mais d'un contrat de prestations de services dont la licéité est au demeurant exceptionnelle[(10)].

387. – Plan. Envisageons de façon classique, l'identification (Sous-section 1), la formation (Sous-section 2), les effets (Sous-section 3) et l'extinction (Sous-section 4) du prêt à usage.

SOUS-SECTION 1

L'IDENTIFICATION DU PRÊT À USAGE

388. – Certitudes : remise, usage, restitution, gratuité. C'est à partir de la définition de l'article 1875 du Code civil et des caractères du prêt à usage que l'on distingue ce dernier d'autres contrats. Le *commodat* débute par la remise de la chose (dont le rôle suggère les premiers doutes) ; il emporte usage de la chose, à titre gratuit, sans effet translatif de propriété. Il est alors des distinctions qui ne soulèvent guère de difficultés. Le prêt à usage se distingue ainsi aisément du gage ou du dépôt où celui qui reçoit n'est pas autorisé à s'en servir. De même, dès lors que « le prêteur demeure propriétaire de la chose prêtée », le prêt se distingue *a priori* aisément des contrats translatifs de propriété ainsi que le trahit une obligation de restitution (C. civ., art. 1875). Parce qu'enfin le contrat de prêt est gratuit, il se distingue du bail où l'usage de la chose a nécessairement une contrepartie. Un prêt à titre onéreux n'est pas concevable : « Dès qu'une contrepartie est prévue, le prêt se transforme en louage »[(11)].

(6) C. Bénos, *L'altruisme dans le prêt à usage* : D. 2013, p. 2358.

(7) Une réponse ministérielle en date du 25 janvier 1988 (*JOAN* Q 25 janv. 1988, p. 372) estime, de manière contestable, qu'un fonds de commerce ne peut donner lieu à un prêt à usage.

(8) A. Bénabent, n° 411.

(9) A. Bénabent, *ibid.*

(10) C. trav., art. L. 8241-1 et s.

(11) J. Huet, n° 22108. Rappr. sur les conséquences de la gratuité : Cass. 1re civ., 11 oct. 2017, n° 16-21.419 : *D.* 2017, p. 2096 ; *JCP G* 2017, 1251, note J. Casey : un héritier ayant été hébergé pendant dix ans par son auteur, ses cohéritiers demandaient à ce qu'il rapporte à la succession l'avantage indirect duquel il avait bénéficié. Ils considéraient que la

389. – Incertitudes. Il est des situations où la qualification de prêt à usage est discutée. On a à l'esprit le contentieux de la « bague de fiançailles » à l'occasion de leur rupture ou d'un divorce. S'agit-il d'un prêt à usage imposant alors à l'ex-épouse ou à l'ex-fiancée de restituer le bijou, ou s'agit-il d'un don manuel qui permet alors à celle qui l'arborait de le conserver ? Tout dépend de la nature du bijou. Si le bijou a un caractère familial, c'est la qualification de prêt à usage qui l'emporte[12]. Si tel n'est pas le cas, on admet généralement qu'il peut être conservé, encore que, selon la valeur du bijou et les circonstances de la rupture – surtout s'il s'agit de rupture de fiançailles – la qualification de prêt à usage ne soit pas toujours à écarter.

Mérite aussi d'être évoqué le délicat contentieux des emballages consignés où ont été successivement admises les qualifications de prêt[13] et de vente. Mais c'est sans doute aujourd'hui l'utilisation du prêt dans le cadre d'opérations complexes de distribution (pétrole, bière...) qui pose le plus de difficultés[14]. Tenu d'assister son distributeur en contrepartie d'un approvisionnement exclusif, le fournisseur procure souvent du matériel en qualifiant l'opération de prêt à usage en raison de sa gratuité. Or, nombreux sont les auteurs qui ont fait remarquer qu'au-delà de cette gratuité proclamée, ce prêt s'insère dans une opération commerciale plus large à titre onéreux, au point de douter de l'existence même d'un prêt, faute d'une véritable gratuité[15]. La jurisprudence tient parfois compte de l'argument. Ainsi, a-t-elle exclu la qualification de prêt, à propos de la fourniture par une entreprise de fabrication d'aliments pour bétail de matériel agricole à un éleveur, dès lors que le fournisseur a un intérêt pour la vente de ses produits à ce que le distributeur dispose de la chose[16]. Mais cette exclusion n'est pas générale ; elle ne prévaut pas pour les compagnies pétrolières qui fournissent les cuves aux pompistes ou pour les brasseurs qui prêtent aux débitants de boissons le matériel de tirage de bière[17]. Enfin, il est aussi parfois difficile de distinguer le bail du prêt à usage, la preuve du caractère onéreux ou gratuit n'étant pas toujours facile à rapporter (V. *supra*, n° 288).

jouissance gratuite d'un immeuble peut constituer un avantage indirect rapportable dès lors qu'il est établi, d'une part, un appauvrissement du disposant et d'autre part, son intention de gratifier. La cour ne fait pas droit à cette argumentation : « Mais attendu que le prêt à usage constitue un contrat de service gratuit, qui confère seulement à son bénéficiaire un droit à l'usage de la chose prêtée mais n'opère aucun transfert d'un droit patrimonial à son profit, notamment de propriété sur la chose ou ses fruits et revenus, de sorte qu'il n'en résulte aucun appauvrissement du prêteur ; Et attendu qu'ayant retenu que la mise à disposition par Jean X... à son fils d'un appartement depuis l'année 2000, sans contrepartie financière, relevait d'un prêt à usage, la cour d'appel en a, à bon droit, déduit qu'un tel contrat est incompatible avec la qualification d'avantage indirect rapportable ». Cette solution est à replacer dans la jurisprudence de l'avantage indirect : dans un premier temps, la cour considérait que l'occupation gratuite d'un immeuble constituait un avantage indirect rapportable (cette solution était critiquée car elle interdisait aux parents de faire jouer la solidarité familiale : les avantages devaient être rapportés par le gratifié) ; dans un second temps, la cour n'a soumis au rapport que les mises à disposition gratuite dès lors qu'une intention libérale était démontrée (Cass. 1re civ., 18 janv. 2012, n° 11-12.863 : *RTD civ.* 2012, p. 307, obs. J. Hauser). Avec l'arrêt de 2017, la cour va plus loin en retenant que le commodat chasse le rapport. Certains commentateurs soulignent le risque de détournements que cette solution augure.

(12) V. Cass. 1re civ., 23 mars 1983 : *JCP G* 1984, II, 20202, note J.-J. Barbièri ; *Defrénois* 1984, p. 182, note A. Breton.

(13) V. Cass. com., 2 mai 1954 : *JCP* 1954, II, 8117, note J. Hémard ; *RTD civ.* 1954, p. 210, obs. J. Carbonnier.

(14) V. R. Fabre, *Le prêt à usage en matière commerciale* : *RTD civ.* 1977, p. 193.

(15) Ph. Malaurie, L. Aynès et P.-Y. Gautier, n° 638 : « Dans les relations d'affaires, on ne devrait pas parler de commodat, parce que le contrat n'est pas vraiment gratuit : la mise de la chose à la disposition prétendument gratuite du cocontractant fait partie d'un ensemble contractuel qui constitue un contrat à titre onéreux : quand on fait du commerce, on n'a pas d'intention libérale. Il vaudrait mieux, dans ces hypothèses, parler de contrat innomé ». – V. S. Benilsi, *Essai sur la gratuité en droit privé*, thèse, Montpellier, 2006, ss dir. M.-L. Mathieu-Izorche.

(16) Cass. 1re civ., 15 janv. 1976 : *JCP G* 1977, II, 18516, note crit. G. Goubeaux. – Cass. 1re civ., 25 nov. 2003 : *RDC* 2004, p. 718, obs. A. Bénabent : pour le prêt d'un véhicule accessoire au contrat d'entreprise (réparations).

(17) V. D. et N. Ferrier, *Droit de la distribution*, préc. n° 606. – V. *infra*, n° 538. – *Adde* Cass. com., 15 sept. 2009 : *RDC* 2010, p. 141, P. Puig (mise à disposition par le producteur d'une vitrine réfrigérée destinée à présenter et mettre en valeur

390. – **Apports de l'avant-projet de réforme.** L'avant-projet de réforme des contrats spéciaux tente d'apporter des solutions à ces incertitudes en distinguant clairement entre les prêts intéressés et les prêts désintéressés (art. 1876 proposé). Le prêt est intéressé lorsque le prêteur agit, au su de l'emprunteur, en vue de l'obtention d'un avantage économique. De plus, si le prêt est fait dans le cadre de l'activité professionnelle du prêteur, il est présumé intéressé(18).

Au-delà des exemples précités, la pratique offre de nombreuses hypothèses qui, demain, pourront être qualifiées de prêts intéressés : prêt d'une chose en vue de l'acquisition, par l'emprunteur, d'une chose semblable auprès du prêteur ; prêt de bijoux à une personne célèbre afin qu'elle le porte dans une manifestation publique dans le but d'augmenter les ventes…

La prise en considération, à travers les prêts intéressés, de la gratuité d'affaire n'est pas vraiment nouvelle(19) mais elle suscite des difficultés : les textes proposés en font reposer le critère sur un intérêt d'ordre économique (on en déduit alors que le simple intérêt ne suffit pas) et sur sa connaissance de l'emprunteur. Toutefois, la présomption posée par la dernière phrase de l'article a vocation à couvrir la plupart des hypothèses incertaines, étant précisé que la présomption instituée est simple.

Le principal enjeu de la distinction repose sur la nature réelle ou consensuelle du contrat (V. *infra*, n° 392) et sur les différences de responsabilités pesant sur les parties (V. *infra*, n°s 401 et s.).

SOUS-SECTION 2

LA FORMATION DU PRÊT À USAGE

391. – **Parties.** Dès lors que le prêt à usage n'emporte pas transfert de propriété, une personne qui a la possession d'une chose peut la prêter sans en être propriétaire. Si pour l'emprunteur le prêt est indiscutablement un acte d'administration, cette qualification est discutée pour le prêteur. Faute d'aliénation, il est logique de préférer l'acte d'administration(20). Mais certains, en raison notamment de la gratuité du prêt à usage, préconisent une application des règles relatives aux actes de disposition(21).

392. – **Forme.** On enseigne traditionnellement que le prêt à usage est un contrat réel qui ne se forme que par la remise de la chose. Cette catégorie des contrats réels a d'ailleurs été conservée par la réforme du 10 février 2016 (C. civ.,

ses produits).

(18) Ph. Stoffel-Munck, *Les prêts*, in *L'avant-projet de réforme du droit des contrats spéciaux*, ss dir. D. Galbois Lehalle et Ph. Stoffel-Munck, LGDJ, 2024, p. 169 et la réponse de B. Mallet-Bricout, p. 174. – G. Cattalano, *Le prêt* : *RDC* 2023/1, p. 218.

(19) F. Grua, *L'acte gratuit en droit commercial*, thèse, Paris I, 1978. – G. Cattalano-Cloarec, *Le contrat de prêt*, LGDJ, 2015. – D. Guével, *La gratuité intéressée, oxymore d'avenir ?*, in *Mél. G. Goubeaux*, 2009, LGDJ, Lextenso-Dalloz, p. 229. – C. Benos, *L'altruisme dans le contrat de prêt à usage* : *D.* 2013, p. 2358.

(20) En ce sens, V. A. Bénabent, n° 423.

(21) V. J. Huet, n° 22123 : « L'acte d'administration consiste, en principe, à faire fructifier les biens, à les mettre en valeur. Tel n'est pas le cas du prêt, qui de surcroît expose à voir perdre, ou détériorer, la chose dont il est l'objet. Dès lors, on se trouve enclin à manifester à son égard les mêmes exigences que pour les actes de disposition ».

art. 1109, al. 3 et 1172, al. 3), en dépit des critiques et des réserves dont elle faisait l'objet. La contestation relative à l'existence de la catégorie des contrats réels[(22)] trouve naturellement un fort écho à propos du prêt à usage. « Nul doute que le prêt à usage ait perdu, quant à lui, son caractère de contrat réel : il est consensuel », affirme, sans ambages, un auteur[(23)]. L'affirmation ne manque pas de pertinence dès lors en effet que la jurisprudence admet la promesse de prêt. Mais il reste tout de même à la Cour de cassation à affirmer, ce qu'elle n'a pas encore fait, qu'en cas d'inexécution d'une promesse de prêt à usage, le promettant peut être condamné à remettre la chose. On s'interroge sur le fait de savoir si la jurisprudence rendue sur le terrain du prêt de somme d'argent doit être étendue aux autres variantes de prêts (V. *infra*, n° 417).

L'avant-projet de réforme des contrats spéciaux prévoit en son article 1877 (proposé) que le prêt intéressé est consensuel et que le prêt désintéressé est réel (V. *supra*, n° 390). L'une des conséquences attendues de la distinction porte sur le régime des promesses de prêts : alors que la promesse de prêt intéressé pourra s'offrir à l'exécution forcée en nature, la promesse de prêt désintéressé ne se résoudra qu'en dommages et intérêts (art. 1877-1 et 1877-2).

393. – **Preuve.** La preuve du prêt à usage est soumise au droit commun des articles 1359 et suivants du Code civil. L'écrit s'impose donc lorsque la valeur de la chose prêtée excède 1 500 €, sauf à faire jouer les exceptions classiques. Force est toutefois de constater que le caractère gratuit du prêt se prête mal à l'exigence d'écrit. Aussi, l'impossibilité morale de prouver par écrit (C. civ., art. 1360) trouve largement à se développer. On a même proposé un régime original, conduisant à répartir la charge de la preuve entre prêteur et emprunteur[(24)]. Mais la jurisprudence s'en tient encore à une analyse classique : le prêteur qui revendique la restitution de la chose prêtée doit non seulement prouver la remise du bien, mais aussi l'engagement de l'emprunteur de restituer[(25)].

Qu'en est-il, par ailleurs, du jeu de l'article 1376 du Code civil selon lequel « l'acte sous signature privée par lequel une seule partie s'engage envers une autre à lui payer une somme d'argent ou à lui livrer un bien fongible ne fait preuve que s'il comporte la signature de celui qui souscrit cet engagement, ainsi que la mention, écrite par lui-même, de la somme ou de la quantité en toutes lettres et en chiffres » ?

Tout dépend de la rédaction du titre qui constate le prêt. Si ce dernier n'indique que l'obligation de restitution de l'emprunteur, il n'a qu'une forme unilatérale qui justifie le respect des dispositions de l'article 1376 du Code civil. En revanche, si le titre a une coloration bilatérale, l'article 1376 n'est plus de mise.

(22) V. M.-N. Jobard-Bachelier, *Existe-t-il encore des contrats réels en droit français ?* : *RTD civ.* 1985, p. 1.
(23) J. Huet, n° 22129.
(24) V. J. Huet, *op. cit.*, n° 22133 : « On serait tenté, dès lors, de poser en principe qu'à partir du moment où celui qui prétend être le prêteur d'une chose démontre qu'elle lui appartenait et qu'il l'a remise à autrui, un renversement de la charge de la preuve s'opère : ce serait au détenteur de la chose d'établir, par tous moyens, la cause ou le titre justifiant qu'il n'a pas à la restituer, car il n'en est pas l'emprunteur ».
(25) V. Cass. 1re civ., 5 mai 1971 : *Bull. civ.* 1971, I, n° 152.

SOUS-SECTION 3

LES EFFETS DU PRÊT À USAGE

394. – **Présentation.** C'est d'emblée à la lecture du plan du chapitre du Code civil consacré au prêt à usage que le caractère unilatéral du contrat s'estompe. Alors que l'on s'attendrait à ne trouver que des dispositions relatives aux engagements de l'emprunteur, une section est consacrée « aux engagements de celui qui prête à usage »[26]. Aussi la doctrine tempère largement l'affirmation du caractère unilatéral du contrat, privilégiant la qualification de contrat synallagmatique imparfait[27], certains auteurs optant même plus franchement pour celle de contrat synallagmatique parfait[28], qualification que la jurisprudence n'admet pas encore[29]. Reste que le prêt a des effets à l'égard tant de l'emprunteur (§ 1) que du prêteur (§ 2).

§ 1. – Les effets à l'égard de l'emprunteur

A. – Les droits de l'emprunteur

395. – **Le droit d'user de la chose.** L'emprunteur a la faculté d'utiliser la chose prêtée. C'est le but même de l'opération ; mais il ne s'agit pas d'une obligation pour l'emprunteur[30]. Il ne peut toutefois se servir de la chose « qu'à l'usage déterminé par sa nature ou par la convention » prévoit expressément l'article 1880 du Code civil. Et l'article 1881 de menacer :

> « Si l'emprunteur emploie la chose à un autre usage, ou pour un temps plus long qu'il ne le devait, il sera tenu de la perte arrivée, même par cas fortuit ».

En revanche,

> « Si la chose se détériore par le seul effet de l'usage pour lequel elle a été empruntée, et sans aucune faute de la part de l'emprunteur, il n'est pas tenu de la détérioration » (C. civ., art. 1884).

Par ailleurs, on a pu estimer, au nom de l'*intuitus personae* qui anime ce contrat, que l'usage de la chose est personnel à l'emprunteur qui ne peut donc céder son droit d'usage[31]. L'affirmation doit être largement tempérée. L'*intuitus personae* est

(26) C. civ., art. 1888 à 1891.
(27) V. A. Bénabent, n° 422.
(28) V. J. Huet, n° 22134.
(29) V. Cass. 1re civ., 28 mars 1984 : *Bull. civ.* 1984, I, n° 120.
(30) L'obligation ici s'inscrit au passif du prêteur qui doit supporter l'usage que l'emprunteur fait de la chose, dans les limites légales. L'emprunteur, lui, reste détenteur précaire de la chose.
(31) V. J. Huet, n° 22141. – A. Bénabent, n° 429.

contestable, dès lors que les engagements de l'emprunteur passent à ses héritiers (C. civ., art. 1879. – V. *infra*, n° 404). Rien, en réalité, ne s'oppose à la conclusion d'un sous-prêt, pourvu que l'usage soit toujours conforme à la nature de l'objet ou à la convention(32). Ce qui n'est pas admissible, c'est que l'emprunteur utilise la chose à des fins pécuniaires : que l'emprunteur loue la chose prêtée par exemple(33) !

L'avant-projet de réforme maintient *l'intuitu personnae* du contrat et le précise : l'article 1880 (proposé) prévoit en effet que l'emprunteur doit user personnellement de la chose empruntée mais que, s'il y a été expressément autorisé, il peut la prêter ou la louer. Le texte doit être mis en perspective de l'article 1875, alinéa 2 de l'avant-projet selon lequel « l'emprunteur ne fait pas les fruits siens, sauf si la nature du bien le commande ou si le prêteur l'y autorise ». En exigeant une autorisation expresse pour pouvoir sous-louer, l'article 1880 est plus exigeant que l'article 1875 qui n'exige qu'une autorisation, laquelle peut être implicite.

B. – Les obligations de l'emprunteur

1° L'obligation de restitution

396. – **Qui restitue et à qui ?** C'est l'obligation essentielle du contrat de prêt : elle « est de l'essence du commodat »(34). Il appartient à l'emprunteur ou à ses héritiers de restituer la chose au prêteur, sans qu'il y ait à vérifier sa qualité de propriétaire. S'il y a plusieurs emprunteurs, l'article 1887 du Code civil prévoit que ces derniers sont solidairement responsables de la restitution envers le prêteur(35). L'emprunteur ne bénéficie pas d'un droit de rétention. Il « ne peut pas retenir la chose par compensation de ce que le prêteur lui doit », affirme ainsi l'article 1885.

397. – **Que restitue-t-on ?** La chose à restituer est celle qui a été prêtée, avec éventuellement ses accessoires et les fruits générés en cours d'exécution du contrat(36). Cette restitution en nature, propre au prêt à usage, pose parfois des difficultés. Ainsi lorsque l'usage de la chose nécessite de la part de l'emprunteur des investissements et que, partant, la restitution de la chose prêtée ne s'opère pas sans dommage.

Exemple : la restitution des cuves prêtées par les compagnies pétrolières aux pompistes de marque. Lors de la rupture du contrat de distribution d'hydrocarbures, la compagnie pétrolière réclame le bénéfice de la clause exigeant la restitu-

(32) La question du sous-contrat de prêt est discutée : *contra*, A. Bénabent, n° 429.

(33) V. pour un exemple, Cass. 1re civ., 3 nov. 1988 : *JCP G* 1989, II, 21375, note Th. Hassler ; *RTD civ.* 1989, p. 570, obs. Ph. Rémy.

(34) V. Cass. 1re civ., 3 févr. 2004 : *Contrats, conc. consom.* 2004, comm. 53, note L. Leveneur. – *RTD civ.* 2004, 312, n° 4, obs. P.-Y. Gautier ; *D.* 2004, 903, note C. Noblot ; *RDC* 2004, p. 647, obs. D. Mazeaud.

(35) « Ces dispositions ne concernent pas le prêt d'une somme d'argent, mais le prêt à usage » (Cass. 1re civ., 20 févr. 2001 : *Contrats, conc. consom.* 2001, comm. 85, note L. Leveneur).

(36) L'emprunteur est usager à titre gratuit de la chose : ni locataire, ni possesseur, il en est le détenteur précaire ce qui doit justifier la restitution des fruits générés par la chose pendant le prêt. – V. cependant Cass. 1re civ., 18 févr. 2009, n° 08-11.234 : *RDC* 2009, p. 1138, obs. P. Puig : un propriétaire prête à un GAEC une terre agricole afin de lui permettre de faire consommer l'herbe par ses animaux ; au décès du prêteur les héritiers mettent fin au prêt ; se plaignant de n'avoir pu récolter les foins, le GAEC réclame réparation, ayant dû recourir à d'autres sources d'approvisionnement ; la Cour de cassation rejette le pourvoi contre l'arrêt d'appel qui fait droit à cette demande. Au soutien de la solution, on avance la thèse de droit des biens selon laquelle les fruits ont vocation à revenir à toute personne ayant la charge de l'entretien de la chose (V. P. Puig qui associe à ce titre l'emprunteur au preneur à bail ou à l'usufruitier, note préc.) ; mais la solution (d'espèce ?) paraît bien liée à l'objet même du prêt qui était conclu « pour un usage agricole des terres prêtées, et devait permettre au GAEC de faire consommer l'herbe par ses animaux ou de la récolter ».

tion en nature des cuves prêtées. Exigence refusée par le distributeur, car les cuves étant enterrées, la restitution oblige le pompiste à engager des travaux coûteux, obérant, de surcroît, toute poursuite d'activité avec d'autres fournisseurs ; d'où, la proposition de restituer en équivalent, refusée toutefois par la compagnie pétrolière. C'est le droit de la concurrence qui est venu au secours des pompistes, dont l'argumentation n'avait pas, en effet, séduit la jurisprudence attachée à une lecture très contractuelle du contentieux(37). Le Conseil (désormais Autorité) de la concurrence a, en effet, condamné, au nom des règles prohibant les ententes de nature à fausser le jeu de la concurrence (C. com., art. L. 420-1), les clauses imposant la restitution des cuves en nature(38). Cette analyse a été partagée ultérieurement par la Cour de cassation, car, « l'obligation de restitution en nature du matériel impose des travaux coûteux au revendeur du carburant, non justifiés par des nécessités techniques en raison de la durée de vie des cuves et elle est susceptible de le dissuader de traiter avec un autre fournisseur... ce qui constitue un frein à la concurrence d'autres fournisseurs »(39). À la suite de cette jurisprudence, les professionnels ont inséré dans leur contrat des clauses prévoyant la restitution par équivalent, ce qui dénature sans doute la qualification(40).

398. – **Quand restituer ?** Tout dépend de la durée du prêt(41). Ainsi convient-il de distinguer.

• En présence d'un prêt à durée déterminée, « l'emprunteur est tenu de restituer l'objet du prêt à l'expiration de celui-ci, ou, dans le cas d'une résiliation judiciairement prononcée de la convention, au moment où cette résiliation prend effet, sans que le prêteur ait à le mettre en demeure »(42).

• En présence d'un prêt à durée indéterminée, on est tenté d'appliquer le droit commun des contrats, et d'estimer ainsi que chaque partie peut y mettre fin à tout moment, moyennant toutefois le respect d'un préavis(43). Le Code civil tempère quelque peu cette simplicité. Ainsi l'article 1888 prévoit que :

> **« Le prêteur ne peut retirer la chose prêtée qu'après le terme convenu, ou, à défaut de convention, qu'après qu'elle a servi à l'usage pour lequel elle a été empruntée ».**

Ainsi, en l'absence d'un terme explicite, s'agit-il encore de sous-distinguer.

(37) V. not. Cass. com., 29 janv. 1985 : *Bull. civ.* 1985, I, n° 34.

(38) Cons. conc., 29 sept. 1987 : *D.* 1988, somm. p. 295, obs. Ch. Gavalda et C. Lucas de Leyssac ; *CDE* 1987-6, obs. F. Pérochon.

(39) Cass. com., 18 févr. 1992 : *Bull. civ.* 1992, IV, n° 78 ; *JCP* G 1992, II, 21897, note M. Behar-Touchais ; *D.* 1993, p. 57, 2e esp., note C. Hannoun ; *D.* 1992, somm. p. 396, obs. D. Ferrier. – Plus largement, sur ce contentieux, V. D. et N. Ferrier, *Droit de la distribution*, préc., n° 607.

(40) On peut alors se demander si l'on est toujours en présence d'un prêt à usage, puisque le pompiste peut restituer un équivalent et conserver ainsi la propriété de la cuve. – V. A. Bénabent, qui estime qu'« il s'agit plutôt d'un échange, si la restitution promise porte sur une autre cuve ; ou d'une promesse de vente si le pompiste ne doit restituer que le prix de la cuve (dont il faut préciser la détermination) » (n° 419).

(41) V. P. Mistretta, *La durée du prêt* : *JCP* G 2000, I, 234. – Ph. Bihr, Le *temps de la restitution dans le prêt à usage*, in *Mél. Aubert*, Dalloz, 2005, p. 33.

(42) Cass. com., 7 déc. 1993 : *Bull. civ.* 1993, IV, n° 461.

(43) C. civ., art. 1211 : « Lorsque le contrat est conclu pour une durée indéterminée, chaque partie peut y mettre fin à tout moment sous réserve de respecter le délai de préavis contractuellement prévu ou, à défaut, un délai raisonnable ».

Lorsque le contrat ne fixe pas un terme mais que le prêt est réalisé pour un usage déterminé (*Primus* prête son véhicule, tel jour pour tel trajet), le prêteur ne peut donc pas, par principe, exiger la restitution de la chose avant satisfaction de l'usage auquel la chose prêtée est affectée. Il y a ainsi une sorte de « terme implicite qui s'impose »[(44)], une sorte de prêt à durée déterminable. Encore que le prêteur dispose dans ce cas d'une « petite porte de sortie » car :

> « Néanmoins, si, pendant ce délai, ou avant que le besoin de l'emprunteur ait cessé, il survient au prêteur un besoin pressant et imprévu de sa chose, le juge peut, suivant les circonstances, obliger l'emprunteur à la lui rendre » (C. civ., art. 1889).

En revanche, *quid* lorsque la chose prêtée n'est pas affectée à un usage déterminé ? Le prêt ne comporte alors aucun terme implicite, il serait convenu pour une durée indéterminée. L'hypothèse a donné lieu à une véritable saga quelque peu inutile. L'application de l'article 1888 a été d'abord réservée à l'hypothèse où l'usage d'une chose pour un besoin déterminé nécessitait une certaine durée[(45)] ; dès lors, l'application du droit commun du régime du contrat à durée indéterminée devait permettre au prêteur de réclamer la chose prêtée à tout instant, sous réserve d'un préavis raisonnable. Appliquée au prêt d'un logement, cette interprétation ne permettait pas alors à l'emprunteur d'utiliser indéfiniment le bien au nom d'un besoin général de logement. Contre cette interprétation, la Cour de cassation a estimé par un arrêt singulier qu'il résulte de la combinaison des articles 1888 et 1889 du Code civil, « que le prêteur à usage ne peut retirer la chose prêtée qu'après le terme convenu, ou, à défaut de convention qu'après que le besoin de l'emprunteur a cessé »[(46)]. Conséquence de cette nouvelle lecture du Code civil : tant que l'emprunteur avait besoin de la chose, le prêteur ne pouvait en exiger restitution. Ainsi, pour un prêt de logement, le prêteur ne peut réclamer restitution du bien tant que l'emprunteur éprouve le besoin de se loger..., ce qui peut durer longtemps ! Fort justement critiquée[(47)], cette interprétation jurisprudentielle est abandonnée en 1998 : « Lorsque aucun terme n'a été convenu pour le prêt d'une chose d'un usage permanent, sans qu'aucun terme naturel soit prévisible, il appartient au juge de déterminer la durée du prêt »[(48)], en assignant à ce dernier « un terme raisonnable »[(49)]. Cette solution demeurait un pis-aller. Elle attribuait au juge un rôle injustifié dans la définition du contenu contractuel et

(44) F. Collart-Dutilleul, Ph. Delebecque et Ch.-E. Buger, n° 615.

(45) Cass. 1re civ., 10 mai 1989 : *Bull. civ.* 1989, I, n° 191.

(46) Cass. 1re civ., 19 nov. 1996 : *D.* 1997, p. 145, note A. Bénabent. – *Adde* : prêt d'une maison, le propriétaire veut vendre et délivre à *l'occupant* une sommation de déguerpir, cassation de l'arrêt d'appel qui a fait droit à la demande : où l'on voit que l'emprunteur est mieux traité que le locataire ! : Cass. 3e civ., 4 mai 2000 : *Bull. civ.* 2000, III, n° 97 ; *Contrats, conc. consom.* 2000, comm. 141, note L. Leveneur ; *RTD civ.* 2000, p. 596, n° 3, obs. P.-Y. Gautier ; *D.* 2001, p. 3154, note M.-L. Izorche.

(47) V. not. M.-L. Izorche, Emprunter et retenir ne vaut : Contrats, conc. consom. 1997, chron. p. 8.

(48) Cass. 1re civ., 12 nov. 1998 : *Contrats, conc. consom.* 1999, comm. 22, note L. Leveneur ; *RTD civ.* 1999, p. 128, n° 2, obs. P.-Y. Gautier.

(49) Cass. 1re civ., 29 mai 2001 : *Contrats, conc. consom.* 2001, comm. 131, note L. Leveneur ; *D.* 2002, p. 30, concl. J. Sainte-Rose.

en rupture avec le droit commun ; elle méconnaissait encore la faveur qu'appelait le geste désintéressé du prêteur. Retour à la « case départ » en 2004 : « Lorsque aucun terme n'a été convenu pour le prêt d'une chose d'un usage permanent, sans qu'aucun terme naturel soit prévisible, le prêteur est en droit d'y mettre fin à tout moment, en respectant un délai de préavis raisonnable »(50). Ce qui, au final, n'est que l'application du droit commun du contrat à durée indéterminée.

La Cour de cassation a encore eu à se demander si l'exigence de restitution n'était pas susceptible de porter atteinte aux droits et libertés fondamentaux de l'emprunteur. En l'espèce, une société réclamait la restitution d'une salle qui était utilisée comme une salle de prière et les utilisateurs y voyaient une atteinte à leurs convictions religieuses. La cour rend un arrêt tout en mesure : « Attendu que l'arrêt relève que la société X n'est pas en charge d'assurer aux résidents la possibilité matérielle d'exercer leur culte et constate que ceux-ci peuvent pratiquer la religion musulmane sans utiliser la salle de prières qui facilite seulement leur pratique religieuse ; que la cour d'appel en a justement déduit que la société X n'a pas porté atteinte à la liberté fondamentale en décidant la fermeture de cette salle pour procéder à des travaux de modernisation et de sécurisation »(51).

Soucieux d'éclaircir la question, l'avant-projet de réforme du droit des contrats spéciaux consacre une section spéciale à la durée du prêt. Le commodat étant le plus souvent tourné vers la satisfaction d'un besoin déterminé, sa durée est calquée sur cette donnée (art. 1879, al. 2 proposé : « à défaut de terme convenu, et si la chose a été prêtée en vue de répondre à un besoin ponctuel et déterminé, le prêt a pour terme l'expiration du temps normalement nécessaire pour y satisfaire »). La Commission a repris la solution jurisprudentielle en cas de besoin permanent en précisant que « dans les autres cas, le prêt s'éteint par sa résiliation par l'une ou l'autre des parties, sous réserve d'un préavis raisonnable » (art. 1879, al. 3 proposé).

399. – Où restituer ? Rien n'est dit dans la partie du Code civil relative au prêt à usage. Le retour au droit commun(52) permet néanmoins de répondre : l'emprunteur doit restituer au lieu de la remise de la chose, à moins que le contrat n'ait prévu un autre lieu(53).

(50) Cass. 1re civ., 3 févr. 2004, préc. On relèvera que c'est à l'occasion de la même affaire que celle ayant donné lieu à l'arrêt de 1996 que la première chambre civile de la Cour de cassation opère ce nouveau revirement ! – Après quelques hésitations, la troisième chambre civile s'est ralliée à cette jurisprudence. – V. Cass. 3e civ., 19 janv. 2005 : *D.* 2005, inf. rap. p. 315 ; *JCP G* 2005, IV, 1412 ; *Contrats, conc. consom.* 2005, comm. 103, L. Leveneur. – Cass. 3e civ., 4 avr. 2007 : *Rev. Lamy dr. civ.* 2007, 2518, S. Doireau. – Comp. Cass. 1re civ., 24 sept. 2009, n° 08-10.517 : *RDC* 2010, p. 144, obs. P. Puig ; *RTD civ.* 2010, 129, obs. P.-Y. Gautier et 147, obs. Ph. Théry (refus au prêteur du droit d'invoquer la résiliation unilatérale au titre du principe de concentration des moyens).

(51) Cass. 1re civ., 30 sept. 2015, n° 14-25.709 : *D.* 2015, p. 2350, note A. Étienney de Sainte-Marie ; *JCP G* 2015, 1261, n° 1, obs. G. Loiseau.

(52) C. civ., art. 1342-6 : « À défaut d'une autre désignation par la loi, le contrat ou le juge, le paiement doit être fait au domicile du débiteur ».

(53) En ce sens, V. A. Bénabent, n° 451. – J. Huet, n° 22147. – V. Cass. 1re civ., 30 sept. 2003 : *Contrats, conc. consom.* 2003, comm. 175, note L. Leveneur : une cour d'appel avait condamné une société à récupérer, à ses frais, le matériel prêté à un sous-traitant et avait autorisé ce dernier, passé un délai de deux mois, à déménager ce matériel aux frais du prêteur. « En statuant ainsi par des motifs impropres à établir que la société preneuse s'était libérée de son obligation de restitution, la cour d'appel a violé » l'article 1875 du Code civil. C'est également cette solution que retient l'avant-projet de réforme : « sauf stipulation contraire, la restitution se fait là où la chose a été remise à l'emprunteur et à ses frais » (art. 1884).

2° L'obligation de garde et de conservation

400. – À l'aune du raisonnable. Aux termes de l'article 1880 du Code civil,

> **« l'emprunteur est tenu de veiller raisonnablement à la garde et à la conservation de la chose prêtée. Il ne peut s'en servir qu'à l'usage déterminé par sa nature ou par la convention ; le tout à peine de dommages-intérêts, s'il y a lieu ».**

Afin de remplir cette obligation, l'emprunteur peut être amené à engager des dépenses d'entretien de la chose dont il ne peut, en principe, obtenir remboursement. Seule devra être remboursée la dépense de conservation « extraordinaire, nécessaire et tellement urgente que l'emprunteur n'ait pas pu en prévenir le prêteur » (C. civ., art. 1890). En cas de litige, ces conditions laissent aux juges du fond un certain pouvoir d'appréciation, qui les conduit parfois à privilégier une appréciation extensive des dépenses à rembourser.

C. – La responsabilité

401. – Responsabilité contractuelle. L'obligation de restitution est-elle de moyens ou de résultat ? La seconde qualification s'impose. Ainsi, en cas de perte de la chose, la force majeure exonère l'emprunteur, sauf dans deux cas :

> **– « Si l'emprunteur emploie la chose à un autre usage, ou pour un temps plus long qu'il ne le devait, il sera tenu de la perte arrivée, même par cas fortuit » (C. civ., art. 1881).**
>
> **– « Si la chose prêtée périt par cas fortuit dont l'emprunteur aurait pu la garantir en employant la sienne propre, ou si, ne pouvant conserver que l'une des deux, il a préféré la sienne, il est tenu de la perte de l'autre » (C. civ., art. 1882)[54].**

Même s'il bénéficie du jeu de la force majeure, l'emprunteur est toutefois tenu, en application de l'article 1351-1 du Code civil[55], de céder au prêteur la créance d'indemnité d'assurance relative à la chose périe[56].

Mais il n'y a pas que la force majeure qui exonère l'emprunteur. La Cour de cassation estime, en effet, qu'« en cas de perte d'une chose ayant fait l'objet d'un prêt à usage ou commodat, l'emprunteur peut s'exonérer en rapportant la preuve de l'absence de faute de sa part ou d'un cas fortuit »[57].

---

(54) On explique traditionnellement ces deux exceptions au jeu de la force majeure par le fait que l'emprunteur a commis une faute qui précède la réalisation de la force majeure (V. M. Planiol et G. Ripert, *Contrats civils*, t. 11, n° 1131). Cette explication est contestable, car la qualification de force majeure écarte toute notion de faute. Aussi, plus qu'à une logique de responsabilité, ces dispositions répondent à une logique de probité. L'idée a été ainsi émise que l'article 1882 du Code civil « tend seulement à punir de simples indélicatesses consistant à ne pas respecter la générosité dont on profite en répondant à un élan du cœur par des mesquineries. C'est là une curiosité du droit des contrats. Il y a dans le prêt à usage des exigences de l'âme qui débordent la notion d'obligation juridique, mais que le législateur a voulu satisfaire en dirigeant ces foudres du Ciel que sont les cas fortuits vers l'emprunteur qui a péché par ingratitude... L'emprunteur doit être puni non pas parce que son indélicatesse a entraîné le dommage, mais seulement parce qu'il a été indélicat » (F. Grua : *JCl. Civil Code*, Art. 1880 à 1887, 11, 1985, n° 27).

(55) « Lorsque l'impossibilité d'exécuter résulte de la perte de la chose due, le débiteur mis en demeure est néanmoins libéré s'il prouve que la perte se serait pareillement produite si l'obligation avait été exécutée. Il est cependant tenu de céder à son créancier les droits et obligations attachés à la chose. »

(56) V. Cass. 1re civ., 27 juin 1995 : *Bull. civ.* 1995, I, n° 284 ; *Contrats, conc. consom.* 1995, comm. 179, note L. Leveneur.

(57) Cass. 1re civ., 6 févr. 1996 : *Bull. civ.* 1996, I, n° 68 : « Qu'ayant relevé en l'espèce que les emprunteurs avaient pris la précaution, avant leur départ au restaurant, d'éteindre le feu dans la cheminée et de débrancher les convecteurs

En autorisant la preuve de l'absence de faute, la Cour de cassation modifie alors l'intensité de l'obligation ; il s'agit désormais d'une obligation de résultat atténuée.

L'emprunteur est également responsable de la détérioration de la chose, à moins que cette dernière ne résulte que du seul usage pour lequel la chose a été empruntée (C. civ., art. 1884). Pèse sur l'emprunteur une présomption de faute[58] qui cède devant la démonstration d'une absence de faute.

L'obligation de garde et de conservation est aussi une obligation de résultat atténuée. L'emprunteur demeure, en revanche, responsable du dommage provoqué par une cause inconnue. Ainsi, des scouts qui occupent un bois qui leur a été prêté pour camper sont responsables des dommages causés par un incendie de cause inconnue[59].

L'avant-projet de réforme du droit des contrats spéciaux modère la responsabilité selon que le prêt était intéressé ou désintéressé (sur cette distinction, V. *supra*, n° 390). Son article 1886-3 (proposé) prévoit que « lorsque le prêt est désintéressé, la responsabilité de l'emprunteur est appréciée avec plus de rigueur qu'en cas de prêt intéressé ». La distinction repose sur l'idée que, ayant bénéficié d'un acte gratuit et désintéressé, l'emprunteur doit prendre un soin plus particulier de ce qu'il a reçu.

402. – **Responsabilité délictuelle.** Parce que le prêt lui permet l'usage de la chose prêtée, l'emprunteur est, en principe, responsable des dommages causés par le fait de cette dernière sur le fondement de l'article 1242, alinéa 1er, du Code civil. Mais le prêteur n'est pas toujours à l'abri d'une action en responsabilité, car la jurisprudence n'hésite pas à retenir la distinction entre garde de structure et garde du comportement, le prêteur ayant la première et l'emprunteur la seconde. Ainsi, la commune qui prête un poteau à une association de parents d'élèves pour l'organisation d'un spectacle est responsable des dommages provoqués par l'effondrement du poteau résultant de sa pourriture intérieure, parce qu'elle a conservé la garde de structure du poteau[60].

§ 2. – Les effets à l'égard du prêteur

403. – **Des obligations limitées.** Les effets du contrat sont limités à l'égard du prêteur même si le Code civil consacre une section aux « engagements de celui qui prête à usage ». Tout dépend en réalité de la façon dont le contrat s'exécute. En toutes circonstances, le prêteur ne peut certes « retirer la chose prêtée qu'après le

électriques, de telle sorte qu'aucune faute ne pouvait leur être reprochée, la cour d'appel en a exactement déduit que la perte du chalet consécutive à l'incendie ne pouvait leur être imputée, sans qu'il y ait lieu que soit établie en outre l'existence d'un cas fortuit ». – *Adde* Cass. 1re civ., 6 nov. 2002 : *Contrats, conc. consom.* 2002, comm. 37, note L. Leveneur (à propos d'un chalet détruit par un incendie). – Cass. 1re civ., 28 juin 2012 : *Contrats, conc. consom.* 2012, p. 13, L. Leveneur.

(58) V. not. Cass. 1re civ., 10 oct. 1995 : *Bull. civ.* 1995, I, n° 553 ; *D.* 1995, somm. p. 118, note Ph. Delebecque ; *JCP* G 1996, IV, 2508 : « Attendu qu'en se déterminant ainsi, alors qu'elle avait retenu que la contamination de la parcelle était la conséquence de son utilisation par l'emprunteur, ce qui laissait subsister la présomption de faute pesant sur celui-ci, la cour d'appel, qui n'a pas recherché si l'association Ball-trap de Bourran démontrait avoir veillé en bon père de famille à la conservation de la chose prêtée, n'a pas donné de base légale à sa décision ».

(59) Cass. 1re civ., 5 juill. 1960 : *Bull. civ.* 1960, I, n° 365 ; *D.* 1960, p. 709, note A. Ponsard ; *RTD civ.* 1961, p. 153, note J. Carbonnier.

(60) Cass. 2e civ., 1er juill. 1976 : *RTD civ.* 1977, p. 567, obs. G. Cornu. – *Adde* Cass. 2e civ., 9 juin 1993 : *JCP* G 1994, II, 22202, obs. G. Viney.

terme convenu, ou, à défaut de convention, qu'après qu'elle a servi à l'usage pour lequel elle a été empruntée » (C. civ., art. 1888. – V. *supra*, n° 398). C'est une obligation de ne pas faire qui contraint le prêteur à la passivité, à l'abstention. Mais l'essentiel n'est pas là.

Le prêteur a surtout l'obligation de rembourser les dépenses de conservation prévues par l'article 1890 du Code civil. Il a, par ailleurs, l'obligation de réparer les dommages causés par les vices de la chose prêtée. L'article 1891 du Code civil est clair :

> **« Lorsque la chose prêtée a des défauts tels qu'elle puisse causer du préjudice à celui qui s'en sert le prêteur est responsable, s'il connaissait les défauts et n'en a pas averti l'emprunteur ».**

On aura remarqué que cette garantie des vices cachés est moins rigoureuse que celle qui pèse sur le vendeur ou le bailleur, gratuité du prêt oblige : à cheval prêté, on ne regarde pas les dents ![61]. Outre que le vice doit être caché, il faut, en effet, que le prêteur en ait eu connaissance et n'en ait pas informé l'emprunteur. Ce régime de garantie est toutefois plus sévère lorsque le prêt contribue à la réalisation d'une opération commerciale plus large : la gratuité s'estompe. Ainsi en est-il lorsque le prêt d'une chose précède une vente. La jurisprudence n'hésite pas à s'inspirer des règles de la garantie du vendeur ; le prêteur est présumé connaître les vices cachés de la chose prêtée[62]. L'avant-projet de réforme des contrats spéciaux consacre cette solution en précisant que « lorsque le prêt est intéressé, la responsabilité du prêteur est appréciée avec plus de rigueur » (art. 1891 proposé). La solution s'explique aisément : lorsque le prêteur agit en vue de retirer un avantage économique, il est légitime de le traiter plus sévèrement que celui qui a prêté par pur altruisme.

Enfin, le prêt à usage n'échappe pas à la prolifération de l'obligation d'information. Exemple : « le garagiste qui prête un véhicule de remplacement à un client est tenu d'informer celui-ci sur l'étendue des garanties de son contrat d'assurance et sur l'intérêt de souscrire éventuellement des garanties complémentaires »[63].

SOUS-SECTION 4

L'EXTINCTION DU PRÊT À USAGE

404. – Diversité des causes. Le prêt à usage prend normalement fin par la restitution de la chose prêtée quelles que soient les circonstances de la restitution : à l'échéance normalement prévue ou de manière anticipée (V. *supra*, n° 396). La prescription éteint également les obligations nées du contrat de prêt. Le droit de propriété du prêteur ne s'éteint, pas, en revanche, par prescription. Quant au décès des parties, l'article 1879 du Code civil dispose dans son premier alinéa que :

(61) P. Puig, n° 777.
(62) Cass. com., 24 nov. 1980 : *Bull. civ.* 1980, IV, n° 392 ; *RTD civ.* 1981, p. 651, obs. G. Cornu.
(63) Cass. 1re civ., 25 nov. 2003 : *Contrats, conc. consom.* 2004, comm. 20, note L. leveneur.

> « les engagements qui se forment par le prêt à usage passent aux héritiers de celui qui prête, et aux héritiers de celui qui emprunte ».

Le décès du prêteur ne met donc pas fin au contrat. La même solution vaut pour le décès de l'emprunteur encore que le même article dispose dans son second alinéa :

> « mais si l'on n'a prêté qu'en considération de l'emprunteur, et à lui personnellement, alors ses héritiers ne peuvent continuer de jouir de la chose prêtée ».

Considérant que le geste du prêteur est toujours empreint d'*intuitu personae*, un auteur déduit que : « le décès de l'emprunteur mettra fin au prêt, mais les héritiers restent tenus de la restitution et jusque-là de la conservation »[64].

405. – **L'apport de l'avant-projet.** L'avant-projet de réforme des contrats spéciaux promeut des solutions différentes et envisage d'autres hypothèses.

Quant au décès des parties, son article 1879-2 prévoit que « le prêt prend fin par le décès de l'emprunteur, non par celui du prêteur ». Il précise encore que si l'emprunteur est une personne morale, sa dissolution met également fin au prêt. Les textes restent évidemment supplétifs de volonté et tolèreront d'éventuelles clauses contraires.

L'avant-projet envisage également l'hypothèse de la cession par le prêteur de la chose prêtée : il prévoit que la cession de la chose prêtée emporte transfert du contrat à l'acquéreur, dès lors que le prêt a date certaine ou que l'acquéreur avait connaissance de son existence. Le régime du prêt se trouverait ainsi aligné sur celui du bail.

SECTION 2

LE PRÊT DE CONSOMMATION

406. – **Définition.** L'article 1892 du Code civil définit le prêt de consommation ou *mutuum*[65] comme :

> « un contrat par lequel l'une des parties livre à l'autre une certaine quantité de choses qui se consomment par l'usage, à la charge par cette dernière de lui en rendre autant de même espèce et qualité ».

On perçoit d'emblée la différence avec le prêt à usage. L'emprunteur ne restitue pas la chose prêtée, mais une autre chose qui représente son équivalent en qualité et en quantité. On en déduit que le prêt de consommation ne concerne donc que

(64) A. Bénabent, n° 447.
(65) Du latin *mutuor* : « échanger ».

des meubles qui sont consomptibles et fongibles[66]. Encore que ces deux éléments n'aient pas la même importance. Tout comme un prêt à usage peut exceptionnellement concerner une chose consomptible, un prêt de consommation peut porter sur une chose qui ne l'est pas, dès lors toutefois que l'emprunteur est autorisé, non seulement à l'user, mais aussi à la consommer. Le législateur a même qualifié de prêt de consommation le prêt de titres consenti par les entreprises et les investisseurs institutionnels aux intermédiaires financiers, alors qu'il ne s'agit pas de biens consomptibles[67]. De même, « on ne peut pas donner à titre de prêt de consommation des choses qui, quoique de même espèce, diffèrent dans l'individu, comme les animaux : alors c'est un prêt à usage », affirme l'article 1894 du Code civil. En revanche, un prêt de consommation doit nécessairement porter sur une chose fongible.

407. – Plan. Envisageons, l'identification (Sous-section 1), la formation (Sous-section 2), les effets (Sous-section 3) et l'extinction (Sous-section 4) du prêt de consommation.

SOUS-SECTION 1

L'IDENTIFICATION DU PRÊT DE CONSOMMATION

408. – Distinctions. À l'égard du prêt à usage, le prêt de consommation se distingue par deux traits. La nature de la chose prêtée (consomptible et fongible) permet déjà de dissocier les deux genres de prêt. Mais, conséquence du caractère consomptible de la chose prêtée dans le prêt de consommation, « par l'effet de ce prêt, l'emprunteur devient propriétaire de la chose prêtée » (C. civ., art. 1893) : un effet translatif de propriété caractérise encore ce genre de prêt. Chose consomptible, effet translatif : ainsi qu'il l'a été observé, pour ce contrat, le transfert de propriété résulte moins de la volonté des parties que des contraintes de la chose[68].

Le prêt de consommation peut être alors plus aisément confondu avec des contrats opérant aussi transfert de propriété. C'est l'échange qui est le plus voisin, comme l'atteste au demeurant l'ancien nom du prêt de consommation, *mutuum* (échanger). Mais les critères de distinction demeurent solides. Le prêt de consommation est un contrat réel, encore qu'on puisse en discuter, alors que l'échange est un contrat consensuel. L'emprunteur restitue une chose semblable à celle prêtée, alors que le coéchangiste peut remettre une chose différente.

Le dépôt irrégulier se rapproche aussi du prêt de consommation, car dans ce dépôt, le déposant devient propriétaire de la chose déposée, et peut donc l'utiliser à sa convenance ; il lui suffit de restituer une chose identique. À la différence

(66) V. sur ces deux notions, P. Jaubert, *Deux notions du droit des biens, la consomptibilité et la fongibilité : RTD civ.* 1945, 75.

(67) C. monét. fin., art. L. 211-22 et s. – V. G. Baffoy, *Le prêt de consommation de titres de sociétés : JCP E* 1996, I, 561. – H. Causse, *Prêts de titres... après la loi du 26 juillet 1991 : JCP E* 1992, I, 125. – M. Jeantin, *Les prêts de titres : Rev. sociétés* 1992, 465. – Y. Guyon, *Le régime juridique des prêts de titres : RD bancaire et bourse* 1988, 36.

(68) V. J. Huet, n° 10001. – P. Puig, n° 782. Ce qui justifie que ce contrat ne rejoigne pas la famille des contrats translatifs (vente) mais soit étudié au titre des contrats de mise à disposition (V. *supra*, n° 17).

toutefois du prêteur, le déposant peut récupérer le bien à tout moment. Qui plus est, lorsque les deux contrats sont à titre onéreux, c'est l'emprunteur qui rémunère, alors que dans le dépôt irrégulier c'est le déposant et non le dépositaire.

Enfin, parce que le prêt de consommation peut être à titre onéreux à la différence du prêt à usage, il se rapproche un peu plus de la location. Encore que la distinction soit, en théorie, assez nette, car le prêt de consommation porte sur une chose consomptible et fongible et de ce fait emporte transfert de propriété, ce qui n'est pas le cas de la location qui ne peut porter que sur un corps certain.

SOUS-SECTION 2

LA FORMATION DU PRÊT DE CONSOMMATION

409. – **Capacité.** Dès lors qu'il entraîne transfert de propriété, le prêt de consommation requiert, à la différence du prêt à usage, la capacité de disposer tant du prêteur que de l'emprunteur. Peu importe au demeurant que le prêt soit à titre gratuit ou à titre onéreux.

410. – **Contrat réel ou consensuel ?** Commune aux deux espèces de prêt, la question présente plus d'intérêt pour le contrat de consommation, car en dépendent l'efficacité de la promesse consensuelle de prêt ainsi que le moment du transfert de propriété. À la différence du prêt à usage, le caractère réel du prêt de consommation est moins contesté. Il est vrai que la Cour de cassation a nettement choisi :

> **« un prêt de consommation, contrat réel, ne se réalise que par la remise de la chose prêtée à l'emprunteur lui-même ou à un tiers qui la reçoit et la détient pour le compte de l'emprunteur »**(69).

Conséquence : « L'inexécution fautive d'une promesse de prêt ne peut donner lieu qu'à des dommages-intérêts »(70). Pourtant on peut s'interroger sur l'influence que peut exercer sur cette qualification la jurisprudence qui désormais retient la nature consensuelle du prêt de somme d'argent consenti par un professionnel (V. *infra*, n° 417).

L'avant-projet de réforme du droit des contrats spéciaux contient une évolution notable sur la question. Son article 1893 propose une distinction : « le prêt de consommation onéreux est consensuel. Le prêt de consommation gratuit est réel. Sa formation requiert, outre l'accord des parties, la remise de la chose à l'emprunteur ». Ce texte, qui étend à tous les contrats de prêt à titre onéreux la solution que la Cour de cassation a dégagée pour les prêts consentis par un professionnel du crédit, est à mettre en parallèle avec l'article 1877 du projet (V. *supra*, n° 392). Il en

(69) Cass. 1re civ., 20 juill. 1981 : *Bull. civ.* 1981, I, n° 267 ; *RTD civ.* 1982, p. 427, obs. Ph. Rémy. – V. toutefois pour le prêt d'argent, *infra*, n° 417. – Cass. 1re civ., 7 mars 2006 : *RDC* 2006, p. 778, obs. P. Puig ; *JCP G* 2006, II, 10109, obs. S. Piédelièvre ; *Dr. et patrimoine* 2006, n° 152, p. 90, obs. Ph. Stoffel-Munck. – M.-P. Viret, *Les prêts réels existent encore : Rev. Lamy dr. civ.* 2006, 2292. – Cass. 1re civ., 19 juin 2008 : *D.* 2008, p. 2555, obs. F. Chénedé ; *RDC* 2009, p. 183, obs. P. Puig.

(70) Cass. 1re civ., 20 juill. 1981, préc.

découle une distinction à propos des promesses de contrat de prêt : « l'inexécution de la promesse d'un prêt de consommation gratuit se résoud en dommages et intérêts » (art. 1893-1) alors que « la promesse de prêt à intérêt oblige le promettant à délivrer la chose si le bénéficiaire lui fait connaître, dans le respect des formes et délais éventuellement convenus, sa volonté de lever l'option » (art. 1893-2).

411. – **Preuve.** Les règles du droit commun s'appliquent. Sauf en matière commerciale où la preuve est libre, hypothèse plus fréquente qu'en matière de prêt à usage, l'écrit est donc requis dès lors que le prêt porte sur une chose dont la valeur dépasse 800 € ; sous réserve des tempéraments classiques. Le prêt de consommation, est, par ailleurs, soumis à la formalité prévue par l'article 1376 du Code civil[71].

SOUS-SECTION 3

LES EFFETS DU PRÊT DE CONSOMMATION

412. – **Plan.** Étudions successivement les obligations de l'emprunteur (§ 1) et celles du prêteur (§ 2).

§ 1. – Les obligations de l'emprunteur

413. – **Restitution.** L'emprunteur est « tenu de rendre les choses prêtées, en même quantité et qualité » (C. civ., art. 1902). Et le Code civil de préciser que « si ce sont des lingots ou des denrées qui ont été prêtés, quelle que soit l'augmentation ou la diminution de leur prix, le débiteur doit toujours rendre la quantité et la qualité, et ne doit rendre que cela » (C. civ., art. 1897). Il n'y a donc pas à tenir compte de la valeur de la chose. La règle n'est pas sans conséquence (prêt de valeurs mobilières) ; elle n'est pas d'ordre public et les parties pourront y déroger. Reste alors à savoir si le contrat ne dégénère pas en un échange ou une vente[72].

Parce qu'il est devenu propriétaire de la chose prêtée, l'emprunteur en supporte les risques. Aussi la destruction de la chose prêtée par force majeure ne le libère pas de l'obligation de restituer. Même s'il est dans l'impossibilité de restituer[73] – ce qui est le cas lorsque la chose de même espèce a disparu –, « il est tenu d'en payer la valeur eu égard au temps et au lieu où la chose devait être rendue d'après la convention » (C. civ., art. 1903).

La restitution doit, par ailleurs, intervenir au terme convenu (C. civ., art. 1902). Et « le prêteur ne peut pas redemander les choses prêtées » avant cette époque précise l'article 1899 du Code civil qui répond ainsi à l'article 1889 relatif au prêt à usage (V. *supra*, n° 398). À juste titre, la Cour de cassation estime que la faculté pour le prêteur de se faire rembourser à l'époque fixée par lui constitue non pas une condition potestative, affectant l'existence même de l'obligation, mais une

(71) Cass. 1re civ., 27 févr. 2013, n° 11-22.640 : *Contrats conc. consom.* 2013, 109, note L. Leveneur.
(72) Au cas d'une restitution d'un montant fixe : ce montant devient le prix, payable à terme, il y a vente.
(73) L'impossibilité s'entend d'une impossibilité absolue (Paris, 17 juill. 1946 : *D.* 1948, p. 169, note A. Weill).

simple modalité d'exécution de l'engagement contracté par l'emprunteur[74]. Une restitution anticipée peut toutefois intervenir par application de l'article 1305-4 du Code civil lorsque l'emprunteur a, par son fait, diminué les sûretés qu'il avait données par le contrat au prêteur.

Lorsque le prêt est à durée indéterminée, la restitution peut intervenir à tout moment. Mais « le juge peut accorder à l'emprunteur un délai suivant les circonstances » (C. civ., art. 1900), sans limiter ce délai à la durée des délais de grâce[75].

414. – Paiement. En présence d'un prêt de consommation à titre onéreux, l'emprunteur est tenu de payer la rémunération convenue, qui est le plus souvent une somme d'argent. Au prêteur, toutefois, de prouver la stipulation d'une rémunération. Comme dans la vente, la rémunération du prêt doit être déterminée ou déterminable selon des éléments extérieurs aux parties[76].

§ 2. – Les obligations du prêteur

415. – Garantir les vices cachés. N'étant plus propriétaire de la chose prêtée, le prêteur n'a pas à rembourser les dépenses de conservation engagées par l'emprunteur quelle que soit leur nature. Il demeure simplement tenu de garantir les vices cachés aux mêmes conditions que dans le prêt à usage (C. civ., art. 1898). Cette assimilation gagnerait à être nuancée dès lors que la gratuité n'est pas de l'essence du prêt de consommation.

SOUS-SECTION 4

L'EXTINCTION DU PRÊT DE CONSOMMATION

416. – Diversité. La restitution entraîne normalement l'extinction du contrat de prêt. Bien que le Code civil ne l'indique pas expressément, il faut transposer au prêt de consommation l'article 1879 qui prévoit le maintien du prêt en cas de décès de l'une des parties, sauf si le contrat a été conclu *intuitu personae*. Par ailleurs, le droit de créance du prêteur prend fin par la prescription de droit commun.

SECTION 3

LE PRÊT D'ARGENT

417. – Présentation ; contrat réel ou consensuel ? L'argent étant une chose consomptible et fongible par excellence, le prêt d'argent est une espèce de prêt de consommation. L'emprunteur reçoit une somme d'argent qu'il est tenu de restituer

(74) Cass. com., 7 févr. 1955 : *Gaz. Pal.* 1955, 1, p. 254 ; *RTD civ.* 1955, p. 516, obs. H. Mazeaud.
(75) Cass. 1re civ., 12 oct. 1977 : *Bull. civ.* 1977, I, n° 362.
(76) Cass. 1re civ., 2 mai 1990 : *D.* 1991, p. 41, C. Gavalda ; *JCP* G 1991, II, 21655, J. Stoufflet.

à l'échéance du prêt. C'est donc fort logiquement le Code civil y consacre quelques dispositions après celles relatives au prêt de consommation au titre du prêt à intérêt, formule qui vise essentiellement le prêt d'argent. Mais le plan du Code civil traduit déjà l'autonomie de ce prêt. Un chapitre lui est consacré au même titre que le prêt à usage et que le prêt de consommation.

Le développement exponentiel du crédit a conféré à ce contrat une place essentielle dans nos économies qui n'a fait qu'accentuer son particularisme. Ainsi la jurisprudence retient pour ce contrat lorsqu'il est conclu avec sa banque une nature consensuelle : « Le prêt consenti par un professionnel du crédit n'est pas un contrat réel »(77) alors même que le prêt de consommation demeurerait caractéristique de ce type de contrat ; ainsi l'espèce (prêt de somme d'argent consenti par un professionnel) déroge au genre (prêt de consommation). Au-delà de considérations pragmatiques tenant à l'efficacité de la promesse de prêt, il reste tout de même difficile de rendre compte de la divergence de jurisprudence sur la nature réelle ou consensuelle du prêt d'argent à raison de la seule origine professionnelle du prêteur.

Cette évolution est consacrée et étendue par l'avant-projet de réforme du droit des contrats (V. *supra*, n° 410). Les textes de l'avant-projet éclairent également les promesses de prêt d'argent. L'article 1893-3 de l'avant-projet prévoit en effet que « l'ouverture de crédit forme une promesse de prêt d'argent. Les parties peuvent convenir qu'elle sera restituable au fur et à mesure des remboursements ».

Le prêt d'argent connaît aujourd'hui de très nombreuses modalités, parfois complexes, ce contrat étant incrusté dans des montages financiers sophistiqués. On est souvent bien loin du modèle du Code civil.

En revanche, le souci de protéger l'emprunteur ne s'est pas estompé. Déjà présente en droit romain, la protection s'est essentiellement manifestée pour le prêt à intérêt. Condamné par les droits religieux et singulièrement le droit canonique, au motif que « l'intérêt est le salaire du temps et que le temps n'appartient qu'à Dieu », le prêt à intérêt a été pleinement admis par les révolutionnaires et le Code civil : « Il est permis de stipuler des intérêts pour simple prêt soit d'argent,

(77) Cass. 1re civ., 28 mars 2000 : *JCP G* 2000, II, 10296, concl. J. Sainte-Rose ; *JCP E* 2000, p. 627 ; *Contrats, conc. consom.* 2000, comm. 106, note L. Leveneur ; *D.* 2000, p. 482, note S. Piédelièvre ; somm. p. 358, obs. Ph. Delebecque ; *Defrénois* 2000, p. 720, obs. J.-L. Aubert. – Cass. 1re civ., 27 nov. 2001 : *Defrénois* 2002, p. 259, obs. R. Libchaber. – Cass. com., 21 janv. 2004 : *RDC* 2004, p. 743, obs. D. Houtcieff (pour une ouverture de crédit). – Nettement : Cass. 1re civ., 14 janv. 2010, n° 08-13.160 : *JurisData* n° 2010-051045 ; *RD bancaire et fin.* 2010, comm. 45, obs. X. Lagarde : « si le prêt consenti par un professionnel du crédit est un contrat consensuel, il appartient au prêteur qui sollicite l'exécution de l'obligation de restitution de l'emprunteur d'apporter la preuve de l'exécution préalable de son obligation de remise des fonds ». – Cass. 1re civ., 29 juin 2022, n° 21-15.082 : *D.* 2022, p. 1584, note J. François ; *D.* 2023, p. 254, obs. M. Mekki et R. Boffa ; *RDC* 2023/1, p. 39, obs. A. Hontebeyrie : « Il ressort de l'ancien article 1131 du Code civil que le prêt consenti par un professionnel du crédit n'est pas un contrat réel, de sorte que c'est dans l'obligation souscrite par le prêteur que l'obligation de l'emprunteur trouve sa cause, dont l'existence, comme l'exactitude, doit être appréciée au moment de la conclusion du contrat ». – V. L. Leveneur, *Le rétrécissement de la catégorie des contrats réels est engagé* : *JCP G* 2000, act. 35. – F. Grua, *Le prêt d'argent consensuel* : *D.* 2003, 1492. – Précédemment la jurisprudence avait déjà admis l'exécution forcée de la promesse de prêt sur le fondement de textes spéciaux, V. Cass. 1re civ., 3 juin 1997 : *Bull. civ.* 1997, I, n° 181 ; *Defrénois* 1998, p. 125, note S. Piédelièvre. – Cass. 1re civ., 27 mai 1998 : *D.* 1999, p. 194, note M. Bruschi ; somm. p. 28, obs. M. Jobard-Bachelier ; *Defrénois* 1998, p. 1054, obs. Ph. Delebecque. – *Contra*, Cass. 1re civ., 20 juill. 1981 : *RTD civ.* 1982, p. 427, obs. Ph. Rémy ; *Defrénois* 1982, p. 1085, obs. J.-L. Aubert. – Mais le prêt qui n'est pas consenti par un professionnel reste... un contrat réel, Cass. 1re civ., 7 mars 2006 : *D.* 2007, pan. 759, obs. D.-R. Martin ; *JCP G* 2006, II, 10109, note S. Piédelièvre ; *RDC* 2006, p. 778, obs. P. Puig ; *Contrats, conc. consom.* 2006, comm. 128, obs. L. Leveneur. – Cass. 1re civ., 19 juin 2008 : *D.* 2008, chron. 2369, C. Breton ; *JCP G* 2008, II, 10150, A. Constantin ; *JCP E* 2008, p. 1964, note D. Legeais. – F. Chénedé, *La cause de l'obligation dans le contrat de prêt réel et dans le contrat de prêt consensuel* : *D.* 2008, 2555 ; *RDC* 2009, p. 188, P. Puig. – *Adde* A.-F. Eyraut, *Le contrat réel. Essai d'un renouveau par le droit des biens*, thèse, Paris I, 2003. – M. Th. Pain-Masbrenier, étude in *Contrats, conc. consom.* févr. 2006, p. 11.

soit de denrées, ou autres choses mobilières », affirme clairement l'article 1905. Mais l'article 1907 apporte un bémol à cette liberté : « L'intérêt est légal ou conventionnel. L'intérêt légal est fixé par la loi. L'intérêt conventionnel peut excéder celui de la loi, toutes les fois que la loi ne le prohibe pas. Le taux de l'intérêt conventionnel doit être fixé par écrit ».

L'utilité « économique et sociale » du prêt à intérêt légitime son admission. Ce sont, en réalité, les abus qui doivent être réprimés. C'est l'usure qui doit être chassée. D'où, l'importance de la réglementation du taux d'intérêt. Mais cette protection n'est pas toujours suffisante. Le prêt d'argent n'a guère échappé à l'emprise du consumérisme, tant il est vrai que dans une société de consommation où les tentations d'achat et corrélativement de crédit ne manquent pas, le consommateur est une proie facile. La protection doit s'exercer aux différentes phases de l'opération comme le démontrent les deux importantes lois Scrivener du 10 janvier 1978[78], véritable charte du crédit à la consommation, et du 13 juillet 1979 sur le crédit immobilier[79] dont les dispositions remodelées sont aujourd'hui insérées dans le Code de la consommation.

Les spécificités de cette réglementation conduisent à envisager les règles de droit commun du prêt d'argent (Sous-section 1), avant l'examen plus rapide des règles particulières liées à la protection de l'emprunteur-consommateur (Sous-section 2).

SOUS-SECTION 1

LES RÈGLES DE DROIT COMMUN DU PRÊT D'ARGENT

418. – Plan. Envisageons, à nouveau, l'identification (§ 1), la formation (§ 2), les effets (§ 3) et l'extinction (§ 4) du contrat.

§ 1. – L'identification du prêt d'argent

419. – Distinction. Le fait de prêter de l'argent rapproche le contrat de prêt d'autres contrats portant également sur de l'argent. Ainsi en est-il de l'apport en société qui peut conduire l'associé à apporter une somme d'argent à la société. Cet apport en numéraire se distingue du prêt qu'un associé peut, par ailleurs, consentir à la société, car l'associé reçoit en contrepartie de la remise d'argent des droits sociaux – actions ou parts sociales –, ce qui n'est pas le cas du prêteur[80]. Le prêt d'argent mérite aussi d'être identifié au sein de la catégorie des opérations de crédit. Si le prêt d'argent est l'archétype d'un contrat de crédit, toutes les opéra-

(78) L. n° 78-22, 10 janv. 1978, relative à l'information et à la protection des consommateurs dans le domaine de certaines opérations de crédit réformée le 1er juillet 2010. Le crédit à la consommation a fait l'objet d'une directive du 22 décembre 1986. Cette directive, qui comporte des prescriptions minimales, n'a pas entraîné une modification du droit français qui demeure plus favorable. – Sur les problèmes de conflits de lois en matière de crédit à la consommation, V. F. Osman, *La loi applicable aux contrats transfontières du crédit à la consommation* : *DPCI* 1992, 279.

(79) V. C.-A. Thibierge, *La protection des acquéreurs de logements qui recourent au crédit pour financer leur acquisition* : *Defrénois* 1980, art. 33254.

(80) V. M. Cozian, A. Viandier et Fl. Deboissy, *Droit des sociétés*, LexisNexis, coll. « Manuel », 30e éd., 2017, nos 121 et s.

tions de crédit ne sont pas juridiquement des prêts. Que l'on songe, par exemple, aux autorisations de découvert fréquemment octroyées par les banques. Il n'y a pas prêt d'argent, car la banque ne remet pas à l'emprunteur une somme d'argent. Mais l'ouverture de crédit constitue une promesse de prêt : celle-là donnera naissance au prêt à concurrence des fonds utilisés par le client[81].

§ 2. – La formation du prêt d'argent

420. – **Qualité des parties.** La qualité des parties habilitées à se lier par un prêt d'argent dépend de la nature du prêt. Aucune condition particulière n'est posée lorsqu'il s'agit d'un prêt à titre gratuit, sauf à respecter les règles classiques de capacité. En revanche, lorsqu'il s'agit d'un prêt à intérêt, la loi du 24 janvier 1984, plus communément appelée « loi bancaire », « interdit à toute personne autre qu'un établissement de crédit d'effectuer des opérations de banque à titre habituel »[82], parmi lesquelles figure le prêt d'argent à titre onéreux. La loi prévoit toutefois quelques dérogations, comme celle qui permet aux employeurs de faire des avances sur salaires. Lorsqu'un professionnel prête de l'argent en méconnaissance de ce monopole (de manière *habituelle*), son cocontractant peut engager une action en annulation du prêt[83]. Quant à l'emprunteur d'argent, il peut ne pas trouver d'établissement de crédit, le refus de prêt étant en effet licite. Reste qu'il a le droit de connaître les informations utilisées par les établissements de crédit pour justifier le refus de prêt.

Attention : le prêt d'argent consenti par un particulier de manière non habituelle reste valable et demeure un contrat réel.

421. – **Protection du consentement.** Dans une société de consommation, l'argent attire et l'imagination des prêteurs est grande pour charmer le consommateur en quête de crédit. Sans renier le principe de liberté contractuelle, une certaine protection s'impose dans la phase précontractuelle. Ainsi, seule une banque peut se livrer à un démarchage en vue de conseiller ou d'offrir des prêts d'argent[84]. Les conventions conclues à la suite de démarchages prohibés sont illicites, car contraires à l'ordre public[85]. Les activités d'intermédiaires sont contrôlées[86]. L'information de l'emprunteur est consistante[87]. Le taux de l'intérêt conventionnel doit ainsi figurer dans l'acte de prêt (C. civ., art. 1907). Des règles de bonne conduite sont posées[88]. Mais c'est l'emprunteur-consommateur qui est le mieux protégé (V. *infra*, n°s 437 et s.).

(81) Cass. com., 21 janv. 2004 : *Bull. civ.* 2004, IV, n° 13 ; *D.* 2004, p. 1149, note Ch. Jamin ; *RTD com.* 2004, p. 352, obs. D. Legeais. – Cass. 1re civ., 28 sept. 2004 : *Bull. civ.* 2004, I, n° 214 ; *JCP G* 2005, I, 114, nos 16 et s. – Cass. 2e civ., 18 nov. 2004 : *D.* 2006, pan. 166, obs. D.-R. Martin ; *RTD com.* 2005, p. 154, obs. D. Legeais.

(82) C. monét. fin., art. L. 511-5.

(83) Cass. com., 19 nov. 1991 : *Bull. civ.* 1991, IV, n° 347 ; *RTD civ.* 1992, p. 381, n° 1, obs. J. Mestre. – V. pour un exemple de contentieux, Cass. com., 27 févr. 2001 : *Contrats, conc. consom.* 2001, comm. 84, note L. Leveneur.

(84) C. monét. fin., art. L. 341-3.

(85) Cass. 1re civ., 20 juill. 1994 : *Bull. civ.* 1994, I, n° 261.

(86) C. monét. fin., art. L. 341-4.

(87) C. monét. fin., art. L. 341-12.

(88) C. monét. fin., art. L. 341-11 qui prévoit qu'« avant de formuler une offre portant sur des instruments financiers, un service d'investissement ou un service connexe, les démarcheurs s'enquièrent de la situation financière de la personne démarchée, de son expérience et de ses objectifs en matière de placement ou de financement (…) ».

422. – Le contenu du contrat. Le prêt consenti par un professionnel du crédit n'étant pas un contrat réel, c'est dans l'exécution de l'obligation souscrite par le prêteur (remise des fonds) que l'obligation de l'emprunteur (restitution) trouve sa cause dont l'existence, comme l'exactitude, doit être appréciée au moment de la conclusion du contrat : conséquence si le prêt consenti par un professionnel du crédit est un contrat consensuel, il appartient au prêteur qui sollicite l'exécution de l'obligation de restitution de l'emprunteur d'apporter la preuve de l'exécution préalable de son obligation de remise des fonds(89). L'existence de la cause, ou dans un vocabulaire *post* réforme de 2016 du contenu du contrat, est donc indépendante de l'existence du contrat financé par le prêt (sauf condition suspensive volontaire ou légale)(90). L'emprunteur ne peut invoquer la résolution de ce dernier pour se dispenser de rembourser, le prêt étant toujours causé. En revanche, l'appréciation de la licéité de l'opération appelle une autre analyse. Si la cause du prêt doit être licite conformément au droit commun, doit être aussi licite la cause du contrat que le prêt permet de financer. Ainsi avait été déclaré nul un prêt bancaire ayant pour objet le financement du rachat de la clientèle d'un chirurgien-dentiste, à l'époque où la cession de clientèle était jugée illicite(91), ce qui n'est plus le cas aujourd'hui (V. *supra*, n° 112).

423. – Formalisme réel et probatoire. La jurisprudence a consacré la nature consensuelle du prêt d'argent consenti par un professionnel (V. *supra*, n° 417), alors même que le prêt de consommation demeurerait caractéristique du contrat réel. Les règles du droit commun sont alors de nature à gouverner à la preuve du prêt d'argent, spécialement les exigences des articles 1353 et 1376 du Code civil. La jurisprudence rappelle régulièrement aux juges du fond que « la preuve de la remise de fonds à une personne ne suffit pas à justifier l'obligation pour celle-ci de restituer la somme qu'elle a reçue »(92). Il faut donc prouver la volonté des parties de conclure un prêt, ce qui ne peut résulter seulement de l'émission d'un chèque(93) ou de l'établissement d'un reçu(94). Mais la Cour de cassation est aussi venue juger que le caractère consensuel du prêt, consenti par un professionnel du crédit à un consommateur, ne dispense pas le prêteur, qui sollicite l'exécution de l'obligation de restitution de l'emprunteur, d'apporter la preuve de l'exécution préalable de son obligation de remise des fonds(95). Résurgence de la nature réelle de ce contrat aujourd'hui décriée : la cause de l'obligation de restitution tient autant dans l'accord des parties que dans la remise effective des fonds.

(89) V. Cass. 1re civ., 14 janv. 2010, n° 08-13.160 : *D.* 2010, p. 620, J. François. – Comp. pour un prêt de particulier, contrat réel, Cass. 1re civ., 19 juin 2008 : *RDC* 2009, p. 192, P. Puig ; *D.* 2008, p. 2555, F. Chénedé. – Comp. Cass. 1re civ., 16 févr. 1999 : *Contrats, conc. consom.* 1999, comm. 70, note L. Leveneur. – Cass. com., 5 mars 1996 : *Bull. civ.* 1996, IV, n° 75. – V. cependant *infra*, n° 423 sur la preuve à apporter par le banquier non seulement de l'existence du prêt, mais de la remise effective des fonds.

(90) Comp. A. Sériaux, *Le prêt sans la cause : un prêt sans cause ?*, in *Le droit spécial des contrats à l'épreuve du nouveau droit commun*, colloque Aix-en-Provence, 16 déc. 2016, PUF, 2017.

(91) V. Cass. 1re civ., 1er oct. 1996 : *Contrats, conc. consom.* 1997, comm. 3, note L. Leveneur.

(92) Cass. 1re civ., 5 avr. 1993 : *Bull. civ.* 1993, I, n° 141.

(93) V. Cass. 1re civ., 11 avr. 1995 : *Bull. civ.* 1995, I, n° 175 ; *JCP* G 1995, II, 22554, note S. Piédelièvre.

(94) V. Cass. 1re civ., 28 févr. 1995 : *Bull. civ.* 1995, I, n° 107. – Cass. 1re civ., 27 juin 2006 : *Contrats, conc. consom.* 2006, n° 221, L. Leveneur.

(95) Cass. 1re civ., 14 janv. 2010 : *D.* 2010, p. 620, J. François. Il appartient au prêteur qui sollicite l'exécution de l'obligation de restitution de l'emprunteur d'apporter la preuve de l'exécution préalable de son obligation de remise des fonds.

424. – Le prix : les intérêts ; existence, formalisme. De l'article 1905 du Code civil qui dispose qu'« il est permis de stipuler des intérêts pour simple prêt soit d'argent, soit de denrées, ou autres choses mobilières », la jurisprudence en déduit que le prêt d'argent ne produit d'intérêts que moyennant une stipulation expresse du contrat[96]. L'article 1906 tempère cette analyse, car, en application de ce texte, le paiement d'intérêt fait, en effet, preuve du caractère onéreux du prêt[97], pour autant que l'emprunteur ait payé volontairement[98].

Lorsqu'il s'agit d'un intérêt conventionnel, le Code civil est plus exigeant : le taux doit être fixé par écrit, prévoit l'article 1907, alinéa 2. Il en résulte pour la Cour de cassation, conformément à l'esprit du texte, qu'en matière de prêt d'argent, l'exigence d'un écrit mentionnant le taux de l'intérêt conventionnel est une condition de validité de la stipulation d'intérêt[99]. Cette règle est d'application générale ; il ne peut donc y être dérogé « même en matière d'intérêts afférents au solde débiteur d'un compte courant »[100].

Destinée à protéger l'emprunteur, l'exigence d'écrit est sévèrement appréciée. Ainsi, « l'indication du taux d'intérêt sur les relevés de compte ne répond pas à l'exigence de l'article 1907, alinéa 2, lors même qu'elle ne fait pas l'objet d'une protestation de la part du client »[101]. Faute d'écrit, le prêteur ne peut réclamer que l'intérêt légal pour autant qu'il s'agisse bien d'un prêt à titre onéreux. Mais si l'emprunteur a déjà versé des intérêts conventionnels en l'absence d'écrit, il peut demander restitution de ce qui dépasse l'intérêt légal.

425. – Le taux de l'intérêt conventionnel. Les parties qui ont choisi un prêt à titre onéreux peuvent se contenter de l'application de l'intérêt légal dont le taux est fixé chaque année par décret. Le choix d'un intérêt conventionnel les oblige à respecter une réglementation soucieuse essentiellement d'éviter les abus.

La détermination du taux n'échappe pas d'abord au revirement jurisprudentiel sur l'interprétation de l'ancien article 1129 du Code civil. Avant les importants arrêts d'assemblée plénière du 1er décembre 1995 (V. *supra*, n° 39), la Cour de cassation exigeait que l'intérêt soit déterminé ou déterminable par référence à des éléments extérieurs à la volonté des parties[102]. Cette exigence n'est plus de mise. Dans le prolongement du revirement de 1995, la Cour de cassation avait écarté l'application de l'ancien article 1129 du Code civil[103]. Ainsi le taux d'intérêt peut,

(96) V. Cass. 1re civ., 23 juill. 1974 : *D.* 1975, p. 586, note J. Stoufflet. – Cass. 1re civ., 26 nov. 1991 : *Bull. civ.* 1991, I, n° 335.

(97) V. not. Cass. com., 9 avr. 1991 : *D.* 1991, p. 385, note M. Vasseur.

(98) Ainsi, la banque qui a imputé unilatéralement au débit du compte de son client des intérêts que celui-ci n'avait pas payés volontairement ne peut invoquer à son encontre les dispositions de l'article 1906 (Cass. com., 23 oct. 1990 : *D.* 1991, p. 73, note Ch. Gavalda).

(99) V. Cass. 1re civ., 24 juin 1981 : *JCP G* 1982, II, 19713, note M. Vasseur ; *D.* 1982, 397, note M. Boizard. – *Adde* Cass. 1re civ., 17 janv. 1995 : *D.* 1995, jurispr. p. 213, note D.-R. Martin. – Cass. 1re civ., 15 juill. 1999 : *JurisData* n° 1999-003075. – Cass. 1re civ., 14 févr. 1995 : *JCP G* 1995, II, 22402, note Y. Chartier ; *D.* 1995, p. 340, note S. Piédelièvre.

(100) Cass. 1re civ., 9 févr. 1988 : *Bull. civ.* 1988, I, nos 34 et 35 ; *JCP G* 1988, II, 21026, note Ch. Gavalda et J. Stoufflet ; *RTD civ.* 1988, p. 733, n° 2, obs. J. Mestre.

(101) Cass. 1re civ., 17 janv. 1995 : *D.* 1995, p. 213, note D. Martin ; *Defrénois* 1995, p. 743, obs. D. Mazeaud.

(102) V. Cass. 1re civ., 2 mai 1990 : *JCP G* 1991, II, 21655, note J. Stoufflet ; *D.* 1991, p. 41, note Ch. Gavalda.

(103) V. Cass. com., 9 juill. 1996 : *JCP G* 1996, II, 22721, note J. Stoufflet ; *Contrats, conc. consom.* 1997, comm. 182, note L. Leveneur ; *Defrénois* 1996, p. 1363, obs. Ph. Delebecque. – *Adde* Cass. 1re civ., 10 déc. 1996 : *D.* 1997, p. 303, note I. Fadlallah. – *Adde* L. Finel, *Les règles relatives à la détermination du prix et le contrat de prêt bancaire* : *JCP G* 1996, I, 3957. La Cour de cassation refuse encore d'appliquer l'article 1129 du Code civil à l'indemnité de résiliation anticipée (Cass. com., 17 juill. 2001, *Defrénois* 2001, p. 1425, obs. E. Savaux) comme à l'indemnité de remboursement anticipé (Cass. 1re civ., 12 mai 2004 : *RDC* 2004, p. 925, obs. D. Mazeaud).

désormais, varier en fonction de l'évolution du taux de base fixé par la banque. Le montant peut varier selon des éléments dépendant du prêteur. Seul est désormais sanctionné l'abus dans la fixation du taux[104]. Mais, même sans abus, attention au taux variable : celui-là peut demain excéder les capacités de remboursement du débiteur ainsi que l'a révélé douloureusement la crise américaine des *subprimes*. En France, la question de l'évolution du taux s'est posée à double titre. D'abord, à propos de la régularité de l'indexation d'un prêt sur une monnaie étrangère : en 2008, des crédits avaient été consentis en francs suisses à des emprunteurs, qui les remboursaient en euros. En 2009, l'euro se dépréciant face au franc suisse, les emprunteurs voyaient leur capital augmenter au lieu de diminuer. La Cour de cassation juge que la validité de la clause d'indexation fondée sur une monnaie étrangère est subordonnée à l'existence d'une relation directe entre l'objet de la convention ou l'activité d'une des parties (ce qui était le cas en l'espèce : la clause est valable), mais que le banquier peut engager sa responsabilité en ne mettant pas en garde l'emprunteur profane d'un risque d'endettement excessif[105]. Ensuite, à propos d'un taux qui devient négatif : une banque avait octroyé un crédit à un taux variable de 1,7 % par an indexé sur la base de l'indice LIBOR trois mois. Début 2015, ce taux était passé en dessous de 0 % et la banque avait refusé l'application du taux devenu négatif. La cour d'appel confirme le jugement rendu en référé par le tribunal de grande instance de Strasbourg[106] : au visa de l'ancien article 1134 du Code civil, elle retient que la banque commet un trouble manifestement illicite en n'appliquant pas l'indice choisi par les parties, alors que ne figurait au contrat aucun plancher ou plafond ; elle considère également que le contrat n'en reste pas moins un contrat à titre onéreux puisque l'onérosité doit se mesurer sur toute la durée du crédit, peu important que certaines périodes se soient vues appliquer un taux négatif.

426. – **Pas d'usurier !** La détermination du montant de l'intérêt, quelles que soient ses modalités, est surtout enfermée dans une double limite. S'impose, en premier lieu, la réglementation sur l'usure qui trouve désormais place dans le Code de la consommation[107]. L'article L. 314-6 de ce code dispose ainsi :

(104) On a toutefois relevé qu'« en pratique un tel abus n'est guère imaginable sur un marché aussi concurrentiel que le marché français des services bancaires et du crédit. Au demeurant, le taux de base, public, est applicable à l'ensemble de la clientèle et non pas seulement à un client déterminé. Or, l'abus dont il est question dans l'arrêt de l'assemblée plénière est un abus à l'égard d'un cocontractant. Quant à la marge variable, elle, selon le client, qui s'ajoute au taux de base, elle est définie une fois pour toutes dans la convention d'ouverture de crédit et elle ne relève donc pas du principe posé dans l'arrêt de l'assemblée plénière » (J. Stoufflet, note préc.).

(105) Cass. 1re civ., 29 mars 2017, 2 arrêts, nos 16-13.050 et 15-27.231 : *Defrénois Flash* 10 avr. 2017, p. 1 ; *JCP* E 2017, act. 265.

(106) CA Colmar, 8 mars 2017 : *D.* 2017, p. 701, note J. Lassere-Capdeville, confirmant TGI Strasbourg, 5 janv. 2016 : *Gaz. Pal.* 7 juin 2016, p. 64, obs. M. Roussille ; *RD bancaire et fin.* 2016, comm. 54, obs. F.-J. Crédot.

(107) On se souvient que l'article 1907 du Code civil dont la rédaction n'a pas été modifiée depuis 1804 prévoit que l'intérêt conventionnel peut excéder celui de la loi, toutes les fois que la loi ne le prohibe pas. Très vite le législateur a posé une limite puisqu'une loi de 1807 fixait les taux légaux et conventionnels au même niveau : 5 % en matière civile et 6 % en matière commerciale. Peu réaliste, ce système égalitaire fut abandonné, d'abord en matière commerciale, puis en matière civile, laissant place à une liberté exploitée abusivement. Aussi un décret-loi du 8 août 1935 mit en place un système prohibant l'usure nettement perfectionné par une loi du 28 décembre 1966 modifiée par une loi du 31 décembre 1989 et intégrée au Code de la consommation. Bien que figurant dans le Code de la consommation, la prohibition de l'usure prétend à une portée générale ; la loi n° 2003-721 du 1er août 2003 pour l'initiative économique, ultérieurement modifiée, en a soustrait les prêts professionnels (C. consom., art. L. 314-9).

> **« Constitue un prêt usuraire tout prêt conventionnel consenti à un taux effectif global qui excède, au moment où il est consenti, de plus d'un tiers, le taux effectif moyen pratiqué au cours du trimestre précédent par les établissements de crédit (...) pour des opérations de même nature comportant des risques analogues, telles que définies par l'autorité administrative après avis du Comité consultatif du secteur financier (...) »[108].**

Chaque trimestre, le ministère de l'Économie publie un avis sur ce taux effectif moyen[109].

Il ressort de cette définition un élément essentiel : le taux effectif global (TEG)[110]. Ce taux – qui « doit être mentionné dans tout écrit constatant un contrat de prêt »[111] – comprend, outre le taux d'intérêt proprement dit, « les frais, les taxes, les commissions ou rémunérations de toute nature, directs ou indirects, supportés par l'emprunteur et connus du prêteur à la date d'émission de l'offre de crédit (...), et qui constituent une condition pour obtenir le crédit ou pour l'obtenir aux conditions annoncées » (C. consom., art. L. 314-1). La jurisprudence explicite en ce sens : il « faut rechercher si les impôts, taxes et droits mis à la charge de l'emprunteur ne constituent pas un accroissement des charges de l'emprunt, faisant en conséquence partie du taux effectif global »[112]. Sont en revanche exclus, l'indexation du capital[113], la clause pénale[114], et les intérêts de retard.

Le TEG étant un taux annuel[115], son calcul devient compliqué lorsque la périodicité des remboursements est inférieure à celle d'une année. Parmi les différentes méthodes de calcul[116], la Cour de cassation avait retenu une conversion

(108) Il appartient au juge de rechercher le taux effectif global du prêt, puis de le comparer au taux de référence afin de déterminer le caractère usuraire du prêt (V. Cass. 1re civ., 22 avr. 1997 : *Contrats, conc. consom.* 1997, comm. 141, note G. Raymond).

(109) Pour un arrêt qui rappelle que le taux de référence à utiliser est celui déterminé par l'Administration pour le trimestre précédant la réalisation du prêt, Cass. crim., 14 janv. 1997 : *Contrats, conc. consom.* 1997, comm. 108, note G. Raymond.

(110) V. A. Brunet, *Le TEG, un taux d'embrouille généralisée*, in *Drôle(s) de Droit(s) : Mél. en l'honneur de E. Alfandari*, Dalloz, 2000, p. 231 et s.

(111) Cass. 1re civ., 22 janv. 2002 : *Contrats, conc. consom.* 2002, comm. 72, note L. Leveneur. L'article L. 313-2 du Code de la consommation dispose que « le taux effectif global déterminé comme il est dit à l'article L. 313-1 doit être mentionné dans tout écrit constatant un contrat de prêt régi par la présente section. Toute infraction aux dispositions du présent article sera punie d'une amende de 4 500 euros ». Après l'intégration curieuse des dispositions législatives sur l'usure dans le Code de la consommation, la question s'est posée de savoir si cette obligation de mentionner le TEG dans tout écrit constatant un contrat de prêt ne devait désormais pas être réservée aux prêts conclus entre professionnels et consommateurs pour les besoins non professionnels des emprunteurs. Dans cet arrêt du 22 janvier 2002, la Cour de cassation répond sans ambages par la négative : le TEG doit être mentionné dans tout écrit constatant un contrat de prêt. Est ainsi concerné un acte notarié de prêt à finalité professionnelle (arrêt préc.).

(112) Cass. 1re civ., 21 janv. 1992 : *Bull. civ.* 1992, I, n° 22 ; *JCP G* 1992, IV, 865.

(113) Cass. 1re civ., 21 janv. 1992, préc.

(114) Cass. 1re civ., déc. 1987 : *Bull. civ.* 1987, I, n° 318.

(115) C. consom., art. R. 313-1. « Il doit être déterminé par référence à l'année civile, laquelle comporte 365 ou 366 jours » (Cass. com., 18 mars 1997 : *Contrats, conc. consom.* 1997, comm. 124, note G. Raymond). *Exit* donc l'usage bancaire qui calculait le taux sur une année de 360 jours ! Par ailleurs, alors que le droit de l'Union parle de « taux annuel effectif global » (TAEG), le droit français maintient l'expression « taux effectif global » (TEG). – P. Lutz et O. Berg, *TEG : de plus en plus d'incertitudes* : *D.* 2006, chon. p. 841 et s. – *Adde* N. Ferrier, *Les incertitudes du régime de l'usure liées à sa codification* : *RTD com.* 2005, chron. p. 219 et s.

(116) V. Y. Salats, *Mode de calcul du taux effectif global dans les prêts d'argent* : *Defrénois* 1978, art. 31703.

fondée sur une règle de proportionnalité(117). Droit de l'Union européenne oblige, cette méthode a été en partie abandonnée au profit d'une méthode complexe dite « des intérêts composés »(118).

Outre qu'elle constitue un délit pénal, la violation de la réglementation sur l'usure atteint la stipulation d'intérêts : ceux-là sont ramenés au taux légal et les perceptions excessives sont imputées sur les intérêts échus et subsidiairement sur le capital de la créance (C. consom., art. L. 341-48). Il s'agit d'une réduction qui s'apparente, dans son régime, à une nullité relative, les dispositions de la loi de 1966 ayant été édictées dans le seul intérêt de l'entrepreneur(119).

La loi pour l'initiative économique du 1er août 2003 a supprimé tout plafond de prêt consenti aux entreprises : les dispositions relatives à l'usure ne sont pas applicables aux prêts accordés à une personne physique agissant pour ses besoins professionnels ou à une personne morale se livrant à une activité industrielle, commerciale, artisanale, agricole ou professionnelle non commerciale (C. consom., art. L. 314-9).

427. – Un anatocisme limité ! La deuxième limite à la détermination des intérêts tient dans la réglementation de l'anatocisme. L'anatocisme c'est « la capitalisation des intérêts échus d'une dette de somme d'argent, de manière que les intérêts capitalisés produisent à leur tour des intérêts »(120). On perçoit aisément le risque de cette pratique qui alourdit rapidement une dette, et peut parfois permettre de contourner la prohibition de l'usure. L'article 1343-2 du Code civil dispose ainsi :

> **« Les intérêts échus, dus au moins pour une année entière, produisent intérêt si le contrat l'a prévu ou si une décision de justice le précise ».**

Cette réglementation n'est pas très sévère. Est seulement prohibée la stipulation d'anatocisme d'une périodicité inférieure à un an(121). Qui plus est, la jurisprudence est bienveillante. On peut, en effet, prévoir ou demander la capitalisation des intérêts qui ne sont pas encore échus(122). L'article 1343-2 n'est pas applicable aux découverts des comptes courants, la capitalisation des intérêts d'un compte courant se produisant de plein droit à chaque arrêté périodique par fusion dans le solde résultant dudit arrêté(123).

(117) « Lorsque les versements auxquels l'emprunteur est tenu en exécution du contrat de crédit sont effectués avec une fréquence autre qu'annuelle, le taux effectif global annuel doit être calculé en multipliant le taux de période, qui tient compte des modalités de l'amortissement de la créance, par le nombre de ces périodes comprises dans une année civile » (Cass. 1re civ., 9 janv. 1985 : *Bull. civ.* 1985, I, n° 15 ; *Defrénois* 1985, art. 33580, rapp. M. Sargos, note crit. Y. Salats. – *Adde*, Cass. 1re civ., 16 juin 1987 : *Bull. civ.* 1987, I, n° 201).

(118) V. C. consom., art. R. 313-1. – La directive 2023/2225 du 18 octobre 2023, relative aux contrats de crédit aux consommateurs (*JOUE* 30 oct. 2023) abroge la directive 2008/48/CE du 23 avril 2008 concernant les contrats de crédit aux consommateurs.

(119) Cass. 1re civ., 21 janv. 1992, préc.

(120) G. Cornu (ss dir.), *Vocabulaire Capitant*, préc., V° *Anatocisme*.

(121) La capitalisation des intérêts s'accomplit sans qu'il soit nécessaire de faire une nouvelle demande ou de procéder à l'établissement d'un arrêté de compte à l'expiration de chaque période annuelle (V. Cass. 2e civ., 28 févr. 1996 : *Bull. civ.* 1996, II, n° 46).

(122) Cass. civ., 15 juill. 1913 : *DP* 1917, I, p. 50. Dans le cadre d'une demande en justice, la Cour de cassation estime, de même, que l'article 1154 du Code civil « n'exige pas que, pour produire des intérêts, les intérêts échus des capitaux soient dus au moins pour une année entière au moment de la demande en justice tendant à la capitalisation, mais exige seulement que, dans cette demande, il s'agisse d'intérêts dus pour une telle durée » (Cass. 1re civ., 12 mars 1991 : *Bull. civ.* 1991, I, n° 89. – Cass. 3e civ., 18 févr. 1998 : *Bull. civ.* 1998, III, n° 42).

(123) Cass. com., 22 mai 1991 : *Bull. civ.* 1991, IV, n° 168 ; *JCP* E 1991, II, 190, note J. Stoufflet ; *D.* 1991, p. 428, note Ch. Gavalda ; *Banque* 1991, p. 758, note J.-L. Rives-Lange. – Cass. com., 22 mai 2001, n° 97-16.225. – La pratique est

§ 3. – Les effets du prêt d'argent

428. – Présentation. Bien que l'on affirme classiquement, comme pour les autres prêts, que le prêt d'argent est un contrat unilatéral, le prêteur est aussi tenu de certaines obligations.

A. – Les obligations de l'emprunteur

429. – Présentation. L'emprunteur, devenu propriétaire des fonds prêtés en dispose, par principe, librement. Ce n'est que lorsque le prêt est affecté à une utilisation précise, que l'emprunteur est tenu de respecter cette destination, faute de quoi, le prêteur peut obtenir la résolution du contrat, synonyme d'une restitution immédiate de l'argent. En dehors de ces situations, que le prêt d'argent soit à titre gratuit ou à titre onéreux, l'emprunteur est tenu de rembourser le capital prêté. Ce n'est que lorsque le prêt est à titre onéreux qu'il doit, de surcroît, payer des intérêts.

1° Le remboursement du capital

430. – Combien ? La réponse est donnée par l'article 1895 du Code civil :

> « L'obligation qui résulte d'un prêt en argent, n'est toujours que de la somme énoncée au contrat.
>
> S'il y a eu augmentation ou diminution d'espèces avant l'époque du paiement, le débiteur doit rendre la somme prêtée, et ne doit rendre que cette somme dans les espèces ayant cours au moment du paiement ».

C'est donc le principe du nominalisme monétaire qui joue, ici comme ailleurs(124), et qui conduit, en pratique, à insérer souvent des clauses d'indexation, la Cour de cassation ayant admis que l'article 1895 n'était pas d'ordre public(125). Ces clauses obéissent au droit commun de l'indexation(126). L'indice choisi doit être ainsi « en relation directe avec l'objet du contrat ou l'activité de l'une des parties ». La jurisprudence accueille avec bienveillance l'indexation du prêt d'argent, puisqu'elle admet que l'objet de la convention peut être celui de la chose à laquelle l'argent a été employé(127) : un prêt consenti à un restaurateur peut être ainsi indexé sur le prix d'une bouteille d'eau minérale(128). Lorsque le prêt est international, une indexation sur des monnaies étrangères est possible (clause monétaire), les formules étant en la matière nombreuses(129).

---

cependant prohibée pour les comptes de dépôt : Cass. 1re civ., 14 déc. 1990 : *JCP E* 1992, II, 288, note B. Belloir-Caux ; *RTD com.* 1991, 268, obs. M. Cabrillac et B. Teyssié. – *Adde* Cass. 1re civ., 9 févr. 2012 : *D.* 2012, 1158, prohibition de la capitalisation des intérêts en droit du crédit à la consommation, G. Poissonnier.

(124) V. sur ce principe, Ph. Malaurie L. Aynès et Ph. Stoffel-Munck, *Droit civil, Les obligations*, LGDJ-Lextenso, 12e éd., 2022, nos 723 et s.

(125) V. Cass. 1re civ., 27 juin 1957 : *Bull. civ.* 1957, I, n° 302 ; *D.* 1957, p. 649, note G. Ripert.

(126) Ord. 30 déc. 1958, art. 79-3°. – C. monét. fin., art. L. 112-2.

(127) V. not. Cass. 1re civ., 9 janv. 1974 : *Bull. civ.* 1974, I, n° 14 ; *JCP G* 1974, II, 17806, note J.-Ph. Lévy ; *Defrénois* 1975, art. 30996, p. 1268, note J.-L. Aubert.

(128) Cass. com., 31 janv. 1984 : *Bull. civ.* 1984, IV, n° 49 (en l'espèce, le capital était indexé sur le prix de la grande bouteille d'eau de la marque Perrier).

(129) V. J.-M. Mousseron et *al.*, *Droit du commerce international*, préc., nos 172 et s.

431. – Comment ? Si le prêteur peut librement remettre l'argent en monnaie étrangère(130), l'emprunteur ne bénéficie pas d'une telle liberté pour rembourser. Ce n'est qu'en présence d'un prêt international que l'emprunteur peut être autorisé à rembourser en monnaie étrangère. Si le prêt est interne, le remboursement en francs français s'impose, car, selon la Cour de cassation, la fixation de la créance en monnaie étrangère constitue une indexation déguisée(131).

432. – Quand ? Tout dépend de la durée du prêt. En présence d'un prêt à durée indéterminée, chacune des parties peut résilier à tout moment le contrat. L'article 1900 du Code civil permet au juge d'accorder à l'emprunteur un délai suivant les circonstances, et la Cour de cassation précise qu'il ne s'agit pas d'un délai de grâce au sens de l'article 1343-5 du Code civil(132) : il peut donc être supérieur à deux ans. Le juge, en accordant un délai en vertu de l'article 1900, peut également, si des intérêts n'ont pas été stipulés, dispenser l'emprunteur du versement d'intérêts jusqu'au terme qu'il fixe(133). Dans le même esprit, s'il a été seulement convenu que l'emprunteur payerait quand il pourrait ou quand il en aurait les moyens, le juge lui fixera un terme de paiement suivant les circonstances (C. civ., art. 1901). Cette disposition rend dès lors licite la stipulation dans un prêt d'une clause de retour à meilleure fortune qui ne peut être une condition potestative(134). Avant toutefois d'accorder un délai de paiement, les juges du fond doivent rechercher si la situation de l'emprunteur s'est améliorée, et s'il est effectivement revenu à meilleure fortune(135).

Le plus souvent, le prêt est à durée déterminée. Les parties doivent donc respecter le terme ainsi fixé. L'emprunteur peut-il néanmoins rembourser de manière anticipée ? On l'admet aisément lorsque le prêt est à titre gratuit, le terme étant stipulé en faveur du débiteur. Plus controversée est la réponse pour le prêt à intérêt. D'aucuns estiment que le terme étant alors stipulé en faveur des deux parties, l'emprunteur ne peut pas rembourser prématurément sans l'accord du prêteur(136). Pour d'autres, le remboursement anticipé est, par principe, possible car « ce qu'il faut avoir à l'esprit est que l'endettement est une situation dont les inconvénients économiques sont tels qu'il s'impose, impérativement, de permettre au débiteur d'y mettre fin »(137).

En pratique, c'est le contrat qui réglera cette difficulté. Si la faculté de remboursement anticipé est parfois écartée, les prêteurs, et singulièrement les banques, permettent le plus souvent un tel remboursement moyennant toutefois indemnisation ; la loi du 1er juillet 2010 a régularisé cette pratique, retenant par ailleurs que l'emprunteur peut toujours, à son initiative, rembourser par anticipation, en partie ou en totalité, le crédit qui lui a été consenti, la clause prévoyant une indemnité de remboursement anticipée étant interdite dans des cas limités(138). Dès lors que cette indemnisation ne sanctionne pas l'inexécution d'une obligation, la Cour de cassa-

(130) V. Cass. 1re civ., 11 oct. 1989 : *Bull. civ.* 1989, I, n° 311 ; *JCP* G 1990, II, 21393, note J.-Ph. Lévy.
(131) Cass. 1re civ., 11 oct. 1989, préc.
(132) Cass. 1re civ., 12 oct. 1977, préc., *supra*, n° 413.
(133) Cass. 1re civ., 12 oct. 1977, préc.
(134) Cass. 1re civ., 20 nov. 1990 : *Bull. civ.* 1990, I, n° 255 ; *RTD civ.* 1991, p. 333, n° 7, obs. J. Mestre.
(135) Cass. 1re civ., 20 nov. 1990, préc.
(136) V. I. Pétel-Teyssié : *JCl. Civil Code*, Art. 1905 à 1908, Fasc. 6, n° 238, 1991.
(137) J. Huet, n° 22550, note 263. – Du même : *Un bienfait de l'histoire : la subrogation opérée par le débiteur pour le remboursement anticipé du prêt d'argent en cas de baisse des taux d'intérêt (C. civ., art. 1250, 2°)* : *D.* 1999, chron. 303. – Comp. Ph. Malaurie : *D.* 1998, chron. 317. – Pour le crédit à la consommation, V. *infra*, n° 441.
(138) V. C. consom., art. L. 312-73 et L. 312-34. – Pour une contestation de la licéité de ces clauses, V. J. Huet, n° 22550.

tion estime, à juste titre, qu'elle ne constitue pas une clause pénale(139). En tout état de cause, l'emprunteur doit pouvoir se séparer d'un premier prêt en lui substituant un second au titre d'une subrogation *ex parte debitoris* (C. civ., art. 1346-2°)(140).

Nul ne conteste, en revanche, que le prêteur ne peut réclamer un remboursement anticipé, même en cas de besoin pressant et imprévu, l'article 1889 du Code civil étant réservé au prêt à usage (V. *supra*, n° 398). Mais le prêteur peut toutefois profiter des situations où il y a déchéance du terme(141). Ainsi en est-il, selon l'article 1188 du Code civil, lorsque le débiteur par son fait a diminué les sûretés qu'il avait données par le contrat à son créancier. De même, la déchéance est prononcée en cas de liquidation judiciaire ou de cession de l'entreprise(142). En cas d'inexécution du contrat par l'emprunteur, le prêteur peut obtenir la résolution du contrat. Mais le plus souvent, le contrat prévoit expressément la déchéance du terme en cas d'inexécution d'une obligation ou de réalisation d'un événement(143), la clause étant assortie du versement d'indemnités ayant alors la nature de clause pénale.

433. – Où ? Les dettes de somme d'argent sont désormais portables (C. civ., art. 1343-4). C'est donc le domicile du prêteur qui est par principe le lieu du remboursement. Mais la règle peut être conventionnellement inversée.

2° Le paiement des intérêts

434. – Régime. Lorsque le prêt est à titre onéreux, il appartient à l'emprunteur de payer les intérêts aux échéances convenues. L'article 1908 du Code civil facilite la preuve en prévoyant que « la quittance du capital donnée sans réserve des intérêts, en fait présumer le paiement, et en opère la libération ». Il s'agit là d'une présomption irréfragable. Mais l'article 1908 ne peut être invoqué par l'emprunteur – qui ne conteste pas ne pas avoir payé les intérêts – pour prouver que le créancier qui a donné quittance sans réserve des intérêts a renoncé à ces intérêts(144). Faute de paiement des intérêts, l'emprunteur peut être contraint à rembourser de manière anticipée le capital et les intérêts. Mais l'emprunteur peut bénéficier d'un sursis. Confronté à des difficultés de paiement, il peut toujours solliciter du juge un délai de grâce qui ne dépassera toutefois pas deux ans (C. civ., art. 1343-5). Lorsqu'il est en situation de surendettement appelant mise en œuvre des règles de la loi du 31 décembre 1989, le report du paiement peut être plus important (V. C. consom., art. L. 733-1). Enfin, l'ouverture d'une procédure collective n'est pas sans conséquence sur le versement des intérêts(145).

(139) V. Cass. 1re civ., 7 oct. 1992 : *Bull. civ.* 1992, I, n° 245. – Cass. 1re civ., 2 déc. 1992 : *Bull. civ.* 1992, I, n° 301 ; *Contrats, conc. consom.* 1993, n° 41, obs. L. Leveneur ; *D.* 1993, somm. p. 213, obs. Ph. Delebecque ; *RTD civ.* 1993, p. 607, obs. P.-Y. Gautier. – Cass. 1re civ., 27 sept. 2005 : *Defrénois* 2005, 2003, E. Savaux ; *D.* 2005, 2670, X. Delpech.

(140) La subrogation posée par ce texte s'opère sans l'accord du créancier – V. M. Vion, *La renégociation des prêts immobiliers : Defrénois* 1987, art. 34072.

(141) La déchéance du terme du prêt garanti par un contrat d'assurance « décès, incapacité du travail, invalidité », n'emporte pas, du seul fait de l'exigibilité immédiate de la créance de remboursement, l'extinction du contrat d'assurance (Cass. 1re civ., 18 janv. 2000 : *JurisData* n° 2000-000078 ; *JCP* E 2000, p. 394).

(142) C. com., art. L. 643-1. En revanche, au cas de redressement judiciaire il n'y pas déchéance, laquelle compromettrait le redressement (C. com., art. L. 622-29).

(143) La Cour de cassation admet ainsi la licéité de la clause par laquelle un employeur peut exiger le remboursement anticipé d'un prêt en cas de démission du salarié (Cass. 1re civ., 21 mars 1984 : *Bull. civ.* 1984, I, n° 112 ; *RTD civ.* 1985, p. 381, obs. J. Mestre).

(144) Cass. 1re civ., 30 janv. 1980 : *Bull. civ.* 1980, I, n° 40.

(145) L'ouverture d'une procédure de sauvegarde arrête le cours des intérêts pour les prêts à moins d'un an, C. com., art. L. 622-28.

L'emprunteur doit, par ailleurs, bien vérifier avant de payer les intérêts qu'il en est bien débiteur. L'article 1906 du Code civil dispose en effet que « l'emprunteur qui a payé des intérêts qui n'étaient pas stipulés, ne peut ni les répéter ni les imputer sur le capital ».

B. – Les obligations du prêteur

435. – Information, discernement, conseil, surveillance et au-delà. La règle de départ tient dans le devoir de non-immixtion du banquier dans les affaires de son client : celle-là devrait dégager, sinon alléger le prêteur de toute responsabilité. La réalité est tout autre. La recherche de la responsabilité de l'établissement financier prêteur est devenue un moyen de défense systématique des emprunteurs ou des cautions poursuivis en paiement. La jurisprudence met à la charge des prêteurs professionnels d'argent que sont les établissements de crédit de (trop) nombreuses obligations rendant la matière complexe. Le banquier est tenu d'un devoir d'information qui doit le conduire à informer le client des risques encourus. Il est également tenu dans l'octroi du prêt d'une obligation de discernement. Le prêt accordé doit être ainsi adapté aux capacités financières et aux besoins de l'emprunteur. En ce sens, l'octroi abusif de crédit ou le soutien artificiel accordé à une entreprise dont la banque connaissait – ou aurait du connaître – la situation irrémédiablement compromise, engage la responsabilité du banquier dispensateur de crédit à l'endroit de son client mais aussi des tiers. Au-delà de cette hypothèse, si l'on peut dire que le prêteur doit s'informer sur la situation de l'emprunteur, la question de la responsabilité du banquier prêteur a justifié une jurisprudence nuancée. La première chambre civile de la Cour de cassation a d'abord retenu, au grand *dam* de nombreux auteurs(146), une véritable obligation de conseil en retenant la responsabilité des banques qui avaient accordé un prêt dont il résultait un *taux d'endettement insupportable* sans justifier avoir mis en garde les emprunteurs sur cette situation(147). En revanche la chambre commerciale s'affichait en retrait sur cette question, refusant de retenir la responsabilité du banquier qui avait accordé un prêt-relais immobilier dès lors qu'il n'était pas démontré que celui-là « aurait eu sur la fragilité de la situation financière » [de ses clients] « des informations qu'eux-mêmes auraient ignorées »(148). Les deux chambres se sont ensuite rapprochées. La première chambre civile a de la sorte été amenée à distinguer le régime des emprunteurs avertis de celui des emprunteurs profanes, seuls les seconds bénéficiant de sa sollicitude(149), la cour retenant même pour ceux-là que le banquier prêteur avait l'obligation de vérifier les capacités financières de ses clients (profanes) et de les alerter sur l'importance du risque(150).

(146) V. pour un refus de l'existence d'une obligation de conseil, J.-L. Rives-Lange et M. Contamine-Raynaud, *Droit bancaire*, Dalloz, 1995, n° 168. – Th. Bonneau, *Droit bancaire*, Montchrestien, 6e éd., 2005, n° 400.

(147) Cass. 1re civ., 27 juin 1995 : *Bull. civ.* 1995, I, n° 287 ; *D.* 1995, p. 621, note S. Piédelièvre ; *Defrénois* 1995, 1416, obs. D. Mazeaud. – *Adde* Cass. 1re civ., 8 juin 1994 : *Bull. civ.* 1994, I, n° 207 ; *JCP* E 1995, II, 652, note D. Legeais.

(148) Cass. com., 26 mars 2002 : *Bull. civ.* 2002, IV, n° 57. – Cass. com., 24 sept. 2003 : *JurisData* n° 2003-020223 ; *JCP* E 2003, 1518 ; *RTD com.* 2004, p. 142, obs. D.L.

(149) Cass. 1re civ., 12 juill. 2005, 3 arrêts : *Bull. civ.* 2005, I, nos 324, 325 et 327 ; *JCP* E 2005, 1359, obs. D.L. ; *JCP* G 2005, II, 10140, note A. Gourio ; *Banque* 2005, n° 673, p. 94, note J.-L. Guillot et M. Boccara ; *RD bancaire et fin.* nov.-déc. 2005, act. 203, obs. F. Crédot et Y. Gérard.

(150) Cass. 1re civ., 21 févr. 2006 : *Bull. civ.* 2006, IV, n° 91.

De son côté la chambre commerciale admettait l'existence d'un devoir de mise en garde de la banque à l'endroit de ses emprunteurs profanes lorsque les prêts concernés peuvent sembler excessifs au regard de leurs facultés de remboursement ; en revanche, s'agissant des emprunteurs avertis, elle maintenait le principe de l'irresponsabilité dès lors que la banque ne disposait pas d'éléments d'informations sur la situation financière de l'emprunteur ignorés de ce dernier(151). La solution a été réaffirmée par deux arrêts de la chambre mixte du 29 juin 2007 qui harmonise pour le banquier la formulation du devoir de mise en garde(152).

Le Code monétaire et financier vient pointer, à des titres divers, le devoir d'information et de vigilance du banquier(153).

Le banquier pourra par ailleurs voir sa responsabilité engagée envers les tiers au titre du soutien abusif qu'il aura procuré à une entreprise condamnée. Le soutien abusif est caractérisé lorsqu'il y a soutien à une entreprise en situation irrémédiablement compromise et mise en place d'une politique de crédit ruineuse pour l'entreprise. Mais la préservation de l'emploi justifie cependant que le crédit consenti aux entreprises en difficultés reste encouragé : la loi du 26 juillet 2005 relative à la sauvegarde des entreprises a fixé de nouvelles règles plus favorables aux dispensateurs de crédit (V. C. com., art. L. 650-1).

La jurisprudence a encore mis en lumière une obligation de surveillance des fonds prêtés lorsque la destination de ces derniers est précisée par le contrat(154).

§ 4. – L'extinction du prêt d'argent

436. – Attention aux prescriptions ! Outre l'extinction du prêt née du remboursement des sommes prêtées au terme convenu ou de manière anticipée (V. *supra*, n° 432), l'extinction peut résulter du jeu de la prescription. Sous l'empire des textes anciens, une distinction s'imposait entre le capital et les intérêts. La créance de capital était soumise au droit commun (trente ans en matière civile, dix ans en matière commerciale ou lorsque le prêt est mixte). En revanche, la créance d'intérêt se prescrivait par cinq ans(155), par application de l'article 2277

(151) Cass. com., 3 mai 2006 : *D.* 2006, p. 1618, note J. François ; *JCP* G 2006, II, 10122, note A. Gourio ; *Banque et droit* 2006, n° 109, p. 49, obs. T. Bonneau ; *Banque* 2006, n° 682, p. 85, note J.-L. Guillot ; *Dr. et patrimoine* sept. 2006, n° 151, p. 83, obs. J.-P. Mattout et A. Prüm. – Cass. com., 20 juin 2006, n° 04-14.114 : *JurisData* n° 2006-034266 ; *D.* 2006, p. 1887, obs. X.D. ; *RTD com.* 2006, p. 646, obs. D.L. ; *RD bancaire et fin.* nov.-déc. 2006, act. 191, p. 15, obs. F. Crédot et T. Samin.

(152) Cass. ch. mixte, 29 juin 2007 : *JurisData* n° 2007-039909 ; *JCP* G 2007, II, 10146, note A. Gourio ; *JCP* E 2007, 2015, note D. Legeais ; *D.* 2007, act. jurispr. p. 1950, obs. V.A.R. ; et p. 2081, note S. Piédelièvre ; *D.* 2008, pan. p. 878, note D. Martin ; *Rev. Lamy dr. civ.* sept. 2007-41, n° 2661, obs. G. Marraud des Grottes ; *RD bancaire et fin.* juill.-août 2007, act. 148, p. 18, obs. D.L. ; *Banque et droit* 2007, n° 115, p. 31, note T. Bonneau ; *Rev. Lamy dr. civ.* oct. 2007, 32, note J. Devèze ; *RTD civ.* 2007, p. 779, note P. Jourdain ; *Dr. et patrimoine* nov. 2007, p. 77, note J.-P. Mattout et A. Prüm ; *Resp. civ. et assur.* 2007, comm. 248, n° 9, note S. Hocquet-Berg. – La jurisprudence est évidemment abondante sur ce thème : le dommage réparable en cas de manquement se fonde sur la perte de chance de ne pas contracter : Cass. com., 20 oct. 2009 : *JCP* G 2009, II, 423, L. Dumoulin ; 482, S. Piédelièvre. – Cette obligation s'étend à l'assurance de groupe proposée par le banquier et couvrant les risques pouvant affecter le remboursement de la somme prêtée : Cass. ass. plén., 2 mars 2007 : *Bull. civ.* 2007, ass. plén., n° 4. – Cass. 2e civ., 13 janv. 2011 : *Contrats, conc. consom.* 2011, n° 126, G. Raymond. – V. Gavalda et J. Stoufflet, *Droit bancaire*, Litec, 2010, n° 300. – F. Boucard, *Les obligations d'information et de conseil du banquier*, PUAM, 2002.

(153) Sur les nombreuses déclinaisons de ce principe, V. Gavalda et J. Stoufflet, *op. cit.*, nos 292 et s.

(154) V. Cass. com., 18 mai 1993 : *D.* 1993, p. 609, note A. Bénabent.

(155) S'il y a convention d'anatocisme, on retrouve la prescription de droit commun.

du Code civil. Depuis la loi du 17 juin 2008, ces distinctions ne sont plus de mise : la prescription quinquennale s'impose (C. civ., art. 2224). Le délai de prescription débute à la date d'exigibilité des sommes à payer.

SOUS-SECTION 2

LES RÈGLES PARTICULIÈRES LIÉES À LA PROTECTION DE L'EMPRUNTEUR-CONSOMMATEUR

437. – Présentation. Les dettes sont comme les enfants : plus elles sont petites, plus elles font de bruit ! Si le crédit à la consommation est « le contrat de tous les plaisirs », il est aussi le « contrat de tous les dangers »[156]. L'importance du surendettement, qui a précisément conduit à l'intervention législative[157], montre bien que la passion de la consommation prime la raison. Sans interdire, il faut protéger, en permettant de prendre un engagement réfléchi, en connaissance de cause. De l'achat du téléviseur à écran plat à celui de l'appartement familial, les prêts sont alors destinés au financement d'une opération particulière : on parlera de *crédits affectés* aux contrats qu'ils financent ; un lien juridique doit relier ces contrats. Les lois *Scrivener* des 10 janvier 1978 et 13 juillet 1979, intégrées dans le Code de la consommation, ont cette fonction. La directive 2208-48 du 23 avril 2008, transposée par la loi du 1er juillet 2010, y apporte d'amples modifications. La loi Hamon du 17 mars 2014 a saupoudré l'arsenal législatif de quelques dispositions, censées lutter contre le surendettement : obligation d'accompagner toute offre de crédit renouvelable émise en magasin ou sur Internet d'une proposition de crédit amortissable ; suspension des crédits renouvelables non utilisés pendant un an ; possibilité pour l'emprunteur-acquéreur immobilier de substituer une assurance à celle initialement souscrite... Ces textes laissent pourtant une impression mitigée. L'importance de la protection qu'ils instaurent n'est certes pas discutable[158]. En revanche, ils contiennent un luxe de détails qui en rend la lecture et la présentation fastidieuses ; ils suscitent un important contentieux, qui permet, au demeurant, de relever que la procédure de saisine pour avis de la Cour de cassation est régulièrement utilisée. Leur toilettage est appelé du vœu des auteurs, ne serait-ce que pour simplifier des techniques juridiques qui « ont une réputation de complexité qui décourage les non-spécialistes »[159]. L'ordonnance n° 2016-301 du 14 mars 2016 a procédé à la recodification du Code de la consommation : après avoir défini certains termes (prêteur, emprunteur, acquéreur, vendeur, intermédiaire de crédit... V. C. consom., art. L. 311-1), le code traite successivement du crédit à la consommation, à proprement parler (§ 1) et du crédit immobilier (§ 2).

(156) F. Collart-Dutilleul, Ph. Delebecque et Ch.-E. Buger, nos 853 et 876.

(157) V. C. consom., art. L. 311-1 et s. – V. Y. Picod et H. Davo, *Droit de la consommation*, Armand Colin, 2010, nos 489 et s. – B. Oppetit, *L'endettement et le droit*, in *Mél. A. Breton et F. Derrida*, Dalloz, 1991, p. 295 et s. – X. Lagarde, *L'endettement des particuliers*, Joly éd., 2e éd., 2003.

(158) V. toutefois, Ph. Flores et G. Biardeaud, *La protection de l'emprunteur : une notion menacée : D. affaires* 2000, chron. p. 191, qui estiment qu'« après une longue période d'expansion depuis les années 1970, la protection du consommateur connaît une phase de mutation d'origine essentiellement jurisprudentielle. Elle s'exprime par un renforcement de la position du prêteur et une paralysie concomitante des moyens d'action de l'emprunteur ».

(159) D. Fenouillet et F. Labarthe (ss dir.), *Faut-il recodifier le droit de la consommation ?*, Economica, 2002. – *Adde*, J.-L. Raynaud, *Les imperfections de la législation sur le crédit à la consommation : Contrats, conc. consom.* 1998, chron. p. 3.

§ 1. – Le crédit à la consommation

438. – **Plan.** Envisageons le domaine (A) de la protection avant de préciser son contenu (B).

A. – Domaine de la protection

439. – **Un professionnel, un consommateur et certaines opérations de crédit.** C'est par la qualité des parties que l'on peut, en premier lieu, cerner le domaine des règles impératives relatives aux crédits à la consommation. Le prêteur est une personne physique ou morale qui consent des crédits dans le cadre de l'exercice de ses activités commerciales ou professionnelles[160]. L'emprunteur protégé est celui qui réalise un crédit dans un but étranger à son activité commerciale ou professionnelle (C. consom., art. L. 311-1, 2°)[161]. Le domaine de la protection est, en second lieu, déterminé par l'opération conclue. Le domaine est alors vaste puisqu'il concerne toute opération de crédit conclue à titre onéreux ou à titre gratuit et, le cas échéant, à son cautionnement (C. consom., art. L. 312-1). Ce n'est donc pas la nature du contrat qui compte, mais sa fonction, en l'occurrence, le crédit. De la sorte, la Cour de cassation indique clairement aux juges du fond qu'il faut rechercher « la destination contractuelle du crédit »[162].

La catégorie des contrats concernés dépasse le simple prêt d'argent. Reste que le législateur s'est abstenu de définir l'opération de crédit, qui relève plus d'une terminologie économique que juridique. La protection s'attache à tout opération ou contrat « par lequel un prêteur consent ou s'engage à consentir à l'emprunteur un crédit sous la forme d'un délai de paiement, d'un prêt, y compris sous forme de découvert ou de toute autre facilité de paiement similaire, à l'exception des contrats conclus en vue de la fourniture d'une prestation continue ou à exécution successive de services ou de biens de même nature et aux termes desquels l'emprunteur en règle le coût par paiements échelonnés pendant toute la durée de la fourniture » (C. consom., art. L. 311-1, 6°). La loi du 23 juin 1989 a expressément assimilé à des opérations de crédit « la location-vente et la location avec option d'achat » (C. consom., art. L. 312-2).

En revanche, l'article L. 312-1 du Code de la consommation exclut du champ de la protection, outre les crédits destinés à financer les besoins d'une activité professionnelle :

– ceux qui sont consentis pour une durée totale inférieure ou égale à un mois, ainsi que ceux dont le montant est supérieur à 75 000 €[163] ;

---

(160) C. consom., art. L. 311-1. Il s'agit essentiellement des établissements bancaires qui disposent d'un monopole.

(161) V. Y. Picod et H. Davo, *op. cit.*, n°s 433 et s. – « La destination professionnelle d'un crédit ne peut résulter que d'une stipulation expresse » (Cass. 1re civ., 27 mai 2003 : *Contrats, conc. consom.* 2003, n° 170, note G. Raymond). – Pour l'application à un parti politique des règles en matière de crédit à la consommation, V. CA Paris, 5 juill. 1991 : *Contrats, conc. consom.* 1992, comm. 16, note G. Raymond. – V. pour le prêt à une association, Cass. 1re civ., 10 juin 1997 : *Contrats, conc. consom.* 1997, comm. 157, note G. Raymond. Sur la définition du consommateur et la discussion tenant au fait de savoir si une personne morale peut être admise à ce titre, V. *supra*, n° 95.

(162) V. Cass. 1re civ., 22 mai 2002 : *Contrats, conc. consom.* 2002, comm. 147, note G. Raymond.

(163) Ou inférieur à 200 € ! Cette somme s'entend du montant du crédit et non du coût total de l'opération (Cass. 1re civ., 28 avr. 1998 : *Contrats, conc. consom.* 1998, comm. 121, note G. Raymond). Lorsqu'un établissement de crédit consent une ouverture de crédit indéterminée à l'un de ses clients, le montant qu'il convient d'apprécier au regard

– les opérations de crédit destinées à permettre l'acquisition ou le maintien de droits de propriété ou de jouissance d'un terrain ou d'un immeuble existant ou à construire, y compris lorsque ces opérations visent également à permettre la réalisation de travaux de réparation, d'amélioration ou d'entretien du terrain ou de l'immeuble ainsi acquis (C. consom., art. L. 312-4)(164). Diverses opérations échappent encore à l'emprise du texte protecteur (accord intervenu devant une juridiction, contrats résultant d'un plan conventionnel de redressement conclu devant la commission de surendettement : V. C. consom., art. L. 312-4).

B. – Contenu de la protection

440. – Protection lors de la formation du contrat : un crédit vous engage et doit être remboursé. C'est d'abord la formation du contrat qui est concernée par le dispositif protecteur. Plusieurs règles contribuent à éclairer plus fortement le consentement de l'emprunteur-consommateur. Le consommateur est d'abord séduit par une annonce, un racolage. Ainsi, la publicité d'un crédit doit-elle contenir plusieurs mentions obligatoires (« un crédit vous engage et doit être remboursé » ! : C. consom., art. L. 312-5 et s.), dont la taille des caractères est même réglementée, sous peine de sanctions pénales (amendes).

Le système élaboré repose sur une inversion de rôles : l'emprunteur qui cherche un crédit va être destinataire d'une offre émise par le prêteur et qu'il pourra étudier à loisir.

Une information précontractuelle du consommateur au travers d'une fiche est organisée afin de permettre à l'emprunteur la comparaison de différentes offres ; lorsque le consommateur sollicite la conclusion d'un crédit sur le lieu de vente, le prêteur veille à ce que la fiche d'informations lui soit remise à cet endroit (C. consom., art. L. 312-12). Le prêteur ou l'intermédiaire de crédit doit encore fournir à l'emprunteur les explications lui permettant de déterminer si le contrat de crédit proposé est adapté à ses besoins et à sa situation financière, notamment à partir des informations reçues de ce dernier (C. consom., art. L. 312-14). La loi Hamon avait envisagé la création d'un Registre national des crédits aux particuliers (RNCP) permettant au banquier de connaître la liste des crédits déjà octroyés au candidat emprunteur. Le Conseil constitutionnel a néanmoins censuré cette disposition en la considérant attentatoire à la vie privée(165). De fait, le banquier ne doit consulter que le fichier national sur les incidents de paiement (C. consom., art. L. 312-16 et L. 751-1).

Le prêteur est alors tenu, sous peine d'amendes, de formuler au candidat emprunteur une offre de contrat de crédit établie par écrit (C. consom., art. L. 312-18) et contenant à nouveau de nombreuses informations figurant dans un encart inséré au début du document (C. consom., art. L. 312-28). L'offre

du plafond réglementaire est celui du découvert atteint à l'issue des trois meilleurs mois d'utilisation de la faculté ainsi ouverte au client (Cass. 1re civ., 27 mai 1998 : *Contrats, conc. consom.* 1997, comm. 156, note G. Raymond).

(164) Pour une application, V. not. Cass. 1re civ., 29 oct. 2002 : *Contrats, conc. consom.* 2003, comm. 48, note G. Raymond. Les prêts, contrats et opérations de crédit passés en la forme authentique étaient hier exclus du bénéfice de la protection, la présence du notaire paraissant un élément suffisant à l'information du consommateur ; discrédit de cette profession ? L'exclusion ne figure plus dans la loi.

(165) Cons. const., 13 mars 2014, n° 2014-690 DC.

de crédit est remise en autant d'exemplaires que de parties et, le cas échéant, à chacune des cautions. Le prêteur qui accorde un crédit sans satisfaire ces exigences est déchu du droit aux intérêts et l'emprunteur n'est tenu qu'au seul remboursement du capital suivant l'échéancier prévu ; « les sommes perçues au titre des intérêts, qui sont productives d'intérêts au taux légal à compter du jour de leur versement, seront restituées par le prêteur ou imputées sur le capital restant dû » (C. consom., art. L. 341-8).

La remise de l'offre oblige le prêteur à maintenir les conditions qu'elle indique pendant une durée minimale de quinze jours à compter de son émission (C. consom., art. L. 312-18)[166]. Le consommateur bénéficie donc d'un délai substantiel de réflexion. Sa position est encore confortée par l'octroi d'une faculté de rétractation pendant un délai de quatorze jours (C. consom., art. L. 312-19)[167]. Le contrat accepté par l'emprunteur ne devient parfait qu'à la double condition que celui-ci n'ait pas usé de sa faculté de rétractation et que le prêteur ait fait connaître à l'emprunteur sa décision d'accorder le crédit, dans un délai de sept jours (C. consom., art. L. 312-24).

Pour les crédits affectés, le Code de la consommation lie la conclusion et l'exécution du contrat de prêt à celle du contrat principal (ventes ou prestations de services) et réciproquement. Cette indivisibilité d'origine légale est caractéristique de la protection instituée : le consommateur n'achète que parce qu'il obtient un crédit. Ainsi, chaque fois que le paiement du prix sera acquitté, en tout ou partie, à l'aide d'un crédit, le contrat de vente ou de prestation de services doit le préciser (C. consom., art. L. 312-44). Tant que le contrat relatif à l'opération de crédit n'est pas définitivement conclu, le vendeur ou le prestataire de services ne peut recevoir aucun paiement sous quelque forme que ce soit, ni aucun dépôt, en sus de la partie du prix que l'acheteur a accepté de payer au comptant (C. consom., art. 312-50).

En bonne logique, le contrat de vente ou de prestation de services est résolu de plein droit, sans indemnité, si le prêt n'est pas accordé ou si l'emprunteur a exercé son droit de rétractation (C. consom., art. L. 312-52)[168]. Dans ce cas, le vendeur ou le prestataire de services rembourse, sur simple demande, toute somme que l'acheteur aurait versée d'avance sur le prix (C. consom., art. L. 312-53). De même, lorsque le consommateur exerce son droit de rétractation, le contrat de crédit destiné à assurer le financement est résilié de plein droit sans frais ni indemnité, à l'exception éventuellement des frais engagés pour l'ouverture du dossier de crédit (C. consom., art. L. 312-54). Pareillement, si le contrat principal est résolu ou annulé, le prêt suit le même sort (C. consom., art. L. 312-55).

Même indivisibilité dans l'exécution des deux contrats qui marchent du même pas : tant que le prêteur ne l'a pas avisé de l'octroi du crédit, et tant que l'emprunteur peut exercer sa faculté de rétractation, le vendeur n'est pas tenu d'accomplir son obligation de livraison ou de fourniture (C. consom., art. L. 312-47). Réciproque-

(166) La méconnaissance des exigences des anciens articles L. 311-2, L. 311-8 et L. 311-10 du Code de la consommation ne peut être opposée qu'à la demande de la personne que ces dispositions ont pour objet de protéger (Cass. 1re civ., 15 févr. 2000 : *Contrats, conc. consom.* 2000, comm. 116, note G. Raymond).

(167) Afin de permettre l'exercice du droit de rétractation, un formulaire détachable est joint à son exemplaire du contrat de crédit (C. consom., art. L. 312-21).

(168) V. C. consom., art. L. 311-36.

ment, pas d'échéances à régler tant que le bien n'est pas livré ou la prestation délivrée (C. consom., art. L. 312-48). La Cour de cassation avait jugé, avant la loi du 1er juillet 2010, « que le prêteur ne peut réclamer à l'emprunteur l'exécution de son obligation de remboursement du prêt avant l'exécution de la prestation et que le défaut d'exécution de cette prestation constitue un simple moyen de défense au fond à l'action du prêteur »(169) ; il appartient, par ailleurs, à l'emprunteur de prouver le caractère partiel d'une livraison pour justifier la suspension du remboursement(170).

S'agissant du taux d'intérêt, outre le jeu des règles communes au prêt d'argent, la Cour de cassation estime que le décret du 24 mars 1978 pris pour l'application de la loi Scrivener du 10 janvier 1978 interdit la stipulation dans le prêt de consommation d'un taux d'intérêt variable(171).

Enfin, les cautions bénéficient d'une protection particulière, puisque le législateur a placé dans le champ de la protection le cautionnement éventuel de l'opération de crédit (C. consom., art. L. 312-1). Conformément au droit commun du cautionnement, le créancier professionnel est tenu de mettre en garde la caution personne physique lorsque l'engagement du débiteur principal est inadapté aux capacités financières de ce dernier ; à défaut, le créancier est déchu de son droit contre la caution à hauteur du préjudice subi par celle-ci (C. civ., art. 2299). Ainsi, l'offre de crédit doit être remise à la caution. Celle-ci doit, à peine de nullité de son engagement, faire précéder sa signature d'une mention manuscrite particulière(172). Si le cautionnement souscrit par une personne physique envers un créancier professionnel était, lors de sa conclusion, manifestement disproportionné aux revenus et au patrimoine de la caution, il est réduit au montant à hauteur duquel elle pouvait s'engager à cette date (C. civ., art. 2300). La caution doit être, par ailleurs, informée par l'établissement prêteur de la défaillance du débiteur principal, dès le premier incident de paiement caractérisé, à défaut de quoi, elle ne saurait être tenue au paiement des pénalités ou intérêts de retard échus entre la date de ce premier incident et celle à laquelle elle en a été informée (C. civ., art. 2303).

441. – **Protection lors de l'exécution du contrat.** La protection s'exprime d'abord par la possibilité offerte au juge d'instance de suspendre, par ordonnance, l'exécution des obligations de l'emprunteur, notamment en cas de licenciement, dans les conditions prévues à l'article 1345-5 du Code civil (C. consom., art. L. 314-20)(173). Le juge peut même accorder des délais de grâce lorsque le contrat de crédit contient une clause résolutoire(174).

(169) Cass. 1re civ., 7 janv. 1997 : *Contrats, conc. consom.* 1997, comm. 86, note G. Raymond.

(170) Cass. 1re civ., 31 mars 1998 : *Contrats, conc. consom.* 1998, comm. 93, note G. Raymond.

(171) V. Cass. 1re civ., 10 déc. 1996 : *D.* 1997, p. 303, note I. Fadlallah.

(172) La formule d'usage prévoyait : « En me portant caution de X..., dans la limite de la somme de... couvrant le paiement du principal, des intérêts et le cas échéant, des pénalités ou intérêts de retard et pour la durée de..., je m'engage à rembourser au prêteur les sommes dues sur mes revenus et mes biens si X... n'y satisfait pas lui-même » (C. consom., art. L. 331-1 abrogé par l'ordonnance n° 2021-1192 du 15 septembre 2021 portant réforme du droit des sûretés) ; comp. C. civ., art. 2297.

(173) « L'ordonnance peut même décider que, durant le délai de grâce, les sommes dues ne produiront point intérêt. En outre, le juge peut déterminer dans son ordonnance les modalités de paiement des sommes qui seront exigibles au terme du délai de suspension, sans que ce dernier versement puisse excéder de plus de deux ans le terme initialement prévu pour le remboursement du prêt ; il peut cependant surseoir à statuer sur ces modalités jusqu'au terme du délai de suspension » (même art.).

(174) V. Cass. 1re civ., 7 janv. 1997 : *Contrats, conc. consom.* 1997, comm. 13, note G. Raymond.

La protection se poursuit par une dépendance maintenue entre le prêt et le contrat principal dans la phase d'exécution. Ainsi, en cas de contrat à exécution successive, les obligations de l'emprunteur prennent effet à compter du début de l'exécution du contrat principal et cessent en cas d'interruption de celle-ci (C. consom., art. L. 312-48). En cas de contestation sur l'exécution du contrat principal, le tribunal, peut, jusqu'à la solution du litige, suspendre l'exécution du contrat de crédit (C. consom., art. L. 312-55).

Le législateur permet, par ailleurs, à l'emprunteur, de rembourser par anticipation sans indemnité, en partie ou en totalité, le crédit qui lui a été consenti (C. consom., art. L. 312-34). En cas de défaillance de l'emprunteur, si le prêteur peut, certes, exiger le remboursement immédiat du capital restant dû, il ne peut pas fixer à sa convenance une indemnité. Cette dernière qui constitue une clause pénale est en effet fixée suivant un barème déterminé par décret (C. consom., art. L. 312-39).

442. – **Protection lors de la disparition du contrat.** Pour les crédits affectés, le contrat de crédit et le contrat principal sont encore liés dans leur disparition. On l'a vu, la résolution ou la nullité du contrat principal entraîne de plein droit la résolution ou l'annulation du contrat de crédit (C. consom., art. L. 312-53). « Il en découle qu'en cas d'exécution du contrat de crédit et sauf faute imputable au prêteur, prêteur et emprunteur doivent se restituer mutuellement les prestations échangées »(175). Le vendeur défaillant peut même être condamné à garantir l'emprunteur du remboursement du prêt (C. consom., art. L. 312-56)(176).

443. – **Procédure.** Les litiges nés de l'application des dispositions protectrices du Code de la consommation sont soumis à des règles particulières. Ainsi, c'est le juge d'instance qui est compétent. Les actions engagées devant lui par le prêteur à l'occasion de la défaillance de l'emprunteur doivent être formées dans les deux ans de l'événement qui leur a donné naissance à peine de forclusion (C. consom., art. R. 312-35)(177). Le délai court à partir du premier incident de paiement non régularisé(178). Lorsque les modalités de règlement des échéances impayées ont fait l'objet d'un réaménagement ou d'un rééchelonnement, le point de départ du délai est alors le premier incident non régularisé après le premier aménagement ou rééchelonnement.

(175) Cass. 1re civ., 16 janv. 1996 : *Contrats, conc. consom.* 1996, comm. 47, note L. Leveneur.

(176) La Cour de cassation s'est montrée très protectrice de l'emprunteur, suggérant que la charge d'une d'insolvabilité du vendeur soit transférée sur le banquier, Cass. 1re civ., 7 févr. 1995 : *Contrats, conc. consom.* 1995, 156, G. Raymond. – Cass. 1re civ., 9 nov. 2004 : *Bull. civ.* 2004, I, n° 263.

(177) Il n'est susceptible ni de suspension, ni d'interruption. – V. Cass. 1re civ., 30 oct. 1995 : *Contrats, conc. consom.* 1995, comm. 209, note G. Raymond.

(178) V. not. Cass. 1re civ., 4 oct. 2000 : *Contrats, conc. consom.* 2000, comm. 31, note G. Raymond. – La même solution a été adoptée pour un découvert bancaire (« En raison de la conclusion d'une convention de découvert, dont le montant est limité, le dépassement du découvert maximum convenu doit être tenu pour une échéance impayée manifestant la défaillance de l'emprunteur et constitue le point de départ du délai biennal de forclusion », Cass. 1re civ., 23 mai 2000 : *Contrats, conc. consom.* 2000, comm. 167, note G. Raymond) et pour un crédit-revolving (permanent) (« Le délai biennal prévu par l'article L. 311-37 du Code de la consommation court, dans le cas d'une ouverture de crédit reconstituable et assortie d'une obligation de remboursement à échéances convenues, à compter de la première échéance impayée non régularisée », Cass. ass. plén., 6 juin 2003 : *Contrats, conc. consom.* 2003, comm. 132, note G. Raymond ; *D.* 2003, 1905, note X. Lagarde).

§ 2. – Le crédit immobilier

444. – Plan. La matière fait l'objet d'une recodification consécutive à l'ordonnance du 25 mars 2016 sur les contrats de crédit aux consommateurs(179). Envisageons également, le domaine (A) et le contenu (B) de la protection.

A. – Domaine de la protection

445. – Une affectation plus précise du crédit. Sont concernés (C. consom., art. L. 313-1) les prêts qui, quelle que soit leur qualification ou leur technique, sont consentis de manière habituelle par toute personne physique ou morale(180) en vue de financer pour les immeubles à usage d'habitation ou à usage professionnel et d'habitation les opérations suivantes :

– leur acquisition en propriété ou en jouissance ;

– la souscription ou l'achat de parts ou d'actions de sociétés donnant vocation à leur attribution en propriété ou en jouissance(181) ;

– les dépenses relatives à leur réparation, leur amélioration ou leur entretien lorsque le montant du crédit est supérieur à 75 000 € ;

– les dépenses relatives à leur construction ;

– l'achat de terrains destinés à leur construction.

Sont aussi concernées les locations-ventes et les locations assorties d'une promesse de vente qui portent sur un immeuble à usage d'habitation ou à usage d'habitation et professionnel (C. consom., art. L. 313-53), et les crédits consentis sous forme de découvert en compte(182).

Sont, en revanche, exclus (C. consom., art. L. 313-2) :

– les prêts consentis à des personnes morales de droit public ;

– les prêts destinés à financer une activité professionnelle ;

– certaines opérations de crédit différé régies par la loi n° 52-332 du 24 mars 1952.

B. – Contenu de la protection

446. – Un *remake* adapté. La loi de 1979 s'est très largement inspirée de celle de 1978. Ainsi retrouve-t-on des dispositions concernant la publicité et l'information de l'emprunteur (C. consom., art. L. 313-3 et s. et L. 313-6 et s.). Les cautions bénéficient d'une protection particulière. Le juge peut suspendre l'exécution des obligations. Il peut y avoir remboursement anticipé.

(179) V. J. Lasserre Capdeville, *La réforme du crédit immobilier : une évolution juridique de bon sens* : *JCP G* 2016, 517. – J. Attard, *Devoirs d'explication et de mise en garde à charge des professionnels du crédit immobilier* : *Rev. Lamy dr. civ.* 10/2016, 43 et s. – *Adde* D. Arlie, *Du particularisme du droit de la consommation et de ses limites : à propos de divers enseignements jurisprudentiels en matière de crédit immobilier* : *RJDA* 2000, p. 3. – P. Sargos, *La doctrine jurisprudentielle de la Cour de cassation en matière de crédit immobilier* : *Defrénois* 1998, p. 369. Le crédit immobilier n'a pas la nature de contrat réel (Cass. 1re civ., 27 mai 1998 : *Bull. civ.* 1998, I, n° 186 ; *D.* 1999, p. 194, note M. Bruschi ; *Defrénois* 1998, 1054, obs. Ph. Delebecque).

(180) V. lorsqu'une société HLM joue le rôle d'intermédiaire entre l'accédant à la propriété et l'organisme de crédit (Cass. 1re civ., 3 mars 1998 : *Contrats, conc. consom.* 1998, comm. 106, note G. Raymond).

(181) Les dispositions du Code de la consommation relatives au crédit immobilier s'appliquent aux acquisitions d'immeubles en jouissance à temps partagé (Cass. 1re civ., 27 juin 1995 : *Contrats, conc. consom.* 1995, comm. 191, note G. Raymond).

(182) V. Cass. 1re civ., 26 janv. 1999 : *Contrats, conc. consom.* 1999, comm. 63, note G. Raymond.

En revanche, certaines règles sont modifiées. Ainsi en est-il au stade de la formation du contrat. Préalablement à la conclusion du prêt, le Code de la consommation impose aussi au prêteur de formuler par écrit une offre adressée à l'emprunteur(183). Mais ce dernier dispose d'un délai de réflexion plus long : trente jours(184). Qui plus est, l'emprunteur n'a pas une faculté de rétractation spécifique. En revanche, il ne peut accepter l'offre que dix jours après qu'il l'a reçue (C. consom., art. L. 313-34, al. 2)(185). Jusqu'à l'acceptation, qui doit être adressée par voie postale(186), aucun versement sous quelle que forme que ce soit ne peut au titre de l'opération en cause être fait par le prêteur à l'emprunteur ou pour le compte de celui-ci, ni par l'emprunteur au prêteur (C. consom., art. L. 313-35)(187).

Comme en matière de crédit à la consommation, le Code de la consommation établit un lien d'interdépendance entre le prêt et le contrat qu'il finance, mais qui ne joue qu'au seul stade de la conclusion des contrats. D'une part, si le contrat « financé » n'est pas conclu dans un délai de quatre mois(188), le prêt est résolu (C. consom., art. L. 313-36). D'autre part, le contrat de vente (y compris la promesse unilatérale de vente acceptée), de construction, ou de réparation portant sur l'immeuble est conclu sous la condition suspensive de l'obtention du ou des prêts qui en assument le financement, la durée de validité de cette condition ne pouvant être inférieure à un mois à compter de la date de la signature de l'acte (C. consom., art. L. 313-41)(189). Faute de définir ce qu'il convient d'entendre par obtention du prêt, ce texte a suscité le contentieux. Deux systèmes sont concevables. L'obtention réside soit dans l'acceptation de l'offre par le prêteur, soit dans la seule réception par l'emprunteur de l'offre du prêteur conforme à la demande de l'emprunteur. La Cour de cassation a choisi cette dernière solution(190). Par ailleurs,

---

(183) Sur le contenu de cette offre, V. C. consom., art. L. 313-25. La Cour de cassation a rappelé que « la présentation d'une offre préalable conforme à l'article L. 312-8 (devenu L. 313-25) du Code de la consommation ne dispense pas l'établissement de crédit de son devoir de conseil à l'égard de l'emprunteur en particulier lorsqu'il apparaît à ce professionnel que les charges du prêt sont excessives par rapport à la modicité des ressources du consommateur » (Cass. 1re civ., 27 juin 1995 : *Contrats, conc. consom.* 1995, comm. 211, note G. Raymond). – Sur le jeu de l'article L. 312-8 (devenu L. 313-25) en cas de modification de l'emprunt, V. Cass. 1re civ., 6 janv. 1998 : *RTD civ.* 1999, p. 698, n° 3, obs. P.-Y. Gautier ; *JCP* G 1998, II, 10100, note J. Attard.

(184) C. consom., art. L. 313-34. « Les règles d'ordre public de l'article L. 312-10 du Code de la consommation relatives au délai légal de réflexion constituent des mesures de protection édictées dans l'intérêt des particuliers dont la violation est sanctionnée par la nullité relative du contrat » (Cass. 1re civ., 9 juill. 2003 : *Contrats, conc. consom.* 2004, comm. 49, note G. Raymond).

(185) Il s'agit d'un délai préfix d'ordre public (V. Cass. 1re civ., 9 déc. 1997 : *Contrats, conc. consom.* 1998, comm. 53, note G. Raymond). – Pour le décompte de ce délai, le jour de la réception est exclu. – V. Cass. 1re civ., 9 déc. 1997 : *JCP* E 1998, p. 1731, note S. Piédelièvre. Par ailleurs, « la renonciation au bénéfice des dispositions d'ordre public de l'article L. 312-10 (devenu L. 313-34) n'est pas possible » (Cass. 1re civ., 9 déc. 1997 : *JCP* G1998, II, 10148, note S. Piédelièvre). L'irrégularité de l'acceptation faite moins de dix jours après la réception de l'offre ne peut être couverte par une confirmation. Toutefois, aucune disposition légale n'interdit à l'emprunteur de renouveler son acceptation après expiration du délai (Cass. 1re civ., 18 janv. 2000 : *Contrats, conc. consom.* 2000, comm. 117, note G. Raymond).

(186) V. Cass. 1re civ., 29 oct. 2002 : *Contrats, conc. consom.* 2003, comm. 14, note G. Raymond ; *JCP* G 2003, II, 10056, note S. Piédelièvre ; *RJDA* 2003, p. 86, concl. J. Sainte-Rose.

(187) Sur la renégociation du prêt, V. C. consom., art. L. 313-39 tel qu'il résulte de l'article 115 de la loi n° 99-532 du 15 juillet 1999. Dans le sillage de cette disposition, la Cour de cassation a abandonné le parallélisme des formes pour la renégociation d'un prêt. – V. Cass. 1re civ., 4 mars 2003 : *Bull. civ.* 2003, I, n° 63 ; *RTD civ.* 2003, 521, n° 3, obs. P.-Y. Gautier.

(188) Qui peut être contractuellement allongé.

(189) Le contrat principal ne saurait accroître les exigences résultant de l'article L. 313-41 (V. not. Cass. 1re civ., 7 janv. 1997 : *Contrats, conc. consom.* 1997, comm. 68, note G. Raymond). Tel n'est pas le cas d'une promesse de vente qui impose au bénéficiaire de justifier du refus de prêt au moyen d'une lettre de l'établissement de crédit (Cass. 1re civ., 7 janv. 1997, préc.). – Sur l'impossibilité de renoncer aux dispositions de l'article L. 313-41, V. Cass. 1re civ., 17 mars 1998 : *JCP* G 1998, II, 10148, note S. Piédelièvre.

(190) Cass. 1re civ., 9 déc. 1992 : *Bull. civ.* 1992, I, n° 309 ; *Defrénois* 1993, 317, obs. J.-L. Aubert ; *JCP* N 1993, 121, note Gourio. – V. F. Steinmetz, *L'acquéreur, le vendeur, le prêteur et la condition suspensive de l'obtention du prêt : RD imm.*

l'emprunteur, dont le comportement témoigne manifestement d'une volonté de ne pas obtenir le prêt afin de se délier du contrat financé, peut se voir appliquer l'article 1304-3 du Code civil, qui dispose que la condition est réputée accomplie lorsque c'est le débiteur, obligé sous cette condition, qui en a empêché l'accomplissement(191). La règle de l'article L. 313-41 n'est pas d'ordre public : l'acquéreur qui pourra payer sans recours à l'emprunt pourra renoncer au bénéfice de cette disposition en suite à une mention expresse manuscrite de sa part sur l'acte d'achat (C. consom., art. L. 313-42) ; celui-là s'efforcera souvent de tirer profit de cette capacité de paiement comptant en négociant le prix d'achat, mettant alors le vendeur à l'abri d'une procédure d'obtention de prêt longue et aléatoire.

La défaillance de l'emprunteur au remboursement de son crédit ouvre au juge la possibilité d'octroyer les mêmes délais de grâce et avantages que pour le crédit mobilier (C. consom., art. L. 314-20), sauf à observer ici l'indépendance des deux contrats de prêt et d'achat : la résolution de la vente n'anéantira pas le prêt, pas plus que l'inverse(192).

447. – ***Quid* en cas d'erreur de TAEG ?** Un contentieux de masse concerne les erreurs de taux annuel effectif global (TAEG) dans les crédits immobiliers(193). L'article 1907 du Code civil dispose que « le taux d'intérêt conventionnel doit être fixé par écrit » ; l'article L. 314-5 (ex-art. L. 313-2) du Code de la consommation dispose que « le taux effectif global déterminé selon les modalités prévues aux articles L. 314-1 à L. 314-4 est mentionné dans tout écrit constatant un contrat de prêt ». Or, de nombreux textes du Code de la consommation sanctionnent les manquements des prêteurs par la déchéance du droit aux intérêts, « en totalité ou dans la proportion fixée par le juge » (C. consom., art. L. 341-25, L. 341-27, L. 341-34 et L. 341-45). En pratique, le TAEG était souvent affecté d'erreur, soit que la banque ait omis de prendre en compte certains éléments le composant(194), soit qu'elle ait calculé le taux sur 360 jours au lieu de 365 jours(195). La question de la sanction a fait débat. En tout état de cause, la nullité du contrat serait inopportune : elle emporterait déchéance du terme et obligation pour l'emprunteur de restituer le

---

1993, 305. – V. cependant Cass. 3e civ., 24 sept. 2003 : *RTD civ.* 2003, p. 697, obs. J. Mestre et B. Fages qui admet que la simple présentation de l'offre par la banque – avant son édition informatique – est suffisante. La Cour de cassation admet toutefois que la condition suspensive de l'obtention du prêt n'est réputée réalisée que si l'offre de crédit n'a pas été rétractée. C'est, en pratique, souvent le cas lorsque la banque a connaissance du licenciement de l'emprunteur (V. not. Cass. 1re civ., 17 nov. 1998 : *Contrats, conc. consom.* 1999, comm. 19, note L. Leveneur).

(191) V. not. Cass. 3e civ., 4 févr. 1987 : *RTD civ.* 1988, p. 542, obs. J. Mestre. Mais la présentation d'une seule demande suffit à libérer le débiteur de l'application de ce texte, sauf stipulation contraire, Cass. 3e civ., 8 déc. 1999 : *RTD civ.* 2000, p. 328, J. Mestre et B. Fages ; *Defrénois* 2000, p. 254, D. Mazeaud.

(192) Mais l'annulation rétroactive de la vente en vue de laquelle le prêt est accordé entraîne la résolution du prêt : Cass. 1re civ., 16 déc. 1992 : *Bull. civ.* 1992, I, n° 316. – Cass. 1re civ., 10 mai 2005 : *D.* 2005, 1735. – En cas de résolution voir encore : Cass. 1re civ., 1er déc. 1993 : *Defrénois* 1994, 823, obs. D. Mazeaud.

(193) A. Duval-Stala et C. Monod, *Un an de jurisprudence du TEG en matière de crédit immobilier* : *JCP* E 2017, 1229.

(194) Doivent être pris en compte pour le calcul du TAEG, les intérêts, les frais, les taxes, les commissions ou rémunérations de toute nature supportés par l'emprunteur et connus du prêteur à la date de l'émission de l'offre… qui constituent une condition pour obtenir le crédit. Ainsi, la souscription de parts sociales de l'établissement prêteur imposée comme condition du crédit (Cass. 1re civ., 6 déc. 2007 : *Bull. civ.* 2007, I, n° 381 ; *RTD com.* 2008, p. 613, obs. B. Bouloc ; *RTD com.* 2008, p. 159, obs. D. Legeais), la somme payée par l'emprunteur au titre de la constitution d'un fonds de garantie créé par une société de caution mutuelle pour garantir la bonne exécution du prêt (Cass. 1re civ., 9 déc. 2010 : *Bull. civ.* 2010, I, n° 257 ; *D.* 2011, p. 720, note J. Lasserre Capdeville ; *RTD com.* 2011, p. 618, obs. D. Legeais), les frais d'actes notariaux (Cass. 1re civ., 14 févr. 2008 : *Contrats, conc. consom.* 2008, comm. 118, obs. G. Raymond)… doivent-ils être pris en compte.

(195) Cass. com., 17 janv. 2006 : *Bull. civ.* 2006, IV, n° 11 ; *D.* 2006, p. 439, note V. Avena-Robardet ; *JCP* E 2006, 2658, note N. Mathey ; *RTD com.* 2006, p. 460, obs. D. Legeais. – Cass. 1re civ., 17 juin 2015, n° 14-14.326.

capital avant l'échéance. En cas de défaut de mention ou de mention erronée du taux effectif global prévue à l'article L. 314-5, le prêteur peut être déchu du droit aux intérêts dans la proportion fixée par le juge, au regard notamment du préjudice pour l'emprunteur[(196)].

(196) C. consom., art. L. 341-48-1 ; C. monét. fin., art. L. 313-4. L'ordonnance n° 2019-740 du 17 juillet 2019, relative aux sanctions civiles applicables en cas de défaut ou d'erreur de TEG est venue harmoniser le régime de sanction : antérieurement à l'entrée en vigueur de ce texte, des distinctions étaient faites entre les différents types de crédit, entre une erreur ou absence dans une offre ou un contrat de crédit, la nullité coexistant avec la déchéance du droit aux intérêts. – V. Cass. 1re civ, 10 juin 2020, n° 18-24.287 : *D.* 2020, 1440 ; *ibid.* 1434, note J.-P. Sudre ; *ibid.* 1441, note J.-D. Pellier ; *ibid.* 2021, 310, obs. R. Boffa et M. Mekki ; *ibid.* 594, obs. H. Aubry, E. Poillot et N. Sauphanor-Brouillaud ; *AJDI* 2021, 223, obs. J. Moreau ; *RD imm.* 2020, 448, obs. H. Heugas-Darraspen ; *AJC* 2020, 387, obs. F. Guéranger ; *RTD civ.* 2020, 605, obs. H. Barbier ; *RTD com.* 2020, 693, obs. D. Legeais. – V. égal. Cass. 1re civ., 10 juin 2020, avis n° 15004. – Cass. com., 24 mars 2021, n° 19-14.307. – *Adde* J. Lasserre Capdeville, *L'adoption d'une sanction unique aux manquements liés au TEG/TAEG* : *JCP* E 12 sept. 2019, act. 574.

CHAPITRE 3

LE CRÉDIT-BAIL (*LEASING*)[1]

448. – Présentation du mécanisme. *Primus*, entrepreneur ou consommateur, est désireux de faire l'acquisition d'un bien pour lequel il ne dispose pas de la trésorerie nécessaire alors que le vendeur, *Secundus*, en attend un paiement comptant. *Primus* va solliciter un tiers, établissement financier, pour qu'il lui consente le crédit nécessaire, lequel conditionnera son concours à l'obtention de sûretés. La formule du crédit-bail est un instrument moderne qui répond à cette fin. L'établissement financier (crédit-bailleur) procédera à l'acquisition du bien dont il concédera immédiatement la location à l'utilisateur (crédit-preneur) pour une durée correspondant à l'amortissement fiscal et, finalement, au remboursement du prix et à la rémunération de l'établissement financier ; au terme de cette époque l'utilisateur (crédit-preneur) disposera d'une option au titre de laquelle il pourra acquérir le bien pour un prix résiduel, renoncer à en devenir propriétaire et le restituer, ou, parfois, obtenir le renouvellement du contrat. L'opération apporte satisfaction à chacune des parties : le vendeur qui est payé, l'établissement financier qui dispose de la meilleure sûreté possible puisque propriétaire du bien en cause[2], l'utilisateur, enfin, qui profite immédiatement de la jouissance du bien, donc de son utilité économique. De fait le crédit-bailleur, propriétaire de la chose n'a pas à connaître celle-ci, ni normalement à entrer en sa possession : il *mandatera* le crédit-preneur pour le représenter au contrat d'achat-vente et réceptionner le bien en son nom. Au final, tout se passe comme si le crédit-bailleur finançait l'acquisition du bien pour l'utilisateur tout en prenant « garantie » sur la chose : c'est la réalité économique de l'opération de crédit-bail

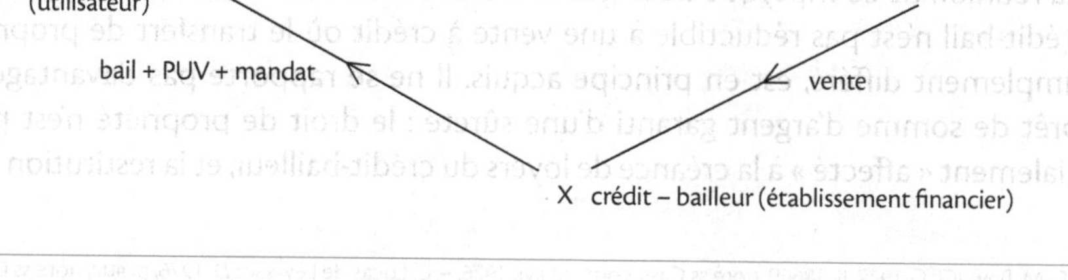

(1) Bibliographie : *Rép. civ.* Dalloz, V° *Crédit-bail*, par M. Cabrillac ; *Rép. com.* Dalloz, V° *Crédit-bail*, par J. Calais-Auloy. – *Adde* P. Crocq, *Propriété et garantie*, LGDJ, coll. « Bibl. dr. privé », 1995, t. 248, préf. M. Gobert. – M. Giovanoli, *Le crédit-bail en Europe : développement et nature juridique*, thèse, Lausanne, Litec, 1980, préf. J. Hémard.

(2) L'analyse qui fait du droit de propriété du crédit-bailleur une véritable sûreté reste néanmoins discutable. – V. *infra*, n° 451.

449. – Origine et réglementation. Le crédit-bail est né aux États-Unis (*leasing*) et a été introduit en France et en Europe dans les années 1960. Sa réglementation ressort d'une loi du 2 juillet 1966, plusieurs fois modifiée, aujourd'hui codifiée (C. monét. fin., art. L. 313-7 et s.) ; encore cette loi ne concerne-t-elle que les contrats portant sur des biens affectés à une utilisation professionnelle (biens d'équipement, outillage, fonds de commerce, immeuble à usage professionnel) (V. C. monét. fin., art. L. 313-7 et s. et art. L. 515-2 et s.) ; de fait, on tend parfois à réserver le terme *leasing* aux opérations de crédit-bail qui n'entrent pas dans le cadre de cette loi(3). Le succès de la formule rend compte de ses nouvelles extensions : la loi du 2 août 2005 prévoit le crédit-bail des parts sociales ou d'actions(4). Au plan international, l'opération est régie par une convention d'Ottawa du 29 mai 1988, et entrée en vigueur en France le 1er mai 1995(5).

450. – Plan. Nous étudierons successivement l'identification (Section 1), la formation (Section 2), l'exécution (Section 3) et l'extinction (Section 4) de l'opération de crédit-bail.

SECTION 1

L'IDENTIFICATION DE L'OPÉRATION DE CRÉDIT-BAIL

451. – Trois composantes pour un contrat propre. L'opération de crédit-bail a été présentée comme caractéristique d'un groupe de contrats(6). Le contrat de crédit-bail proprement dit est celui qui unit le crédit-bailleur au crédit-preneur. La qualification du contrat de crédit-bail suppose alors un louage de chose, pour une durée déterminée, par le crédit-bailleur au crédit-preneur, assortie d'une promesse unilatérale de vente procurant au crédit-preneur une option d'achat ; l'ensemble est souvent associé d'un mandat par lequel le crédit-preneur représente le crédit-bailleur à l'achat et à la réception du bien (V. *supra*, n° 448).

Mais parce que le crédit-bailleur est un simple établissement financier, celui-ci doit au préalable devenir propriétaire du bien qu'il louera, c'est-à-dire conclure un contrat d'achat-vente avec le fournisseur du bien. Dès lors : achat-vente, bail, promesse unilatérale de vente forment le noyau dur caractéristique de l'opération de crédit-bail et nécessaire à sa qualification ; le mandat est optionnel.

La réunion de ce triptyque distingue le crédit-bail des autres contrats de crédit. Le crédit-bail n'est pas réductible à une vente à crédit où le transfert de propriété, simplement différé, est en principe acquis. Il ne se rapporte pas davantage à un prêt de somme d'argent garanti d'une sûreté : le droit de propriété n'est pas spécialement « affecté » à la créance de loyers du crédit-bailleur, et la restitution du

(3) V. E.-M. Bey : *JCP G* 1977, II, 18669, note ss Cass. com., 13 avr. 1976. – C. Lucas de Leyssac : *D.* 1976, p. 407, note ss Cass. com., 15 déc. 1975. Un contrat de crédit-bail portant sur un bien à usage personnel est naturellement parfaitement valable mais échappe aux règles spéciales du Code monétaire et financier (publicité, dispositions fiscales spéciales).

(4) C. monét. fin., art. L. 313-7, 4° ; C. com., art. L. 239-1 à L. 239-5.

(5) V. J.-M. Mousseron et *al.*, *Droit du commerce international*, préc., nos 993 et s.

(6) V. B. Teyssié, *Les groupes de contrats*, préc., nos 247 et s.

bien consécutive à la défaillance du crédit-preneur n'entraîne pas extinction de la créance de loyers échus impayés, voire de l'indemnité issue de la clause pénale(7) ; par ailleurs l'utilisateur ne rembourse pas un prêt, mais paie des redevances de nature complexe(8) ; enfin les règles du prêt de somme d'argent ne s'appliquent pas au crédit-bail(9). Le crédit-bail se différencie enfin de la location-vente, laquelle ne comporte pas nécessairement d'option d'achat et, surtout, n'intéresse que deux partenaires : le crédit y est consenti par le vendeur du bien et non par un tiers (le crédit-bailleur)(10) (cependant, sur le *lease-back*, V. *infra*, n° 452).

Original, le crédit-bail est aussi un contrat à part entière qui ne s'épuise pas dans la simple addition de ses composantes, contrats nommés. Ainsi, durant la période « locative », la Cour de cassation écarte l'application des règles du bail et, spécialement, celles d'ordre public des baux commerciaux, en considérant que « si la convention de crédit-bail immobilier peut faire appel à des éléments empruntés à d'autres contrats, elle constitue une institution juridique particulière tendant essentiellement à l'acquisition des murs »(11). De même, à l'issue de cette époque, l'efficacité de la promesse unilatérale de vente est dispensée des formalités posées par l'article 1589-2 du Code civil qui exige, à peine de nullité, l'enregistrement de la promesse dans un délai de dix jours(12) : tout se passe comme si la promesse et le bail se dissolvaient pour donner naissance à un contrat propre… « Maxime du réalisme juridique : le tout est souvent plus que la somme des parties »(13).

452. – **Variations sur un même thème.** La formule du crédit-bail connaît différentes variantes qui en révèlent la disponibilité. Ainsi du *lease-back*, ou *leasing* adossé, ou cession-bail, contrat par lequel « l'emprunteur (preneur) transfère au prêteur (crédit-bailleur) la propriété d'un immeuble qu'il rachète progressivement, suivant une formule de location assortie d'une promesse unilatérale de vente »(14) ; concrètement une entreprise propriétaire d'un bien (immeuble)

(7) V. Cass. com., 4 juill. 1972 : *D.* 1972, p. 732, Ph. Malaurie. – Sur ce débat, V. M. Cabrillac, Ch. Mouly, S. Cabrillac et Ph. Pétel, *op. cit.*, n° 587. – J. Mestre, E. Putman et M. Billiau, *Droit commun des sûretés réelles*, in *Traité de droit civil*, LGDJ, 1996, n°s 22 et s. – P. Crocq, préc., n°s 122 et s. – V. *infra*, n° 458.

(8) V. *infra*, n° 458.

(9) Spécialement des règles relatives à l'usure, V. *supra*, n° 426. – V. CA Rouen, 3 juill. 1970 : *D.* 1971, p. 465, Y. Dessens. – Rép. min. n° 25822 : *JOAN* Q 29 nov. 1972, p. 5730 ; *JCP* G 1973, IV, 115.

(10) Mais le transfert de propriété, avec les droits de mutation y afférents, s'opère à l'issue de la période locative, lors de la réalisation de la promesse, Cass. com., 21 oct. 1997 : *JCP* E 1998, p. 608, obs. J.-M. Mousseron.

(11) Cass. 3e civ., 10 juin 1980 : *Bull. civ.* 1980, III, n° 114 ; *D.* 1980, p. 566, note Y. Guyon ; *D.* 1981, inf. rap. p. 20, obs. M. Vasseur ; *JCP* G 1981, II, 19655, note E.-M. Bey ; *RTD civ.* 1982, p. 434, obs. Ph. Rémy ; *Banque* 1980, p. 1439, obs. L. Martin. – Cass. 3e civ., 7 mai 1997 : *Contrats, conc. consom.* 1997, n° 144, obs. L. Leveneur. – *Adde*, Cass. com., 9 avr. 1991, qui écarte le privilège du bailleur sur les meubles meublants : *Bull. civ.* 1991, IV, n° 124 ; *D.* 1991, somm. p. 329, obs. A. Honorat ; *JCP* G 1991, IV, 225 ; *RD imm.* 1991, p. 371, note Ph. Delebecque et Ph. Simler. Cependant les juges reconnaissent parfois un certain caractère locatif au crédit-bail immobilier afin de permettre au crédit-preneur de bénéficier des dispositions du Code civil relatives à la répartition des charges entre bailleur et preneur, Cass. com., 15 janv. 1985 : *Bull. civ.* 1985, IV, n° 24 ; *JCP* G 1986, II, 20650, note E.-M. Bey. – CA Paris, 11 oct. 1989 : *Gaz. Pal.* 18 et 20 févr. 1990, note E.-M. Bey. – Cass. 3e civ., 2 mars 2005 : *RDC* 2005, 1087, J.-B. Seube (pour l'application de l'art. 1732, C. civ.). – Mais les parties prendront soin d'organiser conventionnellement leurs obligations spécialement en mettant celles-ci à la charge du seul crédit-preneur, V. *infra*. Plus troublant : Cass. crim., 22 nov. 1979 : *Bull. crim.* 1979, n° 313 ; *D.* 1979, inf. rap. p. 215, note M. Puech (« Le contrat de crédit-bail comporte essentiellement une convention de louage »).

(12) Cass. 3e civ., 3 nov. 1981 : *Bull. civ.* 1981, III, n° 173 ; *D.* 1982, inf. rap. p. 409, obs. M. Vasseur ; *JCP* G 1982, II, 19867 ; *RTD civ.* 1982, p. 434, obs. Ph. Rémy ; *RD imm.* 1982, p. 395, obs. J. Groslière et Ph. Jestaz. – Sur l'article 1589-2 du Code civil, V. *supra*, n° 59.

(13) Ph. Rémy, obs. préc.

(14) A. 29 nov. 1973, relatif à la terminologie économique et financière : *JCP* CI 1974, III, 41218, et A. 11 janv. 1990. – V. G. Parléani, *Le contrat de lease-back* : *RTD com.* 1973, p. 699. – E.-M. Bey : *JCl. Banque-Crédit-Bourse*, Fasc. 651,

cherche à obtenir du crédit ; elle vend le bien à un établissement financier qui le lui loue aussitôt et lui consent une promesse unilatérale de vente ; l'utilisateur du bien et le vendeur initial ne sont qu'une seule et même personne. Il est encore possible à l'entreprise bénéficiaire de sous-louer ce bien : c'est le crédit-bail adossé ; le contrat de « sous-location » échappe alors à la loi du 2 juillet 1966[15]. Autre variante, le *renting*, terme non encore officiellement francisé[16], dans lequel le crédit-bailleur fournit une prestation de services complémentaire, pour du matériel complexe ; on s'éloigne de la logique purement financière du contrat où l'établissement financier « ignore » tout du bien acheté ; on se rapproche du louage de choses avec l'obligation d'entretien et de maintien en jouissance du bailleur, souvent sans option d'achat en fin de contrat.

SECTION 2

LA FORMATION DE L'OPÉRATION DE CRÉDIT-BAIL

SOUS-SECTION 1

CONDITIONS DE FOND

453. – **Parties.** Les parties à l'opération sont en principe au nombre de trois (sur le *lease-back*, V. *supra*, n° 452) qui s'ordonnent autour des contrats d'achat-vente et de crédit-bail.

Au contrat d'achat-vente interviennent le vendeur-fournisseur et l'établissement financier, acquéreur. Le premier n'appelle guère d'observation, sinon qu'il peut très bien se muter en « entrepreneur » et le contrat de vente en contrat d'entreprise, dès lors que le bien fourni est spécifiquement élaboré aux fins de l'utilisateur[17]. L'acquéreur du bien appelle plus d'intérêt en ce qu'il doit être à même de « coiffer » la casquette de crédit-bailleur, ce qui supposera la qualité d'établissement financier (V. *infra*). L'utilisateur ultérieur du bien n'est cependant pas exclu de ce rapport contractuel auquel il intervient en tant que mandataire de l'acquéreur (crédit-bailleur) tant pour le choix que pour la réception du bien, ce qui justifiera l'irresponsabilité du crédit-bailleur en cas de défectuosité de la chose (V. *infra*, n° 458).

Au contrat de crédit-bail proprement dit interviennent l'utilisateur (crédit-preneur) et l'acquéreur du bien (crédit-bailleur). Selon que le premier interviendra en tant que professionnel ou simple consommateur, joueront la loi du 2 juillet 1966 ou les règles protectrices du consommateur (loi Scrivener I, 10 janv. 1978 ou

---

n°s 236 et s., 1994. – Pour une application, V. Cass. 3e civ., 19 mai 1999 : *JCP* E 2000, p. 268, obs. Ph. Neau-Leduc.

(15) Cass. com., 21 mai 1979 : *D.* 1980, p. 611, note C. Lucas de Leyssac. – Cass. com., 14 mai 1985 : *Bull. civ.* 1985, IV, n° 149.

(16) C. Volait, *La location services, une technique d'équipement pour l'entreprise*, thèse, Paris I, 1976. – S. Dauphin, *L'essor de la location longue durée : un contrat de location service : Contrats, conc. consom.* 1997, chron. 2.

(17) L'article 1-2° de la loi du 2 juillet 1966 vise les biens « construits pour (...) [le] compte » de l'utilisateur. – Sur la qualification du contrat composant vente et entreprise, V. *infra*, n°s 466 et s.

loi Scrivener II, 13 juill. 1979). En revanche, s'agissant du crédit-bailleur, la nature d'opération de crédit de ce contrat en réserve « l'exercice habituel » aux seuls établissements financiers, conformément à la loi bancaire du 24 janvier 1984[18]. En matière immobilière, une structure juridique facultative, mais au statut fiscal avantageux, avait été élaborée : la Société immobilière pour le commerce et l'industrie (SICOMI) ; une loi du 4 février 1995 réduit cependant très sensiblement les avantages fiscaux du crédit-bail SICOMI et conduit, à cet égard, à distinguer selon que le contrat a été conclu avant ou après le 1er janvier 1996[19]. Cependant, dès lors que cette activité ne présente pas un caractère habituel, le crédit-bail doit pouvoir être pratiqué par d'autres que des établissements financiers : ainsi communes et collectivités locales[20], voire même simples particuliers[21], sont à même de jouer le rôle de crédit-bailleur.

454. – **Objet.** Toutes les sortes de biens, dans le commerce, sont susceptibles de faire l'objet d'un contrat de crédit-bail : les immeubles, les biens meubles corporels (un véhicule, un ordinateur...) ou incorporels : un fonds de commerce, des parts sociales (L. n° 2005-882, 2 août 2005, art. 27, en faveur des PME), un établissement artisanal (L. 6 janv. 1986)[22] ou isolément un élément incorporel du fonds spécialement le droit au bail (L. 31 déc. 1989)[23]. Rappelons que seule la destination professionnelle du bien dont l'acquisition est ainsi financée justifiera l'application de la loi du 2 juillet 1966 (V. *supra*, n° 449).

SOUS-SECTION 2

CONDITIONS DE FORME

455. – **Formalités publicitaires.** Si le crédit-preneur est simplement détenteur du bien, objet du crédit-bail, les tiers, et spécialement les créanciers de celui-ci, risquent d'être abusés par cet élément de solvabilité apparente. Aussi la loi du 2 juillet 1966 a mis en place un système de publicité des contrats de crédit-bail auxquels elle s'applique (C. monét. fin., art. L. 313-10 et s. et R. 313-3 et s. ;

(18) L. 24 janv. 1984, art. 3 et 10. – V. C. monét. fin., art. L. 515-2. – *Adde* Cass. com., 19 nov. 1991 : *Bull. civ.* 1991, IV, n° 347 ; *D.* 1992, inf. rap. p. 33 ; *JCP G* 1992, IV, 276 ; *Contrats, conc. consom.* 1992, n° 27, obs. L. Leveneur ; *RTD civ.* 1992, p. 381, obs. J. Mestre, qui sanctionne cette condition par la nullité relative du contrat.

(19) V. A. Cohen, *Le régime du crédit-bail immobilier en vigueur depuis le 1er janvier 1996 est-il toujours attractif fiscalement ? : Defrénois* 1997, art. 36568. Réponse : non ; beaucoup d'ex-Sicomi sont devenues des sociétés foncières (par ex., UNIBAIL), V. *Que sont les SICOMI devenues ? : Les Échos* 24 oct. 2002, p. 41.

(20) Une commune souhaite faciliter l'implantation d'une entreprise qui ne dispose pas des ressources nécessaires pour acquérir le foncier et n'est pas en mesure de fournir les garanties exigées par l'établissement financier ; l'établissement financier prête la somme en question à la commune qui achète le terrain avant de le rétrocéder en crédit-bail à l'entreprise (crédit-preneur). La collectivité locale vient ainsi garantir le financement que la banque lui consent de préférence à l'entreprise privée, compte tenu des infinies ressources de la fiscalité locale. La licéité de l'opération suppose que la commune n'intervienne de la sorte qu'exceptionnellement, sans esprit spéculatif : le montant des redevances perçues par la commune doit être calqué sur les remboursements que celle-ci opère auprès de la banque. – V. S. Piccino, *Le crédit-bail immobilier par les collectivités locales*, mémoire Toulouse, 1988.

(21) V. Cass. com., 20 févr. 1973 et 15 déc. 1975 : *D.* 1976, p. 678, note F. Caporale. – Cass. com., 25 nov. 1978 : *JO* Sénat, p. 3682.

(22) V. comm. J. Derruppé : *RTD com.* 1986, p. 230 ; la formule implique une mise du fonds en location-gérance, le refus du « crédit-preneur » d'acheter laisse l'établissement financier à la tête d'un fonds de commerce ! Autant de raisons qui justifient le peu de succès de la formule.

(23) V. comm. M. Pédamon : *RTD com.* 1990, p. 187. La formule est applicable à un brevet, une marque...

D. 4 juill. 1972)(24). Le crédit-bail mobilier est publié, à la requête du crédit-bailleur, sur un registre ouvert au greffe du tribunal de commerce du siège du crédit-preneur (C. monét. fin., art. R. 313-4) ; à défaut le crédit-bailleur ne peut opposer aux créanciers ou ayants cause à titre onéreux de son client son droit de propriété, sauf à établir leur mauvaise foi (C. monét. fin., art. R. 313-10)(25). Lorsque l'opération de crédit-bail porte sur un bien immobilier, les règles classiques de la publicité foncière s'appliquent (C. monét. fin., art. R. 313-12) : le contrat de crédit-bail n'est semble-t-il soumis à publicité que s'il est conclu pour une durée supérieure à douze ans (D. 4 janv. 1955, art. 28)(26), mais, en cas de levée de l'option, la mutation ultérieure doit toujours être publiée (D. 4 janv. 1955, art. 28) ; le défaut de publicité entraîne l'inopposabilité de l'acte dans les conditions du droit commun de la publicité foncière (D. 4 janv. 1955, art. 30). Ces dispositions se révèlent essentielles dans le cas de l'ouverture d'une procédure collective à l'encontre du crédit-preneur (V. *infra*, n° 459). À raison de cet intérêt, on conçoit qu'un crédit-bail qui porte sur des biens non professionnels, exclu de la loi de 1966, n'a pas à être publié.

Une publicité comptable des opérations de crédit-bail est encore organisée (C. monét. fin., art. R. 313-14).

456. – Formalités solennelles. S'agissant du crédit-bail immobilier, le contrat doit prévoir à peine de nullité « les conditions dans lesquelles leur résiliation pourra, le cas échéant, intervenir à la demande du preneur » (C. monét. fin., art. L. 313-9, al. 2) ; l'importance des investissements en cause et la longue durée du contrat justifient la nécessité de cette clause de « résiliation-sauvegarde » dont la jurisprudence veille à ce qu'elle ne soit pas factice(27).

Consenti à un consommateur, le crédit-bail est naturellement soumis au formalisme du Code de la consommation(28).

SECTION 3

LES EFFETS DE L'OPÉRATION DE CRÉDIT-BAIL

457. – Indivisibilité du groupe de contrats ; conséquences. Le régime du groupe de contrats constitutifs de l'opération de crédit-bail est dominé par la règle de l'indivisibilité ; un auteur a parlé de l'état de symbiose qui s'établissait

(24) Le décret prévoit également des règles de publicité comptable (art. 12).

(25) Cass. com., 12 avr. 1988 : *Bull. civ.* 1988, IV, n° 127 ; *Gaz. Pal.* 1988, 1, p. 155. – Cass. com., 17 mai 1988 : *JCP* G 1988, II, 21117, note E.-M. Bey. – Mais cette publicité reste impuissante à l'encontre de l'article 2279 du Code civil dont se prévaut le sous-acquéreur, Cass. com., 14 oct. 1997 : *Bull. civ.* 1997, IV, n° 257 ; *Contrats, conc. consom.* 1998, n° 1, obs. L. Leveneur. – *Adde, infra*, n° 459. Le locataire doit également en faire mention dans ses livres comptables sous peine d'amende (D. 4 juill. 1972, art. 12).

(26) La portée de l'article 10 (D. 4 juill. 1972) est cependant discutée ; la doctrine notariale estime indispensable la publicité du contrat indépendamment de sa durée. – V. M. Dagot, *La publicité des contrats de crédit-bail immobilier* : *JCP* N 1985, prat. 9418, p. 281.

(27) V. Cass. 3e civ., 27 avr. 1988 : *Bull. civ.* 1988, III, n° 81 ; *JCP* G 1989, II, 21171, note E.-M. Bey où la clause prévoyait que le crédit-preneur qui viendrait à résilier resterait redevable d'une indemnité égale au cumul des loyers révisés restant à courir jusqu'au terme du bail : la faculté de résiliation laissée au crédit-preneur est factice. – *Contra* Cass. 3e civ., 6 déc. 1978 : *JCP* 1980, II, 19387, note E.-M. Bey ; *D.* 1980, p. 217, note Landraud. La censure de la clause commande la nullité relative du contrat, Cass. 3e civ., 15 mai 1996 : *D.* 1996, inf. rap. p. 153.

(28) Cass. 1re civ., 1er déc. 1993 : *Bull. civ.* 1993, I, p. 354.

ainsi entre les conventions[29]. Cette imbrication permet de rendre compte de ce que le crédit-bailleur, dont le seul rôle est de financer l'acquisition sinon l'utilisation d'un bien, tend à s'effacer du point de vue juridique, afin de n'être jamais vraiment considéré comme bailleur, ni davantage comme acheteur. Cette logique est couronnée par la loi du 19 mai 1998 qui exonère le crédit-bailleur et le loueur qui lui est assimilable, de toute responsabilité du défaut de sécurité du produit (C. civ., art. 1386-7. – V. *supra*, n° 241).

Le crédit-bailleur n'est pas tenu des obligations du bailleur ; du moins entend-il s'en exonérer le plus possible. De la sorte les contrats de crédit-bail vont comporter des clauses mettant à la charge du crédit-preneur l'ensemble des réparations éventuelles, les risques de perte de la chose, de dommages causés aux tiers, les charges fiscales... et au final, écartent toute obligation de garantie des vices cachés du crédit-bailleur. Dans le crédit-bail professionnel, la clause est licite[30] ; dans le crédit-bail au consommateur, la police des clauses abusives la rend suspecte[31].

De telles clauses sont possibles précisément à raison du retrait du crédit-bailleur sur le terrain cette fois du contrat d'achat-vente : sa propriété n'est, normalement, que provisoire ; le véritable acheteur, au final, c'est le crédit-preneur. Ainsi il est singulier que ce soit le crédit-preneur, en tant que mandataire de la banque, qui choisisse le bien, le réceptionne auprès du fournisseur ; et l'obligation de délivrance de la banque – au titre du bail – est satisfaite dès lors que celle-ci paie le fournisseur après réception sans réserve opérée par l'utilisateur[32]. Dans le même esprit, le crédit-bailleur transfère au crédit-preneur l'ensemble des droits et actions dont il pouvait être titulaire contre le fournisseur au titre de la vente ; par cette cession de créance[33] le crédit-preneur peut, dès son entrée en jouissance, exercer directement contre le vendeur les actions de l'acquéreur[34], tout recours contre son bailleur devenant par là même superfétatoire[35].

On le voit, les deux mouvements se conjuguent : c'est parce que le crédit-bailleur procure au crédit-preneur les moyens d'agir contre le fournisseur sur le terrain du contrat de vente, qu'il peut s'exonérer de ses obligations sur le terrain du contrat de bail.

(29) E.-M. Bey, *De la symbiotique dans les contrats de leasing et crédit-bail mobiliers*, Dalloz, 1970. – Sur l'indivisibilité du contrat de crédit-bail et du contrat conclu sur le matériel dont l'acquisition est ainsi financée, V. Cass. com., 15 févr. 2000 : *RTD civ.* 2000, p. 2000, p. 325, J. Mestre ; *JCP* E 2001, I, p. 320, obs. J.-B. Seube.

(30) Cass. com., 30 oct. 1973 : *Bull. civ.* 1973, IV, n° 303 ; *D.* 1974, somm. p. 6.

(31) V. Cass. com., 6 janv. 1994 : *JCP* G 1994, II, 22237, note G. Paisant qui déclare abusive la clause mettant à la charge du crédit-preneur tous les risques de la chose.

(32) Cass. com., 9 janv. 1990 : *Bull. civ.* 1990, IV, n° 4 ; *D.* 1990, inf. rap. p. 46 ; *Gaz. Pal.* 1990, 1, p. 127, obs. P. Cordier ; *RTD civ.* 1990, p. 302, obs. Ph. Rémy.

(33) La jurisprudence parle parfois de délégation, par ex., Cass. com., 4 juin 1996 : *D.* 1996, p. 630, note M. Billiau. Un arrêt retient encore que la résiliation du contrat de crédit-bail met fin au mandat donné par le crédit-bailleur au crédit-preneur pour l'exercice de l'action en garantie contre le fournisseur, ce qui concrètement prive le crédit preneur qui a cessé les paiements de tout recours contre le vendeur, Cass. com., 11 juill. 2006 : *D.* 2006, p. 2095.

(34) Insérée dans le contrat de crédit-bail, cette clause ne peut être opposée par le vendeur au crédit-bailleur lorsque celui-ci décide malgré tout d'agir au titre du contrat d'achat-vente, Cass. com., 7 juin 1994 : *Contrats, conc. consom.* 1994, n° 244. Cette jurisprudence est discutable : la règle de l'effet relatif ne prive pas le tiers de se prévaloir du contrat dont il a connaissance.

(35) V. Cass. com., 24 mai 1994 : *Contrats, conc. consom.* 1994, n° 192, obs. L. Leveneur qui décide que la clause de transfert des droits et actions « valait renonciation du locataire à la garantie légale du bailleur » ; de fait la clause de non-garantie du bailleur n'a semble-t-il pas à être expresse dès lors que le transfert des droits est toujours opéré au profit du crédit-preneur.

458. – **Défectuosité de la chose ; résolution de la vente ; résiliation ou caducité du crédit-bail.** Un éventuel vice caché ou défaut de conformité de la chose, objet du crédit-bail, peut donc justifier l'exercice de recours par le crédit-preneur directement contre le vendeur-fournisseur (V. *supra*, n° 457) évitant de la sorte une cascade d'actions récursoires (crédit-preneur contre crédit-bailleur au titre du bail ; crédit-bailleur contre vendeur au titre de la vente). À ce titre le crédit-preneur pourra demander réparation du préjudice éventuellement subi, voire résolution de la vente (action rédhibitoire ou pour défaut de conformité). Ce dernier cas de figure suscite une réelle difficulté dans l'analyse de l'opération de crédit-bail.

La résolution de la vente initiale pose, en effet, le problème du sort du contrat de crédit-bail et, pratiquement, de l'obligation au paiement des redevances qui pèse sur le crédit-preneur. Une longue controverse a opposé sur ce thème la première chambre civile, favorable à l'anéantissement du crédit-bail[36], et la chambre commerciale qui admettait le maintien de celui-ci[37]. L'analyse juridique de l'opération de crédit-bail milite pour la première solution : si la vente est résolue, le crédit-bailleur n'a jamais pu être propriétaire ni, partant, donner le bien à bail au crédit-preneur. Mais la synthèse économique de la même opération rend compte de la position de la chambre commerciale : les redevances payées par le crédit-preneur n'ont pas pour cause la jouissance de la chose (V. *supra*, la mise à l'écart des règles du bail dans les rapports crédit-preneur/crédit-bailleur, n° 449), mais trouvent leur justification dans le service financier accompli par le crédit-bailleur au profit du crédit-preneur à l'occasion de l'acquisition, puis de la location du bien (et, partant, dans le transfert des actions du crédit-bailleur opéré au profit du crédit-preneur) ; or ce service « instantané » a d'ores et déjà été réalisé et c'est cette prestation que viennent rémunérer les redevances du crédit-preneur. La contradiction exposée révèle les limites de l'outil juridique complexe au service d'un projet économique pourtant simple ; la controverse peut cependant être vaincue pour autant que l'on dissocie les conséquences objectives et subjectives de la résolution de la vente. D'un point de vue objectif, l'anéantissement du contrat de crédit-bail consécutivement à la résolution de la vente s'impose : sauf à voir dans le crédit-bail une espèce de prêt, ce qui reviendrait à nier l'identité même de l'opération, la jouissance du bien par le crédit-preneur est de l'essence du crédit-bail et n'est pas indifférente au crédit-bailleur. Mais d'un point de vue subjectif, autre chose est d'imputer la charge des conséquences financières de cette solution : la résolution de la vente entraîne la restitution du prix de la chose qui a été perçu par le vendeur ; l'anéantissement du crédit-bail pose le problème du sort des redevances déjà versées par le crédit-preneur et de la rentabilité de l'opération attendue par le crédit-bailleur (c'est-à-dire le prix du service financier que celui-ci a d'ores et déjà réalisé).

(36) V. Cass. 1re civ., 3 mars 1982 : *JCP* G 1983, II, 20115, note E.-M. Bey ; *RTD civ.* 1983, p. 152, obs. Ph. Rémy ; *D.* 1982, inf. rap. p. 268. – Cass. 1re civ., 11 déc. 1985 : *Bull. civ.* 1985, I, n° 351 ; *Defrénois* 1986, p. 591, obs. J. Honorat.

(37) V. Cass. com., 15 mars 1983 : *JCP* G 1983, II, 20115, note E.-M. Bey ; *RTD civ.* 1983, p. 758, obs. Ph. Rémy ; *D.* 1984, inf. rap. p. 79, obs. M. Vasseur. – Cass. com., 9 janv. 1990, préc.

Une chambre mixte de la Cour de cassation n'avait ignoré aucun de ces aspects en décidant que « la résolution du contrat de vente entraîne nécessairement la résiliation du contrat de crédit-bail, sous réserve de clauses ayant pour objet de régler les conséquences de cette résiliation »(38). La référence à la simple « résiliation » du contrat de crédit-bail avait pour effet de priver l'anéantissement de celui-ci de tout effet rétroactif, ce qui est commun pour un contrat à exécution successive, et permettait au crédit-bailleur de conserver les redevances échues avant la résolution de la vente(39). Mais au-delà de cette solution, la déférence manifestée à la liberté contractuelle permettait aux parties, spécialement au crédit-bailleur, de mettre à la charge du crédit-preneur tout ou partie des conséquences financières de la solution. Avait ainsi été jugée valable la clause prévoyant la solidarité du crédit-preneur à l'obligation de restitution du prix du vendeur(40) et/ou paiement par le crédit-preneur au crédit-bailleur de la somme représentative de la rentabilité escomptée de l'opération(41). En revanche, le crédit-bailleur ne pouvait attendre en même temps le paiement de l'intégralité des redevances et la réparation d'un préjudice qu'il prétendrait subir du fait de la résolution de la vente(42).

Cette solution équilibrée a pourtant été remise en cause par un arrêt de chambre mixte qui a opéré un revirement de jurisprudence pour décider que la résolution du contrat de vente entraîne, par voie de conséquence, la caducité, à la date d'effet de la résolution, du contrat de crédit-bail et que sont inapplicables les clauses prévues en cas de résiliation du contrat(43). Cette nouvelle solution se justifie par le fabuleux essor qu'a connu la notion de caducité, notamment en matière de location financière. Elle expose cependant le crédit-bailleur à d'impor-

---

(38) Cass. ch. mixte, 23 nov. 1990, 2 arrêts publiés : *Bull. civ.* 1990, ch. mixte, n° 3 ; *D.* 1991, p. 121, note Ch. Larroumet ; *JCP* G 1991, II, 21642 ; *Gaz. Pal.* 27 juin 1991, concl. M. Dontenville ; *RTD civ.* 1991, p. 360, obs. Ph. Rémy ; *Contrats, conc. consom.* 1991, n° 30, obs. L. Leveneur. – Déjà en ce sens, Cass. ch. mixte, 3 mars 1989 : *D.* 1990, p. 301, note Dupuis-Toubol ; *JCP* G 1989, II, 21365, note E.-M. Bey. – Même solution en cas d'annulation de la vente, V. Cass. com., 15 mars 1994 : *Bull. civ.* 1994, IV, n° 109 ; *JCP* G 1994, II, 22339, note F. Labarthe ; *Defrénois* 1994, p. 1127, obs. Ph. Delebecque ; *Contrats, conc. consom.* 1994, 135, obs. L. Leveneur.

(39) Le moment de cette résiliation paraît devoir être celui de la demande judiciaire en résolution de la vente, Cass. com., 12 oct. 1993 : *Bull. civ.* 1993, IV, n° 327. – Pour le jour du prononcé de la résolution, V. Cass. com., 22 mai 1991 : *Bull. civ.* 1991, IV, n° 169.

(40) Cass. ch. mixte, 3 mars 1989, préc. – *Adde* Cass. com., 26 oct. 1993 : *Bull. civ.* 1993, IV, n° 359 ; *JCP* G 1993, IV, 2724 ; *JCP* E 1994, II, 548, note D. Legeais.

(41) Cass. com., 26 oct. 1993, *op. cit.* ; le crédit-bailleur demandait, et a obtenu, l'application de la clause selon laquelle : « dans le cas où... le contrat de location est résilié ou annulé préalablement ou consécutivement à la résolution ou annulation judiciaire ou amiable du contrat de vente, le locataire doit régler au bailleur... une somme HT égale à la différence entre, d'une part, la somme représentative de la rentabilité escomptée de l'opération (total des loyers HT dus jusqu'au terme du contrat et de la valeur résiduelle)... et, d'autre part, le prix d'achat HT dudit matériel majoré des loyers HT perçus... ». – *Adde* Cass. com., 4 janv. 1994 : *Bull. civ.* 1994, IV, n° 5 ; *D.* 1994, inf. rap. p. 47. – Cass. 3e civ., 18 avr. 2000 : *JCP* E 2000, p. 922 ; *RJDA* 2000, n° 598 (en cas de résiliation du contrat, le locataire doit verser, outre les sommes impayées, une indemnité de résiliation égale au montant HT des loyers à échoir, majorée de la valeur résiduelle : c'est une clause pénale susceptible de modération en cas d'excès).

(42) Cass. com., 21 mars 1995 : *Bull. civ.* 1995, IV, n° 94 ; *JCP* G 1995, IV, 1248. – *Adde* Cass. com., 26 oct. 1993 : *Bull. civ.* 1993, IV, n° 360 ; *D.* 1993, inf. rap. p. 253 ; *JCP* G 1994, I, 3744, n° 13, obs. Ch. Jamin, qui décide que « les stipulations contractuelles prévoyant l'absence de responsabilité du crédit-bailleur en cas de fonctionnement défectueux de la chose louée et celles régissant les conséquences de l'interruption du paiement des loyers par le crédit-preneur... n'apparaissent pas avoir eu pour objet de régler les conséquences de la résolution du contrat de vente ».

(43) Cass. ch. mixte, 13 avr. 2018, n° 16-21.947 : *JCP* G 2018, p. 453, obs. F. Buy ; *D.* 2018, p. 1185, obs. H. Barbier ; *RDC* 2018, p. 367, obs. J.-B. Seube. – *Adde* Cass. ch. mixte, 17 mai 2013, n° 11-22.768 : *RDC* 2013, p. 849, avis premier av. gén. L. Le Mesle ; *RDC* 2013, p. 1331, note Y.-M. Laithier ; *JCP* G 2013, 674, note J.-B. Seube ; *JCP* G 2013, 673, note F. Buy ; *JCP* E 2013, 1403, note D. Mainguy ; *Gaz. Pal.* 4 juill. 2013, n° 136c6, note D. Houtcieff ; *D.* 2013, p. 1658, note D. Mazeaud : les contrats concomitants ou successifs qui s'inscrivent dans une opération incluant une location financière sont interdépendants ; sont réputées non écrites les clauses des contrats inconciliables avec cette interdépendance.

tants désagréments. D'une part, le fait que la caducité du crédit-bail opère à la date de la résolution de la vente a pour conséquence le fait qu'il ne pourra conserver les loyers perçus entre la mise en place de l'opération et son dénouement. D'autre part, la précision relative aux clauses est sujette à deux interprétations : on peut penser que la clause relative à la résiliation ne s'applique pas parce qu'il s'agit justement d'une caducité ; mais on peut aussi considérer que les clauses contractuelles seraient inaptes à encadrer les effets de la caducité qui, sanction purement objective, devrait échapper à tout encadrement contractuel. Il nous semble pourtant que cette décision, très protectrice du crédit-preneur, a été rendue en application du droit ancien, lequel ne contenait aucune disposition relative à l'indivisibilité et aux clauses abusives. Ces données ayant changé depuis l'ordonnance du 10 février 2016, il faudrait désormais appliquer le droit nouveau des contrats : l'indivisibilité entre les contrats devrait être appréciée à la lumière du nouvel article 1186 du Code civil et, pour peu que le contrat soit un contrat d'adhésion, si une clause crée un déséquilibre significatif, elle pourra être neutralisée en application de l'article 1171 du Code civil[44]. La Cour de cassation a néanmoins maintenu sa position sans en changer la motivation[45].

459. – Insolvabilité du crédit-preneur. La défaillance du crédit-preneur incapable de payer les redevances en cours de contrat reste le risque le plus « naturel » de l'opération de crédit-bail et dont l'établissement financier cherche à se prémunir. Celui-ci dispose des voies de droit commun de la résiliation judiciaire (C. civ., art. 1184), efficacement suppléée par une clause résolutoire de plein droit[46] ; la résiliation du contrat justifie la revendication du bien dont le crédit-bailleur n'a cessé d'être propriétaire. Attention : sauf clause contraire, la résiliation du contrat de crédit-bail met également fin au mandat donné par le crédit-bailleur au crédit preneur pour l'exercice de l'action en garantie contre le fournisseur, ce qui concrètement prive le crédit preneur qui a cessé les paiements de tout recours contre le vendeur[47].

La restitution d'un bien dont la revente sera souvent difficile n'épuise cependant pas l'attente du banquier. Aussi les établissements de crédit-bail inséraient-ils à leurs contrats de rigoureuses clauses pénales prévoyant à défaut de paiement d'un seul terme l'exigibilité immédiate de la totalité (ou presque) des loyers à échoir, sans préjudice de la revendication du bien. Le caractère léonin de telles dispositions a directement justifié l'intervention du législateur permettant au

(44) J.-B. Seube, *Les clauses de divisibilité dans les ensembles de contrats interdépendants après la réforme de 2016*, in *Mél. Ph. Neau-Leduc*, 2018, LGDJ, p. 963.

(45) Cass. com., 10 janv. 2024, n° 22-20.466, FS-BR : *D.* 2024, p. 342, note G. Chantepie ; *D.* 2024, p. 275, obs. R. Boffa et M. Mekki ; *JCP G* 2024, 277, n° 4, obs. D. Houtcieff ; *JCP G* 2024, 299, note M. Lagelée-Heymann ; *RTD civ.* 2024-1, p. 100, obs. H. Barbier ; *RDC* 2024, n° 2, p. 17, M. Latina.

(46) En effet, les dispositions restrictives au jeu de telles clauses prévues dans le statut du bail commercial notamment (V. D. 30 sept. 1953, art. 25) ne doivent pas trouver à s'appliquer au crédit-bail, V. CA Paris, 5 janv. 1996 : *JCP G* 1996, IV, 959 ; *D.* 1996, inf. rap. p. 67.

(47) Cass. com., 11 juill. 2006 : *D.* 2006, p. 2095 ; *Contrats, conc. consom.* 2006, comm. 247, L. Leveneur.

juge, pour tout contrat, de modérer une peine manifestement excessive (C. civ., art. 1152, al. 2. – L. 9 juill. 1975)[48], illustration remarquable de l'influence d'un contrat très spécial sur la théorie générale des obligations.

Mais la défaillance du crédit-preneur au contrat de crédit-bail révèle souvent son insolvabilité globale, qui justifiera pour un commerçant, ou assimilé, l'ouverture d'une procédure de redressement et liquidation judiciaire. Les règles spéciales aux procédures collectives viennent alors perturber le schéma précédent : la continuation du contrat, son transfert au repreneur peuvent alors être imposés à l'entreprise de crédit-bail, nonobstant toute clause contraire[49] ; à défaut de continuation, la revendication d'un bien meuble par le crédit-bailleur doit être exercée dans un délai de trois mois suivant la publication du jugement d'ouverture (V. C. com., art. L. 624-9), sauf à demander la simple restitution du bien lorsque le contrat a été valablement publié (V. C. com., art. L. 624-10). En revanche, « le droit de propriété du sous-acquéreur, possesseur de bonne foi du bien mobilier, demeure opposable au crédit-bailleur en dépit de l'accomplissement des formalités de publicité »[50].

SECTION 4

L'EXTINCTION DE L'OPÉRATION DE CRÉDIT-BAIL

460. – Les masques tombent. À l'expiration de la période locative, le crédit-preneur lèvera ou non l'option d'achat dont il est bénéficiaire. Dans le premier cas, il réalise sa vocation à devenir propriétaire du bien pour un prix résiduel ; en tant que sous-acquéreur du fournisseur-vendeur originaire, il dispose contre celui-ci d'une action directe de nature nécessairement contractuelle[51]. À défaut, il restituera le bien au crédit-bailleur, sauf aux parties à renouveler (proroger) leur accord[52].

(48) V. F. Terré, Ph. Simler et Y. Lequette, *Obligations*, préc., n°s 624 et s. – V. Cass. 3e civ., 21 mai 2008 : *JCP* G 2008, IV, 2121 (clause dite de résiliation : en fait pénalité conventionnelle).

(49) V. C. com., art. L. 642-7.

(50) V. Cass. com., 14 oct. 1997 : *Bull. civ.* 1997, IV, n° 257 ; *JCP* E 1998, p. 327, obs. L. Leveneur.

(51) Cass. com., 4 juin 1991 : *Bull. civ.* 1991, IV, n° 206 ; *JCP* G 1991, IV, 306.

(52) La définition des règles gouvernant à la continuation de l'occupation après l'extinction du crédit-bail (ou sa résiliation) peut faire difficulté : sur l'application de l'article 1732 du Code civil à cette hypothèse, Cass. 3e civ., 2 mars 2005 : *RDC* 2005, p. 1087, note J.-B. Seube.

DEUXIÈME PARTIE

LES CONTRATS SUR LES SERVICES

461. – Présentation. L'importance prise par les services dans les économies contemporaines n'est plus à démontrer. Assurances, services bancaires, voyages, restauration, hôtellerie, soins à la personne, prestations de conseils… Ce sont des milliers de services proposés, avec autant de professionnels prestataires dont l'activité génère plus des deux tiers du produit intérieur brut français.

Distinguer les contrats sur les services des contrats sur les choses est de première vue aisée. Dans les contrats sur les choses, la richesse (chose) préexiste au consentement, dans le contrat de prestation de services, la richesse résultera de la prestation du débiteur, de l'exécution du contrat donc (avec ou sans réalisation d'une chose) ; à la vente la circulation des richesses, à l'entreprise la création de richesses nouvelles. À cette différence de structure, le Droit fait écho. Alors que la préexistence de la chose à la formation du contrat(1) emporte une exigence structurelle de détermination ou de déterminabilité du prix, comme en reflet, l'absence de cet étalon de référence suffit à rendre compte de la validité du contrat de prestation de services en l'absence de prix déterminé ou déterminable : c'est d'ailleurs pour affirmer cette règle que la Loi identifie cette famille contractuelle au titre de l'article 1165 du Code civil, en sorte de pierre angulaire(2).

Cette dissociation acquise, la présentation des contrats sur services se révèle délicate tant est grande l'impression d'hétérogénéité en la matière. On retrouve, certes, des contrats depuis longtemps connus (entreprise, mandat, dépôt) ; mais ceux-là cohabitent avec de nombreuses formules particulières, tantôt attirées par les qualifications classiques, tantôt bénéficiant du label *sui generis* : contrats d'assurance, de voyages, de conseils…

(1) Préexistence même virtuelle : dans la vente de choses futures le consentement se forme bien sur une chose, mais à venir, V. *supra*, n°s 121 et s.

(2) Ce texte vise « les contrats de prestation de services ». La Cour de cassation a refusé d'appliquer le texte au contrat d'expertise comptable : Cass. com., 20 sept. 2023, n° 21-25.386 : *RDC* mars 2024, n° 1, p. 16, obs. R. Libchaber. – V. égal. C. consom., art. L. 611-1. – V. *infra*, n° 475.

La difficulté tient dans la définition du critère de rattachement à la catégorie, la notion de services n'ayant pas une acception juridique précise. L'obligation de faire est au cœur de ces contrats : la prestation attendue tient dans un travail humain. À l'aune de ce critère, on distinguera, pour l'écarter de notre étude, le travail subordonné relevant du contrat de travail ; le travail indépendant appellera seul notre attention.

Le paysage révèle, enfin, une grande absence : celle de la propriété, préalable inhérent aux contrats sur les choses et que l'on rencontrera à l'occasion seulement et à l'issue de l'exécution du contrat de services.

En dépit de ces facteurs de convergence, il n'y a pas, pour l'heure, une théorie générale du contrat de services(3), même si les premiers jalons ont été posés.

Dans cette logique, l'ordonnance du 10 février 2016 a consacré des dispositions propres aux contrats de prestations de services, sans pour autant en livrer une définition(4). De manière accueillante, l'avant-projet de réforme de l'Association Capitant définit le contrat de prestation de services comme celui « par lequel le prestataire doit accomplir un travail de manière indépendante au profit du client » (art. 69). Aussi, pour s'en tenir aux contrats nommés du Code civil, qui assurent l'essentiel de la réalisation des services, nous étudierons successivement le contrat d'entreprise (Titre 1), le contrat de mandat (Titre 2) et le contrat de dépôt (Titre 3).

---

(3) V. cependant pour une présentation renouvelée, P. Puig, *La qualification du contrat d'entreprise*, préf. B. Teyssié, éd. Panthéon-Assas, 2002. – *Adde* Y. Merchiers, *Les contrats de services : flou artistique, réalité économique et catégorie juridique*, in *Mél. Ph. Malinvaud*, Litec, 2007, p. 431 et s.

(4) C. civ., art. 1165 sur la détermination unilatérale du prix ; C. civ., art. 1352-8 sur les restitutions. *Adde* G. Lardeux, *Le contrat de prestation de service dans les nouvelles dispositions du Code civil* : D. 2016, p. 1659. – P. Puig, *Le contrat d'entreprise*, *in* L. Andreu et M. Mignot (ss dir.), *Les contrats spéciaux et la réforme des obligations*, Institut Universitaire Varenne, 2017, p. 115.

TITRE 1

LE CONTRAT D'ENTREPRISE

462. – Présentation du contrat d'entreprise. Inutile de rechercher dans le Code civil l'expression contrat d'entreprise[1] ! Depuis 1804, le code parle toujours de louage d'ouvrage[2]. On se souvient que selon l'article 1708 du même code, il y a deux sortes de contrats de louage : celui des choses et celui d'ouvrage, chacun se subdivisant en plusieurs espèces particulières selon l'article 1711. L'article 1779 distingue à cet égard, dans un vocabulaire désuet, trois espèces de louage d'ouvrage et d'industrie :

– le louage des gens de travail qui s'engagent au service de quelqu'un. On aura reconnu le contrat de travail dont l'émancipation du Code civil n'est plus à démontrer ;

– celui des voituriers, tant par terre que par eau, qui se chargent du transport des personnes ou des marchandises. On aura reconnu le contrat de transport dont le régime ne relève plus également du Code civil ;

– celui des architectes, entrepreneurs d'ouvrages et techniciens par suite d'études, devis ou marchés. C'est celui qui correspond à ce que l'on appelle aujourd'hui le contrat d'entreprise. Le changement de terminologie n'est pas neutre. Il traduit l'insuffisance du Code civil aisément perceptible aussi à la lecture de l'article 1710 qui définit ainsi le louage d'ouvrage :

> **« Le louage d'ouvrage est un contrat par lequel l'une des parties s'engage à faire quelque chose pour l'autre, moyennant un prix convenu entre elles ».**

Cette définition est trop large. Elle n'indique pas les éléments caractéristiques du contrat d'entreprise qui permettent de le distinguer notamment des autres espèces de louage d'ouvrage pour reprendre la terminologie du Code civil. Aussi, jurisprudence et doctrine s'accordent pour définir le contrat d'entreprise comme *la convention par laquelle une personne charge une autre, moyennant rémunération, d'exécuter, en toute indépendance et sans la représenter, un travail*[3].

(1) Bibliographie générale : Ph. Delebecque, *Le contrat d'entreprise,* Dalloz, 1993. – B. Boubli, *Rép. civ.* Dalloz, V° *Contrat d'entreprise.* – F. Labarthe et C. Noblot, *Le contrat d'entreprise* in *Traité des contrats,* LGDJ-Lextenso, 2008.

(2) V. Fl. Labarthe, *Du louage d'ouvrage au contrat d'entreprise, la dilution d'une notion,* in *Études offertes à J. Ghestin,* LGDJ, 2001, p. 489.

(3) V. Cass. 1re civ., 19 févr. 1968 : *Bull. civ.* 1968, I, n° 69 ; *JCP* G 1968, II, 15490. – V. cependant, reprochant à une telle définition de définir le contrat d'entreprise par rapport à ce qu'il n'est pas, ni contrat de travail, ni mandat : P. Puig,

Celui pour qui le travail est exécuté est appelé le plus souvent « maître de l'ouvrage », singulièrement dans le domaine de la construction, l'expression cédant de plus en plus la place à celle de client. Celui qui exécute ne doit pas être appelé « ouvrier » comme le font, à tort, les « vieux » articles du Code civil, au risque d'entretenir la confusion entre contrat de travail et contrat d'entreprise. La jurisprudence préfère à juste titre le terme d'« entrepreneur », encore qu'il est plus simple, en pratique, de désigner ce dernier par sa profession (teinturier, plombier, peintre...).

L'avant-projet de réforme du droit des contrats spéciaux pose d'ailleurs que « le contrat d'entreprise est celui par lequel l'entrepreneur réalise, de façon indépendante, un ouvrage au profit de son client, maître de l'ouvrage »(4).

463. – **Évolution du contrat d'entreprise.** Le contrat d'entreprise a subi des évolutions similaires aux autres contrats nommés. Ainsi s'est-il nettement professionnalisé, ce qui a entraîné une diversité de régimes. Des règles spéciales complètent pour certaines activités, comme la construction, des règles communes. L'étude de certains contrats relève alors d'autres disciplines (droit du travail, droit des transports, droit immobilier). Ce sont parfois seulement certaines règles qui sont modifiées en fonction de la qualité de l'un des contractants. Ainsi, le contrat d'entreprise n'a pas échappé à l'épanouissement du consumérisme. Il faut alors lire en parallèle le Code civil et le Code de la consommation. Lorsque l'un des contractants est l'auteur d'une œuvre de l'esprit, la lecture se dirige vers le Code de la propriété intellectuelle(5).

Mais l'évolution sans doute la plus marquante tient au formidable développement du contrat d'entreprise, en raison du passage progressif d'une économie industrielle à une économie de services. Comme on l'a justement écrit : « Le contrat d'entreprise est devenu le second pilier d'une économie de biens et de services : il est dans le secteur des services, le "pendant" de ce qu'est la vente dans le secteur des biens »(6). Et un auteur a même estimé que la « vente est un contrat en voie d'extinction au profit de l'entreprise »(7). De fait le prestataire de services sera traité comme le vendeur de produits sous le jour du droit de la consommation ou de la concurrence. Le contrat d'entreprise est le support de l'activité de très nombreux professionnels qui n'ont techniquement que peu de chose en commun. Cette pluralité, qui tranche avec la liste limitée de l'article 1779, n'est toutefois guère surprenante, tant les prestations de services peuvent être de nature différente. De la sorte un auteur présente le contrat d'entreprise du Code civil comme une catégorie générique d'où se détachent des contrats spéciaux d'entreprise :

préc., n° 803.

(4) P. Puig, *Le contrat d'entreprise*, in *Avant-projet de réforme du droit des contrats spéciaux*, ss dir. D. Galbois-Lehalle et Ph. Stoffel-Munck, LGDJ, 2024, p. 71. – D. Houtcieff, *Critique, ibid.*, p. 74. – V. Mazeaud, *Le contrat d'entreprise* : *RDC* 2023/1, p. 225.

(5) V. CPI, art. L. 111-1 : « L'auteur d'une œuvre de l'esprit jouit sur cette œuvre, du seul fait de sa création, d'un droit de propriété incorporelle exclusif et opposable à tous. Ce droit comporte les attributs d'ordre intellectuel et moral, ainsi que des attributs d'ordre patrimonial, qui sont déterminés par les livres I et III du présent code. L'existence ou la conclusion d'un contrat de louage d'ouvrage ou de services par l'auteur d'une œuvre de l'esprit n'emporte aucune dérogation à la jouissance du droit reconnu par l'alinéa 1er ».

(6) A. Bénabent, n° 476. – F. Labarthe et C. Noblot, *op. cit.*, n° 18.

(7) M. de Juglart, *La vente : un contrat en voie d'extinction au profit de l'entreprise*, in *Mél. J. Derruppé*, Litec-GLN, 1991, p. 63.

le contrat d'entreprise ne se place pas au même niveau de spécialisation que les autres contrats spéciaux, il constitue lui-même un genre et absorbe les espèces particulières de contrats régissant des services spécialisés (construction, mandat, dépôt, transport, hôtellerie...)(8).

Le développement exponentiel du contrat d'entreprise n'est pas sans conséquence sur l'ordonnancement des contrats nommés. Avec humour et justesse, on a vu dans le contrat d'entreprise la « bonne à tout faire » des contrats spéciaux(9). En présence d'un problème de qualification lié à l'irruption de nouvelles activités, grande est la tentation de se référer au contrat d'entreprise, d'autant que la définition de ce dernier est « accueillante »(10). On ne saurait vraiment s'en plaindre, car ce rattachement à un contrat nommé permet d'éviter l'émergence trop facile de contrats *sui generis*. Pour autant, il ne faut pas, à l'inverse, céder à la facilité, et admettre des opérations qui rentrent difficilement dans le moule du contrat d'entreprise. Conscient de cette épineuse difficulté, l'avant-projet de réforme du droit des contrats spéciaux propose, à l'instar de ce qui est prévu dans l'échange ou le bail, de qualifier le contrat d'entreprise alors même que certains de ses composants se rattacheraient à d'autres contrats : « lorsque l'ouvrage requiert, pour sa parfaite exécution, des prestations relevant habituellement d'autres contrats nommés, telles que la mise à disposition, la garde, la conservation, le déplacement d'un bien ou la conclusion d'actes juridiques, ces prestations obéissent, en tant que de raison, aux règles particulières régissant ces contrats » (art. 1757 proposé).

Par ailleurs, il est regrettable de constater que l'utilisation massive du contrat d'entreprise ne s'est pas accompagnée d'une adaptation des dispositions du Code civil. Les textes, en grande partie désuets, sont complétés par de nombreuses règles jurisprudentielles. On pourrait être tenté de minimiser les lacunes législatives, dès lors que le législateur a su doter certains contrats d'entreprise particuliers d'un régime substantiel. Reste, qu'à notre sentiment, c'est le droit commun du contrat d'entreprise qui prime, et ce, d'autant plus, qu'il accueille de nombreuses opérations. Nous nous en tiendrons à la présentation de ce « droit commun » du contrat d'entreprise, en indiquant toutefois, au gré des développements, certaines règles particulières, et singulièrement celles du Code civil relatives à la construction d'un bâtiment(11). Pour ce faire, il convient d'identifier plus précisément le contrat d'entreprise (Chapitre 1) avant de présenter sa formation (Chapitre 2), ses effets (Chapitre 3) et son extinction (Chapitre 4).

---

(8) P. Puig, *La qualification du contrat d'entreprise*, *op. cit.* – Du même, *Contrats spéciaux*, *op. cit.*, n° 803.
(9) Ph. Malaurie, L. Aynès et P.-Y. Gautier, n° 497.
(10) Ph. Delebecque, *op. cit.*, p. 1.
(11) L'avant-projet de réforme du droit des contrats spéciaux prévoit un chapitre premier relatif aux dispositions communes à tous les contrats d'entreprise et un chapitre second relatif à des dispositions propres à certains contrats d'entreprise, c'est-à-dire l'entreprise mobilière et le contrat de construction.

CHAPITRE 1

L'IDENTIFICATION DU CONTRAT D'ENTREPRISE

464. – Partir de la définition. Le contrat d'entreprise est un contrat synallagmatique à titre onéreux dont l'identification pose parfois des difficultés[1]. Il est, en effet, des opérations complexes où l'hésitation entre plusieurs qualifications est légitime. Mais il est, en revanche, d'autres situations où le choix du contrat d'entreprise procède de l'éviction d'une autre qualification aux conséquences moins avantageuses. On sait bien ainsi que, pour des raisons ne serait-ce que financières, le contrat d'entreprise est plus attirant que le contrat de travail. L'éclosion dans certains secteurs de vrais-faux artisans a ainsi entraîné de nombreux contentieux en requalification. C'est à partir des éléments de la définition du contrat d'entreprise, exécution d'une prestation (Section 1) de manière indépendante (Section 2) sans représentation (Section 3) que l'on tentera de mieux identifier ce contrat[2].

SECTION 1

L'EXÉCUTION D'UNE PRESTATION…

465. – Plan. L'entrepreneur est tenu d'exécuter une prestation. Indépendamment de la nature de cette dernière, l'entrepreneur est donc débiteur d'une obligation de faire. La différence avec les contrats sur les choses où la richesse (chose) préexistait au consentement est ici flagrante ; la plupart du temps dans le contrat d'entreprise la richesse résultera de la prestation du débiteur, de l'exécution du contrat donc. L'existence d'une contrepartie financière, bien que fréquente, reste indifférente à la qualification : même si l'article 1710 du Code civil dispose que l'entrepreneur s'engage « moyennant un prix convenu », le contrat d'entreprise peut valablement être conclu à titre gratuit[3]. La Cour de cassation a d'ailleurs

(1) V. P. Puig, *La qualification du contrat d'entreprise*, *op. cit.*

(2) V. P. Puig, *Contrats spéciaux*, *op. cit.*, n° 803 critiquant cette définition négative qui, selon lui, insiste exagérément sur ce que n'est pas le contrat d'entreprise.

(3) V. P. Puig, *Contrats spéciaux*, *op. cit.*, n° 807 ; V. l'avant-projet de réforme du droit des contrats spéciaux : « le contrat d'entreprise peut être gratuit ou onéreux. Il est présumé onéreux lorsque l'ouvrage à réaliser s'inscrit dans le cadre de

retenu, sous-entendant la possibilité d'une gratuité, que « le contrat d'entreprise… est présumé conclu à titre onéreux »[(4)]. Cette précision faite, il faut distinguer le contrat d'entreprise du contrat de vente (Sous-section 1), du contrat de bail (Sous-section 2) et du contrat de dépôt (Sous-section 3).

SOUS-SECTION 1

CONTRAT D'ENTREPRISE ET CONTRAT DE VENTE

466. – **Intérêts de la distinction.** *A priori*, la distinction est aisée à établir avec le contrat de vente qui opère transfert de propriété. Mais, à la lecture de l'article 1787 du Code civil, cette simplicité se révèle vite trompeuse :

> « Lorsqu'on charge quelqu'un de faire un ouvrage, on peut convenir qu'il fournira seulement son travail ou son industrie, ou bien qu'il fournira aussi la matière ».

Ce texte révèle bien l'imbrication souvent étroite entre le travail et la chose[(5)]. Il faut, alors, préciser les relations entre vente et entreprise, d'autant que les intérêts de cette distinction sont consistants. Citons les principaux. Le prix est une condition de validité de la vente, ce qui n'est pas le cas pour le contrat d'entreprise (V. *supra*, n° 465 et *infra* n° 475). Le régime de la garantie des vices cachés ainsi que celui des clauses de non-responsabilité diffèrent d'un contrat à l'autre[(6)]. Le transfert de la propriété et des risques n'intervient pas au même moment ni au titre des mêmes mécanismes : un effet translatif contractuel dans la vente, la règle de l'accessoire et de l'accession pour l'entreprise (V. cependant *infra*, n° 482).

467. – **Contenu de la distinction.** Dans cette recherche de qualification, il faut distinguer plusieurs situations. Lorsque l'entrepreneur effectue une prestation portant sur une chose appartenant à son client, la qualification de contrat d'entreprise n'est pas discutable. À l'inverse, lorsque l'objet du contrat réside seulement dans l'acquisition d'un bien qui nécessite, certes, une fabrication, c'est, sans conteste, la qualification de vente qui l'emporte. En revanche, le doute est permis lorsque, comme le prévoit l'article 1787 du Code civil, l'entrepreneur four-

---

l'activité professionnelle de l'entrepreneur » (art. 1756 proposé). Le caractère gratuit du contrat peut étonner mais il suffit de songer aux professionnels, dont les avocats, agissant *pro bono* pour se convaincre de sa fréquence.

(4) Cass. 3e civ., 17 déc. 1997, n° 94-20.709 : *Bull. civ.* 1997, III, n° 226.

(5) Sur cette relation du travail à la chose, V. S. Becquet, *Le bien industriel*, LGDJ, coll. « Bibl. dr. privé », 2005, t. 448, préf. Th. Revet. – A. Cayol, *Le contrat d'ouvrage*, t. 38, IRJS, 2012, préf. Th. Revet.

(6) Cass. com., 29 juin 2022, n° 19-20.647 : *RDC* 2022/4, p. 22, obs. S. Pellet ; *RDC* 2022/4, p. 35, obs. L. Thibierge : « dans leurs rapports directs, l'action en garantie des vices cachés n'est pas ouverte au maître de l'ouvrage contre l'entrepreneur » (V. la solution inverse retenue par l'avant-projet de réforme du droit des contrats spéciaux, art. 1789 proposé). – Cass. 3e civ., 12 oct. 2022, n° 20-17.335 : *D.* 2023, p. 279, note R. Frering ; *RDC* 2023/1, p. 111, obs. J. Julien : la garantie de conformité prévue par les articles L. 211-1 et suivants, devenus L. 217-1 et suivants du Code de la consommation, ne s'applique qu'aux biens meubles corporels dont la propriété est transférée en vertu d'un contrat de vente, auquel est assimilé le contrat de fourniture d'un bien meuble à fabriquer ou à produire. Le vendeur répond également des défauts de conformité résultant de l'installation du bien lorsque le contrat met cette installation à sa charge. En revanche, le locateur d'ouvrage n'est pas tenu à la garantie pour les matériaux qu'il fournit et met en œuvre en exécution d'un contrat de louage d'ouvrage, hors le cas du contrat portant sur la fourniture d'un bien meuble à fabriquer ou à produire. Le champ d'application de la garantie légale de conformité ne peut, en effet, être étendu au-delà des prévisions de l'article L. 211-1, devenu L. 217-1 du Code de la consommation.

nit matière et travail. S'agit-il alors d'une vente, en l'occurrence une vente de chose future, ou d'un contrat d'entreprise ? C'est la question de l'entreprise avec fourniture de matière. Le choix de la pluralité peut séduire. On a justement montré que dans des opérations complexes, il est parfois permis d'identifier la présence d'une vente et d'un contrat d'entreprise(7). Mais on a aussi proposé pour une même opération une qualification mixte donnant lieu à une application distributive des règles : seraient tantôt appliquées les règles de la vente, tantôt celles de l'entreprise, selon la phase d'exécution du contrat.

Le choix d'une qualification unique est toutefois possible. Plusieurs critères ont été proposés par la doctrine, et repris avec plus ou moins de constance par la jurisprudence. Le plus simple est le critère dit « économique »(8). Il consiste à tenir compte de la valeur respective du travail et de la matière, et à déterminer la qualification par application de la règle de l'accessoire, comme le fait expressément la Convention des Nations unies sur les contrats de vente internationale de marchandises (CVIM dite « convention de Vienne »)(9). Utilisé à plusieurs reprises(10), ce critère n'est plus vraiment d'actualité, encore que l'on prône toujours son application lorsque l'entrepreneur construit un ouvrage sur le terrain du maître de l'ouvrage(11). Un autre critère dit « psychologique » est apparu plus séduisant. Il y a entreprise, si l'entrepreneur a exécuté la prestation sous la direction du maître et en suivant les plans de ce dernier ; il y a vente si celui qui fabrique dispose d'une totale liberté(12). Sur cette base, la Cour de cassation retient un critère dit de « spécificité » : si la chose a été fabriquée spécifiquement pour le client, il y a contrat d'entreprise ; en revanche si elle est fabriquée en série ou à l'avance de manière standard, c'est de la vente(13). Il y a ainsi entreprise et non point vente, lorsque le produit « ne répond pas à des caractéristiques déterminées à l'avance par le fabricant, mais est destiné à répondre aux besoins particuliers exprimés par le donneur d'ordre »(14). Concrètement la présence d'un stock révélera la vente.

(7) V. not. Ph. Rémy, obs. ss Cass. com., 4 juill. 1989 : *RTD civ.* 1990, p. 105, n° 6.

(8) V. not. M. Planiol et G. Ripert, *Contrats civils*, t. 11, 2e partie, 2e éd., 1954, par A. Rouast et R. Savatier, n° 912.

(9) CVIM, art. 3 : « 1° Sont réputés ventes les contrats de fourniture de marchandises à fabriquer ou à produire, à moins que la partie qui commande celle-ci n'ait à fournir une part essentielle des éléments matériels nécessaires à cette fabrication ou production. 2° La présente convention ne s'applique pas aux contrats dans lesquels la part prépondérante de l'obligation de la partie qui fournit les marchandises consiste en une fourniture de main-d'œuvre ou d'autres services ». – *Adde* art. 2103, C. civ., Québec : « Il y a contrat de vente, et non contrat d'entreprise ou de service, lorsque l'ouvrage ou le service n'est qu'un accessoire par rapport à la valeur des biens fournis ».

(10) V. not. Cass. 1re civ., août 1950 : *S.* 1951, 1, p. 100 ; *RTD civ.* 1951, p. 388, obs. J. Carbonnier. – Cass. com., 2 janv. 1968 : *Bull. civ.* 1968, IV, n° 6. – Cass. com., 27 avr. 1976 : *Bull. civ.* 1976, IV, n° 143. – Sur la critique de cette référence, P. Puig, nos 831 et s. – Fl. Labarthe et C. Noblot, *op. cit.*, n° 88.

(11) V. B. Boubli, *op. cit.*, n° 22.

(12) V. not. J. Hémard, *Les contrats commerciaux*, t. 1, Sirey, 1953, n° 70.

(13) Cass. 3e civ., 5 févr. 1985 : *D.* 1986, p. 499, J. Huet, cet auteur oppose la production standard (vente) à la confection sur mesure (service) ; *RTD civ.* 1985, p. 737, Ph. Rémy. – Cass. com., 4 juill. 1989 : *Bull. civ.* 1989, IV, n° 210 ; *JCP* G 1990, II, 21515, note Y. Dagorne-Labbé ; *D.* 1990, p. 246, 2e esp., note G. Virassamy ; *RTD civ.* 1990, p. 105, n° 6, obs. Ph. Rémy.

(14) Cass. com., 3 janv. 1995 : *Bull. civ.* 1995, IV, n° 2 ; *JCP* G 1995, I, 3880, n° 1, obs. F. Labarthe. En l'espèce, une société A livre à une société B des barres de céréales polluées, fabriquées par la société A par association de céréales préparées par la société B avec des flocons de blé fabriqués par d'autres sociétés pour le compte de la société A. La société B assigne cette dernière en réparation du préjudice subi, estimant que liée par un contrat de vente à la société A, celle-ci a manqué à son obligation de délivrance. Pour décider que les deux sociétés ont conclu un contrat de vente et non pas un contrat d'entreprise, la cour d'appel de Toulouse retient que fabriquer les barres de céréales à partir de spécifications techniques données par la société B et sur le matériel de cette dernière, avec pour partie des produits fournis par elle, ne constitue pas un contrat d'entreprise au sens de l'article 1787 du Code civil. Cette décision est censurée, car « en statuant ainsi, tout en relevant, en outre, que les barres de céréales étaient produites à partir de billes fournies par la société B, sur du matériel et selon un processus défini et arrêté par celle-ci, ce dont il résultait que ces

Il reste que le thème du contrat d'entreprise tendant au transfert d'un bien a été renouvelé par un auteur qui discerne la présence d'un effet translatif de propriété, analogue à la vente, dans ce genre de contrat[15] (V. *infra*, n° 482).

SOUS-SECTION 2

CONTRAT D'ENTREPRISE ET CONTRAT DE BAIL

468. – **Intérêts de la distinction.** Le vocabulaire du Code civil suggère une analogie de régime entre le bail, louage de choses (C. civ., art. 1709), et l'entreprise, louage d'ouvrage (C. civ., art. 1710). L'objet des deux conventions est pourtant radicalement différent : une chose préexistante au consentement pour le bail, une prestation humaine à réaliser pour l'entreprise. La différence se prolonge dans les obligations et prestations caractéristiques : la mise en jouissance d'une chose pour le bail, l'obligation de faire quelque chose pour l'entreprise.

L'intérêt de la distinction tient aux différences de régimes des deux contrats : ainsi de l'exigence d'un prix déterminé ou déterminable pour la validité du bail, pas du contrat d'entreprise ; ainsi du sort des fruits produits par la chose qui profitent au locataire, pas à l'entrepreneur qui cultive la terre d'autrui sans en avoir la jouissance effective[16] ; ainsi des conséquences de la perte de la chose supportée par le bailleur[17] et par celui qui fournit la matière dans l'entreprise[18] ; ainsi, surtout des règles contraignantes pour le bailleur qu'emporte l'application de certains statuts de baux spéciaux (bail rural, commercial...) et auxquelles échappe l'entrepreneur.

469. – **Contenu de la distinction.** Les difficultés de qualification naissent essentiellement de la présence d'opérations où se mêlent mise à disposition d'un bien et accomplissement de prestations. Il suffit simplement de songer à la situation de l'hôtelier qui, certes, met à disposition de ses clients une chambre, mais assure aussi des prestations[19]. La pluralité est encore plus forte dans les contrats permettant la mise à disposition de matériel informatique nécessairement accompagnée de multiples prestations[20].

produits ne répondaient pas à des caractéristiques déterminées à l'avance par le fabricant, mais étaient destinés à répondre aux besoins particuliers exprimés par le donneur d'ordre, la cour d'appel n'a pas tiré les conséquences légales de ses constatations ». – *Adde* en ce sens, Cass. com., 17 mars 1998 : *Contrats, conc. consom.* 1998, comm. 88, note L. Leveneur. – Cass. 1re civ., 14 déc. 1999 : *JurisData* n° 1999-004429 ; *JCP* E 2000, p. 205 (fourniture et installation de deux nouveaux moteurs sur un navire de pêche). – Cass. com., 9 nov. 2004 et 3e civ., 11 mai 2005 : *RDC* 2005, p. 1111, obs. P. Puig. – Cass. com., 7 nov. 2006 : *Contrats, conc. consom.* 2007, n° 62, L. Leveneur. – Cass. 3e civ., 20 avr. 2022, n° 21-14.182 : *RDC* sept. 2022, n° 3, p. 37, obs. L. Thibierge : les projecteurs litigieux avaient été adaptés aux besoins spécifiques du chantier, notamment en ce qui concerne le raccourcissement de leur patte de fixation, ils relevaient d'une tâche spécifique, ce qui emportait la qualification de contrat d'entreprise et non de vente.

(15) P. Puig, thèse citée. – P. Puig, *Le contrat d'entreprise translatif de propriété*, in *Études offertes à J. Dupichot*, Bruylant, 2004, p. 393. – V. *infra*, n° 482.

(16) V. Cass. 3e civ., 20 nov. 1991 : *RD rur.* 1992, p. 35.

(17) C. civ., art. 1722. – V. *supra*, n° 381.

(18) C. civ., art. 1788 et s. – V. *infra*, n° 487.

(19) Et c'est même la qualité des prestations qui contribue bien souvent à la qualité de l'hôtel.

(20) Une tendance contemporaine consistera pour l'entreprise à transférer (externaliser) sa fonction informatique à un professionnel indépendant qui en assurera l'exploitation, et le cas échéant l'évolution, pour le compte de cette entreprise : on parle d'infogérance informatique (*IT Outsourcing*), V. Dossier *Approche juridique de l'externationalisation*, in *CDE* mai 2006.

En cas de conflit de qualifications, rechercher une qualification unique est un réflexe compréhensible, qui conduit à nouveau à retenir la règle de l'accessoire. Il faut identifier ce qu'attend principalement le bénéficiaire de la prestation. Ainsi, on s'accorde, en doctrine, à reconnaître que le spectateur d'une pièce de théâtre recherche plus une prestation que la jouissance d'un fauteuil, ce qui conduit à privilégier la qualification de contrat d'entreprise(21). Le critère de l'accessoire se concilie souvent avec celui de l'indépendance : parfois, la remise de la chose devient prépondérante et la part de service accessoire, le bénéficiaire acquérant alors la maîtrise effective de la chose. Ainsi dans la location d'un véhicule avec chauffeur, le client qui donne des ordres à ce dernier a la maîtrise effective du véhicule ; le contrat est bien un louage de choses (le véhicule) comportant une prestation accessoire (celle du chauffeur)(22). De même, dans la location de chevaux, le client, cavalier averti, dispose de la maîtrise de sa monture ; il en gouverne l'allure et décide de son trajet : le contrat reste un louage à la différence de la convention de promenades équestres, largement pratiquée l'été dans le sud de la France, qui est un contrat d'entreprise, car l'entrepreneur offre le divertissement d'un parcours à cheval sur l'itinéraire qu'il impose(23). Critères de l'accessoire et de l'indépendance se combinent donc souvent mais expriment, en réalité, la même idée : l'indépendance permet au bénéficiaire de retirer par lui-même toutes les utilités de la chose sans l'aide de son partenaire, dont l'obligation réside dans la simple mise à disposition de la chose ; au contraire, lorsque le bénéficiaire n'acquiert pas la maîtrise complète du bien et qu'il ne peut l'utiliser sans les prestations que lui rend son partenaire, la qualification d'entreprise s'impose.

Parfois, la complexité de certaines opérations rend artificiel le choix d'une seule qualification. Mieux vaut alors admettre une qualification mixte lorsque la formule permet l'application distributive des règles du bail et du contrat d'entreprise dans des secteurs séparés. Le domaine de la propriété intellectuelle offre aussi un singulier exemple de cette combinaison avec le contrat de licence de brevet et de communication de savoir-faire non breveté(24). Enfin, l'originalité de

---

(21) Telle est l'opinion majoritaire des auteurs classiques (V. M. Planiol et G. Ripert, t. 10, par A. Tunc, n° 418), et contemporains (A. Bénabent, n° 490. – Comp. F. Collart Dutilleul, Ph. Delebecque et Ch.-E. Bucher, n° 361. – Ph. Malaurie, L. Aynès et P.-Y. Gautier, *op. cit.*, n° 439). – V. aussi, qualifiant d'entreprise et non de bail le contrat de séjour par lequel une maison de retraite héberge une personne âgée en lui fournissant des prestations médicales et sociales : Cass. 3e civ., 1er juill. 1998 : *Contrats, conc. consom.* 1998, comm. 140, obs. L. Leveneur.

(22) V. Cass. 2e civ., 11 mai 1956 : *Bull. civ.* 1956, II, n° 248 ; *D.* 1957, p. 121, note R. Rodière. – Cass. com., 1er déc. 1992 : *Contrats, conc. consom.* 1993, comm. 70.

(23) Cass. 1re civ., 27 mars 1985 : *Bull. civ.* 1985, I, n° 111 : « À la différence du loueur de chevaux proprement dit, dont la clientèle se compose de cavaliers aptes à se tenir sur leur monture en la faisant galoper ou trotter dans les directions choisies par eux, et qui acceptent dès lors de courir des risques en se livrant sciemment à la pratique d'un sport dangereux, l'entrepreneur de promenades équestres s'adresse à de simples touristes ignorant tout de l'équitation, pour procurer le divertissement d'un transport à cheval selon un itinéraire déterminé ».

(24) Sur l'analyse de la licence de brevet en louage de choses, V. *supra*, n° 320 ; le savoir-faire non breveté n'est pas l'objet de droit de propriété ; il ne peut donc être loué ni vendu ; protégé par le seul secret qui l'entoure, ce savoir-faire peut alors être l'objet d'un enseignement, c'est-à-dire d'une prestation caractéristique du contrat d'entreprise. La préexistence de la chose, le savoir-faire, invite au rapprochement avec les contrats sur les choses, dont la licence ; le fond du problème est de savoir si un bail (une licence) peut être conclu sur une chose inappropriée (comp. Ph. Devesa, *La nature juridique de la licence de savoir-faire*, in *Mél. offerts à J.-J. Burst*, Litec, 1997, p. 137). L'hypothèse fréquente d'un savoir-faire complexe pour partie breveté, pour partie secret, commande aux parties, ou au juge, de rechercher la composante principale du contrat opérant transfert de celui-ci ; à défaut, une qualification distributive jouera : licence (louage de choses) pour le brevet, entreprise (communication de savoir-faire) pour le secret (V. CA Paris, 22 mai 1990 : *Dossiers brevets* 1990). – *Adde* D. Fahs, *La licence de savoir-faire*, thèse ronéo, Montpellier, 2007.

certaines formules conduit le juge en *terra incognita*, vers la catégorie accueillante des contrats innomés. Ainsi en est-il du contrat d'exercice professionnel conclu par le médecin et la clinique où il pratique(25).

SOUS-SECTION 3

CONTRAT D'ENTREPRISE ET CONTRAT DE DÉPÔT

470. – **Intérêts de la distinction.** Les intérêts de la distinction sont ici moins importants depuis que le régime de la responsabilité de l'entrepreneur et du dépositaire est, pour la jurisprudence, pratiquement identique. L'intérêt essentiel concerne la formation du contrat ; le contrat d'entreprise est un contrat consensuel alors que le dépôt est un contrat réel (V. *infra*, n° 572).

471. – **Contenu de la distinction.** De prime abord la distinction est nette : alors que le contrat d'entreprise tend à la création de nouvelles richesses, le dépôt tend à la seule conservation d'une richesse préexistante ; l'obligation caractéristique du dépositaire sera de conserver la chose en vue de la restituer (V. *infra*, n°s 577 et s.). Les risques de confusion entre entreprise et dépôt n'existent que lorsque le client remet à l'entrepreneur une chose nécessaire à l'exécution de la prestation : une voiture chez un garagiste, un fusil chez un armurier, un costume chez le teinturier... C'est, *a priori*, l'objet du contrat dicté par l'intention des parties qui permet d'adopter une qualification unique. Si le propriétaire de la chose contracte pour l'exécution d'un travail, c'est l'entreprise qui s'impose et la conservation n'est qu'accessoire, alors que si la chose n'a été remise qu'en vue de sa garde, c'est le dépôt qui prime. Mais la Cour de cassation scinde parfois l'opération, pour appliquer successivement le régime de l'entreprise et celui du dépôt. Ainsi, affirme-t-elle que « l'existence d'un contrat d'entreprise portant sur une chose remise à l'entrepreneur n'exclut pas que celui-ci soit aussi tenu des obligations du dépositaire »(26). Ce découpage quelque peu artificiel du contrat est justement critiqué par une grande partie de la doctrine, qui préfère dans ces hypothèses la qualification d'entreprise « quitte à gonfler le contenu du contrat en y incluant une obligation de conservation »(27). De fait, la restitution ne s'opère pas à l'identique, mais une fois la prestation opérée : le véhicule est réparé, le fusil bien graissé, le costume dégraissé ! La garde n'est qu'un moyen du service(28), la formule penche vers l'entreprise.

---

(25) La clinique met à la disposition du médecin des locaux, du matériel sophistiqué et onéreux, du personnel ; le médecin « paie » des loyers et souscrit le plus souvent une clause de non-concurrence au profit de la clinique où il « attire » sa clientèle (V. Cass. 1re civ., 16 déc. 1992 : *Bull. civ.* 1992, I, n° 314. – Cass. 1re civ., 3 déc. 1994 : *Bull. civ.* 1994, I, n° 371. – *Adde*, V. Harrichaux-Ramu, *Sur l'exclusivité des médecins exerçant dans les établissements d'hospitalisation privée : JCP G* 1979, I, 2950). La convention est complexe ; elle combine la location, le prêt et l'entreprise. La doctrine lui prête généralement une nature *sui generis* (V. F. Collart Dutilleul, Ph. Delebecque et Ch.-E. Bucher, n° 362. – Ph. Malaurie, L. Aynès et P.-Y. Gautier, n° 20).

(26) V. Cass. 1re civ., 11 juill. 1984 : *Bull. civ.* 1984, I, n° 230. – *Adde*, Cass. 1re civ., 3 juill. 2001 : *Contrats, conc. consom.* 2001, comm. 169, note L. Leveneur (un contrat conclu avec un entraîneur hippique qui assure à la fois une mission d'entraînement et une mission de soins et d'hébergement de l'animal s'analyse pour partie en un contrat d'entreprise et pour partie en un contrat de dépôt salarié). – Cass. 1re civ., 30 mai 2006 : *Contrats, conc. consom.* 2006, comm. 181, obs. L. Leveneur (l'entrepreneur qui a effectué sa prestation n'est pas libéré de ses obligations de dépositaire). – Cass. 1re civ., 8 oct. 2009 : *RDC* 2010, p. 95, A. Bénabent : en ce qu'il est l'accessoire du contrat d'entreprise, le contrat de dépôt d'un véhicule auprès d'un garagiste existe, indépendamment de tout accord de gardiennage. Dès lors, viole l'article 1915 du Code civil la juridiction qui déboute le garagiste de sa demande en paiement de frais de gardiennage au motif qu'aucun contrat de gardiennage n'a été conclu entre le garagiste et le client qui lui a remis son véhicule pour réparations.

(27) F. Collart Dutilleul, Ph. Delebecque et Ch.-E. Bucher, n° 710. – *Adde* B. Boubli, *op. cit.*, n° 29.

(28) P. Puig, n° 822.

SECTION 2

... DE MANIÈRE INDÉPENDANTE...

472. – **Contrat d'entreprise et contrat de travail : intérêts de la distinction.** C'est sans conteste la distinction entre contrat d'entreprise et contrat de travail qui suscite le plus de contentieux. Les intérêts de la distinction sont finalement simples à résumer. De la qualification retenue, dépend tout simplement l'application du droit du travail et du droit de la sécurité sociale. Pas moins ! Il ne s'agit donc pas d'une différence portant sur quelques règles, mais d'une différence fondamentale de régime(29).

473. – **Contenu de la distinction.** Les risques de confusion entre les deux qualifications sont assez naturels, si l'on se souvient de l'article 1779 du Code civil qui place les deux contrats dans le même genre. Dans l'un comme dans l'autre contrat, il y a bien exécution d'un travail moyennant rémunération. Mais ce n'est pas cette filiation historique qui explique vraiment aujourd'hui le contentieux. L'importance des charges sociales, la rigidité, la complexité, voire l'incohérence de certaines règles du Code du travail sont autant d'incitations à se placer sous la qualification de contrat d'entreprise, en créant ainsi de « faux indépendants »(30).

Aussi, le contentieux en requalification, singulièrement, à l'initiative des URSSAF, s'est-il développé au cours des dernières années. De nombreux professionnels libéraux se sont trouvés assujettis au régime général de la sécurité sociale, antichambre d'une application plus large du droit du travail(31). Mais déjouer la dissimulation n'est pas la seule explication de l'extension du salariat. La chambre sociale de la Cour de cassation a, pendant longtemps, privilégié un critère extensif de qualification du contrat de travail singulièrement pour l'assujettissement au régime général de sécurité sociale, entraînant dès lors indirectement une extension du périmètre du contrat de travail au détriment du contrat d'entreprise.

Pour distinguer le contrat de travail du contrat d'entreprise, certains éléments sont indifférents. Ainsi, il n'y a pas à tenir compte de l'indépendance technique du professionnel qui n'est pas incompatible avec l'existence d'un rapport de subordination(32). De même, la cour a retenu que « l'existence d'une relation de travail salarié ne dépend ni de la volonté exprimée par les parties, ni de la dénomination qu'elles ont donnée à leur convention, mais des conditions de fait dans lesquelles est exercée l'activité des travailleurs ».

(29) La distinction présente aussi des intérêts au plan du droit civil, singulièrement au plan de la responsabilité civile. L'employeur est ainsi responsable des fautes de ses préposés (C. civ., art. 1242, al. 5), alors que le maître de l'ouvrage ne l'est pas pour celles de l'entrepreneur. Par ailleurs, seule la faute lourde du salarié engage la responsabilité civile de ce dernier envers l'employeur. – V. Ch. Radé, *Droit du travail et responsabilité civile*, LGDJ, coll. « Bibl. dr. privé », 1997, t. 282, préf. J. Hauser.

(30) V. not. F. Doroy, *La vérité sur le faux travail indépendant* : *Dr. soc.* 1995, p. 638.

(31) V. not. pour les médecins exerçant dans des cliniques privées, J. Savatier, *L'application du droit du travail dans les établissements hospitaliers privés* : *RD sanit. soc.* 1990, p. 478.

(32) V. not. pour les médecins : Cass. crim., 5 mars 1992 : *Bull. crim.* 1992, n° 10 ; *RTD civ.* 1993, p. 137, obs. P. Jourdain : « L'indépendance professionnelle dont jouit le médecin dans l'exercice de son art n'est pas incompatible avec l'état de subordination qui résulte d'un contrat de louage de services ». – V. plus largement, J. Barthélemy, *Contrat de travail et activité libérale* : *JCP G* 1990, I, 3450. – A. Sauret, *Indépendance technique et subordination juridique* : *LPA* 17 juin 1992, n° 73. – A. Cœuret, *Le salariat dans l'entreprise libérale* : *Dr. soc.* 1992, p. 907. – Pour les avocats, V. L. n° 71-1130, 31 déc. 1971, art. 7 dans sa rédaction issue de la loi n° 90-1259 du 31 décembre 1990 (*JCP G* 1991, III, 64448).

Bien que les deux contrats soient à titre onéreux, le mode de détermination de la rémunération est parfois présenté comme un élément de distinction. Ainsi, une rémunération à un taux horaire relève plus du salariat, alors que l'entrepreneur pratique plus volontiers la technique du forfait. Mais cette constatation n'est pas déterminante, car on connaît depuis longtemps les forfaits de salaire, surtout pour les cadres, et, à l'inverse, la pratique de la tarification horaire chez certains prestataires de services.

La distinction entre le contrat de travail et le contrat d'entreprise repose fondamentalement sur un critère précis : *la subordination juridique*. Le salarié, à la différence de l'entrepreneur, exécute son travail sous la subordination de celui pour qui il exécute (l'employeur). Reste toutefois à identifier la subordination juridique, ce qui n'est pas chose toujours facile, d'autant que la méthode a quelque peu évolué(33). Pour « mettre un frein à l'impérialisme du contrat de travail »(34), la loi Madelin du 11 février 1994 avait mis en place une présomption d'absence de contrat de travail(35).

Belle bouée d'oxygène pour les commerçants, artisans et professionnels libéraux même si la présomption de non-contrat de travail n'était pas irréfragable... Au détour de la loi Aubry II relative à la réduction négociée du temps de travail, les deux premiers alinéas de l'article L. 120-3 du Code du travail ont été abrogés. Retour alors à « l'unique case jurisprudence » ! Mais un temps seulement, car au gré d'une nouvelle alternance politique, la présomption d'absence de contrat de travail réapparaît avec la loi n° 2003-721 du 1er août 2003(36). Désormais :

> « I. – Sont présumés ne pas être liés avec le donneur d'ordre par un contrat de travail dans l'exécution de l'activité donnant lieu à immatriculation ou inscription :
>
> 1° Les personnes physiques immatriculées au registre du commerce et des sociétés, au répertoire des métiers, au registre des agents commerciaux ou auprès des unions de recouvrement des cotisations de sécurité sociale et d'allocations familiales pour le recouvrement des cotisations d'allocations familiales ; (...)
>
> 3° Les dirigeants des personnes morales immatriculées au registre du commerce et des sociétés et leurs salariés ; (...)
>
> II. – L'existence d'un contrat de travail peut toutefois être établie lorsque les personnes mentionnées au I fournissent directement ou par une personne interposée des prestations à un donneur d'ordre dans des conditions qui les placent dans un lien de subordination juridique permanente à l'égard de celui-ci. (...) » (C. trav., art. L. 8221-6).

(33) V. Th. Revet, *La force de travail*, Litec, coll. « Bibl. dr. entr. », 1992, t. 28, préf. F. Zénati.

(34) B. Teyssié, *Sur un fragment de la loi n° 94-126 du 11 février 1994 : commentaire de l'article L. 120-3 du Code du travail* : *Dr. soc.* 1994, p. 667.

(35) « Les personnes physiques immatriculées au Registre du commerce et des sociétés, au Répertoire des métiers, au Registre des agents commerciaux ou auprès des unions pour le recouvrement des cotisations de sécurité sociale et des allocations familiales pour le recouvrement des cotisations d'allocations familiales sont présumées ne pas être liées par un contrat de travail dans l'exécution de l'activité donnant lieu à cette immatriculation. Toutefois, l'existence d'un contrat de travail peut être établie lorsque les personnes citées au premier alinéa fournissent directement ou par une personne interposée des prestations à un donneur d'ouvrage dans des conditions qui les placent dans un lien de subordination juridique permanente à l'égard de celui-ci » (C. trav., art. L. 120-3, réd. L. 11 févr. 1994).

(36) V. not. M. Véricel, *Le rétablissement de la présomption de non-salariat* : *Dr. soc.* 2004, 297. Pour une application, V. Cass. crim., 14 févr. 2006 : *JCP S* 2006, 1291, note C. Puigelier.

Cette présomption pouvant être détruite par la démonstration d'existence d'un lien de subordination juridique permanente, l'analyse jurisprudentielle de ce critère mérite intérêt.

Pour schématiser, on peut relever que, pendant longtemps, la jurisprudence de la chambre sociale de la Cour de cassation a adopté en matière de sécurité sociale une conception extensive du salariat, qui a quelque peu permis un impérialisme du contrat de travail sur le contrat d'entreprise. La Haute juridiction dans une importante décision du 13 novembre 1996[37] a non seulement abandonné cette conception extensive, mais a surtout adopté une définition de la subordination juridique commune au droit du travail et au droit de la Sécurité sociale. Ainsi :

> **« Le lien de subordination est caractérisé par l'exécution d'un travail accompli sous l'autorité d'un employeur qui a le pouvoir de donner des ordres et des directives, d'en contrôler l'exécution et de sanctionner les manquements de son subordonné ; le travail au sein d'un service organisé peut constituer un indice du lien de subordination lorsque l'employeur détermine unilatéralement les conditions d'exécution du travail »[38].**

Le critère du service organisé, fer de lance de la définition extensive de salarié, sort donc meurtri de cette décision. Désormais, seuls comptent les caractères fondamentaux de la subordination : pouvoir de l'employeur de donner des ordres et des directives, d'en contrôler l'exécution et de sanctionner. Pour apprécier l'existence de ces éléments, les juges doivent se livrer à une analyse précise des conditions d'exécution de la prestation (horaires de travail, lieu d'exécution, rapports avec les clients...), méthode qui laisse souvent une impression de casuistique. Mais il est bien difficile de procéder autrement, et la tâche n'est pas facile, d'autant qu'aujourd'hui nombreux sont les auteurs qui trouvent réductrice l'opposition contrat de travail/contrat d'entreprise. L'idée d'une qualification intermédiaire, appelée « parasubordination », a été émise au soutien de l'émergence d'un droit de l'activité professionnelle[39].

En réalité, à la suite des travaux du professeur Revet qui a proposé une analyse civiliste du contrat de travail observant dans celui-ci le louage de la force de travail du salarié à l'employeur[40], le critère du lien de subordination exprime une distinc-

(37) Cass. soc., 13 nov. 1996, n° 94-13.187 : *JCP* E 1997, II, 911, note J. Barthélemy ; *Dr. soc.* 1996, p. 1067, note J.-J. Dupeyroux. – *Adde* Cass. soc., 23 avr. 1997 : *Dr. soc.* 1997, p. 642, note J. Savatier. – Cass. soc., 15 oct. 1998 : *RJS* 1998, p. 813, n° 1343. – Cass. soc., 15 févr. 2006 : *JCP S* 2006, 1255, note C. Puigelier. – Cass. soc., 27 sept. 2006, n° 04-45.706, inédit. – V. Ph. Coursier, *Vent de liberté sur l'assujettissement au régime général de la sécurité sociale*, in *Mél. Ch. Mouly*, t. II, Litec, 1998, p. 77.

(38) Cass. soc., 13 nov. 1996, préc.

(39) V. J. Barthélemy, *Le professionnel parasubordonné* : *JCP* E 1996, I, 606 : « Dès lors est-il incongru d'imaginer une qualification intermédiaire entre le contrat de travail et le contrat de mandat ou d'entreprise, matérialisée par un état de dépendance économique, mais aussi par un degré élevé d'autonomie ou une indépendance dans l'exercice professionnel ? Un tel état justifierait une protection, conséquence du déséquilibre du contrat ; mais pas nécessairement la même que celle qu'implique la soumission permanente et totale aux ordres d'un représentant de l'entreprise. Eu égard à ces caractéristiques, le champ induit par cette qualification mordrait sur ceux à la fois des travailleurs salariés et des travailleurs indépendants » (n° 7). – *Adde* pour une réflexion sur l'émergence d'un droit de l'activité professionnelle, Th. Aubert-Monpeyssen, *Les frontières du salariat à l'épreuve des stratégies d'utilisation de la force de travail* : *Dr. soc.* 1997, p. 616.

(40) Th. Revet, *La force de travail*, *op. cit.*

tion fondamentale : l'entrepreneur travaille pour son compte alors que le salarié travaille pour le profit d'autrui contre loyer (salaire) ; l'entrepreneur assume les risques de son activité, pas le salarié ; la subordination juridique du salarié trouve sa justification causale dans la protection que procurent au salarié sa position et son statut, là où l'employeur est exposé aux aléas du marché, aux risques de l'impayé ou de la responsabilité civile liée à son activité[41].

SECTION 3

... SANS REPRÉSENTATION

474. – Contrat d'entreprise et contrat de mandat. Les intérêts de la distinction entre contrat d'entreprise et contrat de mandat ne manquent pas. Citons à nouveau les principaux. Le maître de l'ouvrage n'a aucun lien avec les tiers qui contractent avec l'entrepreneur, sous réserve des règles relatives à la sous-traitance (V. *infra*, n° 489), alors que le mandant est normalement tenu d'exécuter les engagements contractés par le mandataire auprès de tiers (V. *infra*, n° 550). Le maître de l'ouvrage n'a pas à indemniser l'entrepreneur des pertes subies pendant l'exécution du contrat, alors que le mandant peut en être tenu sous certaines conditions (V. *infra*, n° 542). Enfin, la réfaction judiciaire du prix n'a pas encore dans les deux contrats la même ampleur.

La distinction entre le contrat d'entreprise et le contrat de mandat repose sur deux éléments. En premier lieu, l'entrepreneur effectue des prestations d'ordre matériel ou intellectuel[42], alors que le mandataire accomplit des actes juridiques. En second lieu, le contrat d'entreprise ne confère à l'entrepreneur aucun pouvoir de représentation[43], alors que le mandataire agit au nom et pour le compte du mandant (V. *infra*, n° 515). À nouveau, la pratique révèle des situations plus complexes où une même personne peut effectuer des prestations de nature fort différente en agissant de surcroît pour le compte d'autrui. Il est, d'une part, des situations où il y a un véritable cumul d'un contrat d'entreprise et d'un contrat de mandat. Ainsi en est-il classiquement de l'avocat, qui, dans sa mission de conseil, se comporte comme un entrepreneur, alors qu'il est mandataire de son client pour les actes de procédure. Il en va de même de l'architecte, lié en principe à son client par un contrat d'entreprise, mais qui peut être parfois chargé d'une mission plus large, qui le conduit à représenter son client auprès de tiers[44]. Même amalgame à propos de l'agence de voyages, alors que le législateur qualifie malheureusement la prestation procurée de « vente de voyages »[45]. Il est, d'autre part, des situations

(41) V. Th. Pasquier, *L'économie du contrat de travail-conception et destin d'un type contractuel*, LGDJ, coll. « Bibl. dr. soc. », 2010, t. 53, préf. A. Lyon-Caen. – Sur les limites du critère, V. P. Puig, n° 825.

(42) « Les travaux d'ordre intellectuel ne sont pas exclus de la définition du contrat d'entreprise » (Cass. 3e civ., 28 févr. 1984 : *Bull. civ.* 1984, III, n° 51).

(43) F. Leduc, *Les avatars de la distinction entre le contrat de mandat et le contrat d'entreprise*, in *Mél. G. Viney*, LGDJ, 2008, p. 595.

(44) V. Cass. 3e civ., 8 janv. 1970 : *Bull. civ.* 1970, III, n° 13.

(45) V. L. n° 2009-888, 22 juill. 2009, V. *supra*, n° 81.

où une seule qualification l'emporte. Ainsi en est-il du contrat de promotion immobilière qualifié par l'article 1831-1 du Code civil de mandat d'intérêt commun(46), alors pourtant que l'objet du contrat relève visiblement plus de l'entreprise(47), au point d'y voir plutôt « un mandat mélangé de louage d'ouvrage »(48).

(46) Selon cet article du Code civil, « le contrat de promotion immobilière est un mandat d'intérêt commun par lequel une personne dite "promoteur immobilier" s'oblige envers le maître d'un ouvrage à procéder, pour un prix convenu, au moyen de contrats de louage d'ouvrage, à la réalisation d'un programme de construction d'un ou plusieurs édifices, ainsi qu'à procéder elle-même ou à faire procéder, moyennant une rémunération convenue, à tout ou partie des opérations juridiques, administratives et financières concourant au même objet ».
(47) En ce sens, Ph. Delebecque, *op. cit.*, spéc. p. 11.
(48) B. Boubli, *op. cit.*, n° 27 et les auteurs cités.

CHAPITRE 2

LA FORMATION DU CONTRAT D'ENTREPRISE

475. – Renvoi au droit commun ; l'accord sur le prix n'est pas indispensable. Au-delà du respect des conditions de validité de l'article 1128 du Code civil[1], le contrat d'entreprise se forme par l'échange des consentements[2] des parties sur le travail à réaliser, sans qu'un accord préalable sur le montant de la rémunération ne soit un élément essentiel à la formation du contrat[3]. Cette indifférence contraste avec le régime de la vente où l'exigence d'un prix déterminé apparaît comme structurelle au contrat à raison de la préexistence de la chose au consentement (V. *supra*, n° 127) ; dans l'entreprise, au contraire, la richesse naît de l'exécution du contrat : il est alors difficile de prévoir à l'avance le temps nécessaire à l'ouvrage ou la qualité de celui-ci une fois réalisé. Il en ressort qu'un accord préalable sur le montant exact de la rémunération n'est pas un élément essentiel du contrat de louage d'ouvrage ; en l'absence d'un tel accord, il appartient au juge (du fond) de fixer la rémunération compte tenu des éléments de la cause[4]. En d'autres termes, avant la réforme du 10 février 2016, à défaut d'accord préalable sur le prix, l'entrepreneur présentait la facture au client mais celui-ci pouvait en contester le montant et faire une contre-proposition. À défaut d'accord trouvé par les parties, le juge avait alors la possibilité de fixer le prix du contrat.

Cette solution traditionnelle a pourtant été abandonnée, sans que ses rédacteurs en soient nécessairement conscients, par l'ordonnance du 10 février 2016. L'article 1165 du Code civil, présenté par le Rapport fait au Président de la République comme étant la consécration des solutions dégagées par la jurisprudence,

---

(1) Le contrat qui porte sur des marchés publics est soumis à une réglementation particulière qui relève du Code des marchés publics.

(2) « Le contrat d'entreprise n'est soumis à aucune forme déterminée » (Cass. civ., 23 oct. 1945 : *D.* 1946, p. 19. – Cass. 3e civ., 18 juin 1970 : *D.* 1970, p. 674).

(3) V. Cass. 1re civ., 15 juin 1973 : *Bull. civ.* 1973, I, n° 301. – Cass. 1re civ., 20 févr. 1996 : *Bull. civ.* 1996, I, n° 91. – Cass. 1re civ., 28 nov. 2000 : *Contrats, conc. consom.* 2000, comm. 38, note L. Leveneur. Rappelons que la règle n'est désormais plus réservée au seul contrat d'entreprise depuis les quatre arrêts d'assemblée plénière du 1er décembre 1995. – V. *supra*, nos 40 et 41.

(4) Cass. 1re civ., 15 juin 1973 : *Bull. civ.* 1973, I, n° 202 (conseils d'un ingénieur). – Cass. com., 29 janv. 1991 : *JCP* G 1991, II, 21751, obs. L. Leveneur ; *RTD civ.* 1991, p. 323, obs. J. Mestre (nettoyage de linge). – *Adde* Cass. 1re civ., 4 oct. 1989 : *Bull. civ.* 1989, I, n° 301. – Cass. 1re civ., 24 nov. 1993 : *Bull. civ.* 1993, I, n° 339 ; *Contrats, conc. consom.* févr. 1994, n° 20, obs. L. Leveneur ; *RTD civ.* 1994, p. 631, obs. P.-Y. Gautier.

dispose en effet que : « Dans les contrats de prestation de service, à défaut d'accord des parties avant leur exécution, le prix peut être fixé par le créancier, à charge pour lui d'en motiver le montant en cas de contestation. En cas d'abus dans la fixation du prix, le juge peut être saisi d'une demande en dommages et intérêts »[(5)]. On mesure donc que le juge ne fixe plus le prix, mais condamne seulement à des dommages et intérêts en cas d'abus. Si les deux solutions peuvent paraître assez similaires d'un point de vue économique, elles emportent des conséquences différentes d'un point de vue pratique et juridique. En pratique, il est à craindre que les entrepreneurs ne profitent du nouvel article pour fixer des prix qui, sans être abusifs, seront néanmoins élevés : ce sera alors au client à prendre l'initiative d'un éventuel recours et à supporter l'incertitude et la plasticité de la notion d'abus. En droit, il est évident que la condamnation à des dommages et intérêts ne saurait être assimilée à une fixation judiciaire du prix : le prix reste celui fixé unilatéralement par l'entrepreneur et le juge n'a aucun moyen de fixer un nouveau prix. Les conséquences sont nombreuses : impayé d'une facture mirobolante, l'entrepreneur pourrait agir en référé afin d'obtenir une provision, sans que le client ne puisse lui opposer l'éventuel abus qui serait analysé en une contestation au fond ; il pourrait encore céder sa créance à une banque, laquelle poursuivra le client en paiement, ne lui laissant comme seule possibilité une hypothétique action en dommages et intérêts contre l'entrepreneur… en espérant qu'il n'ait pas déposé le bilan entre-temps. Le texte nouveau annonce donc d'épineuses difficultés[(6)]. L'avant-projet de réforme du droit des contrats spéciaux propose de revenir à la solution antérieure à la réforme du droit des contrats : l'article 1165 du Code civil serait abrogé et l'article 1760 disposerait : « le contrat d'entreprise est valablement formé sans accord préalable sur le prix. À défaut d'accord sur le prix, le juge le fixe en fonction de la qualité de l'ouvrage réalisé, des attentes légitimes des parties, des usages et de tout autre élément pertinent ».

En l'état du droit actuel, plusieurs solutions peuvent être avancées. La première consisterait à insister sur l'obligation de motivation du prix unilatéralement fixé : une interprétation du texte pourrait en effet laisser penser que la possibilité de fixer unilatéralement le prix est conditionnée par la motivation de son montant. À défaut de motivation du prix, la possibilité de le fixer unilatéralement tomberait, et le juge retrouverait son office traditionnel. La seconde consisterait à invoquer l'article 1223 du Code civil et à permettre au client de réduire unilatéralement le prix. Mais cette prérogative suppose une prestation imparfaitement exécutée, ce

(5) Sur ce texte, F. Labarthe, *La fixation unilatérale du prix dans les contrats de prestation de services* : JCP G 2016, 642. – G. Lardeux, *Le contrat de prestation de services dans les nouvelles dispositions du Code civil* : D. 2016, 1659. – P. Puig, *Le prix dans les contrats de prestation de service*, in *Le droit spécial des contrats à l'épreuve du nouveau droit commun*, PUF, 2018. – J.-S. Borghetti, *Fixation et révision du prix* : RDC juin 2018, hors-série « Le nouveau droit des obligations après la ratification du 20 avril 2018 », p. 25-36. – D. Mazeaud, *Réforme du droit des contrats : que vont les règles jurisprudentielles non codifiées devenir ?*, in *Mél. F. Collart Dutilleul*, Dalloz, 2017, spéc. n° 22, p. 541 et s.

(6) Cass. com., 20 sept. 2023, n° 21-25.386. La Cour de cassation a refusé d'appliquer l'article 1165 à la prestation d'un expert-comptable au motif que l'article 151, alinéa 1, du décret n° 2012-432 du 30 mars 2012 relatif à l'exercice de l'activité d'expertise comptable imposait que l'expert-comptable passe avec son client un contrat écrit définissant sa mission et précisant les droits et obligations de chacune des parties. Elle en déduit « que les dispositions de l'article 1165 du code civil ne sont, conformément à l'article 1105, alinéa 3, du même code, pas applicables à une prestation de services fournie par un expert-comptable ».

qui ne sera pas nécessairement le cas. Pascal Puig observe cependant que l'éventuelle disproportion entre la prestation réalisée et le prix unilatéralement fixé pourrait prouver une exécution défectueuse[7].

La loi du 20 avril 2018 a modifié l'article 1165 en précisant que le juge pouvait, le cas échéant, prononcer la résolution du contrat. Cette faculté permettrait alors au client d'échapper au paiement du prix qu'on lui réclame.

Le prix peut néanmoins être arrêté à l'avance de manière forfaitaire (marché à forfait). C'est d'ailleurs l'un des intérêts du *devis* (V. *infra*, n° 477). Si la formule garantit le coût global de l'opération, elle peut inciter l'entrepreneur à limiter ses coûts, on la réservera de préférence aux prestations standardisées.

La preuve du contrat d'entreprise est également soumise au droit commun, encore que la première chambre civile de la Cour de cassation ait un temps affirmé que l'existence du contrat d'entreprise peut être établie par tous moyens de preuve[8], avant de revenir à une application orthodoxe de l'ancien article 1341 du Code civil (devenu 1359)[9]. L'exigence d'écrit est toutefois tempérée par une admission fréquente du commencement de preuve par écrit[10]. Par ailleurs, les difficultés d'ordre probatoire concernent parfois plus le contenu que l'existence du contrat. Or, la preuve de l'existence ne se confond pas avec celle du contenu. La Cour de cassation admet alors que le contenu peut être établi par interprétation, « les juges ayant la possibilité de recourir à tous moyens de preuve pour interpréter la volonté des parties »[11] ; il appartiendra néanmoins à l'entrepreneur de convaincre le juge de la réalité de sa prestation et du montant de sa créance[12].

476. – **Renvoi au droit de la consommation ; comme pour la vente.** Le contrat d'entreprise liant un consommateur à un professionnel relèvera comme la vente (V. *supra*, n°s 95 et s.) des dispositions protectrices du Code de la consommation. Ainsi, tout professionnel prestataire de services doit, avant la conclusion du contrat, mettre le consommateur en mesure de connaître les caractéristiques essentielles du service ainsi qu'un certain nombre d'informations relatives à ce prestataire (C. consom., art. L. 111-1 et s.). Il doit aussi, par voie de marquage, d'étiquetage, d'affichage ou par tout autre procédé approprié, informer le consommateur sur les prix, les limitations éventuelles de la responsabilité contractuelle et les conditions particulières du contrat (C. consom., art. L. 112-1 et s.). Il s'agit donc d'une information publique, selon des modalités fixées par arrêtés du ministre chargé de l'économie[13]. Par ailleurs, le professionnel doit indiquer la date limite à laquelle il s'engage à exécuter la prestation lorsque la fourniture de cette dernière

(7) P. Puig, *op. cit.*, n° 840.
(8) V. Cass. 1re civ., 17 déc. 1964 : *Bull. civ.* 1964, I, n° 576 ; *D.* 1965, somm. p. 75.
(9) V. Cass. 1re civ., 24 mars 1987 : *Bull. civ.* 1987, I, n° 101 ; *D.* 1988, p. 297, note A. Gourio.
(10) V. Cass. 1re civ., 30 oct. 1961 : *Bull. civ.* 1961, I, n° 492 (mention « convenu » et signature du client sur le devis). – Cass. 3e civ., 2 avr. 1979 : *JCP G* 1979, IV, 203 ; *RD imm.* 1979, p. 471, obs. Ph. Malinvaud et B. Boubli (demandes de permis de construire refusées).
(11) B. Boubli, *op. cit.*, n° 45 et les exemples cités. Rappelons, conformément à l'ancien article 1341 du Code civil, que si l'une des parties veut prouver « outre et contre » l'acte invoqué par son cocontractant, elle doit alors le faire par écrit. V. pour un exemple relatif au contrat d'entreprise, Cass. 3e civ., 8 janv. 1970 : *Bull. civ.* 1970, III, n° 26.
(12) Cass. 1re civ., 18 nov. 1997 : *D. affaires* 1998, p. 221 ; *RTD civ.* 1998, p. 372, obs. J. Mestre et p. 402, obs. P.-Y. Gautier ; *Defrénois* 1998, 405, obs. A. Bénabent.
(13) V. sur les arrêtés pris, J. Calais-Auloy et H. Temple, *Droit de la consommation, op. cit.*, n° 314. – N. Sauphanor-Brouillaud, *Les contrats de consommation, règles communes, op. cit.*, n° 291.

n'est pas immédiate ; à défaut, il doit exécuter la prestation dans le délai de trente jours suivant la conclusion du contrat (C. consom., art. L. 216-1). Il faut aussi tenir compte du formidable développement de la normalisation des produits et des services[14].

Rappelons que la directive 2011/83 du 25 octobre 2011 relative aux droits des consommateurs reprend l'essentiel de ces dispositions et aménage une obligation d'information commune aux contrats de vente et d'entreprise concernant les contrats autres que les contrats à distance ou hors établissement conclus entre professionnels et consommateurs (V. *supra*, n° 96).

477. – **Le consentement. Importance pratique de la phase précontractuelle ; *devis*.** L'importance et/ou la complexité de la prestation à exécuter conduisent bien souvent les parties à un contrat d'entreprise à ne pas échanger rapidement leur consentement. Une phase de négociation, ponctuée parfois par des actes préparatoires, précède la conclusion du contrat principal. Cette phase précontractuelle qui, certes, n'est pas propre au contrat d'entreprise (V. *supra*, n°s 24 et s.), donne toutefois lieu à des pratiques spécifiques.

Ainsi est-il des procédures d'appels d'offres obligatoires en présence d'un marché public, mais dont s'inspirent parfois certains maîtres d'ouvrage, et qui peuvent, selon les circonstances, constituer de véritables promesses unilatérales. Mais c'est la pratique du *devis* qui est de loin la plus courante, même si la Cour de cassation a expressément indiqué que l'établissement d'un devis n'est pas nécessaire à l'existence du contrat d'entreprise[15]. Encore que des règles déontologiques l'imposent parfois.

De même, le contrat « d'architecte » doit être conclu par écrit[16], encore que, selon la Cour de cassation, cet écrit ne soit pas une condition de validité de la convention[17].

Le devis qui contient classiquement l'énumération, la spécification et le prix des travaux à effectuer suscite deux difficultés principales. La première concerne sa nature juridique : s'agit-il de simples pourparlers, d'une promesse unilatérale de contrat, voire d'un véritable contrat préparatoire ? Tout dépend de la volonté des parties, les usages professionnels jouant un rôle important lorsque cette dernière est peu perceptible. Un auteur propose une analyse dualiste du devis, selon que celui-ci s'attache à une prestation spécifique ou à une prestation standard[18].

(14) L'activité de normalisation est définie en droit français comme « une activité d'intérêt général qui a pour objet de fournir des documents de référence élaborés de manière consensuelle par toutes les parties intéressées, portant sur des règles, des caractéristiques, des recommandations ou des exemples de bonnes pratiques, relatives à des produits, à des services, à des méthodes, à des processus ou à des organisations. Elle vise à encourager le développement économique et l'innovation tout en prenant en compte des objectifs de développement durable » (V. D. n° 2009-697, 16 juin 2009 relatif à la normalisation). – V. J. Calais-Auloy et H. Temple, *Droit de la consommation*, *op. cit.*, n°s 208 et s. – N. Sauphanor-Brouillaud, *op. cit.*, n° 333.

(15) Cass. civ., 23 oct. 1945, préc.

(16) Comme le prévoit le décret n° 80-217 du 20 mars 1980 portant code des devoirs professionnels des architectes.

(17) Cass. 3e civ., 11 juin 1986 : *D.* 1987, p. 285, note A. Gourio. – Cass. 3e civ., 9 févr. 2011 : *Contrats, conc. consom.* 2011, 110, L. Leveneur qui retient, au visa de l'article 1134 du Code civil, que le contrat ayant notamment pour objet la réalisation par l'architecte de projets de plans et devis de travaux, le seul refus par le maître de l'ouvrage d'un projet qui lui est soumis, n'établit pas l'absence de contrat le liant à l'architecte : cassation de l'arrêt qui déboute l'architecte de sa demande en paiement d'honoraires au motif que le contrat n'a pas été conclu.

(18) V. A.-C. Chiariny-Daudet, *Approche juridique du devis* : *LPA* 8 août 2007, n° 158.

La seconde difficulté tient à la rémunération du devis. Le devis est-il gratuit ou payant ? À nouveau, il faut rechercher la commune intention des parties. Lorsqu'une rémunération est convenue, le devis est alors un véritable contrat préparatoire. Faute d'identifier clairement la volonté des parties, on s'accorde à reconnaître que le devis est gratuit lorsque c'est l'entrepreneur qui a pris l'initiative de l'établir(19). Dans le cas contraire, c'est l'importance des travaux à réaliser qui permet de savoir si le devis est payant. Comme on l'a justement indiqué, « si les études faites constituent "une véritable œuvre de l'esprit" ayant entraîné un travail long et coûteux, elles doivent entraîner rétribution »(20). Ainsi, l'architecte a droit à des honoraires même si les projets ne sont pas réalisés(21). Doivent enfin être pris en compte les usages professionnels.

L'avant-projet de réforme du droit des contrats spéciaux renforce le rôle du devis et éclaircit ces incertitudes, en lui consacrant l'article 1759 : « Un devis peut être établi pour décrire l'ouvrage à réaliser et estimer son prix. Il ne donne pas lieu à rémunération sauf convention contraire. Le devis engage l'entrepreneur pendant la durée fixée ou, à défaut, pendant un délai raisonnable ».

(19) En ce sens, V. Ph. Delebecque, *op. cit.*, p. 28. – V. Cass. com., 30 nov. 1971 : *D.* 1972, p. 209.

(20) F. Collart Dutilleul, Ph. Delebecque et Ch.-E. Bucher, n° 720.

(21) V. Cass. 3e civ., 29 avr. 1985 : *RD imm.* 1985, p. 374. Il en va de même pour les bureaux d'études (Cass. 3e civ., 6 mars 1973 : *Bull. civ.* 1973, III, n° 163).

CHAPITRE 3

LES EFFETS DU CONTRAT D'ENTREPRISE

478. – Plan. Présentons successivement les obligations de l'entrepreneur (Section 1) et celles du maître de l'ouvrage (Section 2).

SECTION 1

LES OBLIGATIONS DE L'ENTREPRENEUR

479. – Plan. En dehors de l'obligation essentielle de l'entrepreneur qui consiste à exécuter la prestation (Sous-section 1), le contrat d'entreprise n'a pas échappé à un certain « forçage contractuel » consistant à rendre l'entrepreneur débiteur d'une obligation de conseil et d'information (Sous-section 2) et d'une obligation de sécurité (Sous-section 3).

SOUS-SECTION 1

EXÉCUTER LA PRESTATION

480. – Plan. Si, par principe, il incombe à l'entrepreneur d'exécuter lui-même le travail demandé (§ 1), il faut aussi envisager les situations où cette exécution est confiée à un tiers (§ 2).

§ 1. – L'exécution par l'entrepreneur

A. – Contenu de l'obligation

481. – Le contrat et le droit commun. L'entrepreneur doit exécuter la prestation qui lui a été demandée en respectant les modalités convenues. L'exercice de définition du contenu, sinon de l'objet, d'un contrat de prestation est hautement plus délicat que s'agissant d'un contrat d'autorisation (bail) pour lequel la prestation du créancier de somme d'argent (bailleur) passe par une dose d'abstention (je n'exercerai pas mon pouvoir d'interdire l'accès à la chose que je détiens au titre de mon droit de propriété). La prestation doit être déterminée ou rendue déterminable et l'interprète pourra s'appuyer sur le droit commun qui fixe les repères du contenu, et de l'objet, du contrat d'entreprise (C. civ., art. 1163). Dans le silence du contrat, le prestataire doit offrir une prestation de qualité conforme aux attentes légitimes des parties en considération de sa nature, des usages et du montant du prix payé par le client (C. civ., art. 1166). Le texte de droit des obligations a justifié l'analyse des meilleurs auteurs : l'attente légitime est celle des parties, et non du seul créancier[1] ; la référence aux usages scrute les réflexes d'un milieu considéré sinon les normes adoptées par celui-ci (normes AFNOR, normes DTU)[2] ; la référence au prix pointe justement la qualité moindre qui doit être anticipée de la prestation *low cost*[3]. Quoi qu'il en soit, la complexité accrue de la prestation appellera en écho la précision la plus poussée. Ainsi, convient-il d'être vigilant sur le délai d'exécution, source fréquente de litiges. Fort justement, cette stipulation est obligatoire dans les contrats de consommation (C. consom., art. L. 111-1).

482. – **Le contrat porte sur une chose : livraison, garantie et propriété.** Lorsque le contrat d'entreprise porte sur une chose, outre l'exécution de la prestation, l'entrepreneur doit aussi livrer la chose en respectant les délais convenus. L'hypothèse couvre deux situations selon que la prestation porte sur une chose fournie par le client (le vêtement confié au teinturier) ou que la prestation amène à la réalisation d'une chose (la confection du vêtement sur mesure par le couturier). L'ensemble suggère plusieurs questions.

La première tient aux conditions de la livraison libératoire. On s'accordait à reconnaître, par application de l'ancien article 1245 du Code civil, que « l'exécution de l'obligation de livraison est remplie dès lors que le locateur livre la chose, qu'importe l'état dans laquelle elle se trouve »[4]. La même solution peut s'autoriser du nouvel article 1342-5 du Code civil[5]. Si l'entrepreneur livre dans le délai un ouvrage qui n'est pas achevé, la livraison n'opère aucun effet libératoire et le maître de l'ouvrage sanctionnera ce manquement en refusant de prendre réception[6]. Lorsque la chose a été confiée à l'entrepreneur (le vêtement confié au teinturier), à l'instar d'un dépositaire, ce dernier devient alors débiteur d'une obligation de conservation, sans que la présence de cette obligation ne modifie la nature du contrat (V. *supra*, n° 467).

---

(1) Il faut considérer non seulement ce que le créancier peut espérer recevoir, mais aussi ce que le débiteur peut imaginer devoir fournir, E. Savaux, *Le contenu du contrat*, in *Projet d'ordonnance portant réforme du droit des contrats, du régime général et de la preuve des obligations. Observations et propositions de modifications* : JCP 2015, suppl. au n° 21, p. 20, spéc. n° 11, p. 24.

(2) L'article 1194 du Code civil coule de la même source qui invite à considérer les usages et l'équité dans le pouvoir de compléter le contrat. – Sur l'ancien article 1135 du Code civil, V. C. Mouly, *Retour sur l'article 1135 du Code civil*, LGDJ, coll. « Bibl. dr. privé », 2006. – Ph. Jacques, *Regards sur l'article 1135 du Code civil*, Dalloz, 2005.

(3) V. O. Deshayes, Th. Genicon et Y.-M. Laithier, *Réforme du droit des contrats, du régime général et de la preuve des obligations*, LexisNexis, 2e éd., 2018, p. 323.

(4) B. Boubli, *op. cit.*, n° 80.

(5) V. O. Deshayes, Th. Genicon et Y.-M. Laithier qui réservent l'application de ce texte aux contrats translatifs ou acquisitifs de la propriété, *op. cit.*, p. 822.

(6) V. *infra*, n° 503.

Dans l'hypothèse où l'entrepreneur fournit la matière, on s'est interrogé sur l'existence d'une obligation de garantie des vices cachés au titre de ce contrat. Alors que la garantie est traditionnellement réservée à la vente, contrat translatif de propriété, on propose d'admettre que l'entrepreneur puisse être, à l'instar du vendeur, débiteur d'une telle obligation(7). Confortent cette idée quelques règles particulières comme l'article 1792 du Code civil dans le domaine de la construction (V. *infra*, n° 486) ou l'article L. 217-1 du Code de la consommation qui assimile à la vente les *contrats de fourniture de biens meubles à fabriquer ou à produire* (V. *supra*, n° 231). En dehors de ces hypothèses, ce n'est pourtant pas la voie suivie par la jurisprudence, qui sanctionne ces défauts par le jeu de l'obligation de résultat de l'entrepreneur(8).

Plus fondamentalement alors, c'est l'acquisition de la propriété de la chose par le maître de l'ouvrage qui est au cœur du débat. Ce résultat est aujourd'hui expliqué distinctement selon que l'entreprise est immobilière ou mobilière. Le contrat s'attache-t-il la construction de l'immeuble sur le terrain du maître de l'ouvrage : *superficies solo cedit* ! les matériaux de construction deviennent la propriété du maître au fur et à mesure de leur immobilisation par l'effet de la règle de l'accession (C. civ., art. 552 et s.). La force de cette analyse souffle sur le contrat d'entreprise mobilière où la même mécanique de l'accession est appelée pour rendre compte de l'acquisition de la propriété par le maître de l'ouvrage lorsque l'entrepreneur assure la fourniture de matière. C'est cette dernière hypothèse qui est aujourd'hui remise en cause.

Cette question a en effet été renouvelée par un auteur qui discerne la présence d'un effet translatif de propriété, analogue à la vente, dans le contrat d'entreprise mobilière, ce qui justifierait le jeu de la garantie des vices pour ce contrat(9). Prenant appui sur la dualité d'objet du contrat d'entreprise qui vise à la réalisation d'une chose (la fourniture d'un travail, créateur de la richesse / la fourniture du résultat de ce travail, soit la richesse réalisée), cette thèse suggère d'expliquer l'acquisition de la propriété par le maître de l'ouvrage au titre d'un tel effet contractuel (effet translatif), et non plus au titre d'un mécanisme de droit des biens (accession). La doctrine n'y paraît pas hostile en matière mobilière, mais l'idée passe mal pour l'entreprise de construction immobilière où le transfert de la propriété de l'immeuble reste associé au jeu de l'accession immobilière (C. civ., art. 552) (comp. *supra*, n° 123). On a vu que l'ordonnance du 17 février 2005 étendait aux contrats de fourniture de biens meubles à fabriquer ou à produire l'exigence de garantie de conformité (C. consom., art. L. 217-1) mais il restait bien délicat de tirer argument d'un texte spécial dans le débat de droit civil(10). Finalement la Cour de cassation a retenu que les règles de l'accession mobilière sont supplétives et n'ont pas vocation à s'appliquer lorsque le bien a été réalisé en exécution d'un contrat d'entreprise, lequel emporte par lui-même

(7) En ce sens, B. Gross, *La notion d'obligation de garantie dans le droit des contrats*, LGDJ, coll. « Bibl. dr. privé », 1964, t. 42, n° 28. – P. Puig, *Application au contrat d'entreprise de la nouvelle garantie de conformité : évolution ou révolution ?* : *RDC* 2005, p. 963.

(8) V. Cass. 1re civ., 2 juin 1982 : *Bull. civ.* 1982, I, n° 204, le délai de l'article 1648 du Code civil (ancien bref délai de la garantie des vices) est sans application au contrat d'entreprise. – V. Fl. Labarthe et C. Noblot, *op. cit.*, nos 669 et s.

(9) P. Puig, *La qualification du contrat d'entreprise*, *op. cit.* ; du même auteur, *Le contrat d'entreprise translatif de propriété*, in *Mél. J. Dupichot*, Bruylant, 2004, p. 393. – P. Puig, *op. cit.*, nos 882 et s.

(10) V. F. Labarthe et C. Noblot, *Le contrat d'entreprise à l'épreuve des articles L. 211-1 et s. du Code de la consommation* : *JCP G* 2005, I, 168, spéc., n° 16. – V. *supra*, nos 230 et s.

transfert de la propriété lors de la livraison du bien[11]. Les travaux de l'avant-projet de réforme des contrats spéciaux vont dans le même sens[12]. Où la *summa divisio* des contrats spéciaux, sur une chose ou sur un service, s'estompe.

Dans le cadre d'une chaîne hétérogène de contrats, c'est-à-dire en cas de succession de contrats de vente et d'entreprise, le maître de l'ouvrage peut exercer une action directe « nécessairement contractuelle » en garantie des vices cachés contre le fabricant qui a vendu les matériaux défectueux à l'entrepreneur[13]. Pareille action est refusée dans les chaînes homogènes non translatives de propriété (V. *infra*, n° 492) ; la reconnaissance d'un effet translatif dans le contrat d'entreprise mobilière pourrait amener à reconsidérer cette lecture.

B. – Inexécution de l'obligation

1° Sanction du manquement contractuel : exécution forcée, exécution par remplacement, diminution du prix, résolution

483. – Régime. En cas d'inexécution, la voie de l'exécution forcée est la sanction la plus appropriée. Alors que l'ancien article 1142 du Code civil posait que « toute obligation de faire ou de ne pas faire se résout en dommages et intérêts, en cas d'inexécution de la part du débiteur », la jurisprudence avait admis que l'exécution en nature pouvait toujours être ordonnée, dès lors qu'elle était possible[14]. L'article 1221 du Code civil, issu de l'ordonnance du 10 février 2016, modifie sensiblement la question et confère au juge un important pouvoir d'appréciation : « Le créancier d'une obligation peut, après mise en demeure, en poursuivre l'exécution en nature sauf si cette exécution est impossible ou s'il existe une disproportion manifeste entre son coût pour le débiteur et son intérêt pour le créancier ». Le juge devra apprécier la juste proportion entre le coût de l'exécution en nature supporté par le débiteur et l'intérêt qu'en retire le créancier. Cette appréciation s'avère délicate : voici une personne qui fait refaire l'installation électrique de sa maison et détermine l'emplacement précis des interrupteurs et des prises électriques ; l'élec-

(11) Cass. 1re civ., 16 mars 2022, n° 20-13.552 : *RDC* juin 2022, p. 130, obs. Fr. Danos : une banque demande à un prestataire l'impression d'une quantité de billets de banque. Nombre de billets imprimés sont volés avant leur livraison. Actionné par la banque, le prestataire conclut finalement une transaction avec cette dernière, avant d'appeler en garantie son assureur. Ce dernier refuse l'indemnisation au motif que le maître de l'ouvrage (la banque) n'était pas encore propriétaire des billets de banque émis au moment où ils ont été volés, de sorte qu'il n'avait subi aucun préjudice. Mais l'assureur est condamné en appel à indemnisation au motif que la banque centrale « était [bien] propriétaire des billets de banque litigieux, par le jeu de l'accession mobilière » (Paris, 14 janv. 2020). La cour d'appel avait considéré que la partie principale de la chose mobilière avait bien été fournie par la banque centrale au titre du droit de battre monnaie : c'est en effet cette dernière qui met en circulation les billets et leur donne valeur légale de monnaie du fait de ce droit régalien. La cassation intervient au visa des articles 546, 565, 566 et 1787 du Code civil, aux motifs « qu'il résulte de ces textes que les règles de l'accession mobilière sont supplétives et n'ont pas vocation à s'appliquer lorsque le bien a été réalisé en exécution d'un contrat d'entreprise ». La Cour de cassation énonce de la sorte que les règles de l'accession mobilière (C. civ., art. 546, 565 et 566) sont inapplicables lorsqu'un bien a été réalisé dans le cadre d'un contrat d'entreprise, de sorte que ce sont les règles de transfert de propriété, telles que prévues pour le contrat d'entreprise (C. civ., art. 1787) qui trouvent à s'appliquer.

(12) L'article 1788 de l'avant-projet prévoit que « sauf clause contraire, le transfert de propriété s'opère au jour de la réception de l'ouvrage par le client ». L'analyse a alimenté la réflexion de la commission universitaire de réforme des contrats spéciaux qui fait encore produire un effet translatif au contrat de construction immobilière reposant sur la forme d'une acquisition dérivée (et non originaire) de la propriété. – V. Avant-projet, art. 1791.V. *L'avant-projet de réforme du droit des contrats spéciaux*, ss dir. D. Lehalle-Galbois et Ph. Stoffel-Munck, LGDJ, 2024, préc.

(13) V. Cass. ass. plén., 7 févr. 1986, préc., *supra*, n° 179.

(14) Cass. 3e civ., 11 mai 2005 : *Contrats, conc. consom.* 2005, comm. 187, L. Leveneur. – Cass. 1re civ., 16 janv. 2007 : *Contrats, conc. consom.* 2007, comm. 144, L. Leveneur ; *RDC* 2007, 779, D. Mazeaud.

tricien n'en fait qu'à sa tête en se disant qu'il ne sera jamais condamné à recommencer le chantier car les coûts qu'il devrait exposer (enlever les prises, creuser de nouvelles gaines, poser de nouvelles prises...) seraient bien plus importants que la gêne subie par son client (« quel est le montant de votre préjudice pour avoir deux interrupteurs au lieu des trois prévus ? »). Pour se prémunir de tels risques, la loi du 20 avril 2018 a modifié l'article 1221 en réservant au seul « débiteur de bonne foi » l'invocation de la disproportion manifeste. Reste que si l'article 1221 n'est pas manié avec prudence et sagesse, il risque de faire voler en éclat la sécurité juridique. Bien souvent, l'exécution forcée est la meilleure des sanctions, fut-elle onéreuse pour le débiteur. La demande d'exécution forcée sera d'autant plus efficace, qu'elle sera assortie d'une astreinte dont on connaît la vertu comminatoire(15).

Sous réserve du jeu de l'article 1221 du Code civil, le règlement de la difficulté peut notamment trouver solution dans l'utilisation par le maître d'ouvrage de la procédure d'injonction de faire, réglementée par les articles 1425-1 à 1425-9 du Code de procédure civile(16). La jurisprudence écarte le procédé de l'astreinte, lorsque l'exécution de la prestation est subordonnée aux qualités personnelles de l'entrepreneur(17). Par ailleurs, lorsque la chose a été fournie par le maître de l'ouvrage, ce dernier peut en obtenir restitution par le jeu d'une saisie-appréhension(18). On doit admettre la même solution, lorsque c'est l'entrepreneur qui fournit la matière, car, dès que la chose est en mesure d'être livrée, le client en devient propriétaire(19).

Selon les circonstances, le maître de l'ouvrage peut préférer demander au juge à faire exécuter lui-même l'obligation aux dépens du débiteur(20), ce dernier pouvant être condamné à faire l'avance des sommes nécessaires à cette exécution (C. civ., art. 1222). L'entrepreneur peut aussi être condamné à refaire les travaux(21). Enfin, le maître de l'ouvrage peut demander, en application de l'article 1223 du Code civil, la réduction proportionnelle du prix ou, application des articles 1224 et suivants, la résolution du contrat.

2° Preuve du manquement contractuel

484. – Obligations de moyens, de résultat... ? L'examen de la responsabilité civile contractuelle de l'entrepreneur défaillant tourne essentiellement autour de la lancinante question de l'intensité de l'obligation inexécutée : obligation de moyens ou de résultat(22) ?

(15) V. pour un ex., Cass. 3e civ., 10 avr. 1973 : *Bull. civ.* 1973, III, n° 268.

(16) « L'exécution en nature d'une obligation née d'un contrat conclu entre des personnes n'ayant pas toutes la qualité de commerçant peut être demandée au juge des contentieux de la protection ou au tribunal judiciaire dans les matières visées à l'article 817 » (CPC, art. 1425-1). – V. V. Christianos, *Injonction de faire et protection judiciaire du consommateur* : *D.* 1990, chron. p. 91.

(17) Cass. civ., 14 mars 1900 : *D.* 1900, I, 497, M. Planiol, le peintre Whistler insatisfait refuse de livrer le tableau de Lady Eden ; l'arrêt est perçu comme à l'origine de l'émergence du droit moral de l'auteur. – On a toutefois justement écrit que « cette jurisprudence n'est pas fondée : l'astreinte a précisément pour objet d'inciter à une exécution que l'on ne peut assurer par la contrainte » (A. Bénabent, n° 534). – Comp. F. Collart Dutilleul, Ph. Delebecque et Ch.-E. Bucher, n° 744.

(18) L. 9 juill. 1991, art. 56.

(19) V. F. Collart Dutilleul, Ph. Delebecque et Ch.-E. Bucher, n° 729.

(20) V. Cass. 3e civ., 17 juill. 1973 : *Bull. civ.* 1973, III, n° 485.

(21) V. Cass. 3e civ., 9 déc. 1975 : *JCP* G 1976, IV, 43.

(22) Rappel : si l'obligation est de moyens, il appartient au créancier de l'obligation inexécutée de prouver la faute du débiteur, c'est-à-dire de prouver que ce dernier ne s'est pas comporté avec toute la diligence promise, qu'il n'a pas apporté tous les moyens possibles. Lorsque l'obligation est de résultat, le créancier n'a pas à prouver la faute du débiteur ; il lui suffit de prouver que le résultat n'a pas été atteint. Le débiteur ne peut alors se libérer qu'en invoquant un cas de force majeure.

Il faut mettre à part le régime particulier à la responsabilité de l'entrepreneur qui assure une prestation de construction immobilière, et qui a justifié des règles spécialement protectrices du maître de l'ouvrage (V. *infra*, n° 486).

On essaie classiquement de trancher la difficulté en utilisant le critère classique de l'aléa dans la réalisation de la prestation. L'avant-projet de réforme de l'Association Capitant est en ce sens puisque « suivant que la prestation de service comporte un aléa ou non, le prestataire de service est tenu de fournir tous ses efforts en vue du résultat à atteindre ou de fournir ce résultat » (art. 77). La mise en œuvre de cette approche, qui n'est pas toujours rigoureuse, permet, à la lumière de la jurisprudence, de proposer une distinction fondée sur la nature de la prestation. On considère que l'obligation est de moyens lorsqu'elle vise une prestation intellectuelle. C'est ainsi le cas pour tous les professionnels qui dispensent des conseils (avocat, notaire, consultant, conseil financier, bureaux d'études...) et pour lesquels le résultat du conseil donné ne saurait être garanti. C'est aussi le cas, depuis longtemps, pour les professionnels de la santé qui ne sont tenus que d'une obligation de moyens quant à l'efficacité des soins (le médecin ne répond que de sa faute et non de l'aléa thérapeutique)[23]... encore que l'obligation de moyens a perdu beaucoup de terrain au profit de l'attente sécuritaire du patient[24].

En revanche, en présence d'une prestation qui met en cause une chose corporelle, on enseigne traditionnellement que l'entrepreneur est tenu d'une obligation de résultat[25]. Lorsque l'entrepreneur fournit la matière, on a vu que, plutôt que de retenir une obligation de garantie des vices cachés, la jurisprudence retient une obligation de résultat pour sanctionner les défauts de la chose. Cette qualifica-

(23) V. pour les médecins, le célèbre arrêt *Nicolas* (Cass. civ., 20 mai 1936 : *DP* 1936, 1, p. 88, concl. Matter, rapp. Josserand, note E.P. ; S. 1937, 1, p. 321, note Breton. – *Adde*, not. Cass. 1re civ., 25 févr. 1997 : *Contrats, conc. consom.* 1997, comm. 77 et L. Leveneur, *Le risque thérapeutique devant la Cour de cassation : la recherche de l'équilibre : Contrats, conc. consom.* 1997, chron. 5), dont la solution a été reprise par l'importante loi n° 2002-303 du 4 mars 2002 (dite « loi Kouchner ») (V. C. santé publ., art. L. 1142-1, I mod. L. n° 2009-526, 12 mai 2009 : « Hors le cas où leur responsabilité est encourue en raison d'un défaut d'un produit de santé, les professionnels de santé mentionnés à la quatrième partie du présent code, ainsi que tout établissement, service ou organisme dans lesquels sont réalisés des actes individuels de prévention, de diagnostic ou de soins ne sont responsables des conséquences dommageables d'actes de prévention, de diagnostic ou de soins qu'en cas de faute. Les établissements, services et organismes susmentionnés sont responsables des dommages résultant d'infections nosocomiales, sauf s'ils rapportent la preuve d'une cause étrangère »).

(24) Sous l'impulsion dans un premier temps de la Cour de cassation, V. en matière d'infection nosocomiale, Cass. 1re civ., 29 juin 1999 : *RTD civ.* 1999, p. 841, obs. P. Jourdain ; *JCP G* 1999, II, 10138, rapp. P. Sargos : « Un médecin est tenu, vis-à-vis de son patient, en matière d'infection nosocomiale, d'une obligation de sécurité de résultat, dont il ne peut se libérer qu'en rapportant la cause d'une cause étrangère ». – V. F. Vialla, *L'obligation de sécurité de résultat du médecin en matière d'infection nosocomiale ou le retour du staphylocoque doré : Médecine et droit* 1999, n° 37, p. 4 et s. – *Adde* Cass. 1re civ., 9 nov. 1999 : *D.* 2000, p. 117, note P. Jourdain ; *JCP G* 2000, II, 10251, note Ph. Brun, qui reconnaît que le contrat formé entre le patient et son médecin met à la charge de ce dernier, sans préjudice de son recours en garantie, une obligation de sécurité de résultat en ce qui concerne les matériels qu'il utilise pour l'exécution d'un acte médical d'investigation ou de soins. – *Adde*, sur la responsabilité des établissements de santé privés, Cass. 1re civ., 7 nov. 2000 : *Contrats, conc. consom.* 2001, comm. 4, note L. Leveneur ; *RTD civ.* 2001, p. 151, obs. P. Jourdain et l'article de J.-L. Respaud, *in CDE* 1/2001, p. 37 : « Le contrat d'hospitalisation de soins liant un patient à un établissement de santé privé met à la charge de ce dernier sans préjudice de son recours en garantie, une obligation de sécurité de résultat en ce qui concerne les produits, tels les médicaments, qu'il fournit ». En revanche, « la réparation des conséquences de l'aléa thérapeutique n'entre pas dans le champ des obligations dont un médecin est contractuellement tenu à l'égard de son patient » (Cass. 1re civ., 8 nov. 2000 : *Contrats, conc. consom.* 2001, comm. 3, note L. Leveneur ; *JCP G* 2001, II, 10493, rapp. P. Sargos, note F. Chabas). – V. *Droit des entreprises de santé : CDE* 1/2001.Dans un second temps, la loi précitée du 4 mars 2002 a conforté ces solutions. Ainsi : « Les établissements, services et organismes susmentionnés sont responsables des dommages résultant d'infections nosocomiales, sauf s'ils rapportent la preuve d'une cause étrangère » (C. santé publ., art. L. 1142-1, I, al. 2). – Sur cette importante réforme, V. not. P. Jourdain, A. Laude, J. Penneau et S. Porchy-Simon, *Le nouveau droit des malades*, Litec, coll. « Carré droit », 2002. – S. Hocquet-Berg et F. Vialla, *Morceaux choisis sur les premiers grincements de la « machine à indemniser » les accidents médicaux : CDE* 2004, n° 1, p. 18.

(25) V. B. Boubli, *op. cit.*, n° 63 et les auteurs cités. – A. Bénabent, n° 537. – Ph. Malaurie, L. Aynès et P.-Y. Gautier, n° 517.

tion d'obligation de résultat « se justifie d'autant plus que l'entrepreneur peut être regardé comme un fabricant ou en tout cas, un professionnel qualifié, et qu'à ce titre, il est censé connaître les défauts de la matière qu'il utilise ou de l'objet qu'il façonne »[(26)]. Tenu d'une obligation de résultat, l'entrepreneur ne pourra s'exonérer que par la démonstration d'un cas fortuit ou de force majeure : ainsi de la maladie qui l'empêche de réaliser l'ouvrage commandé[(27)].

Lorsqu'il fournit un travail sur une chose qu'il a reçue, la jurisprudence ne retient pas vraiment une obligation de résultat. Alors qu'en présence d'une obligation de résultat, le débiteur défaillant ne peut s'exonérer qu'en invoquant un cas de force majeure, la jurisprudence autorise ici l'entrepreneur à se libérer par la preuve de son absence de faute. Il s'agit alors d'une obligation dite de résultat atténuée ou d'une obligation de moyens renforcée, la terminologie n'étant alors plus très rigoureuse. Peu importe au fond la dénomination. Seul compte le régime mis en place qui consiste à présumer la faute et à permettre une libération par la preuve de l'absence de faute. Deux exemples classiques illustrent bien cette analyse.

En premier lieu, celui du garagiste chargé de réparer une automobile. Si la Cour de cassation affirme expressément qu'il est soumis à une obligation de résultat, elle admet toutefois qu'il peut s'exonérer en prouvant qu'il n'a pas commis de faute[(28)].

En second lieu, celui du teinturier : bien que la jurisprudence parle là d'obligation de moyens[(29)], elle établit une présomption de faute en cas de perte ou de détérioration du vêtement remis, qui cède devant la preuve de l'absence de faute[(30)].

La Cour de cassation se garde bien aujourd'hui d'indiquer expressément s'il s'agit d'une obligation de moyens ou d'une obligation de résultat. Elle préfère affirmer qu'il résulte de l'article 1789 du Code civil que :

> « l'ouvrier qui fournit seulement son travail ou son industrie, n'encourt aucune responsabilité si la détérioration de la chose ou des matières qu'il a reçues à façonner ne provient pas de sa faute, ce qu'il doit établir »[(31)].

Enfin, qu'en est-il lorsqu'un incendie endommage les locaux du maître de l'ouvrage, alors que l'entrepreneur y effectuait des travaux ? La Cour de cassation retient l'application de l'article 1789 du Code civil[(32)] conduisant ainsi l'entrepreneur à démontrer que l'incendie est survenu sans sa faute.

(26) B. Boubli, *op. cit.*, n° 63.
(27) Cass. ass. plén., 14 avr. 2006 : *Bull. civ.* 2006, ass. plén., n° 5, p. 9.
(28) V. Cass. com., 22 janv. 2002, n° 00-13.510 : *RTD civ.* 2002, p. 514, obs. P. Jourdain. – Cass. 1re civ., 28 mars 2008, n° 06-18.350 : *RDC* 2008, p. 575, obs. S. Carval : « la responsabilité de plein droit qui pèse sur le garagiste réparateur ne s'étend qu'aux dommages causés par le manquement à son obligation de résultat ».
(29) Cass. 1re civ., 7 févr. 1978 : *Bull. civ.* 1978, I, n° 46 : « Attendu qu'en relevant à l'égard [du professionnel] une négligence dans le choix du procédé à utiliser pour le nettoyage du vêtement qui lui a été confié, le tribunal d'instance a caractérisé un manquement à l'obligation de moyens qui s'imposait à elle dans l'exercice de sa profession ».
(30) Cass. 1re civ., 20 déc. 1993 : *Bull. civ.* 1993, I, n° 376 ; *JCP* G 1994, IV, 525 ; *Contrats, conc. consom.* 1994, comm. 34, obs. G. Raymond ; *RTD civ.* 1994, p. 611, obs. P. Jourdain. – *Adde* Cass. com., 26 avr. 2000 : *RJDA* 2000, n° 858.
(31) Cass. 1re civ., 20 déc. 1993, préc. – *Adde* Cass. 1re civ., 9 févr. 1966 : *Bull. civ.* 1966, I, n° 103. – Cass. 1re civ., 24 mars 1987 : *Bull. civ.* 1987, I, n° 106.
(32) V. Cass. 3e civ., 17 févr. 1999 : *Contrats, conc. consom.* 1999, comm. 67, note L. Leveneur. – *Contra*, Cass. 3e civ., 8 mars 1995 : *RTD civ.* 1996, p. 636, obs. P. Jourdain. – V. pour une critique justifiée de l'arrêt de 1999, L. Leveneur, note citée.

485. – Les clauses. En pratique il faudra tenir compte des clauses relatives à la responsabilité souvent présentes dans les contrats d'entreprise. Outre les traditionnelles clauses pénales, les parties insèrent parfois une clause baptisée d'« astreinte conventionnelle » prévoyant, sur le modèle de l'astreinte judiciaire, des pénalités de retard. Fort justement, la Cour de cassation les analyse en clause pénale(33). Sont également utilisées des clauses limitatives ou exonératoires de responsabilité qui obéissent au droit commun. Il faut donc vérifier qu'elles ne portent pas atteinte à l'obligation essentielle du contrat(34), qu'elles ne concernent pas les dommages corporels causés au client (le corps humain est hors du commerce), que l'entrepreneur n'ait pas commis de faute lourde et qu'elles ne soient pas soumises aux règles relatives aux clauses abusives lorsque le contrat lie un professionnel à un consommateur(35).

486. – Un régime spécial : le contrat d'entreprise de construction immobilière. Le secteur particulier de la construction immobilière aux particuliers a justifié l'application de règles spéciales protectrices du maître de l'ouvrage(36). À la suite de différents textes, une loi du 4 janvier 1978 (loi Spinetta) institue un régime de garantie (responsabilité de plein droit) graduée pour les constructeurs, associé à un système d'assurance obligatoire aussi bien pour les constructeurs que les maîtres d'ouvrage(37).

Au titre de l'article 1792 du Code civil :

> **« Tout constructeur d'un ouvrage est responsable de plein droit, envers le maître ou l'acquéreur de l'ouvrage, des dommages, même résultant d'un vice du sol, qui compromettent la solidité de l'ouvrage ou qui, l'affectant dans l'un de ses**

(33) V. Cass. 3e civ., 6 nov. 1986 : *Bull. civ.* 1986, III, n° 150.

(34) V. à propos du contrat conclu avec la société Chronopost, Cass. com., 22 oct. 1996 : *JCP* G 1997, I, 4002, n° 1, obs. M. Fabre-Magnan ; *JCP* G 1997, II, 22881, note D. Cohen ; *JCP* E 1997, II, 924, note K. Adom ; *D.* 1987, p. 121, note A. Sériaux ; *Defrénois* 1997, p. 333, obs. D. Mazeaud. En l'espèce, une société avait confié à la société Chronopost, à deux reprises, un pli contenant une soumission à une adjudication. Ces plis n'ayant pas été livrés le lendemain de leur envoi avant midi, ainsi que la société Chronopost s'y était engagée, la société cliente assigne en réparation de ses préjudices la société Chronopost qui invoque alors la clause du contrat limitant l'indemnisation du retard au prix du transport dont elle s'était acquittée. Pour débouter la société cliente, la cour d'appel de Rennes estime que si la société Chronopost n'a pas respecté son obligation de livrer les plis le lendemain du jour de l'expédition avant midi, elle n'a cependant pas commis une faute lourde exclusive de limitation de responsabilité du contrat. Au visa de l'ancien article 1131 du Code civil, la Cour de cassation censure les juges du fond : « Attendu qu'en statuant ainsi, alors que spécialiste du transport rapide garantissant la fiabilité et la célérité de son service, la société Chronopost s'était engagée à livrer les plis de la société Banchereau dans un délai déterminé et qu'en raison du manquement à cette obligation essentielle, la clause limitative de responsabilité du contrat, qui contredisait la portée de l'engagement pris, devait être réputée non écrite ». – Mais cet arrêt faisait l'impasse sur un autre principe du droit de la responsabilité selon lequel seuls les dommages prévisibles sont susceptibles d'être réparés (C. civ., art. 1150) ; cette prévision n'est-elle pas opérée par les parties au moyen de ce genre de clause ? – Aussi la portée pratique de l'arrêt a été ultérieurement singulièrement amoindrie par l'exigence de la démonstration d'une faute lourde pour tenir en échec la limitation d'exonération (fixée par décret), laquelle faute ne peut résulter du seul manquement à une obligation contractuelle fût-elle essentielle, mais doit se déduire de la gravité du comportement du débiteur, Cass. ch. mixte, 22 avr. 2005 : *RTD civ.* 2005, p. 604, obs. P. Jourdain ; p. 779, obs. J. Mestre et B. Fages ; *RDC* 2005, p. 673, obs. D. Mazeaud ; p. 753, obs. Ph. Delebecque ; *Contrats, conc. consom.* 2005, comm. 150, obs. L.L. – Cass. com., 21 févr. 2006 : *Contrats, conc. consom.* 2006, comm. 103, obs. L. Leveneur. – Comp. Cass. com., 30 mai 2006 : *Contrats, conc. consom.* 2006, comm. 183, obs. L. Leveneur. Cette jurisprudence se trouve confirmée et étendue à toutes les clauses par l'article 1170 du Code civil.

(35) La jurisprudence a étendu au contrat d'entreprise le régime des clauses abusives, Cass. 1re civ., 14 mai 1991 : *JCP* G 1991, II, 21763, G. Paisant ; *D.* 1991, 449, J. Ghestin.

(36) Règles déjà mises en évidence à propos de la vente d'immeuble à construire, V. *supra*, n° 123.

(37) Sur la loi n° 78-12 du 4 janvier 1978, V. B. Boubli : *RD imm.* 1979, p. 1 et s. ; J. Bigot : *JCP* G 1978, I, 2923 ; Trav. Assoc. H. Capitant, XLII-1991, p. 87 et s. – Le texte a été complété par une ordonnance du 8 juin 2005 (n° 2005-658 : *JO* 9 juin 2005, V. C. civ., art. 1792-7), V. Malinvaud : *RD imm.* 2005, p. 237.

éléments constitutifs ou l'un de ses éléments d'équipement, le rendent impropre à sa destination.

Une telle responsabilité n'a point lieu si le constructeur prouve que les dommages proviennent d'une cause étrangère ».

Combiné avec l'article 1792-4-1 du même code (anciennement art. 2270), ce texte établit une responsabilité décennale, d'ordre public (C. civ., art. 1792-5). La garantie décennale s'étend aux dommages qui affectent la solidité des éléments d'équipement lorsque ceux-ci font indissociablement corps avec les ouvrages de viabilité, de fondation, d'ossature, de clos ou de couvert (C. civ., art. 1792-2)(38). Conformément à la théorie des chaînes de contrats, cette action peut être invoquée par tous ceux qui succèdent au maître de l'ouvrage en tant qu'ayants cause, même à titre particulier.

Les autres éléments d'équipement, qui ne touchent pas à la construction (peintures, enduits de façade...) ou qui restent dissociables de celles-ci (carrelage, canalisations seulement fixées au plancher...) sont l'objet d'une garantie de bon fonctionnement d'une durée de deux ans (garantie biennale) (C. civ., art. 1792-3).

Enfin, la garantie dite de parfait achèvement couvre pendant une année à compter de la réception tous les désordres signalés par le maître de l'ouvrage, soit au moyen de réserves mentionnées au procès-verbal de réception, soit par voie de notification écrite pour ceux révélés postérieurement à la réception (C. civ., art. 1792-6). Après mise en demeure restée infructueuse, les travaux peuvent être exécutés aux frais et risques de l'entrepreneur défaillant, sans le préalable d'une autorisation judiciaire.

Est réputé constructeur de l'ouvrage, donc astreint aux garanties précédentes, non seulement le constructeur proprement dit, architecte, entrepreneur, technicien ou autre personne liée au maître de l'ouvrage par un contrat de louage d'ouvrage, mais également celui qui vend, après achèvement, un ouvrage qu'il a construit ou fait construire ou encore le mandataire du propriétaire de l'ouvrage qui accomplit une mission assimilable à celle d'un locateur d'ouvrage (C. civ., art. 1792-1) ; le fabricant d'éléments conçus pour satisfaire à des exigences déterminées est encore solidairement responsable des obligations mises à la charge (C. civ., art. 1792-4)(39).

Les sous-traitants sont exclus de la liste précédente, leur responsabilité relève du droit commun, sauf pour les délais de prescription calqués sur ceux des constructeurs : dix ans à compter de la réception pour les travaux relevant de la garantie décennale, deux ans pour ceux relevant de la garantie biennale, dix ans à compter de la réception pour les autres travaux (C civ., art. 1792-4-2 et s.).

(38) Un élément d'équipement est considéré comme formant indissociablement corps avec l'un des ouvrages de viabilité, de fondation, d'ossature, de clos ou de couvert lorsque sa dépose, son démontage ou son remplacement ne peut s'effectuer sans détérioration ou enlèvement de matière de cet ouvrage, C. civ., art. 1792-2, al. 3. – La non-conformité de la construction aux normes parasismiques engage la responsabilité du constructeur sur le fondement de l'article 1792 du Code civil : Cass. 3e civ., 7 oct. 2010 : *RDC* 2010, 605, G. Viney.

(39) On parle des EPERS (éléments pouvant entraîner une responsabilité solidaire). L'ordonnance du 8 juin 2005 exclut de cette catégorie les éléments d'équipement, y compris leurs accessoires, dont la fonction exclusive est de permettre l'exercice d'une activité professionnelle dans l'ouvrage (C. civ., art. 1792-7). – Comp. Cass. ass. plén., 26 janv. 2007 : *D.* 2007, p. 981, Ph. Malinvaud ; *JCP G* 2007, II, 10116, avis O. Guérin ; *RDC* 2007, 830, P. Puig (panneaux d'isolation préfabriqués).

Les dommages n'entrant pas dans les catégories précédentes, on parle de désordres intermédiaires, relèvent de la responsabilité contractuelle de droit commun, à l'exception du régime de prescription fixé à dix ans à compter de la réception des travaux (C. civ., art. 1792-4-3)[40].

C. – La perte de la chose

487. – Dualité. Qui supporte les risques en cas de perte de la chose due à un cas de force majeure ? En l'absence de clause réglant cette question, le Code civil distingue selon que l'entrepreneur fournit ou non la matière. L'article 1788 traite ainsi la première hypothèse :

> « Si, dans le cas où l'ouvrier fournit la matière, la chose vient à périr, de quelque manière que ce soit, avant d'être livrée, la perte en est pour l'ouvrier, à moins que le maître ne fût en demeure de recevoir la chose »[41].

Jusqu'à la réception ou la mise en demeure, c'est donc l'entrepreneur qui supporte les risques de la perte de la chose. Aussi, il ne peut prétendre au paiement du coût des travaux. Le maître de l'ouvrage a le choix : soit il opte pour la résolution, et les acomptes versés doivent être restitués par l'entrepreneur[42] ; soit il demande à ce dernier d'exécuter à nouveau les travaux à ses frais, sans pouvoir exiger plus que les conditions initiales du marché[43].

Si, pendant longtemps, on a vu dans ce texte la simple application de l'adage *Res perit domino*, on reconnaît aujourd'hui que la charge des risques est liée aux pouvoirs que l'entrepreneur a sur la chose fournie jusqu'à la réception des travaux[44], et que cette considération « doit faire triompher l'autre adage, *Res perit debitori* »[45]. Aussi, le texte s'applique-t-il à l'entrepreneur de construction. Par ailleurs le fait que la chose soit détruite par un événement de force majeure ne modifie pas l'attribution des risques[46].

Dans la seconde hypothèse, lorsque le maître de l'ouvrage fournit la matière c'est l'article 1789 du Code civil qu'il convient de consulter :

> « Dans le cas où l'ouvrier fournit seulement son travail ou son industrie, si la chose vient à périr, l'ouvrier n'est tenu que de sa faute ».

(40) V. J.-P. Karila, *Domaines respectifs des garanties responsabilité légale et des responsabilités de droit commun des locateurs d'ouvrage immobiliers*, in *Mél. Ph. Malinvaud*, Litec, 2007, p. 371.

(41) La Cour de cassation a justement précisé que « l'article 1788 n'a pour objet que de déterminer à qui incombent les risques en cas de perte de la chose, indépendamment de la question de la propriété de l'ouvrage » (Cass. 3e civ., 23 avr. 1974 : *D.* 1975, p. 287, note J. Mazeaud). L'article 1788 n'est pas applicable lorsqu'est posée la question de la responsabilité de l'un des contractants dans la perte ou la détérioration de la chose (Cass. 1re civ., 2 déc. 1997 : *Bull. civ.* 1997, I, n° 339 ; *Resp. civ. et assur.* 1998, comm. 96 ; *Defrénois* 1998, p. 403, obs. A. Bénabent).

(42) V. Cass. 3e civ., 27 janv. 1976 : *Bull. civ.* 1976, III, n° 34.

(43) V. Cass. 3e civ., 28 oct. 1992 : *Bull. civ.* 1992, III, n° 281 ; *RTD civ.* 1993, 602, n° 1, obs. P.-Y. Gautier.

(44) V. not. Ph. Delebecque, *op. cit.*, p. 80. – F. Bertrand, *Les risques dans le contrat d'entreprise* : *RD imm.* 1981, p. 174, n° 11.

(45) P.-Y. Gautier, *op. cit.*

(46) V. Cass. 3e civ., 19 févr. 1986 : *Bull. civ.* 1986, III, n° 10 ; *RTD civ.* 1986, p. 607, obs. Ph. Rémy.

Si ce texte tranche la question de la charge des risques, il est toutefois plus utilisé dans la recherche de la responsabilité de l'entrepreneur. L'interprétation jurisprudentielle imposant à l'entrepreneur de démontrer l'absence de faute s'applique aussi en cas de perte de la chose. L'article 1790 du Code civil précise, par ailleurs, que :

> « Si, dans le cas de l'article précédent la chose vient à périr, quoique sans aucune faute de la part de l'ouvrier, avant que l'ouvrage ait été reçu et sans que le maître fût en demeure de le vérifier, l'ouvrier n'a point de salaire à réclamer, à moins que la chose n'ait péri par le vice de la matière ».

§ 2. – L'exécution par un tiers

488. – **Diversité.** Il est certain que pour les rédacteurs du Code civil, l'exécution du contrat d'entreprise doit être assurée personnellement par l'entrepreneur. Mais ce principe a perdu de sa vigueur. Il serait excessif aujourd'hui d'affirmer que tout contrat d'entreprise est, en principe, conclu *intuitu personae*. Tout dépend, sans doute, de la nature de la prestation. Contracter avec un entrepreneur en raison de ses qualités personnelles (peintre, architecte, médecin, avocat...), confère au contrat un fort *intuitu personae*. C'est déjà moins le cas lorsque l'entrepreneur est une personne morale. En toutes hypothèses, si les parties sont attachées à cet élément, il est prudent qu'elles l'indiquent expressément dans le contrat. La dissipation progressive de l'*intuitu personae* n'autorise pas, pour autant, l'entrepreneur à faire exécuter par un tiers à sa convenance. Il faut se rappeler de l'ancien article 1237 du Code civil selon lequel « L'obligation de faire ne peut être acquittée par un tiers contre le gré du créancier, lorsque ce dernier a intérêt qu'elle soit remplie par le débiteur lui-même »(47).

Il est toutefois plusieurs situations où ce n'est pas l'entrepreneur initial qui, au final, exécutera totalement ou partiellement la prestation. L'entrepreneur peut ainsi changer, suite à une cession du contrat d'entreprise, soit que celle-ci soit d'origine conventionnelle(48), soit qu'elle résulte d'une décision de justice dans le cadre d'une procédure collective ouverte à l'endroit de l'entrepreneur. Mais dans ces hypothèses, l'entrepreneur initial disparaît de la scène juridique. Tel n'est pas, en revanche, le cas lorsqu'il y a sous-contrat d'entreprise. L'entrepreneur reste lié au maître de l'ouvrage, mais conclut avec un tiers un contrat permettant d'exécu-

(47) Rappr. C. civ., art. 1342-1 : « Le paiement peut être fait même par une personne qui n'y est pas tenue, sauf refus légitime du créancier ». Question : en ce cas le créancier peut-il s'opposer au paiement qui lui apporte pourtant satisfaction mais nuit à ses intérêts ? (le créancier souhaite la résolution du contrat alors qu'un tiers se propose à exécuter).

(48) On sait que la Cour de cassation estime que « le fait qu'un accord ait été conclu en considération de la personne du cocontractant ne fait pas obstacle à ce que les droits et obligations de ce dernier soient transférés à un tiers dès lors que l'autre partie y a consenti » (Cass. com., 7 janv. 1992 : *Bull. civ.* 1992, IV, n° 103 ; *JCP* G 1992, I, 3591, n° 17, obs. Ch. Jamin ; *RTD civ.* 1992, p. 762, n° 7, obs. J. Mestre. – Cass. com., 6 mai 1997 : *Bull. civ.* 1997, IV, n°s 117 et 118 ; *D.* 1997, p. 588, note M. Billiau et Ch. Jamin ; *RTD civ.* 1997, p. 936, J. Mestre ; *Defrénois* 1997, p. 976, note D. Mazeaud. – V. plus largement, L. Aynès, *La cession de contrat et les opérations juridiques à trois personnes*, Economica, 1983). – Pour une application à la prestation de l'avocat, Cass. 1re civ., 6 juin 2000 : *Bull. civ.* 2000, I, n° 173.

ter, en partie ou en totalité, la prestation initialement convenue. On est alors en présence d'une opération juridique à trois personnes. La sous-traitance n'est donc ni un co-contrat[49], ni un contrat cédé. C'est un sous-contrat qui requiert l'accord du maître. Le contrat passé entre le maître de l'ouvrage est un contrat d'entreprise, tout comme celui passé entre l'entrepreneur et le sous-traitant. L'entrepreneur joue vis-à-vis du sous-traitant le rôle de maître de l'ouvrage et le sous-traitant accomplit le même travail qu'un entrepreneur.

489. – La réglementation de la sous-traitance. La sous-entreprise a connu un tel développement, singulièrement dans le domaine de la construction, que le législateur a jugé opportun de réglementer cette opération. Deux corps de règles sont à distinguer. Le Code du travail s'occupe de la protection des salariés du sous-entrepreneur[50]. La loi n° 75-1334 du 31 décembre 1975 relative à la sous-traitance a, quant à elle, pour ambition de protéger le sous-traitant contre le risque de non-paiement de ses prestations en cas de défaillance de l'entrepreneur principal. Ce texte, qui définit la sous-traitance comme « l'opération par laquelle un entrepreneur confie par un sous-traité, et sous sa responsabilité, à une autre personne appelée sous-traitant l'exécution de tout ou partie du contrat d'entreprise ou d'une partie du marché public conclu avec le maître de l'ouvrage »[51], concerne tant les marchés privés que les marchés publics. Il en résulte parfois des divergences entre les jurisprudences civile et administrative. La protection des sous-traitants s'opère par le recours à l'ordre public : l'article 15 de la loi dispose en effet que « sont nuls et de nul effet, quelle qu'en soit la forme, les clauses, stipulations et arrangements qui auraient pour effet de faire échec aux dispositions de la présente loi ». Malgré ce recours à l'ordre public, la loi ne confère pas au sous-traitant une protection très efficace en raison de ses fréquents détournements et du rôle essentiel conféré à l'entrepreneur principal[52]. Le contenu de la protection du sous-traitant et les responsabilités encourues permettent de s'en convaincre.

490. – Protection du sous-traitant : fournir caution ou délégation. À peine de nullité du sous-traité[53], les paiements de toutes les sommes dues par l'entrepreneur au sous-traitant, en application de ce sous-traité, sont garanties par une caution personnelle et solidaire obtenue par l'entrepreneur d'un établissement de crédit. Cependant, la caution n'aura pas lieu d'être fournie si l'entrepreneur délègue le maître de l'ouvrage au sous-traitant dans les termes de l'article 1336 du Code civil, à concurrence du montant des prestations exécutées par le sous-traitant[54]. Si l'entrepreneur ne fournit pas ces sûretés, le sous-traité est nul. Il s'agit d'une nullité relative qui ne peut donc être alléguée que par le sous-traitant. On mesure alors la faille

(49) Sur le contrat conjonctif, V. R. Cabrillac, *L'acte juridique conjonctif en droit privé français*, LGDJ, coll. « Bibl. dr. privé », 1990, t. 213, préf. P. Catala.

(50) Sur la réglementation du prêt illicite de main-d'œuvre, V. C. trav., art. L. 8241-1.

(51) L. 31 déc. 1975, art. 1er. Il ne faut pas confondre la sous-traitance ainsi définie avec ce que l'on appelle communément la « sous-traitance industrielle » qui est une opération où un industriel fait exécuter une partie de sa fabrication par un tiers. Le contrat liant l'entrepreneur à ce dernier est indépendant du contrat que l'entrepreneur conclut avec un client. Par ailleurs, la loi de 1975 ne concerne pas tous les contrats de sous-traitance. Des règles particulières existent dans le domaine de la construction des maisons individuelles (L. 19 déc. 1990) ou dans le domaine du transport (L. 31 déc. 1992).

(52) J. Bourdoiseau, M. Oudin et V. Roulet (ss dir.), *1975-2015, De quelques aspects contemporains de la sous-traitance*, LGDJ, 2016.

(53) Il s'agit d'une nullité relative au bénéfice du seul sous-traitant. – V. Cass. com., 19 mai 1980 : *JCP G* 1980, II, 19440, note G. Flécheux ; *D.* 1980, p. 443, note A. Bénabent.

(54) L. 31 déc. 1975, art. 14.

de ce système : tant que les travaux ne sont pas terminés, le sous-traitant n'aura pas intérêt à poursuivre la nullité ; une fois terminés, le sous-traitant cherchera à être payé et non libéré de ses obligations, de sorte que la nullité n'est guère appropriée.

491. – Protection du sous-traitant : agrément et action directe. L'entrepreneur qui fait appel à des sous-traitants doit, au moment de la conclusion et pendant toute la durée du contrat ou du marché, faire accepter chaque sous-traitant et agréer ses conditions de paiement par le maître de l'ouvrage(55).

Tant la demande d'agrément que la réponse qui y est donnée suscitent un abondant contentieux : l'agrément du sous-traitant par le maître de l'ouvrage peut être exprès ou tacite. La jurisprudence considère toutefois que l'acceptation tacite ne peut découler que d'actes manifestant sans équivoque la volonté du maître de l'ouvrage : n'est pas une acceptation tacite le fait pour le maître de l'ouvrage d'avoir fait des contrôles sur le chantier, de s'être abstenu de toute contestation quant à la bonne exécution des travaux sous-traités et du montant de la facturation(56) ; n'est pas une acceptation tacite la visite par le maître de l'ouvrage de l'usine du sous-traitant(57). Au final, la jurisprudence considère que la simple connaissance par le maître de l'ouvrage de l'existence d'un sous-traitant ne suffit pas à caractériser son acceptation ni l'agrément de ses conditions de paiement(58).

Si le maître de l'ouvrage ne donne pas cet agrément, la loi de 1975 prévoit que l'entrepreneur principal sera néanmoins tenu envers le sous-traitant, mais ne pourra invoquer le contrat de sous-traitance à l'encontre du sous-traitant(59). Le sous-traitant non agréé peut donc refuser d'exécuter le marché. Si, néanmoins, il l'exécute, il peut demander paiement des prestations à l'entrepreneur principal. En revanche, la Cour de cassation prive le sous-traitant d'une action directe contre le maître d'ouvrage(60).

---

(55) L. 31 déc. 1975, art. 3. Faute de contenir l'un de ces deux éléments, l'agrément est sans valeur, le sous-traitant ne peut exercer l'action directe contre le maître de l'ouvrage. – V. Cass. 3e civ., 1er avr. 1992 : *Bull. civ.* 1992, III, n° 110. – Cass. 3e civ., 13 sept. 2005 : *Contrats, conc. consom.* 2006, comm. 5, obs. L. Leveneur. Le maître est libre d'accepter et d'agréer le sous-traitant (Cass. 3e civ., 25 sept. 2002 : *RD imm.* 2003, p. 69, H. Périnet-Marquet), sauf abus de droit : Cass. 3e civ., 2 févr. 2005 : *JCP G* 2005, II, 10077, concl. O. Guérin (motifs fallacieux et frauduleux). – Cass. 3e civ., 10 févr. 2009 : *RDC* 2009, p. 1132, P. Puig (lettre de renonciation anticipée du sous-traitant à exercer tout recours contre le maître de l'ouvrage).

(56) Cass. com., 12 mai 1987, *Bull. civ.* 1987, IV, n° 114.

(57) Cass. com., 14 juin 1988 : *Bull. civ.* 1988, IV, n° 200.

(58) Cass. 3e civ., 13 sept. 2005 : *Contrats, conc. consom.* 2006, comm. 5, obs. L. Leveneur.

(59) L. 31 déc. 1975, art. 3. L'article 14-1 de la loi de 1975 consacre des règles particulières aux contrats de travaux de bâtiment et de travaux publics : « – Le maître de l'ouvrage doit, s'il a connaissance de la présence sur le chantier d'un sous-traitant n'ayant pas fait l'objet des obligations définies à l'article 3 mettre l'entrepreneur principal en demeure de s'acquitter de ces obligations ; – Si le sous-traitant accepté, et dont les conditions de paiement ont été agréées par le maître de l'ouvrage dans les conditions définies par décret en Conseil d'État, ne bénéfice pas de la délégation de paiement, le maître de l'ouvrage doit exiger de l'entrepreneur principal qu'il justifie avoir fourni la caution. Les dispositions ci-dessus concernant le maître de l'ouvrage ne s'appliquent pas à la personne physique construisant un logement pour l'occuper elle-même ou le faire occuper par son conjoint, ses ascendants, ses descendants ou ceux de son conjoint ». Si ce texte ne précise pas la forme de la mise en demeure, il faut conseiller la rédaction d'un écrit dénué d'ambiguïté, la Cour de cassation ayant jugé insuffisants les comptes-rendus de chantiers se bornant à rappeler la nécessité de faire accepter le sous-traitant et l'urgence d'une régularisation de la situation sans évoquer le caractère impératif des dispositions de la loi du 31 décembre 1975 (Cass. 3e civ., 11 mars 2000 : *RJDA* 2000, n° 862). – V. Cass. 3e civ., 7 mars 2024, n° 22-23.309 : le manquement du maître de l'ouvrage qui, ayant eu connaissance de l'existence d'un sous-traitant sur un chantier, s'est abstenu de mettre en demeure l'entrepreneur principal de s'acquitter des obligations qui lui incombent en lui présentant le sous-traitant, fait perdre à celui-ci le bénéfice de l'action directe. En outre la carence du maître de l'ouvrage caractérisera à l'endroit du sous-traitant une faute délictuelle dont celui-ci peut se prévaloir pour obtenir indemnisation des sommes dues par l'entrepreneur principal.

(60) Cass. ch. mixte, 13 mars 1981 : *D.* 1981, p. 310, note A. Bénabent ; *JCP G* 1981, II, 19568, note G. Flécheux ; *RTD civ.* 1981, p. 862, obs. Ph. Rémy. – Cass. 3e civ., 13 sept. 2005 : *Contrats, conc. consom.* 2006, comm. 5, obs. L. Leveneur.

Si le maître de l'ouvrage donne l'agrément, il convient de distinguer en fonction de sa qualité.

Dans les marchés passés par l'État, les collectivités locales, les établissements et entreprises publiques qui excèdent 600 €, le sous-traitant direct du titulaire du marché qui a été accepté et dont les conditions de paiement ont été agréées par le maître de l'ouvrage, est *payé directement* par ce dernier pour la part du marché dont il assure l'exécution. Ce paiement est obligatoire même si l'entrepreneur principal est en redressement ou liquidation judiciaire(61). Le sous-traitant qui confie à un autre sous-traitant l'exécution d'une partie du marché dont il est chargé est tenu de lui délivrer une caution ou une délégation de paiement dans les conditions définies à l'article 14 de la loi. Toute renonciation au paiement direct est réputée non écrite(62).

Dans les autres cas, le sous-traitant a *une action directe* contre le maître de l'ouvrage si l'entrepreneur principal ne paie pas, un mois après en avoir été mis en demeure, les sommes qui sont dues en vertu d'un contrat de sous-traitance, toute renonciation à cette action directe étant réputée non écrite. Le jeu de cette action directe, qui subsiste même si l'entrepreneur principal est en redressement ou liquidation judiciaire(63), est toutefois limité. L'action directe ne concerne que le paiement correspondant aux prestations prévues par le contrat de sous-traitance et dont le maître de l'ouvrage est effectivement bénéficiaire(64). Elle ne vaut qu'à hauteur seulement des sommes que le maître de l'ouvrage doit encore payer à l'entrepreneur principal à la date de la réception de la copie de la mise en demeure(65). Ainsi, le maître de l'ouvrage qui a payé à l'entrepreneur principal l'intégralité des travaux exécutés, n'est pas tenu de payer le sous-traitant même si, d'une part, ce dernier n'a pas été réglé par l'entrepreneur et, d'autre part, le maître de l'ouvrage est encore débiteur pour des travaux non encore effectués(66). Enfin, le maître peut opposer au sous-traitant les exceptions opposables à l'entrepreneur principal.

En dépit du bénéfice de cette action directe, le sous-traitant peut entrer en conflit avec des personnes intéressées par la même créance. C'est le cas lorsqu'il y a pluralité de sous-traitants qui exercent l'action directe : on procède alors à une répartition proportionnelle(67). La concurrence peut aussi venir d'un banquier à qui l'entrepreneur principal a transmis sa créance pour bénéficier d'un crédit. Animée de la volonté de protéger le sous-traitant, la Cour de cassation donne priorité à

(61) L. 31 déc. 1975, art. 6.
(62) L. 31 déc. 1975, art. 7.
(63) L. 31 déc. 1975, art. 12.
(64) L. 31 déc. 1975, art. 13, al. 1er.
(65) L. 31 déc. 1975, art. 13, al. 2. L'hypothèse de ce texte est celle du maître de l'ouvrage ayant satisfait à ses obligations contractuelles en connaissance de l'existence du sous-traité. Comp. Cass. 3e civ., 7 mars 2024, n° 22-23.309 préc. : le maître de l'ouvrage doit, s'il a connaissance de la présence sur le chantier d'un sous-traitant, mettre l'entrepreneur principal en demeure de s'acquitter des obligations qui lui incombent et, lorsque le sous-traitant est accepté et que ses conditions de paiement ont été agréées, exiger de l'entrepreneur principal, si le sous-traitant ne bénéficie pas d'une délégation de paiement, qu'il justifie avoir fourni la caution. Le sous-traitant est fondé à rechercher la responsabilité quasi délictuelle du maître de l'ouvrage qui ne s'est pas conformé à ses obligations précédentes en rapportant la preuve de son préjudice. L'indemnisation à laquelle est tenu le maître de l'ouvrage à l'encontre du sous-traitant agréé et accepté mais ne bénéficiant pas d'une garantie de paiement est déterminée par rapport aux sommes restant dues par l'entrepreneur principal au sous-traitant, peu important que les travaux aient été acceptés par le maître de l'ouvrage dès lors qu'ils avaient été confiés au sous-traitant pour l'exécution du marché principal.
(66) V. Cass. 3e civ., 3 juill. 1996 : *Contrats, conc. consom.* 1996, comm. 201, note L. Leveneur.
(67) Cass. 3e civ., 11 févr. 1987 : *D.* 1987, p. 256, note A. Bénabent.

l'action directe[68], sauf lorsque la créance est transmise par effet de commerce, auquel cas le sous-traitant est préféré si l'action directe est exercée avant que les effets ne soient acceptés[69]. Dans le même esprit, après une certaine hésitation, la Cour de cassation a retenu que cette disposition était une loi de police au sens international[70].

492. – Responsabilité. Le recours à un tiers pour exécuter le contrat d'entreprise n'écarte pas la responsabilité de l'entrepreneur. L'article 1797 du Code civil dispose en effet que « l'entrepreneur répond des personnes qu'il emploie ». La responsabilité peut être engagée en raison des faits commis non seulement par les salariés de l'entrepreneur[71], mais aussi par des sous-traitants auxquels a été confiée tout ou partie de l'exécution de la prestation[72]. Quant au sous-traitant, il engage à l'égard de l'entrepreneur principal sa responsabilité civile contractuelle dans les termes du droit commun. La nature de sa responsabilité à l'égard du maître de l'ouvrage a suscité des difficultés plus sérieuses, au point d'opposer deux chambres de la Cour de cassation. Alors que la première chambre civile admettait la nature nécessairement contractuelle de l'action engagée par le maître de l'ouvrage contre le sous-traitant[73], la troisième chambre civile, dans les mêmes circonstances, affirmait la nature délictuelle de cette action, fidèle ainsi à une lecture orthodoxe de l'article 1199 du Code civil[74]. L'assemblée plénière de la Cour de cassation a tranché la dispute en faveur de la troisième chambre civile en posant que « le sous-traitant n'est pas contractuellement lié au maître de l'ouvrage » : sa responsabilité est délictuelle[75]. Cette solution pourrait être appelée

(68) V. Cass. ch. mixte, 13 mars 1981, préc. – *Adde* Cass. com., 16 mai 1995 : *Bull. civ.* 1995, IV, n° 141. Qui plus est, « le défaut d'acceptation et d'agrément ne peut être opposé au sous-traitant par l'entrepreneur principal, ni par les créanciers de ce dernier » (Cass. 3e civ., 25 févr. 1998 : *Contrats, conc. consom.* 1998, comm. 71, note L. Leveneur).

(69) V. not. Cass. com., 4 juill. 1989 : *Bull. civ.* 1989, IV, n° 211 ; *D.* 1990, somm. p. 120, obs. M. Cabrillac ; *Banque* 1989, p. 977, obs. J.-L. Rives-Langes. – Cass. com., 5 mars 1991 : *Bull. civ.* 1991, IV, n° 95 ; *JCP* G 1992, II, 18888, note M. Crionnet ; *D.* 1992, somm. p. 28, obs. M. Vasseur ; *D.* 1992, somm. p. 117, obs. A. Bénabent.

(70) S'agissant de la construction d'un immeuble en France, la loi du 31 décembre 1975 relative à la sous-traitance, en ses dispositions protectrices du sous-traitant, est une loi de police au sens des dispositions combinées de l'article 3 du Code civil et des articles 3 et 7 de la convention de Rome du 19 juin 1980 sur la loi applicable aux obligations contractuelles, Cass. ch. mixte, 30 nov. 2007 : *Bull. civ.* 2007, ch. mixte, n° 12. On observera qu'en l'espèce, l'action est engagée par un sous-traitant français contre un maître d'ouvrage de même nationalité, pour des travaux immobiliers situés en France. Au-delà, la solution est discutée dans son principe, un rattachement de l'action directe en paiement à la loi de la source est même proposé. L'entrée en vigueur du règlement Rome I qui associe les lois de police à la protection des intérêts publics (art. 9) suggère encore la discussion sur l'actualité de cette jurisprudence. – Comp. Cass. 3e civ., 25 févr. 2009 : *Rev. crit. DIP* 2009, 728, M.-E. Ancel. – Cass. com., 27 avr. 2011 : *D.* 2011, 1277, X. Delpech, 1654, Y. Le Bos, 2438, L. d'Avout.

(71) L'entrepreneur répond ainsi de l'incendie de la chose volontairement provoqué par un de ses salariés, Cass. 1re civ., 10 oct. 1995 : *Bull. civ.* 1995, I, n° 346 ; *JCP* G 1996, I, 3944, n° 18, obs. G. Viney ; *RTD civ.* 1996, p. 183, n° 5, obs. P. Jourdain.

(72) V. Cass. 3e civ., 5 janv. 1978 : *Bull. civ.* 1978, III, n° 9. – Cass. 1re civ., 15 mars 2005, l'agent de voyages assure à l'égard de son client une responsabilité de plein droit qui couvre les défaillances des prestataires auxquels il s'adresse : *RDC* 2006, p. 413, obs. Ph. Delebecque. – Cass. 3e civ., 9 sept. 2009 : *RDC* 2010, p. 70, S. Carval, l'entrepreneur principal répond à l'égard du maître de l'ouvrage de l'inexécution imputable à son sous-traitant.

(73) V. Cass. 1re civ., 8 mars 1988 : *JCP* G 1988, II, 21070, note P. Jourdain ; *RTD civ.* 1988, p. 551, obs. Ph. Rémy ; p. 741, obs. J. Mestre ; p. 760, obs. P. Jourdain.

(74) V. Cass. 3e civ., 22 juin 1988 : *JCP* G 1988, II, 21125, 2e arrêt, note P. Jourdain.

(75) Cass. ass. plén., 12 juill. 1991 : *JCP* G 1991, II, 21743, note G. Viney ; *JCP* E 1992, I, 199, n° 6, obs. J. Raynard ; *D.* 1991, p. 549, note J. Ghestin ; somm. p. 321, obs. J.-L. Aubert ; *RTD civ.* 1991, p. 750, obs. P. Jourdain ; *RTD civ.* 1992, p. 90, obs. J. Mestre ; *Contrats, conc. consom.* 1991, comm. 200, obs. L. Leveneur. – Cass. com., 13 oct. 2009 : *RDC* 2010, 585, O. Deshayes, l'action en responsabilité du maître de l'ouvrage contre le sous-traitant qui a fourni les matériaux est de nature nécessairement délictuelle, Le fournisseur du sous-traitant doit aussi, à l'égard du maître de l'ouvrage, répondre de ses actes sur le fondement délictuel (V. Cass. 3e civ., 28 nov. 2001 : *JCP* G 2002, II, 10037, note D. Mainguy ; *ibid.*, I, 186 ; *RTD civ.* 2002, 104, n° 1, obs. P. Jourdain). Cette décision ne remet toutefois pas en cause la jurisprudence issue des arrêts d'assemblée plénière du 7 février 1986 qui affirme le caractère contractuel de la responsabilité du fournisseur

à évoluer si le projet de réforme du droit de la responsabilité, tel que présenté le 13 mars 2017, était adopté. Il prévoit en effet que « le tiers ayant un intérêt légitime à la bonne exécution du contrat » (et ce serait le cas du maître de l'ouvrage qui a un intérêt à la bonne exécution du sous-contrat) bénéficie d'une option entre la responsabilité délictuelle et la responsabilité contractuelle à l'égard du contractant défaillant (ici le sous-traitant). S'il opte pour la première voie, il devra démontrer la faute du sous-traitant dans les termes de l'article 1240 du Code civil ; s'il opte pour la seconde, il se verra appliquer les éventuelles clauses limitatives de responsabilité insérées dans le sous-contrat. La reconnaissance d'un effet translatif dans le contrat d'entreprise mobilière pourrait également conduire à reconsidérer cette lecture (V. *supra*, n° 482).

SOUS-SECTION 2

CONSEILLER ET INFORMER

493. – Prolifération. Une distinction s'affiche d'emblée. L'obligation de conseil est pour certains professionnels l'obligation essentielle du contrat d'entreprise[76]. Exécuter la prestation convenue consiste précisément à conseiller son client[77].

En dehors de ces hypothèses, force est de constater que le formidable développement de l'obligation de conseil trouve un terrain d'élection dans le contrat d'entreprise. Nombreux sont aujourd'hui les professionnels tenus à titre accessoire de délivrer un conseil dans le cadre de l'exécution de leur prestation. Du plombier au médecin en passant par le diamantaire, l'agence de voyages, le rédacteur d'actes[78], l'avocat[79], l'architecte[80] ou le garagiste… Le conseil s'accompagne le plus souvent de la délivrance d'informations dont le caractère général repose désormais sur l'article 1112-1 du Code civil[81]. Ainsi, par exemple, le médecin doit non seulement conseiller son patient sur le traitement ou l'intervention chirurgicale à suivre, mais l'informer aussi sur les risques de cette dernière[82].

---

envers le maître de l'ouvrage (V. Cass. 3e civ., 12 déc. 2001 : *RTD civ.* 2002, p. 303, n° 1, obs. P. Jourdain). En définitive, la nature de la responsabilité du fournisseur varie selon qu'il vend à un sous-traitant ou directement à l'entrepreneur. Difficile de justifier une telle différence de traitement (V. les obs crit. de P. Jourdain).

(76) Conseils en organisation d'entreprise qui connaissent un fort développement, conseils financiers, bureaux d'études… V. N. Reboul, *Les contrats de conseil*, PUAM, coll. « IDA », 1999, préf. Ph. Delebecque (et le commentaire de E. Putman, in *RTD civ.* 1999, p. 766, n° 3). – *Information, conseil, mise en garde, etc. Toujours plus d'obligations à la charge du professionnel*, Actes du colloque, Paris, 16 nov. 2011, in *RDC* 2012, p. 1041 et s.

(77) V. R. Savatier, *Les contrats de conseil professionnel en droit privé* : *D.* 1972, chron. p. 137 et 145.

(78) Cass. 1re civ., 25 mars 2010 : *RDC* 2010, 851, G. Viney.

(79) V. Ph. Théry, *Autour de la responsabilité des professionnels en général et de l'avocat en particulier*, in *Information, conseil, mise en garde, etc. Toujours plus d'obligations à la charge du professionnel*, Actes du colloque, Paris, 16 nov. 2011, in *RDC* 2012, p. 1041 et s., spéc. p. 1083 et s.

(80) S'agissant des architectes, la Cour de cassation déduit de l'obligation de conseil, l'obligation « de concevoir un projet réalisable qui tient compte des contraintes du sol » (Cass. 3e civ., 25 févr. 1998 : *Contrats, conc. consom.* 1998, comm. 68, note L. Leveneur). – Mais la présence de l'architecte ne dispense pas l'entrepreneur de son obligation de conseil à l'égard du client, Cass. 3e civ., 15 févr. 2006 : *Contrats, conc. consom.* 2006, comm. 100, obs. L. Leveneur.

(81) V. M. Fabre-Magnan, *De l'obligation d'information dans les contrats. Essai d'une théorie*, LGDJ, coll. « Bibl. dr. privé », 1992, t. 221, préf. J. Ghestin.

(82) V. not. Cass. 1re civ., 7 oct. 1998 : *Bull. civ.* 1998, I, n° 291 ; *Contrats, conc. consom.* 1998, n° 160, note L. Leveneur ; *RTD civ.* 1999, p. 111, P. Jourdain : « Hormis les cas d'urgence, d'impossibilité ou de refus du patient d'être informé, un médecin est tenu de lui donner une information loyale, claire et appropriée sur les risques graves afférents aux investigations et soins proposés et il n'est pas dispensé de cette obligation par le seul fait que ces risques ne se réalisent qu'exceptionnellement ». Cette obligation d'information trouve désormais son siège dans les dispositions des articles L. 1111-2 et s. du

Le contenu de cette obligation n'est certes pas uniforme ; il varie selon la nature et la complexité de la prestation délivrée[83], mais également selon la qualité du client. Le conseil devient sommaire, voire inutile, en présence d'un client dont les compétences sont avérées dans le domaine de la prestation effectuée. C'est sans doute, en matière de construction, que cette situation est la plus fréquente, au point que l'immixtion fautive d'un maître d'ouvrage compétent peut être pour le constructeur une cause d'exonération de responsabilité[84]. Dans d'autres domaines, l'immixtion du client peut aussi conduire à ne retenir qu'une obligation de moyens[85]. Reste qu'au-delà de cette diversité, il est légitime que le client profane attende au minimum du prestataire un conseil sur l'adéquation de la prestation à sa demande, tant sur le plan technique que sur le plan financier. Le contentieux en violation de l'obligation de conseil ou d'information se situe souvent sur le terrain de la preuve.

En présence d'un client insatisfait, appartient-il à l'entrepreneur de prouver qu'il a bien exécuté son obligation ? La Cour de cassation répond par l'affirmative en appliquant à la lettre l'article 1353, alinéa 2, du Code civil selon lequel « Celui qui se prétend libéré doit justifier le paiement ou le fait qui a produit l'extinction de son obligation ». Ainsi pose-t-elle le principe que « celui qui est légalement ou contractuellement tenu d'une obligation particulière d'information doit rapporter la preuve de l'exécution de cette obligation »[86].

Et cette règle vaut pour les médecins[87], les avocats[88], les notaires[89], les commissaires de justice[90], le garagiste professionnel[91]... Le même régime s'applique pour le devoir de conseil[92]. La jurisprudence tend désormais à insister sur l'origine légale de cette obligation pour sanctionner son manquement par une responsabilité professionnelle extracontractuelle[93].

Code de la santé publique (loi Kouchner du 4 mars 2002, préc.). – Sur le fondement de ce texte, V. Cass. 1re civ., 8 avr. 2010 : *RDC* 2010, p. 857, G. Viney, en présence d'un risque d'infection nosocomiale scientifiquement connu comme étant en rapport avec l'intervention, la cour d'appel ne pouvait se fonder sur la seule absence de faute du praticien dans la réalisation de celle-ci pour déterminer la teneur de son devoir d'information. – Également Cass. 1re civ., 3 juin 2010 : *RDC* 2010, 1235, J.-S. Borghetti ; *D.* 2010, p. 1522, P. Sargos ; *JCP* G 2010, 788, S. Porchy-Simon. – V. G. Viney et P. Sargos, *Le devoir d'information du médecin*, in *Information, conseil, mise en garde, etc. Toujours plus d'obligations à la charge du professionnel*, Actes du colloque, Paris, 16 nov. 2011, in *RDC* 2012, p. 1041 et s., spéc. p. 1104.

(83) Une société de forage s'était engagée exclusivement à forer, pas à renseigner sur le niveau de la nappe phréatique, Cass. 1re civ., 3 mars 2011 : *JCP* G 2011, 566, n° 14, J. Ghestin ; *RDC* 2012, 841, O. Deshayes.

(84) V. not. Ph. Malinvaud et Ph. Jestaz, *Droit de la promotion immobilière*, Dalloz, 1991, nos 104 et s.

(85) V. pour un réparateur, Cass. com., 28 nov. 2000 : *RJDA* 2001, n° 298 : « L'arrêt, en faisant ressortir l'immixtion de la société Réno, dans le choix des modalités d'intervention par la société Maguin, en dépit d'impératifs techniques, a pu déduire que cette dernière n'était tenue, au titre du conseil, qu'à une obligation de moyens ».

(86) V. Cass. 1re civ., 25 févr., 29 avr. et 14 oct. 1997 : *Contrats, conc. consom.* 1997, comm. 76 ; *Resp. civ. et assur.* 1997, n° 4, p. 7, préc. – En ce sens, V. C. consom., art. L. 111-2, III.

(87) V. Cass. 1re civ., 25 févr. 1997, préc. – V. L. Leveneur, *Le risque thérapeutique devant la Cour de cassation : la recherche de l'équilibre : Contrats, conc. consom.* 1997, chron. p. 5. – C. Lapoyade Deschamps, *Les médecins à l'épreuve : Resp. civ. et assur.* 1997, chron. 8. Il s'agit, pour les médecins, d'un revirement de jurisprudence. La Cour de cassation estimait jusque-là que « ce ne sont pas à ces derniers de prouver qu'ils ont informé leurs malades des risques liés au traitement ou à l'intervention chirurgicale proposés, mais au patient d'établir que le praticien a manqué à cette obligation » (Cass. 1re civ., 4 avr. 1995 : *Bull. civ.* 1995, I, n° 159). – V. Cass. 1re civ., 12 juin 2012, 2 arrêts : *Contrats, conc. consom.* 2012, p. 11, L. Leveneur ; *D.* 2012, p. 1794, A. Laude.

(88) Cass. 1re civ., 29 avr. 1997 : *Bull. civ.* 1997, I, n° 132 ; *Contrats, conc. consom.* 1997, comm. 111, note L. Leveneur.

(89) Cass. 1re civ., 3 févr. 1998 : *Bull. civ.* 1998, I, n° 44 ; *RTD civ.* 1998, p. 381, obs. P. Jourdain. – Sur les clauses de parfaite information insérée par les notaires, V. Cass. 1re civ., 23 mars 1999 : *RTD civ.* 2000, p. 323, J. Mestre et B. Fages.

(90) Cass. 1re civ., 15 déc. 1998 : *Bull. civ.* 1998, I, n° 364.

(91) Cass. 1re civ., 15 mai 2002 : *RTD civ.* 2003, p. 84, obs. J. Mestre et B. Fages ; *Contrats, conc. consom.* 2002, n° 135, obs. L. Leveneur.

(92) V. Cass. 1re civ., 25 juin 1991 : *Bull. civ.* 1991, I, n° 212.

(93) Cass. 1re civ., 3 juin 2010 : *D.* 2010, p. 1522, P. Sargos ; *RTD civ.* 2010, 571, P. Jourdain ; *JCP* G 2010, 788, S. Porchy-Simon. Il résulte des articles 16 et 16-3, al. 2, du Code civil que toute personne a le droit d'être informée préalablement aux investigations, traitements ou actions de prévention proposés, des risques inhérents à ceux-ci, et que son consen-

SOUS-SECTION 3

ASSURER LA SÉCURITÉ

494. – **La contagion.** À l'instar de l'obligation de conseil, l'obligation de sécurité a trouvé dans le contrat d'entreprise un terrain propice à son développement. Elle est présente lorsque la prestation porte sur une chose : l'entrepreneur tenu d'exécuter un ouvrage sans vice doit réparer tous les dommages et singulièrement les dommages corporels causés par une malfaçon(94). L'obligation de sécurité existe aussi lorsque le contrat ne porte pas sur une chose ; elle est d'autant plus importante, que la prestation se réalise sur une personne. Largement promue par la jurisprudence, singulièrement pour les entrepreneurs qui exécutent leurs prestations dans leurs locaux (coiffeurs, hôteliers, exploitants de discothèque), cette obligation a trouvé un relais législatif dans l'article 1er de la loi n° 83-600 du 21 juillet 1983 et figure désormais à l'article L. 421-3 du Code de la consommation : « Les produits et les services doivent, dans des conditions normales d'utilisation ou dans d'autres conditions raisonnablement prévisibles par le professionnel, présenter la sécurité à laquelle on peut légitimement s'attendre et ne pas porter atteinte à la santé des personnes »(95).

L'obligation de sécurité constitue un champ d'application privilégié de la distinction des obligations de moyens et des obligations de résultat. Mais c'est aussi à propos de cette obligation que l'on peut mesurer toutes les insuffisances et les incertitudes de cette distinction. Certaines obligations de sécurité sont qualifiées de moyens, alors que d'autres sont qualifiées de résultat, sans que l'on perçoive toujours bien la raison de cette différence. S'agissant, par exemple, des jeux forains, la jurisprudence considère que l'obligation de sécurité dont est débiteur l'exploitant du manège, est, en principe, une obligation de moyens. Mais la question se complique pour l'utilisateur d'un manège d'auto-tamponneuses. Tant que ce dernier n'est pas dans l'engin, le forain est seulement débiteur d'une obligation de moyens(96). Dès lors que le client est dans l'auto-tamponneuse, l'obligation de sécurité est une obligation de résultat(97). Cette analyse jurisprudentielle – directement inspirée de celle retenue naguère par la Cour de cassation en matière de transport de voyageurs – est toutefois discutable. En matière d'obligation de sécurité, le critère de distinction entre obligation de moyens et obligation de résultat réside le plus souvent dans le rôle actif ou passif du client. Ainsi, l'exploitant d'un télésiège est tenu d'une obligation de résultat pendant le trajet(98), alors que

---

tement doit être accueilli par le praticien, hors le cas où son état rend nécessaire une intervention thérapeutique à laquelle elle n'est pas à même de consentir. Dès lors, le non-respect du devoir d'information qui en découle, cause à celui auquel l'information était légalement due, un préjudice que le juge ne peut, sur le fondement de l'article 1382 du Code civil (devenu 1240), laisser sans réparation (absence d'alternative à l'adénomectomie pratiquée). – Cass. 1re civ., 14 oct. 2010 : *D.* 2010, p. 2682, P. Sargos ; *RTD civ.* 2010, 128, P. Jourdain fondé sur le Code de la santé publique. – Cass. 1re civ., 12 juin 2012, préc. – CE, 10 oct. 2012 : *D.* 2012, p. 2518, D. Poupeau. – V. D. Bert, *Feu l'arrêt Mercier ! : D.* 2010, p. 1801. – V. G. Viney et P. Sargos, préc.

(94) V. B. Boubli, *op. cit.*, n° 92. – Sur l'obligation de sécurité dans la vente, V. *supra*, nos 238 et s.

(95) Sur ce texte, V. not. J. Calais-Auloy et H. Temple, *op. cit.*, nos 250 et s. – Y. Picod et H. Davo, *op. cit.*, nos 321 et s.

(96) V. Cass. 1re civ., 9 janv. 1957 : *D.* 1958, p. 245, note R. Rodière.

(97) V. Cass. 1re civ., 28 avr. 1969 : *D.* 1969, p. 650, note G.-C. M.

(98) V. not. Cass. 1re civ., 11 juin 2002 : *Contrats, conc. consom.* 2002, comm. 154, note L. Leveneur.

l'obligation « n'est plus que de moyens lors des opérations d'embarquement et de débarquement en raison du rôle actif qu'y tiennent les usagers »[99]. Or, un utilisateur d'auto-tamponneuses ne peut-il pas décider librement de la trajectoire ? De la même manière, la jurisprudence a été amenée à préciser la nature de l'obligation de sécurité pesant sur les centres de contrôle technique de véhicules automobiles : leur responsabilité ne peut être recherchée qu'en cas de négligence fautive[100].

Au-delà de ces exemples paradoxaux, force est de constater la promotion de l'obligation de sécurité-résultat.

SECTION 2

LES OBLIGATIONS DU MAÎTRE DE L'OUVRAGE[101]

495. – Plan. La nature de la prestation influence le nombre des obligations du maître de l'ouvrage. Toujours tenu de payer le prix de la prestation (Sous-section 1), ce dernier doit, lorsque le contrat porte sur une chose, en prendre réception (Sous-section 3) et livraison (Sous-section 2). Qui plus est, l'obligation de coopération (Sous-section 4) prospère en matière d'entreprise.

SOUS-SECTION 1

LE PAIEMENT DU PRIX

§ 1. – La détermination du prix

A. – La détermination contractuelle

496. – Diversité des techniques. Dès lors que l'accord sur le prix n'est pas un élément indispensable à la formation du contrat, la détermination de celui-ci pourra n'intervenir qu'en suite à l'exécution de la prestation de l'entrepreneur (V. *supra*, n° 475). La liberté dont bénéficient les parties dans la détermination du prix est alors largement utilisée. Le prix, qui faute de précision, comprend la taxe sur la valeur ajoutée, peut être diversement déterminé. La technique du *forfait* est souvent privilégiée. Dès la conclusion du contrat, le prix est définitivement fixé, toute modification ultérieure du coût des éléments de la prestation n'ayant pas d'incidence, sauf stipulation d'une clause de révision[102]. L'application du régime

(99) V. not. Cass. 1re civ., 10 mars 1998 : *Bull. civ.* 1998, I, n° 110. La Cour de cassation définit le débarquement de l'usager « comme le moment où il doit quitter le siège sur lequel il est installé » (Cass. 1re civ., 11 juin 2002, préc.).

(100) Cass. 1re civ., 19 oct. 2004 : *D.* 2005, p. 1974, H. Causse ; *RTD civ.* 2005, p. 136, P. Jourdain. – Cass. 1re civ., 21 juin 2005 : *D.* 2006, p. 1221, J. Huet.

(101) G. Durand-Pasquier, *Le maître de l'ouvrage*, thèse, Paris I, 2005.

(102) Attachée, à juste titre, au respect de l'article 1103, du Code civil, la Cour de cassation censure les juges du fond qui dénaturent une telle clause en ajoutant des hypothèses de révision non prévues (V. Cass. 3e civ., 6 déc. 2000 : *RJDA* 2001, n° 299).

légal de l'imprévision, porté à l'article 1195 du Code civil, devrait être écartée en cette hypothèse, les parties, spécialement l'entrepreneur, assumant le risque d'un déséquilibre(103). Si cette formule a le mérite de la simplicité, elle n'est pas à l'abri du contentieux, singulièrement lorsque des travaux supplémentaires sont nécessaires.

Deux situations peuvent être alors envisagées. Les travaux supplémentaires nécessaires à l'exécution de la prestation convenue, et qui résultent de difficultés imprévues apparues lors de l'exécution de la prestation, sont, par principe, compris dans le forfait. En revanche, le paiement de travaux supplémentaires se distinguant de la commande initiale nécessite l'accord préalable du client(104) ; il faut donc un nouvel accord de volonté qui constitue un avenant au contrat d'entreprise, dont la preuve obéit aux règles précédemment examinées.

Le Code civil prévoit une règle particulière pour la construction d'un bâtiment stipulée à forfait. L'article 1793 du Code civil dispose ainsi : « lorsqu'un architecte ou un entrepreneur s'est chargé de la construction à forfait d'un bâtiment, d'après un plan arrêté et convenu avec le propriétaire du sol, il ne peut demander aucune augmentation de prix, ni sous le prétexte de l'augmentation de la main-d'œuvre ou des matériaux, ni sous celui de changements ou d'augmentations faits sur ce plan, si ces changements ou augmentations n'ont pas été autorisés par écrit, et le prix convenu avec le propriétaire ».

Ce texte met ainsi en place un formalisme qui protège le client(105). Dérogatoire au droit commun, cette règle, qui suscite tout de même un important contentieux, est strictement interprétée par la jurisprudence. Il doit s'agir d'un forfait « pur et simple » selon une expression jurisprudentielle, ce qui implique une intangibilité des travaux convenus et du prix(106). Il faut un plan convenu et arrêté, ce qui exclut les situations où aucun document sérieux n'a été préparé, où le devis est imprécis et les plans n'ont aucun caractère contractuel(107). Il doit s'agir d'une véritable construction – et non pas de simples travaux d'aménagements d'intérieurs(108) ou d'aménagement et de décoration(109) –, portant sur un bâtiment, ce qui n'est pas le cas d'une piscine(110). La construction doit être effectuée pour le propriétaire du sol, ce qui implique notamment que les dispositions de l'article 1793 du Code civil ne sont pas applicables à une convention de sous-traitance entre deux entreprises(111). Ces conditions cumulatives étant remplies, le paiement de travaux

(103) En ce sens l'avant-projet de réforme des contrats spéciaux propose d'écarter explicitement le jeu de l'article 1195 du Code civil au marché à forfait (art. 1761 avant-projet. – V. *L'avant-projet*, préc., p. 321).

(104) Ainsi, par ex., un garagiste ne peut demander paiement de travaux supplémentaires non compris dans le devis sans l'accord du propriétaire du véhicule (Cass. 1re civ., 25 mars 1997 : *Contrats, conc. consom.* 1997, comm. 95, note L. Leveneur). – *Adde*, Cass. 1re civ., 6 janv. 2004 : *Contrats, conc. consom.* 2004, comm. 35, note L. Leveneur.

(105) « Le but de l'article 1793 est clair : briser, fût-ce par une réaffirmation de la force intangible du contrat, grâce à la nécessité du consentement préalable et écrit du maître (*ad validitatem*) toute velléité de prouver à bon compte "qu'il était d'accord" pour le nouveau coup de pioche, présenté comme fondamental » (P.-Y. Gautier, obs. ss Cass. 3e civ., 3 juill. 1991 : *RTD civ.* 1992, p. 410, n° 4).

(106) L'article 1793 cesse ainsi d'être applicable lorsque les parties, tout en stipulant le forfait, y ont ajouté des clauses qui en modifient le caractère et les effets (Cass. req., 26 juin 1939 : *DH* 1939, p. 468. – Cass. 1re civ., 10 mai 1960 : *D.* 1960, p. 571. – Cass. 3e civ., 6 mars 1985 : *JCP* G 1986, II, 20657, note G. Liet-Veaux).

(107) V. Cass. 3e civ., 20 nov. 1991 : *Bull. civ.* 1991, III, n° 283.

(108) Cass. 1re civ., 16 déc. 1964 : *D.* 1965, p. 347.

(109) Cass. 3e civ., 29 janv. 1971 : *D.* 1971, p. 395.

(110) Cass. 3e civ., 17 janv. 1984 : *Gaz. Pal.* 1984, pan. jurispr. p. 133, obs. Ph. Jestaz.

(111) Cass. 3e civ., 15 févr. 1983 : *Bull. civ.* 1983, III, n° 44. – Comp. Cass. 3e civ., 5 juin 1996 : *Bull. civ.* 1996, III, n° 136 ; *RTD civ.* 1997, p. 447, n° 2, obs. P.-Y. Gautier.

supplémentaires ne peut donc intervenir qu'avec l'accord écrit du client[112]. La théorie de l'enrichissement sans cause ne saurait même pas permettre de contourner cette règle[113]. La seule « porte de sortie » pour l'entrepreneur tient à la démonstration que les travaux supplémentaires demandés par le maître ont entraîné « un bouleversement de l'économie du contrat »[114].

Est également utilisée, surtout dans le domaine de la construction, la technique du marché sur série. Le prix est fixé par référence à la valeur de l'article. Exemple : 100 € le mètre carré. Il dépend donc du nombre d'articles, et ne peut être définitivement fixé qu'à l'achèvement du travail. Les avantages pour l'entrepreneur sont réels : il peut imputer les suppléments et les augmentations du coût du travail.

Autre technique, privilégiée dans les professions libérales : la facturation au taux horaire, fixé par les parties, ou par référence à des barèmes, qui intervient à l'achèvement de la prestation[115].

La liberté contractuelle est toutefois contrariée, tant dans les relations entre professionnels, que dans celles entre professionnels et consommateurs. Pour les premières, l'établissement d'une facture est imposé par l'article L. 441-3 du Code de commerce[116]. Pour les secondes, l'article L. 112-1 du Code de la consommation oblige tout prestataire de services à informer les consommateurs sur les prix par voie de marquage, d'étiquetage, d'affichage ou par tout autre procédé approprié[117].

B. – La détermination judiciaire

497. – Méthode. N'étant pas, par principe, une condition de validité du contrat d'entreprise, le prix peut ne pas être fixé lors de l'échange des volontés. Le risque de cette pratique est toutefois de voir naître un litige à l'issue de la réalisation de la prestation, lorsque la fixation unilatérale du prix par l'entrepreneur est contestée par le client. La Cour de cassation permet de sortir de l'impasse en autorisant le juge à fixer la rémunération, compte tenu des éléments de la cause[118], de l'importance des services rendus[119], des usages professionnels[120] ou de la qualité du travail fourni[121]. Il faut espérer que cette solution en dépit de la lettre de l'article 1165, issu de

(112) À défaut d'une autorisation écrite préalable aux travaux, il doit être constaté « une acceptation expresse et non équivoque par le maître de l'ouvrage de ces travaux une fois effectués » (Cass. 3e civ., 8 avr. 1998 : *Contrats, conc. consom.* 1998, comm. 95, note L. Leveneur).

(113) V. Cass. civ., 5 nov. 1934 : *DH* 1934, p. 587. – Cass. 1re civ., 1er févr. 1984 : *Gaz. Pal.* 1984, pan. jurispr. p. 133, obs. Ph. Jestaz.

(114) V. Cass. 3e civ., 24 janv. 1990 : *D.* 1990, p. 257 ; *RD imm.* 1990, p. 370, obs. Ph. Malinvaud et B. Boubli.

(115) Pour la possibilité de distinguer, pour un cabinet d'avocats, les prestations réalisées par un associé et par un collaborateur : Cass. 2e civ., 7 févr. 2013, n° 11-26.718 : *RTD civ.* 2013, p. 395, obs. P.-Y. Gautier.

(116) V. D. Ferrier, *Droit de la distribution*, préc., n° 342. – *Adde* J.-M. Mousseron, *Une nouvelle science : la facturologie* : *CDE* 4/1988, p. 3.

(117) V. J. Calais-Auloy et F. Steinmetz, *Droit de la consommation*, *op. cit.*, nos 57 et s.

(118) « Un accord préalable sur le montant exact de la rémunération n'est pas un élément essentiel du contrat de louage d'ouvrage, en sorte qu'en l'absence d'un tel accord, il appartient aux juges du fond de fixer la rémunération, compte tenu des éléments de la cause ». – V. not. Cass. com., 29 janv. 1991 : *JCP* G 1991, II, 21751, obs. L. Leveneur ; *RTD civ.* 1991, p. 321, obs. J. Mestre. – Cass. 1re civ., 24 nov. 1993 : *Contrats, conc. consom.* 1994, comm. 20, obs. L. Leveneur ; *RTD civ.* 1994, p. 631, obs. P.-Y. Gautier.

(119) V. Cass. 1re civ., 19 juin 1990 : *Bull. civ.* 1990, I, n° 170 ; *D.* 1991, somm. p. 317, obs. J.-L. Aubert.

(120) V. not. Cass. com., 25 juin 1973 : *Bull. civ.* 1973, IV, n° 217.

(121) V. Cass. 1re civ., 18 nov. 1997 : *RTD civ.* 1998, p. 402, n° 5, obs. crit. P.-Y. Gautier ; *Defrénois* 1998, p. 405, obs. A. Bénabent. On relèvera que dans cette décision, la Cour de cassation estime sous le visa des articles 1134 et 1315 du Code civil « qu'il incombe au prestataire, en sa qualité de demandeur, d'établir le montant de sa créance et à cet effet, de fournir les éléments permettant de fixer ce montant et il appartient au juge d'apprécier celui-ci, en fonction notamment de la qualité du travail fourni ».

l'ordonnance du 10 février 2016, ne soit pas remise en cause (V. *supra*, n° 475). Enfin, soit que la prestation n'ait pas été correctement ou complètement réalisée, soit que le prix s'avère excessif, le prix peut être révisé par le juge (V. *infra*, n° 501).

§ 2. – Le règlement du prix

498. – **Date du paiement.** Si les parties ont, en principe, toute liberté pour fixer les modalités de paiement, on admet que le prix est, en principe, exigible lors de la réception (V. *infra*, n° 503). C'est, toutefois, le plus souvent la nature de la prestation et les usages qui comptent. Ainsi, c'est à la fin d'un repas au restaurant que l'on paie l'addition, alors que c'est à l'entrée du cinéma, et non à la sortie, que l'on paie son ticket. Dans certains secteurs, le paiement échelonné est de mise. Le client verse d'abord avant le début de l'exécution une somme qui a généralement la nature d'un acompte(122) et le solde à la fin.

499. – **Garantie de paiement.** Il n'y a pas que le sous-traitant qui bénéficie de garanties de paiement(123). Au-delà de la mise en place de sûretés conventionnelles (réserve de propriété(124)), l'entrepreneur principal qui n'est pas payé en partie ou en totalité peut compter sur divers mécanismes. En présence d'acomptes prévus et impayés, il peut exercer l'exception d'inexécution lui permettant ainsi de suspendre l'exécution de la prestation. Face à un défaut de paiement plus ample à l'achèvement du travail, la jurisprudence lui reconnaît parfois un droit de rétention(125) sur la chose qui lui a été remise, pour autant qu'il n'ait pas commis de faute(126). L'entrepreneur peut, selon son activité, compter aussi sur des privilèges légaux : privilège relatif aux frais faits pour la conservation de la chose (réparateur) (C. civ., art. 2332-3°), privilège sur les immeubles pour les architectes, entrepreneurs, maçons et autres ouvriers employés pour édifier, reconstruire ou réparer des canaux ou autres ouvrages quelconques (C. civ., art. 2374-4°).

La faiblesse de ces privilèges a conduit le législateur à introduire en 1994 dans le Code civil un article 1799-1(127) qui prévoit que le maître d'ouvrage qui conclut un marché de travaux privé visé au 3° de l'article 1779(128) pour la satisfaction de besoins ressortissant à une activité professionnelle en rapport avec ce marché, doit garantir à l'entrepreneur le paiement des sommes dues, lorsque le montant

(122) Dans les contrats entre professionnels et consommateurs, « sauf stipulation contraire, les sommes versées d'avance sont des arrhes » (C. consom., art. L. 114-1 *in fine*). – *Adde* Cass. 1re civ., 19 oct. 1999 : *RTD civ.* 2000, p. 116, J. Mestre et B. Fages et p. 354, P.-Y. Gautier.

(123) Il n'est du reste pas le seul à bénéficier d'une action directe. L'article 1798 dispose ainsi : « Les maçons, charpentiers et autres ouvriers qui ont été employés à la construction d'un bâtiment ou d'autres ouvrages faits à l'entreprise, n'ont d'action contre celui pour lequel les ouvrages ont été faits, que jusqu'à concurrence de ce dont il se trouve débiteur envers l'entrepreneur, au moment où leur action est intentée ». On a justement souligné que cette action directe « a perdu de son intérêt depuis que le législateur est intervenu pour donner son statut à la sous-traitance » F. Collart Dutilleul, Ph. Delebecque et Ch.-E. Bucher, *op. cit.*, n° 744.

(124) Le bien remis en exécution du contrat d'entreprise peut être l'objet d'une propriété réservée, Cass. com., 29 mai 2001 : *Contrats, conc. consom.* 2001, n° 133, L. Leveneur : *RTD civ.* 2001, 930, P. Crocq. – Cass. com., 19 nov. 2003 : *D.* 2003, act. jurispr. 3049, A. Lienhard. – Comp. P. Puig, n° 878.

(125) V. not. Cass. com., 8 févr. 1994 : *Bull. civ.* 1994, IV, n° 56. – Sauf s'il s'agit d'un immeuble : Cass. 3e civ., 23 juin 1999 : *JCP G* 2000, I, 209, Ph. Delebecque ; *RTD civ.* 2000, p. 142, P. Crocq.

(126) V. not. Cass. 1re civ., 3 mai 1966 : *D.* 1966, p. 649, note J. Mazeaud.

(127) V. sur ce texte, C. Saint-Alary-Houin, *La genèse de l'article 1799-1 du Code civil* : *RD imm.* 1994, p. 339. – A. Gourio, *La garantie de paiement des entreprises dans les marchés privés de travaux* : *JCP N* 1994, I, 277.

(128) C'est-à-dire les contrats conclus avec des architectes, entrepreneurs d'ouvrages et techniciens.

du prix convenu au titre du marché, déduction faite des arrhes et des acomptes versés lors de la conclusion de celui-ci, est supérieur à un seuil fixé par décret en Conseil d'État[129]. Tant qu'aucune garantie n'a été fournie, et que l'entrepreneur demeure impayé des travaux exécutés, ce dernier peut surseoir à l'exécution du contrat après mise en demeure restée sans effet à l'issue d'un délai de quinze jours.

500. – **Prescription de l'action en paiement.** La prescription en paiement est soumise au régime de droit commun. Autrefois de trente ans ou de dix ans si le prestataire est commerçant, la prescription est désormais quinquennale depuis la réforme du 17 juin 2008 (C. civ., art. 2224). Mais nombreux étaient les professionnels concernés par des prescriptions plus courtes. Ainsi est-elle, par exemple, d'un an pour les commissaires de justice (C. civ., ancien art. 2272, al. 1er), de deux ans pour les avocats et avoués (C. civ., ancien art. 2273) et pour les médecins, chirurgiens, chirurgiens-dentistes, sages-femmes, et pharmaciens (C. civ., ancien art. 2272, al. 3). Ces actions sont désormais soumises au droit commun. Seule l'action exercée par un entrepreneur professionnel contre un maître de l'ouvrage consommateur se prescrit par deux ans (C. consom., art. L. 218-2).

§ 3. – La réfaction du prix

501. – **Une entorse à la force obligatoire des contrats.** Limité dans son pouvoir de déterminer le prix (V. *supra*, n° 475), le juge conserve-t-il le pouvoir de le refaire, singulièrement lorsqu'une contestation porte sur le caractère excessif de la rémunération du prestataire ? En dépit du sacro-saint principe de la force obligatoire du contrat, la Cour de cassation l'admettait parfois. Transposant une analyse initialement développée à propos de la rémunération des mandataires, elle autorisait les tribunaux « quand une convention a été passée en vue de l'exécution de travaux donnant lieu à honoraires, à réduire ces derniers lorsqu'ils paraissent exagérés, pourvu qu'ils n'aient pas été versés en connaissance du travail effectué et après service fait »[130]. Cette solution, qui traduit une extension de la technique de la réfaction judiciaire[131], était-elle réservée aux seules professions libérales habituées à pratiquer des honoraires ? La doctrine était divisée[132]. Là où certains ne voyaient qu'une exception[133], d'autres généralisaient la règle, estimant qu'il n'y avait guère de raison de la cantonner aux professions libérales[134], le terme d'« honoraires » n'ayant pas, au demeurant, de signification juridique précise.

(129) V. D. n° 99-658, 30 juill. 1999 pris pour l'application de l'article 1799-1 et fixant ce seuil à 12 000 €.

(130) Cass. 1re civ., 3 juin 1986 : *Bull. civ.* 1986, I, n° 150 ; *JCP* G 1988, II, 20791, note A. Viandier. – Pour les honoraires d'un généalogiste, Cass. 1re civ., 5 mai 1998 : *Contrats, conc consom.* 1998, comm. 111, note L. Leveneur. – *Adde* pour les honoraires d'un avocat, Cass. 2e civ., 18 sept. 2003 : *Bull. civ.* 2003, II, n° 279 ; *RTD civ.* 2004, p. 114, n° 2, obs. P.-Y. Gautier (si selon l'article 10 de la loi du 31 décembre 1971, « les juges du fond apprécient souverainement d'après les conventions des parties et les circonstances de la cause le montant de l'honoraire dû à l'avocat, il ne leur appartient pas de le réduire dès lors que le principe et le montant de l'honoraire ont été acceptés par le client après service rendu, que celui-ci ait été ou non précédé d'une convention »).

(131) V. Ch. Albiges, *Le développement discret de la réfaction du contrat*, in *Mél. M. Cabrillac*, Litec, 1999, p. 3.

(132) V. G. Chantepie, *La lésion*, préf. G. Viney, LGDJ, 2006, nos 476 et s. – Ph. Stoffel-Munck, *Le contrôle judiciaire du prix*, *in* Rapport du Club des juristes, sept. 2021, p. 25 et s. – Sur la définition légale des professions libérales, V. L. n° 2012-387, 22 mars 2012, art. 29.

(133) V. J. Huet, n° 32192.

(134) V. A. Bénabent, n° 572. – Ph. Delebecque, *op. cit.*, p. 41. – V. *L'avant-projet de réforme du droit des contrats spéciaux*, préc., p. 321 et s.

L'article 1165 du Code civil, issu de la réforme du 10 février 2016, conduit à s'interroger sur la survie de cette règle, même si son domaine est discuté. Certains auteurs estiment que la réfaction du prix est nécessairement condamnée par le nouvel article 1165[135]. D'autres, soulignant que la réfaction ne s'applique qu'aux professions libérales percevant des honoraires, en appellent au principe *specialia generalibus derogant* pour justifier la survie de cette règle dérogatoire au droit commun[136]. À l'appui de cette interprétation, on fera valoir que l'article 1165 concerne l'hypothèse dans laquelle aucun prix n'avait été initialement convenu, alors que la réfaction des honoraires excessifs suppose que le prix ait été conventionnellement fixé. Les deux règles n'ont donc pas le même domaine et peuvent coexister[137].

Autre motif de réfaction utilisé par le juge : la mauvaise exécution du contrat. Le juge s'inspire ici de la réfaction de la vente commerciale[138].

SOUS-SECTION 2

PRENDRE LIVRAISON

502. – Régime. Lorsque la prestation porte sur une chose, le client doit, à l'achèvement de la prestation, en prendre livraison, pour autant que les parties n'aient pas expressément prévu que la livraison est à la charge de l'entrepreneur. Il s'agit là d'un acte purement matériel, distinct de la réception, et pouvant donc intervenir avant ou après cette dernière[139]. Le défaut de retirement[140] n'est pas sans conséquence lorsque le contrat concerne des objets mobiliers confiés à un professionnel pour être travaillés, façonnés, réparés ou nettoyés. Si ces objets ne sont pas en effet retirés dans le délai d'un an[141], l'entrepreneur peut se faire autoriser par le juge d'instance, à les vendre aux enchères publiques et se faire payer sur le prix[142].

SOUS-SECTION 3

PRENDRE RÉCEPTION

503. – Régime. La réception est un acte juridique par lequel le maître de l'ouvrage approuve le travail réalisé[143]. Lorsque la réception est partielle et contient des réserves, la garde et les risques sont transférés et le maître de l'ouvrage ne procède qu'à un paiement partiel du prix, l'entrepreneur étant quant à lui tenu de satisfaire aux réserves. La réception emporte des conséquences importantes :

(135) G. Chantepie et M. Latina, *La réforme du droit des obligations*, Dalloz, 2016, n° 420.

(136) P. Puig, *Le prix dans les contrats de prestation de service*, in *Le droit spécial des contrats à l'épreuve du nouveau droit commun*, PUF, 2017.

(137) En ce sens, l'avant-projet Capitant propose de manière explicite : « Lorsque le prix est fixé d'un commun accord, chaque partie peut en demander la révision au juge s'il est manifestement dérisoire ou excessif, à moins qu'il n'ait été convenu qu'il était fixé forfaitairement » (art. 72). L'avant-projet de réforme des contrats spéciaux reconduit cette proposition (*Avant-projet*, préc., art. 1762, p. 321).

(138) V. A. Bénabent, n° 572.

(139) Comp. B. Boubli, pour qui « la prise de livraison et la réception sont une seule et même chose : la réception n'est rien d'autre que la livraison vue du côté du créancier » (*op. cit.*, n° 105).

(140) V. Y. Strickler, *Le défaut de retirement en matière de contrat d'entreprise* : *JCP E* 1994, I, 393.

(141) Ce délai est réduit à six mois s'il s'agit de véhicules automobiles.

(142) L. 31 déc. 1903, relative à la vente de certains objets abandonnés mod. par L. n° 68-1248, 31 déc. 1968.

(143) V. Cass. 3e civ., 8 oct. 1974 : *Bull. civ.* 1974, III, n° 337 ; *JCP G* 1974, IV, 376. – V. A. Fournier, *La réception juridique en droit privé*, thèse, Montpellier I, 2010.

– le prix ou le solde restant dû devient exigible[(144)] ;
– il y a transfert des risques au maître de l'ouvrage ;
– il y a transfert de la garde au maître de l'ouvrage[(145)] ;
– la réception couvre tout vice ou défaut de conformité apparent qui n'a pas fait l'objet de réserves[(146)].

Bien que la réception soit une obligation pour le maître de l'ouvrage, ce dernier peut parfaitement la refuser. Mais en présence d'un refus injustifié, l'entrepreneur peut demander au juge de prononcer la réception[(147)].

En matière de construction, la réception est organisée par l'article 1792-6 du Code civil[(148)]. Ce texte, qui prévoit que la réception intervient à la demande de la partie la plus diligente, soit à l'amiable, soit, à défaut, judiciairement[(149)], n'exclut pas la possibilité d'une réception tacite[(150)]. Mais la réception est, en tout état de cause, prononcée contradictoirement. Ces dispositions relativement complètes tendent de plus en plus à constituer le droit commun de la réception[(151)].

SOUS-SECTION 4

COOPÉRER

504. – **Développement.** La promotion contemporaine de l'article 1104 (anciennement art. 1134, al. 3) du Code civil n'a pas fait halte aux frontières du contrat d'entreprise. Aussi, déduit-on au nom de l'exécution de bonne foi du contrat, une obligation de coopération[(152)] à la charge du maître d'ouvrage. Cette obligation n'a pas un contenu vraiment précis. Les comportements qu'elle impose dépendent de l'opération contractuelle. On admet toutefois, qu'en général, le maître de l'ouvrage doit faciliter l'exécution du travail demandé. Cela peut le conduire à solliciter des autorisations, à fournir des renseignements à l'entrepreneur sur des difficultés de réalisation[(153)]. Ce devoir de coopérer, qui incombe tant au professionnel qu'au profane, prend, en pratique, d'autant plus d'importance, que l'opération est complexe. Il n'est pas rare de trouver à cet égard des clauses organisant la coopération des partenaires contractuels[(154)].

(144) V. Cass. 3e civ., 15 nov. 1968 : *Bull. civ.* 1968, III, n° 475.
(145) V. Cass. 2e civ., 22 avr. 1966 : *Bull. civ.* 1966, II, n° 475.
(146) V. not. Cass. 3e civ., 16 déc. 1987 : *Bull. civ.* 1987, III, n° 20.
(147) Cass. 3e civ., 30 juin 1993 : *Bull. civ.* 1993, III, n° 737.
(148) Ce texte définit la réception comme « l'acte par lequel le maître de l'ouvrage déclare accepter l'ouvrage avec ou sans réserve ».
(149) C. civ., art. 1792-6, al. 1er.
(150) V. not. Cass. 3e civ., 12 oct. 1988 : *Bull. civ.* 1988, III, n° 137.
(151) V. J.-J. Barbièri, p. 287.
(152) V. sur cette obligation en général, Y. Picod, *L'obligation de coopération dans l'exécution du contrat* : *JCP G* 1988, I, 3318.
(153) V. Cass. 1re civ., 11 mai 1966 : *Bull. civ.* 1966, I, n° 281. – Cass. 1re civ., 17 mars 1969 : *D.* 1969, 532 ; *RTD civ.* 1970, p. 171, obs. G. Durry.
(154) V. J.-M. Mousseron, *Technique contractuelle*, *op. cit.*, n° 835.

C H A P I T R E 4

L'EXTINCTION DU CONTRAT D'ENTREPRISE

505. – Droit commun, droit des procédures collectives, droit de la consommation et causes plus spécifiques. Les causes d'extinction du contrat d'entreprise sont variées. C'est l'exécution des obligations qui entraîne la fin normale du contrat. L'inexécution conduit à envisager une action en résolution soumise aux dispositions des articles 1224 et suivants du Code civil(1). Le redressement ou la liquidation judiciaire de l'une des parties au contrat peut aussi entraîner la fin de celui-ci, dans le respect des règles propres au droit des procédures collectives. La présence d'un consommateur peut, par ailleurs, conduire à la mise en œuvre d'une solution particulière. L'article L. 216-2 du Code de la consommation permet, sous certaines conditions, au consommateur de résilier unilatéralement le contrat, si le délai d'exécution de la prestation excède la date indiquée dans le contrat. Mais des causes d'extinction spécifiques au contrat d'entreprise sont prévues par le Code civil.

506. – La mort de l'entrepreneur. L'*intuitu personae* du contrat d'entreprise explique l'article 1795 du Code civil qui dispose que « le contrat de louage d'ouvrage est dissous par la mort de l'ouvrier, de l'architecte ou entrepreneur »(2). Le décès de l'entrepreneur entraîne donc la caducité du contrat sans que ses héritiers puissent s'y opposer. Le maître de l'ouvrage est toutefois tenu de leur payer la valeur des ouvrages faits et celle des matériaux préparés lorsque ces travaux ou matériaux peuvent lui être utiles (C. civ., art. 1796). La règle posée par l'article 1795 a perdu de son autorité, tant sont nombreux les contrats d'entreprise où l'*intuitu personae* n'est plus vraiment présent. Dans un tel cas, on estime alors que la règle doit être écartée(3).

(1) Cette demande est, à notre sentiment, inutile lorsqu'un obstacle de force majeure entraîne une impossibilité définitive d'exécuter le contrat. Il y a alors caducité du contrat. – V. P.-H. Antonmattei, *Contribution à l'étude de la force majeure*, LGDJ, coll. « Bibl. dr. privé », 1992, t. 220, préf. B. Teyssié, n°s 234 et s. – Pour un exemple d'impossibilité de restituer à la suite de la résolution d'un contrat d'entreprise, V. Cass. 3e civ., 12 mars 2003 : *RDC* 2003, p. 136, note A. Bénabent.

(2) La liquidation judiciaire de l'entrepreneur emporte résiliation du louage d'ouvrage (Cass. 1re civ., 3 mars 1998 : *Bull. civ.* 1998, I, n° 83 ; *Defrénois* 1998, p. 1461, obs. A. Bénabent).

(3) V. not. Ph. Malaurie, L. Aynès et P.-Y. Gautier, n° 545. L'article 1795 n'étant pas d'ordre public, les parties peuvent conventionnellement l'écarter.

507. – La résiliation unilatérale. Le contrat d'entreprise est concerné par la jurisprudence qui admet que la gravité du comportement d'une partie à un contrat justifie que l'autre y mette fin de façon unilatérale, à ses risques et périls, peu importe la durée du contrat(4). La solution fait d'autant moins de doute que cette solution jurisprudentielle est désormais consacrée à l'article 1226 du Code civil.

On relèvera surtout que dans les marchés à forfait, l'article 1794 du Code civil prévoit une règle originale en offrant au maître de l'ouvrage la possibilité de résilier unilatéralement le contrat : « Le maître peut résilier, par sa seule volonté, le marché à forfait, quoique l'ouvrage soit déjà commencé, en dédommageant l'entrepreneur de toutes ses dépenses, de tous ses travaux et de tout ce qu'il aurait pu gagner dans cette entreprise ».

Comme l'a justement rappelé la Cour de cassation, la mise en œuvre de cette faculté de résiliation n'est pas subordonnée à une faute de l'entrepreneur(5), lequel au demeurant doit sortir indemne de cet épisode. Mais l'exercice de l'article 1794 du Code civil ne prive pas le maître de l'ouvrage de la possibilité de se prévaloir par ailleurs des manquements de l'entrepreneur à ses obligations(6). Mise en place dans un souci de protection du maître de l'ouvrage(7), cette règle dérogatoire, réservée au marché de forfait(8), joue aussi bien en matière immobilière qu'en matière mobilière sans qu'il y ait au demeurant à tenir compte du fait que la matière a été ou non fournie par le prestataire(9). Susceptible d'être exercée lorsque l'exécution du contrat a commencé, et donc, *a fortiori*, lorsque l'ouvrage n'a pas débuté, la résiliation par le maître ne saurait, en revanche, être invoquée à un moment où l'entrepreneur a exécuté ses engagements(10).

L'article 1794 ne saurait, par ailleurs, contrarier le droit moral d'un artiste. Ainsi l'entreprise Renault qui commande une œuvre artistique à Dubuffet pour décorer son siège social ne peut exercer l'article 1794 du Code civil pour rompre prématurément le contrat(11).

---

(4) Sur cette jurisprudence, V. not. Cass. 1re civ., 20 févr. 2001 : *D.* 2001, 1534, note Ch. Jamin. – Pour une application à un contrat d'audit, V. Cass. 1re civ., 14 janv. 2003 : *Bull. civ.* 2003, I, n° 12.

(5) Cass. 3e civ., 6 févr. 1973 : *Bull. civ.* 1973, III, n° 100 ; *JCP G* 1973, IV, 114.

(6) V. Cass. 3e civ., 9 mars 1988, n° 86-18.464 : *Bull. civ.* 1988, III, n° 55.

(7) V. J. Huet, n° 32363.

(8) La doctrine s'est divisée sur la généralisation de ce texte à tous les contrats d'entreprise. Ainsi, selon Aubry et Rau, « l'article 1794 ne parle expressément que des marchés à forfait ; mais ce qu'il en dit s'applique *a fortiori* aux marchés à la pièce ou à la mesure » (*Cours de droit civil français*, t. 4, 1871, § 374, note 12). La jurisprudence n'a pas admis l'argument, V. Cass. 1re civ., 13 janv. 1958 : *Bull. civ.* 1958, I, n° 28.

(9) V. Cass. civ., 5 janv. 1897 : *DP* 1997, 1, p. 89, concl. Desjardins, note Planiol.

(10) Cass. 3e civ., 18 févr. 1976 : *Bull. civ.* 1976, III, n° 69 ; *JCP G* 1976, IV, 124.

(11) Cass. 1re civ., 16 mars 1983 : *Bull. civ.* 1983, I, n° 101.

TITRE 2

LE CONTRAT DE MANDAT

508. – Présentation du contrat de mandat. « Le mandat est un jeune vieillard qui a l'avenir devant lui et dont on n'a pas fini de mesurer la vitalité[1] ». Défini par l'article 1984 du Code civil comme « un acte par lequel une personne donne à une autre le pouvoir de faire quelque chose pour le mandant et en son nom », le contrat de mandat est, en effet, une opération contractuelle ancienne[2] qui est à la source d'un procédé juridique de *représentation*[3].

La *représentation* permet à une personne, le *représentant*, d'agir aux lieux et place d'une autre personne, le *représenté*. Le moyen permet la conclusion d'un contrat pour lequel le consentement de l'une des parties n'est pas directement donné par celle-ci mais par son représentant : par le vecteur de la représentation, le consentement d'une partie au contrat est porté par quelqu'un d'autre[4]. Dès lors, si le contrat de mandat est bilatéral, il s'inscrit dans le cadre d'un réseau de relations à trois personnes : la personne qui donne le pouvoir, *le mandant*, la personne chargée de l'accomplir au nom et pour le compte du mandant, *le mandataire*, et le *tiers* auprès de qui l'acte est conclu par le mandataire et engagera le mandant. Le contrat de *mandat* est considéré comme l'archétype de la représentation ; mais cette présentation vient à confondre la source et l'effet, c'est-à-dire le contrat et le mécanisme que celui-ci instaure (V. *infra*, n° 510).

509. – Évolution du contrat de mandat ; diversité[5]. Charmiclès partant pour Séleucie confie sa fortune et ses enfants à son ami Calliclès : deux siècles avant notre ère une comédie de Plaute révèle l'existence d'une institution d'esprit amical nommée *commendatio*, à l'origine du mandat[6]. Il est loin le temps où le « petit » contrat de mandat était conçu comme un service d'ami, fondé sur la

(1) Ph. Pétel, *Le contrat de mandat*, Dalloz, 1994, p. 123 ; du même *Les obligations du mandataire*, Litec, coll. « Bibl. dr. entr. », 1988, t. 20, préf. M. Cabrillac. – N. Dissaux, *La qualification d'intermédiaire dans les relations contractuelles*, LGDJ, coll. « Bibl. dr. privé », 2007, t. 485, préf. Ch. Jamin.

(2) V. Ph. Pétel, *Les obligations du mandataire*, préc., n°s 1 et s.

(3) La représentation peut avoir plusieurs sources : une source contractuelle avec le contrat de mandat ; une source légale (les parents sont ainsi les représentants légaux de leurs enfants mineurs) ; une source judiciaire (nomination d'un administrateur provisoire pour gérer une société). L'article 1153 du Code civil identifie formellement ces trois sources qu'il associe au régime unique de la représentation, V. *infra*, n° 510.

(4) Ph. Didier, *De la représentation en droit privé*, thèse, Paris 2, 2001.

(5) V. Ph. Le Tourneau, *De l'évolution du mandat* : *D.* 1992, chron. p. 157.

(6) Ph. Pétel, *Les obligations du mandataire*, *op. cit.*, n° 1. – *Adde* L. Pfister, *Un contrat en quête d'identité. Jalons pour une histoire de la qualification du mandat*, *in* N. Dissaux (ss dir.), *Le mandat un contrat en crise ?*, Economica, 2011.

confiance et procuré à titre gratuit. Le mandat est devenu un instrument du quotidien : l'avocat, l'agent immobilier, l'agent de change, l'agent d'assurances… l'agent matrimonial interviennent en tant que mandataires. Comme d'autres contrats nommés, mais sans doute plus que d'autres, le contrat de mandat s'est « professionnalisé » en écho au développement de l'activité économique et à la complexité croissante de la vie juridique. Le contrat de mandat est désormais devenu un « grand » contrat d'affaires, support de l'activité de nombreux professionnels. La professionnalisation du mandat s'est naturellement accompagnée d'une diversification des règles. De véritables statuts professionnels ont été élaborés : agents immobiliers et gérants d'immeubles[7], promoteurs immobiliers[8], agents de voyages[9], prestataire de services d'investissement (agents de change ou sociétés de bourse)[10], agents de publicité[11], agents commerciaux[12], VRP[13], agents généraux d'assurance[14], mandataires exclusifs de vente[15], gérants non-salariés des succursales de commerce de détail alimentaire[16], gérants-mandataires de fonds de commerce plus récemment encore[17], conseils en propriété industrielle[18]. La promotion du mandat participe du développement contemporain de la fonction de distribution de produits et de services dans l'économie[19]. À l'instar du bail, le mandat illustre parfaitement le phénomène d'arborescence et la loi de spécialisation croissante des contrats spéciaux exposée par Oppetit (V. *supra*, n° 13).

Mais le succès ne fait pas halte aux frontières du droit des affaires : la loi du 23 juin 2006 réformant le droit des successions a institué un mandat à effet posthume permettant d'organiser la protection de ses héritiers en chargeant un mandataire de gérer, un temps, tout ou partie de la succession du mandant au cas d'un intérêt sérieux et légitime (C. civ., art. 812 et s.)[20].

(7) Loi « Hoguet » 2 janv. 1970 et D. 20 juill. 1972. Mod. L. n° 2014-366, 24 mars 2014. – Sur la nature du lien liant un agent immobilier à son client, V. Cass. 1re civ., 6 mars 1996 : *D.* 1997, p. 223, note B. Amar-Layani ; *Contrats, conc. consom.* 1996, comm. 97, note L. Leveneur. – V. B. Cailhau et S. Kerbois, *L'agent immobilier*, Masson, 3e éd., 1995. – J.-M. Moyse et G. Amoyel, *Agent immobilier*, Delmas, 11e éd., 2003.

(8) C. civ., art. 1831-1 à 1831-5.

(9) V. L. n° 2009-888, 22 juill. 2009, A. Batteur, *Réglementation applicable à la vente de voyages et de séjour depuis l'entrée en vigueur de la loi du 22 juill. 2009 et ses décrets d'application* : *Rev. dr. transp.* 2010, étude 6. – C. tourisme, art. L. 211-1. Mod. Ord. n° 2017-1717, 20 déc. 2017 portant transposition de la directive 2015/2302 du 25 novembre 2015, relative aux voyages à forfait et aux prestations de voyage liées.

(10) V. C. monét. fin., art. L. 321-1. – V. A. Thérani, *Les investisseurs protégés en droit financier*, LexisNexis, coll. « Bibl. dr. entr. », 2015, t. 95, préf. Th. Bonneau.

(11) L. n° 93-122, 29 janv. 1993, relative à la prévention de la corruption et à la transparence de la vie économique et des procédures publiques, art. 20 et s. mod. par L. n° 2015-990, 6 août 2015.

(12) C. com., art. L. 134-1 et s. (anc. L. 25 juin 1991). – V. F. Fournier, *L'agence commerciale*, Litec, coll. « Bibl. dr. entr. », 1998, t. 37, préf. D. Ferrier. – J.-M. Leloup, *Agents commerciaux*, Delmas, 6e éd., 2005. – *Adde infra*, n° 560.

(13) C. trav., art. L. 7311-1 et s.

(14) C. assur., art. L. 540-1.

(15) C. trav., art. L. 7321-2.

(16) C. trav., art. L. 7322-1.

(17) C. com., art. L. 146-1 à 146-4 issus L. 2 août 2005, V. N. Ferrier, *Le statut de gérant mandataire issu de la loi du 2 août 2005* : *LPA* 26 mai 2006, p. 4 et s. – Du même, *Contrat de gérance mandat* : *JCl. Commercial*, Fasc. 323.

(18) V. CPI, art. L. 421-1 et s. – V. Cass. com., 29 nov. 2011 : *PIBD* 2012, 855, III, 81.

(19) V. D. et N. Ferrier, *Droit de la distribution*, préc., nos 142 et s.

(20) V. M. Grimaldi, *Le mandat posthume, in* M.-H. Monsérié-Bon (ss dir.), *La disparition du chef d'entreprise : Anticiper – Gérer – Transmettre*, colloque « DJCE », LexisNexis, coll. « Act. dr. entr. », t. 29, 2012. – *Adde* M. Dagot, *Le mandat de recherche d'héritier*, Defrénois, 2006, 1745. On retrouve dans le mécanisme le parfum de la fiducie gestion, le transfert de propriété en moins, V. *supra*, nos 255 et s.

Ces régimes particuliers n'ont cependant pas fragilisé le droit commun du mandat. Au contraire, ce dernier « a été enrichi et non pas appauvri par les règles spéciales instituées par le législateur au bénéfice de certains mandataires ou de certains mandats »[21].

510. - **Retour du droit commun.** L'assimilation du mandat à toutes les formes de représentation de droit positif était exagérée[22] ; mieux, l'existence alléguée de formes de mandat sans représentation pointait les limites de l'exercice[23]. On dénonçait la crise du contrat de mandat[24]. La réforme intervenue avec l'ordonnance du 10 février 2016 a fait le choix de consacrer dans la partie du Code civil relative au droit commun des obligations un corps de règles générales propre à la représentation (C. civ., art. 1153 et s.)[25]. Il existe donc désormais un droit commun de la représentation dont le mandat est le support contractuel ; ce dernier n'est qu'une source conventionnelle, parmi d'autres, du mécanisme de représentation. Où l'on retrouve la loi de balancier selon laquelle le droit des contrats oscille régulièrement entre le spécial et le général (V. *supra*, n° 13). Ayant vocation à s'appliquer aux hypothèses de représentations légale, judiciaire ou conventionnelle, les nouveaux textes de droit des obligations traitent de l'étendue de la représentation, des dépassements ou détournements de pouvoirs, de l'action interrogatoire du tiers et des conflits d'intérêts. La concurrence éventuelle de ces deux corps de règles ne devrait pas être exagérée : les règles spéciales (C. civ., art. 1984 et s.) intéressent la relation contractuelle (formation du mandat, obligations mandant-mandataire), les règles générales (C. civ., art. 1153 et s.) définissent le pouvoir de représentation dans les termes ci-dessus. Un éventuel conflit devrait être surmonté par l'application de l'adage *Specialia generalibus derogant*[26].

511. - Nous envisagerons successivement l'identification (Chapitre 1), la formation (Chapitre 2), l'exécution (Chapitre 3) et l'extinction (Chapitre 4) du contrat de mandat.

(21) Ph. Pétel, *Le contrat de mandat, op. cit.*, p. 123.

(22) Il suffit de songer à la représentation des personnes morales où le représentant statutaire se voit doté d'un régime particulier par le droit des sociétés, avec des pouvoirs spécifiques et une responsabilité alourdie, dérogatoire aux règles contractuelles : V. C. com., art. L. 225-51.

(23) Le commissionnaire, le prête-nom. – V. *infra*, n° 515.

(24) N. Dissaux (ss dir.), *Le mandat un contrat en crise ?*, Economica, 2011. – D. Gantschig, *La qualification générique de contrat d'entremise*, LGDJ, coll. « Bibl. dr. privé », 2018, t. 582, préf. M. Poumarède.

(25) Ph. Didier, *La représentation dans le nouveau droit des contrats* : *JCP G* 2016, 580. – G. Wicker, *Le nouveau droit commun de la représentation dans le Code civil* : *D.* 2016, p. 1942.

(26) V. O. Deshayes, Th. Genicon et Y. Laithier, préc., p. 240. – G. Chantepie et M. Latina, *La réforme du droit des obligations*, Dalloz, 2018, n° 373, pour lesquels le droit commun de la représentation est destiné « à combler les vides des dispositions légales existantes ».

CHAPITRE 1

L'IDENTIFICATION DU CONTRAT DE MANDAT

512. – Une définition insuffisante. La diversification du mandat a rendu plus difficile l'identification de ce contrat. Pour le Code civil :

> « Le mandat ou procuration est un acte par lequel une personne donne à une autre le pouvoir de faire quelque chose pour le mandant et en son nom. (…) » (art. 1984).

Cette définition exprime l'économie du contrat : une partie donne *pouvoir* à l'autre pour *faire quelque chose* à sa place. Elle manque de rigueur dans sa terminologie[(1)] et reste par trop imprécise quant à la mission que doit accomplir le mandataire. Or cette dernière est bien identifiée par la jurisprudence : le mandataire doit *accomplir un acte juridique*. Aussi, nous observerons dans le mandat *le contrat par lequel une personne, le mandant, donne à une autre, le mandataire, le pouvoir d'accomplir des actes juridiques* (Section 1) *en son nom et pour son compte*[(2)] (Section 2).

SECTION 1

LE POUVOIR D'ACCOMPLIR UN ACTE JURIDIQUE...

513. – Distinctions : mandataire, courtier et salarié. La mission du mandataire est nécessairement d'accomplir des actes juridiques (… *faire quelque chose*). Le contrat relève bien de la catégorie des contrats sur services. La jurisprudence particulière au mandat est à cet égard dénuée d'équivoque[(3)], et les textes de droit des obli-

(1) L'exposé des motifs de l'avant-projet Capitant de réforme des contrats spéciaux explicite : « La procuration diffère du mandat classique en ce sens qu'elle n'est qu'une pure délégation de signature par laquelle le mandataire ne dispose d'aucune latitude, ni d'un quelconque pouvoir autonome. Le mandataire n'est au fond qu'un "porte-parole", un "porte-plume", qui se contente de conclure ce qui a été précisément voulu par le mandant ».

(2) V. C. civ, art. 1984. – Comp. Ph. Malaurie, L. Aynès et P.-Y. Gautier, *op. cit.*, n° 369. – Ph. Pétel, *Le contrat de mandat*, *op. cit.*, p. 2.

(3) Cass. com., 8 janv. 2002, n° 98-13.142 : *Contrats, conc. consom.* 2002, comm. 78, M. Malaurie-Vignal et comm. 87, L. Leveneur. – Cass. com., 3 mars 2015, n°s 13-15.569 et 13-18.662 : *Contrats, conc. consom.* 2015, 135 comm. L. Leveneur.

gations définissant la représentation évoquent les actes juridiques accomplis par le représentant (C. civ., art. 1155 et s.). Les actes dont le mandataire est en charge peuvent être de natures très diverses. Si la négociation et la conclusion d'un contrat, acte juridique bilatéral, sont l'hypothèse la plus fréquente, le mandataire peut être chargé de réaliser des actes juridiques unilatéraux (faire un paiement, formuler une demande en justice, donner un congé, déposer une demande de brevet…), voire des actes collectifs (constitution d'une société…). La personne qui ne dispose pas du pouvoir d'accomplir des actes juridiques n'est pas un mandataire. Ainsi en est-il du *courtier* dont la mission est seulement de rapprocher des personnes qui concluront par la suite directement entre elles un contrat[4]. N'étant pas investi du pouvoir de conclure un acte juridique pour le compte de son client, le courtier n'est pas un mandataire[5]. De même, sauf stipulations particulières du contrat, un imprésario ou agent artistique, qui a pour mission d'opérer le placement de l'artiste, agit non comme mandataire de ce dernier, mais en qualité « d'intermédiaire » et, comme tel, est seul tenu des engagements qu'il prend à l'égard des tiers[6]. Le notaire chargé de trouver un acquéreur immobilier, mais sans pouvoir accepter une offre d'achat ni négocier la vente n'est pas davantage investi de la qualité de mandataire[7]. La situation de l'opérateur d'enchères électroniques dont le site est le support de la vente de véhicules d'occasion est discutée : plutôt qualifié de courtier, la Cour de cassation y voit parfois un mandataire[8].

L'accomplissement d'actes juridiques par le mandataire n'exclut pas que ce dernier soit parfois amené dans le cadre de sa mission à réaliser des agissements d'ordre matériel. Tant que ces derniers ne sont que l'accessoire de la mission principale, ils ne modifient pas la qualification de mandat (l'agent immobilier fait visiter l'appartement dont il a la mission de négocier la vente) ; en revanche, lorsque les actes matériels deviennent déterminants, ils ne peuvent plus être considérés comme accessoires, le mandat se double alors d'un contrat d'entreprise[9].

(4) V. Cass. 1re civ., 19 févr. 1968 : *JCP G* 1968, II, 15490 ; *GAJ civ.*, Dalloz, 11e éd. par F. Terré et Y. Lequette, n° 260. – Cass. com., 17 mars 2004 : *Contrats, conc. consom.* 2004, comm. 91, note L. Leveneur (les relations entre une centrale d'achats composée d'hôteliers indépendants et un fournisseur sélectionné par un contrat de référencement ont la nature d'un contrat de courtage). – Cass. 1re civ., 18 oct. 2005 : *Contrats, conc. consom.* 2006, comm. 20, obs. L. Leveneur. – Sur le rôle de courtier prêté aux centrales d'achat de la grande distribution, V. M.-E. André, *Les contrats de la grande distribution*, Litec, coll. « Bibl. dr. entr. », 1991. – Ph. Devesa, *L'opération de courtage : un groupe de contrats au service de la notion d'entremise*, Litec, coll. « Bibl. dr. entr. », 1993, t. 30, préf. J.-M. Mousseron. – *Adde* C. Grimaldi, *Mandat et courtage*, in *Le mandat un contrat en crise*, *op. cit.*, p. 79. L'avant-projet Capitant de réforme des contrats spéciaux propose la définition de ce contrat : « Le contrat de courtage est celui par lequel le courtier s'oblige à jouer un rôle actif dans la mise en relation entre le donneur d'ordre et un tiers, en vue de la conclusion d'un contrat » (art. 80).

(5) V. Cass. com., 6 mars 2001 : *RJDA* 2001, n° 710. – Cass. 1re civ., 18 oct. 2005, préc. La distinction avec le mandat n'est pas toujours évidente au point que le législateur a parfois qualifié de mandataire des courtiers (par ex., l'agent immobilier). La pratique révèle des situations complexes qui conduisent les juges à retenir parfois la qualification de mandataire (V. pour un courtier qui met en rapport un négociant-acheteur avec un producteur de vins pour négocier la récolte de ce dernier et agit en mandataire de l'une et l'autre parties, Cass. com., 13 mai 2003 : *Bull. civ.* 2003, IV, n° 82 ; *RTD civ.* 2003, 727, n° 5, obs. P.-Y. Gautier). L'avant-projet Capitant affiche la proximité des deux figures en prévoyant que : « Dans les rapports entre le donneur d'ordre et le courtier, le courtage obéit en tant que de raison aux règles [relatives à la formation du mandat], ainsi qu'aux règles relatives à la représentation en général, notamment l'article 1161 » (art. 81).

(6) Cass. com., 22 mai 1991 : *JCP G* 1992, II, 21865, note Y. Saint-Jours ; *RTD civ.* 1992, p. 86, obs. J. Mestre.

(7) Cass. 3e civ., 17 juin 2009 : *D.* 2009, 2724, N. Dissaux ; *Defrénois* 2009, art. 39040, n° 3, R. Libchaber. – Cass. 3e civ., 8 juin 2010 : *RDC* 2011, 25, E. Savaux. – Cass. 3e civ., 12 avr. 2012, n° 10-28.637 : *D.* 2012, 1126.

(8) Cass. com., 7 juill. 2021, n° 19-15.426 : *RDC* déc. 2021, p. 37, A.-D. Fâtome. – Pour la qualification de courtage TGI Paris, 25 mai 2010 : *Comm. com. électr.* 2000, comm. 86, A. Debet. – CA Paris, 25 mai 2012, n° 10/13925 : *Comm. com. électr.* 2012, comm. 92, A. Debet, confirmant le jugement précédent, et Cass. 1re civ., 19 févr. 2013, n° 11-23.287.

(9) F. Leduc, *Les avatars de la distinction entre le contrat de mandat et le contrat d'entreprise*, in *Mél. G. Viney*, LGDJ, 2008, p. 595. – F. Labarthe, *La distinction du mandat et du contrat d'entreprise*, in *Le mandat un contrat en crise ?*, préc., p. 595 et s.

Le mandataire doit, par ailleurs, effectuer sa mission en toute indépendance. L'existence d'un lien de subordination juridique entre le mandant et le mandataire doit amener à privilégier la qualification de contrat de travail[10], encore que le cumul d'un contrat de travail et d'un mandat soit possible[11]. La distinction entre contrat de travail et contrat de mandat n'est pas toujours très nette, ce qui a notamment permis au législateur de conférer à certains professionnels la qualité de salarié, alors que la présence d'un lien de subordination est discutable. C'est le cas des voyageurs représentants et placiers (VRP)[12].

514. – L'avant-projet de réforme[13]. L'avant-projet de réforme du droit des contrats spéciaux promeut une nouvelle définition du mandat : « le mandat, aussi dénommé procuration, est le contrat par lequel une personne, le mandant, donne à une autre, le mandataire, le pouvoir de souscrire en son nom et pour son compte, un ou plusieurs actes juridiques. Ces actes peuvent être bilatéraux ou unilatéraux, notamment au sein de groupements, dotés ou non de la personnalité morale » (art. 1984 proposé). L'expression actuelle de « faire quelque chose » était en effet critiquée pour son imprécision et pour son incapacité à permettre une distinction efficace d'avec l'entreprise, qui consiste également en l'accomplissement d'une activité. La définition retenue permet donc une distinction plus claire des deux figures. La précision sur la nature des actes vise à mieux encadrer le mandant dans le monde économique ou associatif : actes bilatéraux (par ex. lorsque le mandant charge le mandataire de conclure une vente en son nom et pour son compte), ou unilatéraux (par ex. lorsque le mandant charge le mandataire de formuler une offre en son nom et pour son compte, ou de voter lors d'une assemblée générale de toutes sortes de groupements).

De même, l'article 1985 de l'avant-projet de réforme contient une disposition qui permettra de résoudre les conflits de qualification : « Lorsque la mission confiée au mandataire requiert pour sa parfaite exécution des prestations relevant d'autres contrats nommés, elles obéissent, en tant que de raison, aux règles particulières qui les gouvernent ». On retrouve ici l'idée, déjà évoquée à propos du bail ou de l'échange, que certaines prestations pourront épouser le régime d'autres contrats nommés sans que la qualification de mandat ne soit écartée.

SECTION 2

... AU NOM ET POUR LE COMPTE DU MANDANT

515. – Le mandataire agit au nom du mandant ; commission ; prête-nom ; command. Le mandataire représente le mandant, et cette qualité n'est pas ignorée du tiers avec qui le mandataire traite. Cette représentation est-elle de l'essence

(10) V. pour un exemple, Cass. soc., 21 juin 1978 : *JCP* CI 1978, I, 7287, n° 1, obs. B. Teyssié et R. Descotte. – Cass. soc., 8 juin 2010, n° 08-44.965.

(11) Le meilleur exemple de cumul est celui des mandataires sociaux. – V. not. P. Fieschi-Vivet, *La loi relative à l'initiative et à l'entreprise individuelle et le cumul contrat de travail-mandat social dans les sociétés anonymes* : *RJS* 1994, p. 487. – N. Dissaux, in *Le mandat un contrat en crise*, *op. cit.*, p. 49 et s.

(12) V. C. trav., art. 7313-1. – Sur le statut des VRP, not. D. Ferrier, *op. cit.*, n°s 89 et s.

(13) P.-Y. Gautier, *Le mandat*, in *L'avant-projet de réforme du droit des contrats spéciaux*, ss dir. D. Galbois-Lehalle et Ph. Stoffel-Munck, LGDJ, 2024, p. 31. – Ph. Delebecque, *ibid.*, p. 34. – A. Danis-Fatôme, *Le mandat : libres réflexions sur l'avant-projet de réforme du droit des contrats spéciaux* : *RDC* 2023/1, p. 236. – Th. Gérard, *Le mandat dans le projet de réforme du droit des contrats spéciaux* : D. 2022, p. 1982.

du contrat de mandat ? La doctrine est divisée. Alors que pour certains auteurs la représentation est nécessaire pour qu'il y ait véritablement contrat de mandat[(14)], d'autres admettent la qualification de mandat alors que le représentant agit, certes pour le compte d'autrui, mais en son propre nom pour ce qu'il est convenu d'appeler les mandats sans représentation[(15)]. Ainsi en est-il du contrat de *commission* par lequel une personne, le commettant, donne à une autre, le commissionnaire, le pouvoir d'accomplir un acte juridique pour son compte, le commissionnaire agissant toutefois en son propre nom (C. com., art. L. 132-1)[(16)]. Si l'on examine cette opération à la lumière des seules relations entre le commettant et le commissionnaire, on est en présence d'un véritable mandat[(17)]. En revanche, à l'égard du tiers, le commissionnaire n'apparaît pas comme le représentant du commettant : « il fait écran entre le commettant et le tiers contractant »[(18)]. À l'inverse du mandat où le mandataire est *transparent*, le commissionnaire est *opaque*. La réforme du droit des obligations donne corps à ces distinctions et l'article 1154 du Code civil dispose que « lorsque le représentant agit (...) au nom et pour le compte du représenté, celui-ci est seul tenu de l'engagement contracté » alors que « lorsque le représentant déclare agir pour le compte d'autrui mais contracte en son propre nom, il est seul engagé à l'égard du cocontractant » (C. civ., art. 1154).

Avec un degré supplémentaire d'occultation, *le contrat de prête-nom* est un véritable cas de simulation. Le prête-nom agit, en effet, aux yeux des tiers en son nom et pour son propre compte. À nouveau, les relations entre le prête-nom et celui qui, dans l'ombre, lui donne pouvoir de conclure, sont soumises au droit commun du mandat[(19)]. En revanche, le prête-nom est tenu à l'égard des tiers (C. civ., art. 1154). Il suit qu'une double transmission de propriété va s'opérer, avec double mutation du point de vue fiscal.

L'avant-projet Capitant de réforme des contrats spéciaux proposait de réunir dans un titre unique relatif aux « Contrats de représentation » le mandat, le prête-nom et la commission. Ces trois contrats ayant ceci de commun qu'un des contractants est un intermédiaire entre son donneur d'ordres, qu'il représente, et un tiers. L'avant-projet de réforme du droit des contrats spéciaux propose simplement de rassembler les définitions du mandat et de la commission dans un même texte[(20)].

Entre les formules où le mandataire agit ostensiblement au nom du mandant et celles où l'intermédiaire occulte cette qualité, se situe une opération intermédiaire : *la déclaration de command* (également désignée *élection d'ami)*. Essentiellement pratiqué dans les ventes aux enchères, ce mécanisme permet à une personne (le *commandé*) d'acheter en déclarant agir pour une autre personne (le *command*) en se réservant la possibilité de révéler ultérieurement l'identité de

(14) V. not. Ph. Le Tourneau : *Rép. civ.* Dalloz, V° *Mandat*, n° 48. – Ph. Pétel, *Le contrat de mandat, op. cit.*, p. 12 et s.

(15) V. M.-L. Izorche, *À propos du mandat sans représentation* : *D.* 1999, chron. p. 369. – Th. Genicon, *Mandat et représentation, le mandat en question*, ss. dir. B. Rémy, Bruxelles, Bruylant, 2013, p. 33 et s. – Critiques sur la représentation imparfaite : V. O. Deshayes, Th. Genicon et Y.-M. Laithier, *op. cit.*, p. 241.

(16) V. M.-P. Dumont, *L'opération de commission*, Litec, coll. « Bibl. dr. entr. », 2000, t. 45, préf. J.-M. Mousseron.

(17) C. com., art. L. 132-1, al. 2.

(18) Ph. Pétel, *Le contrat de mandat, op. cit.*, p. 13. – M.-P. Dumont, *op. cit.*

(19) V. Cass. 3e civ., 1er déc. 1971 : *D.* 1972, p. 248.

(20) V. Projet de réforme contrats spéciaux, préc., art. 1986 proposé.

celle-ci. Dès lors qu'il y a révélation dans un certain délai(21), seul le command est tenu à l'égard du tiers : il s'agit alors d'un véritable mandat. À défaut, le commandé est personnellement tenu : la figure s'apparente alors au prête-nom. La réforme de la saisie immobilière a exclu la déclaration de command en matière d'adjudication (CPC ex., art. L. 322-8).

516. – **Le mandataire agit pour le compte du mandant.** La réalisation de l'acte par le mandataire pour le compte du mandant est l'élément essentiel du contrat de mandat. Seul le mandant est engagé par le contrat conclu par son mandataire (C. civ., art. 1154, al. 1er et art. 1998. V. *infra*, n° 550). Cet élément n'exclut pas que le mandataire puisse être intéressé par l'opération. Ainsi en est-il lorsque sa prestation est rémunérée (V. *infra*, nos 543 et s.). Mais tel est plus largement le cas lorsqu'il y a mandat d'intérêt commun(22). Création prétorienne apparue au XIXe siècle, le mandat d'intérêt commun signifie que le mandat a été conclu dans l'intérêt non seulement du mandant, mais aussi du mandataire, l'intérêt du mandataire au contrat ne s'épuise pas dans le simple paiement d'un salaire ; ainsi un critère souvent retenu pour cette qualification tiendra dans le développement d'une clientèle commune aux deux(23). Si l'intérêt commun ne modifie pas la qualification de mandat, il influence en revanche en partie son régime (V. *infra*, n° 560).

(21) En réalité la règle est fiscale : lorsque la révélation intervient dans les vingt-quatre heures de l'adjudication ou de la vente de biens immeubles, l'opération est soumise à une imposition fixe de 125 € ; à défaut les déclarations ou élections de command ou d'ami sont soumises à une double imposition en écho à une double mutation (CGI, art. 686).

(22) V. J. Ghestin, *Le mandat d'intérêt commun*, in *Mél. J. Derruppé*, Litec, 1991, p. 105.

(23) V. Cass. com., 8 oct. 1969 : *Bull. civ.* 1969, IV, n° 284. – Cass. com., 20 févr. 2007 : *JCP* E 2008, p. 1467, obs. Ph. Grignon (dépositaire de presse). – L'article 1831-3 du Code civil qualifie le contrat de promotion immobilière de mandat d'intérêt commun. – Sur le statut de l'agent commercial exemple topique du mandat d'intérêt commun, V. *infra*, n° 560.

CHAPITRE 2

LA FORMATION DU CONTRAT DE MANDAT

517. – **Plan.** Les questions relatives à la capacité des parties (Section 1), au contenu (Section 2), à la forme (Section 3) et à la preuve (Section 4) du contrat de mandat appellent l'attention.

SECTION 1

LA CAPACITÉ DES PARTIES AU CONTRAT DE MANDAT

SOUS-SECTION 1

LA CAPACITÉ DU MANDANT

518. – **Tout dépend de l'acte dont le mandataire est en charge.** Parce que le mandant est lié par l'acte que le mandataire est en charge de conclure, c'est en regard de ce seul acte – et non du contrat de mandat – que la capacité du mandant doit être appréciée(1). Si l'acte à accomplir est un acte de disposition (vente), la capacité du mandant doit être celle de disposer. Mais l'appréciation de sa capacité doit se faire au moment où le mandant donne le pouvoir de négocier ou de conclure cet acte, soit au moment de la conclusion du contrat de mandat, et non à l'époque de la conclusion ou de l'accomplissement de l'acte projeté(2). À défaut de la capacité requise, le mandat est nul. La nullité du contrat de mandat rejaillit alors sur l'acte juridique accompli par le mandataire. Attention au particularisme du mandat entre époux(3).

(1) Comp. P. Puig, préc. n° 926, qui évoque la « double capacité du mandant » à l'égard de l'acte projeté mais aussi du contrat de mandat, mais concède qu'au regard du mandat la capacité est celle d'accomplir un acte d'administration justifiant, le cas échéant, le paiement d'une rémunération.

(2) V. Cass. 1re civ., 15 mai 1990 : *Bull. civ.* 1990, I, n° 104.

(3) R. Bernard-Menoret, *Les mandats conventionnels entre époux* : *LPA* 15 oct. 2004, n° 207.

Le contexte particulier du mandat à effet posthume bouscule cette simplicité : le mandat est alors consenti par celui qui anticipe sa fin dans l'intérêt de ses héritiers désignés ; il s'agit du contrat par lequel une personne « donne à une ou plusieurs autres personnes, physiques ou morales, mandat d'administrer ou de gérer, sous réserve des pouvoirs confiés à l'exécuteur testamentaire, tout ou partie de sa succession pour le compte et dans l'intérêt d'un ou de plusieurs héritiers identifiés » (C. civ., art. 812). C'est à ces derniers que le mandataire devra des comptes (C. civ., art. 812-7). De la sorte on a pu à juste titre voir dans l'institution une stipulation pour autrui dans laquelle le futur défunt joue le rôle d'un stipulant, le mandataire d'un promettant, les héritiers celui de tiers bénéficiaire[4].

SOUS-SECTION 2

LA CAPACITÉ DU MANDATAIRE

519. – **Même l'incapable.** Alors que l'article 1160 du Code civil dispose que les pouvoirs du représentant cessent s'il est atteint d'une incapacité ou frappé d'une interdiction (V. *infra*, nos 563 et s.), l'article 1990 du Code civil dispose :

> « Un mineur non émancipé peut être choisi pour mandataire ; mais le mandant n'aura d'action contre lui que d'après les règles générales relatives aux obligations des mineurs ».

Ce texte illustre la transparence du mandataire qui n'est que le vecteur de la volonté du mandant. Applicable à tous les incapables et non simplement aux mineurs, cette règle – qui suppose toutefois que l'incapable soit doué de discernement – permet à un mandataire incapable d'engager valablement son mandant à l'égard des tiers. Dans ses rapports avec le mandant, le mandataire incapable bénéficiera du régime des incapacités. Ainsi, sa responsabilité contractuelle ne pourra être recherchée ; il ne sera tenu que de ce qui a tourné à son profit (C. civ., art. 1352-4). La règle de l'article 1990 est écartée dans le mandat de protection future (C. civ., art. 480, al. 2) et le mandat à effet posthume pour lequel le mandataire doit jouir de la pleine capacité civile (C. civ., art. 812, al. 3).

520. – **Double représentation ; conflit d'intérêts.** Nul ne peut servir deux maîtres à la fois[5] ! L'article 1161 du Code civil pose une règle générale à la représentation dont la portée pratique a été sous-estimée à l'origine. Entendant lutter contre les conflits d'intérêts, le texte d'origine prévoyait qu'un représentant ne pouvait agir pour le compte des deux parties au contrat ni contracter pour son propre compte avec le représenté sous peine de nullité de l'acte de la sorte accompli, sauf autorisation ou ratification ultérieure.

(4) A. Bénabent, n° 708.

(5) « Nul ne peut servir deux maîtres. Car, ou il haïra l'un, et aimera l'autre ; ou il s'attachera à l'un, et méprisera l'autre. Vous ne pouvez servir Dieu et Mamon » (Évangiles selon Matthieu, 6.24).

Les hypothèses de double-représentation sont pourtant très fréquentes en pratique. La pratique du double mandat est répandue en matière immobilière, la Cour de cassation a ainsi retenu, avant l'entrée en vigueur de la réforme du 10 février 2016, qu'aucune disposition ne fait obstacle à ce qu'un agent immobilier détienne un mandat d'un vendeur et un mandat d'un acheteur pour une même opération[(6)]. Mais c'est surtout le droit des sociétés, avec les hypothèses de contrats conclus intra-groupes (où il est fréquent qu'une même personne physique représente plusieurs sociétés du groupe), qui était fragilisé par cette disposition[(7)]. Le Parlement a entendu la critique et la loi de ratification du 20 avril 2018 est venue cantonner cette disposition aux personnes physiques en limitant la règle aux situations de conflits d'intérêts :

> « En matière de représentation des personnes physiques, un représentant ne peut agir pour le compte de plusieurs parties au contrat en opposition d'intérêts ni contracter pour son propre compte avec le représenté.
> En ces cas, l'acte accompli est nul à moins que la loi ne l'autorise ou que le représenté ne l'ait autorisé ou ratifié. » (C. civ., art. 1161)

SECTION 2

LE CONTENU DU CONTRAT DE MANDAT

521. – **La mission du mandataire.** Le contenu du contrat de mandat tient dans le pouvoir dont le mandant investit le mandataire et qui représente la mission de ce dernier. Cette référence renvoie plus précisément à l'acte ou aux actes juridiques que le mandataire a la charge d'accomplir pour le compte et au nom du mandant. Par application du droit commun des contrats, ce contenu ne peut déroger à l'ordre public (C. civ., art. 1162).

522. – **Ordre public.** L'illicéité de l'acte à accomplir, qui emporte la nullité du contrat de mandat, peut tenir de plusieurs sources. C'est d'abord l'objet de l'acte à accomplir qui peut être illicite. Ainsi en est-il du mandat d'acheter ou de vendre un bien hors du commerce, comme les stupéfiants ou des produits contrefaisants[(8)] ou de réaliser un paiement illicite en regard des règles successorales[(9)]. Par ailleurs, certains actes fortement attachés à la personne ne peuvent donner lieu à représentation : ainsi pas de mariage par procuration ! Enfin, le mandataire ne peut pas accomplir des actes juridiques qui seraient interdits au mandant : le tuteur, privé du droit d'acquérir un bien appartenant à son pupille, ne saurait contourner cette interdiction par le recours à un mandataire.

(6) Cass. 1re civ., 9 avr. 2015, n° 14-13.501 : *RTD civ.* 2015, p. 641, obs. P.-Y. Gautier. La procuration s'entend d'une stricte délégation de signature, sans pouvoir de négociation : la procuration ne devrait pas être atteinte par l'interdiction de l'article 161 du Code civil, c'est ce que propose l'avant-projet Capitant de réforme des contrats spéciaux (art. 144).

(7) R. Mortier, *Conflits d'intérêts : pourquoi et comment appliquer aux sociétés le nouvel article 1161 du Code civil ? : Dr. sociétés* 2016, étude 11. – J. Heinich, *Réforme de la réforme du droit des contrats : l'influence des praticiens du droit des sociétés : Dr. sociétés* 2018, repère 4. – Fl. Deboissy et G. Wicker, *La modification de l'article 1161 du Code civil par le Sénat. La réglementation des conflits d'intérêts victime du lobbying : JCP G* 2017, n° 49, 1664.

(8) V. *supra*, n° 113.

(9) V. Cass. 1re civ., 28 juin 1988 : *D.* 1989, 181, note I. Najjar ; *JCP G* 1989, II, 21366, note D. Martin ; *RTD civ.* 1989, p. 116, obs. J. Patarin : mandat donné à sa banque de verser des fonds à sa concubine après son décès.

523. – **Typologie.** Le Code civil propose une typologie des missions dont peut être investi le mandataire en considération de l'objet du pouvoir donné et de la nature juridique de l'acte à accomplir. Le mandat peut être *spécial* ou *général* ; il peut être conçu en termes *généraux* ou *exprès*.

Selon l'article 1987, le mandat spécial est celui qui porte sur une affaire ou certaines affaires seulement, alors que le mandat général est donné pour toutes les affaires du mandant.

À cette classification, s'ajoute une règle d'interprétation prévue par l'article 1988 du Code civil :

> **« Le mandat conçu en termes généraux n'embrasse que les actes d'administration. S'il s'agit d'aliéner ou hypothéquer, ou de quelque autre acte de propriété, le mandat doit être exprès ».**

Cette présentation peut suggérer des confusions : ainsi le mandat *exprès* est parfois assimilé au mandat *spécial* alors que le mandat *général* ne pourrait pas être *exprès*. Pourtant les deux textes intéressent des questions distinctes et doivent pouvoir se combiner. L'article 1987 concerne l'objet du pouvoir (*l'affaire*) donné au mandataire (mandat spécial ou général), l'article 1988 pose une règle d'interprétation du mandat en regard de la nature juridique du pouvoir conféré et des actes que le représentant a la mission d'accomplir (mandat *conçu en termes généraux* présumé ne pas conférer le droit de *disposer*, mandat *exprès* nécessaire aux actes de *disposition*).

Le mandat peut être ainsi :

– *exprès* et *spécial* : par exemple, le mandat donné à mon garagiste de vendre ma vieille voiture d'occasion ;

– *conçu en termes généraux* et *spécial* : par exemple, le mandat donné à l'agent immobilier « d'administrer » (louer, faire les réparations, conclure les contrats d'assurance...) tel immeuble déterminé ;

– *exprès* et *général* : par exemple, le mandat d'aliéner tous les biens du mandant[10] ;

– *conçu en termes généraux* et *général* : le mandat de gérer tout un certain nombre de biens du mandant.

Les deux textes ont directement inspiré l'article 1155, général à la représentation[11] :

> **« Lorsque le pouvoir du représentant est défini en termes généraux, il ne couvre que les actes conservatoires et d'administration.**
>
> **Lorsque le pouvoir est spécialement déterminé, le représentant ne peut accomplir que les actes pour lesquels il est habilité et ceux qui en sont l'accessoire ».**

(10) V. Cass. 1re civ., 6 juill. 2000 : *RJDA* 2001, n° 23 : est un mandat exprès l'acte par lequel le mandant charge le mandataire de vendre expressément tout ou partie des biens meubles et immeubles lui appartenant en totalité ou en partie et de consentir ces ventes aux prix, charges et conditions que le mandataire aviserait.

(11) L'alinéa 1er de ce texte renvoie à l'article 1988, tout en invitant à une lecture *a contrario* : le pouvoir du représentant défini en termes généraux ne couvre pas les actes de disposition ; l'alinéa second du texte reproduit l'article 1987, la référence au « pouvoir (...) spécialement déterminé » est préférée à la définition laborieuse du mandat spécial.

Le texte vise à préserver les intérêts du représenté qui, pour être valablement engagé dans un acte de disposition, devra avoir donné un mandat *spécial* (et *exprès*) en ce sens. Elle est également incitative pour le tiers contractant qui serait dubitatif sur les pouvoirs, formulés en termes généraux, du représentant à mettre en jeu l'action interrogatoire de l'article 1158 du Code civil (V. *infra*, n° 554). Au cas de pouvoir spécial, le mandataire se trouve encore explicitement habilité à faire les actes *accessoires* à sa mission, cette référence devant être lue comme une directive d'interprétation stricte n'incluant que les actes nécessaires à la réalisation de la mission du mandataire(12).

Plus généralement, le principe d'interprétation restrictive du pouvoir du mandataire est affiché à l'article 1989 qui prévoit que « le mandataire ne peut rien faire au-delà de ce qui est porté dans son mandat » et ce texte donne un exemple : le pouvoir de transiger (conclure une transaction sur un litige) ne renferme pas celui de compromettre (s'engager dans une procédure d'arbitrage) (C. civ., art. 1989).

Le mandat peut comporter une clause d'exclusivité qui engage son débiteur à ne pas s'engager dans les liens d'une représentation concurrente. L'exclusivité est le plus souvent insérée au profit du mandataire (le mandant sera tenu à cette obligation) qui accomplira sa mission avec d'autant plus d'ardeur qu'il sera le seul en charge de l'accomplir le temps de l'exclusivité(13) : ainsi de l'exclusivité que l'agent immobilier sollicitera du propriétaire pour la vente de son appartement(14).

Le contexte propre au mandat posthume justifie une plus grande rigueur encore dans la délimitation de l'objet du mandat : quant aux héritiers et aux biens concernés, à sa durée (pas plus de deux ans prorogeables par le juge), aux pouvoirs du mandataire limités aux actes de gestion et d'administration (C. civ., art. 812 et s.)(15). Spécialement, le mandat posthume n'est valable que s'il est justifié par un intérêt sérieux et légitime au regard de la personne de l'héritier ou du patrimoine successoral, précisément motivé (C. civ., art. 812-1-1).

524. – **Détermination du prix.** Lointaine résurgence du service d'ami, le mandat s'affiche comme un contrat en principe gratuit, sauf convention contraire (C. civ., art. 1986). Mais la professionnalisation de ce contrat lui imprime volontiers un caractère intéressé. En présence d'un mandat à titre onéreux, la détermination des honoraires du mandataire est-elle une condition de validité du contrat de mandat ? Il y a longtemps que l'on avait écarté ici le jeu néfaste de l'ancien article 1129 du Code civil. Comme pour le contrat d'entreprise, la détermination du prix de la prestation du mandataire (prestation de services) n'est pas exigée pour la validité du contrat, le juge se réservant la possibilité de fixer le montant des honoraires(16).

(12) V. G. Wicker et N. Ferrier, *op. cit.* – O. Deshayes, Th. Genicon et Y.-M. Laithier, préc., p. 281.

(13) V. F. Nicolas-Maguin, *Le mandat exclusif* : *D.* 1979, chron. p. 265, qui estime que le mandat exclusif a des effets sur les prérogatives du mandataire et sur la liberté du mandant.

(14) Passé un délai de trois mois à compter de sa signature, le mandat d'agent immobilier contenant une clause d'exclusivité peut être dénoncé à tout moment par chacune des parties, à charge pour celle qui entend y mettre fin d'en aviser l'autre partie quinze jours au moins à l'avance par lettre recommandée avec demande d'avis de réception. – V. D. n° 72-678, 20 juill. 1972, art. 78, mod. D. n° 2015-724, 24 juin 2015.

(15) Cass. 1re civ., 12 mai 2010, n° 09-10.556.

(16) Tout à l'inverse, certaines règles particulières à certains mandats spéciaux érigent la détermination de la rémunération en condition de validité. – V. pour les agents immobiliers, loi « Hoguet », 2 janv. 1970, art. 6. – V. Cass. 1re civ., 9 nov. 1999 : *RTD civ.* 2000, p. 320, J. Mestre.

Ce régime traditionnel devrait être affecté par la rédaction de l'article 1165 du Code civil, issue de la loi de ratification du 20 avril 2018 de l'ordonnance du 10 février 2016. En effet le dispositif introduit par cette loi embrasse « les contrats de prestation de services », catégorie accueillante au mandat, comme au dépôt[17]. Il suit que, conformément à ce texte, le prix peut être fixé unilatéralement par le mandataire (créancier), à charge pour lui d'en motiver le montant en cas de contestation. Au cas d'abus, le juge peut être saisi d'une demande en dommages et intérêts. Les difficultés nées de l'application de cette disposition ont été évoquées à propos du contrat d'entreprise (V. *supra*, n° 475)[18].

SECTION 3

LA FORME DU CONTRAT DE MANDAT

525. – Principe du consensualisme ; mandat tacite. Le contrat de mandat est, par principe, un contrat consensuel. Le « bon pour mandat » souvent exigé par les établissements bancaires est donc inutile[19]. Le mandat peut être donné verbalement ou même être tacite (C. civ., art. 1985)[20]. Le Code civil précise que l'acceptation du mandat tacite peut résulter de « l'exécution qui lui a été donnée par le mandataire ». La formule suggérait que l'acceptation au contrat du mandataire pouvait se déduire d'actes de réalisation : le mandat tacite tient de l'interprétation d'une situation de fait dont la loi autorise de déduire la formation du contrat. Alors qu'au lendemain de la rédaction du Code civil on prédisait peu d'avenir à cette notion, celle-là a été largement utilisée, parfois avec excès, tant par la jurisprudence que par le législateur[21]. Le mandat tacite est sollicité par la loi au cas de communauté de vie et d'intérêts[22]. La jurisprudence en fait volontiers usage au profit des officiers ministériels[23]. Mais le mandat tacite devient dangereux lorsqu'il engage le mandant dont le consentement à la représentation est présumé. Aussi ce mode d'interprétation est-il exclu au cas d'actes les plus importants : lorsqu'il « s'agit d'aliéner ou hypothéquer, ou de quelque autre acte de propriété, le mandat doit être exprès » (C. civ., art. 1155 et 1988, al. 2. – V. *supra*, n° 523)[24].

(17) V. G. Lardeux, *Le contrat de prestation de services dans les nouvelles dispositions du Code civil* : D. 2016, 1659. – F. Labarthe, *La fixation unilatérale du prix dans les contrats cadre et prestations de service* : JCP G 2016, 642. – J.-S. Borghetti, *Fixation et révision du prix* : RDC juin 2018, hors-série « Le nouveau droit des obligations après la ratification du 20 avril 2018 », p. 25-36.

(18) L'avant-projet de réforme du droit des contrats spéciaux propose d'admettre clairement la possibilité que le mandat soit à titre onéreux ou gratuit. Il propose toutefois une présomption d'onérosité lorsque le mandataire est professionnel, c'est-à-dire lorsqu'il « accomplit habituellement des actes de représentation ». Le texte précise que le mandat à titre onéreux est valablement formé sans accord préalable sur le prix et que, à défaut d'accord, le juge fixe le prix au regard des diligences accomplies et de l'utilité du service rendu (art. 1991 proposé). C'est donc une dérogation à l'actuel article 1165 du Code civil, duquel la Commission propose d'ailleurs l'abrogation.

(19) V. Ph. Le Tourneau, *Contre le « Bon pour »* : D. 1975, chron. p. 187.

(20) Cass. 1re civ., 15 mars 2005 : *Contrats, conc. consom.* 2005, comm. 125, obs. L.L.

(21) V. Ch. Lazerges, *Les mandats tacites* : *RTD civ.* 1975, p. 222.

(22) Ainsi de l'indivisaire qui prend en main la gestion des biens indivis (C. civ., art. 815-3 et C. rur. pêche marit., art. L. 135-11), de l'époux qui laisse son conjoint gérer ses propres biens (C. civ., art. 1432 et 1540), du conjoint collaborateur du chef d'entreprise ou du partenaire lié au chef d'entreprise par un pacte civil de solidarité, travaillant dans l'entreprise familiale pour les actes d'administration concernant les besoins de l'entreprise (C. com., art. L. 121-6).

(23) Cass. civ., 3 nov. 1947 : *JCP G* 1947, II, 4009 R.C.

(24) Ainsi, pour aliéner un bien immobilier appartenant à sa cliente, un avocat doit disposer d'un mandat exprès (Cass. 1re civ., 12 mai 1993 : *JCP G* 1993, II, 22132, note R. Martin ; D. 1993, p. 411, 2e esp., note Y. Chartier). Ce n'est

526. – Exceptions au consensualisme ; parallélisme des formes. Le consensualisme est écarté dans différentes hypothèses. Lorsque le contrat que le mandataire doit conclure impose un formalisme déterminé, ce dernier devra également figurer au mandat : le formalisme impératif qui peut s'attacher à l'acte à accomplir se propage au contrat de mandat lui-même. « Un mandat de passer un acte authentique ne doit lui-même revêtir cette forme que si la passation de l'acte sous forme authentique est exigée par la loi », a d'abord affirmé la Cour de cassation[25], avant d'admettre que « lorsque la forme de l'acte à accomplir a pour fin la protection de la volonté, le mandat d'accomplir cet acte doit être soumis à cette forme »[26].

En dehors de ce formalisme d'emprunt[27], un mandat par acte authentique est parfois exigé pour des actes d'une gravité particulière. Ainsi en est-il du mandat donné pour se faire représenter lors de l'établissement d'un acte de l'état civil (C. civ., art. 36) ou pour s'opposer à un mariage (C. civ., art. 66). C'est aussi le cas du mandat posthume qui doit être établi par acte authentique (C. civ., art. 812-1-1, al. 3) ; la présence du notaire lui permettra de s'assurer de l'intérêt sérieux et légitime qui doit présider à la conclusion d'un tel mandat (C. civ., art. 812-1-1, al. 1er).

On constate encore un développement significatif du formalisme dans les réglementations contemporaines de mandats professionnels afin de protéger le mandant. Un acte sous seing privé est une condition de validité du mandat confié notamment aux agents immobiliers[28], aux agents commerciaux[29], ou aux agences de publicité[30].

SECTION 4

LA PREUVE DU CONTRAT DE MANDAT

527. – *Inter partes* : application du droit commun de la preuve. L'article 1985 du Code civil indique expressément que la preuve du mandat obéit aux règles générales de la preuve des conventions. Les articles 1359 et suivants du Code civil sont ainsi applicables dans les rapports du mandant et du manda-

pas le cas lorsque l'avocat est seulement chargé par le propriétaire de l'expulsion (Cass. 1re civ., 16 mars 1994 : *Bull. civ.* 1994, I, n° 99). De même, mandater un notaire pour élaborer un projet définitif et établir les formalités de la vente ne procure pas un mandat exprès d'aliéner (Cass. 3e civ., 17 juill. 1991 : *Bull. civ.* 1991, III, n° 216 ; *JCP* N 1992, II, 181, note G. Venandet).

(25) Cass. 1re civ., 5 janv. 1973 : *Bull. civ.* 1973, I, n° 8.

(26) V. Cass. 1re civ., 11 févr. 1997 : *RJDA* 1997, n° 641. – Par ex., sur le mandat de se porter caution, V. Ch. Albiges : *D.* 2002, chron. 276.

(27) Selon l'expression de A. Bénabent, *op. cit.*, n° 656.

(28) La loi du 2 janvier 1970 impose par exemple que le mandat contienne une durée, à peine de nullité. Après avoir longtemps retenu que cette nullité était absolue, la cour retient qu'elle n'est que relative, Cass. ch. mixte, 24 févr. 2017, n° 15-20.411 : *JCP* G 2017, 305, avis B. Sturlèse et 306, note G. Pignarre. – V. E. Meiller, *La distinction du formalisme et de la formalité. Réflexion sur les prescriptions imposées au mandat de l'agent immobilier* : *D.* 2012, 160.

(29) La formule est équivoque : « Chaque partie a le droit, sur sa demande, d'obtenir de l'autre partie un écrit signé mentionnant le contenu du contrat d'agence, y compris celui de ses avenants » (C. com., art. L. 134-2 ; anc. L. 25 juin 1991, art. 2) ; la jurisprudence maintient l'ambiguïté : « Le contrat d'agent commercial est un contrat consensuel et peut être prouvé par tout écrit, dès lors qu'il est accepté par les cocontractants et qu'il indique la qualité de chacune des parties », Cass. com., 19 janv. 1993 : *Bull. civ.* 1993, IV, n° 11. – Cass. com., 28 mai 2002 : *Bull. civ.* 2002, IV, n° 92.

(30) L. 29 janv. 1993, art. 20.

taire. À celui qui invoque le mandat d'en prouver l'existence, par écrit, si son objet dépasse le seuil légal fixé par décret (1 500 €), sauf application des exceptions classiques (commencement de preuve par écrit, impossibilité matérielle ou morale et en matière commerciale). La jurisprudence étend les règles du droit commun au mandat tacite(31). En réalité, lorsque ce dernier résulte d'une prescription légale (V. *supra*, n° 525), ce sera la preuve contraire qui devra être apportée. Au-delà de ces situations, l'existence du mandat tacite se déduira de circonstances de fait au vu desquelles on pourra en présumer l'existence(32). La preuve de l'existence du mandat n'emportera pas la preuve du contenu du mandat : il s'agit alors d'une question d'interprétation pour laquelle est admise la preuve par tous moyens(33).

528. – **Tiers contractant : aménagement du droit commun de la preuve.** Alors que les tiers au contrat de mandat devraient être autorisés à en prouver l'existence par tous moyens, la Cour de cassation estime que les règles générales de la preuve des conventions sont applicables non seulement dans les rapports du mandant et du mandataire, mais encore dans les rapports du mandant avec les tiers qui ont traité avec le prétendu mandataire, l'ayant cause ne pouvant avoir plus de droit que son auteur(34). Controversée(35), mais justifiée par la dimension trilatérale de l'opération contractuelle (V. *supra*, n° 508), cette extension de l'exigence d'écrit ne concerne toutefois que le tiers qui contracte avec le mandataire, le tiers étranger à l'opération de mandat conservant la possibilité de prouver par tous moyens. Le tiers contractant n'est, de surcroît, tenu de prouver par écrit que l'existence du mandat, la preuve de son étendue étant libre (V. *supra*, n° 527). Le principe d'interprétation restrictive du pouvoir du mandataire affiché à l'article 1989 préservera les intérêts du mandant (V. *supra*, n° 523) et ruinera toute interprétation analogique : le pouvoir de recevoir paiement par chèque ne permet pas d'encaisser une lettre de change(36). En se prévalant encore de la théorie du mandat apparent, ce tiers peut se contenter de simples présomptions (V. *infra*, n°s 555 et s.)(37).

(31) V. not. Cass. 3e civ., 29 oct. 1970 : *Bull. civ.* 1970, III, n° 562.
(32) Cass. 1re civ., 1er juill. 1997 : *Bull. civ.* 1997, I, n° 218. – *Adde* J. Huet, n° 31194 : « sous peine d'absurdité, le mandate tacite doit pouvoir être établi par tous moyens ».
(33) V. not. Cass. 1re civ., 2 févr. 1966 : *Bull. civ.* 1966, I, n° 83. – V. J. Huet, n° 31198.
(34) V. not. Cass. civ., 7 mars 1860 : *DP* 1860, 1, p. 114. – Cass. 1re civ., 22 mai 1959 : *D.* 1959, p. 490. – Cass. 1re civ., 19 déc. 1995 : *Bull. civ.* 1995, I, n° 473 ; *JCP G* 1996, IV, 367 ; *Contrats, conc. consom.* 1996, comm. 75, note L. Leveneur.
(35) V. J. Huet, n° 31200.
(36) Cass. com., 19 mars 1985 : *Bull. civ.* 1985, IV, n° 103.
(37) Cass. 1re civ., 15 juill. 1959 : *Gaz. Pal.* 1959, 2, p. 160.

CHAPITRE 3

LES EFFETS DU CONTRAT DE MANDAT

529. – Plan. Le mandat met en scène trois personnages entre lesquels se développent les effets de l'opération contractuelle. Il convient en conséquence d'examiner les effets du contrat dans chacune de ses relations bilatérales : effets entre le mandant et le mandataire (Section 1), effets entre le mandataire et le tiers (Section 2), effets entre le mandant et le tiers (Section 3).

SECTION 1

LES EFFETS ENTRE LE MANDANT ET LE MANDATAIRE

SOUS-SECTION 1

LES OBLIGATIONS DU MANDATAIRE[1]

530. – Plan. L'évolution de l'économie de ce contrat, service d'ami devenu prestation professionnelle rémunérée, a contribué à accuser les obligations du mandataire. Celui-ci est tenu de deux obligations : exécuter la mission et rendre des comptes. On notera que dans le cas du mandat à effet posthume, les obligations du mandataire suivent le régime de droit commun du mandat, sauf à ces dernières à se révéler incompatibles avec les dispositions spéciales à ce genre de mandat (C. civ., art. 812-1-4).

§ 1. – L'exécution de la mission

A. – Qui exécute ?

531. – *Intuitu personae* et mandataire substitué ; conflit et cumul de statuts. Service d'ami, le mandat est le contrat de confiance par excellence. L'*intuitu personae* qui imprègne le contrat de mandat ne devrait autoriser l'exécu-

(1) V. Ph. Pétel, *Les obligations du mandataire, op. cit.*

tion du mandat que par le seul mandataire, sauf accord des parties. Le Code civil envisage cependant, implicitement, l'exécution de la mission par un mandataire substitué sans autorisation du mandant :

> « Le mandataire répond de celui qu'il s'est substitué dans la gestion :
> 1° quand il n'a pas reçu le pouvoir de se substituer quelqu'un ;
> 2° quand ce pouvoir lui a été conféré sans désignation d'une personne, et que celle dont il a fait choix était notoirement incapable ou insolvable.
> Dans tous les cas, le mandant peut agir directement contre la personne que le mandataire s'est substituée. » (C. civ., art. 1994)

La substitution (en réalité *adjonction*) de mandataire connaît une pratique certaine comme en témoignent études de doctrine et jurisprudence(2). La présence d'un sous-mandat(3) complique le réseau de relations contractuelles. Le mandataire initial devient mandant à l'égard du sous-mandataire, et les deux contractants sont alors tenus des obligations nées de ce nouveau mandat à l'endroit du mandant d'origine(4).

À l'égard du mandant, le mandataire initial répond de celui qu'il s'est substitué lorsque la substitution n'est pas autorisée(5). En revanche, en présence d'une substitution autorisée, le mandataire ne répond plus des fautes du sous-mandataire, sauf s'il a choisi une personne notoirement incapable ou insolvable (C. civ., art. 1994). Quelle que soit la nature de la substitution, le mandataire reste néanmoins tenu d'une obligation de surveillance du mandataire substitué pour la bonne exécution du mandat(6).

En tout état de cause, l'article 1994, alinéa 2, du Code civil ouvre au mandant une action directe contre le mandataire substitué. En écho, la jurisprudence accorde une action personnelle et directe au mandataire substitué contre le mandant pour obtenir le remboursement de ses avances et frais et le paiement de la rétribution qui lui est due(7). Cette action peut être exercée que la substitution ait été ou non autorisée(8). Le mandant peut toutefois opposer au mandataire substitué la faute commise par ce dernier(9). Pendant plusieurs années, la Cour de cassation avait estimé que le mandant ne pouvait, en revanche, opposer les paiements faits au mandataire d'origine, même antérieurs à l'exercice de cette action(10). Justement critiquée(11), cette jurisprudence a été abandonnée : « Si le mandataire

(2) Cass. 3e civ., 16 mars 2011 : *Dr. et patrimoine* 2011, n° 204, p. 76, L. Aynès ; p. 87, J.-B. Seube. – V. B. Mallet-Bricou, *La substitution de mandataire*, éd. Panthéon-Assas, 2000, préf. Ch. Larroumet.

(3) Il n'y a pas sous-mandat lorsque le mandataire fait exécuter sa mission par un préposé.

(4) Le sous-mandat participe-t-il d'une cession de contrat ? D'un sous-contrat ? Un auteur propose d'y voir une notion autonome au regard de ces formules, B. Mallet-Bricout, thèse citée.

(5) V. Cass. com., 2 déc. 1997 : *Contrats, conc. consom.* 1998, comm. 42, note L. Leveneur.

(6) V. Cass. 1re civ., 29 mai 1980 : *Bull. civ.* 1980, I, n° 163.

(7) V. not. Cass. 1re civ., 27 déc. 1960 : *D.* 1961, p. 491, note J. Bigot ; *RTD civ.* 1961, p. 700, obs. G. Cornu.

(8) Cass. com., 9 nov. 1987 : *Bull. civ.* 1987, IV, n° 233. – Cass. com., 5 oct. 1993 : *D.* 1995, p. 169, note F. Auckenthaler.

(9) Cass. com., 25 juin 1991 : *D.* 1995, p. 169, note F. Auckenthaler ; *RTD civ.* 1992, p. 414, obs. P.-Y. Gautier.

(10) Cass. com., 5 oct. 1993, préc. – *Adde* Cass. com., 24 mars 1998 : *Contrats, conc. consom.* 1998, comm. 88, note L. Leveneur ; *RTD civ.* 1998, p. 932, n° 4, obs. P.-Y. Gautier.

(11) V. not. V. J. Huet, *op. cit.*, n° 31155. La Cour de cassation justifiait cette solution en estimant que le sous-mandataire avait des droits propres qu'il tenait des dispositions du 2e alinéa de l'article 1994. La lecture de ces dispositions était pour le moins audacieuse, car ce texte ne prévoit d'action qu'au bénéfice du mandant contre le sous-mandataire.

substitué dispose d'une action directe contre le mandant d'origine pour obtenir le remboursement de ses avances, cette action ne peut toutefois être exercée qu'autant que l'action du mandataire intermédiaire n'est pas elle-même éteinte »[(12)].

Enfin le mandat chargé d'un fort *intuitu personae* du côté du mandataire échappera aux prescriptions de ce texte[(13)].

Une difficulté particulière peut tenir aux statuts spéciaux susceptibles de s'appliquer au mandataire initial et à celui substitué. Ainsi la Cour de cassation a refusé à l'agent immobilier de se substituer un agent commercial pour accomplir sa mission : le statut d'agent commercial étant exclu pour les mandataires relevant déjà d'un statut particulier comme c'est le cas avec la loi Hoguet pour l'agent immobilier (C. com., art. L. 134-1, al. 2)[(14)]. Vent de panique dans les agences immobilières... qui préfèrent pour leurs prospecteurs le statut indépendant d'agent commercial à celui de salarié ! Résultat : une loi spéciale modifie la loi Hoguet pour réintroduire la possibilité pour les négociateurs non-salariés des agences immobilières de bénéficier du statut des agents commerciaux... et contredire le Code de commerce[(15)]. Quand le législateur se fait juge des cas particuliers...

Le contrat de mandat peut enfin confier à plusieurs mandataires le soin d'accomplir la même mission. Le Code civil envisage cette hypothèse pour réitérer le droit commun de la solidarité :

> « Quand il y a plusieurs fondés de pouvoir ou mandataires établis par le même acte, il n'y a de solidarité entre eux qu'autant qu'elle est exprimée » (C. civ., art. 1995).

B. – Comment exécuter ?

1° Avec diligence

532. – **Respecter les instructions ; exécuter avec diligence.** Le mandataire est tenu d'exécuter le mandat en respectant les instructions qui lui ont été données. On sait que l'article 1989 du Code civil prévoit une règle d'interprétation restrictive des instructions du mandant. Ainsi, lorsque dans le cadre d'une vente aux enchères, le vendeur a fixé un prix de réserve, le commissaire de justice (commissaire-priseur), qui est un mandataire, est tenu de le respecter[(16)]. Mais l'interprétation restrictive de l'objet du mandat n'exclut pas une lecture téléologique de la mission. Le mandataire peut aussi accomplir les actes qui sont la suite nécessaire de la stricte mission du mandat.

---

(12) Cass. com., 3 déc. 2002 : *Contrats, conc. consom.* 2003, comm. 55, note L. Leveneur. – *RTD civ.* 2003, 312, n° 1, obs. P.-Y. Gautier ; *D.* 2003, 786, note B. Mallet-Bricout. – Comp. Cass. com., 13 févr. 2007, n° 05-10.174 : *D.* 2007, act. jurispr. 797.

(13) Cass. 1re civ., 26 nov. 1961 : *Bull. civ.* 1961, I, n° 625. – Cass. com., 14 janv. 1997 : *D.* 1997, inf. rap. 33.

(14) Cass. com., 7 juill. 2004 : *D.* 2004, p. 2230, obs. Y. Rouquet.

(15) V. L. 2 janv. 1970 (Hoguet), art. 4, mod. par L. n° 2018-1021, 23 nov. 2018. – Mais le statut d'agent commercial du négociateur n'a vocation à s'appliquer que si le mandant est titulaire de la carte professionnelle exigée par la loi Hoguet, Cass. 1re civ., 28 avr. 2011 : *D.* 2011, act. jurispr. 1282. – Cass. com., 18 oct. 2011, n° 10-30.087. – Cass. com., 5 avr. 2012 : *Contrats, conc. consom.* 2012, p. 14, L. Leveneur.

(16) Cass. com., 27 avr. 1993 : *Bull. civ.* 1993, IV, n° 157 ; *RTD civ.* 1994, p. 128, obs. P.-Y. Gautier.

Le mandataire est encore tenu d'exécuter la mission avec diligence, s'agit-il d'un mandat gratuit. Il a été parfaitement démontré que ce devoir d'exécution diligente présente deux aspects. Lorsque les actes à accomplir comportent un aléa, le mandataire « doit déployer toute diligence pour être simplement en mesure d'exécuter sa mission, pour accomplir les actes qu'elle comporte »(17). Dans tous les cas, le mandataire doit être aussi diligent au stade de l'exécution de la mission. Une telle diligence, qui doit permettre d'assurer l'efficacité des actes et de procurer au mandat toute satisfaction, appelle célérité, habileté et parfois prudence de la part du mandataire(18), l'appréciation de ces qualités devant être appréciée selon que ce dernier est ou non un professionnel. Est susceptible d'être rattachée à ce devoir de diligence, la règle selon laquelle le mandataire est « tenu d'achever la chose commencée au décès du mandant, s'il y a péril en la demeure » (C. civ., art. 1991, al. 2).

2° Avec loyauté

533. – **Les vicissitudes des relations de M. Tapie et de son banquier.** Le mandataire est aussi débiteur d'une obligation de loyauté fortement marquée dans le contrat de mandat : l'intermédiaire porte la parole et la volonté du représenté. Le mandataire doit exécuter la mission dans l'intérêt du mandant. Il ne doit pas utiliser le mandat pour servir ses propres intérêts ou ceux d'un tiers. Une première illustration de cette exigence tient dans l'interdiction qui frappe le mandataire de servir simultanément deux mandants, personnes physiques, en situation de conflit d'intérêts (C. civ., art. 1161, V. *supra*, n° 520)(19). De la même source coule la prohibition pour les mandataires de se rendre adjudicataires des biens qu'ils sont chargés de vendre (C. civ., art. 1596), la jurisprudence étendant l'empêchement à toutes les ventes et pas simplement aux ventes aux enchères(20). Cette interdiction s'applique « même dans le cas où le bien à vendre n'appartient pas au mandant »(21). Plus largement, c'est toute opération de contrepartie occulte qui est illicite, ainsi lorsque c'est le mandataire lui-même qui conclut avec le mandant à l'insu de ce dernier l'acte qu'il était chargé de conclure avec un tiers(22).

Une remarquable illustration de cet aspect des obligations du mandataire est fournie par les mésaventures ayant opposé M. Bernard Tapie à son banquier, devenu pour l'occasion mandataire, et par les reproches adressés par le premier au dernier.

(17) Ph. Pétel, *Les obligations du mandataire, op. cit.*, n° 121.

(18) V. Ph. Pétel, *Les obligations du mandataire, op. cit.*, n°s 125 et s.

(19) L'avant-projet de réforme des contrats spéciaux prévoit que « le mandataire est tenu de déclarer au mandant tout conflit d'intérêts, direct ou indirect, qu'il ne peut légitimement ignorer » (art. 1996).

(20) Cass. 1re civ., 2 oct. 1980 : *Bull. civ.* 1980, I, n° 241. – Cass. 1re civ., 12 déc. 2000, n° 98-21.789 : *JCP* E 2001, 2008, note Y. Youego. – Même si le mandataire respecte le prix fixé par son mandant : Cass. 1re civ., 27 janv. 1987 : *Bull. civ.* 1987, I, n° 32.

(21) Cass. 1re civ., 19 déc. 1995 : *Contrats, conc. consom.* 1996, comm. 57, note L. Leveneur.

(22) V. Ph. Pétel, *Les obligations du mandataire, op. cit.*, nos 208 et s. Selon cet auteur, cette prohibition s'explique par un dépassement de pouvoir. Doit être rapprochée de cette hypothèse de contrepartie, la situation dite du « mandat double » où le mandataire est tenu d'exécuter des missions complémentaires provenant de deux mandats distincts. La doctrine admet généralement la validité de cette pratique. – V. toutefois Ph. Pétel qui estime qu'à l'instar de l'opération de contrepartie, le « mandat double » est, en principe, illicite, le mandataire outrepassant ses pouvoirs (*op. cit.*, n° 222).

Volant du monde des affaires vers celui de la politique, le médiatique capitaine d'industrie avait décidé d'abandonner ses participations dans la société *Adidas*. À cette fin il confie à sa banque (SDBO), filiale du Crédit lyonnais, et à l'égard de laquelle il est lourdement endetté, le soin de céder sa participation dans la société en cause, laquelle est alors valorisée à 2 milliards 673 millions (de francs). Les parts seront effectivement cédées en février 1993 à diverses sociétés, dont certaines bénéficient d'un prêt du Crédit lyonnais et dont l'une au moins (Clinvest) est filiale de cette banque. Dans le même temps, une promesse de vente avait été accordée par les nouveaux actionnaires de *Adidas* à M. Louis-Dreyfus ; la promesse, valable pour une durée de deux ans, prévoyait un prix de vente très substantiellement supérieur au prix d'achat. Dernier acte : alors que les relations bancaires sont rompues entre le Crédit lyonnais et le groupe Tapie, dont les sociétés sont alors mises en redressement judiciaire, M. Louis-Dreyfus, financé par le Crédit lyonnais à l'aide de prêt spécifique, lève l'option d'achat et acquiert *Adidas* pour un montant de 315, 5 millions d'euros, permettant aux filiales du groupe Crédit lyonnais d'empocher de substantielles plus-values[23]. Une singulière opération… à trois bandes !

Les organes des procédures collectives du groupe Tapie ont alors recherché la responsabilité du Crédit lyonnais et de ses filiales, reprochant spécialement au groupe bancaire des manquements à ses obligations de mandataire.

À la suite du premier juge, la cour d'appel fait droit à la demande[24]. La cour juge qu'un mandat existait bien entre les sociétés du groupe Tapie, d'une part, et le Crédit lyonnais et ses filiales SDBO et Clinvest, et qu'au titre de ce contrat les banquiers mandataires avaient failli à leur devoir de loyauté et de transparence à l'égard de leur mandant, en n'informant pas ce dernier du fait qu'un acheteur avait été d'ores et déjà trouvé pour cette participation et était prêt à payer un prix très supérieur à celui consenti par le mandant, auquel les mêmes banques n'avaient pas proposé les prêts à recours limité qu'elles octroyaient au cessionnaire. Plus avant, en se portant acquéreurs par personnes interposées des participations qu'ils étaient chargés de vendre, les banquiers mandataires avaient encore failli à l'obligation visée à l'article 1596 du Code civil[25].

Sur le seul terrain des contrats spéciaux, la cour de Paris venait de la sorte reconnaître la qualité de mandataire au Crédit lyonnais alors que le mandat était effectivement convenu avec les seules sociétés filiales de cette banque.

Réunie en assemblée plénière, la Cour de cassation casse l'arrêt d'appel aux motifs que les sociétés du groupe Tapie « n'avaient traité, pour l'opération considérée, qu'avec la seule SDBO, personne morale distincte dont il n'était prétendu ni qu'elle aurait été fictive ni que son patrimoine se serait confondu avec celui

(23) Le Crédit lyonnais aurait réalisé une plus-value de 2,6 milliards de francs (396 millions d'euros). À l'introduction en bourse, au mois d'octobre 1996, la société *Adidas* était valorisée à 11 milliards de francs, soit plus de cinq fois le prix payé à Bernard Tapie. L'une des questions discutées tient à l'état de la « chose » vendue : fortement endettée *Adidas* avait fait l'objet de mesures vigoureuses de restructuration engagées par Tapie avant la vente, mais dont le Crédit lyonnais contestera la pertinence, associant le retour à meilleure fortune de la société aux investissements réalisés après 1993 par le nouvel acquéreur.

(24) Paris, 30 sept. 2005 : *JCP* E 2005, p. 1617, note A. Viandier.

(25) Sur le terrain de la réparation, la cour estime alors que cette dernière faute avait fait perdre au groupe Tapie une chance de réaliser le gain dont il aurait bénéficié si, ayant obtenu le financement adéquat, il avait pu vendre directement les participations *Adidas*. Résultat : un préjudice de perte de chance évalué à 135 millions d'euros, valorisée par la différence entre le prix de revente et le prix perçu dont le tiers serait revenu au groupe Tapie.

de sa maison mère ; ces dernières ne mettaient nullement en évidence l'immixtion du Crédit lyonnais dans l'exécution du mandat délivré à sa filiale [qui] avait été de nature à créer pour les mandants une apparence trompeuse propre à leur permettre de croire légitimement que cet établissement était aussi leur cocontractant, ce dont elle aurait alors pu déduire que ce dernier était obligé par un mandat auquel il n'avait pas été partie »[26]. De ce point de vue, il a été observé que la position de la Cour de cassation est conforme à sa jurisprudence sur la responsabilité d'une société mère à raison des engagements pris par sa fille[27]. Il reste qu'il suffirait alors à un mandataire de faire intervenir sa filiale, comme sa société mère, en faux nez pour s'exonérer de ses obligations. Sur le terrain de la faute, la Cour de cassation écarte le reproche fait au banquier mandataire en dissociant clairement les deux fonctions pour retenir « qu'il n'entre pas dans la mission du mandataire de financer l'opération pour laquelle il s'entremet et que, hors le cas où il est tenu par un engagement antérieur, le banquier est toujours libre, sans avoir à justifier sa décision qui est discrétionnaire, de proposer ou de consentir un crédit quelle qu'en soit la forme, de s'abstenir ou de refuser de le faire ». Cet aspect intéressera davantage le banquier dispensateur de crédit : la cour juge que celui-là n'est pas tenu d'une obligation de traitement égalitaire à l'endroit des divers intervenants de l'opération.

Bref : pas de contrat de mandat avec le Crédit lyonnais, ni par conséquent de manquement au devoir de loyauté du banquier mandataire. La messe paraissait dite.

C'était sans compter sur les ressources et opportunités nées des modes alternatifs de règlement des conflits. Pièce importante des contentieux ouverts entre l'homme d'affaires et son ancienne banque, le litige en cause n'en était pas pour autant la pièce unique. Et les protagonistes au procès, soucieux d'en finir avec un « dossier baroque sinon méphitique »[28], décidaient de recourir à la procédure arbitrale cette fois pour clore l'ensemble de leurs litiges, ce qui vaut notamment pour cette procédure (sur les conventions d'arbitrage, V. *infra*, n° 623). À raison des avantages de rapidité et de confidentialité qu'il procure, le recours à des arbitres privés est fréquent en droit des affaires[29] ; celui-ci reste tout de même bien tardif dans le dossier en question comme inhabituel dans un dossier mettant en cause l'État. La signature d'un compromis d'arbitrage (du 30 janvier 2008) voyait alors trois arbitres désignés par les parties[30] rendre une sentence (le 7 juillet 2008) dont les médias se sont fait écho[31] : en contradiction avec l'arrêt de la Cour de cassation, le tribunal arbitral retient la faute des banques mandataires dans l'opération de revente d'*Adidas* pour condamner celles-là (lourdement) à réparer le préjudice subi[32]. Victoire

(26) Cass. ass. plén., 9 oct. 2006, n° 06-11.056 : *Bull. civ.* 2006, ass. plén., n° 11 ; *JCP G* 2006, II, 10175, note Th. Bonneau ; *JCP E* 2006, 2618, note A. Viandier ; *D.* 2006, p. 29333, note D. Houtcieff ; *RTD civ.* 2007, p. 115, obs. J. Mestre et B. Fages et p. 145, obs. P.-Y. Gautier.

(27) V. M. Cozian, A. Viandier et Fl. Deboissy, *Droit des sociétés*, LexisNexis, coll. « Manuel », 31e éd., 2018, nos 1604 et s.

(28) A. Viandier : *JCP E* 2006, *op. cit.*

(29) Sur les réponses apportées aux propos divers concernant le recours à la procédure arbitrale dans la présente affaire, V. F. Terré, *Justice pour un arbitrage* : *Le Figaro* 28 juill. 2008.

(30) V. CPC, art. 1453.

(31) La sentence arbitrale rendue dans le litige en question n'est pas une décision judiciaire publique ; en conséquence elle n'a pas été (officiellement) publiée et ses motivations, en dehors des voies de presses, restent, à bien des égards, inaccessibles au *vulgum pecus*…

(32) La sentence évalue à 285 millions d'euros le préjudice subi, avec 45 millions pour le seul préjudice moral causé aux époux demandeurs.

de courte durée ! La cour de Paris a accueilli le recours en révision formé contre cette sentence dès lors que l'un des arbitres « au mépris de l'exigence d'impartialité qui est de l'essence même de la fonction arbitrale, a, en assurant une mainmise sans partage sur la procédure arbitrale, en présentant le litige de manière univoque puis en orientant délibérément et systématiquement la réflexion du tribunal en faveur des intérêts de la partie qu'il entendait favoriser par connivence avec celle-ci et son conseil, exercé une influence déterminante et a surpris par fraude la décision du tribunal arbitral »[33]. Quand l'excès de « zèle » de l'arbitre se révèle finalement... bien mal « payé ». Le 3 décembre 2015, dans une nouvelle décision, la cour de Paris condamne cette fois Bernard Tapie et consorts à restituer la somme de 404 millions d'euros correspondant à la somme accordée par la sentence arbitrale rétractée[34]. D'autres procédures pénales sont engagées contre l'homme d'affaires, son avocat ou l'un des arbitres désignés. Le décès du principal protagoniste, associé au refus de ses héritiers d'assumer une succession par trop encombrante, a tari la source de ce contentieux.

3° Avec conseil

534. – **Opportunité et risque de l'opération.** Un devoir de conseil pèse encore, à l'occasion, sur le mandataire. Le forçage jurisprudentiel porteur de l'obligation de conseil a gagné depuis des années les terres du mandat, spécialement en présence de mandataires professionnels[35]. Le conseil vise l'opportunité et les risques de l'opération ; à ce titre le mandataire professionnel doit même attirer l'attention du mandant sur l'éventualité d'un revirement de jurisprudence[36]. Le conseil devra encore amener le mandataire à mettre en garde le mandant. C'est par exemple le cas du mandataire immobilier qui concourt à une opération de défiscalisation et d'investissement[37].

Mais il n'y pas que les mandataires professionnels qui sont concernés. Il suffit que le mandataire ait quelques compétences que le mandant n'a pas, pour que s'impose ce devoir de conseil.

C. – Quel manquement contractuel ?

535. – **Moyens ou résultat ; mandataire professionnel ou bénévole ; ducroire.** Deux articles du Code civil traitent de la responsabilité du mandataire envers le mandant. L'article 1991 dispose dans son premier alinéa que :

> « Le mandataire est tenu d'accomplir le mandat tant qu'il en demeure chargé, et répond des dommages-intérêts qui pourraient résulter de son inexécution »,

(33) CA Paris, 17 févr. 2015 : *D.* 2015, 439.
(34) Paris, 3 déc. 2015, n° 13/13278.
(35) V. H. Malleville, *La responsabilité des intermédiaires professionnels au titre du devoir de conseil* : *JCP* G 2000, I, 222.
(36) Cass. 1re civ., 14 mai 2009 : *JCP* G 2009, II, 94, H. Slim ; *RTD civ.* 2009, p. 493, P. Deumier ; p. 725, P. Jourdain ; p. 744, P.-Y. Gautier (pour un avocat).
(37) Cass. 1re civ., 2 oct. 2013, n° 12-20.504 : *RTD civ.* 2013, p. 855, obs. P.-Y. Gautier : « L'agent immobilier spécialisé dans l'immobilier de placement est tenu d'informer les investisseurs éventuels sur les caractéristiques essentielles, y compris les moins favorables, du placement qu'il leur propose ainsi que sur les risques qui lui sont associés, et peuvent être le corollaire des avantages annoncés ».

et l'article 1992 du Code civil aux termes duquel :

> **« Le mandataire répond non seulement du dol, mais encore des fautes qu'il commet dans sa gestion.**
>
> **Néanmoins, la responsabilité relative aux fautes est appliquée moins rigoureusement à celui dont le mandat est gratuit qu'à celui qui reçoit un salaire ».**

Doctrine et jurisprudence ont quelque peu hésité sur le régime de responsabilité du mandataire spécialement s'agissant des motifs d'exonération de responsabilité. Ainsi la Cour de cassation a d'abord estimé que « hors le cas de force majeure, le mandataire est présumé en faute s'il n'exécute pas ses obligations »(38), solution qui traduisait plutôt l'existence d'une obligation de résultat. Elle sembla privilégier ensuite l'obligation de moyens(39), avant d'affirmer plus récemment que « si le mandataire est, sauf cas fortuit, présumé en faute du seul fait de l'inexécution de son mandat, cette présomption ne saurait être étendue à l'hypothèse d'une mauvaise exécution de ce dernier »(40).

Est ainsi retenue une analyse dualiste suggérée par une partie de la doctrine(41), qui traduirait le mieux la combinaison des articles 1991 et 1992 du Code civil. L'obligation est de résultat s'il y a inexécution du mandat. L'obligation est de moyens s'il y a mauvaise exécution du mandat. Pareille distinction est justement critiquée(42). Outre que la séparation entre inexécution et mauvaise exécution n'est pas toujours facile à identifier(43), la distinction entre obligation de moyens et obligation de résultat ne devrait pas se fonder sur le principe de l'inexécution mais bien sur l'objet de l'obligation, sauf volonté exprimée des parties pour qualifier l'autorité de leurs rapports obligatoires. Ainsi, tout devrait dépendre, en réalité, de la nature de la mission du mandataire.

Si cette mission implique l'accomplissement d'un résultat déterminé (signer le contrat de vente de ma maison dont le principe, les conditions et le prix sont acquis), l'obligation d'exécuter la mission est bien une obligation de résultat. Si, en revanche, la mission est affectée par un aléa (négocier et conclure la vente de ma maison au prix que je souhaite : contrat dont le principe n'est pas acquis), la qualification d'obligation de moyens s'impose(44). Dans ce dernier cas, la responsabilité est appréciée moins rigoureusement pour un mandataire bénévole (C. civ., art. 1992, al. 2), cette faveur ne concernant toutefois que l'appréciation de la faute et non l'étendue de la réparation(45). La distinction obligation de moyens/obliga-

(38) Cass. soc., 30 nov. 1945 : *D.* 1946, p. 155. Mais la faute du mandant exonère encore le mandataire : Cass. 1re civ., 7 févr. 2006 : *RTD civ.* 2006, p. 341, obs. P.-Y. Gautier.

(39) Cass. civ., 24 juin 1964 : *Gaz. Pal.* 1964, 2, p. 260.

(40) V. not. Cass. 1re civ., 18 janv. 1989 : *D.* 1989, p. 302, note Ch. Larroumet ; *RTD civ.* 1989, p. 558, obs. Ph. Jourdain et p. 572, obs. Ph. Rémy.

(41) V. R. Rodière : *Rép. civ.* Dalloz, V° *Mandat*, n° 188.

(42) V. not. Ph. Pétel, *Les obligations du mandataire, op. cit.*, n° 10. – Ph. Jourdain, obs., préc. – Ph. Le Tourneau, *op. cit.*, n° 256. On lui substitue volontiers une analyse chronologique : au mandataire d'abord de faire la preuve qu'il a rempli sa mission, au mandant ensuite de démontrer la mauvaise exécution de celle-là : V. A. Bénabent, n° 673.

(43) V. Ph. Jourdain, obs. préc.

(44) Ainsi, l'obligation pour une société de bourse de rechercher un acquéreur pour une importante quantité de titres, surtout lorsqu'il s'agit de titres à diffusion restreinte et à risque, est, en raison de son caractère aléatoire, une obligation de moyens (Cass. com., 7 oct. 1997 : *Contrats, conc. consom.* 1998, comm. 3, note L. Leveneur).

(45) Cass. 1re civ., 4 janv. 1980 : *Bull. civ.* 1980, I, n° 11 ; *RTD civ.* 1981, p. 407, obs. G. Cornu.

tions de résultat ne reflète pas complètement, ici comme ailleurs, la classification des obligations fondée sur leur intensité. Le mandataire peut être, en effet, contractuellement tenu de garantir la bonne exécution du mandat : c'est l'objet de la clause de *ducroire* au titre de laquelle le mandataire devient garant à l'égard du mandant de la bonne exécution du contrat conclu avec le tiers. Ce mandataire ducroire[(46)] ne peut alors même pas invoquer un cas de force majeure.

Reste que ces difficultés relatives à l'intensité de l'obligation ne doivent pas occulter la règle clairement exprimée par l'article 1992, alinéa 2, selon laquelle l'appréciation du comportement fautif du mandataire doit être plus sévère dans le cadre d'un mandat à titre onéreux qu'en présence d'un mandat à titre gratuit. Cette différence d'appréciation doit, à notre sentiment, se retrouver aussi dans l'examen des causes d'exonération.

La faute commise par le mandataire dans l'exercice de sa mission peut caractériser une faute dommageable à l'égard d'un tiers susceptible d'engager sa responsabilité[(47)].

536. – Action en responsabilité. L'action en responsabilité formée par le mandant contre le mandataire pour faute de gestion est une action en responsabilité contractuelle soumise aux prescriptions de droit commun[(48)], soit la prescription quinquennale générale (C. civ., art. 2224) sauf règles spéciales[(49)]. Le point de départ de la prescription se situe le jour où le mandant a connaissance de la faute de gestion[(50)].

§ 2. – La reddition de comptes

537. – Distinction. L'article 1993 du Code civil dispose :

> « Tout mandataire est tenu de rendre compte de sa gestion, et de faire raison au mandant de tout ce qu'il a reçu en vertu de sa procuration, quand même ce qu'il aurait reçu n'eût point été dû au mandant ».

Conçue pendant longtemps comme une simple reddition de comptes intervenant en fin d'opération, l'obligation imposée par cet article – dont peut être dispensé le mandataire[(51)] – comporte en réalité deux aspects : le mandataire doit rendre compte de sa gestion, mais aussi de sa mission.

(46) V. sur cet engagement de ducroire, Ph. Pétel, *op. cit.*, nos 249 et s. – D. Heunebelle, *La spécificité de la nature juridique du ducroire d'intermédiaire* : *JCP* E 2000, p. 1366 et s. – La figure se rencontre dans des mandats professionnels ou dans le cadre de la commission. V. égal. C. civ., art. 1831-1.

(47) Cass. 1re civ., 18 mai 2004 : *Contrats, conc. consom.* 2004, n° 121, L. Leveneur ; *RTD civ.* 2004, p. 516, P. Jourdain. – Comp. Cass. ass. plén., 6 oct. 2006 : *D.* 2006, p. 2825, G. Viney ; *JCP G* 2006, II, 10181, M. Billiau ; *RTD civ.* 2007, 115, J. Mestre et B. Fages ; *Contrats, conc. consom.* 2007, n° 63, L. Leveneur. – V. Ph. Brun, *Feu la relativité de la faute contractuelle* : *Rev. Lamy dr. aff.* 2007, 2346.

(48) V. Cass. 3e civ., 5 juill. 1978 : *Bull. civ.* 1978, III, n° 279 ; *RTD civ.* 1979, p. 623, obs. G. Cornu.

(49) Toute personne mandataire du propriétaire de l'ouvrage agissant comme locateur d'ouvrage (architecte, entrepreneur...) relèvera des règles spéciales de prescription décennale ou biennale particulières au régime du constructeur d'ouvrage (C. civ., art. 1792-1, 3°).

(50) V. Cass. 1re civ., 13 nov. 1991 : *Bull. civ.* 1991, I, n° 307.

(51) La dispense pouvant être tacite, Cass. 1re civ., 12 nov. 1957 : *Bull. civ.* 1957, I, n° 431.

538. – **Rendre compte de la mission.** Distinct de l'obligation de conseil, cet aspect de l'obligation de rendre compte conduit, en premier lieu, le mandataire à informer le mandant du déroulement de la mission. Le mandataire est plus précisément tenu d'informer le mandant de toutes difficultés d'exécution de la mission qui rendent nécessaire une intervention du mandant(52). Mais ce dernier a aussi le droit d'être tenu au courant de l'état d'avancement de la mission. Le mandataire doit, en second lieu, informer le mandant du résultat de la mission, qu'il s'agisse d'un succès ou d'un échec(53).

539. – **Rendre compte de la gestion.** Le mandataire doit fournir au mandant un véritable compte de gestion à l'issue de sa mission(54). Il ne s'agit pas d'un simple compte arithmétique, mais d'un compte autonome soumis au droit commun des comptes. Joue ainsi la règle d'indivisibilité des articles de compte. Ne peut donc être exigé le paiement isolé d'un article de compte. Le compte du mandataire n'a pas, en revanche, d'effet novatoire. Toute créance qui entre en compte conserve son propre régime.

Le compte doit comporter le détail des créances et des dettes. Le mandataire est ainsi tenu d'inscrire au compte tout ce qu'il a reçu au titre du mandat. Il s'agit, bien sûr, de ce qu'il a encaissé, mais aussi parfois de recettes qu'il n'a pas encaissées(55). Le mandataire doit également inscrire ce qu'il a reçu mais qui n'était pas dû au mandant, pour autant qu'il ait reçu ces sommes en sa qualité de mandataire.

Si la présentation du compte n'est soumise à aucune forme particulière, elle doit toutefois clairement exprimer la volonté des parties d'apurer les comptes(56). Constitue ainsi une reddition de comptes conforme aux exigences de l'article 1993, l'acte sous seing privé dans lequel les mandants, d'une part, reconnaissent avoir été intégralement payés de toutes les sommes nées de la vente conclue le même jour, et, d'autre part, donnent pleine et entière décharge à leur mandataire (*quitus*)(57).

Suite logique de la reddition de compte, le mandataire doit restituer au mandant ce qu'il a reçu en vertu du mandat pour le compte du mandant. Mais il ne doit pas oublier aussi de restituer ce que le mandant a pu lui remettre pour permettre l'exécution de sa mission, tels des documents ou des fonds inutilisés ou mal utilisés.

Enfin, « le mandataire doit l'intérêt des sommes qu'il a employées à son usage, à dater de cet emploi ; et de celles dont il est reliquataire, à compter du jour qu'il est mis en demeure » (C. civ., art. 1996). Cette règle n'exclut pas la condamnation du mandataire, lorsqu'il est de mauvaise foi, à des dommages-intérêts supplémentaires pour autant que conformément à l'article 1231-6 du Code civil, le mandant ait subi un préjudice indépendant de celui causé par le simple retard(58).

S'agissant du mandat à effet posthume, l'obligation de rendre compte doit être exécutée chaque année (C. civ., art. 812-7).

(52) V. Ph. Pétel qui qualifie ces situations de faits majeurs (*Les obligations du mandataire, op. cit.*, nos 375 et s.).
(53) V. Ph. Pétel, *Les obligations du mandataire, op. cit.*, nos 418 et s.
(54) Le mandant peut toutefois demander une reddition de compte en cours de mandat. La reddition de compte n'a alors, par principe, qu'une valeur provisoire (V. Ph. Pétel, *Le contrat de mandat, op. cit.*, p. 63).
(55) V. Ph. Pétel, *Les obligations du mandataire, op. cit.*, nos 584 et s. Le mandataire doit inscrire la somme non encaissée lorsque le défaut d'encaissement résulte d'une faute de sa part.
(56) V. Ph. Pétel, *Les obligations du mandataire, op. cit.*, n° 612.
(57) V. Cass. 1re civ., 18 janv. 1989 : *Bull. civ.* 1989, I, n° 26 ; *JCP G* 1989, IV, 102. Le quitus crée une présomption de reddition de comptes, V. Ch. Atias : *D.* 1997, 330.
(58) V. Cass. 1re civ., 9 mai 1990 : *Bull. civ.* 1990, I, n° 100 ; *JCP G* 1990, IV, 258.

SOUS-SECTION 2

LES OBLIGATIONS DU MANDANT

540. – **Plan.** Le Code civil met à la charge du mandant plusieurs obligations envers le mandataire : le remboursement des avances et frais (§ 1), l'indemnisation des pertes (§ 2), et éventuellement le paiement d'un salaire (§ 3). Au nom d'une exécution loyale du contrat, on admet également que le mandant est tenu de mettre le mandataire en mesure d'exécuter sa mission[59] en lui fournissant notamment les informations et éléments nécessaires à la réalisation du mandat.

§ 1. – Le remboursement des frais et avances

541. – **Régime.** « Le mandant doit rembourser au mandataire les avances et frais que celui-ci a faits pour l'exécution du mandat » (C. civ., art. 1999, al. 1er). Ce remboursement est dû même si l'affaire n'a pas réussi ou si ces avances et frais auraient pu être moindres[60]. Une clause prévoyant une rémunération incluant les frais peut tenir en échec cette règle (rémunération au « forfait ») ; ce remboursement suppose encore que le mandataire justifie l'existence des frais et avances engagés. Seule la faute imputable au mandataire peut entraîner une suppression ou une réduction du remboursement (C. civ., art. 1999, al. 2). Le mandant doit également les intérêts légaux des avances faites par le mandataire à dater du jour des avances constatées, sans besoin d'une mise en demeure (C. civ., art. 2001). Par dérogation à la règle d'indivisibilité du compte de gestion, il est admis que le mandataire puisse demander un remboursement en cours de mandat.

§ 2. – L'indemnisation des pertes

542. – **Régime.** Aux termes de l'article 2000 du Code civil :

> **« Le mandant doit aussi indemniser le mandataire des pertes que celui-ci a essuyées à l'occasion de sa gestion, sans imprudence qui lui soit imputable ».**

Le mandataire agissant pour le compte, et dans l'intérêt, du mandant, ce dernier doit rembourser le premier des pertes occasionnées par l'accomplissement de la mission. Supplétive[61], cette règle est largement entendue par la jurisprudence.

(59) V. A. Bénabent, n° 679. – Ph. Pétel, *Le contrat de mandat, op. cit.*, p. 65. – V. Cass. com., 24 nov. 1998 : *Bull. civ.* 1998, IV, n° 277 ; *JCP G* 1999, II, 10210, note Y. Picod ; *ibid.* I, 143, nos 6 et s., note Ch. Jamin ; *Defrénois* 1999, p. 371, obs. D. Mazeaud ; *RTD civ.* 1999, p. 98, obs. J. Mestre : manque à son obligation de loyauté le mandant qui ne prend pas les mesures concrètes pour permettre à son mandataire (agent commercial) de pratiquer des prix concurrentiels.

(60) L'application de ce texte peut poser difficultés lorsqu'il doit être combiné avec des dispositions particulières à certains mandats. Ainsi en est-il pour le syndic de copropriété, pour qui la Cour de cassation marginalise le jeu de l'article 1999 (V. Cass. 3e civ., 29 mai 2002 : *Bull. civ.* 2002, III, n° 115 ; *RTD civ.* 2003, 109, n° 3, obs. P.-Y. Gautier : c'est à juste titre que les juges du fond ont considéré que les dispositions de la loi du 10 juillet 1965 « qui définissent de façon précise les pouvoirs et obligations du syndic, ne lui confèrent pas ceux de faire des avances de fonds pour le compte du syndicat, sauf circonstances particulières pouvant justifier l'application de l'article 1999 du Code civil »).

(61) Les parties peuvent ainsi convenir d'un forfait excluant cette indemnisation (Cass. req., 9 févr. 1938 : *DH* 1938, p. 213). La volonté des parties d'écarter l'application de l'article 2000 du Code civil doit être explicite. Les clauses de

Ainsi en est-il tout d'abord de la notion de perte. L'indemnisation peut concerner des pertes aussi bien financières que commerciales, des dommages matériels ou corporels. Ces pertes indemnisables n'ont pas davantage besoin d'être exceptionnelles[62]. Les circonstances dans lesquelles ces pertes ont été éprouvées sont aussi largement comprises. Il suffit que les pertes puissent être rattachées même indirectement à l'exécution du mandat[63]. En revanche, l'imprudence du mandataire est exclusive d'une indemnisation des pertes, une telle imprudence ne pouvant toutefois être déduite de la seule présence des pertes[64]. Par ailleurs, la Cour de cassation restreint la portée des clauses permettant au mandant d'échapper aux pertes de son mandataire : « les pertes que le mandataire a essuyées à l'occasion de sa gestion et dont les parties peuvent décider qu'elles seront couvertes par un forfait sont exclusives de celles qui ont pour origine un fait imputable au mandant »[65].

§ 3. – Le paiement d'une rémunération

543. – **Du service d'ami gratuit à la rémunération du professionnel.** Conçu comme un service d'ami, le Code civil postule la gratuité de principe du mandat (C. civ., art. 1986). Mais la professionnalisation du contrat de mandat s'est naturellement traduite par la stipulation fréquente d'une rémunération, au point que la Cour de cassation a inversé pour les mandataires professionnels le principe de gratuité précité :

> « gratuit, par nature, le mandat est présumé salarié, lorsqu'il est exercé par une personne dans le cadre de sa profession habituelle »[66].

---

forfait insérées dans les contrats liant les compagnies pétrolières aux exploitants de stations-service ont suscité un important contentieux qui a conduit la Cour de cassation a estimer que « la stipulation d'une commission forfaitaire sur les ventes ne peut avoir pour objet de couvrir les pertes d'exploitation subies par le mandataire dès lors qu'elle prévoit que le mandataire perçoit une commission couvrant forfaitairement sa rémunération et l'ensemble de ses frais sans prévoir qu'elle englobe les pertes essuyées à l'occasion de la gestion du mandat » (Cass. com., 17 déc. 1991 et 28 janv. 1992 : *JCP* G 1992, II, 372, note B. Gross ; *D.* 1992, somm. p. 390, obs. D. Ferrier). – *Adde*, Cass. com., 5 févr. 2002 : *Contrats, conc. consom.* 2002, comm. 88, note L. Leveneur : « Mais attendu qu'ayant relevé que la renonciation à l'article 2000 du Code civil est insérée dans le second et dernier contrat d'adhésion conçu par la société Shell sans que l'attention de la société exploitante soit attirée sur cette amputation nouvelle et substantielle de ses droits, noyée dans les conditions générales du contrat, et sans que l'article 2000 soit reproduit si bien qu'elle n'a aucune signification pour qui n'en connaît pas le texte, l'arrêt retient que la clause litigieuse est trop hermétique pour qu'il soit établi qu'elle a été acceptée en connaissance de cause ». Certains estiment qu'en cas de mandat à titre gratuit, les clauses dérogeant à l'article 2000 du Code civil sont nulles (V. A. Bénabent, n° 681). La jurisprudence ne procède pas à une telle distinction.

(62) V. Cass. com., 28 janv. 1992 : *JCP* E 1992, II, 372, 4e esp., note B. Gross ; *D.* 1992, somm. p. 390, obs. D. Ferrier.

(63) On cite souvent pour illustrer cette interprétation extensive un arrêt de la cour d'appel de Colmar du 16 février 1937 (*Gaz. Pal.* 1937, 1, p. 862) qui a admis qu'un mandataire chargé par un Allemand de religion juive de récupérer des biens de ce dernier, mais arrêté lors de l'exécution de cette mission, a droit à une indemnisation en raison du préjudice lié à son emprisonnement.

(64) Cass. com., 28 janv. 1992 : *JCP* E 1992, II, 372, 3e esp., note B. Gross.

(65) Cass. com., 26 oct. 1999 : *Contrats, conc. consom.* 2000, comm. 41, note L. Leveneur ; *RTD civ.* 2000, p. 136. – P.-Y. Gautier, *La même exclusion prévaut lorsque les pertes ont pour origine « un élément d'exploitation dont la maîtrise aurait été conservée par le mandant »* (Cass. com., 21 nov. 2000 : *RJDA* 2001, n° 303).

(66) Cass. 1re civ., 16 juin 1998 : *Contrats, conc. consom.* 1999, comm. 127, note L. Leveneur. – *Adde* Cass. com., 22 janv. 1991 : *Bull. civ.* 1991, IV, n° 33. – Cass. 1re civ., 10 févr. 1981 : *Bull. civ.* 1981, I, n° 50. – Cass. 1re civ., 19 déc. 1989 : *Bull. civ.* 1989, I, n° 399 ; *Defrénois* 1990, p. 817, obs. G. Vermelle. – Il résulte de l'article 1986 du Code civil que sauf présomption contraire le mandat est gratuit, Cass. 1re civ., 4 mai 2012 : *Contrats, conc. consom.* 2012, p. 14, L. Leveneur.

Le mandat à effet posthume ne déroge pas à la règle : après avoir rappelé la gratuité de principe, le Code civil organise minutieusement la façon dont une rémunération du mandataire peut être aménagée (C. civ., art. 812-2 et 3).

544. – **Détermination de la rémunération ; droit à commission.** Le mandant doit payer au mandataire son salaire lorsqu'il en a été promis un (C. civ., art. 1999, al. 1er). La question suggère deux séries d'observations relatives d'une part au montant de la rémunération, d'autre part à son fait générateur.

La rémunération du mandataire prendra le nom de *commission*. Elle peut être constituée d'un montant fixe mais sera le plus souvent proportionnelle aux affaires apportées par l'agent afin d'en stimuler l'activité (pour l'agent commercial, C. com., art. L. 134-5). Qu'elle soit forfaitaire ou proportionnelle, le montant de la rémunération du mandataire est généralement déterminé par les parties. Mais la détermination de cette rémunération n'étant pas une condition de validité du mandat (V. *supra*, n° 524), d'usage il revient au juge d'en fixer le montant lorsque le contrat ne l'a pas fait. Relevant du pouvoir souverain d'appréciation des juges du fond, cette fixation judiciaire doit notamment dépendre de l'ampleur de la mission, de l'importance des services rendus, des circonstances de la cause, la seule référence à l'offre du mandant n'étant pas suffisante(67). L'application au mandat du régime de l'article 1165 du Code civil amène à discuter de la pérennité de ce régime(68).

Outre le taux, les parties s'attacheront alors à préciser le fait générateur et l'assiette de la redevance(69). S'agissant de l'agent commercial, « la commission est acquise dès que le mandant a exécuté l'opération ou devrait l'avoir exécutée en vertu de l'accord conclu avec le tiers ou bien encore dès que le tiers a exécuté l'opération » (C. com., art. L. 134-9) ; la formule, favorable à l'agent, ouvre le droit à commission dès lors que le mandant ou son client a exécuté l'opération, ou aurait dû le faire pour le premier. L'exigibilité de la commission de l'agent immobilier est soumise à la conclusion effective de l'opération et à sa constatation dans un acte écrit (L. 2 janv. 1970, art. 6, I)(70). Problème : la vente immobilière sera souvent conditionnée à l'obtention d'un crédit. Réponse : lorsque l'engagement des parties contient une clause de dédit ou une condition suspensive, l'opération ne peut être regardée comme effectivement conclue qu'au moment de la réalisation de la condition (obtention du prêt) ou de la renonciation à la faculté de dédit (D. 20 juill. 1972, art. 74)(71).

(67) V. Cass. 1re civ., 23 oct. 1979 : *Bull. civ.* 1979, I, n° 252. Pour l'agent commercial, la loi aide le juge : « Dans le silence du contrat, l'agent commercial a droit à une rémunération conforme aux usages pratiqués, dans le secteur d'activité couvert par son mandat, là où il exerce son activité. En l'absence d'usages, l'agent commercial a droit à une rémunération raisonnable qui tient compte de tous les éléments qui ont trait à l'opération » (C. com., art. L. 134-5, al. 3).

(68) Comp. pour le contrat d'entreprise le régime institué par l'article 1165 du Code civil, V. *supra*, n° 475 et application au mandat, n° 524.

(69) Sur la rédaction des clauses de prix proportionnel, V. *Technique contractuelle* de J.-M. Mousseron, 5e éd., 2017, *op. cit.*, nos 356 et s.

(70) V. Cass. 1re civ., 9 déc. 2010 : *RDC* 2011, p. 523, M. Mekki : « L'acte écrit contenant l'engagement des parties, auquel l'article 6 de la loi du 2 janvier 1970 subordonne le droit à rémunération ou à commission de l'agent immobilier par l'intermédiaire duquel l'opération a été conclue, n'est pas nécessairement un acte authentique ; (...) la cour d'appel a estimé qu'il résultait des énonciations de l'acte sous seing privé du 8 septembre 2004 que les parties n'avaient pas entendu faire de la signature de l'acte authentique une condition de la vente mais l'avaient considérée comme une simple formalité destinée à en retarder les effets ; qu'en ayant déduit que c'était à tort que le premier juge avait assimilé le refus de M. X... de signer l'acte authentique à l'exercice d'une faculté de dédit, l'arrêt a dès lors retenu à bon droit que la vente devait être regardée comme effectivement conclue ».

(71) Cass. 1re civ., 27 nov. 2013, n° 12-13.897 : *Contrats, conc. consom.* 2014, comm. 31, L. Leveneur ; *JCP N* 2014, 1057, n° 13, obs. S. Piédelièvre.

545. – Révision de la rémunération. Une jurisprudence séculaire autorise le juge « à réduire le salaire convenu lorsqu'il est hors de proportion avec le service rendu »[72]. Longtemps présenté comme une originalité du contrat de mandat, ce pouvoir de révision judiciaire[73] – qui méconnaît le principe de la force obligatoire des contrats, mais qui concerne désormais d'autres professionnels – n'est permis que si la rémunération a été prévue avant l'exécution de la mission[74]. Lorsque la fixation intervient, en effet, une fois la mission accomplie, le mandant est à même d'apprécier la valeur du service rendu. Un mandat présentant un caractère aléatoire est aussi à l'abri d'une telle possibilité de révision. On doit également admettre qu'une acceptation par le mandant des comptes de gestion comportant la rémunération initialement fixée d'un commun accord, prive le juge de la possibilité de procéder à une telle révision[75].

Le devenir de cette jurisprudence est questionné à raison des dispositions de l'article 1165 du Code civil, institué par la loi de ratification du 20 avril 2018. Le texte évince le pouvoir judiciaire de fixation du prix dans les contrats de prestation de services, au profit d'une demande indemnitaire, lorsque le prix est laissé au prestataire ; mais cette disposition ne devrait pas atteindre ce même interventionnisme judiciaire lorsqu'il s'exprime cette fois au stade de la révision du prix déjà fixé d'un commun accord, même s'il en sape l'autorité. Cependant d'autres remettent en cause le maintien d'une solution acquise désormais *contra legem* dès lors que le législateur ne l'a pas ratifiée à l'occasion de la réforme[76].

546. – Paiement de la rémunération, sûreté. La rémunération du mandataire n'a pas à être payée si ce dernier a commis une faute (C. civ., art. 1999, al. 2). En l'absence de faute, la rémunération est due, même si l'affaire n'a pas réussi (C. civ., art. 1999, al. 2), une rémunération fondée sur le résultat obtenu permettant toutefois d'éviter un paiement dans cette hypothèse[77]. Le mandataire bénéficie d'un droit de rétention sur les objets à restituer au mandant et peut compenser dans le compte de gestion toute somme qu'il détient avec la rémunération qui

(72) V. Cass. req., 11 mars 1824, cité par Ph. Malaurie, L. Aynès et P.-Y. Gautier, n° 385. – Cass. civ., 12 janv. 1863 : *D.* 1863, 1, p. 302. – Plus récemment, Cass. 1re civ., 3 juin 1986 : *Bull. civ.* 1986, I, n° 150 ; *JCP G* 1988, II, 20791, note A. Viandier. – Cass. 1re civ., 2 avr. 1997 : *Bull. civ.* 1997, I, n° 113. – *Adde* Ch. Albiges, *Le développement discret de la réfaction du contrat*, in *Mél. M. Cabrillac*, Dalloz-Litec, 1999, p. 3 et s., spéc. n° 12.

(73) Qui est d'ordre public (Cass. 3e civ., 20 févr. 1973 : *Bull. civ.* 1973, III, n° 145).

(74) Lorsque les modalités de calcul de la rémunération sont conformes aux stipulations contractuelles, il appartient au mandant de démontrer en quoi la rémunération convenue, acceptée par lui, serait abusive et procurerait un avantage excessif au mandataire (Cass. 1re civ., 24 sept. 2002 : *Contrats, conc. consom.* 2003, comm. 3, note L. Leveneur). V. cependant Cass. com., 6 juill. 2017, n° 16-19.354 : *RDC* 2018, p. 23, obs. Ph. Stoffel-Munck, l'irrégularité formelle des factures d'honoraires d'avocat suffit à justifier la réduction des honoraires pourtant acquittés.

(75) V. J. Huet, n° 31261.

(76) Pour la pérennité de cette jurisprudence, V. D. Mazeaud, *Réforme du droit des contrats : que vont les règles jurisprudentielles non codifiées devenir ?*, in *Mél. F. Collart Dutilleul*, Dalloz, 2017, spéc. n° 22, p. 541 et s. – F. Chénédé, *Le nouveau droit des obligations et des contrats*, Dalloz, 2016, n° 23.222. – *Contra* Th. Revet, *in* D. Mazeaud, *Réforme du droit des contrats*, préc. – J.-S. Borghetti, *Fixation et révision du prix* : *RDC* juin 2018, hors-série « Le nouveau droit des obligations après la ratification du 20 avril 2018 », p. 25-36.

(77) « Lorsque le mandant a donné à plusieurs le mandat non exclusif de vendre un même bien, il n'est tenu de payer une rémunération ou commission qu'à celui par l'entreprise duquel l'opération a été effectivement conclue… et cela même si l'acquéreur lui avait été précédemment présenté par un autre agent immobilier… sauf à ce dernier, à prétendre à l'attribution de dommages et intérêts en prouvant une faute du vendeur qui, par un abus de sa part et compte tenu des diligences accomplies, l'aurait privé de la réalisation de la vente » (Cass. 1re civ., 15 févr. 2000 : *RTD civ.* 2000, p. 357, note P.-Y. Gautier).

lui est due[78]. Par ailleurs, « lorsque le mandataire a été constitué par plusieurs personnes pour une affaire commune, chacune d'elles est tenue solidairement envers lui de tous les effets du mandat » (C. civ., art. 2002).

SECTION 2

LES EFFETS ENTRE LE MANDATAIRE ET LES TIERS

SOUS-SECTION 1

LE PRINCIPE

547. – Le mandataire disparaît de la scène juridique. « Selon l'image utilisée par le tribun Tarrible lors des travaux préparatoires du Code civil, le mandataire disparaît de la scène juridique lorsque sa mission est accomplie, comme un échafaudage devenu inutile, une fois la construction achevée »[79]. Cette image résume parfaitement l'effet de la représentation. Par nature, le contrat de mandat exclut la présence d'une quelconque relation de droit entre le mandataire et le tiers. Une fois le contrat conclu, le mandataire, qui a traité au nom et pour le compte du mandant, s'efface derrière ce dernier qui demeure seul engagé. L'opération de mandat ne procure donc au mandataire aucun avantage et ne lui cause aucun préjudice. On mesure bien là la différence entre la transparence du mandataire (représentation parfaite) et l'opacité d'autres prestataires concurrents, comme, par exemple, le commissionnaire (représentation imparfaite), qui, à la différence du mandataire, est tenu envers le tiers car il agit en son propre nom[80].

SOUS-SECTION 2

LES EXCEPTIONS

548. – Le mandataire reste sur la scène juridique. L'établissement de relations juridiques entre le mandataire et le tiers avec qui il traite n'est pas à exclure. Il en est ainsi :

– lorsque le mandataire traite en son propre nom sans indiquer le nom du mandant : le mandataire devient alors débiteur du tiers, sauf son recours contre le mandant[81] ;

(78) Sauf règles déontologiques particulières : l'avocat, pour le paiement de ses honoraires, ne saurait retenir des pièces du dossier de son client ni opérer compensation avec les sommes allouées à ce dernier par un jugement.

(79) B. Starck, H. Roland et L. Boyer, *Droit civil, Le contrat*, Litec, 1998, n° 242.

(80) V. not. Cass. com., 3 mai 1965 : *Bull. civ.* 1965, III, n° 280.

(81) V. not. Cass. 3e civ., 17 oct. 1972 : *Bull. civ.* 1972, III, n° 528. – Cass. 1re civ., 17 nov. 1993 : *Bull. civ.* 1993, I, n° 329 ; *Defrénois* 1994, p. 791, obs. Ph. Delebecque. On parle de mandat sans représentation pour le commanditaire ou le prête-nom.

– lorsque le mandataire qui agit sans pouvoir ou outrepasse ses pouvoirs se porte fort pour le mandant. L'absence de ratification de ce dernier expose le mandataire au paiement de dommages-intérêts. Reste que « le mandataire qui a donné à la partie avec laquelle il contracte en cette qualité une suffisante connaissance de ses pouvoirs, n'est tenu d'aucune garantie pour ce qui a été fait au-delà, s'il ne s'y est personnellement soumis » (C. civ., art. 1997) ;

– lorsque le mandataire garantit au tiers l'exécution par le mandant des engagements qu'il souscrit au nom de ce dernier. Le mandataire peut être ainsi ducroire à l'égard du tiers (V. *supra*, n° 535) ;

– en cas de faute du mandataire à l'égard du tiers. La Cour de cassation estime ainsi que le mandataire est personnellement responsable envers les tiers lésés des délits ou quasi-délits qu'il peut commettre soit spontanément, soit même sur les instructions du mandat dans l'accomplissement de sa mission[82]. La faute peut notamment consister dans le dépassement de pouvoirs qui entraîne la nullité de l'acte conclu. Professionnalisation du mandat oblige, la jurisprudence retient la responsabilité du mandataire professionnel à l'égard du tiers pour violation de son devoir de conseil (sur la responsabilité du mandant sur faute de son mandataire, V. *infra*, n° 549)[83].

SECTION 3

LES EFFETS ENTRE LE MANDANT ET LES TIERS

549. – Établissement du lien contractuel ; faute et dol du mandataire. C'est l'article 1998 du Code civil qui détermine les effets du mandat entre le mandant et les tiers :

> « Le mandant est tenu d'exécuter les engagements contractés par le mandataire, conformément au pouvoir qui lui a été donné.
>
> Il n'est tenu de ce qui a pu être fait au-delà, qu'autant qu'il l'a ratifié expressément ou tacitement ».

Le mandataire n'était que le vecteur de la volonté du mandant : seul ce dernier sera lié par l'engagement contractuel conclu avec le tiers. Si la principale thématique tient donc à l'établissement du lien contractuel entre le mandant et le tiers, le mandant peut également voir sa responsabilité extracontractuelle engagée du fait de son mandataire. En vertu de l'article 1998 du Code civil, le mandant est contractuellement responsable des dommages subis du fait de l'inexécution des

(82) Cass. ch. mixte, 26 mars 1971 : *JCP* G1971, II, 16762, note Lindon. – Cass. 1re civ., 20 avr. 1977 : *Bull. civ.* 1977, I, n° 181. – Cass. 1re civ., 13 oct. 1992 : *Bull. civ.* 1992, I, n° 250.

(83) V. not. Cass. 1re civ., 18 avr. 1989 : *RTD civ.* 1990, p. 267, n° 2, obs. J. Mestre. – Cass. 1re civ., 16 déc. 1992 : *Bull. civ.* 1992, I, n° 316. En revanche, l'absence de recherche de vices cachés pouvant affecter le bien qu'un mandataire est chargé de vendre ne constitue pas pour ce dernier une faute envers l'acquéreur (Cass. 1re civ., 20 juin 1995 : *Bull. civ.* 1995, I, n° 270).

engagements contractés par son mandataire dans les limites du mandat conféré. Mais au cas du dol du mandataire dans la conclusion du contrat avec le tiers, la jurisprudence de la Cour de cassation reste favorable au mandant, retenant que le dol du mandataire dans l'exercice de son mandat n'engage la responsabilité (délictuelle) du mandant que si celui-ci a personnellement commis une faute qu'il incombe à la victime d'établir[84] : si le tiers peut toujours demander la nullité de l'acte dolosivement conclu par le mandataire (C. civ., art. 1138), en revanche sa tâche devient plus ardue lorsqu'il souhaitera demander réparation au mandant (que le tiers confirme ou non le contrat). Cette jurisprudence est très discutable : le mandant doit répondre du mandataire qu'il choisit[85].

Si l'on privilégie alors la question de l'établissement du lien contractuel par l'entremise du mandataire, le Code civil invite à distinguer l'exécution des engagements contractés conformément au pouvoir donné par le mandant (Sous-section 1) de l'exécution de ceux contractés au-delà du pouvoir donné par le mandant (Sous-section 2). À cela, il faut ajouter l'exécution des engagements nés de la présence d'un mandat apparent (Sous-section 3).

SOUS-SECTION 1

L'EXÉCUTION DES ENGAGEMENTS CONTRACTÉS CONFORMÉMENT AU POUVOIR DONNÉ PAR LE MANDANT

550. – Principe : le mandant est tenu. Lorsque le mandataire exécute le mandat conformément au pouvoir qui lui a été donné, le mandant est tenu d'exécuter les obligations nées du contrat conclu par le mandataire. L'écran constitué par ce dernier disparaît ; par l'effet de la représentation, le mandant est tenu comme s'il avait contracté lui-même[86]. La règle figure désormais à l'article 1154 du Code civil selon lequel lorsque le représentant agit dans la limite de ses pouvoirs au nom et pour le compte du représenté, celui-ci est seul tenu de l'engagement contracté. Texte spécial au mandat, l'article 1998 du Code civil n'envisage expressément que les engagements contractuels, en ne se préoccupant, de surcroît, que des effets obligatoires du contrat conclu par le mandataire. La règle du droit général a une portée plus large. D'une part, ce sont tous les effets du contrat qui concernent le mandant. Ainsi, lorsque le contrat conclu est une vente, l'effet translatif de

(84) Cass. ch. mixte, 29 oct. 2021, n° 19-18.470 : *RDC* mars 2022, p. 18, obs. S. Pellet ; *RTD civ.* 2022, p. 157, obs. P.-Y. Gautier ; *D.* 2021, p. 2162, note S. Tisseyre ; *D.* 2022, p. 38, obs. Ph. Brun ; *JCP* G 2021, 1197, note P. Jourdain ; *JCP* G 2021, 1310, obs. Y.-M. Serinet ; *Contrats, conc. consom.* 2021, comm. 175, obs. L. Leveneur ; *D.* 2022, p. 310, obs. M. Mekki et R. Boffa.

(85) L'avant-projet de réforme du droit des contrats spéciaux propose de neutraliser cette jurisprudence en faisant du représenté le garant des fautes délictuelles du représentant. – V. Cass. 3e civ., 5 juill. 2018, n° 17-20.121. – Cass. 3e civ., 29 avr. 1998 : *Bull. civ.* 1998, III, n° 87 ; *RTD civ.* 1998, p. 930, n° 3, obs. P.-Y. Gautier. – On tiendra compte également des textes spéciaux : pour l'agent d'assurance, l'article L. 511-1 du Code des assurances prévoit que « pour l'activité de distribution d'assurances, l'employeur ou mandant est civilement responsable, conformément aux dispositions de l'article 1242 du Code civil, du dommage causé par la faute, l'imprudence ou la négligence de ses employés ou mandataires agissant en cette qualité, lesquels sont considérés, pour l'application du présent article, comme des préposés, nonobstant toute convention contraire ».

(86) Cass. 1re civ., 8 mars 2023, n° 21-17.827, le mandant est seul tenu de l'engagement contracté en son nom et pour son compte par le mandataire qui n'est pas soumis à la garantie des vices cachés.

propriété a vocation à opérer sur le patrimoine du mandant. D'autre part, ce sont tous les actes conclus par le mandataire qui s'imposent au mandant. Ce dernier est ainsi concerné par les effets des actes unilatéraux effectués par le mandataire (réception de marchandises, envoi d'un congé).

551. – **Exception : le mandant n'est pas tenu ; concert frauduleux entre le mandataire et le tiers.** Bien que conclu dans le cadre du pouvoir conféré par le mandant, l'acte conclu à la suite d'un concert frauduleux entre le mandataire et le tiers ne lie pas le mandant : *Fraus omnia corrumpit*[87].

SOUS-SECTION 2

L'EXÉCUTION DES ENGAGEMENTS CONTRACTÉS AU-DELÀ DU POUVOIR DONNÉ PAR LE MANDANT

552. – **Principe : le mandant n'est pas tenu ; dépassement et détournement de pouvoirs : nullité ou inopposabilité.** Lorsque le mandataire agit au-delà de ses pouvoirs, les actes réalisés ne sauraient lier le mandant : le consentement de ce dernier n'est plus « porté » par le prétendu mandataire, l'acte passé devient à son égard *Res inter alios acta*. Reste à préciser le régime de la situation de la sorte créée par le mandataire qui *excède* ses pouvoirs ou *agit sans* pouvoir.

La réglementation du mandat est minimaliste sur le sujet, l'article 1998, alinéa 2, du code précise seulement que le mandant « n'est tenu de ce qui a pu être fait au-delà qu'autant qu'il l'a ratifié expressément ou tacitement ». Une lecture implicite du texte suggère que ce qui a pu être fait par le mandataire au-delà de son pouvoir et qui n'a pas été ratifié par le mandant n'engagera pas ce dernier. Cette disposition concerne l'hypothèse où le mandataire a outrepassé ses pouvoirs, mais aussi, *a fortiori*, celle où il agit sans pouvoir. Au-delà du texte, la Cour de cassation retenait la nullité du contrat conclu par le mandataire[88], voire à l'occasion son inopposabilité, ce qui présentait l'avantage de faire échapper l'action à la prescription jadis posée par l'article 1304 du Code civil[89].

(87) V. not. Cass. 3e civ., 29 nov. 1972 : *Bull. civ.* 1972, III, n° 646.

(88) La jurisprudence hésitait entre une nullité absolue ou simplement relative qui ne pouvait être demandée que par la partie représentée : cette dernière analyse était préférée, Cass. 3e civ., 26 janv. 2017, n° 15-26.814 : *D.* 2017, 297 ; *AJDI* 2017, 520, obs. D. Tomasin ; *AJC* 2017, 299, obs. Y. Dagorne-Labbe. – Cass. 1re civ., 17 juin 2015, n° 14-14.568. – Cass. 3e civ., 7 déc. 2011, n° 10-27.092. – Cass. 1re civ., 9 juill. 2009, n° 08-15.413 : *Contrats, conc. consom.* 2009, n° 260, obs. L. Leveneur. – Cass. com., 28 mars 2006, n° 04-19.179. – Cass. 1re civ., 2 nov. 2005, n° 02-14.614 : *Bull. civ.* 2005, I, n° 395 ; *D.* 2005, 2824 ; *RTD civ.* 2006, 138, obs. P.-Y. Gautier. – Cass. 1re civ., 25 mai 1992, n° 90-19.969 : *Bull. civ.* 1992, I, n° 156 ; *Rev. crit. DIP* 1992, 689, note C. Jarrosson. – Toutefois dans le sens de la nullité absolue, V. Cass. 3e civ., 15 avr. 1980 : *Bull. civ.* 1980, III, n° 73. – Cass. 1re civ., 9 juin 1976 : *Bull. civ.* 1976, I, n° 213.

(89) Cass. com., 11 mars 2014, n° 12-22.877 : *RDC* 2014, p. 684, obs. L. Sautonie-Laguionie : l'associé unique d'une société avait donné mandat « général de gestion » à son concubin. Celui-ci avait cédé toutes parts à sa sœur et à lui-même. En application de l'article 1988 du Code civil qui exige un mandat exprès pour les aliénations, le mandant a agi en nullité des cessions. La prescription était-elle applicable ? La cour juge « le mandant, qui n'est pas tenu des actes faits par son mandataire au-delà du pouvoir qui lui a été donné, dispose à l'encontre de ces actes d'une action en inopposabilité qui n'est pas de celles qui se prescrivent par le délai prévu à l'article 1304 du Code civil ». Également Cass. ass. plén., 28 mai 1982 : *Bull. civ.* 1982, ass. plén., n° 3 ; *D.* 1983, 349, note E. Gaillard. – Cass. 3e civ., 6 oct. 2004, n° 01-00.896 : *Bull. civ.* 2004, III, n° 166 ; *D.* 2004, 2719, obs. A. Lienhard ; *AJDI* 2004, 916 ; *Rev. sociétés* 2005, 152, note B. Saintourens, et 411, note J.-F. Barbièri ; *RTD com.* 2005, 122, obs. M.-H. Monsèrié-Bon. – Cass. com., 21 sept. 2010, n° 09-11.707 : *Bull. civ.* 2010, IV, n° 138 ; *D.* 2010, 2220, obs. X. Delpech ; *ibid.* 2011, 1643, obs. D.-R. Martin ; *RTD com.* 2010, 759, obs. D. Legeais.

L'ordonnance du 10 février 2016 réglemente désormais dans le droit commun des obligations le régime d'un acte accompli par un représentant en *dépassement* de ses pouvoirs (C. civ., art. 1156) ou en *détournement* de ceux-ci (C. civ., art. 1157)(90). Ces dispositions ont donc vocation à gouverner de telles situations nées du fait du mandataire. Au cas de *dépassement* de pouvoir(91), l'article 1156 du Code civil pose que l'acte accompli par un représentant « sans pouvoir ou au-delà de ses pouvoirs » est *inopposable* au représenté, sauf si le tiers contractant a légitimement cru en la réalité des pouvoirs du représentant, notamment en raison du comportement ou des déclarations du représenté (sur le mandat apparent, V. *infra*, n° 555). S'agissant du même acte, le tiers contractant peut quant à lui invoquer la *nullité* du contrat s'il ignorait le dépassement, ou l'absence de pouvoir, du représentant (mandataire). Cette dualité de sanction selon celui qui se prévaut du manquement peut surprendre ; elle reçoit pourtant l'approbation des meilleurs auteurs qui observent que le représenté prétendu n'est pas partie à un contrat pour la conclusion duquel il n'a jamais donné pouvoir, *l'inopposabilité* de l'acte permet au mandant d'ignorer celui-ci tout comme elle empêche le tiers contractant de formuler toute demande à son endroit(92). L'action en *nullité* est ouverte au seul tiers contractant qui ignorait le dépassement ou l'absence de pouvoir, et tout autant que le mandant n'aura pas ratifié l'acte litigieux (C. civ., art. 1156, al. 3)(93) ; le même pourra agir en responsabilité contre le mandataire indélicat(94). En revanche, au cas où le tiers connaissait le dépassement, le texte suggère de considérer l'existence d'un lien contractuel valable insusceptible d'être remis en cause par le tiers(95).

Distinct du dépassement (ou de l'absence) de pouvoir, le *détournement* du pouvoir par le mandataire « au détriment du représenté » est sanctionné par la nullité de l'acte accompli(96) ; l'action est ouverte au représenté (mandant). Les auteurs distinguent deux conditions au succès de l'action en nullité : le représenté doit avoir subi un préjudice du fait du détournement, le tiers contractant « avait connaissance du détournement de pouvoirs ou ne pouvait l'ignorer » (C. civ., art. 1157)(97).

Le dépassement (comme l'absence) de pouvoir s'apprécie objectivement, le mandataire agissant au-delà (ou à défaut) de l'habilitation contractuelle ; en revanche le détournement de pouvoir se définit par un critère subjectif à raison de l'utilisation par le mandataire de ses pouvoirs à l'encontre des intérêts du mandant(98).

(90) J. François : *L'acte accompli par le mandataire en dehors de ses pouvoirs et le mécanisme du contrat de mandat* : *D.* 2018, 1215.

(91) Par ex. : le mandant a donné pouvoir pour conclure un bail sur le bien, le mandataire a conclu la vente du bien.

(92) O. Deshayes, Th. Genicon et Y.-M. Laithier, *Réforme du droit des contrats, du régime général et de la preuve des obligations*, préc., p. 283. Les auteurs soulignent encore l'efficacité de la sanction dès lors que l'inopposabilité opère de plein droit.

(93) On s'interroge sur l'époque limite de cette ratification utile et au-delà de laquelle l'acte litigieux ne pourra plus être consolidé : on balance entre la prise en compte de l'introduction de l'action en annulation ou le prononcé de celle-ci.

(94) V. *a contrario*, C. civ., art. 1997.

(95) On peine cependant à admettre que le contrat en cause puisse lier le mandataire qui a abusé de ses pouvoirs avec le tiers contractant : ce dernier n'a pas donné son consentement avec cette visée, les conséquences de pareille déduction seraient redoutables en droit des sociétés. Il faut semble-t-il seulement considérer que le texte lie le tiers contractant envers le représenté virtuel qui viendrait à ratifier. – V. O. Deshayes, Th. Genicon et Y.-M. Laithier, *op. loc. cit.*

(96) Par ex. : le mandant a donné pouvoir de vendre son véhicule, le mandataire perçoit le prix d'un acquéreur mais détourne celui-ci et ne livre jamais le véhicule. – V. J. François, *L'acte accompli par le mandataire en dehors de ses pouvoirs et le mécanisme du contrat de mandat* : *D.* 2018, p. 1215, n° 2.

(97) O. Deshayes, Th. Genicon et Y.-M. Laithier, *op. loc. cit.* – F. Terré, Ph. Simler, Y. Lequette et F. Chénedé, *Les obligations*, Dalloz, 2019, n° 237.

(98) Sur les difficultés de distinction des deux qualifications : V. Cass. com., 29 mars 2023, n° 22-10.001 : *RDC* 2023, n° 3, p. 14, obs. S. Pellet. – Par ex. : le mandant acquéreur a donné pouvoir pour l'acquisition d'un bien au meilleur prix, le

Dans l'ensemble des hypothèses ci-dessus, les actes litigieux seront atteints de nullité relative, seule la sauvegarde d'intérêts privés est en cause (C. civ., art. 1179, al. 2).

553. – **Exceptions : la ratification ; le mandat apparent.** L'article 1156, alinéa 3 du Code civil dispose que « l'inopposabilité comme la nullité de l'acte ne peuvent plus être invoquées dès lors que le représenté l'a ratifié ». Lorsqu'il ratifie en connaissance de cause les actes passés par le mandataire au-delà de son pouvoir, le mandant couvre le vice objectif né du dépassement de pouvoir, il se trouve ainsi engagé dans les liens créés par cet acte avec le tiers contractant. La logique veut que la ratification puisse également jouer au cas de détournement de pouvoir(99). Cette ratification qui peut être expresse ou tacite a un effet rétroactif(100) : le mandant est ainsi tenu à l'égard du tiers à compter du jour où l'acte a été accompli par le mandataire. La rétroactivité a toutefois un effet limité. Elle ne saurait en effet menacer les droits acquis par les tiers avant la ratification.

En l'absence de toute ratification, donc d'acte de volonté du mandant, celui-ci peut encore se trouver engagé au titre de deux situations : la première, notoire, tient de l'application de la théorie de l'apparence au contrat de mandat (V. *infra*, n° 555) ; la seconde, plus inattendue, tient du silence gardé par le mandant en suite à l'interrogation qui lui est adressée par le tiers désireux de conclure : c'est le résultat de l'action interrogatoire.

554. – **L'action interrogatoire.** Issu de l'ordonnance du 10 février 2016, l'article 1158 du Code civil institue une action interrogatoire dont l'objet est de sécuriser la position du tiers qui doute de la réalité ou de l'étendue des pouvoirs conférés au mandataire. Le texte prévoit que le tiers qui doute de l'étendue du pouvoir du représentant conventionnel à l'occasion d'un acte qu'il s'apprête à conclure peut demander par écrit au représenté de lui confirmer, dans un délai qu'il fixe et qui doit être raisonnable, que le représentant est habilité à conclure l'acte. L'écrit doit mentionner qu'à défaut de réponse dans ce délai, le représentant est réputé habilité à conclure cet acte.

Ce texte s'applique à compter du 1er octobre 2016, ce compris aux contrats conclus antérieurement (V. Ord. 1er févr. 2016, art. 9). Il posera sans doute de nombreuses difficultés d'application. L'action interrogatoire n'est prévue que préalablement à la conclusion de l'acte litigieux : le tiers contractant ne devrait pas pouvoir l'utiliser pour lever le doute sur la ratification espérée d'un acte déjà conclu. L'appréciation du délai raisonnable de réponse devrait dépendre de l'identité du destinataire de l'interrogation : le temps de réponse d'une personne physique pourrait être assez rapide, alors que le temps de réponse raisonnable d'une personne morale, relevant d'un groupe de sociétés au sein desquelles les décisions juridiques tiennent de procédures complexes, devra s'apprécier différemment. À défaut de réponse, le représentant est « réputé » habilité à conclure l'acte : la jurisprudence aura à dire s'il s'agit d'une présomption simple ou irréfra-

mandataire a acquis le bien au prix le plus onéreux alors que le vendeur était disposé à conclure l'affaire à des conditions plus avantageuses pour l'acquéreur, le mandataire agit au détriment du mandant : détournement de pouvoir ou simple déloyauté dans la bonne exécution ?

(99) O. Deshayes, Th. Genicon et Y.-M. Laithier, *op. cit.*, p. 286.

(100) V. not. Cass. 1re civ., 25 mars 1981 : *Bull. civ.* 1981, I, n° 104. – Cass. 3e civ., 12 mai 2010, n° 08-20.544. – V. O. Deshayes, Th. Genicon, Y.-M. Laithier, *op. loc. cit.*

gable, même si la première solution paraît la plus probable(101). Le mandant se trouve engagé du fait de son silence, la source du rapport d'obligation s'éloigne du processus traditionnel du consentement ; on a pu y discerner un succédané d'obligation légale, du même acabit que le jeu de la théorie de l'apparence(102).

SOUS-SECTION 3

L'EXÉCUTION D'ENGAGEMENTS NÉS DE LA PRÉSENCE D'UN MANDAT APPARENT

555. – **Application de la théorie de l'apparence.** En l'absence d'un contrat de mandat, une personne ne devrait pas pouvoir être engagée au titre d'un contrat conclu en son nom avec un tiers. La volonté de protection des intérêts des tiers, c'est-à-dire au fond de tout un chacun appelé à contracter avec celui qui se prétend être le représentant d'autrui, rend compte de la jurisprudence qui admet « que le mandant peut être engagé sur le fondement d'un mandat apparent, même en l'absence d'une faute susceptible de lui être reprochée, si la croyance du tiers à l'étendue des pouvoirs du mandataire est légitime, ce caractère supposant que les circonstances autorisaient le tiers à ne pas vérifier les limites exactes de ces pouvoirs »(103). Il y a là ce que la jurisprudence a dénommé un *mandat apparent*(104), exacte application à la matière de la théorie de l'apparence(105). Au-delà, la théorie du mandat apparent permet encore, en présence d'un contrat de mandat, de considérer le mandant engagé au-delà des pouvoirs conférés au mandataire(106).

L'ordonnance du 10 février 2016 est venue codifier cette création prétorienne, l'article 1156, alinéa premier, du Code civil prévoyant :

> « L'acte accompli par un représentant sans pouvoir ou au-delà de ses pouvoirs est inopposable au représenté, sauf si le tiers contractant a légitimement cru en la réalité des pouvoirs du représentant, notamment en raison du comportement ou des déclarations du représenté (...) » (C. civ., art. 1156, al. 1er).

La condition essentielle au jeu du mandat apparent tient à ce que « la croyance du tiers à l'étendue des pouvoirs du mandataire soit légitime », cette qualité sera retenue dès lors que les circonstances autorisaient le tiers à ne pas vérifier les

(101) En ce sens, O. Deshayes, Th. Genicon et Y.-M. Laithier, *op. cit.*, p. 291.
(102) O. Deshayes, Th. Genicon et Y.-M. Laithier, *op. loc. cit.*
(103) Cass. ass. plén., 13 déc. 1962, n° 57-11.569 : *D.* 1963, p. 277, note J. Calais-Auloy ; *JCP* G 1963, II, 13105, note P. Esmein. – V. not. Cass. com., 27 juin 1995 : *Contrats, conc. consom.* 1995, comm. 199, note L. Leveneur. – Cass. 1re civ., 28 juin 2005 : *Contrats, conc. consom.* 2005, comm. 202, obs. L. Leveneur (une commune peut être engagée par son maire en l'absence de délibération du conseil municipal).
(104) Sur le mandat apparent, V. A. Batteur, *Le mandat apparent en droit privé*, thèse, Caen, 1989. – *Adde* L. Leveneur, *Situations de fait et droit privé*, LGDJ, coll. « Bibl. dr. privé », 1990, t. 212, préf. M. Gobert, nos 114 et s. On a démontré, de manière convaincante, que le mandat apparent est un quasi-contrat (V. A. Batteur, *op. cit.*, nos 848 et s.).
(105) V. J. Calais-Auloy, *Essai sur la notion d'apparence en droit commercial*, LGDJ, coll. « Bibl. dr. privé », 1959, t. 17, préf. M. Cabrillac.
(106) Cass. 1re civ., 30 mars 1965 : *D.* 1965, p. 55 : « Si, en principe, le mandant n'est pas obligé envers le tiers pour ce que le mandataire a fait au-delà du pouvoir qui lui a été donné, il en est autrement lorsqu'il résulte des circonstances que le tiers a pu légitimement croire que le mandataire agissait en vertu d'un mandat et dans les limites de ce mandat ».

limites exactes des pouvoirs de celui qui se présente en qualité d'intermédiaire[107]. Si la recherche de la croyance légitime du tiers[108] réserve au juge un large pouvoir, « l'appréciation de la légitimité de la croyance est, elle, contrôlée par la Cour suprême, signe qu'elle y voit une notion juridique »[109]. On a pu justement estimer que « la théorie du mandat apparent débouche inéluctablement sur des appréhensions jurisprudentielles pointillistes, faites au coup par coup »[110].

Au-delà de la diversité des approches, des auteurs[111] ont mis en lumière l'influence plus forte de certains éléments dans l'appréciation de la croyance légitime.

En dehors même de toute idée de faute[112], la prise en compte du comportement ou des déclarations du représenté est évidemment un élément majeur : celui-ci par ce qu'il a dit, ce qu'il a pu faire, ou ne pas faire, tout en laissant faire autrui, c'est-à-dire en s'abstenant de toute réaction devant les agissements d'un prétendu représentant, a pu contribuer à établir la croyance légitime du tiers[113]. Pourtant le Code civil ne fait pas de cette référence un passage obligé ainsi que l'atteste l'adverbe « notamment » : il faut donc bien admettre que la croyance légitime du tiers contractant puisse être établie sans qu'un fait imputable au représenté n'ait été mis en évidence[114].

Ainsi doit-on également s'attacher à la qualité de l'intermédiaire. Si ce dernier a l'habitude d'être mandataire, l'erreur du tiers est plus facilement admissible[115] ; la Cour de cassation refuse cependant que la théorie du mandat apparent puisse tenir en échec les règles impératives relatives à l'activité de l'agent immobilier[116].

(107) Cass. ass. plén., 13 déc. 1962 : *D.* 1963, p. 277, note J. Calais-Auloy ; *JCP* G 1963, II, 13105, note P. Esmein. – *Adde* Cass. com., 6 juin 1989 : *Bull. civ.* 1989, IV, n° 179, p. 119 ; *RTD civ.* 1990, p. 270, n° 5, obs. J. Mestre. – Cass. com., 4 mars 1997 : *RJDA* 1997, n° 902.

(108) V. J.-L. Sourioux, *La croyance légitime* : *JCP* G 1982, I, 3058.

(109) L. Leveneur, *Situations de fait et droit privé*, *op. cit.*, n° 124. Par ex., en juillet 1982, une personne entre en relation avec un caissier principal de la compagnie Assurances générales de France (AGF), au siège de cette compagnie, pour souscrire un contrat de capitalisation moyennant le versement des sommes d'argent en espèces, ce mode de paiement étant autorisé par la loi du 11 juillet 1986 lorsque la transaction porte sur des bons au porteur. En décembre de la même année, cette personne remet, dans un café, en deux versements, une somme de 399 000 F en espèces à ce caissier qui avait été licencié deux mois auparavant. Le caissier ayant détourné les fonds, la personne assigne la compagnie AGF en remboursement des sommes qu'elle avait versées à l'ancien caissier indélicat. Pour accueillir sa demande, la cour d'appel de Versailles retient que la remise des fonds dans un café situé à proximité de la banque d'où la personne venait de retirer des espèces ne présentait pas un caractère clandestin dans la mesure où le caissier qui était à ses yeux toujours un représentant qualifié des AGF n'avait fait aucune difficulté pour recevoir les espèces et lui avait délivré un reçu établi sur un papier à en-tête de la compagnie ; dans ces conditions, rien n'autorisait la personne à remettre en doute l'authenticité des pouvoirs du caissier. La Cour de cassation censure les juges du fond : « Attendu qu'en statuant ainsi, alors que les circonstances des remises de fonds n'autorisaient pas [la personne] à se dispenser de vérifier les pouvoirs du prétendu mandataire, de sorte que sa croyance aux pouvoirs de celui-ci ne présentait pas un caractère légitime, la cour d'appel a violé le texte susvisé (art. 1998) » (Cass. com., 4 mars 1997, préc.).

(110) J. Mestre, obs. ss Cass. com., 6 juin 1989 : *RTD civ.* 1990, p. 270, n° 5.

(111) V. not. J.-L. Sourioux, art. cit.

(112) Cass. ass. plén., 13 déc. 1962, préc. : « le mandant peut être engagé sur le fondement d'un mandat apparent, même en l'absence d'une faute susceptible de lui être reprochée (…) ».

(113) Cass. com., 5 déc. 1989 : *Bull. civ.* 1989, IV, n° 309. – Cass. 1re civ., 8 avr. 2010, n° 09-10.790, le prétendu mandataire d'une société d'assurance détournait les fonds qui lui étaient remis en concluant des contrats avec courriers à en-tête de la société.

(114) En ce sens, O. Deshayes, Th. Genicon et Y.-M. Laithier, *op. cit.*, p. 284.

(115) Cass. 3e civ., 25 mai 2005 : *RDC* 2005, p. 1071, obs. F. Collart Dutilleul : l'acquéreur qui accepte une offre de vente à lui transmise par un professionnel (agent immobilier) en vertu d'un mandat nul peut invoquer à son profit la théorie de l'apparence.

(116) Cass. 1re civ., 31 janv. 2008 : *Bull. civ.* 2008, I, n° 30. Le mandat apparent ne peut tenir en échec les règles impératives posées par les articles 1er et 6 de la loi n° 70-9 du 2 janvier 1970 et l'article 72 du décret du 20 juillet 1972 qui disposent, pour les deux premiers de ces textes, que les conventions conclues avec les personnes physiques ou morales se livrant ou prêtant leur concours, d'une manière habituelle, aux opérations portant sur les biens d'autrui et relatives, notamment, à la vente d'immeubles doivent être rédigées par écrit, et, pour le troisième, que le titulaire de la carte

La qualité du tiers n'est pas non plus à négliger. L'indulgence sera moins forte si celui-ci possède les compétences qui auraient dû l'inciter à entreprendre des vérifications : sa croyance n'est plus légitime. L'ouverture au profit du tiers contractant d'une action interrogatoire (V. *supra*, n° 554) devrait être prise en compte par le juge pour apprécier de la légitimité de la croyance du tiers : les éléments qui fondent la conviction de ce dernier doivent être à ce point convaincants que celui-ci a pu se sentir dispensé d'interroger le prétendu représenté... Le juge pourrait se révéler exigeant pour la mise en jeu de la théorie du mandat apparent(117).

L'importance de l'acte peut encore jouer un rôle dans cette appréciation. Plus l'acte est important, et plus la vigilance du tiers doit être grande(118). Enfin, l'existence d'usages contribuera à asseoir la légitimité de la croyance du tiers contractant(119).

---

professionnelle « transactions sur immeubles et fonds de commerce » doit détenir un mandat écrit précisant son objet et qui, lorsqu'il comporte l'autorisation de s'engager pour une opération déterminée, fait expressément mention de celle-ci. Résultat : la vente est nulle, l'acquéreur ne saurait faire constater judiciairement celle-là.

(117) Sur l'interprétation tirée du fait que le bénéficiaire d'une nullité n'a pas été interrogé sur son intention de s'en prévaloir ou non, V. Cass. 1re civ., 24 janv. 2024, n° 22-16.115. – V. A. Bénabent, *D'un usage réversible des mécanismes interrogatoires créés par la réforme ?* : RDC mars 2024, n° 1, p. 01.

(118) Cass. 1re civ., 28 mai 2008, n° 05-16.840 : refus de faire jouer le mandat apparent pour des contrats d'assurance vie conclus par une personne bénéficiant par ailleurs du statut de « correspondant AFER » ; bien que « M. Z ait fait un large usage du logo AFER que lui permettait sa qualité de "correspondant AFER", les investissements litigieux portaient sur des obligations au porteur et des conventions de trésorerie ne comportant aucune référence à l'AFER, (...) les versements d'un montant important étaient effectués directement à l'ordre des sociétés luxembourgeoises, (...) les modalités de souscription de ces produits financiers, leur caractère confidentiel et leur rendement spéculatif sur la base d'une rémunération de 8 % l'an ne permettaient pas de les rattacher de manière vraisemblable au contrat d'assurance-vie proposé par l'AFER, la cour d'appel a pu en déduire que ces circonstances auraient dû amener les investisseurs à vérifier la réalité du mandat allégué et a légalement justifié sa décision de ne pas reconnaître l'existence d'un mandat apparent de M. Z ».

(119) V. Cass. 1re civ., 11 févr. 1997 : *Bull. civ.* 1997, I, n° 52 : « La cour d'appel s'étant référée aux usages constants en matière de publicité, selon lesquels l'agence de publicité agit au nom de l'annonceur, aux circonstances que l'agence Hurricane s'était présentée comme mandataire du département, et que les affiches portaient des messages publicitaires du conseil général du Gers, ainsi qu'à la clause du contrat stipulant que la société Métrobus pourrait adresser ses factures directement au département, a pu retenir que la société Métrobus était autorisée à croire que l'agence Hurricane agissait, comme elle l'affirmait, pour le compte du département du Gers, son donneur d'ordre ».

C H A P I T R E 4

L'EXTINCTION DU CONTRAT DE MANDAT

556. – **Présentation.** Sauf lorsque sa durée est légalement limitée (ainsi du mandat à effet posthume donné pour une durée de deux ans, prorogeable par le juge, C. civ., art. 812-1-1, al. 2), le mandat prend fin par l'exécution de sa mission par le mandataire. L'extinction du mandat prive naturellement le mandataire de ses prérogatives de représentant. Il ne peut plus engager son ancien mandant. Le tiers qui traite avec un mandataire peut ne pas être informé de la fin du mandant. Le Code civil assure alors fort justement aux tiers une protection en prévoyant que « les engagements du mandataire sont exécutés à l'égard des tiers qui sont de bonne foi » (C. civ., art. 2009).

Le mandat prend pareillement fin en cas de disparition de l'objet, le mandat devenant alors caduc, ou de l'arrivée du terme lorsque le mandat est conclu pour une durée déterminée(1). En dehors de ces causes d'extinction qui relèvent du droit commun des contrats, l'article 2003 du Code civil prévoit d'autres causes qui témoignent soit d'une fin voulue (Section 1), soit d'une fin subie (Section 2).

S E C T I O N 1

LA FIN VOULUE

557. – **Plan.** La fin du mandat peut être voulue par le mandant qui procède alors à la révocation du mandataire (Sous-section 1). Ce dernier peut, quant à lui, renoncer à sa mission (Sous-section 2).

(1) Pour l'agent commercial, l'article L. 134-11 du Code de commerce prévoit qu'« un contrat à durée déterminée qui continue à être exécuté par les deux parties après son terme est réputé transformé en un contrat à durée indéterminée » ; c'est le rappel du droit commun lié à la reconduction tacite. S'agissant de l'agent immobilier, le mandat doit être limité dans le temps à peine de nullité (L. 2 janv. 1970, art. 7). Mais attention, le tiers, contractant du mandataire – dont le mandat est nul – peut se prévaloir de la théorie du mandat apparent, Cass. 3e civ., 25 mai 2005, préc.

SOUS-SECTION 1

LA RÉVOCATION

§ 1. – Principe : le mandat est librement révocable

558. – Dès lors que la confiance est au cœur du contrat de mandat, et que ce contrat est censé servir les seuls intérêts du mandant, il n'est pas surprenant de lire à l'article 2004 du Code civil que :

> « Le mandant peut révoquer sa procuration quand bon lui semble et contraindre, s'il y a lieu, le mandataire à lui remettre soit l'écrit sous seing privé qui la contient, soit l'original de la procuration, si elle a été délivrée en brevet, soit l'expédition, s'il en a été gardé minute ».

Le mandat est ainsi révocable *ad nutum*, d'un signe de la tête, selon une expression classique : sans avoir à justifier d'un quelconque motif, le mandant peut ainsi mettre fin à la mission du mandataire, que celle-ci soit à durée indéterminée ou non[(2)]. Cette faculté est d'ordre public : la révocation prive le mandataire de ses pouvoirs, mais la situation n'est pas exclusive d'une éventuelle indemnisation du mandataire. La théorie de l'abus de droit[(3)] permet, notamment, au mandataire d'obtenir indemnisation lorsque, par exemple, la révocation se déroule dans des conditions vexatoires.

Le Code civil ne soumet la révocation à aucun formalisme. La révocation n'est opposable au mandataire qu'au jour où celui-ci a connaissance de la volonté exprimée du mandat, et non au jour où cette volonté s'est exprimée[(4)]. Parallèlement le mandant a tout intérêt à informer les tiers en relation avec le mandataire de la révocation intervenue :

> « La révocation notifiée au seul mandataire ne peut être opposée aux tiers qui ont traité dans l'ignorance de cette révocation, sauf au mandant son recours contre le mandataire » (C. civ., art. 2005).

La révocation peut être totale ou partielle[(5)].

(2) V. Cass. 3e civ., 27 avr. 1988 : *D.* 1989, p. 351, note C. Atias : « Le mandat est librement révocable même si sa durée est déterminée ». – Cass. com., 4 oct. 2023, n° 22-15.781 : *D.* 2023, p. 2119, note C. Lledo ; *JCP* G 2023, 1240, note N. Dissaux : la cour juge que le mandat est révocable *ad nutum*, ce qui rend sans application l'article L. 442-1 du Code de commerce sur la rupture brutale de relations commerciales.

(3) V. not. Cass. 1re civ., 2 mai 1984 : *Bull. civ.* 1984, I, n° 143.

(4) V. Cass. 3e civ., 28 févr. 1984 : *Bull. civ.* 1984, III, n° 52. L'article 2006 précise que « la constitution d'un nouveau mandataire pour la même affaire, vaut révocation du premier, à compter du jour où elle a été notifiée à celui-ci ».

(5) Cass. 1re civ., 25 févr. 2010 : *Contrats, conc. consom.* 2010, n° 117, L. Leveneur ; *RTD civ.* 2010, P.-Y. Gautier (révocation de la seule exclusivité du mandat de l'agent immobilier).

§ 2. – Tempéraments

A. – Mandat irrévocable ou à durée déterminée

559. – **Indemnisation du mandataire.** Les parties peuvent prévoir que le mandat est irrévocable(6). Le sens de cette irrévocabilité mérite d'être précisé. La possibilité de révoquer le mandat est d'ordre public. Ni la stipulation d'une durée déterminée ni davantage celle d'une irrévocabilité ne confisquent cette faculté au mandant(7). La stipulation d'irrévocabilité comme la durée déterminée du contrat ne sont cependant pas privées de sens au cas de révocation : le mandataire perdra ses pouvoirs, il ne pourra engager le mandant, mais il aura droit à une indemnisation née du manquement à la clause(8), sauf faute du mandataire ou événement de force majeure. Formule intermédiaire entre la libre révocabilité et la stipulation d'irrévocabilité : la clause qui prévoit que la révocation donne lieu au versement d'une indemnité. Cette dernière stipulation n'a pas le caractère d'une clause pénale(9) ; à nouveau le mandant échappera à toute indemnisation si la révocation est rendue nécessaire par une faute imputable au mandataire(10).

B. – Mandat d'intérêt commun

560. – **Dans l'intérêt de tous.** Quelle belle création prétorienne que celle de mandat d'intérêt commun(11) ! Depuis plus d'un siècle, la Cour de cassation admet en effet que :

> « Lorsque le mandat a été donné dans l'intérêt du mandant et du mandataire, il ne peut pas être révoqué par la volonté de l'une ou même de la majorité des parties intéressées, mais seulement de leur consentement mutuel, ou pour une cause reconnue en justice, ou enfin suivant les clauses et conditions spécifiées par le contrat »(12).

Le mandat d'intérêt commun tient en échec l'économie traditionnelle du contrat de mandat conçu dans l'intérêt exclusif du mandant. En écho, le régime de la révocation du mandat d'intérêt commun est à l'inverse du principe posé par l'article 2004 du Code civil : la révocation du contrat suppose l'accord des deux partenaires, mandant et mandataire, sinon une cause reconnue en justice.

(6) Sur le mandat irrévocable, V. not. I. Najjar, *Mandat et irrévocabilité* : *D.* 2003, 708. – *Adde*, R. Perrot, *Le mandat irrévocable*, Trav. Assoc. H. Capitant, t. 10, 1956, p. 446. – J. Stoufflet, *Le mandat irrévocable, instrument de crédit*, in *Mél. A. Colomer*, Litec, 1993, p. 477.

(7) Cass. 1re civ., 28 janv. 2003 : *Bull. civ.* 2003, I, n° 27.

(8) V. Cass. 1re civ., 5 févr. 2002 : *JCP G* 2003, II, 10029, note D. Martin ; *D.* 2002, jurispr. 2640, note Dagorne-Labbé. – Cass. 1re civ., 30 mai 2006 : *Contrats, conc. consom.* 2006, comm. 184, obs. L. Leveneur.

(9) V. Cass. 1re civ., 6 mars 2001 : *RJDA* 2001, n° 751 ; *Contrats, conc. consom.* 2001, comm. 102, note L. Leveneur.

(10) V. Cass. 1re civ., 23 mai 1979 : *Bull. civ.* 1979, I, n° 153.

(11) V. J. Ghestin, *Le mandat d'intérêt commun*, in *Les activités et les biens de l'entreprise : Mél. J. Derruppé*, GLN-Joly, Litec, 1991, p. 105. – A. Brunet, *Clientèle commune et mandat d'intérêt commun*, in *Mél. A. Weill*, Dalloz, Litec, 1983, p. 85.

(12) Cass. civ., 13 mai 1885 : *DP* 1885, I, p. 350 ; S. 1887, I, p. 220. – *Adde* Cass. com., 3 juin 1997 : *Bull. civ.* 1997, IV, n° 172. Rappr. *L'avant-projet de réforme du droit des contrats spéciaux* : « lorsque le mandant et le mandataire ont un intérêt commun à l'exécution du mandat, il ne peut y être mis fin que de leur consentement mutuel, ou pour les causes que la loi autorise » (art. 2020, al. 2 proposé).

La construction jurisprudentielle du mandat d'intérêt commun vient balancer la liberté de révocation prêtée au mandant. À l'instar du mandat irrévocable, le mandat d'intérêt commun n'affecte pas l'efficacité de la révocation unilatérale, mais fonde en pareil cas le droit à réparation du mandataire : « L'absence de cause légitime ne prive pas d'effet la révocation du mandat d'intérêt commun »(13) ; le mandataire a alors droit à des dommages et intérêts, sauf révocation justifiée par la faute du mandataire(14) ou une cause légitime(15) dont il appartient au mandant de prouver l'existence. Le droit à indemnisation n'est cependant pas d'ordre public, une clause peut autoriser une révocation unilatérale sans indemnité. Mais il faut expressément stipuler une telle exclusion, la simple clause de préavis ne jouera pas ce rôle et l'indemnité est due même si le mandant a respecté les conditions de forme et de préavis fixées par le contrat pour la résiliation(16). La présence d'un terme contractuel suggérait encore que le contrat prenne fin sans indemnité, la liberté contractuelle purge toute idée de faute au cas de non-renouvellement et l'attente du mandataire ne pouvait être surprise en pareil cas. La jurisprudence corrigeait cette situation par une large et sans doute excessive prise en compte de la théorie de l'abus de droit(17), la question de l'échéance du terme étant désormais réglée par la jurisprudence dans le statut particulier de l'agent commercial (V. *infra*).

Si le régime du mandat d'intérêt commun est fixé, en revanche la notion de mandat d'intérêt commun prête à discussion. Les difficultés se cristallisent sur l'identification de l'intérêt du mandataire, l'intérêt du mandant étant inhérent au mandat. Très tôt, la jurisprudence n'a pas lié l'intérêt du mandataire à la seule stipulation d'un salaire(18). Le fait que le mandataire soit un professionnel n'est pas non plus déterminant(19), tout comme « la participation du mandataire aux risques financiers de l'entreprise commune n'est pas un élément constitutif du mandat d'intérêt commun »(20). L'intérêt du mandataire doit être ailleurs. Il peut résulter de la création et du développement d'une clientèle commune(21). Plus largement, le critère semble résider dans une contribution des deux parties au développement d'une chose commune : il y a mandat d'intérêt commun lorsqu'il « y a intérêt du mandant et du mandataire à l'essor de l'entreprise par création et développement de la clientèle »(22). L'avant-projet de réforme du droit

(13) Cass. 1re civ., 2 oct. 2001 : *JCP G* 2001, II, 10094, note Dagorne-Labbé ; *JCP E* 2002, 593, note E. Treppoz ; *RTD civ.* 2002, 118, n° 2, obs. P.-Y. Gautier ; *Contrats, conc. consom.* 2003, comm. 3, note L. Leveneur.

(14) V. Cass. com., 6 janv. 1981 : *Bull. civ.* 1981, IV, n° 3.

(15) Est notamment admise comme cause légitime, la réorganisation de l'entreprise. – V. Cass. com., 11 juill. 1963 : *Bull. civ.* 1963, III, n° 376. – Cass. com., 8 oct. 1969 : *D.* 1970, p. 144, concl. J. Lambert ; *RTD com.* 1970, p. 473, obs. J. Hémard. – V. J. Ghestin, art. cit., n° 4. – Comp. Cass. 1re civ., 21 juin 1988 : *Bull. civ.* 1988, I, n° 199.

(16) V. not. Cass. com., 3 juill. 1997 : *RJDA* 1997, n° 903, p. 592, rapp. P. Grimaldi ; *Contrats, conc. consom.* 1997, comm. 176, note L. Leveneur.

(17) Cass. com., 27 oct. 1998, n° 96-11.012 : *Bull. civ.* 1998, IV, n° 256, la cour d'appel, en retenant que le refus de renouvellement du contrat d'agent commercial, par le mandant, était dépourvu de motif, tandis qu'il causait un préjudice à l'agent commercial, a fait ressortir le caractère abusif de ce refus et, par suite, a justifié la condamnation du mandant au paiement de dommages-intérêts.

(18) V. not. Cass. req., 1er mai 1907 : *S.* 1908, 1, p. 88.

(19) V. Cass. 1re civ., 14 mars 1984 : *Bull. civ.* 1984, I, n° 92.

(20) Cass. com., 29 févr. 2000 : *RJDA* 2000, n° 412.

(21) V. not. Cass. com., 8 oct. 1969, préc.

(22) V. Cass. civ., 13 mai 1885 : S. 1887, I, p. 220. – Cass. com., 8 oct. 1969 : *Bull. civ.* 1969, IV, n° 284 ; *JCP G* 1970, II, 16339 ; *RTD com.* 1970, obs. J. Hémard. – Cass. com., 29 févr. 2000 : *JurisData* n° 2000-000750 ; *JCP E* 2000, p. 679 ; *D.* 2000,

des contrats spéciaux tente d'éclairer ces incertitudes : « le mandat est d'intérêt commun lorsque le mandataire a créé ou participé de manière significative à la constitution ou au développement d'une richesse commune, notamment la clientèle se rapportant aux activités couvertes par le mandat » (art. 2020 proposé).

La nécessité de rechercher un tel critère, dont l'application n'est pas toujours aisée, a toutefois perdu de son intérêt depuis que le législateur a consacré la construction prétorienne de mandat d'intérêt commun. Ainsi est-il de l'agent commercial, exemple type du mandataire d'intérêt commun, comme l'a dans un premier temps affirmé la Cour de cassation[23] avant qu'un décret du 23 décembre 1958 (art. 3), puis la loi du 25 juin 1991 (art. 4, codifié *in* C. com., art. L. 134-4.) ne le confirment[24]. Ainsi « en cas de cessation de ses relations avec le mandant, l'agent commercial a droit à une indemnité compensatrice en réparation du préjudice subi » (C. com., art. L. 134-12). La Cour de cassation a jugé que l'indemnité était due au simple cas du non-renouvellement du contrat à durée déterminée arrivé à terme[25]. Une autre illustration est fournie par le contrat de promotion immobilière expressément qualifié de mandat d'intérêt commun (C. civ., art. 1831-1).

C. – Mandat à effet posthume

561. – Le Code civil énumère laborieusement sept événements de nature à justifier la fin de ce mandat particulier (C. civ., art. 812-4). On retiendra la possible révocation judiciaire sur demande de l'héritier intéressé au cas de disparition de l'intérêt sérieux et légitime qui justifiait le mandat ou au cas de faute du mandataire. L'analyse proposée qui fait de l'héritier un mandant *post mortem* à raison d'une stipulation pour autrui consentie par le défunt aurait pu justifier une faculté de révocation *ad nutum* au profit de celui-ci (V. *supra*, n° 518). La conclusion d'un mandat conventionnel entre les héritiers et le mandataire titulaire d'un mandat posthume mettra encore fin au premier.

---

p. 165, obs. J. Faddoul (à propos d'un contrat de diffusion d'un journal). En revanche, la Cour de cassation estime que « le contrat de concession exclusive ne constitue pas un mandat d'intérêt commun » (Cass. com., 7 oct. 1997 : *RTD civ.* 1998, p. 130, n° 3, obs. crit. P.-Y. Gautier. – V. Ph. Grignon, *Le concept d'intérêt commun dans le droit de la distribution*, in *Mél. M. Cabrillac*, Litec, 1999, p. 127 et s.). – V. pour un exemple où le mandat d'intérêt commun n'a pas été retenu, Cass. com., 3 oct. 2000 : *RJDA* 2001, n° 20.

(23) V. Cass. civ., 13 mai 1885, préc.

(24) La loi du 25 juin 1991 intègre une directive communautaire du 18 décembre 1986 (Dir. 86/653/CE : *JOCE* n° L 382, 31 déc. 1986). – Sur l'agent commercial, V. not. D. Ferrier, *Droit de la distribution*, préc., n°s 179 et s. – J.-M. Leloup, *Agents commerciaux*, Delmas, 6e éd., 2005. – Ph. Pétel : *JCl. Travail Traité*, Fasc. 4-3. On a toutefois justement noté que « le régime général du mandat d'intérêt commun pouvait cependant encore bénéficier aux agents commerciaux, comme une protection subsidiaire, de raccroc, lorsque le statut spécial ne pouvait pas s'appliquer, notamment parce que les conditions de forme ou de publicité n'avaient pas été respectées » (Ph. Le Tourneau, *op. cit.*, n° 356). – Attention au pouvoir de négociation de l'agent : l'agent commercial est un mandataire indépendant chargé de négocier et, éventuellement, de conclure des contrats au nom et pour le compte de son mandant ; dès lors *que la société RCE s'était engagée par contrat à n'apporter aucune modification, de quelque nature que ce soit, aux tarifs et conditions fixés par la société SFR pour la souscription des abonnements aux services* doit être rejetée la prétention de cette société au statut d'agent commercial, Cass. com., 15 janv. 2008 : *Rev. Lamy dr. aff.* 2008, p. 95, obs. Ph. Grignon. – *Adde* pour une étude fondamentale, A. de Theux, *Le droit de la représentation commerciale*, Centre universitaire de droit comparé, Bruxelles, 3 vol. 1975.

(25) Cass. com., 23 avr. 2003 : *D.* 2003, p. 2883, note D. Ferrier ; *RTD com.* 2003, p. 804, obs. B. Bouloc ; la solution est discutée en doctrine, V. D. Ferrier, *Droit de la distribution*, *op. cit.* n° 229. – *Adde* J.-M. Leloup, *Terme suspensif et extinctif dans le contrat d'agence* : *RJ com.* 2003, p. 390. L'indemnité n'est pas due lorsque la cessation du contrat est provoquée par l'agent, résulte de son initiative ou participe de la cession du contrat à un tiers, C. com., art. L. 134-13.

SOUS-SECTION 2

LA RENONCIATION

562. – **Le droit de résiliation unilatérale du mandataire.** L'article 2007 du Code civil autorise le mandataire à renoncer au mandat, même au cas de mandat à effet posthume (C. civ., art. 812-6). Aucune distinction n'est faite entre mandat à durée indéterminée et mandat à durée déterminée, ce qui met en évidence une dérogation au droit commun des contrats, « véritable hommage à l'âge d'or de la gratuité affectueuse du mandat »[26]. La renonciation doit être notifiée au mandant. L'alinéa 2 de l'article 2007 prévoit toutefois une limite qui peut dissuader le mandataire de renoncer :

> « Néanmoins, si cette renonciation préjudicie au mandant il devra en être indemnisé par le mandataire, à moins que celui-ci ne se trouve dans l'impossibilité de continuer le mandat sans en éprouver lui-même un préjudice considérable ».

La jurisprudence applique largement cette règle, puisqu'elle considère, notamment, que le statut des agents commerciaux « ne déroge pas aux dispositions de l'article 2007 du Code civil »[27].

SECTION 2

LA FIN SUBIE

563. – **Le décès.** En raison du caractère *intuitu personae* du contrat de mandat, il est logique que le décès de l'une des parties entraîne l'extinction du mandat (C. civ., art. 2003). Le Code civil aménage l'extinction née du décès du mandant :

– l'article 1991 prévoit ainsi que le mandataire est tenu d'achever la chose commencée au décès du mandant, s'il y a péril en la demeure ;

– l'article 2008 prévoit que si le mandataire ignore la mort du mandant, ce qu'il a fait dans cette ignorance est valide. Au mandataire toutefois de prouver son ignorance[28]. La jurisprudence a, par ailleurs, affirmé le caractère supplétif de la règle posée par l'article 2003 du Code civil. Les parties, expressément ou tacitement[29], peuvent donc prévoir une survie du mandat au décès du mandant, ou instituer un mandat *post mortem* où la mission du mandataire est de réaliser des actes à la mort du mandant, pour autant, dans ce dernier cas, que l'objet soit licite, c'est-à-dire qu'il ne transgresse pas les règles d'ordre public en matière successorale[30]. L'institution du mandat à effet posthume encadre désormais cette hypothèse.

(26) P.-Y. Gautier, obs. ss Cass. com., 14 mars 1995 : *RTD civ.* 1996, p. 195, n° 5.

(27) Cass. com., 14 mars 1995, préc. Ainsi, l'agent commercial qui cesse ses fonctions peut être condamné à payer des dommages et intérêts sur le fondement de l'article 2007, alinéa 2.

(28) Cass. soc., 22 juin 1978 : *Bull. civ.* 1978, V, n° 511.

(29) La volonté pouvant s'induire notamment de l'objet du mandat et des circonstances dans lesquelles il a été donné (Cass. req., 22 mai 1860 : *DP* 1860, I, p. 448).

(30) V. Cass. 1re civ., 28 juin 1988 : *JCP* G 1989, II, 21366, note D. Martin ; *JCP* N 1989, II, 74, note Salvage ; *D.* 1989, p. 181, note I. Najjar.

Le décès du mandataire entraîne également l'extinction du mandat(31), même lorsqu'il s'agit d'un mandat d'intérêt commun(32) et spécialement d'un mandat à effet posthume(33). L'article 2010 précise en effet que : « En cas de mort du mandataire, ses héritiers doivent en donner avis au mandant, et pourvoir, en attendant, à ce que les circonstances exigent pour l'intérêt de celui-ci ». Le contrat peut toutefois prévoir une continuation au décès du mandataire qui conduira alors les héritiers de ce dernier à poursuivre la mission.

564. – **L'incapacité.** On a justement souligné l'anachronisme de l'article 2003 du Code civil qui proclame la fin du mandat en cas de mise en tutelle des majeurs en regard de l'article 436 du Code civil, issu de la loi du 5 mars 2007 qui réforme le droit des incapables majeurs et maintient effet au mandat général d'administration que le majeur aurait consenti avant l'ouverture de la procédure de tutelle(34).

565. – **La déconfiture.** L'anachronisme de l'article 2003 du Code civil est également notable à propos de la fin du contrat provoquée par la « déconfiture » du mandant ou du mandataire. C'est l'extension à la faillite, depuis longtemps admise, qui est intéressante. Mais, en cas de procédure collective ouverte à l'endroit d'un commerçant, d'un artisan, d'un agriculteur ou de toute personne morale de droit privé, l'administrateur peut exiger l'exécution des contrats en cours, que ceux-ci soient ou non marqués du sceau de l'*intuitu personae* et bien qu'une clause du contrat ait prévu une extinction automatique dans cette situation (C. com., art. L. 622-13). Le mandat n'échappe donc pas à cette règle. Le contrat pourra même être transmis à un repreneur dans le cadre d'un plan de cession (C. com., art. L. 642-7).

(31) Lorsque le mandataire est une personne morale, V. Cass. 3e civ., 10 nov. 1998 : *JCP* G 1999, II, 10051, note A. Djigo ; *RTD civ.* 1999, p. 417, obs. P.-Y. Gautier.
(32) Cass. com., 20 avr. 1967 : *JCP* G 1968, II, 15389.
(33) C. civ., art. 812-4.
(34) À moins que le mandat ne soit révoqué ou suspendu par le juge des tutelles : V. C. civ., art. 436.

TITRE 3

LE CONTRAT DE DÉPÔT

566. – Définition du contrat de dépôt. L'article 1915 du Code civil définit le contrat de dépôt :

> « Le dépôt, en général, est un acte par lequel on reçoit la chose d'autrui, à la charge de la garder et de la restituer en nature ».

Cette définition appelle deux observations.

Première observation : les rédacteurs du Code civil ont préféré le terme d'« acte » à celui de « contrat ». Ce choix traduit-il quelque embarras à l'égard d'une opération dont on a discuté la nature contractuelle(1) ? Le doute n'est aujourd'hui plus permis : le dépôt est bien un contrat(2). L'avant-projet de réforme du droit des contrats spéciaux propose ainsi de retenir que « le dépôt est le contrat par lequel le dépositaire reçoit une chose du déposant en vue de la garder et de la conserver, puis de la restituer »(3).

Seconde observation : il importe de compléter la définition de l'article 1915 du Code civil par l'article 1918 qui précise que le dépôt « ne peut avoir pour objet que des choses mobilières », la Cour de cassation a cependant retenu la qualification de contrat de dépôt à propos de... cadavres(4). Les immeubles ne peuvent faire également l'objet d'un dépôt. Pareille exclusion, fondée sur des raisons historiques(5), est susceptible de créer quelques difficultés lorsqu'une opération

(1) V. sur ce débat, J. Carbonnier qui évoque la tentation du non-droit pour ce petit contrat, in *Flexible droit*, LGDJ, 10e éd., 2001, p. 311. – *Le dépôt est-il vraiment un contrat ? : RDC* 2014, p. 142, avec les articles de Ph. Rémy, A. Bénabent, P.-Y. Gautier et S. Pimont. – *Adde* J. Charriaud, *Le dépôt est-il véritablement un contrat ? Éléments de réponse au travers d'une analyse historico-comparative du dépôt irrégulier : RDC* 2017, p. 538, favorable à l'autonomie du contrat de dépôt, mais qui discute son caractère de contrat réel.

(2) Sur le point de savoir s'il existe un quasi-dépôt, V. J. Huet, n° 33121.

(3) A. Sériaux, *Le dépôt*, in *L'Avant-projet de réforme du droit des contrats spéciaux, Présentation de la réforme*, ss dir. D. Galbois-Lehalle et Ph. Stoffel-Munck, LGDJ, 2024, p. 45 et s. – A. Touzain, *Observations à propos du dépôt*, in *L'Avant-projet de réforme du droit des contrats spéciaux, Présentation de la réforme*, ss dir. D. Galbois-Lehalle et Ph. Stoffel-Munck, LGDJ, 2024, p. 50 et s. – G. Lardeux, *Le contrat de dépôt : RDC* 2023/1, p. 231.

(4) La Cour de cassation a en effet estimé qu'un hôpital « est tenu, vis-à-vis de la famille et des proches, en sa qualité de dépositaire, de veiller à la conservation des corps pendant une durée pouvant atteindre dix jours » (Cass. 2e civ., 17 juill. 1991 : *Bull. civ.* 1991, I, n° 233 ; *RTD civ.* 1992, p. 412, n° 5, obs. P.-Y. Gautier). – Sur la question de savoir si les règles du dépôt s'appliquent au sperme humain, V. TGI Créteil, 1er août 1984 : *JCP G* 1984, II, 20321, note P. Coronne. – TGI Toulouse, 26 mars 1991 : *JCP G* 1992, II, 21807, note Ph. Pédrot.

(5) V. J. Huet, n° 33126 qui réfère à Pothier.

comparable à un dépôt porte sur un immeuble : si la qualification de contrat d'entreprise s'impose sans difficulté lorsque l'opération est à titre onéreux(6), la qualification de la garde d'un immeuble effectuée à titre gratuit est en revanche plus discutée, la solution la plus souvent retenue étant de préférer la qualification de contrat innomé en appliquant toutefois par analogie les règles du dépôt(7).

En visant seulement les choses mobilières, l'article 1918 du Code civil exclut aussi les biens incorporels, telles des valeurs mobilières dématérialisées(8). L'avant-projet de réforme étend le champ du contrat en précisant que « le dépôt ne peut porter que sur des meubles, corporels ou incorporels » (art. 1918 proposé). Il précise que « lorsque le contrat de dépôt porte sur une chose incorporelle, il en détermine notamment les modalités de délivrance, d'usage et de restitution. À défaut, les règles du présent chapitre s'appliquent autant qu'elles sont compatibles avec la nature de la chose confiée en dépôt ». L'avant-projet incite ainsi les parties à déterminer précisément les modalités de ce type de dépôt et confère aux juges la possibilité de procéder à une application flexible des règles principalement conçues pour les choses corporelles.

567. – **Évolution du contrat de dépôt.** Déjà présent dans le Code d'Hammourabi, le dépôt du Code civil emprunte son régime au droit romain : contrat réel, à titre gratuit, emportant la garde de la chose d'autrui. L'évolution contemporaine du contrat de dépôt se caractérise néanmoins par deux traits déjà observés à propos d'autres contrats nommés : la professionnalisation et la diversification.

La professionnalisation n'avait sans doute pas été prévue par les rédacteurs du Code civil qui, s'inscrivant dans la continuité du droit romain, ont affirmé à l'article 1917 que « le dépôt proprement dit est un contrat essentiellement gratuit », le dépôt salarié faisant alors figure d'exception. La gratuité peut encore présider à l'établissement d'un dépôt, mais la grande majorité des dépôts est aujourd'hui effectuée à titre onéreux auprès de dépositaires professionnels(9). L'avant-projet de réforme des contrats spéciaux précise ainsi que « le dépôt peut-être gratuit ou onéreux » (art. 1916 proposé). Il pose ensuite une présomption selon laquelle « est présumé onéreux, jusqu'à preuve du contraire, le dépôt fait entre les mains d'un dépositaire professionnel ». Si la rémunération versée ne modifie pas la nature du contrat(10), elle influence, en revanche, le régime des obligations du dépositaire (V. *infra*, n°s 577 et s.) ; dès lors que chacune des parties a intérêt à l'affaire, la nature réelle du contrat s'atténue afin d'assurer l'efficacité de sa promesse (V. *infra*,

(6) Contrat appelé le plus souvent en pratique « contrat de gardiennage ». – V. not. Cass. civ., 15 mars 1954 : *D.* 1954, p. 625, note J. Carbonnier.

(7) V. A. Bénabent, n° 740. – J. Huet, n° 33126.

(8) « Depuis la dématérialisation des valeurs mobilières, il n'y a plus d'objet à garder. On ne peut donc plus parler de dépôt. Le contrat entre la banque et son client est donc d'une autre nature. Il s'agit, semble-t-il, d'un contrat d'entreprise » (R. Rodière et Ph. Delebecque : *Rép. civ.* Dalloz, V° *Dépôt*, n° 61). – En ce sens, Ph. Malaurie, L. Aynès et P.-Y. Gautier, n° 619. – V. toutefois, Cass. com., 9 janv. 1990 : *D.* 1990, p. 173, note J.-P. Brill ; *JCP* G 1990, II, 21459, note J. Stoufflet ; *Banque* 1990, p. 192, note J.-L. Rives-Langes, qui, à propos d'obligations, parle de banquier dépositaire. – L'avant-projet de réforme des contrats spéciaux propose de prévoir que le dépôt peut porter sur tout bien, corporel ou incorporel (art. 1918).

(9) Cass. 1re civ., 5 avr. 2005 : *RDC* 2005, p. 1029, obs. A. Bénabent, p. 1123, obs. P. Puig ; *Contrats, conc. consom.* 2005, comm. 148 : le contrat de dépôt d'un véhicule auprès d'un garagiste, accessoire à un contrat d'entreprise, est présumé fait à titre onéreux.

(10) Pothier estimait toutefois que le dépôt rémunéré perdait sa qualité de dépôt pour devenir un louage d'ouvrage (*Du dépôt*, n° 13).

n° 572). Il reste que la détermination du prix n'est donc pas une condition de validité du contrat ; le régime du prix pour le dépôt onéreux, lorsqu'il n'est pas fixé par les parties, relève de l'article 1165 du Code civil général aux contrats de prestation de services (V. *supra*, n° 475).

Le contrat de dépôt n'échappe pas à la loi de spécialisation progressive qui embrasse la matière (V. *supra*, n° 13). La diversification du dépôt s'affiche clairement dans le Code civil. Le chapitre premier du titre onzième du code, intitulé « Du dépôt en général et de ses diverses espèces », annonce un droit commun du dépôt et des régimes particuliers. Cette disparité de régime guide toute la présentation des règles relatives au dépôt. Pour les rédacteurs du Code civil, « le dépôt est volontaire ou nécessaire ». Mais cette distinction, qui fait souvent figure en doctrine de *summa divisio*, ne reflète plus la diversité des dépôts. Présentons donc tout d'abord les règles communes (Chapitre 1), avant d'étudier les règles particulières (Chapitre 2) à certaines espèces de dépôt.

CHAPITRE 1

RÈGLES COMMUNES

568. – Plan. Réitérons notre présentation traditionnelle : identification (Section 1), formation (Section 2), effets (Section 3) et extinction (Section 4) du contrat de dépôt.

SECTION 1

L'IDENTIFICATION DU CONTRAT DE DÉPÔT

569. – Garde et restitution de la chose d'autrui. L'article 1915 du Code civil déroule la chronologie des éléments essentiels au contrat : la réception de la chose mobilière d'autrui, sa garde, enfin sa restitution. La remise de la chose apparaît comme le fait générateur du contrat (contrat réel, V. *supra*, n° 572). L'obligation de garde à la charge du dépositaire vise à la restitution, elle fait figure de prestation caractéristique du contrat. Certains verront dans la restitution le point de rassemblement d'une famille de contrats (bail, prêt). Mais la restitution n'est que le résultat du service de garde : le dépôt est bien un contrat de services et non un contrat sur une chose[1].

Les distinctions avec d'autres contrats nommés sont *a priori* franches. Le dépôt, contrat réel qui comporte remise d'une chose mobilière avec obligation de la restituer, se distingue de la vente, contrat consensuel qui entraîne transfert de propriété. L'obligation de garde, âme du dépôt, n'est qu'accessoire dans la location mobilière ou dans le contrat de mandat lorsque le mandataire reçoit des choses pour l'exécution de sa mission. Le contrat d'entreprise implique la réalisation d'un travail (prestation de faire) qui peut comporter une obligation de garde, mais celle-là ne constitue pas la finalité du contrat qui vise à effectuer une opération sur ou à propos de la chose (réparation, transport, construction…). Le dépôt ne permet pas au dépositaire d'utiliser la chose remise à la différence du contrat de prêt à usage : dans le dépôt bancaire restituable à vue, c'est la conservation des fonds qui domine, à l'inverse du prêt de somme d'argent où les parties ont en considération

(1) P. Puig, n° 1001.

l'usage des fonds (sur le dépôt de fonds et de valeurs mobilières, V. *infra*, n° 573). Le dépôt est un contrat *à exécution sédentaire* selon Josserand, un contrat *dormant* selon des auteurs(2).

Ces distinctions ne résistent cependant pas toujours à la pratique contractuelle. Il est d'abord des opérations où, en dépit d'une obligation de garde importante, la qualification de dépôt est discutée. Ainsi du *contrat dit « de coffre-fort »* par lequel une personne dispose de la jouissance d'un coffre dans une banque moyennant finance. Le banquier est essentiellement tenu d'une obligation de garde et de surveillance du coffre et des objets qui s'y trouvent(3), la qualification de dépôt est séduisante(4). Pourtant, la jurisprudence refusait cette qualification(5), au profit de celle de bail(6) ; critiquée, cette analyse paraît désormais devoir être écartée(7). Le coffre-fort garde son secret.

Il est ensuite des opérations où l'existence ou l'importance d'une obligation de garde est discutée. Le contrat dit « de stationnement », par lequel le propriétaire d'un moyen de transport utilise, moyennant finance, un emplacement appartenant à un tiers, est source d'un important contentieux (parking de véhicules, mouillage à quai d'un navire...). Lorsque les parties ont clairement stipulé une obligation de garde en tant qu'obligation principale du contrat, la qualification de dépôt s'impose(8). À défaut, c'est le bail qui l'emporte. Reste que les parties n'expriment pas toujours clairement leur volonté. Si, le plus souvent, les juges privilégient alors le bail plutôt que le dépôt(9), les décisions contradictoires des juges du fond ne sont pas rares(10).

---

(2) V. Malaurie, Aynès et Gautier, n° 605.

(3) La jurisprudence y discerne une obligation de résultat : V. not. Cass. 1re civ., 29 mars 1989 : *Bull. civ.* 1989, I, n° 142 ; *JCP* G 1990, II, 21415, obs. E. Putman et B. Soletty ; *RTD civ.* 1989, p. 560, obs. P. Jourdain.

(4) V. en faveur de la qualification de dépôt, J. Huet, n° 33116. – *Contra*, Ph. Malaurie, L. Aynès et P.-Y. Gautier, n° 609. – J.-F. Barbièri, p. 160. – Ch. Gavalda : *Rép. com.* Dalloz, V° *Coffre-fort*, n° 4.

(5) On estime le plus souvent qu'il n'y a pas dépôt parce que le banquier ignore le contenu des objets déposés dans le coffre. L'argument n'est pas décisif dès lors que l'article 1931 du Code civil dispose que le dépositaire ne doit pas chercher à connaître quelles sont les choses déposées, si elles lui ont été confiées dans un coffre fermé ou sous une enveloppe cachetée (en ce sens, V. J. Huet, *op. loc. cit.*). En revanche, plus fondé est l'argument selon lequel le dépôt n'est pas admissible dès lors que le banquier ne reçoit pas matériellement les choses déposées. – Alors qu'à propos d'un coffre d'hôtel, la Cour de cassation admet l'existence d'un dépôt (Cass. 1re civ., 14 févr. 1990 : *Bull. civ.* 1990, I, n° 44).

(6) V. Cass. civ., 21 mai 1957 : *Bull. civ.* 1957, I, n° 226 ; *RTD civ.* 1957, p. 707, note J. Carbonnier. – Cass. 1re civ., 29 mars 1989, préc.

(7) Il est difficile en effet d'admettre que le client a vraiment la jouissance privative du coffre dès lors qu'il n'a pas un libre accès au coffre. – V. J. Huet, n° 33116. Aussi jugé que le contrat de coffre-fort n'est pas une location, faute pour le client de pouvoir librement accéder au coffre et de dépendre pour ce faire du banquier, Cass. com., 11 oct. 2005 : *D.* 2005, p. 2689, obs. X. Delpech ; *RDC* 2006, p. 335, obs. A. Bénabent ; p. 402, obs. J.-B. Seube ; p. 422, obs. P. Puig ; *Contrats, conc. consom.* 2006, comm. 19, obs. L. Leveneur.

(8) V. Cass. com., 13 déc. 1982 : *Bull. civ.* 1982, I, n° 405 ; *RTD civ.* 1983, p. 555, obs. Ph. Rémy, où la Société du Port de Plaisance assurait la garde matérielle du bateau. Jugé que le contrat était un dépôt salarié. – *Adde* pour le contrat de garage conclu entre l'automobiliste et le garagiste qui accepte de recevoir le véhicule et de le surveiller dans un endroit clos, Cass. 1re civ., 23 déc. 1958 : *D.* 1959, p. 53.

(9) V. pour une utilisation d'une place de camping, Cass. 1re civ., 3 févr. 1982 : *Bull. civ.* 1982, I, n° 60. – Pour l'utilisation d'une place de parking privé, Cass. 3e civ., 26 oct. 1977 : *Bull. civ.* 1977, III, n° 362. – Cass. 1re civ., 24 févr. 1994 : *Bull. civ.* 1994, I, n° 76 ; *JCP* G 1994, I, 3809, n° 15, obs. G. Viney ; *Contrats, conc. consom.* 1994, comm. 82, note G. Raymond : « Mais attendu qu'ayant constaté que la SMTU avait manqué à son obligation contractuelle de mettre à la disposition de l'utilisateur la jouissance paisible d'un emplacement pour lui permettre de laisser sa voiture en stationnement, la cour d'appel a exactement retenu que sa responsabilité contractuelle était engagée envers les propriétaires des véhicules endommagés par une inondation qui ne présentait pas pour elle les caractères d'une cause étrangère ». – Pour l'utilisation d'un emplacement de parking dans un aéroport, Cass. 1re civ., 10 mars 1981 : *D.* 1981, p. 395.

(10) Sur le contrat de stationnement de voitures : en faveur du dépôt (CA Paris, 23 févr. 1982 : *JurisData* n° 1982-020618) ; refus du dépôt (CA Paris, 30 janv. 1984 : *JurisData* n° 1984-020161). Pour le stationnement d'un bateau de plaisance dans un port : absence de dépôt (CA Montpellier, 21 oct. 1981 : *JCP* G 1982, II, 19751, note M. de Juglart) ; en faveur du dépôt (CA Montpellier, 26 mars 1981 : *JurisData* n° 1981-049464).

Sont enfin sources de conflits de qualifications, les situations où la remise de la chose est nécessaire à la réalisation d'une autre opération principale[11]. Le dépôt devient l'élément d'une opération contractuelle plus complexe, il se combine avec un autre contrat élémentaire. Ainsi en est-il de la remise d'un bien en vue d'effectuer une prestation de services (remise d'un véhicule chez un garagiste), ou de la remise d'un bien en vue de sa vente, appelée communément « dépôt-vente ». La lecture de la jurisprudence témoigne d'un embarras, le choix de la qualification paraissant gouverné par un certain pragmatisme et la volonté de voir s'appliquer tel régime spécial. Tantôt est privilégiée une qualification unique : ainsi, la qualification de dépôt l'emporte pour un dépôt d'une voiture chez un garagiste en vue de sa vente[12]. Dans le *dépôt-vente* la qualification balance entre la vente et le mandat. Le contrat prévoit alors la remise d'objets en vue de leur vente (Troc.com...). L'opération ne vise pas alors à la restitution du bien, mais tout au contraire à sa vente. On y verra un dépôt assorti d'un mandat à la vente[13], voire une vente conclue sous condition (suspensive) de revente ou (résolutoire) de non-revente[14]. Tantôt est retenue une seule qualification étrangère au dépôt mais susceptible d'intégrer les obligations du dépositaire : l'existence d'un contrat d'entreprise portant sur une chose remise à l'entrepreneur n'exclut pas que celui-ci soit aussi tenu des obligations du dépositaire et le garagiste en vue de la réparation[15], comme le vendeur[16] peut être tenu de conserver la chose comme un dépositaire. De même, l'entreposage constituera souvent une modalité du contrat de transport d'une marchandise[17]. Dans ce contexte, la Cour de cassation n'hésite pas à se retrancher de plus en plus derrière le pouvoir souverain d'interprétation des juges du fond, autorisant par là même des solutions contradictoires justifiées, en partie, par la diversité des stipulations contractuelles[18].

SECTION 2

LA FORMATION DU CONTRAT DE DÉPÔT

570. – Parties au contrat. Le dépôt n'étant pas un acte de disposition, le déposant doit simplement avoir la capacité d'administrer. Effectué par une personne incapable auprès d'une personne dépositaire capable, le dépôt n'est pas dépourvu d'efficacité, le dépositaire étant tenu d'exécuter ses obligations. Le déposant doit-

(11) V. dans le domaine de la bijouterie, le « contrat de confié » qui conduit à déposer des bijoux chez un joaillier pour que ce dernier les vende. – Sur la nature de contrat, V. not. Cass. com., 6 juill. 1999 : *Contrats, conc. consom.* 2000, comm. 2, note L. Leveneur.

(12) V. Cass. 1re civ., 29 mai 1996 : *Bull. civ.* 1996, I, n° 225 ; *Dr. et patrimoine* 1996, n° 1473, obs. F. Chabas.

(13) V. Cass. 1re civ., 1er févr. 2005 : *D.* 2005, 487, note C. Rondey ; *RDC* 2005, p. 727, obs. D. Fenouillet.

(14) Avec le régime des risques afférents : sous condition résolutoire, le commerçant entremetteur doit le supporter. Et le régime fiscal applicable à la plus-value réalisée sur revente. Au cas de non-revente la restitution s'impose, soit que la condition résolutoire se réalise, soit que la condition suspensive défaille. Sur cette proposition, V. P. Puig, n° 1004.

(15) Cass. 1re civ., 11 juill. 1984 : *Bull. civ.* 1984, I, n° 230 : dépôt d'un véhicule chez un garagiste en vue d'une réparation ultérieure. – Cass. 1re civ., 24 juin 1981 : *D.* 1982, inf. rap. 363, obs. Ch. Larroumet ; *RTD civ.* 1982, 430, obs. Ph. Rémy.

(16) Cass. com., 19 mars 1963 : *RTD civ.* 1963, 566, obs. G. Cornu.

(17) Cass. com., 14 déc. 2010, n° 09-68.860.

(18) Ainsi, une cour d'appel qui a relevé qu'une société avait remis une marchandise à une autre société en vue d'un transport, en a déduit, à bon droit, que le contrat liant les parties est un contrat de transport (Cass. com., 28 nov. 2000 : *RJDA* 2001, n° 309).

il être nécessairement propriétaire de la chose ? L'article 1922 du Code civil l'impose[19], ce qui est surprenant dès lors que la jurisprudence retient la validité du bail de la chose d'autrui[20]. Il faut admettre qu'un dépôt peut être effectué par le détenteur d'une chose, peu importe le titre de sa détention. Si le dépôt est réalisé sans le consentement du propriétaire, ce dernier ne peut être tenu des obligations du déposant, le dépôt doit lui être déclaré inopposable et il peut revendiquer la chose.

Quant à la capacité du dépositaire, les règles de droit commun jouent, le Code civil prenant soin de préciser toutefois le régime du dépôt fait à un dépositaire incapable :

« Si le dépôt a été fait par une personne capable à une personne qui ne l'est pas, la personne qui a fait le dépôt n'a que l'action en revendication de la chose déposée, tant qu'elle existe dans la main du dépositaire, ou action en restitution jusqu'à concurrence de ce qui a tourné au profit de ce dernier » (C. civ., art. 1926).

571. – Consentement des parties. Les règles spéciales au dépôt réitèrent l'exigence de droit commun[21]. Encore s'agit-il ici d'évoquer le consentement au dépôt *volontaire*, encore dit de droit commun, que l'on opposera aux dépôts particuliers (dépôt nécessaire, hôteliers... V. *infra*, n°s 590 et s.). L'existence du consentement du déposant est rarement discutée, la remise matérielle de la chose attestant de la volonté de confier la chose à autrui. C'est la réalité du consentement du dépositaire qui mérite intérêt. Si le consentement du dépositaire peut être tacite, il ne saurait pour autant se déduire de la seule réception de la chose d'autrui : ce geste peut seulement traduire une simple tolérance[22] ou participer d'un acte de complaisance[23], et ne saurait témoigner de la volonté de se comporter en véritable dépositaire avec l'obligation de garde afférente (sur le dépôt nécessaire, V. *infra*, n° 591). *Quid* de la mention déclinant toute responsabilité au cas de perte ou de vol lors de la remise d'un vêtement ou d'un bagage par le client au restaurateur ou au guichet d'un établissement festif ou sportif ? À retenir la qualification de dépôt volontaire, la validité même d'une telle clause ferait débat[24] ; on y verra plutôt le refus du professionnel d'adhérer à un contrat de dépôt : celui-là décline de la sorte toute obligation de garde au profit d'une simple tolérance de sa part pour laisser entreposer dans ses locaux les objets remis. Moralité : garder sa houppelande sur la chaise du restaurant et son cabas sur la touche du cours de tennis... ou plaider le dépôt hôtelier (V. *infra*, n° 594).

---

(19) « Le dépôt volontaire ne peut être régulièrement fait que par le propriétaire de la chose déposée, ou de son consentement exprès ou tacite ».

(20) V. *supra*, n° 305.

(21) « Le dépôt volontaire se forme par le consentement réciproque de la personne qui fait le dépôt et de celle qui le reçoit », affirme l'article 1921 du Code civil.

(22) V. not. Cass. 1re civ., 29 mars 1978 : *Bull. civ.* 1978, I, n° 126 (fournisseur autorisé à laisser son véhicule en stationnement dans la cour).

(23) V. not. Cass. com., 25 sept. 1984 : *Bull. civ.* 1984, IV, n° 242 (album laissé au barman).

(24) Dans un contrat de consommation on peut y voir une clause abusive ; mais dans un contrat de dépôt qui serait d'adhésion, on risque d'y voir la clause créant un déséquilibre significatif (C. civ., art. 1171). – V. P. Puig, n° 1009, ou mieux une clause qui prive de sa substance l'obligation essentielle du dépositaire (C. civ., art. 1170). – Sur le dépôt hôtelier, V. *infra*, n° 594.

572. – Forme ; contrat réel ? En disposant que le dépôt « n'est parfait que par la tradition réelle ou feinte de la chose déposée », l'article 1919 du Code civil – sans réellement contredire l'article 1921[25] – place le contrat de dépôt dans la catégorie des contrats réels : il serait même « le plus réel des contrats réels »[26]. Pareille analyse est cependant aujourd'hui contestée, ce qui n'est guère surprenant tant est sulfureuse la notion même de contrats réels[27]. L'enjeu tient dans l'efficacité de la promesse de contrat. Dans le dépôt onéreux chacune des parties a intérêt à l'affaire, la nature réelle du contrat s'estompe. Fort est le courant doctrinal qui présente le dépôt comme un contrat consensuel ; la remise de la chose ne serait pas une condition de formation du contrat, mais le premier acte d'exécution du contrat[28]. Il reste que le Code civil a maintenu la catégorie de contrat réel (C. civ., art. 1109)[29] ; de même l'avant-projet Capitant reste fidèle à la qualification réelle du dépôt (art. 128) ; il en va de même de l'Avant-projet de réforme des contrats spéciaux dirigé par Ph. Stoffel-Munck (art. 1920 proposé). Le contrat de dépôt peut, en tout cas, donner lieu à une promesse, dont le caractère consensuel n'est pas discutable. Si le déposant promettant venait à refuser de s'exécuter, il ne peut être exposé qu'au paiement de dommages-intérêts, l'exécution forcée de la remise de la chose venant à ordonner la conclusion forcée du contrat (de dépôt)[30].

573. – Objet, dépôt irrégulier et dépôt de titres. De prime abord, par essence, le dépôt s'opère à propos d'une chose mobilière corporelle (C. civ., art. 1918), corps certain dont la restitution s'opérera *in species* (V. *infra*, n° 582). Le contrat est exclu pour l'immeuble ; la garde d'un immeuble tient du contrat d'entreprise (gardiennage de locaux).

L'idée que le dépôt pouvait s'opérer sur une chose fongible justifie l'idée que le dépositaire puisse restituer une chose semblable à celle déposée. On parle de *dépôt irrégulier.* Que l'on songe au dépôt de fonds auprès de sa banque[31]. Au-delà, la dématérialisation des valeurs mobilières (L. 30 déc. 1981) a suscité une interrogation sur la qualification de dépôt de titres chez un banquier[32]. Pourtant les auteurs maintiennent la qualification de dépôt, estimant à ce propos que la

(25) « Ce que signifie, avant tout, l'article 1921 est qu'à la différence du dépôt nécessaire, où la volonté conjointe des deux parties est généralement douteuse, le dépôt ordinaire, qui forme le droit commun de la matière, implique un consentement réciproque » (J. Huet, n° 33125).

(26) Ph. Malaurie, L. Aynès et P.-Y. Gautier, n° 860.

(27) V. not. M.-N. Jobart-Bachellier, *Existe-t-il encore des contrats réels en droit français ? : RTD civ.* 1985, p. 1.

(28) V. not. J. Flour, J.-L. Aubert et E. Savaux, *Droit civil, Les obligations, L'acte juridique,* Armand Colin, 9e éd., 2000, par J.-L. Aubert et E. Savaux, n° 313.

(29) Le texte ne suppose cependant pas que la remise de la chose soit *effective,* condition un temps requise des travaux préparatoires au projet de réforme du Code civil ; de la sorte l'article 1919, alinéa 2 envisage la *possible remise fictive* de la chose en sorte d'interversion de titre, lorsque le dépositaire a déjà la chose en mains, à un autre titre.

(30) V. O. Deshayes, Th. Genicon et Y.-M. Laithier, *op. cit.,* p. 77. – *Contra* P. Puig, n° 1011. – L'exécution forcée en suite au refus du dépositaire d'honorer sa promesse, sans doute envisageable en théorie (C. civ., art. 1221), reste en pratique fort peu probable. L'avant-projet de réforme des contrats spéciaux distingue, en ses articles 1921 et 1922, la renonciation du déposant et du dépositaire : lorsque le promettant est le déposant, la levée de l'option par le dépositaire ne suffit pas à donner vie au contrat puisque la remise de la chose est encore nécessaire ; lorsque le promettant est le dépositaire (par ex., les hypothèses de réservation de capacité dans les entrepôts), l'article 1922 admet, sous certaines conditions, l'exécution forcée.

(31) Cass. com., 24 janv. 2018, n° 16-19.866 : *JCP G* 2018, 352, G. Lasserre-Capdeville, pour la preuve d'un dépôt d'espèces dans un guichet automatique.

(32) La pratique bancaire, anglo-saxonne, du *global custody* procède de l'activité de conservation de titres par des institutions financières, pour le compte de clients, en particulier des valeurs étrangères détenues sur des places étrangères. V. A. Gauvin : *D. affaires* 1998, 1470.

corporalité de l'objet du dépôt ne serait pas nécessaire, la dématérialisation aurait seulement substitué une garde juridique à la garde matérielle, la restitution s'opérant par équivalent[33]. La jurisprudence n'y est pas hostile[34]. La thèse est admissible au profit malgré tout d'un régime bien dérogatoire : le dépôt irrégulier est au dépôt ce que le prêt de consommation est à ce contrat (V. *infra*, n° 583).

574. – **Prix.** L'avant-projet de réforme des contrats spéciaux contient un article 1923 selon lequel « lorsque le dépôt est onéreux, à défaut d'accord sur le prix, le juge en fixe le montant en fonction notamment des attentes légitimes des parties, des obligations exécutées et des usages ». Le texte vise ainsi à faire échapper le dépôt aux dispositions de l'article 1165 du Code civil, lequel permet au prestataire de services de fixer unilatéralement le prix. Cet article poursuit une double finalité pratique : d'une part, éviter la requalification en dépôt à titre gratuit si aucune rémunération n'a été fixée lors de la conclusion du contrat ; d'autre part, permettre au dépositaire professionnel (dont l'intervention est présumée à titre onéreux) de réclamer une rémunération adéquate une fois le contrat exécuté ou en cours d'exécution.

575. – **Preuve : parole de dépositaire !** La preuve du contrat est soumise aux règles du droit commun. Libre en matière commerciale, la preuve, en matière civile, doit être établie par écrit lorsque le dépôt excède la somme de 1 500 €, sous réserve des exceptions classiques apportées à l'article 1359 du Code civil. À défaut d'écrit, l'article 1924 du même code, dans sa rédaction issue de la loi n° 80-525 du 12 juillet 1980, prévoit :

> « Lorsque le dépôt étant au-dessus du chiffre prévu à l'article 1359 n'est point prouvé par écrit, celui qui est attaqué comme dépositaire en est cru sur sa déclaration, soit pour le fait même du dépôt, soit pour la chose qui en faisait l'objet, soit pour le fait de sa restitution »[35].

En d'autres termes, la Cour de cassation retient que « le dépôt doit être prouvé, lorsqu'il dépasse le chiffre prévu à l'article 1341, soit par écrit, soit sur la déclaration de celui qui est attaqué comme dépositaire »[36]. Cette règle trouvait sa légitimité dans l'idée selon laquelle le dépositaire rendait un service amical et gratuit ; ce faisant il ne pouvait en surplus être contraint par des règles de preuve conçues pour des rapports synallagmatiques et lucratifs. L'évolution du dépôt, désormais contrat à titre onéreux, rend anachronique la règle de preuve précédente[37]. Pourtant la Cour de cassation en maintient le principe : la parole du dépositaire tient

(33) V. R. Libchaber, *Le dépôt d'instruments financiers : Dr. et patrimoine* mai 2000, p. 91. – A. Leborgne, *Responsabilité civile et opérations sur le marché boursier : RTD com.* 1995, p. 261.

(34) Cass. com., 9 janv. 1990 : *D.* 1990, 173, L. Bihl, qui évoque le « banquier dépositaire » de valeurs obligataires.

(35) Sur l'opinion selon laquelle ce texte ne s'applique qu'au dépôt réalisé à titre gratuit, V. J. Huet, *op. cit.*, n° 33130. – Pour une application au dépôt d'œuvre d'art, Cass. 1re civ., 26 sept. 2012, n° 11-12.830 : *D.* 2012, p. 2826, obs. Ph. D. ; *Contrats, conc. consom.* 2012, n° 272, obs. L. Leveneur ; *RTD civ.* 2013, p. 137, obs. P.-Y. Gautier : « en exigeant du dépositaire qu'il établisse que les choses qu'il se proposait de restituer étaient identiques à celles qu'il avait reçues, alors qu'il incombait au déposant de prouver qu'elles ne l'étaient pas, la cour d'appel a inversé la charge de la preuve ».

(36) Cass. 1re civ., 6 févr. 1996 : *Contrats, conc. consom.* 1996, comm. 80, note L. Leveneur. – Cass. 1re civ., 12 avr. 2005 : *RDC* 2005, p. 1121, obs. P. Puig.

(37) A. Bénabent, *Dépôt : la marginalité par la preuve : RDC* 2014, 147.

même en échec le principe de l'impossibilité morale de se procurer un écrit pour le déposant qui remet la chose à un de ses parents[38]. Seul le contexte du droit commercial où règne la liberté de preuve neutralise le jeu de l'article 1924 pour le dépôt volontaire[39]. La caractéristique du dépôt nécessaire tient précisément dans la mise à l'écart de ce texte (V. *infra*, n° 591).

SECTION 3

LES EFFETS DU CONTRAT DE DÉPÔT

576. – Plan ; effet réel, effets personnels. Le dépôt, contrat de services, n'emporte aucun effet réel : la chose déposée reste la propriété du déposant qui, à ce titre, en supporte les risques de perte (*res perit domino*). C'est exclusivement sur le terrain des droits personnels que nous scruterons les effets du dépôt : les obligations du dépositaire tiennent dans la garde et la restitution de la chose (Sous-section 1) ; les obligations, éventuelles, du déposant seront essentiellement financières (Sous-section 2).

SOUS-SECTION 1

LES OBLIGATIONS DU DÉPOSITAIRE[40]

§ 1. – L'obligation de garde

577. – Contenu de l'obligation de garde : abstentions et actions. Le Code civil est peu prolixe sur le contenu juridique de l'obligation de garde, celle-là est définie au moyen de deux abstentions, obligations de ne pas faire. Ainsi, le dépositaire :

– « ne peut se servir de la chose déposée, sans la permission expresse ou présumée du déposant » (C. civ., art. 1930). La règle assurera la distinction du dépôt et du prêt. Le dépositaire qui méconnaît cette interdiction engage sa responsabilité civile, et s'expose aux sanctions du délit d'abus de confiance[41]. Mais le Code civil évoque l'hypothèse d'une présomption d'autorisation d'utilisation de la chose, ce qui laisse au juge, une certaine marge d'appréciation ;

– « ne doit point chercher à connaître quelles sont les choses qui lui ont été déposées, si elles lui ont été confiées dans un coffre fermé ou sous une enveloppe cachetée » (C. civ., art. 1931). Ce n'est pas simplement à l'égard du déposant que le dépositaire doit être discret : ce dernier doit s'abstenir de toute divulgation auprès de tiers.

(38) Cass. 1re civ., 14 nov. 2012, nos 11-24.320 et 11-24.576.

(39) Cass. com., 12 nov. 2015, n° 13-23.488. – Par opposition au dépôt volontaire V. *infra*, n° 591, le régime du dépôt nécessaire.

(40) I. Avanzini, *Les obligations du dépositaire*, Litec, coll. « Bibl. dr. entr. », 2007, n° 73, avant-propos R. Cabrillac, préf. Ch. Jubeault.

(41) C. pén., art. 314-1.

Garder une chose n'est pas synonyme de passivité. Le contentieux lié à l'inexécution de cette obligation a permis à la jurisprudence de préciser les actions positives que nécessite la garde d'une chose. Garder une chose, c'est veiller à sa conservation, au point qu'on estime que l'obligation de garde appartient à la catégorie plus générique d'obligation de conservation(42), ce qui implique de procéder à l'entretien de la chose, et de la préserver d'un certain nombre de risques (vol, incendie, destruction...)(43) ; l'intensité de ces actions est liée à la nature de la chose. Au-delà la garde a pour visée la restitution de la chose, laquelle peut astreindre à des actes positifs : le dépositaire du cheval gardé au haras veillera aux soins et à l'alimentation du pur sang...

L'avant-projet de réforme pose une règle pratique : « s'il n'a pas été établi un état contradictoire de la chose lors de sa remise, le dépositaire est présumé l'avoir reçue en bon état ». L'article s'inspire directement de celui que l'avant-projet prévoit pour le contrat de bail.

578. – L'inexécution de l'obligation de garde ; charge de la preuve. L'inexécution de l'obligation de garde engage la responsabilité contractuelle du dépositaire. La discussion se concentre sur le régime de la preuve du manquement du dépositaire et sur l'intensité de l'obligation de garde. S'agit-il d'une obligation de résultat, d'une obligation de moyens, d'une obligation de résultat atténuée ou de moyens renforcée ?

Les abstentions caractéristiques de l'obligation de garde (ne pas utiliser la chose, ne pas divulguer l'objet du dépôt, V. *supra*, n° 577) procèdent d'obligations de ne pas faire, lesquelles tiennent du régime des obligations de résultat. Mais l'ajout d'obligations positives de diligence, en surimpression, fait douter d'une analyse aussi élémentaire(44). De fait les textes entretiennent le doute. En écho au droit commun, le dépositaire n'est « tenu, en aucun cas, des accidents de force majeure, à moins qu'il n'ait été mis en demeure de restituer la chose déposée » (C. civ., art. 1929)(45). Plus précisément l'article 1927 du Code civil prévoit que « le dépositaire doit apporter, dans la garde de la chose déposée, les mêmes soins qu'il apporte dans la garde des choses qui lui appartiennent ». Ce texte plaide en faveur de l'obligation de moyens : la mise en jeu de la responsabilité supposerait la preuve de la faute. La Cour de cassation ne retient qu'en partie cette analyse. Si elle affirme que le dépositaire n'est tenu que d'une obligation de moyens(46), elle n'exige pas du déposant qu'il ait à apporter la preuve de la faute du dépositaire : celle-là sera présumée de la perte ou de la détérioration de la chose. Le dépositaire est toutefois autorisé à s'exonérer en prouvant son absence de faute, sinon la force majeure(47). Est ainsi privilégiée une

(42) V. not. M.-L. Morancais-Demeester, *La responsabilité des personnes obligées à restitution* : *RTD civ.* 1993, p. 757, spéc., n° 43.

(43) Cass. 1re civ., 4 oct. 1989 : *Bull. civ.* 1989, I, n° 305. Certaines décisions des juges du fond estiment même fautif le dépositaire qui n'assure pas la chose déposée contre ces risques. – V. not. CA Colmar, 18 oct. 1989 : *JurisData* n° 1989-046886. Comp. Cass. com., 12 nov. 1986 : *Bull. civ.* 1986, IV, n° 205.

(44) En ce sens, V. P. Rémy, obs. sur Cass. 1re civ., 24 juin 1981 : *RTD civ.* 1982, 430 et s. spéc. p. 433 ; *Bull. civ.* 1981, I, n° 232.

(45) V. C. civ., art. 1351. Les cas de force majeure les plus souvent invoqués résident dans des événements d'origine naturelle (tempêtes, inondations...) et des vols. – Sur une émeute d'agriculteurs qualifiée de cas de force majeure, V. Cass. 1re civ., 17 nov. 1999 : *JurisData* n° 1999-004002 ; *JCP E* 2000, p. 14.

(46) V. not. Cass. 1re civ., 7 oct. 1997 : *Resp. civ. et assur.* 1997, comm. 367.

(47) V. not. Cass. 1re civ., 20 juill. 1994 : *Bull. civ.* 1994, I, n° 256. – Cass. 1re civ., 7 févr. 2006 : *Contrats, conc. consom.* 2006, comm. 101, obs. L. Leveneur. – Cass. 1re civ., 22 mai 2008 : *RDC* 2008, p. 1271, P. Puig. – Cass. 1re civ., 5 mars 2009 : *RDC* 2009, p. 1135, P. Puig. – Cass. 1re civ., 14 oct. 2010, n° 09-16.967. – Cass. 1re civ., 5 févr. 2014, n° 12-23.467. – D'évi-

approche mixte : on parlera d'obligation de moyens renforcée, sinon d'obligation de résultat atténuée[(48)]. Concrètement, celle-là induit un renversement de la charge de la preuve : de l'existence d'une détérioration de la chose, la loi présume la défaillance du dépositaire, sauf preuve contraire (V. C. civ., art. 1933)[(49)].

La situation du dépositaire et l'absence de faute de celui-ci sont alors appréciées différemment selon que le dépôt est ou non salarié (C. civ., art. 1928).

Si le dépositaire ne perçoit pas de rémunération, ou n'a aucun intérêt au contrat, la faute est appréciée *in concreto* : le dépositaire a seulement la charge de prouver qu'il a donné à la chose déposée « les mêmes soins qu'il aurait apportés à la garde de choses lui appartenant »[(50)].

En revanche, si le dépositaire est rémunéré, la faute est appréciée *in abstracto*, c'est-à-dire à l'aune du comportement et des soins que l'on peut prêter à un professionnel « raisonnable ».

Ce régime est, en pratique, largement amendé par le jeu de clauses d'exonération, qui limitent la responsabilité du dépositaire professionnel[(51)] ou mettent à la charge du déposant la preuve de la faute du dépositaire[(52)]. Ces clauses sont soumises au droit commun des clauses de responsabilité. La faute lourde ou dolosive du dépositaire paralyse le jeu de la clause limitative de responsabilité ; elles sont susceptibles d'être qualifiées d'abusives lorsque le contrat de dépôt lie un professionnel à un consommateur. Elles sont susceptibles de révéler un déséquilibre significatif entre les droits et obligations des parties lorsque le dépôt est un contrat d'adhésion rédigé par le dépositaire[(53)]. La clause qui purgerait le dépositaire de toute responsabilité viendrait, sûrement, priver de sa substance l'obligation essentielle du contrat et, depuis la jurisprudence *Chronopost*, dont l'enseignement a été ultérieurement codifié, devrait être tenue pour non écrite[(54)].

---

dence, le dépositaire ne saurait être tenu des détériorations qui préexistaient à la remise de la chose : Cass. 1re civ., 22 mai 2008, préc. – Cass. 1re civ., 22 févr. 2014, préc.

(48) V. not. A. Bénabent, n° 766 qui cite Carbonnier : « C'est le dépositaire qui est dans le secret de la place, à lui de se justifier » (*RTD civ.* 1959, 344). C'est particulièrement le cas en présence d'un dépôt salarié. – V. not. Cass. 1re civ., 5 janv. 1999 : *Contrats, conc. consom.* 1999, comm. 51, note L. Leveneur. En l'espèce, la propriétaire d'une jument de course avait confié la garde de celle-ci, moyennant rémunération, à une personne qui n'avait pas pu éviter la saillie fortuite de la jument par un autre cheval gardé. La cour d'appel, ayant constaté que la saillie avait bien eu lieu pendant la période où la jument était hébergée chez le dépositaire, avait retenu que la propriétaire de la jument connaissait les lieux où se trouvait sa jument, pour en déduire que le dépositaire n'avait commis aucune faute. La décision est censurée sous le visa des articles 1927 et 1928 du Code civil car elle n'a pas établi que le gardien avait mis en œuvre les diligences nécessaires pour éviter le dommage.

(49) Cass. 1re civ., 24 juin 1981, préc., il résulte de la combinaison des articles 1927 et 1933 du Code civil que si le dépositaire n'est tenu que d'une obligation de moyen, il lui appartient de prouver, en cas de détérioration de la chose déposée, qu'il est étranger à cette détérioration en établissant qu'il a donné à la chose les mêmes soins qu'il apporte à la garde des choses lui appartenant. – Cass. 1re civ., 14 oct. 2010 : *RDC* 2011, 454, G. Viney, si le dépositaire n'est tenu que d'une obligation de moyens, il lui incombe, en cas de perte ou détérioration de la chose déposée, de prouver qu'il y est étranger, en établissant qu'il a donné à cette chose les mêmes soins que ceux qu'il aurait apportés à la garde de celles qui lui appartiennent ou en démontrant que la détérioration est due à la force majeure ; par principe, le fait du débiteur ou de son préposé ou substitué ne peut constituer la force majeure.

(50) V. not. Cass. 1re civ., 28 mai 1984 : *Bull. civ.* 1984, I, n° 173.

(51) Cass. com., 26 avr. 2017, n° 15-23.239 : *Contrats, conc. consom.* 2017, comm. 140, note L. Leveneur ; *RDC* 2017, p. 431, obs. J. Knestch, la clause litigieuse, inscrite dans le cadre de relations contractuelles habituelles et équilibrées, a prévu une répartition entre les deux parties des risques encourus par les marchandises ; la clause litigieuse ne vidait pas de toute substance l'obligation essentielle du contrat de stockage et doit recevoir application.

(52) Cass. 1re civ., 30 oct. 2007 : *RDC* 2008, p. 252, Y.-M. Laithier.

(53) V. C. civ., art. 1171.

(54) V. C. civ., art. 1170. – M.-O. Barraud, *Le dépôt*, *in* L. Andreu et M. Mignot, *Les contrats spéciaux et la réforme du droit des obligations*, Institut Univ. Varenne, Colloques et essais, 2017, p. 299.

§ 2. – L'obligation de restitution

579. – Obligation essentielle, plan. L'obligation de restitution fait figure d'obligation essentielle au dépôt, la garde de la chose n'a de sens qu'en vue de sa restitution, on a vu dans cette obligation le point de rassemblement d'une famille de contrats de services (V. *supra*, n° 569). Aussi le Code civil est prolixe en dispositions intéressant le contenu de l'obligation de restituer (A), il est moins précis s'agissant du régime de l'inexécution de l'obligation (B).

A. – Contenu de l'obligation de restitution

580. – Qui restitue ? C'est normalement le dépositaire. En cas de décès de ce dernier, l'obligation est transmise à ses héritiers qui, s'ils ont vendu de bonne foi la chose dont ils ignoraient le dépôt, ne sont toutefois tenus que de restituer le prix au déposant, sinon à céder l'action en paiement contre l'acheteur (C. civ., art. 1934 et 1935).

581. – À qui restituer ? Le dépositaire « ne doit restituer la chose déposée, qu'à celui qui la lui a confiée », précise l'article 1937 du Code civil. Mais le dépositaire « ne peut pas exiger de celui qui a fait le dépôt, la preuve qu'il était propriétaire de la chose déposée » (C. civ., art. 1938, al. 1er)(55). Il en ressort « que le dépositaire ne doit restituer la chose déposée qu'à celui qui la lui a confiée, indépendamment de sa qualité de propriétaire de la chose remise en dépôt »(56).

Si le dépositaire découvre toutefois que la chose déposée a été volée, et qu'il connaît le véritable propriétaire, il est alors tenu d'en informer ce dernier avec sommation de la réclamer dans un délai déterminé et suffisant. La restitution au déposant ne pourra alors s'effectuer que si le *verus dominus* ainsi informé a négligé de réclamer le dépôt dans le délai imparti (C. civ., art. 1938, al. 2).

La chose déposée peut être aussi restituée, selon les circonstances :

– à celui au nom duquel le dépôt a été fait, ou à celui qui a été indiqué pour le recevoir (C. civ., art. 1937)(57) ;

– à l'héritier ou aux héritiers du déposant. S'il y a plusieurs héritiers, la chose déposée doit être rendue à chacun d'eux pour leur part et leur proportion ; mais si la chose déposée est indivisible, les héritiers doivent s'accorder entre eux pour la recevoir (C. civ., art. 1939)(58) ;

(55) V. not. Cass. 1re civ., 28 janv. 1997 : *Contrats, conc. consom.* 1997, comm. 60, note L. Leveneur.

(56) Cass. 1re civ., 20 juin 1995 : *Bull. civ.* 1995, I, n° 269 ; *Contrats, conc. consom.* 1995, comm. 161, note L. Leveneur ; *Defrénois* 1995, p. 1478, obs. G. Vermelle.

(57) Le nom du mandataire n'a pas à être porté à la connaissance du dépositaire préalablement à la restitution ; il suffit qu'à cet instant, le mandataire du déposant justifie d'une procuration régulière (Cass. com., 14 janv. 1949 : *Bull. civ.* 1949, II, n° 238).

(58) Cass. 2e civ., 30 janv. 1963 : *Bull. civ.* 1963, II, n° 92, il découle de l'article 1939 que le dépositaire doit à chacun des héritiers du déposant non seulement la restitution pour sa part et portion des titres qu'il détenait à la date du décès, mais aussi la justification de la décharge de titres qu'il avait détenus antérieurement et qu'il avait restitués ou dont il avait fait emploi suivant les ordres du déposant. – Cass. 1re civ., 19 janv. 1982 : *Bull. civ.* 1982, I, n° 30, il résulte de l'article 1939, alinéa 3, qu'en cas de dépôt, par deux ou plusieurs personnes, d'une chose indivisible, les déposants doivent s'accorder entre eux pour en recevoir la restitution et que si le dépositaire a restitué cette chose à un seul d'entre eux, les autres peuvent agir en représentation de la chose tant contre le dépositaire que contre celui des déposants à qui elle a été restituée.

– à la personne qui a l'administration des biens du déposant lorsque ce dernier a été dessaisi de ces pouvoirs d'administration (C. civ., art. 1940), lorsque l'administration légale prend fin, c'est à la personne représentée qu'il faut restituer (C. civ., art. 1941).

582. – **Que restituer ? Principe.** « Le dépositaire doit rendre identiquement la chose même qu'il a reçue » (C. civ., art. 1932, al. 1er)(59). Il n'est donc pas question de restituer par équivalent(60). Mais il n'est « tenu de rendre la chose déposée que dans l'état où elle se trouve au moment de la restitution. Les détériorations qui ne sont pas survenues par son fait sont à la charge du déposant » (C. civ., art. 1933. V. *supra*, n° 578). Si la chose déposée est frugifère, et que les fruits ont été perçus par le dépositaire, celui-ci est également tenu de les restituer (C. civ., art. 1936)(61). Par ailleurs, le dépositaire étant tenu de restituer en nature la chose remise, le déposant dispose du droit de revendiquer le bien entre les mains du sous-dépositaire(62).

583. – **Que restituer ? Exceptions.** Le Code civil écarte le principe de la restitution en nature au profit d'une restitution par équivalent dans plusieurs situations :

– lorsque la chose déposée a été enlevée par un événement de force majeure et que le dépositaire a reçu un prix ou « quelque chose » à la place – indemnité d'assurance –, il est alors tenu de restituer au déposant ce qu'il a reçu « en échange » (C. civ., art. 1934) ;

– lorsqu'il s'agit d'un dépôt irrégulier, c'est-à-dire un dépôt qui porte sur des choses fongibles, le dépositaire n'est naturellement tenu de restituer qu'une chose semblable ; c'est le cas pour le contrat de dépôt de titres et valeurs mobilières chez un banquier pour lesquels la restitution s'opérerait sans doute également par équivalent (V. *supra*, n° 573). Dans ce cas, il faut admettre que le dépositaire acquiert la propriété de la chose, le déposant devenant titulaire d'un droit de créance(63) ;

---

(59) L'alinéa 2 de ce texte prévoit que « le dépôt des sommes monnayées doit être rendu dans les mêmes espèces qu'il a été fait, soit dans le cas d'augmentation, soit dans le cas de diminution de leur valeur ». Selon R. Rodière et Ph. Delebecque, ce « texte paraît autoriser le dépositaire à rendre des espèces en nombre, titre et poids. Une autre interprétation conduit à respecter strictement le principe et à admettre que les devoirs de garde et de fidélité imposent au dépositaire l'obligation de remettre non des pièces semblables, mais les mêmes pièces, à moins qu'il n'ait été autorisé à agir autrement » (*op. cit.*, n° 181).

(60) Ainsi, celui qui remet des pièces fausses à une banque ne peut exiger de cette dernière la restitution de pièces vraies ou de leur valeur (Cass. 1re civ., 29 nov. 1983 : *Bull. civ.* 1983, I, n° 280). De même, en cas de dépôt de titres nominatifs, la remise par le dépositaire de nouveaux titres quoique de même type et de même valeur que ceux aliénés, ne constitue pas la restitution, laquelle n'aurait pu être effectuée que par la représentation des titres déposés dans leur individualité excluant tout remplacement (Cass. civ., 27 nov. 1900 : *DP* 1902, 1, p. 473, note Thaller).

(61) Jugé que le dépositaire d'une chose frugifère est redevable non seulement des fruits qu'il a perçus, mais également des fruits qu'il aurait pu percevoir (Cass. 1re civ., 7 mars 1979 : *Bull. civ.* 1979, I, n° 86). On doit, en revanche, admettre que l'article 1936 ne joue pas, lorsque le déposant n'aurait pas pu bénéficier des fruits (V. pour une application, CA Rennes, 18 mars 1993 : *JurisData* n° 1993-047558).

(62) Cass. com., 14 nov. 2000 : *RJDA* 2001, n° 201 ; *JCP G* 2001, I, 321, n° 14, obs. Ph. Pétel ; *RTD civ.* 2001, p. 387, obs. Th. Revet.

(63) Cass. 1re civ., 7 févr. 1984 : *Bull. civ.* 1984, I, n° 49. – V. Cass. com., 9 janv. 1990, n° 88-17.291 : *Bull. Joly Sociétés* 1990, n° 3, p. 267, obs. M. Jeantin, si la banque, simple dépositaire des titres, assume, en vertu des usages, les obligations accessoires au contrat, inhérentes à la détention des titres, aux droits qui y sont attachés et à leur restitution, ni les usages, ni l'équité, ni la loi ne l'obligent à informer le déposant d'un événement affectant la société émettrice des titres. Cassation de l'arrêt qui, pour condamner un banquier à indemniser le client dont les titres mis en dépôt avaient perdu toute valeur, retient la responsabilité du banquier pour n'avoir pas informé son client du règlement judiciaire de la société.

– lorsque l'héritier du dépositaire a vendu de bonne foi la chose dont il ignorait le dépôt, il n'est tenu que de rendre le prix qu'il a reçu, ou de céder son action contre l'acheteur, s'il n'a pas touché le prix (C. civ., art. 1935).

584. – **Où et quand restituer ?** La restitution est effectuée :

– dans le lieu même du dépôt (C. civ., art. 1943), à moins que le contrat ne désigne un autre lieu (C. civ., art. 1942)[64] ;

– aussitôt que le déposant réclame la chose déposée, même si le contrat a fixé un délai déterminé pour la restitution (C. civ., art. 1944). La réclamation s'opère *ad nutum*, littéralement d'un signe de tête du déposant[65] ; elle peut être effectuée, verbalement, par sommation ou par tout acte équivalent[66]. Le dépositaire doit toutefois différer la restitution lorsqu'il a reçu opposition à la restitution ou une saisie-arrêt (C. civ., art. 1944). La jurisprudence admet encore que le dépositaire puisse différer la restitution pour des motifs jugés plausibles[67].

B. – L'inexécution de l'obligation de restitution

585. – **Responsabilité civile : intensité de l'obligation.** Certains observent dans l'obligation de restituer une obligation de résultat[68]. La Cour de cassation retient pourtant formellement la qualification d'obligation de moyens[69], encore qu'il s'agisse, à nouveau, d'une obligation de « moyens renforcée » ou de « résultat atténuée » : si la faute du dépositaire est en effet présumée, il peut s'exonérer en démontrant simplement son absence de faute. Derrière ces tergiversations, on a justement relevé que l'obligation de restitution, liée à une obligation de conservation, subit l'attraction de cette dernière : « L'obligation de restitution – on le sait – par nature de résultat, est attirée vers le régime de l'obligation de moyens, parce que l'obligation de conservation est elle-même de moyens et que la conservation de la chose à restituer est une opération essentielle »[70]. Concrètement, la dégradation de la chose lors de sa restitution présume la faute dans la conservation : le manquement atteint l'obligation de conservation, pas celle de restitution, au dépositaire à démontrer ses diligences à cet égard.

Par ailleurs, aucune disposition contractuelle ne saurait exonérer le dépositaire de l'obligation de restituer, tant celle-là est de l'essence du contrat de dépôt (C. civ., art. 1170).

586. – **Autres sanctions.** Le dépositaire qui détourne ou dissipe l'objet qui lui a été remis commet le délit d'abus de confiance sanctionné par l'article 314-1 du nouveau Code pénal. Par ailleurs, l'article 1945 du Code civil dispose que « le dépositaire infidèle n'est point admis au bénéfice de cession ». Mais ce texte est pour le moins anachronique depuis qu'une loi du 9 juillet 1991 a abrogé les articles 1265 à 1270 du Code civil relatifs à la cession de biens[71].

(64) L'article précise que s'il y a des frais de transport, ces derniers sont à la charge du déposant.

(65) Sur la révocation *ad nutum* du mandataire, V. *supra*, n° 558.

(66) V. Cass. 1re civ., 28 févr. 1989 : *Bull. civ.* 1989, I, n° 97.

(67) Ainsi en est-il notamment lorsqu'il y a des soupçons sur la propriété du déposant, lorsqu'il y a une instance en cours sur la propriété du bien déposé. – V. sur ces motifs, R. Rodière et Ph. Delebecque, *op. cit.*, n° 241.

(68) Ph. Malaurie, L. Aynès et P.-Y. Gautier, n° 889. – *Adde*, M.-L. Morancais-Demeester, art. cit., spéc. nos 33 et s.

(69) V. Cass. 1re civ., 24 juin 1981 : *Bull. civ.* 1981, I, n° 232 ; *D.* 1982, inf. rap. p. 363, obs. Ch. Larroumet ; *RTD civ.* 1982, p. 430, obs. Ph. Rémy.

(70) M.-L. Morancais-Demeester, art. cit., spéc. n° 47.

(71) L'ancien article 1265 définissait la cession de biens comme l'abandon qu'un débiteur fait de tous ses biens à ses créanciers, lorsqu'il se trouve hors d'état de payer ses dettes.

SOUS-SECTION 2

LES OBLIGATIONS DU DÉPOSANT

587. – **Dédommager, réparer et éventuellement payer.** Lorsque le contrat de dépôt est à titre onéreux, il s'agit d'un contrat synallagmatique qui impose au déposant de payer la rémunération promise[72]. Le caractère salarié pourra résulter du lien établi entre le dépôt et un autre contrat à titre onéreux[73].

Même lorsque le dépôt est à titre onéreux, la détermination préalable du prix n'est pas une condition de validité du dépôt dès lors que ce contrat rejoint la famille des contrats de prestations de services dont le régime du prix relève de l'article 1165 du Code civil (V. *supra*, n° 475). Dans le silence du contrat, le dépositaire pourra fixer le prix de son service unilatéralement, sous la réserve de l'abus (V. *supra*, n° 574).

En revanche, le dépôt à titre gratuit ne crée pas, en principe, d'obligations pour le déposant sauf deux hypothèses prévues par l'article 1947 du Code civil :

– lorsque le dépositaire a effectué des dépenses pour la conservation de la chose, le déposant est tenu de les lui rembourser. Bien que le Code civil ne le précise pas, la majorité de la doctrine estime que seules les dépenses nécessaires ou utiles, à hauteur du profit pour le déposant, donnent lieu à remboursement[74]. En présence d'un dépôt rémunéré, on présume classiquement que le remboursement de ces dépenses est compris dans la rémunération du dépositaire, sauf les dépenses exceptionnelles et imprévisibles[75] ;

– lorsque le dépôt a occasionné des pertes au dépositaire – dommages causés aux choses ou aux personnes… –, le déposant est tenu de l'indemniser. Le maintien de cette indemnisation est discuté en cas de dépôt rémunéré, car l'obligation se justifie essentiellement par le caractère gratuit du dépôt[76]. Il est opportun que les parties règlent conventionnellement cette question.

588. – **Garanties du dépositaire. Privilège et droit de rétention.** Pour le paiement des frais de conservation, le dépositaire bénéficie du privilège mobilier prévu par l'article 2332, 3° du Code civil. Mais l'essentiel de la garantie réside dans l'article 1948 du Code civil qui offre au dépositaire un droit de rétention :

> « Le dépositaire peut retenir le dépôt jusqu'à l'entier paiement de ce qui lui est dû en raison du dépôt ».

(72) Dans un arrêt en date du 18 décembre 1979, la chambre commerciale de la Cour de cassation avait refusé aux juges le pouvoir de réviser le montant du prix en raison de circonstances économiques nouvelles (Cass. com., 18 déc. 1979 : *Bull. civ.* 1979, IV, n° 339 ; *RTD civ.* 1980, p. 780, obs. G. Cornu). Cette jurisprudence n'est plus guère d'actualité à la lecture de l'art. 1195 du Code civil.

(73) Cass. 1re civ., 5 avr. 2005 : *Bull. civ.* 2005, I, n° 165 ; *Contrats, conc. consom.* 2005, n° 148, note L. Leveneur ; *RDC* 2005, p. 1029, obs. A. Bénabent et p. 1123, obs. P. Puig : le dépôt d'un véhicule fait auprès d'un garagiste professionnel, accessoire à un contrat d'entreprise, est présumé fait à titre onéreux.

(74) V. Ph. Malaurie, L. Aynès et P.-Y. Gautier, n° 878. – A. Bénabent, n° 771. – J. Huet, n° 33138. – P. Puig, n° 1031. Par analogie, V. le régime des impenses dans la gestion d'affaires, C. civ., art. 1301-2.

(75) V. not. J. Huet, n° 33138.

(76) V. J. Huet, n° 33139.

Ce droit de rétention vaut pour toutes les sommes dues par le déposant, qu'il s'agisse de la rémunération d'un dépôt salarié, du dédommagement ou de la réparation. L'article 1948 permet ainsi de faire échec à l'obligation de restitution sur première demande du déposant (C. civ., art. 1944. V. *supra*, n° 584), pour autant qu'il existe un lien de connexité entre la créance du dépositaire et le contrat de dépôt(77). Ce texte n'autorise toutefois la rétention que pour ce qui est dû en vertu du dépôt(78). L'efficacité de ce droit de rétention est renforcée par la nature du droit de rétention, « droit réel, opposable à tous, et même aux tiers, non tenus de la dette »(79).

SECTION 4

L'EXTINCTION DU CONTRAT DE DÉPÔT

589. – Diversité ; durée. C'est la restitution de la chose déposée qui entraîne l'extinction « naturelle » du dépôt(80). Le régime de l'extinction du contrat de dépôt doit être envisagé distinctement selon que le contrat est, ou non, à durée déterminée.

En présence d'un dépôt à durée déterminée, les parties sont dans une situation inégalitaire : alors que le dépositaire est lié par le terme du contrat, le déposant peut réclamer la chose à tout instant (C. civ., art. 1944). Ce régime illustre l'idée selon laquelle le dépôt est conclu dans le seul intérêt du déposant, le dépositaire n'ayant pas le droit d'user de la chose. En présence d'une rémunération du dépositaire, un retrait anticipé de la chose peut néanmoins créer un préjudice à celui-ci qui appellerait indemnisation. Lorsqu'au terme du contrat le déposant ne récupère pas la chose, le dépositaire est-il alors libéré de ses obligations ? Certains textes spéciaux prévoient l'hypothèse et libèrent expressément le dépositaire au bout d'un certain délai(81). Pour certains, les obligations demeurent, à nouveau en considérant que le dépôt est fait dans l'intérêt exclusif du déposant. Pour d'autres, le dépositaire est libéré de l'obligation de garde, encore qu'il ne puisse pas se débarrasser de la chose : il reste seulement tenu de l'obligation de restitution.

L'avant-projet de réforme contient des dispositions très précises sur le sujet : « Sauf convention contraire, la chose doit être restituée par le dépositaire et à ses frais au lieu du dépôt. Il appartient au déposant de retirer la chose au lieu et au

(77) V. Cass. 1re civ., 9 févr. 1988 : *D.* 1988, p. 448, note Ph. Delebecque.

(78) V. Cass. com., 24 juin 1964 : *D.* 1965, p. 79, note R. Rodière.

(79) V. Cass. 1re civ., 7 janv. 1992 : *JCP* G 1992, II, 21971, note Ramarolanto-Ratiaray ; *RTD civ.* 1992, 586, n° 6, obs. P.-Y. Gautier. – Cass. com., 3 mai 2006 : *Bull. civ.* 2006, IV, n° 106 ; *RTD civ.* 2006, p. 584, obs. Th. Revet. – *Contra*, Cass. 3e civ., 23 juin 1999 : *JCP* G 2000, I, 209, n° 10, obs. Ph. Delebecque ; *RTD civ.* 2000, p. 142, P.-Y. Gautier.

(80) L'article 1946 du Code civil rappelle la possibilité d'une extinction des obligations par confusion en disposant que « toutes les obligations du dépositaire cessent, s'il [le dépositaire] vient à découvrir et à prouver qu'il est lui-même propriétaire de la chose déposée ». Par ailleurs, lorsque le dépositaire est soumis à une procédure de liquidation judiciaire, le dépôt prend également fin.

(81) Ainsi la loi du 31 décembre 1903 relative à la vente de certains objets abandonnés prévoit que « les objets mobiliers confiés à un professionnel pour être travaillés, façonnés, réparés ou nettoyés et qui n'auront pas été retirés dans le délai d'un an pourront être vendus dans les conditions et formes déterminées par les articles suivants » (art. 1er). Encore faut-il observer que le dépôt est, dans ces situations, accessoire.

moment où la restitution est opérée. Si, dans le délai d'un an à compter du terme fixé pour la restitution, le déposant ne retire pas la chose confiée, le dépositaire peut, après mise en demeure restée infructueuse, procéder à sa vente. Déduction faite des frais de conservation et des frais exposés pour la vente, il garde le prix perçu à la disposition du déposant ou le confie à la Caisse des dépôts et consignations » (art. 1934 proposé). La procédure instituée est volontairement simple afin de ne pas accabler le dépositaire victime de la négligence du déposant.

Lorsque le dépôt est à durée indéterminée, le dépositaire bénéficie-t-il d'une faculté de résiliation unilatérale, moyennant préavis raisonnable dans les termes du droit commun (C. civ., art. 1211) ? On peut légitimement le penser quand le dépôt est à titre onéreux. La question est plus discutée lorsque le dépôt est à titre gratuit. Il convient sans doute de concilier deux préoccupations : le principe de la prohibition des engagements perpétuels et l'idée que le dépôt est conclu dans l'intérêt exclusif du déposant. Aussi, le dépositaire doit-il garder la chose tant que le déposant en éprouvera le besoin(82).

(82) V. M. Planiol et G. Ripert, t. 11, par R. Savatier, n° 1185. V. réf. citées par J. Huet, n° 33162. Sans doute objectera-t-on que le dépositaire est mal payé de son geste gratuit. – P. Puig, n° 1029, mais celui-ci savait qu'il s'engageait pour un temps non arrêté à l'avance.

CHAPITRE 2

RÈGLES PARTICULIÈRES

590. – Plan. Aux règles générales au contrat de dépôt se superposent des règles propres à certains types de dépôt. Envisageons successivement les règles particulières au dépôt nécessaire (Section 1), au dépôt hôtelier (Section 2), au dépôt hospitalier (Section 3) et au séquestre (Section 4).

SECTION 1

LE DÉPÔT NÉCESSAIRE

591. – L'ombre de la force majeure. L'article 1949 du Code civil définit le dépôt nécessaire(1) comme « celui qui a été forcé par quelque accident, tel qu'un incendie, une ruine, un pillage, un naufrage ou autre événement imprévu ». Si cette définition traduit bien la caractéristique essentielle du dépôt nécessaire, à savoir la contrainte qui pèse sur le déposant et l'oblige à effectuer un dépôt, elle est, en revanche, plus évasive sur les événements susceptibles d'être à l'origine de cette situation. Que la liste d'événements proposés ne soit pas limitative est compréhensible. Mais quels sont les caractères que doivent présenter ces événements ? Le rapprochement avec la force majeure est tentant ; il n'est cependant pas pertinent. Il est en effet permis de penser que si les rédacteurs avaient voulu cantonner le dépôt nécessaire aux seules hypothèses de force majeure, ils l'auraient clairement exprimé.

À juste titre, la jurisprudence privilégie une qualification moins rigoureuse que la force majeure : « Pour qu'il y ait dépôt nécessaire, il suffit que le déposant ait été forcé de faire ce dépôt par une nécessité pressante et pour soustraire la chose qui en est l'objet à une ruine imminente »(2). Il en va ainsi au cas d'une hospitalisation d'urgence(3). Mais tel n'est plus le cas du dépôt qui résulte d'un usage comme celui de remettre ses bagues à sa manucure dans le salon de celle-ci(4).

---

(1) V. R. Rodière, *La notion de dépôt nécessaire* : *D.* 1951, chron. p. 123. – J.-P. Couturier : *JCl. Civil Code*, Art. 1949 à 1953.

(2) Cass. req., 17 juill. 1923 : *DP* 1923, 1, p. 203.

(3) Cass. 1re civ., 22 nov. 1988 : *Bull. civ.* 1988, I, n° 330.

(4) Cass. 1re civ., 8 févr. 2005 : *Defrénois* 2005, art. 38207, n° 52, obs. R. Libchaber ; *RDC* 2005, p. 1031, obs. I. Dauriac. – C. Bloud, *Le recours audacieux à la qualification de dépôt nécessaire : à propos de la remise de bagues dans un*

592. – **Un régime spécifique limité.** L'article 1951 du Code civil prend soin de rappeler que le dépôt nécessaire est, par principe, soumis aux règles générales du dépôt. La seule spécificité tient à la preuve ; l'article 1950 affirme ainsi :

> « La preuve par témoins peut être reçue pour le dépôt nécessaire, même quand il s'agit d'une valeur supérieure au chiffre prévu à l'article 1359 ».

Il ne s'agit que d'une application de l'article 1360 du Code civil qui restaure la liberté de preuve par tous moyens en cas d'impossibilité de préconstituer un écrit. Dès lors que l'événement ayant contraint au dépôt crée nécessairement une telle impossibilité, le déposant doit bénéficier de ce régime probatoire allégé.

593. – **L'avant-projet de réforme.** L'avant-projet de réforme prévoit de « faire remonter » le dépôt nécessaire dans le dépôt proprement dit. À cet effet, un article 1924 proposé dispose qu'« en cas d'impérieuse nécessité, le seul fait de recevoir d'autrui une chose qui, autrement, serait menacée de disparition ou de destruction, suffit à former le dépôt ». Le texte édulcore le consentement du dépositaire puisqu'il suffit qu'il reçoive la chose qui lui est présentée. Plus largement, la doctrine s'est interrogée sur la nécessité de maintenir ou d'abroger les dispositions relatives au dépôt nécessaire(5).

SECTION 2

LE DÉPÔT HÔTELIER

594. – **L'ombre du dépôt nécessaire.** Le dépôt hôtelier est celui qui conduit le voyageur à déposer chez les aubergistes ou hôteliers, des vêtements, bagages et objets divers(6). Ce dépôt doit être traité comme un dépôt nécessaire affirme expressément l'article 1952 du Code civil. Cette assimilation est pour le moins fantaisiste. Y a-t-il vraiment un accident qui force le voyageur à effectuer un dépôt ? Y a-t-il même dépôt dès lors que le client d'un hôtel conserve la maîtrise de ses bagages ? L'assimilation du dépôt hôtelier au dépôt nécessaire ne s'explique que par des raisons historiques(7) aujourd'hui dépassées.

Quoi qu'il en soit, l'assimilation légale au dépôt nécessaire permet au voyageur de bénéficier du régime probatoire de l'article 1950 du Code civil. Mais le régime propre au dépôt hôtelier n'est pas seulement probatoire. L'essentiel réside dans les

---

salon de manucure : *D.* 2002, p. 1301. – Il en va de même de vêtements déposés au vestiaire du restaurant ou des outils laissés sur le lieu d'exécution du travail.

(5) A. Touzain, *Réforme des contrats spéciaux : abrogeons le dépôt irrégulier* : *D.* 2022, p. 1811. – G. Lardeux, *Réponse au Professeur Toussaint sur le dépôt irrégulier* : *D.* 2022, p. 1915. – G. Drouot, *Le dépôt irrégulier doit-il disparaître ?* : *D.* 2022, p. 2049.

(6) Sur la distinction entre dépôt hôtelier et location, V. not. Cass. 1re civ., 19 nov. 1999 : *RJDA* 2000, n° 12. – V. L. Bihl, *La notion de dépôt hôtelier* : *JCP G* 1974, I, 2616.

(7) Troplong relevait : « On n'est pas toujours maître en voyage de choisir son hôtelier » (*Du dépôt*, n° 209). À l'époque de la rédaction du Code civil et bien avant déjà, l'insécurité régnait fortement dans les auberges ; plus près de nous *L'Auberge rouge* de Peyrebeille inspira romanciers et réalisateurs.

articles 1953 et 1954 qui aggravent la responsabilité des aubergistes et hôteliers(8). Ces derniers sont, en effet, responsables de plein droit du vol ou des dommages causés aux effets du client(9). Ils ne peuvent s'exonérer que par le jeu de la force majeure(10), ou qu'en prouvant que la perte résulte de la nature ou d'un vice de la chose (C. civ., art. 1954, al. 1er). Le voyageur doit toutefois établir la matérialité du dépôt, fût-ce par présomptions(11). Le Code civil met de surcroît en place une responsabilité contractuelle du fait d'autrui importante : les aubergistes ou hôteliers sont en effet responsables des vols et dommages causés par leurs domestiques et préposés, ainsi que par des étrangers allant et venant dans l'hôtel (C. civ., art. 1953).

Tempèrent la sévérité des conditions de la responsabilité, des limites légales au montant de l'indemnisation. Alors que la responsabilité des aubergistes est illimitée – nonobstant toute clause contraire – au cas de vol ou de détérioration des objets de toute nature déposés entre leurs mains ou qu'ils auraient refusé de recevoir sans motif légitime, dans tous les autres cas, les dommages-intérêts dus au voyageur sont – à l'exclusion de toute limitation conventionnelle inférieure – limités à l'équivalent de 100 fois le prix de location du logement par journée, sauf au voyageur à démontrer que le préjudice qu'il a subi résulte d'une faute de celui qui l'héberge(12) ou des personnes dont ce dernier doit répondre (C. civ., art. 1953, al. 2). S'agissant des objets laissés dans les véhicules stationnés dans un lieu dont l'aubergiste ou l'hôtelier a la jouissance privative(13), les dommages-intérêts sont limités à 50 fois le prix de location du logement par journée (C. civ., art. 1954, al. 2). La jurisprudence estime que cette limitation est écartée lorsque le client victime du vol rapporte la preuve que l'hôtelier a manqué au devoir de prudence et de surveillance qui lui incombe(14).

L'application de ces textes a suscité des difficultés en cas de vol de véhicule garé sur un parking de stationnement de l'hôtel. Après avoir appliqué, dans cette situation, l'article 1954, alinéa 2, du Code civil(15), la Cour de cassation affirme, fort justement, que le régime de responsabilité relève, dans ce cas, de l'article 1953 du Code civil(16). Les clauses limitatives ou exonératoires sont dans les textes privés d'effet (C. civ., art. 1953, al. 2 et 3). *Quid* de l'hôtelier qui prend soin d'afficher un panneau « parking non gardé » ? Dans un dépôt volontaire, la clause tiendrait sûrement en

(8) Et seulement ces derniers. La jurisprudence refuse, à juste titre, d'appliquer ces règles dérogatoires, à des situations voisines. De fait, le projet du groupe de travail Capitant estime que les règles relatives au dépôt hôtelier devraient être intégrées dans le Code du tourisme. Le groupe présidé par Ph. Stoffel-Munck a au contraire fait le choix de maintenir dans le Code civil les articles relatifs au dépôt hôtelier (art. 1951).

(9) Ce régime de responsabilité ne s'applique pas aux animaux vivants (C. civ., art. 1954, al. 3).

(10) Un vol à main armée ne constitue pas un cas de force majeure dès lors que toutes les précautions possibles pour l'éviter n'ont pas été prises (Cass. 1re civ., 9 mars 1994 : *Bull. civ.* 1994, I, n° 91 ; *JCP* G 1994, I, 3733, n° 6, obs. G. Viney).

(11) V. Cass. 1re civ., 4 nov. 1986 : *Bull. civ.* 1986, I, n° 250 ; *JCP* G 1986, IV, 17.

(12) La faute de l'hôtelier peut, par ex., résulter du défaut de placement d'objets de valeur dans un coffre-fort sûr (CA Paris, 18 oct. 1969 : *JurisData* n° 1969-024993).

(13) La notion de « jouissance privative » a donné lieu à une interprétation variable de la Cour de cassation. Dans un arrêt en date du 22 juin 1999 (*JCP* E 2000, p. 507, note F. Gauvin ; *RTD civ.* 1999, p. 845, obs. P. Jourdain), la première chambre civile de la Cour de cassation avait retenu une conception restrictive de cette notion, conduisant à penser que pour retenir la responsabilité de l'hôtelier, « pratiquement, il fallait que le parking soit inaccessible au public » (P. Jourdain, obs. cit.). La même chambre de la Cour de cassation a assoupli son interprétation, dans un arrêt en date du 22 février 2000 (Cass. 1re civ., 22 févr. 2000, n° 98-11.391 : *D.* 2001, p. 341, note O. Goust ; *RTD civ.* 2000, p. 579, n° 3, obs. P. Jourdain), en considérant que dès lors que l'hôtelier est propriétaire du parking, il en a la jouissance privative, sans qu'il y ait dès lors à tenir compte de l'organisation matérielle de ce dernier. « La propriété assure en effet à son titulaire un droit de jouissance à la fois exclusive et privative qui semble correspondre aux prévisions de l'article 1954 » (P. Jourdain, obs. cit.).

(14) V. Cass. 1re civ., 27 janv. 1982 : *JCP* G 1983, II, 19936, note F. Chabas.

(15) Cass. 1re civ., 22 juin 1999, préc.

(16) Cass. 1re civ., 22 févr. 2000, préc. – Cass. 1re civ., 20 mai 2000 : *RTD civ.* 2000, p. 579, n° 3, obs. P. Jourdain. – V. P. Servant, *L'extrême rapidité des revirements de jurisprudence en matière de responsabilité hôtelière* : *D.* 2001, chron. 2914.

échec la formation du contrat de dépôt (V. *supra*, n° 571) ; mais en traitant le dépôt hôtelier comme un dépôt nécessaire, la formation du contrat échappe à la mécanique classique du consentement ; la jurisprudence traite le panonceau comme une clause exonératoire qui doit être privée d'effet[17]. Responsable de plein droit, l'hôtelier s'exonérera encore en prouvant le fait de force majeure ou, plus souvent, la faute du client : ainsi du voyageur qui n'utilise pas le coffre-fort individuel de sa chambre ou de l'hôtel pour des valeurs importantes[18]. En revanche, si le vol a eu lieu sur la voie publique, l'hôtelier n'est plus responsable[19].

L'avant-projet de réforme du droit des contrats spéciaux prévoit qu'« est assimilé à un hôtelier quiconque pratique, de manière habituelle et à titre onéreux, l'hébergement de personnes dans ses locaux » (art. 1951, al. 3 proposé). Les limites de cette assimilation demeurent cependant incertaines : le texte s'appliquerait-il, par exemple, à un pensionnat de lycée ou à un EHPAD ?

SECTION 3

LE DÉPÔT HOSPITALIER

595. – **Le petit cousin du dépôt hôtelier.** Si la Cour de cassation a toujours refusé d'étendre les règles du dépôt hôtelier aux établissements de santé, elle a pourtant admis que ces derniers sont tenus de surveiller les objets des malades hospitalisés[20]. Il est vrai que ces établissements sont à l'égard des objets des patients qu'ils accueillent dans une situation comparable à celle des aubergistes et hôteliers à l'égard des effets des voyageurs.

Le législateur est intervenu par une loi du 6 juillet 1992 codifiée dans le Code de la santé publique (art. L. 1113-1 et s.)[21] – dont les dispositions sont d'ordre public[22] – pour mettre en place un régime sévère de responsabilité des établissements de santé[23] calqué sur celui des aubergistes et hôteliers. Est, en effet, instituée une responsabilité de plein droit du fait des vols, pertes et détériorations des objets des malades[24]. Le dépôt ne peut toutefois avoir pour objet que des choses mobilières, dont la nature justifie la détention par la personne admise ou hébergée durant son séjour dans l'établissement[25].

---

(17) Cass. 1re civ., 22 févr. 2000, préc.

(18) Paris, 5 janv. 1996 et Cass. 1re civ., 2 avr. 1996 : *JCP G* 1996, II, 22679, note Th. Hassler ; *Contrats, conc. consom.* 1996, comm. 123, note L. Leveneur. – Cass. 1re civ., 12 juin 2012, n° 11-18.450.

(19) Cass. 1re civ., 11 janv. 2000 : *RJDA* 2000, p. 761. En l'espèce, le véhicule volé était garé sur la promenade des Anglais à Nice devant l'hôtel où séjournait son propriétaire.

(20) V. Cass. 1re civ., 19 mai 1992 : *Bull. civ.* 1992, I, n° 146 ; *JCP G* 1992, IV, 2047.

(21) Loi relative à la responsabilité du fait des vols, pertes et détériorations des objets déposés dans les établissements de santé et certains établissements sociaux ou médico-sociaux, et à la vente des objets abandonnés dans ces établissements (*JCP G* 1992, III). – V. J.-M. Lhuillier, *Les nouveaux régimes de responsabilité et d'usucapion des établissements sociaux et de santé à l'égard des objets déposés* : *RD sanit. soc.* 1992, p. 696.

(22) L. 6 juill. 1992 ; C. santé publ., art. L. 1113-9 : « Toute clause contraire aux dispositions du présent chapitre est réputée non écrite ».

(23) Ce régime concerne, outre les établissements de santé, publics ou privés, les établissements sociaux ou médico-sociaux, hébergeant des personnes âgées ou des adultes handicapés (L. 6 juill. 1992 ; C. santé publ., art. L. 1113-1).

(24) L. 6 juill. 1992 ; C. santé publ., art. L. 1113-1, al. 1er.

(25) L. 6 juill. 1992 ; C. santé publ., art. L. 1113-1 *in fine*. Le texte précise aussi que le dépôt ne peut être effectué par les personnes accueillies en consultation externe. Cette exclusion est d'autant plus importante que ce mode de consultation ne cesse de progresser.

Le montant des dommages-intérêts est limité[26], sauf lorsque le vol, la perte ou la détérioration des objets résultent d'une faute de l'établissement ou des personnes dont ce dernier doit répondre[27]. À la différence de la responsabilité des aubergistes et hôteliers, la responsabilité de plein droit des établissements de santé ne joue que pour les objets ayant donné lieu à un véritable dépôt, c'est-à-dire à leur remise effective et volontaire entre les mains d'un préposé de l'établissement[28] ; ce régime s'applique encore aux objets détenus par des personnes hors d'état de manifester leur volonté au dépôt[29]. Pour les objets non déposés, leurs propriétaires doivent établir une faute de l'établissement de soins ou des personnes dont ils doivent répondre[30].

La responsabilité est écartée, quelle que soit la situation, « lorsque la perte ou la détérioration résulte de la nature ou d'un vice de la chose. Il en est de même lorsque le dommage a été rendu nécessaire pour l'exécution d'un acte médical ou d'un acte de soins »[31]. Bien que le texte ne l'indique pas expressément, il faut aussi admettre le jeu de la force majeure comme cause d'exonération. La loi s'intéresse enfin aux objets abandonnés à la sortie ou au décès de leurs détenteurs. Ils sont déposés par le personnel de l'établissement entre les mains des préposés commis à cet effet ou d'un comptable public. Le régime de responsabilité prévu précédemment est alors applicable[32].

Quant aux objets non réclamés, ils sont remis, un an après la sortie ou le décès de leur détenteur, à la Caisse des dépôts et consignations s'il s'agit de sommes d'argent, titres et valeurs mobilières, ou, pour les autres biens mobiliers, à l'administration chargée des domaines aux fins d'être mis en vente[33]. En revanche, « les actes sous seing privé qui constatent des créances ou des dettes sont conservés, en qualité de dépositaires, par les établissements où les personnes ont été admises ou hébergées pendant une durée de cinq ans après la sortie ou le décès des intéressés. À l'issue de cette période, les actes peuvent être détruits »[34].

(26) V. L. 6 juill. 1992 ; C. santé publ., art. L. 1113-2. Le montant des dommages et intérêts dus au déposant est limité à l'équivalent de deux fois le montant des rémunérations et gains versés mensuellement retenu pour le calcul des cotisations de sécurité sociale du régime général.

(27) L. 6 juill. 1992 ; C. santé publ., art. L. 1113-2.

(28) La formalité de dépôt consiste à remettre les objets entre les mains des préposés commis à cet effet ou d'un comptable public (C. santé publ., art. L. 1113-1).

(29) L'article L. 1113-3 du Code de la santé publique prévoit que la responsabilité s'étend sans limitation aux objets de toute nature détenus, lors de leur entrée, dans l'établissement, par les personnes hors d'état de manifester leur volonté ou devant recevoir des soins d'urgence et qui, de ce fait, se trouvent dans l'incapacité de procéder aux formalités de dépôt.

(30) L. 6 juill. 1992 ; C. santé publ., art. L. 1113-4.

(31) L. 6 juill. 1992 ; C. santé publ., art. L. 1113-5.

(32) L. 6 juill. 1992 ; C. santé publ., art. L. 1113-6.

(33) L. 6 juill. 1992 mod. Ord. 27 avr. 2010 ; C. santé publ., art. L. 1113-7. L'administration des domaines peut toutefois, sous certaines conditions fixées par décret, refuser la remise des objets dont la valeur est inférieure aux frais de vente prévisibles. Dans ce cas, les objets deviennent la propriété de l'établissement détenteur. Le montant de la vente, ainsi que les sommes d'argent, les titres et les valeurs mobilières et leurs produits sont acquis de plein droit au Trésor public cinq ans après la cession par les services des domaines ou à la remise à la Caisse des dépôts et consignations, s'il n'y a pas eu, dans l'intervalle, réclamation de la part du propriétaire, de ses représentants ou de ses créanciers. Ces dispositions sont portées à la connaissance de la personne admise ou hébergée, ou de son représentant légal, au plus tard le jour de sa sortie de l'établissement ou, en cas de décès, à celle de ses héritiers, s'ils sont connus, six mois au moins avant la remise des objets détenus par l'établissement au service des domaines ou à la Caisse des dépôts et consignations (C. santé publ., art. L. 1113-8).

(34) L. 6 juill. 1992 ; C. santé publ., art. L. 1113-7, al. 3.

SECTION 4

LE SÉQUESTRE

596. – Le dépôt d'une chose litigieuse. Le séquestre[35] est le dépôt d'une chose litigieuse entre les mains d'un tiers qui s'oblige à la rendre, une fois la contestation terminée, à la personne qui sera jugée devoir l'obtenir (C. civ., art. 1956). La spécificité de ce dépôt est donc de porter sur une chose qui donne lieu à un litige. Le séquestre suppose nécessairement une contestation qui justifie cette mise en dépôt auprès d'un tiers. La Cour de cassation admet toutefois qu'un séquestre puisse porter sur une chose donnée en garantie par un débiteur ou dont l'attribution n'est pas faite de manière précise et définitive[36]. À l'inverse du dépôt ordinaire qui ne concerne que les biens meubles (C. civ., art. 1918), le séquestre peut aussi s'attacher à un immeuble (C. civ., art. 1959 et 1961).

597. – Les deux séquestres : conventionnel ou judiciaire. Le séquestre est conventionnel ou judiciaire, distingue l'article 1955 du Code civil. Dans la première formule, en pratique assez rare, il s'agit d'un contrat conclu entre les personnes en litige et un tiers dépositaire : la qualité de déposant appartient aux deux parties en litige, même si une seule remet physiquement la chose en séquestre. La seconde figure, dénommée aussi par le Code civil « dépôt judiciaire », est ordonnée par le juge ; l'hypothèse est fréquente dès lors que les deux litigants ne s'accordent pas sur le principe d'un séquestre conventionnel. La personne constituée séquestre, également appelée « gardien judiciaire », est désignée par les parties ou nommée par le juge (C. civ., art. 1963)[37]. Le dépôt judiciaire est un contrat dont l'origine est judiciaire et qui cette fois lie le séquestre au « saisissant » qui a demandé une telle mesure au juge. L'article 1961 prévoit que :

> **« La justice peut ordonner le séquestre :**
> **1° Des meubles saisis sur un débiteur ;**
> **2° D'un immeuble ou d'une chose mobilière dont la propriété ou la possession est litigieuse entre deux ou plusieurs personnes ;**
> **3° Des choses qu'un débiteur offre pour sa libération »**[38].

Alors que la lettre de ce texte plaide en faveur d'une limitation des cas de désignation de séquestre judiciaire, la jurisprudence estime que l'énumération proposée n'est pas limitative : « Les tribunaux et, en cas d'urgence, les juges des référés,

(35) V. J. Issa-Sayegh : *JCl. Civil Code*, Art. 1955 à 1963.

(36) Est ainsi constitué comme séquestre l'agent immobilier qui intervient pour la signature d'une promesse unilatérale de vente sur un immeuble pour le versement d'une somme qui doit être soit imputée sur le prix de vente, soit demeurer acquise au vendeur si les bénéficiaires de la promesse ne lèvent pas l'option, soit être restituée à ces derniers, s'ils n'obtiennent pas les prêts prévus à titre de condition suspensive (Cass. 1re civ., 31 janv. 1995, n° 92-17.153 : *Contrats, conc. consom.* 1995, comm. 68, obs. L. Leveneur).

(37) Il n'est pas nécessaire pour la désignation d'un séquestre que celui-ci soit partie à la procédure (Cass. com., 29 janv. 1974 : *JCP G* 1974, II, 17815, note A. Bernard).

(38) Il résulte de l'article 1961, 3°, du Code civil que lorsqu'il remet au séquestre désigné par justice les choses qu'il a offertes pour sa libération, le débiteur est libéré (Cass. 1re civ., 17 févr. 1998 : *Contrats, conc. consom.* 1998, comm. 58, note L. Leveneur ; *RTD civ.* 1999, p. 414, n° 2, obs. P.-Y. Gautier).

sont investis d'un pouvoir souverain d'appréciation à l'effet d'ordonner la nomination d'un administrateur séquestre lorsqu'ils estiment que cette mesure est indispensable et urgente »(39).

598. – **Le régime du séquestre.** La personne qui reçoit une chose au titre d'un séquestre conventionnel ou judiciaire est tenue des mêmes obligations qu'un dépositaire. Elle doit ainsi veiller à la conservation de la chose litigieuse, et doit éventuellement l'administrer(40). Le séquestre est la plupart du temps rémunéré, la responsabilité est alors celle du dépositaire salarié ; ce dernier se libère par la preuve de son absence de faute(41).

Le séquestre rémunéré est payé soit par toutes les parties au séquestre conventionnel, soit, en cas de séquestre judiciaire, par le saisissant(42) ; le dépositaire séquestre bénéficie d'un droit de rétention sur la chose déposée(43). Celui qui paye le séquestre tout en ayant obtenu judiciairement gain de cause exercera un recours contre l'autre litigant.

Le bien placé sous séquestre suit le régime de la chose placée en dépôt : le bien n'est pas transféré au créancier (le séquestre ne vaut pas paiement) même si la remise des fonds au séquestre revêt un effet libératoire et arrête le cours des intérêts(44).

599. – **Restitution de la chose litigieuse.** Le séquestre conventionnel ou judiciaire prend normalement fin lorsque la contestation est terminée : le dépositaire est alors tenu de restituer la chose à la personne dont le bon droit a été reconnu. Il peut être toutefois prématurément déchargé de sa mission par le consentement de toutes les parties intéressées. Mais il peut aussi demander, avant que la contestation soit terminée, d'être déchargé de manière anticipée de sa mission pour motif légitime (C. civ., art. 1960 : « Le dépositaire chargé du séquestre ne peut être déchargé avant la contestation terminée, que du consentement de toutes les parties intéressées, ou pour une cause jugée légitime »(45)). Le juge qui appréciera la légitimité de la cause avancée par le séquestre procédera à la décharge de ce dernier, et concomitamment, à la désignation d'un nouveau séquestre.

---

(39) Cass. soc., 15 mars 1956 : *Bull. civ.* 1956, IV, n° 256.

(40) V. Cass. 1re civ., 21 févr. 1995 : *Resp. civ. et assur.* 1995, comm. 177 (« Le séquestre conventionnel doit conserver et administrer le bien séquestré dans la mesure que commandent la nature de celui-ci et l'étendue de sa mission »). Sur le dépositaire séquestre d'actions appelé à exercer le droit de vote attaché à celles-ci : Cass. com., 15 févr. 1983 : *Bull. civ.* 1983, IV, n° 66.

(41) Cass. 1re civ., 15 mai 2008 : *JCP G* 2008, IV, 2079 : séquestre d'un vin… « piqué ». V. *supra*, n° 525.

(42) C. civ., art. 1962. La rémunération payée est celle fixée par la loi.

(43) Le séquestre bénéficie du droit de rétention prévu par l'article 1948 du Code civil (Cass. 1re civ., 22 mai 1962 : *D.* 1965, p. 58, note R. Rodière).

(44) Cass. 3e civ., 6 janv. 1999 : *RTD civ.* 1999, 414, note P.-Y. Gautier. – Cass. 3e civ., 17 févr. 1998 : *Contrats, conc. consom.* 1998, 58, obs. L. Leveneur ; *RTD civ.* 1998, 7000, note P.-Y. Gautier.

(45) Cass. 1re civ., 20 janv. 2021, n° 19-18.567 : *Contrats, conc. consom.* 2021, comm. 54, obs. L. Leveneur ; *RTD civ.* 2021, p. 438, obs. P.-Y. Gautier : « au sens de ce texte, les parties intéressées incluent non seulement celles qui ont demandé le séquestre, mais encore les personnes qui ont un intérêt sur la chose sequestrée ».

TROISIÈME PARTIE

LES CONTRATS SUR LES LITIGES

600. – Les modes alternatifs de règlement des conflits. Tout contrat est un procès qui s'ignore. Contrat et litige ont partie liée et il n'est pas étonnant que le premier se soit emparé du second. Le litige est devenu objet de contrat.

La qualification de contrats sur litiges surprend. À côté des choses, richesses préexistantes, et des prestations, où la richesse mobilise l'activité humaine, le litige serait-il le support d'une catégorie originale de contrats ? Conclure un accord pour régler un désaccord, afin d'éviter le contentieux judiciaire, est une pratique louée de longue date : le mauvais arrangement qui supplante le bon procès chez Balzac. Tel est l'objet du contrat de transaction, qui s'affiche depuis 1804 au titre XV du livre III du Code civil, petit contrat qui a pris de l'ampleur dans tous les secteurs du droit de l'entreprise, droit social notamment, témoignant ainsi d'un refoulement croissant du juge étatique.

Cette figure n'épuise pas les formules faisant appel au contrat afin d'évincer le recours au juge judiciaire. Certains justiciables, spécialement les sociétés commerciales, vont préférer avoir recours à d'autres mécanismes que les procédures judiciaires étatiques pour résoudre le différend qui les oppose : l'accord a pour objet « d'évincer » le juge judiciaire et d'encadrer la manière dont le litige sera jugé. La doctrine rassemble aujourd'hui ces formules sous l'appellation de « modes alternatifs de règlement des conflits », « à la mode des sigles, les MARC »,[1] *Alternative Dispute Resolution (ADR)*, et leur consacre des études d'ensemble[2]. Ces modes alternatifs sont d'actualité. Ils sont parfois même encouragés par les pouvoirs publics. Les raisons de cet engouement pour l'alternative à la « justice étatique » sont célèbres : trop lente et aux résultats parfois aléatoires et imprévisibles, la justice *du palais* dissuade sinon irrite. Le procès judiciaire suscite la contradiction

(1) G. Cornu, *Les modes alternatifs de règlement des conflits. Rapport de synthèse : RID comp.* 1997, p. 313.
(2) V. L. Cadiet et a., *Médiation et arbitrage, Alternative Dispute Resolution*, Litec, 2005 ; *Les modes alternatifs de règlement des litiges : RID comp.* 2-1997. Du même auteur avec Th. Clay, *Les modes alternatifs de règlement des conflits*, Dalloz, 3e éd., 2019.

peu propice à renouer des liens après le litige, il se prête mal aux explications techniques et approfondies que requiert parfois le litige commercial, la publicité des débats peut affecter l'image ou le crédit de l'entreprise justiciable.

Sous l'appellation de « modes alternatifs de règlement des conflits » cohabitent des formules bien différentes : médiation[(3)], conciliation[(4)], arbitrage, transaction... ou, plus récemment, « convention de procédure participative »[(5)], autant de techniques diversement mises en place, et qui n'ont pas toutes vocation à écarter le traitement judiciaire du litige.

L'attention se concentre sur les contrats tendant à évincer le juge judiciaire du litige : d'une part, dans le contrat de transaction (Titre 1), d'autre part, dans les conventions d'arbitrage (Titre 2).

(3) V. D. n° 2022-245 ; V. CPC, art. 131-1 et s. – *Adde* J. Joly-Hurard, *Conciliation et médiation judiciaires*, PUAM, 2003, préf. S. Guinchard. – B. Gorchs, *La médiation dans le procès civil : sens et contresens : RTD civ.* 2003, 409. – E. Serverin, *Le médiateur civil et le service public de la justice : RTD civ.* 2002, p. 229. – M. Foulon et Y. Strickler, *Clauses conventionnelles de médiation hors instance : JCP* G 2014, 1982.

(4) La Cour de cassation, en chambre mixte, a admis que « licite, la clause d'un contrat instituant une procédure de conciliation obligatoire et préalable à la saisine du juge, dont la mise en œuvre suspend jusqu'à son issue le cours de la prescription, constitue une fin de non-recevoir qui s'impose au juge si les parties l'invoquent », Cass. ch. mixte, 14 févr. 2003, n° 00-19.423 : *D.* 2003, p. 1386, note P. Ancel et M. Cottin ; *JCP* G 2003, I, chron. 128, n° 17, obs. L. Cadiet ; *ibid.*, chron. 142, n° 13, obs. G. Virassamy ; chron. 164, n° 9, obs. C. Seraglini ; *JCP* E 2004, chron. 424, p. 465, obs. S. Brena ; *RTD civ.* 2003, 295, n° 9, obs. J. Mestre et B. Fages ; *RDC* 2003, 182, obs. L. Cadiet et 190, obs. X. Lagarde. – Cette fin de non-recevoir peut être invoquée pour la première fois en cause d'appel, Cass. com., 22 févr. 2005 : *RDC* 2005, p. 1141, obs. X. Lagarde. – Cass. 1re civ., 1er févr. 2005 : *RDC* 2005, p. 1141, obs. X. Lagarde : la clause de conciliation ne constitue pas, en principe, une clause abusive. – *Contra* Cass. 1re civ., 16 mai 2018, nos 17-16.197 : *JCP* G 2018, 710, note crit. G. Paisant. – La jurisprudence a ensuite reculé sur l'analyse contractuelle obligatoire de cette clause. Tout d'abord l'existence d'une telle clause n'exclut pas la faculté de saisir la juridiction des référés, avant ou pendant le processus de conciliation, dès lors que cette saisine est justifiée par l'urgence des mesures sollicitées même s'il s'agit d'une demande de provision : Cass. com., 8 nov. 2016, n° 14-21.481 : *D.* 2016, 2071, 375, M. Mekki, 422, obs. N. Fricero ; *RTD civ.* 2017, 147, H. Barbier. – V. G. Huchet, *La clause de médiation et le traitement de l'urgence : LPA* 30 oct. 2008, p. 3. – Cette fin de non-recevoir peut également être régularisée avant que le juge ne statue, Cass. 2e civ., 16 déc. 2010 : *RDC* 2011, 917, C. Pelletier. – La Cour de cassation a finalement jugé que seules les clauses de conciliation assorties de conditions particulières de mise en œuvre revêtaient un caractère obligatoire pour les parties, la sanction de leur non-respect par une fin de non-recevoir n'est pas susceptible d'être régularisée : Cass. ch. mixte, 12 déc. 2014, n° 13-19.684 : *JCP* G 2015, 115, note N. Dissaux ; *RDC* 2015, p. 308. – Cass. com., 2 juin 2015, n° 14-13.689 : *RDC* 2016, p. 87, C. Pelletier. La rédaction de la clause devient essentielle : V. J.-M. Mousseron et a., *Technique contractuelle*, éd. F. Lefebvre, 5e éd., 2017, nos 1273 et s.

(5) L. n° 2010-1609, 22 déc. 2010 ; C. civ., art. 2062 : « La convention de procédure participative est une convention par laquelle les parties à un différend qui n'a pas encore donné lieu à la saisine d'un juge ou d'un arbitre s'engagent à œuvrer conjointement et de bonne foi à la résolution amiable de leur différend ». La formule prévoit l'assistance de l'avocat de chacune des parties. Tant que le contrat est en cours, il rend irrecevable le recours au juge. Un éventuel accord peut être homologué. – V. S. Amrani-Mekki, *La convention de procédure participative : D.* 2011, 3007.

TITRE 1

LE CONTRAT DE TRANSACTION

601. – Présentation du contrat de transaction. Au terme transaction s'attachent des sens multiples(1). L'article 2044 du Code civil procure la définition de ce contrat :

> « La transaction est un contrat par lequel les parties par des concessions réciproques terminent une contestation née, ou préviennent une contestation à naître.
> Ce contrat doit être rédigé par écrit »(2).

La transaction est un contrat synallagmatique dont on estime généralement qu'il est commutatif(3), et qui a pour objet de mettre fin à un litige né ou à naître. Dès lors qu'elle produit des effets comparables à un jugement, la transaction est à la rencontre du droit des contrats et du droit processuel. Complétant l'article 2044, la jurisprudence reprend : « La transaction est un contrat par lequel les parties terminent une contestation née ou à naître en se consentant des concessions réciproques »(4). L'exigence de concessions réciproques est désormais au cœur du contrat de transaction.

602. – Évolution du contrat de transaction : petit contrat devenu grand ! Les causes du succès de la transaction tiennent largement aux imperfections de la justice judiciaire (lenteur, coût, incertitude...). La transaction a de la sorte connu

(1) Dans le langage commun d'abord, on parle de transactions commerciales pour évoquer des contrats. Dans le langage juridique encore : V. G. Cornu (ss dir.), *Vocabulaire juridique Capitant*, V° *Transaction*. Outre la définition de l'article 2044 du Code civil, la transaction désigne : – « le mode d'extinction de l'action publique résultant du pouvoir conféré à certaines administrations (contributions directes, douanes, eaux et forêts, concurrence et prix) de renoncer à l'exercice de poursuites contre un délinquant, en le contraignant à verser une somme destinée à tenir lieu de pénalité » ; – « la convention par laquelle une administration (contributions indirectes, douanes, eaux et forêt) accepte que soient atténuées les peines pécuniaires prononcées par une juridiction répressive contre un délinquant (transaction après condamnation) » ; – « dans le langage de la pratique financière, toute opération de bourse sur valeurs ou marchandises, tout marché commercial ».

(2) Bibliographie : B. Mallet-Bricourt et C. Nourissat (ss dir.) *La transaction dans toutes ses dimensions*, Dalloz, 2006. – L. Mayer, *La transaction, un contrat spécial : RTD civ.* 2014, p. 523. – L. Pizzio-Delaporte, *De la transaction prévue par le Code civil*, in *1804-2004, Le bicentenaire du Code civil*, Dalloz, 2004, p. 598 et s. – *Adde* L. Boyer, *La notion de transaction. Contribution à l'étude des concepts de cause et d'acte déclaratif*, thèse, Toulouse, 1947. – F. Boulan, *La transaction en droit privé positif*, thèse, Aix-en-Provence, 1971.

(3) En ce sens, L. Boyer : *Rép. civ.* Dalloz, V° *Transaction*, n° 31. – *Contra*, A. Bénabent qui penche pour la nature aléatoire, n° 994.

(4) Cass. com., 22 nov. 1988 : *Bull. civ.* 1988, IV, n° 320.

un développement considérable en droit du travail. À l'occasion de la rupture du contrat de travail, singulièrement lorsqu'il y a licenciement, la transaction permet de régler les conséquences de cette situation en évitant le procès prud'homal[(5)]. Mais le législateur a aussi encouragé le développement de la transaction dans le cadre de l'indemnisation de certains préjudices[(6)]. Le contrat de transaction n'est donc plus l'un de ces *petits contrats* nommés du Code civil choyés par le doyen Carbonnier[(7)] ; il est devenu un outil contractuel majeur de la vie des affaires. Il est vrai que les avantages de la transaction sont *a priori* attractifs : le litige est vite réglé, avec la sécurité qu'offre l'autorité de la chose jugée associée à la formule contractuelle, à un coût souvent moindre que celui engendré par un procès, dans la discrétion, dans une atmosphère plus contractuelle que litigieuse qui permet de préserver des relations futures. Le droit public s'en empare[(8)].

Si l'on doit saluer la promotion d'une formule négociée de traitement des litiges, la transaction demeure perçue comme un instrument dangereux pour la partie réputée faible[(9)] ainsi que l'illustre le secteur du droit du travail, la jurisprudence sociale ayant de la sorte contribué à façonner le droit commun de la transaction[(10)].

Il importe donc d'attirer l'attention des parties sur l'originalité de la transaction et la difficulté parfois d'en maîtriser le fonctionnement. Étudions successivement dans cette perspective, l'identification (Chapitre 1), la formation (Chapitre 2) et les effets (Chapitre 3) de la transaction.

(5) V. not. X. Lagarde, *Les spécificités de la transaction consécutive à un licenciement* : *JCP G* 2001, I, 337.

(6) Ainsi la loi du 5 juillet 1985 tendant à l'amélioration de la situation des victimes d'accidents de la circulation et à l'accélération des procédures d'indemnisation oblige l'assureur à proposer une offre d'indemnité à une victime d'un accident de la circulation ayant subi un préjudice corporel (V. J.-P. Chauchard, *La transaction dans l'indemnisation du préjudice corporel* : *RTD civ.* 1989, p. 1). Un auteur observe même l'émergence d'un droit spécial de la transaction opposé au droit commun de ce contrat : nouvelle application de la loi de spécialisation de la matière (sur laquelle V. *supra*, n° 2). – V. L. Poulet, *Transaction et protection des parties faibles*, LGDJ, coll. « Bibl. dr. privé », 2005, t. 452, préf. Y. Lequette.

(7) V. J. Carbonnier, *Variations sur les petits contrats*, in *Flexible droit*, LGDJ, 10e éd., 2000, p. 308 et s.

(8) La loi du 10 août 2018 pour un État au service d'une société de confiance comporte une disposition visant à favoriser le recours par l'État à la transaction. La loi a créé les comités ministériels de transaction chargés de se prononcer sur le principe du recours à la transaction et sur le montant de celle-ci (CRPA, art. L. 423-2) : V. A. Denizot, *Les comités ministériels de transaction* : *RTD civ.* 2019, 197. – G. Eveillard, *La transaction* : *RFDA* 2018, p. 829.

(9) V. L. Poulet, *Transaction et protection des parties faibles*, préc.

(10) V. P.-Y. Gautier, *Les interactions du droit civil et du droit du travail*, *in* B. Teyssié (ss dir.), *Les sources du droit du travail*, PUF, 1998, p. 129 et s.

C H A P I T R E 1

L'IDENTIFICATION DU CONTRAT DE TRANSACTION

603. – **Plan.** La transaction est un contrat (Section 1) par lequel les parties terminent une contestation née ou à naître (Section 2) en se consentant des concessions réciproques (Section 3).

S E C T I O N 1

LA TRANSACTION EST UN CONTRAT…

604. – **Transaction et jugement.** Il n'y a pas que la transaction qui a vocation à mettre fin à un litige. C'est naturellement l'objet d'un jugement ou d'une sentence arbitrale. Mais ces derniers ne résultent pas d'un accord des parties et nécessitent l'intervention d'un tiers. Cette distinction n'est pas toujours aussi nette en pratique. Les parties à un litige peuvent, en effet, au cours d'une instance, conclure un accord mettant fin au litige et solliciter une consécration judiciaire, ou arbitrale, de cet acte. On est alors en présence de ce que l'on appelle classiquement un « contrat judiciaire »(1), ou d'une sentence arbitrale « d'accord parties »(2), dont la nature peut être discutée : du « contractuel » ou du « judiciaire », lequel l'emporte-t-il(3) ? Tout dépend du rôle du juge. Si ce dernier ne fait que constater l'accord des parties, la nature conventionnelle doit être privilégiée. L'accord, pour autant qu'il comporte des concessions réciproques, est alors une transaction (on parle

(1) V. sur le contrat judiciaire, Y. Muller, *Le contrat judiciaire en droit privé*, thèse, Paris I, 1995. – V. A. Engel-Creach, *Les contrats judiciairement formés*, Economica, 2002.

(2) D. Bensaude, *La « sentence d'accord-parties » n'est pas une sentence* : *Gaz. Pal.* 6-8 janv. 2013, n° 8, à propos de Cass. 1re civ., 14 nov. 2012, n° 11-24.238.

(3) V. sur cette question, not. P.-Y. Gautier, obs. ss Cass. 1re civ., 30 juin 1993 : *RTD civ.* 1993, p. 634, n° 4. – Y. Desdevises, *Les transactions homologuées : vers des contrats juridictionnalisables* : *D.* 2000, chron. p. 284. La Cour de cassation estime qu'une transaction homologuée ne peut servir de titre à une expulsion car elle ne constitue aucun des deux titres exécutoires limitativement énumérés par l'article 61 de la loi du 9 juillet 1991 sur les procédures civiles d'exécution – abrogé par l'ordonnance n° 2011-1895 du 19 décembre 2011 – (Cass., avis, 20 oct. 2000 : *JCP* G 2001, II, 10479, note Y. Desdevises ; *RTD civ.* 2001, p. 213, obs. R. Perrot ; *RTD civ.* 2001, p. 384, obs. P.-Y. Gautier).

de jugement convenu ou d'expédient)[4]. Si, en revanche, en dépit de l'accord des parties, le juge rend une décision qui prend en compte ce dernier mais tranche néanmoins le litige, ce jugement, est traité comme une décision contentieuse[5].

605. – **Transaction et reçu pour solde de tout compte.** La transaction est parfois confondue avec le reçu pour solde de tout compte qui est un document susceptible d'être remis par le salarié à l'employeur lors de la résiliation ou à l'expiration du contrat de travail. Les deux actes doivent être nettement distingués, ne serait-ce que parce que la transaction est un contrat, ce qui n'est pas le cas du reçu pour solde de tout compte qui est un acte unilatéral et n'a pas d'effet libératoire immédiat à l'égard de l'employeur[6].

SECTION 2

... PAR LEQUEL LES PARTIES TERMINENT UNE CONTESTATION NÉE OU À NAÎTRE...

606. – **La nécessité d'une contestation : distinction entre la transaction et le partage amiable.** La transaction suppose nécessairement l'existence d'une contestation née ou à naître. La transaction se distingue en cela du partage amiable, convention par laquelle les indivisaires mettent fin à une indivision, par l'attribution à chacun d'eux d'un droit exclusif sur la chose qui n'implique pas, en effet, la présence d'un litige. En revanche, lorsque le partage intervient dans une situation litigieuse entre les indivisaires, le partage a aussi vocation à régler ce litige et se rapproche alors nettement de la transaction au point de parler de transaction-partage. Cette dernière figure ne suppose pas un contentieux ouvert : il suffit que les droits des parties restent discutables.

L'enjeu ne doit pas être exagéré (l'action en rescision est ouverte à l'égard du partage, pas de la transaction).

607. – **La nécessité d'une contestation litigieuse ; distinction entre la transaction et la résiliation conventionnelle.** La discussion est d'abord pratique ; le domaine du droit du travail offre le terrain d'étude. Lorsque la transaction est consécutive à la résiliation conventionnelle d'un contrat de travail, la confusion est fréquemment faite entre ces deux actes. De fait le Code du travail prévoit que :

(4) On est en présence d'un contrat, pas d'un jugement : l'acte ne doit pas ouvrir accès aux voies de recours.

(5) L'article 1568 du Code de procédure civile dispose : « Lorsque l'accord auquel sont parvenues les parties à une médiation, une conciliation ou une procédure participative prend la forme d'un acte contresigné par les avocats de chacune des parties, cet acte peut être revêtu, à la demande d'une partie, de la formule exécutoire ». Ces dispositions sont applicables à la transaction (CPC, art. 1571).

(6) « Le solde de tout compte, établi par l'employeur et dont le salarié lui donne reçu, fait l'inventaire des sommes versées au salarié lors de la rupture du contrat de travail. Le reçu pour solde de tout compte peut être dénoncé dans les six mois qui suivent sa signature, délai au-delà duquel il devient libératoire pour l'employeur pour les sommes qui y sont mentionnées » (C. trav., art. L. 1234-20).

> « L'employeur et le salarié peuvent convenir en commun des conditions de la rupture du contrat de travail qui les lie.
>
> La rupture conventionnelle, exclusive du licenciement ou de la démission, ne peut être imposée par l'une ou l'autre des parties.
>
> Elle résulte d'une convention signée par les parties au contrat. Elle est soumise aux dispositions de la présente section destinées à garantir la liberté du consentement des parties » (C. trav., art. L. 1237-11).

La chambre sociale de la Cour de cassation exprime avec netteté la différence entre la transaction et la rupture amiable : « Si les parties à un contrat de travail décident, d'un commun accord, d'y mettre fin, elles se bornent à organiser les conditions de la cessation de leurs relations de travail, tandis que la transaction consécutive à une rupture du contrat par l'une ou l'autre des parties, a pour objet de mettre fin, par des concessions réciproques, à toute contestation née ou à naître résultant de cette rupture ; qu'il s'ensuit que la transaction ayant pour objet de mettre fin au litige résultant d'un licenciement ne peut valablement être conclue qu'une seule fois la rupture intervenue et définitive »(7). La Cour de cassation fonde donc la distinction entre résiliation amiable et transaction sur la finalité respective des deux opérations : la résiliation amiable se borne simplement à organiser les conditions de la cessation des relations contractuelles, alors que la transaction vise à régler les conséquences conflictuelles de cette rupture(8). Sur le plan de la technique contractuelle, mieux vaut éviter de rédiger un seul écrit qui traduirait l'accord de rupture et la transaction(9).

Au-delà du contexte particulier du droit du travail, la contestation qui justifie la transaction doit d'ores et déjà revêtir un caractère litigieux afin que le contrat ait déjà un objet (le droit litigieux) ; à défaut la transaction n'aurait pas de contenu et serait frappée de nullité(10). La difficulté tient à distinguer le moment où la

---

(7) Cass. soc., 29 mai 1996 : *Dr. soc.* 1996, p. 689, obs. J. Savatier ; *Dr. et patrimoine* 1996, n° 1453, obs. P.-H. Antonmattei ; *JCP G* 1996, II, 22711, 2e esp., note F. Taquet. – Cass. soc., 16 juill. 1997 : *Bull. civ.* 1997, V, n° 278 ; *JCP G* 1997, I, 4060, n° 10, obs. L. Cadiet ; *JCP G* 1998, I, 119, n° 15, obs. P. Morvan. – *Adde* H. Blaise, *Rupture amiable et transaction : une distinction délicate en droit du travail* : *Dr. soc.* 1996, p. 33. – C. Radé, *L'autonomie du droit du licenciement (brefs propos sur les accords de rupture amiable du contrat de travail et les transactions)* : *Dr. soc.* 2000, p. 178.

(8) La chambre sociale de la Cour de cassation considère que la transaction « ne peut être valablement conclue par le salarié licencié que lorsqu'il a eu connaissance effective des motifs du licenciement par la réception de la lettre de licenciement » (Cass. soc., 14 juin 2006 : *JCP S* 2006, 1641, note D. Asquinazi-Bailleux). La nullité de la transaction conclue avant cette date est une « nullité relative instituée dans l'intérêt du salarié qui ne peut, dès lors, être invoqué par l'employeur » (Cass. soc., 28 mai 2002 : *Dr. soc.* 2002, 783, obs. G. Couturier) ; cette nullité se prescrit par cinq ans (Cass. soc., 14 janv. 2003 : *Dr. soc.* 2003, 441, obs. J. Mouly).

(9) A ainsi été jugé que l'accord intitulé « Protocole d'accord valant transaction », qui met fin à un litige pendant devant les conseils de prud'hommes concernant les conditions de travail du salarié, constate la rupture du contrat de travail et prévoit le paiement d'une indemnité forfaitaire incluant le montant des diverses demandes soumises au conseil de prud'hommes, ainsi que l'indemnité compensatrice de congés payés et l'indemnité de licenciement, ne peut valablement constituer, ni une rupture d'un commun accord en l'état d'un litige existant entre les parties, ni même une transaction qui ne peut intervenir qu'une fois le licenciement prononcé (Cass. soc., 26 oct. 1999 : *JCP E* 2000, p. 520, note C. Puigelier). – Cass. soc., 25 mars 2015, n° 13-23.368 : un salarié et son employeur ayant signé une convention de rupture ne peuvent valablement conclure une transaction, d'une part, que si celle-ci intervient postérieurement à l'homologation de la rupture conventionnelle par l'autorité administrative, d'autre part, que si elle a pour objet de régler un différend relatif non pas à la rupture du contrat de travail, mais à son exécution sur des éléments non compris dans la convention de rupture.

(10) Cass. 1re civ., 6 oct. 2004, n° 01-17.094 : aucune instance en divorce n'étant engagée à la date du 11 avril 1988, les époux ne pouvaient valablement transiger sur leur droit futur à une prestation compensatoire.

chamaillerie tourne à la dispute litigieuse : la formulation de prétentions juridiques opposées donne prise à l'action en justice et paraît à même de caractériser cette étape(11).

608. – **La nécessité de mettre fin à cette contestation : la distinction entre la transaction et les conventions d'arbitrage.** La transaction n'est pas le seul contrat qui s'inscrit dans un cadre litigieux. Ainsi est-il des conventions d'arbitrage, clause compromissoire et compromis, dont l'objet est de confier à un ou plusieurs arbitres (juges privés) le soin de trancher le litige. La distinction est *a priori* aisée. La transaction met fin au litige, alors que le compromis ou la clause compromissoire ne produisent pas cet effet, mais sont destinés à organiser et encadrer le règlement arbitral du contentieux : c'est la sentence arbitrale qui mettra fin au litige en tranchant celui-ci en faveur de certaines prétentions et au détriment des prétentions contraires (V. *infra*, n° 623).

SECTION 3

... EN SE CONSENTANT DES CONCESSIONS RÉCIPROQUES

609. – **Existence des concessions réciproques.** Depuis plusieurs décennies, la Cour de cassation subordonne l'existence d'une transaction à la présence de concessions réciproques(12). Alors que les textes d'origine ne posaient pas cette exigence, la loi du 18 novembre 2016 de modernisation de la justice a toiletté l'article 2044 pour le mettre en conformité avec la jurisprudence(13). Ce critère est caractéristique(14) et permet ainsi de distinguer la transaction :

— de l'acquiescement au jugement qui emporte soumission aux chefs de demande de celui-ci et renonciation aux voies de recours(15) ;

— du désistement d'instance(16) ;

— du reçu pour solde de tout compte (V. *supra*, n° 605).

(11) Sur cette discussion, V. L. Boyer, *op. cit.* – Pour aller plus loin : H. Motulsky, *Le droit subjectif et l'action en justice* : *Arch. phil. dr.* 1964, p. 215-230 ; repris in *Écrits*, t. 1, *Études et notes de procédure civile*, Dalloz, 1973, p. 85-100.

(12) V. Cass. civ., 3 janv. 1883 : *DP* 1883, 1, p. 457. – Cass. civ., 13 mars 1922 : *DP* 1925, 1, p. 139 et les nombreux arrêts de la chambre sociale de la Cour de cassation dont Cass. soc., 29 mai 1996, préc. – Cass. ass. plén., 24 févr. 2006 : *Bull. civ.* 2006, ass. plén., n° 1 ; *RTD civ.* 2006, p. 301, obs. J. Mestre et B. Fages. – Cass. soc., 15 déc. 2010 : *Bull. civ.* 2010, V, n° 298. – V. C. Jarrosson, *Les concessions réciproques dans le contrat de transaction* : *D.* 1997, chron. p. 267 et s. – P. Soulier, *Existence et importance des concessions dans la transaction* : *TPS* 1997, chron. 19. – B. Fages, *Équilibre et transaction : l'exigence de concessions réciproques*, in *La transaction dans toutes des dimensions*, *op. cit.*, p. 54 et s.

(13) Les codificateurs se sont inspirés de Domat pour qui l'« on transige aux conditions dont on veut convenir, selon les règles générales des conventions... On peut transiger sans rien donner, sans rien promettre » (cité par P.-Y. Gautier, obs. ss Cass. soc., 13 mai 1992 : *RTD civ.* 1992, p. 783, n° 5).

(14) Cass. com., 10 févr. 2015, n° 13-24.979 : *RDC* 2015, p. 570, les accords de coexistence de marques, dès lors qu'ils comportent des concessions réciproques destinées à terminer une contestation née ou à prévenir une contestation à naître, constituent des transactions ; la Cour de cassation sanctionne la violation d'un tel accord sur le fondement délictuel de la contrefaçon de marque, et non au titre de la responsabilité contractuelle. – *Adde* P.-Y. Gautier, *Des transactions en propriété intellectuelle (accords de coexistence de marques)*, in *Mél. G. Bonet*, Litec-IRPI, 2010, p. 239. – C. Caron, *La discrète omniprésence des accords de coexistence en droit des marques* : *Comm. com. électr.* janv. 2013, étude 1.

(15) CPC, art. 409, al. 1er.

(16) Sur les difficultés à distinguer parfois transaction et désistement, V. R. Perrot, obs. ss Cass. soc., 12 janv. 1993 : *RTD civ.* 1993, p. 887, n° 6.

610. – **Contenu des concessions réciproques.** La jurisprudence a précisé le contenu des concessions réciproques attendues de la transaction. L'objet de la renonciation de chacune des parties est largement accueilli. La renonciation peut, en effet, porter sur des droits, des prétentions ou des actions qui peuvent même être étrangers au litige. L'accord peut juxtaposer transaction et un autre contrat[17]. Les concessions peuvent même être indirectes et consenties par un tiers[18]. En revanche, le salarié qui signe une transaction pendant l'exécution de son contrat de travail ne peut renoncer au bénéfice des dispositions d'une convention ou d'un accord collectif de travail[19]. Faire des concessions signifie classiquement que l'on abandonne une partie de ses prétentions initiales[20], ce qui est d'autant plus facile à contrôler lorsque la transaction intervient au cours d'une instance judiciaire. Si les juges veillent à ce que les concessions soient vraiment réciproques, ils ne tiennent pas compte, en revanche, de leur importance relative[21]. Toutefois, il n'y a pas de concessions réciproques si une partie abandonne ses droits pour une contrepartie dérisoire finalement inexistante[22]. On verra dans cette dernière jurisprudence une application particulière de l'article 1169 du Code civil.

611. – **Appréciation judiciaire des concessions réciproques ; l'aléa judiciaire évincé, la paix des braves.** Comment le juge doit-il opérer pour apprécier l'existence des concessions réciproques ? L'aléa du contentieux évité se reporte sur le contrat et évince tout contrôle judiciaire sur l'appréciation qui a été faite par les parties de leurs chances et risques du procès déjoué. On ne saura jamais qui aurait gagné le procès : l'issue judiciaire est écartée au profit de la paix des braves. En ce sens la transaction comporte une dimension aléatoire[23].

L'appréciation judiciaire des concessions nécessaires a suscité un important contentieux en droit du travail quant au pouvoir du juge et au formalisme requis[24].

---

(17) Cass. ass. plén., 24 févr. 2006, n° 04-20.525 : *JCP G* 2006, II, 10065, avis J. Cedras ; *D.* 2006, 2076, Ch. Jamin ; *RDC* 2006, 689, Y.-M. Laithier (transaction et promesse unilatérale de vente). – Cass. com., 28 janv. 2003 : *Propr. ind.* mai 2003, n° 36, p. 19, note J.R. (transaction et licence de brevet).

(18) Cass. com., 25 oct. 2011 : *Rev. sociétés* 2012, 25, Th. Bonneau ; *RTD civ.* 2012, 128, P.-Y. Gautier.

(19) V. not. Cass. soc., 10 mars 1998 : *Bull. civ.* 1998, V, n° 315.

(20) V. D. Veaux : *JCl. Civil Code*, Art. 2044 à 2058, Fasc. 10, n° 68.

(21) Cass. soc., 17 mars 1982 : *Bull. civ.* 1982, V, n° 180 ; *Defrénois* 1983, p. 406, obs. G. Vermelle. – Cass. soc., 11 oct. 1994 : *Dr. soc.* 1994, p. 982, obs. P.-H. Antonmattei. En l'espèce, un salarié réclamait 76 224 € alors que l'employeur lui proposait 30 486 €. La transaction a eu lieu à hauteur de 38 112 €. – Un arrêt en date du 19 février 1997 (*Bull. civ.* 1997, V, n° 74 ; *RTD civ.* 1997, p. 967, n° 3, obs. P.-Y. Gautier) mérite une attention particulière. En l'espèce, une salariée engagée à compter du 1er juillet 1978 en qualité de caissière avec un horaire hebdomadaire de trente heures est informée le 6 août 1992 de la modification de ses horaires de travail, comportant désormais deux nocturnes jusqu'à 21 heures 30 ou 22 heures. Ayant refusé ces nouveaux horaires, elle est licenciée le 31 août 1992, signe le 2 octobre 1992 une transaction et saisit la juridiction prud'homale. Pour prononcer la nullité de la transaction, la cour d'appel relève que la salariée n'a pas été licenciée pour faute grave et qu'elle a donc droit à l'indemnité conventionnelle de licenciement. Ayant constaté que celle-ci s'élevait à la somme de 1 905,10 €, alors que la somme allouée en vertu de la transaction s'élevait à 2 286 €, la cour d'appel décide que la transaction est nulle, faute d'une concession appréciable. Le pourvoi formé par l'employeur est rejeté.

(22) Cass. 1re civ., 4 mai 1976 : *Bull. civ.* 1976, I, n° 157 ; *JCP G* 1976, IV, 209. – *Adde* Cass. soc., 28 nov. 2000 : *RJS* 2001, n° 197.

(23) Cass. com., 2 oct. 2001 : *D.* 2001, 3119, note A. Liénhard. En ce sens, V. A. Bénabent, n° 994.

(24) Cass. soc., 21 mai 1997 : *JCP G* 1997, II, 22926, note F. Taquet ; *Dr. soc.* 1997, p. 745, obs. G. Couturier : pour déterminer le caractère réel ou non des concessions réciproques contenues dans la transaction, le juge peut, sans heurter l'autorité de la chose jugée attachée à la transaction, restituer aux faits énoncés dans la lettre de licenciement leur véritable qualification. – Cass. soc., 24 oct. 2000 : *Dr. soc.* 2001, p. 27 et l'article de G. Couturier. – Cass. soc., 23 janv. 2001 : *Dr. soc.* 2001, p. 320, obs. G. Couturier. – Cass. soc., 12 juill. 2006, n° 03-46.446, inédit.

CHAPITRE 2

LA FORMATION DU CONTRAT DE TRANSACTION

612. – Plan. Envisageons successivement le consentement (Section 1), la capacité (Section 2), le contenu (Section 3) et la forme (Section 4).

SECTION 1

LE CONSENTEMENT

613. – Aménagement du droit commun ; loi du 18 novembre 2016. La transaction est un contrat soumis aux règles de droit commun de formation des conventions, même si la conclusion de ce contrat est parfois imposée par la loi(1). Les textes d'origine du Code civil reproduisaient de la sorte les principes relatifs à la théorie des vices du consentement en les adaptant à ce contrat particulier(2). La loi du 18 novembre 2016 de modernisation de la justice du XXIe siècle a modifié cette présentation et à certains égards les règles de fond pour ce contrat.

Si le jeu du dol(3) ou de la violence(4) répond aux règles du droit commun, il n'en allait pas de même pour l'erreur, l'article 2052 du Code civil écartant pour la transaction toute influence de l'erreur de droit. Cette exclusion procédait d'une certaine

(1) Sur l'offre d'indemnisation faite à la victime par l'assureur qui garantit la responsabilité civile du fait d'un véhicule terrestre à moteur : V. C. assur., art. L. 211-9 et s.

(2) B. Mallet-Bricout, *Vice et transaction*, in *La transaction dans toutes ses dimensions*, préc., p. 35 et s.

(3) La Cour de cassation rappelle ainsi que le dol doit être déterminant. Par ex., la seule circonstance que les mensonges reprochés à un salarié aient amené l'employeur à lui consentir des concessions plus avantageuses n'est pas de nature à affecter la validité de la transaction. Les juges du fond doivent rechercher si sans les mensonges invoqués, il était évident que l'employeur n'aurait pas signé la transaction (Cass. soc., 12 févr. 1997 : *TPS* 1997, comm. 113, note P.-Y. Verkindt ; *RTD civ.* 1997, p. 693, n° 9, obs. P.-Y. Gautier ; *JCP* N 1998, 771, n° 27, obs. P. Mousseron). – *Adde*, pour un exemple plus récent de manœuvres dolosives, Versailles, 12 mai 1999 : *RJS* 1999, n° 1011. Par ailleurs, « si le juge peut rescinder la transaction pour dol, il n'a pas le pouvoir d'en modifier les termes, ni pour ce motif, ni pour un fait nouveau » (Cass. 1re civ., 17 déc. 2002 : *JCP* G 2003, II, 10081, note H. Kenfack ; *RTD civ.* 2003, 313, n° 2, obs. P.-Y. Gautier). – *Adde* Cass. 2e civ., 20 oct. 2005 : *Contrats, conc. consom.* 2006, comm. 23, obs. L. Leveneur. – Cass. 1re civ., 11 sept. 2013, n° 12-20.816 : *RTD civ.* 2013, obs. P.-Y. Gautier ; *JCP* G 1236, note N. Guerrero.

(4) V. Cass. 2e civ., 26 mai 2011 : *RTD civ.* 2011, 559, P.-Y. Gautier. – On a remarqué que « la transaction est particulièrement propice à un problème particulier, celui de la "violence légitime"… certaines menaces, comme celle de porter l'affaire en justice, pour obtenir le consentement de son partenaire sont légitimes et n'entraînent donc pas en principe la nullité du contrat ainsi obtenu… La solution est logique, car il est de bonne guerre, spécialement au cours des pourparlers précédant une transaction, de menacer l'autre partie de soumettre le différend au juge » (D. Veaux : *JCl.*

logique : le propre d'une transaction est de reposer sur des concessions fondées sur des prétentions dont la valeur juridique est précisément discutable, un contractant serait mal venu, une fois le contrat conclu, de se plaindre d'une erreur de droit. Chaque partenaire doit assumer ce risque(5). Pourtant les juges prenaient bien en compte une telle erreur lorsqu'ils sanctionnaient l'absence de concessions réciproques : la loi du 18 novembre 2016 sur la modernisation de la justice a supprimé toute référence à l'erreur de droit, désormais ouvertement prise en compte pour le contrat de transaction.

D'autres dispositions ont également été oblitérées du Code civil, mais sans être pour autant désavouées par le législateur. De la sorte l'article 2053 ancien du Code civil (abrogé) disposait qu'« une transaction peut être rescindée, lorsqu'il y a erreur dans la personne ou sur l'objet de la contestation »(6). L'erreur sur l'objet de la contestation, qui est, en pratique, la plus fréquemment invoquée, n'est pas toujours facile à identifier. Il faut bien veiller à ne pas admettre, sous couvert d'une erreur sur l'objet, une erreur sur la valeur. Ainsi lorsque la transaction porte sur la réparation d'un dommage, l'importance du préjudice n'est pas une erreur sur l'objet, mais sur la valeur, sa prise en compte au titre de ce texte est écartée(7). L'erreur sur l'objet est celle qui porte sur le droit qui est l'objet de la contestation. Sont alors admises l'erreur sur l'existence(8), mais aussi celle sur la nature de ce droit.

Est, par ailleurs, prise en compte, l'erreur de calcul qui, selon l'article 2058 ancien du Code civil, devait être réparée. Les seules erreurs de calcul qui peuvent donner lieu à rectification sont celles commises dans les opérations de calcul arithmétique(9).

Le Code civil admettait aussi formellement l'erreur sur le titre qui est à la base de la transaction. Ainsi, était-il prévu qu'« il y a également lieu à l'action en rescision contre une transaction, lorsqu'elle a été faite en exécution d'un titre nul, à moins que les parties n'aient expressément traité sur la nullité » (C. civ., art. 2054 ancien). La rescision ne pouvait toutefois être demandée lorsque la nullité du titre était le résultat d'une erreur de droit(10). Le code prévoyait encore que « la transaction faite sur pièces qui depuis ont été reconnues fausses est entièrement nulle » (C. civ., art. 2055). Le Code civil prévoyait pareillement que la transaction est également nulle si elle n'a qu'un objet sur lequel il serait constaté, par des titres nouvellement découverts, que l'une des parties n'avait aucun droit (C. civ., art. 2057, al. 2

Civil Code, Art. 2044 à 2058, Fasc. 30, n° 11). Mais une menace d'agir en justice peut être illégitime et entraîner la nullité de la transaction. Qui plus est, celui qui menace pour obtenir une transaction peut éventuellement commettre le délit de chantage prévu par l'article 312-10 du nouveau Code pénal (V. D. Veaux, *op. cit.*, n°s 17 et s.). – V., pour un exemple de violence morale, Cass. soc., 28 oct. 1997, n° 94-44.916. Par ailleurs, « la contrainte économique se rattache à la violence et non à la lésion » (Cass. 1re civ., 30 mai 2000 : *Bull. civ.* 2000, I, n° 169 ; *RTD civ.* 2000, p. 863, obs. P.-Y. Gautier ; *JCP* E 2001, p. 571, note R. Secnazi). – Pour un cas de violence morale non admis, V. Cass. soc., 18 déc. 2001 : *RJS* 2002, n° 283.

(5) L'annulation d'un brevet ne remet pas en cause la transaction mettant fin à un litige en contrefaçon intervenue antérieurement dans un autre litige : Cass. com., 28 janv. 2003 : *Propr. ind.* mai 2003, n° 36, p. 19, note J.R. – V. égal. Cass. 1re civ., 19 déc. 2000 : *Bull. civ.* 2000, I, n° 334 ; *RTD civ.* 2001, p. 381, obs. P.-Y. Gautier.

(6) Cass. 1re civ., 17 juin 2010, n° 09-14.144, nullité de la transaction sur la rémunération d'un mandataire, dont le mandat était lui-même nul.

(7) Cass. 1re civ., 21 févr. 1979 : *Bull. civ.* 1979, I, n° 72.

(8) V. par ex., Cass. soc., 24 nov. 1998 : *Bull. civ.* 1998, V, n° 515 ; *JCP* E 1999, p. 870, note F. Taquet ; *Dr. soc.* 1999, 351, note A. Jeammaud. En l'espèce, une transaction avait été conclue sur la croyance commune que seule l'indemnité légale de licenciement pouvait être réclamée par le salarié. Jugé que l'erreur ainsi commise portait sur l'objet même de la contestation, en sorte qu'elle affectait la validité de la transaction. – Comp. Cass. com., 28 janv. 2003, préc., l'erreur sur l'existence du droit de propriété industrielle ne remet pas en cause la transaction.

(9) V. not. Cass. req., 16 juin 1875 : *DP* 1877, 1, p. 71. – Cass. 3e civ., 15 mai 1991 : *Bull. civ.* 1991, III, n° 66.

(10) V. not. Cass. com., 26 nov. 1957 : *Bull. civ.* 1957, III, n° 326. – Sur l'influence de l'annulation du brevet sur le contrat de transaction concernant le procès en contrefaçon, V. Cass. com., 28 janv. 2003, préc.

ancien). En revanche, « lorsque les parties ont transigé généralement sur toutes les affaires qu'elles pouvaient avoir ensemble, les titres qui leur étaient alors inconnus, et qui auraient été postérieurement découverts, ne sont point une cause de rescision, à moins qu'ils n'aient été retenus par le fait de l'une des parties » (C. civ., art. 2057, al. 1er ancien). Plus généralement si le dol était présenté comme étant toujours une cause de nullité (C. civ., art. 2053, al. 2 ancien)(11), la transaction ne pouvait être attaquée pour cause de lésion (C. civ., art. 2052, al. 2 ancien).

La loi du 18 novembre 2016 a abrogé les articles 2053 à 2058 comme étant surabondants au regard des dispositions de droit commun(12). Il n'y a donc pas lieu à réviser les principes de droit positif autrefois codifiés.

SECTION 2

LA CAPACITÉ

614. – Vigilance. L'article 2045 du Code civil dispose très clairement que « pour transiger, il faut avoir la capacité de disposer des objets compris dans la transaction ». La transaction est en effet un acte de disposition grave, ce qui appelle le jeu de certaines autorisations. Ainsi :

– pour le mineur placé sous tutelle ou le majeur soumis au même régime, l'article 2045 du Code civil renvoie aux règles de droit des incapacités ; en présence d'un régime d'administration légale pure et simple, l'autorisation du juge des tutelles est nécessaire(13) ;

– en présence d'une procédure de liquidation judiciaire, la conclusion d'une transaction doit être autorisée par le juge-commissaire, le débiteur entendu ou dûment appelé(14) ;

– les communes et établissements publics ne peuvent transiger qu'avec l'autorisation expresse du Premier ministre (C. civ., art. 2045, al. 3)(15).

Celui qui transige pour autrui doit posséder, en principe(16), un pouvoir spécial et exprès(17).

(11) Cass. 2e civ., 20 oct. 2005 : *Contrats, conc. consom.* 2006, comm. 23, obs. L. Leveneur. – Cass. 1re civ., 11 sept. 2013, n° 12-20.816 : *RTD civ.* 2013, obs. P.-Y. Gautier ; *JCP G* 1236, note N. Guerrero.

(12) Selon l'exposé des motifs de la loi, l'article 2053 ne serait « que la reprise, en moins bien formulée, des articles 1108 et suivants – ancien – qui prévoient l'annulation d'un contrat affecté d'un vice du consentement, à savoir l'erreur, le dol et la violence. Il est donc inutile de le rappeler spécifiquement pour la transaction » ; et « il en va de même des articles 2047 et 2054 à 2058 qui ne font que reprendre des règles de droit commun ». – S. Amrani-Mekki, *Les modes amiables de résolution des différends dans la loi de modernisation de la justice du XXIe siècle* : *Gaz. Pal.* 31 janv. 2017, p. 46. – Y. Strickler, *Les modes alternatifs de règlement des différends dans la loi (...) du 18 nov. 2016 de modernisation de la justice* : *Procédures* 2017, 24.

(13) V. Cass. ch. mixte, 29 janv. 1971 : *D.* 1971, 301, concl. R. Lindon, note J. Hauser et E. Abitbol ; *JCP G* 1971, II, 16718. – C. civ., art. 389-5.

(14) V. C. com., art. L. 642-24.

(15) Cette autorisation n'est pas au nombre des décisions dont l'article 13 de la Constitution réserve la signature au président de la République (CE, 23 avr. 2001 : *Contrats-Marchés publ.* 2001, 126, note Delelis). – V. B. Plessix, *Transaction et droit administratif*, in *La transaction dans toutes ses dimensions*, *op. cit.*, p. 133.

(16) On admet que l'avocat, sans mandat spécial, puisse transiger pour son client, pour autant que la transaction ne concerne pas l'aliénation d'un bien (V. Cass. 1re civ., 16 mars 1994 : *Bull. civ.* 1994, I, n° 99).

(17) L'article 1988 du Code civil dispose que « le mandat conçu en termes généraux n'embrasse que les actes d'administration ». – V. *supra*, n° 523. Le mandat tacite a été parfois admis par la Cour de cassation (V. Cass. req., 13 juin 1936 :

SECTION 3

LE CONTENU

615. – Contenu. L'article 2044 définit le contenu juridique de la transaction : c'est un contrat qui termine une contestation née ou prévient une contestation à naître.

L'article 2049 définit l'étendue de la transaction :

> **« Les transactions ne règlent que les différends qui s'y trouvent compris, soit que les parties aient manifesté leur intention par des expressions spéciales ou générales, soit que l'on reconnaisse cette intention par une suite nécessaire de ce qui est exprimé »[18].**

Le texte portait sous la plume de Domat la volonté d'une interprétation restrictive à donner aux transactions[19] (V. *infra*, n° 620). Le contenu de la transaction doit encore répondre aux exigences du droit commun[20]. Il a par exemple été retenu que l'on pouvait transiger sur un droit et liberté fondamental, tel que la liberté d'expression[21]. On ne peut surtout transiger que sur des droits disponibles. Sont donc exclues les transactions portant :

– sur des droits hors commerce au sens de l'article 1162 du Code civil. C'est l'état des personnes qui en est la meilleure illustration ;

– sur des droits d'intérêt public. Ainsi, en matière pénale, la transaction est, en principe[22], sans effet sur l'action publique[23] ;

– sur des droits futurs d'ordre public. Ainsi lorsqu'une procédure de divorce n'est pas engagée, les époux ne peuvent valablement transiger sur leur droit futur à une prestation compensatoire[24]. En revanche, la transaction est possible sur un droit déjà né même s'il est d'ordre public[25].

Attention à l'exercice abusif du droit : est caractéristique d'une escroquerie le fait, pour un professionnel, de se porter faussement acquéreur d'un bien immobilier dans le seul but d'engager un recours administratif tendant à contester un permis de construire et obtenir ainsi une indemnité transactionnelle en contrepartie de son désistement d'instance[26].

DH 1936, p. 393). – V. pour un exemple de capacité à transiger du représentant d'un employeur, Cass. soc., 12 juill. 1995, n° 93-46.734, *Sté Air Algérie c/ M. Indja*.

(18) P.-Y. Gautier, *Le contenu subjectif ou objectif du contrat : l'exemple de la transaction : RDC* 2005, p. 1261.

(19) V. P.-Y. Gautier, *op. et loc. cit.*

(20) V. pour un exemple de nullité de la transaction en raison de l'absence d'un objet certain, Cass. soc., 18 mai 1999 : *RJS* 1999, p. 917. – *Adde* W. Dross, *Ordre public et transaction*, in *La transaction dans toutes ses dimensions, op. cit.*, p. 70 et s.

(21) Cass. soc., 14 janv. 2014, n° 12-27.284 : *D.* 2014, p. 215 ; *JCP G* 2014, 358, note J.-B. Perrier ; *RTD civ.* 2014, p. 400, obs. P.-Y. Gautier.

(22) Certains textes prévoient des exceptions. Ainsi en est-il en matière de délits fiscaux ou douaniers où l'administration compétente est autorisée sous certaines conditions à transiger avec le prévenu. V. D. Veaux : *JCl. Civil Code*, Art. 2044 à 2058, Fasc. 20, n° 33.

(23) L'article 2046 du Code civil autorise toutefois la transaction sur l'intérêt civil qui résulte d'un délit.

(24) V. Cass. 2e civ., 21 mars 1988 : *Bull. civ.* 1988, II, n° 74.

(25) V. X. Lagarde, *Transaction et ordre public* : *D.* 2000, chron. p. 217.

(26) Cass. crim., 15 sept. 2021, n° 20-80.239 : *RDC* mars 2022, p. 65, obs. R. Olliard.

SECTION 4

LA FORME

616. – **Principe : le consensualisme.** En dépit de l'article 2044, alinéa 2, du Code civil qui affirme que le contrat de transaction doit être rédigé par écrit, la Cour de cassation estime que l'écrit n'est pas exigé pour la validité du contrat[(27)]. La transaction demeure un contrat consensuel. L'exigence d'écrit ne concerne donc que la preuve de l'acte, et la jurisprudence applique ce faisant le droit commun, l'écrit n'est de la sorte pas exigé en matière commerciale[(28)] ; la preuve par témoins ou par présomptions est admise lorsqu'il existe un commencement de preuve par écrit[(29)], ou en cas d'impossibilité morale. Lorsque les parties ont choisi un écrit – ce qu'il faut en pratique leur conseiller –, la modification des termes de la transaction ne peut alors intervenir que par un autre écrit. La Cour de cassation restaure en la matière un parallélisme des formes[(30)].

617. – **Exceptions : le formalisme.** L'écrit est parfois exigé comme condition de validité de la transaction dans un souci de protection des parties. C'est le cas en matière de divorce (V. C. civ., art. 265-2 qui requiert un acte notarié lorsque sont en cause des biens soumis à publicité foncière) ou s'agissant des procédures d'indemnisation par l'assureur dans le domaine des accidents de la circulation[(31)].

---

(27) V. not. Cass. 1re civ., 18 mars 1986 : *Bull. civ.* 1986, I, n° 74.

(28) Cass. 1re civ., 18 mars 1986, préc.

(29) Cass. 3e civ., 6 févr. 1973 : *Bull. civ.* 1973, III, n° 104.

(30) Cass. 1re civ., 10 oct. 1995 : *Bull. civ.* 1995, I, n° 360 ; *RTD civ.* 1996, p. 643, n° 3, obs. P.-Y. Gautier : « Attendu que la transaction doit être rédigée par écrit et qu'elle est en conséquence soumise aux règles de preuve définies aux articles 1341 et suivants du Code civil ; que cette transaction ayant entre les parties l'autorité de la chose jugée en dernier ressort, celles-ci ne peuvent en modifier les modalités d'exécution qu'aux conditions de forme auxquelles elle est soumise ». – V. S. Becque, *Le parallélisme des formes en droit privé*, éd. Panthéon-Assas, 2003, nos 225 et s.

(31) V. C. assur., art. L. 211-16 ; la victime dispose du droit de dénoncer la transaction dans les quinze jours de sa conclusion, toute clause de la transaction par laquelle la victime abandonne son droit de dénonciation est nulle. – G. Chauchard, *La transaction dans l'indemnisation du préjudice corporel* : *RTD civ.* 1989, p. 1 et s.

CHAPITRE 3

LES EFFETS DU CONTRAT DE TRANSACTION

618. – Plan. Envisageons les effets de la transaction d'abord entre les parties (Section 1), puis à l'égard des tiers (Section 2).

SECTION 1

LES EFFETS ENTRE LES PARTIES

619. – Effet de nature contractuelle. Bien que ce ne soit pas essentiellement son objet, la transaction met le plus souvent à la charge des parties des obligations en contrepartie des concessions opérées. Il peut s'agir d'obligations de faire, de ne pas faire ou « de donner »[(1)]. L'article 2047 ancien du Code civil prévoyait que la stipulation d'une clause pénale est licite, le texte a été emporté par la loi du 18 novembre 2016 tant son contenu paraissait d'évidence.

La jurisprudence retient, par ailleurs, pour la transaction le jeu des sanctions liées à l'inexécution d'un contrat synallagmatique : la panoplie des moyens tirés de l'article 1217 du Code civil doit pouvoir être appelée[(2)].

620. – Effet de nature judiciaire, autorité de la chose jugée. L'article 2052 du Code civil issu de la loi du 18 novembre 2016 est dénué d'ambiguïté :

> « La transaction fait obstacle à l'introduction ou à la poursuite entre les parties d'une action en justice ayant le même objet ».

En d'autres termes, les transactions ont, entre les parties, l'autorité de la chose jugée en dernier ressort, comme l'explicitait autrefois ce texte du Code civil. C'est l'effet le plus saisissant de la transaction qui fait l'intérêt de cet accord. Toute

(1) Cass. ass. plén., 24 févr. 2006, préc.
(2) La résolution du contrat de transaction peut être obtenue sur le fondement de l'article 1184 (1224) du Code civil : CA Paris, 20 sept. 1996 : *D. affaires* 1997, p. 49.

action relative au litige tranché par la transaction est irrecevable ; une exception d'irrecevabilité s'impose au juge et à l'arbitre(3). Si la transaction intervient en cours d'instance judiciaire, le juge est dessaisi du litige quel que soit le stade de la procédure ; il demeure toutefois compétent pour ordonner l'exécution de la transaction(4). L'immutabilité de la chose transigée privera encore les parties de la faculté de résiliation unilatérale du contrat de transaction dépourvu de terme(5).

Cet effet extinctif de la transaction ne concerne toutefois que les seuls droits qui ont été expressément compris dans le périmètre de la transaction. Or, ce périmètre de l'effet extinctif n'est pas toujours facile à déterminer. Le Code civil encourage à une interprétation restrictive des termes d'une transaction. Ainsi, « les transactions se renferment dans leur objet : la renonciation qui y est faite à tous droits, actions et prétentions, ne s'entend que de ce qui est relatif au différend qui y a donné lieu » (C. civ., art. 2048)(6). Et on sait qu'elles ne « règlent que les différends qui s'y trouvent compris, soit que les parties aient manifesté leur intention par des expressions spéciales ou générales, soit que l'on reconnaisse cette intention par une suite nécessaire de ce qui est exprimé » (C. civ., art. 2049. V. *supra*, n° 615). Mais l'interprétation restrictive est édulcorée par la règle de raison, l'objet de la transaction s'élargissant à « la suite nécessaire de ce qui est exprimé » par la lettre de l'accord (comp. C. civ., art. 1194)(7).

621. – **Effet déclaratif.** Dès lors que la transaction est comparable à un jugement, il est légitime de se demander si elle a un effet déclaratif ou constitutif de droits. On s'accorde à reconnaître que la transaction n'a qu'un effet déclaratif. Elle n'a pas ainsi pour suite de créer ou de transférer un droit, mais elle vise seulement à reconnaître des droits préexistants(8). Aussi, « sauf intention contraire des parties, la transaction n'emporte pas novation »(9). Mais on a justement estimé que rien n'interdit aux parties « de décider dans la transaction, qu'un droit changera de titulaire ou bien de patrimoine. D'ailleurs, les parties se prononcent par

(3) Mais la transaction inexécutée est dépourvue d'un tel effet : Cass. 1re civ., 12 juill. 2012, n° 09-11.582 : *RTD civ.* 2013, p. 139, obs. P.-Y. Gautier : *Contrats, conc. consom.* 2012, n° 250, obs. L. Leveneur ; *D.* 2012, p. 2577, P. Pailler. – Comp. Cass. 1re civ., 7 mars 2018, n° 15-21.244 : *RDC* 2018, p. 352, obs. G. Viney, une transaction comportait un engagement de porte-fort qui ultérieurement n'est pas honoré ; l'inexécution de la promesse de porte-fort ne peut être sanctionnée que par une condamnation à des dommages et intérêts et ne saurait entraîner la résolution de la transaction dans laquelle elle est incluse.

(4) Cass. 2e civ., 12 juin 1991 : *D.* 1992, p. 320, note Durieux. – Un décret du 28 décembre 1998 prévoit une procédure d'homologation judiciaire procurant à la transaction un caractère exécutoire (CPC, art. 1441-4). – V. H. Croze et O. Fradin, *Transaction et force exécutoire*, in *La transaction dans toutes ses dimensions*, *op. cit.*, p. 95.

(5) Cass. 1re civ., 3 févr. 2004 : *RDC* 2004, p. 1028, obs. X. Lagarde.

(6) Pour une application, V. not. Cass. soc., 13 mai 2003 : *RJS* 2003, n° 1008.

(7) V. Cass. 1re civ., 13 déc. 1994 : *JCP G* 1995, IV, n° 425 ; *RTD civ.* 1995, p. 390, n° 2, obs. P.-Y. Gautier. – Le contentieux de la transaction en droit du travail illustre l'incertitude qui peut s'attacher au domaine effectivement transigé : Cass. soc., 12 oct. 1999 : *JCP G* 2000, II, 10383, note C. Puigelier ; *RTD civ.* 2000, 139, obs. P.-Y. Gautier. – *Adde* Cass. ass. plén., 4 juill. 1997 : *JCP G* 1997, II, 22952, note D. Corrignan-Carsin ; *Dr. soc.* 1997, p. 978, obs. G. Couturier ; *RTD civ.* 1998, p. 134, n° 3, obs. P.-Y. Gautier ; *D.* 1998, p. 101, note K. Boulmier. En l'espèce, une transaction qualifiée de « forfaitaire et définitive » indiquait que « la partie demanderesse renonce à toutes réclamations de quelque nature qu'elles soient à l'encontre de la partie défenderesse relatives tant à l'exécution qu'à la rupture de son contrat de travail ». La Cour de cassation approuve les juges du fond d'avoir estimé que le paiement d'une somme au titre de la prime d'intéressement était compris dans la transaction. – V. P.-Y. Gautier, art. préc.

(8) V. H., J. et L. Mazeaud, *Leçons de droit civil*, t. 3, vol. II : *Principaux contrats*, 5e éd., par M. de Juglart, n° 1650. – Sur l'effet déclaratif R. Merle, *Essai de contribution à la théorie générale de l'acte déclaratif*, Toulouse, 1948. L'acte juridique déclaratif de droit se distingue de l'acte constitutif de droits – par ex. créateur d'obligations (le contrat) –, de l'acte translatif de droits (la vente) ou extinctif de droits (la novation).

(9) Cass. 1re civ., 21 janv. 1997 : *Contrats, conc. consom.* 1997, comm. 62, note L. Leveneur.

hypothèse sur des droits litigieux dont on ne connaît pas le titulaire avec certitude... Le caractère déclaratif de la transaction doit donc être pris comme une fiction commode, dont la portée s'arrête avec l'utilité »[10].

SECTION 2

LES EFFETS À L'ÉGARD DES TIERS

622. – **Effet relatif des contrats, autorité relative de la chose jugée, opposabilité.** La transaction n'a, en principe, pas d'effet à l'égard des tiers. L'autorité relative de la chose jugée rend compte de cette limite, comme il en est de même de l'effet obligatoire à raison du principe de l'effet relatif des contrats. Lorsque plusieurs personnes sont intéressées par le droit contesté, l'article 2051 du Code civil prévient : « La transaction faite par l'un des intéressés ne lie point les autres intéressés et ne peut être opposée par eux ». Les codébiteurs solidaires peuvent toutefois invoquer une transaction conclue par l'un d'eux si elle leur permet d'améliorer leur situation[11]. En droit du travail, à nouveau, l'effet relatif de la transaction permet notamment aux URSSAF, à France Travail (ex. Pôle emploi) et aux services fiscaux de contester souvent la qualification des sommes versées à un salarié en application du contrat de transaction.

Le contrat de transaction relève du régime d'opposabilité des actes juridiques (C. civ., art. 1200). La transaction crée en effet une situation de fait opposable aux tiers. Ces derniers peuvent l'invoquer[12]. Mais, à l'égard de certains tiers payeurs que sont notamment les assureurs ou les caisses de sécurité sociale, les règles d'opposabilité sont parfois aménagées[13]. Depuis le XIXe siècle, la Cour de cassation admet que la transaction peut avoir au regard de l'administration fiscale un effet déclaratif[14].

(10) D. Veaux : *JCl. Civil Code*, Art. 2044 à 2058, Fasc. 60, n° 39.
(11) Cass. 1re civ., 27 oct. 1969 : *D.* 1970, p. 12.
(12) Ainsi, pour prouver qu'ils n'étaient plus débiteurs de leur gendre, des beaux-parents peuvent invoquer une transaction conclue entre leur fille et son ex-mari, après leur divorce, aux termes de laquelle ce dernier reconnaît qu'il a été payé de tout ce que lui devaient son ancienne épouse et ses anciens beaux-parents (Cass. 1re civ., 12 déc. 1960 : *Bull. civ.* 1960, I, n° 538). – Mais V. Cass. soc., 20 nov. 2013, n° 10-28.582 : *RDC* 2014, p. 243, obs. S. Pellet : le tiers poursuivi par un *transigeant* peut opposer à celui-ci la renonciation que renferme la transaction, la décision appelle la critique.
(13) Ainsi, par ex., l'article L. 376-3 du Code de la sécurité sociale prévoit que « le règlement amiable pouvant intervenir entre le tiers et l'assuré ne peut être opposé à la caisse de sécurité sociale qu'autant que celle-ci a été invitée à y participer par lettre recommandée, et ne devient définitif que quinze jours après l'envoi de cette lettre ».
(14) Cass. ch. réunies, 1er déc. 1865 : *DP* 1865, 1, p. 457, concl. Delangle.

TITRE 2

LES CONVENTIONS D'ARBITRAGE

623. – Présentation ; justice privée d'origine conventionnelle ; clause compromissoire et compromis. L'arbitrage est, selon le *Vocabulaire juridique Capitant*, « un mode dit parfois amiable ou pacifique, mais toujours juridictionnel de règlement d'un litige par une autorité (le ou les arbitres) qui tient son pouvoir de juger, non d'une délégation permanente de l'État ou d'une institution internationale, mais de la convention des parties (lesquelles peuvent être de simples particuliers ou des États) »[1]. L'arbitrage conduit ainsi, au titre d'un accord des parties, à soustraire un litige au juge étatique pour le confier à un juge privé[2] investi de la mission de juger. L'arbitrage est une justice privée d'origine conventionnelle ; mais l'arbitre a une fonction juridictionnelle. Ce dernier tranche le litige – conformément aux règles de droit, à moins que, dans la convention d'arbitrage, les parties ne lui aient conféré mission de statuer comme amiable compositeur[3] – en rendant une *sentence*, qui a l'autorité de la chose jugée relativement à la contestation qu'elle tranche[4]. En cela, la formule se rapproche de la transaction. Mais il ne faut pas les confondre. Le contrat de transaction, dont la validité est notamment subordonnée à la présence de concessions réciproques, a certes l'autorité de la

(1) G. Cornu (ss dir.), *Vocabulaire juridique Capitant, op. cit.*, V° *Arbitrage*. – V. sur la notion d'arbitrage, Ch. Jarrosson, *La notion d'arbitrage*, LGDJ, coll. « Bibl. dr. privé », 1987, t. 198, préf. B. Oppetit. – Sur l'arbitrage en général, V. not. B. Oppetit, *Théorie de l'arbitrage*, PUF, 1998. – J. Robert, *L'arbitrage, droit interne, droit international privé*, Dalloz, 6e éd., 1993. – Ch. Gavalda et C. Lucas de Leyssac, *L'arbitrage*, Dalloz, 1993. – Ph. Fouchard, E. Gaillard et B. Goldman, *Traité de l'arbitrage international*, Litec, 1996. – Ch. Seraglini et P. Ortscheidt, *Droit de l'arbitrage interne et international*, Montchrestien, coll. « Domat droit privé », 2013. – J.-B. Racine, *Droit de l'arbitrage*, PUF, coll. « Thémis », 2016. – Th. Clay, *L'arbitre*, Dalloz, 2001. – N. Cayrol, *Les actes ayant pour objet l'action en justice*, Economica, 2001, préf. F. Grua.

(2) On parle de tribunal arbitral qui est constitué d'un seul arbitre ou de plusieurs arbitres en nombre impair (CPC, art. 1451). La Cour de cassation estime que « si les parties à une convention d'arbitrage désignent les arbitres en nombre pair, la composition du tribunal peut être régularisée selon les modalités prévues à l'article 1454 du Nouveau Code de procédure civile » (Cass. 2e civ., 25 mars 1999 : *Contrats, conc. consom.* 1999, comm. 107, note L. Leveneur). – *Adde* Cass. com., 28 juin 2011 : *D.* 2012, obs. A. Bénabent : l'arbitre ne constitue pas une juridiction relevant de la Cour de cassation et, de ce fait, ne peut transmettre une QPC à cette dernière.

(3) CPC, art. 1478. Pour l'arbitrage international, l'article 1511 du même code prévoit que « le tribunal arbitral tranche le litige conformément aux règles de droit que les parties ont choisies ou à défaut, conformément à celles qu'il estime appropriées. Il tient compte dans tous les cas des usages du commerce ». – L'amiable composition ne s'identifie pas à un traitement en équité mais permet, seulement, au tribunal arbitral de « modérer » les conclusions, financières notamment, auxquelles parviendrait le traitement du litige en stricte logique juridique (modération des réparations pécuniaires… – V. J. Paillusseau, *Arbitrage : Le choix entre le droit et l'équité* : *JCP E* 2006, n° 1, 1008, p. 19 ; *JCP G* 2006, n° 5, 108, p. 183).

(4) Si l'arbitre est investi par les conventions d'arbitrage du pouvoir *de jurisdictio*, il ne dispose pas, en revanche, de l'*imperium*, c'est-à-dire de la possibilité de faire exécuter la sentence arbitrale : la sentence a autorité de la chose jugée, elle n'a pas force exécutoire. En cas de méconnaissance de la sentence, un retour doit s'opérer vers le juge étatique, qui en imposera le respect par la procédure d'*exequatur* (CPC, art. 1487 et s.).

chose jugée, alors que la sentence – qui a également autorité de chose jugée – n'est pas un contrat, mais un acte juridictionnel (elle est rendue par des arbitres dont la compétence se fonde sur la base d'un contrat). Les *conventions d'arbitrage* ne règlent pas le litige, mais mettent seulement en place une procédure de règlement des litiges confiée à un ou plusieurs arbitres.

L'arbitrage est une institution relativement ancienne[(5)], estimée par les révolutionnaires[(6)], et intégrée dans le Code de procédure civile de 1806. Le droit français a été l'un des premiers à se doter d'un droit moderne de l'arbitrage.

La matière est organisée par trois articles du Code civil[(7)], mais surtout par plusieurs textes du Code de procédure civile résultant d'importantes réformes opérées en 1980[(8)], en 1981[(9)], enfin en 2011[(10)]. Le code réglemente tant l'arbitrage interne que l'arbitrage international, ce dernier étant celui qui met en cause des intérêts du commerce international (CPC, art. 1504).

L'arbitrage est à la mode[(11)], singulièrement en matière commerciale et dans un contexte de relations internationales. Rapidité, discrétion, compétence et technicité des arbitres, souplesse de la procédure en sont les qualités principalement recherchées, l'ombre tenant surtout au coût de ce mode de règlement des litiges[(12)].

L'arbitrage, tant interne qu'international[(13)], ne relève pas d'une étude des principaux contrats civils et commerciaux. Les conventions d'arbitrage ne sont pas des accords juridiques au support d'une opération économique, leur contenu est de mettre en place le cadre du règlement d'un différend né à propos d'un contrat commercial. Cette matière est traditionnellement rattachée à l'enseignement du droit judiciaire privé[(14)], et, éventuellement, pour l'arbitrage international à un cours du droit du commerce international[(15)]. Le succès de ce mode de règlement des conflits justifie aujourd'hui des monographies et des enseignements spécialisés : l'arbitrage fascine[(16)]. Seules seront ici brièvement présentées les conven-

(5) Sur un historique de l'arbitrage, V. not. Ch. Jarrosson, *op. cit.* – J. Robert, *op. cit.* – *Adde* C. Jallamion, *L'arbitrage en matière civile du* XVII*e au* XIX*e siècle : l'exemple de Montpellier*, thèse, Montpellier, 2004.

(6) L'article 1er de la loi des 16-24 août 1790 affirmait que l'arbitrage « étant le moyen le plus raisonnable de terminer les contestations entre citoyens, les législateurs ne pourront faire aucune disposition qui tendrait à diminuer soit la faveur, soit l'efficacité du compromis ».

(7) C. civ., art. 2059 à 2061, concernant le compromis et la clause compromissoire.

(8) D. n° 80-354, 14 mai 1980.

(9) Un décret n° 81-500 du 12 mai 1981 a intégré le décret précité du 14 mai 1980 dans le Code de procédure civile aux articles 1442 et suivants.

(10) D. n° 2011-48, 13 janv. 2011 dont les dispositions s'appliquent lorsque la convention d'arbitrage a été conclue après le 1er mai 2011. – V. désormais cette réglementation aux articles 1442 à 1503 du Code de procédure civile pour l'arbitrage interne et 1504 à 1527 pour l'arbitrage international. – Sur ce texte, V. E. Gaillard et P. de Lapasse, *Le nouveau droit français de l'arbitrage interne et international* : *D.* 2011, p. 175. – C. Jarroson et J. Pellerin : *Rev. arb.* 2011, 5. – Th. Clay (ss dir.), *Le nouveau droit français de l'arbitrage*, Lextenso éd., 2011. – C. Nourissat : *Procédures* 2011, 3.

(11) V. Th. Clay (ss dir.), dossier *Nouvelles perspectives en matière d'arbitrage* : *Dr. et patrimoine* mai 2002, p. 39 et s. ; *ibid.* juin 2002, p. 51 et s.

(12) V. not. J. Mestre, *L'arbitrage, mode utile de règlement des litiges* : *Dr. et patrimoine* 2001, n° 94, p. 32.

(13) CPC, art. 1504 à 1527.

(14) V. not. L. Cadiet et E. Jeuland, *Droit judiciaire privé*, Litec, 5e éd., 2006.

(15) V. not. J.-M. Mousseron, J. Raynard, R. Fabre et J.-L. Pierre, *Droit du commerce international*, LexisNexis, 4e éd., 2012, nos 313 et s. – Ph. Fouchard, E. Gaillard et B. Goldman, *Traité de l'arbitrage international*, *op. cit.*

(16) Ce sont les premiers mots de la *Théorie de l'arbitrage* de B. Oppetit, PUF, 1998.

tions d'arbitrage en privilégiant l'arbitrage interne. Le traitement arbitral du litige qui amène à la rédaction de la sentence arbitrale ne trouve pas sa place dans un manuel de droit des contrats et ne sera pas étudié.

Derrière la figure de la convention d'arbitrage, deux formules contractuelles doivent être distinguées : la *clause compromissoire* définie comme « la convention par laquelle les parties à un ou plusieurs contrats s'engagent à soumettre à l'arbitrage les litiges qui pourraient naître relativement à ce ou à ces contrats » (CPC, art. 1442), et le *compromis* qui est « la convention par laquelle les parties à un litige né soumettent celui-ci à l'arbitrage » (CPC, art. 1442, al. 3). La distinction repose donc sur le moment où intervient l'accord des parties. La clause compromissoire précède la naissance du litige ; le compromis suppose un litige déjà né(17). La première tient d'une prescription précoce et générale insérée au contrat commercial, le second d'une décision tardive et spéciale postérieure au rapport de fond litigieux. Les deux formules sont regroupées par le Code de procédure civile sous l'appellation de « convention d'arbitrage », ce qui indique que « la clause compromissoire, au même titre que le compromis, constitue désormais un engagement autonome, et non pas le simple accessoire d'un contrat, comme l'indiquerait le substantif "clause" »(18).

Ayant déjà évoqué les éléments d'identification de la convention d'arbitrage, nous nous soucierons des règles particulières à la formation (Chapitre 1) et aux effets (Chapitre 2) de la convention d'arbitrage. Dans cette démarche, nous privilégierons la situation née de la présence d'une clause compromissoire.

(17) V. pour une application, Cass. 2e civ., 23 sept. 1998 : *Contrats, conc. consom.* 1998, comm. 158, note L. Leveneur. Le compromis intervient sur un litige né, notion qui n'est pas toujours facile à déterminer. On admet d'abord que « la naissance du litige se confond avec la constatation de cette existence, et se matérialise avec elle », J. Robert, *op. cit.*, n° 96. Quant au litige à proprement parler, il existe « dès lors qu'une partie résiste en pouvant s'appuyer sur une argumentation juridique, au point de vue qu'une autre partie essaie d'imposer et qui diffère du sien », Ch. Jarrosson, *La notion d'arbitrage*, *op. cit.*, n° 525. Les parties peuvent compromettre même au cours d'une instance déjà engagée devant une autre juridiction (CPC, art. 1446).

(18) M. de Boisseson, *Le droit français de l'arbitrage interne et international*, éd. Joly, 1990, n° 2. – Sur la rédaction de la clause compromissoire, V. not. J.-M. Mousseron, *Technique contractuelle*, éd. F. Lefebvre, 5e éd., 2017, par P. Mousseron, J. Raynard et J.-B. Seube, *op. cit.*, nos 1279 et s.

CHAPITRE 1

FORMATION DE LA CONVENTION D'ARBITRAGE

SECTION 1

LES PARTIES À LA CONVENTION D'ARBITRAGE

624. – Capacité ; acte de disposition ou d'administration ? De tradition, on estime que les parties qui soumettent le litige à l'arbitrage doivent avoir la capacité de disposer du droit litigieux. La réalité, c'est que la qualification de la convention d'arbitrage en acte de disposition fait débat dans la doctrine contemporaine. On retiendra que la convention d'arbitrage qui évince le juge judiciaire reste un acte grave, spécialement dans un contexte de droit interne, le recours à l'arbitrage est plus commun dans le commerce international. Le mineur non émancipé et l'incapable majeur ne peuvent donc eux-mêmes conclure une convention d'arbitrage. Le recours à leur représentant, avec autorisation du conseil de famille ou du juge des tutelles, est nécessaire dans le cadre des règles sur les incapacités (C. civ., art. 506). La règle s'élargit aux incapables majeurs (C. civ., art. 467). L'ouverture d'une procédure de redressement ou de liquidation judiciaire emporte dessaisissement du débiteur et entraîne le jeu d'autorisation des organes compétents de la procédure pour la validité de la convention d'arbitrage(1).

625. – Évolution ; clause compromissoire et activité professionnelle. L'affaire tient d'une prohibition de principe à une validité sous conditions. Pendant longtemps, la clause compromissoire a été marquée du sceau de la prohibition exprimée par l'ancien article 2061 du Code civil qui prévoyait : « La clause compromissoire est nulle s'il n'est disposé autrement par la loi ».

(1) Après le jugement d'ouverture de la procédure collective, le débiteur se trouve dessaisi de l'administration de son patrimoine. L'article 622-7, II du Code de commerce permet cependant au juge-commissaire d'autoriser par ordonnance l'accomplissement d'actes en principe interdits, en particulier le compromis et la transaction. Pour la liquidation, V. C. com., art. L. 642-24. La compétence du tribunal arbitral ne pourra coexister avec celle du juge de la procédure collective que si le litige ne trouve pas sa cause juridique dans ladite procédure, V. *infra*, n° 629. – V. Ph. Fouchard, *Arbitrage et faillite : Rev. arb.* 1998, p. 474. – P. Ancel, *Arbitrage et procédure collective : Rev. arb.* 1983, spéc. p. 261.

La loi française n'était pas de la sorte très hospitalière à l'égard de la clause compromissoire. Essentiellement, les matières où, par exception, la clause était licite étaient celles prévues par l'ancien article 631 du Code de commerce, c'est-à-dire lorsque le litige se déroulait entre commerçants ou à propos d'actes de commerce. Une lecture extensive de ce texte par la jurisprudence ne suffisait pas à étouffer les légitimes critiques à l'égard d'un système fondé sur une prohibition de principe(2).

La loi n° 2001-41 du 15 mai 2001 sur les nouvelles régulations économiques a changé la donne en prévoyant la validité de la clause compromissoire dans les contrats conclus à raison d'une activité professionnelle. La loi du 18 novembre 2016 sur la modernisation de la justice emboîte le pas et l'article 2061 du Code civil prévoit désormais que :

> **« La clause compromissoire doit avoir été acceptée par la partie à laquelle on l'oppose, à moins que celle-ci n'ait succédé aux droits et obligations de la partie qui l'a initialement acceptée.**
> **Lorsque l'une des parties n'a pas contracté dans le cadre de son activité professionnelle, la clause ne peut lui être opposée ».**

Toutes sortes de contrats peuvent donc contenir une clause compromissoire, la partie n'ayant pas contracté dans le cadre de son activité professionnelle pouvant se prévaloir de la clause, sans que celle-là ne puisse lui être opposée !

Il n'y a donc pas à se soucier de la qualité du contractant (commerçant ou non), actes commerciaux, actes mixtes ou même actes civils. La clause est valable dès lors que la partie a accepté celle-ci en connaissance de cause, même en dehors de son activité professionnelle ; son efficacité dépendant de celui qui l'invoque(3). La Cour de cassation développe une conception stricte de la notion d'activité professionnelle : le signataire doit exercer actuellement une telle activité, ce qui n'est pas le cas du retraité(4) !

626. – Pouvoir ; compromettre pour autrui. Celui qui engage autrui dans une convention d'arbitrage doit en avoir le pouvoir. En conformité avec l'opinion qui voit dans la convention d'arbitrage un acte de disposition, le mandataire conventionnel doit disposer d'un mandat exprès pour engager son mandant dans l'arbitrage, mais également pour proroger le délai de l'arbitrage(5). Spécialement s'agissant de l'avocat, le mandat *ad litem* dont bénéficie celui-ci (CPC, art. 411 et 417) ne s'étend qu'aux actes d'administration : il est prudent de prévoir un pouvoir spécial du client à son conseil (avocat) pour que celui-ci signe une convention d'arbitrage pour le compte du premier, ou en proroge les délais(6). Pour les sociétés

(2) V. Ch. Jarrosson, *La clause compromissoire* : *Rev. arb.* 1992, p. 259.
(3) Ch. Jarrosson et J.-B. Racine, *Les dispositions relatives à l'arbitrage dans la loi de modernisation de la justice au XXI*e *siècle* : *Rev. arb.* 2016, 1007. – *Adde Débats*, in *Cah. arb.* 2017, I, 11-76.
(4) Cass. 1re civ., 29 févr. 2012, n° 11-12.782 : *JurisData* n° 2012-003221 ; *JCP G* 2012, p. 405, obs. J. Monéger ; *Rev. arb.* 2012, p. 359, M. de Fontmichel.
(5) Selon l'article 1988 du Code civil, le mandat conçu en termes généraux n'embrasse que les actes d'administration.
(6) Paris, 18 janv. 1970 : *JCP A* 1970, II, 16400.

commerciales, la jurisprudence a évolué dans un sens libéral, admettant désormais que le mandataire social a le pouvoir pour engager la société dans l'arbitrage, sans l'exigence d'un pouvoir spécial(7).

627. – Personnes morales de droit public. Pour l'arbitrage interne, l'article 2060 du Code civil prévoit que l'on ne peut compromettre sur les contestations intéressant les collectivités publiques et les établissements publics. Ce principe de droit public repose sur l'idée que l'État et les collectivités publiques ne doivent pouvoir être jugés que par des juridictions étatiques instituées par la loi(8). Un bémol important à cette prohibition est apporté depuis 1975, puisque « des catégories d'établissements publics à caractère industriel et commercial peuvent être autorisées par décret à compromettre » (C. civ., art. 2060, al. 2). Des textes spéciaux sont de la sorte venus autoriser le recours à l'arbitrage au profit de certains établissements publics(9). Les contrats de partenariat public-privé permettent également de recourir à l'arbitrage(10). L'évolution va dans le sens d'un recours plus aisé à l'arbitrage en matière administrative.

De fait, s'agissant de contrats internationaux, la Cour de cassation a tôt admis la faculté pour l'État français de compromettre(11). Dans cette logique une loi du 19 août 1986 prévoit que l'État, les collectivités territoriales et les établissements publics peuvent insérer sous certaines conditions des clauses compromissoires dans les contrats conclus avec des sociétés étrangères(12).

628. – Transmission et extension de la convention d'arbitrage ; intervention forcée. L'ampleur et la diversification des opérations internationales posent avec plus de fréquence qu'en matière interne le problème de la transmission, voire de l'extension des effets de la convention d'arbitrage à des tiers(13).

La pratique arbitrale, non sanctionnée par la jurisprudence judiciaire, a admis que l'implication d'un tiers dans l'exécution du contrat présume de son acceptation de la clause compromissoire portée par celui-ci(14). Au-delà, la question

(7) V. D. Cohen, *L'engagement des sociétés à l'arbitrage* : *Rev. arb.* 2006. – *Adde* Cass. 1re civ., 8 juill. 2009 : *Rev. arb.* 2009, 529, D. Cohen ; *JCP* G 2009, I, 462, n° 10, J. Ortscheidt, qui retient, pour l'arbitrage international la validité de la convention d'arbitrage fondée sur la volonté commune des parties et la croyance dans les pouvoirs du mandataire pour conclure un acte de gestion normale, sans référence à la loi nationale applicable.

(8) CE, ass., 13 déc. 1957, *Sté nationale de vente des surplus* : *D.* 1958, p. 517, L'Huillier ; *JCP* G 1958, II, 10800, H. Motulsky.

(9) V. CJA, art. L. 311-6. De la sorte, l'article L. 321-4 du Code de la recherche autorise les établissements publics à caractère scientifique et technologique à transiger ; l'article 25 de la loi n° 82-1153 du 30 décembre 1982 d'orientation des transports intérieurs et définissant les compétences de la SNCF (remplacé par C. transports, art. L. 2141-5 ; Ord. n° 2010-1307, 28 oct. 2010) autorise SNCF Mobilités à conclure de telles conventions, Réseau Ferré de France avait obtenu la même liberté : L. n° 97-135, 13 févr. 1997, art. 6. Le Code de la justice administrative fait la synthèse de ces dispositions : art. L. 311-6.

(10) V. Ord. n° 2004-559, 17 juin 2004, art. 11, sur les contrats de partenariat : *JO* 19 juin 2004. – Ces contrats assurent le financement par des sociétés de droit privé de la construction d'ouvrages ou d'équipements nécessaires au service public. Le contrat de partenariat en tant que tel a disparu avec l'ordonnance n° 2015-899 du 23 juillet 2015, relative aux marchés publics. Il a été remplacé par le marché de partenariat.

(11) Cass. 2e civ., 2 mai 1966, *Galakis* : *JCP* G 1966, II,14798, G. Ligneau ; *JDI* 1966, 648, P. Level ; *D.* 1966, 575, J. Robert.

(12) L. n° 86-972, 19 août 1986, art. 9, adoptée essentiellement pour permettre l'insertion d'une clause compromissoire dans les contrats conclus avec la société Disney lors de l'installation du parc Disneyland Paris. Sur les réticences du Conseil d'État à l'endroit de l'*exequatur* de sentences arbitrales entrant en condamnation de personnes morales de droit public : CE, 17 oct. 2023, *Sté Ryan Air* : *Rev. arb.* 2024, n° 1, p. 147.

(13) V. Comité français de l'arbitrage, *L'arbitrage et les tiers* : *Rev. arb.* 1988, 431 et s. – M. de Boisseson, *op. cit.*, n° 603, p. 522. – *Adde* I. Fadlallah, *Clauses d'arbitrage et groupe de sociétés*, in Travaux comité fr. DIP, 1985, p. 118. – Cl. Debourg, *La clause d'arbitrage et les non-signataires* : *Rev. arb.* 2024, n° 1, p. 11 et s.

(14) Les sentences rendues par les tribunaux arbitraux sous l'égide de la CCI ont largement contribué à l'extension des effets de la clause spécialement au sein des groupes de sociétés : la sentence n° 1434 rendue en 1975 énonce : « Ainsi

de la transmission de la convention d'arbitrage à l'endroit d'un tiers non signataire de celle-ci se trouve fréquemment posée lorsqu'un opérateur économique succède aux droits d'un autre à l'occasion d'opérations de restructuration (fusion, apport partiel d'actif...), de cession de contrat, ou de circulation de l'obligation (cession de créance, subrogation). La Cour de cassation a ainsi d'abord indiqué que le bénéficiaire d'une stipulation pour autrui ne pouvait se prévaloir de la clause compromissoire[15] avant de retenir la posture inverse[16]. En effet, désormais la jurisprudence française admet très largement que la convention d'arbitrage lie le cessionnaire ou l'opérateur substitué aux droits d'un des signataires de celle-là[17]. La justification de la solution tient moins dans un mécanisme translatif de droit que dans une règle matérielle, propre à ce genre de clause, en sorte de conséquence à l'autonomie prêtée à la clause et au rayonnement de celle-là.

L'extension de la convention d'arbitrage suggère une question analogue cette fois dans le cadre d'un groupe de contrats, s'agissant alors de contrats contemporains liés entre eux par une identité d'objet ou de cause, ou à raison de l'appartenance des opérateurs à un même groupe de sociétés[18]. Là encore la cour régulatrice paraît vouloir faire produire plein effet à la convention d'arbitrage[19].

---

qu'il est fréquent dans les accords industriels internationaux de cette envergure, le pays [la société nationale] qui entend acquérir et faire installer sur son sol une nouvelle usine ou un ensemble industriel, traite avec un groupe ou avec une grande société multinationale qui, pour des raisons d'organisation ou d'opportunité interne au groupe, confiera l'exécution de l'opération à une ou plusieurs sociétés filiales, existantes ou à créer *ad hoc*. D'une manière générale, le cocontractant n'a pas d'intérêt direct et ne songe pas à s'immiscer dans ces questions d'organisation interne du groupe, pour autant que celui-ci lui garantisse, par des clauses appropriées, la bonne exécution des obligations assumées... Dans ces conditions, il y a lieu de s'en tenir à l'idée, conforme à l'esprit des contrats comme à la réalité économique, que ni le groupe A, ni son président, ni telle ou telle des sociétés membres de ce groupe, ne peuvent s'abriter derrière la rédaction de telles clauses particulières, interprétées littéralement et isolées du contexte de l'ensemble des accords, pour demander à être mises hors de cause dans un litige qui concerne directement le groupe ou l'organisation A. Ceci à moins qu'il ne soit établi, dans un cas donné, par celui qui s'en prévaut, qu'une interprétation formaliste s'impose et correspond à la volonté réelle des parties, interprétée de bonne foi, et à l'esprit de l'opération » (*JDI* 1976, p. 978 et s.). – La sentence CCI dans l'affaire *Dow Chemical Isover* juge « que la clause compromissoire expressément acceptée par certaines des sociétés du groupe, doit lier les autres sociétés qui par le rôle qu'elles ont joué dans la conclusion, l'exécution ou la résiliation des contrats contenant lesdites clauses, apparaissent selon la commune volonté de toutes les parties à la procédure, comme ayant été de véritables parties à ces contrats, ou comme étant concernées, au premier chef, par ceux-ci et par les litiges qui en peuvent découler » (Sentence CCI n° 4131, 23 sept. 1982 ; la Cour de Paris a rejeté le recours en nullité contre cette sentence : CA Paris, 21 oct. 1983 : *Rev. arb.* 1984, A. Chapelle. – Cette présomption d'acceptation a été qualifiée d'« opposabilité de la convention d'arbitrage » mais en réalité elle porte sur une « extension des effets juridiques de cette convention » M. de Boisseson, *op. cit.*, n° 603, p. 522).

(15) V. Cass. com., 4 juin 1985 : *Bull. civ.* 1985, IV, n° 178, p. 149 ; *RTD civ.* 1986, p. 593, n° 3, obs. J. Mestre.

(16) V. not. Cass. 1re civ., 11 juill. 2006 : *Bull. civ.* 2006, I, n° 368.

(17) V. E. Loquin, *Différence et convergence dans le régime de la transmission et de l'extension de la clause compromissoire* : *Cah. arb.* juill. 2004, vol. 2, p. 49. – E. Gaillard et P. de Lapasse, art. cit., n° 8. – Cl. Debourg, art. cit. – Jurisprudence abondante en arbitrage international, puis interne : V. Cass. 1re civ., 27 mars 2007 : *D.* 2007, 2077, S. Bollée ; *Rev. crit. DIP* 2007, 798, F. Jault-Seseke ; *Rev. arb.* 2007, 785, J. El Ahdab ; *JDI* 2007, 968, C. Legros ; *JCP G* 2007, I, 168, Ch. Seraglini, et II, 10118, C. Golhen ; *Cah. arb.* 2007/3, 6, F.-X. Train, pour une chaîne de contrats translatifs de propriété, mais à portée générale. La première chambre civile de la Cour de cassation a jugé que dans les chaînes de contrats translatifs, la clause compromissoire était transmise avec l'action contractuelle, Cass. 1re civ., 6 févr. 2000 : *Rev. arb.* 2000, p. 765, D. Cohen ; *RTD com.* 2001, p. 413, E. Loquin ; *JCP G* 2001, II, 10567, C. Legros. – Cass. 1re civ., 27 mars 2007, n° 04-20.842 : *JurisData* n° 2007-038210 ; *Rev. arb.* 2007, p. 347 ; *RTD com.* 2007, p. 677, E. Loquin. La transmission de la clause compromissoire au titre d'une stipulation pour autrui est explicitement admise par la jurisprudence, Cass. 1re civ., 11 juill. 2006 : *RTD com.* 2006, p. 773, E. Loquin. – Pour une cession de créance, Cass. 1re civ., 5 janv. 1999 : *Rev. arb.* 2000, p. 85, D. Cohen ; *Rev. crit. DIP* 1999, 832, E. Pataut ; *JDI* 1999, 787, S. Poillot-Peruzzetto. – Cass. 1re civ., 18 févr. 2000 : *Rev. arb.* 2000, 280, P.-Y. Gautier ; *Rev. crit. DIP* 2000, 10570, D. Amman ; *RTD com.* 2000, 596, E. Loquin. – Cass. 1re civ., 6 oct. 2010 : *D.* 2010, 2441, X. Delpech. – Cass. 1re civ., 17 nov. 2010 : *D.* 2010, 2829, X. Delpech ; *Contrats, conc. consom.* 2011, n° 23, L. Leveneur.

(18) V. D. Cohen, *Arbitrage et société*, LGDJ, coll. « Bibl. dr. privé », 1993, n° 229, nos 524 et s., p. 273 et s. – *Adde* Sentence CCI n° 1994, 1975 : *Rec. CCI* 1974, 1985, p. 263 et Sentence CCI n° 4131, 1982 : *Rec. CCI* 1982, p. 464.

(19) V. Cass. 1re civ., 27 mars 2007, *op. cit.* – Cass. com., 25 nov. 2008, n° 07-21.888. – Cass. 1re civ., 26 oct. 2011, n° 10-17.708 : « L'effet de la clause d'arbitrage international contenue dans le contrat initial s'étend au sous-traitant qui en

Au-delà des mécanismes, bien français, d'action directe dans ces cadres contractuels, nous verrons encore dans cette jurisprudence le souci de ne pas déjouer l'attente légitime du débiteur principal qui, lors de son engagement, avait voulu qu'un éventuel différend le concernant reste tranché par voie arbitrale.

SECTION 2

LE CONTENU DE LA CONVENTION D'ARBITRAGE

629. – **Domaine et validité.** Tout litige ne peut pas donner lieu à arbitrage. Il faut vérifier ce que les spécialistes appellent l'« arbitrabilité du litige »[(20)], c'est-à-dire l'aptitude du litige à être soumis à l'arbitrage[(21)]. On a naturellement tendance à se rappeler du droit commun, de l'article 1162 du Code civil qui interdit de déroger aux lois qui intéressent l'ordre public. Mais ce sont les articles 2059 et 2060 du Code civil qui bornent plus spécialement le champ de l'arbitrabilité.

Le premier texte dispose que :

> « Toutes personnes peuvent compromettre sur les droits dont elles ont la libre disposition ».

Quant au second texte, déjà évoqué, plus précis, il prévoit dans son premier alinéa :

> « On ne peut compromettre sur les questions d'état et de capacité des personnes, sur celles relatives au divorce et à la séparation de corps ou sur les contestations intéressant les collectivités publiques et les établissements publics, et plus généralement dans toutes les matières qui intéressent l'ordre public (...) ».

La notion de matières qui intéressent l'ordre public[(22)] est équivoque : l'arbitrabilité n'est pas exclue du seul fait qu'une réglementation d'ordre public est en cause ; l'arbitre dispose du pouvoir d'appliquer les règles qui relèvent de l'ordre public[(23)].

---

a eu connaissance lors de la signature de son contrat et qui est directement impliqué dans l'exécution du premier contrat » : *Procédures* 2012, comm. 11, obs. L. Weiller ; *JDI* 2012, comm. 8, S. Sana-Chaillé de Néré ; *JCP G* 2012, 99, note J.-J. Barbièri ; *JCP E* 2011, 1836.

(20) V. not. P. Level, *L'arbitrabilité* : *Rev. arb.* 1992, p. 213. – Ch. Jarrosson, *L'arbitrabilité : présentation méthodologique* : *RJ com.* 1996, p. 1.

(21) Ch. Jarrosson, *op. et loc. cit.*

(22) « Il s'agit d'une sorte de répétition du principe général exprimé par l'article 6 [adde art.1162] du Code civil » (M. de Boisseson, *op. cit.*, n° 26).

(23) L'arbitrabilité n'est pas exclue du seul fait qu'une réglementation d'ordre public (droit de la concurrence) est applicable au rapport de droit litigieux, CA Paris, 19 mai 1993, *Labinal* : *Rev. arb.* 1993, 645, Ch. Jarroson. – Il appartient à l'arbitre, hors les cas où la non-arbitrabilité relève de la matière, de mettre en œuvre les règles impératives du droit, sous le contrôle du juge de l'annulation, Cass. com., 9 avr. 2002, n° 98-16.829 : *Rev. arb.* 2002, p. 777 ; *RTD com.* 2003, p. 62, obs. É. Loquin ; *D.* 2003, p. 1117, note L. Degos.

En réalité, pour apprécier l'arbitrabilité, seul l'article 2059 du Code civil mérite d'être considéré[(24)]. C'est le critère de l'indisponibilité des droits qui prive l'accès à l'arbitre. Les applications sont donc variées. Reste que la désignation des droits indisponibles demeure une question… insaisissable[(25)].

Première difficulté : qui est juge de l'arbitrabilité ? En vertu du principe compétence-compétence, la Cour de cassation pose en règle qu'il appartient à l'arbitre de statuer par priorité sur sa propre compétence, sauf nullité ou inapplicabilité manifeste de la convention d'arbitrage[(26)] ; l'article 1465 du Code de procédure pénale a repris la règle. Au regard de cette méthode, l'arbitre devra apprécier, en premier, l'arbitrabilité de la matière, lorsqu'une exception en ce sens sera soulevée devant lui[(27)].

Concrètement, on s'attache alors à préciser les matières où les droits indisponibles échapperaient par nature au pouvoir juridictionnel de l'arbitre.

Les sentences mettant en jeu le *droit de la concurrence* ne peuvent énoncer de sanctions pour les entreprises, mais peuvent s'en autoriser pour annuler tout ou partie des contrats[(28)] ; interrogée sur question préjudicielle à l'occasion d'un recours en annulation, la Cour de justice retient que le juge étatique doit faire droit à la demande en annulation lorsque les arbitres ont rendu une sentence en méconnaissance de l'article 101 du Traité sur le fonctionnement de l'Union européenne, partie intégrante de l'ordre public des États membres de l'Union[(29)]. L'application des règles relevant de l'ordre public en matière de *procédure collective* rend inenvisageable l'intervention arbitrale sur le déroulement de la procédure (jugement d'ouverture, portée du dessaisissement du débiteur, suspension des poursuites individuelles…)[(30)] ; en revanche les litiges, spécialement d'ordre contractuel, entre le débiteur en faillite et les tiers restent naturellement arbitrables : l'arbitre doit pouvoir juger du principe, et du *quantum* de la créance contractuelle du débiteur, mais sans pouvoir condamner ce dernier au paiement[(31)]. L'arbitrabilité des litiges en matière de *propriété intellectuelle* paraît elle aussi évoluer en faveur d'une plus large intervention de l'arbitre depuis une loi du 17 mai 2011[(32)]. L'arbi-

(24) Ch. Jarrosson, *op. et loc. cit.*

(25) V. B. Fauvarque-Cosson, *Libre disponibilité des droits et conflits de lois*, Paris, LGDJ, 1996.

(26) Cass. 1re civ., 16 mars 2004 : *Bull. civ.* 2004, I, n° 82. – Cass. 1re civ., 30 mars 2004 : *Bull. civ.* 2004, I, n° 96. – Cass. 1re civ., 8 avr. 2004 : *Bull. civ.* 2004, I, n° 162 ; *RTD civ.* 2004, p. 770, obs. Ph. Théry. – Cass. 1re civ., 25 avr. 2006 : *Contrats, conc. consom.* 2006, comm. 151, obs. L. Leveneur. – En droit du travail, V. Cass. soc., 30 nov. 2011, nos 11-12.905 et 11-12.906 : *JurisData* n° 2011-026639 ; *JCP S* 2012, 1049, obs. S. Brissy). – Sur la règle *compétence-compétence*, V. Fouchard, E. Gaillard et Goldman, *op. cit.*, nos 650 et s.

(27) CA Paris, 20 mars 2008 : *Rev. arb.* 2008, p. 341.

(28) V. CA Paris, 19 mai 1993 : *Rev. arb.* 1993, 645, Ch. Jarrosson ; *JDI* 1993, 937, L. Idot. – *Adde* Paris, 29 mars 1991 : *Rev. arb.* 1991, 478, L. Idot.

(29) CJCE, 1er juin 1999, aff. C-126/97, *Eco swiss* : *Rev. arb.* 1999, 631, L. Idot ; *RTD com.* 2000, 340, E. Loquin ; *JDI* 2000, 299, S Poillot-Peruzzetto.

(30) V. Ph. Fouchard, *Arbitrage et faillite* : *Rev. arb.* 1998, 471 et s. ; *ibid.*, 2003, p. 207.

(31) Le principe de la compétence exclusive du tribunal ayant prononcé le jugement d'ouverture pour connaître de tous les litiges qui concernent la procédure collective ne s'étend pas au litige relatif à « l'exécution d'un contrat antérieur à l'ouverture de la procédure collective et qui se serait produit pareillement sans l'intervention de cette procédure », Cass. com., 19 juill. 1982 : *Rev. arb.* 1983, p. 321. Dans le même sens, l'article L. 622-21 du Code de commerce interdisant toute action en justice après ouverture d'une procédure de redressement judiciaire, ne peut avoir pour effet de rendre nulle une clause d'arbitrage valablement conclue avant que les sociétés intimées, qui ont été mises en redressement judiciaire, ne soient dessaisies de leurs droits, V. Paris, 13 févr. 2002 : *Rev. arb.* 2003, p. 132, note Fouchard. La Cour de cassation admet dès lors que le tribunal arbitral pouvait être constitué postérieurement à l'ouverture de la procédure collective, mais à la condition que soient respectées les règles imposées par le droit des procédures collectives, V. Cass. com., 2 juin 2004, 2e esp. : *Rev. arb.* 2004, p. 591, note P. Ancel. – V. Ph. Fouchard, *Arbitrage et faillite*, préc.

(32) L'article 196 de la loi n° 2011-525 du 17 mai 2011 prévoit expressément la faculté de recourir à l'arbitrage pour l'ensemble des droits de propriété intellectuelle, droit d'auteur compris. – V. J. Raynard (ss dir.), *Arbitrage et propriété intellectuelle*, colloque Comité français de l'arbitrage, oct. 2013, in *Rev. arb.* 2014, n° 2, p. 267 et s. – *Adde* J. Raynard, *Chro-*

trabilité est, de tradition, exclue, en droit français, pour ce qui est de la validité des droits industriels mais admise en matière de contrefaçon et, surtout, de contrats d'exploitation : l'arbitre n'est même pas tenu de surseoir à statuer dans l'attente de la décision à rendre par le juge judiciaire saisi d'une action en annulation du droit intellectuel concerné(33). À raison du risque de contrariété de décisions(34), les auteurs encouragent à reconnaître à l'arbitre le pouvoir de statuer tant sur les demandes en paiement de redevances que sur celles, reconventionnelles, en nullité du brevet(35). La jurisprudence de la cour de Paris ne paraît pas hostile à cette évolution(36). L'arbitrabilité des litiges (internationaux) de *consommation* a même été admise, par la Cour de cassation, dans une affaire *Jaguar France*(37). Les auteurs français se montrent très réservés sur une application de cette solution aux litiges domestiques. La Cour de justice européenne marque également en ce sens ses réticences et rappelle que la clause compromissoire dans un contrat de consommation peut être considérée comme une clause abusive susceptible d'être annulée par le juge de l'annulation de la sentence, même si la demande n'avait pas été faite devant le tribunal.(38) *De lege ferenda*, les auteurs prônent pour cette matière un arbitrage de proximité mis en œuvre au titre d'une clause compromissoire optionnelle à laquelle le consommateur devrait pouvoir renoncer, une fois le litige né(39) ; l'idée d'un arbitrage collectif de même facture que les actions de groupe est également avancée(40).

---

nique droit des brevets et du savoir-faire industriel : *D.* 2012, p. 520 et s. – *Adde* A.-C. Chiariny-Daudet, *Le règlement judiciaire et arbitral des contentieux internationaux sur brevets d'invention*, Litec, coll. « Bibl. dr. entr. », 2006, préf. J. Raynard.

(33) V. CA Paris, 24 mars 1994 : *Dossiers Brevets* 1994, I, 7 ; *D.* 1996, somm. p. 21, Mousseron et J. Schmidt.

(34) V. CA Paris, 24 mars 1994, préc.

(35) On a proposé de reconnaître aux arbitres le pouvoir de rendre une sentence dite « de non-opposition », par analogie avec les conventions du même nom, lorsque les arbitres retiendraient la forte probabilité d'annulation judiciaire du brevet et d'autorité relative aux seules parties litigantes. – V. A.-C. Chiariny-Daudet, *op. cit.*, n°s 695 et s., p. 360 et s.

(36) CA Paris, 28 févr. 2008, qui rejette le recours en annulation contre la sentence ayant statué sur la validité du titre : « La question de la validité du brevet débattue de manière incidente à l'occasion d'un litige de nature contractuelle peut, ainsi que le relève l'arbitre, lui être soumise, l'invalidité éventuellement constatée n'ayant, pas plus que s'il s'agissait de la décision d'un juge, d'autorité de la chose jugée car elle ne figure notamment pas au dispositif ; qu'elle n'a d'effet qu'à l'égard des parties, de même d'ailleurs qu'une décision en faveur de la validité, les tiers pouvant toujours demander la nullité du brevet pour les mêmes causes » : *D.* 2008, 1325, R. Meese et 3111, T. Clay ; *D.* 2009, 457, J. Raynard ; *RTD com.* 2008, 516, E. Loquin ; *JCP G* 2008, I, 164, n° 6, J. Béguin et *JCP E* 2008, 1325, C. Caron ; *Rev. arb.* 2009, p. 168, T. Azzi.

(37) La cour (Cass. 1re civ., 21 mai 1997) a retenu que « le contrat litigieux, par lequel M.M. avait commandé une automobile au constructeur étranger aux termes d'une convention signée par lui, comportant une clause d'arbitrage à Londres, clairement et lisiblement stipulée, réalisait un transfert de biens et de fonds entre la France et le Royaume-Uni ; qu'ayant ainsi retenu que ce contrat mettait en cause des intérêts du commerce international, peu important que l'achat fut destiné à l'usage personnel de M.M., la cour d'appel en a exactement déduit que la clause compromissoire devait recevoir application en vertu de l'indépendance d'une telle clause en droit international sous la seule réserve des règles d'ordre public international, qu'il appartiendra à l'arbitre de mettre en œuvre, sous le contrôle du juge de l'annulation, pour vérifier sa propre compétence, spécialement en ce qui concerne l'arbitrabilité du litige » : *Bull. civ.* 1997, I, n° 159, p. 107 ; *Contrats, conc. consom.* 1997, n° 10, p. 7, note L. Leveneur ; *Rev. crit. DIP* 1998, 87, note crit. V. Heuzé ; *RTD com.* 1998, 330, J.-Cl. Dubarry et E. Loquin ; *Rev. arb.* 1997, 537, E. Gaillard, 2e déc. ; *JDI* 1998, 969, S. Poillot-Peruzzetto. – *Adde* Cass. 1re civ., 30 mars 2004 : *D.* 2004, 2458, I. Najjar ; *RTD com.* 2004, 447, E. Loquin ; *Rev. arb.* 2005, 115, X. Boucobza ; *JCP G* 2005, I, 134, n° 3, Ch. Seraglini ; *D.* 2005, pan. 3053, Th. Clay.

(38) CJCE, 28 oct. 2006, aff. C-168/05 : *D.* 2006, pan. 3027, Th. Clay. – *Adde* CJCE, 6 oct. 2009, aff. C-40/08, *Asturcom*, qui étend sa solution au juge de l'exécution, à l'occasion de la procédure d'*exequatur* : *Rev. arb.* 2009, 813, Ch. Jarrosson.

(39) En ce sens, Cass. 1re civ., 25 févr. 2010 : *JCP G* 2010, II, 659, note A. Pélissier ; *RTD civ.* 2010, p. 323, obs. B. Fages. V. C. consom., art. R. 212-2. La Cour de cassation tient en retrait le principe dit « compétence-compétence », selon lequel les arbitres décident prioritairement de leur compétence, afin de permettre au consommateur de faire juger du caractère abusif d'une clause compromissoire : Cass. 1re civ., 30 sept. 2020 : *JCP G* 2020, 13111, M. de FontMichel.

(40) Sur l'ensemble de la question, V. M. de Fontmichel, *Le faible et l'arbitrage*, thèse, Université de Versailles – Saint-Quentin, 2011. – C. Seraglini, *Les parties faibles face à l'arbitrage international : à la recherche d'un équilibre* : *Gaz. Pal* 15 déc. 2007. – F. Valencia, *Parties faibles et accès à la justice en matière d'arbitrage* : *Rev. arb.* 2007. – Th. Clay, *Arbitrage et modes alternatifs de règlement des litiges : Clause compromissoire dans le contrat de consommation* : *D.* 2005, pan. p. 3050. – Ph. Delebecque, *Arbitrage et droit de la consommation* : *Dr. et patrimoine* 2002, n° 104, p. 51. – E. Loquin,

La convention d'arbitrage paraît exclue à l'égard du *salarié* à raison de la compétence exclusive du conseil des prud'hommes sur les litiges ayant trait au contrat de travail (C. trav., art. L. 1411-4)[41].

Dès lors que le compromis suppose un litige né, il permet aux parties de mieux apprécier l'utilité d'évincer le juge étatique et présente ainsi moins de dangers que la clause compromissoire (V. *supra*, n° 629). C'est bien le compromis qui étend l'arbitrage au-delà de son domaine traditionnel. On le rencontre par exemple dans le règlement de litiges familiaux ou de litiges nés de l'exécution de contrats civils. On peut même admettre qu'il puisse régler un différend lié à un contrat de travail pourvu qu'il soit signé postérieurement à la rupture du contrat[42].

SECTION 3

LA FORME DE LA CONVENTION D'ARBITRAGE

630. – Écrit ; clause compromissoire par référence. À peine de nullité, la clause compromissoire doit être stipulée par écrit[43]. Elle peut figurer dans le contrat mais peut aussi résulter d'un échange d'écrits ou d'un document auquel il est fait référence dans la convention principale (CPC, art. 1443, al. 1er). Dans ce dernier cas, on parle classiquement de « clause compromissoire par référence »[44]. Cette possibilité suscite un important contentieux, qui conduit la jurisprudence à faire preuve d'une assez grande bienveillance dans l'utilisation de cette pratique, singulièrement lorsqu'il y a relation d'affaires entre les parties. Tout spécialement c'est le cas lorsque la clause est insérée dans le contrat-cadre, sans être répétée dans les ventes d'application : la compétence arbitrale s'étend à l'ensemble contractuel[45] (V. *infra*, n° 628).

Arbitrabilité et protection des parties faibles, Travaux comité fr. DIP, Pedone, 2004-2006. – M. de Fontmichel, *Clause compromissoire et contrats internationaux mixtes*, note ss Cass. 1re civ., 12 mai 2010 : *LPA* 21 févr. 2011.

(41) La Cour de cassation étend la prohibition au contrat de travail international : « la clause compromissoire insérée dans un contrat de travail international n'est pas opposable au salarié qui a saisi régulièrement la juridiction française compétente en vertu des règles applicables, peu important la loi régissant le contrat de travail » (Cass. soc., 16 févr. 1999 : *Dr. soc.* 1999, 632, obs. M.-A. Moreau. – Cass. soc., 9 oct. 2001 : *Dr. soc.* 2002, 122, obs. M.-A. Moreau). – La nullité de la clause compromissoire tient même en échec le principe compétence-compétence : Cass. soc., 30 nov. 2011, nos 11-12.905 et 11-12.906 : *JurisData* n° 2011-026639 ; *JCP S* 2012, 1049, obs. S. Brissy ; *JCP G* 2012, 843, n° 23, obs. Ch. Séraglini. – E. Courtois-Champenois, *L'arbitrage des litiges en droit du travail : Rev. arb.* 2003, p. 349. – J.-M. Olivier, *Arbitrage et droit du travail : Dr. et patrimoine* 2002, p. 52.

(42) Le recours au compromis est cependant controversé. L'article L. 1411-4 du Code du travail dans sa rédaction issue d'une loi du 6 mai 1982 ne fait plus expressément référence à cette possibilité, alors que sous l'empire de la loi du 18 janvier 1979, le compromis avait été jugé valable (CA Paris, 24 nov. 1981 : *JCP G* 1982, II, 19970, note N.S. – Cass. soc., 5 nov. 1984 : *JCP G* 1985, II, 20510, note N.S. ; *Rev. arb.* 1986, p. 1, note M.-A. Moreau-Bourlès). Il suit que, depuis la loi de 1982, il est permis de douter de la validité du compromis (V. not. J. Normand, obs. *RTD civ.* 1983, p. 47). Tel n'est pas notre sentiment, l'article 2059 permettant de recourir à l'arbitrage, dès lors que le contrat de travail est rompu (V. not. B. Teyssié, *Droit du travail*, t. 1, Litec, 2e éd., 1992, n° 218. – B. Boubli : *JCl. Travail Traité*, Fasc. 81-20, *Conseils de prud'hommes. Compétence matérielle*, spéc. § 100).

(43) Tout au moins pour ce qui est de l'arbitrage interne. La convention d'arbitrage international n'est soumise à aucune forme particulière (CPC, art. 1507). – CA Paris, 24 févr. 2005 : *JCP G* 2005, I, 179, n° 1, obs. Ch. Séraglini.

(44) V. not. B. Oppetit, *La clause compromissoire par référence : Rev. arb.* 1990, p. 551. – *Adde* F.-X. Train, *Les contrats liés devant l'arbitre du commerce international*, LGDJ, coll. « Bibl. dr. privé », 2003, t. 395, préf. I. Fadlallah.

(45) V. CPC, art. 1442 qui vise « les litiges qui pourraient naître relativement à ce ou à ces contrats ». L'implication d'un tiers au contrat dans l'exécution de ce contrat présume de son acceptation de la clause compromissoire. – V. *supra*, n° 628.

Du point de vue procédural, depuis le décret du 13 janvier 2011, la validité de la clause compromissoire n'est plus conditionnée à la définition des modalités de désignation des arbitres :

> « La convention d'arbitrage désigne, le cas échéant par référence à un règlement d'arbitrage, le ou les arbitres, ou prévoit les modalités de leur désignation. À défaut, il est procédé conformément aux dispositions des articles 1451 à 1454 » (CPC, art. 1444).

La pratique est bien de prévoir lesdites modalités dans la clause compromissoire : d'usage chaque partie désigne son arbitre, lesquels s'entendent sur le nom du troisième arbitre, sauf à faire trancher cette question par le juge d'appui ou l'institution d'arbitrage comme indiqué par le texte.

L'article 1443 du Code de procédure civile retient similairement l'exigence d'écrit pour le compromis. Sous le régime antérieur au décret de 2011, le texte n'indiquait pas de sanction. On en concluait que la nullité ne sanctionnait pas le défaut d'écrit : le compromis était un contrat consensuel, l'écrit n'étant qu'une exigence probatoire. Désormais le même texte régit compromis et clause compromissoire : pour l'arbitrage interne l'écrit est exigé *ad validitatem*(46).

---

(46) E. Gaillard et P. de Lapasse, art. cité, n° 6.

C H A P I T R E 2

LES EFFETS DE LA CONVENTION D'ARBITRAGE

631. – L'arbitrage a une origine contractuelle ; la convention d'arbitrage et les parties. *La convention d'arbitrage* crée des rapports d'obligations entre les parties litigantes. La convention d'arbitrage a pour effet de créer à la charge des parties une triple obligation de :

— ne pas saisir le juge judiciaire qui, au cas contraire, devrait décliner sa compétence ;

— compromettre en organisant de façon particulière le traitement arbitral du différend qui pourrait, demain, les opposer ;

— respecter la sentence arbitrale dont, en cas de méconnaissance, le juge imposera, en dehors d'un contrôle au fond, le respect par la procédure d'*exequatur*[1].

On le voit, ces effets ne se réduisent pas à de classiques rapports de créance/dettes : une analyse civiliste renouvelée discerne dans cet accord moins un contrat (C. civ., art. 1101) qu'une convention ayant pour objet de configurer l'action en justice attachée aux droits nés du contrat principal[2].

On distinguera de cet accord le « contrat d'arbitrage » dont les parties litigantes conviennent avec le ou les arbitre(s), contrat conjonctif[3] conclu entre, d'une part, les parties litigantes et, d'autre part, chaque arbitre, qui prévoit la mission arbitrale, le délai à l'expiration duquel les arbitres seront dessaisis, les frais d'arbitrage et honoraires des arbitres… Juges privés, les arbitres doivent régler le litige en toute indépendance : le contrat d'arbitrage ne participe sûrement pas d'un mandat que chaque arbitre tiendrait de la partie qui l'a désigné, mais reste proche d'une prestation de services que les arbitres accomplissent, en toute souveraineté et impartialité[4]. La nature juridictionnelle de la mission arbitrale incline cepen-

(1) Vœu pieux que la clause compromissoire prendra soin de rappeler, V. J.-M. Mousseron, *Technique contractuelle, op. et loc. cit.* À défaut d'exécution volontaire, la sentence arbitrale ne sera susceptible d'exécution forcée qu'en vertu d'une décision d'*exequatur* émanant du juge judiciaire (CPC, art. 1487 et 1516).

(2) P. Ancel, *Arbitrage et novation : Rev. arb.* 2002, p. 3. – S. Bollée, *La clause compromissoire et le droit commun des conventions : Rev. arb.* 2005, p. 917 et s.

(3) R. Cabrillac, *L'acte juridique conjonctif*, LGDJ, 1990, préf. P. Catala, n°s 428 et s.

(4) De fait : « Il appartient à l'arbitre, avant d'accepter sa mission, de révéler toute circonstance susceptible d'affecter son indépendance ou son impartialité. Il lui est également fait obligation de révéler sans délai toute circonstance de

dant à voir dans cet accord un contrat *sui generis*[(5)]. La convention d'arbitrage produit de la sorte des effets juridiques qui ne se réduisent pas aux relations *inter partes* : c'est que l'arbitrage est une justice privée d'origine conventionnelle ; son origine est contractuelle et sa fonction juridictionnelle.

632. – **L'arbitrage a une fonction juridictionnelle : la convention d'arbitrage et le juge étatique ; principe « compétence-compétence ».** La présence d'une convention d'arbitrage rend le juge étatique incompétent. C'est le sens du principe dit « compétence-compétence » au titre duquel le tribunal arbitral est seul compétent pour statuer sur les contestations relatives à son pouvoir juridictionnel (CPC, art. 1465)[(6)]. L'article 1448 du Code de procédure civile est de la sorte explicite :

> « Lorsqu'un litige relevant d'une convention d'arbitrage est porté devant une juridiction de l'État, celle-ci se déclare incompétente sauf si le tribunal arbitral n'est pas encore saisi et si la convention d'arbitrage est manifestement nulle ou manifestement inapplicable.
> La juridiction de l'État ne peut relever d'office son incompétence.
> Toute stipulation contraire au présent article est réputée non écrite ».

La jurisprudence estime toutefois qu'une convention d'arbitrage n'exclut pas la faculté de saisir le juge des référés tant que le ou les arbitres ne sont pas encore saisis[(7)], à moins que les parties ne préfèrent recourir à un référé arbitral, ce qui sera possible, et fréquent, une fois le tribunal arbitral constitué[(8)].

633. – **La convention d'arbitrage et les tiers**[(9)]. Les accords contractuels complexes impliqueront fréquemment plus de deux entités juridiques : au plan interne comme au plan international avec les accords de *joint-venture* ou de consortium de construction[(10)]. Dans le respect du principe de l'effet relatif des contrats (C. civ., art. 1199), la convention d'arbitrage ne produit pas d'effet à l'égard des tiers. Conséquence : pas d'intervention forcée ou volontaire possible dans le contentieux arbitral à l'égard du tiers non-signataire (comp. CPC, art. 66). L'arbitrage *à trois plumes* (ou plus...) reste d'application délicate (arbitrage multipartite) (V. *supra*, n° 628).

même nature qui pourrait naître après l'acceptation de sa mission » (CPC, art. 1456). Une relation professionnelle avérée, et non déclarée, qui pourrait faire douter de l'indépendance de l'arbitre justifierait un recours en annulation de la sentence arbitrale devant le juge judiciaire (CPC, art. 1492 pour l'arbitrage interne et 1520 pour l'arbitrage international).

(5) CA Paris, 13 déc. 2001 : *Rev. arb.* 2003, p. 1312, note H. Lécuyer.

(6) Sous le contrôle néanmoins du juge judiciaire qui annulera la sentence si le tribunal arbitral s'est déclaré à tort compétent (CPC art. 1492).

(7) V. CPC, art. 1449. – V. G. Couchez, *Référé et arbitrage : Rev. arb.* 1986, p. 155. – Sur la mise en œuvre du référé-provision, V. J. Robert, *op. cit.*, n° 128.

(8) V. CPC, art. 1468. – V. E. Loquin, *L'arbitre d'urgence, un objet juridique non identifié : RIDP* 2012, n° 2, 261. – E. Gaillard et P. de Lapasse, art. cité, n° 12.

(9) V. *L'arbitrage et les tiers : Rev. arb.* 1988, p. 431. – Y. Derains, *L'extension de la clause d'arbitrage aux non-signataires : Bull.* ASA 1994, spécial séries n° 8, p. 241 et s. – *Adde* J.-F. Poudret et S. Besson, *Droit comparé de l'arbitrage international*, Bruylant-LGDJ-Schulthess, 2002, n°s 250 et s.

(10) V. R. Dessemontet, *Le consortium de construction et sa fin prématurée en droit suisse*, Lausanne, CEDIDAC, 2006.

La matière de l'arbitrage international est particulièrement sensible à cette difficulté. Alors que cette possibilité reste normalement étrangère à l'arbitrage, le règlement CCI en vigueur au 1er janvier 2012 (amendé en 2017) envisage une procédure d'intervention au titre de laquelle une partie pourra, si elle le souhaite, faire intervenir un tiers comme partie à l'arbitrage ; la partie intervenante pourra former des demandes contre toute autre partie à la procédure (art. 7) ; aucune intervention ne pourra avoir lieu après la confirmation ou la nomination d'un arbitre, à moins que toutes les parties, y compris la partie intervenante, n'en soient convenues autrement. (Sur le rôle de la CCI au titre de l'arbitrage international, V. *infra*, n° 635).

634. – Principe d'autonomie de la convention d'arbitrage. La clause compromissoire « est, en quelque sorte, un contrat dans un contrat »(11). Il en résulte certaines conséquences sur les relations entre la clause et le contrat principal. Ainsi la nullité de la clause n'affecte pas le contrat principal : « lorsqu'elle est nulle, la clause compromissoire est réputée non écrite » (CPC, art. 1447, al. 2). Réciproquement, la clause compromissoire présente « par rapport à la convention principale dans laquelle elle s'insère, une autonomie juridique qui exclut qu'elle puisse être affectée par l'inefficacité de cet acte »(12), solution reprise par la loi (CPC, art. 1147, al. 1er). Ces dispositions font écho au droit commun des obligations et à l'article 1230 du Code civil.

635. – Arbitrage *ad hoc* ou institutionnel. Toujours à peine de nullité, la clause compromissoire doit, soit désigner les arbitres, soit prévoir les modalités de leur désignation (CPC, art. 1444).

La clause compromissoire décidera du choix des parties entre les deux formes d'arbitrage : l'arbitrage *ad hoc*, organisé directement et spécialement par les parties, et l'arbitrage institutionnel. L'arbitrage *ad hoc* ne met en présence que les parties et les arbitres ; ceux-là définiront souvent les règles de procédure propres au règlement du litige dans le cadre d'un « acte de mission » signé par les parties(13) ; à défaut seules les règles du Code de procédure civile régiront la procédure. Toute difficulté majeure appellera recours au juge d'appui, c'est-à-dire au juge étatique (refus d'une partie de désigner son arbitre, récusation d'un arbitre...). À l'inverse, l'arbitrage institutionnel comporte le recours des intéressés à une institution qui va non point assurer l'arbitrage, mais lui prêter son concours en proposant un règlement d'arbitrage, une autorité de contrôle et un secrétariat. Les principales institutions d'arbitrage en matière internationale sont l'Association américaine d'arbitrage (AAA), la Commission interaméricaine d'arbitrage commercial (CIAC), la Cour d'arbitrage international de Londres (CAIL), l'Institut d'arbitrage de la Chambre de commerce de Stockholm (CCS), le Centre international pour le règlement des différends relatifs aux investissements (CIRDI) créé par la convention de Washington en 1985, la Cour d'arbitrage de l'OMPI dédiée aux contrats de la propriété intellectuelle, et spécialement pour les juristes français, la Chambre de

(11) M. de Boisseson, *op. cit.*, n° 75.
(12) Cass. 2e civ., 4 avr. 2002 : *JCP G* 2002, II, 10154, 1re esp., note S. Reifegerste ; *Rev. arb.* 2003, 103, 1re esp., note P. Didier.
(13) V. *infra*, n° 636.

commerce internationale (CCI), dont le siège est à Paris. La forte réputation de la Cour d'arbitrage de la CCI, et de son règlement, ont directement contribué à faire de Paris une place majeure dans l'arbitrage international.

En pratique, la rédaction de la clause oscille entre la simplicité et la complexité. Si les parties désirent recourir à un arbitrage institutionnel, c'est-à-dire recourir aux services d'une chambre d'arbitrage, elles peuvent se contenter d'insérer dans leur contrat la clause compromissoire type proposée par cette chambre(14). C'est la formule retenue dans les accords de commerce international ; il s'ensuivra application du règlement d'arbitrage de cette institution (par ex., règlement d'arbitrage de la Chambre de commerce internationale). En revanche, lorsqu'est choisi un arbitrage *ad hoc*, ce qui est le plus souvent le cas dans les contrats internes, la clause est plus lourde(15). La rédaction d'un acte de mission, ou d'un compromis, est de fait fort utile dans ce cas (V. n° suivant).

636. – Effets ; acte de mission ; procédure arbitrale. La clause compromissoire produit les effets de la convention d'arbitrage (V. *supra*, n°s 631 et s.). Lorsqu'est insérée une clause compromissoire, il est inutile de recourir juridiquement à un *compromis* pour mettre en œuvre le règlement arbitral du litige. Mais la pratique recourt pour fixer les modalités de la procédure à la rédaction d'un *acte de mission* : ce document encadre le déroulement de la procédure (calendrier de remise des mémoires, durée de la mission, coût...) et se distingue de la *convention d'arbitrage* proprement dite (clause compromissoire ou compromis) qui fonde la compétence des arbitres. La partie contractante qui refuserait de signer l'acte de mission découvre, mais un peu tard, qu'elle est déjà engagée dans cette procédure au titre de la clause compromissoire insérée dans le contrat principal.

L'article 1462 du Code de procédure civile précise que « le litige est soumis au tribunal arbitral, soit conjointement par les parties, soit par la partie la plus diligente ». Pour assurer une exécution efficace de la clause compromissoire, est notamment prévue une désignation des arbitres « par la personne chargée d'organiser l'arbitrage ou, à défaut, par le juge d'appui » permettant ainsi d'éviter l'obstruction que mettrait en œuvre l'une des parties pour bloquer la résolution du litige(16). Par personne chargée d'organiser l'arbitrage, il faut entendre l'institution d'arbitrage dans un arbitrage institutionnel (par ex., CCI) ; le juge d'appui est le juge judiciaire, c'est-à-dire le président du tribunal judiciaire, sinon du tribunal de commerce si la convention le prévoit (CPC, art. 1459). Le juge d'appui intervient pour statuer sur les demandes relatives aux difficultés de constitution du tribunal, de récusation, d'empêchement, d'abstention, de prorogation de délais, mais il ne peut ordonner la comparution de tiers devant le tribunal arbitral.

637. – Dénouement. L'exécution de la convention d'arbitrage ne vise pas à la réalisation d'une opération contractuelle propre mais à la mise en place d'un tribunal arbitral et à l'ouverture d'une procédure devant celui-ci concernant un

(14) Par ex., celle proposée par la Chambre de commerce internationale (CCI) : « Tous différends découlant du présent contrat seront tranchés définitivement suivant le règlement de conciliation et d'arbitrage de la Chambre de commerce internationale par un ou plusieurs arbitres nommés conformément à ce règlement ».

(15) V. pour des conseils de rédaction, J.-M. Mousseron, *Technique contractuelle*, *op. cit.*, 4e éd., n°s 1290 et s.

(16) CPC, art. 1452 et s.

litige. La convention d'arbitrage, clause compromissoire, se dénoue de la sorte soit dans l'introduction d'une requête en arbitrage conformément à la clause ou au règlement d'arbitrage pertinent[17]… soit dans l'exécution paisible et raisonnée du contrat, avec l'engourdissement progressif du mode contractuel de règlement des litiges dont la mise en œuvre sera ignorée des parties.

(17) Comme il l'a été signalé, l'étude de l'arbitrage, comme des modes alternatifs de règlement des litiges, ne relève pas de cet ouvrage mais d'une littérature spécialisée, au demeurant de plus en plus nourrie, tant il est vrai que cette discipline « fascine » (B. Oppetit, *Théorie de l'arbitrage*, préc.) pour ses aspects intellectuels, notamment.

Bibliographie générale

(Ouvrages contemporains cités par les seuls noms des auteurs)

A. BÉNABENT, *Droit civil, Les contrats spéciaux civils et commerciaux*, Montchrestien, 14e éd., 2021.

F. COLLART DUTILLEUL, Ph. DELEBECQUE et Ch.-E. BUCHER, *Contrats civils et commerciaux*, Dalloz, 12e éd., 2024.

J. HUET, *Les principaux contrats spéciaux*, in *Traité de droit civil de* J. GHESTIN, LGDJ, 3e éd., 2012 par J. HUET, G. DECOQ, C. GRIMALDI, H. LÉCUYER et J.-M. MOREL-MAROGER (cité sous le nom du premier de ces auteurs).

H. KENFACK et S. RINGER, *Droit des contrats spéciaux*, LGDJ, 2017.

V. LASBORDES DE VIRVILLE, *Droit des contrats spéciaux*, Bruylant, 3e éd., 2023.

Fr. LECLERC, *Droit des contrats spéciaux*, LGDJ, 2e éd., 2012.

D. MAINGUY, *Contrats spéciaux*, Dalloz, coll. « Cours », 13e éd., 2022.

Ph. MALAURIE, L. AYNÈS et P.-Y. GAUTIER, *Les contrats spéciaux*, LGDJ-Lextenso, 12e éd., 2022.

J.-M. MOUSSERON, *Technique contractuelle*, 5e éd., 2017 par P. MOUSSERON, J. RAYNARD, J.-B. SEUBE, éd. Fr. Lefebvre.

P. PUIG, *Contrats spéciaux*, Dalloz, coll. « HyperCours », 9e éd., 2022.

Fr. ZENATI-CASTAING et Th. REVET, *Cours de droit civil, Contrats, Vente-Échange*, PUF, 2016.

Index alphabétique

(Les chiffres renvoient aux numéros des paragraphes)

C

M

N

O

T

U

V

Table des matières

Photocomposition et impression en septembre 2024
dans les ateliers d'Evoluprint - Groupe Sprint
Bruguières